两岸民商法前沿

当前民商法发展新趋势与民法典分则审议稿

第8辑

主 编：龙卫球　王文杰

执行编辑：

朱 虎（特邀）　汪 洋（特邀）　聂卫锋（特邀）　曹宇（特邀）

谢 地　赵精武　郑 臻　毛吾吉达·伊布拉伊江　王 江

米伊尔别克·赛力克　程 喆

中国法制出版社

CHINA LEGAL PUBLISHING HOUSE

前　言

《两岸民商法前沿》的编辑和出版，是北京航空航天大学法学院和台湾政治大学法学院开启的两岸民商法紧密合作交流关系的重要延展。本论集配合一年一度两院合作举办的“两岸民商法前沿”高峰论坛，及时且不间断地汇集两岸民商法学者有关优秀研究成果，使之具有更正式的、便于长期发展的固化形式。

北京航空航天大学法学院和台湾政治大学法学院近年来展开合作，推进两岸民商法革新。两院以务求前瞻为方向，每年就民商法当下发展之论题，携手打造“两岸民商法前沿”高峰论坛，组织两岸民商法精英，开展全方位、多维度的对话交流，拉近两岸私法间距，汇集研究思路，推广前沿成果。最重要的是在“与时俱进”的聚光灯下，观察民商法时代特质，廓清新时期私法与当代社会结构耦合的全新关系，评估既有，刷新未来，重在建设，以期对促进两岸民商事学理、立法或司法加速转型尽绵薄之功。

我们今天已处在一个瞬息万变的时代——按照富于思想洞见的卢曼和托依布纳两位大师的说法，这是一个社会功能高度分化的时代。在这样一个时代，从相对单纯的市民社会视界基础上发源和演化的民商法之诸传统，毫无悬念遭遇着前所未有的挑战。这些挑战既在私人之间关系层面展开，更在制度、社会功能系统多方面显示出来，且不断发展扩大，刺痛着我们固守的传统私法理论、制度与规则神经。于是，如何使民商法顺应当下社会系统结构基本变化，特别是贴近蕴含于其中富于生机的目的需求，成为急迫的现实课题。

我们希望，借助本论集的出版，能够呈现两岸民商法学者群体勇于搏击法学时代浪潮的恢弘气度，以及善于学习、不懈探索、不断自我升华的学术品质。有关民商法前沿研究至少可分为三个维度：世界的，建立在世界范围的思想或经验的比较互动基础上；区域化的，在世界一定区域范围具有特别坚实的实证基础和论证理由；中国特色的，系着力将民商法时代发展与中国建设实际展开移动式对接。我们相信，当亲爱的读者阅读和品味着一篇篇充满挑战和思考魅力的大作时，必定猛然而觉知，一个属于我们的民商法富矿时代，已然悄悄来临！

2019 年 11 月

卷首语

本辑书稿内容以“当前民商法发展新趋势与民法典分则审议稿”为主题，是以北京航空航天大学法学院和台湾政治大学法学院2018年11月10至11日在北京成功举办的“两岸民商法前沿”第八届的杰出报告和优秀论文为基础选编而成，集中展示了两岸民商法学者对正在进行中的中国民法典编纂各分编部分审议稿的解读和评析观点。相关报告和研究，从民商法当前和未来时期合理发展的角度，对于各分编重大修改方向和要点进行评点和热议，对于相关具体制度规则的修改、增补或者删减进行论证和建议。可谓百家争鸣、精彩纷呈。

本书重点策划了“民法典各分编草案要点与问题”。民法典各分编审议稿2018年8月首次提请第十三届全国人大常委会第五次会议审议以来，立即引起强烈关切，成为热议对象。我们的会议有意安排了8位民商法权威学者对各分编审议稿的发展情况做出系统判断或者重点评论，作为进一步研究和讨论的参考见解。

第一部分：民商法新趋势

中国政法大学终身教授、著名法学家江平教授以《民法典分编审议稿的几大进步》为题，对民法典各分编一审稿做出积极评价，认为取得了很大的进步。主要体现在五个方面：一是人格权编纳入民法典草案，这是很有意义的一个创举；二是建立了土地的三权分置制度，这为将来我国土地的现代化、集约化提供了有利的基础；三是在物权编中增设了居住权制度，体现了对弱势群体的保护和社会的进步；四是合伙合同的有名化；五是担保类型的多元化。最后，江平教授指出我国民法发展已经逐渐成熟，对民法典的编纂及其现代化工作表达了殷切的祝福和期望。

台湾政治大学讲座教授苏永钦以《民法典的体系和功能的关系》为题做出深入阐发。他指出，二十一世纪的民法典应当坚持体系化导向，以民法典作为开路统领性的规定，建立和完善法律体系。随后，他结合民法典的体系化规划、法典结构等内容，援引实例指出民法典应当要具备工具箱功能和模板功能，并提出了“大民法”的目标。苏永钦教授强调，民法典要承担工具箱的任务，既为交易者提供工具箱，也为管制者提供工具箱，从而解决现实问题。苏永钦教授认为，民法还应扮演模版的角色，他指出，民法重要的功能之一是把法律关系公平的描绘出来，让交易者进行个别调整，彰显民法作为任意法的特征。最后，苏永钦教授结合民法典的功能定位探讨了民法典的体例问题，就如何通过体例安排实现民法典的工具箱功能提出了自己的意见。

中国法学会民法学研究会会长、中国人民大学常务副校长王利明教授在《人格权编和侵权责任编的结构关系》的报告中,对民法典各分编规定的人格权编和侵权责任编结构做出了高度评价,认为二者构成了一种互为衔接的完整关系,反映了当代民法体系的趋势要求。随后,王利明教授回应了侵权责任编是否可以替代人格权编的关切,指出二者不能相互替代并进行了分析。王利明教授指出,就法的本质而言,侵权法作为救济法,不能替代作为权利法的人格权法。其次,他强调,若将人格权法纳入到侵权法中,将会显然打乱现有的侵权法体系构架,侵权责任法也将被彻底推翻。王利明教授还指出,侵权法无法包括也无法替代人格权法的规则,例如人格权性质的认定问题,此外,人格权的开放性和变动性也使得其需要独立成编。王利明教授重点探讨了侵权责任法"大侵权"模式的不足并分析了人格权请求权独立的优势,强调要形成一个精细完善的绝对权的请求权体系。

中国法学会民法学研究会常务副会长、中国社会科学院学部委员孙宪忠研究员就《民法典物权编的"四个坚持"》进行报告,提出了完善的四个建议,即坚持保护人民基本权利,坚持科学立法、坚持立法内容的中国国情原则、坚持维护好经济基础。孙宪忠教授指出,当前我国民法体系中存在着诸多问题,他结合自己在立法机关参与立法工作的实践经验,强调立法工作一定要坚持正确导向。他对四个建议的适用做了具体的阐述。孙宪忠教授肯定了居住权写入草案等若干创新制度,但他认为还存在着一定制度缺陷,需要进一步完善。

中国商法学研究会会长、中国政法大学民商经济法学院赵旭东教授在民法典编纂背景下,做了题为《中国商法的发展与未来》的重要报告。赵旭东教授深情回顾了我国商法四十年来的发展历程,指出我国商法的初心和使命是改革追随和服务市场经济发展,而改革与创新是我国商法发展的永恒主题,并总结我国商法的基本构成是主体法、行为法和监管法,指出对境外商法的兼收并蓄和商法的国际化是我国商法发展的重要路径。随后,赵旭东教授指出了我国商事立法仍然存在许多不足,例如体系化和科学化的不足、制度的缺位和空白等问题,需要增强体系安排和顶层设计,并有必要制定一部统领性的商事法律。最后,赵旭东教授表达了他对民商法关系的认识,并表示他由衷期待民法和商法学者携手共进、精诚合作,让我国民商法在新时代实现发展。

中国人民大学法学院杨立新教授在《民法典继承编草案修改要点》发言中提出:经过立法机关第一次审议的民法典继承编草案,在内容上有诸多改进,但是仍然存在很多问题,使我国的继承制度仍然不够完善、不够完整。其原因,是制定《继承法》时借鉴的《苏俄民法典》就是建立在计划经济基础上的、不完善的继承法律制度,没有反映我国经过改革开放以来建立起来的市场经济基础,不符合上层建筑应当适应经济基础发展的规律要求。在接下来的继承编草案修改中,主要应当解决四个方面的问题,规定更能够保护自然人私人财产权的法定继承人范围,规定更符合市场经济社会需求的法定继承顺序,规定更完善的遗嘱继承的各项制度,规定更完善的应当规定而没有规定的继承规则,建立起我国完善的继承法律制度。

台湾大学讲座教授黄茂荣先生在《论危险责任及其立法》报告中提出,损害赔偿责任,依其是否以加害人有过错(过失)为要件,主要本可区分为有过错(过失)之加害行为及无过错(过失)之加害行为。因其间在事实特征上存在"有过错(过失)"及"无过错(过失)"之区别,其规范需要因此可能不同,而在规范规划上必须区分为二个类型:将有过错(过失)之加害行为,规定为侵权责任;将无过错(过失)之加害行为,规定为危险责任。分别按其类型特征规划其赔偿责任之成立要件及理赔的方法。德国立法例采侵权责任与危险责任在不同法典并立的立法模式,而中国立法例采合并立法之模式,将侵权责任与危险责任一体规定于侵权责任法一部法典中。侵权责任法第六条及第七条虽分就有过错(过失)之加害行为及无过错(过失)之加害行为加以规定,但未因此分别称为侵权责任及危险责任,而通称为侵权责任。并就无过错(过失)之加害行为,基本上亦规定其加害人"应承担侵权责任"。因此,其规定之有过错(过失)之加害行为及无过错(过失)之加害行为的责任要件虽然不同,但并无特别凸显其应有不同之法律效力的规定。特别是对无过错(过失)之加害行为的责任,并未一般的附以责任限额及强制责任保险之配套要求。该不同,将来在其适用之实务上的发展究竟产生什么影响,今后在比较法上,值得注意。

北京航空航天大学法学院龙卫球教授在《民法典"合同编"的编纂进展与主要发展》一文中对于正在进行的民法"合同编"的编纂进行了观察和分析,认为草案总体上较为成熟,形成了一个科学化、系统化程度较高的体系。目前审议稿在加强市场交易法律制度目标下,不仅对既有合同法和实践成果进行了科学化、系统化整理,而且为适应新时期市场交易发展特点,对于1999年《合同法》做出明显的修改完善,有明显改进或创新。其中,体系上,按照去债总的功能要求形成了一个具有债法功能包容性的合同法体系;观念上,强化了诚信、公平、公序良俗、生态环境保护等价值原则的共同作用;内容上看,大量转化成熟司法经验、学理成果和比较法,极大完备了合同法规则体系,特别是合同订立、履行、合同保全、违约责任等重点制度,都有明显改进和提升;同时顺应社会经济基础的重大变化,进行必要制度创制,也注意回应了社会关注。但是,仍然具有完善的必要,包括完善合同法体系功能,加强多重体系布局;完善合同相关制度规范,重点细化容易引起争议的条款;以及增补一些重要、急需的典型合同。

台湾大学法学院讲座教授黄立先生在《检视德国债编各论新修正工程合同规定的定作人变更权》中提出:德国一般民间的工程合同,并未要求其遵循"《营建工程采购与合同规则》"(die Vergabe - und VertragsordnungfürBauleistung)。《德国民法》的规定往往不够详细,过去一些民间工程合同常发生争议的问题,民法承揽篇没有规范。只能依赖当事人间的协商和法院的判决。有广泛的判决涉及此一领域,对适用法律的人已经丧失透视性。考虑工程合同的类型、建筑技术的不断发展,内容复杂而特殊、工程合同常有较长的履行期间,累积的判决也使新增专章规范的条件成熟。德国联邦议会议通过修正工程合同法之法案,将工程合同(§§650 A-650O)、建筑师与工程师合同(§§650P-650T),以及消费者工程合同(§§650U-650V)订入民法之中。立法者修法时所考虑的指示变更动机,引据"履行期较长的复杂工程合同",在个案中未必适用。实务上只要有工程合同存在,不必然需要工程合同履行期是否较长或者较为复杂,均可指示变更。

台湾大学法学院陈自强教授在《合同法风险负担初探》中认为,《中华人民共和国合同法》受到《联合国货物买卖合同公约》(CISG)的影响,并无风险负担规则。学理上或立法论上如欲建立风险负担之一般规则,因合同法通则违约责任并不采过错责任,概念上若仍以不可归责于双方当事人为特征,易让人有时空错乱的感觉。

第二部分:民法典各分编草案具体评议

首先是"物权编",共计16篇报告或论文。

中央财经大学法学院陈华彬教授在《我国民法典物权编所有权规则立法研究》中提出,所有权系所有权人对于所有物,于法律限制的范围内,实施完整、全面、永久与整体支配(管领)的权利,系典型的物权或物权的原型,且为人民生活的基础。所有权于民法(私法)、公法、社会法乃至政治制度、经济制度中占据核心和关键地位,系一个国家的人民、社会与国家本身不可或缺的根本财产制度。所有权制度及其规则于全部民法典,尤其是于其物权编中具枢纽地位。我国编纂民法典物权编时,宜自所有权的涵义与其权能的分隔、所有权的类型的统一、建筑物区分所有权的诸规则、相邻关系的新内容(形态)、占有脱离物的善意取得、遗失物、埋藏物、漂流物、隐藏物与沉没物(品)的所有权归属及报酬请求、取得时效、无主物的先占以及附合、混合与加工等方面予以建构、厘定、丰富和完善。于我国国家、社会与人民处于新的历史起点的现今,经由厘定、建构、丰富、完善及充实财产所有权制度及其规则来保障人民通过劳动而获得的财产,其意涵深刻、隽永,实不可小觑。

对外经济贸易大学法学院梅夏英教授在《民法典编纂中所有权规则的立法发展与完善》中提出,物权法对于公有财产的规定目前存在着标的模糊、公物过分私法化和分类规制缺乏等缺陷,立法应坚持物权法对公有财产调整的形式上的工具价值,以及对涉及公物的价值判断的避免两大主旨,对公法规范进入物权法进行合理取舍,以通过约束私法关系来保障公有财产公共目的的达成;建筑物区分所有的立法应强化区分所有的团体性特点和团体法基础,引入"空间"概念来解读业主的权属以及车库的归属问题,在区分所有的治理上通过赋予业主团体法人资格来突破物权的规制逻辑,通过团体法实现内部的整合和外部的民事交往;所有权取得方式中之善意取得制度应将"转让合同有效"作为其法定要件,适度规定赃物的善意取得,另外物权法应当建立拾得物的激励规则,不宜规定添附制度。

中国人民大学法学院高圣平教授在《民法典担保物权制度修正评述——以〈民法典各分编(草案)〉为分析对象》中认为,《民法典各分编(草案)》在《物权法》的基础上,主要扩充了担保财产的范围、修正了抵押物转让规则,完善了权利竞存时的优先顺位规则,删除了具体登记机构的规定。为反映新一轮农村土地制度改革的成果,应将土地承包经营权、土地经营权和宅基地使用权明定为担保财产;在应收账款之外,增列不动产收费权、收益权作为权利质权的标的权利。抵押物转让规则除了维系抵押权的追及效力之外,还要注意平衡抵押权人、抵押人和抵押物取得人之间的利益。优先顺位规则体系由一般规则和特别规则构成,坚持"先公示者优先""未公示者平等"的一般优先顺位规则,相关特别规则在文字表述上应作完善。在删除登记机构的具体规定之后,应作出授权性规定,赋予国务院参酌机构改革的具体情势作出统一动产担保登记机构的规定。

苏州大学法学院董学立教授《论动产担保物权法的编纂》一文提出,动产抵押权的机械植入引致的法体系混乱,是动产担保物权法编纂的理论依据。由此,决定了对动产担保物权法的编纂是一个全局性而非局部性的编纂。多元化路径和一元化选择,虽不可兼得但有优劣之分,一元化选择更适合全局性问题的解决。动产担保物权法的编纂需要从宏观体系设计和围观技术操作两个方面着手。

中国政法大学法律硕士学院刘保玉教授在《第三人担保的共通规则梳理与立法规定的完善》中认为,我国既有的法律规定以及目前的《民法典分则(草案)》中对担保制度尤其是第三人担保的共通规则提取不足,存在规则疏漏、重复、龃龉等情况,有待改进。在坚持担保的从属性并改进法条表述的同时,还应当承认担保的相对独立性,允许当事人在担保合同中约定不受主合同效力影响的独立担保。保证方式约定不明时的法律推定规则应予修改,保证责任的消灭事由亦应在保证合同的规定中予以明确。担保物权制度中应明确物上保证人亦享有可独立行使的抗辩权。债务人提供的物的担保与第三人提供的物的担保并存的情况下,物上保证人应享有后顺位清偿的利益。在担保人为第三人的共同担保中,除另有约定外,先承担担保责任的担保人向债务人追偿不能的部分,应有权请求其他担保人清偿其应当分担的份额。

中国政法大学法律硕士学院刘智慧教授在《我国担保合同的独立性解构——以〈担保法〉第5条第1款的解读为中心》中提出,传统的从属性担保限制担保的独立性,从而达到平衡债权人、债务人、保证人三方利益的目的。这种做法曾经起到了促进担保人提供担保,保障债权人利益实现的积极作用。然而,在经济全球化和信息时代的背景下,严格恪守担保的从属性已因低效而无法适应实践需求,在这种背景下独立担保制度应运而生。20世纪80年代,在外国企业与我国进行经济交往的过程中,由于我国处于改革开放初期,国内信用水平较低,起源于西方的具有独立性的独立保函制度进入到我国,并在我国银行对外业务中首先开展起来,这种担保在我国对外贸易中的适用为我国改革开放早期的经济发展提供了一定的支持。迄今为止,这种担保在我国发展已有三十多年的历史,但由于我国立法未予明确肯认,理论上对这种担保的内容和本质特征认识不清等原因,尽管伴随着我国经济的不断发展,这种极具独立性的担保方式在我国的适用也越来越频繁,但对于其是否可以适用于国内民商事主体之间的担保实践,理论和实务中一直存在纷争,这也导致这一具有独特优势的融资工具未能完全在我国经济发展中发挥应有作用。2016年11月,最高人民法院公布了《关于审理独立保函纠纷案件若干问题的规定》,其中的部分规则标志着在我国司法实务中正式承认独立保函在国内适用的效力。本文旨在结合我国独立担保实践中存在的问题,在对《担保法》第五条第一款予以解读的基础上,对担保合同的独立性予以解构,以重新定位担保的从属性与独立性。

北京大学法学院楼建波副教授的《信托财产关系与物权法原则的冲突——兼论信托财产关系的民法典表达》一文,认为英美信托的“双重所有权”安排与大陆法系物权法原则的冲突无法通过解释消减。大陆法系国家在引入信托时的各种模式都试图在保留英美信托下信托财产管理和收益分离的灵活性下,防止因信托的引入而导致本国法律的“分裂”。中国信托法规定信托财产权属既可以转移给受托人,也可以不转移给受托人,不明确界定受益人对信托财产权利的性质,强调信托财产的独立性,同时对委托人、受托人、受益人在信托期间的权利义务做具体的规定,和其他国家的做法在目的上并无二致。从比较法上看,与《关于信托的法律适用及其承认的海牙公约》的规定“不约而同”。但是,无论是“委托人”还是“受托人”的所有权恐怕都不符合大陆法系所有权完整性和不可分性的原理。民法典必须为信托单行法(尤其是信托财产关系)的解释和实施留出空间,避免单行法下的信托游离于整个法律体系之外。

重庆邮电大学网络空间与信息法学院朱涛教授在《我国建筑物区分所有权的制度反思》中提出,我国建筑物区分所有权制度的产生与发展伴随着我国城镇住房制度改革,目的在于调和“房屋管理”和“业主自治”的权利错位,历史的选择在此取代了逻辑的推演而起到了决定性的作用。在此基础上,《物权法》第六章及其司法解释对其他国家相关制度与理论的借鉴,在权利客体、权利主体和权利内容方面均因应我国实践而有不同程度的制度变形,导致理论、制度与司法实践的脱节,影响《物权法》的效力发挥。在《民法典物权编》的编纂过程中,应当正视这些问题,最大限度地将其修正。

西北政法大学民商法学院王丽美副教授在《善意取得制度适用的权利模型的应然研究》中提出,善意取得制度适用于何种权利的争议之声一直不绝于耳。该制度原初意义的适用范围仅限于“动产物权”,后延伸到“不动产物权”,进而扩展至股权、票据权利等其他权利。其实,该制度的本质决定其适用范围,该适用范围是客观的,可从现有适用的具体权利中抽象归纳出此类权利的共性特征,这些共性特征亦可建构该制度适用的中观层面的“权利模型”，即善意取得制度适用权利的性质——可表见性财产权，包括物权与类物性权利；此类权利共性的特征、权利要素的特征、权利范围的特征显著，共同形成善意取得制度适用的具有“三角体”或“准金字塔”特征的“权利模型”。

北京化工大学文法学院陈传法副教授的《论先占》一文认为，民法典分编一审稿在“所有权取得的特别规定”中没有规定先占制度。现代社会，无主物似乎越来越少，先占制度似乎也就可有可无；先占制度还有化公为私的嫌疑，规定先占似乎与公有制的理念不符；先占者取得所有权似乎与法律追求公平的价值观念不相吻合。仅此数点，不规定先占制度似乎特别有道理。然而，从某种意义上来说，先占其实是通过人类生活经验反复检验过的一条生活准则，而且它也是整个民法逻辑当中少数堪称基石性的规则之一，立法者不可不察。

广东外语外贸大学王荣珍教授的《依嘱托登记立法思考》一文提出，依嘱托登记是不动产登记程序中的特殊类型，也是不动产登记实务中的常见类型。其相关制度内容分散在《不动产登记暂行条例》等规范性文件中，欠缺体系化和科学化，导致有些规定粗略，有些内容疏漏，有些规定之间冲突，难以有效指引登记实践，可能引起权利纠纷，亟待统整。应在《不动产登记法》或者《不动产登记暂行条例》中对其作出有别于依申请登记和依职权登记的统一规定，包括其类型、嘱托主体、审查原则、审核程序以及效力等内容，将破产登记纳入其中，细化嘱托主体规定，明确形式审查原则，优化审核程序为初审、复审和核定，特别规定因嘱托机关法律文书错误引起的赔偿责任由做出机关承担。

上海海事大学法学院王铁雄教授在《民法典编纂中的农村土地权利制度研究》中认为，为顺应市场化、规模化、现代化农业发展需要，针对现行农村土地权利制度存在的流转闭锁、抵押难行等固有缺陷，因应日益高涨的改革实践呼声，中央适时提出旨在“放活土地经营权”的农村土地权利制度改革政策，本文便是在改革实践探索基础上，探究其蕴含的深厚法理：其思想理论植根于马克思主义小农户大营农经营观；其法理基础系基于英美地产权客体权益分离理论与大陆法系二次权能分离理论的地权二次分离理论；其权利结构的法理逻辑则是在遵循《民法总则》落实集体土地所有权规定前提下，进一步在民法典分编中，于稳定农户土地承包经营权性质与功能不变基础上根据地权二次分离理论科学原理从其客体权益中分离派生出二元化土地经营权。并以债权性经营权顺农地灵活经营实践、物权性经营权应农地抵押及长期经营所需的二元化路径，促现行土地承包经营权集体经济组织内封闭式流转向分离出的土地经营权市场化开放性流转发展，使“放活土地经营权”改革价值目标有效实现。

河北工业大学人文与法律学院冯建生副教授在《民法典编纂中农村承包土地“三权分置”的法理构造》中提出，以促进农村土地顺畅流转、构建新型农业经营体系为目的的“三权分置”农地改革政策提出伊始即在法学界产生很大争议，这一政策的贯彻执行必须要有法理上可行的制度安排作保证。在分析论证的基础上提出我国农村土地集体所有为总有关系，土地承包经营权是农民依约行使集体土地所有权的方式，法律性质为“类所有权”。“三权分置”的农地制度创新应当以土地承包经营权为母权利设定具有用益物权性质的土地经营权进行流转，而受成员身份限制的土地承包权作为土地承包经营权的相关权能继续保留在农民手中，这样既实现农地的有效流转又使农民不因流转而失去土地的社会保障功能。

山东政法学院民商法学院周玉辉老师在《土地经营权的制度定位与立法表达》中认为，土地经营权是承包农户为其他经营主体在其以家庭承包方式取得的土地承包经营权上设立的具有占有、使用、收益承包地，以及转让、入股等权能的用益物权。基于中央文件的政策需求，土地经营权在权利性质上为农户土地承包经营权中分离出的次级用益物权。土地经营权立法规则宜置于民法典物权编“土地承包经营权”一章，并设单节，依次配置土地经营权的内涵界定规则、土地经营权的设立规则、土地经营权的流转规则、土地经营权的公示生效规则以及土地经营权的收益规则。

兰州大学法学院脱剑锋副教授在《民法典物权编草案完善刍议》提出，结合台湾地区“民法”规定和民法学研究成果，对2018年8月27日第十三届全国人民代表大会常务委员会第五次会议审议的《民法典各分编（草案）》中物权编的一些规定，提出进一步修改完善的意见和建议。

湖南大学法学院王文胜副教授在《论物权法司法解释的整理与民法典物权编的完善》中认为，最高人民法院有关物权法的司法解释条文可分为简单解释型、澄清误解型、多义取舍型、具体细化型、漏洞填补型、裁量因素型等类型。在民法典编纂过程中，应对有关物权法的司法解释中的条文进行系统梳理，将其中的澄清误解型条文、多义取舍型条文、具体细化型条文和漏洞填补型条文取其合理者纳入民法典中。最迫切需要纳入民法典的是漏洞填补型条文和具体细化型条文，其次为多义取舍型条文，再次为澄清误解型条文；简单解释型条文虽也可适当纳入法典之中，但紧迫性最弱；物权法司法解释中的裁量因素型条文纳入法典中加以规定的意义不大。

其次是“合同编”，共计8篇论文。

山西大学法学院汪渊智教授在《民法典合同编（草案二审稿）的修改建议》中提出，在2018年12月23日召开的第十三届全国人民代表大会常务委员会第七次会议上，民法典合同编草案二审稿提请审议。草案二审稿对体例结构、关于依法成立的合同受法律保护、关于保证方式的推定、保理合同、客运合同、技术合同、物业服务合同等内容进行了优化修改，进一步回应了社会争议和公众关切，值得肯定。但是，草案二审稿仍然存在一些问题，需要修改。汪教授就15个方面的问题提出修改意见，供立法参考。

清华大学法学院王洪亮教授在《互联网合同订立新规则评析》中认为，对新起草的互联网合同订立的规则予以分析评价，具体的思路是：首先，需要思考的是，这些新规则的正当性，是否有必要创设新的规则，既有的规则是否不能解决电子合同的问题？其次，需要思考的是，这些涉及互联网的新规则能否融入既有的体系？最后，需要考虑能否预先认知新规则适用带来的法律问题，并预先给出解决方案。

济南大学政法学院郝丽燕老师的《论合同解除的宽限期设置模式》认为，宽限期设置解约是重大违约解约制度之外的另一种解约制度。该解约模式可以更公正地平衡债权人和债务人之间的利益矛盾，也可以缓解重大违约解约中实体方面的难操作性。设置宽限期时，不要求宽限期是具体确定的日期，只要债权人明确表达出债务人的履行或者再履行应当在有限的时间内完成足矣。债权人设置了宽限期后，债务人应当对该宽限期做出反应，否则不得事后主张宽限期过短。债务人在不给付后，宽限期内提供了瑕疵给付，债权人不必再次设置新的宽限期；债务人排除原始瑕疵后，又出现了不同的新的瑕疵，债权人应当就新的瑕疵再次设置宽限期，但是不能要求债权人不断循环再设置宽限期。

河南财经政法大学法学研究院徐强胜教授在《继续性合同的商法构造》中提出，基于一时性合同的传统合同法注重当事人的合意，其理论及制度框架已经不能适应现代商业社会的发展需要。继续性合同作为现代商业的产物，是典型的营业行为，更重视当事人的能力及信用，将其作为模型来构造相关合同法及法律的权利义务框架已经成为社会发展之必然，这要求我们在根据继续性合同的特殊性来对传统合同法形式化且明晰规则进行改造之外，还应当更多地关注当事人之间从合同订立、合同履行及合同终止后的关系协调。在民商合一及民商分立这两种立法模式下，尽管我国强调民商合一，但是由于还并未良好地体现时代需要，因此值得期待在民法典编纂后商法的进一步革命性变化。

中南财经政法大学张红教授在《请托关系之民法规制》中认为，办事找关系，请托成风，对法治社会建设极为不利。请托不仅是道德约束问题，也应从法律上加以规制。请托是一种约定，牵涉合同效力、费用归属、缔约过失等问题，请托关系应受民法规制。由于民法规范对此付之阙如，民法规制请托应通过民事裁判为之，因势利导以厚植法治社会之根基。请托主要有铨叙请托、入学请托、关说请托、办证办资请托、借名请托、媒体公关请托、暴力讨债请托、枪手请托等类型。从民法上看请托，应定性为委托关系。关于请托的效力，或违背法律禁止性规定，或有悖于公序良俗，应分情况依据《合同法》第52条第5项或第4项以及《民法总则》第153条判定其效力。对于请托费用的归属，应在合同效力判定的基础上，辅之以个案衡量，区别适用“返还”、“不法原因给付”不予返还和“收缴”三种模式。

北京航空航天大学法学院郑臻博士的《艺术品拍卖中拍卖人对委托人鉴定义务研究——以美国法为例》一文，提出对于艺术品拍卖而言，拍卖人责任一直是一个经典的问题。但是就我国目前的研究而言，对于这个问题的关注点大多在拍卖人对买家的责任承担上，而对艺术品的来源——委托人的研究则十分罕见。在具体案例中，委托人由于缺乏艺术品专业知识而出现错误送拍的情况也是屡见不鲜,我国相关法律对此问题也是一片空白。因此本文借鉴美国判例法与成文法中的相关规定,综合对域外拍卖人对委托人责任判例以及学说,力求以他山之石,达到攻玉的效果。为我国艺术品拍卖市场的繁荣与稳定尽一份心力。

东南大学法学院黄喆副教授在《建设工程合同发包人单方变更权的合理限度——以德国建筑私法相关规定为借鉴》中认为,建设工程施工合同往往包含发包人享有单方变更权的约款,变更权的行使对于应对合同履行的复杂状况和情势变化诚为必要。但是,任何权利的行使都需有其恰当的边界,诚实信用原则、可期待性理论以及衡平法理均可为权利范围的确定提供理论上的支撑,工程实践中所使用的合同范本或一般合同条件应受此约束。基于施工合同中待建工程与工程价款之间应有均衡的给付关系,对应发包人的单方变更权,应当相应赋予承包人变更工程价款的请求权。变更估价应充分关注价格形成和确立的基础,得适用或准用原合同计价清单中的子目单价;在原计价基础发生动摇的情况下,双方应有重新协商、确定新的变更工程价款的义务,未能达成一致的,可参照原合同签订时当地市场价格予以确认。

北京航空航天大学法学院博士研究生毛吾吉达·依布拉依江的《医疗合同关系中医方义务问题研究》一文,认为医疗行业是一个拥有高技术含量,存在极大的风险,涉及人的生命健康权的高度专业化的职业,众多医患纠纷产生的原因往往离不开医疗关系中医方义务内容的确定。因此,本文认为通过合同的角度,以典型化为基础,建立一套既有合同普遍性又有医疗专业特殊性的专门的医疗合同规则,特别是应重点详细规定医方的义务内容,这样可以事前为患者与医疗机构双方当事人的缔约提供指引,并且可为法院的裁判提供依据。此外比较各国医疗合同的立法例,结合医疗行业的高度专业性,本文认为我国立法可以借鉴日本的医事法模式,即通过制定特别的医事法,对医疗合同中医方的义务内容予以详细的规定,以防止因医方的义务内容不能确定而发生更多的医患纠纷,并从根本上解决我国目前医疗法律法规混乱冲突的局面。

再次为“侵权责任编”,收录9篇论文。

中国人民大学法学院石佳友教授在《〈民法典侵权责任编〉修订的若干意见》中提出:民法典侵权责任编在修订时,应当致力于解决既有问题和新出现的问题。在体系方面应在第二章最后增加侵权责任赔偿与社会保险赔偿之间的协调;因为前者是完全赔偿原则,后者往往是一揽子一次性赔偿。侵权责任编还应突出预防功能以区别于古典侵权法,对于人身损害赔偿责任应增加对受害人负有法定抚养或赡养义务的人的抚养费、赡养费的赔偿。人身利益是侵权法所要保护的最为重要的利益,对生命权、身体权和健康权等基本权利的保护,是法治文明最为集中的体现。此外,侵权损害赔偿应尽可能按照判决时的市场重置价格来赔偿,而非按照损害时的价格,以更好地保护受害人的合法权益。

北京航空航天大学法学院李昊副教授在《中国民法典侵权责任编的体系结构与立法完善——以"一审稿"和"二审稿"为视角》中认为,民法典分则中的侵权责任编的立法工作应在现行《侵权责任法》的基础上展开,同时也要顾及民法典的体系化要求。一方面,侵权责任编要协调好与民法典其他编的关系,避免重复规定和体系冲突。另一方面,《侵权责任法》实施八年来,其优势与不足均展现出来,侵权责任编应当取其长处、弃其短处,并广泛吸纳近年来司法实践和学术讨论形成的成果,促进自身内容的修改完善。

台湾政治大学法学院王千维教授在《违法性与生态损害——评台湾地区"最高法院"2013 年度台上字第 2218 号民事裁定》中提出:乙公司受政府机关之授权而施作抽砂工程,所产生之漂砂等浊泥漂至邻近海域,导致在邻近海域从事养殖蚵苗之甲因蚵苗无法着床而未能收成,致生损害,由该案引起有关乙公司之抽砂行为是否具违法性及甲所受之损害性质为何的议论。于前者,鉴于"构成要件该当性即征引违法性"之结论,若行为人违反台湾地区"民法"第 184 条第 1 项第 1 句或第 191 条之 3 等构成要件上所定之行为义务,具构成要件该当性,因而征引违法性。同时,因未得该当台湾地区"民法"第 793 条但书所定以致被害人乃无负担容忍义务之可言,自不存在违法阻却事由。于后者,蚵苗无法着床于蚵壳固属一种生态损害,同时亦构成对蚵壳所有权之侵害。对于此等生态损害,应依据台湾地区"民法"第 213 条第 1 项之规定进行赔偿。

台湾政治大学法学院许政贤教授的《第三人损害求偿之必要性——以"债法"上危险免责之类型为例》一文,认为加害人对被害人为加害行为而有法益之侵害,但却造成第三人财产上之损害时,如认受害第三人须自行承担加害人对其所生损害,乃有失公平,第三人求偿问题由此而生。此虽为损害赔偿法之传统议题,但其在学说上的争议实值重视。一方面,第三人求偿虽成为债权人利益理论之例外,但仍需受到"无损害之请求权""无请求权之损害""损害偶然偏移"之适用范围限制;另一方面,亦有学者主张第三人求偿之观念乃属多余,可以规范之损害概念补充差额说之不足,以解决第三人求偿所引发之难题。然在具体条文之适用上,第三人求偿理论构建因涉及"法律"之规范评价,其与社会事实上之自然概念,仍应有所区别。

台湾大学法律学院徐婉宁副教授在《职场性骚扰之雇主责任——以"民法"及"性平法"之规定为中心》中认为,职场性骚扰立法需要明确雇主责任,以确立友善健康的工作环境。在常见多发的中小企业中,首先应当科予雇主性骚扰防治义务,积极制订措施从源头避免发生,防范未萌;其次应当规定雇主事后有效之纠正及补助义务,在知悉状态,采取适当补救措施,尽量减少被性骚扰者的人身伤害程度;最后被害人可向雇主请求承担损害赔偿责任,但给雇主可主张免责。同时针对微型企业,仍存在实务问题,尚需进一步探讨。雇主责任的评判标准和实践操作仍需细化,使其能够与"性平法"的精神相一致。

福建师范大学法学院杨垠红教授在《民法典编纂下侵权预期请求权的构建》中提出,在当今风险社会中,潜伏性毒物侵权现象并不少见,其引发的损害结果具有较长潜伏期,最终损害后果具有严重性与广泛性。然而我国目前立法难以应对潜伏性毒物侵权的损害赔偿提出的挑战,故在当前民法典编纂的背景下应适度承认受害者对潜在损害的侵权预期请求权,它可包括医疗监测费用的赔偿请求权、患病恐惧的精神损害赔偿请求权、患病风险增加的赔偿请求权。

四川大学法学院王竹教授在《论侵害特定纪念物品精神损害赔偿的适用范围——从“人格象征意义说”到“身份象征意义说”》中认为,侵害特定纪念物品适用精神损害赔偿突破了侵权客体的人身权益限制,体现重大人身利益的物品可以成为精神损害赔偿的侵权客体,在责任构成要件上应该从严把握。《精神损害赔偿司法解释》第4条规定的具有“人格”象征意义的特定纪念物品在司法实务中实际体现为具有“身份”象征意义的特定纪念物品。特定纪念物品具有的身份象征意义包括配偶身份象征利益、亲子身份象征利益、亲属身份象征利益和宗族身份象征利益四类。

中央财经大学法学院朱晓峰副教授的《动物侵权责任主体概念论》论文提出,《侵权责任法》第78条以“饲养人或者管理人”作为动物侵权责任主体概念的做法,并不严谨科学。这导致以该条为裁判依据的司法实践歧见纷生,影响法律规则适用的确定性和可预见性,威胁法本身的威严。在编纂民法典的背景下,立法论上应充分关注司法实践于此存在的概念不清、界定标准混乱等问题,以危险控制和损益自担理论为正当性基础,围绕实际管理控制标准,用“管理人”取代“饲养人或者管理人”,作为动物侵权责任主体在制定法上的概念,同时保持抽象概念向社会生活开放的特性,由司法实践在动态体系中来确定具体案件中管理人的认定要素。

台湾地区台中法院林庆郎法官在《高空抛物法律责任比较研究》一文认为,随着经济活动之进步及社会环境之变迁,人类互动已大为改变,因为建筑技术之提升,高楼大厦之产生,成为城市化之象征,同时也体现人类往天空发展之企求。然而从高空坠落之物致被害人人身权及财产权受到侵害时,所衍生“加害人不明”之问题,应如何解决,颇值得探讨。“加害人不明”之现象,也容易发生在公害、环保、食安议题上,如何适切地将责任归于应负责之人,成为侵权责任法上,如何兼顾被害人保护及社会行动自由之利益间,重要之关键枢钮。随着工业进步,环保议题逐渐获得注意。另食安之民生问题,也迭成为民众关心之课题。

然后,是“人格权编、婚姻家庭编和继承编”,收有3篇论文。

中央财经大学法学院王叶刚副教授在《论个人信息收集、利用行为合法性的判段——以〈民法总则〉第111条为中心》中认为,《民法总则》第111条要求个人信息的收集、利用行为应当具有合法性,但该条并没有对个人信息收集、利用行为合法性的判断标准作出规定。为充分发挥个人信息的经济效用,不宜一概以被收集者同意作为个人信息收集、利用行为合法性的前提。个人信息的去身份化处理虽然能够降低个人信息利用过程中的隐私风险，但无法真正解决个人信息收集、利用行为的合法性难题。为保障个人信息收集、利用行为的合法性，应当在保护个人隐私权和"数字化形象"的前提下，分别对个人信息收集行为和利用行为进行源头控制和动态规范。

山东政法学院民商法学院于晓老师在《设权模式创新：我国自然人人格标识商业利用的民事权利构建》中提出，我国民法典正在编纂中，如何为自然人人格标识商业利用构建民事权利，民法学界众说纷纭。概而言之，这些学说可分为扩权模式说和设权模式说。研究表明，为自然人人格标识商业利用构建的民事权利是一种新型财产权，应纳入我国民法财产权体系中进行调整。

北京天驰君泰律师事务所高级合伙人、中国法学会婚姻法学研究会常务理事杨晓林老师在《民法典编纂中各分编之间的衔接难题——以夫妻财产约定/赠与中的物权编、合同编与婚姻家庭编衔接为切入点》中提出，随着民法典各分编（草案）正式向社会公众征求意见，民法典编纂中"总则—分编"和"分编—特别法"的关系问题受到了大量关注。在婚姻家庭编中，夫妻财产关系不仅受到婚姻家庭编法律规范的调整，也受到合同编以及物权编法律规范的调整。在"夫妻财产约定/赠与"问题上，我国《婚姻法》司法解释（三）第六条提出了"夫妻赠与"这一概念，由此造成了夫妻财产约定与夫妻赠与之间的复杂现状。"夫妻财产约定/赠与"的问题背后，体现的是在夫妻财产关系上我国民法典物权编、合同编与婚姻家庭编之间如何衔接的理论难题与立法难题。借此问题，民法典编纂中应当在关注"总则—分编"和"分编—特别法"的关系之外，还需要重视"分编—分编"的关系，需要认真对待民法典编纂中各分编之间的衔接难题。

第三部分：民法总则解释与适用研究

在这一部分，学者或从民法典总体结构，或立足民法总则相关制度适用进行研究，提出体系完善和合理适用的建议。一共9篇论文。

中国政法大学柳经纬教授在《民法典编纂的碎片化问题》中提出，在我国，编纂民法典通常被认为是化解现行民事法律碎片化问题的法宝；然而，从民法典编纂的实际情况看，不仅没能解决现行民事法律的碎片化问题，反而使得碎片化问题更加严重。究其原因，主要是民法典编纂并没有摆脱长期以来主导我国民事立法的单行法思路的影响，过度依赖现行民事法律。要解决民法典编纂的碎片化问题，必需谨记编纂民法典的初衷，遵循编纂民法典的原则要求；淡化"两步走"方案，在审议《民法典分编（草案）》时一并考虑《民法总则》的调整；着重解决债法、物权法、人格权等重点领域的碎片化问题。

北京盈科（上海）律师事务所高级合伙律师李求轶老师在《民法典的生态化与环境人格权》中提出，《民法总则》的生态基本原则体现在民法分则的物权编、合同编、人格权编、侵权责任编等民法分则编章之中。生态原则是民法和环境法契合和链接。

环境权是一种复合的权利体系,其实体上的公民环境权则具有民事权利的私权属性,公民环境权在民法体系的核心表现就是环境人格权,环境人格权是民法上的一般人格权的扩展,环境人格权是民法一般人格权的社会化。环境一般人格权自然人享有在保持人的尊严和福利的环境中生活的权利。环境具体人格权(建议稿)包括环境安全权、阳光权、宁静权、清洁空气权、清洁水权、清洁土壤权、通风权、眺望权、景观权、低辐射权、达滨权、对恶劣环境介质的权利、对自然灾害的生态环境破坏的修复的权利、户外休憩休,等等。

首都经贸大学翟业虎教授在《浅谈我国未成年人监护权的撤销》中认为,未成年人是祖国的未来、民族的希望。在我国,由于未成年人监护制度存在一些问题,许多未成年人在生活、教育等方面的权利无法实现,有可能还遭受着身体或精神健康的威胁。近年来,类似"贵州金沙虐童案""永安亲生父母卖孩案""四川德阳父母遗弃女婴案"等侵害未成年子女的案件频频发生,有关未成年人父母监护资格问题以及父母未尽监护职责而引发的资格撤销问题,无疑引起了人们的高度关注。《民法通则》中已经对于未成年人的监护制度有规定,但是内容过于宽泛,可操作性不强,而《民法总则》的出台,都分别规定了撤销监护人监护资格制度,该制度既是保护未成年人合法权益的重要保障,也成为国家干预亲子关系的重要手段。随着撤销监护资格案件数目不断增加,与此同时也暴露了大量的现实问题。如何完善未成年人监护制度值得思考和研究。

台湾政治大学法学院博士研究生林佳颖的《论会展主办单位之民事法律地位》一文认为,在"十一五"以及"十二五"的规划中,大陆在近十年从会展的数量与质量都有长足的发展,透过对于特定会展的行政审批,得较为明确的区辨出主办单位是否具有不同于一般营利公司的特质,相较而言,台湾地区对于会展主办单位法律性质的界定是较为模糊的。会展的发展具有公益性及市场性,因涉及国家或地区整体产业经济发展,各级政府必须透过对于展览主办单位的管制乃至于审批的手段,来间接管制整个展览市场,因此展览主办单位的角色和法律上地位因为行政管理的介入,是否因此在民事法律关系上具有特殊性、是否因此影响展览活动的性质,系本文以下关注的焦点。

山东农业大学文法学院陈晓军教授在《农村集体经济组织立法问题探析》中提出,长期以来,我国农村集体经济组织一直缺乏统一的立法,而现有的乡村集体企业立法和专业合作社法都无法调整当前农村主要的集体经济组织行为。《民法总则》立法上虽然规定了农村集体经济组织可以依法取得法人资格,但是由于我国现有的法人管理登记程序无法适用于农村集体经济组织法人,因而必须建立一套新的规范体系。农村集体经济组织的立法在我国乡村振兴大的背景下具有极为重要的意义,我国应当尽快启动农村集体经济组织的立法程序,为我国农村集体经济组织的健康、规范发展提供有效的立法指导。

中南林业科技大学政法学院李敏副教授在《我国民法上的禁止权利滥用规范——兼评〈民法总则〉第132条》中提出,民法总则制定过程中,从征求意见稿到最终文本,禁止权利滥用规范的体系位置摇摆不定,具体内容也有增删变化。司法实务表明,禁止权利滥用规范不同于独立的抽象原则和具体规则,实为介乎于原则和规则之间的中间状态。权利滥用行为的认定在司法实务中尚未形成较为一致的标准,为与类似行为区分,权利滥用应包括三个要件:行为人须有权利、权利之行使边界不明、以损害他人为目的或者权利之行使造成权利人所获利益与他人所受损失严重失衡。禁止权利滥用规范的适用范围主要包括支配权中的物权、请求权中的物上请求权和形成权。权利滥用的司法效果主要表现为权利限制、损害赔偿和权利失效,其中权利限制和损害赔偿主要存在于支配权的滥用情形,而权利失效则适用于形成权的滥用。《民法总则》第132条将禁止权利滥用作为一项权利行使规范,解释论上,应严格限定滥用行为的主观要件和客观要件,法律后果为权利行使限制或权利失效(失权),立法论上,民法典分则应针对典型情形规定具体规则,以构造更为完备的禁止权利滥用规范体系。

中国劳动关系学院法学院李文涛副教授在《无效法律行为转换之学理研究和逻辑应用》中认为,无效法律行为转换的学说主要包括解释说、部分无效说和独立制度说,这些学说源于对意思表示和法律行为基本构成的不同理解。意思表示中的效果意思是否包括经济效果意思,是产生不同转换学说的根源。在现代法教义学体系中,转换不是解释,其可以超越解释的界限;转换不是部分无效,其可以等同实现当事人意欲的经济效果。尊重意思自治,不仅仅是尊重当事人意欲的法律效果,而且也需要充分考虑当事人经由法律行为所追求的经济效果和社会目的。

中央财经大学武藤副教授在《无效、可撤销民事法律行为与善意第三人保护》中提出,我国《民法总则》删除有关民事法律行为无效、被撤销不得对抗善意第三人的规定,与《日本民法修正案》增加此类规定的做法适成鲜明对比,应通过比较法研究予以解释。只要我国存在实行意思主义变动模式的权利,在该范围内就宜继受虚假表示无效不得对抗善意第三人之规则,因该规则以原权利人的虚假表示为逻辑起点,不依靠权利外观的公信力即可保护善意第三人,能避免在适用善意取得规定时出现的逻辑障碍以及构成要件过严的问题,其在当事人虚假设立债权、物权或虚假转让债权、物权及股权等场合有难以替代的制度功能。民事法律行为被撤销不得对抗善意第三人之规则应修正为善意排除规则,其可解决第三人在知道或者应当知道处分权可撤销性时是否适用善意取得规定的问题。

吉林大学法学院李国强教授的《我国民法体系中民事责任制度的演进逻辑——基于解释论的分析》一文,认为《民法通则》一个潜在的变化是在实质上把绝对权请求权并入了侵权的民事责任中,进而从另一个角度将民事责任区分为制裁不法行为的民事责任和维护状态的民事责任。《物权法》的规定没有做到体系逻辑上的简单清晰,既没有回归传统民法典的请求权的逻辑,也脱离了《民法通则》与债分离的民事责任的逻辑,在立法规范上表现为物权请求权和民事责任的关系不清楚,在司法实践中则表现为规则适用上的混乱。侵权责任法最终包含了绝对权请求权的内容主要原因是对于物权保护的理解,"物—债"二分的严格体系从来都不是绝对界限清晰的。必须把民法典分则的侵权责任法编和已经制定好的《民法总则》体系上做到一致,这就需要解释《民法总则》构建民事责任制度体系的逻辑。返还财产、消除危险等为违约责任和侵权责任以外的一种侵害绝对权责任,此种民事责任应对应传统的绝对权请求权的内容,而侵权责任则应该限定在如物的毁损、灭失一样的绝对权的不可恢复情况下的损害赔偿。

第四部分:商法(含电子商务法)发展与完善

台湾地区"高等法院花莲分院"法官、台湾政治大学博士研究生李珮瑜在《台湾地区股东代表诉讼之规范缺失与投保中心之代表诉讼》中提出,台湾地区"公司法"虽然对于股东代表诉讼早有规范,但要件严格、诱因不足,相应规范亦有欠缺,使得股东代表诉讼制度之使用率偏低。"证券投资人及期货交易人保护法"第10条之1则开启代表诉讼的另一扇门,施行迄今颇有成效。惟此制度与"公司法"股东代表诉讼之法制有所不同,适用范围亦有差异,为健全公司治理与保护少数股东权益,"公司法"仍有修正之必要。

中国政法大学民商经济法学院朱晓娟副教授在《重整中公司债券持有人的权利保护论纲》中提出,由于我国一直以来存在"重股票,轻债券"的思想,法律关于债券的相关规则存在严重的缺失,随着债券市场"新常态化",债券违约大量发生致使许多公司陷入重整程序。对处于重整程序中的公司而言,根据状态依存所有权理论,对债券持有人权利的保护,明确债券持有人的表决权、监督权、知情权与转让权等制度规范可以最大程度契合重整关于实现企业价值最大化之目标。由于公司债券的公众性问题突出、立法混乱、权利定位发生认识错误等问题,在重整中构建设立单独表决组、明确权利行使规则、加强信息披露以及完善债券转让规则等公司债券持有人的权利保护制度势在必行。

台湾政治大学博士后研究人员柯莉拉的《台湾地区2018年"公司法"修正案之评析》一文,认为"公司法"在进行大幅度修正之后,现已正式实施,其虽然在去管制化与灵活性调整上颇具力度,产生了积极的修法成果,但是在后续的执行方面仍然存在缺失,诸如松绑资本三原则下的债权人保护路径缺失、公司类型的界限模糊、未明确的公司之社会责任等,因此修正后的"公司法"势必会对现有的公司体系产生冲击,如何解决其实施后在实务中产生的新冲突问题就成为了马上要面临的问题。此外,作者在论述"公司法"修正所带来的积极正面意义和仍需待解决的问题之后,也表达了自己对于新法实施会对实务产生的影响之关注。

北京航空航天大学法学院博士研究生乔石在《保险资金股票投资相关规范之完善——大陆与台湾地区比较研究》中认为，大陆和台湾地区对保险资金投资股票均做出规范，但在资金来源之界定、比例限制之基数、介入被投资企业经营等问题上，采取了不同的做法。本文基于对四个保险业投资案例的分析，提出两岸之立法经验可相互借鉴。大陆可参考台湾地区“保险法”之做法，界定保险资金包括权益资金和各项准备金，以权益资金取代自有资金之概念，以保险资金取代总资产作为比例限制的计算基数，使保险资金的来源分类与比例限制规则保持一致。台湾地区则可吸取大陆之理念，划分保险资金股票投资的不同情形，对各种情形下的限制要求做出规范，完善对以控制为目的的股票投资的监管举措，为规范保险公司因股票投资介入被投资企业经营问题提供更多思路。

中国法制出版社编辑李小草《我国知识产权保险发展模式与政策难题》一文，针对知识产权保险这种新兴险种的政策法律问题进行了研究。知识产权保险是以知识产权为保险标的的保险，知识产权的特殊性决定了知识产权保险的复杂性。这些知识产权的特殊性带来了许多特殊理论和现实的法律政策难题。我国目前主要采取政府引导、保险公司积极推动的自愿型知识产权保险模式，目前市场上很多保险产品由政府相关部门联合保险公司推出。现行政策对促进我国知识产权保险发展、增强科技企业知识产权保险保障起到一定的积极作用，但在参保率、风险保障水平等方面还存在较多不足。我国的知识产权保险发展还处在萌芽期，需要汲取国外知识产权保险的经验，逐步构建适应我国国情的知识产权保险法律体制。

工信部工业和信息化法治战略与管理重点实验室研究员、京东法律研究院院长丁道勤博士在《〈电子商务法〉平台责任相关条款评析》中提出，电商平台对电子商务市场的主导作用，构成了我国电子商务发展的重要特点。作为电子商务领域的综合性基本法的《电子商务法》，主要是围绕电子商务经营者特别是电商平台经营者的各项义务展开。《电子商务法》相关平台责任条款对电商平台管控力度日渐强化，在某种程度上已严重影响了电商平台对平台生态的管控权限，平台日益沦为“管道”，例如“通知删除”规则削弱了平台对商家知识产权侵权的判断权，“禁止删评”使得平台丧失对第三方刷单刷好评和恶意差评及不良信息的自我管理手段。建议从电子商务创新发展、电商主体权益保护及电商秩序维护协同角度合理设定平台责任。总体上，避风港制度仍应是电商平台责任的基石，电商平台需承担起审慎合理注意义务。电商平台应积极开展自然人网店强制工商登记及纳税、资质审核、信息公示、安全保障、数据报送、公平竞争、知识产权保护等方面的合规工作。

北京航空航天大学法学院魏璐璐博士后在《〈电子商务法〉中消费者保护的平台责任制度》中认为：网络平台责任一直是互联网法律用以约束用户侵权行为，弥补权利人损失的重要制度路径；《电子商务法》第38条确立了电商平台针对消费者保护的平台责任制度，第一、二款分别确立了电子商务平台针对平台内商家消费者侵权的过错责任和对保障消费者生命健康权的自己责任,是对电子商务技术风险和组织风险的制度回应;“通知-删除”程序应当在第一款的过错责任中继续适用;区分适用二种归责原则是利益平衡的产物,需要综合考虑电商平台的商业模式、受保护权利的类型以及执行措施的合理成本等问题;面对平台安全保障义务内容的不确定性问题,应当激励构建多方利益主体参与的平台治理机制以保障其程序正当性。

北京科技大学的张凌寒副教授在《个性化推荐算法的特征与规制路径研究》中提出:热门事件的爆发使得个性化推荐算法浮于公众视野,推荐算法输入、运行、输出需要大量的用户数据和信息,在算法个性化的世界里用户如同置身于“圆形监狱”而无法逃脱;算法一方面获取大量的个人零散化、碎片化的信息进行追踪、应用甚至是共享,另一方面对用户进行分类分级甚至是产生歧视的结果;面对越来越多的公众事件浮出水面,算法的不透明性引发了越来越多的担忧,推荐算法产生的结果虽然迎合大众心理需求但却并不一定符合主流价值,长此以往容易使得用户置身“信息茧房”,侵犯个人权利;但是,技术的创新不应以牺牲个人权利为代价,个性化推荐算法的规制势在必行。

北京航空航天大学法学院徐实助理教授在《〈电信法〉视野下网络平台责任研究——从规制网络平台与用户之间关系出发》中提出,近年来,随着现代信息通信技术的不断发展与繁荣,我国的固话与移动电话用户总数远超美国,是全球第一电信大国,仅依靠《电信条例》来进行规范显然不能够继续满足市场与用户的群体利益需求。经过多年筹备与酝酿,自2019年6月以来,《电信法》立法成为万众瞩目的焦点,是热点话题与立法关键。除了关键的市场准入限制、互通互联要求、资费监管等传统电信领域内热点问题,是否在电信法中规定网络平台方的相关责任与义务也尤为重要。本文在分析了网络平台的概念与作用之后,从用户与平台之间的合同关系、用户隐私保护、消费者权益保护的 角度深度解析了美国对网络平台责任的相关规制,最终提出电信立法中应包含的相关条款用以规制网络平台方,实现网络空间治理、保护平台用户利益的目的。

本书得以成型,首先得益于第八届两岸民商法前沿论坛的成功策划和精心组织。在此,要感谢两个主办方及其民商法团队和后勤保障团队,还要特别感谢会议的协办者和赞助者,包括北京才良律师事务所、北京浩天信和律师事务所、北京中闻律师事务所、北京蔚来律师事务所、京东法律研究院、91先智科技集团、中航天信(北京)航空科技有限公司、《北京航空航天大学学报(人文社科版)》杂志社等。本届论坛得到广泛支持,来自北京大学、清华大学、中国人民大学、北京师范大学、武汉大学、南开大学、四川大学、北京理工大学、吉林大学、中国社会科学院法学研究所、中国政法大学、中央财经大学、对外经济贸易大学、中南财经政法大学、中央民族大学、华东政法大学、西南政法大学、西北政法大学、上海财经大学、江西财经大学、北京航空航天大学和台湾政治大学、台湾大学、台湾东吴大学、台湾辅仁大学等两岸知名学府以及来自全国人大法工委、法院系统、政府监管部门、律师事务所、互联网企业、大型公司法务部门等实务机构，以及新华社、财经杂志、法制日报、财新周刊、中国民商法律网等媒体机构的两百余位代表出席了本届论坛。本书的出版，还要特别感谢会议报告人积极与会和作者的慷慨赠稿授权。有些授权作者的论文在会后很快刊发在其他知名刊物或媒体，我们对此都做了标注，便于对照检索。遗憾的是，参加会议的部分嘉宾考虑论文尚在有关刊物发表之中，保留了版权，使得我们颇有遗珠之憾，不过仍然不妨有心者查访阅读。我们一并感谢为举办会议和此书编辑付出服务和辛劳的老师和同学，包括周友军、周学峰、李昊、丁海俊、王天凡、张家骥、朱晓婷、乔博娟、张渊、庞瑜、邹沛东、徐实、魏璐璐、谢地、赵精武、郑臻、王江、毛吾吉达・依布拉依江、米伊尔别克・赛力克、程喆、邓子承、何傲翾、王明志、邓环宇、杨岚、冯怡琳、侯泽琦、杜昱非等。其中，谢地同学最为辛苦，特别是在编务阶段做出了巨大努力。最后，要鸣谢中国法制出版社及其编辑团队，特别是具体负责的韩璐玮编辑、张海洋编辑。

伟大时代呼唤民法典，这一天已经离我们很近了！

目 录

【第一部分】重点策划：民法典各分编草案要点暨问题

民法典分编审议稿的几大进步*

江　平**

当年，我评论《民法总则》继受有余、创新不足，今天讨论民法典各分编的编纂，我认为相关分编草案在创新方面有了长足的进步，表现在如下几个方面。

第一个创新是人格权编。人格权编纳入民法典的编纂是一项很有意义的创举。目前，法院、检察院等实务界和其他政府部门对于人格权编写入民法典没有太大的争议了。在法学学术界，民法之外其他的学科似乎对于人格权编入民法典也没有太大的争议了，现在的争议恰恰存在于我们民法界内部。我们要避免人格权编入典成为民法学界内部的意气之争。

人格权编写进民法典，实际上是一个时代的潮流。我们应该看到，19 世纪、20 世纪的民法典，如法国民法典、德国民法典、日本民法典都是以财产权作为调整对象。今天到了 21 世纪，人格权的问题凸显出来了，所以在这个意义上来说，人格权编进入民法典，是时代潮流的需求，也是时代潮流发展到 21 世纪所必然面临的问题。不管西方国家是怎样规定、在哪里规定，这部分都是避免不了的。我们既然在总则中没有充分规定有关人格权的问题，那么势必要将其单独成编，所以我觉得这一点是我们民法典一个很大的创新。

第二个创新是关于土地的问题。我们知道，制定《物权法》的时候，我们只提了农村土地承包经营权，但并没有在耕地上提出现在的“三权分立”的概念。土地承包经营权当然要规定，因为这是我们 40 年来改革创新的重要突破；但是中国土地的问题显然不能仅仅止于一家一户几亩地，仍然是占中国人口 50% 的农民来耕

---

* 本发言同时授权刊于《中国法律评论》2019 年第 1 期。

** 江平，中国著名法学家，中国政法大学终身教授。

地。现代化必然要走集约化，必然要走土地集中经营，必然要走现代化的道路，必然要把农业人口从50% 降到20%、10%，甚至像有些国家那样降到不到10%，这样才能实现土地集中的现代化。

现在我们的草案除了土地所有权、土地承包经营权，还提出了土地经营权，这就为我们将来土地的现代化、集约化提供了有利的基础。现在对于土地经营权的性质，民法学界还有很大的争论：有的说这是派生的，是土地承包经营权派生出来的一种权利；也有人认为这是一种独立的权利，而不仅仅是从土地承包经营权派生出来的一种派生权利。这些问题值得学者和实务工作者进行研究。我们在修改草案里面写得还比较简单，其实这部分内容是很丰富的，涉及中国的现代化进程的这些问题都有待我们去深入探讨。

第三个创新就是物权编里增加了居住权。居住权是一种人役权——我们在原有的物权法里面增加了地役权，现在又增加了人役权。居住权在罗马法和法国民法典里面都有规定，但是后来一些国家的法律很少谈到。中国政法大学79级学生曾讨论过一个案例：一个老华侨从海外归来，他在广州中心有一座很好的别墅，他的儿子对他不算孝顺，他的女儿对他很好。这个老华侨还有点封建思想，认为把房产过给了女儿就等于给了外姓人，给了儿子就算是自己人，于是他立遗嘱——我死后这个房子归女儿永久居住，但是所有权归儿子。当时我和学生讨论这样的遗嘱是否合法，我认为应该承认这份遗嘱的法律效力，当时就有了一个把所有权给儿子，把永久居住权给女儿的继承模式。

今天我们终于把居住权写进了法典里面，而且是用物权来保护，不是债权。在这样重要的法典里对居住权的确定，应该说有很大的意义。今天我们面临着房屋比较紧张的问题，有些弱势的群体没有房子住，但是有房子的人愿意给这些弱势群体更多的帮助，给他们居住权，并且上升到物权法来加以保护，这应该是社会进步的一大表现，这也是很值得我们赞赏的。

最后，还有一些很大的进步。比如，在合同编里加了合伙合同，这就是一个很大的进步。因为我们现在只有合伙企业法，而合伙的前提首先是合同，既可以不以经营为目的，也可以不以企业形式来出现，所以这些问题都是值得我们深思的。同时，在担保方面也有新的创建，把物的担保方面写进了物权编；在人保方面，我们就面临着保证合同的地位问题，把保证合同单独作为合同的形态也是非常必要的。

总体来说，我觉得我们的民法典已经进入了成熟的阶段，按照立法的话说“时间到了这般的时候，一些问题也就大致可以定型了”，所以我认为，民法典草案在两年之内来完成还是大有希望的。

再论民法典的体系和功能的关系

苏永钦*

我很高兴受邀参加今天的两岸民商法前沿论坛，并且想借助民法典分编审议稿的面世，就民法典的体系和功能问题再做一个讨论。

法律领域体系化的最高境界，就是有一部法典。自十九世纪以来，又以法、德民法居于典范地位，各自从罗马法的宝库掌握了某些精髓，反映所处年代的需求而将其发扬光大，自然天下璟从。二十一世纪的民法典应当坚持体系化导向，以民法典作为开路统领性的规定，建立和完善法律体系。民法典的目的不在排斥公共政策，让整个民法脱离现实，而是通过普通特别的体系运作，让政策的调整可以集中在针对目标事物、团体而定的特别法上，由政治部门专就劳动契约、环境保护、城市租屋、无店户交易等特别问题去辩论审议，而由民法典处理所有无特别法规范时的私法关系，充分发挥其稳定功能。

经过一个世纪的演变，所有现代国家都选择了某种公私混合的社经体制，也就是说，国家在通常的管制、监督以外，常常还扮演启蒙者、计划者，乃至引导者、参与者或示范者的角色。民法作为国家处理公共事务的手段，完全可以视其主体、对象、事务、地区或阶段而精准的运用，使国家的介入机动而又恰如其分。也因此在创造政策工具时，国家更有必要谨守民法的体系原则，视其介入的层面，如果确实需要增订民事规范时，选择放在最适当的层级。此时居于普通法地位且保持政策中立的民法典就可扮演更关键的角色，简言之，就是怎样把民法做大，创造出更多交易或管制的选择，并提供更能反映生活常态的法律关系模版。

所谓做大，不是纳入更多实务呈现的议题，那是早期编纂式法典的思路，民法典保持的高度抽象性与普遍性（边沁所说的涤除所有“历史的偶然”），使得即使

---

* 苏永钦，中国台湾台北人，祖籍浙江杭州，教授，留德法学博士，台湾政治大学兼任讲座教授、台湾地区司法机构前副院长、大法官、著名民法学家，研究方向为民法、公法。

分编的分则也无需纳入太多议题，多数问题可以留给教义学，有的则需要用特别法解决。在民法典勾勒的无政策干预的基础民事秩序，是以市民的自由意志为中心，通过各种自治性而非管制性的强制规定，也就是具有定义规范（如人、买卖）、赋权规范（如行为能力、处分权）、界线规范（如侵权、违约）或效力规范、责任规范性格的规定，去建构相互间的权利义务关系。因此不像其他法律领域，民事规范的真正创造者是人民，民法的规定只是人民实现意志的工具，当国家基于公共政策的需要而去引导人民，或自己通过国企“微服入市”时，也只是间接地把民法当成实现其政治意志的工具。因此所谓做大，是要通过各种自治性强制的规定，把可纳入交易的资源，可开发的功能效用尽可能的放大，使可建构的权利义务关系尽可能多样化，以供不同交易者因应不同需求与交易环境条件而有尽可能多的选择，这也就是工具箱的概念：能创造出最多好用的工具的民法典，使市场交易和国家治理都更能以最有效率的方式满足其需求，就是最好的民法典。

现代民法典另外一个重要功能就是为公私法提供法律关系的模板。就私法而言，任意法性质的有名契约便是最好的说明，各种法定关系也画出了自治的底线。有名合同的规定原则上皆为任意法（ius dispositivus），而非强制法（ius cogens），换言之，当事人要做相关交易，完全可以不予理会而按其需要做完全不同的约定，仍然发生合同的效力。由此可知民法典中占了最多条文的有名合同别有其他目的。一旦物权的种类与内容开放自由约定，立法者也一定会选择最常态的交易类型，并按其最常态的内容加以规定，再依星系规则把功能相近的债权合同、物权合同放在一块，以利选择。这些对当事人不具强制性，但当事人仅能选择不用（opt out）而非选择适用（opt in）的规定，必然还是承担了一些重要的功能，绝非可有可无，只看两岸的相关规定都在持续增加即可推知。但是，合同本质应回归社会，而非所谓学理。所谓有名或典型，其决定则只能通过深入的社会调查，不能一律照搬外国经验而美其名为法理，非真正典型而强以为典型，作为模板而付诸司法的结果反而因扭曲了社会的公平观念而不能定分止争。

民法典除了在私法自治的领域承担模版的示范功能，大幅降低交易成本，引导建构公平而有效率的合同外，还可对其他法域的建制发挥模版功能。基于历史及事物本质的原因，概念规则最丰富而精确、体系化程度也最高的法领域还是民法。晚熟的公法在处理公权力与人民或公权力之间的关系时，除了单纯技术性规定，如期日期间的直接准用外，也在必要时假借其他规定，基于行使、承担私法权利义务建构的法人组织，以及某些基于平等关系建构的规则，如法律行为、契约、侵权、不当得利、排除权利妨害、时效消灭等。抽离具体议题的民法典有点类似语言的基本文法，因此越是精准逻辑，也越可承载这种跨法域的假借功能。对于徘徊于公法和私法之间的第三法域，我们还看到民法典发展出来的这种模版功能，被错位的借用。以劳动法为例，考虑交易地位不对等的劳资关系兼有私法自治与公法管制的双重性格。有关劳动条件的立法原来虽为公法性质，但德国的 Hans Carl Nipperdey 教授于 1929 年即提出所谓双重效力理论，认为国家基于保护劳工目的而制定课予雇主一定公法上命令或禁止的劳动保护法，同时也形成强行性质的私法契约内容。

综上所论，潘德克顿模式的民法典以精准的概念及逻辑的规则为基础，建立普通—特别的数学化体系而在体系效益上超越之前的民法典，开启新的典范，但 20 世纪自治和管制的理念从左右摇摆，逐渐发展出一种新的辩证关系，即自治中有管制，管制中有自治，民法典在体系化上更被期待不断做大而可提供交易和管制者更多工具的选择，以及发挥模版的功能，不但降低交易成本，而且跨法域的提供公法建构法律关系的参考。

我认为，从这样的工具箱和模板观点来看，德国式的五编制体例确已在不少地方显得自缚手脚，其法教义学形成的内在体系，应该已可看到某种新体例的可能，特别是若往扬弃物权法定原则的方向思考的话，一个以意定、法定两条腿来替代债物二编的想法其实已经浮现。即，仍然以私法自治为贯穿民法典的主轴，但以意定—法定的二分来取代债物的二分，也就是把原来债物二编中的合同关系统整为意定关系，而把二编中法定的债或物的变动统整为法定关系，除了在公因式的提取上明显更为全面外，前者可以更充分的落实自治，后者则可更完整的彰显自治的一些界线，或对自治造成的不正义做某种善后。在这样的新体例下，工具箱的功能主要即由总则编和意定关系编有关合同的规定来承担，模版的功能，则分别由意定关系编和法定关系编来承担。

通过民法典的做大，交易者和管制者都多了很多实现其意志的工具；通过模版的引导，更可提升整个法体系的理性。中华人民共和国民法典的制订如果也能朝这个方向去努力，应该可以继法、德之后引领风骚。

人格权编与侵权责任编的结构关系[*]

王利明[**]

我今天想着重探讨人格权法与侵权法的结构关系，明确人格权编区分的意义和功能。21 世纪是走向权利的世纪，是尊重与保障私权的世纪。在我国民法典制定过程中，关于如何处理人格权法与侵权法的关系，引发了激烈的争议。我认为，这里面的一些争议存在误解，而认识人格权和侵权责任的立法区分意义非常重要。我讲五个方面。

一、人格权从消极保护到积极确权是民法的重要发展趋势

人格权积极确权模式，是指通过立法正面列举的方式，对具有广泛共识的人格性利益加以确认，进而实现人格权的积极保护。与此相对应的模式则是消极保护模式，即法律上并不详细规定人格权的具体形态，而是在人格权遭受侵害之后由法官援引侵权法的相关规定对人格权予以救济。

早期的法律主要采用消极保护模式。最初，生命、健康、名誉等人身权益都是通过侵权法进行保护的。罗马法中的私犯包括对人格和人体的侵害。这种模式对之后大陆法系国家产生了深远影响。

在 18 世纪至 19 世纪，人格权还没有形成一种独立的权利，保护主要通过侵权法实现。虽然一些大陆法系国家民法典在侵权法中对生命、名誉、姓名等人格权作出了规定，但在保护方式上都采纳了消极保护模式。此种模式又可进一步分为以下

---

[*] 本报告最初以《人格权的积极确权模式探讨——兼论人格权法与侵权法之关系》为题发表在《法学家》2016 年第 2 期。报告人发言时有新的发展。

[**] 王利明，中国人民大学常务副校长，中国法学会副会长，法学院教授。

两种：一是法国模式，即通过侵权法的一般条款对人格权进行保护。二是德国模式。德国法并不通过侵权法一般条款保护权利和法益，而是通过列举的方式明确侵权法所保护的权益范围。德国法也主要是通过侵权法规则对人格权益进行保护。只不过，与法国模式的不同之处在于，德国模式对具体人格权作了非常有限的列举，给法官提供了相对具体的指引。

欧洲大陆其他国家的法律主要借鉴了这两种模式。新近的《欧洲示范民法典草案》也主要通过侵权法对人格权进行保护。从总体上看，该草案主要调整合同和其他法律行为、合同与非合同上的权利义务以及相关的物权问题等财产关系，而没有对人格权作出详细规定，但该草案在“合同外责任”部分规定了对人格尊严、自由以及隐私的侵害。

20 世纪以来，两次世界大战的发生促进了人权运动的发展，尤其是第二次世界大战期间法西斯的暴行，促使人们对人格尊严的保护进行了深刻反思，并发起了大规模的人权保护运动，这也将人格尊严的法律保护提高到前所未有的历史高度。具体到法律技术层面，越来越多的国家开始从传统的消极保护模式走向积极确认路径，这具体表现在：一方面，侵权法进一步扩张了保护范围，这促进了人格权的进一步发展。另一方面，一些国家的立法开始从人格权的消极保护向积极确权方向发展。

人格权的消极保护向积极确权方向发展主要是通过立法的主动确权来完成的。在大陆法系国家，1950 年《欧洲人权宣言》极大地推进了欧洲国家国内法的变革。欧盟意外的一些大陆法系国家和地区也采用了积极确权模式规定人格权制度。

在人格权保护方面，英美法采取了所谓的“鸽洞模式”，即通过具体列举各种侵权之诉的方式，对人格权提供保护，尤其是依据侵权法保护名誉和肖像的权利具有悠久的历史，并且形成了一套完整的制度体系。

从两大法系的历史发展经验来看，人格权经历了一个从司法的消极保护到立法的积极确权的过程。从比较法上看，许多国家的人格权益转变过程，是从其获得司法上的实质保护开始到最终的法律承认，并在此基础上形成了相对独立的人格权法律制度。人格权的发展也进一步推定了侵权法保护范围的扩张。

二、从司法确权向立法确权转变彰显了新世纪民法的时代精神和特征

（一）民法典采用人格权积极确权模式彰显了人文关怀的价值理念

21 世纪是弘扬人格尊严和价值的世纪。正如孟德斯鸠所言“在民法的慈母般的眼里，每一个人就是整个的国家”。日本法学家田中耕太郎也曾指出：“私法的基本概念是人。”我国民法典也应当充分反映人文关怀的时代精神。现代科学技术的发展

给民法的人文关怀提出了一定的挑战。这就需要强调人的尊严作为民法的一项基本原则，任何损害尊严的行为在民法上都是无效的。21世纪民法的价值理念正在发生深刻的变化，在贯彻私法自治理念的同时，也应当体现民法的人文关怀精神。

就人格权法领域而言，民法的人文关怀精神就是要强化对人格权的保护，维护个人的人格尊严和人身自由。在传统民法中，人格权始终找不到其应有的位置，它或者处于民事主体制度中，作为自然人的固有权利而简单规定，或者成为侵权法的保护对象，作为侵权的特殊形态而被简略提及。总之，人格权始终未能在民法分则体系中占有一席之地。

《民法通则》对各项人格权进行集中规定，并为人格权的保护提供了具体的可操作性规则，为人格权的司法保障提供了法律依据，也使整个人权事业获得有效地实现机制，彰显了民法典人文关怀的时代特征和精神。我们应当在总结《民法通则》立法和司法实践经验的基础上，通过独立成编的人格权法对生命权、健康权、隐私权、肖像权等诸多具体的人格权利作出规定，以具体彰显人文关怀的价值理念。正如大村敦志所说，使民法真正成为"'活着的人'的法，'想更好地活着的人的法'"。

（二）民法典采用人格权积极确权模式符合21世纪的时代特征

《民法通则》关于人格权的集中规定，为我国未来民法典人格权的定位奠定了良好的基础。我国民法典应当反映21世纪的时代特征。那么，我国民法典如何反映21世纪的时代特征？

随着计算机和互联网技术的发展，人类社会进入到一个信息爆炸的时代，在这一过程中，传统民法规则注定会面临来自诸多方面的机遇和挑战：首先，网络技术的发展创造出了很多前所未有的权利类型。其次，在网络环境中，侵权损害易发。最后，网络环境下的人格侵权损害赔偿的计算具有特殊性。

在现代社会，对个人权利的尊重和保护成为人类社会文明发展的必然趋势。现代网络通信技术、计算机技术、生物工程技术等高科技的迅猛发展给人类带来了巨大福祉，但同时也改变了传统生产和生活形式，增加了民事主体权利受侵害的风险，给民法带来了许多新的挑战。比如许多高科技的发明对个人隐私权的保护带来了巨大的威胁，生命科学技术的进步也对生命、身体、健康等人格权提出了新的挑战。

人类社会自20世纪80年代以来逐渐进入信息时代，个人信息逐渐成为一项重要的社会资源，对个人信息提供法律保护的必要性日益凸显。我国司法实践已经开始对个人信息提供保护。因此，需要在人格权法中明确规定个人信息权，以平衡个人信息利用与保护之间的关系。

基于此，在未来民法典的编纂过程中，必须强化人格权立法，采取积极确权的模式，重点规定有关生命健康权、名誉权、隐私权、个人信息权以及网络环境下的人格利益保护等问题。

三、积极确权模式具有消极保护模式不可替代的优势

在人格权的发展过程中，积极确权与消极保护这两种立法模式都发挥着各自的作用。比较而言，通过积极确权模式确立人格权体系的立法、司法成本较低，有效避免法官造法的不一致性和滞后性。具体而言，与消极保护模式相比，积极确权模式具有以下积极功能：

一是维护行为自由的功能。就人格权保护而言，消极保护模式无法准确划定权利人和第三人行为自由的界限，难以有效发挥维护行为自由的功能。

二是行为引导功能。积极确权的方式能够从正面确立一种行为模式，告诉行为人自己的行为界限，以及违反相关规则的法律后果。

三是侵害预防功能。对人格权的积极确认也有利于实现侵害预防功能。同时积极确权能够明确权利的边界，便于法官识别不同类型的人格权利，尤其是在权利之间发生冲突的情况下，通过积极确权的方式能够使法官明晰不同的权利，从而精准找法，作出正确裁判。

四是预防权利冲突功能。积极确权也有利于明确人格权的行使和限制规则，从而预防各项人格权之间以及人格权与其他权利之间的冲突。人格权作为一种具体民事权利，其行使应受到一定限制。

五是限制自由裁量的功能。从消极保护模式的司法实践来看，其并不利于限制法官的自由裁量权。因此，只有通过正面确权的方式，才能形成明确、具体的人格权保护规则，从而统一裁判规则，增进法的安定性。

六是人格权宣示和弘扬功能。人格权虽有固有性，但也有法定性，人格权观念的形成有赖于立法的明确规定，也取决于权利主体在观念上的启蒙。只有当法律赋予权利的人在内心深处充分意识到了其法定权利，并积极主动地去追求这种权利，相应的权利才可能真正变成公民的福利。

此外，积极确权模式也与我国当前的宪法实施机制相契合。从比较法上来看，消极保护模式与宪法司法化有密切联系，因为人格权常常在宪法中加以列举，法官会援引宪法对人格权加以保护。但这种方式在我国是难以实施的。在我国，法官无法直接援引宪法裁判民事案件，宪法也就不能直接作为法官处理人格权纠纷所援引的裁判依据。这就要求我国必须制定和完善人格权法，特别是对一般人格权作出规定，为法官裁判人格权纠纷提供明确的裁判依据。

四、人格权法与侵权法的功能区分

我国《侵权责任法》通过扩张权益保护范围及采用多种责任形式的方式，强化了对人格权的保护，从而使侵权责任法与人格权法的关系变得更加密切。如果采取积极确权模式单独制定人格权法，就必然产生如何协调人格权法与侵权法之间的关系问题。两者之间的关系本质上是权利法和救济法之间的关系。人格权法与侵权法的法律功能不同，侵权法不能完全取代人格权法。

第一，人格权的类型确认应由人格权法完成。侵权法主要是救济法，其主要功能并不是正面确认权利，而是预防和填补损害。人格权法是权利法，其与物权法等法律一样，其主要功能在于确权。

第二，人格权的具体内容宜由人格权法规定。每一种人格权都具有其自身的作用或功能，这些权能不是单一的，而是多样的。正是在这个意义正是在这个意义上，只有制定人格权法，才能全面确认人格权的各项具体内容，充分回应私权行使和保护的需求。

第三，人格权的利用、行使规则应由人格权法规定。当代社会，人格权制度已经取得很大发展，人格权种类和内涵在不断扩展。法律不仅要列举与表彰各种权能，也要具体规定各种权能的行使与表现效果。法律应当规定人格权的具体行使、利用规则，这些规则显然非侵权法所能包括的。

第四，人格权与其他权利的冲突规则应由人格权法规定。人格权在行使过程中，常常会与其他权利发生冲突。另外，各项具体人格权之间也可能发生交叉和冲突，因而需要在人格权法中确立解决冲突的规则。

另外，以侵权法吸收人格权法存在难以逾越的立法技术障碍。通过侵权法提供“侵害——救济”式的被动保护不足以充分保护人格权。人格权如果置于侵权法中，主要适用过错责任，因此，侵犯人格权很难作为一种特殊侵权纳入。从《侵权责任法》层面来看，第 6 条第 1 款即可适用人格权的侵害，无须在分则中具体列举侵犯人格权的责任，如果列举就会发生体系冲突。侵害人格权也不能专门纳入侵权法总则，因为总则主要规定侵权责任的构成要件和抗辩事由，总则不是根据侵害对象构建的。所以，侵权法无法全面体现人格权保护制度。

《侵权责任法》的实施虽然强化了对人格权的保护，但这并不影响人格权法的制定和实施。相反，为了配合侵权法共同实现对人格权的确认和保护，应当制定独立的人格权法。

五、人格权法与侵权法的功能协同

单独制定人格权法，并不意味要完全割裂其与侵权法之间的关系。人格权法属于权利法的范畴，积极确权模式是人格权法作为权利法的必然要求。可以通过独立成编的人格权法积极确认人格权，再通过侵权法的具体规则保护人格权，从而形成二者的良性互动。

具体来说，人格权法在对人格权进行确认后，在如下几个方面还需要侵权责任法予以协调与配合，从而形成二者在功能上的衔接和互动：

第一，在确认某项人格权之后，需要通过侵权法确定对人格权的侵权救济方式。人格权的具体内涵、行使规则、侵权责任的特殊构成要件等，都应当由人格权法作出具体规定，而侵害人格权的一般构成要件、侵害人格权的责任承担等，则可以由侵权法作出规定。

第二，人格权法在对人格权进行正面确认之后，可以同时从反面列举禁止性规范。禁止性规范不同于侵权法中的权利救济规则，其本质上属于行为规范的范畴，其功能在于规定权利行使的范围，因而不应纳入侵权法的范畴。

第三，人格权法中的权利冲突规则能够与侵权法的规定相结合。在发生权利冲突后，具体判断相关行为是否构成侵权、应承担何种侵权责任时，则应借助于侵权法规则。而人格权法中的权利冲突规则可以为侵权责任的认定提供前提和基础。

第四，人格权法有关人格权商业利用的规定可以与侵权法中有关财产损害赔偿规则衔接起来，构成完全法条。人格权商业化利用本质上是人格权积极利用权能扩展的结果，因此，有关人格权商业化利用的规则属于人格权的正面确权规范，应当规定在人格权法中。但在行为人未经许可对他人人格权益进行商业化利用时，则构成侵权行为，具体责任认定和承担则应当适用侵权法规则。

第五，人格权法能够细化侵权责任在侵害人格权情形中的具体责任方式。最高人民法院已于2001年出台了《关于确定民事侵权精神损害赔偿责任若干问题的解释》，我国未来人格权法可以此为基础，总结我国既有司法实践经验，对侵害人格权的精神损害赔偿侵权责任作出全面的规定。

综上所述，无论是积极确权还是消极保护，都涉及权利的确认，如一项利益未被法律正面确认为权利和法益，无论是积极确权侵权法就很难对其提供保护。在民法典之首，设独立一编规定人格权内容，有助于完善民事权利体系，彰显人格利益保护，推动我国人权法制建设，体现我国民法学者积极探索在新的社会条件下完善民法体系的成果。

民法典物权编的“四个坚持”

孙宪忠*

目　次

目前大家都在热议我国民法典的编纂，其中的“物权编”更是吸引大家关注。大家知道，现在领导人讲话一般都采取讲几个“一定要”的模式，这里我也想模仿一下，提出民法典分则中的物权编的“四个一定要坚持”。

我提出的物权编“四个一定要坚持”就是：第一，一定要坚持真正保护人民基本权利的指导思想。保护人民的基本权利，是民法典编纂确定不移的指导思想，这个要点我们一定要真正坚持。第二，一定要坚持科学立法的基本原则。近年来，中央文件和习总书记讲话，有五次提到科学立法，那么在民法典尤其在物权编里是不是贯彻了这个原则呢？这个问题还需要讨论。第三，一定要坚持立法内容符合中国国情原则。物权编对国情的因素体现得好不好、充分不充分，这也是我们要认真思考的。第四，一定要坚持和维护好我们的经济基础。上层建筑一定要符合经济基础的要求，这一点在我们看来毋庸置疑。

为什么在这个时节我要提到这“四个一定要坚持”？上文说我想模仿领导人讲话，这当然有开玩笑的意思，但是更多的，是我直接参加立法工作、做相关社会调查的心得体会的直接感受，我认为，这些涉及立法指导思想的问题，确实值得认真

* 孙宪忠，中国社会科学院法学研究所学部委员、研究员，中国民法学研究会常务副会长。

讨论。“四个一定要坚持”提出的都是大问题，是涉及立法指导思想和原则的问题，不是细节的问题。目前大家在讨论一些细节性的问题，比如说具体概念、具体条文的写法等，这些确实是很有价值的。但是我认为，目前民法典分则物权编恐怕还是需要从宏观的立法指导思想来考虑，有关的制度建设，需要从更深层的思想精神的角度予以进一步推进。

当时为了反击法律虚无主义的思潮，民法学界甚至整个法学界实现了空前的高度团结。但是在这个团结的背后，实际上也有很多的不得已，也有很多的折衷以及融合。本应该坚持的政治上的先进性，以及立法技术上的科学性，最后都没有坚持下去，结果留下了很多的遗憾。《物权法》从实施到现在已经有十多年了，在十多年的历程中，该法的立法质量受到了实践的检验。可以说它总体上是很好的，但是也暴露出很多问题。这些年我一直在做相关的调研，调研成果显示该法确实要改进。最高人民法院发布了数个涉及物权法的司法解释，它们从一个侧面反映了《物权法》本身的缺陷。所以，现在的民法典编纂，还是要积极向前推进民法典物权编整体立法质量的提升。

本届全国人大成立后立法工作加强了，不但常委会举办的次数增加了，而且我所在的全国人大宪法和法律委员会也频繁开会，讨论立法修法问题，我们已经制定了十多部法律，修改了四十多部法律。在参与立法工作的过程中，我有一个最为深切的体会，就是我们的立法一定要坚持保护人民权利的导向，一定要坚持科学立法的导向，一定要坚持国情问题的导向和坚持经济基础的政治导向。如果宏观的指导思想，不通畅，也就是大道理不通畅时，小道理定不通畅。现在中国立法，包括民法典的立法在内，社会上的小道理极其之多，各种观点可以说是纷至沓来。一方面表现出学术上的繁荣，但是另一方面，我也不好意思地说一下，可能也有一点点鱼龙混杂。事实上确实存在这些问题，所以我想还是要把宏观的指导思想的问题解决好。

一、坚持真正保护人民基本权利的指导思想

从物权法涉及人民权利的承认和保护，在民法典物权编中一定要坚持真正保护人民基本权利的指导思想。大家可能会说，为什么要说真正保护？在这一点上我们难道还有疑问吗？我的回答是，确实有疑问，确实有必要讨论真正不真正的问题。

我们可以看到，不管是中国共产党第十八届四中全会的决定还是十九大报告，还是总书记的讲话，全国人民代表大会常委会委员长的讲话，只要涉及民法典立法的，都一再强调人民权利保护。所以我想，从中央的角度看，真正保护人民权利观念是坚定的，不容置疑的。但是我们看看民法典物权编的一些内容，就会发现中央的要求贯彻得并不算好。

一个最显著的例子，出于不明确的原因，现行《物权法》第149条规定的涉及七八亿城市居民的一项重要的财产权利制度，在民法典物权编的草案中已经发生了重大的改变，不知道各位是否注意到了。《物权法》的这个条文规定，城市居民住宅建设用地使用权七十年期限届满，应该自动续期。大家可以看一看，这个第149条，在上述内容后并没有但书，也没有任何其他的条文。依据这样一个条文，我们可以知道：使用期限届满了，使用权就应该自动续期。什么叫自动呢？自动就是无条件。可是现在民法典物权编草案规定这一内容的第152条，自动续期后面加上了这样一句话："续期费用的缴纳或者减免，依照法律、行政法规的规定"。大家想想加上这句话以后，性质有没有什么变化？变成了什么意思？加上这一句话，"自动"续期是不"自动"的了。法律草案的这个条文的精神就是，还是要收费的，收费是个大原则。不过怎样收费，物权编现在不规定，将来还得要有别的法律法规来规定的。这个草案内容，一下子就把原来的立法给改变了，变得不利于老百姓的财产权利了。要知道，这个权利涉及城市居民七八亿人，而且收费权有可能被列入行政强制。所以这个权利内容的改变，不能说不重大。

《物权法》第149条规定的自动续期的条文，我毫不脸红地说，其中也有我一份努力和心血。2005年全国人大环资委立法讨论《物权法》草案中土地物权制度的时候，我提出来无条件自动续期的方案。后来，全国人大常委会法工委的立法简报中也提到了我的立法建议报告。我的这个报告的内容，在2015年温州土地收费事件时，才公开发表了。这个环节里自动续期的理由有两个：第一，城市土地国家所有权，不是按照民法上的所有权取得方式取得的，而是"建立"起来的。因此丢与土地的国家公有，从一开始就不能把它仅仅从民法的角度理解为像市场上做买卖那样的财产权利，更不能把城市国有土地理解为政府私有土地，而应该理解为人民共有土地。第二，现阶段的商品房价格中已经包括了高额的土地价格，这个价格高于世界绝大多数国家的市场价格，也就是所有权价格。因此，不论是从政治上看还是从经济上看，买房人，这些普通的民众已经为土地使用权支付了所有权的费用。在这种情况下，民众购买商品房也就已经支付了所有权的地价。

也就是因为这样，看见民法典物权编关于民众住宅的土地使用权期限届满还要再收费的规定后，我是很痛苦的，但是我想，更痛苦的是现在城市里居住的七八亿的普通老百姓。这个改变现行《物权法》第149条规定的新增内容，我们没有看到任何立法理由。我在参加2018年8月底召开的全国人大常委会第六组讨论的时候，已经提到了这个问题。

前段时间我参加了全国人大组织的一个访问团，跑了几个国家，我走到一个地方，就了解他们涉及土地开发法律制度的情况，了解房地产开发中各种主体的权利义务关系方面制度规则问题。我惊讶地发现，只有我们中国大陆地区才有民众购买商品房，只能取得有期限的土地使用权这些的制度规则。不仅中国台湾、中国香港和中国澳门没有这样的问题，越南和俄罗斯这几个国家也都没有这样的问题。这种涉及普通民众的财产权利、具有重要社会价值的法律制度，立法者的操作必须要慎重。因此我才提出了“真正保护”的问题。我想提出一个建议，我们一定要从真正保护人民权利的角度认识这个问题，一定要把物权编草案第152条后头这句话删掉，留下这么一个尾巴实在是太不好了。

在保护民众权利这个问题上，还有其他的制度部分也需要注意，比如民众所有权、投资的所有权尤其是民营经济投资所有权、土地承包经营权、宅基地的使用权等等方面。这些制度比较多。民法典物权编一定要想办法解决好这样的问题。这是我想讲的第一个问题。

二、坚持科学立法的基本原则

大家都知道，总书记多次讲到要科学立法，我直接间接听到的就有五次。总书记如此反复强调科学立法，大家可以想一想，他为什么要这样反复强调呢？民法典立法是不是有不科学的地方呢？难道总书记是无的放矢地说这个话吗？我们要好好想想这个问题。

我参加立法的经验说明，总书记说的并不是无的放矢，因为民法典立法中的科学性原则并没有的都很好地遵守。总书记说，法律科学是人类社会数千年依法治国的经验总结。我完全同意这个说法。我最近在这一方面有一些考虑，总结了民法典立法中的科学规则，大的方面有八个原则。本来我也想讲一讲这一方面的内容，但是按照会议的安排，我应该讲一讲物权编的编纂问题。我认为，民法典物权编，尤其应该讲科学讲体系。对这个问题，我已经提出来讨论了很多年，我的一些观点大家可能都知道。现在我想就民法典物权编中的一些科学规则的应用问题谈谈看法。

大陆法系的法律都是由立法机关通过立法程序制定出来的，制定法律必须首先讲体系，体系就是科学的规则之一。在大陆法系的体系科学中，首先的科学规则就是公法和私法的区分，因为公共权力法权伦理基础、运作机制、救济机制和民事权利都是不一样的。虽然在一些局部性制度方面公法和私法的区分有困难，但是大的体制上必须有区分。公共权力和民事权利不能混淆，否则定会造成民事权利损害的问题。民法典物权编当然属于私法，这个私法中间的“私”，并不是有些人所特别敏感的政治上的私字，而是民事主体特定化、具体化的意思。民法上的主体特定化具体化之后，才能真正享有民法权利、承担民法义务。从这个角度看我国物权制度上的主体，有一些特别重要的主体，恰恰是无法承担民事权利义务关系的。这个问题非常值得研究解决。最近西北几个省，在国家公园的保障问题上出了很大的问题，从民法上看，所有权主体不明，最后导致责任主体不明。这些问题都是值得我们反思的。

这一次的民法典方案，也就是 2018 年 8 月底在全国人大常委会法工委讨论审议、并公开征求社会意见的方案，其中相当多的制度属于公法。比如人格权编很多内容，就是直接从现行的行政法中抄过来的，抄的多了实在不好看。物权编的公法问题，不像人格权编这么强烈，但是也有一些。这些法律是民法典内容和民事权利有些关联，但是民法的特点又不强烈。什么叫民法特点呢？就是特定具体化的主体，明确肯定的标的，明确肯定的权利，明确肯定的义务和法律责任法。这些基本民法科学原则，在民法典中、在物权编中应该得到很好的遵守。

刚才有学者和我说，一看到我发言，就会讲到区分原则的问题。确实我要讲一讲这个科学的立法和司法规则。民法学界，很多人都知道我本人多年来倡导的区分原则：物权的法律效力和债权要区分开，物权变动的法律原因和债权变动的法律原因要区分开。现在整个法院体系都在采用这个原则，最高法院几个司法解释都承认和采纳区分原则，现在连基层法院的法官都会按照这个原则办理交易案件。但是在《民法总则》立法时，这个原则没有写入。当时我是人大代表，我提出了数个议案都涉及这个原则，在多次关于民法总则的立法讨论时也一再阐述了这个原则。对于我的议案，有关机构给我的回答是，关于区分原则，民法学界没有一致意见，而且我的意见是少数人的意见。我当时就进行了反驳，我的意见在立法专家这几个人里面可能是少数人，但是在整个民法学界还是少数人吗？中国搞民法的，谁不知道物权和债权的区分，物权变动和债权变动的法律根据的区分？另外，整个中国法院系统都采用这个原则来办理案件，全国从上到下的法官，包括法庭里的法官都知道，物权的法律根据和债权的法律根据是不一样的。合同成立只能产生债权法上的效果，不能说不动产不登记合同就不生效，动产不交付占有合同就不生效。连乡镇法庭的法官都知道的道理，为什么到了法学家的层次，就成了中国法学界的少数观点呢？

我认为科学的东西一定要坚持。区分原则涉及案件分析和裁判，而分析和裁判的对象是全部涉及交易的案件，所以这个原则在民法上具有基础意义，在整个民商法体系中具有核心制度规则的价值。社会大众虽然不一定知道，但是法官、仲裁员、律师和从事法律工作的一切人，都会经常使用，因此也就应该明白其含义。尤其是最高法院的司法解释采纳了这个原则，基本法律不采纳它，就造成了立法远远落后于司法的局面。所以立法一定要采纳。这些年我进行了多次讲座和调查，我发现，现在一般法科学生都能够听懂区分原则，基层法官和律师也知道怎么使用。所以我一直不明白，说大家听不懂，这个结论是怎么得出来的？上面说到，科学的东西总是简洁的，容易明白的。所以，我坚持不论是物权编还是合同编，都要遵守这个科学规则。现行《合同法》第 51 条必须废除，第 132 条必须修改，第 140 条必须废止。我的这些呼吁已经看到效果了。现在立法方案中，第 51 条已经看不见了。但是第 132 条之中，还保留不符合区分原则的地方。第 132 条什么意思？这个规定要求，买卖合同成立要强调在标的物产生以后，有了标的物、所有权才能够订立买卖合同。大家想一想，这是多么作茧自缚的一个规定。难道说我们只能把标的物生产出来以后，才能够订立合同吗？难道我们不能在工厂订货吗？难道房屋没有盖好我们就不能订立买卖合同吗？

另外还有动产抵押、所有权担保等这些体系性设置的问题。从实践的需求看，物权编应该扩大动产抵押的范围，不能只规定车辆船舶飞行器的抵押，在现实生活中做动产做抵押的物是很多的。但是动产抵押问题一定要认真研究，要规定好怎么去做，因为首先动产担保，我国物权法已经建立了行之有效的质押制度。从体系上来考虑，我们首先要把动产抵押和动产质押的法律适用范围搞清晰一些，这个问题，不能随意解释。目前，一些学者提出把全部动产都按照抵押的规则来处理，他们认为质押没有价值了，这一点我不能同意。

在动产担保这个问题上，我也不同意把所有权担保也放在民法典物权编的担保物权之中。虽然听起来同样都是担保，但是其中的法理机制是不一样的，希望不要混同。所有权担保涉及的占有改定、所有权保留和让与担保，这些在原来的法律中已经有非常清晰明确的规定，中国外国的法律都是这样，也没有出什么麻烦。现在把这些问题都纳入动产抵押，麻烦就来了，因为法理混乱了，实践也会乱。比如所有权保留在《合同法》中已经有条文规定，属于所有权买卖中的一个特殊形式，大家都知道，从来没有出问题，现在为什么非要把它写在物权编中呢？而且在物权编的担保物权的一般规则部分，立法一开始就说明，担保物权是用益物权，是一种定限物权。可是你把所有权担保写在里面，难道所有权是用益物权、定限物权吗？所有权来担保，但是也不能否定其所有权的本质。所以，把所有权保留写在动产抵押里面，这不是制造法理矛盾吗？所以这样做是不可以的。在全世界的大陆法系中，把所有权保留都是写在买卖合同的部分，人家也没有出过什么问题。如果非要强制把它拉进担保物权，那就会因小失大。

最后，物权编应该考虑法律概念逻辑的应用。比如说“物”这个概念，它在物权编属于基础概念，《民法总则》的定义指出，民法上的物指的就是动产和不动产，有些情况下，权利也可以作为物权的标的。在这种情况下，民法典完全可以用“物”，或者说“标的物”这个概念贯穿立法的始终而不会出错。可是现在物权编的方案，它没有使用物这个简单的概念，而是反复使用“动产和不动产等”这个用语。这种使用，数一数就有50多处，甚至有时候连着十几个条文都反复使用，显得非常绕口和烦琐。把“动产和不动产等”换成标的物，换成物有什么不可以？至少文字上是简洁一些。这个问题也应该注意。

三、坚持立法内容符合中国国情原则

物权编是最体现符合中国国情的民法典部分。现有的制度中涉及国情色彩的制度非常之多我就不多说了，关于农村土地三权分置的问题我也提出了自己的议案，这个也公开了。

我想讨论的一个显著问题，就是这次物权编中提到居住权。关于居住权，从上次编纂《物权法》时我就是坚决支持的，但是因为争议，现行《物权法》没有写上。现在民法典物权编写上了，这一点值得充分肯定。实事求是地说，关于民法上的居住权，法学界很多人的理解望文生义，没有搞清楚。比如有些法学家提出居住权是为了解决保姆、妻子家人的居住问题，这就不对了。居住权作为罗马法以来就有的人役权制度，它就是为特定的人设定的一种限制物权或者用益物权，但是这些特定的人，并不是和所有权人之间有法律关系的人。比如，保姆、妻子的居住，是基于他们的法律关系，因此居住权根本不触及他们。罗马法时代，有很多孩子和老人和所有权人之间并没有法律关系，他们之间可能有身份关系，但是这些身份关系并不是法律承认和保护的财产关系。比如私生子、远房亲属等，这些人需要居住等供养，所有权人可以给他们设置这么一个人役权，让这些身份关系不清楚的人能够长期获得居住等保障。人役权包括居住权，它作为一种稳定生活的保障对于人役权人很有效，同时它不妨碍所有权原有的继承规则，不妨害所有权人和他的继承人之间的所有权转移。

包括居住权在内的人役权，产生包括法律行为意定的情形，但是更多的还是基于法定的原因。在罗马法时代人役权，包括居住权的设定，更多的是基于法律上的直接规定（比如对于私生子的养育），也可能基于法院的判决，比如对于离婚的妻子。我在这里举个例子。有个德国政治家他结过四次婚了，有三个前妻，身上带有四个戒指，所以他被称为“奥迪总理”。这些前妻们要生活、要居住，前夫必须尽力提供居住等保障，所以媒体报道这个领导人生活拮据。其中就有居住权的保障，是法院判决产生的。

通过这个分析我们就可以看出，现在物权编中写上了居住权，这一点值得充分肯定。但是，居住权一章只有四个条文，而且这些条文只规定了通过合同产生的情形，而没有法定的情形，包括法院判决产生的情形。这不能满足实践的需要。我们再看看它的几个条文。第159条有两个条款，两个条款的内容都是有缺陷的——没有考虑到法定的情形，只有意定的情形。这个条文规定，居住权的设立需要登记，其实法定情形产生的居住权是不需要登记的。即使是以意定方式来设立居住权，它是不是要登记还是有争议的，多数情况下是不需要登记的。然后第161条规定居住权消灭的问题：“居住权人死亡，居住权消灭，但另有约定的除外。”这个条文里规定的除外情形是什么？依法就不应该规定除外情形，因为居住权就是给特定的人设定的，特定的人死亡了，权利当然要消灭。如果要给别人，那就需要重新设定居住权。第 162 条规定：“以遗嘱方式设立居住权的，参照本章规定。”可是本章规定实在是太简单了，依据本章执行实在无法参照。

居住权这部分，从开始讨论时我就说一定要写得清楚一些。我希望这个条文还是要细一些，立法怎么能只准写四个条文呢？相比起来，地役权实际上用处并不是很大，都写了 14 个条文，居住权用处那么大，才写四个条文。

四、坚持维护好我们的经济基础

最后一个一定要坚持，就是要坚持公有制原则。像土地的问题，还有公共资产的问题，我们还是一定要把这里的物权问题处理好。目前，物权编关于这一方面的制度，还是不具体，实际操作的规则，还要依靠行政法规。这个问题能不能研究好解决好，也体现了民法典编纂的体系性科学性问题。

时间已经到了，谢谢大家。

中国商法的发展与未来*

赵旭东**

目　次

回眸历史，从二十世纪七十年代末开始，中国商法伴随着改革开放的历程已经走过了四十年的历程。无论对于一个国家法律的历史，还是对于一个具体法律制度的历史，四十年都难说很长，但对于中国商法来说，这却是成就辉煌、精彩纷呈的四十年。在短短的四十年间，中国商法从形成、发展到成熟，经历了一个法律部门和法律制度演变的全部过程。现今的中国商法已经成为中国特色社会主义法律体系重要的组成部分，成为充满生机活力、日趋成熟完备的法律领域，成为与中国市场经济相伴前行的推动者和守护者，成为世界现代先进商法制度的代表者和商法制度国际化的引领者。

改革开放后中国商法四十年的发展大致可以分为恢复期、发展期、完善期三个阶段。商法的地位、范围，公司自治与法律强制，公司资本与公司治理，证券信息公开与投资者保护，票据无因性与票据抗辩，破产法理念与企业重整，保险法的立法模式与价值取向等，既是商法各领域四十年发展的核心问题和发展线索，也可从中一窥商法四十年的发展历程和概貌。商法四十年的发展表明：追随和服务市场经

---

* 本文以《改革开放与中国商法的发展》为标题，刊发于《法学》2018 年第 8 期。

** 赵旭东，中国政法大学民商经济法学院教授、中国商法研究会会长。

济发展是中国商法的初心和使命；改革与创新是商法四十年发展的永恒主题；主体法、行为法和监管法的融合是中国商事法律的基本构成；对境外商法的兼收并蓄和国际化是中国商法发展的重要路径。制定《商法通则》来统领商事立法体系则是体现中国特色的未来立法趋向。

一、中国商法四十年中各阶段的发展成就

如果不切断历史，中国商法可以追溯到1904年清末法律改革制定的《钦定大清商律》。《钦定大清商律》作为强国富民之利器的横空出世，开始了中国商法的艰难之旅。有人认为，过去一百年的中国社会成为各主要法律体系的试验场。[1]中国商法经历了清末、中华民国、中华人民共和国三个历史时期，百感沧桑，往事并不如烟。一百年前，中国被动打开国门的同时，也拉开了中国商法的序幕，1978年改革开放则成就了中国商法再次从复兴走向繁荣。

改革开放前的三十年，中国商法处于失语状态。改革开放后的四十年，既是中国经济体制改革不断深入的四十年，也是中国商法从无到有、从稀缺到繁荣的四十年。回顾中国商法四十年的发展轨迹，参照经济体制改革的重大历史坐标，大致可以划分为三个阶段：第一个阶段自七十年代末至九十年代初，为中国商法的恢复期；第二阶段自1993年《公司法》的制订至2005年左右，为中国商法的发展期；第三阶段自2005年《公司法》修订至今，为中国商法的完善期。

（一）1979年至1993年：中国商法的恢复期

1978年十一届三中全会的春风，融化了中国民商法领域的思想坚冰。十一届三中全会提出了民主建设的制度化、法律化，确立了对外开放的政策。1979年沿海经济特区开始建立，其作为改革开放的窗口吸引外来投资，中国封闭式计划经济体制被打破。1984年提出建立有计划的商品经济，国有企业改革开始启动，从放权让利到承包经营再到两权分离，改革的尝试逐渐涉及产权制度。十三届四中全会以后，我国在总体上实行了计划经济与市场调节相结合的经济体制和运行机制。

这一时期由于商法理论准备的空白，商事立法多依附于国家政策而显现出较强的应对性。为确立对外开放、引进外资的政策，涉外商事立法先行一步，于1979年颁布《中外合资经营企业法》，1986年颁布《外资企业法》，1988年颁布《中外合作经营企业法》。国有企业改革的启动也推动了以所有制为标准的商事主体法的制订。1988年颁布《全民所有制工业企业法》《私营企业暂行条例》，1990年颁布

---

〔1〕 参见张谷：《商法，这只寄居蟹——兼论商法的独立性及其特点》，载《清华法治论衡》2005年第2期。

《乡村集体所有制企业条例》，1991年颁布《城镇集体所有制企业条例》。《民法通则》颁布后，确立了法人制度，1988年颁布《企业法人登记管理条例》。同时，1986年颁布《企业破产法（试行）》，为全民所有制企业建立了退出机制。

对外开放和对内搞活的政策导向在整个八十年代和九十年代初的商事立法中起到了决定性的推动作用。但该时期的商事法律政策性有余、法理性不足，针对性有余、体系化不足。同时，外资企业法和内资企业法并存、以所有制标准确立商事主体制度虽具有当时历史条件下的合理性，但并非中国商事立法最终的科学设计。

（二）1993年至2005年：中国商法的发展期

1992年党的十四大明确确定经济体制改革目标为社会主义市场经济。至此，社会主义市场经济体制在我国成为自觉、主动的历史进程，结束了计划和市场谁主沉浮之争，国有企业改革进一步深入。1993年十四届三中全会提出要进一步转换国有企业经营机制，建立产权清晰、权责明确、政企分开、管理科学的现代企业制度。与此同时，中国积极加入世界贸易组织，并于2001年正式成为组织成员。

市场经济的发展亟需商事立法的规范，自九十年代以来，商事立法驶入高速行驶的快车道。现代企业制度的建立直接推动了1993年《公司法》的颁布。围绕《公司法》，1994年颁布《公司登记管理条例》，1996年颁布《公司注册资本登记管理暂行规定》。为发展金融，1995年颁布《保险法》《票据法》，1998年颁布《证券法》，1999年颁布《期货交易管理暂行条例》，2001年颁布《信托法》，2003年颁布《证券投资基金法》。为鼓励个人投资，1997年颁布《合伙企业法》，1999年颁布《个人独资企业法》。随着企业改制的深入，最高人民法院在2002年公布《关于审理与企业改制相关的民事纠纷案件若干问题的规定》。此外，最高人民法院还就审理破产案件、期货纠纷、证券市场虚假陈述民事赔偿案件出台了特别规定。〔1〕

1993年至2005年的商事立法繁荣得益于市场经济的发展。商事主体法打破了先前以所有制标准划分的立法模式，通过《公司法》基本建立了以责任形式和资本构成为区分标准的商事主体制度。商事行为法也伴随资本市场改革和金融体制改革而颁布，我国商法体系的基本框架在此阶段已经基本构建形成。“在我国这一商事法律体系的创制时期，无论商事立法抑或商法学的研究，确实均得到前所未有的飞速发展，商事立法的速度与规模，商法学研究的深度与广度，均是前一‘过渡期’所无法比拟的。”〔2〕

---

〔1〕 2002年最高人民法院颁布《关于审理企业破产案件若干问题的规定》。2003年最高人民法院颁布《关于审理期货纠纷案件若干问题的规定》《关于证券市场因虚假陈述引发的民事赔偿案件的若干规定》。

〔2〕 赵磊、谢晶：《改革开放以来商法学研究回顾、现状与展望》，载《华东政法大学学报》2017年第2期。

（三）2005年至今：中国商法的完善期

2003年十六届三中全会决定进一步完善社会主义市场经济体制，改革资本市场、金融市场，市场经济体制改革继续向纵深方向发展。而在改革开放初期制定的《公司法》《证券法》《企业破产法（试行）》《保险法》，由于制定时尚受很多旧有观念的束缚，制度设计也倾向保守，经过十几年的实施，日益暴露出与市场经济实践的不和与冲突，需要及时进行调整、修订和完善。由此，这一时期的商事立法更为注重在总结实践经验、借鉴国外立法成果基础上，对商法制度进行体系化和深度化的完善。与先前强调“有法可依”相比，更加注重法律自身的质量以及各个法律部门之间的协调性。最高人民法院也更加注重总结司法审判实践中的问题，及时弥补立法中的漏洞。

最令人瞩目、对中国整个商法制度发展产生深远影响的当属《公司法》的两次修订和深度改革。2005年10月《公司法》修订的内容主要集中在公司法的两大支柱制度上，即资本制度和公司治理。2013年，全国人大对《公司法》又进行了一次新的修订，这次修订主要针对资本制度，是在2005年资本制度改革基础上的又一次突破。两次《公司法》修订都是在理论突破的基础上，科学总结《公司法》多年的实践经验，借鉴了各国公司法改革的最新成果，努力寻求制度创新，并形成和体现出反映时代要求的鲜明立法目标和价值取向。

与《公司法》的修订联动，另一重要的商事部门法——《证券法》也于2005年10月同步进行了一次全面的修订。这次修订着眼于证券市场的长期发展，对原有法律规则进行了大量的调整和改进，其中主要是通过灵活性的立法条款去除阻碍证券市场发展的法律障碍，完善和细化证券活动的行为规则，完善和强化了信息披露的义务和法律责任，加强了投资者保护和证券监管等。这一法律的修订实现了资本市场的多维度制度创新和严格化监管，推动了股权分置改革等资本市场深层次问题的解决，有效地保障了资本市场的跨越式发展。

《保险法》的修订更为频繁，从2009年到2015年，全国人大常委会对《保险法》进行了四次修订，其内容涉及拓宽保险公司业务范围和保险资金运用渠道，完善保险市场主体管理制度，完善保险合同法律规范，切实保护被保险人合法利益，强化保险监管手段，完善监管相关法律程序等。多次修订的指导思想和原则也十分清楚，就是要简政放权、转变政府职能，优化保险市场监管，对保险业放开前端管制，加强事中事后监管，把握保险业的发展趋势，为保险业的改革创新预留法律空间。

《企业破产法》的制定和颁布是这一时期商法发展的又一重大事件。此前，虽由1986年的《企业破产法（试行）》和《民事诉讼法》规定的破产还债程序确立了中国破产制度的基本架构和规则，但相当简陋和粗糙。使中国破产制度得以成熟和完善的正是2006年制定颁行的《企业破产法》，该法借鉴国外先进破产法律制度，充分体现了中国特色，尤其是适应了中国加入WTO的要求，相比原有的破产制度，创设了破产管理人制度、企业重整制度等新的破产制度，对原有破产制度做了广泛、系统的整合和完善，包括破产原因、债权人会议、破产财产、破产债权、逃废债务的预防、破产和解、债务清偿顺序等。另一方面，根据我国特殊国情，对破产企业职工权益保护、国有企业破产等重大问题作出了特别规定。

此外，2006年还颁布了《合伙企业法》，这使中国所有类型的商事主体都有了单独的法律加以规制，并首次创制了有限合伙和特殊的普通合伙形式。至此，中国商事主体的立法体系已经基本完备。

与商事立法同步发展的是商事司法和司法解释，商法实施的重要方面是司法适用，由于商事立法的原则性和概括性，其无法完全满足司法实践中解决商事纠纷的需求，“在这种情况下，法律解释就成为完善商法的重要措施”，“商事解释是制定和修改法律之外的另一种规则创制方法”，“与法律修改相比，商事法律解释的意义并不逊色，其应当成为商法建设的重要领域”。[1]为了准确理解和适用商法规范，统一司法裁判的尺度和标准，最高人民法院从2006年起，几乎在每一个商事部门法，包括公司法、破产法、保险法、票据法、证券法等制定或修订后，都进行相应的司法解释，并且根据轻重缓急对每一法律所涉问题阶段性地分别出台系列性的司法解释。这些司法解释既是司法实践经验的总结，也是对我国商法制度的进一步细化和发展。

大量调整商事关系的行政法规和行政规章是商法的又一重要渊源，也是商法不断丰富和走向成熟的突出表现。在我国各法律部门中，难有其他部门法像商法一样有如此多的行政法规和规章。每一商事单行法，基本上都有相应的行政执法或监管机关，如《公司法》的主要执法机关是工商部门和证监会，《保险法》和《票据法》的主要执法机关是银保监会。由此，在每一商事单行法颁布后，国务院和有关行政机关都会为实施该法配套出台一系列的行政法规或规章，如2013年《公司法》修订后，当时的国家工商总局即出台了新的《公司登记管理条例》《公司注册资本登记管理规定》等；2005年10月《证券法》修订后，中国证监会即先后出台了《上市公司证券发行管理办法》《首次公开发行股票并上市管理办法》《证券发行与承销管理办法》《上市公司股东大会规则》等；原保监会出台的规章也有《保险公司管理规定》《保险专业代理机构监管规定》《再保险业务管理规定》等。

就中国商法规范的构成而言，商事单行法确立的只是各商事法律的基本制度和架构，而具体的行为规范和操作性规则是通过大量行政规章予以规定的。以商事单行法为基本框架、以行政法规为细致内容和施行规范、以司法解释为裁判规范，正

---

[1] 梁鹏：《依法治国语境下的商法建设》，载《山东青年政治学院学报》2015年第4期。

是中国商法特有的法律结构和规范构成，由此形成了各商法领域较为完备、缜密、科学的制度体系。

二、贯穿中国商法四十年发展的十大核心问题

放眼中国商法的四十年，商法实践取得举世瞩目的辉煌成就，商法理论获得广泛丰富的研究成果。俯瞰中国商法的整个领域，有太多的法律制度得以建立和形成，有无数的法律问题被不断地探索和解决。要对四十年的中国商法进行全面的梳理和总结，要将这一历史时期的所有商法理论与实践问题都加以归纳和分析，是任何一篇学术论文都力所不及的任务。但精选并凝练商法发展进程中的一些重大、核心、主线或全局性的理论和实践问题并给予精到的分析，却可以达致纲举目张、一览全局之观察效果。为此，本文试图通过以下十大问题展现中国商法四十年的发展历程和概貌。

（一）商法的地位、范围与商事立法

商法的性质和地位一直是中国商法发展中存有争议的基本问题，尤其是其与民法的关系问题。在整个法律体系中，民法与商法关系最为特殊，虽然它们分属私法两个不同的法律部门和领域，但联系却极为密切。按照民法与商法是否分别制定法典，通常将各国的立法体例分为民商分立与民商合一两种基本模式。在学理上，不论是民商合一还是民商分立，商法多被认为是民法的特别法，并非脱离民法而完全独立存在。但理论上也有主张商法是完全独立的法律部门。我国长期未对民法与商法进行法典立法，既未制定统一的民法典，也未制定统一的商法典，我国民商事立法一直采取单行法的立法方式，分别就民法和商法的各个具体制度进行单独立法，包括民法的《民法通则》《物权法》《侵权责任法》《继承法》等，商法的《公司法》《证券法》《票据法》《保险法》《企业破产法》等。其中 1986 年制定的《民法通则》、1999 年制定的《合同法》和 1995 年制定的《担保法》，既是作为民法单行法的立法，也包含了关于商事关系、商事合同和商事担保的法律规范。因此，对于我国现行立法体例究竟属民商分立还是民商合一，实际上很难进行严格定性和清晰归类。但从 1986 年制定的《民法通则》和 2017 年制定的《民法总则》的内容看，其调整的民事关系实质上也包括了商事关系，而《合同法》《担保法》并未区分民事合同和商事合同、民事担保与商事担保，基本上统一适用于所有民事和商事合同与担保。由此，我国的立法体例更接近于民商合一。

商法的范围和体系如何，究竟由哪些部分组成，是中国商法制度建构和发展中的又一个基本问题。在此方面，各国法律也有相当大的差异。大陆法国家的传统商法体系和范围主要包括公司法、海商法、票据法、保险法、破产法等几个部分。英

美法系国家的商法体系和范围更为灵活和广泛，其内容涵盖合同法、代理法、合伙法、公司法、商买卖法、竞争法、票据法、担保法、保险法、知识产权法、破产法、仲裁法等法律部门。中国的商法体系基本上根据大陆法系国家的传统，再增加现代商法各领域的内容，除公司法（含独资企业与合伙企业法）、保险法、破产法、票据法、海商法几个部分外，先后增加了证券法、信托法、期货法、银行法等新的商法领域。

近年来，中国商法发展最为突出的问题是商事立法。在商事单行法的基本立法格局之下，在已经颁行的各个部门商事法的基础上，应否制定一部统领各种商事法的《商法通则》，既是中国商法制度发展和未来立法规划的重要决策，也一直是民商法学理论特别是商法学理论高度关注的重大问题。民法典的编纂使《商法通则》立法的问题变得更为突出，商法的地位及其在民法典编纂中的安排成为立法者和学者必须审慎思考的重大立法布局问题。学界普遍认为，在我国抓紧制定一部一般性、统领性的《商法通则》，不仅是商事法律制度自身体系化、科学化的需要，更是健全和完善社会主义市场经济法律体系的迫切要求；不仅在理论和实践上十分必要，而且在立法技术上也完全可行。

（二）公司自治原则和公司法的强制性

公司自治就是允许公司在法律规定的范围内自主决定公司的一切事项，公司法既具有强制性，又具有任意性，它应是强制性规范和任意性规范有机结合、合理布局的法。四十年来，中国公司法发展中的一个重大理论突破是对公司自治和公司法强制性认识的深入。九十年代初始形成的《公司法》，偏重法律对当事人的规范、限制和约束，而较少强调对公司活动的鼓励、促进和推动。长期存在的突出问题，一是强制性与任意性规范的性质区分不明，二是强制性规范过多而任意性规范不足，法律规定则呈现出过度的刚性和强制性，而缺少应有的弹性和任意性。因此，2005年《公司法》修改形成的一个重要的共识和立法原则就是尊重股东权利，加强公司自治，从原来片面、过度的控制和管理转向对企业经营自治的尊重、对运营效率的追求和对市场机制的有效运用。

为此，2005年《公司法》对其整个制度设计做了全局性的调整，尤其是对强制性和任意性规范作了重新的定性和安排，特别注意和强调公司法规范的任意性，缩小强制性规范的范围。修改后的《公司法》任意性得以大幅强化，强制性得以适当弱化，将许多条款改成了任意性条款，其中包括有限公司股权转让的优先受让权问题、股权的继承问题、股利的分配问题等。

（三）公司资本制度

资本制度在中国公司法中举足轻重，理论上认为，公司法主要是由两大支柱支撑的，其一是资本制度，其二是公司治理制度。由此，资本制度成为中国《公司法》的基本制度之一，历次改革的主要内容之一均是资本制度。

从二十世纪八十年代以来，中国公司资本制度逐步形成并不断完善，近十年来又实现了发展中的突破和创新。2005 年的《公司法》修改是资本制度的第一次演变：大幅降低了公司最低注册资本。2013 年的《公司法》修改是在 2005 年《公司法》改革基础上的又一次制度突破。其改革的核心内容包括取消公司最低注册资本分别应达 3 万元、10 万元、500 万元的限制，不再限制股东的首次出资比例以及货币出资比例，取消股东两年内缴足出资、投资公司股东五年内缴足出资、一人公司股东应一次足额缴纳出资的规定，允许股东自主约定认缴出资额、出资方式、出资期限等。同时，简化登记事项和登记文件，公司登记时不再需要提交验资报告。

这两次资本制度改革虽然发生在不同年代，相隔八年，但却反映和体现出高度一致的立法目标和价值取向：其一，鼓励投资创业，开拓各种投资资源，充分利用一切社会财富，推动公司企业的设立和发展，并以此带动劳动就业，促进整个社会市场经济的发展；其二，放松政府管制，强化公司自治，使资本运营更加便利迅捷，适应投资者对公司资本规模的设计和资金筹措安排的需要；其三，弱化资本信用，强化资产信用，正确认识资本对债权人利益和交易安全保护的作用，不再把资本作为公司的主要信用基础，而更重视资产对交易安全和债权人保护的作用；其四，对资本从事前控制转向事中和事后的监管，将公司“严进宽出”的监管模式改为“宽进严出”，推动政府管理方式和管理职能转变。

（四）公司治理与中小股东权益保护

公司治理是公司法律制度永恒的主题，现代公司治理以公司组织机构设置为基础，以分权为核心。公司治理无非是公司各组织机构在贯彻公司经营目标的前提下，合理分配公司的权力资源，使公司的组织机构合理分工、相互制约，在兼顾各利益相关者的基础上实现公司的高效管理和运营。

虽然，不同的国家因为公司发展的历史不同而形成了不尽相同的治理模式，但公司组织机构的设置仍具有大体相同的原则。中国《公司法》从一开始就肯定并贯穿了这样的基本原则和理念，包括股东权力原则、分权制衡原则、激励与约束并举原则、信息披露与透明度原则、利益相关者参与公司治理原则等。基于这些原则，中国《公司法》规定了公司应设置的组织机构及其法定职权：（1）权力机关，一般为股东会；（2）决策机关，一般为董事会；（3）监督机关，一般为监事会；（4）执行机关，即经理。同时，因公司规模和性质的不同，公司基本组织机构的具体设置也存在差异。例如，我国法律规定，在规模较小的有限责任公司中，董事会和监事会就不是必设机构，而由执行董事和监事行使职权。在国有独资公司中，则不设股东会，由国有资产监督管理机构行使股东会职权或由其授权公司董事会行使股东会的部分职权。虽然《公司法》为实现公司的良好治理进行了精心的设计，但中国公司治理依然存在着一些突出的问题，特别是大股东对公司过度控制，中小股东权益得不到应有保障；董事会结构不合理，董事会独立性不足；监事会流于形式，难以履行监督职责；董事长、总经理权力过于集中，“内部人控制”现象较为突出；利益相关者治理机制欠缺；高管人员权利、义务与责任配置不合理等。为改善公司的治理，公司法理论一直在进行不断的探索，“提示现实经济生活所要求的公司治理秩序、评价现有制度尤其是继受规范的实际运作效果，从而进一步揭示‘中国语境’，切实解答‘中国问题’。为此，我国公司治理结构理论的研究者已经并正在付出艰辛的努力。”[1]公司法立法对此也做了全面的努力和设计，2005年的《公司法》修改对原有公司组织机构的规定做出了全面的修改和补充，其中包括：规定控股股东、高级管理人员不得侵占公司利益；规定了上市公司董事对关联事项的表决权回避；突出董事会集体决策作用，强化对董事长权力的制约；细化董事会会议制度和工作程序；充实监事会的职权；规定高管人员忠实和勤勉义务与民事赔偿责任等。然而，公司治理的任务并未完结，公司治理的效果仍然不尽人意，中国公司治理的法律设计依然面临着不断改革和发展的压力和需要。

中小股东保护是公司法理论和实践中的热点话题，也是公司治理的一个重要的方面，由此也成为中国《公司法》不断改革和修改的重心之一。相对各国公司法完备细致的中小股东保护制度，早期中国《公司法》这方面的薄弱和缺陷显而易见，在十余年的实践之后，中小股东保护的法律理论日趋成熟，2005年修订的中国《公司法》已经把中小股东保护作为一项重点内容加以规定。

（五）证券发行制度

证券发行制度是证券法上最为核心的法律制度之一，也是中国《证券法》发展中举足轻重、历经变革的重大问题。世界各国的证券发行制度可归结为两种体制，一种是注册制，另一种是核准制。我国证券发行制度经历了计划模式的审批制到市场化的核准制的演变。1998年《证券法》实施之前，我国证券发行体制基本上是依据1993年《公司法》确立的，是较核准制更为严格的审批制，它在实质管理的内容中又加入计划管理的因素，发行证券不仅要取得发行额度的许可，还要获得批准，审批机关需对此进行实质审查。[2]1998年《证券法》实施后，证券发行改采审批制与核准制相结合的体制，即股票发行实行核准制，债券发行实行审批制。2005年《证券法》修订后，证券发行开始全面实行核准制，并由监管机关专设发行审核委员会具体负责审核。

---

[1] 于莹：《中国特色的社会主义商法学理论研究》，载《当代法学》2013年第4期。

[2] 参见赵旭东主编：《商法学》，高等教育出版社2015年版，第235页。

证券发行制度的改革反映了中国证券市场的发展及其与国际市场对接的客观需要，反映了证券市场市场化程度的变化，也反映了市场监管理念、监管职能和监管方式的改变。进入二十一世纪以来，证券发行制度又面临进一步改革，近些年来，注册制得到广泛的研究和论证，证券发行应逐步向注册制过渡已经成为学界和实务部门的共识，目前尚在立法过程中的《证券法》修订已经对此进行了相应的规定。尽管由于2015年证券市场发生了剧烈的异常动荡。

为了维持证券市场的稳定和长远发展，注册制尚未实行，但注册制作为中国证券发行制度的未来模式，已是大势所趋和市场所向，国家立法机关亦对注册制的实行做了具体的安排。[1]

（六）信息公开、投资者保护与证券民事责任

信息公开或信息披露是证券市场的本质要求，是证券发行与交易制度的基础，也是证券市场赖以存在的基石，它贯穿于证券发行、上市和交易的整个过程中，无论是证券投资者的投资决策和权益保护，还是市场监管机关的有效监管，都主要通过证券发行者信息公开的途径实现。中国证券法制度建立以来，一直把信息公开作为整个制度建构的核心，形成较为完备的信息公开的制度体系。除《证券法》《公司法》确定了信息公开制度的基本要求外，《首次公开发行股票并上市管理办法》《上市公司信息披露管理办法》等一系列证券法规也对此进行了周密、细致的规定。中国信息公开制度的基本要求是，依法披露的信息必须真实、准确、完整，不得有虚假记载、误导性陈述或者重大遗漏。

信息公开和投资者保护的重要保障是对证券违法行为民事责任的追究。由于我国证券市场起步晚、发展快以及证券监管的经验不足，在一段时间内因证券违法行为引起的证券民事纠纷大量增加。为此，最高人民法院于2002年发布了《关于审理证券市场因虚假陈述引发的民事赔偿案件的若干规定》，为此类诉讼提供了具体的程序规范。该规定虽然将虚假陈述民事责任作为法院应当受理的案件，但却同时规定了需有行政机关处罚决定的先决条件。这一限制性规定虽有司法审判经验不足的客观原因，但的确构成了一些受害投资者诉讼救济的障碍。证券法理论对此进行了广泛的研究，多有意见主张取消证券民事责任诉讼的前置要求，充分保障投资者的诉讼权利。2005年修订的《证券法》进一步明确了因内幕交易行为等对投资者进行损害赔偿的民事责任制度，随着我国证券法律制度的发展，证券民事责任制度也将进一步趋于完善，投资者权益将获得更为有效的维护。

---

[1] 2015年12月第12届全国人大常委会第18次会议审议通过《关于授权国务院在实施股票发行注册制改革中调整适用有关规定的决定（草案）的议案》，授权国务院可以根据股票发行注册制改革的要求调整适用现行《证券法》关于股票核准制的规定，对注册制改革的相关制度作出具体安排。

（七）票据无因性与票据抗辩

票据关系成立后，即与其原因关系相分离。票据关系与票据原因关系是两种不同的法律关系，应由不同的法律进行调整和规范。票据的无因性历来是票据法研究的热点问题，中国票据法理论和实务研究的焦点集中于对《票据法》第10条、第21条的认识上。

票据抗辩是票据债务人根据票据法规定拒绝履行义务的行为，票据抗辩的内容较为复杂，中国票据法研究涉及票据抗辩的各个方面。有学者认为，票据抗辩与一般民法中的抗辩不同，票据抗辩权具有一定的进攻性，票据流通需要票据抗辩不延续；有学者深入探讨了票据抗辩中的无对价抗辩制度，认为受让人无对价获得票据的视为恶意取得；还有学者提出票据抗辩是为了维护票据安全而设计的制度，抗辩的有效性是成功关键。总体上，抗辩制度的确立对票据流通构成阻碍，因此对票据抗辩需要进行适当的限制。

（八）破产法理念的转变与破产法的适用范围及破产原因

《企业破产法（试行）》颁行时期，我国注重破产人的财产清算和在债权人之间的公平分配，对破产制度的设计尚缺少深远的认识和把握。新《企业破产法》的制定过程中，主要目标在于完善破产法，使立法符合基本原理。随着新《企业破产法》出台，破产法理论研究重新审视了清算、和解与重整制度，认为和解与重整的本质在于破产预防，从破产清算到破产预防是立法理念发展的必然选择。[1]由此，中国破产法从单纯的清算债务人转向了挽救企业和保护债权人并重，并形成了以企业再生为主导目标的破产程序制度。近年来的破产制度研究进一步提出，破产法的有效实施还应尽快完善社会保障等相关制度。

在破产法的适用范围上，《企业破产法（试行）》将调整对象限定于全民所有制企业，其他企业法人破产适用《民事诉讼法》规定。新《企业破产法》制定后，将合伙企业等纳入该法调整。但迄今为止，我国尚未建立个人破产制度，原因在于个人破产制度需以完备的个人财产登记制度和良好的社会信用环境为前提，而我国这方面的制度还不完善。学界对个人破产制度的建立已有广泛的呼吁和较为充分的论证，将个人破产纳入破产法调整的前景将会很快实现。[2]

对于破产原因，《企业破产法（试行）》规定为“经营管理不善造成严重亏损，不能清偿到期债务”。有研究提出，“经营管理不善造成严重亏损”标准过于模糊，难以操作；还有研究认为，应以“资产不足以清偿全部债务”与“不能清偿到期

---

〔1〕参见张世君：《破产重整制度的理论基础研究》，载《西部法学评论》2010年第1期。

〔2〕参见许德凤：《论个人破产免责制度》，载《中外法学》2011年第4期。

债务”并列为破产原因。[1]新《企业破产法》借鉴英美法系国家“资产负债”和大陆法系国家“资不抵债”的标准，并综合了破产法理论研究的成果，将破产原因界定为“不能清偿到期债务，并且资产不足以清偿全部债务或者明显缺乏清偿能力”，这一立法规定较好地满足了实践需要。同时，有学者认为，法院在具体适用时，还应预防当事人滥用破产申请权。

（九）企业的拯救与重整制度

重整制度代表了破产法的国际发展潮流，也是近年来各国破产法研究的重点。中国破产法理论对于引进重整制度的认识比较一致。[2]对于重整制度适用的范围，有学者建议将其适用于所有企业，新《企业破产法》立法时考虑到重整程序历时较长，比较复杂，如适用于所有企业类型，社会成本过高，也容易被滥用，损害债权人利益，最终确定重整程序仅适用于企业法人，并适当放宽重整原因，赋予人民法院对重整计划的司法裁量权。重整制度的引入填补了我国商事法律制度的一个空白，使破产程序以企业清算为主导逐步转向企业再生为主导，破产制度和破产程序的基本法律理念得以改进和升华。

（十）保险法的立法模式与价值取向

中国的《保险法》应采取怎样的立法模式，是制定统一的保险法还是对保险合同与保险业分别立法，财产保险合同与人身保险合同之“二分法”是坚守还是放弃，是中国保险法发展四十年来一直备受争议并直接决定中国保险制度基本架构的全局和核心问题。根据保险法规范实质内容的不同，可以把保险法分为保险合同法和保险业法。根据各国立法安排的不同，分为两种不同的立法体例或模式：其一，是合并立法体例，即将保险合同法和保险业法规定在同一部法律之中；其二，是分别立法体例，即分别制定保险合同法和保险业法。从世界各国情况看，绝大多数国家采取分别立法体例，只有少数国家采取合并立法体例。中国的保险立法经历了从分别到合并的演变过程，清末开始的保险立法采取的本是分别立法体例，新中国成立后，国务院通过制定《财产保险合同条例》和《保险企业管理暂行规定》，延续了分别立法体例，但到1995年时，改采合并立法体例，制定了统一的《中华人民共和国保险法》，同时对保险合同和保险业问题作出一并规定。这种改变本出于实用和便利的考虑，可降低立法成本，提高立法效率，然而它却引起了保险法理论的长期讨论。质疑者认为，这种合并体例并不科学，保险合同法属私法范畴，而保险

[1] 参见韩长印：《破产原因立法比较研究》，载《现代法学》1998年第3期；易仁涛：《论我国破产原因之完善》，载《河南省政法管理干部学院学报》2011年第4期。

[2] 参见王欣新：《重整制度理论与实务新论》，载《法律适用》2012年第11期。

业法具有公法性质。从实际结果而言，这种体例不仅给法律适用和修正带来了困扰，使保险合同法的修订和完善遭遇瓶颈，同时也造成了法律制度之间的相互干扰，使得立法者在处理“保险合同分类”和“保险业务分类”两类不同性质的问题时，彼此干扰，相互牵制。[1]

保险法立法模式的另一具体问题是固守还是扬弃财产保险合同与人身保险合同的“两分法”，即将保险区分为“对物的保险”与“对人的保险”，并以此为标准将保险合同类型化为财产保险合同与人身保险合同。这种分类既是中国《保险法》的选择，也是传统保险法的一般立法体例。但这一分类的缺陷却随现代保险业的发展和新型险种的日新月异而不断地显露，诸如医疗费用性保险，到底是归入“寿险”还是归入“财险”等问题，成为困扰各国保险经营和法律适用的疑难问题。而保险法领域的许多争议问题，如保险损失填补原则及其衍生的代位、重复保险和保险竞合等，之所以长期争议不决，与财产保险合同与人身保险合同的基本分类有着内在的关系。为此，关于重新界定保险合同的分类，采用“损失填补（补偿）保险合同”与“定额给付保险合同”之现代“二分法”，并以此为基础设计保险合同法的规则体系，就成为保险法学的一种具有代表性的主张。[2]

三、商法四十年的发展轨迹和演进规律

（一）追随和服务市场经济发展是中国商法的初心和使命

社会主义市场经济本质上是法治经济，“市场有效发挥作用的前提是必须具备合理而完善的法律制度，从而将社会经济活动中各个主体的权利、义务都纳入法律的调整范围，并通过明确的规范和严整的秩序切实保障市场经济的正常运行”。[3]市场经济形成和运行是商法存在的基础，没有中国的市场经济就没有中国的商法。商法直接反映着市场经济的要求，商法中的商事主体制度规范的是市场关系中生产者和经营者的组织形式和内外法律关系，商法中的商事行为规则调整的是市场交易行为和与此相关并为之服务的其他经营行为。追随和服务市场经济发展，确立市场主体地位，规范市场活动，协调市场主体的利益冲突，保护市场主体的合法权益，是中国商法与生俱来的初心和使命。改革开放四十年来，我国法律对市场经济的调

---

[1] 参见樊启荣：《中国保险立法之反思与前瞻——为纪念中国保险法制百年而作》，载《法商研究》2011年第6期。

[2] 参见樊启荣：《中国保险立法之反思与前瞻——为纪念中国保险法制百年而作》，载《法商研究》2011年第6期。

[3] 赵万一、赵吟：《论商法在中国社会主义市场经济法律体系中的地位和作用》，载《现代法学》2012年第4期。

整或市场经济法治化的重要途径是通过商事立法和商事法治实现的。我国市场经济每一步的重大发展和突破都需要借助商法制度的设计，无不表现为商事法律制度相应的发展和突破。“我国民商事立法的一个基本特点是，立法始终是伴随着改革开放不断深化的进程而展开，与改革开放之间呈现出‘相伴而行’的关系。”〔1〕“三十多年来，中国改革开放不断深化，经济体制由计划经济向社会主义特色市场经济逐步发展。在这一过程中，市场活力逐步被激发，阻碍商品交易的制度逐步被消除；这一过程中，调整商品交易的法律制度逐步确立、完善。”〔2〕

我国商事主体制度的演进最生动地展示了我国市场经济逐渐形成和走向成熟的历程。在二十世纪七十年代末之前，我国的经济体制属于高度统一的计划经济，经济活动的主体主要是国营企业和集体企业，这种不以营利为目的的企业组织也难以定性为法律上的商事主体。七十年代末、八十年代初起始的改革开放，孕育和造就了中国的市场经济，也催生了新型的市场主体，首先国家允许和促进个体经济的发展，个体工商户成为商事主体，国务院于1987年颁布了《城乡个体工商业管理暂行条例》。随着改革开放的深入，市场经济呼唤非公有制私营企业的加入，独资企业、合伙企业、有限责任公司、股份有限公司等传统企业形态在销声匿迹二十余年后得以重生并在新的市场环境下如雨后春笋般迅猛发展，中国的商事主体立法紧密跟进，1988年颁布的《私营企业条例》将这三种企业形式作为私营企业加以规定。此后，又分别对三种企业单独立法，先后于1993年颁布了《公司法》，于1998年颁布了《独资企业法》，于1999年颁布了《合伙企业法》。与此同时，由社会主义公有制的基本经济制度所决定，全民所有制企业、集体企业依然保持其在中国市场经济中的特殊地位，商事立法尊重现实，相应地先后制定了《全民所有制企业条例》《集体企业条例》和《全民所有制企业法》。由此，伴随中国市场经济体制的逐渐形成，中国商事主体制度的基本格局也得以确立。

我国商事单行法的陆续颁布则直接地反映了市场经济的不断深入、成熟和阶段性发展的成就。市场经济的基本构成是市场主体与市场行为。市场主体的存在是市场经济运行的基本条件，由此决定了我国的商事立法首先起始于市场主体的立法。1979年制定的《中外合资经营企业法》是适应市场经济对外开放的需要而最早出现的商事立法。此后，八十年代末、九十年代初的商事立法也都主要集中在商事主体上，它们分别是1986年的《外资企业法》、1988年的《中外合作经营企业法》和《全民所有制工业企业法》、1990年的《乡村集体所有制企业条例》和1991年的《城镇集体所有制企业条例》。

---

〔1〕 柳经纬：《民商事法律体系化及其路径选择》，载《河南财经政法大学学报》2014年第6期。

〔2〕 赵磊、谢晶：《改革开放以来商法学研究回顾、现状与展望》，载《华东政法大学学报》2017年第2期。

在市场经济活动中，海上运输是最为古老的商事活动，也是最为传统的商事关系，因而我国在商事主体立法之后，最先颁布的商事行为法是1992年的《海商法》。票据是市场交易中最为典型的支付手段，保险既是市场经济赖以进行的重要保障，也是一种特殊的交易行为，票据和保险行为都是十分传统的商事行为，是国际通行的成熟法律制度，因此九十年代中期即1995年，我国因应市场经济活动的需要，较早地同时颁布了《票据法》和《保险法》两部基本的商事单行法。而另外两部重要的商事单行法，即《破产法》和《证券法》则较晚制定，虽然破产制度也是一个古老的法律制度，但在我国社会主义市场经济条件下，能否实行企业的破产，如何解决企业破产与劳动者保护和社会稳定之间的冲突，是一个历经反复研讨、多年论争，最终达成共识的重大法律抉择，围绕破产制度取舍发生的激烈争辩，本身即反映出中国市场经济发展进入纵深阶段之后所面临的社会冲突，而《破产法》的最终颁行则表明中国社会对市场机制的理性认知和中国市场经济的日臻成熟。《证券法》的颁布更是中国市场经济进入更高阶段的标志。证券发行和交易是特殊的市场行为，证券市场具有特别的融资功能、投资功能和资源配置功能，它是发达市场经济的重要组成部分。改革开放初期的中国，根本没有证券交易和证券市场，而中国市场经济发展到九十年代中期，证券市场才应运而生，中国的第一部《证券法》也于1998年随之颁布。

商法追随中国市场经济发展，四十年如影相随，亦步亦趋，“从商法的规范内容设定和体系结构调整来看，在商法形成与经济体制变动的关联性上，商法建设具有明显的体制跟从性，即经济体制的基本理念、主体结构和运作机制一旦发生改变，其体制变动力随即传导到商法建构过程中”。[1]“尤其是1992年中共十四大确立了市场经济体制的改革目标之后，商事立法之活跃构成了当代中国私法进程的一道靓丽的风景，并对当代中国私法的发展做出了巨大贡献。”“在由计划经济体制向市场经济体制转轨的过程中，中国商法与其近代西方‘前辈’一样，同样扮演着‘开拓者和急先锋’的角色，其对当代中国私法发展所做出的贡献并不逊色于民事立法，其重要性不应被忽视或者低估”。[2]

（二）改革与创新是商法四十年发展的永恒主题

中国市场经济的高速发展和经济体制、市场机制的不断改革创新直接驱动着商法制度的变革。中国商法的四十年，也是商法制度不断演进的四十年，甚至可以说，四十年来中国商法始终处于改革模式，中国商事法律制度的改革永远都在路上。

---

[1] 陈甦：《商法机制中政府与市场的功能定位》，载《中国法学》2014年第5期。

[2] 柳经纬：《民商事法律体系化及其路径选择》，载《河南财经政法大学学报》2014年第6期。

中国商法的创新性首先表现为商法体系结构鲜明的开放性和扩充性。与许多其他法律部门不同，中国商法并未形成一个固定的、封闭性的所谓完整体系和结构，相反，它的体系是开放性的，它的结构是动态变化的，是根据市场经济发展需要不断调整和扩充的。这一特点恰好使中国商法“体现出与市场经济运行的高度契合。正是商法的价值理性和技术理性使商法在保持相对稳定性的基础上，具有适时而变、不断创新的品质，从而使商法成为市场经济中最为活跃的法律。”[1]按照传统的体系和结构，商法所涉法律领域主要是公司法、票据法、保险法、破产法和海商法。然而，四十年来，新的商事关系层出不穷，中国商法的体系早已超越了传统商法的范围，包括证券法、投资基金法、信托法、期货法等先后成为商法体系的组成部分。随着新的业态和产业的不断出现，新型商事关系不断孕育产生，新的商法领域也在逐渐形成，如正蓬勃发展的电子商务关系及正在制定的电子商务法。

其次，中国商法的创新性也表现在商法体系内各商法领域法律制度和规范的不断突破和更新。四十年来，各商事单行法在首次颁布后，根据其所调整的商事关系的变化和对法律制度的需求，多次、不断地进行修改，包括全局性的修订和部分条款的修正，这些修改本身不仅是法律条款的文字改变，许多更是重大法律制度的突破和创新，是对某些法律规范的重新设计。其中，修改最为频繁的是《公司法》和《保险法》：《公司法》于1993年首次颁布后，分别于1999年、2004年进行了两次修正，于2005年和2013年进行了两次修订；《保险法》于1995年颁布后，分别于2002年、2014年和2015年进行了三次修正，于2009年进行了修订。《证券法》也是改革和创新较为突出的法律领域，其于1998年颁布后，2004年修正一次，2005年修订一次，最新的立法修订从2014年开始，此次修订力度甚大，涉及证券市场一些基本制度，尤其是证券发行制度的重大变革，只是由于2014年证券市场发生的剧烈动荡，导致此次《证券法》修订至今尚未完成。“商法调整市场经济中最活跃、最易变动的社会关系，决定了商法时时与时而变，与时俱进”，“在过去的三十多年间，为顺应社会经济快速发展与变化的法律需求，我国以单行法形式先后颁行四十余部商法规范，不仅对于推动我国市场经济的飞速发展作用巨大，而且能够随着社会经济的快速变化而及时地修改增订，体现了极强的适应性、应变能力和强大的生命力。”[2]在所有商事单行法中，修改较少的是《票据法》《企业破产法》和《海商法》。

各商事单行法修改的差异直接反映了不同领域商事关系的活跃程度及其与法律制度的连带互动。与票据和海商关系的高度稳定及其法律规则的高度成熟不同，公

---

〔1〕 赵万一、赵吟：《论商法在中国社会主义市场经济法律体系中的地位和作用》，载《现代法学》2012年第4期。

〔2〕 李建伟：《制定商法通则的缘起及其立法价值的再认识》，载《社会科学战线》2015年第12期。

司、证券无疑是几十年来中国市场经济最为活跃、充满生机活力的领域，市场体制机制改革的持续深入助推商事关系的日新月异，需要法律应对的现实问题也千变万化，由此必然驱动着公司和证券法律制度与时俱进的创新完善。虽然《公司法》从1993年颁布至今不过二十余年，但却经历了前后四次连续的修订和修正。二十世纪九十年代前期制定的《公司法》本来已属较新的立法，但在快速变化的中国市场经济面前，经常显露出与丰富实践的冲突和脱节，尤其是进入二十一世纪的新时期后，《公司法》的滞后更为明显。由此，于2005年进行了一次全局性的修订，对资本制度和公司治理制度作了根本性的突破和创新。而在时隔仅八年之后，基于工商登记便利化改革的动机，于2013年再次修订《公司法》，对公司资本制度进行了重新的设计。两次修订的中国《公司法》确有很多令人鼓舞和钦佩的地方，它反映了立法者尊重中国现实、顺应国际趋势、敢于突破和创新的立法智慧和魄力。而在所有的突破和创新中，最为根本和重要的则是立法理念和指导思想的转变，是立法目标和价值选择上的重新认识和调整。这种突破的意义最主要是以下两点：一是改变将《公司法》作为“治乱的法”、“管理的法”和“国企改革的法”等片面认识，将其作为对所有公司法律关系进行调整的市场主体的法，重视和强调《公司法》重要的目标之一应是鼓励投资、推动公司设立，促进资本市场发展和繁荣，改变了原《公司法》强调规范、限制和管理，而忽略支持、鼓励和引导的明显倾向，从限制投资转向对各种投资主体投资行为的鼓励、对各种投资资源的充分利用、对各种投资形式和投资渠道的开拓；第二个重要的突破是给公司以更大的自治空间，对公司法的强制性与任意性规范予以合理界定，公司法改革的一个重要共识就是注意和强调公司法规范的任意性，减少其强制性规范的范围，从片面、过度的控制和管理转向对企业经营自治的尊重、对运营效率的追求和对市场机制的有效运用。

（三）主体法、行为法和监管法的融合是中国商事法律的基本构成

在整个法律体系中，每个部门法基本上都有其自身的规范结构或制度构成，中国商法四十年的发展不仅确立了内容丰富的商法制度，而且形成了自己特有的主体法、行为法和监管法融为一体的制度构成。

商事法规范首先是主体法规范。商事法规范有的侧重于商事主体关系的调整，是谓商事主体法或组织法，主要内容是确认商事主体的法律地位，规定其从产生到消灭整个过程的各种法律关系和活动，包括设立、变更和解散、名称、住所、经营业务、章程、权利能力和行为能力、财产结构和组织结构、成员的权利义务与责任、管理机构的组成及其职权、会计事务、盈余和财产分配等。中国商法最主要的部分是主体法规范，独资企业法、合伙企业法、公司法基本属于商事主体法，破产法实质是关于商事主体破产解散的程序性规范，究其性质亦可归属商事主体法。保险法中关于保险组织、证券法中关于证券经营机构、信托法中关于信托机构的规定

在性质上也属于主体法规范。

其次，行为法也是商法的重要规范。有的商事法规范侧重于商事活动的调整，是谓商事活动法或行为法，其直接调整具体的经营行为或商业活动，这种经营行为不是发生在某一组织或团体内部，而是发生在不同组织或个人之间。合同法（包括买卖法）、代理法是典型的行为法，在商法的几个主要单行法中，票据法是最典型的行为法规范。在其他商事单行法中，也有大量的行为法规范，如证券法中关于发行行为、交易行为的规定，保险法中关于保险经营行为的规定，银行法中关于信贷、结算行为的规定，信托法中关于信托经营行为的规定等，都属于行为法规范。需要指出的是，商事单行法所规定的商事行为，并非一般的交易行为或合同行为，而是与特定主体的性质和组织特点密切联系，属于该特定主体特有的行为内容。

再次，监管法也是某些商事法的构成要素。在大陆法国家的传统商法中，并无或少有商事监管的法律规范，但在中国单行商事法的立法中，基于国家对特定商事领域经营活动管理的需要，在主要调整商事主体关系和商事行为的同时，通常也对商事监管的问题一并作出较为完整的规定，其中包括监管机关、监管内容、监管程序、监管责任等，从而形成了中国商事法特有的构成部分，如保险法中关于保险市场监管的规定，证券法中关于证券市场监管的规定，银行法中关于银行业监管的规定等。对于这一部分法律规范的性质，在学术上存在着不同的解读，有的认为其属于行政法或经济法的规范，只是规定在商事单行法之中。〔1〕但从商法角度观察，它也属于商法规范，与普通行政法和经济法规范不同，它是对特定商事主体和商事行为进行特别监管的法律规范，具有调整特定商事关系的针对性和特殊性，构成该领域整个法律制度体系不可分割的组成部分。“现代商法强制性规范最大的特征是所谓的‘商法公法化’”，“私人强制机制的失灵不断严重，因此国家开始作为国家利益和社会利益的维护者，对商业发展进行监督管理”，“监督性商法强制性规范是现代商法的显著特征，显现了国家意志在商法规范中的新作用”。〔2〕“在商法范畴，其实不乏旨在实现宏观调控的法律规范。”〔3〕商法中特定监管规范与其他主体规范和行为规范的融合，这种三位一体或诸法合体的结构恰好成为中国商事单行法的典型构成，成为商法不同于其他许多法律部门的鲜明特点。可以清楚地看到，中国商事单行法并非严格依照传统法律部门的分工和性质制定，而是按照特定商事领域法律调整的需要构建。

在商法的基本体系中，不同商事单行法呈现出不同的规范构成：公司法主要表

---

〔1〕 参见童列春、白莉莉：《商法的现代嬗变与误读——与史际春、姚海放先生商榷》，载《武汉理工大学学报》（社会科学版）2005 年第 6 期。

〔2〕 姜燕：《商法强制性规范中的自由与强制——以历史和类型的双重角度》，载《社会科学战线》2016 年第 8 期。

〔3〕 陈甦：《商法机制中政府与市场的功能定位》，载《中国法学》2014 年第 5 期。

现出主体法的属性；票据法、海商法主要表现出行为法的属性；破产法既可定性为商事主体破产解散阶段的主体法规范，也可定性为关于破产解散与清算的特殊行为规范；保险法、证券法、信托法、期货法、运输法和银行法则表现出主体法、行为法与监管法三类规范融为一体的典型构成，正在制定的《电子商务法（草案）》亦是如此，依循此一立法模型，未来面向任何新兴商事领域的单行立法都可能呈现这样的规范结构。由此可见，无论传统商事立法的制度构成怎样，无论对现行商法规范的性质作如何的解读，都不能否定中国商事法客观上已经形成了自己特有的规范构成，这是基于对特定法律关系进行综合调整顺势而为的制度设计，也是超越传统法律性质区隔和部门樊篱而进行的立法安排，恰是中国特色法律体系中商法所具有的亮点。

（四）对境外商法的兼收并蓄和国际化是中国商法发展的重要路径

在所有法律部门中，商法公认是国际性较为突出的法律部门。商法的国际性由客观的原因铸就：其一，商法以调整商事关系为对象，而不同国家的商事关系具有普遍的共性，商法不能不反映和尊重商事关系的客观规律和要求；其二，商事关系本身也具有一定的国际性，许多商业活动都跨越国界，各国经济日益紧密联系，并趋向世界经济体系的形成，各国在本国商事立法方面都注意坚持一般的科学原理并保持与其他国家商事法的协调和衔接。“商法的国际性趋同结果，是商法历史发展所致，也是国家努力的方向”，“从商法的发展历程来看，商法经历了‘国际法—国内法—国际法’的发展循环，世界商法目前正处于再次国际化的阶段。”〔1〕商法的国际性在中世纪商法中就已经有所体现，尽管其地域主要限于欧洲各国，伯尔曼曾说：“十一世纪晚期以后，商法上的各种权利和义务在地方适用中变得更加统一、更加普遍，而较少差异、也较少歧视。这在某种程度上是由于那个时期的许多商业活动都具有世界性或国际性。”〔2〕二十世纪以来，随着全球化的深入，几乎每个国家都在参与国际的分工与合作，商法的国际化程度日益提高。大量有关商事活动的公约得以订立，例如1930年《统一汇票本票法公约》、1946年《统一国际货物买卖公约》、1990年《国际贸易术语解释通则》及欧盟制定的《欧洲公司法》等等。受上述公约的影响，各国在制定本国商法时往往对其加以吸收。同时，一国商法的成功制度也会迅速为各国所借鉴，导致各国商法的趋同，进一步促进了商法的国际性。

---

〔1〕 范健：《民法典编纂背景下商事立法体系与商法通则立法研究》，载《中国法律评论》2017年第1期。

〔2〕［美］哈罗德·J. 伯尔曼：《法律与革命》，贺卫方等译，中国大百科全书出版社1993年版，第416页。

中国商法的四十年也是借鉴和吸收境外商法先例和经验的四十年。中国在商事法律制度的发展方面，不仅是极富探索精神的创新者，也是先进商法理念制度十分理性的识别者和最虔诚的追随者、效仿者。应该承认，改革开放前的中国，在长期计划经济的土壤上，几乎不存在现代商法制度生长的条件，新中国建国初期残存的部分商法规范也随着私营企业的取缔而消失殆尽，改革开放后的商法制度几乎是在一穷二白的基础上建立的。如果说，中国其他法律制度的建立主要是对原有法律制度的恢复和对自身实践经验的总结，那么中国商法制度的建立更主要的是倚重对境外现成制度的借鉴和引进。由大陆法的传统所决定，中国商法尤其是改革开放前期的中国商法最主要的参照对象无疑是欧洲大陆法国家和日本的商事立法，但某些商事立法以及改革开放后期商事立法的发展则更多地受到美国等英美法国家的影响。改革开放后最早制定（1979 年）的商事主体法《中外合资经营企业法》以及后来出台的《中外合作经营企业法》和《外资企业法》就是以德国有限公司法和欧洲国家的外资法为蓝本制定的。中国第一部《公司法》从基本概念到体系结构再到具体规范基本上是经由台湾地区“公司法”的途径仿效以日本和德国为代表的欧陆公司法制定。《票据法》《海商法》《企业破产法》也大致如此。但《证券法》和《信托法》则主要借鉴和参考以美国为代表的英美商法制度，其原因显而易见，美国和英国有世界最为发达的证券市场和最为丰富完善的证券法律规范，信托法律制度更是英美法的创制和专长。

中国商法对境外商法的借鉴和追随，不只是发生在商事单行法的初创阶段，也贯穿在商法不断修订完善的过程之中。实际上，制度的改革和创新一直是各国商法发展的基本趋势，近几十年的全球化浪潮加剧了世界各国在贸易、投资、技术等方面的国际竞争，这种竞争进一步反映在市场规则上，则形成了各国营商环境尤其是商事法律制度的竞争，竞争的方向就是看谁的制度最佳，谁的规则最优，谁能为投资者和经营者提供最好的营商法律环境。一直坚持改革开放的中国顺势而为，自觉和不自觉地融入了商事法律制度的国际竞争，密切关注和跟踪各国商事法律的最新发展，深入分析和比较各国制度变革的优劣得失，吸收和采纳各国商事立法和理论发展的最新成果，以此作为中国商法进取完善的不竭动力。例如，2005 年《公司法》修订对公司制度进行的重大改革和突破除个别制度属于中国自有的制度创新之外，大都是受境外公司法改革的启发和驱动，其中包括对一人公司的承认、法人格否认制度的建立、公司最低资本额的大幅降低、公司股份的合法回购、累积投票制的实行、异议股东股份收买请求权的规定、公司僵局时的司法解散请求权、股东代表诉讼、独立董事制度、职工监事的设置等。2005 年《证券法》修订中的证券发行上市保荐制度、证券投资者保护基金制度、上市公司管理层的诚信义务等制度的改革更是直接导源于美国证券法的变化。

可以不无骄傲地评价，中国商法对境外制度的吸收和借鉴充分地展现了中国商事立法开明、谦逊的心态与宽阔、远大的视野和坦荡、包容的胸怀。这种兼收并蓄不受大陆法还是英美法的限制，不分西方发达国家还是发展中国家，即使韩国、新加坡这样小国的商法制度，也是我们研究借鉴的对象，只要其制度先进且适合中国国情，都可以拿来我用。令人欣慰的是，在商事法律制度的引进上，中国并未出现在其他领域曾有过的坐井观天和夜郎自大，并未发生对境外制度和理念的盲目排斥和否定。相反，如同技术引进一样，现代商法制度像先进技术一样被广泛地、甚至整体性地引进、消化。当然，中国对境外商法制度的引进绝非盲目地照抄或照搬，不是囫囵吞枣，而是对其功能效果进行理性分析后根据中国国情进行的科学取舍，因而也最大限度地避免了制度引进和移植中的水土不服和排异反应。作为市场经济制度的后来者，中国商法没有太多的传统束缚和历史包袱，反而获得了博采众家之长的后发优势。中国既有商法制度与各国先进商法规则的融合互补使其成为现代先进商法制度的代表者和商法制度国际化的引领者。

四、中国商法的未来展望

追昔抚今，中国商法四十年成就辉煌，不仅在中国法律制度发展中业绩卓著，而且已经跃居和傲立世界商法制度发展的前沿，对于中国改革开放的巨大成功，对于中国市场经济的健康稳定的发展，对于中国特色社会主义法律体系的形成和完备，中国商法举足轻重、功不可没。

然而，金无足赤，冷静观察和理性分析中国商法的现状，依然可以看到中国商法存在的明显缺憾和不足。首先，商事法律制度自身体系化、科学化不足。在形式理性上，商法与民法差距甚大，体系化的程度也难望民法之项背。其次，商法规范有缺位和空白。对某些十分重要的商事关系和商事问题缺少相应的法律规制，如商事能力制度、营业与营业转让制度等。再次，商事立法存在散乱、重复和冲突的现象。由于各单行法多是由不同部门分别提出草案并在此基础上制定的，彼此之间缺少必要的协调和沟通，由此出现对相同法律问题的重复立法和不同立法之间的相互冲突，如各部门和各地方出台的黑名单制度等。其四，商事立法层次错位，效力不足。作为调整商事关系的许多法律规范，本应由全国人大制定，但却长期在行政法规甚至是部门规章的立法层次上低位运行。[1]

中国商法存在的缺憾正是其未来发展的巨大空间，消除这些缺憾和不足恰是商法制度继续前行的导向和目标追求。除了继续丰富、完善和发展商法各个领域的具体法律制度和规则外，对整个商法制度的体系安排和顶层设计将是中国商法未来发

---

〔1〕 参见赵旭东：《〈商法通则〉立法的法理基础与现实根据》，载《吉林大学社会科学学报》2008年第2期。

展的重大使命。在我国目前的市场经济法律体系中，商事立法的体系缺陷极其明显。与商法相比，我国民法早已形成基本完备的体系，此前就有一部统领全部民事法律的《民法通则》，目前又正在编纂民法典。而商法迄今为止，陆续颁布的都是单行商事法，总纲性商法规范极为欠缺，更无法形成合理的体系，缺少一部类似《民法通则》、规定一般商事法律制度、统领整个商法领域立法的系统性法律文件，“商事部门法因总纲性商法规范的缺失而无法形成有效的商法理念与原则，从而未能在商法中形成有效的弥补成文法漏洞的法律机制。”[1]整个商事立法处于完全的零散化、碎片化状态，与部门法应有的体系化、科学化的要求相距甚远。对比大陆法传统的法典化体系构成，在刑法、民法、行政法、诉讼法等几大并立的部门法中，也只有商法部门缺少统领性的一般立法。在我国社会主义法律体系中，作为四梁八柱的其他基本法都已经制定齐备，明显欠缺的就是商事基本法。由此，为贯彻落实《中共中央关于全面推进依法治国若干重大问题的决定》，为实现民法典的立法初衷和主要目的，为加强市场经济法律制度建设而编纂的民法典，不能不对商事立法给予特别的重视和科学的布局安排。

在我国商事单行法的基本立法格局之下，在已经颁行的各个部门商事法的基础上，制定一部一般性、统领性的《商法通则》，不仅是健全和完善社会主义市场经济法律体系的需要，同时也与我国目前经济和社会发展的各种现实需要高度契合，应当作为我国进入新时代后的一项重要立法予以规划安排。近年来，学界大量丰富的深入研究表明，《商法通则》的制定不仅可以针对性地弥补上述商法制度存在的缺憾，有效地实现商事法律制度自身的体系化、科学化，填补我国商事法律规定的不足，协调和消除相关法律制度之间的矛盾与冲突，合理提升商法规范的立法位阶，确保商事法律应有的法律效力和权威，而且对于我国完善市场经济法律体系，进一步推进深化商事制度的改革，加强营商环境的法治化建设，建立商事信用法律制度，实现“大众创业、万众创新”，完善产权保护、弘扬优秀企业家精神，助力推进“一带一路”发展战略等，更有着直接、对应、充分的效用。《商法通则》的制定已成我国民商法制发展的当务之需和之急，如果说民法典编纂对民事立法是锦上添花，那么《商法通则》的制定对商事立法就是雪中送炭。同时，我国民商立法体系最富创新的立法安排和突出特色之一恰是《商法通则》的制定，它将使商事立法的中国特色表现得更为鲜明，也是中国商事法律制度未来发展的最新期待。

---

[1] 王建文：《中国现行商法体系的缺陷及其补救思路》，载《南京社会科学》2009 年第 3 期。

民法典继承编草案修改要点*

杨立新**

目　次

导　语

《中华人民共和国民法典各分编（草案）》经过全国人大常委会第一次审议，已经在全国公开征求修改意见，继承编列在其中。[1]继承编草案结合我国继承制度的实际情况，考虑了各方面提出的意见，进行了一些重要修改，能够体现市场经济对完善继承制度的部分要求，大体符合遗产流转规律的要求。

继承编草案的这些进步，具体表现在以下七个方面：(1) 对遗产范围采取概括式规定，改变了现行《继承法》第3条采取“列举＋概括”规定遗产范围的立法

* 课题来源：教育部人文社会科学重点研究基地重大研究项目“中华人民共和国民法典评注”，课题号为“18JJD820001”。

** 杨立新，天津大学法学院卓越教授，中国人民大学民商事法律科学研究中心研究员，法学院教授，中国民法学研究会副会长。

〔1〕 以下将《中华人民共和国民法典分则各编（草案）》第一次审议稿中的继承编，简称为继承编草案；本草案的其他版本，则加括号表示，如（室内稿）（征求意见稿）。

方式，纠正了对遗产列举无论达到何等详细程度，在财产类型日益增加和财产形式不断丰富的情形下，也无法涵盖遗产的全部范围，甚至可能发生法律属性争议的弊病。继承编草案第901条关于“遗产是自然人死亡时遗留的个人合法财产，但法律规定或者依其性质不得继承的除外”的概括式规定，具有更好的涵摄力，开放性更强，能够适应市场经济发展和社会生活变化的需求。〔1〕(2) 对丧失继承权补充规定了宽宥制度，填补了立法的空白。继承编草案第904条规定，对遗弃被继承人或者虐待被继承人情节严重，伪造、篡改、隐匿或者销毁遗嘱情节严重，以欺诈、胁迫手段迫使或者妨害被继承人设立、变更或者撤回遗嘱情节严重的情形，“被继承人知道”后，“对该继承人表示宽恕或者事后在遗嘱中明确将其列为继承人的，该继承人不丧失继承权”，体现了被继承人支配自己身后遗产的自主意愿，符合民法意思自治的基本原则。(3) 增加规定被继承人的兄弟姐妹的子女适用代位继承制度，扩大了法定继承人的范围。继承法草案第907条在保持《继承法》规定的法定继承人范围和顺序的基础上，部分扩张了法定继承人的范围，使被继承人的兄弟姐妹的子女即被继承人的侄、甥也纳入了代位继承人的范围，符合遗产流转规律的要求和我国继承传统。(4) 增加打印遗嘱和录像遗嘱为法定遗嘱形式。继承编草案第915条和第916条规定打印遗嘱和录像遗嘱为有效的遗嘱形式及有效要件，使遗嘱形式的立法与当今社会生活的现实状况和科技发展的实际水平相适应，具有创新性和先进性。(5) 废除公证遗嘱效力优先规则，防止出现限制被继承人遗嘱自由的可能性。继承编草案第921条第3款确立了“立有数份遗嘱，内容相抵触的，以最后的遗嘱为准”的遗嘱效力原则。(6) 增加规定遗产管理人制度及相关规则。继承编草案第924条规定了遗产管理人的产生、第925条规定了遗产管理人的指定、第926条规定了遗产管理人的职责、第927条规定了遗产管理人未尽职责的民事责任、第928条规定了遗产管理人的报酬请求权，基本上对遗产管理人制度的主要内容都作出了规定，填补了现行立法在遗产管理人制度规定上的欠缺，增强了继承法律制度的可操作性。(7) 规定了无人继承又无人受遗赠的遗产收归国有的具体用途，须“用于公益事业”（第939条），符合社会公众对无人继承又无人受遗赠遗产收归国有的后续立法规制的合理预期。

不过，严格遵循科学立法、民主立法和依法立法的原则，〔2〕使民事立法更为体系化和科学化，为民事主体的合法权益提供全面保障的要求出发，继承编草案的改进仍然不够全面、不够科学，也不完全符合社会实际的需要，在民法典分则各编中属于比较保守、改革不足的部分。例如，对法定继承人范围和继承顺序的规定没有

---

〔1〕 该条文中的“合法”二字，似无必要，可以删除。

〔2〕《决胜全面建成小康社会夺取新时代中国特色社会主义伟大胜利——在中国共产党第十九次全国代表大会上的报告》，人民出版社2017年版，第38页。

实质性的改进，不符合遗产“向下流转”规律的要求，不能防止遗产“向旁扩散”的问题；仍将尽了主要赡养义务的丧偶儿媳和丧偶女婿规定为第一顺序法定继承人，缺乏理论上的正当性；对继承法律制度的若干重要内容，如替补继承（遗赠）、后位继承（遗赠）、遗嘱生效时间、遗嘱执行人的职责、遗嘱相对无效、特留份以及继承扶养协议等方面，仍然欠缺规定。即使从继承编草案的条文数量上看，仅有45个条文，与《继承法》的37个条文相比略有增加，但条文数目仍然偏少，制度规范简陋。因此，对继承编草案应当进一步进行修改、完善，才能符合上层建筑与经济基础相适应的要求，编纂出一部符合市场经济社会需要和人民群众需要的民法典继承编。对此，笔者在本文中择其要者，以下就继承编草案中继承制度完善的四个方面问题，提出修改意见。

一、规定更能够保护自然人私人财产权的法定继承人范围

继承法规定法定继承人范围的大小，体现的是何种亲属才有权继承被继承人的遗产，实际表明的却是国家对自然人私有财产特别是被继承人遗产的尊重程度。继承法规定的法定继承人范围越大，表明国家对私人财产以及自由支配私人财产的意志就越尊重；规定的法定继承人范围越窄，表明国家对私人财产就越不尊重，对自然人支配私人财产的自由意志越加以限制。原因是，法定继承人范围越宽，可以继承被继承人遗产的继承人就越多，形成无人继承遗产的可能性就越小，被收归国家、集体所有的私人财产出现的可能性就越少；反之，会造成更多的无人继承遗产，私人的遗产被充公的可能性就越大。

在比较法的角度观察，市场经济国家的继承法对法定继承人范围普遍规定宽泛，而计划经济国家的继承法对于法定继承人范围普遍规定得很窄。例如，1922年《苏俄民法典》第418条规定的法定继承人范围，只有子女、配偶、无劳动能力的父母，以及有劳动能力的父母、兄弟姐妹，孙子女为代位继承的法定继承人；[1] 1964年《苏俄民法典》第532条规定的法定继承人包括，子女（养子女）、配偶和父母（养父母），兄弟姐妹、祖父母和外祖父母。[2]实行市场经济的现行《俄罗斯联邦民法典》第1142－1145条规定的法定继承人有7个顺序，五亲等以内的亲属都具有法定继承权，极大地扩张了法定继承人的顺序；而《德国民法典》则采无限血亲继承主义，[3]凡是血亲均可继承，只是继承顺序有所区别而已。这个比较法事

---

〔1〕《苏俄民法典》，王增润译，王之相校，新华书店1950年版，第169－170页。

〔2〕《苏俄民法典》，中国社会科学院法学研究所民法研究室编，中国社会科学出版社1980年版，第172页。

〔3〕《德国民法典》，台湾大学法律学院、台大法学基金会编译，北京大学出版社2017年版，第1379页。

实可以说明，计划经济国家继承法限制法定继承人范围，市场经济国家继承法尽量扩大法定继承人范围。前者对法定继承人范围进行限制的目的之一，就是“如果既无法定继承人，又无遗嘱继承人，或者任何继承人都不接受继承，抑或遗嘱人剥夺了所有继承人的继承权，死亡人的遗产根据继承法转归国家所有”。[1]

我国在改革开放以来，社会经济体制由计划经济转变为市场经济，而《继承法》规定的法定继承人范围仍然是计划经济的继承制度。这鲜明地体现在法定继承人范围的狭窄上，与1922年和1964年的《苏俄民法典》第418条、第532条的内容几乎相同，只有配偶、子女、父母以及兄弟姐妹、祖父母、外祖父母为法定继承人，子女的晚辈直系血亲如孙子女、外孙子女为代位继承人。这样的规定，显然不符合我国目前实行的社会主义市场经济的要求，严重地限制了自然人支配自己私人财产的权利，限制了被继承人支配自己身后遗产的自由意志，是必须改进的。

继承编草案第906条和第907条规定的法定继承人范围，仍然是配偶、子女、父母以及兄弟姐妹、祖父母、外祖父母，孙子女、外孙子女等被继承人的晚辈直系血亲作为代位继承人，也属于法定继承人；除此之外，只扩大了一种法定继承人，即被继承人的兄弟姐妹先于被继承人死亡的，由被继承人的兄弟姐妹的子女代位继承，使侄子、侄女、外甥、外甥女成为代位继承人。至于其他亲属，均不是法定继承人。

继承编草案对法定继承人范围的这种简单扩大，显然是不够的，即按照这样的规定，怎么能够认为被继承人对除了上述亲属之外的亲属，就不让他们继承自己的遗产呢？显而易见，这仍然是在财产权属上公私不分，盲目扩大公有财产的“左”的思想的反映。

首先，上层建筑应当与经济基础相适应，有什么样的经济基础，就应当有什么样的上层建筑与之相协调。当上层建筑与经济基础不相适应时，经济基础就会受上层建筑的反作用力影响，限制甚至损害经济基础的发展，因而上层建筑应当随之进行改变。可是，我国在长期实行计划经济，1978年以来实行了经济体制改革，经济基础实现了由计划经济向市场经济的转变，而在1985年制定的《继承法》，却完全照搬与计划经济体制配套的《苏俄民法典》的继承法律制度，其中包括法定继承人范围的规定，脱离了市场经济的社会基础，背离了人民群众的需要。即使今天的继承编草案，在这个问题上也仍然没有改变，没有反映出市场经济对法定继承人范围变革的需求。

其次，如上所述，我国现行《继承法》规定的法定继承人范围，以及稍作扩大的继承编草案关于法定继承人范围的规定，都是1922年和1964年《苏俄民法典》

---

〔1〕 1964年《苏俄民法典》第527条第3项的内容，见《苏俄民法典》，中国社会科学院法学研究所民法研究室编，中国社会科学出版社1980年版，第171页。

规定的法定继承人范围的翻版，将已经被他国所废除的、不适应社会发展实际需要的继承制度，在我国继承法中继续保留，在二十一世纪的新民法典中继续存在，这显然是落后于时代的继承法律制度。

最后，仅仅将侄、甥纳入代位继承人的范围，在扩大法定继承人范围的问题上，迈出的步子实在是太小了，在市场经济社会现实需求面前，完全不适应市场经济的需求。如果被继承人一旦没有设立遗嘱，或者遗嘱无效，则极有可能使被继承人的遗产因为没有法定继承人而使其遗产被收归国家所有。虽然继承编草案第939条规定了“无人继承又无人受遗赠的遗产，归国家所有，用于公益事业；死者生前是集体所有制组织成员的，归所在集体所有制组织所有”的限制性内容，但是，该遗产的性质仍然发生了变化，由私有财产变成了公有财产，而无法由被继承人的其他亲属（如血缘关系最为亲密的曾祖父母、曾外祖父母等）所继承，无法保持其私有财产的性质。四世同堂是被认为最为紧密和理想的大家庭，但是，将曾祖父母、曾外祖父母都排除在法定继承人范围之外，无论是从亲情上，还是市场经济社会的发展上，都是没有道理的。

对此，立法机关应当进一步解放思想，在确定法定继承人范围的问题上，作出更加适合社会主义市场经济发展要求的规定来。其实，这样的立法是很简单的，只要规定一定亲等范围内的亲属都是法定继承人就可以了。我们一直倾向于四亲等以内的亲属都是法定继承人，只要这样规定，就完全可以适应社会的实际需要。

二、规定更符合市场经济社会需求的法定继承顺序

（一）我国法定继承顺序存在的主要问题和立法态度

与我国《继承法》规定的法定继承人范围过于狭窄的状况相适应，我国法定继承制度中的法定继承顺序也具有重大缺陷，不适应市场经济社会的需求。其表现是，法定继承顺序只有两个，一是配偶、子女、父母；二是兄弟姐妹、祖父母、外祖父母，配以孙子女、外孙子女等晚辈直系血亲的代位继承，且继承顺序规定得不合理，不能体现市场经济社会遗产流转的基本要求。按照这样的继承顺序进行法定继承出现的后果是，不能依照遗产流转基本规律进行继承，遗产不是按照“向下流转”，而使更多的遗产向旁流转。

对于这些问题，已经有足够多的文章进行评论，故本文不再对此进行说明。笔者想要说明的是，立法机关对这个问题并没有引起足够重视，以至于在继承编草案中，对《继承法》存在的上述问题没有作出很好的回应，没有接受学者的立法建议，使继承编草案规定的继承制度基本上还是计划经济的继承法，不适应现实社会发展的需求。在二十一世纪的今天，在我国已经实行市场经济的基础之上，在全国

人民基本摆脱贫困、很多人成为富人的情况下，仍然维持这样的计划经济的继承法律制度，真的是无法想象的。

（二）改革法定继承顺序的主要问题

1. 增加法定继承顺序

我国《继承法》规定的法定继承顺序只有两个：一是配偶、子女、父母，二是兄弟姐妹、祖父母、外祖父母，再加上被继承人的晚辈直系血亲这种代位继承人。除此之外，没有其他任何亲属可以通过其他继承顺序进行继承。

形成这样的法定继承顺序的最主要原因，是规定的法定继承人范围过窄。在如此狭窄的法定继承人范围的基础上，没有必要规定更多的法定继承顺序。在1985年制定《继承法》时，我国人民缺衣少食，没有更多的遗产可供继承，因此，立法反映的是穷人的继承制度、计划经济的继承制度。在法律上的原因是，《婚姻法》规定了所谓的近亲属概念，在所有的亲属中，只规定近亲属才有亲属的身份地位和权利义务关系，近亲属之外的其他亲属都不在法律调整的范围之内，因此形成了我国亲属法和继承法目前存在的这种困境而不能自拔。这些问题，都因源于盲目借鉴苏联民法的传统，忽略我国的亲属和遗产流转的习惯，排斥欧陆民法的基本继承制度使然。

与增加法定继承顺序相应的，必须首先改革现行的亲属制度，继而扩大法定继承人范围，使更多的亲属能够成为法定继承人。我们一直在建议，四亲等以内的亲属都具有亲属的法律身份，都有权利义务关系，因而都应当成为法定继承人。在这个基础上，规定更多的法定继承顺序。

2. 孙子女、外孙子女等直系卑血亲的继承顺序

我国《继承法》将被继承人的晚辈直系血亲包括孙子女、外孙子女的法定继承地位规定为代位继承的做法，来源于1922年《苏俄民法典》第418条规定。[1]这种规定是不适当的。[2]首先，孙子女、外孙子女等晚辈直系血亲是被继承人最重要的亲人，是遗产流转中最重要的法定继承人，如果是四世同堂，曾孙子女、曾外孙子女当然是曾祖父母、曾外祖父母处分遗产最重要的继承人；如果是五世同堂，则玄孙子女、玄外孙子女更是被继承人的心头肉了。但是，《继承法》将孙子女、外孙子女等晚辈直系血亲规定为代位继承人，而不是第一顺序继承人，就剥夺了孙子女、外孙子女直接继承祖父母、外祖父母遗产的权利，一旦其父母丧失或者被剥夺

---

〔1〕《苏俄民法典》第418条第2款规定："如被继承人之子女，有在继承开始前死亡者，则其应继份由其子女（被继承人之孙）代位继承，如其子女死亡时，由其子女之子女（继承人之曾孙）代位继承。"见《苏俄民法典》，新华书店1950年版，第169-170页。

〔2〕对此的评论，请参见杨立新：《孙子女外孙子女等继承权的保障制度改革》，载《四川大学学报》2018年第1期。

了继承权，则孙子女、外孙子女就不能依照法定继承的规定继承祖父母、外祖父母的遗产。对于曾孙子女、曾外孙子女乃至玄孙子女、玄外孙子女的继承权，虽然用代位继承方式并未否定其继承权，但是同样存在上述问题。这种法定继承顺序，怎么能体现人民的心愿，怎么能实现被继承人支配自己遗产的自由意志，怎么能符合市场经济社会的实际需求呢?

解决这个问题的根本出路，是改变孙子女、外孙子女等晚辈直系血亲代位继承的规定，而将孙子女、外孙子女以及他们的直系卑血亲都规定为第一顺序法定继承人，不仅能够使孙子女、外孙子女在其父母缺位的情况下，以第一顺序法定继承人的身份直接继承其祖父母、外祖父母的遗产，而不至于因其父母的原因而使自己的继承权等受到损害。同样，增加孙子女、外孙子女等卑亲属也作为第一顺序法定继承人，在一旦孙子女、外孙子女也缺位时，曾孙子女、曾外孙子女也能够直接以第一顺序法定继承人的身份继承遗产，保障遗产按照遗产流转规律向下流转。

有人怀疑，一旦在同一顺位的法定继承人中规定了不同辈分的继承人，是不是会造成继承顺序的混乱呢？这个顾虑是没有必要的。在规定了子女及其直系卑血亲为第一顺序法定继承人之后，另加一款，规定同一顺序的法定继承人辈分不同的，亲等近者优先，即可解决这个问题，没有必要对此担忧。〔1〕

3. 配偶的法定继承人地位及顺序

毫无疑问，配偶是最重要的法定继承人，其继承权必须予以保障。不过，配偶作为何种顺序的法定继承人是可以选择的。我国《继承法》规定配偶为第一顺序法定继承人，是源于1922年和1964年《苏俄民法典》第418条和第532条规定，而在市场经济国家的继承法，基本上都是规定配偶为无固定顺序的法定继承人。〔2〕这两种不同的立法例都与各自的社会经济基础相关。我国在1985年选择配偶为第一顺序法定继承人，主要的依据为配偶是最为重要的亲属，必须作为第一顺序法定继承人保障其继承权，立法的依据则是《苏俄民法典》的立法例。问题在于，过于强调保障配偶的继承权，有可能忽视了其他法定继承人的继承权，因而出现不公平的后果，且保障配偶的继承权也并非只有规定为第一顺序法定继承人这一条唯一的出路。

对此，继承编草案（室内稿）第9条第4款规定："配偶与第一顺序或者第二顺序继承人共同继承。没有第一顺序和第二顺序继承人的，配偶继承全部遗产。"

---

〔1〕《德国民法典》第1924条规定："1. 第一顺序法定继承人为被继承人之直系血亲卑亲属。2. 继承开始时，直系血亲卑亲属有不同亲等时，以亲等较近者排除亲等较远者继承。"见《德国民法典》，台湾大学法律学院、台大法学基金会编译，北京大学出版社2017年版，第1394页。

〔2〕笔者把无固定顺序法定继承人称之为"零顺序"。配偶无固定顺序法定继承人的立法例，典型者为《法国民法典》第734条、第745条规定。参见杨立新、和丽军：《我国配偶法定继承的零顺序改革》，载《中州法学》2013年第1期。

这个规定采纳了配偶无固定顺序法定继承人的立法例，是很好的选择。[1]但是，继承编草案（征求意见稿）就改变了这个规定，恢复了《继承法》规定的配偶为第一顺序法定继承人的做法。继而，继承编草案第906条仍然维持《继承法》的原来规定。

为什么说配偶为无固定顺序法定继承人比为第一顺序法定继承人更为妥当，理由是：第一，配偶作为第一顺序法定继承人，其继承权无法得到有效的保障。例如，当被继承人有多名子女，且父母健在，在参与第一顺序法定继承人继承时，只能得到与所有继承人相同的份额，分配遗产数额较少。第二，配偶作为第一顺序法定继承人具有一定的不合理性，当第一顺序继承人只有配偶一人时，就排除了其他任何第二顺序继承人继承的可能性，但是被继承人的兄弟姐妹作为最亲近的旁系血亲，完全不能继承。第三，将配偶、子女和父母这三种与被继承人关系完全不同的人纳入同一个继承顺序，既不属于亲等继承制，也不属于亲系继承制，在理论基础上不具有正当性。因此，我继续坚持配偶应当作为无固定顺序法定继承人的立法意见。

4. 父母的法定继承顺序

父母是否必须为第一顺序法定继承人？是否只有将父母作为第一顺序法定继承人，才能实现尊老敬老的传统？这些问题，是确定父母法定继承顺序的主要问题。

将父母作为第一顺序法定继承人的做法，是很少出现的立法例，就连1922年《苏俄民法典》第418条规定，都把父母作为第一顺序法定继承人设置了条件，即"被继承人之父母无劳动能力者"，否则，"被继承人有劳动能力之父母"被作为第二顺序法定继承人。[2]直至1964年再法典化的《苏俄民法典》第532条，才规定了"第一顺序——子女（包括养子女）、配偶和父母（养父母），以及死亡人死亡后出生的子女"的并列第一顺序法定继承人立法例。[3]我国《继承法》第10条规定父母的法定继承顺序，完全是1964年《苏俄民法典》第532条的翻版。

为什么多数国家继承法并不采纳父母为第一顺序法定继承人的立法例？原因是，遗产流转规律主要是向下流转，这不仅是因为父母通常是在子女之前死亡而不是在其之后死亡，父母继承子女的遗产是小概率事件；父母继承子女的遗产后，通常会很快成为被继承人，因而会发生遗产向旁流转，由父母的继承人继承。这违反遗产流转规律的要求，也违背作为子女的被继承人处置遗产的意志。因而，有的国家规定，即使发生父母继承，也对父母取得遗产的权属进行限制，如父母继承的遗

---

〔1〕 这个规定的不足，是忽略了对兄弟姐妹继承权的保护。

〔2〕《苏俄民法典》，中央人民政府法制委员会编，王增润译，王之相校，新华书店1950年版，第169、170页。

〔3〕 见1964年《苏俄民法典》，中国社会科学院法学研究所民法研究室编，中国社会科学出版社1980年版，第171页。

产取得的是虚的所有权，在其死亡后，真实的所有权还是要流向被继承人的直系卑血亲，顺应遗产向下流转规律的要求。[1]

继承编草案（室内稿）第9条曾经采纳了父母为第二顺序法定继承人的意见，规定了“第二顺序：父母”的内容。不过，在继承编草案的征求意见稿和第一次审议稿中，又恢复了父母为第一顺序法定继承人的规定。

很多人之所以坚持父母为第一顺序法定继承人的做法，除了尊老敬老的理由之外，还有一个理由是，子女在父母死亡之前死亡，如果更多的遗产被其子女继承，其子女取得的遗产将成为夫妻共同财产，其中一半就会成为配偶的财产，因而更多的遗产由父母继承更容易保持在自己的血亲之中。当然，这些问题可以通过有效的遗嘱而强调遗产只归特定继承人继承，或者将遗产给孙子女、外孙子女等直系卑血亲继承，以避免发生这样的后果。但是问题在于：一方面，我国没有更多的遗嘱继承形式如后位继承、替补继承来保障遗嘱自由，无法通过后位继承、替补继承的遗嘱而使其遗产由其孙子女、外孙子女等直系卑血亲继承；另一方面，国人缺少立遗嘱的习惯，多数人不习惯以遗嘱处分遗产。在没有建立健全遗嘱继承制度，人们没有改变不愿意立遗嘱的习惯之前，很难有效地防止出现这样的问题，以保障被继承人支配自己遗产的自由，难免形成父母与被继承人的直系卑血亲争夺遗产，无法实现遗产向下流转规律的现象。所以，应当将继承编草案（室内稿）的父母作为第二顺序法定继承人的规定作为最佳选择，以便出现更好的结果。

5. 其他亲属的法定继承顺序

继承编草案只是把法定继承人范围扩大到兄弟姐妹的子女，用代位继承解决他们的继承问题。如果按照我们的立法建议，将法定继承人的范围扩大到四亲等以内的直系血亲和旁系血亲，则继承顺序必须增加。如果父母作为第二顺序继承人、兄弟姐妹、祖父母、外祖父母作为第三顺序、配偶作为无固定顺序法定继承人，那么，就增加规定第四顺序继承人为“其他四亲等以内的直系血亲”即可，只要接着规定“在同一法定继承顺序的继承人辈分不同的，亲等近者优先”即可，不必规定更多的法定继承顺序。如果坚持现在的做法，即配偶、子女、父母为第一顺序法定继承人，兄弟姐妹、祖父母、外祖父母为第二顺序法定继承人，则应当将第一顺序的子女规定为“子女及其直系卑血亲”，同时，也应当将其他四亲等以内的血亲规定为第三顺序法定继承人。

按照以上意见，对于法定继承人范围和继承顺序，应当规定以下内容：

遗产按照下列顺序继承：第一顺序：子女及其晚辈直系血亲。第二顺序：父母。第三顺序：兄弟姐妹、祖父母、外祖父母。第四顺序：四亲等以内的其他血亲

---

[1] 2017年6月，法国公证人协会与中国人民大学民商事法律科学研究中心研究人员举行会议，讨论中法继承法比较法的问题，巴黎公证人协会负责人介绍了上述情况。

亲属。

上列同一顺序中的继承人有辈分不同的，以亲等近者优先继承。

配偶与第一、二、三顺序的继承人按照份额继承被继承人的遗产。

配偶与第一顺序继承人继承时，其应继份为遗产的二分之一；与第二顺序继承人继承时，其应继份为遗产的三分之二；与第三顺序血亲继承人共同继承时，其应继份为遗产的四分之三。无第一、二、三顺序继承人的，配偶继承全部遗产。

三、规定更完善的遗嘱继承的各项制度

《继承法》规定的遗嘱继承制度是不完善的，是共识。即使现在的继承编草案规定的遗嘱继承制度也是不完善的，主要表现在：第一，将遗嘱继承规定在法定继承之后，虽然有遗嘱优先原则的明文规定，但是这样的做法仍然有损于遗嘱继承的优先地位，容易引起忽视遗嘱继承的误解。第二，遗嘱继承的主要制度不完善，无法满足遗嘱人设立遗嘱的实际需要。第三，与遗嘱继承的相关制度不配套，不能保证各方当事人通过遗嘱实现自己的利益。尽管继承编草案增加了打印遗嘱、录像遗嘱，废除了公证遗嘱优先原则，但仍然不是完善的遗嘱继承制度。

既然继承编草案规定的遗嘱继承的内容还存在这样一些重大缺陷，就应当对继承编草案规定的遗嘱继承制度进行修改和完善，以适应遗嘱人选择遗嘱继承支配自己身后遗产的实际需要。

（一）对遗嘱本身规定的完善

1. 规定附条件、附期限的遗嘱

继承编草案未规定遗嘱的生效时间，是一个缺陷。这是因为，尽管多数遗嘱在一般情况下是在遗嘱人死亡时生效，但是，遗嘱的生效时间与遗嘱人死亡时间并不完全重合，有的遗嘱的生效时间是有特殊性的。因此，应当明确规定遗嘱的生效时间，并允许遗嘱人在遗嘱中对遗嘱的生效时间附条件或附期限。附条件的，遗嘱人指定的条件成就时遗嘱生效；附期限的，遗嘱人指定的期限届至时遗嘱生效。

规定遗嘱可以附条件或者附期限还有一个重要的作用，就是可以与后位继承、设定附负担的继承和遗赠等规则相协调。

首先，继承编草案应当规定："遗嘱自遗嘱人死亡时发生效力。遗嘱人死亡时其遗嘱所附生效条件尚未成就、所附始期尚未届至的，则遗嘱自所附条件成就、所附期限届至时，发生效力。"这样才能够准确确定遗嘱生效的时间点。

其次，继承编草案还应当规定："遗嘱继承人或受遗赠人于遗嘱发生效力前死亡、丧失、放弃继承权或受遗赠权，没有替补继承人、替补受遗赠人的，遗嘱相应部分不生效力，依法定继承处理。"这样，就将遗嘱的附条件和附期限与替补继承、

替补遗赠结合在一起，成为统一的制度。

最后，继承编草案还应当规定："被遗嘱排除行使继承权的法定继承人，在没有其他继承人和受遗赠人、其他继承人和受遗赠人丧失或放弃权利时，或者执行完遗嘱后仍有剩余遗产的，可以依法定继承取得遗产。"遗嘱具有排除其他未被遗嘱指定的法定继承人行使继承权的效果，遗嘱有效，被排除的继承人无法继承遗产。但是，当遗嘱指定的继承人或者受遗赠人都不存在，或者遗嘱继承人和受遗赠人都丧失或放弃权利时，遗嘱无法执行，遗产仍然没有被继承。这时，被遗嘱排除的继承人的继承权并未消失，仍然可以按照法定继承的规定行使继承权，继承被继承人的遗产。即使按照遗嘱指定的继承人或者受遗赠人继承了应继份额，遗产还有剩余的，也同样发生上述效果。

2. 规定被增减、涂改遗嘱的效力规则

继承编草案第921条只规定了遗嘱的撤回，没有规定遗嘱的增减和涂改是否也导致遗嘱效力的变化，这种现象在实际生活中是比较常见的，因而应当规定具体规则，明确遗嘱被增减、涂改的效力问题。建议增加规定：遗嘱有增减、涂改而变更遗嘱内容的，遗嘱人应当在增减、涂改处另行签名或按指印，否则，遗嘱变更的部分不发生效力。

3. 受欺诈、胁迫以及因重大误解所立遗嘱应为可撤销

继承编草案第922条第2款规定，即受欺诈、胁迫所立的遗嘱为无效遗嘱，与《民法总则》规定的同一类法律行为为可撤销法律行为的规则相矛盾，且遗嘱行为并无特别理由应当规定为无效；同时，还应补充因重大误解所立遗嘱的效力。继承编草案第922条应当规定：遗嘱必须是遗嘱人的真实意思表示。因受欺诈、胁迫以及因重大误解所立的遗嘱，立遗嘱人或者利害关系人可以请求人民法院予以撤销。同时规定，请求撤销遗嘱的权利，应当自知道或者应当知道撤销事由之日起一年内行使。这样，就与《民法总则》的规定协调一致了。

4. 规定没有注明年、月、日的遗嘱的效力规则

继承编草案只规定了遗嘱绝对无效的情形，没有规定遗嘱相对无效的规则，应当增加规定。例如，没有注明年、月、日的遗嘱就属于相对无效的遗嘱。通常认为，遗嘱没有注明所立遗嘱的年、月、日，或者注明的年、月、日不完整，不能确定所立遗嘱的具体时间，应当是无效遗嘱。但是，遗嘱须注明年、月、日的时间要求，是为了确定数份遗嘱设立时间的先后，以及确定设立遗嘱时的遗嘱人是否具有遗嘱能力。这些都是需要以设立遗嘱的具体时间予以确定，如果没有注明年、月、日，就无法确定其效力，使其无效是最好的选择。但是，如果不存在上述需要准确确定遗嘱时间的条件时，遗嘱即使没有注明年、月、日，也不存在这样的问题。因此，对未注明立遗嘱时的年、月、日的，应当区别对待，根据实际情况确定其效力。继承编应当规定：遗嘱人所立遗嘱的落款处没有注明或者标注不完整的年、

月、日的，只有在存在遗嘱人所立的其他遗嘱且不能确定设立先后，或者不能确定遗嘱人在设立遗嘱时是否有遗嘱能力时，才可以认定该遗嘱无效；不存在上述情形的，遗嘱有效。

（二）规定特留份制度使遗嘱继承制度完善

在几十年的继承法立法以及编纂继承编草案的过程中，是否规定特留份制度，是学者与立法机关官员长期争论的一个意见相当对立的问题。学者强烈认为，继承编应当规定"特留份"制度，发挥其限制遗嘱自由功能、继承传递功能、分配调控功能和价值保持功能，"必留份"不能取代"特留份"。[1]而立法机关官员则认为必留份起到了特留份的作用，规定了必留份之后，没有必要再规定特留份制度。

立法机关官员的这个意见是不对的。

特留份又称"特留财产""必继份""保留份""义务份"，是指被继承人通过遗嘱设立遗嘱继承时，必须依法留给继承人，不得自由处分的遗产份额。特留份是对被继承人行使权利处分自己遗产的法律限制，如果遗嘱人通过遗嘱排除了必留份权利人的继承权，则处分特留份遗产的遗嘱部分无效。各国继承法为防止被继承人通过遗嘱处分遗产而损害享有特留份权人的继承权，特别设置特留份为限制措施。在享有特留份权的法定继承人范围和特留份的数额上，各国规定不尽相同，有的国家规定直系血亲卑亲属的特留份为其应继份的二分之一，或规定兄弟姐妹的特留份为其应继份的三分之一，等等。特留份的数额与被继承人的亲等不同而相应增减。除法律特别规定外，被继承人不得剥夺继承人的特留份。

我国继承法一直没有规定特留份，只有关于"遗嘱应当对缺乏劳动能力又没有生活来源的继承人保留必要的遗产份额"的必留份制度（第19条）。必留份大体上属于社会主义国家特有的制度，其判断标准比较抽象、烦琐，适用范围较窄，缺乏必要的规则防止遗嘱人通过生前赠与等方式损害继承人利益。

在泸州中级人民法院审理的"二奶受遗赠案"中，遗嘱人通过遗嘱将自己的部分遗产遗赠给自己的女友，该女友在主张其受遗赠权时，被法院判定为该遗嘱违背公序良俗而无效，剥夺了该女友接受遗赠的权利。对此，如果规定了特留份制度，遗嘱人除非处分了特留份范围内的遗产，损害了特留份权人的权利，应当确定该部分遗嘱无效外，对于其他部分的遗产，即不是特留份所涵盖的财产，遗嘱人当然可以遗赠给任何人，并不存在违背公序良俗的问题。[2]

---

〔1〕 参见杨立新、和丽军：《对我国继承法特留份制度的再思考》，《国家检察官学院学报》2013年第4期。

〔2〕 该案例的案情参见宋寒亮：《再看"泸州二奶继承案"——以法社会学为视角的思考》，载《辽宁行政学院学报》2011年第10期。

可见，特留份与必留份是不一样的，不仅内容不同，功能也不相同，因此，民法典继承编应当专门规定特留份制度，理由是：第一，目前我国已经基本摆脱贫困，大多数人所有的财产种类和数量都在不断增多，法律应当保障被继承人处分其个人财产的权利，不得过分限制。第二，世界上多数国家均设立特留份制度，通过特留份制度适当限制被继承人自由处分遗产的权利，防止遗嘱人利用遗嘱自由原则肆意处分遗产，损害其他继承人的权益。第三，让适当范围内的继承人享有最低限度的法定继承权，具备维持“家产”延续的功能。

建议在继承编中规定特留份制度，内容是：被继承人的配偶、晚辈直系血亲、父母享有特留份继承权。特留份额是其法定应继份的二分之一。特留份额应在继承开始时所存遗产的价额基础上，加上继承开始前二年内，遗嘱人赠与财产的价额，扣除债务额后，依据法定应继份计算。既符合特留份又符合必留份的，优先适用必留份的规定。

（三）规定替补继承（遗赠）规则

替补继承包括替补继承和替补遗赠，都是遗嘱人在遗嘱中指定遗嘱继承人或者受遗赠人，同时又指定了遗嘱继承人的替补继承人或者受遗赠人的替补受遗赠人，在遗嘱继承人或者受遗赠人缺位时，由替补继承人或者替补受遗赠人继承遗产或者接受遗赠的遗嘱继承制度。可见，替补继承是延伸遗嘱自由的一种表现形式，体现了遗嘱人自由处分遗产的自由意志，能够更好地使遗产按照遗嘱人的意志流转。

继承编草案没有规定替补继承，但是社会生活中确实有实际需要的，应当补充规定。如遗嘱人在遗嘱中为继承人或者受遗赠人指定了替补继承人或者替补受遗赠人，一旦遗嘱继承人或受遗赠人先于遗嘱人死亡，或者丧失继承权或受遗赠权，或者放弃继承权或受遗赠权，替补继承人或者替补受遗赠人就可以继承或者接受遗赠，防止出现无人继承也无人受遗赠的遗产。

因此，继承编应当规定，继承人可以在遗嘱中为继承人或者受遗赠人指定替补继承人或者替补受遗赠人。继承人或者受遗赠人先于遗嘱人死亡、丧失继承权或受遗赠权、放弃继承或者受遗赠时，由替补继承人、替补受遗赠人承受相应遗产。继承人可以被相互指定为替补继承人。

（四）规定后位继承（遗赠）规则

继承编草案也没有规定后位继承（包括后位遗赠），使我国遗嘱继承制度存在欠缺而不完善。继承编应当确认后位继承，是遗嘱继承中的重要制度。后位继承的优势在于：第一，能够给遗嘱人以更多的遗嘱选择自由，因而有利于充分维护遗嘱人的意愿，贯彻遗嘱自由原则。第二，有利于将遗产留在家族内部，如后位继承制度可以将遗产遗留给继承开始时尚未出生的人，使家族财产不受损害。第三，由于我国遗嘱信托不发达，后位继承还能部分实现类似于遗嘱信托的功能，可以形象地说，遗嘱信托是立法者教立遗嘱人怎么做，而后位继承则是遗嘱人自发地去做，故法律认可后位继承更符合我国的实际情况。第四，确认后位继承制度，尽管遗嘱指定后位继承人最终取得遗产，但在后位继承发生前，遗产归属于前位继承人支配，有利于遗产发挥更大的利用效率。有人担心子女接受自己的遗产，最终会被子女的配偶分走一半，而不能将遗产由自己的孙子女、外孙子女全部继承，可以选择设立后位继承遗嘱，指定孙子女、外孙子女甚至曾孙子女、曾外孙子女等作为后位继承人，就能够完全解决这个顾虑。

因此，笔者强烈建议继承编草案增加后位继承制度，规定的内容是："遗嘱人可以指定后位继承人按照一定的条件和期限取得前位继承人已经继承的遗产。遗嘱人未规定后位继承人取得遗产条件的，遗产在前位继承人死亡时归属于后位继承人。"还应当规定："后位继承人可以是继承开始时尚未出生的人。后位继承人只能指定一次。"最后规定："后位遗赠准用后位继承的规定。"

（五）遗嘱执行人的职责

继承编草案第 912 条只规定了遗嘱执行人的产生方式，没有规定遗嘱执行人的职责。尽管遗嘱执行人的职责与遗产管理人的职责相近，但是仍然有所不同，因而对于遗嘱执行人的职责应当作出明确规定。如果不规定清楚，遗嘱执行人没有职责的要求，将会出现遗嘱执行人错误执行遗嘱，造成侵害继承人利益的后果。继承编草案应当规定："遗嘱执行人应当严格依照遗嘱人的意愿，忠实勤勉地执行遗嘱，使遗嘱内容得以实现。遗嘱执行人在执行遗嘱的职责范围内，视为继承人的代理人。遗嘱执行人的职责内容、辞任、解任、共同执行，准用遗产管理人的规定。"

四、规定更完善的应当规定而没有规定的继承规则

在其他方面，继承编草案也存在较多的不完善之处，特别是有些在室内稿和征求意见稿中曾经规定的必要的继承规则又被删除，使继承编草案规定的我国继承制度继续存在不完善的问题。在下一阶段的继承编草案修改中，应当着重解决以下问题。

（一）修改、补充丧失继承权的宽宥制度

继承编草案第 904 条规定了继承权丧失的情形，第 2 款还特别规定了丧失继承权的宽宥制度，补充了我国《继承法》没有规定宽宥制度的空白，具有重要价值。该条的内容是："继承人有下列行为之一的，丧失继承权：（一）故意杀害被继承人的；（二）为争夺遗产而杀害其他继承人的；（三）遗弃被继承人的，或者虐待

被继承人情节严重的；（四）伪造、篡改、隐匿或者销毁遗嘱，情节严重的；（五）以欺诈、胁迫手段迫使或者妨碍被继承人设立、变更或者撤回遗嘱，情节严重的。”“被继承人知道继承人有前款第三项至第五项行为，对该继承人表示宽恕或者事后在遗嘱中明确将其列为继承人的，该继承人不丧失继承权。”“受遗赠人有本条第一款规定情形的，丧失受遗赠权。”这里存在的问题是：

第一，该条第1款第四项规定的伪造、篡改、隐匿或者销毁遗嘱，情节严重的和第五项规定的以欺诈、胁迫手段迫使或者妨碍被继承人设立、变更或者撤回遗嘱，情节严重的情形，作为丧失继承权的事由，都须具备“情节严重”的要件，要求比较高，实际上只要继承人实施了伪造、篡改、销毁或隐匿遗嘱的行为，以及以欺诈、胁迫手段迫使或者妨害被继承人设立、变更或撤回遗嘱的行为，无须情节严重，即应剥夺其继承权。这是因为，这些违法行为既严重损害了其他继承人的合法权益，又侵害了遗嘱人的遗嘱自由权，破坏了正常的遗产流转秩序。司法解释曾经规定，伪造、篡改或销毁遗嘱之行为，只有侵害了缺乏劳动能力而又无生活来源的继承人的利益，并造成其生活困难，方可认定为“情节严重”。[1]据此解释“情节严重”，实施这些行为的人将会很难受到制裁，对这些违法行为就难以控制。如果未构成情节严重，即使实施了这些行为，也不丧失继承权，既不合乎比较法惯例，也容易纵容严重违法。

第二，该条第2款规定，继承人丧失继承权后，经过宽宥或者事后在遗嘱中明确将其列为继承人的，即该继承人经过宽宥而不丧失继承权，但是仅限于第1款所列的第三项至第五项，而不包括第一项和第二项。首先，在表述上，应当是在丧失继承权后经过宽宥而恢复继承权，不是“该继承人不丧失继承权”。其次，考虑到中国的具体国情和生活现实，特别是经过了三十多年的独生子女政策实施，家庭亲属结构简单，无民事行为能力人和限制民事行为能力人尽管可以构成故意杀害被继承人，但是只要未造成杀人既遂的后果，都可因其年幼、心智不成熟，经过被继承人宽宥，而恢复其继承权。最后，即使成年继承人杀害被继承人，只要是预备、未遂，被继承人予以宽宥的，也应当恢复其继承权。[2]因杀害被继承人，尽管属于未遂或者预备，也应当剥夺其继承权，但是如果不得经宽宥而恢复继承权，会造成很多被继承人的遗产无人继承的情况，导致被继承人自由支配遗产的权利受到限制。故应当在该条第2款之后增加一款，规定：“因前款第一项情形，而继承人不具备完全民事行为能力，或者未造成严重后果、确有悔改表现的，经被继承人表示宽宥

[1] 参见《最高人民法院关于贯彻执行〈中华人民共和国继承法〉若干问题的意见》第10条、第13条、第14条的规定。

[2] 对此，《最高人民法院关于贯彻执行〈中华人民共和国继承法〉若干问题的意见》第11条规定：“继承人故意杀害被继承人的，不论是既遂还是未遂，均应确认其丧失继承权。”但是，因为《继承法》没有规定宽宥制度，因此，这样的规定并不是说就一定不能宽宥。

或者事后在遗嘱中明确将其列为继承人的，可以确认其恢复继承权。”

（二）增加规定继承扶养协议规则

应当肯定的是，在我国现实生活中，继承扶养协议是存在的，应用也比较广泛。例如，在数个继承人中，协议由某继承人对被继承人承担扶养义务，同时取得被继承人死亡后的遗产，其他继承人放弃继承权。在继承编草案的室内稿和征求意见稿中，曾经规定了这样的制度，如征求意见稿第39条第1款规定：“自然人可以与扶养人签订遗赠扶养协议。按照协议，扶养人承担该自然人生养死葬的义务，享有受遗赠的权利。”这一规定虽然叫作遗赠扶养协议，内容亦不妥当，但实际上就是规定的继承扶养协议，是对继承合同的明确承认，[1]是我国《继承法》立法的一个重大突破和有益探索。

遗憾的是，继承编草案第937条删除了关于继承扶养协议即继承契约的规定，只保留了遗赠扶养协议的内容，退回到《继承法》的现行条文规定，在立法态度上过于保守，无法调整现实生活中已经存在的继承契约的实际问题，使继承制度出现欠缺。删除继承扶养协议规则，原因是担忧继承人通过继承扶养协议而逃避扶养义务，其实是没有必要的。如果有这种担忧，增加规定“逃避对被继承人的扶养义务而签订的继承扶养协议无效”即可。

（三）丧偶儿媳与丧偶女婿不应规定为法定继承人

在我国，原本并没有将丧偶儿媳和丧偶女婿作为第一顺序继承人的习惯，只是对于丧偶儿媳对公、婆和丧偶女婿对岳父、岳母尽了主要赡养义务的，可以在继承中分得遗产。在制定《继承法》时，将这一习惯进一步改造，使其成为第一顺序法定继承人，并被称之为我国继承制度的重大突破和主要特色。[2]对此，学者都认为这样的做法是不对的，[3]并建议在编纂民法典继承编时予以改进。[4]继承编草案征求意见稿第13条采纳了这个意见，规定：“丧偶儿媳对公、婆，丧偶女婿对岳父、岳母，尽了主要赡养义务的，应当分给合理份额的遗产。”这个规定是完全正确的。但是，继承编草案第908条又改变了这个立场，恢复了原来的规定，即“丧偶儿媳

---

〔1〕 例如，《德国民法典》第1941条第1款规定：“被继承人得以契约指定继承人、订定遗赠及负担，并得选定其所应适用的继承准据法（继承契约）。”见《德国民法典》，台湾大学法律学院、台大法学基金会编译，北京大学出版社2017年版，第1402页。

〔2〕 舒炼、余年凤：《试析丧偶儿媳、女婿对公、婆及岳父、岳母遗产的继承权》，载《法学评论》1986年第2期。

〔3〕 胡牧：《有关丧偶儿媳女婿对公婆和岳父母遗产继承权的三个问题——兼向舒炼、余年凤同志请教》，载《法学评论》1987年第2期。

〔4〕 杨立新主编：《继承法修订入典之重点问题》，中国法制出版社2016年版，第236页。

对公、婆，丧偶女婿对岳父、岳母，尽了主要赡养义务的，作为第一顺序继承人。”

这样的规定尽管是我国继承法的特色，但却不符合各国继承法立法例中通行的姻亲没有继承人资格的继承规则，欠缺理论上的正当性。继承编草案（征求意见稿）第13条规定将尽了主要赡养义务的丧偶儿媳和丧偶女婿规定为酌分遗产请求权人，与“继承人以外的对被继承人扶养较多的人”做同等处理，可以分得合理份额的遗产，既有理论上的正当性，又有实践中的合理性，是完全正确的，使法定继承人范围的规定符合姻亲不得继承的理论共识，也从权利义务相一致的角度赋予尽了主要赡养义务的继承人之外的其他人以相应的权利，特别值得肯定。故建议立法机关采用征求意见稿中的立法方案，将尽了主要赡养义务的丧偶儿媳和丧偶女婿从第一顺序继承人变更为酌分遗产请求权人。

（四）明确规定遗产分割时的清偿顺序

《继承法》在规定遗产分割时，没有注意解决遗产继承中的清偿顺序规则，仅仅在第33条规定“继承遗产应当清偿被继承人依法应当缴纳的税款和债务，缴纳税款和清偿债务以他的遗产实际价值为限。超过遗产实际价值部分，继承人自愿偿还的不在此限。”这样的规则可操作性不强，应当改进。继承编草案第938条对此有所改进，规定：“遗产分割前，应当支付丧葬费、遗产管理费，清偿被继承人的债务，缴纳所欠税款；但应当为缺乏劳动能力又没有生活来源的继承人保留适当的遗产。”这个规定显然有清偿顺序的内容，但是不明确、不具体，可操作性仍然不强。继承编应当对遗产债务的清偿顺序做出明确规定，使在实践操作中更容易执行。因此，建议修改为：“遗产债务按照以下顺序清偿：（一）合理的丧葬费用；（二）遗产管理费或遗嘱执行费等继承费用；（三）被继承人的生前债务及家庭债务中应当由遗产承担的债务；（四）被继承人生前欠缴的税款。”“有证据证明遗赠扶养协议的受遗赠人履行了扶养义务的，与第（三）项债务处于同一顺位。”“被继承人的遗产不足以清偿遗产债务的，在遗产债务清偿前，应当为被继承人扶养的无劳动能力，又没有生活来源的继承人保留必要的遗产份额。”这样才能明确清偿顺序，便于执行。

结　语

在讨论了继承编草案应当继续修改、完善的主要问题后，应当进一步总结，在我国继承法律制度存在这样诸多不完善问题的情况下，为什么立法机关、司法机关以及普通民众却认为现行的继承制度没有大的问题，不需要进行重大修改而只进行小修小补呢？其主要原因是：第一，我国制定《继承法》时实行的是计划经济体制，人们都没有更多的财产需要在其死亡后继承，不存在市场经济的社会基础。第二，继承法借鉴的模板是《苏俄民法典》规定的继承制度，而非借鉴欧美市场经济国家的继承制度，无法反映改革开放后中国社会市场经济基础上的继承法律关系的需要。第三，由于1985年制定的《继承法》已经适用了30多年，人们已经习惯接受现行的继承制度，看不到其存在的弊病，因而习以为常。第四，由于我国现行继承制度的简陋、简单，在司法实践中反映出来的问题不多，使人们以及法官和立法者误认为现行的继承制度是好的没有问题的继承制度，看不到在继承制度方面上层建筑不适应经济基础需要的客观现实。正因为如此，继承编草案在立法机关进行第一次审议稿时，尽管草案条文多数是墨守成规，但是，多数人大常委会委员却在审议中对继承编草案没有提出大的修改意见。

在我国社会的经济形态已经由计划经济转变为市场经济的情况下，依照经济基础决定上层建筑，上层建筑必须适应经济基础，并对经济基础发生反作用的社会发展规律的要求，对现行继承制度必须进行改革。在对继承编草案进行修改的时候，应当放眼于世界多数国家的继承制度，认识到我国现行继承制度的局限性和落后性，着眼于保障人支配私有财产特别是被继承人自由支配自己身后遗产的权利，设计出完善的、完整的、符合市场经济社会实际需要的继承制度，满足个人的权利要求，建立起正常的遗产流转秩序，使社会更加安定祥和。

论危险责任及其立法

黄茂荣*

目　次

一、危险责任之概念

危险责任，指危险源引起之意外事件造成损害时，不以故意或过失为要件，对法律规定之受害人所负之损害赔偿责任。当中所称之危险源，可能是存在于人、

* 黄茂荣，教授，留德法学博士，台湾大学讲座教授，中国台湾地区司法机构前大法官，著名民法学家。

物、场所或活动之危险。其所指究竟为何，依规定该危险责任之法律的规范目的定之。所以即使是相同称呼之危险，在不同之法律，亦可能因其规范目的不同，而有不同之解释。例如，关于汽车之危险，依交通工具之危险责任的规定，应指其行驶中所产生的危险。如果汽车是在静止状态，而有人撞上该静止中之汽车，则该事故所造成之损害，应不属于汽车危险责任所当负责之危险〔1〕。该危险源因其所存在或存续对特定人或法益之关连，使该特定人因此在法律有明文规定时，负危险责任，或受该危险责任保护，所保护之法益的范围也因此受有限制，不是一切与危险源有因果关系之损害，皆得依该危险责任的规定，请求赔偿〔2〕。学说称该关连为危险性关连（Der Gefährdungszusammenhang）〔3〕。其管领通常以占有或所有为基础。在危险责任之债务关系，称有该危险源之管领构成之关连的人为该危险源引起之损害的加害人。危险责任不以加害人有故意或过失为要件。唯其是否应有责任能力，引起疑问。例如，未成年人受赠机车或狗时，是否应为该机车之所有或狗之占有，而负中间责任或危险责任〔4〕？

例一：

中国台湾地区"强制汽车责任保险法"第7条规定："因汽车交通事故致受害人伤害或死亡者，不论加害人有无过失，请求权人得依本法规定向保险人请求保险给付或向财团法人汽车交通事故特别补偿基金（以下简称特别补偿基金）请求补偿。"该法"所称加害人，指因使用或管理汽车造成汽车交通事故之人（第1项）。所称受害人，指因汽车交通事故遭致伤害或死亡之人（第2项）。"（同法第10条）。"所称汽车交通事故，指使用或管理汽车致乘客或车外第三人伤害或死亡之事故"（同法第13条）。上述条文为关于汽车交通事故之危险性关连的规定，界定交通事故危险责任之主体及客体范围。

例二：

中国台湾地区"消费者保护法"第7条规定："从事设计、生产、制造商品或提供服务之企业经营者，于提供商品流通进入市场，或提供服务时，应确保该商品

---

〔1〕 *Esser/ Weyers*, Schuldrecht Band II Besonderer Teil Teilband 2, 8. Aufl., Heidelberg 2000, § 63 II 2 a)：如小孩乘滑板，因撞上停于路边（停车格内）之汽车，而受到损害。

〔2〕 *Esser*, Schuldrecht, 2. Aufl., Karlsruhe 1960, § 61, 2; *Esser/ Schmidt*, Schuldrecht Band I Allgemeiner Teil Teilband 2, 8. Aufl., Heidelberg 2000, § 33 III.

〔3〕 *Esser*, Schuldrecht, 2. Aufl., Karlsruhe 1960, § 212, 1. 在危险责任（die Gefährdungshaftung），其危险性关连（Der Gefährdungszusammenhang），在功能上是与在过错责任（die Verschuldenshaftung）之违法性关连（die Rechtswidrigkeitszusammenhang）相对应的概念。其功能在于依规范目的，界定其规定之责任范围（*Esser/ Weyers*, Schuldrecht Band II Besonderer Teil Teilband 2, 8. Aufl., Heidelberg 2000, § 63 II 2 a) (S. 270)）。

〔4〕 *Larenz/* Canaris, Lehrbuch des Schuldrechts Band II · Halbband 2 Besonderer Teil, München 1994, § 84 I 2 a), g).

或服务，符合当时科技或专业水平可合理期待之安全性（第1项）。商品或服务具有危害消费者生命、身体、健康、财产之可能者，应于明显处为警告标示及紧急处理危险之方法（第2项）。企业经营者违反前二项规定，致生损害于消费者或第三人时，应负连带赔偿责任。但企业经营者能证明其无过失者，法院得减轻其赔偿责任（第3项）。”其得请求赔偿之损害含精神慰藉金[1]。

例三：

中国台湾地区“公路法”第64条第1项规定：“汽车或电车运输业遇有行车事故，致人、客伤害、死亡或财、物损毁、丧失时，应负损害赔偿责任。但经证明其事故发生系因不可抗力或因托运人或收货人之过失所致者，不负损害赔偿责任。”当中物之毁损与灭失所造成之损害无强制汽车责任保险法之适用（同法第13条）。

二、中间责任：准危险责任

中间责任，指在举证责任自受害人移转至加害人时，因加害人不能举证证明其对损害之发生无过失，而负过失责任时，因其实际上可能并无过失，只是不能证明。该责任因而具有介于过失责任与无过失责任间之特征。所以，称其为中间责任[2]。因其可能无过失，而带有危险责任之特征，故称其为准危险责任。视情形，在制度之规划上，应准用危险责任之规定。特别是关于责任限额及强制责任保险之规定。

（一）德国民法之规定

由于加害人之过咎的举证困难，德国民法在其侵权行为法中，建入一些移转该过咎之举证责任的规定（如§827，2：自陷于无意识或精神错乱中所为之免责；§828 III：无识别能力之未成年人的免责；§832 I，2：监护人之监护责任；§833，2：动物持有人之管束责任；§834，2：动物监管义务之承担人的责任；§836 I u，II：不动产先后占有人违反设置或保管义务的责任）。在上述情形，如果行为人不能证明其对损害之发生无过失，即应负赔偿责任。因在这种情形下，行为人有可能实际上无过失，只是因不能证明，而应就推定之过失引起的损害，负过失责任。所

〔1〕台湾地区“高等法院”1999年度上字第1356号民事判决。

〔2〕台湾地区“民法”第661条规定：“承揽运送人，对于托运物品之丧失、毁损或迟到，应负责任。但能证明其于物品之接收保管、运送人之选定、在目的地之交付，及其他承揽运送有关之事项，未怠于注意者，不在此限。”此为上述之中间责任。台湾地区“最高法院”2015年度台上字第426号民事判决：“烨泰公司为承揽运送人，既未自为运送，所负责任为中间责任，并非事变责任，则与运送有关事项，并非其所能完全掌握，不应令其负注意义务。烨泰公司就与运送有关之事项，并无怠于注意之情形，从而烨泰公司依‘民法’第661条但书规定，为免责之抗辩，自属有据。”

以学说上称此种责任为介于过失责任与无过失责任间之中间责任。这与真正之无过失责任仍有不同。

（二）我国台湾地区“债法”之规定

我国台湾地区“债法”之相关规定，参见台湾地区“民法”第187条（无意识或精神错乱中所为之免责）、第190条（动物占有人之责任）[1]、第191条（工作物所有人之责任）[2]、第191条之一（商品制造人之责任）[3]、第191条之二（动力车辆驾驶人之责任）[4]、第191条之三（一般危险之责任）[5]、台湾地区“民法”第661条（承揽运送人对于托运物品之丧失、毁损或迟到的债务不履行）。当中间责任的类型向“商品制造人之责任”“动力车辆驾驶人之责任”“工作或活动之性质或其使用之工具或方法有生损害于他人之危险”发展，则与真正之危险责任一样，透过强制责任保险[6]，以确保其赔偿之财务可行性便必须列入考虑。当危险责任之课以类型发展至包含“工作、活动或其使用之工具、方法”，其类型已经从具体至概括，接近于肯认一般危险责任。如何实践落实，是否太早涉入过度一般化，值得观察。

---

〔1〕 台湾地区“民法”第190条“动物加损害于他人者，由其占有人负损害赔偿责任。但依动物之种类及性质，已为相当注意之管束，或纵为相当注意之管束而仍不免发生损害者，不在此限（第1项）。动物系由第三人或他动物之挑动，致加损害于他人者，其占有人对于该第三人或该他动物之占有人，有求偿权（第2项）。”

〔2〕 台湾地区“民法”第191条：“土地上之建筑物或其他工作物所致他人权利之损害，由工作物之所有人负赔偿责任。但其对于设置或保管并无欠缺，或损害非因设置或保管有欠缺，或于防止损害之发生，已尽相当之注意者，不在此限（第1项）。前项损害之发生，如别有应负责任之人时，赔偿损害之所有人，对于该应负责者，有求偿权（第2项）。”

〔3〕 台湾地区“民法”第191条之一：“商品制造人因其商品之通常使用或消费所致他人之损害，负赔偿责任。但其对于商品之生产、制造或加工、设计并无欠缺或其损害非因该项欠缺所致或于防止损害之发生，已尽相当之注意者，不在此限（第1项）。前项所称商品制造人，谓商品之生产、制造、加工业者。其在商品上附加标章或其他文字、符号，足以表彰系其自已所生产、制造、加工者，视为商品制造人（第2项）。商品之生产、制造或加工、设计，与其说明书或广告内容不符者，视为有欠缺（第3项）。商品输入业者，应与商品制造人负同一之责任（第4项）。”

〔4〕 台湾地区“民法”第191条之二：“汽车、机车或其他非依轨道行驶之动力车辆，在使用中加损害于他人者，驾驶人应赔偿因此所生之损害。但于防止损害之发生，已尽相当之注意者，不在此限。”这里所称“使用中”，是否包括使用后产生之后遗状态所造成之损害？例如，行驶在前之车辆漏油，致使后来之车辆没有注意闪避，而滑倒，受到损害。关于危险责任采肯定见解，*Esser/ Weyers*, Schuld - recht Band II Besonderer Teil Teilband 2, 8. Aufl., Heidelberg 2000, § 63 II 2 a).

〔5〕 台湾地区“民法”第191条之三：“经营一定事业或从事其他工作或活动之人，其工作或活动之性质或其使用之工具或方法有生损害于他人之危险者，对他人之损害应负赔偿责任。但损害非由于其工作或活动或其使用之工具或方法所致，或于防止损害之发生已尽相当之注意者，不在此限。”

〔6〕 *Esser/ Weyers*, Schuldrecht Band II Besonderer Teil Teilband 2, 8. Aufl., Heidelberg 2000, § 63 II 7：配套保险之保障，以完善赔偿责任。

（三）我国大陆地区《侵权责任法》之规定

《侵权责任法》采过失责任原则（第6条第1款）。且除法律有特别规定移转举证责任外（第6条第2款），原则上由受害人负举证责任。关于移转举证责任，法律通常以但书或推定的方式为特别规定。在移转举证责任之规定中，关于赔偿义务人应证明自己无过错之举证责任。例如（1）环境污染责任："因污染环境造成损害的，污染者应当承担侵权责任"（第65条）。"因污染环境发生纠纷，污染者应当就法律规定的不承担责任或者减轻责任的情形及其行为与损害之间不存在因果关系承担举证责任"（第66条）。（2）"非法占有高度危险物造成他人损害的，由非法占有人承担侵权责任。所有人、管理人不能证明对防止他人非法占有尽到高度注意义务的，与非法占有人承担连带责任"（第75条）。（3）"建筑物、构筑物或者其他设施及其搁置物、悬挂物发生脱落、坠落造成他人损害，所有人、管理人或者使用人不能证明自己没有过错的，应当承担侵权责任"（第85条前段）。（4）"堆放物倒塌造成他人损害，堆放人不能证明自己没有过错的，应当承担侵权责任"（第88条）。（5）"因林木折断造成他人损害，林木的所有人或者管理人不能证明自己没有过错的，应当承担侵权责任"（第90条）。证明自己"有尽到高度注意义务"或"没有过错"之规定所移转者为关于"无过失"之举证责任。关于推定赔偿义务人有过错者，如医疗损害："患者有损害，因下列情形之一的，推定医疗机构有过错：（一）违反法律、行政法规、规章以及其他有关诊疗规范的规定；（二）隐匿或者拒绝提供与纠纷有关的病历资料；（三）伪造、篡改或者销毁病历资料"（第58条）。

另有些是规定赔偿义务人应证明自己尽到管理职责。例如，第81条："动物园的动物造成他人损害的，动物园应当承担侵权责任，但能够证明尽到管理职责的，不承担责任。"第91条第2款："窨井等地下设施造成他人损害，管理人不能证明尽到管理职责的，应当承担侵权责任。"证明自己"尽到管理职责"之规定所移转者为关于"无过失"或"无义务之违反"之举证责任，尚有解释余地。

类似举证责任之移转的问题为应证明自己非行为人。例如，第87条："从建筑物中抛掷物品或者从建筑物上坠落的物品造成他人损害，难以确定具体侵权人的，除能够证明自己不是侵权人的外，由可能加害的建筑物使用人给予补偿。"

关于场所提供者之安全义务之违反的侵权责任要件，有不规定移转举证责任，由赔偿权利人负举证责任者；亦有规定移转举证责任，由赔偿义务人负举证责任者。例如，（1）第37条规定："宾馆、商场、银行、车站、娱乐场所等公共场所的管理人或者群众性活动的组织者，未尽到安全保障义务，造成他人损害的，应当承担侵权责任（第1款）"。（2）第38条规定："无民事行为能力人在幼儿园、学校或者其他教育机构学习、生活期间受到人身损害的，幼儿园、学校或者其他教育机构应当承担责任，但能够证明尽到教育、管理职责的，不承担责任。”（3）第39条规定：“限制民事行为能力人在学校或者其他教育机构学习、生活期间受到人身损害，学校或者其他教育机构未尽到教育、管理职责的，应当承担责任。”以上三种情形，虽都是过错责任，但其关于举证责任的规定不同。第38条规定，幼儿园、学校或者其他教育机构负举证责任，证明其已尽到教育、管理职责，始能免承担责任。

（四）我国大陆地区危险责任之规定

我国大陆地区侵权责任法之规定中，含过错责任（侵权责任）、中间责任（准危险责任）及无过失责任（危险责任）。由于过错责任（侵权责任）及无过失责任（危险责任）所立基之事实特征不同，所以，其规范需要及课责之思想基础亦不同，因此，在损害责任法之法制规划，向有过错责任（侵权责任）及无过失责任（危险责任）应分别立法或合并立法，以及各种无过失责任（危险责任）类型应分别或集中立法之不同看法。值得注意的是，中间责任具有过失责任之要件形式，所以，通常规定于过错责任（侵权责任）法中。

无过失责任之承担应有法律特别规定（第7条）。例如，（1）“完全民事行为能力人因醉酒、滥用麻醉药品或者精神药品对自己的行为暂时没有意识或者失去控制造成他人损害的，应当承担侵权责任。”（第33条第2款）。（2）“因产品存在缺陷造成他人损害的，生产者应当承担侵权责任”（第41条）。“销售者不能指明缺陷产品的生产者也不能指明缺陷产品的供货者的，销售者应当承担侵权责任”（第42条第2款）。（3）机动车交通事故责任（第48条至第53条）。（4）“因药品、消毒药剂、医疗器械的缺陷，或者输入不合格的血液造成患者损害的，患者可以向生产者或者血液提供机构请求赔偿，也可以向医疗机构请求赔偿。患者向医疗机构请求赔偿的，医疗机构赔偿后，有权向负有责任的生产者或者血液提供机构追偿”（第59条）。（5）“医疗机构及其医务人员应当对患者的隐私保密。泄露患者隐私或者未经患者同意公开其病历资料，造成患者损害的，应当承担侵权责任”（第62条）。（6）高度危险责任：“从事高度危险作业造成他人损害的，应当承担侵权责任”（第69条）。“民用核设施发生核事故造成他人损害的，民用核设施的经营者应当承担侵权责任，但能够证明损害是因战争等情形或者受害人故意造成的，不承担责任”（第70条）。“民用航空器造成他人损害的，民用航空器的经营者应当承担侵权责任，但能够证明损害是因受害人故意造成的，不承担责任”（第71条）。“占有或者使用易燃、易爆、剧毒、放射性等高度危险物造成他人损害的，占有人或者使用人应当承担侵权责任，但能够证明损害是因受害人故意或者不可抗力造成的，不承担责任。被侵权人对损害的发生有重大过失的，可以减轻占有人或者使用人的责任”（第72条）。“从事高空、高压、地下挖掘活动或者使用高速轨道运输工具造成他人损害的，经营者应当承担侵权责任，但能够证明损害是因受害人故意或者不可抗力造成的，不承担责任。被侵权人对损害的发生有过失的，可以减轻经营者的责任”（第 73 条）。“遗失、抛弃高度危险物造成他人损害的，由所有人承担侵权责任。所有人将高度危险物交由他人管理的，由管理人承担侵权责任；所有人有过错的，与管理人承担连带责任”（第 74 条）。非法占有高度危险物造成他人损害的，由非法占有人承担侵权责任（第 75 条前段）。关于高度危险责任之承担，第 77 条规定：“法律规定赔偿限额的，依照其规定”。这是危险责任一般需要的配套规定。(7) 饲养动物损害责任：“饲养的动物造成他人损害的，动物饲养人或者管理人应当承担侵权责任，但能够证明损害是因被侵权人故意或者重大过失造成的，可以不承担或者减轻责任”（第 78 条）。“违反管理规定，未对动物采取安全措施造成他人损害的，动物饲养人或者管理人应当承担侵权责任”（第 79 条）。“禁止饲养的烈性犬等危险动物造成他人损害的，动物饲养人或者管理人应当承担侵权责任”（第 80 条）。“遗弃、逃逸的动物在遗弃、逃逸期间造成他人损害的，由原动物饲养人或者管理人承担侵权责任”（第 82 条）。“因第三人的过错致使动物造成他人损害的，被侵权人可以向动物饲养人或者管理人请求赔偿，也可以向第三人请求赔偿。动物饲养人或者管理人赔偿后，有权向第三人追偿”（第 83 条）。(8) 物件损害责任：“建筑物、构筑物或者其他设施倒塌造成他人损害的，由建设单位与施工单位承担连带责任。建设单位、施工单位赔偿后，有其他责任人的，有权向其他责任人追偿”（第 86 条第 1 款）。“从建筑物中抛掷物品或者从建筑物上坠落的物品造成他人损害，难以确定具体侵权人的，除能够证明自己不是侵权人的外，由可能加害的建筑物使用人给予补偿”（第 87 条）。“在公共道路上堆放、倾倒、遗撒妨碍通行的物品造成他人损害的，有关单位或者个人应当承担侵权责任”（第 89 条）。“在公共场所或者道路上挖坑、修缮安装地下设施等，没有设置明显标志和采取安全措施造成他人损害的，施工人应当承担侵权责任”（第 91 条第 1 款）。

上开关于无过失责任（危险责任）的条文，将危险责任之赔偿责任类型集中，与过失侵权责任一起规定于《侵权责任法》中，未另立特别危险责任法规定之。此外，皆规定其赔偿责任人“应当承担侵权责任”。亦即以《侵权责任法》关于“侵权责任”之规定内容，为危险责任之赔偿责任的内容。因此，依《侵权责任法》，其所规定有过错之侵权责任与无过失之危险责任，仅有构成要件之不同，而无法律效力之差异。这样的规范模式没有意识到关于法律效力，危险责任有责任限额及强制责任保险之规范需要，以妥适解决其在比较法上已清楚显示之责任保险的必要性及财务可行性的问题。当中的主要事务法则为：因为欠缺意外事故之发生或然率及损害数额之经验数据，所以，如没有责任限额，便无法为保险费率之精算；无法精算，即无责任保险；无责任保险，即无危险责任制度建制上必要之财务可行性及法的安定性。此外，透过强制责任保险，不但可分散相关危险之母体范围可远大于个别企业之赔偿准备的自发提拨，而且还可以避免提拨与不提拨者间之不公平竞争的问题。

三、医疗之过失责任或危险责任

关于医疗机构及医疗人员因执行医疗业务致生损害于病人（医疗损害），应负之赔偿责任，“医疗法”第 82 条规定：“医疗业务之施行，应善尽医疗上必要之注意（第一项）。医事人员因执行医疗业务致生损害于病人，以故意或违反医疗上必要之注意义务且逾越合理临床专业裁量所致者为限，负损害赔偿责任（第二项）。医事人员执行医疗业务因过失致病人死伤，以违反医疗上必要之注意义务且逾越合理临床专业裁量所致者为限，负刑事责任（第三项）。前二项注意义务之违反及临床专业裁量之范围，应以该医疗领域当时当地之医疗常规、医疗水平、医疗设施、工作条件及紧急迫切等客观情况为断（第四项）。医疗机构因执行医疗业务致生损害于病人，以故意或过失为限，负损害赔偿责任（第五项）。”亦即医疗机构及医疗人员仅以故意或过失为限，就医疗损害始负损害赔偿责任。要之，依该条规定，不负危险责任。该条规定等于限缩了“民法”第 191 条之三的适用范围。

关于医疗损害，医疗机构及医事人员究竟应负过失责任或危险责任，值得检讨。因为当有医疗损害，医疗机构及医事人员对之是否有过失，其认定极易引起争议，且医疗损害一旦发生，不会凭空消失，如不给予补偿，而集中由病人负担，贫病交迫时，病家之困难，可想而知。所以，应将医疗损害之补偿或救助当成重要之社会问题，对医疗机构及医事人员课以限额之危险责任及强制医疗责任保险之义务，及时伸出援手，以疏解病家不幸，和谐医病关系，并化解医疗机构及医事人员之医疗责任的风险，是有必要的。因为其保险费将转嫁于医疗费用，且课以危险责任具有限制责任范围的效力，所以，对医疗机构及医事人员课以危险责任，不会对其不利。如反其道，试图将医疗关系定性为非消费关系，以排除“消费者保护法”第 7 条关于消费损害之危险责任的适用，必将使医病关系持续紧张，抗争不断。终致使优秀人才不想学医，或学医而避开容易引起医疗纠纷之专科（如外科、小儿科），躲入医美、皮肤科。鉴于医病关系之特殊性，其保险范围应含过失责任。

如是，当发生医疗损害事故，由于保险人之介入，其医疗事故真相之鉴定，较易客观，可理性地将各方的关切，涵盖医药[1]、医疗器材及医疗行为，置重于透彻探讨医疗损害所以发生之原因，以及如何改善之检讨，而不会只求卸责。当中，飞航安全事故之调查的制度及实务，可供参考。

四、危险责任之思想基础

过咎责任（Verschuldenshaftung）指违法有责之未经允许的行为（unerlaubte Handlung），侵害法律所保护之他人法益，造成损害时，所应负之损害赔偿责任。其法制史上之源头为：自被害人之复仇的权利分离出来之损害赔偿诉权或请求权。未经允许之行为的概念与英美法之“Tort”的概念相当。当中包含有侵害之违法性及行为人之过失要件在内。该赔偿责任立基之思想为补偿正义（ausgleichende Gerechtig－keit）。因为必须有可责难之意思上的缺失，对之课以责任，才能有教化效果；反之，对于无过咎之行为，课以损害责任，只能分散因之引起之损害，而无

[1]　台湾地区所谓“药害救济法”第四条第一项规定：“因正当使用合法药物所生药害，得依本法规定请求救济。”不以药物制造业者及输入业者有故意或过失为要件。其所称药害，“指因药物不良反应致死亡、障碍或严重疾病”（同法第3条第1款）。其救济给付之资金来源主要为药物制造业者及输入业者缴纳之征收金。由上开规定显示，药害救济具有危险责任之保险给付的特征。然同法第13条规定：“有下列各款情事之一者，不得申请药害救济：一、有事实足以认定药害之产生应由药害受害人、药物制造业者或输入业者、医师或其他之人负其责任。二、本法施行前已发见之药害。三、因接受预防接种而受害，而得依其他法令获得救济。四、同一原因事实已获赔偿或补偿。但不含人身保险给付在内。五、药物不良反应未达死亡、障碍或严重疾病之程度。六、因急救使用超量药物致生损害。七、因使用试验用药物而受害。八、未依药物许可证所载之适应症或效能而为药物之使用。但符合当时医学原理及用药适当性者，不在此限。九、常见且可预期之药物不良反应。十、其他经主管机关公告之情形。”第1款之规定中关于受害人应负责部分，应属于与有过失之问题；与“药物制造业者或输入业者、医师或其他之人负其责任”有关之部分，应属药害救济基金之求偿的问题，但不可因此规定为受害人不得申请药害救济之事由。第3款、第4款，亦同。第5款本不在“保险”范围内。第6款至第9款不适合排除。第10款规定“其他经主管机关公告之情形”，亦不得申请药害救济，其单方面免除自己设立之基金的给付义务，有碍于法的安定性，显不合理。台湾地区司法事务主管机关释字第767号解释：“……‘药害救济法’第13条第9款规定：‘有下列各款情事之一者，不得申请药害救济……九、常见且可预期之药物不良反应。’未违反法律明确性原则及比例原则，与台湾地区宪制性规定保障人民生存权、健康权及台湾地区宪制性规定增修条文第10条第8项国家应重视医疗保健社会福利工作之意旨，尚无抵触。”该条解释对于药害救济之保险性危险责任的性质与功能，显未给予应有的考虑。如因用药而有第5款反面解释所定“药物不良反应已达死亡、障碍或严重疾病之程度”，怎能因该药害是“常见且可预期之药物不良反应”，而不予救济？并认为不予救济，与宪制性规定保障人民生存权、健康权及宪制性规定增修条文第10条第8项国家应重视医疗保健社会福利工作之意旨，尚无抵触。保险性危险责任的功能在于分散危险造成之损害，使之不集中于病家负担。台湾地区所谓“药害救济法”之规定的意义，其实是在于缓和，相对于台湾地区所谓“消费者保护法”第7条、“医疗法”第82条：“医事人员因执行医疗业务致生损害于病人，以故意或违反医疗上必要之注意义务且逾越合理临床专业裁量所致者为限，负损害赔偿责任（第二项）。医疗机构因执行医疗业务致生损害于病人，以故意或过失为限，负损害赔偿责任（第五项）。”对于病人之不利的规定。所以，其解释应朝向接近于“保险性危险责任”为之。

向将来产生个别预防之教化的意义。所以，德国法肯认过咎原则为对于自主行为课以赔偿责任之立论的骨干思想[1]。

依过咎责任的原则，在损害赔偿之规范，虽然不得斟酌该损害之社会的负担能力（diesoziale Tragfähigkeit），然由于据补偿正义规定之侵权行为法（§§823ff. BGB）不能圆满地规定无过咎引起之损害的赔偿问题，所以，需要依据分配正义（verteilende Gerechtigkeit）加以修正[2]。于是，为无过失之损害赔偿的规范，还是发展出一些过咎责任的例外规定：(1) 中间责任。承认过咎以外之责任原则，在德国民法原尚未被采纳。不过，由于加害人之过咎的举证困难，德国民法在其侵权行为法，建入一些移转该过咎之举证责任的规定（如§§827，2：自陷于无意识或精神错乱中所为之免责；828 III：无识别能力之未成年人的免责；832 I，2：监护人之监护责任；833，2：动物持有人之管束责任；834，2：动物监管义务之承担人的责任；836 I u，II：不动产先后占有人违反设置或保管义务的责任）[3]，如行为人不能证明其对损害之发生无过失，即应负赔偿责任。因在这种情形下，行为人有可能实际上无过失，而只是因不能证明，而应就推定之过失引起的损害，负过失责任。所以学说上称此种责任为介于过失责任与无过失责任之中间责任。这与真正之无过失责任仍有不同[4]。(2) 衡平责任。此为在加害人方有免责事由时，斟酌双方之经济情况，对加害人或其法定代理人所课以全部或一部分之损害赔偿责任（中国台湾地区"民法"第187条第三项；德民§829 BGB）。(3) 危险责任。在过咎责任原则下，危险责任是一种例外的态样，且因关于危险责任尚未发展至能一般的，具体明确规定其构成要件的程度，所以尚须以特别规定的形式，就各种行业之危险责任，分别加以规定[5]。例如，中国台湾地区所谓"消费者保护法"第7条第3项："企业经营者违反前二项规定，致生损害于消费者或第三人时，应负连带赔偿责任。但企业经营者能证明其无过失者，法院得减轻其赔偿责任。""强制汽车责任保险

---

[1] *Esser*, Schuldrecht, 2. Aufl., Karlsruhe 1960, S. 828f.

[2] *Esser*, Schuldrecht, 2. Aufl., Karlsruhe 1960, S. 831；*Larenz*/ Canaris, Lehrbuch des Schuldrechts Band II · Halbband 2 Besonderer Teil, München 1994, §84 I 2 c).

[3] 台湾地区"债法"之相关规定，请参见台湾地区"民法"第187条无意识或精神错乱中所为之免责，第190条（动物占有人之责任），第191条（工作物所有人之责任）。

[4] *Esser*, Schuldrecht, 2. Aufl., Karlsruhe 1960, S. 831.

[5] *Esser*, Schuldrecht, 2. Aufl., Karlsruhe 1960, S. 830：这样的规范方式，固然有助于提高危险责任之发展的法安定性（die Rechtssicherheit），但可能因此使危险责任体系带有漏洞。不但危险责任之规定间，而且其与民法的规定间都可能欠缺适当的协调。另参见 *Larenz*/ Canaris, Lehrbuch des Schuldrechts Band II · Halbband 2 Besonderer Teil, München 1994, §84 I 1 a)：在德国先后立法导入之危险责任，如铁路事业（§1 HaftpfG）、动力交通工具（§7 StVG）、航空飞机（§33 LuftVG）、电力、瓦斯设施（§2 HaftpfG）、核能设施（§§25ff. AtomG）、水污染（§22 WHG）、矿灾（§114 BBergG）、环境影响（§1 UmweltHG）、基因工程（§32 GenTG）、药品伤害（§84 AMG）、商品责任（§1 ff. PHG）等。

法”第7条：“因汽车交通事故致受害人伤害或死亡者，不论加害人有无过失，请求权人得依本法规定向保险人请求保险给付或向财团法人汽车交通事故特别补偿基金（以下简称特别补偿基金）请求补偿。”

当损害因法律所定之危险而意外发生时，该损害应归属于引起或管领危险源之人或受害人，引起疑问。

由于该损害系因意外而发生，依过失责任原则，法律如无特别规定，本来应归属于受害人。如是，则该危险所造成之损害，将集中由受害人负担。为避免因其集中而影响受害人之生活，构思有无透过保险，将之分散的可能〔1〕。当其有可能，便推导出附以强制责任保险之危险责任的制度〔2〕。这以分配正义为其立论基础。因此，称此种危险责任是保险性的危险责任。然如无限额责任及强制责任保险制度为配套，危险责任会因不能将其风险分散至一个或数个产业之需求方，而不具其实践所需之财务上的可行性〔3〕。因为并不是任何无过失造成之损害皆适合课以危险责任。所以，危险责任之课以，必须先经调研，认识其可行性，再就各种损害类型，特别立法规定其危险责任之课以及其相关配套之限额责任〔4〕及强制责任保险。与责任限额类似之考虑，危险责任覆盖之损害原则上不包含难以预测之精神上的损害〔5〕。就一个人因闻悉亲人遭受意外之噩耗，而受到惊吓所生损害（Schockschäden），*Larenz/ Canaris* 认为，可能归类于健康上之损害，而得请求赔偿〔6〕，此为从被害客体是否属于受保护之权利立论；而 *Esser/ Weyers* 认为，此种惊吓的损害，在因果关系上不为必要之危险关连（Gefährdungszusammenhang）所涵盖，而不应为关于交通事故之危险责任所保护，此为从损害与危险之因果关系立论〔7〕。盖侵权责任或危险责任依其规范目的，均仅能就一定范围之损害给予补偿，而不能无所不包。特别是

---

〔1〕 *Esser/ Weyers*, Schuldrecht Band II Besonderer Teil Teilband 2, 8. Aufl. , Heidelberg 2000, § 63 SS. 266; *Larenz/* Canaris, Lehrbuch des Schuldrechts Band II · Halbband 2 Besonderer Teil, München 1994, § 84 I 1 b, e), 2 a), g), IV 2 a), VI 1 c).

〔2〕 *Esser/ Weyers*, Schuldrecht Band II Besonderer Teil Teilband 2, 8. Aufl. , Heidelberg 2000, § 63 II 7; *Larenz* / Canaris, Lehrbuch des Schuldrechts Band II · Halbband 2 Besonderer Teil, München 1994, § 84 I 5 a).

〔3〕 *Esser*, Grundlagen und Entwicklung der Gefuhrdungshaftung, 2. Auflage, München 1969, § 14; *Esser/ Weyers*, Schuldrecht Band II Besonderer Teil Teilband 2, 8. Aufl. , Heidelberg 2000, § 63 II 5.

〔4〕 *Larenz* / Canaris, Lehrbuch des Schuldrechts Band II · Halbband 2 Besonderer Teil, München 1994, § 84 I 1 e), II 1 f), IV 2 a), V 1 a).

〔5〕 *Larenz/* Canaris, Lehrbuch des Schuldrechts Band II · Halbband 2 Besonderer Teil, München 1994, § 84 I 1 d). 不过，在侵害致死的情形下，“侵权行为法”上关于其法律所定之近亲，得请求精神损害之赔偿，以及关于殡葬费和对于受害人之法定扶养权利人的赔偿规定（§ 844 BGB)，亦应适用于危险责任（*Esser/ Weyers*, Schuldrecht Band II Besonderer Teil Teilband 2, 8. Aufl. , Heidelberg 2000, § 63 II 4 b))。

〔6〕 *Larenz/* Canaris, Lehrbuch des Schuldrechts Band II · Halbband 2 Besonderer Teil, München 1994, § 84 I 1 c).

〔7〕 *Esser/ Weyers*, Schuldrecht Band II Besonderer Teil Teilband 2, 8. Aufl. , Heidelberg 2000, § 63 II 4 a).

每一个人就其低于常人之健康情况的危险，应自己负担[1]。

五、危险责任之义务人

危险责任所要填补之损害既然是意外由危险源引起，首先自当以引起或管领该危险源之人为义务人[2]。该义务人有义务为该损害赔偿责任，投保强制责任保险。由其保险人实际承担损害赔偿责任。该义务人在其保险人应代为赔偿的限度内，免负赔偿责任。

相对于加害人之赔偿义务，由其保险人之代为赔偿是一种间接给付（即新债清偿）的安排。危险责任之赔偿义务人不含加害人之受雇人或使用人。受雇人或使用人就损害之发生，有故意或过失者，是否应负侵权行为责任，有必要在加害人相关之危险责任的制度中，另为特别规定。为化解危险责任案件之损害赔偿问题，加害人及其受雇人或使用人之损害赔偿责任的问题，必须一并解决[3]。

六、危险责任之限额及强制责任保险

危险责任所涵盖之损害究竟金额有多大，常因无经验数据，而难以预先评估。其结果，不论赔偿义务人要自谋预提赔偿准备，或要投保责任保险，都有困难。因此，必须视情形，规定危险责任就一个事件及个别受害人应负之赔偿责任的限额。其次，舍由赔偿义务人自谋预提赔偿准备，而改以强制责任保险代之，其目的除扩大危险在空间及时间之分散范围，以提高其理赔能力外，并可使其出险率因母体扩大而趋于稳定，达到就一定之危险，建立整个社会之连带的互助体系。此外，强制责任保险因一律依法投保及理赔，还可避开隐藏于自提赔偿准备之道德风险，以及有竞争关系之企业间，由于提与不提赔偿准备之不同，而形成不公平竞争。

至于其赔偿方法，为预估赔偿限额，原则上应采金钱赔偿，而非恢复原状。

---

〔1〕 *Esser/ Weyers*, Schuldrecht Band II Besonderer Teil Teilband 2, 8. Aufl., Heidelberg 2000, § 60 II 1.

〔2〕 *Esser/ Weyers*, Schuldrecht Band II Besonderer Teil Teilband 2, 8. Aufl., Heidelberg 2000, § 63 II 3.

〔3〕 台湾地区“最高法院”2016年年度台上字第1905号民事判决：“‘民法’第一百九十一条之三所定，经营一定事业或从事其他工作或活动之人，其工作或活动之性质或其使用之工具或方法有生损害于他人之危险者，对他人之损害应负赔偿责任，系规范从事危险工作或活动者本人之责任，其受雇人或使用人并无依本条规定负其责任之可言。”

上开规定中，台湾地区“强制汽车责任保险法”有强制保险[1]、应受赔偿之损害及其限额，以及赔偿方法的规定[2]，而台湾地区“消费者保护法”则无。这使消费损害事件之赔偿，在义务人方及权利人方皆产生困难。

台湾地区所谓“公路法”第64条第2项、第3项规定：“前项货物损毁、灭失之损害赔偿，除货物之性质、价值于装载前经托运人声明，并注明于运送契约外，其赔偿金额，以每件不超过新台币三千元为限（第二项）。人、客伤害、死亡之损害赔偿办法，由交通部另定之（第三项）。”“公路法”就运送业者之危险责任有责任限额，但无强制责任保险之规定。其强制汽车责任险适用“强制汽车责任保险法”之规定。

七、危险责任之保险人

当特定之危险责任有强制责任保险的规定，其赔偿义务人在加害人之外，另加承保该危险责任之保险人。所以，台湾地区“强制汽车责任保险法”第7条规定：“因汽车交通事故致受害人伤害或死亡者，不论加害人有无过失，请求权人得依本法规定向保险人请求保险给付或向财团法人汽车交通事故特别补偿基金（以下简称特别补偿基金）请求补偿。”该保险给付之债与危险责任之赔偿给付之债的关系为以新债务清偿旧债务之关系（新债清偿，亦即间接给付）。

因其承保具有间接给付中，以新债务（保险给付债务）清偿加害人之危险责任旧债务的性质，所以，台湾地区“强制汽车责任保险法”第31条规定：“被保险汽车发生汽车交通事故，被保险人已为一部之赔偿者，保险人仅于本法规定之保险金额扣除该赔偿金额之余额范围内，负给付责任。但请求权人与被保险人约定不得扣除者，从其约定（第一项）。前项被保险人先行赔偿之金额，保险人于本法规定之保险金额范围内给付被保险人。但前项但书之情形，不在此限（第二项）。”该条

---

[1] 台湾地区“强制汽车责任保险法”（2016.01.06.修正公布）第6条规定：“应订立本保险契约之汽车所有人应依本法规定订立本保险契约。军用汽车于非作战期间，亦同（第一项）。前项汽车所有人未订立本保险契约者，推定公路监理机关登记之所有人为投保义务人（第二项）。第一项汽车有下列情形之一者，以其使用人或管理人为投保义务人：一、汽车牌照已缴还、缴销或注销。二、汽车所有人不明。三、因可归责于汽车使用人或管理人之事由，致汽车所有人无法管理或使用汽车（第三项）。本保险之投保义务人应维持保险契约之有效性，于保险契约终止前或经保险人依第十八条第一项规定拒绝承保时，应依本法规定再行订立本保险契约（第四项）。”

[2] 关于强制汽车责任保险之保险给付项目及金额，“强制汽车责任保险法”第二十七条规定：“本保险之给付项目如下：一、伤害医疗费用给付。二、残废给付。三、死亡给付（第一项）。前项给付项目之等级、金额及审核等事项之标准，由主管机关会同中央交通主管机关视社会及经济实际情况定之（第二项）。前项标准修正时，于修正生效日后发生之汽车交通事故，保险人应依修正后之规定办理保险给付（第三项）。”

规定之内容较接近于并存之债务承担[1]，而没有贯彻在新债清偿（间接给付），债权人（受害人）应先行使新债权，待其行使，而未能获得清偿时，才在其未获清偿之限度，始得转依旧债权请求给付[2]之行使顺序的要求。

八、危险责任之请求权人

危险责任所保护之对象为：有权接近危险源之人。其判断依所涉危险责任之规定的规范目的而定[3]。一个人如无权接近危险源，其接近属于自陷于危险之行为，应自负因接近该危险源所受之损害[4]。因为危险责任之损害的理赔，最后原则上皆需有强制责任保险为其配套，所以，危险责任之保护的覆盖范围之规定，必须与其责任保险范围密切配合，具体加以规定。例如，交通工具上乘载人员之责任保险的覆盖范围，是否有身份的限制，是否限于付费乘客，是否含司机、乘务人员，车外之行人或车辆及其乘载人员等，皆应明确规定与约定，以免发生意外之保险缺口[5]。

---

〔1〕 台湾地区“最高法院”2017 年度台上字第 2171 号民事判决：“保险人依本法规定所为之保险给付，视为被保险人损害赔偿金额之一部分；被保险人受赔偿请求时，得扣除之，‘强制汽车责任保险法’第 32 条定有明文。盖以此项保险给付，系为使交通事故之受害人得迅速获得基本之保障，强制被保险人缴交保费，将其赔偿责任转由保险人承担而生，于保险人确定其应理赔之保险金数额并实际给付前，尚难谓受害人之损害已受填补。故本条所称得扣除之保险给付，应以保险人已依法向受害人给付者为限，且被保险人对于受害人，于此范围内亦生损害赔偿债务之清偿效力。”

〔2〕 类似的情形，发生在以信用状为付款之方式。台湾地区“最高法院”2006 年度台上字第 2477 号民事判决：“国际贸易通常以信用状为付款之方式，即由进口商（买受人）委任开状银行签发信用状而对出口商（出卖人）负担信用状付款之新债务，系属一种间接给付（即新债清偿），除当事人另有约定外，买受人之买卖价金给付义务仅暂时停止，于出卖人不能凭信用状获得承兑、付款或买受人违约不按期开立信用状时，其以现款给付买卖价金之旧债务即不消灭，出卖人仍得请求给付买卖价金之旧债务，唯出卖人请求买受人以现款给付买卖价金时，即无从再依信用状交易之惯例，主张买受人有先为交付之义务，应受民法关于买卖契约之规范，以确保买受人于付款之时，同时受领合于买卖契约之货物。”

〔3〕 Esser/ Weyers, Schuldrecht Band II Besonderer Teil Teilband 2, 8. Aufl. , Heidelberg 2000, § 63 II 7 b)：为确保该责任保险对于受害人之保障，德国《保险契约法》规定，受害人得对保险人请求给付，保险人应直接对受害人给付；保险人对被保险人给付，对于受害人无效。至于保险人能否以被保险人迟延给付保险费为理由，拒绝给付？这可能因“汽车强制保险法”将保险人规定为依法并存承担赔偿责任人之债务，而采否定的见解（PflVG：Gesetz über die Pflichtversicherung für Kraftfahrzeughalter（Pflicht－versicherungsgesetz））。此外，纵使赔偿责任人对保险人之补偿关系有欠缺或根本无保险契约，或甚至不能确认赔偿责任人，受害人还是得向为汽车事故设立之赔偿基金，请求给付。这主要适用于肇事逃逸及未投保保险之交通工具（§ 3 Ziff. 2, 9 PflVG）。

〔4〕 Esser/ Weyers, Schuldrecht Band II Besonderer Teil Teilband 2, 8. Aufl. , Heidelberg 2000, § 63 II 4; Larenz/ Canaris, Lehrbuch des Schuldrechts Band II · Halbband 2 Besonderer Teil, München 1994, § 84 II 1 e); III 1 f).

〔5〕 Esser/ Weyers, Schuldrecht Band II Besonderer Teil Teilband 2, 8. Aufl. , Heidelberg 2000, § 63 II 4 b).

在强制汽车责任保险，其“请求权人，指下列得向保险人请求保险给付或向特别补偿基金请求补偿之人：一、因汽车交通事故遭致伤害者，为受害人本人。二、因汽车交通事故死亡者，为受害人之遗属；其顺位如下：（一）父母、子女及配偶。（二）祖父母。（三）孙子女。（四）兄弟姐妹（第一项）。同一顺位之遗属有数人时，按人数平均分配保险给付或补偿（第二项）。受害人死亡，无第一款第二项所定之请求权人时，为其支出殡葬费之人于殡葬费数额范围内，得向保险人请求给付或向特别补偿基金请求补偿。保险给付扣除殡葬费后有余额时，其余额归特别补偿基金所有（第三项）。受害人死亡，无第一款第二项所定之请求权人，亦无支出殡葬费之人时，保险给付归特别补偿基金所有（第四项）”（“强制汽车责任保险法”第11条）。

台湾地区“消费者保护法”所定危险责任[1]之请求权人为受该法保护之消费者及第三人。对此，台湾地区“消费者保护法”第7条第三项规定：“企业经营者违反前二项规定，致生损害于消费者或第三人时，应负连带赔偿责任。但企业经营者能证明其无过失者，法院得减轻其赔偿责任。”按通常称契约当事人（债权人及债务人）以外之人为该契约之第三人。消费者常常已是为消费而交易之契约关系的第三人。只是从消费关系出发，将消费者并入消费关系保护之人（契约对第三人之保护效力）。因此，台湾地区“消费者保护法”中所定之第三人，必须是非消费者，而仍受该法保护之特别的第三人。其特征为该第三人非为消费，而犹有接近消费客体所构成之危险源的权利。台湾地区“最高法院”1998年年度台上字第2842号民事裁定：“‘消费者保护法’第七条第一项或第二项所规定之商品制造者侵权责任，须商品有安全或卫生上之危险，致生损害于消费者或第三人之生命、身体、健康或财产。所谓消费者系指依消费目的而为交易、使用商品或接受服务之人；第三人则指制造者可预见因商品或服务不具安全性而受侵害之人。原审‘以系争机器放置于工作场所，年仅一岁四个月之上诉人，其父母任其接近操作中之农业机械为判决之基础，认定上诉人非‘消费者保护法’第七条规定所指之第三人，并无违误。’该判决以有无接近危险源之权利，为其判断依据。”

九、与有过失对危险责任之适用

关于与有过失，台湾地区“民法”第217条规定：“损害之发生或扩大，被害人与有过失者，法院得减轻赔偿金额，或免除之（第一项）。重大之损害原因，为

---

[1] 台湾地区“消费者保护法”第7条第三项但书仅规定：“企业经营者能证明其无过失者，法院得减轻其赔偿责任。”此为法院之衡平裁量酌减，而非必然免除。所以，虽有该项规定，该责任尚不失其为危险责任之特征。

债务人所不及知，而被害人不预促其注意或怠于避免或减少损害者，为与有过失(第二项)。”《中华人民共和国侵权责任法》第26条规定：“被侵权人对损害的发生也有过错的，可以减轻侵权人的责任。”第27条规定：“损害是因受害人故意造成的，行为人不承担责任。”《德国民法典》第254条规定：“在损害之发生，受害人之过错与有影响者，赔偿之义务及应赔偿之范围，取决于其具体情况，特别是取决于在如何程度，该损害主要由一方或他方所引起（第一项）。受害人之过错限于未提醒债务人注意其不知或不得而知之异常高的损害危险，或不为防止或降低损害者，亦同。”在上开规定中，两岸的规定皆置重于受害人与有过失，此与《德国民法典》实际上置重于受害人之所为，对于损害之发生的影响，亦即置重于行为与损害间之因果关系不同。“即便加害人及受害人在客观上，于如何程度违反事务或交易规定，且在此意义下其行为有过错是重要的，但依第254条，法院首要还是应将原因力的大小，用为分配责任的裁量标准。并据以评价引起损害之特别情况〔1〕。”为避免其裁量趋于擅断，除借助于鉴定以为参酌外，应发展出一些原则，资为依循，以提高裁量之可预测性〔2〕。

关于与有过失对危险责任是否亦有适用？德国〔3〕及我国台湾地区〔4〕司法实务皆采肯定的见解。“在危险责任，一个企业危险对于损害之发生究竟有多大之原因力的衡量，逻辑上无法想象，可做到按其对损害之实际上的原因力，而只能按其潜

〔1〕 *Esser/ Schmidt*, Schuldrecht Band I Allgemeiner Teil Teilband 2, 8. Aufl., Heidelberg 2000, § 35 IV (S. 287).

〔2〕 *Esser/ Schmidt*, Schuldrecht Band I Allgemeiner Teil Teilband 2, 8. Aufl., Heidelberg 2000, § 35 IV 1ff.：(1) 过失强度相同时，平均分担。轻重不同时，轻的一方可能全免，特别是重的一方是故意时。不过，实证上难以证明，重的一方（重大过失）比轻的一方（轻过失）危险。要之，损害范围并不一定取决于违反义务的严重程度。因此，德国民法之立法者并不取向于行为之严重程度决定责任范围。如果不越过第254条，在损害赔偿法导入制裁性思想，在故意以外的情形，其行为对损害之贡献分额原则上应同等评价。若非如此，在该不能回避之评价过程中，也会导入行为贡献分额之不同加权计算。(2) 在不同之特别危险，如汽车危险与动物危险，或企业危险与一般过错共同导致损害的情形下，如何分担？(3) 同一人就同一损害之发生，既有危险责任，又有过失时，其责任适用请求权竞合。(4) 受害人众多之案件，原则上平均等额赔偿，较诸个别计算其受偿百分比，在理赔上，可能较为经济可行。

〔3〕 *Esser/ Schmidt*, Schuldrecht Band I Allgemeiner Teil Teilband 2, 8. Aufl., Heidelberg 2000, § 35 IV 3; *Esser/ Weyers*, Schuldrecht Band II Besonderer Teil Teilband 2, 8. Aufl., Heidelberg 2000, § 63 II 6.

〔4〕 台湾地区“高等法院”2009年度上字第367号民事判决“‘消保法’系为保护消费者于消费关系中，因企业经营者及经销商，就其所贩卖、提供之商品或服务，对于消费者造成侵权行为，应负危险责任之特别规定，与‘铁路法’之构成要件、赔偿范围及保护对象不尽相同，与‘铁路法’并无普通法与特别法之关系，并不发生孰者优先适用之问题，亦即因铁路行车事故遭受损害者，若同时符合‘消保法’之规定，应解释为被害人得依‘消保法’或‘铁路法’第62条相关规定请求。……刘某奇当日购有系争列车1A车24号座位，竟疏未遵守应于列车行进中坐于座位，而竟于熬夜饮酒精神不佳之情况下，仍于系争列车行进中站立列车车门，因而发生坠车意外，其应注意能注意而疏忽未注意，致发生系争事故，是刘某奇就系争事故之发生自与有过失，本院斟酌系争事故发生刘某奇上开过失之情形，认为刘某奇应负担30%之过失责任。”

力为之。[1]”不论是按主观上之与有过失，或按客观上之与有原因力，在损害或责任之归属的分配上，法院之裁量皆处于枢纽的地位。

中国台湾地区“强制汽车责任保险法”第28条采肯定的见解规定：“受害人或其他请求权人有下列情事之一，致被保险汽车发生汽车交通事故者，保险人不负保险给付责任：一、故意行为所致。二、从事犯罪行为所致（第一项）。前项其他请求权人有数人，其中一人或数人有故意或从事犯罪之行为者，保险人应将扣除该一人或数人应分得部分之余额，给付于其他请求权人（第二项）。”如果受害人对于损害之引起，只是有过失，而无故意，其损害赔偿请求权是否亦即全部丧失？以及受害人就其他请求权人之故意过失是否依与有过失之规定，而有连带性之影响，尚值得检讨。除有共同行为外，每一个人应只就自己之行为负责。危险责任事件之多数受害人间，可能只是乌合之众，不能从过失共同侵权行为之观点，建立受害人分别之过失行为应论为共同行为。除非有意思之联络，尚不适合直接将一个危险责任事件之受害人方，认定为一个共同体，主张就其全部过失论为各受害人之与有过失。

德国在对据以建立危险责任之法律思想尚无共识前，立法上借助于将过失有无之举证责任移转至加害人（中间责任），或甚至拟制加害人有过失的方法，对法律例外规定之加害事实，肯认接近于无过失之危险责任的损害赔偿责任。然透过只要受害人对于损害之发生，与有一丝过失，便排除加害人全部赔偿责任的规定，缓和有责事实之推定或拟制的例外性格。直到认识到德国民法之立法者所未认识之危险责任的独立责任原则后，德国法院始能不同于《帝国责任义务法》第1条（§ 1 des Reichs - haftpflichtgesetzes vom 7.6.1871）之明文规定，协同于其他危险责任，关于铁路之无过失责任，一体适用《德国民法典》第254条，正面平常对待受害人之与有过失的问题，以消除其间之价值冲突[2]。在法官从事法之续造上，与有过失规定在德国铁路危险责任之适用，显露法院从一个历史的过渡到一个客观——目的论证的过程（Der Über - gang von einer historischen zu einer objektivteleologische Argumentation）。直到1978年修正“责任义务法”时，其第4条始引用《德国民法典》第254条关于与有过失之规定。至此法律规定与司法判决趋于一致[3]。即使如此，与有过失问题之处理，在危险责任之案件，于赔偿义务人多数时，还是可能很复杂[4]。

类似的问题为：如果意外损害，由数个同具原因力之危险源所引起，则首先有按各危险源可能引起系争损害之或然率，计算应归属于各赔偿责任人之原因力的责

---

〔1〕 *Esser/ Schmidt*, Schuldrecht Band I Allgemeiner Teil Teilband 2, 8. Aufl., Heidelberg 2000, S. 288.

〔2〕 *Esser/ Weyers*, Schuldrecht Band II Besonderer Teil Teilband 2, 8. Aufl., Heidelberg 2000, § 63 II 6 b.

〔3〕 RGZ 56, 154; BGHZ 2, 355. 详细论述参见 *Larenz*, Methodenlehre der Rechtswissenschaft, 6. Aufl., Springer - Verlag 1991, S. 336f.; *Larenz/ Canaris*, Methodenlehre der Rechtswissenschaft, 3. Aufl., Springer 1995, S. 157f.

〔4〕 *Esser/ Weyers*, Schuldrecht Band II Besonderer Teil Teilband 2, 8. Aufl., Heidelberg 2000, § 63 II 6.

献份额，以决定其应负之赔偿责任的范围或内部之分担比例，而后有多数引起或管领危险源者，就该损害应负之危险责任。对于受害人有无外部连带之效力的问题，因为危险责任是一种因合法事件所负之无过失责任，所以原则上不课以其外部连带之全部清偿义务。而仅按其原因力之贡献份额比例，分担其责任。不能客观认定其分别之原因力者，多数义务人内部关系及相对于受害人（债权人）之外部关系，皆应平均分担该危险责任。这特别适用于合法多数污染源（如多数工厂合于法定标准之污水或废气的排放）对特定人（附近农作物）引起之环境灾害时，应按其排放量之比例分担危险责任，而非按人平均分担〔1〕。当受害人方亦有多数人与有原因力，应将其原因力贡献份额并入计算〔2〕。如何计算可能有不同的看法，比较单纯，且在受害人方互不牵连的计算方法为：先假设受害人方无与有原因力时，各赔偿责任人对各受害人应赔偿之金额；而后分别按各受害人与有原因力之贡献比例，扣减其应得请求之赔偿数额。

十、危险责任与过失责任之竞合关系

在法律特别规定引入或管领危险源之人应负危险责任的情形下，该危险责任之规定原则上并不排除过失责任规定之适用。例如，关于商品制造人之责任，台湾地区“消费者保护法”第7条之危险责任的规定，并不排斥台湾地区“民法”第191条之一关于中间责任之规定。所以，就该危险责任事件如有人因（推定）过失，而对同一损害应负损害赔偿责任，则该危险责任及过失责任因为是对同一损害之赔偿义务，与其请求权构成竞合关系，互不排斥〔3〕。但其赔偿权利人不得重复受满足。赔偿义务人依危险责任之规定所为之给付，得自其侵权责任之赔偿给付减除。在强制汽车责任保险之情形下，在保险人对受害人为保险给付之后，被保险人可能还对受害人负赔偿责任，乃因其对交通事故之发生有故意或过失，发生危险责任与过失责任之竞合。是故，台湾地区“强制汽车责任保险法”第32条规定：“保险人依本法规定所为之保险给付，视为被保险人损害赔偿金额之一部分；被保险人受赔偿请求时，得扣除之。”

十一、危险责任应与侵权责任并立

危险责任以分配正义，侵权责任以补偿正义为其建制之理论基础。其事实特征

---

〔1〕 *Esser/ Weyers*, Schuldrecht Band II Besonderer Teil Teilband 2, 8. Aufl., Heidelberg 2000, § 63 II 6 a.

〔2〕 *Esser/ Weyers*, Schuldrecht Band II Besonderer Teil Teilband 2, 8. Aufl., Heidelberg 2000, § 63 II 6 b.

〔3〕 *Esser*, Schuldrecht, 2. Aufl., Karlsruhe 1960, § 201, 3 f.

在性质上并不相同，其规范需要因此也不一致。如并为一类规范之，不能分别针对其事务性质，规划妥适之规定，容易发生关于侵权责任之规定，过度一般化适用至危险责任，不能满足危险责任有关于限额责任及强制责任保险为其配套之规范需要。同时，时而也会忽视一些因移转关于“已尽注意义务”之举证责任，构成中间责任时，中间责任有与危险责任相同的规范需要：责任限额及强制责任保险。

十二、结论

危险责任与过咎责任虽同为损害赔偿责任，但因其责任之性质及目的不同，必须区别对待。首先，是基于补偿正义，过咎责任是故意或过失从事不法行为加损害于他人者，原则上应负之损害赔偿责任。而危险责任则是无过失行为，施加损害于他人时，引起或管领危险源者基于分配正义，依法律之特别规定，例外而负之损害赔偿责任。所以在其规范基础原则上应采特别危险责任原则，就各种无过失加害之类型，分别从分配正义的观点，探究课以无过失责任之妥适性，而后制定个别法律分别具体规定，不适合匆促主张无过失责任之课以，也可以是一种原则，将损害赔偿责任的结果责任主义化，制定一般危险责任之规定。

其次，由于无过失责任案件，在个案所涉赔偿金额不易事先确实评估，且可能总额巨大，因此，有必要透过责任限额及强制责任保险，控制及分散其风险，并防止企业主之道德危险及不公平竞争。

民法“合同编”编纂进展与主要发展*

龙卫球**

目 次

一、民法“合同编”目前编纂的进展情况

民法“合同编”目前在民法各分编起草中走在了前面，已经顺利地完成了两次审议。中国法学会于2016年6月7日召开民法典编纂工作会议，根据中国法学会的统一安排，即日起全面开启民法典编纂的下一阶段研究工作，并决定就民法典分则编纂对应成立五个课题组（物权法、合同法、侵权责任法、婚姻法、继承法）。[1] 2017年3月《民法总则》出台之际，“合同编”就与其他民法各分编一起形成了中

* 本文已经刊发于《内蒙古社会科学》2019年第4期。

** 龙卫球，北京航空航天大学法学院教授、院长

[1] 参见中国法学网：《中国法学会民法典分则各编课题组成立并有序开展工作》，载“中国法学网”，网址：https://www.chinalaw.org.cn/Column/Column_View.aspx?ColumnID=82&InfoID=20623，最后访问时间：2019年2月21日。其中，合同法编课题组由中国人民大学王利明教授、中国政法大学赵旭东教授、北京航空航天大学龙卫球教授等担任召集人。

国法学会建议稿，正式提交法工委参考。[1]2017年8月8日，法工委形成《中华人民共和国民法合同编（草案）》“民法室室内稿”，2018年3月形成《中华人民共和国民法合同编（草案）》“法工委征求意见稿”。在上述基础上，2018年8月27日，正式形成《中国人民共和国民法合同编（草案）》一审稿，与其他各分编一起提请十三届全国人大常委会第五次会议第一次审议，并向社会公开征求意见（民法各分编一审稿排列顺序依次为：物权编、合同编、人格权编、婚姻家庭编、继承编、侵权责任编）。[2]此后，民法各分编进入各自审议的阶段。2018年12月23日，民法典合同编草案、侵权责任编草案提请十三届全国人大常委会第七次会议进行二次审议，并向社会发布公开征求意见。[3]

民法“合同编”质量较高，可以说算得上是目前民法各分编起草中“最为成熟的一编”。民法“合同编”通过一审和二审，形成了一个科学化、系统化程度较高的草案体系，在加强市场交易法律制度目标下，不仅对既有合同法和实践成果进行了科学化、系统化整理，而且基于适应新时期市场交易的发展需要，在体系、价值和制度内容上都有明显改进或创新，还及时回应了不少当下社会关注。总体上而言，体现出体系特色突出、价值多元融合、制度内容完备、具有较大改进创新、本土化与国际化统一等特点。

“合同编”之所以进展顺利且颇有质量，至少有五个方面原因：

其一，我国现行合同法及其实践较为成熟，提供了坚实的立法基础和合同实践素材。1999年《合同法》本身相对比较发达、完备；四十年持续改革开放和市场经济发展，为合同法实践创造了条件，相关合同交易极为丰富。

其二，司法实践形成了大量成熟的司法解释和司法经验，可以将其纳入到民法典之中。1999年《合同法》颁布之后，我国最高人民法院为了回应审判实践的需要，出台了较多的司法解释，涉及总则、买卖合同、建设工程合同、技术合同、融资租赁合同等，可以直接成为立法素材。另外，通过大量指导性案例和典型案例形成的丰富司法经验，也可供立法参考。例如，二审稿第545条就跳单所作的规定，就是在指导性案例的基础上所作的规定。

其三，我国学术界在合同法领域研究积累颇丰，提供了较为充足的智力支持。[4]

---

〔1〕参见中国法学会：《民法典部分分编专家建议稿已提交》，载“人民网”，网址：http：//legal.people.com.cn/n1/2017/0611/c42510~29331909.html，最后访问时间：2019年2月21日。

〔2〕参见立法专题：《民法典各分编草案》，载“中国人大网”，网址：http：//www.npc.gov.cn/npc/lfzt/rlyw/node_ 35174.htm，最后访问时间：2019年2月21日。

〔3〕民法“合同编”二审稿文本，可参见“北大法宝”开放版，网址：http：//www.pkulaw.com/protocol/cb163319660579b56ba1f2d52510cef8bdfb.html，最后访问时间：2019年2月21日。

〔4〕我国合同法学的研究成果，可以参考谢鸿飞：《合同法学的新发展》，中国社会科学出版社2014年版。

特别是为了此次合同编的起草，中国法学会专门成立了合同编的专家组，做了精心的预研工作，形成了高质量的系统建议稿，为合同编的起草提供了重要借鉴。

其四，其他国家在债法和合同法的现代化改革方面取得了丰富成果，可供借鉴。欧美国家和我国台湾地区近年都进行了债法现代化改革，特别是在合同法现代化方面取得长足进步。特别是最新出现的2016年法国债法改革、2017年日本债法修改，以及《欧洲民法典共同参考框架》（DCFR）等，相关成果都是很新的，特别值得借鉴。例如我们的“合同编”草案中关于格式之战的规定，便借鉴了《国际商事合同通则》的条文，关于情势变更制度的规定，也借鉴了德国新债法的成果，而其中磋商义务的规定又同时借鉴了法国债法改革。

其五，合同法体现的主要是市场交易技术面的法律要求，与基本经济体制、文化传统、意识形态关系并不密切，因此敏感议题和争议较少，比较容易形成共识。相比较而言，在民法各分编中同样十分重要的、构成市场法律制度核心的“物权编”，反映的是市场经济结构基础面的法律要求，相关重大议题，像土地物权、国企物权等，都极为敏感，需要考虑很多因素，不容易形成共识。

二、民法“合同编”编纂的地位和基本目标

民法各分编起草编纂中，合同编居于十分特殊的重要的位置。民法“合同编”，顾名思义是民法中关于合同的那一部分民事法律制度，俗称合同法。我国正在编纂的民法典，结构上包含总则和分则。总则即民法的一般性规定，分则即民法的具体制度规定。民法分则由民法各分编组成，从2018年8月27日第十三届全国人大常委会第五次会议进行的初次审议来看，民法各分编依次包括物权编、合同编、人格权编、婚姻家庭编、继承编、侵权责任编。民法典编纂按照预定“两步走”思路，已在2017年3月通过了总则，接下来便是争取2020年一并通过包括合同编在内的民法各分编从而形成统一民法典。

合同是市场自由交易的基本形式，“合同编”实际就是民法中反映市场经济交易的基本法律制度。著名法学家范斯沃思关于合同的意义，指出交换（自由交易）是“依赖自由企业的经济体制的主要动力”，而“这种体制很大程度上通过根据私人之间基于讨价还价而达成的相互直接交换来配置资源。”[1]可见，“合同编”的编纂情况，直接关系市场经济交易法律制度情况，在决定我国社会主义市场经济法律制度实际水平，特别是我国市场交易法律制度实际水平方面，具有举足轻重的作用。合同编和物权编，一起被看成是民法中最直接反映市场经济要求的法律制度，

---

〔1〕 参见［美］E. 艾伦. 范斯沃思：《美国合同法》，葛云松、丁春艳译，中国政法大学出版社2004年版，第6页。

因此被认为是最重要的两个部分。合同法解决的市场交易形式，为我们民事主体可以进行市场交易进行赋权规范，比如买卖合同、租赁合同等；物权法解决的则是市场交易内容，为我们民事主体可以交易什么进行赋权规范，比如所有权、用益物权、担保物权，等等。两者相得益彰，共同反映和决定了市场经济法律制度的状况和水平。

民法“合同编”此次编纂，是我国合同法进入新时期之后的一次重要发展，旨在以全面深化改革和全面依法治国为背景，加强我国市场交易法律制度建设。当前民法典编纂的整体目标，是要“加强市场法律制度建设”，具体到合同法领域，就是要加强市场交易法律制度建设。2014 年 10 月，中共中央第十八届四中全会决议提出编纂中国民法典的要求，相关表述为“加强市场法律制度建设，编纂民法典”。可见，将民法典编纂直接与加强市场法律制度建设联系在一起，可见具有很强的现实目标和使命感。这里的“加强”，理解上具有特殊的语境，鉴于十八届三中全会主题是全面深化改革，十八届四中全会的主题是全面依法治国，所以应该结合这些背景加以理解。按照四中全会决议的理解，我国社会主义市场经济本质上是法治经济，且必须发挥市场在资源配置中的决定性作用，即“社会主义市场经济本质上是法治经济。使市场在资源配置中起决定性作用和更好发挥政府作用，必须以保护产权、维护契约、统一市场、平等交换、公平竞争、有效监管为基本导向，完善社会主义市场经济法律制度”。[1]落实到合同法领域，具体体现为要在民法典编纂的总体框架下，按照全面深化改革和全面依法治国的要求，以系统化方式，全面完善和提升我国合同法，通过修改 1999 年《合同法》，以适应当下和今后时期我国社会主义市场经济交易制度的根本需求。

民法“合同编”此次编纂，从代际意义上说，也是我国合同法的一次再现代化。[2]1999 年《合同法》被认为是我国在特定历史条件下进行的合同法第一次现代化，但是限于其置身的社会经济基础发展的阶段性，并没有全面实现现代化目标。20 年来，我国社会主义市场建设更加深入，特别是到了今天开始启动全面深化改革，1999 年《合同法》无论在观念、原则还是具体制度上，都明显出现了不

---

〔1〕 参见《中共中央关于全面依法治国若干重大问题的决定》，第二部分“完善以宪法为核心的中国特色社会主义法律体系，加强宪法实施”之（四）“（四）加强重点领域立法”项下。载“人民网”，网址：http：//cpc. people. com. cn/n/2014/1029/c64387 ~25927606. html，最后访问时间：2019 年 2 月 21 日。

〔2〕 关于民法“合同编”再现代化问题，目前起草讨论和学术研究并不热烈，但非常重要。王利明教授在代表中国法学会“民法典‘合同编’研究课题组”的发言中，提到“合同编”的三个追求，即“合同编的编纂应当协调好与民法总则的相互关系”，“在我国立法机关决定不再制定独立的债法总则的背景下，合同编应当发挥债法总则的功能”，以及“为适应现代社会和经济交易的发展需要，合同编应充分发挥合同法组织经济的功能”，前两个讲的是体系化问题，后一点涉及了合同法的再现代化的问题。参见王利明：《民法分则合同编立法研究》，载《中国法学》2017 年第 2 期。

适应性和滞后性，难以满足新时期社会主义市场交易的新发展要求。所以，需要通过“合同编”编纂，对1999年《合同法》做出重要修改和发展，要在它没有完成的现代化的基础上进行改革再出发。二十世纪八十年代处于改革开放初期，我们先后颁布了《经济合同法》、《涉外经济合同法》和《技术合同法》三部具体合同法，但由于当时改革尚在探索之中，市场经济和合同交易空间尚为有限，保留了浓厚的计划经济色彩，合同自由很大程度受到行政干预。例如，这一时期，就买卖交易而言而已，保留了国家指令性色彩极强的购销合同形式，在许多领域排除以当事人自由为基础的买卖合同。1994年确立社会主义市场经济目标，我国市场经济开始出现加速度发展，于是提出了修改合同法的需求，以适应不断扩大的社会主义市场经济建设的需要。同时，对外出现了中国加入WTO的需求，中国需要立即改进合同法和相关市场经济法律，以为争取加入WTO扫除法律障碍，助力中国企业参与全球化经济。在这种背景下，1999年《合同法》应运而生。1999年《合同法》摒弃计划经济合同理念，在废除既有三个合同法基础上，以合同自由原则为基础，建立全新市场交易法律制度。一方面，该法坚持合同自由，极大消除行政对于合同的干预；另一方面，积极融合当时两大法系的先进合同法理念和规则，重点参考了《联合国国际货物买卖公约》和《国际商事合同通则》等先进规则。总体上，满足了我国社会主义市场经济走向更加深化阶段的内在需求，同时也为我国经济开始走向全球贸易化奠定了制度基础，是本土化和国际化的一次融合，在当时具有很大的进步性。

但今天来看，1999年《合同法》还是受到很大的改革发展局限，具有明显的阶段性，虽然处于世界范围债法改革和合同法现代化的风潮之际，却并没有完成合同现代化任务，留下了遗憾。《合同法》出台之际，我国社会主义市场经济处在一个需要继续深化的阶段，这一时期的合同法改革观念，主要是理解和接受刚刚确立起来的社会主义市场经济的目标。《合同法》从当时制定的时机上，与世界范围内的债法改革和合同法现代化浪潮几乎同时起步。世界范围内的债法改革是在20世纪90年代兴起，一直持续至今。德国在2000年进行了债法更新；法国到2016年才完成新债法；日本也在2017年完成债法改革。但是，相比较起来，《合同法》现代化并不彻底。这一点，与我国台湾地区相似，台湾地区在1999年左右完成债法改革，但在现代化程度上也受到诟病。“从历史角度正确认识当今这场世界范围的债法改革非常重要，只有历史的正确定位才能导致历史的正确应对”。[1]我们此次民法“合同编”编纂，正好可以在新时期条件下接续做好这项未完的现代化工作。“合同编”应当从当前全面深化改革和全面依法治国的内生动力出发，紧密结合当

〔1〕 参见龙卫球：《当代债法改革：观察与解读》，载《南昌大学学报（人文社会科学版）》2012年第3期。

今世界进入信息化快速发展和不断迭代背景下市场交易更趋复杂性的特点，进行一次本土化和国际化高度融合的再现代化转型。

三、民法“合同编”的几个主要发展或创新

（一）合同法的体系发展：具有债法功能的巨大包容性

“合同编”编纂的体系，不仅要确保合同法自身科学体系，而且还要解决一个重大任务，就是使得“合同编”还能够代行债法总则的功能，并同时揽括合同、侵权行为之外的其他之债的规定。这不是一件易事，可以说没有先例。

我国民法典编纂对于债法体系进行重大改革，决定不搞债法总则，而是直接下沉形成合同编和侵权责任两编。[1]这个体系的好处，减少债法规定的叠床架屋，避免债法的过于抽象，便于合同法和侵权责任法的具体操作适用，坏处是债法的共同性规定、合同法和侵权责任法以外的如无因管理、不当得利等其他债的规定，不好处理。所以，按照预定的立法思路，合同编要兼行债法总则功能，同时揽括传统债法的总则和其他债的内容。

“合同编”对合同法自身体系的完善，相对容易一些。1999年《合同法》已经形成了一个比较合理的体系。此次“合同编”为了更加科学合理，以及更好吸纳立法和实践成果，适应新的发展变化，仍然需要做一些调整，比如在“通则”增加了第五章“合同的保全”一章。“合同编”自身体系完善的另一个工作是与《民法总则》的体系协调，重点体现在“通则”部分，第一章“一般规定”删减了合同法基本原则的规定，第三章“合同的效力”删去了相应合同效力的规定，以避免与《民法总则》关于民法基本原则、民事法律行为效力规定的重复。

“合同编”要兼行债法总则功能的体系设计，既是一次挑战，也是一次对债与合同法体系进行发展的重大机遇。那么，“合同编”在当前背景下进行体系设计，如何既能够符合科学合理的合同法内在体系要求，又能够兼容债法总则功能的体系呢？“合同编”起草者从室内稿到一审稿和二审稿在体系问题上煞费苦心，经过集思广益，最终较好地解决了这个难题，不仅理顺了自身体系，而且还成功创制出一种独特的能够兼行债法总则、具有巨大债法包容性的合同编体系架构，可以说是当代合同法体系上一大成功创举。

首先，解决了合同编代行债法总则功能的依据和规范基础问题。从室内稿开始

---

[1] 这个废除债法总则的债法体系思想和建议，最早出自江平教授和费宗祎先生。江平教授的观点可以参见他2002年11月8日在中国政法大学的报告《中国民法典的立法思路和立法体例》，收录王卫国主编：《中国民法典论坛（2002～2005）》，中国政法大学出版社2006年版。

到二审稿，都明确了合同法通则规定对于债法的统领功能。二审稿第259条规定：“非因合同产生的债权债务关系，适用有关该债权债务关系的法律规定；没有规定的，适用本编通则的有关规定，但是根据其性质不能适用的除外。”“合同编”为了增加合同法总则的覆盖性，在合同法通则部分进行了大量的债法规范填补，例如多数人之债规则、债的转让规则、债的消灭规则等。

其次，妥当安置了合同之债和侵权责任之外其他类型债，如无因管理、不当得利等。民法典只设合同编和侵权责任编，不设其他债编，在这种背景下，无因管理、不当得利等似乎只能纳入到合同编里面，那么怎么理顺这个体系呢。一开始，并没有形成广为认同的体系设计。例如，室内稿和一审稿都对合同编采取总则和分则的结构，但室内稿建议使用“准合同”概念，揽括无因管理和不当得利，将之置于合同编的总则，而一审稿却主张放弃“准合同”概念，将无因管理和不当得利分置两章，置于分则最后。为此，大家都不满意，最后经过讨论研究，二审稿拿出了令人满意的方案：将合同编整体区分为三个分编，第一分编“通则”、第二分编“典型合同”、第三分编“准合同”（无因管理、不当得利），这就理顺了。可见，不仅继续使用了从法国借鉴而来的“准合同”概念，[1]而且采取了三分编的结构。这一结构不仅使得合同法通则的债法整体功能凸显，而且通过第三分编“准合同”在结构上的相对分置，较好地处理了合同与无因管理、不当得利的逻辑关系，双方都以自愿行为为基础，但又存在一定的区别，由此为合同、准合同、侵权行为的关系过渡作出了合乎逻辑的布局。

（二）合同法的观念发展：走向更加多元融合的价值原则体系

“合同编”对合同法价值体系也做出重大发展，体现出合同法理念和价值在当下的重要转型，即在继续深化合同自由基础上，同时也强化诚信、公平等价值的作用和要求，并在新发展理念支持下明确引入生态环境保护作为价值遵循。“合同编”删除了1999年《合同法》的原则规定，直接对接上位的《民法总则》的基本原则

〔1〕 中国法学会的民法“合同编”建议稿使用了“准合同”的概念，揽括无因管理和不当得利两种法定之债。主要召集人王利明教授代表课题组解释了这一概念借鉴自法国。王利明教授特别强调2016年法国债法修改，保留了“准合同”概念，揽括了无因管理、非债清偿、不当得利三种情形，体现了将这些债看成是以自愿行为为基础的思想。参见王利明：《准合同与债法准则的设立》，载《法学家》2018年第1期。关于法国债法修改中“准合同”的介绍，另请参见李世刚：《法国新债法准合同规范研究》，载《比较法研究》2016年第6期。实际上，“准合同”概念并不只是法国使用，美国也经常使用“准合同”概念，特别是在20世纪以来经常使用，把它视为是合同和侵权之间的一个领域，判例上主要限于原告索回向被告给付的利益的情形。美国著名法学家吉尔莫指出，“准合同”这个概念，作为一种概念表达，旨在使得法院乐于接受这样一种法律拟制，“即准合同并非真实合同，它不过是为了达至公平的结果而做出的一种法律拟制”。参见［美］格拉特·吉尔莫：《契约的死亡》，曹士兵、姚建宗、吴巍译，中国法制出版社2005年版，第119页。

体系。《民法总则》立足当下社会经济关系更加复杂、社会协同更加密切、个人利益更加交织的特点，确立了一种多元融合的原则体系。这一原则体系直接适用于合同编，要求当今复杂社会经济条件下，在继续深化平等、自由的基础上，必须同时维护诚信、公平、公序良俗、生态环境保护等价值要求，这些价值原则共同发生作用，但在出现矛盾时，适度限制平等、自由的适用。[1]

世界范围合同法在19世纪的最重要发展，是立足当时自由经济或“自由放任经济”的发展特点，为支持无调节的市场经济的运行提供交易自由的保障而全面确立了合同自由原则，以此赋予合同当事人在市场交易上完全的自主权和自由决定权。近代合同法围绕合同自由原则，进行了全面的个人合意自主化的法律改造，成为“个人意志的合意之法”，并且塑造出一套合同交易理论作为依据，对于合同自由的限制只能来自自由交易的本质要求——互惠，由此近代合同法是“互惠约因理论”指导下的合同自由交易法。[2]但是，我们也注意到，进入20世纪以后特别是20世纪70年代以后，关于改革古典合同法理论的呼声和实践不断兴起。著名的美国法学家吉尔莫甚至提出了“合同的死亡”之说，认为作为对于19世纪个人主义向20世纪福利国家和超福利国家的转变的反映，以完全自由、互惠约因为支持的合同法正在走向消亡，甚至可以设想将为侵权法所吞并。[3]吉尔莫的说法未免夸张，但是现代合同法在基本价值原则体系上发生重大变化确实属于大势所趋。《统一商法典》第2-302条对于“非良心性”法理的引入，以及第二次合同法重述对此原封不动加以接受，表明了合同法价值原则的调整走向了合同自由与合同良心之间的平衡，后者作为一种表达，呈现了现代社会市场交易环境下尊重信赖、诚实信用、公平的必要性。日本学者内田贵指出，衰落的是古典合同法，但现代合同法正在确立，传统的合同法在现代发生重大变革，这个方向不能简单等同于侵权法融合，而是合同法新原理的确立。[4]美国合同法新的理论发展，包括第一次合同法理论变革浪潮中拉考夫的组织意义约款论、富勒的信赖理论、麦克尼尔基于期待的关

---

[1]《民法总则》基本原则变化、功能及其适用的体系解释，可参见龙卫球：《民法基本原则规定嬗变及对民法新体系形成的意义》，载《法治现代化研究》2017年第2期。另近似的观点讨论，还可参见方新军：《内在体系外显与民法典体系融贯性的实现——对〈民法总则〉基本原则规定的评论》，载《中外法学》2017年第3期；韩世远：《民法基本原则：体系结构、规范功能与应用发展》，载《吉林大学社会科学学报》2017年第6期；易军：《民法基本原则的意义脉络》，载《法学研究》2018年第6期。

[2] 关于近代合同法思想和合同自由理论形成和影响的经典阐述，参见［英］P.S.阿狄亚：《合同法导论》，赵旭东、何帅领、邓晓霞译，法律出版社2002年版，第1章，第1~34页。

[3] 参见［美］格拉特·吉尔莫：《契约的死亡》，曹士兵、姚建宗、吴巍译，中国法制出版社2005年版，第126~127页。

[4] 参见［日］内田贵：《契约的再生》，胡宝海译，中国法制出版社2005年版，第17页。

系契约论等都揭示了这种新原理的方向。[1]现代合同法的这种变化是世界性的，同时也发生在欧洲，基于信赖的诚实信用要求在20世纪60年代就被学者弗里德里西·凯斯勒认识到应该成为与合同自由并立的原则。[2]目前，关于合同法价值基础的发展更进一步，合同的自治基础在更大的程度上为各种反原则论、合目的论、合同福利论等所整合。[3]

我国1999年《合同法》以当时发展中的市场经济为条件，同时为适应加入WTO的需要，确立了合同自由原则。但是1999年《合同法》虽然确立了合同自由原则，但限于发展的阶段性，仍然有许多局限。所以，民法“合同编”在全面深化改革背景下，需要继续深化和拓展合同自由原则的适用。“合同编”做了多处深化意义的完善。例如，“合同编”废除了原《合同法》第127条关于合同监督机关的规定，旨在减少实践中的任意监督现象，有助于维护合同当事人的自由。“合同编”第294条针对登记、审批合同生效的复杂性，强化合同自由的效力，第2款和第3款增加规定了应当申请办理登记审批的当事人的继续办理的义务以及违反的责任。“合同编”第288条-第290条还完善格式条款规定，针对复杂社会经济条件下，基于信息社会发展，一方合同自由可能更容易遭受剥夺的情况，对弱势一方进行了合同自由的强化保护，同时兼顾诚信、公平。此外，在典型合同，合同自由的深化和拓展更是处处可见。

我国1999年《合同法》适应当时社会交易基础的特点，也同时确立了与合同自由平衡的原则，包括诚实信用、公平等。“合同编”根据新的社会经济交易基础变化，提升和强化了对诚信、公平、公序良俗和生态环境保护等价值的共同作用。就诚信原则的强化而言，“合同编”在第二章“合同的订立”的第291条、第292条强化了先合同义务，在第四章“合同的履行”的第300条第2款强调遵循诚信原则，在第七章“合同的权利义务终止”新增第348条规定，债权债务终止后，仍然应当遵循诚信原则，承担诚信义务。就公平原则的强化而言，最引人注目的，是新增第323条规定，引入司法实践形成的情势变更制度，规定在合同订立后发生情势变更的，当事人可以基于公平原因首先请求协商，协商不成则可以要求法院或仲裁机构变更或解除合同。二审稿删除了一审稿“非不可抗力造成的”限制，使情势变

---

〔1〕参见［日］内田贵：《契约的再生》，胡宝海译，中国法制出版社2005年版，第35页、第89页、第110页。

〔2〕参见Friedrich Kessler，" Culpa in Contrahendo"，Bargaining in Good Faith and Freedom of Contract：A Comparative Stuty，77 Harv. L. Rev. 401（1964）.

〔3〕参见Richard Craswell，Contract，Defaut Rules，and the Philosophy of Promising，88 Mich. L. Rev. 489（1989）；J. Gordley，，Chapter 9，The Philosophical Origins of Modern Contract Doctrine，Oxford：Clarendon Press，1991；M. Trebilcock，The Limits of Freedom of Contract，Harvard Univ. Press（Cambridge，MA），1993，p244-249；Melvin Eisenberg，Why Relational Contract，94 NW. Rev. 805，851（2000）.

更制度具有广泛的适用性，可以兼容不可抗力的情形。值得特别注意，“合同编”从新发展理念出发，前所未有的强化生态环境保护，引生态文明建设进合同交易，重点增设三条特殊规定。第300条第2款规定，当事人应当避免损害生态环境和浪费资源，根据交易习惯负有节约资源、减少污染的义务；第348条规定，在合同终止后回收旧物；以及第415条规定，出卖人负有标的物回收义务。

（三）合同法的内容发展：形成更加严密和合理的规则体系

“合同编”通过修改、增补、完善，对于合同制度进行了重要改进、补全和发展，范围涉及通则、典型合同、准合同各个部分。

首先，对“通则”进行严密修补和完善，几乎涉及合同效力、合同履行、合同保全、债权转让、合同解除、违约责任各个方面。

比较重要的增补和完善有：第一章“一般规定”，第256条增设了“依法成立的合同，受法律保护”的规定，第258条增设了合同效力相对性的规定；第二章“合同的订立”，第262条修改引入“要约－承诺”之外其他缔约方式[1]，第282条完善合同书面签立应包括按指印，并引入实际履行缔约（也称意思实现缔约）[2]，第287条增设了预约合同，第291条增设悬赏广告的规定；第四章“合同的履行”，第306条－第307条增设了合同选择之债的规定，第308条－第312条补充了多数人之债，特别是细化连带债务效力规定，第313条－第314条完善了第三人合同的规定，第317条－318条调整了不安抗辩权及与预期违约关系的规定；新增第五章“合同的保全”，强化了合同保全在当代合同法的重要性，转化合同保全司法成果，完善代位权行使等规则，使其行使效力精细化；第六章“合同的变更和转让”，第334条－第337条完善了债权转让的规定，可以说较为精细化，第344条还增设了并存债务承担的规定；第七章“合同的权利义务终止”，第347条完善了个别债的消灭和合同消灭区分规定，第350条－351条转化《合同法司法解释（二）》第20、21条的成果，增设规定了清偿抵充规则，第352条－第356条完善了合同解除制度及与违约责任的关系的规定等。

其次，对典型合同进行大量修补和完善，除了大量转化司法解释和司法经验，还进行了必要的创新。买卖合同、借款合同、租赁合同、融资租赁合同、建筑工程

---

[1] “合同编”第262条规定：“当事人订立合同，可以采取要约、承诺方式或者其他方式。”对比1999年《合同法》第13条：“当事人订立合同，采取要约、承诺方式。”

[2] 1999年《合同法》第32条规定：“当事人采取合同书形式订立合同的，自双方当事人签字或者盖章时成立。”“合同编”第282条修改为：“当事人采取合同书形式订立合同的，自双方当事人签字、盖章或者盖指印时成立。在签字、盖章或者盖指印之前，当事人已经履行主要义务，对方接受时，该合同成立。法律、行政法规规定或者当事人约定合同应当采取书面形式订立，当事人未采用书面形式但是一方已经履行主要义务，对方接受时，该合同成立。”

合同、运输合同、技术合同、中介合同等都有体现。例如，“买卖合同”第400条－第408条将瑕疵担保责任的精细化；“租赁合同”第517条增加了住房租赁的优先承租权；“融资租赁合同”第536条考虑到所有权保留与担保之间关联，明确登记要求，为避免隐形担保以及与动产担保效力协调，通过登记得对抗动产抵押、浮动抵押；“技术合同”第三节新增技术许可合同，适应当前技术许可市场的重大需求，考虑到中美贸易战的背景，这一增设具有极强的现实感，强化对技术许可的鼓励和保障；“保证合同”第476条第2款对保证方式的推定进行修改，在当事人没有明确约定的情况下，由过去的推定为连带保证修改为推定为一般保证；“物业服务合同”第725条新增了物业服务人的报告义务，第728条完善了业主解聘物业服务人应依照法定程度共同决定的规定，同时考虑到属于混合型合同，删除了“本章没有规定的，参照适用委托合同的有关规定”的条款；“中介合同”第749条就跳单所作的规定，委托人发生跳单（绕过中介人签约）仍然需要支付中介费，旨在维护市场诚信。

此外，新增四类新的典型合同规定。一审稿增加保证合同、物业服务合同、合伙合同，二审稿再增保理合同。保证合同的增设，是因为《担保法》将来面临废除所以需要移入合同编；合伙合同的增设，是因为《民法总则》删除了合伙规定所以需要移入合同编；物业服务合同的正式，是因为考虑其作为现实生活中普遍存在的一类合同，符合典型化的重大性和必要性；保理合同，是应收账款的债权人将应收账款转让给保理人，保理人提供资金支持以及应收账款管理、催收等服务的合同，其增设按照二审稿的说明，是考虑到回应中小企业融资的需要，同时当前我国保理业务发展迅猛、体量庞大，但常发生纠纷，也亟须立法。

（四）合同法的制度创新：引入适应新时期市场交易发展需求的新规则

“合同编”为适应市场交易新发展需求进行不少制度创新，试举两个方面：

其一，针对信息化背景和互联网时代的要求，及时规范网购、平台等导致的合同问题。重点对电子合同的订立、履行等特殊问题做出专门规定。例如，一审稿时就在第6条第2款新添规定利用互联网订约推定具有行为能力，二审稿虽然删除了这一规定，但已经吸收到了2018年出台的《电子商务法》第58条第2款之中；第283条第2款规定了利用互联网要约通过合同实现成立；第303条规定了电子合同的交付时间及数字标的时的交付（第58条）的特殊性等。

其二，针对现代社会经济条件复杂易变导致合同利益和履行不确定性的风险，着力创设新的机制，为当事人提供化解手段，合理降低交易风险和不确定性。例如，第二章“合同的订立”第287条增设预约合同规定，强化预约的效力（赋予其具有相当于合同的效力），为当事人在商业中利用预约提供保障；第四章“合同的履行”第323条明确引入情势变更制度，规定发生无法预见的客观情势变化导致合同履行存在明显不公平时，受不利一方可以要求合同调整；第五章增设“合同的保全”，全面承认涉及特定第三人利益的代位权、撤销权，有助于减少合同履行中第三人不当卷入因素，对于抑制我国现实中多角债务情况以及恶意转移财产等不诚信现象，维护债务市场的诚信，具有积极作用；此外，“合同编”还加强和完善了不安抗辩权、预期违约、合同解除等合同救济制度，这些也具有及时化解合同不履行风险的特殊作用，在当代社会经济背景下意义日益凸显。

（五）合同法的社会回应：关注和化解合同社会问题

“合同编”针对合同法上具有社会意义的合同类型，认真研究现实问题，及时回应社会关注。[1]合同法上，具有很强社会利益关涉的合同很多，例如运输合同特别是客运合同、借贷合同、建筑工程合同、商业特许经营合同、电信服务合同、医疗服务合同、保理合同等，都有的甚至涉及公共安全、金融风险、民生保障，因此要特别注意如何兼济特殊保障问题，规定应当更加复杂、周全。

例如，二审稿第十九章“运输合同”第二节“客运合同”第604条作出修改，规定承运人应当严格履行安全运输义务，乘客应当积极协助和配合。这一修改规定，及时回应现实中出现的旅客霸座、强抢方向盘等影响运输安全的问题（重庆的客车坠江案件），适用中处置得当可以避免发生悲剧。

又例如，二审稿第十六章新增“保理合同”一章，在当前中小企业融资难的背景下，是为了以强化保理合同的典型化地位和相应规范的方式，及时回应拓宽中小企业融资渠道的呼声。全国人大宪法和法律委员会认为，“保理业务作为企业融资的一种手段，在权利义务设置、对外效力等方面具有典型性。对保理合同作出明确规定，有利于促进保理业务的健康发展，缓解中小企业融资难、融资贵的问题，进而促进我国实体经济发展。”[2]

四、关于民法“合同编”进一步完善的建议

（一）进一步完善合同法体系功能，强化多重体系布局。

“合同编”已经较好地处理了自身内在结构和代行债法功能的结构的关系，但是不等于体系问题就没有进一步完善的空间，相反还需要进一步打磨。

---

〔1〕 关于“合同编”二审稿对于社会关注的回应，参见沈春耀：《关于民法典合同编草案修改情况的汇报》，载“中国人大网”，网址：http：//www.npc.gov.cn/npc/cwhhy/13jcwh/2018 ~ 12/23/content_2067639.htm，最后访问时间：2019年2月22日。

〔2〕 参见沈春耀：《关于民法典合同编草案修改情况的汇报》，载“中国人大网”，网址：http：//www.npc.gov.cn/npc/cwhhy/13jcwh/2018 ~ 12/23/content_ 2067639.htm，最后访问时间：2019年2月22日。

首先，合同编的体系本身可以进一步优化，重点有合同编与民法其他部分的关系[1]，以及合同内部各种关系。后者又包括合同成立与合同生效的逻辑关系，合同履行与合同保全的逻辑关系，合同不履行、合同解除和违约责任的逻辑关系，合同确定性与合同不确定性的关系，以及典型合同相互之间的排列关系等等。以典型合同排列关系为例，有学者就提出，合伙合同这类结构性合同或组织化合同，就应该排到后面，保证合同作为从属合同则应该排到最后。[2]

其次，除了上述体系关系，“合同编”还有两个不可忽视体系关系需要处理好：合同与合同规制的关系、合同法和特殊合同法的关系。

一个是关于合同与合同规制的关系。当今世界，合同规制成为不可忽视的国家据以调整合同的一种手段。我国合同法废除行政任意干预合同的规定，贯彻合同自由，但不等于就不再需要合同规制。从当今合同规制的理念变化和发展出发，在今天已经形成一个相当复杂的体系。合同规制又区分维护合同当事人利益的规制和维护社会利益或公共利益的规制。前者通常置于合同法内部，例如关于合同效力的规定，很多就是一种基于私人正当利益的规制，例如总则中关于行为能力不足、格式合同等，典型合同中关于租期限制、借款利息限制等，这一类规范随着社会经济条件会不断发展，例如今天大数据算法引入之后，出现了信息不对称合同，就存在新规制的必要。后者，有的基于体系合理的考虑置于合同法内部，例如承运人安全义务等规定；有的则由于体系考虑，大量放在了合同法外面，或者体现为一套实体的、程序的管制规范，或者甚至体现为由法律赋权部门以特殊监管的方式加以管制，例如运输合同、保险合同、证券合同等，都要受到特殊管制规范的规制，同时还要作为特殊业务受到相应机构的监管。“合同编”典型合同中，许多存在外部规制的问题，如何做好其体系衔接非常重要。

另一个是关于合同法与特别合同法的关系。“合同编”基于篇幅限制，在通则之外，典型合同只能选择有限的一些类型，这次扩容也只是加了四类，即保证合同、合伙合同、物业服务合同和保理合同，其他需要典型化的合同怎么办呢？当然不能置之不理，这就需要特别立法，属于特别合同法，像目前的旅游合同就放在

---

〔1〕 已有学者对民法总则与合同法关系、物权编与合同编的关系等进行了一些研究。例如，朱广新：《〈民法总则〉的特色及其对民法各分编的影响》，载《中国海商法研究》2017 年第 4 期，认为《民法总则》第 134 条与第 136 条第 1 款在践行意思自治原则上进步斐然，合同编应响应此种立法，摈弃将书面形式当作合同成立要件的《合同法》规定。合同是提取法律行为制度的基本素材，合同编不应再像《合同法》那样对合同的效力作专章规定。房绍坤：《论民法典物权编与合同编的立法协调》，载《现代法学》2018 年第 5 期，认为物权编应当将合同法的相关内容删除，物权变动合同应当适用合同编的一般规定。合同编应当删除无权处分合同为效力待定合同的规定，合同被确认无效或被撤销并不影响善意取得的构成和适用。

〔2〕 参见徐同远：《〈民法典合同编（草案）〉保证规定评析》，载《北京航空航天大学学报（人文社科版）》2019 年第 2 期。

《旅游法》中。“合同编”应当研究好这些典型化合同，预先做好体系布局，为这些特殊合同法做好接口、留下空间。

（二）进一步完善合同相关制度规范，重点细化容易引起争议的条款

“合同编”制度内容已经较为完备，但是也存在进一步改进的空间。

首先，继续增设、引入或细化重要规则。一些规则本身非常重要、涉及当事人重要利益，由于现实中存在不同的分歧，在目前立法中有的并没有明确，而是搁置起来，有的是点到为止，下一步应当予以明确和细化。比如，应当规定代物清偿规则，即债权人受领他种给付以代原定给付，从而使合同关系消灭的规则，现代社会基于给付的可替代性变化以及风险化解需要，在一定条件下应当允许代物清偿。又比如，第292条关于缔约过失的规定应当予以性质上的明确完善。该条是对既有规定（《合同法》第42条）的延续和保留，并未做修改，但一直以来，司法实践对于这一规定中的损害赔偿责任的性质和发生条件，存在较大的理解分歧。有的认为，这是一种独立责任，不问合同是否成立、有效，都可以发生、适用。有的认为，它是吸附在合同效力被否定后的法律效果之中，应以合同不成立或无效为前提，属于一种信赖损失责任。“合同编”二审稿没有回应需要明确的要求，继续成为遗憾。类似的问题还有关于负担行为和处分行为的区分问题；关于合同解除的效果问题；典型合同中的规则缺漏问题，例如建筑工程合同中是否需要规定发包人任意解除权问题；准合同有无必要像法国那样给非债清偿做出独立规定，等等。这些规则都值得进一步研究，或加以明确，或者加以细化。

其次，一些规定其合理性值得商榷，或者其表述值得推敲。比如，第287条增设的预约合同规定。该条规定，“当事人约定在将来订立合同的认购书、订购书、预订书、意向书等，构成预约合同。当事人一方不履行预约合同约定的订立合同的义务的，对方可以请求承担预约合同的违约责任。”这里，所谓“预约合同的违约责任”，表述上是什么意思呢，理解上与“本约的违约责任”有区别吗？如果有区别在哪呢？感觉写得并不清楚。有些规定可以更加明确。比如，第294条关于合同生效的规定，第2款最后一句说，“应当办理申请批准等手续的当事人未及时履行该义务的，对方可以请求其承担违反该义务的责任”，这里没有明确这是一种什么性质的责任，是违约责任吗还是本法规定的其他的一些性质的责任，例如缔约过失责任呢？应该进一步明确，这样可以避免在一些重要条文上的不必要模糊。比如，第313条第2款关于第三人利益合同的规定。有学者提出，在第三人可以请求的情形不宜赋予其可以主张违约责任的地位，这一地位应该仅属于作为合同当事人的债

权人。[1]

又比如，第353条关于合同解除权的规定。目前规定的原因除了根本违约（含履行不能、履行迟延等导致不能实现合同目的）之外，还包括第2项的预期违约，这是否太宽，值得研究，过于泛滥的合同解除容易滋生任性解除，对于合同交易秩序稳定容易造成不必要的破坏。为此，建议就此进一步理顺不安抗辩权、预期违约和合同解除的关系：把第353条第2项“在合同履行期限还未届满之前，当事人一方明确表示或者以自己的行为表明不履行合同义务”这种情形，拉入到第317条作为不安抗辩权产生的一种情形来规定，这样可以实现三项制度在此事项上的合理衔接。按照这种修改后的法律适用逻辑，如果发生“在合同履行期限还未届满之前，一方明确表示或者以自己的行为表明不履行合同义务”的情形，第317条将之作为一种情形纳入，首先可以导致的发生不安抗辩权，先履行一方可以要求中止履行，然后通过第318条继续向前发展，在对方在合理期限没有恢复能力且未提供适当担保的特定情况下，才按照最后一句“中止履行的一方可以解除合同并可以请求对方承担违约责任”的规定，发生解除+违约责任的效果。这样，三种制度在第317条和第318条结合下就无缝隙衔接起来了，足以吸收第353条第2项以及第368条的规定，后面的规定不仅多余，而且还容易导致体系错乱。

再比如，第370条关于履行非金钱债务违约责任承担方式的规定，也有完善必要。该条规定，“受违约方”原则上可以要求“继续履行”，只有三种特殊情形有例外。但是到这里没有了下文，那么请问如果违约方仍然不继续履行怎么办呢。为了避免实践理解的歧义，应当加以完备，建议加上一句：“上款情形，违约一方在受请求后仍然拒不履行的，受违约方可以要求赔偿损失”，这样和第367条一般规定体系上也就衔接起来了。

再次，“合同编”在适应当下合同交易新情况、新发展方面，还有不少创新余地，值得斟酌。比如现实中已经大量存在的信息不对称的合同、算法影响的合同，对之是否应当有所规定，就值得研究。

（三）进一步研究典型合同，有条件还应增补一些重要类型

“合同编”增加哪些典型合同，原则上应该结合民商合一架构的特点，从体系

---

〔1〕参见汪渊智：《我国民法分则（草案）合同编总则部分的修改建议》，载《上海政法大学学报（政法论丛）》2019年第1期。但是王利明教授却持有相反观点，认为我国民法典合同编应当在《合同法》上述规定的基础上，对利益第三人合同的相关规则予以完善，明确规定第三人不仅可以请求债务人履行，而且在债务人不履行时，可以请求其承担违约责任；但债务人在不履行债务时，仅应向债权人或者第三人承担违约责任，而不应承担双重责任。此外，合同编还有必要确认，对利益第三人合同而言，第三人应当享有拒绝权。也就是说，即便合同约定为第三人设定利益，但该第三人仍然有权拒绝接受。参见王利明：:《民法分则合同编立法研究》，载《中国法学》2017年第2期。

性、一致性、重要性等方面进行考虑。特别是那些实践中非常普遍，又经常发生争议，影响社会稳定，短时间难以单独立法的典型合同，应当进来。比如，现实中立法呼声比较高的普遍使用的借用合同、存款合同，老百姓非常关注的具有社会民生性质的医疗服务合同、电信服务合同，对于商业和金融比较重要的结算合同、信用卡合同，对于我国市场经济有很大影响、对于中小经营者利益攸关的特许经营合同[1]等。上述典型合同在“合同编”起草中都有讨论，但主要是涉及利益面较大，立法容易陷入争议，为了避免节外生枝，就很遗憾地搁置了，但是从合理立法角度看，籍助此次修法编纂机会进行攻坚克难仍然十分必要。

五、结论

民法“合同编”编纂通过一审二审的努力，对于1999年《合同法》做出明显的修改完善，尤其是在体系、观念、内容、创新和回应社会关注等方面都有突出表现。体系上，按照去债总的功能要求，搭建了新的合同法体系，形成了一个具有债法功能包容性的合同编体系架构；观念上，为适应新时期合同交易领域的价值发展，对于合同法原则进行了较大调整和革新，重点强化了诚信、公平、公序良俗、生态环境保护等对于合同交易秩序的共同作用；从内容上看，基于完善合同法制度的需要，大量转化成熟司法经验、学理成果和比较法，使得合同法规则体系日臻完备，特别是在合同订立、合同履行、合同保全、合同权利义务终止、违约责任等重点制度上都有明显的补全和细化；从创新角度来说，为了顺应社会经济基础的重大变化，进行了一些合乎时宜的制度创制；此外也回应了合同法实践中的社会关注。但是，从追求完美、致力现代化的合同法角度来说，还有一些重要的完善工作值得去做，特别是在加强多重体系关系布局、明确和细化争议规范、增设必要规范和合同类型等方面，尚有较大完善空间。

---

[1] 王利明教授、赵旭东教授和笔者在合同编建议稿中曾极力主张增设商业特许经营合同、信用卡合同等，王利明教授甚至主张除了应当增加规定商业特许经营合同，还要增加企业收购与合并协议以及金融合同如信用卡合同等，认为此类合同具有继续性、长期性的特点，对于有效发挥合同法组织经济的功能具有重要意义。参见王利明：《民法分则合同编立法研究》，载《中国法学》2017年第2期。中国法学会“合同编”建议稿，法工委“民法室室内稿”和“征求意见稿”都曾规定了商业特许经营合同，并且得到最高人民法院、商务部等实务方面的支持。但由于部分人的反对，商业特许经营合同没有进入一审稿，甚为遗憾。反对的意见，可参见石佳友：《我们需要一部什么样的合同法——评民法典合同编二审稿（草案）》，载“中国民商法律网”，网址：http：//www. civillaw. com. cn/zt/t/？ id = 35119，最后访问时间：2019年2月22日。关于为什么应当增设商业特许经营合同以及如何设置相关条款的研究，还可参见林洹民：《民法典“合同编”增设商业特许经营合同研究》，载《北京航空航天大学学报（人文社科版）》2019年第2期。

检视德国债编各论新修正工程合同规定的定作人变更权

黄 立*

目 次

一、概说

德国营建工程产业发展极早，但因民法典内缺乏对于营建工程合同的专章规定。德国自 1830 年从事铁路建设时期以来，历经长期的实务应用和发展，于 1926 年发展出由政府机关及德国“工程定作采购与合同委员会”（Deutscher Vergabe - und Vertragsausschuß für Bauleistung，DVA[1]），为寻求更符合工程合同特性及需求，及平衡定作人及承揽人间风险及利益，“采购与合同委员会”乃共同制定《营建工程采购与合同规则》（die Vergabe - und Vertragsordnung für Bauleistung），（以下简称为 VOB）。VOB 经历十余次修订，现行版本为 2016 年编定颁行，目的在于调整

* 黄立，台湾政治大学法律系讲座教授，奥地利维也纳大学法学博士，研究方向为民法。

[1] DVA 的任务是就公共工程合同能有专业的发包与执行。另一个目的在于以电子方式将营造工程的管理架构合理化。此种任务与目的明定在 DVA 的章程中。DVA 的成员包括了所有重要公共工程的定作人、联邦与各邦的主管部会、其他公共工程的定作人、地方重要协会、经济与技术重要组织按比例组成。

配合欧盟2014/24/EU准则之规定[1]。VOB迄今仍是德国政府采购工程定作合同之蓝本。

因此营建工程合同中政府机关和厂商之间的民事法律关系，除可依循《德国民法典》（Bürgerliches Gesetzbuch，BGB）第631条及以下的承揽合同法律关系外，对于政府采购系以《竞争限制防止法》第四篇（公共工程定作之招标与及委托劳务Vergabe von öffentlichen Aufträgen und Konzessionen）[2]、《政府采购规范条例》（Verordung über die Vergabebestimmung für öffentliche Aufträge；VGV[3]）、《财物采购条例》（Vergabe - und Vertragsordnung für Leistungen - Teil A；VOL/A[4]），《营建工程采购与合同规则》A（Vergabe - und Vertragsordnung für Bauleistungen Teil A；VOB/A 2016[5]）及《营建工程采购与合同规则》B（Vergabe - und Vertragsordnung für Bauleistungen，Teil B、《施工合同条款》Allgemeine Vertragsbedingungen für die Ausführung von Bauleistungen；以下简称VOB/B[6]）及《采购自由业给付规则》（Vergabeordnung für freiberufliche Leistungen；VOF[7]）等法规命令为依据[8]，就

---

[1] 《德国工程定作之采购与合同规范》（Vergabe - und Vertragsordnung für Bauleistungen - Teil B；VOB/B），在《德国民法典》第308条第5项及第309条第8项b款享有之特别待遇，并未因为此次的修正有所变更。也就是说，依据《德国民法典》规定，不论工程定作之采购与合同规范如何修订均在其涵摄之范围。https：//www. fib - bund. de/Inhalt/Vergabe/VOB/VOB - B% 202016_ nichtamtliche% 20Fassung. pdf.，最后访问时间：2018年8月25日。

[2] Gesetz gegen Wettbewerbsbeschränkungen，https：//www. gesetze - im - internet. de/gwb/；繁体中译本见吴秀明、梁哲伟：《德国限制竞争防止法》（Gesetz gegen Wettbewerbsbeschränkungen，2006），https：//www. ftc. gov. tw/upload /2ce242d0 - 1b87 - 4614 - 9d79 - 789f4bcb2744. pdf，最后访问时间：2018年9月31日。

[3] Verordung über die Vergabebestimmung für öffentliche Aufträge；VGV https：//www. bmwi. de/Redaktion/ DE/Downloads/Gesetz/VgV. pdf? _ _ blob = publicationFile&v = 1，9. Januar 2001版本，最后访问时间：2018年9月29日。

[4] Vergabe - und Vertragsordnung für Leistungen - Teil A；VOL/A Ausgabe 2009 vom 20. November 2009（BAnz. Nr. 196a vom 29. Dezember 2009）. https：//www. bmwi. de/Redaktion/DE/Downloads/V/vol - a - abschnitt - 1. html，最后访问时间：2018年9月29日。

[5] Vergabe - und Vertragsordnung für Bauleistungen Teil A；VOB/A 2016 https：//dejure. org/gesetze/VOB - A，2016，最后访问时间：2018年9月29日。

[6] Allgemeine Vertragsbedingungen für die Ausführung von Bauleistungen；以下简称VOB/B https：//dejure. org/gesetze/VOB - B，2016，最后访问时间：2018年9月29日。

[7] Vergabeordnung für freiberufliche Leistungen；VOF http：//www. bescha. bund. de/SharedDocs/Downloads/Rechts grundlagen/NormenUndRechtsvorschriften/Nationale Verordnungen/VOF _ 2009. pdf? _ _ blob = publicationFile&v =2，2009，最后访问时间：2018年9月29日。

[8] VOB/C：Allgemeine Technische Vertragsbedingungen für Bauleistungen建筑工程一般技术合同条款，https：// www. berlin. de/vak/dokumente/pdf/rechtsgrundlagen/vob - c. pdf. 包括德国工业标准所制定的一系列施工规范，从DIN18299至DIN18451，包含不分种类施工方式之一般规范，及专为地面压力管道施工、混凝土喷浆施工、交通道路工程、铺轨施工等特殊规范。由于民间工程合同若采用VOB/B时，VOB/C就自动成为合同的内容。

公共工程而言，形成了完整的规范体系[1]。

但是对于一般民间的工程合同，并未要求其遵循前述规范[2]。《德国民法典》的规定往往不够详细，过去一些工程合同常发生争议的问题，民法承揽篇没有规范。只能依赖当事人间的协商和法院的判决。工程法成了一堆特殊的法律素材，有广泛的判决涉及此领域，对适用法律的人已经丧失透视性[3]。欠缺明确的法律规范，使工程合同在均衡双方当事人利益及经济上有意义的订立与执行，甚为困难。此外，对于消费者经济合理的设计和施工合同的执行，可能涉及更多的风险。但是，除少数个别条款外，不包含任何具体的消费者保护规则。

考虑工程合同的类型、建筑技术的不断发展，内容复杂而特殊、工程合同常有较长的履行期间，累积的判决也使新增专章规范的条件成熟。德国联邦下议会议于2017 年 3 月 10 日所通过之修正工程合同法之法案，德国联邦上议会于 2017 年 3 月 31 日通过。这是德国首次将工程合同（§§650 A－650O）、建筑师与工程师合同（§§650P－650T）[4]，以及消费者工程合同（§§650U－650V）订入民法之中[5]。这些修正将于 2018 年 1 月 1 日生效，其效力仅及于自该日起缔结之合同，旧合同不受此法条修正之影响[6]。《德国民法典》承揽篇原规定于第 631 条至第 650 条。修法后原规定成为第一章（一般规定），新增第二章工程合同（Kapitel 2 － Bauvertrag）从第 650a 条至第 650h 条，部分条文原本就是承揽法规范重点，现在针对工

[1] 在政府采购标案中，依据“欧盟 2014/24/EU 指令”（DIRECTIVE 2014/24/EU OF THE EUROPEAN PARLIAMENT AND OF THE COUNCIL of 26 February 2014 on public procurement and repealing Directive 2004/18/EC）若标案金额达到欧盟门坎（Schwellenwerte），会员国之相关法令应与欧盟指令兼容。http：//eur－lex. europa. eu/legal－content/en/TXT/？uri＝CELEX：32004L0018，最后访问时间：2018 年 9 月 26 日。

[2] 如将工程定作采购与契约规范 B 编全部纳入之契约，在《德国民法典》第 308 条第 5 项及第 309 条第 8 项 b 款享有之特别待遇，详见黄立：《承揽合同之工作物受领问题——以中国台湾地区为视角》，载《北京航空航天大学学报（社会科学版）》2018 年 5 月 31 日。与德国采购法规比较有相关联的是，这些修正与 VOB/B 的规范有些许差异。因为 VOB/B 是 VOB/A 规定中，对于公共工程的定作人所必须适用的规范。

[3] Entwurf eines Gesetzes zur Reform des Bauvertragsrechts und zur Änderung der kaufrechtlichen Mängelhaf－tung（以下简称 RegE_ Bauvertragsrecht），S. 24. “Auch das Baurecht ist zu einer komplexen Spezialmaterie geworden, zu der eine umfangreiche, Rechtsprechung ergangenist. Diese ist für den Rechtsanwender kaum noch zu überblicken.” https：//www. bmjv. de/SharedDocs/Gesetzgebungsverfahren/Dokumente/RegE _ Bau vertrag-srecht. pdf？_ _ blob＝publicationFile&v＝1，最后访问时间：2018 年 9 月 15 日。

[4] 建筑师和工程师报酬，则适用 Honorarordnung für Architekten und Ingenieure（HOAI；建筑师及工程师报酬法 Bundesgesetzblatt Jahrgang 2013 Teil I Nr. 37，ausgegeben am 16. 07. 2013，Seite 2276. https：//dejure. org/ BGBl/ BGBl. %20I%202013%20S. %202276，最后访问时间：2018 年 9 月 18 日）办理。

[5] 建筑师与工程师合同以及消费者工程合同，将另为文讨论。

[6] Dr. Oskar Maria Geitel，Vergabeblog. de vom 03/05/2017，Nr. 31209. 最后访问时间：2018 年 9 月 29 日。

程合约的特性作一些调整，如第650e条（相当于旧法第648条）、第650f条（相当于旧法第648a条）；其他条文则是对于工程合同的补充规范。附带加上对消费者工程合同特别规定（从第650i条至第650n条）。在《工程合同法》未有特别规定时，回归承揽合同之一般规定[1]。

由于《德国民法典》中此前对于这种具有重要经济意义的合同，原本几乎没有独立的规定，新法引入定作人的指示变更权（Anordnungsrecht）、物价调整的规则、工作增或减、对于通过变更和补充规则，以及因重大原因终止合同的标准等，工程合同现在已经有了明确的法律依据，解决了过去实务上的困难。此种修正对工程实务有重大影响：旧的合同模式必须改变，各地方法院（die Landgerichte）要设立工程专庭，并容许假处分等救济措施。本文仅讨论定作人的片面变更权（Anordnungsrecht）。

二、工程之定义

《德国民法典》第650a条规定："工程合同法所称之工程，是指建筑物或户外工作物的建造（Herstellung）、修复、拆除、改建。建物之维修（Instandhaltung），若该工作物对建造、修复或约定目的之使用有重要意义者，也是工程合同。[2]"

在《德国民法典》第650a条中定义了工程合同，适用于其后各条之规定，基于第634a条第2款第1项、第648条第1项和第648 a条的已知用语，建筑物，户外工作物或其一部分是第650a条的定义的出发点[3]。建筑物（Bauwerk）指所有各种建筑物、不论地上或地下（Hoch - oder Tiefbauten）。要件是不可移动、经由使用劳力与材料结合土地所建造之物，包括工作物的建造、修复、拆除、改建，也包括工程的组件（Bauteile）与建筑元素（Bauglieder[4]）。修复包括建筑本体与部件之修复。拆除指建筑物本体的破坏。改建指依据合同约定方式工作，就建筑物之全部或一部，提供结构、维护、保存、更新或使用性，作重要之处理[5]。

---

[1] Münchener Kommentar BGB（MüKoBGB）/Busche §650a, Rn. 1, 7. Auflage 2018.

[2] §650a Bauvertrag："（1）Ein Bauvertrag ist ein Vertrag über die Herstellung, die Wiederherstellung, die Beseitigung oder den Umbau eines Bauwerks, einer Außenanlage oder eines Teils davon. Für den Bauvertrag gelten ergänzend die folgenden Vorschriften dieses Kapitels. （2）Ein Vertrag über die Instandhaltung eines Bauwerks ist ein Bauvertrag, wenn das Werk für die Konstruktion, den Bestand oder den bestimmungsgemäßen Gebrauch von wesentlicher Bedeutung ist."

[3] Ralf Leinemann, Das neue Bauvertragsrecht und seine praktischen Folgen NJW 2017, 3113) 3115.

[4] 如踢脚板、边条等，Bauglieder nennt man die Elemente der Formen einzelner Bauteile, z. B. an Gurten, Umrahmungen, Sockeln u. s. w. http://www.zeno.org/Lueger-1904/A/Bauglieder. 最后访问时间：2018年9月20日。

[5] MüKoBGB/Busche §650a, Rn. 8.

户外工作物（Außenanlage），如停车场、公园、池塘、水坝或类似之工作物。砍伐树木清理工地以供建筑或建造户外工作物均属之[1]。由于公共工程有 VOB/B 可以适用，因此如公路、桥梁、铁路、隧道、地铁等，均无须适用此一规范。

不过第 2 项“建物之维修（Instandhaltung），若该工作物对建造、修复或约定目的之使用有重要意义者，也是工程合同”的规定限缩于建筑物部分，却不包括户外工作物之维修，在第 1 项的规范则将户外工作物并列。学者认为系立法疏忽者，理论上当然应该将户外工作物之维修同等待遇[2]。

三、定作人的指示变更权

《德国民法典》第 311 条第 1 项规定：“以法律行为建立债之关系，以及债之关系内容的变更，除法律另有规定外，须有当事人间之合同为必要。”是为“合同原则”（das Vertragsprinzip）。也就是说，债法上的权利与义务，原则上只能以合同建立、变更或解除；单独行为通常是不够的。例外是债之关系非因当事人之意思而因法律规定成立，或者法律允许当事人以单方法律行为成立者。换言之，既因合同成立债之关系，也对当事人产生义务，必要时得由法院强制执行，就是合同应遵守原则（pacta sunt servanda）。在合同关系形成过程中，当事人有负担法律上义务的意愿（die Verpflichtungswille），这种意愿也是债之关系形成的要件[3]。

基于合同自由原则，如果经由双方的意思表示之合致，当然也可以将原合同加以变更。可是对于“履行期较长的复杂工程合同”，《承揽合同法》的规定往往不够详细。施工过程的复杂性和施工过程中发生的变化，需要特殊的规定。依赖一般承揽合同法不能解决。欠缺法律的明文规范，使工程合同难以达成利益均衡与经济上有意义的形成与发展[4]。为了使工作之进行能把握时效，顺利进行，当工作环境与预想不同时，必须给予定作人片面变更合同之权限。只不过在修法前德国承揽法并未对定作人的指示变更权有所规范，因此片面变更合同权限，只能由于合同之约定，如在政府采购所使用之 VOB/B（第 1 条第 3 项、第 4 项并联第 2 条第 5 项）[5]。

---

〔1〕 MüKoBGB/Busche § 650a, Rn. 9.

〔2〕 Ralf Leinemann, a. a. O. 3115.

〔3〕 黄立：《工程承揽契约之重大变更》，载《政大法学评论》2010 年 8 月。

〔4〕 RegE_ Bauvertragsrecht, a. a. O., S. 1，最后访问时间：2018 年 9 月 15 日。

〔5〕 VOB/B 第 1 条第 3 项及第 4 项规定：“3. 业主对于工程图说的变更保留决定权。4. 未经约定的工作，而为履行合同工作所必要者，承揽人除其营业未有履行此种工作之设备外，于业主要求下应该履行。其他工作仅能在经承揽人同意下为之。”第 4 条第 1 款第 3 项：“在保留承揽人（第 2 号）的管理权限下，定作人有权依合同履行工作所必要的指示。除迟延有危险的情况外，原则上，指示原上仅能通知承揽人或其指定的执行代理人。承揽人指定任何负责执行代理人，必须告知定作人。”

此一情况由于新增《德国民法典》第650b条而变更。也就是在2018年1月1日以后缔结之工程合同，定作人对承揽人有指示变更权（BGB §650b Abs. 1 Nr. 1，加减账问题在涉及《德国民法典》第650c条时讨论）。

不过立法者修法时所考虑的指示变更动机，所引之“履行期较长的复杂工程合同”，在个案中未必适用。实务上只要有工程合同存在，不必然需要工程合同履行期是否较长或者较为复杂，均可指示变更[1]。

（一）指示变更权的类型

合同范围内的指示与合同变更无关。在合同范围内的指示，依据《德国民法典》第645条第1项：“（1）工作因定作人……就工作之实施所为之指示有不当，致于受领前灭失、毁损或不能完成者，倘无可归责于承揽人之事由，承揽人得请求给予相当于已给付劳务之部分之报酬并赔偿报酬以外之费用。合同依第643条之规定而废弃者，亦同。”定作人的指示有无故意过失在所不问[2]；定作人的指示是将合同合意之内容具体化的意思表示，含有特定的效果意思。不过若定作人要求承揽人将合同约定之给付，以特定的方式执行，而承揽人无从为不同之选择而言[3]，不涉及合同变更[4]；与《德国民法典》第650b条在工程合同法的指示变更不同。就《德国工程合同法》的指示变更，说明如下：

1. 自主的额外给付

依据《德国民法典》第650b条第1款第1项第1目规定，自主额外给付（Selbstständige Zusatzleistungen）指，定作人寻求提出的工作成果，与原本的合同无任何关系，因此构成约定工作成果的变更。在立法理由中指出，由于定作人想法的变更，或者计划由于特定的情况，工作成果的变化不受具体目标的约束。例如，原

---

[1] MüKoBGB/Busche §650b, Rn. 1.

[2] MüKoBGB/Busche §645, Rn. 9. 比较台湾地区“民法”第189条：“承揽人因执行承揽事项，不法侵害他人之权利者，定作人不负损害赔偿责任。但定作人于定作或指示有过失者，不在此限。”以定作人定作或指示有过失为负责前提，如工程顾问公司与主办机关明知在施工区域内五十公尺范围内有民房，却仍要承揽人以PC桩施工而不以冲击较小的全套管方式施工，以致发生民房龟裂的损邻事件。此规定与《德国民法典》不同。不过若损害之发生，源于定作人定作或指示而定作人无过失时，要谁负责并不清楚。

[3] VOB/B第13条第3项规定：“如瑕疵导因于工作之描述、由于定作人之命令、定作人供应之原料或建筑组件或由于其他厂商先前工作之特性者，承揽人仍应负责，但其依据第4条第3款规定为必要之通知者不在此限。”要求承揽人为必要之通知，否则仍不能免责。

[4] 相反的，若原合同给予承揽人选择之机会，承揽人为选择，也不构成合同变更。案例如公共工程委员会诉88015号采购申诉审议判断书：原设计合约图说为连续壁内支撑施工法，招标文件载明仅供远×公司参考之用，并非定案之设计，从而远×公司参考原设计合约图说及本件工程之特殊性质，远×公司在自行承担一切安全责任之前提下而拟定岛式开挖施工法，如无安全或其他顾虑，应可为市管处所接受而定案。

本没有考虑到诸如家具或其他对象与建筑风格的搭配；或者屋瓦的材质或增设车库等情况[1]。但是内容具体化之指示（inhaltskonkretisierende Anweisung）不在此范围，如定作人原本保留挑选瓷砖种类之权限[2]，作出选择。

2. 附属的额外给付

依据《德国民法典》第650b条第1款第1项第2目规定，与同条第1款第1项第1目不同，此处规范的是在约定工作成果范围内，所为之变动，因此称为附属的额外给付（Abhängige Zusatzleistungen），如经由法律规范或者机关的法规所导致的变更[3]。由于原合同之给付内容有缺漏或错误，据以执行可能无法完成功能上适当的工作物，也包括在内。此种变更指示，常源于承揽人对图说或规范的释疑请求[4]。也可能是在执行过程中，具体细节的指示，如石材表面处理，在原施工规范中并未有所规定，定作人决定由承揽人建议之哑光面（Honed）[5]变更为荔冲面（Bushhammered）[6]等。

（二）未有合意之合同变更

1. 概说

定作人的指示变更权，依据《德国民法典》第650b条第1款第1项第1目规定，定作人应就变更以及因变更产生的加减账，寻求达成合意（第650b条第2项）。看起来好像优先适用了私法自治原则。为避免协商不成，就赋予定作人片面变更原本已经存在之合同内容的权限，立法目的是，在定作人动用其指示变更权之前，尽可能在当事人间达成共识。这通常符合双方的利益，因为对合同变更的争

---

[1] RegE_ Bauvertragsrecht, a. a. O. S. 53. “Eine Änderung des Werkerfolgs nach Absatz 1 Satz 1 Nummer 1 ist nicht an bestimmte Ziele gebunden. So kann sie darauf zurückzuführen sein, dass sich die Vorstellungen des Bestellers geändert haben oder er bei der Planung Umstände, etwa unterzubringende Möbel oder sonstige Gegenstände, nicht berücksichtigt hat.”

[2] 若已选定并执行，仍有变更指示就会有赔偿的问题。

[3] 在中国台湾地区最常见的是建筑物在消防检查时，“消防法规”修改，或是相关承办人员对“消防法规”有不同的诠释。

[4] RegE_ Bauvertragsrecht, a. a. O. S. 53. “Betroffen sind auch Fälle, in denen die ursprüngliche Leistungsbeschreibung des Bestellers lücken oder fehlerhaft ist und ihre Umsetzung deshalb nicht zur Herstellung eines funktionstauglichen Bauwerks führen würde. Dann wird der Anordnung oft ein Bedenkenhinweis des Unternehmers vorausgehen.”

[5] 哑光面板是一种经粗磨加工后平而不滑或用金刚石锯的锯切下，没有光亮度的板材，一般粗磨到120目而不需经细磨、精磨及抛光的后几道加工，与目前较为流行的哑光家具效果相似。网址：https：//www. amstone. com. tw/ news_ view. php？id =26，最后访问时间：2018年8月25日。

[6] 用合金刀做成工具，人工或机器击打石材表面跳皮，使之表面粗糙，有点凹凸不平；或用凿子在表面上密密麻麻的凿出小洞，有意模仿水滴经年累月地滴在石头上的一种效果；在地面起防滑作用，在墙壁加深粗重浑厚感觉，吸光吸热，无大面积反射，还有增加立体感的效果。出处同前注。

议，会使得在工程继续施作中，严重影响双方的合作[1]；立法者作此规范的理由，并非基于法律理论（Rechtsdogmatisch），而是基于实务的考虑，因为若由于变更合同内容争议不休，对于工程继续执行会有很大的阻碍[2]。

2. 未有共识的合同变更

《德国民法典》第650b条第2项规定："（2）在收到变更请求后30天内，如双方未能依第1项规定达成共识，定作人得以书面作出变更指示[3]。承揽人有义务接受定作人的指示，唯依据第1项第1句之指示，限于履行对其可被期待之情形。第1项第3句准用之。"也就是说，双方协商的期限是承揽人收到变更指示后30天内，若在此期限内未能达成共识，定作人就可以执行变更指示。但是其有不可被期待情形者，不在此限，如欠缺追加额外给付所需之资格或技术（know－how），或者没有应该使用的机具，或者必要的材料在市场上暂时缺货。以及承揽人引据其事业内部的过程，如无法觅得足够工人、员工多人染病、由于其他合同无法调度人力或资金等。对于定作人变更指示可期待性的举证责任分配，应考虑到当事人的责任范围。立法理由指出："可期待性的证明基本上是定作人，因为他想改变合同。可期待性的举证责任原则上在于定作人，因为是他寻求合同的变更。例如，这工程执行中所必需的材料能否在市场上取得的问题[4]。"如果承揽人引据其事业内部的过程来主张不可期待性，此种过程为定作人无法知悉者，依第1项第3句，承揽人负不可期待性的证明责任。关于事业内部原因的不可期待性问题，应对总承揽人，包括分包商作整体的考虑。这不仅涉及总承包商本身的事业，而且还要考虑分包商的运营可能性，若没有分包商，总承包商也许不会获得合同[5]。

---

[1] RegE_ Bauvertragsrecht, a. a. O. S. 53. " Der Entwurf verfolgt das Ziel, möglichst auf ein Einvernehmen der Vertragsparteien hinzuwirken, bevor der Besteller von seinem Anordnungsrecht Gebrauch macht. Dies ist regelmäßig im Interesse beider Parteien, weil ein Streit über eine Vertragsänderung die Zusammenarbeit bei der weiteren Ausführung des Baus erheblich belasten kann. "

[2] MüKoBGB/Busche §650b, Rn. 6.

[3] 出于可证明性和法律明确性的原因，规定指示应以书面为之。RegE_ Bauvertragsrecht, a. a. O. S. 86.："Aus Gründen der Beweisbarkeit und zur Rechtsklarheit sollte für das Anordnungsrecht die Schrift－oder Textform zwingend vorgeschrieben werden."这个规定是联邦上议院的建议，另一目的在于防止定作人匆促间作出思虑欠周的指示。MüKoBGB/Busche §650b, Rn. 16.

[4] RegE_ Bauvertragsrecht, a. a. O. S. 53. " Beweispflichtig für die Zumutbarkeit ist grundsätzlich der Besteller, da er den Vertrag ändern will. Dies gilt beispielsweise für die Frage, ob das zur Ausführung notwendige Material tatsächlich im Handel erhältlich ist. "

[5] RegE_ Bauvertragsrecht, a. a. O. S. 53. " Der Unternehmer trägt nach Absatz 1 Satz 3 nur dann die Beweislast für die Unzumutbarkeit, wenn er sich auf betriebsinterne Vorgänge beruft, in die der Besteller keinen Einblick hat. Hinsichtlich der Frage der Unzumutbarkeit aus betriebsinternen Gründen ist bei einem Generalunternehmer eine Gesamtbetrachtung unter Einschluss der Nachunternehmer angezeigt. Es ist nicht nur auf den Betrieb des Generalunternehmers selbst abzustellen, sondern es sind auch die betrieblichen Möglichkeiten der Nachunternehmer zuzurechnen, ohne die der Generalunternehmer den Auftrag nicht erhalten hätte. "

此外，双方也不是坐视时间经过，而是要寻求达成合意（《德国民法典》第650b条第1项第1句）。虽然立法理由没有说明，双方要如何努力，但至少任一方当事人应容许对方接洽，并显示己方同意谈判的意愿。其状态与合同事后发现有漏洞时，若有合同调整条款（Anpassungsklauseln），双方在此机制下，进行谈判解决的情况类似〔1〕。定作人只要努力过，就会产生《德国民法典》第650b条第2项规定的效果；此时承揽人若不努力谈判，就会面临定作人的片面变更指示〔2〕。

3. 承揽人提出加减账要约的义务

依据《德国民法典》第650b条第1款第1项，双方当事人不仅要就合同变更的内容，以及因变更产生的加减账，双方应寻求达成合意。但是依据第650b条第1项第4句规定："定作人负责设计建物或户外工作物者，若定作人对合同变更从事必要之设计并已提交给承揽人，则承揽人只有提出加减账要约之义务。"此一规定考虑的是，承揽人在收到变更后的设计图说，了解其规定之给付内容，才有可能提出加减账的要约。

承揽人除施工外，也负责提出无瑕疵的设计图说者〔3〕，定作人依据《德国民法》第650b条第1项第1句第2的情形，寻求为完成约定的工作成果排除瑕疵，承揽人就不再有提出加减账的要约义务；因为承揽人原本就负有完成无瑕疵设计与施工成果的责任，此时再提出加减账要约并无任何意义〔4〕。

根据第650b条第1款第1句至第3句，在定作人改变其给付范围者，承揽人原本有机会以补充要约方式，提出加价之要约，供双方去协商。如果承揽人不仅负责施工，而且还负责自己设计，他有义务提供无缺陷的设计。如果定作人发现设计有瑕疵，要求承揽人为达成无瑕疵的工作成果（第1项第1句第2），改变其设计和施工，承揽人不能请求额外的报酬；因为无瑕疵工作的设计和施工原本就是承揽人的合同义务。双方的协商自然仅能限于合同变更，法律无法认同其可主张额外报酬。要求的协议只能与变更本身有关。由于承揽人没有要求赔偿，如果法律要求他

---

〔1〕 MüKoBGB/Busche §650b, Rn. 7.

〔2〕 此种谈判义务，在法律性质上属于非真正义务（bloße Obliegenheit），MüKoBGB/Busche §650b, Rn. 8.

〔3〕 此种情形明显的是统包（Design + Build）合同的情况。详见 Conditions of Contract for Design, Build and Operate Projects, International federation of Consulting Engineers, 2007.

〔4〕 MüKoBGB/Busche §650b, Rn. 13.

就额外报酬提出要约，那将违反他的法律地位[1]。因此第650b条第1项第5句规定："定作人寻求变更，依据第650c条第1项第2句，承揽人无权请求给付增加之费用者，当事人应仅就变更寻求协议；在这种情况下，不适用第1项第2句之规定。"

（三）单方指示权限期协商的目的

《德国民法典》第650b条第2项规定："在收到变更请求后30天内，如双方未能依第1项规定达成共识，定作人得以书面作出变更指示。承揽人有义务接受定作人的指示，唯依据第1项第1句之指示，限于履行对其可被期待之情形。第1项第3句准用之。"也就是说，如果收到变更请求后30天内，双方依第1项规定达成共识，当然就不会有单方指示的问题。当然双方不仅要就变更达成合意，也要对因变更产生的加减账，达成合意。

透过单方指示，使定作人得以形成表示（Gestaltungserklärung）变更合同内容。而如前所述，根据第650b条第1款第1句至第3句，在定作人改变其给付范围者，承揽人原本有机会以补充要约方式，提出加价之要约，供双方去协商。但是为了避免由于谈判导致施工过程延宕，所以限期30天内要有结果[2]，否则定作人就有了片面变更指示权，以确保施工进度[3]。

---

[1] RegE_ Bauvertragsrecht, a. a. O. S. 53. " Gemäß § 650b Absatz 1 Satz 1 bis 3 BGB – E soll der Unternehmer Gelegenheit haben, vor einer vom Besteller begehrten Änderung seines Leistungsumfangs seine daraus folgenden Mehrkosten in Form eines Nachtragsangebotes geltend zu machen, worüber die Parteien zu verhandeln haben. Obliegt dem Unternehmer jedoch nicht nur die Ausführung der vom Besteller erstellten Planung, sondern auch die Erstellung der Planung selbst, so ist er zu einer mangelfreien Planung verpflichtet. In dem Fall, in dem der Besteller einen Mangel der Planung aufdeckt und den Unternehmer auffordert, zum Zweck der Erreichung eines mangelfreien Werkerfolgs (Absatz 1 Satz 1 Nummer 2) seine Planung und Ausführung zu ändern, kann dem Unternehmer daraus kein Mehrvergütungsanspruch erwachsen, da die Planung und Ausführung eines mangelfreien Werks ohnehin bereits Gegenstand seiner vertraglichen Leistungspflichten ist. "

[2] 参酌《德国民事诉讼法施行法》第15a条第1项第2句，在法院调解处的调解协议，经过30天后，协商义务就不复存在。RegE_ Bauvertragsrecht, a. a. O. S. 86. "In Anlehnung an § 15a Absatz 1 Satz 2 EGZPO zum Einigungsversuch vor der Gütestelle bei Gericht sollte spätestens nach 30 Tagen die Verhandlungspflicht erlöschen. "

[3] RegE_ Bauvertragsrecht, a. a. O. S. 86. " Gemäß § 650b Absatz 1 BGB – E soll der Unternehmer Gelegenheit haben, vor einer vom Besteller begehrten Änderung seines Leistungsumfangs seine daraus folgenden Mehrkosten in Form eines Nachtragsangebots geltend zu machen, worüber die Parteien zu verhandeln haben. Die Regelung darf allerdings nicht dazu führen, dass das Baugeschehen durch die Verhandlungen über Gebühr verzögert wird. In diesem Fall muss dem Besteller das unbedingte Anordnungsrecht zustehen, damit der Fortgang der Bauleistungen gewährleistet ist. Ohne eine solche Limitierung der Verhandlungspflicht der Parteien stünde dem Unternehmer ein unverhältnismäßiges Druckmittel zur Durchsetzung eventuell überhöhter Nachtragsforderungen zu. "

四、指示变更后报酬之调整

第650c条其实是第650b条的结果规范。即定作人据《德国民法典》第650b条行使指示变更权，在核算加减账时的规定。承揽人可以有两种选择：

其一，第§650c条第1项第1句："依第650b条第2项指示变更所生增加减少之费用，报酬请求权的额度应依照事实上必要费用、加上管理费、风险及利润等适当的附加费（mit angemessenen Zuschlägen）计算之。"

其二，第§650c条第2项："1. 承揽人在计算追加之报酬时，得依双方合意之原始计价项目计算。2. 依据原始计价项目计算之报酬，推定其符合第1项之规定。"

若双方当事人就应支付的变更合同报酬金额有争议时，此一加账金额可依据第3项规定，在核算合意或依据第632a条应付之部分付款（Abschlagszahlungen）时，承揽人可以请求其在第650b条第1项第2句所提要约中之加账金额的80%，多退少补。

（一）承揽人第一种选择

第§650c条第1项第1句："依第650b条第2项指示变更所生增加减少之费用，报酬请求权的额度应依照事实上必要费用、加上管理费、风险及利润等适当的附加费计算之。"第650c条就第650b条第2项规定之于定作人的指示变更权，补充了计算加减账的基准。引入加减账的计算模型的目的是阻止投机，并尽可能避免各方对价格调整的争议。本条的规定促成定作人设计正确的采购程序，也促成承揽人作正确且可检核的计算。承揽人依据事实上必要的费用作成加减账的计算，可以避免承揽人在合同履行后，就指示增加之费用以原始工项的价格计算；因为若依据原始工项的价格计算，可能会因为此期间发生之价格上涨或者其他因素，导致不敷成本[1]。不过德

〔1〕 RegE_ Bauvertragsrecht, a. a. O. S. 55. " Ergänzend zu den Regelungen für ein Anordnungsrecht des Bestellers in § 650b Absatz 2 BGB – E enthält § 650c BGB – E Vorgaben zur Berechnung der Mehr – oder Mindervergütung bei solchen Anordnungen. Ziel der Einführung eines Berechnungsmodells für die Mehr – oder Mindervergütung ist es, Spekulationen einzudämmen und Streit der Parteien über die Preisanpassung weitestgehend zu vermeiden. Die gesetzliche Regelung soll Anreize sowohl für eine korrekte Ausschreibung durch den Besteller als auch eine korrekte und nachvollziehbare Kalkulation durch den Unternehmer setzen. Durch die Berechnung der Mehr – o- der Mindervergütung nach den tatsächlich erforderlichen Kosten soll insbesondere verhindert werden, dass der Unternehmer auch nach Vertragsschluss angeordnete Mehrleistungen nach den Preisen einer Urkalkulation erbringen muss, die etwa mit Blick auf den Wettbewerb knapp oder sogar nicht auskömmlich ist oder inzwischen eingetretene Preissteigerungen nicht berücksichtigt. "

国学者认为[1]，此计算模式，以必要的费用作成加减账的计算，此种价格并非竞争后的价格，因为在竞争条件下，未必保证收入大于成本，也不一定会有合理利润；立法理由认为："实际所需成本的计算标准旨在限制承揽人通过投机获得不合理价格利益的可能性[2]"。看起来颇有问题。

此计算模式，报酬应该以原指示修正时的虚拟成本（hypothetische kosten），与指示修正后实际发生之成本（Ist－kosten）之差额来计算。将第一种选择与第二种选择混和择其有利者混和（Kombination）计算，不被允许[3]。因此适当的附加费，既然源自第一种模式，就非源自原始工项的价格，也不是当然就以该行业通常之附加费为准，这种费用准则可以是"适当"的指标，但若市场属于独占或寡占市场者，这种准则就未必"适当"了。因此在诠释适当的附加费时，应该以相关行业在竞争条件下，尚可以合理期待者为准据[4]。

（二）承揽人第2种选择

第§650c条第2项："1. 承揽人在计算追加之报酬时，得依双方合意之原始计价项目计算。2. 依据原始计价项目计算之报酬，推定其符合第1项之规定。"承揽人采取此种计价方式，可以省掉就增减账事实上费用凭据的提出。第650c条第2项第2句规定："依据原始计价项目计算之报酬，推定其符合第1项之规定。"也就是原合同工项的价格，推定其符合事实上必要费用、加上管理费、风险及利润等适当的附加费。此种计算方式对承揽人而言，若于缔约后经济情况无变化或无太大变化时，相较于就事实上必要费用、加上管理费、风险及利润等适当的附加费之费神费事的举证责任，仍然有其意义[5]。

（三）定作人应付之部分付款

《德国民法典》第641条第1项规定："报酬应于受领工作时支付之。工作系分部受领，而报酬系就各部分定之者，应于受领每部分时，支付该部分之报酬。"对于因指示变更所增加之报酬，也应该于受领该部分工作时给付，自不待言。因为指示变更，承揽人仍有先为给付之义务，其所生经济上的不利益，由于《德国民法典》第650c条第3项规定之部分付款（Abschlagszahlungen）制度而获得缓解。《德

---

〔1〕 MüKoBGB/Busche §650c, Rn. 4.

〔2〕 RegE_ Bauvertragsrecht, a. a. O. S. 55. " Zugleich soll der Berechnungsmaßstab der tatsächlich erforderlichen Kosten die Möglichkeiten für den Unternehmer einschränken, durch Spekulationen ungerechtfertigte Preisvorteile zu erzielen. "

〔3〕 MüKoBGB/Busche §650c, Rn. 1.

〔4〕 MüKoBGB/Busche §650c, Rn. 5.

〔5〕 MüKoBGB/Busche §650c, Rn. 6.

国民法典》第650c条第3项第1句规定："双方当事人对于报酬之额度无法达成共识，或没有不同内容的法律裁判者，承揽人得请求以追加报酬报价的80%作为部分付款金额。"双方当事人对于报酬之额度无法达成共识，或没有其他法律裁判者，自无法适用第632a条之规定[1]，此时就要适用本条款之规定。至于付款的届至期仍以工作受领为前提。此80%规则规范目的，在于使承揽人在先行给付义务中，导致的现金流量问题获得缓解。也是立法者赋予定作人片面变更权后，在利益均衡上所作的考虑。若承揽人所提要约明显过高，在个案中可能会有权力滥用的情形，此时可能以第632条第2项规定来处理："未定报酬额者，有价目表时，价目表所定之报酬，视同约定之报酬，无价目表时，习惯上之报酬，视同约定之报酬。"

对于应付的增加给付，最终于结算时（Schlussrechnung）确定其金额。依《德国民法典》第650c条第3项第2句规定："事后如果发现有溢付的情形，无论承揽人为故意或过失，承揽人在收到溢付通知时，应如同迟延付款支付利息，此时准用《德国民法典》第288条第1项第2句[2]，以及第289条第1句[3]之规定。"

五、结论

（一）中国台湾地区公共工程合同模板定作人的合同变更权

中国台湾地区公共工程委员会所制定之"采购合同要项"[4]：参、合同变更，第20点（机关通知厂商变更合同）规定："机关于必要时得于合同所约定之范围内通知厂商变更合同。除合同另有规定外，厂商于接获通知后应向机关提出合同标的、价金、履约期限、付款期限或其他合同内容须变更之相关文件。厂商于机关接受其所提出须变更之相关文件前，不得自行变更合同。除机关另有请求者外，厂商不得因第1项之通知而迟延其履约责任。机关于接受厂商所提出须变更之事项前即请求厂商先行施作或供应，其后未依原通知办理合同变更或仅部分办理者，应补偿厂商所增加之必要费用。"

---

[1] 第632a条部分付款："承揽人得向定作人就工作完成之独立部分，请求就已依契约所为给付为部分付款。就必要之材料或组件，为此目的而制作或交付者亦同。仅于将工作部分、材料或组件的所有权移转或就此提供担保给定作人者，才有此请求权。"

[2] 《德国民法典》第288条第1项第2句规定："（1）利率应以年基本利率加上五个百分点。"

[3] 《德国民法典》第289条第1句规定："迟延利息不得对利息收取利息。"

[4] 台湾地区"相关行政主管委员会"2010年12月29日工程企字第09900520530号令修正。网址：http：//lawweb. pcc. gov. tw/LawContent. aspx？id = FL000715，最后访问时间：2018年8月22日。采购契约要项第1点："本要项依台湾地区'政府采购法'（以下简称本法）第63条第1项规定订立之，以作为机关订立各类采购契约之参考。本要项内容，机关得依采购之特性及实际需要择订于契约。但本要项叙明应于契约内订明者，应予纳入。"因此本要项之强制规定对于机关有内部拘束力。

（二）德国2016年工程定作之采购与合同规范

德国2016年工程定作之采购与合同规范[1]第1条第3项（工作的种类与范围）规定："……3. 业主对于建造图说的变更保留决定权[2]。"因为《德国民法典》承揽篇修法前没有对定作人的片面变更合同有所规范，而是由合同去订立。我国台湾地区的情况与德国修法前类似。

德国2016年《工程定作之采购与合同规范》第2条（报酬）规定："……5. 经由工程设计或其他定作人指示之变更，使合同中约定之工作的价格基础变动者，应在斟酌成本增减下为新价格之协议。此一协议应在执行前为之。6. （1）如被要求为合同中未有规定之工作，承揽人有特别报酬的请求权。但承揽人必须在执行工作前对定作人先为预告。（2）报酬以合同工作与被要求之工作之特别成本所为询价为基础。报酬应尽可能在执行前达成协议[3]。"

---

〔1〕 在《德国民法典》新增工程合同章后，德国 VOB/B 暂不修正。"Aufgrund des Inkrafttretens der neuen Vorschriften über das Bauvertragsrecht zum 01. 01. 2018 hatte der Deutsche Vergabe – und Vertragsausschuss für Bauleistungen（DVA）zunächst in sein Arbeitsprogramm für 2018 die Prüfung von Anpassungsbedarf der VOB/B aufgenommen."

〔2〕 原文为："3. Änderungen des Bauentwurfs anzuordnen, bleibt dem Auftraggeber vorbehalten." http://www. forum – vergabe. de/fileadmin/user_ upload/Gesetzestexte/VOB – B_ 2016_ 01. 08. 2016. pdf，最后访问时间：2018年8月25日。

〔3〕 原文为：" 2. Die Vergütung wird nach den vertraglichen Einheitspreisen und den tatsächlich ausgeführten Leistungen berechnet, wenn keine andere Berechnungsart（z. B. durch Pauschalsumme, nach Stundenlohnsätzen, nach Selbstkosten）vereinbart ist. 3. （1）Weicht die ausgeführte Menge der unter einem Einheitspreis erfassten Leistung oder Teilleistung um nicht mehr als 10 v. H. von dem im Vertrag vorgesehenen Umfang ab, so gilt der vertragliche Einheitspreis. （2）Für die über 10 v. H. hinausgehende Überschreitung des Mengenansatzes ist auf Verlangen ein neuer Preis unter Berücksichtigung der Mehr – oder Minderkosten zu vereinbaren. （3）Bei einer über 10 v. H. hinausgehenden Unterschreitung des Mengenansatzes ist auf Verlangen der Einheitspreis für die tatsächlich ausgeführte Menge der Leistung oder Teilleistung zu erhöhen, soweit der Auftragnehmer nicht durch Erhöhung der Mengen bei anderen Ordnungszahlen（Positionen）oder in anderer Weise einen Ausgleich erhält. Die Erhöhung des Einheitspreises soll im Wesentlichen dem Mehrbetrag entsprechen, der sich durch Verteilung der Baustelleneinrichtungs – und Baustellengemeinkosten und der Allgemeinen Geschäftskosten auf die verringerte Menge ergibt. Die Umsatzsteuer wird entsprechend dem neuen Preis vergütet. （4）Sind von der unter einem Einheitspreis erfassten Leistung oder Teilleistung andere Leistungen abhängig, für die eine Pauschalsumme vereinbart ist, so kann mit der Änderung des Einheitspreises auch eine angemessene Änderung der Pauschalsumme gefordert werden. … 5. Werden durch Änderung des Bauentwurfs oder andere Anordnungen des Auftraggebers die Grundlagen des Preises für eine im Vertrag vorgesehene Leistung geändert, so ist ein neuer Preis unter Berücksichtigung der Mehr – oder Minderkosten zu vereinbaren. Die Vereinbarung soll vor der Ausführung getroffen werden. 6. （1）Wird eine im Vertrag nicht vorgesehene Leistung gefordert, so hat der Auftragnehmer Anspruch auf besondere Vergütung. Er muss jedoch den Anspruch dem Auftraggeber ankündigen, bevor er mit der Ausführung der Leistung beginnt. （2）Die Vergütung bestimmt sich nach den Grundlagen der Preisermittlung für die vertragliche Leistung und den besonderen Kosten der geforderten Leistung. Sie ist möglichst vor Beginn der Ausführung zu vereinbaren." 数据源同前注。

德国2006年《工程定作之采购与合同规范》，虽然容许定作人一方有片面变更合同权，但是明确要求双方应先行议价，而且价格协议应在执行前为之，否则承揽人有停工之权限。所以定作人的片面变更权，相对地受到限制。因此其基本架构与中国台湾地区不同。

（三）新法对于价格的方案未必能减少争议

德国法对于指示变更所生增加减少之费用，以报酬请求权的额度应依照事实上必要费用加上管理费、风险及利润等适当的附加费计算之。事实上必要费用容易引起争议。至于在必要费用外加上管理费、风险及利润等适当的附加费计算，倒是合理。但对于承揽人的第二种选择，依双方合意之原始计价项目计算。可能并不周延，在中国台湾地区会以营建物价指数去调整价格，以免承揽人产生巨大亏损。

合同法风险负担初探

陈自强*

目　次

前言

依台湾地区“民法”传统见解，债务不履行有给付不能、给付迟延、不完全给付三个态样，且无论是损害赔偿或法定契约解除，均以可归责于债务人为要件〔1〕，权利瑕疵及物之瑕疵担保责任因不以可归责为要件，故为独立于债务不履行体系的法定责任〔2〕。反之，因不可归责于债务人之事由，致未为给付者，债务人不负迟延责任（第230条），致给付不能者，债务人免给付义务（第225条第1项）。在双务契约中，因不可归责于双方当事人之事由，致给付不能者，一般认为发生危险负担的问题〔3〕。

---

* 陈自强，台湾大学法律学院特聘教授，慕尼黑大学法学博士。

〔1〕 郑玉波：《民法债编总论》，三民书局1978年第7版，第266页；王泽鉴：《侵权行为法》，2009年版，第304页；刘春堂：《契约法总论》，2006年版，第266页。

〔2〕 关于台湾地区学说及实务见解，陈自强：《不完全给付与物之瑕疵——契约法之现代化Ⅱ》，2013年版，第137页以下。

〔3〕 刘春堂：《契约法总论》，2011年版，第440页。

“不履行债务”虽然也出现在1986年《中华人民共和国民法通则》及1995年《中华人民共和国担保法》，在1999年《中华人民共和国合同法》（以下称《合同法》）也并非全然陌生（第65条），然而，无论是《合同法》第107条违约责任承担，或第110条但书因履行不能免除原定给付义务，抑或第117条不可抗力免责事由，甚至是第142条到第149条买卖目标物毁损灭失风险承担等规定，均未提到可归责或不可归责。纵然如此，学者多认为《合同法》有风险负担规则，也如台湾地区学说认为风险负担，“指因不可归责于双方当事人的事由（或曰原因）致使合同不能履行时的不利益由哪一方当事人负担或由双方当事人合理分担的制度”〔1〕。在一个不以归责事由为违约责任承担要件的法律体系，为何会如此理解风险负担？违约责任乃至于合同法通则，若未就归责事由有一般性规定，如何判断是否可归责于债务人？又如何判断是否可归责于债权人？如此理解的风险负担规则如何与违约责任体系相调和？《合同法》在买卖合同第142条到第148条规定买卖目标物毁损灭失的风险负担，通则则未设有一般规定，风险负担规则是否为买卖特有法则？若其他合同也有处理类似问题的法则，则此等法则与买卖合同风险负担规则是否可以形成所谓合同法风险负担之一般原则？

个人对合同法所知极其有限，以上疑点更是出于无知，与会嘉宾早已胸有定论定见。中国台湾地区在一年多前正式启动类似德国债法现代化的工作，才在不久前，暂时脱离难分难舍的消灭时效领域，进入债务不履行与瑕疵担保的修正议题。台湾地区“民法”债编修正似乎也想实现现代化的目标，若合同法通则符合合同法现代化指标〔2〕，台湾地区将来“修法”，若在违约责任承担上采取与《合同法》第107条相同的严格责任，不再以可归责作为债务不履行责任承担的要件，则上述疑点也可能出现。

一、买卖风险负担

即使在有风险负担一般规定的法律体系，风险负担规则主要适用对象为买卖合同，更精确地说，在处理买卖目标毁损灭失而履行不能时不利益承担的问题。

（一）目标物毁损灭失之风险

《合同法》在第142条到第149条就买卖合同目标物毁损灭失的风险负担设有

〔1〕 崔建远：《风险负担规则之完善》，载《中州学刊》2018年第3期；王利明：《合同法研究（第三卷）》，中国人民大学出版社2012年版，第88页；易军：《违约责任与风险负担》，载《法律科学（西北政法学院学报）》2004年第3期。

〔2〕 陈自强：《法国契约法修正与现代化》，载《月旦法学》2016年12月（总第259期）。

详尽的规定，《联合国国际商品买卖公约》第四章第66条以下的规定，或许是主要参考对象。此等规定是否为买卖风险负担完整的规定，或者，相反地，有其他应由风险负担规则解决的漏网之鱼，而有待建立买卖风险负担一般规则，弥补缺漏，不无探讨余地。因CISG乃规范商品买卖，乃以种类之物为设想的规范对象，因此，遗珠之憾的，极有可能是特定物，尤其是不动产买卖的情形。其他方面，因不动产发生毁损灭失的情形终究少见，可能有待所谓风险负担一般规则处理的案例，也许是买卖中古车或艺术品等买卖特定动产。

传统学说多将买卖风险负担笼统地理解为目标物毁损灭失而生之不利益，但此说法不够精确，模糊问题所在。买卖目标物毁损灭失的不利益，涉及三个不同层次的问题：

1. 目标物风险

目标物毁损灭失本身的风险，涉及损害转嫁的问题，若无损害转嫁的原因，法益所有人需承担此不利益。此基本上为侵权责任或是否有风险转嫁的合同（如保险合同）的问题。

2. 给付风险

目标物毁损灭失，出卖人是否免除交付目标物及移转所有权的义务。在德国，无论给付不能是否可归责于出卖人，依《德国民法典》第275条规定，出卖人免给付义务。依《合同法》第110条规定，在但书所述的三个情形，债权人不得请求履行，同样不以可归责于债务人为要件。《德国民法典》第275条，抑或《合同法》第110条的规定，似乎少有人主张属于风险负担规则。

3. 价金风险

买受人若因出卖人履行交付及所有权义务有《合同法》第110条但书情形，而不能请求履行，则是否须支付价金。此点，《合同法》通则并无如《德国民法典》第326条第1项的明文规定，应如何处理？目标物交付前，是否依《合同法》第142条反面解释，目标物毁损灭失的风险，除法律另有规定或当事人另有约定外，由出卖人承担，而不得请求支付价金？抑或如学说对风险负担所作的限制，仍须以不可归责于双方当事人为要件，才由出卖人承担价金风险？个人认为此为合同法风险负担问题关键之所在。

风险负担所谓的风险，广义而言，固然可包括以上三者，狭义而论，专指价金风险而言。

（二）不构成违约

台湾地区学说向来认为民法关于债务不履行责任（特别是契约责任）[1]，无不以可归责于债务人为共通要件[2]，据此，买卖目标物因不可归责于双方之事由而毁损灭失，出卖人并不负债务不履行责任，若将归责事由包括在债务不履行的概念中，买卖风险负担并非（狭义）债务不履行问题，至少不属于债务不履行责任范畴，风险负担因而成为独立于债务不履行责任的风险分配法则。

《合同法》通则违约责任与台湾地区“民法”债务不履行归责原则，在规定形式上南辕北辙的情形下，违约责任与危险负担是否仍泾渭分明，各有所司，“目标物违约之际的毁损灭失诉诸违约责任制度，非违约之际的毁灭则诉诸风险负担制度”[3]，并非无讨论空间。《合同法》第107条为违约责任基本规范，依该规定，当事人一方不履行合同义务或者履行合同义务不符合约定的，应当承担继续履行、采取补救措施或者赔偿损失等违约责任。买卖目标物毁损灭失因而无法在约定期限交付买受人，在所谓“不可归责于双方”的情形下，依《合同法》的规定，是否也不构成违约，出卖人并不承担违约责任，此风险承担因合同法通则违约责任并无规定，从而有必要透过风险负担规则来解决[4]，更是疑窦丛生。

上述问题的回答，系于如何理解该条所谓“合同义务不履行”。对此，或许有两种诠释方法：第一种说法如台湾地区传统观点认为合同义务不履行仍须以可归责于违约方为前提，因此，如自然灾害造成目标物毁损灭失，损害是非因违约，而是因不可归责于当事人双方的原因而造成的[5]。第二种说法则认为合同义务不履行，意义应与《德国民法典》第280条第1项义务违反相同，并无任何道德非难之意味，而仅指债务人客观的落后于债之关系之义务计划，而不问原因如何，更不论是否有可责性，如出卖人并未于约定期限交付中古车于买受人，即使车因不可抗力而灭

---

〔1〕 契约责任与债务不履行责任概念上虽有不同，即所有之债之关系，包括法定债之关系，理论上亦可能发生债务不履行，但实际上，法定债之关系所衍生之相关法律问题殆无不集中在债之发生要件及其效果上，即如是否构成侵权行为、损害赔偿之效果如何等问题，因给付不能、给付迟延或不完全给付而发生债务不履行，理论上虽非无法想象，终究不是法律问题之焦点。准此，纵然将债务不履行责任与契约责任等同视之，虽不中，亦不远矣。

〔2〕 郑玉波：《民法债编总论》，三民书局1978年版，第266页；王泽鉴：《侵权行为法》，2009年版，第304页；刘春堂：《契约法总论》，2006年版，第266页。

〔3〕 易军：《违约责任与风险负担》，载《法律科学（西北政法学院学报）》2004年第3期。

〔4〕 王利明：《合同法研究（第三卷）》，中国人民大学出版社2012年版，第90页：“因不可抗力而导致的目标物的毁损、灭失的损失究竟应当由谁来承担，则是违约责任制度所无法解决的问题，必须要通过风险负担规则来解决。”

〔5〕 王利明：《合同法研究（第三卷）》，中国人民大学出版社2012年版，第88页。

失，亦为义务违反[1]。后者的诠释方式应该较符合合同法违约责任的构造。从而，出卖人无法在清偿期使买受人取得符合质量要求的买卖目标物即构成违约，然是否须承担法律所定的违约责任，仍取决于合同约定及法律规定，固不待言。如买卖双方约定纵有不可抗力，出卖人仍然负有获取种类质量相同的目标物，甚至应承担违约损害赔偿责任，并无不可。

（三）买卖目标物交付前风险负担

买卖目标物交付于买受人后发生毁损灭失，风险由买受人负担，为《德国民法典》第 446 条、台湾地区“民法”第 373 条、《合同法》第 142 条等法律所采，日本将于 2020 年施行的《民法》第 567 条第 1 项也规定：“目标物交付后，目标物因不可归责于双方之事由而毁损灭失时，买受人不得以灭失毁损为理由，请求补正、减价、损赔或解约。买受人不得拒绝支付价金。”

依 2002 年《德国债法现代化法》第 323 条第 1 项的旧规定，目标物毁损灭失不可归责于买卖双方致出卖人履行不能，买受人也免于价金支付义务，交付前原则上由出卖人承担风险，此原则有两个例外，第一个规定在《给付障碍法》一般规定中，依修正前第 324 条第 2 项（参照现行法第 326 条第 2 项情形二），不可归责于债务人之事由致给付不能，发生在受领迟延中，债权人仍须为对待给付。第二个规定在《买卖合同法》第 447 条之 Versendungskauf，危险自交付运送时即移转。除受领迟延风险负担规定外，上述德国立法例被 1929 年所谓的“民法”忠实继受（第 266 条第 1 项、第 267 条第 1 项及第 374 条）。台湾地区虽无受领迟延风险负担的特别规定，但通说均认为受领迟延中不可归责于债务人所致的给付不能为可归责于债权人[2]。日本修正后的《民法》第 567 条第 2 项也增订受领迟延风险负担规定：“出卖人以适合契约内容之目标物为履行之提出，买受人不能受领或拒绝受领，自履行提出时起因不可归责于双方之事由而灭失毁损时，同前项。”

《合同法》关于履行不能免除原定给付义务及违约损害赔偿责任均设有一般性规定（第 110 条、第 117 条），功能上接近《德国民法典》给付危险的规定，通则所欠的是对待给付危险的部分。履行不能的风险若以不可归责于双方为要件，则《合同法》通则欠缺的是如何判断是否可归责于债权人的法则。上述德国、日本及中国台湾地区“民法”在给付障碍法就风险负担的一般规定，《合同法》通则虽付之阙如，但分则买卖合同却有详尽的规定，此即第 143 条、第 144 条、第 145 条、第 146 条等不以交付为风险移转的特别规定。《合同法》分则买卖合同第 143 条及第 146 条所规定的情形，买受人无不违反合同义务，从德国民法角度，堪称可归责

---

[1] Kötz, Vertragsrecht, 2009, Rn. 1031.

[2] 孙森焱：《民法债编总论（下）》，2014 年版，第 818 页。

于买受人，此等师法 CISG 危险移转法则的规定，是否足以涵盖所有德国、日本等有风险负担一般规定的国家欲透过风险负担规则处理的情形，个人认为应检讨实务上对该两条规定在具体案例的展开。若有漏网之鱼，则民法合同编草案是否有必要增订一般规定，并非全无讨论价值。

二、风险负担与归责事由

在以归责事由为债务不履行责任构成要件（如中国台湾地区或日本民法传统见解）或义务违反损害赔偿责任要件（如德国）的法律体系，以不可归责于债务人或不可归责于双方当事人作为风险负担规则适用的前提，乃逻辑所必然，是否为不可归责，有债务不履行一般规定可稽。《合同法》若也应有风险负担一般法则，风险负担规则且应如通说所理解以不可归责于双方当事人为要件，则应如何决定目标物毁损灭失是否不可归责于双方？

（一）双方均无过错

如甲出卖给乙一个唐三彩骏马，马在交付时被丙射来的子弹击中而毁坏，导致合同不能履行，崔建远教授在分析上述案例认为：“《合同法》采取无过错责任原则，买卖等合同因第三人的原因致使不能履行时，很可能不适用风险负担规则，而是由债务人向债权人承担违约责任，只不过债务人事后可以向该第三人追偿（第 121 条）。甲出卖给乙一个唐三彩骏马，马在交付时被丙射来的子弹击中而毁坏，导致合同不能履行。这虽然是不可归责于双方当事人的不利益，但按照《合同法》第 121 条的规定，仍然由甲向乙承担违约责任，而非依风险负担规则由甲免负交付义务、乙免负价款支付义务。”[1]，其所理解的不可归责，似乎指甲乙双方均无过错。归责事由等同于过错，乃日本民法传统见解。

（二）不可抗力

王利明教授认为所谓不可归责于双方当事人之事由，包括两种情形：一是因不可抗力的原因导致目标物的毁损、灭失。例如，因地震导致房屋倒塌，因洪水导致建筑物或农作物毁损、灭失等。二是意外事故。所谓意外事故，就是指当事人可以预见但难以避免或克服的现象。意外事故也可能引起目标物的毁损、灭失。例如，意外的大火导致建筑材料被烧毁，因为冰雹导致农作物被损坏等[2]。

所谓不可归责于双方之事由若即为不可抗力所致的目标物毁损灭失，则因出卖

---

〔1〕 崔建远：《风险负担规则之完善》，载《中州学刊》2018 年第 3 期。

〔2〕 王利明：《合同法研究（第三卷）》，中国人民大学出版社 2012 年版，第 89 ~ 90 页。

人因履行不能而免交付目标物义务（《合同法》第110条），又因具备不可抗力之免责事由，出卖人免赔偿责任（第117条），买受人是否仍须支付价金，乃合同法买卖风险负担规定之适用问题。以不能履行之一方当事人是否有不可抗力之免责事由决定是否有风险负担法则之适用，能与合同法通则违约责任的归责原则取得调和，较以过错理解是否可归责为佳。《合同法》若在解释论上认为有风险负担一般法则的存在，或在立法论上认为将来民法典有建立一般原则的必要，同时继续维持严格责任的立场，不如直接表明买卖风险负担法则在规范目标物因不可抗力而毁损灭失的情形，以可否归责合同双方，决定风险负担法则的适用范围，更易引起误解。

（三）不可归责于买受人

台湾地区“民法”第267条第1项模仿1900年施行的《德国民法典》第324条第1项第1句，规定当事人之一方因可归责于他方之事由致不能给付者，得请求对待给付，学说对如何理解可归责于债权人，看法未尽相同，无论如何，此非单纯过错的问题[1]。

纵将买卖风险负担定义为因不可归责于买卖双方之事由致目标物毁损灭失的不利益，所谓不可归责于出卖人理解为系因不可抗力之免责事由致目标物毁损灭失，但买受人并非交付义务的债务人，无法从债务履行的观点判断是否可归责于买受人，《合同法》更无蛛丝马迹可循。目标物因买受人须负侵权责任的事由而灭失，应该是可归责于买受人无争议的情形，但倘若认为可归责于买受人以此情形为限，除非对《合同法》第143条：“因买受人的原因致使标的物不能按照约定的期限交付的，买受人应当自违反约定之日起承担标的物毁损、灭失的风险”，所谓因买受人的原因理解为买受人的过错[2]，否则，如此解释显然抵触该条宣示的风险负担基准。

《合同法》通则违约责任既然采严格责任，不采过错原则，则在风险分配的基准上，也不应以过错为限。若违约责任的承担强调的是违约构成本身及造成违约结果的因果关系，则在危险负担相应于债权人的，应该是买受人方面情事对违约的原因力。2002年《德国债法现代化法》即将可归责于债权人修正为债权人若对债务人依第275条免给付义务之事由完全或显较债务人更应负责时，仍应为对待给付（第326条第2项1情形1）。“债权人应负责”并非单纯因果关系，而应取决于契约之危险分配，所谓 weit überwiegend verantwortlich 应与债务人负责之程度相衡量，

---

〔1〕 参照陈自强：《契约违反与履行请求》，2015年版，第241页。

〔2〕 胡康生主编：《〈中华人民共和国合同法〉释义》，法律出版社2013年版，第250页，认为该条为目标物交付迟延是由买受人的过错造成的情形。

即债权人责任程度将使其达到在过失相抵责任免除之程度[1]。《合同法》第143条更将此风险分配的基准，表露无遗。

若所谓可归责于债权人，并非单纯债权不履行合同义务或对己义务而有过错的主观非难问题[2]，更涉及合同风险承担，应斟酌使债务人免除原定给付义务之事由是否属于债权人的风险领域（Risikospäre）[3]，换言之，是否可归责于债权人之判断也属于合同风险分配的问题，则是否可归责于债权人也应该属于风险负担规则所应处理的问题。《合同法》第143条若可理解为可归责于买受人，则立法者似亦有意将可归责于买受人之情形纳入买卖风险负担规则范围内[4]。在日本，风险负担指因不可归责于债务人之事由所致的履行不能[5]。也许基于此等考虑，德国传统见解将风险负担的风险定义为不可归责于双方的事由所致的给付不能，他方是否仍须支付对价的问题[6]。虽然给付不能若可归责于债权人，债权人对给付不能应负责任，已经不涉及风险分配，但是，可否归责于债权人之判断本身已经涉及风险分配。易言之，可归责于债权人的情形是否属于风险负担，取决于风险负担的概念，但判断可否归责于债权人，应该属于风险分担法理的运用。

三、风险负担规定之完善

尚在立法中的民法典合同编与现行《合同法》差异并不如想象得大，在风险负担方面，着墨不多。如何建构完善的风险负担规则，远远超过个人的能力，以下仅提供个人的观察供参考。

（一）其他合同之风险负担

关于风险负担，《合同法》买卖合同关于目标物毁损灭失风险负担规定，为众所瞩目的焦点，独占鳌头，事实上，仍有许多待解问题[7]。买卖合同之外，分则

---

[1] Brox/Walker, Allgemeines Schuldrecht, 31. Aufl., 2006, §22, Rn. 37－40.

[2] Musielak, Grundkurs BGB, 10. Aufl., 2007, Rn. 513－514主张该条修正与旧法第324条之“可归责”用语虽有不同，但仅为用语之修正而非内容之修正，更非意在规范可归责于双方之情形。从而，何时为债权人应负责，应适用与判断何时债务人应负责相同之原则（第276条、第278条），即债权人仅于违反契约义务或对己义务而可责Schuldhaft时负其责。

[3] Kötz, Risikoverteilung im Vertragsrecht, JuS 2018, S. 2.

[4] 韩世远：《合同法学》，法律出版社2015年版，第396页：“风险负担中所谓的不能须为因不可归责于债务人的事由所致。”

[5] ［日］中田裕康：《契约法》，2018年版5刷，第160页。

[6] Medicus/Lorenz, Schuldrecht II, Besonderer Teil, 15 Aufl., 2010, Rn. 48，称此事由为Zufall（事变）。

[7] 参见刘洋：《根本违约对风险负担的影响——以〈合同法〉第148条的解释论为中心》，载《华东政法大学学报》2016年第6期。

是否尚有属于风险负担规则的规定，如《合同法》第231条："因不可归责于承租人的事由，致使租赁物部分或者全部毁损、灭失的，承租人可以要求减少租金或者不支付租金；因租赁物部分或者全部毁损、灭失，致使不能实现合同目的的，承租人可以解除合同"[1]，固然见仁见智，但租赁物毁损灭失，租金给付义务并非当然消灭，在不可归责于承租人的情形下，承租人仅取得租金减少请求权（可以要求减少租金）或拒绝履行的抗辩权（可以不支付租金），与风险负担规则的当然消灭效果，大异其趣。租金乃按租赁期限长短计算的法定孳息，若非基于承租人的原因而无法使用收益租赁物，基于租赁合同的本质，承租人无付租金的义务，并无风险负担规则之运用。

风险负担法则适用之对象为履行不能，实际上主要处理的案例为目标物毁损灭失、对待给付不利益的分配，买卖固然最为重要，承揽工作物在定作人受领前毁损灭失，定作人无法于约定期限完成承揽的工作时，也有承揽人得否请求报酬的问题。关于承揽危险负担，《德国民法典》第644条及第645条就危险移转时点有特别规定，但第326条一般规定，亦有其适用。换言之，承揽人若依民法第275条规定免除完成工作义务，定作人也免除给付报酬义务，但若定作人责任较重时，或定作人依第285条请求代偿利益时，仍应给付报酬。《德国民法典》除买卖合同第446条、第447条及承揽合同的上述规定外，第615条雇佣合同雇用人受领迟延或承担经营风险（das Risiko des Arbeitsausfalls）的规定，也属于风险负担的特别规定[2]。

《合同法》承揽合同或工程建设合同均无类似规定，《民法典草案》也杳无踪影，此应与合同法通则并无风险负担一般规定的立场有关。至于是否在这次民法典中加入类似德国承揽危险移转的特别规定，取决于立法政策上的考虑。一旦决定维持现状，不予增订，则回归一般规定，乃不得不然者也。

（二）风险负担一般规定

不同于我国台湾地区的有关规定或《德国民法典》，《合同法》通则并无风险负担的一般规定，合理的推论也许是风险负担乃个别合同的问题，风险负担一般原则并不存在。或许因通则并无风险负担一般规定，合同法通则或债法总论教科书对风险负担一般原则少有详细论述者。以《合同法》并无风险负担一般原则为出发点，而适用分则中现成的明文规定，解释论上，也许最为单纯，上述学说对风险负担的定义及阐释，只好当作与法律适用无关的耳边风。反之，若认为《合同法》也有风险负担一般原则，而属于《合同法》的内在体系，则在合同法违约构造与德国、日本有相当大差异的状况下，如何在不盲目继受德国、日本危险移转概念与法

---

[1] 崔建远：《风险负担规则之完善》，载《中州学刊》2018年第3期。

[2] MüKoBGB/Ernst, 7. Aufl. 2016, BGB § 326 Rn. 5.

则的前提下，形成一个与中国合同法体系兼容并蓄的风险负担原则，应是合同法理论的重大挑战。

无论在解释论或立法论上，若认为在《合同法》通则有建立一套风险负担规则的必要，首要解决的问题是风险负担与合同解除的关系，易言之，若法定合同解除原因，并不以可归责于债务人为必要，而取决于合同目的是否达成或重大违约，则目标物毁损灭失而致履行不能，合同目的当然无法达成，解除合同即可免除自己对待给付债务，的确无待仰赖风险负担规则的规定而使自己免于对待给付义务〔1〕。日本在债权法改正的议论过程中，也有危险负担规则废止论之提出，该说认为一旦债务不履行损害赔偿责任及契约解除不以可归责于债务人为要件时，以可归责作为危险分担要件之规定，至少须加以修正。出卖人给付不能免给付义务，纵无危险负担规定存在，买受人亦能透过解除契约使自己对待给付义务免除，结果反而与债务人负担主义相同，故而，有学者建议将前文关于危险负担规定连根拔除。以解除契约解决给付不能之做法，亦与 CISG 相同〔2〕。然废除风险负担规定，有时对债权人保护不周，如债务人行踪不明，解除意思表示无法送达；解除权不可分而无法解除；解除权行使期间等〔3〕。预计于 2020 年施行的《日本民法》第 536 条第 1 项规定，债权人得拒绝履行对待给付，债务人诉请履行对待给付，债权人主张拒绝履行抗辩权时，请求被驳回，与同时履行抗辩权行使不同〔4〕。

四、结论

《合同法》自始无风险负担规则，或许受到 CISG 的影响。学理上或立法论上如欲建立风险负担之一般规则，因合同法通则违约责任并不采过错责任，概念上若仍以不可归责于双方当事人为特征，易让人有时空错乱的感觉。风险负担规则适用的前提是债务人因履行不能而免除原定给付义务，并无疑义。因双务契约一方违约而不具备免责事由，仍须负赔偿责任，他方请求替代原定给付的损害赔偿或请求代偿利益，仍须为对待给付，故当事人一方因履行不能免除原定给付义务，且不负赔偿责任，应该是风险负担规则主要处理的对象。一般情形下，风险应由履行不能之一方承担（债务人主义），例外情形，履行不能如果是在他方受领迟延中发生，或他方对履行不能之原因力远大于一方，他方仍须为对待给付，而负担履行不能之风险。

---

〔1〕 周江洪：《风险负担规则与合同解除》，载《法学研究》2010 年第 1 期。

〔2〕 Schlechtriem, Internationales UN – Kaufrecht, 2. Aufl., Mohr 2002, Rn. 222.

〔3〕 中田裕康：《契约法》，2018 年版，第 164 页。

〔4〕 中田裕康：《契约法》，2018 年版，第 165 页。

【第二部分】民法典各分编草案具体评议

（一）物权编

我国民法典物权编所有权规则立法研究*

陈华彬**

一、引言

按照物权法法理与学理，所有权是权利主体（即“所有权人”）于法律限制的范围内，对于所有物实施完整、全面、永久与整体支配（管领）的物权。[1]其具有下列特性[2]：(1) 完全性。即于法律限制的范围内，所有权人得对所有物为全面、概括的占有、管理、使用、收益及处分。也就是说，所有权为一切其他物权的基础，其他物权如建设用地使用权、地役权（不动产役权）、土地承包经营权、宅基地使用权以及抵押权、质权与留置权等，仅权利人限于某一方面或某数方面对于标的物为支配，而不能如同所有权人，得对所有物实施全面的支配。故此，所有权为全面的支配权（Totalherrschaft），其他物权（限制物权）则为一面的支配权（Teilherrschaft）。(2) 整体性。所有权（人）尽管系在法律限制范围内，对所有物为占有、使用、收益及处分的权利，但此并不意味着集合占有、使用、收益及处分等各种权能，即成为所有权。换言之，所有权为整体的，而并非占有、使用、收益及处分等各种权能的总和。故此，所有权与其他物权归属于一人时，其他物权因混同而

---

* 本文已发表于《政治与法律》2018年第10期。

** 中央财经大学法学院教授、法学博士。

[1] 参见谢在全：《民法物权论（上）》，新学林出版股份有限公司2014年版，第115页；参见姚瑞光：《民法物权论》，吉锋彩色印刷股份有限公司2011年版，第40页；参见陈华彬：《物权法论》，中国政法大学出版社2018年版，第173～174页。

[2] 参见姚瑞光：《民法物权论》，吉锋彩色印刷股份有限公司2011年版，第41～43页。

消灭，不生由二个不完整的所有权相加，合成一个完整所有权的问题。(3) 弹力性。即所有权上若设定建设用地使用权、地役权（不动产役权)、土地承包经营权、宅基地使用权，抑或抵押权、质权、留置权，甚或将所有的不动产出租时，所有权人全面支配所有物的权利大为减弱。此时的所有权虚有其名，而无其实，学理称为所有权的虚有化。唯此等限制物权或不动产租赁权一旦消灭，所有权即立刻恢复到全面的支配状态。此即所有权的弹力性（Elastizität)。由此，合同的内容违反所有权的弹力性的，其约定无效。譬如，于房屋赠与合同中约定永远禁止对于因受赠而取得所有权的房屋进行处分的，该禁止的约定即为无效。(4) 恒久性。即所有权并不罹于时效而消灭，也不得预定其存续期间。〔1〕

我国现阶段正在推进民法典物权编的立法，这其中，所有权制度及其规则的厘定、建构、丰富、扩展乃至完善，实系一道绕不过去的关口。并且，所有权制度及其规则如何予以厘定、丰富、拓展、改定、建构抑或完善，系不独对于民法典物权编，且对全部民法典立法也具有关键和特殊影响。之所以如此，盖因所有权系全部民法制度及其规则的基础和根基，无所有权制度及其规则，也就无所谓有债法、婚姻家庭法乃至继承法等制度及其规则。有鉴于此，笔者不揣浅陋，拟对我国编纂民法典物权编时如何对所有权制度及其规则予以丰富、拓展、改定、建构抑或完善提出建言或提供助力，而于此之前，笔者拟对所有权制度及其规则于民法典物权编（法）中的地位、价值、功用及立法体例予以考量、分析，由此以使我国民法典物权编的所有权制度及其规则得以建立于坚实的所有权法理、学理乃至域（境）外所有权制度及其规则的比较立法成例的基础之上。

二、所有权制度的意涵及所有权于民法典物权编（法）中的地位、价值、功用及立法体例

（一）所有权制度的意涵

如前述，所有权制度及其规则于全部民法典，尤其是于民法典物权编中具有关键和特殊地位。所有权系人民生活的基础，系“物权之王”和物权制度的基本形

〔1〕 应值得提及的是，谢在全著《民法物权论（上)》(新学林出版股份有限公司 2014 年版，第 115 页以下）谓，所有权的定义或概念乃蕴含了下列 5 点意义与特性：(1) 所有权是所有权人对于标的物实施全面支配的物权，(2) 所有权为整体内容的物权，(3) 所有权为具有弹力性的物权，(4) 所有权为永久支配标的物的物权，以及 (5) 所有权为于法律限制的范围内支配标的物的物权。另外，郑玉波著、黄宗乐修订《民法物权》(三民书局 2007 年版，第 66 页以下）则认为所有权一词具有下列意义：(1) 所有权乃一般地、全面地支配其客体的物权，(2) 所有权乃具有浑然一体的内容的物权，(3) 所有权系具有弹性的物权，(4) 所有权系具有永久性的物权，以及 (5) 所有权系以物为客体的权利。

态，为近现代及当代各国民法（典）物权编（法）所认可。所有权的存在根据或正当性基础尽管有“神授说”（The theistic conception of property）、“法定说”（The legal theory）、“自然权说”（The natural rights theory）、“先占说”（The occupancy theory）、“劳力说”（The labour theory）、“社会说”（the social theory）、“社会契约说”“人格说”以及“掠夺说”等，[1]唯各说于所有权的发展演变过程中相互影响，而各具时代价值与功用。这其中，“自然权说”对近现代乃至当代民主国家、民主社会的立法尤具重要影响。法国《人权宣言》（第17条）与美国《独立宣言》皆明定所有权为神圣不可侵犯的绝对性权利。之后，所有权的绝对性原则作为民法立法的最高指导原则而为近现代及当代大陆法国家的民法（如《日本民法》等）吸纳。根据所有权的绝对性原则，所有权本旨上系为不可限制的权利，不仅国家对于个人的所有权不得侵犯或剥夺，且个人也可自由地占有、使用、收益、处分其所有物与所有权，他人不得干涉，否则即赋予物权（所有权）请求权加以保障或救济的权利。应当指出的是，此所有权的绝对性原则，对于近现代及当代社会与个人财富的形成、经济的发展具有重要的功用与价值，且其也系现今民主与法治国家的主要经济架构。[2]

唯于现今，以上所有权的绝对性原则已稍有变易或缓和。盖因在当代，若社会的财富可任由个人绝对地加以支配，则势必会损害国家、社会与人民的整体利益，故此，立基于全体人民的公共利益的维护的考量，乃使所有权受到某些限制，而这即所有权的社会化。但是，若完全废除所有权，则既违反人性，且在人民毫无所有欲而不思积蓄时，国家与社会财富反而会无形减少。故此，于不损害到国家与社会公共利益的前提下，仍承认所有权的存在并加以保护。[3]

概言之，所有权迄今虽历经以上发展、演变过程，[4]但于现今，作为基本人权的所有权系为宪法及其他法律所保护，此点不仅无丝毫改变，且更是有增无减。譬如，联合国《人权宣言》第17条、1953年生效的《欧洲保障人权与基本自由公约》第1项议定书对于所有权予以保护的规定，以及欧洲人权法院1982年之后作出的诸多强化所有权保护的判决，即系这方面的明证。[5]在我国，情况也复如此。

---

[1] 关于此等学说的翔实内容，请参见郑玉波著、黄宗乐修订：《民法物权》，三民书局2007年版，第64页以下。

[2] 参见谢在全：《民法物权论（上）》，新学林出版股份有限公司2014年版，第111页。

[3] 参见姚瑞光：《民法物权论》，吉锋彩色印刷股份有限公司2011年版，第40页。

[4] 值得提及的是，所有权制度及其观念迄今为止的发展、演变乃经历了三个阶段：一是罗马法与近代法的个人主义的所有权制度及其观念，二是日耳曼法与二十世纪肇始以后的现代法的团体主义的所有权制度及其观念，三是当代法的个人与社会协调发展的所有权制度及其观念。对此，请参见温丰文：《现代社会与土地所有权理论之发展》，五南图书出版公司1984年版，第9页以下。

[5] 关于此等方面的详情，请参见［日］平野裕之译：《法国有关所有权的大潮流》，载《民商法杂志》第141期；参见陈丽娟；《欧洲联盟基本权利宪章财产权保障之研究》，台湾地区“中央研究院”欧美研究所2009年版；参见谢在全：《民法物权论（上）》，新学林出版股份有限公司2014年版，第115页。

具体而言，自1978年开始至今的40年改革进程，自一定意义上而言，即系一个不断强化个体意识与个人利益的过程。尽管《物权法》第39条对所有权的定义中突出了所有权的享有需“依法”进行，第42条认可为了公共利益的需要国家可以进行征收。唯应清醒地看到，相对于以往的法律而言，《物权法》明显地强化了对所有权及其他物权的保护。譬如，《物权法》设专章（第三章）规定了“物权的保护”，并对物权请求权与其他保护物权行使的方式作出了较完善的规定。此外，即便是授权得因公共利益的需要而进行征收的规范中，《物权法》也强化了对被征收者的补偿保护措施。最后，尤其值得指出的是，自总体上而言，现行整部《物权法》实际上主要还是围绕物权（尤其是对所有权）的保护而展开其规范的。〔1〕

（二）所有权制度于民法典物权编中的地位、价值、功用及立法体例

于民法典物权编中，所有权制度居于核心、关键和枢纽地位。民法典物权编的全部内容可谓围绕所有权而展开出来的。正是因此，如前述，所有权又被称为“物权之王”，也就是最主要、最根本、最重要的物权制度。具体而言，用益物权与担保物权，皆系由所有权派生或衍生。前者即用益物权，系权利人（即“用益物权人”）支配所有物的使用价值的制度，后者即担保物权，则系权利人（即“担保物权人”）支配所有物的交换价值的制度。〔2〕至于占有，其也存立于所有权之上，系所有权这一本权权利的“外衣”抑或公示方法。社会生活的八九不离十的常态是，对物予以占有的背后，通常皆有所有权、用益物权、担保物权及债权等本权的权

〔1〕 参见刘家安：《物权法论》，中国政法大学出版社2009年版，第12页。应值得提及的是，中华人民共和国成立后，我国建立了社会主义的公有经济制度，此本身无可厚非。唯由于诸多不恰当因素的影响，使我国人民的私人所有权相当程度上被公有制否定或限制。加之中华人民共和国成立后于民主法治建设上走过一段弯路，尤其是从反右斗争到“文化大革命”这一段，片面强调国家利益和社会利益，否定个人利益和权利，近乎彻底的社会本位，故使一个相当长的时期，权利及权利保护观念，不甚发达。如今，我国实行社会主义公有制的同时，又确立和实行社会主义市场经济体制，如此即应将私人所有权置于突出地位，于强调国家所有权、集体所有权的保护的同时，也应平等地对待和保护私人所有权。并且，于一定意义上，现今更应着力强调和保护私人所有权。在此基础上，方强调私人所有权的社会义务，强调私人所有权应合于公共利益。现行《物权法》第五章将国家所有权、集体所有权及私人所有权并立规定，立法论上虽着重于彰显对三者的平等保护，唯将来一个相当长的时期，解释论上更宜强调私人所有权的优越性，于此基础上方强调公共利益的维护与兼顾。对此，请参见陈华彬：《物权法论》，中国政法大学出版社2018年版，第190页。

〔2〕 值得提及的是，在当代，所有权逐渐趋于观念化，即将标的物的使用、收益权能（利用价值）化为用益权，而归属于用益权人，将标的物的处分权能（交换价值）化为担保权，而归属于担保权人。所有权人不过自用益权人取得对价，自担保权人取得融资。易言之，当代所有权已离开其对物直接支配的固有形态，而化为用益与担保对价的请求权，即以债权的形态出现，这也就是所有权（物权）的债权化。进而也就从另一个侧面表明，用益权（含物权的用益物权与债权的用益权如租赁权、借用权）与担保（物）权，皆系由所有权所衍生，所有权系为最根本、具有枢纽和关键地位的制度。对此，请参见谢在全：《民法物权论（上）》，新学林出版股份有限公司2014年版，第116页。

源。[1]一言以蔽之，民法典物权编的全部规则系统，皆系围绕所有权而展开、衍生出来，也就是由所有权所化出。所有权由此成为民法典物权编的根干、枢纽。[2]

如前述，所有权系一个国家政治、经济体制及社会存立的（财产）基础，是人民生活的保障，为一种根本性的财产权，并关涉个人的自由，由此使单个的个人得以负责任的姿态生活于世间。[3]自然人、法人及非法人组织得拥有不动产、动产（含生产资料），并可以此等财产从事生产及进行消费，由此增加社会财富、累积资本及保障自由。[4]同时，所有权制度也是一个国家或社会的法律秩序的重要基础或前提。盖法律秩序的基础系财产法律制度的定型化，土地、房屋、水流、矿藏、森林、企业等财产的所有权一经确定，一个国家或社会的基本结构就得以形成，国家和社会的其他秩序的建立和发展也就有其可能。[5]另外，社会成员形成、实现及发展自己的独立人格，也以拥有可得自由支配、管领的财产为前提。若无可以独立支配的财产，则也就无独立的人格。财产所有权尚系个人经济自主的必要前提。个人只有拥有私有财产，方可使自己的生存获得切实保障。而拥有私有财产，也会使社会成员对家庭、社会和国家承担责任。并且，私有财产通常系经由劳动而获得，故此，保护或保障私有财产所有权也就具有伦理的价值与意蕴。[6]此外，财产所有权制度旨在保障个人对财富的拥有，其结果更可激发个人对财富的追求，由此促进整个社会财富总量的增长与国家的富强；个人财富的拥有与增长，反过来又将促进个人的全面发展与进步，进而最终促成民主社会的形成。[7]一言以蔽之，确认并切实保障财产所有权（尤其是私人财产所有权），实具重要价值、意义与功用。[8]

有鉴于所有权制度的核心和关键地位，自1896年《德国民法典》肇开明定物权编（法）以降，所有权制度及其规则于民法典物权编（法）中的体例安排就始终处于彰显和突出的位置。《德国民法典》第三编“物权编”，将所有权制度及其

[1] 参见陈华彬：《物权法论》，中国政法大学出版社2018年版，第685页。

[2] 英国法学家威廉·布莱克斯通（William Blackstone，1723—1780）于其名著“Commentaries on the Laws of England”中谓：“没有任何事物像所有权一样，如此普遍地激发想象力而又触动人的情怀；也没有任何事物像所有权一样，让一个人对世界外在之物得为主张与行使独自且专断的支配，并完全排除其他个人的权利。然而却只有极少数人愿花费心力，去思考此项权利的起源与基础。”对此，请参见William Blackstone，Commentaries on the Laws of England，Bk. Ⅱ，Ch. 1，p. 2（1765—1769）。

[3] 参见德国联邦宪法法院判决BVerfGE24，367，389。

[4] 参见王泽鉴：《民法物权1通则·所有权》，中国政法大学出版社2001年版，第152页。

[5] 参见陈华彬：《物权法论》，中国政法大学出版社2018年版，第178页。

[6] 参见王泽鉴：《民法物权1通则·所有权》，中国政法大学出版社2001年版，第15页。

[7] 参见［日］戒能通孝：《所有权（6）》，日本评论社1977年版，第250页以下。另外，斯陶达（Lothrop Stoddard）的名著《对文明的反叛》（The Revolt against Civilization）也谓：私有财产为人类文明的基础。有了私有财产的制度，然后人类生活形态，包括家庭的、社会的、政治的、经济的各方面，才逐渐地发展而成为文明。

[8] 关于此的翔实分析，请参见陈华彬：《物权法论》，中国政法大学出版社2018年版，第179页。

规则置于该编第三章规定，共分四节：第1节“所有权之内容”（第903－924条）、第2节“土地所有权之取得与丧失”（第925－928条）、第3节“动产所有权之取得及丧失”（第929－984条）、第4节“所有权请求权”（第985－1007条）及第5节“共有”（第1008－1011条）；〔1〕1896年的《日本民法》第二编规定“物权”，其中该编的第三章规定“所有权”，涵括3节：第1节“所有权的限度”（含第1款“所有权的内容及范围”与第2款“相邻关系”）、第2节“所有权的取得”及第3节“共有”；〔2〕1907年的《瑞士民法典》第四编规定“物权”，“所有权”被规定于该编的第一分编，涵括三章：第十八章“通则”、第十九章“土地所有权”（含第1节“土地所有权的客体、取得与丧失”、第2节“土地所有权的内容与限制”及第3节“楼层所有权”）及第二十章“动产所有权”；〔3〕1958年《韩国民法典》第二编规定“物权”，其中该编第三章规定“所有权”，涵括3节：第1节“所有权的界限”、第2节“所有权的取得”及第3节“共同所有”。〔4〕我国台湾地区“民法”将“物权”规定于第三编，其中该编第二章规定“所有权”，涵括4节：第1节“（所有权）通则”、第2节“不动产所有权”、第3节“动产所有权”及第4节“共有”。〔5〕至于我国2007年颁行的《中华人民共和国物权法》（以下简称“《物权法》”）则将所有权规定于该法的第二编，涵括六章：第四章“（所有权的）一般规定”、第五章“国家所有权和集体所有权、私人所有权”、第六章“业主的建筑物区分所有权”、第七章“相邻关系”、第八章“共有”及第九章“所有权取得的特别规定”。

以上各国家或地区的民法典物权编（法）对“所有权”的体例安排，应可反映和彰示当今世界各国家或地区，尤其是大陆法国家或地区的民法典物权编（法）对所有权制度的体例安排与具体内容的厘定的基本状况。此等国家或地区的民法典物权编（法）对所有权的体例编排与内容厘定（设计）的情况表明，所有权制度及其规则于全部物权编（法）系统中实居于核心、关键及凸显的地位。

三、我国编纂民法典物权编对所有权制度及其规则的丰富、扩展、完善抑或建构

按照我国民法典编纂的原则，我国民法典各分编的编纂并非另起炉灶制定全新

〔1〕参见台湾大学法律学院、财团法人台大法学基金会：《德国民法（总则编、债编、物权编）（上册）》，元照出版有限公司2016年版，第865页以下。

〔2〕参见渠涛编译：《最新日本民法》，法律出版社2006年版，第48页以下。

〔3〕参见戴永盛译：《瑞士民法典》，中国政法大学出版社2016年版，第229页以下。

〔4〕参见崔吉子译：《韩国最新民法典》，北京大学出版社2010年版，第161页以下。

〔5〕参见陈聪富主编：《月旦小六法》，元照出版有限公司2014年版，第3～86页以下。

的法律，而系以现行诸民事单行法为基础，对各民事单行法如《物权法》等予以修改、丰富、扩展、完善抑或建构。据此，民法典物权编编纂的基本任务或工作，也就是对现行《物权法》及其他相关物权法规范予以整合、修改、完善、扩展抑或建构。对此，我们可以举出如下一些方面的内容，以供立法机关编纂民法典物权编时参考、借鉴及酌定。

（一）界分所有权的含义（定义、概念）与所有权的权能（内容）

如前述，所有权系所有权人对于所有物，于法律限制的范围内，实施完整、全面、永久与整体支配（管领）的权利。此为所有权的含义、定义抑或所有权概念的本旨。也就是说，所有权乃系权利主体对所有物（标的物）为全面支配的权利，又称为“全权”。其具有整体性、弹力性、永久性及社会性。[1]而所有权人本于其所有权，得自由占有、使用、收益、处分其所有物。而对所有物的占有、使用、收益及处分，即为所有权的内容抑或权能。我国现行《物权法》第39条的规定，即系对所有权的权能抑或内容的厘定。建议我国编纂民法典物权编时，于此之外，复依现今大陆法国家或地区对于所有权的定义（概念）的前述共通认识，而明定所有权的定义或概念的内涵。

于现今域外比较法上，对于所有权的内涵或概念的厘定，尤以德国法的规定最值得借鉴与重视。[2]《德国民法典》第903条前句规定：“物之所有人于不抵触法律，或第三人之权利之限度内，得自由处理其物，并排除他人一切之干涉。”另外，我国台湾地区“民法”第765条规定：“所有人于法令限制之范围内，得自由使用、收益、处分其所有物，并排除他人之干涉。”此规定也具参考、借鉴价值。总之，在我国现今，财产权的尊重与保护，为民主、法治国家与法治社会的重要课题，而财产权的内容、形态系多种多样，其中又以所有权为重中之重，故此，将所有权的含义厘定或确立为对标的物（“所有物”）的全面支配的权利（“全权”），乃具重要价值、意义与功用。

（二）厘定统一的所有权制度而不对所有权作类型区分

如前述，所有权系自然人、法人及非法人组织于法律限制的范围内，对所有物实施永久、全面、完整与整体支配（管领）的权利。对所有物的占有、使用、收益及处分，系所有权权利得以实现的途径或手段。按照物权法法理与学理，无论自然人、法人抑或非法人组织的所有权，其权能或内容皆未有差异，法律对其的保护也皆系相同，且此等所有权的法律效果也未有二致。故此，宜借我国民法典物权编立

---

〔1〕 参见郑冠宇：《民法物权》，新学林出版股份有限公司2015年版，第196～197页。

〔2〕 参见陈华彬：《我国民法典物权编立法研究》，载《政法论坛》2017年第5期。

法的契机，将现行《物权法》对于所有权的类型化界分予以更张、变易，以因应现今新时代中所有权的类型已然多种多样，而不适宜再作列举式、类型化规定的现况。另外，现行《物权法》列举规定国家所有权、集体所有权及私人所有权，其存在按“身份”进行所有权立法的弊端，与今日的现实情形也不相合。于现今，应坚持行为立法，反对身份立法，“在民事领域看得见的是财产权利，看不见什么主体身份”，所以“财产的分类只有动产和不动产，只有根据财产本身的属性的分类，而不存在根据权利人身份的分类”。[1]职是之故，建议立法机关编纂民法典物权编时，对所有权按统一的方式与尺度进行立法。具体而言，仅根据财产本身的属性，而分为不动产所有权与动产所有权。

（三）建筑物区分所有权中诸规则的厘定、完善、扩展与改定

建筑物区分所有权系我国现今城市与城镇居民取得房屋所有权的一种基本形态，也是我国解决城市与城镇居民的居住问题的一种基本法律途径或手段。2007年制定《物权法》时，我国效仿有关先进国家或地区的建筑物区分所有权的立法成例与规则，而于该《物权法》第六章中明定了“业主的建筑物区分所有权”制度及其规则（第70－83条），共计14个条文。如今，我国编纂民法典物权编时，宜根据新的社会情况与实务的需求而对《物权法》第六章的“业主的建筑物区分所有权”制度及其规则予以建构、完善、扩展抑或改定。对此，笔者谨提出以下一些方面或内容，以供立法机关酌定。

1. 明确或厘定区分所有建筑物管理团体中的业主大会与业主委员会的成立方式、定位及业主委员会的诉讼主体资格

区分所有建筑物的管理团体系由具体的机关组成。这些机关涵括业主大会与业主委员会等。对于业主大会，《物业管理条例》（2018年修订）第9条要求以一个小区为单位而成立，且其不具有诉讼主体资格。唯实务中，以一个小区为单位而成立业主大会面临诸多困难与问题，实际上较难做到。为此，笔者建议宜明确：业主大会可以一栋或数栋建筑物为单位而予成立。至于业主大会不具有诉讼主体资格，则应当认为系恰当的，应继续予以维持。

业主委员会系业主大会的执行机构与常设机构，其具体执行业主大会通过的决议、决定等，且于平时作为常设机构而存在。按照《中华人民共和国民法总则》第102条的规定，建议将之明确为一种非法人组织。同时，有鉴于我国近年来实务中业已认可业主委员会不仅可以起诉，且也可以被诉，[2]故而建议，宜明确认可或厘

[1] 参见梁慧星等：《物权法名家讲座》（尹田执笔），中国社会科学出版社2008年版，第86～87页。

[2] 参见（2005）海民初字第19540号民事判决书，已生效；参见（2009）海民初字第5425号、（2009）京一中民终字第14000号民事裁定书，已生效。此等裁判文书皆认可业主委员会具有诉讼主体资格。

定业主委员会具有诉讼主体资格。

2. 厘定与增定区分所有建筑物的修缮规则

区分所有建筑物的修缮系区分所有建筑物的平时管理中的一项多发性行为，系区分所有建筑物因朽坏、破损而不堪使用或影响其美观，抑或减损其价值时实施的管理行为。现行《物权法》尽管业已提及建筑物的改建、重建（第76条第1款中的第6项和该条第2款），但未涉及建筑物的修缮。而区分所有建筑物管理的实务中，修缮如何得以进行，各相关业主之间的权益如何予以调整、由谁来实施修缮、修缮费用的来源以及业主之间如何分担修缮费用等，皆需由立法给出回答。故此，建议我国立法机关借编纂民法典物权编的契机，取现今各相关国家或地区的立法与实证经验，对区分所有建筑物的修缮及其规则作出厘定与增定。[1]

3. 构建、增定区分所有建筑物的修复规则

区分所有建筑物的修复与修缮不同，其系因天灾人祸（如海啸、风灾、地震、水灾、煤气爆炸、汽车的冲撞乃至飞机坠落等）而引起区分所有建筑物毁损时所实施的修理、复旧（复原）行为。而区分所有建筑物的修缮，如前述，则是一种平时的、常见的对区分所有建筑物的日常管理行为。现行《物权法》第76条尽管业已涉及区分所有建筑物的修复（复旧），但其因过于简略、难以适用，故而不能应对或因应实务的需要。

现今域（境）外比较法（如日本法、法国法乃至我国台湾地区法）与实证经验，已有有关区分所有建筑物修复（复旧）的诸多规定与经验累积，[2]尤其是其中的日本《建筑物区分所有权法》及其实务，更有值得我国解决与应对此类问题可以借鉴的有益规定与经验。[3]笔者建议，我国编纂民法典物权编时，宜取日本等国家或地区的立法与实务经验，构建、增定区分所有建筑物的修复制度及其规则。

4. 对区分所有建筑物的重建规则予以增定、完善

区分所有建筑物的重建，即当区分所有建筑物因老朽、损坏或因其他原因而不堪使用时，将原区分所有建筑物拆除而重新建造新的区分所有建筑物。其与区分所有建筑物的再建、改建、增建皆不相同。[4]通过重建区分所有建筑物，业主可以重新取得建筑物区分所有权，故而重建系业主的原建筑物区分所有权的再生（重生）。我国自1978年实行住宅制度的商品化改革以来，如今正值40周年。这40来年，

---

〔1〕 关于对此问题的详实研究与分析，请参见陈华彬：《区分所有建筑物修缮的法律问题》，载《中国法学》2014年第4期。

〔2〕 参见陈华彬：《现代建筑物区分所有权制度研究》，法律出版社1995年版，第185页以下。

〔3〕 关于对此的详实、具体分析，请参见陈华彬：《日本区分所有建筑物修复制度的考察分析与启示》，载《环球法律评论》2013年第2期。

〔4〕 关于此几个概念与区分所有建筑物的“重建”的界分或差异，请参见陈华彬：《区分所有建筑物的重建》，载《法学研究》2011年第3期。

区分所有建筑物的建设已然取得重大进步，但同时不能回避的是区分所有建筑物的老朽化问题。于不远的将来，此问题会凸显出来而成为社会问题。现行《物权法》第76条尽管业已提及区分所有建筑物的重建，但因其过于简略而难以适用，故而不能应对现今实务中区分所有建筑物的重建的需要。编纂民法典物权编时，宜对区分所有建筑物的重建及其规则予以完善并作增加规定。[1]

按照区分所有建筑物重建的域外比较法与实证经验，区分所有建筑物的重建几乎涉及公法、私法及社会法（“公私混合法”）的各个领域，其情形较为复杂。[2]尽管如此，因业主的建筑物区分所有权系为私权，重建系使私权获得再生，故此，首先于民法典物权编中厘清、厘定重建的各项问题，建构各相关规则，乃可以消弭重建的私法上的障碍，进而为重建的进行确立与奠定私法基础。由此之故，编纂民法典物权编时，完善并增定区分所有建筑物的重建规则，当具积极价值与功用。

5. 构建转让请求或拍卖严重违反共同利益的业主的建筑物区分所有权的规则

生活在一个小区，尤其是生活于一栋或数栋区分所有建筑物上的业主，其相互之间系形成一紧密的共同体关系。此共同体关系的舒适、安全、安宁、便捷等关涉每个业主的生活品质的良莠。故此，现今域外比较建筑物区分所有权法的规定及其解释论，皆认为某一单个的业主不得违反其他全体业主的共同利益而实施危害行为，否则其他业主得通过业主大会，经由法院的判决，而将违反共同利益的业主自建筑物区分所有权共同体关系中驱逐。现今德国、日本、奥地利及我国台湾地区“法”中，皆定有此转让请求或拍卖业主的建筑物区分所有权的制度及其规则。[3]

我国现今的商品房即区分所有建筑物管理的实践中，业已产生了引进以上德国、日本等国家或地区的转让请求或拍卖严重违反共同利益的业主的建筑物区分所有权制度及其规则的需要。如今我国的小区生活中，不时存在所谓“恶质的业主”，当其行为违反其他全体业主的共同利益，而其他全体业主难以期待继续与之维持共同体关系时，即有必要通过业主大会的决议，并经由法院的判决，请求其将自己的建筑物区分所有权予以转让或将之强制拍卖，由此实现将该“恶质的业主”自建筑物区分所有权共同体关系中驱逐的目的。不过，请求严重违反共同利益的业主转让自己的建筑物区分所有权抑或强制拍卖其建筑物区分所有权，乃系不得已而采取的最后措施，故此，其适用应受到严格限制。于采取该措施前的最后时刻，皆应为不

---

[1] 关于对此的翔实分析，请参见陈华彬：《区分所有建筑物的重建》，载《法学研究》2011年第3期。

[2] 参见温丰文：《公寓大厦重建法律问题之研究》，载《法学丛刊》2000年第1期；参见陈华彬：《物权法论》，中国政法大学出版社2018年版，第374页。

[3] 关于对此的详实论述与分析，请参见陈华彬：《论建筑物区分所有权的剥夺——基于德国法和日本法的分析》，载《法商研究》2011年第6期。

采取该措施而做出努力。[1]

6. 充实、完善管理规约制度及其规则

管理规约系小区生活中业主之间经由业主大会而订立的自治规则。于小区的区分所有建筑物的管理实务中，其具有很强的效力。业主委员会、物业服务企业及管理人的行为等，皆不得与之抵触或违反，否则所实施的行为无效。另外，业主及其特定继受人与专有部分的占有人（“物业使用人”）如承租人、借用人等，管理规约的效力原则上也得及之。由此足见管理规约制度及其规则具有重要价值与功用。现行《物权法》第76条、第77条与第83条仅提及管理规约，而未对管理规约应规范的事项（内容、范围）、效力（含对人的效力、时间效力与原始管理规约——业主临时公约——的效力）以及标准管理规约等作出进一步规范或安排。立基于有效并高质量地管理小区的区分所有建筑物的实际需要，建议立法机关于编纂民法典物权编时，对管理规约的此等方面加以充实、完善。[2]

7. 明确以专有部分占建筑物专有部分总面积的比率来确定业主共有部分份额（“应有部分”）的大小

区分所有建筑物的物权部分涵括专有部分与共有部分。而自域外各国家或地区的比较法与实证经验看，业主对共有部分份额（“应有部分”）的大小，则应以业主自己的专有部分占建筑物专有部分总面积的比率来确定，而非根据自己的专有部分占建筑物总面积的比率来确定共有部分份额（“应有部分”）的大小。[3]故此，编纂民法典物权编时，建议对此予以明确，由此借以实现对现行《物权法》第76条第2款确定业主共有部分大小的专有部分占建筑物总面积的比率的计算基础的变易、更张。

（四）扩展、充实相邻关系的新内容

相邻关系是两个或两个以上的不动产相邻近而当然发生的限制一方的权利而相应地扩张另一方的权利的制度，究其本旨，系对相邻不动产所有权或利用权的限制或扩张。自域（境）外比较相邻关系制度的发展脉络看，其经历了由平面的相邻关系（土地相邻关系）到建筑物相邻关系，再到自律法（建筑物区分所有权法）的相邻关系的演进过程。在现今，于传统的土地的平面的相邻关系之外，更加凸显的是建筑物与建筑物之间、建筑物与土地之间以及小区（社区）一栋区分所有建筑物

---

[1] 关于对此点的详实分析，请参见陈华彬：《论建筑物区分所有权的剥夺——基于德国法和日本法的分析》，载《法商研究》2011年第6期。

[2] 关于对此的详实分析，请参见陈华彬：《论区分所有建筑物的管理规约》，载《现代法学》2011年第4期。

[3] 参见陈华彬：《建筑物区分所有权》，中国法制出版社2011年版，第134～135页。

或数栋区分所有建筑物中的各业主之间的上下左右的相邻关系。[1]

现行《物权法》第七章对于相邻关系的规范，其重点系在于土地的平面的相邻关系，故而其规范的相邻关系的类型较为有限。而如今，建筑物与建筑物，及建筑物与土地之间的不可量物质（Immission）——譬如煤气、臭气、振动、噪声、空调水滴、恶臭、通风妨害、风害、光的反射——侵入的相邻关系，系新类型的相邻关系侵害的形态。另外，眺望妨害、电磁妨害、日照（采光）妨害及铁道旁边为防止铁道（铁路）发出过大的噪声而设置的屏障等，也应纳入新相邻关系的内容中。有鉴于此，建议立法机关于编纂民法典物权编时，将此等新相邻关系的形态（内容）予以纳入，由此以利于实务中可以有效地加以应对及予以适用解决。[2]

（五）厘定某些占有脱离物（盗赃物）可善意取得

善意取得系德国日耳曼固有法上的“应以手护手”（Hand muss Hand wahren）原则，[3]与罗马法“无论何人，不能以大于自己所有的权利，让与他人”（Nemo plus iuris ad alium transferre potest quam ipse habet），以及“于发现我物之处，我取回之”（Ubi rem meam invenio ibi vindico）的原则，完全抵触。[4]故此，现今各国家或地区的善意取得制度系源起于日耳曼法。[5]唯各国家或地区善意取得制度及其规则的建构前提，乃系将让与人（出让人）占有的物界分为占有委托物与占有脱离物，由此而分别定其可否抑或于多大程度上得发生善意取得的效果。加工物、借用物及保管物等占有委托物，原则上得发生善意取得，而遗失物、误取物、遗忘物及盗赃物等，原则上不得基于善意而取得。尤其是对于盗赃物，我国历来强调“一追到底”，由此并无发生善意取得的余地。[6]唯在现今，对于由公开市场或经由拍卖而买得的盗赃物，若不允许其发生善意取得，则未免过苛。且如此也有违交易安全的保护，并对善意的买受人不利。故此，建议编纂民法典物权编时，明确买受人经

---

〔1〕 参见陈华彬：《物权法论》，中国政法大学出版社2018年版，第380页以下。

〔2〕 参见陈华彬：《我国民法典物权编立法研究》，载《政法论坛》2017年第5期。

〔3〕 在“Hand muss Hand wahren”中，其受词的手（“Hand”），为受交付者的“手”，甚为明显；其主词的“手”（“Hand”），究为交付者的“手”，抑或受交付者的“手”，虽不甚明显，但就善意取得的内容与该格言的整体（全体）意义而言，应为：让与并交付动产者，应保护受让与者即受交付者之意。对此，请参见姚瑞光：《民法物权论》，吉锋彩色印刷股份有限公司2011年版，第111页注释2。

〔4〕 参见姚瑞光：《民法物权论》，吉锋彩色印刷股份有限公司2011年版，第106页。

〔5〕 参见谢在全：《民法物权论（上）》，新学林出版股份有限公司2014年版，第290页。

〔6〕 譬如最高人民法院、最高人民检察院、公安部和原国家工商行政管理总局联合发布的《关于依法查处盗窃、抢劫机动车案件的规定》第12条规定，对明知是赃车而购买的，应将车辆无偿追缴；对违反国家规定购买车辆，经查证是赃车的，公安机关可依《刑事诉讼法》第114条的规定进行追缴、扣押。

由拍卖或公开市场买得的盗赃物可善意取得。[1]

（六）重构遗失物、埋藏物、漂流物、沉没物（品）与隐藏物的归属与报酬请求（权）规则

按照物权法法理与学理，遗失物系指非基于占有人的意思而丧失占有，现非他人占有，且未成为无主物的动产。[2]占有的物品或动物，偶至他人土地内的，不能认为丧失占有，进而并非为遗失物；所谓拾得遗失物，系指发现他人遗失物而予以占有，仅发现而未占有其物的，不得认为业已拾得遗失物。另外，拾得遗失物性质上为无因管理的一种情形，系属于事实行为，故而，无完全意思能力的人，也得为拾得人。至于受他人的指示而拾得的，则仅该他人为拾得人。[3]

按照现行《物权法》第113条等的规定，拾得人拾得遗失物后经6个月的公告而无人认领的，由国家取得遗失物的所有权，且并不认可拾得人有报酬请求权。笔者认为，此规定应予变易、更张。取域外各国家或地区比较法上的立法成例与共通经验，若拾得的物价值甚小或较小的，应认可拾得人立即取得其所有权，若价值较大或甚大的，则应在进行公告后无人认领时，由拾得人取得其所有权。如此，其一方面可以顾及市民社会中的人的利益的要求，另一方面也可避免国家与民争利（尤其是争小利）。此外，若公告后有人认领遗失物的，尚应认可拾得人享有报酬请求权。唯有如此，方称公允。[4]

拾得漂流于水面的漂流物，或沉没于水下的沉没物（品），抑或其他因自然力而脱离占有的物的，其情形与拾得一般的遗失物相同，仅其拾得地点有水、陆之分，故而，根据《物权法》第114条的规定，得准用有关拾得遗失物的规则。至于埋藏物，则系指隐藏于他物中的动产，不知其属于何人所有的物。根据我国《唐律》的规定，宿藏物需系藏于他人土地之内。[5]而于现今，埋藏物并不以隐藏于土地之内为限，隐藏于建筑物（如墙壁）或动产（如旧衣袍）中的，也无不可。就其不知属于何人所有这点而言，埋藏物并非无主物，仅不知其所有人而已。还有，埋藏物虽以埋藏日久为常，但不以埋藏日久为必要。祖先埋金银宝物于地下，而为

---

[1] 现行《物权法》第107条已对遗失物的善意取得作出例外、特殊规定。对此，请参见陈华彬：《物权法论》，中国政法大学出版社2018年版，第410～411页。

[2] 参见姚瑞光：《民法物权论》，吉锋彩色印刷股份有限公司2011年版，第114页。

[3] 参见姚瑞光：《民法物权论》，吉锋彩色印刷股份有限公司2011年版，第114页。

[4] 参见陈华彬：《我国民法典物权编立法研究》，载《政法论坛》2017年第5期。

[5] 参见姚瑞光：《民法物权论》，吉锋彩色印刷股份有限公司2011年版，第119页。

其后人所明知的，并不属于埋藏物。[1]按照埋藏物也得准用《物权法》第113条的规定，埋藏物无人认领的，也归国家所有。唯若类推笔者前述关于拾得遗失物的所有权归属与得请求报酬的新思路，则应重构新规则如下：发现价值较小或甚小的埋藏物的，发现人可立即取得其所有权，唯发现的埋藏物价值较大或巨大的，则于公告后无人认领时，方由发现人取得其所有权。公告后有人认领埋藏物的，认领人应向发现人支付报酬。至于漂流物、沉没物（品）及隐藏物，也宜依此新思路而重构其所有权归属与报酬请求（权）规则。[2]

（七）构建取得时效规则

按照物权法法理与学理，取得时效系依法律规定而取得其权利，其仅以占有或事实上行使一定的财产权及经过一定的期间为必要，性质上为普通（一般）法律事实，而非法律行为。故而，取得人无须有为法律行为取得权利的意思，也不必有完全的行为能力，而系仅以有为事实行为的意识即可。由于因时效而取得权利，并非继受取得前权利人的权利，故而为原始取得。[3]

在我国，根据《民法总则》第九章（“诉讼时效”）的规定，系仅有诉讼时效（消灭时效）而无取得时效。现行《物权法》制定时，对于应否规定取得时效曾有肯定与否定两种意见，[4]而于现今，于民法典物权编中明定取得时效制度及其规则，已为学界的共识。故此，笔者有理由相信，我国立法机关会借民法典物权编编纂的契机而建构取得时效规则。

（八）厘定并建构无主物的先占规则

根据物权法法理与学理，先占系指以所有的意思占有无主的动产，而取得其所有权的制度。构成无主物的先占，须具备如下要件：（1）须以所有的意思即“自

---

〔1〕参见姚瑞光：《民法物权论》，吉锋彩色印刷股份有限公司2011年版，第118～119页。应指出的是，因埋藏物并不以埋藏于地下为必要，故有时与遗失物不易区别。唯二者的界分仍见于下列各点：(1) 遗失物系非基于占有人的意思而丧失占有，而埋藏物的埋藏，未必由于丧失占有所致，且多为有意埋藏。(2) 遗失物不必隐藏于他物中，而埋藏物必隐藏于他物之内。(3) 遗失物可能在众人易见之处，而埋藏物本质上不可能于众人易见之处。(4) 遗失物不以遗失日久为必要，埋藏物通常为埋藏日久，立法成例上并有以之为要件的。(5) 于域外各国家或地区比较法上，拾得遗失物，经依法定程序处理后，可能全归己得；发现埋藏物，无须经任何程序，除在他人所有的动产或不动产中发现，各取得埋藏物之半，或其所有权归属，应依特别法规定者外，当然全归己有。对此，又请参见姚瑞光：《民法物权论》，吉锋彩色印刷股份有限公司2011年版，第119～120页。

〔2〕参见陈华彬：《我国民法典物权编立法研究》，载《政法论坛》2017年第5期；参见陈华彬：《物权法论》，中国政法大学出版社2018年版，第737～738页。

〔3〕参见姚瑞光：《民法物权论》，吉锋彩色印刷股份有限公司2011年版，第59页。

〔4〕参见陈华彬：《我国民法典物权编立法研究》，载《政法论坛》2017年第5期。

主占有”的意思而占有无主物；（2）须占有的物为无主物；（3）须占有的物为动产。[1]具备此三项要件，即取得无主动产的所有权。且根据先占而取得所有权，系非基于他人既存的权利而取得，故为原始取得。[2]

在我国现今，先占系作为一种习惯法上的制度或规则而存在于民间社会中。譬如拾垃圾的人得取得垃圾的所有权，于山中发现兰花而采撷之，抑或于溪中捕捉泥鳅、螃蟹等，皆可取得其所有权。此种存在于我国民间的习惯法制度或规则，于编纂民法典物权编时，实有必要将其上升为物权法上的制度或规则，由此发挥其调节和稳定社会关系的功用与价值。有鉴于此，笔者相信，我国立法机关会于民法典物权编的编纂中完成此任务。

（九）完善并建构附合、混合及加工的添附规则

按照近现代及当代大陆法系国家或地区的立法成例与法理和学理，附合、混合及加工统称为添附。因添附的结果而成的物，若允许请求回复原状，或客观上不能，抑或使社会经济不利。故法律通常明定由一人取得添附物的所有权，抑或共有合成物。[3]至于因丧失权利而请求价额的，则与社会公益无关，当事人可以经由特别约定而予改变、更易。[4]

我国《最高人民法院关于适用〈中华人民共和国担保法〉若干问题的解释》（法释［2000］44号）第62条针对抵押物因附合、混合或加工而发生归属变化对抵押权所生影响的规定，系我国现行有关添附的基本规则。唯此规则的适用范围较为狭窄，其难以独立作为一项规范特殊物权变动的规则而存在并发挥其功用。此外，附合、混合及加工规则于现今的实务中有较大的适用空间，[5]且明定此等制度及其规则也有利于鼓励人民发挥主观能动性而创造经济价值，故而，建议立法机关

---

〔1〕应指出的是，在罗马法上，先占的物并不以动产为限，不动产也得先占。唯近现代及当代民法（如德国民法与我国台湾地区“民法”）仅认可占有无主的动产的，得取得其所有权。至于不动产，则不能依先占而取得其所有权。易言之，不动产系由国家先占而取得其所有权。对此，请参见陈华彬：《物权法论》，中国政法大学出版社2018年版，第412页。

〔2〕参见姚瑞光：《民法物权论》，吉锋彩色印刷股份有限公司2011年版，第112～113页。

〔3〕参见姚瑞光：《民法物权论》，吉锋彩色印刷股份有限公司2011年版，第121页。

〔4〕参见姚瑞光：《民法物权论》，吉锋彩色印刷股份有限公司2011年版，第121页。

〔5〕参见陈华彬：《我国民法典物权编立法研究》，载《政法论坛》2017年第5期。

于民法典物权编中明定附合、混合及加工的添附制度及其规则。[1]

四、结语

所有权系典型的物权，或物权的原型。[2]其于民法（私法）、公法、社会法乃至政治制度、经济制度中占据核心和关键地位，系一个国家的人民、社会与国家本身不可或缺的根本财产制度。而这其中，民法典物权编对所有权制度及其规则的厘定、建构、充实、丰富及完善又具有基础地位的功用与价值。我国 1978 年起航迄于现今的 40 年的改革开放，正是人民富裕、国家富强、社会富足，财产所有权制度得到完善、充实、保障的 40 年。2007 年的《物权法》的颁行，又系这一进程中的里程碑。该法的根本旨趣，就是反映新时代人民的共同意志而确认和平等保护改革开放后人民取得的房屋、汽车、动产等生产资料与生活资料的（财产）所有权，由此推动我国社会的进步与变革。[3]

在现今，我国国家、社会与人民又处于新的历史起点，尤其是时值涵括所有权制度及其规则在内的民法典物权编的编纂，为此，经由厘定、建构、丰富、完善及充实财产所有权制度及其规则来保障（或保护）人民通过劳动而积聚起来的财产，其意涵依然深刻、隽永，并具重大意蕴与价值。笔者期冀，在民法典物权编的编纂进程中，我国的所有权制度及其规则定能圆满地得以确立。

---

〔1〕 值得指出的是，2018 年 3 月 15 日全国人大常委会法制工作委员会办公室印发的《中华人民共和国民法典各分编（草案）》（征求意见稿）中的《民法典物权编（草案）》第 117 条已对添附作出如下规定："因加工、附合、混合而产生的物的归属，有约定的，按照约定；没有约定或者约定不明确的，依照法律规定；法律没有规定的，按照充分发挥物的效用以及保护无过错的当事人的原则确定。因一方当事人的过错或者确定物的归属给另一方当事人造成损失的，应当给予赔偿或者补偿。"应当指出的是，该条的内容设计，一方面依循了传统民法的添附法理与学理，但另一方面也注入了我国对此问题理解的特色。概言之，该条规定的内容更多的是自我国的实际情形而做出的。对此，请参见陈华彬：《论我国民法典〈物权编（草案）〉的构造、创新与完善》，载《比较法研究》2018 年第 2 期。

〔2〕 参见王泽鉴：《民法物权 1 通则 · 所有权》，中国政法大学出版社 2001 年版，第 149 页。

〔3〕 关于对此的详实分析与论述，请参见陈华彬：《中国物权法的意涵与时代特征》，载《现代法学》2012 年第 6 期。

民法典编纂中所有权规则的立法发展与完善[*]

梅夏英[**]

所有权制度作为物权法的重要组成部分，将与物权法一起汇入民法典结构和规则体系中。对于正在进行的民法典编纂而言，所有权规则因其历史积淀的厚重和规则的基础性地位，在立法讨论中成为相对沉寂的领域，学者的兴趣更多地集中在诸如公示制度、用益物权和担保物权等具体物权制度的完善上。尽管自 2007 年《物权法》（以下简称物权法）颁布以后，学界对于所有权的基础理论问题做了持续的研究，但在民法典编纂中在该部分还是很难有所作为。其原因在于，所有权部分涉及的理论问题相对宏大和抽象，有些问题因理论性过强及公法因素的涉入，学者和立法者在法律规则设计中囿于物权法自身的局限，而难以有实质作为，如国家所有权和集体所有权的私法表达限度问题；也有些问题目前在实践中一直存在，但因缺少有价值的理论突破和相应社会资源的支持，现有法律规则并不能在现实生活中发挥有效作用，如建筑物区分所有中的权属界定和治理方式的设计等。另外，经过十余年的实施，有些上次立法所忽略或有所保留的制度又有了现实的合理性，也需要调整和完善，但对其修正的必要性论述尚有待进一步加强，如所有权取得方式中的相关制度的引入和完善等。基于此，本文拟就所有权规则中相关重大问题尝试做出理论探讨，以期对物权法的完善有所裨益。

---

* 本文已发表于《清华法学》2018 年第 2 期。

** 中央财经大学法学院教授、法学博士。

一、物权法对国家所有权和集体所有权表达的主旨和限度

关于国家和集体所有权在物权法上的体现问题，理论和立法界对此曾经有过激烈的争论。尽管物权法最终依据主体类型化分别规定了国家、集体和个人所有权，但原有的理论争论并未消失，且随着社会以及市场的发展对立法提出了更高的要求，如对于国家财产的取得、利益归属和约束监督，以及对于集体财产的主体确定和流转方式等问题，现实已经开始要求法律不仅仅停留在抽象的定性或宣示层面上，而是要求立法者设计出切实可行的、系统性的制度来解决公有财产的运行和保护问题。作为传统私法体系基础的物权法，在何种程度、以何种方式来表达公有财产的归属和运行规则，如何妥善处理公益与私益、自由与约束等价值和规则的组织和取舍，成为物权法需要慎重对待的问题，亦即厘清物权法对公有财产进行规范的主旨和限度，是公有财产进入物权法的基础问题。

（一）现有物权法关于国家、集体财产规定的缺陷

物权法通过类型化的方式规定了国家和集体所有权，但理论上认为应当放弃在物权法中采取类型化方式的观点一直存在。这一问题过于复杂，无法在此展开讨论。但对于公有财产的私法规制问题，既然存在两种截然相反的观点，就绝不是选择一种方式了事这么简单，而是要求立法者思考如何遵循法律的逻辑，通过科学的立法设计来妥当解决公有财产的私法规制问题。客观而言，尽管现有物权法系统地规定了国家和集体所有权，但实际发挥的作用并不理想。具体而言，现有立法存在如下缺陷：

1. 现有物权法规定的国家和集体所有权在标的上无法真正纳入民法所有权的范畴

现有物权法采用宪法规定国家和集体所有权的表述方式，规定了自然资源、公共用财产和运营资产属于国家或集体所有。但从客体角度观察，其中很多部分都只是被抽象地确定为某种利益的归属，而无法成为民法所有权的调整对象。[1]就自然资源而言，如水流因其流动性和非特定性是否能成为所有权标的就值得怀疑；又如矿藏、草原、滩涂、野生动植物等是否单独成为所有权的标的也有疑问，因为物权法界定不动产私权的方式是通过确定土地的所有权来解决土地及其上的不动产的权利问题，而无须将土地的一部分作为不动产客体来另行规定。事实上对于土地上的资源利用，法律上更多地采用特许权而非物权来解决；无线电频谱资源则又属于另外一种特殊对象，它基本不符合民法上物的基本要求，国家对其享有的实质上是一

〔1〕 参见王涌：《自然资源国家所有权三层结构说》，载《法学研究》2013 年第 4 期。

种管制权。就公共用财产和运营资产而言，物权法规定了超出不动产或动产范围的抽象“资产”，如国防资产、出资的企业等，这些资产范围有些超出了物权法的有体物范畴，而成为诸项民事权利的集合，有的如企业出资则应直接归入公司股权，受公司法调整。尽管物权法宣示的部分公有财产不完全属于所有权的范畴，但是又囿于物权法调整有体物的特点，立法者在公有财产的界定上还是尽量作了限缩性的列举（如将公共用财产尽量限制在动产和不动产），这实属立法上的纠结和无奈之举。

2. 将国家和集体财产置于与私人财产同等地位成为其公益目的实现的局限

将宪法上的国家和集体所有权整体性地置于物权法中对应规定，而不强调公有财产归属于所有制范畴和其目的实现的公益性这些基础前提，将使民法上的国家和集体所有权如无源之水和无根之木，并导致公有财产的过分私法化。在此前提下，国家和集体财产制度由立体和系统的法律保障体系转化为扁平的私法规则体系，公有财产的诸多根本元素如全民所有的本质、公众分享的目的、权利行使的公共程序以及公共决策和监督的保障等都在一定程度上被忽视了。物权法强调的是所有权主体的确定性和规则体系的普适性，由此导致全民所有制仅体现为法律上的国家所有权，全民所有的意旨无法在物权法上体现，另外，不分主体类型的平等保护原则又使得国家和集体最大限度地摆脱了公共领域的控制，而充分自由地参与到私权交易的游戏中。在将公有财产进行私法规制的前提下，我国改革所强调的“政资分开”和“政企分开”，又使公有财产代表者一定程度上忽视了公益性目的的维持和公法分配和监督机制的实现。[1]最终的结果是，国家和集体这两个抽象主体的利益一定程度上缺乏与民众联系的纽带，而形成了实际权利行使主体的控制性利益，这成为当今社会普遍存在的两极分化、国家与民众利益失衡现象存在的重要因素。

3. 物权法在公有财产的分类规制上缺乏科学的体现

即使将公有财产在物权法上的调整范围限制在不动产和动产范围之内，现有物权法对于公共财产的调整仍显粗糙。从现有物权法对于公有财产的规定来看，物权法尽量穷尽列举了公有财产的范围，如自然资源、公共设施和行政财产等，以示国家或集体对上述财产享有所有权，并获得物权法的规制和保护。但是否上述财产一律能形成民法上的所有权，并由私法规则来调整，值得怀疑。如对于公用物而言，供民众公共使用的道路、公园、绿地等公用自然物，就不宜由国家以私权主体的身份来行使所有权，即政府不宜通过收费或直接圈地入市出让等获取利益，尽管这种做法实际上在全国各地广泛存在；又如行政和事业单位甚至国有企业的财产，尽管都构成民法上的法人财产，但前者直接带有公益性，属于行政财产，后者属于商业运营财产，两者的权限范围和调整方式也应有所不同，这些都在物权法中没有得到

---

〔1〕 参见张力：《国家所有权遁入私法：路径与实质》，载《法学研究》2016年第4期。

体现。物权法规定了公有财产所有权的主体、客体和保护，但对其权利内容和权利行使，则多有不及，这并不符合公有财产依客体不同而适用不同规则这一立法规律。

（二）物权法对国家和集体所有权表达的主旨

关于国家和集体财产的法律调整问题，理论上学界普遍认为其涉及公法和私法、公共利益和个人利益、公共分享和商业运营等诸多范畴，应由多种层级和部门的具体法律来系统调整，甚或主要以公法来调整。[1]从传统公法和私法划分的标准来看（如主体标准、服从或强制标准和利益标准），公有财产无疑都属于公法调整范围，这也是许多国家的通行做法。[2]但这并不完全排斥物权法对其规定的可能性，只是物权法对公有财产的调整应符合自身的功能和价值目的，也即符合物权法的主旨。

1. 物权法对部分公有财产私法调整之形式上的工具性价值

无论如何区分公法和私法，都不能否认物权法对部分公有财产的私法调整功能，只是理论上应将其理解为私法形式上的工具性意义。物权法根源于私人所有权，本质上依附于私权神权和私法自治等相对纯粹的市民社会价值观，并经过法典化的洗礼，又带有抽象理性和形式主义的特点，它犹如一个格式化的程序，留待世人在主体、内容和客体的选项中进行填充。物权法以私人所有权为基础，一定程度上脱离了所有权的社会牵绊，而得以进入相对纯粹的私法领域，但不可否认这种规则体系对于公有财产具有可以现实利用的工具意义。[3]当公有财产管理者依据宪法、法律或者依据管理权限决定将某类公有物投入交易领域，进行市场化运营的时候，公有财产便纳入了物权法的调整领域，物权法也就具有了形式上的工具意义。这里强调的工具性意义，专指公有财产宪法上的价值实现而言，因为法律无论以何种方式处理公有财产，其目的都是服务于社会公共利益最大化这一宗旨，物权法只是该目的实现的一个环节。但对于私有财产而言，物权法对个人利益的价值性和工具性目的则是同时实现的。依此理解物权法与公有财产的关系，现有物权法调整公有财产的范围和内容有些过大和过宽了，大多内容也没有形式和实质上的操作意义。这也是为何关于国家和集体的土地所有权主体和流转等问题的讨论变得异常沉重的原因，因为抽象的、形式意义上的物权法回答不了这些问题。

---

[1] 参见马俊驹：《国家所有权的基本理论和立法结构探讨》，载《中国法学》2011年第4期。

[2] 法国采用一元论的公物的公法调整方式；而德国则将国有财产视为修正的私权客体，但采用公法方法对其支配和交易进行限制二元论立法模式；日本则兼采两国的特点而形成自身的混合型立法模式。同上注。

[3] 在此应严格区分财产权之私法上的限制和公法上的限制。尽管民法也对所有权的行使设置诸多限制，但与公法上的限制有本质区别，前者是为保护私人的利益，而后者则服务于公共目的的实现。

2. 物权法对涉及公有财产价值判断方面的避免

物权法对公有财产调整的工具性价值，决定了它应尽力避免对于公有财产的范围、利用方式和保护等做出自身的判断，亦即除了决定公有财产是否可以适用既有物权法规则来调整以外，物权法本身并不能对公有财产的相关问题进行价值判断，进而进行规则延伸或扩大解释。这是由宪法所有权和民法所有权的本质区别决定的。宪法上的所有权立足于国家的公有制这一根本经济制度，致力于实现社会主义的共同富裕这一政治目标，它具有高度的抽象性和概括性，也具有全面的防御力和保障力；民法上的所有权则仅具有保障私法所有权的功能，它只服从私权神圣和私法自治等价值观，对于公有财产相关问题的整体判断缺乏足够宽广的理论口径和高度，因而立法者应当避免以私法的判断代替公法判断，在物权法中做出相应的超越自身领域的规定。如物权法不宜在缺乏宪法或其他公法依据的情形下，尽量将相关财产确定为国家所有。如司法实践中广泛存在争议的“乌木权属纠纷”行政诉讼一案，受理法院仅以案件属于所有权纠纷，不属于行政诉讼受案范围为由驳回了原告的诉讼请求。[1]这是在关乎国家所有权的情形中以私法判断代替公法判断的显著案例。一项财产是否应属于国家所有，应受制于宪法确定的国家所有制中所包含的正当目的和价值取向，不能由物权法自我授权和解释来实现。[2]另外，对于国家财产利用和收益中的市场化交易，也不宜由物权法径行自我决定。目前由于公共权力介入的式微，国有财产控制者和立法者存在通过私法原则来推论、采用私权方式行使国家所有权的整体倾向，如就公共用物和行政财产而言，物权法通过私权绝对和特许、承包关系的物权化来强化公有财产的市场化利用，这种倾向在公益目的判断和合理性认证缺乏的情况下，会导致国家财产社会交易的过度私法化，不一定符合国家财产利用的宪法宗旨。

（三）物权法所有权规则对于公有财产调整的限度

基于以上关于公有财产物权法表达主旨的讨论，理论上大致可以确定物权法对于公有财产调整的限度，即主要限于适用物权法私法规则的公有财产的归属和利用，对其他部分不宜有所指涉。依此逻辑，物权法对公有财产只宜采用形式上的所有权相关要素的填充式规定方法，对于主体、客体、内容、取得、行使和保护等进行审视，将符合要求的内容纳入物权法予以规范即可。但问题并非如此简单。因为基于传统物权法的抽象性，它并不具体区分物权的主体、内容、行使和保护问题，也不回答具体主体和客体所有权的社会功能和目的，若依照这种思路，公有财产除

---

〔1〕 参见金可可：《论乌木之所有权归属——兼论国家所有权之种类及其限度》，载《东方法学》2015年第3期。

〔2〕 参见张力：《国家所有权遁入私法：路径与实质》，载《法学研究》2016年第4期。

了客体和所有权的取得有一定特殊性之外，其他部分都无法纳入物权法所有权部分的规范体系之中。当然这里仅涉及所有权规则，在用益物权部分，物权法在国家和集体土地领域还是有其重要的功能，国家和集体土地用益物权也构成用益物权的主体部分，在此存而不论。这使我们意识到，完全抛弃公法规范而尝试将公有财产限制在纯粹私法领域在理论上并不可行。

1. 物权法所有权规则对公有财产公私法规范的合理取舍

公有财产基于实际需要会通过形成一系列民事关系而进入民法领域，是立法所面临的客观事实。无论理论上如何坚持物权法的私法性，都无法忽视公有财产民事交易的存在，也无法排除公法规范的介入。其原因在于：首先，物权法的主体部分为不动产法，而我国的不动产（除私有房产之）均属国家和集体所有，某种程度上讲，物权法主要规定的就是国家和集体不动产权利。在公有制国家，私法的功能和影响力远不及以私人所有为基础建立的资本主义国家，这涉及对国家立身之本位理念的理解。以私权为本位的法律体系倾向于以私权为基准点，来定义和解释公共法律关系，甚至倾向于最大限度地解构公共权力或公共利益；反之，以公权为本位的法律体系则以公共利益为标准来评价私权的范围和存在必要性，故公权本位的法律体系都带有社会统筹和有机结构化的特征。尽管现代社会各国都一定程度上缓和了两种本位的矛盾，通过公法和私法的混同来达成了某种社会的局部利益平衡，但这种理念上的差别仍然存在。在我国以公有制和公法为主导的前提下，私法的纯粹性受到了很大影响，私法对财产关系塑造力、解释力方面的价值在不动产领域一定程度上被高估了。

其次，公有财产所有权公私法律关系的混合特点决定了公法因素介入的合理性。即使在公有财产交易领域，法律主体之间的公法关系和私法关系也同时存在，无法割裂。比如，国有建设用地的出让中，一方面国家基于私法规则与受让者形成民事合同关系，另一方面国家又以管理者的身份与受让者形成公法上的监督和管理关系；又如，民众对于公共设施的有偿使用中，私法关系和公法关系也同时存在，无法区分。公有财产公私法混合调整的特点是由公有财产所有权的特殊性决定的，公有财产带有私权的形式要素，如排他性和交易性等，但它本身具有的公共利益导向、权利行使的部门化特征以及客体范围的宽泛性等特点，都使公有财产属于特殊的所有权制度，无法将其限于纯粹私法或公法领域里运行。[1]法律接触公有财产的某一方面，就得受制于其他方面，除非我们两相兼顾。因为无论是将其归入哪一法律部门，法律逻辑始终是一致的。

既然物权法不能排除公有财产和公法规范的存在，而公有财产涉及的法律关系甚广，物权法不可能照单全收，那么在民法典编纂中应当如何进行合理取舍呢？上

---

〔1〕 参见马俊驹：《国家所有权的基本理论和立法结构探讨》，载《中国法学》2011 年第 4 期。

文已经分析了公有财产所有权表达的主旨，即物权法表达的形式上的工具价值和价值判断的尽量避免，尽管公法规范的介入一定程度上干扰了上述宗旨，但这仍是立法应当尽量考量的因素，即将公有财产在物权法中的表达限制在私法因素占主导的法律关系上。其原因在于，法律体系本身具有相对明确的部门法功能划分和体系配合的特点，有学者考察西方法律体系性的意义时认为，法律规范的群体性是法律规范的本质特点之一，亦即只有确认法律规范在法律体系的纵横坐标定位，才能最终确定该项法律规范具有的实际功能和法律适用意义。[1]英美法系对于公法、私法的划分并不重视，但在理论上仍重视法律体系的作用。大陆法系国家则在理论和立法上相对严格地区分了公法与私法，尤其是德国法系基于此建立了潘德克顿的概念法学体系，这使得公私法体系相对固化了，加之宪法在私法关系中直接援引适用的限制，我国立法有必要充分重视公法和私法关系的区分。即使在公有财产法律关系领域，立法机关仍然要正确界定公私法调整公有财产的规则范围，这是由整个法律体系的位阶秩序和法律推理的部门法特点决定的。

具体而言，纯粹公法性的关系如公有财产的管理、授权或分配等关系不应纳入物权法；对不能形成物权法关系的规范也不应纳入物权法，如有关国家和集体所有权的行使主体的规范，又如对于不动产或动产等有体物以外的财产的规定，都不宜在物权法中规定。其中关于国家和集体投入法人的运营财产，更是直接属于《公司法》调整，与物权法无直接关联。在公私法混合领域，物权法可以选择私法关系占主导的公有财产法律关系进行调整。比如，自然资源的用益物权和特许权、公共设施建造中的特许经营权以及完全投入市场运营的不动产权利，可以在物权法中进行调整。判断一项公有财产法律关系是否以私法为主导，并不是从物权法本身得出的，而是由宪法或立法者先行判断是否选择将某项公有财产或公有法律关系置于私法逻辑予以调整，因为公有财产原则上受公法规制，私法规制属于例外。在现代社会选择将公有财产是否通过私法关系和通过何种私法关系完成其部分目的，本身即一种复杂的立法选择，这种判断是先于物权法的修订而事先得出的。

2. 国家和集体所有权的立法修正建议

首先来看国家所有权。前文已讨论了国家所有权客体主要体现为自然资源、国有公共财产（包括行政财产和公共设施）和国家运营财产，有学者提出应借鉴大陆法系国家如法国、德国和日本等，制定公物法律制度，并在公物制度是否归入《民法》进行调整上，建议通过在《民法总则》中设置财产法总则来予以容纳。[2]在世界现有民法典立法中，大多数国家并不把公物放入民法典规定或仅作零星规定，但也有些国家（如俄罗斯、意大利等）则在民法典中对国有财产和公共财产做出了

---

〔1〕 参见吴玉章：《论法律体系》，载《中外法学》2017年第5期。

〔2〕 参见马俊驹：《国家所有权的基本理论和立法结构探讨》，载《中国法学》2011年第4期。

专门规定，只是都带有宣示性的性质，规定并不具体。基于物权法的私法性质，将公物法纳入物权法并不可行，因为公有制和所有权并不是一个层面的问题，如国家甚至可以基于公有制而赋予私人所有权或用益物权，如公房的无偿分配和城市宅基地使用权的赋予等。加之国有财产包含多种类型，并适用多种法律规则，如国有自然资源可以区分为国有私物和国有自然公物，前者可以由国家代表全民进行开发、利用，后者则应归属民众实际享有；又如对于公共设施和行政财产，两者的使用和管理也有本质区别，这些复杂关系应由独立的公物法来调整。

尽管如此，物权法对于国家财产仍然可以有所作为。除了对于私法特色明确的国家所有权标的、内容和流转进行规定以外，物权法也可在防止国有财产过分私法化方面做出修正，这也是由国家所有权公私法混合的属性决定的。具体而言，第一，物权法可以对国有自然公物和公共设施，增设限制国家所有权私法效力的规定，即上述公物原则上向公众免费开放使用，并禁止未经法律程序由具体行使机关予以独占使用或进行市场化交易；第二，对于国有自然资源或营建中公共基础设施的特许权，应增设对于特许权设定的公法限制和监督内容，防止特许权完全私权化；第三，对于国家所有权的取得，法律应增设扩大私人对于无主物、遗失物等原始取得的范围的规定，避免国家作为私法主体对上述动产实施无效率的占有，且与民争利而对社会福利最大化带来不必要的负面影响。

关于集体所有权，尽管与国家所有权同属公有制的法律范畴，但又有不同，即存在作为主体的“集体组织”的分散性与国家的唯一性的区别，这一区别的意义大于通常的理论认识程度。因为集体组织利益的局部性和不稳定性使法律对其规制的主旨越来越私法化，公法色彩逐渐减弱。集体所有权在城市化和市场化逐步增强的现代社会，其历史上所具有的农村聚落治理功能和生活保障功能逐渐式微，代之以财产分配和交易功能的凸显。传统集体的界定方式一直不太确定，它一直在是以人划定还是以地划定之间徘徊，在相对稳定的时期，这一点通过基层村民自治组织作为行使主体这一方式掩盖了。随着“农二代”进城和集体土地的流转，集体所具有的传统农民共同劳动、共同生活的场景逐渐消失，集体中人和地同时消散趋势的双重撕扯，使集体的公法社会组织功能和生活保障功能也逐渐退出历史。在这个历史过渡时期，如何解决集体财产和相关利益的最终归属便被提上立法日程。许多学者都意识到集体财产已经到了必须界定最终归属的时候，且私法可提供解决这一问题的钥匙。如有学者认为解决这一问题应当落实集体成员的管理权能，立法应当明确管理权能及其内容和行使等；[1]也有学者认为立法应当在物权法中规定集体农民的成员权，并使之成为一种独立的民事权利；[2]更多学者认为应当建立集体成员的成

〔1〕参见韩松：《论农民集体土地所有权的管理权能》，载《中国法学》2016年第2期。
〔2〕参见陈小君：《我国农民集体成员权的立法抉择》，载《清华法学》2017年第2期。

员权和财产权二元结构，解决集体财产归属和流转的法律问题。[1]这些观点在很大程度上都是合理的。

但对成员权和管理权限的强调在立法上如何体现，是一个立法技术问题。实际上我国现有物权法第58条和第59条规定了集体土地同时归集体和成员所有，这显得有点矛盾，但也反映出立法者对成员应享有集体所有权的基本判断，只是在技术上选择了集体组织来同时行使双重所有权。考虑到集体团体性的弱化和管理、分享的财产化，对于集体财产不宜再在以身份性和血缘为纽带的传统生活集体和团体的场景下，通过成员权和管理权的强化来界定利益归属，而应通过相对纯粹的私法上的法人制度来解决集体财产归属问题。现有的农地“三权分置”的改革探索和农村宅基地的置换流转，充分说明集体财产的成员权和管理权能完全进入了私法领域。我国《民法总则》第99条规定了农村集体经济组织具有法人资格，意味着我们可以通过法人制度来解决集体财产的归属问题。具体而言，物权法应当在集体所有权部分规定集体经济组织法人中农民的成员资格、成员范围、财产范围和治理机制等，作为法定的特殊法人，可以授权集体采取合作社法人、股份合作法人以及公司法人的合理要素，来设定集体经济组织法人的具体形式。

二、建筑物区分所有的团体法基础和相关制度完善的逻辑

建筑物区分所有权在现行物权法上得到了较为充分的体现，但在现实生活中并不能充分满足实际需要。目前建筑物区分所有中的权属确定和业主治理存在诸多混乱状况，开发商与业主、业主与物业公司之间的矛盾一直未得到有效解决，尤其是业主自治制度在现实生活中形同虚设。最高人民法院2009年通过了《关于审理建筑物区分所有权纠纷具体应用法律若干问题的解释》（以下简称《解释》），在司法实践中起了积极作用，值得物权法适当予以吸收借鉴。但在建筑物区分所有的法理层面上，现行理论和立法对于区分所有的法律判断仍处于运用传统概念进行现象描述和要素列举阶段，并没有对区分所有关系形成一个完整的基础法律判断，亦即对于区分所有的团体性和团体法基础并未有深入的关注和讨论，这会导致在区分所有具体法律问题的处理上出现偏差。下面将就区分所有的团体法基础及相关制度的完善作统一阐述。

---

[1] 参见蔡立东：《农地三权分置的法实现》，载《中国社会科学》2017年第5期；马俊驹：《农村集体土地所有权的分解与保留》，载《法律科学》2017年第3期。

（一）建筑物区分所有团体性的强化和权属界定解读

1. 建筑物区分所有权团体性特征在法律上应予强化的必要性

我国物权法将区分所有归入所有权的类型，并以业主为中心，列举了区分所有权的三个核心组成部分，即专有权、共有权和成员权，其基调是以私人所有权来规制区分所有关系，区分所有的团体性特征在成员权中也得到了一定的体现。这种做法虽然是现有通行理论下的惯常作法，但其法律定位并不十分准确。因为区分所有虽然带有浓厚的共有色彩，但却不是共有制度所能全面描述的，共有制度虽然带有一定的团体性，但更多地带有个人主义的色彩，这与区分所有所具有的高度团体性并不相符。立法应当强化区分所有的团体性，其理由在于；

第一，建筑物或小区的物理部分具有高度的整体性、延续性和不可分割性，成为区分所有的物质前提和基础，它无法通过共有制度来解释和调整。如法国学者马洛里认为，分割权是共有的基础，而这一权利在区分所有的共有权中是不存在的。德国学者也基于建筑物的整体性特征，将住宅所有权称为按份共有和共同共有之外的“第三种共有”。[1]从理论上也可以认为共有权依附于专有权，是专有权的效力及于整个建筑物，但专有权的客体究竟为何，能否脱离建筑物而存在，都是理论上悬而未决的问题。建筑物区分所有确实为物权法带来了理论上的挑战，因为之前的所有权制度立论于“个人主义”和“物的分裂”之语境，人与物处于主体对客体之外在支配性的图像中，但区分所有却创造了人群聚集在建筑物内部的场景，犹如蜂巢之于蜜蜂，蜂巢独立于蜜蜂正如建筑物独立于业主，这种蜂巢场景正是强调区分所有团体性的物质基础。[2]

第二，区分所有的权属范围和内容除法定外，也存在约定的方式，这充分说明了团体有时为权属界定的前提，也进一步彰显了团体的实在意义。在实践中，业主通过交易获得专有部分只是权属界定的第一步，其后还可以通过约定取得“约定专有权”和“约定共有权”。前者如美国法上的“指定供专有部分”，即通过约定将房屋单元的阳台、外部门窗和停车位等非独立性部分归特定业主享有；后者如可通过约定将专有部分用于建筑物的公共使用目的而成为区分所有的共有部分。[3]这种对于权属的直接约定只有依附于团体意志才能实现，而非由物权意义上的区分所有可以达成。

第三，在区分所有的重建中其团体特征彰显无遗。在建筑物重建中，区分所有

〔1〕 参见孙宪忠：《物权法的实施（第一卷）》，社会科学文献出版社2013年版，第249页。

〔2〕 参见梅夏英：《民法上所有权概念的两个隐喻及其解读》，载《中国人民大学学报》2002年第1期。

〔3〕 孙宪忠：《防止立法碎片化，尽快制定民法典》，载《中国政法大学学报》2013年第1期。

而构成的团体在建筑物灭失或重大毁损后仍然存在，并成为决定建筑物建造和权属分配的决定者，诸如催告制度、让售制度和买回请求权制度都是对成员利益的平衡和再分配，这些都是在原先建筑物不存在的情况下，带有纯粹团体性的成员之间的商谈和制约规则。

第四，在区分所有权行使中团体意志大多具有使成员服从的强制性，其效力大于区分所有人的私权效力。如日本和德国立法中都涉及了建筑物区分所有的剥夺制度，即当业主严重违反所负义务而无其他方法排除因违反义务所造成的障碍（或侵害）时，其他业主全体得经由业主大会的多数决议，而提请法院做出拍卖严重违反义务业主的建筑物区分所有权的判决。[1]除此之外，建筑物区分所有制度中关于建筑物或小区的管理规约和组织形式，其功能绝大多数超出了专有部分的维护，而带有整个团体的延续和社会职能实现的特点，通过共同表达和决议来治理小区相关事务，成员权与其说是权利，不如说是成员的法定义务，在团体性的强力约束下，业主的私法自由屈指可数。

2. 团体性思维下区分所有权属范围解读

将建筑物区分所有的团体性特征予以强化，有助于法律正确界定业主的法律地位和权属范围。在目前关于区分所有权性质的学说中，有一元说、二元说和复合说等，一元说中又有专用一元说、共有一元说和享益部分说，二元说结合了专有和共有，复合说则加上了成员权的内容。在物权法领域从未见到如此复杂的权属关系分析，这些主张甚至是相反或相互矛盾的，却不能决出胜负。复合说是面面俱到，此说最中庸也最不深刻，它并没有对区分所有的性质作一个整体的、基本的判断。二元说则在物权法意义上的物的归属和专有权部分利益的归属上纠缠不清，因为从物权法意义上讲，建筑物整体不可分割性决定了没有哪一块砖或瓦属于专用权的客体，那专有部分在物上的体现为何，在理论上并不清楚。反倒是一元论所作的尝试在理论上更为深刻，它一定程度上突破了狭隘的物权思维，并接近区分所有的法律实质。

专有权一元论立论之基础在于区分所有围绕专用部分展开，其他内容是其自然延伸的，因构成本末关系而无须论证。这种立论实际上符合我们现今所认同的复合说的基本判断，只不过我们加上了共有权和成员权，以示妥当。此说最大的问题在于专有部分为何物一直不确定，物权法上整个建筑物应为一物，专有部分实质为建筑物之区隔空间，空间虽然在法律上也在逐步成为物权客体，但在区分所有这种场合并不能单独发挥作用。而共有权之一元论则立足于建筑物为一整体物的事实，纯粹从物权法对物之共有原理阐发其共有实质，并认为区分所有在物权法性质应为共

〔1〕 参见陈华彬：《论建筑物区分所有权的剥夺——基于对德国法和日本法的分析》，载《法商研究》2011年第6期。

有，但此说不能解释的是在建筑物共有关系已清楚的情形下，为何又存在专有权，并能脱离共有的约束而自由地转让。上述关于一元论见解的困境充分昭示了，企图在纯粹以独立物和传统所有权的语境下解释区分所有，在理论上并不可行。“享益部分说”最早为法国学者舍瓦利耶（Chevallier）在针对法国1938年法律采行二元说时提出的主张，现已得到法国学者的普遍支持。该说认为区分所有的本质不在于专有和共有，而在于整个区分所有结构中权利人的享益部分，享益部分包括专有、共有和成员权的所有利益，而整体成为业主的一种全新的权利。[1]这一主张是对传统区分所有物权法性质定位的一种颠覆，它将享益部分置于抽象的利益范畴来界定，而脱离了物权形态的羁绊，实际上进入了团体法的领域。

享益部分说充分考虑到了区分所有的团体性特征，但仍未能在理论上从人与团体的关系上深入一步，实际上该说触及了团体成员的利益实质，即享益部分实际上是成员权的主体内容，它既带有原始的“总有”制度的一些色彩，也带有法人成员的某些核心特征。私法领域中的团体性并不鲜见，从独立物、共有物到集合独立财产，正如个人、合伙到法人一样，基于财产的独立程度，在个人性减弱的同时，团体性在逐步增强，直至完成脱离于个人而成为独立人格，区分所有的客体不可分割形态决定了其具有类似于法人的团体性，不能完全由个人的财产权形式来表达。

上述团体性的见解对我们处理区分所有中的立法问题有现实的指导意义，具体体现在如下方面：首先，在对专有权和共有权部分的界定上，法律无须着意确定专有权的物理范围，法律关于专有部分所触及的建筑物部分的物理界定（如壁心说、粉刷层说、空间说或折中说等）并没有实际意义，法律只要确定业主对特定空间的使用和支配权即可，物理上的分割和界定并不能彰显专有部分的核心利益所在。对于共有部分，法律同样无须通过区分楼层使用者共有和整个小区共有，也无须通过附属设施等相关部分的界定来对共有区别对待，这些都不能对共有产生实际操作意义。其次，对于共有的按份与否，法律大多数情况下也可以不作直接评判。现有理论普遍认为基于专有的份额，应强调共有关系权利义务的按份享有和分担，这种看法忽视了区分所有本来就不构成民法意义上的共有，以及业主对物业的权利义务已超出共有之外。尽管通过购买物业加入团体时，业主之间存在面积大小和金额多少之分，但这种份额并不必然与物业的存续产生对应关系，大多数情形下，关于物业的管理、维护和责任承担应交由团体自治来具体商定。最后，团体性的强调也有利于合法确定目前小区公共部分的集体分享性质。因为按照严格的传统区分所有理论，区分所有的效力只及于自身物业所处的土地和建筑范围之内，亦即由多幢建筑构成的小区本身存在多个独立的区分所有单元，这样理论上就无法将公共用地、道路、绿地和物业用房等纳入区分所有效力范围内规制。通过对区分所有团体性的强

---

〔1〕 参见陈华彬：《论建筑物区分所有权的概念》，载《法治研究》2010年第7期。

调以及其超然物外的特性，我们就可以很好地消化公用部分的利益归属，不至于产生理论上无法自圆其说的矛盾。

（二）车库的归属问题

现有物权法对于小区的公共不动产的归属作了规定，即对于建筑区划内的绿地、道路、公用设施和物业服务用房等，除特殊情况外，均归业主共有。独对于车库的界定，在理论和实践中多有歧义，至今仍未有一强有力的理论解释模式来确定车库的归属。现在理论上已达成一致的车库归属分为属于专有权的车库和地面车库，前者指具有专有部分的属性，且可以通过登记为业主私人所有的车库，当属业主专有；后者则指无论规划与否，只要占用公共地面而设定的停车位，则应属业主共有。最难处理的是规划用于停车的地下和半地下车位、车库（以下简称地下车库），其权属一直模糊不清。物权法第74条第2款将其归属交由当事人约定，实际上承认了开发商的车库所有权，《解释》同样对此问题采取了回避的态度。现今关于车库的归属文献汗牛充栋，本部分将择要点阐述一二。

1. “物”抑或“空间”：车库归属的两个理论立足点

抽象地谈论车库归属于谁，从区分所有上找不到确定的结论。目前国内关于地下车库归属的学说都是从建筑物这一不动产的物权归属上论证的，最可能得出的结论是，非专有的车库即为业主共有，事实上这是目前理论上的通说。但是这一结论并不能解释专有车位存在的必要性，即同为停车功能的车位，为何仅因可否单独登记即导致现实生活中开发商和业主之间如此大的利益差别。开发商既然能通过出售专有部分获利，为何还要激励来修建公共车位呢？对于同为物理空间的车位这一事物，其价值究竟是由可否单独登记为专有来决定，还是由其附属的公共使用功能来决定呢？这里存在着一种理论上的差异，即车库登记本身决定了车库的业主专有，还是立法政策决定了车库专有登记的存在呢？这是理解这一问题的重要角度。

将车位从建筑规划设定的车库中析出成为专有车位，其合理性值得研究。我国是通过车库是否计入容积率来认定的，因为计入容积率意味着此部分面积因支付了土地使用费而成为专有部分，但这种算法其实并不能导出如此重大的法律判断，因为容积率只是管理机关对建筑物空间容量的控制和保障国家土地收入的计算方法，主管机关并无意介入产权之争，依照容积率来设定登记专有部分只是登记机关的惯常作法，并不能在容积率和产权之间形成稳定的法律联系。实际上国外的立法在车库的问题上也一直处于徘徊状态，早期多数国家都坚持地下车库属于建筑物附属设施，而由业主共有，但经过司法实践和立法理论发展，除美国大多数州立法依然坚持上述法律认定外，德国和法国等西方国家都在法律上对车库的独立性甚至自由交易性予以强调。德国将车库作为附属设施的同时强调其专有性，并将专有车库扩大到仅以划线即标明界限的地面车位。[1]法国则直接将停车位作为独立的建筑物看待，并可独立自由交易。[2]日本的判例和学说在此问题一定程度上观点相左，台湾地区则有判例进行了车库专有的尝试，但现今其“公寓大厦管理条例”第45条仍维持了法定车库共有的法律认定。[3]

上述各国关于车库归属的立法选择揭示了，车库归属问题并非一个简单的物权法上的归属认定问题，而是涉及不动产之上的“空间”归属问题。从建筑物本身而言，传统区分所有强调的是有形不动产权利归属，而忽视了空间利用的相对独立性。现代高层建筑兴起的目的就是创造更多的个人生活空间，空间利用是根本，建筑本身是手段，建筑物的归属通过共有来获得法律上的界定，而空间则带有个人独占的性质，正如建筑物内的单元可以归业主专有，建筑的物理实体部分归业主共有一样，车库的物理部分也可以归业主共有，其上的停车空间可以归业主专有。由此在物和空间之间，车库的归属更多地涉及空间问题。空间问题之所以具有相对独立性，主要原因在于区分所有关系中，空间才是最有价值的部分，而这一空间因与不动产物理部分不可分割，其独立性一定程度上被忽视了。而对于停车场的空间是作为共有部分还是专有部分，并没有像居住单元空间一样如此清晰，故一定程度上被置于外部性领域，停车空间归属于开发商还是业主，端赖立法政策的价值取向。

就德国和法国立法而言，基于城市人口密集，居住空间紧张，两国立法倾向于将车库或车位当作独立的空间，由业主支付对价来获得专有权。因为若将车库置于公共领域，则在有车或无车、一车或多车的业主之间产生较大的利益不均衡，另外对于开发商而言，宝贵的停车空间若被置于公共领域而由全体业主分享，亦会造成使用者与付费者之间的不平衡。在这种情况下，将车库确定为购买者专有，符合建筑物区分所有关系中空间利用的基本规律。美国立法则强调车位或车位的按户均衡配置，源于美国地广人稀，空间利用并不如此紧张，故将车库作为公共附属设施认定是合理的。就我国而言，该如何确定车库的归属呢？目前看来物权法第74条第2款将车库及空间的处置权交与了开发商，这并不失为一种方式，它适应了城市尤其是大城市停车空间紧张稀缺的现实状况，由对价支付者享有稀缺车位的使用权。但如果考虑到我国的城市土地国家所有这一前提和土地使用权的年限限制，完全采取私有的逻辑来解决车位问题并不完全妥当，立法者应考虑到土地及城市空间全民共享的价值取向，采取共享的方式或许更能符合我国资源大众分配的原则和宗旨。另

---

〔1〕 德国1973年对《住宅所有权法》作了重大修改，增加了停车场的专门规定，该法第3条第2款规定：“以持久性界标标明范围的停车场，视为有独立性的房间。”

〔2〕 参见陈华彬：《建筑物区分所有权研究》，法律出版社2007年版，第210页。

〔3〕 1995年台湾地区《公寓大厦管理条例》第45条规定：“公寓大厦之起造人或建筑业者，不得将公用部分，包括法定空间、法定停车空间和法定防空避难设备，让售于特定人或为区分所有权人以外的特定人设定专用使用权或为其他损害区分所有权人权益之行为。”

外，基于我国现实的不动产登记制度中车库空间专有登记的缺失，由开发商享有车库的权利也缺少一定的物权公示基础。

2. 开发商在车库分配中的团体服务责任

车库的归属和分配对于开发商而言，不仅仅是私权的界定问题，更是对于未来业主团体的服务和维护问题。开发商开发新楼盘不仅仅意味着新建了一系列不动产商品，更是开启了一个新的业主团体。基于业主的区分所有所具有的天然团体性，开发商应以服务和维护业主团体为己任，在车库的分配中应以业主为本位，其行为在业主团体形成以前就要受到未来团体的约束。这需要法律对开发商修建和处分车库进行必要的规定，以保障业主生活的基本需要。

首先，现代各国法律都将修建车库作为开发商的法定义务。如德国的《住宅所有权法》和法国的《分层住宅所有权法》都对开发商的车库修建义务作了法律上的严格规定。车库对于现代高层建筑是必不可少的生活设施，开发商配建车库也是服务于未来业主出行的基本保障，这在我国也不例外。

其次，在车库的分配上，开发商应首先满足业主的需要。具体而言，开发商在满足业主需要以前，不得将车库转让或出租给业主以外的人。即使第三人支付了更高的对价，在满足业主需要以前，这种交易是无效的。此处“优先”也并不是指“优先购买”或“优先承租”意义上的优先权，而是指一种法律意义的对第三人的强制排除，因此不适用传统优先权中的竞价规则。就业主内部分享而言，也当以满足所有业主的基本需要为要务。《解释》第5条规定建设单位按照配置比例将车位、车库处分给业主的，即可认为符合法律要求。其中配置比例是指规划确定的建筑区划内规划用于停放汽车的车位、车库与房屋套数的比例。这一解释是对开发商处分车库的有效约束，它避免了开发商在取得初始所有权后，利用法定所有权任意处分车库以取得最大经济利益的行为。比如开发商为了促销，或为了获得高房价收入，通过赠送或低价出售，将车位大量处分给少数业主，导致车位配置失调。又如开发商利用初始所有权，将车位囤积只公开部分车位，以获取高额转让价款和租金等。这些行为都违反了开发商对业主团体的服务义务和责任，尽管它享有初始所有权，但其处分行为却受到区分所有中业主共同利益的制约，这也是区分所有制度中团体性的特殊体现。

最后，对于开发商与业主就车位、车库的约定不明的情况下，车位、车库的归属应当如何认定呢？按照物权法第74条第2款的表述，可以认为该款认定了开发商对车库享有所有权，至于约定与否以及约定是否明确都无关紧要。[1]但开发商对车库的所有权依据为何，是否可依物权法第30条适用事实行为设立物权的规定？

---

〔1〕参见高圣平：《解释论视野下的车库、车位权利归属规则——以物权法第74条第2款、第3款为分析对象》，载《政治与法律》2008年第10期。

理论上讲这种理解是不成立的。因为从物的归属上说，车库的物之体现方面如地面、配套设施等有形因素无疑属于业主共有，除非引入空间要素，方能理解车库的归属，因此开发商对车库的处分权认定之依据应直接来源于第 74 条第 2 款。另外，车库的权利并不具有严格的传统物权的效力，它只服务于业主停车的特定需要，除此之外，业主在车库地面的通行、维护和其他合理使用当不在禁止之列。

（三）业主团体的法律人格问题

关于业主团体在对外民事活动和诉讼活动中的主体地位问题，理论界一直争论不休，至今仍未有实质性进展。目前有关业主团体的讨论主要停留在，是否将业主委员会赋予非法人团体资格，以获得独立诉讼主体的地位。这一讨论将业主团体的民事地位限制在两个领域：一是以业主委员会的地位的人格确认代替了整个业主团体人格的确认；二是将诉讼主体资格的确认代替了民事活动主体的确认。这种限定很大程度上使区分所有的团体性无法伸展和彰显。目前小区治理乱象纷呈，业主委员会形同虚设，这与立法对业主团体人格的忽视和治理规范的缺失直接相关。关于区分所有团体的法律人格问题，下面仅从业主团体的人格确认方式角度进行阐述。

业主委员会是否可以独立成为非法人团体，在理论上面临诸多障碍。首先，业主委员会是由业主大会选举产生的，其成员因换届或轮选而经常发生变动，这与非法人团体的成员独立发起产生机制有很大不同。其次，业主委员会的意思形成和执行受制于业主大会制定的管理规约、大会决议等，这与公司的股东大会和董事会之间的关系颇为类似。[1]其中业主大会对于区分所有的管理和决议方式分为两种：一种是对日常事务的通常管理，通过多数决来进行决议，这部分亦可授权业主委员会来代行管理；另一种是对建筑物基础性使用中的权利分配问题（如约定专有或约定共有），则应由区分所有人之间通过分割协议达成规章的形成来解决。[2]对这部分管理内容业主委员会并没有执行权限。一旦内部业主与业主团体产生矛盾，业主委员会并不能构成独立的利益一方参与到纠纷的解决之中。最后，在诉讼中，业主委员会的权限范围是否明确及其承担责任的形式如何，也没有明确结论。如物权法第 78 条第 2 款规定了，业主大会或者业主委员会作出的决定侵害了业主合法权益的，被侵害的业主可以请求人民法院予以撤销。但撤销之后是否应赔偿业主的损失，以及由谁来赔偿都成为理论和实践中的难题。

业主委员会不足以成为独立民事主体的原因在于，它缺少民事主体所应具有的基本的独立性，即独立的意思能力和担责能力。它充其量只是一个团体内部的事务

---

〔1〕 参见王智慧：《论业主共同决定事项范围的确定——以区分所有权解释第 7 条的适用为中心》，载《政治与法律》2009 年第 8 期。

〔2〕 参见孙宪忠：《物权法的实施（第一卷）》，社会科学文献出版社 2013 年版，第 298 页。

管理和执行机构，法律应将之限于功能性的团体内部的日常事务管理机构范畴，以服务于小区日常事务的需要，若将之作为相对独立的民事主体，则会导致责、权、利三者的错配，达不成理想结果。基于上文关于区分所有的团体法特点，在理论上赋予整个业主团体法人资格应是未来立法努力的方向，其理由在于：首先，法人人格在民法上为一基础性的工具形式，它解决的是从成员角度不能描述和规范的团体法律关系，基于团体意思、利益和财产的独立性，法律通过法人人格有效解决了团体与外部世界和内部成员的关系。判断一个团体是否达到赋予法人资格的程度，主要是衡量成员是否对团体存在着不可避免的依赖，这种依赖并不能通过成员之间的协议来消解。相比较公司法人、机关法人等，区分所有业主的团体性更强，因为开发商开发楼盘或小区实质即开启了一个不可分割的团体，这种团体性是由区分所有所具有的天然的（而不是意定的）整体性决定的。加之基于建筑物的特殊共有形式，这种团体人格有了一个存续所依赖的坚实物质基础之上的事业依托，即为建筑物或小区的公共事项独立与外部和内部主体产生民事关系。

其次，业主团体法人符合非营利法人的特点，即它主要是基于建筑物或小区的管理、维护和适度的民事交往而设立的。这种法人兼具传统非营利的财团法人和社团法人的相关特点。具体而言，小区物业的存在是团体人格形成的前提，这一点与捐助法人类似，但同时又具有社团法人中人合的属性，因为物业与业主并没有产生分离，业主团体的成员仍然是众多业主自身，上述综合特点也是业主团体法人的特殊性之所在。但业主团体法人仍然主要属于非营利的社团法人，其原因在于，基于业主对专有部分的专有以及专有与共有的不可分割性，业主团体法人的财产不应包括建筑物本身，而是通过由成员缴纳维修基金、管理费用和物业共同收益等构成业主团体法人的财产。有观点认为，应当将除建筑物外的共有部分也作为团体法人的财产进行登记公示，这种观点值得商榷。因为理论上无法找到将建筑物和其他共有部分进行区分的理由，另外，一旦共有部分归入法人，则专有部分也失去了依托。若采“享益部分”说，将业主的享益部分类似于股份归入法人，则一方面专有权的自由处分就失去了基础，另一方面业主团体的服务和管理功能受到了扭曲，此功能的完成不需要建立在法人拥有如此巨大的财产上。业主团体法人的财产范围问题仍需要理论上的深入研究。

最后，现代社会的法人资格的赋予是依实际需要而逐步拓展的，且依法人不同而适用不同规则，其中并没有涉及过多的政治判断。法人的价值在于团体人格的独立性，这种独立性是由客观现实需要决定的，而不应受传统法人制度体系所限制，只要法人资格的赋予能够解决团体内外的民事关系，即算立法者很好地利用了传统法律工具解决了现实问题。实际上法人的团体人格在世界各国也不乏积极尝试。如日本《建筑物区分所有权法》第47条规定了，人数超过三十人以上的业主通过多数决决定成为法人，同时又具有名称、场所且经办公地所在地相关机关登记的，即成为拥有法人资格的管理组织法人；如美国亦通过判例确立了业主协会的法人地位。[1]我国也曾就业主大会的法人地位确定做过积极探索，但是把“业主大会”作为法人组织来看待确实存在歧义，因为业主大会仅作为业主的集会决议机制存在，不可能成为团体法人，严格说来，立法赋予法人地位的对象应是“业主团体法人”或“业主管理团体法人”等。

三、所有权取得制度中若干问题的立法完善

（一）善意取得的构成要件和适用范围

善意取得制度作为所有权取得特别规定中的最重要的一项制度，必然会成为《民法典物权编》修订的一项重点。《物权法》第106条虽然完整构建了善意取得的构成要件，但其诸多细节仍有待明确，因此《关于适用〈中华人民共和国物权法〉若干问题的解释（一）》（以下简称《物权法司法解释一》）（法释〔2016〕5号）用了大量篇幅对该制度作了进一步阐述。然而从其后的讨论来看，司法解释并未完全使实务和理论界对该制度达成完全的共识，一些问题仍需通过立法来统一认知。

1. 关于转让合同效力对善意取得的影响

在物权法的立法过程中，“转让合同有效”一度被作为善意取得的构成要件之一加以规定，直到它在《物权法草案（六次审议稿）》中被删除。[2]但在《物权法司法解释一》中，其第21条又规定，“转让合同因违反合同法第五十二条规定被认定无效”，以及“转让合同因受让人存在欺诈、胁迫或者乘人之危等法定事由被撤销”两种情形下，受让人无法主张善意取得。从最高院的释义理由来看，司法解释该条的出发点，在于认为“合同正义”高于“合同自由”，由于上述两种情形存在对合同正义的违反，因此应当阻却善意取得的发生，不能使存在恶意的受让人受益。[3]但对此，学界反对意见颇多。有学者认为，该解释实际是重提了“转让合同有效”要件；[4]也有学者列出多项反对意见，认为该条不应被《民法典物权编》吸纳。[5]

---

〔1〕 参见王耀才：《为什么说“业主大会法人化”十分有必要》，载《现代物业》2011年第1期。

〔2〕 参见崔建远：《物权法》，中国人民大学出版社2014年版，第71～72页。

〔3〕 参见杜万华：《最高人民法院物权法司法解释（一）理解与适用》，人民法院出版社2016年版，第475页。

〔4〕 参见姚明斌：《善意取得之合同效力要件再检视——基于物权法解释（一）第21条展开》，载《法学》2017年第5期。

〔5〕 参见崔建远：《司法解释对善意取得制度完善的影响度》，载《华东政法大学学报》2017年第5期。

反对意见主要是考虑了下述要素：首先，由于我国《物权法》没有采纳物权形式主义的物权变动模式，因此不存在转让合同与物权行为二元构造，也就不存在二者的效力界分，因此在这一思维惯性下，将物权变动效力与合同效力作明确区分、使二者相互独立的观点，在我国法律上首先就是站不住脚的。其次，《物权法司法解释一》并非是对“转让合同有效”要件的重申，因为其条文涵摄的范围，仅限于有限的几种合同无效情形，故并不能由此推断出，一切合同无效的情形均能阻却善意取得的发生，因此以这一理由反驳该司法解释，也是不成立的。同时，《物权法司法解释一》的规定也存在明显的问题。从立法主旨上看，该条规则旨在使负有不良交易动机的受让人，不能取得善意受让人的地位。由此，该条第2款强调仅在“受让人存在欺诈、胁迫或者乘人之危”的情形下不能适用善意取得，符合该条的立法主旨；但该条第一款所举的“因违反合同法第五十二条规定被认定无效”的情形，若违法者为让与人，受让人为善意，则并无理由排除受让人的善意取得。[1]

但是上述正反意见并未能成功地在理论上解决，是否应将“转让合同依法有效”作为善意取得的一个法定条件，因为两种意见对于无权处分行为的法律性质没有有效地讨论，而这是解决这一问题的根本。无权处分行为的效力待定针对的对象是什么呢？从合同效力来看，如果仅仅欠缺处分权这一项，合同应是合法有效的，因为法律允许合同成立时当事人没有取得处分权，只要合同履行时具有处分权即可。但是如果合同不仅仅欠缺处分权，还存在其他的瑕疵，则又另当别论，它服从其他合同无效或可撤销的法律判断及承担相应法律后果，也就同时超出了无权处分中善意取得的适用范围，因为善意取得针对的是纯粹无权处分的场合，且是债权合同本身有效的情形。故无权处分的效力待定针对的不是转让合同，而是转让行为，即实际交付动产时的事实行为。这一点与物权行为中的交付类似，但在性质上却不能作交付行为属于“法律行为”的认定。因为无权行为本身即对他人财产的侵害，理应承担相应的侵权责任，只有在所有人同意或认可的情形下，其行为才具有合法性，并阻却了侵权责任。

在理论上应将实际交付的处分行为理解为事实行为，而不是法律行为的主要理由在于，这一行为的后果是针对是否构成侵权而言，而绝不是合同的效力问题。效力待定的含义也是在于解决，此行为是否经过当事人同意而变成合法行为，而不再是侵权行为。从此角度而言，无权处分中的转让交付行为就如同未经他人同意，使用他人物品或吃掉他人食物这些事实行为一样，在侵权和合法行为认定之间依赖于所有人的意思，一经所有人同意，上述行为都变成合法行为，并无任何差别。由此，我国《民法总则》中将无权处分作为独立的法律行为，并从法律行为的效力角

---

〔1〕 参见崔建远：《司法解释对善意取得制度完善的影响度》，载《华东政法大学学报》2017年第5期。

度去理解，是无权处分问题纠缠不清的理论根源。物权编应将“转让合同有效”作为善意取得的法定条件予以规定，如此方能昭示世人除了欠缺处分权以外，合同所有内容均符合有效合同要求，以此决定善意取得与其他合同效力瑕疵情形的法律界限。

2. 合理价格是否需要被实际支付

物权法第 106 条规定了“合理价格转让”这一善意取得的构成要件。同时，《物权法司法解释一》第 19 条细化了对“合理价格”的解释，但却回避了“合理价格是否需要被实际支付”这一理论上尚有争议的问题。目前学界对这一问题有两派观点：第一种观点认为转让的对价需实际支付，才能构成善意取得。其理由是如果没有实际支付，则一来原权利人可以主张交易未完成，从而会引发更多的纠纷；二来受让人可能虚构交易，从而损害真实权利人的利益。[1]第二种观点则认为对价无须实际支付，亦可构成善意取得，其理由是价款付清与否，应完全交由债法管辖，不在善意取得制度的视野内；且合同履行实际状况纷繁复杂，转让人可能拒收款项，受让人可能依约交付后付款，若一定要求付清款项，则对受让人过于严苛，属于“做过了头”。[2]

若依文义解释，物权法第 106 条既未明示价款需被实际支付，则应当认为立法者没有构建这一规则的意图。从最高院对物权法该条的理解来看，其也倾向于不要求受让人实际支付对价。[3]那么如何回应主张“实际支付”观点的担忧呢？首先，对引发更多的纠纷的担忧不足为虑。因为按照目前的善意取得构成要件，所谓“交易未完成”的理由，在合同法上根本无用武之地，原权利人显然不会以此为依据来提起诉讼，而最终会回到对受让人“善意”的判断上，“实际支付”与否并不能真正影响争议的数量。其次，对于虚构交易的担忧，并不能靠“实际支付”来解决。因为若转让人与受让人有意恶意串通，自可以通过虚假的支付掩人耳目，“实际支付”在此只是一定程度上提高了恶意串通的实施成本，却不能从根本上解决这一问题。最后，现实生活中，“一手交钱一手交货”并非全部交易的常态，分期付款、延后付款等交易模式实属常见，若一概要求价款付清，则对于这些交易模式，就无法适用善意取得制度，这显然与善意取得制度的本意不相符。

此外，《物权法司法解释一》第 19 条也并非完全没有回应价款是否需要被实际支付的问题。该条列举了“付款方式”和“交易习惯”两个考察“合理价格”和“受让人善意”的要素，若“付款方式”和“交易习惯”有违常态，则可以阻却善

---

〔1〕 参见王利明：《物权法研究（上卷）》，中国人民大学出版社 2012 年版，第 445 页。

〔2〕 参见崔建远：《司法解释对善意取得制度完善的影响度》，载《华东政法大学学报》2017 年第 5 期。

〔3〕 参见杜万华：《最高人民法院物权法司法解释（一）理解与适用》，人民法院出版社 2016 年版，第 449 页。

意取得的发生，这就自然压制了不实际支付对价、意图虚构交易善意取得的情况的出现。

3. 赃物的善意取得问题

在传统民法理论上，赃物与遗失物、埋藏物一样，属于占有脱离物，即非基于原权利人意思脱离占有而由第三人取得之物。[1]一般认为，善意取得制度适用于占有委托物，没有疑问；而是否适用于占有脱离物，存在争议。物权法第107条对作为占有脱离物的遗失物做出了明确规定，但却未对赃物的善意取得问题发表意见。在比较法上，遗失物与赃物的善意取得，往往被立法者并列规定，我国物权法回避该问题颇令人费解。[2]按照立法机关的解释，之所以不规定赃物的善意取得，是因为对被盗、被抢的财物，“所有权人主要通过司法机关依照《刑法》《刑事诉讼法》《治安管理处罚法》等有关法律的规定追缴后退回”。[3]由于实践中公权力机关会对赃物进行直接收缴，这对于已支付合理对价的善意第三人而言，无疑是难以接受的，这也就造成了学者指出的“有害警民关系”“滋生执法不公”等弊端。[4]同时，贯彻彻底的“一追到底”原则，显然也与市场经济的部分规律相违，既不可能实现，也可能对交易秩序造成危害。

在此基础上，有学者提出了赃物善意取得的区分说，即认为，对于部分赃物，可以适用善意取得，这些赃物包括：一是占有委托物，如诈骗罪、敲诈勒索罪的赃物等，对于这些赃物，由于权利人的占有脱离系基于自身意志，因而适用善意取得之法理；二是货币和无记名证券，基于流通性而无法被追缴，适用善意取得；三是追缴将严重影响交易秩序的赃物，如已经登记过户的房屋等，“一追到底”将破坏登记的公信力。[5]上述区分确有一定道理，但就第一类而言，我国当前立法反对赃物取得的逻辑是基于犯罪行为的可非难性，因此将赃物按罪名区分对待的依据尚有待明确；但对于不动产而言，如果认为完成登记等具有公信力的步骤即可善意取得，则实际上是承认了赃物可以善意取得，只不过立法者可以在善意取得条件上从严掌握。

由此，未来民法典应当明确赃物可以善意取得，理由如下：首先，否认赃物的善意取得，其法理在于对犯罪行为的非难，但第三人如果善意且支付了合理价款，则其并不处于一个可非难的地位，法律将对犯罪人的非难转嫁到对善意第三人的非

---

[1] 参见史尚宽：《物权法论》，中国政法大学出版社2000年版，第569页。

[2] 参见《德国民法典》第935条，《法国民法典》第2279条，《日本民法典》第193条等。

[3] 全国人大法工委：《物权法条文说明、立法理由及相关规定》，北京大学出版社2007年版，第195页。

[4] 熊丙万、周院生：《论赃物善意取得制度的实践需求与具体构建》，载《人大法律评论》2009年卷。

[5] 参见王利明：《物权法研究（上卷）》，中国人民大学出版社2012年版，第456页。

难，并无道理；但对赃物善意取得的认定上，应将直接销赃行为排除在外。因为我国《刑法》第312条规定了“掩饰、隐瞒犯罪所得、犯罪所得收益罪”，其中犯罪行为人将赃物通过自己或他人出卖给第三人均构成犯罪，故通过销赃途径获得的财产，不应适用善意取得，因为《刑法》已对其行为施加了最强烈的否定性评价，物权法应遵守这一判断，不能允许通过犯罪行为而转移财产所有权。至于销赃行为之后的财产流转，则可比照善意取得的条件来进行认定。其次，从保障被害人权益、辅助犯罪侦破的角度出发，对赃物的“一追到底”，确有必要，但这一立法目的的实现，未必以全盘否定赃物的善意取得为必要。最后，《刑法》《刑事诉讼法》等立法的规定，是从公法规制视角出发，其本身就没有考量民法视角下的交易秩序等问题，因此其规则缺乏民法法理的支持，本就不应将其奉为圭臬；且公法的立法目的，主要在于强调“追赃”这一侦查活动的彻底性，并不必然涉及“追赃”的结果安排。如《刑事诉讼法》第137条规定：“任何单位和个人，有义务按照人民检察院和公安机关的要求，交出可以证明犯罪嫌疑人有罪或者无罪的物证、书证、视听资料等证据。”但该规定显然没有否认善意第三人在配合犯罪调查后依然取得赃物所有权的可能。因此规定赃物的善意取得也并不当然与公法立法目的相矛盾。

（二）遗失物拾得人的激励规则

按照《物权法》第109条至第114条的规定，遗失物的拾得人，在拾得遗失物后需要承担如下义务，即通知或交公义务、保管义务和返还义务；与之相对应，拾得人享有的权利则包括保管费用请求权和悬赏履行请求权。因此，在一个典型的遗失物拾得情境下，拾得人需要妥善地将遗失物保管或交公，且在遗失物所有人没有悬赏的前提下，只能向对方主张自己为保管遗失物而额外支出的费用。由此可知，目前物权法对遗失物拾得人没有构建任何激励机制，遗失物的拾得对拾得人而言，无疑是费力不讨好的事情。

从成本和收益的角度考虑，在遗失物的拾得中，拾得人实际要面临诸多的成本：首先，拾得人要判断一个无人占有之物是否为遗失物。因为一时丧失占有之物并非遗失物，无人管领之物亦可能构成无主物。由此，拾得人一旦将该物视为遗失物并予以拾得，其一方面就要承担可能构成侵权的风险，另一方面又会丧失基于对无主物先占所获的利益。其次，如前所述，按照物权法目前的规定，拾得人需要在拾得后承担通知、交公、保管等诸多义务，每项义务均需要有时间、精力、金钱成本的付出，但按照物权法当前的规定，拾得人仅能就保管支出的必要费用这一项享有法定的请求权，其他的付出则无法弥补。当拾得人“收益”不能与“成本”相抵时，理性的拾得人必然会选择脱法的、非常规的拾得物处理方式：一是侵占拾得物。这一点在现实生活中大量存在，但由于违法后果的存在而受到一定的阻却；二是不进行拾得。虽然不进行拾得在一定程度上可能降低原权利人找回拾得物的难度，但其也会带来两个弊端：其一，由于无人管领，遗失物遭受风险损毁和灭失的可能性加大；其二，遗失物可能长期处于闲置状态，有违物尽其用的原则，法律显然不应引导社会成员对遗失物的“熟视无睹”。

在比较法上，对拾得人的激励机制主要包括两种途径：其一是赋予拾得人报酬请求权；其二是规定拾得人经过一定期间可以取得遗失物所有权。[1]与之相对应，我国物权法没有规定拾得人的报酬请求权，其主旨在于认为这不利于弘扬拾金不昧的道德传统；同时，物权法规定经公权力机关一定期间招领后，由国家而非拾得人取得遗失物所有权。这两项规定均有待商榷。首先，不赋予拾得人报酬请求权，显然颠倒了法律与道德规制之层次关系。法律在面对社会一般民众的规制上，不应为民众施加超出社会一般道德水平的义务。按照当前的遗失物拾得规则，拾得人的成本要远大于其收益，遗失物返还义务成为超出一般道德水平的义务，这显然不应当成为法定的义务标准；相反如果赋予拾得人报酬请求权，则道德高尚的拾得人在享有法定报酬请求权的情形下，亦可以放弃该请求权，从而实现自身较高的道德自律要求，这与弘扬传统道德标准并不矛盾。其次，由国家经过一定期间取得遗失物所有权，不仅无法激励拾得人将遗失物交公，在法理上亦有不符，因为如果遗失物经过六个月认领期未有人认领，则原权利人权利即告消灭，按照先占法理，也应当是由拾得人而非国家取得所有权。

（三）添附规则的取舍问题

添附规则是广泛存在于大陆法系国家物权法中的一项制度，它的主要目的是使价值较低一方的所有权因添附而消灭，由价值较高的一方取得添附物所有权。这种做法的立法理由是，“在所有权关系中应当保持主物经济上的整体性。随之从物的所有权人丧失所有权，以便主物的整体适用和利用不会受到各种各样所有权人的影响。”[2]由此可知，添附规则绕开了双方权利人的意思自治，而以法定规范形式确定了物的所有权归属；同时，对于权利丧失者，可以通过不当得利制度，向权利取得者请求相应的金钱补偿，以维系双方公平。[3]在我国物权法立法过程中，关于是否要订立添附规则曾引发争议。反对者认为，添附在实践中意义不大，可为侵权制度所代替。[4]目前我国法律上与添附相关的规则，主要是《民法通则意见》第86条，以及《最高人民法院关于审理城镇房屋租赁合同纠纷案件具体应用法律若干问题的解释》（法释〔2009〕11号）中第9条至第13条关于租赁房屋装修问题的

---

〔1〕《德国民法典》第971条、第973条。

〔2〕［德］曼弗雷德·沃尔夫：《物权法》，吴越译，法律出版社2002年版，第297页。

〔3〕参见《德国民法典》第951条。

〔4〕参见王利明：《物权法研究（上卷）》，中国人民大学出版社2012年版，第484页。

规定。

我国物权法不规定添附规则，是较为明智的：首先，添附规则默认排除了双方的意志参与，这在实际生活和交易中几乎是不能想象的，毕竟大多数的添附现象都是在交易中产生的；其次，添附规则默认了在添附情境下，物之附合带来的收益，必然大于物之拆分带来的成本，而没有考虑到附合可能带来的外部性成本，如非善意添附问题和丧失权利的非替代性问题等；最后，添附情境下当事人行为一般总有先后之分，对于将自己之物添合于他人之物之上的行为，其本身就构成了侵权行为，但添附规则对此完全不予考虑，甚至可能赋予侵权人更优的法律地位。因此，我国《最高人民法院关于贯彻执行〈中华人民共和国民法通则〉若干问题的意见（试行）》第86条规定的“约定——拆除——折价、赔偿”的规则体系，对于解决实践中的添附问题，实际上更具有合理性，应当被民法典所吸收。

法释〔2009〕11号对租赁房屋装修这一添附问题，则实际上又采取了另一种处理模式，即将房屋的装修视为一项合同条款，较多地用违约责任的思路来解决添附问题。[1]详言之，若添附经双方同意，则在合同无效、解除情形下，由双方按过错分配损失，或由过错方给予非过错方补偿；在合同有效且履行完毕情形下，添附视为一项合同条款的履行完毕，不发生新的利益分配；若添附未经出租人同意，则视为违约。[2]应当认为，在存在合同交易的情形下，将添附纳入合同的框架下予以调整，这种做法值得赞同。因此该司法解释的第9条、第11条、条13条有其合理性。但对于第12条，司法解释完全排除了在合同有效且履行完毕情形下，承租人对出租人的补偿请求权，即存在疑问。按照最高院的解释，该规则主要是以行业惯例为依据，即认为，装修费用会作为房屋租赁投资成本，费用摊销在房屋租赁期内，对于装修物的利用价值补偿承租人和出租人一般事先以折旧率、投入价值等因素予以计划。但需要注意的是，该理由系立足于商业经营性租赁，未必适用于一般民事主体偶发性的房屋租赁情形，因此该规则未免缺乏弹性。合理的做法应是，在房屋租赁装修，乃至各种添附的情境下，都不能排除权利丧失方的不当得利请求权，除非权利取得方能够在如商业经营性房屋租赁情况下，证明其并没有取得无法律依据的额外利益。

---

〔1〕 参见崔建远：《不动产附合规则之于中国民法典》，载《汉江论坛》2017年第6期。

〔2〕 当然，按照“请求承租人恢复原状或者赔偿损失”的后果，似乎也可以解释为侵权责任。

民法典担保物权制度修正评述

——以《民法典各分编（草案）》为分析对象*

高圣平**

《民法典各分编（草案）》（以下简称《一审稿》）已经第十三届全国人大常委会第五次会议第一次审议，并于2018年9月5日在中国人大网上公开征求意见。就担保制度在民法典中的体系定位问题，《一审稿》没有采纳学界关于担保法独立成编的建议，而是以人的担保和物的担保为类型化基础，将《担保法》上的保证作为一种有名合同，置于民法典分则的第二编“合同”中的第十三章“保证合同”；将《担保法》上的定金作为一种违约救济方式，置于第二编“合同”中的第八章“违约责任”第376-378条；[1]将《物权法》第四编“担保物权”置于民法典分则的第一编“物权”中的第十六章“担保物权一般规定”、第十七章“抵押权”、第十八章“质权”和第十九章“留置权”。《一审稿》“结合现实需要”，进一步完善了担保物权制度。[2]无论从体系安排上，还是具体制度的设计上，《一审稿》都无检讨的必要。

---

* 本文已发表于《江西社会科学》2018年第10期。

** 高圣平，法学博士，中国人民大学法学院教授、博士生导师，教育部人文社会科学重点研究基地中国人民大学民商事法律科学研究中心专职研究员。本文是中国人民大学科学研究基金（中央高校基本科研业务费专项资金资助）研究品牌计划基础研究项目《中国民法典担保法立法研究》（17XNI001）的阶段性研究成果。

〔1〕 定金并不仅限于违约定金，我国现行法上所承认的定金种类还包括证约定金、成约定金、解约定金、立约定金四种，参见高圣平：《担保法论》，法律出版社2009年版，第591~594页；曹士兵：《中国担保制度与担保方法》，中国法制出版社2015年版，第403~407页。《一审稿》的这一做法漠视了定金的其他种类，极易引起解释上的困难。

〔2〕 参见沈春耀（全国人大常委会法制工作委员会主任）：《关于〈民法典各分编（草案）〉的说明》，2018年8月27日在第十三届全国人民代表大会常务委员会第五次会议上。

一、分编立法模式下的立法技术

在立法政策上，我国民法典分则将由物权编、合同编、人格权编、婚姻家庭编、继承编、侵权责任编六编依次构成。这一结构安排是在遵循内容具有基础性、普遍性、稳定性和平等自愿性等原则的基础上确定的。〔1〕担保法虽然符合这些原则，但并没有作为独立一编纳入民法典，民法典也就没有了调整担保法律关系的一般规定（小总则）。如此，极易导致“担保物权一般规定”和“保证合同”之间的重复。例如，《一审稿》第179条规定了担保合同与主合同之间的关系，第472条也规定了保证合同与主合同之间的关系；第180条规定了担保物权的担保范围，第480条也规定了保证担保的范围；第182条规定了债务人转移债务对物上保证人的影响，第487条也规定了债务人转移债务对保证人的影响。这些重复规定的规则之间条文表述上也存在差异。

为使立法简约，这些共通适用的规则应在一起规定，构成担保制度的“小总则”。“提取公因式”是民法典总分体系立法技术的经典表达，它通过将共性法律规范抽象出来，使其与具体性规范在逻辑上相互呼应，从而使民法典形成一个逻辑严密的体系。〔2〕我国实定法上，《担保法》第一章“总则”和《最高人民法院关于适用〈中华人民共和国担保法〉若干问题的解释》（以下简称《担保法解释》）第一章“关于总则部分的解释”，即为担保制度的总则性规定，以下再设置保证、抵押、质押、留置、定金等类型化的具体担保制度，如此形成担保法的总分则体系。由此可见，虽然《担保法》是应愈演愈烈的“三角债”问题和保全银行信贷资产的应景之作，〔3〕但其体系化的努力却值得赞同。这一立法模式暗合了德国法就担保制度的体系安排。《德国民法典》秉承物债二分体系，人的担保和物的担保依其效力分别规定于第二编“债之关系法”和第三编“物权法”，但在第一编“总则”中设专章规定“提供担保”，置于“权利的行使”之下，规定担保法的一般规则，其理由在于，担保制度是权利实现的组成部分，无论是人的担保，还是物的担保，都是权利实现的保障或手段。〔4〕这一体系安排在一定程度上体现着总分结构和物债二

---

〔1〕 参见沈春耀（全国人大常委会法制工作委员会主任）：《关于〈民法典各分编（草案）〉的说明》，2018年8月27日在第十三届全国人民代表大会常务委员会第五次会议上。

〔2〕 参见李建华、何松威、麻锐：《论民法典“提取公因式”的立法技术》，载《河南社会科学》2015年第9期。

〔3〕 参见全国人大常委会法制工作委员会民法室、孙礼海主编：《中华人民共和国担保法释义》，法律出版社1995年版，第1~2页。

〔4〕 Vgl. Ludwig Kuhlenbeck, Von den Pandekten zum Bürgerlichen Gesetzbuch Band 1 , Berlin 1898, S. 577.

分体系的融合。虽然商事实践的发展早已突破了《德国民法典》这部古老的法典，担保法总则规定的实际功能已大为减弱，[1]但这仅仅只表明德国担保法总则及担保法体系面临重构的必要，总分结构的体系化意义仍然不容小觑。值得注意的是，在比较法上，《法国民法典》2006年修正时单独设立第四编，规定涵盖人的担保和物的担保的统一担保制度，虽然深受美国担保法的影响，[2]但其对担保法独立体系的重视，[3]值得赞同。但该编并无严格意义上的担保法总则，[4]这与《法国民法典》并不采行总分结构有关。[5]从已经公布的中国民法典的结构安排来看，总分结构仍然是整部法典应遵循的体系化基础，如此，担保法总则的规定依然是无法回避的话题。

在立法技术上，我国民法典中担保法总则可以仿效《德国民法典》，规定于"总则"编，作为民事权利及其实现规则的组成部分。但这一方案的可行性值得怀疑。一个折中的方案是，以"担保物权一般规定"章或"保证合同"章中"一般规定"作为担保法总则。从《一审稿》的内容来看，尚无法确定这两部分中哪一部分起到担保法总则的作用。例如，关于担保的适用范围和反担保的规则（《担保法》"总则"第2条、第4条），规定于"担保物权一般规定"的第178条，"保证合同"未作规定；但就担保人的除外规则，规定于"保证合同""一般规定"的第473条，"担保物权一般规定"中没有规定。本文作者建议，基于物权编在合同编之前的既定法典顺序安排，应以"担保物权一般规定"作为担保法总则，该章既是担保物权的小总则，也可准用于保证。基于此，前述共通规则应置于"担保物权一般规定"章，与此相应，"保证合同"章中不再规定。

同时，《一审稿》中"担保物权一般规定"对于共通适用于抵押权、质权等物上担保的规则应进一步提取"公因式"，体现总则在分则中的普遍适用特征。例如，"抵押权"章第192条规定流抵契约的禁止，第199条规定抵押权人的保全请求权，第201条规定抵押权的实行方式，第204条规定抵押财产变价款的分配规则；"质权"章第219条又规定流质契约的禁止，第224条规定质权人的保全请求权，第227条规定质权的实行方式，第229条规定质押财产变价款的分配规则；"留置权"章第246条又规定留置财产变价款的分配规则。条文之间重复甚多。

---

〔1〕参见台湾大学法律学院、台大法学基金会编译：《德国民法典》，北京大学出版社2017年版，第201页。

〔2〕See Paul Omar, Updating the Framework for Asset Security in France The Reforms of 2006., 2 J. Comp. L. 189 (2007).

〔3〕参见李世刚：《法国担保法改革》，法律出版社2011年版，第3页。

〔4〕其中第2287条勉强可以纳入担保法总则范畴。

〔5〕参见［德］K. 茨威格特、H. 克茨：《比较法总论》，潘汉典、米健、高洪俊、贺卫方译，法律出版社2004年版，第142~143页。

二、担保财产范围的修改

在市场经济条件下，但凡具有交换价值的财产均应作为担保财产。《物权法》在《担保法》的基础上扩充了担保财产的范围，在一定程度上发挥了社会经济生活中典型财产的金融价值，但基于对金融安全的关注，对于部分财产进入金融领域仍然做了相应限制。《一审稿》就抵押财产新增“海域使用权”（第186条第1款第3项），删去《物权法》第180条第1款第3项“以招标、拍卖、公开协商等方式取得的荒地等土地承包经营权”；就质押财产，将“应收账款”修改为“取得应收账款、不动产收益的权利”（第231条第6项）。

《海域使用管理法》中明确规定了海域使用权，《物权法》在“用益物权”编“一般规定”中也明确规定：“依法取得的海域使用权受法律保护。”《一审稿》第123条重复了这一规定。虽然海域使用权的取得需要经过行政主管部门的审批，但学说上多认为，其为不同于准物权或特许物权的一种用益物权。[1]在民法典编纂过程中，学者间建议将其上升为一种典型的、重要的用益物权类型，[2]并将其正面列举为抵押财产之一，以防免海域使用权担保上登记机构、登记效力、设立等问题上的争议。[3]《一审稿》增列“海域使用权”，值得赞同。但同样规定于《一审稿》“用益物权一般规定”的“探矿权、采矿权、取水权和使用水域、滩涂从事养殖、捕捞的权利”（第124条）同样也有融资担保的需要。这些不动产权利同样属于可以转让的财产，具有交换价值，同样符合抵押财产的条件，亦应增列为抵押财产。值得注意的是，虽然《一审稿》第186条第1款第8项“法律、行政法规未禁止抵押的其他财产”足以涵盖上述财产，但这些财产进入融资担保领域之后，公示方法以及效力如何，《一审稿》并未作出规定，由此而出现登记机构、登记生效抑或登记对抗等解释争议。不若正面列举这些财产，明定其登记机构和登记效力。

《一审稿》就新一轮农村土地制度改革成果的吸收颇费周章。第186条删去了现行法上允许“以招标、拍卖、公开协商等方式取得的荒地等土地承包经营权”可以抵押的规定；第190条保留了“耕地、宅基地、自留地、自留山等集体所有的土地使用权，但法律规定可以抵押的除外”。但第135条又规定“通过招标、拍卖、公开协商等方式承包荒地等农村土地”“其土地承包经营权可以转让、入股、抵押或者以其他方式流转”；第209条又规定了“土地承包经营权、土地经营权”抵押

---

〔1〕 参见崔建远：《海域使用权制度及其反思》，载《政法论坛》2004年第6期。

〔2〕 刘保玉、吴安青：《民法典物权编的结构安排与内容设计》，载《甘肃政法学院学报》2017年第6期。

〔3〕 参见高圣平：《民法典担保物权法编纂：问题与展望》，载《清华法学》2018年第2期。

权实行后的限制性规则。如此规则之间的冲突至为明显。立法说明中指出，“在总结有关改革试点实践经验的基础上，结合《农村土地承包法》修改的审议情况、各方面提出的意见和基层调研情况，草案对《物权法》的用益物权制度、担保物权制度作了相应修改”，“修改了土地承包经营权抵押的相关规定”；“关于宅基地‘三权分置’问题和农民住房财产权抵押问题，考虑到这两个问题主要涉及《土地管理法》的修改，国务院有关部门正在抓紧推进起草工作。

在党的十八大以来启动的深化农村土地制度改革试点中，“农村承包土地的经营权”“农民住房财产权”抵押贷款试点工作[1]稳步推进，立法机关通过决定，授权国务院在相应试点地区暂时调整实施《物权法》《担保法》关于集体所有的耕地使用权、宅基地使用权不得抵押的规定。[2]在解释上，这里的“农村承包土地的经营权”，既包括土地承包经营权，也涵盖土地经营权；[3]“农民住房财产权”是指“农民住房所有权及所占宅基地使用权”。[4]这一试点工作取得了良好的效果，应当在民法典中得到反映。[5]基于正面列举担保财产所体现的指引作用，第186条应将土地承包经营权、土地经营权、宅基地使用权明确规定为抵押财产，同时删除第190条的相应禁止性规定。值得注意的是，土地经营权是承包地“三权”分置的产物，是派生于土地承包经营权的一种农地利用权利，[6]政策文件倾向于将其定性为债权。[7]土地经营权所反映的承包地流转关系主要是出租和转包方式，基于体系考虑和使新型农业经营主体取得稳定经营预期和融资担保的政策目标，本文作者主

---

〔1〕《国务院关于开展农村承包土地的经营权和农民住房财产权抵押贷款试点的指导意见》（国发〔2015〕45号）；《全国人民代表大会常务委员会关于授权国务院在北京市大兴区等232个试点县（市、区）、天津市蓟县等59个试点县（市、区）行政区域分别暂时调整实施有关法律规定的决定》。

〔2〕《全国人民代表大会常务委员会关于授权国务院在北京市大兴区等232个试点县（市、区）、天津市蓟县等59个试点县（市、区）行政区域分别暂时调整实施有关法律规定的决定》。

〔3〕高圣平：《承包土地的经营权抵押规则之构建——兼评重庆城乡统筹综合配套改革试点模式》，载《法商研究》2016年第1期；《中共中央办公厅、国务院办公厅关于完善农村土地所有权承包权经营权分置办法的意见》（以下简称《三权分置意见》）；《农村承包土地的经营权抵押贷款试点暂行办法》第5～7条。

〔4〕高圣平：《农民住房财产权抵押规则的重构》，载《政治与法律》2016年第1期；《农民住房财产权抵押贷款试点暂行办法》第2条。

〔5〕参见王利明：《我国民法典重大疑难问题之研究》，法律出版社2016年版，第395页。

〔6〕参见韩长赋：《土地“三权分置”是中国农村改革的又一次重大创新》，载《光明日报》2016年1月26日，第8版；《三权分置意见》。

〔7〕参见刘云生、吴昭军：《政策文本中的农地三权分置：路径审视与法权建构》，载《农业经济问题》2017年第6期。《三权分置意见》指出：“提倡通过流转合同鉴证、交易鉴证等多种方式对土地经营权予以确认，促进土地经营权功能更好实现。”此外，该意见中还指出，土地经营权人改良土壤、建设农业生产、附属、配套设施等须征得承包人同意；再流转或抵押土地经营权除须征得承包人书面同意之外，还应向农民集体书面备案。此与将土地经营权定性为物权的应有表述大相径庭。

张土地经营权为债权，但同时赋予其登记能力。[1]有学者认为，如将土地经营权定性为债权，就只能质押，不能抵押。[2]本文作者对此不敢苟同，权利即可作为抵押权的标的，又可作为质权的标的，权利质权的标的须为与质权性质不相抵触的财产权利。[3]新型农业经营主体以其土地经营权设定担保之后仍得行使其土地经营权，已与质权性质相抵触，因为如若设定质权，新型农业经营主体必不得行使其土地经营权。如此，土地经营权上设定的是抵押权。

《一审稿》以"取得应收账款、不动产收益的权利"取代"应收账款"值得商榷。《应收账款质押登记办法》将应收账款界定为"权利人因提供一定的货物、服务或设施而获得的要求义务人付款的权利以及依法享有的其他付款请求权，包括现有的和未来的金钱债权，但不包括因票据或其他有价证券而产生的付款请求权，以及法律、行政法规禁止转让的付款请求权。"学说上认为，应收账款是因合同而生的金钱给付之债，排除了不当得利、无因管理、侵权责任等法定之债，也排除了因合同而生的非金钱给付之债。[4]但《应收账款质押登记办法》所列举的应收账款中，"能源、交通运输、水利、环境保护、市政工程等基础设施和公用事业项目收益权"多基于行政特许而产生，难以解释其"合同基础"，将其纳入应收账款，过于牵强，也就有了单独将其规定为一类出质权利的必要。[5]但《一审稿》"取得应收账款、不动产收益的权利"的表述有欠妥当。应收账款本属金钱给付请求权，取得这一金钱给付请求权的权利就不再是应收账款，而是合同，但合同本身是不能作为权利质权的标的，仅仅只是因合同而产生的金钱给付请求权才是权利质权的标的。建议将该项修改为应收账款、不动产收费权或收益权，同时鉴于两者在产生基础上的差异，将两者分列，作为各别的权利类型分项予以规定。

---

〔1〕 详细论证参见高圣平：《承包地三权分置的法律表达》，载《中国法学》2018 年第 4 期；高圣平：《论农村土地权利结构的重构——以〈农村土地承包法〉的修改为中心》，载《法学》2018 年第 2 期。

〔2〕 参见陶钟太朗、杨环：《论"三权分置"的制度实现：权属定位及路径依赖》，载《南京农业大学学报（社会科学版）》2017 年第 3 期；张占斌：《"三权分置"背景下"三权"的权利属性及权能构造问题研究》，载《西南大学学报（社会科学版）》2017 年第 1 期；宋志红：《"三权分置"关键是土地经营权定性》，载《中国合作经济》2016 年第 10 期。

〔3〕 参见谢在全：《民法物权论》，中国政法大学出版社 2011 年版，第 1012 页；郑冠宇：《民法物权》，新学林出版社股份有限公司 2014 年版，第 638 页。

〔4〕 参见高圣平：《担保法论》，法律出版社 2009 年版，第 542 页。《应收账款质押登记办法》第 2 条第 2 款关于应收账款的兜底性规定"其他以合同为基础的具有金钱给付内容的债权"，也表明应收账款是因合同而生的金钱给付之债。

〔5〕 参见王利明：《我国民法典物权编中担保物权制度的发展与完善》，载《法学评论》2017 年第 3 期。

三、抵押物转让规则的修正

就抵押物转让，我国立法政策上变化较大。《担保法》上否认抵押权的追及效力，将抵押物转让行为的效力系于抵押人是否通知抵押权人并告知受让人转让物已经抵押的事实，抵押人未通知抵押权人或未告知受让人的，转让行为无效，抵押权人有权追回抵押物。[1]在抵押人已经通知抵押权人并告知受让人的情况下，抵押权人有权就转让价金优先受偿，立法态度上采取所谓转让价金的物上代位主义。《担保法解释》维系了抵押人通知抵押权人且告知受让人的情形下，抵押权人就转让价金的物上代位权，但将抵押人未通知抵押权人或未告知受让人的情形下的法律效果修改为：抵押权已登记的，抵押权有追及效力，但受让人有涤除权，可以代替债务人清偿债务，使抵押权归于消灭；抵押权未登记的，抵押权不得对抗受让人，抵押权人因此所受损失，由抵押人承担赔偿责任。[2]《物权法》将抵押物转让的效果系于抵押权人是否同意，抵押权人若同意，实行价金物上代位主义；抵押权人未同意的，抵押人不得转让抵押财产，但受让人代为清偿债务消灭抵押权的除外。立法理由在于，《担保法》上，抵押物的转让不以抵押权人的意旨为转移，对抵押权人利益的保护不周，要求抵押物转让须经抵押权人事先同意可以保护抵押权人和受让人的利益，以免抵押人利用制度漏洞获得不正当利益，节省经济运行的成本。[3]《物权法》的这一规定在解释适用上存在较大的争议，如抵押财产转让合同的效力如何认定？就此，第八次全国法院民事商事审判工作会议（民事部分）纪要（2016年11月30日）指出："《物权法》第一百九十一条第二款并非针对抵押财产转让合同的效力性强制性规定，当事人仅以转让抵押房地产未经抵押权人同意为由，请求确认转让合同无效的，不予支持。受让人在抵押登记未涂销时要求办理过户登记的，不予支持。"这在一定程度上将无权处分的规则适用于抵押财产的转让，但也否认抵押权的物上追及效力。

《一审稿》第197条规定："抵押期间，抵押人转让抵押财产的，应当通知抵押权人。当事人另有约定的，按照其约定。""抵押财产转让的，抵押权不受影响。抵押权人能够证明抵押财产转让可能损害抵押权的，可以要求抵押人将转让所得的价款向抵押权人提前清偿债务或者提存。转让的价款超过债权数额的部分归抵押人所有，不足部分由债务人清偿。"这一规定值得讨论。

---

〔1〕参见全国人大常委会法制工作委员会民法室、孙礼海主编：《中华人民共和国担保法释义》，法律出版社1995年版，第67页。

〔2〕参见李国光、奚晓明、金钊峰、曹士兵：《最高人民法院〈关于适用中华人民共和国担保法若干问题的解释〉理解与适用》，吉林人民出版社2000年版，第258～259页。

〔3〕参见胡康生主编：《中华人民共和国物权法释义》，法律出版社2007年版，第481～482页。

其一，这一规定以承认抵押权的追及效力为前提，颇合法理。抵押权是所有权上所设定的权利负担，但这一权利负担体现为抵押权可得实现之时就抵押物变价并优先受偿，抵押权的权能也就并不包括所有物的占有、使用、收益和处分。由此可见，抵押权的设定并不使抵押人丧失对抵押物的处分权。[1]“抵押权本质上是‘对物’的权利，而非‘对人’的权利”，[2]抵押权的追及效力是其物权本性的体现，无论抵押物辗转落入何人之手，抵押权人均可追及至抵押物之所在并行使抵押权。[3]《物权法》以牺牲抵押权的追及效力这一具有体系价值的制度为代价，来寻求抵押人、抵押物取得人和抵押权人之间的利益平衡，已广受批评。[4]基于此，《一审稿》从维系物权的整体效力的角度，赋予抵押权以追及效力，值得赞同。但令人遗憾的是，本条在承认抵押权的追及效力、强化抵押权人权利的同时，却没有关注抵押物取得人的利益诉求。虽然在抵押权可得行使之前，抵押物取得人对于抵押财产的利用不受影响，但抵押物取得人在特定情形下可能需要取得清洁的所有权。此际，如承认抵押物取得人的涤除权，抵押物取得人可以代替债务人清偿其全部债务，使抵押权归于消灭，同时明定受让人清偿债务后可以向抵押人追偿。如此，可以较好地平衡抵押权人、抵押人和抵押物取得人之间的利益。

其二，这一规定将价金物上代位的适用局限于“抵押权人能够证明抵押财产转让可能损害抵押权的”情形，过于狭窄。抵押权的追及效力对抵押物转让后的交易秩序的破坏不容忽视，学说上和实定法上均认为有缓和的必要。抵押权作为担保主债务清偿的权利，其权利内容除了追及至抵押物之所在行使变价权和优先受偿权之外，如在抵押物发生形态或者性质的变化而有代位物时，抵押权仍可追及至抵押物的代位物，此为抵押权的追及效力之扩张。[5]准此，在承认抵押权的追及效力的同时，也承认价金物上代位，允许抵押人将转让抵押物所得的价款向抵押权人提前清偿债务或者提存，以此消灭抵押权，受让人所取得的抵押物所有权即为没有抵押负担的所有权，如此对交易各方均为有利。本条规定比较准确地把握了仅承认价金物

〔1〕 参见谢在全：《民法物权论》，中国政法大学出版社2011年版，第700页；全国人大常委会法制工作委员会民法室、孙礼海主编：《中华人民共和国担保法释义》，法律出版社1995年版，第66～67页。

〔2〕 “新疆三山娱乐有限公司等与中国农业银行新疆维吾尔自治区分行营业部等金融借款合同纠纷案”，最高人民法院（2012）民二终字第113号民事判决书。

〔3〕 参见崔建远：《民法分则物权编立法研究》，载《中国法学》2017年第2期。

〔4〕 参见梁上上、贝金欣：《抵押物转让中的利益衡量与制度设计》，载《法学研究》2005年第4期；孙鹏、王勤劳、范雪飞：《担保物权法原理》，中国人民大学出版社2009年版，第183页；王洪亮：《不动产抵押物转让规则新解》，载《财经法学》2015年第2期；孙宪忠、徐蓓：《〈物权法〉第191条的缺陷分析和修正方案》，载《清华法学》2017年第2期。

〔5〕 参见刘得宽：《论抵押权之物上代位性》，载刘得宽：《民法诸问题与新展望》，作者1979年自版，第356页；邹海林：《论抵押权的追及效力及其缓和——兼论〈物权法〉第191条的制度逻辑和修正》，载《法学家》2018年第1期。

上代位的弊端，但却在承认抵押权追及效力的前提下，将抵押权人的价金物上代位请求权做了相应限制，值得商榷。同时承认抵押权的追及效力和价金物上代位效力，由抵押权人参酌具体情势选择行使，有利于保护抵押权人的利益。应当注意的是，本条所规定“抵押权人能够证明抵押财产转让可能损害抵押权的”情形已为《一审稿》第199条的文义所涵盖。该条指出：“抵押人的行为足以使抵押财产价值减少的，抵押权人有权要求抵押人停止其行为。抵押财产价值减少的，抵押权人有权要求恢复抵押财产的价值，或者提供与减少的价值相应的担保。抵押人不恢复抵押财产的价值也不提供担保的，抵押权人有权要求债务人提前清偿债务。”本条再作特别规定，构成规范效用重复。[1]

其三，这一规定将“通知抵押权人”作为抵押人转让抵押财产的程序性前提条件，但并未规定违反了这一程序性要件的法律后果。同时明确这一前置性的程序性要件可依当事人之特约予以排除适用。“通知抵押权人”貌似可以保护抵押权人的利益免受抵押人转让抵押物的损害，但这种假定因抵押权的追及效力而不具有任何价值。学说上认为，抵押物的转让和抵押权的追及效力分属不同的制度体系，抵押物转让的法律行为应当如何为之以及如何发生效力，与抵押权的追及效力不应当发生关联。[2]“通知抵押权人”的唯一意义可能在于抵押权人据以判断行使保全请求权的必要，但这一规则不仅无助于强化抵押权人利益的保护，而且增加了抵押人转让抵押物的不公平负担。

其四，这一规定没有考虑物上保证人的利益。在交易实践中，为确定抵押物的合理价格并促进交易，抵押人转让抵押物之时，确有消除抵押物上的权利负担的现实需要。如抵押人同时又是债务人，其自可清偿主债务，从而在从属性规则之下消灭抵押权；但如抵押人为债务人之外的第三人（物上保证人），抵押人是否可以借由清偿主债务而消灭抵押权，则不无疑问。此时，赋予物上保证人除去抵押请求权实有必要。[3]

综上，建议将本条修改为：“抵押期间，抵押人转让抵押财产的，抵押权的效力不因此受到影响。受让人或者抵押人可以代替债务人清偿其全部债务，使抵押权消灭。受让人清偿债务后可以向抵押人追偿。”“抵押期间，抵押人转让抵押财产的，应当将转让所得的价款向抵押权人提前清偿债务或者提存。转让的价款超过债权数额的部分归抵押人所有，不足部分由债务人清偿。”

---

〔1〕 邹海林：《论抵押权的追及效力及其缓和——兼论〈物权法〉第191条的制度逻辑和修正》，载《法学家》2018年第1期。

〔2〕 邹海林：《论抵押权的追及效力及其缓和——兼论〈物权法〉第191条的制度逻辑和修正》，载《法学家》2018年第1期。

〔3〕 徐银波：《我国抵押物转让制度的“体”冲突与完善》，载《武汉理工大学学报（社会科学版）》2014年第4期。

四、权利竞存时的优先顺位规则的修正

权利竞存时的优先顺位规则是担保物权制度的重要内容，制定明晰的优先顺位规则，有利于担保交易当事人或潜在当事人预估交易风险，以此达到促进担保交易的目的。《一审稿》结合商事实践的发展，就权利竞存时的优先顺位规则作了重大修正。

（一）抵押权竞存时的优先顺位规则及其作用

就抵押权竞存的优先顺位，《一审稿》坚持了“先登记者优先”“未登记者平等”的基本规则，但删除了《物权法》第199条第1项关于登记“顺序相同的，按照债权比例清偿”的规定。这一规则源于《担保法》第54条。为明确“顺序相同”的情形，《担保法解释》第58条第1款规定：“当事人同一天在不同的法定登记部门办理抵押物登记的，视为顺序相同。”在解释上，登记是将物权变动的事实和其他法定事项记载于特定簿册的行为，登记时间自是以记载于登记簿并可供查询之时为准。[1]就同一登记机构办理的登记而言，“记载于登记簿并可供查询”的时间必然存在先后顺序，数抵押权之间不大可能出现“顺序相同”的问题。但在分散登记的情形之下，同一日登记的抵押权之间的顺序无从判断，[2]《担保法解释》将此种情形视为顺序相同。[3]在实行不动产统一登记制之后，就同一不动产而言，只记载于一个登记簿，其上数个抵押权之间的顺序至为明显。至于动产，《一审稿》倡导“建立统一的动产抵押和权利质押登记制度”，[4]果若如此，不大可能出现“顺序相同”的情形；即使采取分散登记，各登记簿的构建也是以标的物类别区分为基础，如船舶登记簿、机动车登记簿、动产抵押登记簿，不会出现同一动产在不同登记簿登记的情形，也就不大可能出现登记顺序无从判断的情形。《一审稿》删除这一规定，值得赞同。

《一审稿》第205条第2款规定：“其他登记的担保物权，清偿顺序参照前款规

---

〔1〕参见王利明：《物权法研究（第四版）》，中国人民大学出版社2016年版，第273页；朱岩、高圣平、陈鑫：《中国物权法评注》，北京大学出版社2007年版，第115页。

〔2〕在房地一体原则之下，以房屋抵押的，该房屋占用范围内的建设用地使用权同时抵押；以建设用地使用权抵押的，该土地上的房屋同时抵押。但在房、地分别登记的情形下，如不同的抵押权人于同一日办理房屋抵押登记、建设用地使用权抵押登记，两个抵押权之间的顺序即无从判断。

〔3〕参见李国光、金钊峰、曹士兵：《最高人民法院〈关于适用中华人民共和国担保法若干问题的解释〉理解与适用》，吉林人民出版社2000年版，第218~219页。

〔4〕沈春耀（全国人大常委会法制工作委员会主任）：《关于〈民法典各分编（草案）〉的说明》，2018年8月27日在第十三届全国人民代表大会常务委员会第五次会议上。

定。”将上述“先登记者优先”“未登记者平等”的基本规则准用予其他登记的担保物权。例如，以登记为公示方法的权利质权，并不排斥同一权利之上重复设定数个质权，就数个权利质权之间优先顺位的判断，即可准用上述抵押权竞存时的规则。该款表述尚存疑问的有二：

一是，这一规则是否准用于可以登记的具有担保功能的权利？例如，就所有权保留交易出卖人保留的所有权和融资租赁交易中出租人保有的所有权，《一审稿》规定了未经登记不得对抗第三人的规则（第431条第2款、第536条），这一规则在一定程度上统合了动产担保交易的公示方法和公示效力，实值赞同。但《一审稿》拒绝在形式上将这两种具有担保功能的交易重构为担保交易，未将此两类交易置于“担保物权”体系之下。如买受人、承租人不当处分标的物，在其上为他人设定抵押权，第三人善意取得抵押权，数项权利之间即发生竞存，如此就出现了出卖人、出租人的所有权与第三人的抵押权竞存时何者优先的问题。借助于登记公示方法的引入，所有权保留和融资租赁不再是“隐蔽”的交易，出卖人、出租人自可经由登记保全特定标的物之上的优先顺位。此际，上述优先顺位规则自有准用空间。但《一审稿》使用的是：“其他登记的担保物权”，但所有权保留交易中出卖人保留的所有权、融资租赁交易中出租人保有的所有权，虽起担保作用，但形式上仍属所有权，是否由“其他登记的担保物权”的文义涵盖，尚须解释。

二是，准用前款规定的清偿顺序是否仅限于已经登记的担保（物）权？自其文义，“其他登记的担保物权”似应解释为该担保物权以登记为限，如此解释对于准用第1项而言自无疑问，但《一审稿》第205条第1款的适用范围并不仅限于“登记的担保物权（抵押权）”之间，而是一体适用于登记的抵押权（涵盖登记生效主义之下的不动产抵押权和权利抵押权以及登记对抗主义之下的动产抵押权）和未登记的抵押权（仅指动产抵押权）。在登记生效主义之下，未登记，抵押权并不设定，此时不发生和其他已经登记的抵押权的竞存问题，也不发生未登记的抵押权之间就标的物变价款的清偿顺序问题，也就没有了《一审稿》第205条第1款第2项、第3项的适用空间；[1]在登记对抗主义之下，抵押权因当事人之间的生效抵押合同而生，是否登记不影响抵押权的设定，此时才有必要讨论已登记的抵押权和未登记的抵押权之间以及未登记的抵押权之间的顺位问题。由此可见，《一审稿》第205条第1款既调整登记的抵押权，也调整未登记的抵押权。其他担保权自应依其采登记生效或登记对抗分别准用第1款所规定规则。《一审稿》第205条第2款仅限于“登

---

〔1〕在登记生效主义之下，数抵押权均为登记之时，不发生抵押权之间的竞存问题，自无《一审稿》第206条第1款第3项适用的可能。虽然裁判的发展表明，此时抵押人应承担违约责任，但数个违约责任之间是依债的平等性而展开，且及于债务人的全部责任财产，并不仅限于“拍卖、变卖抵押财产所得的价款”，其规范基础也不是《一审稿》第206条第1款第3项。

记的担保物权”，将可得准用的担保物权限定于采登记生效主义之下的担保物权，至为可议。

综上，为防免解释冲突，本文作者建议将该款修改为：“其他担保权的清偿顺序参见前款规定。”这样，《一审稿》第205条起着担保权竞存时优先顺位的一般规定的作用，民法典中其他优先顺位规则构成这一一般规定的例外，是为优先顺位规则的特别规定，并得优先适用。如《一审稿》第206条关于抵押权与质权竞存时的优先顺位规则（该条的理论基础同于本条），第207条关于购置款抵押权的超优先顺位规则，第247条关于抵押权或质权与留置权竞存时的优先顺位规则等，均为特别规定。

（二）抵押权与质权竞存时的优先顺位规则

抵押权设定之后，作为担保物的动产仍由抵押人占有，抵押权并不限制抵押物的处分，抵押人自可将该动产再次设定动产质权；动产质权设定之后，虽移转占有予质权人，但仍属出质人所有的财产，而动产抵押权不以移转标的物占有为必要，出质人仍得以该动产设定动产抵押权。就抵押权与质权竞存时的优先顺位，《担保法解释》第79条第1款规定：“同一财产法定登记的抵押权与质权并存时，抵押权人优先于质权人受偿。”其理由在于：其一，同一动产上只能出现先设定抵押权后设定质权的情形，“质权设定在先、抵押权设定在后的情况几乎不存在”；[1]其二，动产抵押权以登记为公示方法，登记的时间可得确定；动产质权以交付为公示方法，但交付的时间不易确定，且易为当事人之间恶意串通而改变。准此，登记公示的效力要优于占有的效力。[2]

《一审稿》第206条修改了《担保法解释》关于抵押权与质权竞存时的优先顺位规则，明确规定：“同一财产既设立抵押权又设立质权的，拍卖、变卖该财产所得的价款按照登记、交付的时间先后确定清偿顺序。”值得赞同，理由在于：其一，质权设定在先、抵押权设定在后的情形同样可能存在，如同一动产先设定动产但担保数额相对该动产价值较少的债务，为充分发挥该动产的金融价值，应允许出质人再以该动产设定不移转占有的动产抵押权。至于债权人是否接受已经设定质权的动产作为抵押物，自应由其自行判断。更何况，债权人有可能不知道或不应当知道抵押物已经设定质权。其二，《担保法解释》是对《担保法》的解释，在《担保法》之下，交通运输工具、企业动产抵押奉行登记生效主义，其他动产采取登记对抗主义。司法解释仅及于“法定登记的抵押权”，并未虑及采取登记对抗主义的其他动

[1] 李国光、金钊峰、曹士兵：《最高人民法院〈关于适用中华人民共和国担保法若干问题的解释〉理解与适用》，吉林人民出版社2000年版，第283页。

[2] 参见李国光、金钊峰、曹士兵：《最高人民法院〈关于适用中华人民共和国担保法若干问题的解释〉理解与适用》，吉林人民出版社2000年版，第283~284页。

产上的抵押权。《物权法》之下，所有动产抵押均采登记对抗主义，但该法并未规定抵押权和质权并存时的优先顺位问题，学说和裁判上即存在《担保法解释》第79条是否仍得适用的争议。[1]登记效力上的改变必然引起权利竞存时优先顺位规则的修改。其三，《担保法解释》的法政策选择的基础在于登记的公示效力要强于交付，但登记和交付即为物权变动的公示方法，其效力有法律直接作出规定，在法律上没有明确规定何种公示方法具有优先效力的情况下，两者之间并无优劣之分。[2]在体系解释的视角下，动产抵押权从其登记之日起取得对抗第三人的效力（《一审稿》第194条），这里的“第三人”自然包括在其后设立的动产质权的权利人；动产质权从动产交付之日起生效（《一审稿》第220条），自可取得对抗第三人的效力，这里的“第三人”理应涵盖设立在其后的动产抵押权的权利人。至于交付时间的具体判断，自应在当事人之间分配证明责任，法院依证据规则予以认定。如此，抵押权和质权竞存时依其取得时对抗效力的时间先后定其优先顺位，是符合体系解释的妥当结论，也符合确定前述优先顺位的基本法理。《一审稿》第205条所确立的“先登记者优先”“未登记者平等”的基本规则，更为一般的表述即为“先公示者优先”“未公示者平等”。

（三）抵押权与租赁权的关系

基于抵押权非移转标的物占有的特征，在抵押权存续期间，抵押物仍得由抵押人占有、使用、收益，抵押人自可将该抵押物出租给承租人占有、使用。反之，抵押人将标的物出租给承租人后，仍保有标的物所有权，自可以之为抵押权人设定不以占有标的物为前提的抵押权。如此，“先抵押，后出租”“先出租，后抵押”两种情形均可能出现。就此，《物权法》第190条规定：“订立抵押合同前抵押财产已出租的，原租赁关系不受该抵押权的影响。抵押权设立后抵押财产出租的，该租赁关系不得对抗已登记的抵押权。”这一规则秉承了租赁权物权化保护的基本法政策。《合同法》第229条规定：“租赁物在租赁期间发生所有权变动的，不影响租赁合同的效力。”通说上认为，本条确立了“买卖不破租赁”规则，[3]租赁物所有权的变

---

[1] 参见王利明：《物权法研究》，中国人民大学出版社2016年版，第1342～1343页；龙俊：《动产抵押对抗规则研究》，载《法学家》2016年第3期；柳芃：《论动产抵押与动产质押的竞合》，载《中国海洋大学学报（社会科学版）》2016年第1期。

[2] 参见王利明：《我国民法典物权编中担保物权制度的发展与完善》，载《法学评论》2017年第3期。

[3] 参见王利明：《合同法研究（第3卷）》，中国人民大学出版社2012年版，第296页；不过，亦有学者对其提出质疑，认为本条明确的是“买卖破除租赁”规则，参见朱庆育：《“买卖不破租赁”的正当性》，《中德私法研究（第1卷）》，北京大学出版社2006年版，第32页。徐澜波教授对此说给予了有力的回应。参见徐澜波：《“买卖不破租赁”规则的立法技术分析》，载《法学》2008年第3期。

动不得对抗承租人的租赁权，[1]承租人对租赁物仍可继续占有、使用。[2]抵押权的实现必然涉及抵押物所有权的变动，自会发生与租赁权竞存的情形。但《物权法》第190条的实施效果并不理想，已经滋生了道德风险。裁判实践的发展已逐渐限缩租赁权的保护程度，以遏制虚假租赁的发生。[3]例如，江苏省高级人民法院执行局于2015年11月24日发布《关于执行不动产时承租人主张租赁权的若干问题解答》，其中指出，承租人在申请人对该不动产设立抵押权、法院查封之前已签订了书面租赁合同并占有使用该不动产的，承租人取得了该不动产的租赁权，法院在租赁期内带租拍卖。被执行人与承租人虽在抵押权设立、法院查封之前订立租赁合同并交付使用该不动产，但申请执行人有证据证明，被执行人与承租人之间恶意串通，以明显不合理的低价租赁，或伪造交付租金证据的，适用《最高人民法院关于办理执行异议和复议案件若干问题的规定》第31条第2款的规定处理。对于承租人占有使用不动产的认定，该局认为承租人占有使用不动产主要是指承租人（包括次承租人）已支付租金且对该不动产已经用于生活、生产、经营、装修等情形。承租人以已向被执行人支付全部租金、以该不动产使用权抵债、已向房产管理部门登记备案、以在该不动产所在地为新设公司营业地址为由主张租赁权，请求法院带租拍卖或拍卖后阻止向受让人移交占有的，而该不动产仍为被执行人或其他人占有使用的，不属于承租人占有使用的情形。

《一审稿》第196条在这一裁判经验的基础上，规定："抵押权设立前抵押财产已出租并转移占有的，原租赁关系不受该抵押权的影响。"这一规则将"订立抵押合同前"修改为"抵押权设立前"，颇值赞同。"订立抵押合同"并不表明抵押权的设定，[4]就不动产抵押权而言，仅仅订立抵押合同，而未办理抵押权设立登记，抵押权即未设定，在抵押财产上不存在该所谓的抵押权，自不发生与租赁权竞存的问题。这一规则增加"转移占有"作为租赁权优先保护的要件，并同时删除了"先抵押，后出租"的规定。如此，产生两个问题：

其一，学说上以为，赋予基于租赁合同所产生的债权以对抗效力，是"公权力对人民自治的一种干预"。[5]"权利对于第三人之对抗效力与权利之公示作用应相伴而生，乃法律之基本原则。"[6]赋予租赁权以对抗效力会使租赁物的受让人和抵押

---

[1] 参见王利明：《合同法研究（第3卷）》，中国人民大学出版社2012年版，第296页。

[2] 参见崔建远：《合同法》，北京大学出版社2013年版，第486页。

[3] 被执行不动产上的租赁权易于成立且在外观上难辨真伪，致使众多债务人利用法律的漏洞签订虚假租赁合同，已然成为一种典型的规避执行的行为。参见卢正敏：《执行程序中的虚假租赁及其法律应对》，载《中国法学》2013年第4期。因公示方法的欠缺给交易实践带来的影响，另见翟新辉：《租赁权公示是取得物权对抗效力的要件》，载《法律适用》2007年第9期。

[4] 参见程啸：《民法典物权编担保物权制度的完善》，载《比较法研究》2018年第2期。

[5] 苏永钦：《走入新世纪的私法自治》，中国政法大学出版社2002年版，第335页。

[6] 黄立主编：《民法债编各论（上）》，中国政法大学出版社2003年版，第307页。

权人存在着潜在的风险，[1]其他国家及地区“多同时搭配一定租赁权公示性之措施”，要求租赁权经公示后，承租人才受到优先保护，以限制租赁权对抗效力的绝对扩张。[2]准此，通过公示外观让第三人知悉，使第三人免受无法预测之损害，保护交易的安全，[3]真正补足了租赁权的对抗效力。基于此，《一审稿》第196条以占有作为补足租赁权的对抗效力的方法。但占有对于不动产权利而言公示力不足。第196条以不动产为制度原型，也主要适用于不动产抵押权和不动产租赁权之间的关系。不动产权利以登记为公示方法，登记簿具有公信力，在不动产抵押交易中，抵押权人自可经查询不动产登记簿，探知相应不动产之上的权利及其限制现状，以进一步决定是否接受该不动产作为担保物，以及进一步确定以该不动产担保的债权数额。这一规则的修改意味着，抵押权人为控制交易风险，除了查询不动产登记簿之外，尚需实地探知该不动产占有情况，如此，增加了抵押交易的成本，不利于融通市场交易。本文作者建议，基于租赁权物权化保护的政策目标，考虑到租赁关系的隐蔽性可能危及第三人、承租人的利益，应赋予租赁权以登记能力，承租人经由登记保全自己的权利，第三人经由查询登记簿亦能探知特定不动产上的权利限制。若如此，本条可以修改为“抵押权设立前抵押财产已出租并登记的，原租赁关系不受该抵押权的影响。”

其二，《物权法》第190条后段规定：“抵押权设立后抵押财产出租的，该租赁关系不得对抗已登记的抵押权。”这一规则一体适用于不动产和动产。就不动产而言，不动产抵押权未登记即不设定，就无从发生抵押权和租赁权的竞合问题（抵押权的效力尚不及于该标的物）。就动产而言，动产抵押权未经登记不得对抗第三人，本段之文义显然将租赁权作为未经登记不得对抗的第三人范围。在《物权法》立法过程中，就已设定抵押权的抵押物出租所引起的权利冲突如何处理尚存争议。[4]《一审稿》删除这一规定，是否意味着，后者可为《一审稿》第194条的文义所涵盖？依该条，动产抵押权未经登记不得对抗的是“善意第三人”，由此引发的问题是：承租人是否需要在租赁关系成立时查询动产登记簿以探知特定动产之上的权利状况以证明自己的“善意”？承租人是否属于这里的“第三人”？通说上认为，这里的“第三人”仅限于物权人，[5]最高人民法院相关司法解释也将同采意思主义物

---

〔1〕 参见宁红丽：《我国租赁权对抗力制度的理论反思》，载《法学杂志》2005年第2期。

〔2〕 参见黄立主编：《民法债编各论（上）》，中国政法大学出版社2003年版，第304页。

〔3〕 参见谢哲胜：《物权的公示》，载《变动中的物权法》，清华大学出版社2004年版，第2页。

〔4〕 参见全国人大常委会法制工作委员会民法室：《中华人民共和国物权法条文说明、立法理由及相关规定》，北京大学出版社2017年版，第394页。

〔5〕 参见王利明：《物权法研究（第四版）》，中国人民大学出版社2016年版，第1271页；崔建远：《物权：规范与学说—以中国物权法的解释论为中心》，清华大学出版社2011年版，第779～780页；高圣平：《担保法论》，法律出版社2009年版，第407页。

权变动模式中的“第三人”解释为“物权人”。[1]新近的研究表明，就标的物取得了支配利益的债权人亦在“第三人”之列，[2]但这一学说尚未取得通说地位。有鉴于此，为防杜解释分歧，应维持《物权法》第190条后段规定。

此外，《一审稿》第195条将浮动抵押权的效力不得对抗正常经营活动中已支付合理价款并取得抵押财产的买受人的规则，上升为动产抵押权效力的一般规则，以此明确动产抵押权和动产抵押物取得人之间的权利顺位规则；第207条规定的购置款抵押权的超优先顺位，符合交易中信用接受者的基本预期，有利于促进供给侧改革下贸易融资的发展，值得赞同。

五、结　语

在现代市场经济体制之下，维系信贷资金安全的担保法制起着决定性的作用。健全、高效、明晰的担保法制可以修复信贷市场失灵的状况，并因此促进竞争环境下融资交易的发展。[3]《一审稿》就担保物权制度的修正，虽不无完善的必要，但契合了融资市场的需要，诸如较为宽泛的担保物范围、明晰的优先顺位规则、统一的登记机构等，值得赞同。就统一的登记机构而言，《一审稿》删去了登记机构的具体规定，其立法理由在于：“目前动产抵押和权利质押的登记机构较为分散，不能完全适应现代市场经济发展的需要。建立统一的动产抵押和权利质押登记制度有助于进一步发挥其融资担保功能。考虑到统一登记的具体规则宜由国务院规定，草案删除了有关动产抵押和权利质押具体登记机构的内容，为建立统一的动产抵押和权利质押登记制度留下空间。”[4]但《一审稿》在删除《物权法》相关具体登记机构表述的同时，并未同时就统一的动产担保登记作出授权性规定。建议增设一条，“国家实行统一的动产和权利担保登记制度。统一登记的范围、登记机构和登记办法，由法律、行政法规规定。”但不容否认的是，《一审稿》远未达到建构健全、高效、明晰的担保法制的目标，相关规则还有提升的必要。

---

〔1〕 参见最高人民法院民事审判第一庭、杜万华主编：《最高人民法院物权法司法解释（一）理解与适用》，人民法院出版社2016年版，第180页。

〔2〕 参见龙俊：《中国物权法上的登记对抗主义》，载《法学研究》2012年第5期；程啸：《担保物权研究》，中国人民大学出版社2017年版，第289页。

〔3〕 See Teresa Rodriguez de las Heras Ballell, *Digital Technology – Based Solutions for Enhanced Effectiveness of Secured Transactions Law: The Road to Perfection?* 81 Law and Contemporary Problems 21 (2018), p. 23.

〔4〕 参见沈春耀（全国人大常委会法制工作委员会主任）：《关于〈民法典各分编（草案）〉的说明》，2018年8月27日在第十三届全国人民代表大会常务委员会第五次会议上。

论动产担保物权法的编纂*

董学立*

目 次

一、编纂理论依据——动产抵押权机械植入引致的法体系混乱

近代民法法典化、物权法定化以来，各国关于担保物权法制严格遵循不动产担保物权和动产担保物权的二元结构体例。不动产担保物权法制由起初的多元种类体系走向一元种类制度安排——如中国从《大清民律草案》关于不动产担保物权法制的不动产抵押权、不动产质权和土地债务的多元化不动产担保物权制度，走向了《中华民国民法典》的不动产担保物权即不动产抵押权的一元化不动产担保物权法制——此际，不动产担保物权即抵押权，反之，抵押权即不动产担保物权，二者概念等值；于此相反，动产担保物权法制却由种类一元制度安排走向种类多元结构体系，如中国从《大清民律草案》关于动产担保物权法制即“动产质权”制度，走向了《中华民国民法典》的动产担保物权法制包括动产质权、权利质权等多元化的动产担保物权种类体系。但法典关于担保物权法制的不动产担保物权和动产担保物

---

* 本文已经发表于《山东法官培训学院学报》2017年第6期。

* 董学立，苏州大学王健法学院特聘教授，博士研究生导师，民商法研究方向。中国社会科学院法学研究所民法典分则编纂小组成员。本文是作者主持的国家社科基金项目“动产担保物权一元化立法研究”（13BFX093），教育部社科基金项目“统一动产担保物权法立法研究”（12YJA820015）的阶段性研究成果。

权的严格二元分类体系，始终予以秉持。

从理论上分析，上述传统担保物权法制的不动产担保物权和动产担保物权二元结构，独立并立、自成体系、自然发展，历经大陆法系各国民法法典化，物权法定化数百年以来法学理论发展和司法实践考验的打磨和洗礼，其各自应该发展到至臻至善之程度。而实证分析亦可得到验证，各国关于担保物权的理论进步和法制完善，在法典规定的不动产抵押权和动产质权制度本身，并没有在其质和量等的方面有实质性发展、变化。这不论是在德国民法、日本民法，还是我国、我国台湾地区民法等，莫不是如此。由此，我们可以得出一个结论：如果按照传统民事立法确立的担保物权体系脉络发展至今日，我们就无须对不动产担保物权即抵押权、抵押权即不动产担保物权，动产担保物权即动产质权和权利质权的二元担保物权制度本身花费太大的精力予以编纂——它已经自然发展得很完美了。

但传统担保物权法制的确存在着重大制度设计缺陷——没有提供在动产上创设不移转该动产之占有的动产担保物权制度。由此，尽管民法法典化、物权法定化，各国在不动产抵押权和动产质权制度本身没有实质性发展变化，但各国在弥补民法典缺失提供一种在动产上不移转该动产之占有的动产担保物权的立法缺陷方面，开启了各自不同的弥补立法不足之路：德国是在民法典之外透过学说和判例确立的习惯法如动产让与担保等非典型担保物权制度来弥补立法缺陷的；日本和我国台湾地区则是透过民法典之外的特别立法，弥补了民法典中没有提供动产上不移转该动产之占有的动产担保物权制度的不足。这一法制发展模式的优点在于不破坏和改变法典本身的安定性、权威性，在法典之外以特别立法方式完成弥补法典立法不足的任务。但动产担保物权特别立法模式所采取的多元化动产担保物权立法类型，也使得该种模式本身因不能穷尽可能被类型化的动产担保物权形式而陷入永无止境的困境。台湾最近又忙于在《动产担保交易法》之外另行再制定《动产让与担保法》，就是有力说明。

中国大陆地区在1949年以后走上了一条独特的法制发展道路：废除了国民党时期的六法全书，出现了法律规制真空；又因计划经济的实施而致使新的立法法制处于停滞状态。此状况直到中共十一届三中全会以后实施有中国特色的社会主义市场经济才得以大为改观。1995年《担保法》颁布，2007年《物权法》颁布，加之2000年最高人民法院关于担保法适用的司法解释等，共同构成了当下中国大陆的担保物权法律制度。作为后法制地区，中国大陆当下的担保物权法律制度因着在“法典”（《担保法》《物权法》）内部通过扩大传统“抵押权”概念的外延——将传统的抵押权即不动产抵押权，演变为不动产抵押权与“经法律许可”的动产抵押权，以及不动产抵押权与“未经法律禁止”的动产抵押权。总之，我国现有的担保物权法律制度的抵押权概念，就不再限于不动产抵押权，而是扩张到了动产抵押权。

抵押权概念的外延扩张引起的法体系效应，却似乎从来就没有引起过我国法学界的关注和重视。以至于今日我国担保物权法制因为抵押权概念的外延扩张，而千疮百孔、不堪适用。

因抵押权概念的外延扩张，使得我国的“动产担保物权”制度形成了横向切块、竖向刨层的结构体系：横向上动产担保物权被立法切块为动产抵押权、动产质权和权利质权三种类型；竖向上被立法分层为概念、担保物、担保合同、担保物权设立、担保物权公示、担保物权效力、担保物权优先受偿次序、担保物权实现、担保物权消灭九个方面。这一动产担保物权结构体系的弊端在于：因横向切块，使得立法者会过分倾情各种动产担保物权的个性制度设计，忽视动产担保物权的整体制度思考——实证研究得出的我国现有的动产担保物权法缺失统一的动产担保物权优先受偿次序规则和统一的动产担保物权登记制度，就是佐证；因竖向刨层，使得同一层面的担保物权制度不可避免地出现重复，应该重复的却没有予以重复形成制度漏洞，应该一致的没有予以一致形成制度矛盾——实证研究表明，我国现有担保物权制度存在的制度漏洞和制度矛盾，十分普遍。

二、编纂路径选择——世界一元化热潮和中国多元化路径

如何修正和完善我国现有千疮百孔的动产担保物权立法，学界有两种编纂路径：一种是少数派主张的更弦改辙，即启用符合世界潮流的动产担保物权一元化立法路径；另一种是多数派主张的“三个非不可”，即在现有动产担保物权法制体系下修正和完善立法不足。应该讲，两种编纂路径各有优缺点，不可兼得。

对于一元化动产担保物权立法，其发端于美国《统一商法典》，该法典第九编取名为《统一动产担保交易法》，对美国社会原有的自然发展的各种名称的动产担保物权类型，作了一元化的立法处理，以此彻底解决了社会经济活动中出现的名称各异的动产担保物权法制之间的制度重复、制度矛盾和制度漏洞等问题，具有强大的调整能力和社会适应性。所谓一元化，首先是概念上的一元化，即建立一套单一的意定担保物权概念体系，这些概念包括：担保物、担保人、债务人、担保权人、担保物权的设立、公示、效力、实现、消灭等；其次是制度的一元化，即建立统一的制度体系，主要包括：采行单一的公示对抗主义法制，建立统一的动产担保物权登记公示制度，简明统一、明晰、全面的动产担保物权优先受偿次序规则；最后是逻辑体系的一元化，即明确调整范围——依合意产生的动产担保物权，对担保物进行科学分类——一般物、集合物、浮动物、未来物、有体物、无体物等，以及存货、设备、消费品、农产品，还有权状、证券、质据、账款等——以担保物科学分类为基础，对担保物权的具体制度如浮动担保、公示方式、优先受偿次序等进行具体设计。

应该讲，一元化动产担保物权立法模式，对于我们这样一个长期接受德国法系的国度而言，有立法前认识上、理解上、接受上，乃至立法后学习上、适用上、解释上的困难；但其立法技术并不难，在对担保物进行科学分类的基础上，合并现有的动产担保物权制度，补足漏缺的担保物权制度，即可形成一元化的概念体系、制度体系和逻辑体系，一元化动产担保物权立法即成。最重要的是，这一模式可以在体系结构上为彻底根除我国现有动产担保物权法的结构性弊端，提供体系结构基础。

与此同时，学界关于动产担保物权立法的另一种主张，基于制度的惯性，拥戴者众多，这就是“三个非不可”的立法模式：非增加不可的才可以增加，非删除不可的才可以删除，非改变不可的才可以改变。也就是在现有的动产担保物权法体系不变的前提下，对我国担保物权的局部、枝节的不足进行修善。这一模式的优缺点，恰是上述模式的缺优点：其优点是容易达成共识，不需要动太多的脑筋，不需要太多的人力物力投入，不产生争纷等；其缺点是难有作为，难有成效，失去了国家担保物权法制实现现代化、国际化的良机。

我们坚持一元化模式选择，认为：一是从国际趋势上看，一元化动产担保物权立法模式是世界立法趋势，这一立法模式早已成为众多国家、国际组织的选择，担保物权法少有地域特色，我国大陆应该顺应潮流，才能符合国家的“一带一路”等国家化战略；二是我国通过扩大抵押权概念外延的法典内演变模式，已经造成了我国动产担保物权法制的内部矛盾丛生、不堪适用，再继续这一模式的后果是确定的，即无法从根本上改变这一现状；三是这次大规模的法典编纂活动为我国担保物权法制的现代化提供了千载难逢的大好时机，如果无为错失，将会落下把柄、贻笑大方。

三、编纂技术方案——宏观体系设计与微观技术操作

基于前述两方面的分析，我们提出如下方案，仅供立法机构参考。当然，不论是一元化立法模式，还是“三个非不可”立法模式，都需要对以下问题作出回应和力求修善。

（一）宏观方面编纂建议

1. 淡化担保物权法定主义下的类型强制

这一建议无关乎立法模式选择，两种立法模式都需要在立法中明确扩大担保物权法的调整和适用范围。我国现有立法在《物权法》第170条规定了“担保物权”的概念，但缘于对物权法定原则的错误理解，不论是法学理论还是司法实践，都把第170条的宽泛定义限缩于抵押权、质权和留置权此三种法定的担保物权类型，其

他实质上也完全符合第170条的担保物权类型如“融资租赁、附条件买卖、所有权保留、让与担保、应收账款让与”等，都不被认可为担保物权类型。担保物权是一种与所有权、用益物权不同的物权制度，所有权是严格的物权法定，用益物权是物权法定基础上的物权缓和，担保物权是内容法定，其种类则可完全自由。担保物权的种类划分与用益物权的种类划分具有质的不同：用益物权的不同种类对应于不同的用益物权内容，同时，不同的用益物权内容对应于不同的用益物权种类；但担保物权的不同种类，对应的担保物权内容都是同一的——都是对担保标的变价的有限、优先的受偿权。所以，担保物权的不同种类是对同一内容的担保物权的不同角度、不同法律模式观察的结果，这些关于担保物权的不同名称，对应的其实是相同的担保物权内容。直言之，对同一内容担保物权不同名称的称谓，无关事物本质，当事人可以依据自己对其法律关系模型的自主想象，任意决定。只要当事人合意设定了担保债权实现的对财产变价的有限、优先受偿权，就属于本法调整的“担保物权”。

建议草拟条文：

本法所称意定担保物权，是指为担保债权实现，当事人依合意创设的对担保财产变价在所担保债权价值数额内的优先受偿权，包括但不限于本法的抵押权、动产质权和权利质权。

当事人依合意创设的其他名称类型的担保物权，适用本法的有关规定。

2. 建立统一的动产担保物权登记制度

建立统一的动产担保物权登记制度，得到了学界广泛一致的支持。不动产统一登记制度的建立和顺利实施，为统一动产担保物权登记制度确立了标杆，给予了鼓舞。我国分散的动产担保物权登记制度，严重阻碍了动产担保物权法的有效实施，严重影响了交易安全，大大落后于世界范围内的法制发展。动产担保物权的登记公示制度，显著不同于动产担保物权利归属的登记公示制度，两者完全可以并列并行——动产权属登记，为动产担保物权登记提供处分权基础；动产担保物权登记，独立于动产权属登记自成一体运行。动产担保物权的登记公示制度，是警示性登记公示，意在提醒交易第三人对公示有动产担保物权附着的动产担保物其他权利的交易倍加小心。所以，其与动产权属登记的最大不同在于公示所需要的基础信息的不同——动产权属登记是确权登记，需要详备的权属材料；动产担保物权登记，是警示登记，限于提示交易相对人知悉动产之上附着有担保物权为足。

鉴于统一动产担保物权登记制度，是一项系统独立的制度，建议对其另行单独立法。但作为担保物权法制的应有内容，可参考《物权法》第10条关于不动产统一登记的规定，在担保物权法中内置一条规范。

建议草拟条文：

动产担保物权的登记公示，在国家设立的专门机构办理国家对动产担保物权实行统一登记公示制度，统一登记的范围、登记机构和登记办法等，由法律、行政法规规定。

3. 建立动产担保物权统一优先受偿次序规则

在多元化动产担保物权结构模式之下，统一的动产担保物权优先受偿次序规则的建立具有一定的结构难度。但也并非不可以实现，主要技术方案就是在前面的抵押权一章予以整体化安排，后面的质权制度予以准用。我国现有的动产担保物权优先受偿次序规则的主要不足表现在以下方面：一是各说各事——优先次序规则分散在抵押权、动产质权和权利质权各个部分，立法没有将优先受偿次序规则集中规制于一般规定之中；遇事说事——抵押权章关于抵押权优先受偿次序的规则从第 189 条开始至第 199 条结束，但期间置有许多与优先次序问题无关的规则，如第 192 条规定的是抵押权与其所担保的债权在转让上的从属性问题，第 193 条规定的是抵押权人的抵押财产价值保值请求权，第 194 条规定的是抵押权人放弃、变更抵押权及其顺位的权利及其限制，第 195 条是抵押权的协议实现，第 196 条规定的是浮动抵押财产的确定，第 197 条规定的是抵押权人的孳息收取权，第 198 条规定的是抵押财产变价的多退少补。上述第 192－198 条，都与担保物权的优先受偿次序无关。所以，理论上应当将第 189 条、第 190 条、第 191 条、第 199 做集中规制；遗漏大事——我国现有担保物权立法规定了浮动抵押，以及在此基础上规定了“正常经营活动中”的买受人不受追及规则即第 189 条第 2 款——“流出去”的浮动抵押财产上的浮动抵押权与买受人的所有权之间的优先受偿次序规则，但没有同时规定“流进来”的浮动抵押权财产上的浮动抵押权与流进前设定的抵押权之间的优先受偿次序规则，因此形成制度漏洞。

关于担保物权的优先受偿次序规则，有以下几个方面的内容：一是一般规则，即权利在先原则——先登记的优先于后登记的，先设立的优先于后设立的，登记的优先于未登记的；二是例外规则，即“正常经营活动中”的买受人特别优先权规则，以及“购买价款”超级优先权规则；三是特别规则，即善意取得制度的适用等。此一方面可参考有关国家和地区的成熟规则。

建议草拟条文：

同一不动产上数个担保物权之间，以及担保物权与所有权、用益物权和租赁权之间，设定在先的权利优先于设定在后的权利，但善意受让人的权利受到保护。

同一动产上的数个担保物权之间的优先受偿次序，公示在先的担保物权优先于公示在后的担保物权，同时公示的，按照债权比例清偿；已经公示的担保物权优先于未经公示的担保物权；均未办理公示的，按照设立的先后顺序对优先受偿次序排序，顺序相同的，按照债权比例受偿。

浮动抵押权不得对抗正常经营活动中支付价款并取得浮动抵押财产的买受人；也不得对抗设定在后，但以购买价款担保物权方式设定的抵押权。

4. 完善准用规范

（1）立法理论：

准用规范的存在与动产担保物权的多元化立法模式密切关联。准用规范完善的问题，也只能在动产担保物权的多元化立法模式下，才具有讨论的意义。我国现有的担保物权制度关于准用规范的立法不足，主要表现就是没有规定动产质权和权利质权可以准用抵押权。这一残局缘起立法者对动产抵押权的植入引起的法体系效应的认知缺失和回应不足。在我国现有法下，动产抵押权与动产质权和权利质权，已经是无法区别或者区别不大，其间的准用，合情合理、更有必要。

我国担保物权法的编纂如果要延续多元化立法模式，就必须于动产质权和权利质权制度中设置可准用抵押权规定的规范。由此，立法技术上，就可以集中强化、深入细化、全面完善抵押权制度，相形之下，弱化、骸化动产质权和权利质权制度——现有的“权利质权”一节仅规制可设质权之标的物范围和分散登记机构就是其例，但因未设准用规范，致使权利质权的许多方面无法可依。

（2）建议草案：

将《物权法》第220条修改为：

第222条　出质人与质权人可以协议设立最高额质权。

动产质权和最高额质权除适用本节有关规定外，参照本法第十六章第一节、第二节的规定。

将《物权法》第229条修改为：

第229条　权利质权除适用本节规定外，适用本法第十六章的规定，以及本章第一节动产质权的规定。

（二）微观方面编纂建议

1. 关于担保物权概念：

（1）立法理论：

在动产担保物权多元化立法模式下，动产抵押权、动产质权和权利质权等概念之间的区分标准需要重新认识：在动产抵押权与动产质押之间，原有的担保物之不动产与动产不再担当分类标准，让渡给动产之上担保物权的公示方式标准——不移转得出担保物之占有，以登记方式公示的动产担保物权为动产抵押权；移转担保物之占有，即以占有公示方式公示的动产担保物权为动产质权。在动产抵押权与权利质权之间，“法律、行政法规不禁止抵押的财产”都可以抵押的规定，模糊了动产抵押权与权利质权之间的界线，在立法坚持动产担保物权多元化立法模式的条件下，权利质权制度的保留，使得动产抵押权的“财产”范围圈限在除去权利质权之标的之剩余“财产”——基本上就是有形的“财产”。以此建立起以动产担保物的有形与无形为基础，以公示为标准的动产担保物权分类立法模式。

（2）建议草案：

本法所称动产抵押权，是指不移转动产占有，以登记方式公示的动产担保物权。

本法所称动产质权，是指经交付移转动产之占有，以占有方式公示的动产担保物权（包括物权证券）。

本法所称权利质权，是指在无形财产上设定的以登记方式公示的动产担保物权。

2. 关于担保物

现有立法有三项不足：一是在可担保财产立法政策上的不一致——为了发挥物尽其用、促进融资、发展经济的立法目的，担保物权法关于可担保财产，应统一选择“法不禁止即自由”的立法政策。现有立法在执行这一法政策上不统一，引发了法体系内部的不一致、矛盾、冲突。如关于抵押物，《物权法》在180条第7项采取了“法律、行政法规未禁止抵押”可以设立抵押权的立法政策，但该法对于权利质押物却采取了不同政策，即该法第223条第7项规定了“法律、行政法规规定可以出质的其他财产权利”可以出质——实施了法不授权即无权的法律政策。二者应该采取一致的法律政策。二是在不可担保财产上的用词不一致——抵押权一章在第184条规定了：（四）所有权、使用权不明或者有争议的财产；（五）依法被查封、扣押、监管的财产；（六）法律、行政法规规定不得抵押的其他财产。动产质权一节在第209条规定了：法律、行政法规禁止转让的动产不得出质。权利质权一节在不可设定权利质权的标的物范围上没有禁止规定。三者应该采取相同的法律政策、适用相同的法律语言——“设权担保人不能处分的其他财产”。三是担保物的分类不科学、不全面。如《物权法》第181条规定了“设备”，但设备却不属于该法第189条第2款规定的“正常经营活动中”的出售物。是否可以将第181条规定的“设备、原材料、半成品、产品”改成“库存品”。与此同时，增加“库存品、物权证券、债权证券、农产品、消费品、设备等”担保物类型。这些分类与动产担保物权的设立、公示、优先次序、实现等规则密切相关。

建议草案：

在可担保财产的法律规范叙述中，统一适用“法律、行政法规不禁止担保（抵押、质押）的”，可以于其上设定担保物权。

在不可担保财产的法律规范叙述中，统一适用“担保人（抵押人、质押人、设质人）不能处分的其他财产”。

增加“库存品、物权证券、债权证券、农产品、消费品、设备等”担保物类型。

3. 关于担保合同

作为一种法律制度，担保合同应当规定在民法典之《合同编》，但在法律技术上，并不是所有的合同类型都可以在《合同编》中称为有名合同。鉴于担保合同与所有权“买卖合同”的类似地位，可以在“买卖合同”制度中增加“担保合同”准用“买卖合同”的规范。

在《担保法》中明文规定“担保合同”，有利于调整对应法律关系，起到法律规范的指导规范作用。在《合同法》中规定担保合同，也是贯彻《物权法》第15条“区分原则”的体现，毕竟我国《物权法》在各种物权变动中都贯彻了这一原则。但担保合同的成立与担保物权的设立有本质区别——担保合同可以在担保物可能的条件下成立，但担保物权的设立只能在担保物特定的条件下设立。与此同时，担保合同因着动产担保物的多元化模式而被立法重复——因而重复规范之间的不一致、矛盾有可能产生。实验研究表明，《物权法》中的抵押合同规范与动产质押合同规范之间嫌有重复，有必要在完善准用规范的基础上，只在抵押权一章中规设抵押合同——合并抵押合同与质押合同，适用更加抽象和上位的概念如涵盖两个合同的不同之处。

建议草案：

抵押合同一般包括下列条款：

（一）被担保债权的种类和数额；

（二）债务人履行债务的期限；

（三）担保的范围；

（四）抵押财产的权属等状况以及公示方式和办理公示手续的时间。

4. 关于担保物权设立

与担保合同不同的是，担保物权的设立须有特定的担保物条件满足要求。没有特定物，势必不会有担保物权的设立。此属于客观不能。特定物，即时间上的现在物而非未来物，空间上的个别物而非种类物。就非特定物而言，未来物上不成立担保物权，种类物上可成立但不能实现担保物权。对此，我国《物权法》的现有立法有错误和不足之处。需要在此次民法典分则的编纂中予以修正。

就“未来物”上的担保物权设立而言，我国《物权法》第187条、第188条的规定都是错误的，即“正在建造的建筑物、船舶、航空器”上的抵押权，都是“未来物”上的抵押权，从“未来物”的延续状态分析，抵押合同签订时，“正在建造的建筑物、船舶、航空器”等本身可能压根就不存在，所以于其上设立抵押权属于客观不能。因此，第187条和第188条都是错误的。

就“种类物”上的担保物权设立，“种类物”有两种情况，一种是集合物，另一种是浮动物。集合物上的担保物权实质是特定物上的担保物权，出于对担保物权设立集约效益的谋求，将数个特定物的担保物权合并在一个担保物权设立行为中集约处理；但“浮动物”与“集合物”显有不同——浮动物兼有“集合物”和“未来物”的双重属性。作为“集合物”，以一个设立行为集约规制；作为“未来物”，在设立之时，当然不会有抵押权的设立，此亦属于客观不能。对于浮动物上的抵押权，只要在实现抵押权时，浮动财产可得确定即可，所以《物权法》第196条有浮动抵押财产在何种情况下得以“结晶”的规定。

建议草案：

修正《物权法》第187条为：以本法第180条第1款第5项规定的正在建造的建筑物抵押的，应当办理抵押登记。抵押权的优先受偿顺序依抵押合同登记时间排序，抵押权自正在建造的建筑物建成时自动设立。

修正第188条为：以本法第一百八十条第一款第五项规定的正在建造的船舶、航空器抵押的，抵押权的优先受偿次序依抵押合同登记的时间排序，抵押权正在建造的船舶、航空器建成时自动设立；未经登记，不得对抗善意第三人。

5. 关于担保物权公示

担保物权的公示，是与担保物权的设立以及担保合同完全不同的法律制度。依此，立法虽可以采行公示生效主义，但从法学原理来看，立法应当采行公示对抗主义。我国《物权法》对于动产抵押权，采行公示对抗主义；但对于动产质权和权利质权，则采行公示生效主义。同一立法中前后不一致，又没有有力的立法理由支撑，确有不妥。此一立法不足应该在此次民法典分则的编纂中予以修正——各种动产担保物权统一采行公示对抗主义。

建议草案：

修改《物权法》第212条为：动产质权自当事人达成质押合意时设立，未移转动产占有的，不能对抗善意第三人。

修改《物权法》权利质权有关规范为：权利质权自当事人达成权利质权合意时设立，当事人未交付有关权利凭证或者未办理登记公示手续的，权利质权不能对抗善意第三人。

6. 关于担保物权效力

担保物权作为物权之一种，当有客体上的特定性、实现上的支配性和效力上的排他性。此处所谓担保物权的效力，限指担保物权效力上的排他性。

特别需要强调的是，在采行公示对抗主义的法制下，未经公示的担保物权也是担保物权，也具有物权的对抗效力，司法解释上仅限于不能对抗善意的交易的第三人，其当得对抗除此之外的其他人。如担保物权人得以对抗担保人和侵权人 。在未经公示的担保物权以及已经公示的担保物权的效力规制方面，我国现有担保物权法存在一些不足，应借此民法典分则编纂之际，予以修正。

建议草案：

动产抵押权，有“未经登记”的抵押权和“已经登记”的抵押权。两种抵押都有物权效力。鉴于此，建议修改《物权法》第199条第3项为：抵押权未登记的，按照设立的先后顺序清偿，顺序相同的，按照债权比例清偿。

修改《物权法》第193条为：抵押人或者其他人的行为足以使抵押财产价值减少的，抵押权人有权要求其停止其行为。抵押财产价值减少的，抵押权人有权要求其恢复抵押财产的价值、赔偿损失，或者提供与减少的价值相应的担保。抵押人不恢复抵押财产的价值也不提供担保的，抵押权人有权要求债务人提前清偿债务。

修改《物权法》第191条为：抵押期间，抵押人经抵押权人同意转让抵押财产的，应当将转让所得的价款向抵押权人提前清偿债务或者提存。转让的价款超过债权数额的部分归抵押人所有，不足部分由债务人清偿。

抵押期间，抵押人未经抵押权人同意转让抵押财产的，恶意受让人不得对抗抵押权人。

在《物权法》第195条后，增设一条：抵押人没有正当理由不履行与抵押权实现有关的义务造成抵押权人损失的，应当赔偿抵押权人的相关损失。

7. 关于担保物权次序

《物权法》担保物权编对担保物权优先受偿次序的规定，缺陷表现在“不集中、不全面、不科学”。所谓“不集中”，就是在第189条第2款到第199条，夹杂了许多内容不是优先次序规则的规范、条款；所谓“不全面”，主要是没有明文规定“购买价款超级优先权”；所谓“不科学”，主要是在优先次序规则的设计上，没有体现出“未经公示担保物权”也是物权，也具有物权的效力，得对抗设押人和恶意第三人。

建议草案：

将《物权法》第191－198条按照其条款的属性，分置于相应的位置：

第191条，是一条关于抵押期间抵押人对抵押物的处分权和抵押权人对抵押物的追及权的关系的条款。按其条文属性，应条款应该置于担保物权法的担保物权效力规范体系中。

第192条，是一条关于基于抵押权的从属性而产生的抵押权的变动的条款，涉及抵押权随担保债权的转让而转让，以及抵押权不随同担保债权转让而消灭的问题。按其条文属性，该条款应该置于担保物权法的担保物权消灭规范体系中。

第193条，是一条关于抵押权的排他效力的条款。按其条文属性，该条款应置于担保物权法的担保物权效力规范体系中。

第194条，是一条关于抵押权人处分其抵押权而产生的条款，实质是抵押权的效力问题。可以将其置于担保物权法的担保物权效力规范体系。

第195条，是一条关于抵押权的实现的问题，当置于担保物权法的担保物权实现规范体系。

第196条，是一条关于浮动抵押财产的“结晶”的条款，按其条文属性，应置紧随于第191条后。

第197条，是一条关于抵押权的实现的条款，应置紧随于第195条之后。

第198条，是一条关于抵押权的实现的条款，应置紧随于第197条之后。

增设“购买价款担保物权”超级优先受偿权制度。在现有的担保物权法体系不变的情况下，如何设置“购买价款担保物权”很有玩味。“购买价款担保物权”超级优先权制度来源于所有权保留制度，在所有权保留担保物权制度，所有权保留人享有在债务人实施破产制度下的取回权，也就是享有优先于其他任何担保物权人的超级优先权。但在现有担保物权法律制度不变的情况下，所有权保留制度没有以原貌植入现有担保物权法律制度的接纳环境。本人认为，在现有的法律制度模式下，应首创“购买价款抵押权”概念及其相应的超级优先受偿权制度，即对于保留所有权制度进行抵押权制度改造，将其转化为抵押权制度，将债务人没有支付价款而购进的购买物所有权反过来抵押给出售人，或者将从金融机构获得的贷款购进的购买物所有权抵押给该出贷金融机构。对此抵押权，法律政策应该使其在经公示后享有优先于任何在该物上公示在先的担保物权，包括出售人的购买价款抵押权和融资机构的购买价款抵押权。

建议草案：

所谓“购买价款抵押权”，是指债务人将没有支付价款而从出售人处获得的买受物所有权抵押给出售人，或者使用从金融机构获得的贷款购进的买受物所有权抵押给贷款金融机构，该抵押权在经公示后，享有优先于任何在该物上公示在先的担保物权。

依据本法第181条抵押的，不得对抗抵押人设立的“购买价款抵押权”。

修改第181条：

《物权法》第181条适用了“设备、原材料、半成品、产品”的担保物分类，但出售“设备”通常不能算是《物权法》第189条第2款所言的“正常经营活动中”的经营行为，因而不能适用买受人不受追及规则。

修改的技术方式有两种，一是删除第181条中的“设备”一词，二是将第181条中的“设备、原材料、半成品、产品”改成“库存品”。

8. 关于担保物权实现

从《担保法》到《物权法》担保物权编，立法对担保物权的实现规则，已经进步了很多——从《担保法》的“协议不成，向人民法院起诉”的规定，到《物权法》担保物权编的“抵押权人与抵押人未就抵押权实现方式达成协议的，抵押权人可以请求人民法院拍卖、变卖抵押财产。”但即使如此，我国现有立法对担保物权实现的规则，仍没有体现出担保物权的物权属性——担保物权实现的直接支配性。在“协议不成，可以请求人民法院拍卖、变卖抵押财产”之前，仍应保留担保物权的直接支配性的空间——协议不成，在不至于破坏社会和平的前提下，抵押权人可以自主实现抵押权；如果自主实现抵押权的努力足以或者已经破坏了社会和平，为不再使争执扩大、升级，抵押权人才有义务和权利“可以请求人民法院拍卖、变卖抵押物”。

建议草案：

完善第 195 条：

债务人不履行到期债务或者发生当事人约定的实现抵押权的情形，抵押权人可以与抵押人协议以抵押财产折价或者以拍卖、变卖该抵押财产所得的价款优先受偿。协议损害其他债权人利益的，其他债权人可以在知道或者应当知道撤销事由之日起一年内请求人民法院撤销该协议。

抵押权人与抵押人未就抵押权实现方式达成协议的，抵押权人可以在不破坏社会和平的前提下，自行实现抵押权；抵押人阻止抵押权自行实现抵押权的行为足以或者已经破坏社会和平的，抵押权人应当请求人民法院拍卖、变卖抵押财产。

抵押财产折价或者变卖的，应当参照市场价格。

9. 关于担保物权消灭

《物权法》于第 177 条规定了担保物权消灭的情形：（一）主债权消灭；（二）担保物权实现；（三）债权人放弃担保物权；（四）法律规定担保物权消灭的其他情形。其中第（四）项关于“其他情形”，在我国现有的《担保法》中究竟指那些？值得研究。我们认为，其一，《物权法》第 192 条规定的法律另有规定或者当事人另有约定受担保债权与担保物权不一并转让的，如果当事人也没有关于担保物权继续存续的其他约定，担保物权因没有可以担保的债权而消灭；其二，《物权法》于第 202 条规定了“抵押权人应当在主债权诉讼时效期间行使抵押权；未行使的，人民法院不予保护。”但这一问题，在“动产质权”一节和“权利质权”一节，同样需要做出统一规定，但《物权法》并没有相应的规定。这一缺陷需要完善；其三，在现有立法关于“动产质权”和“权利质权”采行公示生效主义不变的情况下，未来我国担保物权法是否在“动产质权”一节规定“质物丧失占有，质权消灭。”以及，在“权利质权”一节规定“权利质权登记涂销的，权利质权消灭。”当然，如果我国未来担保物权立法统一采行公示对抗主义，则质物之丧失占有和权利质权登记涂销等，当不会引起动产质权和权利质权的消灭。

建议草案：

关于担保物权的从属性：

担保物权与其所担保的债权之间的关系，是主权利与从权利的关系。此所谓“主从关系”，是以受担保债权与担保物权之间的目的和手段关系而言的，又是以受担保债权和担保物权的相互独立性为立论前提的。从担保物权与其所担保的债权关系而言，如果债权消灭，担保物权没有依附的目的所在，担保物权可以消灭。《物权法》第 177 条第 1 项对此有明文规定。但债权依法律行为转移，当事人没有明示担保债权的担保物权也随同转移的，担保物权的命运如何？《物权法》第192条规定"除法律另有规定或者当事人另有约定的外，担保该债权的抵押权一并转让。"这种意思表示推定式的法律规定，我们认为是错误的。为此，应该修改《物权法》第192条为：抵押权不得与债权分离而单独转让或者作为其他债权的担保。债权转让的，担保该债权的抵押权是否一并转让，由当事人约定。

关于动产质权和权利质权未在主债权诉讼时效期间行使时的命运：

《物权法》规定了抵押权未在主债权诉讼时效期间行使的，人民法院不予保护。又因动产质权一节和权利质权一节没有规设准用抵押权的规范，动产质权和权利质权未在主债权诉讼时效期间行使的法律后果又是如何？我们认为或者在一般规定中作一体规定，或者在动产质权一节和权利质权一节中增加准用规范抵押权的规定。

第三人担保的共通规则梳理与立法规定的完善*

刘保玉**

目　次

“提取公因式”的立法技术，源自德国民法典，而后为大多数大陆法系国家所接受。而中国的立法，则又将此立法技术发扬光大。依据立法方案，我国民法典采取总分结构，即由已经颁行《民法总则》+拟定中的分则各编构成。2018年8月全国人大常委会审议的民法典分则各编（草案）包括物权编、合同编、人格权编、婚姻家庭编、继承编、侵权责任编。在我国的民法典中，会有四个至五个层级的公因式提取：其一，民法总则，系整个民法典的一级公因式（而且，《民法总则》的第一章，还有更具概括性的“基本规定”）；其二，分则各编（草案）的第一章（如人格权编、婚姻家庭编、继承编）或者前几章（如物权编、合同编、侵权责任

* 本文发表于《江西社会科学》2018年第10期。本文是作者承担的司法部国家法制与法学理论研究项目重点课题（17SFB1007）：“民法典编纂中担保法的制度整合与规则完善”的前期成果之一。

** 刘保玉，男，法学博士，中国政法大学法律硕士学院教授，博士生导师。

编），乃二级公因式；[1]其三，物权编中各类物权类型规定的首章，亦设有“一般规定”，[2]可作为三级公因式；其四，在较为复杂的物权、合同的章节规定中，亦有公因式的提取。[3]但是，我国既有的有关担保的法律规定以及民法典分则（草案）物权编的担保物权部分、合同编的保证合同部分，对担保制度共通规则的提取却有明显不足，立法技术粗陋且存在规则的疏漏、重复、龃龉，有待改进。根据立法规划和目前的民法典各分编的体系设计，现行《担保法》的内容将被分解，分别置于物权编、合同编中加以规范。在这种编制体例下，如何提取、体现担保制度尤其是第三人担保的共通规则或“一般规定”，不仅涉及立法技术问题，也有诸多值得讨论的理论问题。本文聚焦于第三人担保的共通规则这一问题进行讨论，冀希望能引起学界的重视并有助于民法典分则立法的完善。

一、担保的特性与第三人担保的共通规则提取

（一）担保的概念界定

国内学界通常从广义与狭义两种意义上来界定债的担保。广义而言，债的担保是促使债务人履行其债务，保障债权人的债权得以实现的法律措施。[4]这种广义上的债的担保，有所谓一般担保和特别担保之分。债的一般担保，是指债务人须以其全部财产作为履行其债务的总担保，法律所规定的民事责任制度即属于此，它是债的效力的自然结果。为保证债务人能以其全部财产清偿其全部债务，法律又赋予债权人以代位权及撤销权（债的保全），此两项权利属于债权效力的延伸。债的特别担保，即通常所称的狭义担保，是指法律为保证特定债权人的利益的实现而特别规定的保障措施，它是以第三人的信用或者以特定财产上设定的权利来保证债权实现的一种手段。[5]

笔者认为，前述所谓的广义担保，范围过于宽泛，且混淆了不同的法律制度，未能明确担保的真正旨趣，实不足取。所谓债的一般担保与特别担保，在性质、特点、构成、旨趣等方面迥然相异，决难统列于债的担保这一上位概念之下，易言

---

[1] 我国民法典分则各编（草案）的第一章均为“一般规定”乃相应编的共同公因式。除第一章外，物权编的第二章、第三章，合同编的第二章至第八章，侵权责任编的第二章、第三章，亦属于各编的“小总则”。

[2] 如第四章所有权一般规定，第十章用益物权一般规定，第十六章担保物权一般规定。

[3] 如物权编第十七章第一节的“一般抵押权”，合同编的第十三章、第十八章、第十九章第一节的“一般规定”。

[4] 参见佟柔主编：《中国民法》，法律出版社 1990 年版，第 320 页；马俊驹、余延满：《民法原论》，法律出版社 1998 年版，第 591 页。

[5] 参见郭明瑞、杨立新：《担保法新论》，吉林人民出版社 1996 年版，第 4 页以下。

之，民事责任与债的保全制度，不属于担保。此外，要把债的加入、债权人占有房地产证书及车辆合格证等“债的保障措施”区分开来。[1]

准此以解，我们主张，债的担保仅指通常所称的“特别担保”，同时，还应对一般担保、特别担保、广义担保、狭义担保等名词的涵义重新予以界定，即将一般担保界定为常态类型的担保，如一般保证，一般抵押权等；将特别担保界定为异态类型的担保，如连带责任保证、最高额担保、共同担保、财团抵押、所有权人抵押等；狭义担保应界定为法律明文规定的典型担保（如保证、抵押、质押、留置等），而广义担保则是包括非典型担保（如所有权保留、让与担保、典权、买卖型担保等）在内的担保。基于以上认识，我们将债的担保定义为：以特定财产或第三人的一般财产来确保特定债权实现的法律制度。[2]债的担保方式的质的规定性在于：使责任财产特定化（物的担保）或扩张责任财产的范围（保证），以使特定债权具有优先受偿性或使债权受偿的机会增加。[3]基于担保的此种质的规定性，我国立法上确认了保证、定金、抵押、质押、留置五种典型的担保方式。[4]不符合此一质的规定性的民法制度设计或当事人之间的约定，不应归入担保之列。

（二）债的担保的特性

有关著述中所归纳出的债的担保之特性主要有下列几方面：（1）从属性（附随性、依附性）；（2）自愿性；（3）担保性（明确的目的性）；（4）财产权性；（5）变价性（价值权性）；（6）不可分性；（7）补充性；（8）相对独立性；（9）担保责任的或然性。笔者认为，所谓担保设立上的自愿性，乃一般民事制度的共同特点，不宜归为担保的特性；而不可分性、变价性，主要是物的担保的特性，亦不足以作为担保的共同属性来对待。对其他各点加以归纳总结，可将担保的特性概括为下列五点：

1. 债的担保具有财产权性

债的担保一经设立，债权人即在原本债权效力之外获得了一种附加的担保权益，这种担保权益从性质上讲，具有财产权的属性。债的担保的财产权性，可从三

---

〔1〕 参见崔建远：《“担保”辩——基于担保泛化弊端严重的思考》，载《政治与法律》2015年第12期。

〔2〕 详见刘保玉、吕文江主编：《债权担保制度研究》，中国民主法制出版社2000年版，第17～19页。

〔3〕 参见孙鹏、肖厚国：《担保法律制度研究》，法律出版社1998年版，第5页。

〔4〕 在2018年8月的《民法典合同编（草案）》中，定金在合同编的第八章“违约责任”部分作出了规定。在该草案的第128条中，仍采用了“当事人可以约定一方向对方给付定金作为债权的担保”之表述，但在理论上和立法例上，是否宜将定金作为典型担保方式来界定，存有争议和不同作法。本人认为定金的担保功能很弱，且仅有对收取定金一方的单向保障功能，所以不妨将其从典型担保方式中剔除。参见刘保玉等：《债权担保制度研究》，中国民主法制出版社2000年版，第224～225页。

方面来理解：首先，担保的对象是债权；其次，担保的标的必须是财产（包括财产权利）；最后，以特定或一般财产为基础、以债权为对象而设定的担保权本身属于财产权。

2. 债的担保具有从属性

债的担保的从属性，亦称附随性、附从性、随伴性等，是指在债的担保与所担保之债的关系上，二者有主从关系，债的担保从属于所担保之债。从属性为债的担保的基本属性之一，担保之基本规则概源出于此。依通常理解，在担保法律关系对债权债务关系、担保合同对主债权债务合同的关系、担保权对主债权债务的关系上，均体现有从属性、附随性。担保的从属性主要表现在以下四个方面：

其一，成立与存在上的从属性。即债的担保之发生与存在以被担保之债的成立与有效存在为前提。无被担保之债这一主法律关系，自亦无担保这一从法律关系。通常情形下，担保的成立以被担保之债的存在为前提，特殊情况下，担保也可为将来之债而先行设定（如最高额担保），然无论如何，担保不能脱离被担保之债而单独发生。债的担保一般还须依附于被担保之债的有效存在而维持其效力，被担保之债不成立、无效或被撤销的，担保原则上也不成立或应随之归于消灭。[1]

其二，范围上的从属性。即担保的范围，从属于被担保的债权债务之范围，并以被担保之债权债务的数额为最大限度。当事人未约定担保范围或约定不明的，担保范围应以被担保之债权债务范围定之。

其三，处分上的从属性。即债的担保原则上应随同债权的移转而移转。其具体涵义有二：一是被担保的债权移转的，除当事人另有特别约定者外，债的担保原则上应随同移转，随同移转须办理相应手续的，担保人应负协力之义务；二是债的担保不得与所担保债权分离而单独移转。

其四，消灭上的从属性。是指债的担保因被担保债权的消灭而消灭，当被担保之债权因清偿、抵消、放弃等原因而消灭时，担保也随之消灭。

3. 债的担保具有相对独立性

债的担保的相对独立性，是指债的担保一经设立，即在主债关系之外形成另一种法律关系即担保法律关系。担保法律关系虽不能脱离主债且从属于主债关系，但

---

〔1〕参见邹海林、常敏：《债权担保的方式及其应用》，法律出版社1998年版，第9页以下；张广兴：《债法总论》，法律出版社1997年版，第215页；郭明瑞：《担保法》，中国政法大学出版社1998年版，第34页。

其作为一种独立类型的法律关系，自亦有其自身特点和相对的独立性。[1]债的担保的相对独立性，有下列主要表现：

其一，债的担保，并不当然随债的关系发生而发生。有债的关系，未必一定有担保关系从属发生（法定担保除外），债的担保一般须于债的关系外另行达成合意；债的担保，还可为尚未发生的未来债权而预先设定（如最高额担保）。

其二，债的担保之范围，可不同于被担保之债。担保责任的范围虽然最终不得大于被担保之债，但可通过约定限额担保而使担保的范围小于被担保之债的数额。

其三，债的担保之效力，可独立于主债权债务。一方面，债的担保因自身原因而无效或因法定事由之发生而失效时，对主债的效力一般不生影响；另一方面，主债纵属无效或被撤销，担保亦得因特别法律规定或当事人的特约而单独有效，在票据保证及信用证、备用信用证、独立保函等特殊担保中，担保效力的独立性表现得尤为突出。此外，保证人及物上保证人行使撤销权，亦可不受主合同是否撤销的影响。[2]

其四，担保关系当事人之权利义务，不能尽为被担保之债所包容。保证人及物上保证人除享有主债务人的抗辩权外，尚单独享有基于担保之债的抗辩权，即其典型表现。[3]其原因正在于债的担保为被担保之债外的另一个法律关系。

其五，债的担保得不随同主债的移转而移转。例如，在人的担保中，债务转移时，未经保证人之同意，保证债务即不随主债务而移转，而是归于消灭；在债权转让时，保证之债虽以随同移转为原则，但亦得因当事人的特约而有例外。在物的担保中，权利人亦得单独转让其债权或仅以债权出质而使担保物权归于消灭。

其六，债的担保在消灭上，得不与主债同命运。在主债存续的情况下，债的担保得因法定或约定的事由发生而单独消灭。甚至主债消灭的，担保亦得于特别情形下不消灭，所有人抵押即此特例。

---

[1] 担保的相对独立性为理论和立法所通认，但其能否被总结为债的担保的特性之一，理论上有不同的认识。笔者认为，相对独立性是担保这种从法律关系与其他类别的从法律关系的一个重要区别，而且，在债的担保中，相对独立性已具有相当普遍的意义并影响和决定了担保制度中的诸多规则，其地位显已超出了“从属性之例外”而几乎与从属性平分秋色。因此，应在准确把握独立性与从属性之关系的基础上，将相对独立性作为担保的特性之一来认识。

[2]《担保法》第30条规定了保证人“不承担民事责任”的两种情形，《担保法解释》中也作有补充规定。而在《物权法》中，针对物上保证人，却无相关的规定。笔者认为，原理相同，应有共通规则的适用。合同编（草案）中删除了《担保法》第30条的规定，原因在于其不符合《民法总则》及《合同法》中关于撤销权的规定。从解释论上看，在主合同当事人采取欺诈、胁迫等手段而使第三人提供担保的情况下，无论保证人还是物上保证人并非当然“不承担责任”，而是其有权依法主张撤销。

[3]《担保法》仅在保证担保中明定了保证人的抗辩权。但依法理及法律规定之精神，物上保证人亦享有相应的抗辩权。

4. 债的担保对债权的实现具有特殊保障性

担保的设定，使被担保债权之实现可不受或少受债务人财产状况的限制，纵使债务人的一般财产不足以清偿数个债权，被担保的债权一般也能得以实现。具体而言，在人的担保中，通过扩张责任财产的范围与数量，从而增强特定债权受偿的可能性；在物的担保中，通过使债权人对债务人或第三人的特定财产享有优先受偿权的方式保障特定债权实现。

5. 债的担保具有补充性

债的担保的补充性，可从两方面来理解，一方面是指担保法律关系的补充性，另一方面是指担保责任或担保义务的补充性：唯在主债务届期未得到履行时，担保义务或担保责任方实际发生，债权人之担保权方得行使。[1]我们这里主要在后一方面涵义上阐释债的担保的补充性。

债的担保作为补充与加强债的效力的特别措施，在设立之后、被担保之债务履行期届满之前，一般只具有执行的可能性或称潜在的执行力，并对债务人或提供担保的第三人产生一定的心理压力，以促使债务的履行。在此阶段，担保权人虽得于一定情况下对担保财产采取保全措施，但一般不得实现其担保权益。若被担保之债得到适当履行，担保即无须实行。只有在被担保之债务届期不履行或不能履行时，债权人方得行使并实现其担保权益，要求保证人承担保证责任或者以担保物之变价价值优先受偿。易言之，债的担保之实行以债务人届期不履行债务为前提条件。故此，可以认为债的担保之实行附有停止条件，或者说担保责任的承担具有或然性。在保证担保中，保证责任的补充性还表现在一般保证人享有先诉抗辩权；在债务人本人提供的物保与第三人提供的物保并存时，第三人亦应享有次后清偿的顺位利益。

明确债的担保的特性，对于准确把握主债法律关系与担保法律关系的联系与区别，妥善规制债权人、担保人、债务人之间的权利义务，具有重要的意义。

（三）第三人担保的类型与其共通规则的提取

1. 担保的多种分类

我国现行法中规定了保证、抵押、质押、留置、定金五种典型担保方式。在此基础上，金融实践中还衍生出了备用信用证、见索即付独立保函等特殊担保方式以

---

〔1〕 参见崔建远：《合同法》，法律出版社 1998 年版，第 132 页；张广兴：《债法总论》，法律出版社 1997 年版，第 216 页。

及让与担保（买卖型担保）、所有权保留、以物抵债协议等非典型担保方式。[1]各种担保除因构造机理与设立要件的不同而区分为不同的法定方式外，还可依其他标准进行多种分类，如根据担保设立的方式之不同，可分为约定担保与法定担保；根据担保标的及担保机理的不同，可分为人的担保、物的担保和金钱担保；根据担保的债权债务范围不同，或者说根据担保额与被担保之债的数额比例，可分为全额担保与限额担保；根据担保的提供人为债务人本人还是主债关系外的第三人，可分为本人担保与他人担保；根据担保人或者担保物的数量为一人（个）还是数人（个），可分为单独担保与共同担保；根据担保的对象等要素的不同，可分为本担保、再担保、反担保；根据担保的效力是否依附于主债关系，分为从属性担保与独立性担保；根据担保的构成要素有无特殊之处，可分为普通担保与特别担保；根据保障债权实现的方法与手段是否为法律明定为担保方式，可分为典型担保与非典型担保，等等。了解这些学理分类，有助于从多维角度明确各种担保的性质、特点及当事人间的权利义务关系，从而设立妥适的法律规则并准确地适用法律。本文以自己担保与他人担保这一分类为切入点，来讨论第三人担保的基本规则。

2. 自己担保与第三人担保的差异

自己担保又称本人担保，是指由债务人本人向其债权人提供的担保。由于债务人本人不能充任保证人，因此，债务人本人提供的担保只能是保证之外的担保方式，即只能是物的担保或者定金担保。

第三人担保又称为他人担保，是指由主债关系之外的第三人为债务人债务之履行而向债权人所提供的担保。根据担保原理和法律规定，各种担保均可以是他人担保。[2]第三人提供的担保，最为常见和典型的方式，有保证和抵押、质押三种。在他人担保的情形下，由于债务人的清偿责任并不免除，而债权的实现又获得了他人的一般财产或特定财产的附加保障，故此，其较之于本人担保对债权人更为有利。

界定本人担保与他人担保，不仅有助于理解各种担保的构造机制，而且能够明

---

〔1〕 关于让与担保与所有权保留是作为典型担保方式还是非典型担保方式，取决于立法规定的选择。在我国民法典制定中，诸多学者主张增设让与担保制度，但考虑到立法的成本与可能，立法草案中目前并未采纳这种建议。不过，物权编（草案）第205条在第1款对抵押权的顺位作出规定之后，于第2款中规定："其他登记的担保物权，清偿顺序参照前款规定。"该规定除可适用于以登记为公示方式的权利质权外，未来法律、法规上可否赋予让与担保等以登记能力，尚有努力的空间。另外，考虑到对所有权保留买卖中出卖人就出卖标的物的价金清偿请求权予以特殊保护的必要性，借鉴域外立法关于价金优先权的相关规定，物权编（草案）第207条规定："动产抵押担保的主债权是抵押物的价款，标的物交付后十日内办理抵押登记的，该抵押权优先于其他担保物权受偿，但留置权除外。"这一条款的增设，值得赞同。

〔2〕 定金担保，通常属于本人担保，但由他人提供定金担保亦无不可。关于留置权的标的物是否限于债务人本人的财产，有不同的认识。依本人的观点，在符合留置权发生条件的情况下，在债务人并无所有权的动产上，亦可能成立留置权，即留置权也可以构成他人担保（参见刘保玉：《留置权成立要件规定中的三个争议问题解析》，载《法学》2009年第5期）。

晰当事人之间的各种不同的法律关系。本人担保涉及的法律关系较为简单，只是在债务人与债权人的主债关系之外又附加了一个担保法律关系。而他人担保所涉及的法律关系颇为复杂：除债权人与债务人之间的主债权债务关系、担保人与债权人之间的担保法律关系外，在债务人与担保人之间，通常还存在一个委托法律关系；为债务人提供担保的第三人于承担担保责任后，发生对债务人的追偿权，从而形成一个新的债权债务关系；[1]为保障担保人未来对债务人的追偿权的实现，其还可能要求再设定对其追偿权的担保（即反担保）。在共同担保中，通常会涉及他人担保问题，且还可能发生债务人提供的物的担保与第三人提供的担保（保证或物的担保）并存的情形。而在共同担保中，承担了担保责任的第三人除可以向债务人追偿外，得否向其他担保人行使追偿权（或谓损失分担请求权），亦属于共同担保中的一个特殊且颇为复杂的问题。

3. 第三人担保的类型与共通规则的提取

由第三人提供的担保，主要有以下三种类型：其一，保证（再分为一般保证和连带责任保证）；其二，物的担保（主要是抵押、质押）；其三，第三人提供物的担保，但担保物权未能依法成立的情况下，所形成的不规则保证。[2]除此之外，由债务人之外的人提供数个担保而构成的共同担保，亦属于第三人担保的特殊类型。

无论是本担保还是反担保、再担保，无论是单独担保还是共同担保，无论是人的担保还是物的担保，担保人均可以由第三人担任；当物的担保人由债务人之外的第三人担任时，学理上通常称其为“物上保证人”。此一称谓，一方面表明担保人为债务人之外的第三人；另一方面亦意味着其与保证人有类似的地位，因而在保证担保和第三人提供的物的担保之间，客观上存在着诸多共通性规则。而后一方面的意义，常为人们所忽视，我国现行法上的规定也有明显的不足。

由于人保（保证）为债权关系，而物的担保则形成物权关系，债权人所享有的权利的性质有异，相应地，法律上的规则也不完全相同，所以本文不采用“共同规则”的表述。但如前所述，由于担保具有附随性、相对独立性、补充性、对债权实现的特殊保障性等共同的法律特征，因而当然具有提取其公因式（即“共通规

---

〔1〕 第三人代为清偿债务后，向债务人行使追偿权的请求权基础有两个，其一，受托人为完成委托事务所遭受的损失，得基于委托关系而向委托人追偿；其二，第三人代偿债务后，可以取代债权人地位，而以新债权人的地位向债务人追偿（即代位追偿）。

〔2〕 由第三人提供抵押、质押担保，但由于未经登记或交付标的物因而导致担保物权不能成立的情况下，第三人的责任究竟是违约责任还是担保责任，所构成的担保方式是保证还是不规则保证抑或其他，学理和判例上有不同的认识和主张。本人认为，此种情况下第三人所应承担的责任应为担保责任（但也可能发生担保责任与违约责任的竞合的情形）。由于担保物权未能有效成立，所以债权人不能享有优先受偿权，此点类同于保证债权；而第三人的担保责任范围以合同所约定的担保财产为限，又有别于以第三人的一般财产所提供的保证担保，故此，所构成的担保应界定为“不规则保证”。参见刘保玉：《论“区分原则”在担保合同效力认定中的应用》，载《北京仲裁》2016 年第 3 辑。

则”）的基础；更由于保证人与物上保证人均为债务人之外的第三人，且保证与抵押、质押均属于约定设立的担保，故此，其有着更多的共通规则。这也是本文选取此一角度来讨论担保的共通规则的原因所在。

二、担保的从属性、附随性及其规则设计

（一）成立上的从属性之立法体现

我国立法上关于担保对主债权债务在成立上的从属性，有明确的规定，如《担保法》第2条第1款以及《物权法》第171条第1款关于“债权人在借贷、买卖等民事活动中，为保障实现其债权，需要担保的，可以依照本法和其他法律的规定设立担保物权”的规定。鉴于《物权法》中的表述上更为周延，物权编（草案）第178条第1款维持了这一表述；而合同编（草案）第471条中“保证合同是为保障债权的实现……”的表述，体现了保证担保在成立上的从属性。

（二）效力上的从属性之立法体现

关于担保在效力上的从属性问题，《担保法》第5条第1款规定：“担保合同是主合同的从合同，主合同无效，担保合同无效。担保合同另有约定的，按照约定。”《物权法》第172条第1款中规定：“设立担保物权，应当依照本法和其他法律的规定订立担保合同。担保合同是主债权债务合同的从合同。主债权债务合同无效，担保合同无效，但法律另有规定的除外。”民法（草案·民法室室内稿）物权编第176条第1款、合同编第268条将其中的但书部分修改为：“……主债权债务合同无效，担保合同无效，但法律另有规定或者当事人另有约定的除外。”而物权编（草案）第179条第1款、合同编（草案）第472条第1款，则均采用了“但是法律另有规定的除外”的表述。可见，在担保合同效力的从属性方面，立法态度前后并无变化，[1]唯在但书中关于担保合同效力的从属性之例外的规定上，存在表述和实质内容上的差异。鉴于这一但书的规定涉及独立性担保问题，容后详述。

（三）担保范围的从属性之立法体现

《担保法》第21条第1款规定：“保证担保的范围包括主债权及利息、违约金、损害赔偿金和实现债权的费用。保证合同另有约定的，按照约定。”“当事人对保证

---

〔1〕 现行法上和民法分则草案中，虽未明确主合同被撤销对担保合同效力的影响问题，但依据《民法总则》和《合同法》的相关规定，在主合同具有撤销事由的情况下，担保人当然可以主张撤销担保合同。

担保的范围没有约定或者约定不明确的，保证人应当对全部债务承担责任。”合同编（草案）第 480 条基本维持了该规定，唯将“实现债权的费用”限定为“实现债权的合理费用”，这一限定，应属妥适；同时，鉴于该条第 2 款的规定乃不言自明的规则，为节省立法笔墨，合同编（草案）中删除了此款。

《担保法》第 46 条、第 67 条、第 83 条中根据抵押、质押、留置担保的特点而对其担保范围分别作出了规定。《物权法》第 173 条则基于物的担保的共性，而物的担保的范围作了统一规定：“担保物权的担保范围包括主债权及其利息、违约金、损害赔偿金、保管担保财产和实现担保物权的费用。当事人另有约定的，按照约定。”物权编（草案）第 178 条维持了这一规定。

上述规定，均贯彻了一个基本规则，即除当事人另有约定的外，推定担保人对全部债权提供担保。[1]唯由于保证担保和物的担保中全部债权的项目稍有不同，所以立法上作出了分别规定。对此，笔者表示赞同，但建议对物的担保范围中对“实现担保物权的费用”也加上“合理费用”的限定，以与合同编（草案）第480 条的规定保持一致。

（四）移转、变更上的从属性之立法体现与漏洞弥补

1. 债权让与对担保责任的影响

《担保法》第 22 条规定：“保证期间，债权人依法将主债权转让给第三人的，保证人在原保证担保的范围内继续承担保证责任。保证合同另有约定的，按照约定。”最高人民法院《关于适用〈中华人民共和国担保法〉若干问题的解释》（以下简称《担保法解释》）第 28 条补充规定：“保证期间，债权人依法将主债权转让给第三人的，保证债权同时转让，保证人在原保证担保的范围内对受让人承担保证责任。但是保证人与债权人事先约定仅对特定的债权人承担保证责任或者禁止债权转让的，保证人不再承担保证责任。”《合同法》第 79 – 83 条对债权转让问题作有数条规定，其中第 81 条规定：“债权人转让权利的，受让人取得与债权有关的从权利，但该从权利专属于债权人自身的除外。”

合同编（草案）第 334 – 340 条对债权转让问题作出了系统的规定，堪称严谨。

---

〔1〕 关于担保范围的问题，实践中有两个具体问题值得注意：其一，目前不动产登记机构办理不动产抵押登记时颁发的《他项权利证书》在“债权数额”栏目中只对主债权的数额予以记载，而对其他项目不予记载。发生纠纷时，债权人对于利息、违约金、实现担保物权的费用等是否同样具有优先受偿的权利，有不同的认识和迥异的判例。本人认为：该栏目只是对主债权数额的记载，并非对“担保范围”的限定。其二，诸多民间贷款公司、担保公司与担保人或反担保人签订的担保合同、反担保合同中还单独约定有违约金等条款。对担保合同或反担保合同这种从合同中单独约定的违约金，是否应当支持，亦有两种认识和不同的判例。依据担保和反担保的原理，对从合同中另行约定的违约金条款的效力，本人持否定态度。参见刘保玉：《担保物权：理解适用与规则完善（上、下）》，载《山东审判》2017 第 3 期、第 4 期。

尤其是第337条在维持《合同法》第81条的规定之后，增补了第2款："受让人取得从权利不因该从权利未履行转移登记手续或者未转移占有而受到影响。"此规定一揽子解决了担保权作为从权利附随主债权转让的问题，且较现行规定更为明确，值得肯定。同时，该草案第486条分两款还对附保证担保的债权转让问题另设专门规定："债权人在保证期间内将全部或者部分债权转让给第三人，通知保证人后，保证人对受让人承担相应的保证责任。未经通知，该转让对保证人不发生效力。""保证人与债权人约定仅对特定的债权人承担保证责任或者禁止债权转让，债权人在保证期间内未经保证人同意转让全部或者部分债权的，保证人就受让人的债权不再承担保证责任。"

关于附物的担保的债权转让问题，《物权法》第192条："抵押权不得与债权分离而单独转让或者作为其他债权的担保。债权转让的，担保该债权的抵押权一并转让，但法律另有规定或者当事人另有约定的除外。"物权编（草案）第198条维持了这一规定。

上列关于债权转让及其对担保责任的影响的规则设计，值得赞同。但应当指出的是，现行《物权法》以及物权编（草案）中在质权、留置权部分却无相关规定，构成法律漏洞，应予弥补。本人主张：原理相同，得有同样规则的适用。建议将物权编（草案）第198条的规定纳入担保物权的"一般规定"章中（将其中的"抵押权"改为"担保物权"），统一适用于各种担保物权，同时，保留合同编债权转让和保证合同中债权转让的规定；另外，合同编中关于合同转让问题的诸条规定，亦适用于抵押合同、质押合同。

2. 债务承担对担保责任的影响

《担保法》第23条规定："保证期间，债权人许可债务人转让债务的，应当取得保证人书面同意，保证人对未经其同意转让的债务，不再承担保证责任。"《担保法解释》第29条规定："保证期间，债权人许可债务人转让部分债务未经保证人书面同意的，保证人对未经其同意转让部分的债务，不再承担保证责任。但是，保证人仍应当对未转让部分的债务承担保证责任。"合同编（草案）第341－343条对债务承担问题作了全面规定，同时，在"保证合同"一章的第487条第1款规定："债权人在保证期间内未经保证人同意，允许债务人转移全部或者部分债务，保证人对未经其同意转移的债务不再承担保证责任，但是保证合同另有约定的除外。"

《物权法》第175条规定："第三人提供担保，未经其书面同意，债权人允许债务人转移全部或者部分债务的，担保人不再承担相应的担保责任。"物权编（草案）第182条维持了这一规定。特别应说明的是，该条款居于担保物权的"一般规定"一章，这位置安排是值得肯定的。

比较而言，上述规定在债务承担对担保责任的影响的规定上，保持了规则的一致性。但合同编（草案）的第487条第1款和物权编（草案）的第182条，在表述上有两点差异：其一，是否须经第三人（担保人）“书面同意”，表述不同；其二，是否设但书“另有约定的除外”不同。笔者认为，有关规则应保持一致，而不宜无端出现莫名其妙的差异。而此处的“保证合同另有约定的除外”和“书面”，均应删除。而如果能采用同样的规则的话，物权编中已规定的事项，合同编中无须重复规定，参照适用物权编的相关规定即可。

3. 关于债务加入不影响担保责任的规则

合同编（草案）第344条中对债务加入的规则作了规定，与此相应，在“保证合同”一章的第487条第2款规定：“在保证期间，第三人加入债务的，保证人的保证责任不受影响。”

有所遗憾的是，在现行《物权法》及物权编（草案）中，均未见到在抵押、质押期间，第三人加入债务的，对物上保证人的责任有无影响的规定。本人认为，规则相同，宜作出统一规定。

（五）主债权内容、期限的变更对担保的影响

《担保法》第24条规定：“债权人与债务人协议变更主合同的，应当取得保证人书面同意，未经保证人书面同意的，保证人不再承担保证责任。保证合同另有约定的，按照约定。”《担保法解释》第30条对此规定作了矫正和细化。在吸收上述规定合理成分的基础上，合同编（草案）第485条规定：“债权人和债务人在保证期间内未经保证人同意，协商变更主合同内容，减轻债务的，保证人仍对变更后的债务承担保证责任；加重债务的，保证人对加重的部分不承担保证责任。”“债权人与债务人对主合同履行期限作了变更，未经保证人同意的，保证期间为原合同约定或者法律规定的期间。”这一规定，言简意赅、规则清晰、合理，堪值赞同。

但存在的问题是，《担保法》《物权法》及物权编（草案）关于担保物权的规定中，均欠缺对此问题的规定。本人意见：原理相同，应依同样规则处理；物权编（草案）中应对此进行规则的补充，且应置于担保物权“一般规定”一章中加以规定。而合同编中，参照适用此一规定即可，无须重复。

（六）消灭上的从属性及立法体现

关于担保物权附随主债权消灭的问题，《担保法》关于担保物权的第52条、第74条、第88条第1项作有规定；《物权法》在担保物权“一般规定”章的第177条中，也明确了主债权消灭、担保物权消灭的规则，物权编（草案）“一般规定”中的第184条维持了这一规则。

但自《担保法》至目前的合同编（草案）中，在保证担保部分欠缺相应的规定。本人主张：规则相同，宜作出一致的规定；鉴于保证责任的消灭事由与担保物权的消灭事由有一定的差异，可以在保证合同部分对保证责任的消灭事由另行作出规定。

三、担保的相对独立性及其规则设计

如前所述，在担保的范围、担保的效力、附随主债移转和变更、附随债权移转的例外约定以及抗辩事由、最高额担保[1]等方面，均体现有担保的相对独立性。此处我们只单独谈一下独立担保的效力和保证人、物上保证人可否独立行使抗辩权的问题。

（一）关于独立性担保的效力问题

对于担保合同在效力上的附随性及其例外问题，前已述及。在司法实践中，最高人民法院长期以来只承认涉外担保中独立担保的效力，出于防止道德风险、金融欺诈等方面的考虑，对于国内交易中的独立担保则持否定态度，直到 2016 年 7 月 11 日最高人民法院《关于审理独立保函纠纷案件若干问题的规定》（法释〔2016〕24 号）中方有所改变。该司法解释的第 23 条规定“当事人约定在国内交易中适用独立保函，一方当事人以独立保函不具有涉外因素为由，主张保函独立性的约定无效的，人民法院不予支持。”这一规定得到包括本人在内的多数学者的支持。但如前所述，现行法和目前民法分则的立法草案中，在保证合同与设立担保物权的合同的效力规定上，出现三种不同的表述，即“担保合同另有约定的，按照约定”；“法律另有规定的除外”；“法律另有规定或者当事人另有约定的除外。”由此引发的问题是：在主债权债务合同无效的情况下，保证合同可否因法律的例外规定而有效，抵押合同、质押合同的效力又可否因约定而独立于主债权债务合同？

笔者认为，无论是以合同自由为原则的合同法，还是以物权法定为原则的物权法，在合同约定的内容方面均有法定的限制和当事人自由意志的空间。由于保证人与物上保证人的地位类同，保证合同与抵押合同、质押合同的效力亦应采用相同的规则，故此，建议一律采用“担保合同是主债权债务合同的从合同。主债权债务合同无效，保证合同无效，但法律另有规定或者当事人另有约定的除外”这样的表述[2]，

---

〔1〕 关于最高额担保，除从其体现了担保的范围等可不受主合同限制的相对独立性方面外，还应注意的是，目前的物权编（草案）中对最高额抵押权单设一节作了系统规定，同时，在“质权”章的第 230 条规定：“出质人与质权人可以协议设立最高额质权。”“最高额质权除适用本节有关规定外，参照本编第十七章第二节最高额抵押权的规定。”在合同编（草案）“保证合同”章的第 493 条规定：“保证人与债权人可以协商设立最高额保证。”“最高额保证除适用本章规定以外，参照适用物权编关于最高额抵押权的规定。”这是目前唯一一处关于保证合同可以参照适用物权编有关规定的条款。而依据本文的观点，可以“参照适用”的规定还应有很多。

〔2〕 参见高圣平：《民法典物权法担保物权编“一般规定”的修改建议》，载《现代法学》2017 年第 6 期。

亦即说，无论是保证合同还是抵押合同、质押合同，均应明确肯定法定的或约定的独立性担保的效力。[1]又鉴于物权编的排列在前，为避免重复，在合同编的“保证合同”一章中，明确关于保证合同与主债权债务合同的效力关系准用物权编的相应规定即可，无须重复作出规定。

（二）他人担保中抗辩权的独立行使问题

《担保法》第20条第1款：“一般保证和连带责任保证的保证人享有债务人的抗辩权。债务人放弃对债务的抗辩权的，保证人仍有权抗辩。”“抗辩权是指债权人行使债权时，债务人根据法定事由，对抗债权人行使请求权的权利。”合同编（草案）第491条规定：“保证人享有债务人对债权人的抗辩。债务人放弃抗辩的，保证人仍有权向债权人主张抗辩。”此外，第492条还增加规定：“债务人对债权人享有抵销权或者撤销权的，保证人可以在相应范围内拒绝承担保证责任。”

遗憾的是，无论是在《担保法》《物权法》中还是目前的物权编（草案），物上保证人是否有此项抗辩权规则的适用，法无明文，理论和实践中也不无认识的分歧。从担保原理上讲，本人主张应当一体适用，在物权编中应当在目前草案的第182条之后增加规定：“第三人提供担保的，担保人享有债务人对债权人的抗辩。债务人放弃抗辩的，担保人仍有权向债权人主张抗辩。”“债务人对债权人享有抵销权或者撤销权的，担保人可以在相应范围内拒绝承担担保责任。”

四、担保的补充性及其规则设计

（一）一般保证与连带责任保证的关系

根据《担保法》第16条、第17条的规定，保证的方式分为一般保证和连带责任保证，二者的主要差异在于一般保证人享有先诉抗辩权，即“一般保证的保证人在主合同纠纷未经审判或者仲裁，并就债务人财产依法强制执行仍不能履行债务前，对债权人可以拒绝承担保证责任。”而连带责任保证人则不享有此项抗辩权。如前所述，担保责任尤其是保证责任应以补充性为原则，以连带性为例外，而且，保证责任的承担具有或然性。基于此一原理，各国立法的通例均为：连带责任保证须有当事人的明确约定，当事人对保证方式没有约定或约定不明的，推定为一般保证。其目的在于不无端加重保证人的责任，避免保证人的讼累等。而我国《担保法》基于当时的社会背景和立法目的，在第19条中却规定了相反的推定规则：“当

---

[1] 但应当说明的是，根据《民法总则》的相关规定，主合同因违反法律的效力性强制性规定或违背公序良俗的，主合同及担保合同均依法当然无效，此非当事人得自由约定的事项。

事人对保证方式没有约定或者约定不明确的，按照连带责任保证承担保证责任。”此一规定与担保的原理存有龃龉，且由于在我国民法典编纂中，多数学者主张修改保证方式的推定规则，回归传统。有鉴于此，又考虑到我国的既有立法规定，合同编（草案）第476条采用了一种折中的处理方案：“当事人在保证合同中对保证方式没有约定或者约定不明确的，按照连带责任保证承担保证责任，但自然人之间的保证合同除外。”这一方案，亦有其可取之处。本人主张采纳多数学者所主张的回归传统的推定规则，目前草案的折中方案可作为次选方案。但即使采取折中的方案，也应对“自然人之间的保证合同除外”这一表述作出修改，因为此处要求被保证人（债权人）也须为自然人，并无道理，建议修改为：“但保证人为自然人的除外”。

（二）物上保证人有无类似于先诉抗辩权的权利

这一问题的实质是：当债务人提供的物保与第三人提供的物保并存的情况下，有无清偿的先后顺序？或者说，物上保证人得否主张后顺位利益？对此，现行法未作明文规定，但依据《物权法》第176条和第194条规定的精神，可以得出的推论：有约定的按约定，没有约定或者约定不明确的，债权人应当先就债务人自己提供的物的担保实现债权。多数学者认为，这一规则具有合理性，值得坚持。[1]物权编（草案）第183条和第200条也维持了既有规定。但应当注意的是，由于当事人之间的法律关系的性质以及债务人应当先予清偿的责任财产的范围等方面的差异，物上保证人得主张的后顺位权益不能等同于一般保证人的“先诉抗辩权”，充其量只是类似于先诉抗辩权而已。

五、共同担保的规则完善

（一）共同担保的类型与构成要件

1. 共同担保的多种类型

（1）从担保方式方面看，可分为单一担保方式的共同担保与混合担保方式的共同担保。前者主要包括共同保证、共同抵押、共同质押，后者包括人保与物保并存、抵押与质押并存等。

（2）从担保人的角度看，可分为债务人提供的共同担保、第三人提供的共同担保、债务人与第三人提供的共同担保。债务人提供的共同担保限于物的担保，且担保财产须为两项以上。在第三人提供的共同担保中，担保的方式不限。

（3）从共同担保人的主观认知方面看，可分为有意思联络的共同担保和无意思

[1] 参见崔建远：《物权法》，中国人民大学出版社2014年版，第435页。

联络的共同担保。前者是指数个担保人有共同提供担保的合意（如数个保证人在一份保证合同上共同签章）。后者则是指数个担保人并无共同承担担保责任的意思，甚至在诉讼或仲裁之前尚不知有其他担保的存在，只是客观上对同一债务提供了两个担保而发生共同关系。不过，对于数个担保人无共同提供担保的意思联络的情形，是否构成共同担保并适用相应的规则，学界存在认识上的分歧。

（4）从典型性角度看，共同担保也有典型与非典型之分。典型的共同担保，主要指两个以上担保人基于共同提供担保的意思联络，同时或分别提供担保所构成的共同担保；而且，其各自的担保方式也应是典型的担保方式。非典型的共同担保是指典型共同担保以外的共同担保，主要情形包括：两个以上的担保人并无共同担保的意思联络；担保人为一人但担保财产为两项以上；有数个担保合同，但其中一个或数个保证无效，或者一个或数个担保物权未能依法成立；同一债务有数个担保，但其中一个或数个担保不属于法律规定的典型担保方式，等等。

2. 共同担保的构成要件

依据多数学者的认识，共同担保的构成要件有二：其一，两个以上的担保人或担保财产为两项以上（同一担保人提供两项以上抵押、质押财产，无碍共同担保的成立和规则的适用）；其二，所担保的债务为同一债务。至于数人为同一债权债务提供担保，其担保合同是统一订立还是分别订立、是总括设定一项担保物权还是分别设定数项担保物权，均不影响共同担保的成立。

关于共同担保的构成是否需要两个以上的担保人有共同提供担保的意思联络之主观要件，笔者倾向于否定说，同一债务只要客观上存在两个以上担保，即构成共同担保。〔1〕《担保法解释》第19条关于共同保证的规定中“两个以上保证人对同一债务同时或者分别提供保证时……”的表述、第75条关于共同抵押的规定中“同一债权有两个抵押人的……”之表述，均未限定两个以上保证人、抵押人须有共同担保的意思联络，此与本人的观点是一致的。〔2〕此外，该解释第75条的规定亦未否定同一债权有一个抵押人但抵押财产为两项以上的所构成的共同抵押，只是未明确规定而已。

（二）共同担保的规则

1. 现行法律、司法解释的规定

《担保法》和《担保法解释》中对于共同保证的规则有较为明确的规定。《担

---

〔1〕 参见刘保玉：《共同保证的结构形态与保证责任的承担》，载《中国法学》2003年第2期。

〔2〕 在法律上，对于并无意思联络的数人依据一定标准而认定其发生共同关系的情况，并不鲜见。例如，《侵权责任法》第11条关于无意思联络的数人侵权之连带责任的规定，第五章产品责任中生产者、销售者、运输者、仓储者之责任关系的规定，等等。

保法》第12条规定："同一债务有两个以上保证人的，保证人应当按照保证合同约定的保证份额，承担保证责任，没有约定保证份额的，保证人承担连带责任，债权人可以要求任何一个保证人承担全部保证责任，保证人都负有担保全部债权实现的义务。已经承担保证责任的保证人，有权向债务人追偿，或者要求承担连带责任的其他保证人清偿其应当承担的份额。"《担保法解释》第19条、第20条规定："两个以上保证人对同一债务同时或者分别提供保证时，各保证人与债权人没有约定保证份额的，应当认定为连带共同保证。连带共同保证的保证人以其相互之间约定各自承担的份额对抗债权人的，人民法院不予支持。""连带共同保证的债务人在主合同规定的债务履行期届满没有履行债务的，债权人可以要求债务人履行债务，也可以要求任何一个保证人承担全部保证责任。连带共同保证的保证人承担保证责任后，向债务人不能追偿的部分，由各连带保证人按其内部约定的比例分担。没有约定的，平均分担。"

现行法律、司法解释关于人保与物保构成的混合共同担保的规则，也设有规定，但规则设计几经变化。《担保法》第28条曾规定："同一债权既有保证又有物的担保的，保证人对物的担保以外的债权承担保证责任。债权人放弃物的担保的，保证人在债权人放弃权利的范围内免除保证责任。"该条规定因存在明显错讹，后被《担保法解释》修正，继而又因与《物权法》的规定抵触而废止。《担保法解释》第38条第1款规定："同一债权既有保证又有第三人提供物的担保的，债权人可以请求保证人或者物的担保人承担担保责任。当事人对保证担保的范围或者物的担保的范围没有约定或者约定不明的，承担了担保责任的担保人，可以向债务人追偿，也可以要求其他担保人清偿其应当分担的份额。""同一债权既有保证又有物的担保的，物的担保合同被确认无效或者被撤销，或者担保物因不可抗力的原因灭失而没有代位物的，保证人仍应当按合同的约定或者法律的规定承担保证责任。""债权人在主合同履行期届满后怠于行使担保物权，致使担保物的价值减少或者毁损、灭失的，视为债权人放弃部分或者全部物的担保。保证人在债权人放弃权利的范围内减轻或者免除保证责任。"《物权法》第176条规定："被担保的债权既有物的担保又有人的担保的，债务人不履行到期债务或者发生当事人约定的实现担保物权的情形，债权人应当按照约定实现债权；没有约定或者约定不明确，债务人自己提供物的担保的，债权人应当先就该物的担保实现债权；第三人提供物的担保的，债权人可以就物的担保实现债权，也可以要求保证人承担保证责任。提供担保的第三人承担担保责任后，有权向债务人追偿。"

此外，《担保法解释》第75条，《物权法》第194条，物权编（草案）第200条也有涉及，但关于共同质押以及由抵押和质押所构成的混合共同担保的规则，现行法律、司法解释的规定付诸阙如。

2. 民法典分则草案中的不同方案

合同编（草案·民法室室内稿）第286条规定："同一债务有两个以上保证人的，债权人与保证人可以约定保证人应当承担的保证份额。约定了保证份额的，保证人按照约定承担保证责任；对保证份额没有约定或者约定不明确的，全体保证人在其对债权人所承担的保证范围内承担连带责任。""承担保证责任的保证人可以要求其他保证人清偿其应当分担的份额。"第287条规定："保证人承担保证责任后，除当事人另有约定外，有权在其承担保证责任的范围内向债务人追偿，享有债权人对债务人的所有权利，但不得损害债权人的利益。"

合同编（草案）第489条规定："同一债务有两个以上保证人的，保证人应当按照保证合同约定的保证份额，承担保证责任。没有约定保证份额的，债权人可以要求任何一个保证人在其保证范围内承担保证责任。"第490条规定："保证人承担保证责任后，除当事人另有约定以外，有权在其承担保证责任的范围内向债务人追偿，享有债权人对债务人的权利，但是不得损害债权人的利益。"

物权编（草案·民法室室内稿）第180条规定："债权有多个担保的，债权人应当按照约定实现债权；没有约定或者约定不明确，债务人自己提供物的担保的，债权人应当先就该物的担保实现债权；第三人提供担保的，债权人可以请求部分或者全部担保人承担担保责任。"第181条规定："第三人承担担保后，有权向债务人追偿，也有权按照担保比例向其他担保人追偿。"

物权编（草案）第183条则又回归《物权法》第176条的规定，未作任何修改。

3. 同异比较

关于共同保证情形下保证人的责任承担问题，争议不大，规则前后基本保持了一致，唯具体表述稍有不同。关于人保与物保并存的情况下的责任承担及责任顺位规则，一致的认识是：其一，当事人就数个担保承担责任的承担问题有约定的，债权人应当按照约定实现债权。其二，没有约定或者约定不明确，债务人自己提供物的担保的，债权人应当先就该物的担保实现债权（此点，亦体现了他人担保的补充性）；担保人均为第三人的，没有责任顺位的限定，债权人有选择权，可以就物的担保实现债权，也可以要求保证人承担保证责任。

而关于先承担了保证责任的保证人有无对其他保证人的追偿权问题，立法态度显现了巨大争议。前引的规定中前后出现了数种不同的态度：（1）承担了保证责任的保证人，可以向债务人追偿，亦可以向其他连带责任保证人追偿［《担保法》第12条，合同编（草案·民法室室内稿）第286条规定与此精神相当］；（2）《担保法解释》第20条中，在肯定连带责任保证人之间的追偿权的同时，又附加了限定条件，即连带共同保证的保证人承担保证责任后，"向债务人不能追偿的部分"，由各连带保证人按其内部约定的比例分担。没有约定的，平均分担；（3）承担了担保责任的保证人，可以向债务人追偿，但未规定或者说否定保证人之间的追偿权［合同编（草案）第489条］。

关于保证和第三人提供的物保并存情况下担保人之间的追偿权问题，则出现两种模式：（1）承担了担保责任的担保人，可以向债务人追偿，也可以要求其他担保人清偿其应当分担的份额［《担保法解释第38条》，物权编（草案·民法室室内稿）第180条］；（2）未规定担保人之间可以追偿，立法精神上系认为不能追偿［《物权法》第176条，物权编（草案）第183条］。

此外，《担保法解释》第75条对共同抵押人之间的追偿权，亦持肯定态度（但未加"向债务人不能追偿的部分"之限制条件）。而现行法律及立法草案中，则对共同抵押、共同质押等共同物的担保未作任何规定。

4. 改进建议及简要的理由

在既有的立法、司法解释规定及立法草案的基础上，经综合比较，本人提出以下立法改进建议。

在合同编保证合同的规定中，设两个条文来规定共同保证的规则——

第X-1条："同一债务有两个以上保证人的，保证人应当按照保证合同约定的保证份额承担保证责任。没有约定保证份额的，债权人可以要求任何一个保证人在其保证范围内承担保证责任。"

第X-2条规定："保证人承担保证责任后，享有债权人的权利，有权在其承担保证责任的范围内向债务人追偿；向债务人追偿不能的部分，可以要求其他保证人清偿其应当分担的份额，但当事人另有约定的除外。"

在物权编的一般规定中，可以设一个条文分两款来一并规定人保与物保并存和物的共同担保问题——

第X条："债权有多个担保的，债权人应当按照约定实现债权；没有约定或者约定不明确，债务人自己提供物的担保的，债权人应当先就该物的担保实现债权；第三人提供物的担保的，债权人可以请求部分或者全部担保人承担担保责任。""第三人承担担保后，享有债权人的权利，有权在其承担保证责任的范围内向债务人追偿；向债务人追偿不能的部分，可以按照担保比例向其他担保人追偿，但当事人另有约定的除外。"

理由如下：

其一，在共同保证人的责任承担方面，争议不大，合同编（草案）第489条的规定，表述最为准确，遂采纳该条作为第X-1条。

其二，保证人或物上保证人承担担保责任后，当然有权在其承担担保责任的范围内向债务人追偿，此乃保证担保的基本属性和担保的补充性所在。[1]而且，保证人及物上保证人对债务人的追偿权，乃其基本权利，不能依约定排除。故此，将合同编（草案）第490条中的“除当事人另有约定以外”字样删除。

其三，保证人或物上保证人承担保证责任、代偿债务后，自应取代债权人的地位而享有原债权人的权利（代位权），而原债权人的权利，并不仅针对债务人本人，尚且应包括对其他担保人的权利，此乃各国立法的通行做法。故此，此处只强调了“享有债权人的权利”，而删除“对债务人”的限定。至于担保人代位行使债权人的权利，不得损害到债权人的利益，乃权利行使的基本原理，在《民法总则》及合同编的小总则部分，均有相关规定，此处无须重复（况且，此处也很难设想出代偿债务的保证人或物上保证人取代债权人地位后对债务人和其他担保人行使权利如何会损害到原债权人的利益）。

其四，在债务人提供的物的担保与第三人提供的物的担保并存的情况下，如果没有约定或者约定不明确，债权人应当先就债务人自己提供物的担保实现债权。此点，《物权法》第176条和物权编（草案）第183条均已有规定，符合担保的补充性原理，本人赞同这一规定。

其五，关于担保人之间有无追偿权的问题，学理上有不同的看法。[2]这一问题，似乎是共同担保规则设计中争议最大的问题。本人的立法建议中，一方面明确了承担担保责任的保证人和物上保证人的代位权，另一方面为保持规则一致，亦明确肯定了担保人之间的追偿权。笔者认为，《物权法》第176条以及物权编（草案）第183条、合同编（草案）第490条中不承认担保人之间的追偿权的做法，并非妥当。依据担保原理和立法例上的“分担主义”及“代位求偿主义”两种通行规则，[3]为维护各担保人之公平利益的考虑，在担保合同未明确约定排除的情况下，承担了担保责任的担保人向债务人追偿不能的部分，可以要求其他担保人承担其应当分担的份额。《担保法解释》第38条关于担保人之间追偿权的规定以及司法实践

---

〔1〕 顺便提及：《担保法》第32条，《担保法解释》第44－46条还对债务人破产情况下保证人的追偿权预先行使问题作出规定。在上述规定的基础上，合同编（草案·民法室室内稿）第290条、第291条也对此问题作出了规定。笔者认为，不唯保证人有此项权利，物上保证人亦应有此权利。但保证人与物上保证人的追偿权预先行使问题，应属《破产法》规定的事项，无须在担保制度中专门规定。也正因如此，合同编（草案）中，删除了对该问题的规定。

〔2〕 参见胡康生主编：《中华人民共和国物权法释义》，法律出版社2007年版，第381页；郭明瑞、房绍坤、张平华：《担保法》，中国人民大学出版社2008年版，第158～159页；高圣平：《担保法论》，法律出版社2009年版，第73页；王利明《物权法研究（下卷）》，中国人民大学出版社2013年版，第1122页；崔建远：《物权法》，中国人民大学出版社2014年版，第436页；程啸：《民法典物权编担保物权制度的完善》，载《比较法研究》2018年第2期。

〔3〕 参见郭明瑞：《担保法》，法律出版社2010年版，第142～143页。

中的现行做法，应予坚持。[1]决然否定担保人之间的追偿权，将会导致共同担保中担保责任的承担出现无序的状态，也会导致不公平的后果，甚至为法院执行人员任意选择被执行人、滥用执法权提供可能。[2]

鉴于保证人及物上保证人并非最终的责任人，故此，为减少讼累，借鉴《担保法解释》第20条第2款中的规定，建议对于担保人之间的追偿，限定“向债务人追偿不能的部分，可以按照担保比例向其他担保人追偿”的条件；又由于尊重当事人之间的约定的原则，此处另加但书规定“当事人另有约定的除外”，亦即说，如果保证人或物上保证人约定彼此不能追偿的，依照其约定；约定无须先向债务人追偿而可以直接要求其他担保人按比例分担损失的，亦应遵从其约定。

其六，由于我国现行法上对共同抵押、共同质押的规则未作规定，而其规则亦无更为特殊之处，故而可以在一个条文中对其一并作出规定。在这点上，物权编（草案·民法室室内稿）第180条的设计非常巧妙，适用性更强，笔者建议采纳这种规定方式。

5. 与共同担保规则相关的问题：债权人放弃共同担保中某一个担保权益的法律后果

《物权法》第194条规定：“抵押权人可以放弃抵押权或者抵押权的顺位……债务人以自己的财产设定抵押，抵押权人放弃该抵押权、抵押权顺位或者变更抵押权的，其他担保人在抵押权人丧失优先受偿权益的范围内免除担保责任，但其他担保人承诺仍然提供担保的除外。”物权编（草案）第200条维持了这一规定。此一规定本身并无问题，且与《物权法》第176条及物权编（草案）第183条的相关规定保持了一致。问题是：如果抵押权人放弃了某一个第三人提供的抵押，后果如何，其他担保人可否主张免除相应的责任份额？这是一个与共同担保的规则设计密切相关的问题，即在共同担保中，若对保证人、物上保证人之间的追偿权持否定态度，则债权人放弃其中的一个担保权益，对其他担保人并无影响，法律也无须对此问题专门加以规定；而若对保证人、物上保证人之间的追偿权持肯定态度，则债权人放弃共同担保中的一个担保的，对其他担保人的追偿权或损失分担请求权会产生不利影响，其他担保人当然可以要求免除相应的责任份额。本人赞同后一种认识，故此建议在物权编、合同编中对此问题一定作出规定。另应说明的是，债权人虽未明确表示放弃某一担保权益，但因其自身原因导致权利超过保证期间、诉讼时效或担保物权的行使期间的，应视同“放弃”并发生相应的法律后果。

---

[1] 最高人民法院最近作出的（2017）最高法民再137号“顾某康、十堰荣华东风汽车专营有限公司v湖北汇城置业有限公司案”的再审判决书中，再次明确肯定了担保人之间的追偿权。

[2] 参见刘保玉：《担保物权：理解适用与规则完善（上、下）》，载《山东审判》2017第3期、第4期。

我国担保合同的独立性解构

——以《担保法》第5条第1款的解读为中心

刘智慧*

目 次

传统的从属性担保限制担保的独立性，从而达到平衡债权人、债务人、保证人三方利益的目的。这种做法曾经起到了促进担保人提供担保，保障债权人利益实现的积极作用。然而，在经济全球化和信息时代的背景下，严格恪守担保的从属性已因低效而无法适应实践需求，在这种背景下独立担保制度应运而生。

二十世纪八十年代，在外国企业与我国进行经济交往的过程中，由于我国处于改革开放初期，国内信用水平较低，起源于西方的具有独立性的独立保函制度进入我国，并在我国银行对外业务中首先开展起来，这种担保在我国对外贸易中的适用为我国改革开放早期的经济发展提供了一定的支持。迄今为止，这种担保在我国发展已有三十多年的历史，但由于我国立法未予明确肯认，理论上对这种担保的内容和本质特征认识不清等原因，尽管伴随着我国经济的不断发展，这种极具独立性的担保方式在我国的适用也越来越频繁，但对于其是否可以适用于国内民商事主体之间的担保实践，理论和实务中一直存在纷争，这也导致这一具有独特优势的融资工具未能完全在我国经济发展中发挥应有作用。2016年11月，最高人民法院公布了

* 刘智慧，中国政法大学法律硕士学院教授。

《关于审理独立保函纠纷案件若干问题的规定》，其中的部分规则标志着在我国司法实务中正式承认独立保函在国内适用的效力。本文旨在结合我国独立担保实践中存在的问题，在对《担保法》第5条第1款予以解读的基础上，对担保合同的独立性予以解构，以重新定位担保的从属性与独立性。

一、担保合同独立性之基本意蕴

确定概念的规范性表述是研究一个制度的前提。同样，明确担保合同独立性之意蕴也是解构担保合同独立性的前提。

对于担保合同的独立性问题，素有“独立担保”之谓，而对于独立担保的概念表述，学界历来却有不同称谓，如有学者称为独立保证，[1]见索即付担保，[2]不可撤销的担保[3]等，有学者认为独立担保可以直接等同于银行保函，[4]有学者则认为独立保函与备用信用证都属于独立担保，并在同一层面上使用独立保函与备用信用证，[5]等等。学界之所以难以达成统一概念，主要是源于学者们均从各自不同的研究领域或者针对独立担保的不同实务形式对担保合同的独立性进行界定。

综合学界的讨论可以看出，学界所讨论的独立担保在范围上相当广泛，涉及独立保函、备用信用证、票据法中的见索即付保函等。正如有学者所言，“法律科学一直在反复尝试，从单一的法律现象归纳出法律的概念，而且毫无疑问的是，原则上有可能通过对单一的法律现象的比较，得出以所有法律现象为基础的一般概念。”[6]鉴于目前理论和实务中对担保的独立性和独立担保等概念的模糊认识，为以下行文方便且指代清楚，除非特别指出，本文所谓独立担保，是相对于传统的从属性担保[7]而言，是指债权人与担保人约定，由担保人承诺债权人依据担保内容向担保人提交

---

〔1〕 高圣平：《论独立保证的典型化与类型化》，载《武汉大学学报（哲学社会科学版）》2016年第1期。

〔2〕 张玉红：《见索即付担保业务操作细节》，载《中国外汇》2018年第5期；郭德香：《见索即付保函的担保风险及其防控对策——由“利比亚银行保函延期事件”引发的思考》，载《法商研究》2012年第5期。

〔3〕 陈璐：《共同担保保函不适用性分析》，载《中国外汇》2018年第20期。

〔4〕 刘斌：《独立担保的独立性：法理内涵与制度效力——兼评最高人民法院独立保函司法解释》，载《比较法研究》2017年第5期。

〔5〕 见高祥：《论国内独立保函与备用信用证在我国的法律地位——兼评最高人民法院独立保函司法解释征求意见稿》，载《比较法研究》2014年第6期。

〔6〕 ［德］拉德布鲁赫：《法哲学》，王朴译，法律出版社2013年版，第34页。

〔7〕 本文所称担保的从属性，是指判断担保合同的效力依赖于主债法律关系的效力。正如有学者指出的，从属性，是指同时存在数项以清偿同一债权人利益为内容的债权，但其中一项债权具有主导地位，其决定债权人享有何种利益，而其他数项债权仅依附于此主导性债权，并指向此主债权，这些债权相对主导地位的债权处于从属的地位。传统的保证合同和主合同即是如此关系。可参阅［德］迪特尔·梅迪库斯著：《德国债法总论》，杜景林、卢谌译，法律出版社2004年版，第610～611页。

与约定要求相一致的文件时，担保人即必须依担保合同向债权人履行义务，并且不能援引基础合同的抗辩权的一种担保方式。[1]但本文所称对担保独立性的解构，则不仅包括判断担保合同的效力不再依赖于主债关系的独立担保，也包括传统的从属性担保中担保合同的相对独立。

二、解构担保合同独立性的形式基础

（一）担保合同的条款

在担保实践中，当事人之间意在实现担保独立性的担保合同不仅形式多样，内容各异，且表述往往模糊。此时，要把握该担保合同的本质，确定该法律关系中的主要权利和义务，其形式基础当然首推担保合同的条款。

然而，担保合同条款为当事人意思自治的产物，内容形式均可能千差万别，不可避免出现合同条款之间存在矛盾或者某类条款缺失等情况，导致在实践中难以被认定究竟为独立担保还是从属性担保，独立担保的认定显得相当复杂。此时，对于将当事人之间约定的担保合同归属于独立担保还是从属性担保的问题，认定的过程中必然有诸多因素需要考虑，但无疑应当从担保合同本身的条款着手：假如条款明确约定该担保合同的效力判断受制于主债关系的效力，则该担保合同应被认定为传统的从属性担保；若条款明确约定该担保合同的效力判断独立于主债关系，受益人只需提交符合担保合同中规定的单据，担保人就必须依担保合同的约定承担担保责任，则该担保应被认定为独立担保。

（二）关涉担保合同独立性的法律规则

目前，我国现行最集中的关涉担保合同独立性承认与否之立法为我国《担保法》第5条第1款与《物权法》第172条的规定，此外还有一些行政法规、规章以及司法解释的规定。当然，对于这些规则，理论解读和司法适用中均存在不同解读。

首先，理论和实务中对我国《担保法》第5条第1款的解读存在分歧。我国《担保法》第5条第1款规定："担保合同是主合同的从合同，主合同无效，担保合同无效。担保合同另有约定的，按照约定。"对于该条款前半段的理解基本达成共

---

[1] 这基本相当于1995年联合国大会通过的《联合国独立担保和备用信用证公约》第2条所确定的独立担保的范围，即由银行或其他机构或个人（担保人/开证人）作出的承诺：一经请求或一经附其他单据的请求即行以符合保函的条款和任何单据条件、指示或可推知的条件的方式向受益人支付确定的款项。见 *UNITED NATIONS CONVENTION ON INDEPENDENT GUARANTEES AND STAND - BY LETTERS OF CREDIT ARTICLE* 2。

识，即明确规定了担保合同的从属性，但对该条款后半段的但书规定，理论上的解读各异，焦点分歧主要在于是否允许当事人基于意思自治约定在国内经济活动中适用独立担保。

其次，在《物权法》实施后，理论和实务中结合《物权法》第172条规定对《担保法》第5条第1款作了进一步的解读。我国《物权法》第172条第1款规定："设立担保物权，应当依照本法和其他法律的规定订立担保合同。担保合同是主债权债务合同的从合同。主债权债务合同无效，担保合同无效，但法律另有规定的除外。"显然，该规定中的但书条款与《担保法》第5条第1款的但书条款相比，其规定了"法律另有规定的除外"，而缺少了"担保合同另有约定的，按照约定"的内容。对此变化，理论和实务中出现三种不同解读，焦点分歧与对《担保法》第5条第1款的解读如出一辙。

在此两条规定之外，也有部分行政法规、规章以及司法解释的规定关涉担保合同的独立性判断，但多语义模糊。例如，1996年中国人民银行颁布《境内机构对外担保管理办法》，该办法明确规定境内机构可以以备用信用证对外提供担保，但"只有在债务人未按合同约定偿付债务时"，担保人才履行偿付义务，故也难被统一解读为对从属性的彻底突破。2016年11月最高人民法院公布了《关于审理独立保函纠纷案件若干问题的规定》，在概念上采用的是独立保函。[1]但该规定只明确了具有列举的几种情形时，应认定为独立保函，同时也未否认其他约定情形是否均排除担保的独立性。[2]尽管这些规定基本没有太多明确的态度，但均为解构我国担保合同独立性的重要形式基础。

三、从属性担保中担保合同的独立性解构

对于传统的从属性担保仍具有一定的独立性这一点，理论上质疑者甚少。其基本原理主要在于：基础交易关系和担保合同是两个不同的法律行为，这使得担保合同在成立与生效时间、担保范围的确定、无效或者可撤销事由等方面均具有一定的独立性。具体表现主要有：

---

〔1〕 依该规定第1条和第3条的规定，独立保函是"银行或非银行金融机构作为开立人，以书面形式向受益人出具的，同意在受益人请求付款并提交符合保函要求的单据时，向其支付特定款项或在保函最高金额内付款的承诺。""保函具有下列情形之一，当事人主张保函性质为独立保函的，人民法院应予支持，但保函未载明据以付款的单据和最高金额的除外：（一）保函载明见索即付；（二）保函载明适用国际商会《见索即付保函统一规则》等独立保函交易示范规则；（三）根据保函文本内容，开立人的付款义务独立于基础交易关系及保函申请法律关系，其仅承担相符交单的付款责任。"

〔2〕 例如，之前征求意见稿公布后，曾有意将备用信用证纳人这一司法解释中来，但颁布后的司法解释未将备用信用证纳入其中，对于备用信用证与独立保函依然是区分对待的态度。

其一，担保合同成立与生效的独立性。担保合同的双方主体是担保人和债权人，担保合同的成立和生效是基于担保人和债权人的合意，而非基础交易关系中债权人与债务人的合意；且担保合同成立和生效的时间也并不一定同于基础交易关系。这一点，从我国法上的最高额保证、最高额抵押、最高额质押等最高额担保制度就可以得到印证。以最高额保证合同为例，最高额保证合同显然就不是普通保证中的“从合同”，因为最高额保证所担保的是“未来债权”，在设定最高额保证担保时，不可能产生像普通保证中的“主合同”法律文件，也就无所谓从属于“主合同”。在司法实务中，也不乏承认最高额保证的独立性的裁判。例如，在“风神轮胎股份有限公司与中信银行股份有限公司天津分行、河北宝硕股份有限公司借款担保合同纠纷二审案”中，最高人民法院判决认为，最高额保证较之普通保证最大的区别就在于其与主债务的关系具有更强的独立性。最高额保证通常是为将来一定期间连续发生的债务提供保证，其中某一笔交易的效力并不影响最高额保证合同的效力。而普通保证则因主合同无效而无效。在最高额保证的情形下，即使主债务无效，基于主债务无效而确定的债务额也要作为最高额保证计算债务余额的基数。最高额保证人的责任是在订立合同时确立的，通过最高额保证期间和最高限额限定保证责任，不因为最高额保证期间发生的债务余额之增加而加重最高额保证人的保证责任。只要是发生在最高额保证期间内，不超过最高限额的债务的余额，最高额保证人均应承担保证责任。〔1〕

其二，担保人的责任范围与基础交易关系无关。担保人的责任范围依担保合同的约定确定，且担保合同确定的担保范围也多不同于基础交易关系的债务范围。如我国《担保法》和《物权法》均规定担保范围可以由担保人和债权人在担保合同中约定，未约定的，包括主债权、利息、违约金、损害赔偿金及实现债权的费用。

其三，担保合同的无效、可撤销、解除等也具有独立性。担保合同若是存在法律规定的无效、可撤销或者解除等事由，那么担保合同是可以独立地被确认为无效，或者由当事人撤销或者解除的，即便基础交易关系合法有效。

以保证合同与主合同的关系来看，有学者早就明确指出，“保证债务在强度和体态上是与主债务不同的。保证债务在变更和消灭方面都有其独立的原因，又保证人得唯就保证债务约定违约金或预定损害赔偿额，或唯就保证债务提供担保。关联于保证契约所发生之抗辩权，保证人得独立行使之。”〔2〕从这个意义上看，担保合同的这种独立性与独立担保的独立性都体现着这一法律行为独立的特征。

---

〔1〕见最高人民法院（2007）民二终字第36号民事判决书。

〔2〕史尚宽：《债法各论》，中国政法大学出版社2000年版，第879页。

四、独立担保之独立性解构

（一）独立担保与从属性担保的主要差异分析

从目前独立担保与从属性担保的国际实践来看，独立担保与从属性担保具有两个方面的差异：

其一，担保合同与主债（以下称基础交易）的关系不同。在传统的从属性担保中，担保合同中的内容从成立时就从属于基础交易关系，在成立后其效力更是决定于基础交易关系，基础交易关系的变化直接影响着担保合同关系中权利义务的性质及内容，且债权人须根据基础交易关系中债务人的履行情况来向担保人提出请求履行担保合同约定的义务，或者说债权人对担保人请求依担保合同履行义务的基础可以证明在基础交易关系中的债务人有债务不履行行为。[1]在独立担保中，不受“主从法律关系”效力规则的制约，担保合同具有独立的法律效力，独立于基础交易关系而仅依担保合同的内容来确定担保人对债权人的义务，其基础交易关系的效力变化并不直接影响担保合同的效力，即使基础交易关系被确认无效或者被撤销，只要债权人提供的材料符合担保合同中约定的内容，担保人即须严格依担保合同的约定履行义务。

其二，担保人享有的抗辩权不同。传统的从属性担保中，担保人除了享有法定的或者担保合同约定的抗辩权以外，还可以直接援用基础交易关系中被担保人（债务人）基于基础交易关系所享有的抗辩权，以对抗债权人的履行请求。在独立担保中，担保人与基础交易关系的债务人之间却不存在抗辩权上的关联性，除非法律规定的或者约定的特殊情形出现，[2]担保人不享有抗辩权。质言之，即使债务人具有不履行基础交易关系中确定的义务的行为，担保人也不能以此作为抗辩而不向债权人履行担保合同约定的义务；同样，即使基础交易关系中债务人因行使抗辩权而在某一司法程序中被有效免除责任的，并不当然使担保人获得该抗辩利益，担保人仍须依担保合同的约定履行义务。[3]

---

〔1〕 更有甚者，依我国《担保法》第25、26条等规定，在保证合同中，没有约定的情形下，保证期间从主债务履行期届满之日起算。这是从属性担保的典型特征表现。

〔2〕 如债权人提交的单据不符合保证合同中记载的要求，或者债权人出现欺诈索款等情形，担保人可以基于欺诈例外规则的规定拒绝债权人的索款请求。

〔3〕 当然，这不影响担保人承担责任后可依其与债务人的约定对债务人进行追偿。

（二）关于独立担保适用范围之分歧解读在司法中的具体体现

1. 对于涉外担保案件，回避国内担保立法的适用，适用国际商事惯例判断

在国际贸易实践中，“见单即付的担保”“无条件或不可撤销的担保”“放弃一切抗辩权的担保”乃至“备用信用证”等各种独立担保形式不断涌现。在我国判断独立担保效力的司法实践中，一般认可国内民商事主体对外提供担保的效力，也认可外国银行、机构对国内机构担保的效力，认为独立担保在国际间是当事人自治的领域。但对于具体的裁判依据，确定涉外独立担保案件和国内独立担保案件的认定标准，[1]以及独立担保能否在国内民商事交易中获得认可等问题，均未达成共识。于是，在我国国内法规范模糊的情况下，对于涉外担保案件，我国司法实践常不得已适用国际商事惯例为判。例如，在荷兰商业银行上海分行诉苏州工业园K壳牌燃气有限公司案等案件中，法院均未把独立保函及备用信用证认定为担保合同，而转道于将案涉担保依外国法或者国际商事惯例的相关规定以为判断。[2]

2. 对于国内民商事担保，直接肯定或者否定独立担保在国内担保实践中适用

在我国目前的独立担保实践中，理论和实务上对于独立担保可以适用于国际商事交易已经基本达成共识。但如前所述，目前分歧的焦点主要在于国内民商事交易是否也可以适用独立担保。

相较而言，在实务中持否定观点的案例更为多见。例如，在“湖南机械进出口公司、海南国际租赁公司与宁波东方投资公司代理进口合同纠纷案”中，最高人民法院将案件中的不可撤销保函认定为“独立担保合同”，并且认为，虽然有本担保函不因委托人的原因导致代理进口协议书无效而失去担保责任的约定，但在国内民事活动中不应采取此种独立担保方式，因此应当按照《担保法》第5条第1款的规定，认定该担保合同因主合同无效而无效。[3]无独有偶，在“金华市金联担保有限公司诉浙江宏宇工贸有限公司等借款合同纠纷案”中，浙江省金华市中级人民法院认为，担保合同是借款合同的从合同，具有从属性，不具有独立性，虽然合同中有担保方承担的连带保证责任是独立的，不可撤销的，不因借款合同的效力等任何原因而无效的约定，但独立担保目前适用于国际商事交易中，在本案中不适用独立担

---

〔1〕对此，实务中有案例应证：在“中国建设银行股份有限公司杭州宝石支行等诉中国机械设备工程股份有限公司保证合同纠纷案”中，浙江省高级人民法院就认为，“虽然本案各方当事人均为我国国内法人，但该保函服务于国际商事交易，应认定该保函中关于独立性的约定有效”。见浙江省高级人民法院（2013）浙商外终字第89号民事判决书。

〔2〕见江苏省高级人民法院（2000）苏经初字第1号民事判决书。本案中，法官以双方当事人选择的英格兰法律作为适用案涉担保协议的准据法，对案件进行了裁判。

〔3〕见最高人民法院（1998）经终字第180号民事判决书。

保方式，该约定无效，因借款合同无效引起担保合同无效。[1]在“中国银行股份有限公司巴彦淖尔市分行诉维信深喜（临河）绒毛纺织有限公司等借款担保合同案”中，巴彦淖尔市中级人民法院也认为，保证合同双方当事人约定该保证为独立担保合同的，尽管《担保法》规定了“担保合同另有约定的，按照约定”，但是由于独立担保的特殊性，目前独立担保合同仅适用于国际商事交易领域，不适用于国内经济活动，因此该约定应属无效。[2]甚至在具有独立性特征的最高额保证中，也有直接否定独立性的判决。例如，在“杭州宝盈实业有限公司与杭州联合农村商业银行股份有限公司兰里支行保证合同纠纷再审案”中，浙江省高级人民法院认为，关于《最高额保证合同》的效力，担保合同是借款合同的从合同，具有从属性，不具有独立性，虽然《最高额保证合同》中约定“本合同不因主合同无效而无效，且保证人对债权人在主合同无效情形下的一切债权仍按本合同承担连带保证责任”，但独立担保目前仅适用于国际商事交易中，在本案中不适用独立担保方式，案涉从合同《最高额保证合同》因主合同无效也应认定为无效。[3]

当然，在我国的独立担保实践中，也有持直接肯定观点的案例。例如，在“中国建筑第五工程局有限公司与和记黄埔地产（成都）温江有限公司不当得利纠纷申请再审案”中，最高人民法院裁定认为，二审判决认定中行湖南省分行为中建五局提供的担保属于独立担保关系，案涉银行保函是不可撤销的、见索即付保函的独立保函；我国有关担保的相关法律虽未对独立保函作出专项规定，但根据《担保法》第5条第1款的规定，双方约定的独立担保关系成立并生效。[4]与此类似，在“赵某香诉刘某等公司民间借贷纠纷案”中，龙岩市中级人民法院认为，据《担保法》第5条第1款的规定，本案当事人所签订的保证合同中明确约定保证人的保证责任不因借款合同部分或全部无效而免除，双方对于主合同无效情形下保证责任的承担已作出特别约定，属于真实意思表示，且没有损害国家及第三人利益，法律不应予以干涉，故对于本案担保责任的承担应按双方在担保合同中的约定来处理。[5]

3. 为求利益平衡在认定独立担保不适用于国内民商事活动的同时取缔约过失责任等其他责任为判断

在我国独立担保司法实践中，有法官鉴于独立担保在国内民商事活动中的效力尚未得到明确认可，为免直接认定有效可能存在的解释上的“于法无据”，便一方面依照《担保法》及《物权法》关于主债权债务合同无效，担保合同无效之规定，在基础交易关系无效的情形下，认定独立担保合同无效，但同时根据《担保法司法

---

[1] 见浙江省金华市中级人民法院（2010）浙金商再字第19号民事判决书。

[2] 见巴彦淖尔市中级人民法院（2007）巴民二初字第34号民事判决书。

[3] 见浙江省高级人民法院（2016）浙民申407号民事判决书。

[4] 见最高人民法院（2014）民申字第418号民事裁定书。

[5] 见龙岩市中级人民法院（2013）岩民终字第132号民事判决书。

解释》第7条和第8条之规定，判令担保人承担相应的缔约过失责任，以达当事人之间的利益平衡。例如，在“上海市第一市政工程有限公司诉中国建设银行股份有限公司河北省分行直属支行担保合同案”中，虽然石家庄市桥西区人民法院认为“在国内民事活动中不应采取此种独立担保的方式，对此约定应认定为无效”，但法院同时也认定，“独立担保合同的无效并不意味着担保人不再承担担保责任，而是担保人仍应对其担保的债务承担连带责任”。[1]

（三）独立担保适用于国内民商事活动之证成

由以上考察可知，在我国独立担保司法实践中，由于立法规则未予明确担保独立性和从属性的关系，也未确立独立担保的实质认定标准，理论上对于立法的解读又五花八门，只能有赖于司法者依靠着自身所认可的某种理论解读行使自由裁量权，这势必容易导致同案异判，自相矛盾。以下兹证成独立担保可以适用于国内民商事活动，以实现可以部分消除目前乱象之目的。

1. 符合民商法担保制度的设置主旨

有观点认为，《担保法》第5条与《物权法》第172条的但书规定仅针对国际商事交易中的对外担保，不包括国内经济活动中的担保，即国内民商事主体之间的债权债务关系中不能认可当事人约定的独立担保的法律效力，否则“将给国内担保法律制度带来重大影响。”[2]而且，“法律如果允许当事人作出主债权债务合同无效，担保合同仍有效的约定，那么，即使不存在主债权债务，担保人也要承担担保责任。这不但对担保人不公平，而且可能导致欺诈和权利滥用，还可能损害其他债权人的利益。”[3]然而，究立法者设置担保制度，债权人选择担保人的目的，主要是给债权人实现债权予以保障，许可独立担保可以适用于国内民商事活动，不仅不会对担保人不公平反而有助于实现担保的主旨。[4]

首先，担保人作为一个理性的当事人，在提供担保时担保人对其法律风险一般

〔1〕 石家庄市桥西区人民法院（2005）西民二初字第00134号民事判决书。

〔2〕 可参阅李国光等著：《关于适用〈中华人民共和国担保法若干问题的解释〉理解与适用》，吉林人民出版社2002年版，第30页。

〔3〕 全国人大常委会法制工作委员会民法室：《中华人民共和国物权法条文说明、立法理由及相关规定》，北京大学出版社2007年版，第303页。司法实践中也有持该观点者。例如，在“上海市第一市政工程有限公司诉中国建设银行股份有限公司河北省分行直属支行担保合同案”中，石家庄市桥西区人民法院认为，“由于独立担保中的担保人不享有债务人的抗辩权，使独立担保存在欺诈和滥用权利的弊端，易引起更多纠纷，从而损害社会公共利益，因此在国内民事活动中不应采取此种独立担保的方式，对此约定应认定为无效。”见石家庄市桥西区人民法院（2005）西民二初字第00134号民事判决书。

〔4〕 有学者还指出，“今日之担保物权之性质，已渐次由保全的性质而有为价值权之独立的权利之性质，此从属性在约定担保，于各种情形已被破除”。见史尚宽：《物权法论》，中国政法大学出版社2000年版，第275页。

会有相当的认知，尤其担保人是银行或者其他金融机构时更应当具有高度的认知。更何况担保的基本机理决定了担保人在承担担保责任后享有向债务人的追偿权，故无须因独立担保责任相对严厉而依赖从属性的安排免除担保人的担保责任。

其次，传统的从属性担保中，担保人可以多项抗辩权对抗受益人的索赔请求，这使得索款效率低下、救济程序复杂，耗时费财，阻碍债权的实现。与传统从事性担保相比，独立担保还便于债权人直接快速地实现债权，提高交易的效率；降低债权人的诉讼风险、执行风险，防止担保人以各种借口抗辩不履行合同；有助于加强债务人和担保人的履约和资信能力，降低债权人的征信成本。这一优势显然也是与担保制度的宗旨相吻合的。

此外，独立担保确实容易发生债权人欺诈索赔。但是，我们没有必要因噎废食，因独立担保中可能存在的欺诈和权利滥用，就一概否认由担保人和债权人充分合意的独立担保。对于可能存在的欺诈和权利滥用问题，完全可以通过对于欺诈和权利滥用的权利行使限制来减免担保人的责任，以避免独立担保可能产生的弊端。对此，各国和地区，以及国际上都普遍设计欺诈例外规则，以便担保人在单据表面相符时，依此作为抗辩事由对抗恶意请求。〔1〕我国最高人民法院《关于审理独立保函纠纷案件若干问题的规定》第12条也对独立保函的欺诈例外作了规定，规定了五种认定为独立担保欺诈的情形，〔2〕为我国独立担保的适用奠定了基础。

不过，值得注意的是，目前学界普遍认为这几种情形相对于实践中欺诈情形的复杂性而言，并不能应对现实中出现的形形色色的独立担保欺诈，且几种情形中仍然有需要担保人对基础交易关系的情况进行审查的类型，这本质上已经不属于独立担保范畴。此外，本条还设置了兜底条款，允许在实践中法官可以有无限的自由裁量权来认定欺诈例外，这也是有违欺诈例外规则严格谨慎的设置方式的，等等。从本质上看，这几种欺诈情形的认定是源自我国民法上对无效民事法律行为的界定，而在独立担保制度中，如果完全适用无效民事法律行为中关于欺诈的认定来界定独立担保下的欺诈例外，可能会让独立担保牵扯到基础交易关系的无效或有效来认定欺诈是否产生，这无疑也是极大地对独立担保独立性原则的违反。

综上可知，从担保制度的设置目的来看，当下我们要做的不是禁止在国内民商

---

〔1〕需要关注的是，虽然各国和地区在逐步确立欺诈例外规则，但对于欺诈的构成和具体认定标准并未形成共识。如加拿大和英国在对欺诈进行认定时主要看重的是欺诈的证据是否充分明确；美国和澳大利亚则是从欺诈方的主观恶意和对公平公正的影响程度等抽象方面考虑欺诈的标准。

〔2〕《最高人民法院关于审理独立保函纠纷案件若干问题的规定》第12条规定：具有下列情形之一的，人民法院应当认定构成独立保函欺诈：（一）受益人与保函申请人或其他人串通，虚构基础交易的；（二）受益人提交的第三方单据系伪造或内容虚假的；（三）法院判决或仲裁裁决认定基础交易债务人没有付款或赔偿责任的；（四）受益人确认基础交易债务已得到完全履行或者确认独立保函载明的付款到期事件并未发生的；（五）受益人明知其没有付款请求权仍滥用该权利的其他情形。

事活动中适用独立担保，而是需要对欺诈例外标准进行深入研究，以让独立担保制度健康的发展，更好地实现担保制度的设置宗旨。尤其是在设定独立担保欺诈例外规则时，必须考虑独立担保内在价值的平衡。如果在法律上设置过于严苛的欺诈例外规则，就可能涵盖实践中出现的很多有必要规制的欺诈情形，诱发债权人滥用权利、恶意索款，从而损害担保人利益；但如果在法律上设置太过宽松的欺诈例外规则，就可能无法发挥独立担保便捷高效的优势，无法起到保护债权人的作用。

2. 现行法体系解释的结果

从司法实践既有裁判来看，对独立担保的国内法效力予以否认未有明确的法律依据。首先，我国《民法通则》第 89 条将担保合同明确定位为主债务的从合同；《担保法》第 5 条第 1 款则用“另有约定除外”的表达为独立担保留下创新空间的同时，也引起了各种分歧解读。尽管如此，应当承认，无法从《担保法》第 5 条第 1 款但书规定直接解读出独立担保“仅针对对外担保，不包括国内担保”的结论。

首先，这样的解释应当更符合立法者的意图：如担保合同约定主合同无效不影响担保合同的有效，则应尊重当事人的意思自治；如担保合同未有特别约定，则主合同无效后担保合同也无效，债务人、担保人、债权人应按其过错各自承担相应的民事责任。这一解读也完全可以从该法第一章“总则”第 3 条的规定得到验证，该条从民法原则上对担保活动进行了规定，即“担保活动应当遵循平等、自愿、公平、诚实信用的原则。”具体而言，如果说《担保法》第 5 条第 1 款中“担保合同是主合同的从合同，主合同无效，担保合同无效”是对担保合同从属性的确认；则该条中“担保合同另有约定的，按照约定”实为授权性规定，规定了当事人基于意思自治另有约定的例外情形。

其次，从文义解释的规则来看，《担保法》第 5 条第 1 款但书也并未区分国内贸易与对外贸易，故应解读为无论是国内还是对外，当事人均可约定担保合同不受主合同效力的约束。

最后，尽管《物权法》没有再行规定“另有约定”的字样，但援引《物权法》第 172 条的法律适用效果和指引功能，也不能直接得出《物权法》已经对《担保法》第 5 条规定的“约定”行为予以排除的结论，更不能得出否认独立担保在国内法上效力的结论。一则从法律位阶来看，就《担保法》与《物权法》的关系而言，二者既非一般法与特别法的关系，不能适用特别法优于一般法的规则，也非上位法与下位法的关系，不能直接适用上位法优于下位法的规则。[1]二则《物权法》

---

〔1〕 即使《物权法》第 178 条规定了“担保法与本法的规定不一致的，适用本法”，但《物权法》第十五章的立法定位基本相当于担保物权制度的“总则”，如果想依《物权法》第 178 条的规定来否定独立担保的约定效力，也只能得出《物权法》在“担保物权”制度方面可以否认独立担保的效力，并不能直接否定《担保法》对所有担保合同的规定。

指向的“其他法律”也可以解释为包括《担保法》，而《担保法》第5条第1款的但书规定恰恰是授权民商事主体有权约定担保合同不受主合同效力的约束，这也是《物权法》对于担保合同独立性在物权法领域具有存续空间的法律依据。[1]

3. 法律规则统一的必然要求

2001年我国正式成为WTO成员国，早在2016年，我国作为发展中国家享有的十五年保护期就已经届满。在加入世贸组织议定书中我国曾明确承诺，“中国应以统一、公正和合理的方式适用和实施中央政府有关或影响货物贸易、服务贸易、与贸易有关的知识产权（TRPS）或外汇管制的所有法律、法规及其他措施以及地方各级政府发布或适用的地方性法规、规章及其他措施”，“中国地方各级政府的地方性法规、规章及其他措施应符合在《WTO协定》和本议定书中所承担的义务”。在我国全面推进依法治国的今天，统一法律规则的适用更是法治建设的必然要求。

有学者曾经指出，如果否定国内独立担保约定的效力，会严重限制当事人的订约自由，会影响中国国内金融机构和商业机构的竞争力与商业活力。[2]更何况，“国际商事交易”和“国内经济活动”在行为性质和法律适用上并不存在本质区别，[3]且在有些情况下难以界定，尤其是在世界经济一体化的背景下。[4]

2019年3月15日，十三届全国人大二次会议表决通过了《中华人民共和国外商投资法》（以下简称《外商投资法》），自2020年1月1日起施行。《外商投资法》正式实施后，实行内外资一致，在各个领域都将实行国民待遇，这是我国在与国际通行的经贸规则、营商环境相衔接方面作出的努力，这和独立担保的效力不区分国内和国际民商事活动在理念上也是吻合的。

笔者认为，从属性和独立性作为担保合同本来所具有的属性，两者并非对立存在。在我国，已经具有广泛适用担保独立性规则的现实基础，亟须挖掘可以充分实现担保从属性与独立性各自功能的制度安排，以充分发挥担保的功能。

---

〔1〕 可参阅师安宁：《独立担保的国内法效力》，载《人民法院报》2015年3月30日。此外，也有观点对独立性的解释作了限缩，认为《物权法》第172条第1款中“但书”所针对的对象仅是“担保合同不因主债权债务合同的无效而归于无效”，而非“担保合同不是主债权债务合同的从合同”，即立法并未允许当事人约定纯粹的独立担保以排除担保合同的从属性，而是只允许在效力上作排除从属性的例外约定。见高圣平：《论独立保证的典型化与类型化》，载《武汉大学学报（哲学社会科学版）》2016年第1期。

〔2〕 王志华：《对独立担保国内效力的承认及其法律完善》，载《法律适用》2003年第1期。

〔3〕 陈立虎：《独立担保国际惯例的新规则》，载《法治研究》2014年第1期。

〔4〕 高圣平：《论独立保证的典型化与类型化》，载《武汉大学学报（哲学社会科学版）》2016年第1期。

信托财产关系与物权法原则的冲突

——兼论信托财产关系的民法典表达

On the Conflicts between Trust Property Relationships and Fundamental Rights in Rem Principles

——*How Shall the Civil Law Code Adapt to Trust Law?*

楼建波*

源于英国的信托，由于其灵活性，在民商事领域的应用及其广泛。[1]与此形成鲜明对比的是，正在紧锣密鼓制定中的民法典似乎无意将2001年制定的《信托法》纳入其中，也无意在将来的民法典提及信托。[2]

讨论信托与民法典关系的文献虽然不多，但也绝非凤毛麟角。[3]南京大学法学院的张淳教授更是概括出在民法典的合同法部分规定“信托合同”、在民法典的法人部分将信托规定为财团法人、在民法典的财产权部分将信托规定为一种财产管理

* 楼建波，浙江宁波人，北京大学法学院副教授，博士生导师。

〔1〕 数据显示，截至2017年年末，全国68家信托公司管理的信托资产规模突破26万亿元，达26.25万亿元（平均每家信托公司9.60～385亿元），同比增长29.81%。参见郭梦迪：《2017年信托资产规模突破26万亿元》，载《中国证券报》2018年4月4日。

〔2〕 参见高凌云：《信托法与民商法的冲突与衔接：论我国信托法研究的三大基础问题》，载《第二届两岸信托法制学术研讨会论文集》2017年12月。

〔3〕 参见刘仲平：《论信托与我国民法典之关系及其模式选择》，载《中南民族大学学报（人文社会科学版）》2016年第4期（该文主张将信托编纂于民法典总则编，置于代理之后）；刘正峰：《财产独立管理委托的信托性质与信托制度融入民法典研究——从财产管理委托的类型化分析展开》，载《北方法学》2014年第6期（该文认为，委托财产依财产公示制度转移于受托人的财产管理委托中的财产独立管理委托与信托的同一性是信托制度民法化的实践基础；对物权概念为信托制度融入民法典提供了理论基础；《加拿大魁北克省民法典》为信托制度融入民法典提供了可资借鉴的成功经验）；侯怀霞、钟瑞栋：《信托财产权的性质及其在民法典中的地位》，载《求是学刊》2006年第1期（该文认为，作为信托法的核心概念之一信托财产权不是物权，不是债权，也不是法律关系的主体，同样也不是物权和债权的变形或组合，而是一种新型的、独立的民事权利，我国未来的民法典应当对其有所反映）。

模式、在民法典的捐赠财产部分中将“信托”规定为对捐赠财产的一种管理方式等大陆法系国家民法典容纳信托的模式。[1]作者在本文中不会再对信托与民法典的关系做全面的检讨。

本文拟从大陆法系国家在引入信托时处理信托财产关系与物权法固有原则冲突的模式入手，分析我国《信托法》的解决方案，并对我国《信托法》的解决方案在民法典制定后可能面临的问题进行分析，进而对民法典应该如何为信托财产关系安排留出必要的接口提出建议。

一、英美信托中双重所有权安排与大陆法系物权法固有原则的冲突分析

梅特兰曾公开说：“对我而言，信托不太可能诞生于这样的一个民族之手，这个民族明确地区分对人权和对世权，并将这一区分作为其法律体系的总体框架。”[2]尽管如此，梅特兰后面的学者们，包括大陆法系国家的学者和英美法系国家的学者，对这种冲突是否真实存在，看法并不完全一致。检索讨论英美信托中的双重所有权安排是否与大陆法系物权法基本原则相冲突的文献，我们会发现一个很有意思的现象，那些传统的大陆法系国家的学者似乎更倾向于得出所谓的矛盾是建立在对英美信托法和财产法概念的误读上，根本不存在所谓的冲突的结论；[3]而那些被普通法汪洋大海包围的大陆法系孤岛，如美国的路易斯安那州[4]、加拿大的魁北克

---

〔1〕 参见张淳：《大陆法系的信托立法 — 若干国家与地区尚未确立信托制度的原因》，载《南京大学法律评论》2004年秋季号。

〔2〕 参见［英］F. W. 梅特兰：《国家、信托与法人》，樊安译，北京大学出版社2008年版，第98页。

〔3〕 See, e. g. , Pierre LePaulie, Trusts and the Civil Law, 15 *J. Comp. Legis. & Intl L.* 3d ser. 18 (1933), at 22（作者是法国著名的律师，主张信托无非是一个特定的概括财产（财团），并不和大陆法系的概念冲突 [the idea of appropriated patrimonium - hence of a trust - has nothing contrary to the civil law conceptions]）; Maurizio Lupoi , The Civil Law Trusts, 32 *Vand. J. Transnatl L.* 967 (1999), at 968（该文认为信托与大陆法系民法的基本原则并不矛盾 [【t】his article asserts that trusts are not incompatible with the basic assumptions of civil law systems)。另参见王涌：《论信托法与物权法的关系——信托法在民法法系中的问题》，载《北京大学学报（哲学社会科学版）》2008年第6期（该文认为“信托受益人的权利虽具有一定的物权效力，但是，离所有权还是相去甚远；”“所谓受益人所有权概念是不成立的，它更多的是税法等领域的一种比喻性的用法”）。

〔4〕 See, e. g. , John Minor Wisdom, Trust Code in the Civil Law, Based on the Restatement and Uniform Acts: The Louisiana Trust Estates Act, 13 *Tul. L. Rev.* 70 (1938 ~ 1939), at 70. 该文作者在评价美国路易斯安那州1938年信托财产法典时形象地指出了“双重所有权”与“一物一权”的冲突：“严谨的民法学者们深信，不管有多少天使能在一个针尖上跳舞，没有两个人能同时占有一个点，因此同一财产上也不能有两个所有人，即使一个是普通法上的，一个是衡平法上的。”

省[1]以及英国的苏格兰[2]的学者们似乎更愿意承认矛盾和冲突的存在，并试图在大陆法系的理论框架下找出解决之道。这也许是因为后面这些作者对普通法系与大陆法系的对立更能感同身受吧。下面我们就从否定冲突存在的文献入手，分析这些文献在论证思路上与承认冲突存在的文献的区别，并提出相关的结论。

（一）孤立考察大陆法系物权法各原则 vs. 全面考察大陆法系物权法原则

比较两类文献，不难发现，那些承认矛盾和冲突存在的文献，在考察大陆法系可能与“双重所有权”冲突的规则时，往往不局限于“一物一权”原则，而是把大陆法系《物权法》的诸多原则作为一个有机联系的体系；而得出不存在不可调和的冲突的结论的文献则往往只考察大陆法系财产法中的一个原则，即使那些同时考察多个原则的作者，也往往孤立地考察各个原则。

事实上，如果我们孤立地考察大陆法系《物权法》的单个原则（规则）能否包容英美信托的双重所有权安排，我们的结论可能都是“是”。例如，如果用大陆法系国家所有权的概念来衡量英美信托中的“普通法上的所有权”和“衡平法上的所有权”，我们不难发现，受托人对信托财产所享有的“普通法上的所有权”是一个单纯管理而不收益的权利，[3]“衡平法上的所有权”是一个消极受益和救济（追及和请求损害赔偿等）的权利，都不是大陆法系民法意义上的所有权。因此，所谓的“双重所有”实质上是不存在的。即使我们把受托人和受益人对信托财产的权利认定为大陆法系民法物权体系中的用益物权，这两个用益物权并不矛盾，更何况信托受益人的权利是对物权还是对人权，即使是英美的学者也存在争议。[4]对于一物一权，我国民法学界传统的理解是一物之上只能设定一个所有权；同一物上可

---

〔1〕 See, e. g. , Daniel N. Mettarlin, The Quebec Trust and the Civil Law, 21 *McGill L. J.* 175 (1975), at 176（作者指出即使大陆法律国家可以通过立法引入信托，但无法通过立法消除信托与民法固有原则的冲突［the enactment of enabling legislation cannot remove the trust's incompatibility with certain basic principles of the Civil Law］）。

〔2〕 See, e. g. , George L. Gretton, Trusts without Equity, 49 *Int'l & Comp. L. Q.* 599 (2000), at 600 ~ 601. 爱丁堡大学的 Gretton 教授在指出苏格兰比较成功地解决了“双重所有权”安排的挑战后，承认双重所有权与大陆法系固有规则的冲突。

〔3〕 See Philbrick, Changing Conceptions of Property in Law. 86 *U. of Pa. L. Rev.* 691 (1937 ~ 8), at 702: “……title is no more than relatively better right to immediate possession (and so of user...)”. Mettarlin 更是明确指出：“当普通法系国家的律师说受托人享有‘普通法上的所有权’时，他们是指受托人享有一束称为普通法上的所有权的权利。这束权利与构成大陆法系民法上所有权的权利大不相同。” See Daniel N. Mettarlin, The Quebec Trust and the Civil Law, 21 *McGill L. J.* 175 (1975), at 192.

〔4〕 陈雪萍教授对英美学者就信托受益人权利究为对人权还是对物权的文献作了梳理。参见陈雪萍：《信托受益人权利的性质：对人权抑或对物权》，载《法商研究》2011 年第 6 期。但英美法语境下的对人权、对物权与大陆法系的物权、债权恐怕不好一一对应。参见赵廉慧：《信托受益权法律性质新解——“剩余索取权理论”的引入》，载《中国政法大学学报》2015 年第 5 期。

以并存数个用益物权，但这些用益物权间不得相互矛盾。[1]因此，如果我们不受“所有权”这样的词语的影响，而是探究英美信托中“普通法上的所有权”和“衡平法上的所有权”的实质，那么，所谓的“双重所有权”构造至多只是一个物上有两个用益物权，所谓的冲突自然也就没有了。

同理，如果我们只讨论物权法定原则与英美信托的双重所有权结构是否相容，我们不难得出与王涌教授相同的结论：“信托受益权是信托法规定的，它没有突破物权法定主义。只是它没有像担保物权和用益物权那样，被规定在《物权法》中，并获得一个明确的名称而已。”[2]王涌教授进一步推理道，即使信托法规定的信托受益权隐含无数可能的物权类型，物权法定主义也没有被突破，因为完全可以考虑“仿担保物权编和用益物权编的规定，在信托物权总类型下，创设数个次类型，对信托物权的客体或具体内容加以分类并予以限制。”[3]

与前面乐观主义的结论形成鲜明对比的是，杜兰大学法学院的约翰·米诺·威斯德姆教授在评价美国路易斯安那州1938年信托法典时形象地指出了双重所有权构造与一物一权的冲突：“严谨的民法学者们深信，不管有多少天使能在一个针尖上跳舞，没有两个人能同时占有一个点，因此同一财产上也不能有两个所有人，即使一个是普通法上的，一个是衡平法上的。”[4]但是，与双重所有权构造不兼容的绝对不止一物一权原则。或者说，一物一权原则只是最明显的与双重所有权构造不相容的物权法原则。加拿大魁北克省的律师 Daniel N. Mettarlin 先生在1975年对当时的《魁北克民法典》第981a条规定的信托进行分析时就先把魁北克民法学界面临的困难分为解释上和实质上的两大类，[5]并进而指出解释上的困难主要是大陆法系所有权不能被悬置的原则；[6]当人们为克服解释上的困难而把信托财产赋予受托

---

〔1〕 参见《北京大学法学百科全书（民法学、商法学卷）》，北京大学出版社2004年5月第1版，第1074～1075页，“一物一权主义”一条；崔建远：《物权：规范与学说——以中国物权法的解释论为中心（上册）》，清华大学出版社2011年版，第45页。

〔2〕 王涌：《论信托法与物权法的关系——信托法在民法法系中的问题》，载《北京大学学报（哲学社会科学版）》2008年第6期。

〔3〕 王涌：《论信托法与物权法的关系——信托法在民法法系中的问题》，载《北京大学学报（哲学社会科学版）》2008年第6期。

〔4〕 原文如下：To the tightly logical civilian mind, regardless of the number of angels that may dance on the point of a needle, two persons cannot occupy the same point at the same time, and there cannot be two owners, legal and equitable, of the same property. See John Minor Wisdom, Trust Code in the Civil Law, Based on the Restatement and Uniform Acts: The Louisiana Trust Estates Act, 13 *Tul. L. Rev.* 70 (1938～1939), at 70.

〔5〕 See Daniel N. Mettarlin, The Quebec Trust and the Civil Law, 21 McGill L. J. 175 (1975), P185注1及所注文字, at 177.

〔6〕 原文如下：a basic principle of the Civil Law that ownership cannot be in suspense at any time. See Daniel N. Mettarlin, The Quebec Trust and the Civil Law, 21 *McGill L. J.* 175 (1975), P185注1及所注文字, at 178.

人或受益人时，实质上的困难就出现了，信托受托人的管理性的权利或者受益人的权利符合大陆法系关于所有权的定义吗？[1]1983年，洛约拉大学新奥尔良分校法学院的Kathryn Venturatos Lorio教授综述了民法学者提出的“双重所有权”安排与大陆法系的不兼容之处：（1）所有权的绝对性（完全性）与不可分性（autonomous and indivisible ownership）；（2）物权公示（apparent ownership or publicity）；（3）物权法定（*numerus clausus*）。[2]王涌教授在其2008年讨论《信托法》与《物权法》关系的文章中，引述了法国和荷兰学者就欧洲信托法原则出具的国别报告，法国学者的报告中强调“双重所有权”安排与法国所有权绝对的所有权观念的冲突；荷兰的报告则列举了荷兰民法典确立的所有权的绝对性和不可分割原则、物权法定原则。[3]

不难看出，这些对大陆法系物权法原则与英美信托的“双重所有权”冲突的调和持更谨慎态度的作者并非没有看出英美信托中“普通法上的所有权”和“衡平法上的所有权”并不能等同于大陆法系民法中的所有权。但他们发现如果信托受托人和受益人都不享有所有权，无法回避的问题就成了：谁对信托财产享有所有权呢？正如《沃特斯加拿大信托法》一书的作者所指出的，“大陆法系法律传统中所有权的完全性（the unity of ownership），以及物债两分的设计，当然是引入普通法系的信托的两大障碍。引入普通法系信托的第三个障碍则是，信托如何融入大陆法系的人法、物法和债法中。信托财产必须有所有人……这样，问题就出来了，究竟谁是信托财产的所有人呢？这一问题对大陆法系物权法原则的冲击是巨大的，因为大陆法系的所有权应该是包括收益的权利的。……而普通法系的信托受托人却是一个对信托财产享有法律上的所有权但不能从信托财产取得利益的‘所有人’。”[4]

（二）大陆法系物权法原则是一个有机的整体

综上，主张冲突不可或很难调和的学者们认为与“双重所有权”构造不相容的物权法固有规则包括所有权的绝对性（完全性）与不可分性、一物一权原则、物权公示与物权法定，以及所有权不能被悬置的原则，除涵盖下文列举的物权法的基本原则外，还涉及大陆法系国家对所有权、物权的本质特征的认识。更重要的是，他们往往更倾向于把物权法的基本原则看成一个整体，从而在通过解释克服与个别原

---

〔1〕 See Daniel N. Mettarlin, The Quebec Trust and the Civil Law, 21 McGill L. J. 175 (1975), P185 注1及所注文字, at 178.

〔2〕 Kathryn Venturatos Lorio, Louisiana Trusts: The Experience of a Civil Law Jurisdiction with the Trust, 42 *La. L. Rev.* 1721 (1982), at 1721～1722.

〔3〕 转引自王涌：《论信托法与物权法的关系——信托法在民法法系中的问题》，载《北京大学学报（哲学社会科学版）》2008年第6期。

〔4〕 See Donovan W. M. Waters, *Waters' Law of Trusts in Canada* (4th ed.), Carswell 2012, at 1417.

则的冲突后，能马上意识到按这种解释往下走违背了物权法的其他原则。这种从整体上理解与把握大陆法系物权法基本原则的思路与大陆法系国家学者对物权法原则的理解基本一致。

德国学者鲍尔·施蒂尔纳概括了德国物权法的五大基本原则，即类型化原则（物权种类法定原则）、绝对性原则、公示原则、特定原则（一物一权原则）和抽象（无因性）原则。[1]王泽鉴先生概括了台湾地区《物权法》的五个基本原则（结构原则），即物权绝对性（物权性质）、物权法定原则（物权种类）、特定客体原则（物权客体——一物一权主义）、物权优先效力，以及物权变动方面的物权行为独立性、无因性和公示原则。[2]清华大学的崔建元教授采用王泽鉴先生的体系[3]，把中国物权法的基本原则区分为意思自治（民法基本原则在物权法上的体现）、公有制（物权法的社会政治原则）、物权法的结构原则、物权法的效率原则和物权法的和谐原则。[4]崔建远教授将物权法定主义、一物一权主义、物权的优先效力、物权的公示原则乃至公信原则列为我国物权法的结构原则，[5]指出结构原则“是物权法的体系结构所要求的。物权法犹如一座宏伟壮丽的殿堂，其结构和态样预定以后，其支柱也就确定下来了，……此处所谓‘支柱’在物权法上表现为结构原则。物权的设置，系建造物权法这座殿堂的主要工作，不得违背物权法的结构原则，否则，‘支柱’错位甚至缺失，墙壁扭曲，物权法这座殿堂轻者会丑陋，重者便将倒塌”。[6]王泽鉴先生在论及物权法的结构原则时，也反复强调其重要性——物权法的规定系物权法的社会政治原则“及五个结构原则的具体化”。他在其他著作中，更是直接把结构原则等同于物权法的基本原则。[7]需要指出的是，虽然崔建远教授并未将绝对性原则列入物权的结构原则，但他并不否认物权（或至少所有权）的绝对性（完全性和不可分性）。崔建远教授在论及所有权时，指出“所有权人对其所有物可以占有、使用、收益和处分，使所有权较其他物权在内容上更加全面。不仅如此，所有权不是权能在量上的总和，而是一个整体的权利。因其整体性，所有权在内容和时间上不得加以分割。在所有物上设立用益物权或担保物权，不是让

---

[1] ［德］鲍尔·施蒂尔纳：《德国物权法（上册）》，张双根译，法律出版社2004年版，第58页。

[2] 王泽鉴：《民法物权·通则·所有权（第一册）》，中国政法大学出版社2001年版，第20页。

[3] 王泽鉴先生在其著作中，曾把物权法的基本原则可大别为物权法上的自由和效率、私有财产制度、物权法上的私法自治、物权法的结构原则以及物权法的解释适用等几个方面。参见王泽鉴：《民法物权·通则·所有权（第一册）》，中国政法大学出版社2001年版，第14~25页。

[4] 崔建远：《物权法》，中国人民大学出版社2008年版，第6~11页。

[5] 崔建远：《物权法》，中国人民大学出版社2008年版，第8页。崔建远教授并坦承中国《物权法》没有承认物权行为独立性与无因性原则。

[6] 崔建远：《物权法》，中国人民大学出版社2008年版，第6页。

[7] 王泽鉴：《民法学说与判例研究（第七册）》，中国政法大学出版社2005年版，第9页。

与所有权的一部，而是创设一个新的、独立的物权。”[1]

对照主张冲突不可或很难调和的学者提炼出来的与“双重所有权”结构相悖的大陆法系物权法原则，不难发现其与大陆法系国家学者概括的物权法的基本（结构）原则基本一致。Mettarlin 所提的所有权不能被悬置的原则[2]是我们比较生疏的概念。Mettarlin 在其文章中给出了一些文献，[3]并在文章的另外一处提出了一个财产上必须有一个所有人的说法[4]。结合上下文[5]，Mettarlin 先生所谓的所有权不能被悬置实质上是说一个物上必须有一个所有权，作者举的例子中，原来属于委托人的财产在委托人死亡后处于所有人缺失的状态（Mettarlin 先生在这里用大陆法系的所有权概念来衡量该信托中的受托人和受益人对信托财产的权利，否认它们属于大陆法系国家的所有权），从而违背了一个物上必须有一个所有权的原则。作者尚未在国内出版的物权法著作中（包括译著和台湾学者的著作）发现所有权不能被悬置或一个物上必须有一个所有权的提法。但是，这并不意味着 Mettarlin 先生对大陆法系民法存在误读，因为许多国家或地区无主财产归国家所有或先占取得的规则背后的一个重要政策考量就是所有权不能被悬置。[6]

---

〔1〕 崔建远：《物权法》，中国人民大学出版社 2008 年版，第 177 页。

〔2〕 原文如下：It is, of course, a basic principle of the Civil Law that ownership cannot be in suspense at any time. See Daniel N. Mettarlin, The Quebec Trust and the Civil Law, 21 *McGill L. J.* 175 (1975) , P185 注 1 所注正文，at 178.

〔3〕 See Daniel N. Mettarlin, The Quebec Trust and the Civil Law, 21 *McGill L. J.* 175 (1975) , P185 注 1, at 178. 在 P185 注 1 中，该作者在指出没有必要再对该原则进行说明的同时，给出了下列文献：Mignault, La Fiducie dans la Province de Quibec (1937) 5 Travaux de la semaine internationale de droit 35, 45, f. n. 1; Fraser v. Fraser (1907) 16 B. R. 304, 312; La Socidtd d'Administration Gingrale v. Delle Hdbert (1925) 39 B. R. 124, 126; Breard v. Mongeau (1936) 61 B. R. 199, 203; Prdfontaine v. Dillon (1922) 33 B. R. 314, 320: La propridt6 des biens, sous notre droit, doit toujours reposer sur la tAte de personnes vivantes, meme dans le cas de legs don' t l'éffet est suspendu...

〔4〕 See Daniel N. Mettarlin, The Quebec Trust and the Civil Law, 21 *McGill L. J.* 175 (1975) , P185 注 1, at 177. 在该注中，作者指出那些试图遵照英美信托“双重所有权”构造把受托人规定为信托财产所有人的大陆法系学者实质上是在适用大陆法系财产上必须有所有人的原则。原文如下：Ironically, the author would categorize them as Civilists because they have hitherto accepted as applicable to the trust the basic Civilian principle that all property must have an owner。

〔5〕 Mettarlin 指出实践中存在许多不指定信托财产所有人的信托。例如，如果信托文件要求受托人在委托人的妻子的有生之年把信托财产运营的收入付给其妻子，并在其妻子死时把信托财产交付给委托人的儿子，但如果其子先于其妻死亡，则在其妻死时把信托财产交付给其子的孩子。并指出在这一信托安排中，在委托人妻子的有生之年，信托财产实质上无人所有。See Daniel N. Mettarlin, The Quebec Trust and the Civil Law, 21 *McGill L. J.* 175 (1975) , at 178.

〔6〕 至少加拿大的学者是用《魁北克民法典》中的先占原则来论证该原则的。See, e. g. , Donovan W. M. Waters, *Waters' Law of Trusts in Canada* (4th ed.), Carswell 2012, at 1417 (footnote 44 and relevant text).

（三）小结

学者们围绕英美信托双重所有权安排与大陆法系物权法基本原则的冲突与矛盾的著述可谓汗牛充栋，其中不乏试图解释调和这种冲突与矛盾的努力。但是，如果我们把大陆法系物权法的基本原则作为彼此有机联系的整体，也许我们会更愿意接受信托与大陆法系物权法基本原则的冲突是体系上，而非解释上的结论。换言之，大陆法系国家在引入信托时，必须对其物权的一些基本原则（概念）做例外的规定，从而为信托财产关系的构造留下空间。

二、我国《信托法》解决冲突的路径及其在比较法谱系中的位置

大陆法系国家承认信托或引入信托制度，必须要对信托财产关系作妥善安排，在保证有关的规定和本国物权法基本原则和谐的基础上，发挥信托中管理和受益分离的优势。二十世纪三十年代，威兹德姆教授把大陆法系国家处理这一问题的方式概括为三种[1]：（1）扩展大陆法系国家既有制度，赋予其新的功能，让其起到英美信托的全部或部分作用；（2）通过立法将大陆法系中既有的委托遗赠（fidei commissum）等制度改造成为能全部或部分发挥英美信托功能的制度；或者（3）通过立法引入普通法系国家的信托，即英美信托。此后，意大利罗马大学的Lupoi教授又提出了第四种模式，即"公约信托"的模式。[2]本小节将以韩国、日本和我国台湾地区为样本，对第三种模式进行介绍，[3]并在此基础上，揭示公约信托与第三种模式的差异，进而提出我国《信托法》有关信托财产关系的安排，实质上是公约信托的结论。

（一）规定信托财产归属受托人，但不明确受益人权属，并辅以信托财产独立性的第三种模式

威兹德姆教授把美国路易斯安那州《1938年信托财产法（The Louisiana Trust Estates Act of 1938）》作为大陆法系国家和地区通过立法直接引入英美信托的范例。[4]路易斯安那州先于1938年制定《信托财产法》，并于1952年进行了修改；后于

---

[1] See John Minor Wisdom, Trust Code in the Civil Law, Based on the Restatement and Uniform Acts: The Louisiana Trust Estates Act, 13 *Tul. L. Rev.* 70 (1938－1939), at 76～84.

[2] See Maurizio Lupoi, The Civil Law Trusts, 32 *Vand. J. Transnatl L.* 967 (1999), at 969 (P184注3及所注正文).

[3] 作者平行写作的另一篇文章中，对大陆法系承认和引入信托的全部模式进行了介绍。

[4] See John Minor Wisdom, Trust Code in the Civil Law, Based on the Restatement and Uniform Acts: The Louisiana Trust Estates Act, 13 *Tul. L. Rev.* 70 (1938－1939), at 82～84.

1964 年通过《信托法典》，允许在该州设立普通法系的信托，并于 1972 年对该法进行了修改。[1]

《1938 年信托财产法》第 2 条第 16 项把信托定义为“一种涉及财产的信义关系，其中持有财产的一方为他人的利益而管理该财产”。[2]威兹德姆教授概括了《1938 年信托财产法》与英美信托的主要区别，包括——（1）信托不得改变继承法的强制性规定，但不累积信托收入的信托除外；[3]（2）信托受益人必须自始确定，从而排除了不确定的剩余财产权；[4]（3）信托必须公开，只允许明示的书面的信托，不允许结果信托和推定信托；[5]（4）基于大陆法系国家对财产流通性的偏好以及对加诸于所有权上的各种限制的怀疑，《1938 年信托财产法》规定所有的信托，无论是生前信托还是遗嘱信托，均在设立人死亡后 10 年内终止，但受益人为未成年人的信托，在受益人成年后 10 年内终止。[6]尽管存在上述区别，威兹德姆教授认为，《1938 年信托财产法》第 5 条对受托人普通法上的所有权的规定[7]足以证明路易斯安娜立法引进的完全版的英美信托。[8]但是，《1938 年信托财产法》并未规定受益人对信托财产的衡平法上的所有权，尽管法律规定受益人可以对受托

---

〔1〕 See, e. g. , F. F. Stone, Trust in Louisiana, 1 *I. C. L. Q.* (1952), at 368; L. Oppenheim, A New Trust Code for Louisiana - Act 338 of 1964, 39 *Tulane L. R.* (1965), at 187; L. Oppenheim, The 1972 Amendments to the Trust Code of 1964, 47 *Tulane L. R.* (1973), at 313.

〔2〕 原文如下：[a] fiduciary relationship with respect to property, subjecting the person by whom the property is held, to deal with the property for the benefit of another person. 转引自 John Minor Wisdom, Trust Code in the Civil Law, Based on the Restatement and Uniform Acts: The Louisiana Trust Estates Act, 13 *Tul. L. Rev.* 70 (1938 - 1939), at 83（注 56 及所注正文）。

〔3〕《1938 年信托财产法》第 3 条，转引自 John Minor Wisdom, Trust Code in the Civil Law, Based on the Restatement and Uniform Acts: The Louisiana Trust Estates Act, 13 *Tul. L. Rev.* 70 (1938 - 1939), at 82（注 54 及所注正文）。

〔4〕《1938 年信托财产法》第 24 条，转引自 John Minor Wisdom, Trust Code in the Civil Law, Based on the Restatement and Uniform Acts: The Louisiana Trust Estates Act, 13 *Tul. L. Rev.* 70 (1938 - 1939), at 82（注 55 及所注正文）。

〔5〕 See John Minor Wisdom, Trust Code in the Civil Law, Based on the Restatement and Uniform Acts: The Louisiana Trust Estates Act, 13 *Tul. L. Rev.* 70 (1938 - 1939), at 82（注 55 及所注正文）。

〔6〕《1938 年信托财产法》第 4 条，转引自 John Minor Wisdom, Trust Code in the Civil Law, Based on the Restatement and Uniform Acts: The Louisiana Trust Estates Act, 13 *Tul. L. Rev.* 70 (1938 - 1939), at 88（注 72 及其所注正文）。

〔7〕 第 5 条规定：委托人根据本法的规定，为自己或第三人利益将信托财产的普通法上的权利转移给受托人时，信托成立（A trust shall be created when a person in compliance with the provisions of this Act transfers the legal title to property to a trustee in trust for the benefit of himself or a third person）。转引自 John Minor Wisdom, Trust Code in the Civil Law, Based on the Restatement and Uniform Acts: The Louisiana Trust Estates Act, 13 *Tul. L. Rev.* 70 (1938 - 1939), at 83（注 57 及其所注正文）。

〔8〕 See John Minor Wisdom, Trust Code in the Civil Law, Based on the Restatement and Uniform Acts: The Louisiana Trust Estates Act, 13 *Tul. L. Rev.* 70 (1938 - 1939), at 83.

人违反信托义务的财产处分或管理申请禁令。[1]

威兹德姆教授对第三种模式（通过立法引入英美信托）的描述应该说是符合实际情况的。由于双重所有权安排与大陆法系国家物权法基本原则的显而易见的冲突，大多数通过立法引入英美信托的国家，包括东亚的日本、韩国、中国台湾地区都采取了路易斯安那州的做法，规定受托人对信托财产的所有权，但对受益人的权利不做明确的定性。

尽管没有赋予受益人在衡平法上的所有权，但根据日、韩、台的《信托法》，受益人在受托人违反信托义务转移信托财产时，均有权要求撤销这种转移。[2]需要特别指出的是，受益人的这一撤销权不同于民法典规定的债权人的一般撤销权——和债权人的一般撤销权不同，法律不要求行使《信托法》下的撤销权的受益人证明自己受到了歧视性或不公平的对待，而且从受托人的相对人处取回财产只是为受益人的利益，而非受托人的所有债权人的利益。[3]此外，日、韩、台三地的《信托法》均赋予了受益人和委托人在受托人违背职务或有其他重大事由时申请解除受托人职务的权利。[4]在信托对外关系上，日、韩、台的《信托法》都规定信托财产独立于受托人的固有财产，规定受托人破产时，其受托管理的财产不归入破产财团。[5]

（二）既不要求受益人对信托财产享有衡平法上的所有权，也不要求信托财产权属转移给受托人，强调信托财产独立性的公约信托

1984年制定的《关于信托的法律适用及其承认的海牙公约》[6]（以下简称《公约》）为相关国家（地区）相互承认域外信托在本国（地区）的效力提供了可能性。《公约》第2条将信托定义为“财产授予人设定的将财产 为受益人的利益或为了特定目的而置于受托人的控制之下（placed under the control of a trustee）的法律

---

〔1〕 See John Minor Wisdom, Trust Code in the Civil Law, Based on the Restatement and Uniform Acts: The Louisiana Trust Estates Act, 13 *Tul. L. Rev.* 70 (1938 – 1939), at 83.

〔2〕 参见日本2006年《信托法》第27条、韩国2011年《信托法》第75条和台湾地区1996年《信托法》第18条。

〔3〕 See Ying – Chieh Wu, East Asian Trusts at the Crossroads, 10 *NTU L. Rev.* 79 (2015), at 93. 学者们普遍认为，这种撤销权不会改变受益人权利的性质，因为如果受益人享有对物权，受益人就可以直接行使取回权而非撤销权。参见方嘉麟：《信托法原理与实践》，2003年版，第203页。

〔4〕 参见日本2006年《信托法》第58条第4款、韩国2011年《信托法》第16条第3款和中国台湾地区1996年《信托法》第36条第2款。

〔5〕 参见日本2006年《信托法》第23条、韩国2011年《信托法》第24条和中国台湾地区1996年《信托法》第11条。

〔6〕 *The Hague Convention on the Law Applicable to Trusts and on their Recognition*（中文简称“海牙信托公约”）由海牙国际私法会议1984年的信托准据法会议制定，1985年7月1日开放签字，1992年1月1日生效。截至2017年9月，共有14个缔约国。关于公约的具体情况，可以参见海牙国际私法会议网站：https://www.hcch.net/en/instruments/conventions/status – table/? cid = 59。

关系。”从字面上看，该条既未要求受益人对信托财产享有衡平法上的所有权，也没明确要求信托财产的权属转移给受托人。

对不要求受益人对信托财产享有衡平法上的所有权，参与起草的各国学者并无分歧。事实上，除第2条外，《公约》还通过第11条的相关规定强化了这一点。《公约》第11条在规定对信托的承认意味着“当受托人违反信托，……转让信托财产时，信托财产可以被恢复原状时”，指出此时“任何持有信托财产的第三人的权利和义务应当由准据法来决定”。公约第15条进一步要求管辖法院在认定“（e）财产所有权和财产担保权益的转移；（f）对于善意第三人的保护”时，适用根据管辖法院所在地的冲突法规则所确定的强制性规定。“第11条的最后一句话和第15条正确地限制了受益人从受赠人或银行或受托人的代理人（拥有像股票等的无形资产的所有权）或知情的信托财产的买受人处，追踪信托财产并继而要求返还的权利。”[1]对此，海顿教授直言现代信托法无须坚守“双重所有权”的安排，因为受益人即使不具有对信托财产的衡平法上的所有利益，也可以依据法律规定享有其作为受益人应该享有的经济利益——关键是信托受益人的权益不因受托人/信托财产所有人/信托财产托管人破产、死亡或离婚的影响——信托财产应该是仅为受益人利益存在的独立的财产。[2]而这些，正是公约第11条[3]所要求的。

对于《公约》是否要求信托财产的权属转移给受托人，或者《公约》是否允许委托人保留信托财产的权属。意大利罗马大学的Lupoi教授结合《公约》第2条列举的信托三个特征中的第二个，即“信托财产的权属在受托人或受托人的代表人（代理人）名下（title to the trust assets stands in the name of the trustee or in the name of another person on behalf of the trustee)”，主张置于控制之下可以通过很多途径实现——换言之，《公约》不要求委托人把信托财产的权属转移给受托人，并据此认为《公约》第2条实质上承认了委托人保有信托财产权属的信托。[4]Lupoi教授进而认为《公约》实际上创设了一种新的信托——公约信托（convention trust）或“无要件信托（shapeless trust)”。[5]他并举了这样的例子（该例子符合《公约》第2条对信托的定义）——O（财产的所有人）不让渡财产的权属但将财产置于代理

---

〔1〕参见［英］D. J. 海顿：《信托法（第4版 中英文本）》，周翼、王昊译，法律出版社2004年8月第1版，第7页。

〔2〕See David Hayton, The Developing European Dimension of Trust Law, 10 *K. C. L. J.* 48 (1999), at 51.

〔3〕根据该条，“对信托的承认将特别意味着：（a）受托人的债权人无权对信托财产进行追索；（b）当受托人破产时，信托财产不能被列入受托人的破产财产；（c）当受托人死亡时，信托财产不能被视为受托人或其配偶的婚姻共有财产，也不能被视为受托人或其配偶的个人财产；（d）当受托人违反信托，并把自己的财产与信托财产相混合，或转让信托财产时，信托财产可以被恢复原状”。

〔4〕Lupoi教授并因此批判公约未规定委托人的债权人不能从信托财产获得清偿是一个错误。See Maurizio Lupoi, The Civil Law Trusts, 32 *Vand. J. Transnatl L.* 967 (1999), at 979-980.

〔5〕See Maurizio Lupoi, The Civil Law Trusts, 32 *Vand. J. Transnatl L.* 967 (1999), at 980.

人A的控制下（如将有形财产托管给A），由A为O（或者再加上P和Q）的利益进行管理——指出这一关系在英美信托法律师看来只构成代理（agency）或委托（mandate）或特定目的的财产寄托（bailment），而不会成立信托。[1]但是，参与《公约》起草的英国代表海顿教授则认为该条的重点是信托财产独立于享有信托财产权属（所有权）的所有人的其他财产——在Lupoi教授的例子中，即使信托财产仍在O的名下，该财产也必须独立与O的其他财产，只有这样，才能构成《公约》第2条和第11条下的信托。[2]换言之，在该条列举的信托的三个特征中，海顿教授认为信托财产的独立性(2（a))是《公约》信托的主要特征。

综上，对公约创设了信托财产权属不转移给受托人的信托，Lupoi和海顿教授的看法是一致的。这一点，还可以从《公约》第2条的文字中清楚地看出。《公约》第2条第2款将受托人对信托财产的管理、使用或处分规定为其“职责”“权力”和“应尽的义务”，而非“权利”。[3]第2条第3款更是明确“财产授予人保留某些权利和权力以及受托人本身得享有作为受益人的权利这一事实，并不一定与信托的存在相矛盾。”当然，公约并不排斥信托财产权属归受托人的信托，只是公约不再把信托财产权属归受托人作为信托的必要要件。

（三）中国《信托法》与《公约》的“不约而同”

我国2000年《信托法》第2条把信托定义为“委托人基于对受托人的信任，将其财产权委托给受托人，由受托人按委托人的意愿以自己的名义，为受益人的利益或者特定目的，进行管理或者处分的行为”。虽然对我国《信托法》是否要求将信托财产的权属转移给受托人，学者们的观点不一。[4]但至少从文义上看，我国《信托法》对受托人是否必须取得信托财产的权属，采取了模糊的处理。

和《公约》一样，中国《信托法》在不强制要求信托财产权属转移给受托人的同时，侧重对信托财产的独立性进行规定。具体地说，为实现信托财产的独立性，《信托法》既规定了信托财产独立于受托人的固有财产（第16条第1款），又规定了信托财产与委托人未设立信托的其他财产的区别（第15条）；在继承和清算的禁止方面，也分别从委托人（第15条）和受托人（第16条第2款）两个方面进

---

[1] See David Hayton, The Developing European Dimension of Trust Law, 10 *K. C. L. J.* 48（1999），at 51.

[2] See David Hayton, The Developing European Dimension of Trust Law, 10 *K. C. L. J.* 48（1999），at 52.

[3] 《公约》第2条第2款规定了公约信托的三个特征，特征（c）规定“受托人应根据信托文件的规定和法律施加给他的特别义务，对信托财产拥有管理、使用、处分的权利和义务，并附有说明的义务（the trustee has the power and the duty, in respect of which he is accountable, to manage, employ or dispose of the assets in accordance with the terms of the trust and the special duties imposed upon him by law）。”

[4] 作者在多年前的一篇文章中对各种观点进行了综述。参见楼建波：《信托财产的独立性与信托财产归属的关系——兼论中国〈信托法〉第2条的解释与应用》，载《广东社会科学》2012年第2期。

行了规定；在强制执行的限制方面，则规定对于违反规定而强制执行信托财产的，委托人、受托人或者受益人均有权向人民法院提出异议（第17条）。这些规定，许多都是在二次审议稿将“转移给”改为“委托给”后增加的。[1]笔者的一个大胆的猜测是，也许正是考虑到当事人可能安排信托财产的权属不转移，立法者才考虑增加这些规定的。但无论如何，这些有关信托财产独立性的规定为受托人保留信托财产权属时信托财产的独立性提供了某种程度的保障。[2]

在处理信托与第三人的关系时，《信托法》第22条作了如下的规定——“受托人违反信托目的处分信托财产或者因违背管理职责、处理信托事务不当致使信托财产受到损失的，委托人有权申请人民法院撤销该处分行为，并有权要求受托人恢复信托财产的原状或者予以赔偿；该信托财产的受让人明知是违反信托目的而接受该财产的，应当予以返还或者予以赔偿。”第23条则赋予了委托人解任“违反信托目的处分信托财产或者管理运用、处分信托财产有重大过失的”受托人的权利。《信托法》第49条规定受益人可以行使委托人在第22条、第23条下的权利。[3]中国《信托法》对信托财产归属、信托财产独立性，以及信托对第三人的效力的规定，与《海牙信托公约》的相似性是显而易见的。

三、中国《信托法》信托财产关系规定评析：明显的优势和潜在的问题

（一）《信托法》的灵活规定为实践提供了更多的选择

和采取第三种模式的国家一样，《信托法》规定信托财产权属既可以转移给受托人，也可以不转移给受托人，不明确界定受益人对信托财产权利的性质，强调信托财产的独立性，同时对委托人、受托人、受益人在信托期间的权利义务做具体的规定。[4]都是为了在不和本国物权法基本原则冲突的前提下，最大限度地保留英美信托下信托财产管理和受益分离的功效。

---

[1] 全国人大法律委员会2000年6月29日《关于〈中华人民共和国信托法（草案）〉修改情况的汇报》三（二），载卞耀武主编：《中华人民共和国信托法释义》，法律出版社2002年版，第216~220页。

[2] 这是笔者一贯的观点。参见楼建波：《信托财产的独立性与信托财产归属的关系——兼论中国〈信托法〉第2条的解释与应用》，载《广东社会科学》2012年第2期。

[3] 《信托法》第49条第1款规定：“受益人可以行使本法第二十条至第二十三条规定的委托人享有的权利。受益人行使上述权利，与委托人意见不一致时，可以申请人民法院作出裁定。”同条第2款规定：“受托人有本法第二十二条第一款所列行为，共同受益人之一申请人民法院撤销该处分行为的，人民法院所作出的撤销裁定，对全体共同受益人有效。”

[4] 关于中国信托法这种安排的解释和论证，可以参见楼建波：《信托财产的独立性与信托财产归属的关系——兼论中国〈信托法〉第2条的解释与应用》，载《广东社会科学》2012年第2期。

作为少数几个用信托之名[1]，但不明确规定信托财产归委托人所有的国家和地区[2]，中国《信托法》在比较法上的样本价值是巨大的。[3]根据现有文献，引入信托制度的大陆法系国家在信托财产关系的处理上，主要有以下三种模式[4]：第一，规定信托财产的所有权归受益人，受托人只行使管理权。例如，南非的继承信托中，遗产的所有权属于继承人，遗产的管理权则属于遗嘱执行人。第二，德国和列支敦士登把所有权赋予受托人，但规定了受托人对受益人的义务。我国台湾地区、日本、韩国也采取了这种模式。第三，规定信托是一个能享有权利及负有债务的法人，而信托财产的所有权归信托本身。例如《加拿大魁北克省民法典》（第1260－1261条）就作了这样的规定。该法典第1278条规定，受托人对财产享有的既不是所有权亦不是某些一般的民事权利（rights），而在本质上是一些权力（powers），即他对信托财产拥有管理的权力。中国的做法，至少提供了上述三种模式之外的第四种模式。

从实务上看，这种安排允许当事人根据信托的目的及信托财产的性质，选择转移（如信贷资产证券化中的信托）或者不转移信托财产（如许多基础资产为房地产开发项目的信托）的归属，并不是一个坏的选择。也许，正如江平教授所说的："《信托法》最终通过时，这种模糊写法，没准儿会被历史证明是正确的！"[5]

（二）潜在的问题及解决途径

在避免信托财产安排与一物一权原则的冲突上，中国《信托法》和其他引入信托的大陆法系国家并无二致。事实上，只要不把受益人的权利规定为"衡平法上的所有权"，无论信托期间信托财产归谁，"双重所有权"就不会出现，与一物一权原则的冲突也就消于无形了。

但是，在设立信托后，无论委托人是否转移信托财产的归属于受托人，在委托人委托给受托人的信托财产是委托人在设立信托前享有所有权的有形物时，信托期间，该物上是否存在完整的所有权可能是一个不好回答的问题。因为所有权的整体

---

〔1〕之所以强调"用信托之名"，是因为采用第二种立法模式，即通过立法将大陆法系固有制度进行改造使其发挥与英美信托相似功能的一些国家和地区中的也不对信托财产的归属作硬性规定，如墨西哥就没有明确规定信托财产归受托人所有。See Roberto Goldschmidt, The Trust in the Countries of Latin America, 3 *Inter－Am. L. Rev.* 29 (1961), at 36. 但这些国家并不把这些改造后的制度称为"信托"。

〔2〕以色列可能是少数几个和中国一样在委托人是否取得信托财产权属，受益人是否享有物权性权利上都采取模糊处理的国家。See Joshua Weisman, Shortcomings in the Trust Law, 15 *Isr. L. Rev.* 372 (1980).

〔3〕See, e. g., Frances H. Foster, American Trust Law in a Chinese Mirror, 94 *Minn. L. Rev.* 602 (2010).

〔4〕该段中的阐述除另有说明者外，均引自何锦璇：《信托立法不宜操之过急》，载《北京大学法律评论》第1卷第2辑，北京大学出版社1998年版，第627页。

〔5〕参见江平口述、陈夏红整理：《沉浮与枯荣：八十自述》，法律出版社2010年版，第415页。

性决定了“所有权在内容和时间上不得加以分割。”[1]如果当事人约定委托人继续保有信托财产的所有权，我们要回答的具体问题是，信托财产由受托人为受益人的利益或信托目的管理、处分，取得的收益归受益人，受托人剩下的权利是否还是一个完整的所有权？如果当事人悬着信托期间信托财产归属于受托人，我们要回答的具体问题是，受托人的受限制的使用、处分的权能，以及收益归受益人的安排，是否会使其所有权不属于我们理解的完整的所有权呢？

当信托财产归受托人所有时，对收益归受益人所有是否会导致受托人的所有权不成立？理论上是有争议的。法国学者拉波勒就认为受托人因此而不能被认定为所有权人。[2]但更多的学者认为信托财产收益归受益人前，还是先由受托人取得的，因此，受托人仍享有法律上的收益权能。[3]笔者同意后面的观点，因为从我国《信托法》的规定看，虽然受托人“不得利用信托财产为自己谋取利益”，但受托人“利用信托财产为自己谋取利益的，所得利益归入信托财产”，而不是直接由受益人取得（《信托法》第26条）。

但是，对受托人的受限制的管理、处分权力是否会导致其对信托财产的所有权的完整性时，现有的解释就不是那么有说服力了。德国学者在论及所有权的绝对性和不可分离性时，指出该原则存在两种可称得上是“所有权”的例外，其中第二种情形就是所有权以信托的方式被转让给他人。这种转让产生“经济的”所有权与“法律的”所有权间的分离，“其特征是，受托人对外是完全的所有权，但在对信托人之内部关系上，他负有仅只能按照约定的方式，行使其受托人权力（即他的‘信托所有权’）的债法义务。”[4]问题是，这种“经济的”所有权，或“对外的”“完全的”所有权在没有立法的情况下，能够得到承认吗？由于德国未在立法中对信托做系统的规定，因此德国《信托法》更多是学说和判例的产物。[5]根据孙静博士的文章，德国判例和学界就全权信托中委托人的取回权和第三人异议之诉的问题基本达成共识——受托人破产或受托人债权人申请对信托财产强制执行的，无论是担保信托还是管理信托，委托人对信托财产享有取回权和提起第三人异议之诉的权利。但是，对在受托人违约行使处分权的情况下，委托人能否要求第三人直接返还信托财产，学者们的意见并不一致。[6]换言之，至少在委托人可以要求返回信托财产的情况下，受托人的地位与信托财产的所有权人的地位还是有不同的。

---

〔1〕 崔建远：《物权法》，中国人民大学出版社2008年版，第177页。

〔2〕 See Pierre Lepaulle, Trusts and the Civil Law, 15 *J. CoMP. LEGIS. & INT'L L.* 18 (1933), at 20.

〔3〕 See Ying - Chieh Wu, East Asian Trusts at the Crossroads, 10 *NTU L. Rev.* 79 (2015), at 100 ~ 101.

〔4〕 参见［德］鲍尔·施蒂尔纳：《德国物权法（上册）》，张双根译，法律出版社2004年版，第40~41页。

〔5〕 参见孙静：《德国信托法探析》，载《比较法研究》2004年第1期。

〔6〕 参见孙静：《德国信托法探析》，载《比较法研究》2004年第1期。

事实上，即使是在我国台湾地区和日、韩等立法引入信托，并规定信托财产权属转移给受托人的国家和地区，受益人在受托人违反信托义务转移信托财产时，均有权要求撤销这种转移。[1]更有意思的是，台湾地区的《信托法》第18条在规定受益人行使撤销权的条件时，规定当信托财产不属于第4条规定需登记公示的财产时，仅当“相对人及转让人明知或因重大过失不知受托人之处分违反信托本旨者”，受益人才能行使撤销权。我国《信托法》第22条规定在受托人违反信托目的处分信托财产或者因违背管理职责、处理信托事务不当致使信托财产受到损失时，委托人有权行使撤销权，也规定当该信托财产的受让人明知是违反信托目的而接受该财产的，应当予以返还或者予以赔偿。背后的原理，与无权处分时的善意取得有异曲同工之妙。换言之，无论我们是否同意受托人的受限制的管理、处分权力是否会导致其对信托财产的所有权的不完整性，但其所有权与一般所有权人的所有权不同，应是一个不争的事实。

如果上面的结论成立，则委托人保留信托财产权属时，其对信托财产的权利是否能经受所有权完整性的检验，就无须进一步讨论了。

综上，我国《信托法》对信托财产归属的安排，当信托财产在信托成立前是委托人享有所有权的有形物时，无论信托成立后受托人保留信托财产所有权，还是受托人将信托财产转移给委托人，保留在受托人处的所有权或受托人取得所有权恐怕都是经受不起所有权完整性的考验的。这个问题，在民法采民事单行法的时期，可能不会很突出。但是，当我们即将进入民法典时代时，《信托法》下的所有权能否经受得起民法典中规定的所有权定义的考验，就成了我们必须解决的问题了。因为“尽管民法典与这些单行法之间不存在上位法与下位法的关系，但是民法典是规范民事法律关系的基本法，是整个民事法律规范体系的核心，因此，即便是单行法中的民事法律规范，也应当与民法典所确立的价值和具体规范保持一致。”[2]

现行公布的民法典草案中关于所有权的定义与现行《物权法》第39条一致——“所有权人对自己的不动产或者动产，依法享有占有、使用、收益和处分的权利。”为避免《信托法》下的信托财产所有权因严重受限的权能而不被认定为所有权，也许民法典的起草者们应该在规定所有权是所有人对自己的不动产或者动产，依法享有占有、使用、收益和处分的权利后，加上一句“其他法律另有规定的，从其规定”，从而为《信托法》下的信托财产所有权留下展开的空间。

---

〔1〕参见日本2006年《信托法》第27条、韩国2011年《信托法》第75条和台湾地区1996年《信托法》第18条。

〔2〕参见“民法‘四巨头’谈民法典编纂：历史重任与时代创新（下）｜中法评 · 会客厅”，资料来源：http：//mp. weixin. qq. com/s? _ _ biz = MzA5NDI0MzgyMA = = &mid = 2651878030&idx = 2&sn = ba-441d2a6e62afa36264686ff333bb4f&chksm = 8bb54c0dbcc2c51b3490e689740b9cff26163aef01597e642ed1388c8a-45c1b754d2adc22e45#rd，最后访问时间：2018年3月8日。引文为王利明教授的发言。

我国建筑物区分所有权的制度反思

朱 涛*

目 次

自二十世纪八十年代初我国启动城镇住房体制改革，区分所有建筑物的管理、权属和收益等问题随之出现，并逐渐演化为社会主要矛盾之一。在总结物业管理经验和学习域外理论制度的基础上，2007 年颁布的《中华人民共和国物权法》（以下简称《物权法》）设第六章“业主的建筑物区分所有权”，赋予业主建筑物专有部分所有权、共有部分的共有和共同管理权，对建筑区划内车库、车位的归属，业主委员会的职能，业主和物业服务机构的关系等内容[1]进行了总括性规定，在维护业主权益，改善民生环境上发挥了积极作用。经过十年的实践检验，《物权法》第六章原本就存在的疏漏，以及不能适应我国居住情况变化的瑕疵日益凸显。尽管最高人民法院出台司法解释对此予以弥补，但未能从根本上改变相关法律主体不明确、权利不清晰、覆盖范围小、适用门槛高，实际效用和社会影响不及物业行政规范的尴尬局面。此次民法典编纂，正是立足于新的实践经验和理论成果，修正我国

* 朱涛，重庆邮电大学网络空间安全与信息法学院教授，法学博士，研究方向为民法学、科技法学。

[1] 参见王兆国：《关于〈中华人民共和国物权法（草案）〉的说明》，载《人民日报》2007 年 3 月 9 日。

建筑物区分所有权（以下简称区分所有权）制度的一个契机。因此，本文拟以我国城镇住房体制变迁为背景，全面分析我国区分所有权的制度源流和内容构造，着重揭示现行法在理论与实践之间的游移及其危害，为民法典分则的制定提供有针对性的预警。

一、我国建筑物区分所有权制度的发展概况

（一）建筑物区分所有权的产生与湮灭

我国法上的区分所有权制度，起源于对“公寓”式房屋所有权关系的调整。所谓“公寓”是指一种多住户的多层住宅建筑，每层有若干套单元房间（通常有卧室、起居室、浴室、厕所和厨房等）供各户使用，楼梯和电梯则为各户共用。[1]二十世纪初，随着通商口岸的开放和租界的设置，公寓大厦开始在我国部分城市涌现并成为中等阶层市民的主要居住选择，[2]在实践中形成了一些所有权关系的调整规则，诸如住户共同负担电梯的运行和维护费用，共同使用公共楼梯间和门厅，以不妨碍他人的方式使用自己的房屋等。1929年，国民政府制定《中华民国民法·物权编》，在法律上将这种公寓式房屋的所有权确认为“区分所有权”。在所有权章第799条规定，“数人区分一建筑物而各有其一部者，该建筑物及其附属物之共同部分，推定为各所有人之共有。其修缮费及其他负担，由各所有人按其所有部分之价值分担之”。这是我国正式颁行的民法中关于区分所有权的最早规定。[3]囿于当时的国情，公寓式建筑仅存在于少数城市的部分区域，高楼大厦多数归单一业主所有（提供出租），其中的权属和管理问题并不突出，[4]简单的立法即可满足当时区分所有关系调整的需要。

1949年8月，《人民日报》发文指出“应当把所有城市房屋看作社会的财产，加以适当的监护”[5]，奠定了中华人民共和国城镇住房公有制的基调。此后，通过

---

[1] 黄汉江主编：《建筑经济大辞典》，上海社会科学院出版社1990年版，第108页。

[2] 参见左琰：《上海近代公寓居住文化和历史风貌变迁研究》，载《时代建筑》2016年第5期。

[3] 该条文内容脱胎自北洋政府1926年起草的《民国民律草案》第805条，即“一建筑物得区分之，而各有其一部。前项情形，建筑物及其附属物之共有部分，推定为各所有人之共有。凡修缮费及其他负担，由各所有人按其所有部分，依价格分担之”；更早的立法可追索至1911年《大清民律草案》第1023条的规定，“一建筑物，得区分之而各有其一部”。有学者认为该条文系仿效《日本民法典》第208条之规定，即“数人就一栋房屋所区分成的各部分成立所有时，该建筑物及其附属物的共用部分，推定为属于共有；共用部分的修缮费及其他负担，依各自的所有部分的价格的比例，予以分担”。（陈华彬：《区分所有权》，中国法制出版社2011年版，第51页）。

[4] 参见忻锦帆：《我们的“物业管理”为何与众不同》，载《住宅与房地产》2016年第10期。

[5] 《关于城市房屋、房租的性质和政策》，载《人民日报》新华社信1949年8月11日附件。

接管、没收和新建而来的大量城市房屋均属于公有住房，由政府房地产管理部门和企事业单位分配与管理；少数私有房屋的自有部分虽由居民享有所有权并自行维护，但涉及房屋的公共部分也是由房管部门统一管理。[1]截至 1979 年，我国城镇住房只存在国家这个单一的所有权（管理）主体，不论房屋的建筑形态如何，是否分单元居住使用，在房屋居住者和使用者之间都不可能发生区分所有的关系，所以也没有形成和制定区分所有权制度的必要。

（二）蕴藏于房屋管理规范中的建筑物区分所有权

由于公共住房体系提供适当、足够住房的失效，政府和单位不堪管理巨量公共住房的重负，我国于 1980 年启动城镇住房制度改革。[2]其目标定位于减缓短缺，将公房私有化和商品化，实现由住房资源的市场配置最终取代住房资源的行政配置；[3]其路径选择为将存量公房转售给原公房住户，新建以公寓式建筑为主的商品房小区。伴随着住房公有向住房私有的转轨，地域住房模式逐渐取代单位住房模式，国家就多元主体的私有房屋该如何管理提出了若干思路，区分所有权的身影开始浮现在相关政策和立法中。

1. 建筑物专有部分与共有部分的界分

我国住房商品化改革的基本措施之一，是承认私有房屋的合法权益，“向居民个人出售新旧公房”。[4]1983 年，国务院发布《城市私有房屋管理条例》，规定国家依法保护公民个人所有、数人共有的自用或出租的住宅和非住宅用房的所有权。依照国家政策，职工对所购买公有住房的产权按价格而定：按市场价（成本价）购买的公房，购房者拥有全部产权；以标准价购买的住房，购房者拥有部分产权（占有权、使用权、有限的收益权和处分权）。[5]历经长时间的房产公管和公有，新兴的私有房屋产权人普遍缺乏权利意识和管理房屋的经验，故早期立法仍以政府管理为主，《城市私有房屋管理条例》第 5 条规定，城市私有房屋由房屋所在地人民政

---

〔1〕 居民区党组织和家委会（或居委会）是居民的正式组织，对于房屋及共有设施管理和维护中的问题，居民可以通过党组织和家委会（或居委会）向房屋管理部门（房管所）反映，由其统一加以解决。参见朱涛：《中国业主自治组织主体地位的演进与建构》，载陈小君主编：《私法研究（第 17 卷）》，法律出版社 2015 年版，第 109 页。

〔2〕 1980 年 6 月中共中央、国务院批转《全国基本建设工作会议汇报提纲》，宣布中国将施行全价售房，逐步实现住房商品化。

〔3〕 Aimin Chen. 1998 “China's Urban Housing Market Development: Problems and Prospects”, Journal of Contemporary China, Vol. 17.

〔4〕 国务院住房制度改革领导小组发布的《关于全国推进城镇住房制度改革的意见》（国办发［1991］73 号）。

〔5〕 详见《国务院关于深化城镇住房制度改革的决定》（国发［1994］43 号）中关于“明确产权”的表述。

府房地产管理机关管理。该条例默认私有房屋所有人可管理其自有房屋[1]，但未区分房屋所有人与房地产管理机关的管理范围和权限，且将前者也置于后者的管理之下。

为尽快和有效缓解城镇住房短缺，我国改革伊始就选择发展以多（高）层公寓式建筑为主的紧凑居住模式，要求“县镇建设住房，要严格控制占用土地，提倡集资建楼房。不经批准，不准建平房”[2]。由此，新建住房多为“结构相连或具有共有、共用设备和附属建筑，而为不同所有人所共有的房屋”。1989年建设部颁布《城市异产毗连房屋管理规定》，将此类房屋界定为“异产毗连房屋”，并规定所有人（使用人）应共同合理使用共有、共用的门厅、阳台、屋面、楼道、厨房、厕所以及院落、上下水设施等，不得随意多占、独占，不能自行改变共有部分的外形或结构；房屋各共有、共用部分[3]因自然损坏所需修缮费用，由相关房屋所有人按份额比例分担；所有人可组成房屋管理组织或委托其他组织，在当地房地产行政主管部门的指导下，负责房屋的使用、修缮等管理工作。

由于该管理规定不涉及售给个人的地产毗连公有住房之共有部位和共用设备的维修，建设部于1992年专门制定《公有住宅售后维修养护管理暂行办法》，在区分住宅“自用部位和自用设备”与“共用部位和共有设施设备”的基础上，更为详细地列举了二者的具体范围和维修养护责任。具体而言，自用部位和自用设备是指户门以内的部位和设备，包括水、电、气户表以内的管线和自用阳台；共用部位是指承重结构部位（包括楼盖、屋顶、梁、柱、内外墙体和基础等）、外墙面、楼梯间、走廊通道、门厅、楼内自行车存车库等；共用设施设备则是指共用的上下水管道、落水管、邮政信箱、垃圾道、烟囱、供电干线、共用照明、天线、暖气干线、供暖锅炉房、高压水泵房、消防设施和电梯等。所有人不得擅自侵占共用部位和共用设施设备，不得擅自增减影响共用设施设备正常运行的自用设备。自用部位和设备由所有人承担维修养护责任；共用部位和设施设备由售房单位或其售房时委托的地产经营管理单位承担维修养护责任，其维修养护费用由售房单位按规定比例向购房人收取，不足部分暂由原售房单位承担，费用的使用受所有人的共同监督。住宅维修养护管理工作由原售房单位、有关管理部门及所有人协商成立民主性质的住宅管理委员会负责组织。

---

[1] 根据《城市私有房屋管理条例》第五章，私有房屋所有人可以委托他人代管其房屋，显然所有人对房屋应享有管理权。

[2] 参见《关于在全国城镇分期分批推行住房制度改革的实施方案》（国发［1988］11号）。

[3] 包括：①共有房屋主体结构在的基础、柱、梁、墙；②共有墙体；③楼盖（包括楼面与顶棚及结构部位）；④屋盖（包括屋面和周边护栏）；⑤楼梯及楼梯间（包括出屋面部分）；⑥房屋共有部位必要的装饰；⑦共有、共用的设备和附属建筑（如电梯、水泵、暖气、水卫、电照、沟管、垃圾道、化粪池等）；⑧房屋拆除，其拆卸支付或残值回收。参见《城市异产毗连房屋管理规定》第9条。

上述立法并未使用“区分所有权”概念，在分配修缮费用时仍然遵循按份共有规则，但制定者已意识到“异产毗连”不同于传统的共有之处在于其存在专有部分与共有部分的划分。虽然其规定极为初步和简陋，在概念名称的使用及具体内容的规范均存在明显的落后性、封闭性及狭隘性，[1]但在物权法缺位的情况下，这些管理性法规事实上为当事人确权提供了依据。依照《城市异产毗连房屋管理规定》，有法院认为住户擅自在共有、共用楼道口安装保安门，使原本属共有、共用的楼道成其专用的行为，并非相邻关系纠纷，属侵害其他共有人利益的侵权行为；[2]有法院认为房屋所有权有专有部分，也有共有部分，建筑物的共有部分为相关区分所有人所共有，均不得分割。[3]根据《公有住宅售后维修养护管理暂行办法》，有法院指出：鉴于楼房的建筑特性，当事人对某号房间享有的所有权，并非独立、完整的所有权，而是区分所有权。区分所有权人，只是对整幢建筑物中属于其专用的部分享有包括占有、使用、收益和处分四项权能在内的完整所有权；而整幢建筑物中的共用部位，则由整幢建筑物的全部区分所有权人共有。[4]

2. 物业管理权与房屋所有权的割裂

我国住房商品化改革的另一项基本措施，是准许私人建房、私人买房。新建商品房部分售与单位，成为公房再售与单位职工；部分直接卖给私人所有。1980 年，深圳特区修建了第一个私有房产小区。当时，全社会都没有房产私有的观念，更没有管理这类小区的经验，深圳市房管局借鉴香港公共屋邨（公租房小区）的管理方式，于 1981 年设立深圳市物业管理公司，将原来由不同部门负责的房屋维修、环境卫生、绿化园林、道路养护、供水供电、治安等职能加以整合，统一承担；并组织小区全体住户选举“居民联谊会”，代表住户利益，协助管理工作。整个八十年代，作为事业单位的深圳市物业管理公司在房管局的领导下，管理全市的商品房小区，具体经营模式为统包统管，综合收费，盈余归公司所有。在计划经济末期，这种由政府职能部门领导，专业房管企业统一管理，居民参与并监督的方式，较之政府各部门分别管理和多元产权主体协商共管，具有主体确定、责任明确、经费节约的优势。经过各地试点反馈，它逐渐被视作商品房管理的模板，得到国家政策的认

〔1〕 参见陈华彬：《现代区分所有权制度研究》，法律出版社 1995 年版，第 306 页。

〔2〕 参见（2001）浙民再抗字第 4 号民事判决书。

〔3〕 参见“孔某某、詹某诉董某某相邻权纠纷案”民事判决书。

〔4〕 参见“郑州二建公司诉王某础公有住房出售协议违约纠纷案”民事判决书，

可，[1]深刻地影响了我国住宅小区物业管理的发展。[2]

1994年，建设部出台《城市新建住宅小区管理办法》，规定新建住宅小区应当逐步推行社会化、专业化的管理模式，由物业管理公司（以下简称物管公司）统一实施专业化管理。物管公司受聘管理小区，收取管理费用，有权制定小区管理办法并制止违反规章制度的行为，还可以利用小区公共资源实行多种经营；小区房地产产权人和使用人有权选举住宅小区管理委员会，代表和维护住宅小区的合法权益，决定物管公司的聘用，监督和协助物管公司的管理。在此制度框架下，房屋的管理权与所有权被割裂并发生错位。从逻辑上讲，作为提供服务的合同相对方，物管公司的管理权应来自所有人的自主委托，是所有人将其所有权的具体权能授予物管公司行使；但事实上，由于部门规章的直接赋权，物管公司成了政府部门和单位的替身，管理权凌驾于所有权之上。这种主从关系的颠倒，使得缺乏竞争和有效监督的物管公司普遍内部管理混乱，整体服务质量低下，往往不向住户提供质价相符的服务，[3]既没有为居民创造良好的居住环境，又加重了居民的住房负担。

针对上述问题，1998年国务院发布《关于进一步深化城镇住房制度改革加快住房建设的通知》，从国家层面提出“建立业主自治[4]与物业管理企业专业管理相结合的社会化、专业化、市场化的物业管理体制”。2003年，《物业管理条例》（以下简称《条例》）由国务院通过并施行。《条例》突出建章立制的作用，规定了业主及业主大会、前期物业管理、物业管理服务、物业的使用与维护以及相应法律责任。通过将业主的权利义务、业主大会及其委员会的职责与运行嵌入物业管理过程，《条例》确立了业主自治与专业物管相结合的物业管理模式，并力图弥合房屋所有权与物业管理权利之间的裂痕。首先，《条例》通过对业主权利义务的规定，明确了业主作为区分所有权人的权利义务；基于业主的财产权份额规定其在业主大会会议上的投票权，将业主的物业管理权利相应建立在对自有房屋拥有的财产权基础之上。其次，《条例》确立了业主自治的组织形式，即业主大会与业主委员会并存，业主大会决策、业主委员会执行的制度。[5]最后，鉴于业主之间在物业管理中

---

[1] 1988年《关于在全国城镇分期分批推行住房制度改革的实施方案》提出：商品住房出售后，可由房屋修缮经营单位，在住户自愿的基础上，统一管理和保养维修，提供各种社会服务，收取合理的费用。1994年《国务院关于深化城镇住房制度改革的决定》确定将“发展多种所有制形式的物业管理企业和社会化的房屋维修、管理服务”作为“改革现行城镇住房管理体制”的措施。

[2] 参见忻锦帆：《我们的“物业管理”为何与众不同》，载《住宅与房地产》2016年第10期。

[3] 参见《关于进一步深化城镇住房制度改革加快住房建设的通知》（国发［1998］23号）。

[4] “业主”与“业主自治”首见于1994年施行的《深圳经济特区住宅区物业管理条例》，业主是指住宅区内住宅和非住宅房屋的所有权人（第2条）；住宅区物业管理实行业主自治与专业服务相结合，属地管理与行业管理相结合的管理模式（第4条）。不少地方立法也有类似规定，如1996年《珠海市住宅小区物业管理条例》第6条，1997年《上海市居住物业管理条例》第二章“业主自治管理”等。

[5] 同年，建设部制定《业主大会规程》对此加以细化。

发生的关系为民事关系，不宜采取行政手段进行管理，《条例》用业主公约取代了小区管理办法。[1]但是，作为一部行业管理型的行政法规，《条例》旨在构建以物业管理企业为中心的专业管理体制，其"业主及业主大会"的规定主要服务于"规范物业管理活动"的立法目的。与之相适，《条例》限定业主大会只在物业管理活动中代表和维护全体业主的合法权益，且业主大会和业主委员会不得作出与物业管理无关的决定，不得从事与物业管理无关的活动。申言之，《条例》本身的宗旨和位阶决定了它无法解决那些超越物业管理范畴的问题，如从根本上矫正物业管理人与所有权人的错位。这类问题牵涉民事基本权利的配置，唯以法律的形式才能明确。

（三）《物权法》对区分所有权的确认

2007年，《中华人民共和国物权法》（以下简称《物权法》）颁布施行。根据我国立法进程和实践发展需要，《物权法》专设第六章"业主的建筑物区分所有权"，在法律层面明晰了区分所有权的制度宗旨及功能，规制设计了其基本原则和部分内容，初步建立起我国的区分所有权制度。[2]总体上，《物权法》要回答三个问题：一是物是谁的；二是对物享有什么权利，其他人负有什么义务；三是怎样保护物权，侵害物权要承担什么样的法律责任。[3]因此第六章的内容可分为三部分：①第70－74条，划分了建筑物专有部分与共有部分的界线及相应的权属，特别规定了建筑区划内道路、绿地、其他公共场所、公用设施和物业服务用房，以及车位、车库等的归属；②第75－80条，界定了业主自治的事项范围和组织形式，明确了业主的表决权；③第81－83条，规定了建筑物及其附属设施的管理与责任承担。出于立法的谨慎和受篇幅所限，第六章的规定比较概括简略，所以最高人民法院于2009年发布《关于审理区分所有权纠纷案件具体应用法律若干问题的解释》（以下简称《区分所有权司法解释》）。司法解释以《物权法》条文为依据，借鉴理论研究的成果，汲取司法审判经验，就实践中业主身份的认定、专有部分和共有部分的区分、车位和车库的权利归属、业主表决权的确定和行使、"住改商"规则的适用、业主大会或业主委员会决议的撤销、维修基金的筹集和使用、业主委员会的诉讼地位、业主权利受侵害时的救济等作出了细化解释。

---

〔1〕参见谢家瑾：《〈物业管理条例〉的立法过程及其原则——在〈物业管理条例〉新闻通气会上的讲话（摘要）》，载《中国房地产》2003年第8期。

〔2〕参见黄松有主编：《〈中华人民共和国物权法〉条文理解与适用》，人民法院出版社2007年版，第223页。

〔3〕袁祥：《物权法要回答的问题——全国人大常委会法制工作委员会副主任王胜明、法工委民法室主任姚红》，人民网理论专栏，网址：http://theory.people.com.cn/GB/40553/3527596.html，最后访问时间：2018年7月31日。

作为规范财产归属关系的民事基本法，《物权法》对建筑物专有部分和共有部分的界分，明晰了业主、业主团体及第三人的权利义务；对业主共有权的规定，为消除物业管理中长期存在的甲方（所有权人）缺位，乙方（物业企业）僭越提供了法律依据；对业主自治模式——“业主大会—业主委员会”的确认，宣告了我国区分所有建筑物的管理由公权干预到私权自治的回归。[1]各方均对《物权法》第六章的实施寄予厚望：民众期待其作为保护私有财产的权利法，能够切实维护他们对建筑物的合法权益；物业行业期待以其为基础理顺物业管理法律关系，减少物业纠纷；国家期待其成为小区治理的基本法，在城市基层民主管理和建设中发挥有效作用。

然而《物权法》第六章在实践中并未完全发挥预期效用，尤其在物业管理领域。2015年，《人民日报》连续发文，从物业服务、业主权益、小区文明、物业职责四个角度，全面报道了生活小区物业管理存在的各种问题。[2]一些问题在《物权法》之前就已凸显，法律的施行并未使其得以缓解，如公共维修基金被挪用、物业公司收费积极办事拖拉等；一些问题长期悬而未决有待《物权法》予以决断，但《物权法》相关条文不仅没有澄清争议，反而加剧了理论与实践的混乱，如第74条有关车位、车库的规定；还有一些问题是因《物权法》的规定才出现，如在“区分所有权”之前增加“业主的”作为定语，引起“业主”与“区分所有权人”的概念和范围之争等。因物业纠纷无法调和而诉至法院的案件数量一直居高不下：在上海，每年物业纠纷案件有约2万起，进入基层法院立案的纠纷呈现激增趋势；在江苏南京，平均每天有140多起涉物业投诉，仅2016年当地法院就受理了约1.3万件物业纠纷，同比增长29%；在广西南宁，某区法院的一个法庭一年就受理物业纠纷500多件，占该庭全年收案数的四分之一。[3]法院在处理相关纠纷时往往陷入“主体不明确——立案难、标准不统一——裁判难、经费没着落——执行难”的困境[4]。小区业主之间、业主与业主组织、业主与物业企业之间的矛盾已成为当下社会难以缓解的普遍性问题之一，为此国务院于2016年、2018年两度修订《条例》，均收效甚微，因为问题的根源并不在行政管理制度的设计，而在于相关主体基本权利义务的配置，需要我们剖析《物权法》第六章所规定的区分所有权之构

---

[1] 参见刘智慧：《论业主共同决定事项范围的确定——以区分所有权解释第7条的适用为中心》，载《政治与法律》2009年第8期。

[2] 从2015年6月16日到9月8日，《人民日报》第20版以每周1篇的频率，共刊发了11篇以“生活小区物业管理存在问题”为主题的文章。

[3] 杨绍功：《解决物业纠纷，关键要找到最大公约数》，载《新华每日电讯》2017年7月14日。

[4] 具体内容参见北京市高级人民法院元培冰法官在2012年北大法学院房产法研究中心春季论坛的发言，网址：http：//bj. house. sina. com. cn/hy/2012 -05 -13/1158401296. shtml，最后访问时间：2018年8月10日。

造，反思其制度的科学性、合理性与实践性。

《物权法》之“业主的区分所有权”（以下简称区分所有权）乃是个“舶来品”的杂糅——“业主”从我国香港地区传入，〔1〕“区分所有权”源于《日本民法典》第208条，概念内涵来自德国学者贝尔曼提出的“三元论说”〔2〕。根据《物权法》第70条，区分所有权由三部分构成：单一主体——业主，二分客体——专有部分和共有部分，以及三元权利——专有所有权、共有所有权和共同管理权。其中二分化的客体是区分所有所有权的核心，正是由于一幢建筑物被分割为相对独立又彼此连接的部分由不同主体占有、使用，主体间内外部关系需要规范调整，才催生出法律上的区分所有权。如刘德宽教授所言，“在建筑物区分所有下，其并非以所有来决定利用，而是以利用来决定所有，此亦为对于传统物法法理的让步”〔3〕。

二、二分化客体：专有部分和共有部分

顾名思义，区分所有权的客体自然是区分所有的建筑物。在日本法上，区分所有权的标的物仅限于建筑物内的专有部分；〔4〕我国《物权法》在此基础上扩张了区分所有权的客体范围。其一，将划分专有部分与共有部分的领域从建筑物拓宽到建筑区划，视情况将建筑区划内的道路、绿地等公共场所、公用设施和物业服务用房、车位、车库等特定空间分别归入专有或共有部分；其二，把建设用地使用权、建筑物及其附属设施的维修资金纳入业主共有范畴。

（一）建筑物与建筑区划

建筑物是指人工营造的，供人们进行生产、生活等活动的房屋或场所。〔5〕通常认为，只有一部分建筑物能够作为区分所有权的客体，即结构上可被区分为两个以上的部分，区分各部分具有独立的使用价值并能为不同的所有人所专有，各专有部

---

〔1〕陈枫、王克非：《物业管理》，北京大学出版社2007年版，第91页。“业主”本身也是我国传统法制术语。

〔2〕该说又称“最广义区分所有权说”。认为区分所有权系由区分所有建筑物专有部分所有权、共用部分持份权以及因共同关系所生的构成员权所构成。其中专有部分所有权（专有权）又称特别所有权，共用部分持份权又称共有权，因共同关系所生的构成员权又称社员权。此三者形成不可分离而具有物权法性和人法性的特别权利——“共同的空间所有权”。

〔3〕张萍、陈刚：《区分所有权前法律研究》，载《律师世界》1998年第12期。

〔4〕日本《有关建筑物区分所有等之法律》第1条规定，“建筑物的区分所有，指一栋建筑物构造上被区分为数部分，供作独立的住宅、店铺、事务所、仓库或其他建筑物用途而使用时，其各部分得依本法所规定，各自成为所有权的标的物”；第4条第1项规定：“沟通数个专有部分的走廊、楼梯间或其他构造上应供区分所有人全体或一部共用的建筑物部分，不得为区分所有权的标的。”

〔5〕中国社会科学院语言研究所辞典编辑室编：《现代汉语词典》，商务印书馆2012年版，第638页。

分由共有部分连接为一个整体的房屋建筑。[1]建筑物是区分专有部分和主体权利义务的前提，不少国家和地区均明文规定，以一栋建筑物为基准区分建筑物的专有部分，再以专有部分为基准识别共有（用）部分。[2]我国《物权法》第六章也遵循同一思路，以单栋建筑物为单位，区分其中的住宅、经营性用房等专有部分，再以建筑区划为边界，除专有部分外的其他部分即可为共有部分。建筑物除了地上部分，还包括与地上建筑部分连为一体的地下建筑物，[3]但排除建筑物的附属设施。[4]如此一来，就需要对“建筑区划”予以澄清，因为相关条文有的涉及建筑物区划内的共有部分和成员权利（第73条、第74条），有的涉及建筑区划的管理（第82条），它不仅是一个空间概念，也代表着一种权属的边界。[5]

建筑区划是《物权法》生造的词语，[6]类似日本《有关建筑物区分所有等之法律》第65条规定的“社区”，即包含数栋建筑物，土地或附属设施（含相关权利）归建筑物所有人（区分所有人）共有的一个特定区域。但建筑区划的覆盖范围更大，在“社区”之外，还有城镇公共道路、城镇公共绿地，市政公共设施等不属于业主共有的财产。《物权法》未对建筑区划下定义，实践中的建筑区划是政府城乡规划的产物，其划分以规划行政主管部门批准的建设工程设计方案为基础，[7]该设计方案则是以国土资源行政管理部门颁发的建设用地规划许可证所确定的宗地红线为编制依据，是规划指标的体现。[8]由此推断，建筑区划的大小应当与建设用地规划许可证所批准的用地范围相对应，其内在建筑物及其附属设施的布局则由建设项目规划设计方案决定。

要特别指出的是，早前《条例》为稳定物业管理提出了“物业管理区域”的概念，要求一个物业管理区域成立一个业主大会，选聘物业企业；而《物权法》是

---

[1] 参见房绍坤：《区分所有权的构造》，载《法学研究》1994年第2期。

[2] 除上述日本法外，还可见台湾地区“民法”第799条，希腊《关于区分楼层的所有的法律》第1条。

[3] 参见国土资源部《关于地下建筑物土地确权登记发证有关问题的复函》国土资厅函［2000］171号。

[4]《物权法》将“建筑物”与其“附属设施”并列，基于立法语言的准确性，二者并非同一物体。

[5] 卢刘颖：《初论“建筑区划”的界定及相关规划管理》，载《住区》2012年第3期。

[6] 据查法律出版社2004年版的《法律辞典》及商务印书馆2012年版的《现代汉语词典》，均未出现“建筑区划”一词，但有“区划”一词，定义为地区的划分。从实际使用情况来看，“区划”一词主要见于“行政区划”的表述。有人认为“建筑区划”一词是建筑设计理论上的专业术语，事实上国内城市规划和建筑设计领域并未使用“建筑区划”一词。参见夏利芬、詹树柏：《“建筑区划”浅探——从城市规划管理的角度谈起》，载《新建筑》2008年第6期。

[7] 参见《成都市建筑区划划分暂行办法》第4条。

[8] 包括：红线、规划总用地界线、规划可用地界线、开口位置及坐标、容积率、绿化率、地上地下车位数量、地上建筑面积与地下建筑面积、单体数量、楼层高度、建筑物脚点、建筑物距离红线位置、建筑密度等。

以建筑区划内为单位，规定业主可以设立业主大会，委托物业企业管理建筑区划内的建筑物及其附属设施。因此，有必要厘清物业管理区域和建筑区划的关系。与建筑区划的规划确定性不同，物业管理区域划分的具体办法由地方自主，各地做法并不统一。多数地方立法将二者加以区别，考虑到物业的共用设施设备、建筑物规模、社区建设等因素，物业管理区域可能是建筑区划被拆分或合并的产物，也可能与之大小一致，〔1〕唯成都例外。《成都市物业管理条例》用“建筑区划”取代“物业管理区域”，并制定《成都市建筑区划划分暂行办法》。该办法规定：新建建设项目，其设置的附属设施设备是共用的，应当划分为一个建筑区划；但该建设项目内已按规划分割成两个以上自然院落或者封闭区域的，在一定情况下，可以分别划分为独立的建筑区划。建设单位在办理房屋销售手续前，持相关审批文书，向区（市）县房产管理部门提出划分建筑区划的要求；管理部门划分建筑区划后，出具建筑区划划分意见书，并注记在不动产登记簿上；既定的建筑区划也可由业主、业主大会、开发建设单位持相应文件向所在地房产管理部门要求调整。〔2〕由于《条例》的在先影响和各地方规定的可操作性，实践中人民法院、行政主管机构、物业企业以及业主更倾向于使用物业管理区域，而非建筑区划。

（二）建筑物内的专有部分

专有部分系区分所有权成立的基础，意指构造上能够明确区分，具有排他性且可独立使用的建筑物部分。《物权法》未就专有部分的范围梳理规定，仅以建筑物的用途为分类标准，用列举方式将其提示为“建筑物内的住宅、经营性用房等”，售与业主的车位、车库，以及明示属于个人所有的绿地。这曾被认为借鉴国外通例的正确做法，〔3〕但这种模糊的规定并不利于实践认定，故《区分所有权司法解释》第2、3条针对专有部分进行了细化解释。建筑区划内符合下列条件的房屋（包括整栋建筑物），以及车位、摊位等特定空间，应当认定为《物权法》第六章所称的

〔1〕例如，《南京市住宅物业管理条例》第28条规定，物业管理区域应当根据建设用地规划许可证确定的红线范围，综合考虑物业共用设施设备、社区建设等因素划分；物业管理区域可按需要分立或合并。《辽宁省物业管理条例》第8条规定，物业管理区域的划分，以土地使用权证或者不动产登记证确定的用地范围为基础，物业配套设施设备共用的，划分为一个物业管理区域。规模过大划分为一个物业管理区域不便于管理或者已经分割成多个自然街区，且其配套设施设备能够分割、独立使用的，可以划分为不同的物业管理区域；影响设施设备共有功能使用的，不得分割划分。根据《天津市物业管理区域划分管理办法》第6条，单个物业管理区域总体规模原则上建筑面积不超过30万平方米。同类规定还见诸《上海市住宅物业管理规定》第7～9条，《珠海经济特区物业管理条例》第二章，《郑州市物业管理区域划分规定》《常州市关于做好物业管理区域划分工作的通知》等。

〔2〕参见《成都市建筑区划划分暂行办法》第5～8条，第14条。

〔3〕当时认为，在区分所有权立法中不规定专有部分的范围，而由学说去决定，为各国立法的通例。参见黄松有主编：《〈中华人民共和国物权法〉条文理解与适用》，人民法院出版社2007年版，第225页。

专有部分：①具有构造上的独立性，能够明确区分；②具有利用上的独立性，可以排他使用；③能够登记成为特定业主所有权的客体。规划上专属于特定房屋，且建设单位销售时已经根据规划列入该特定房屋买卖合同中的露台等，应当认定为专有部分的组成部分。建筑区划内，属于业主专有的整栋建筑物之规划占地的建设用地使用权，由该栋建筑物的业主专有。司法解释极大提升了专有部分的辨识力度，然而其对现实的过度回应，也暗藏着制度体系的冲突。

其一，将建筑区划内类似"整栋建筑物"的特定空间作为专有部分的理由不充分。最高法认为：同一个物业小区同时存在可区分所有的建筑物与独栋别墅的情况不在少数，也存在一个业主独自购买小区内的一栋可区分所有的建筑物的情况，所以业主对独栋别墅和一栋可区分所有的建筑物也应当享有专有部分的权利。[1]这种"存在即有权"与登记事实不符。依《物权法》第70条之意，区分所有是将某一建筑物按其本身结构纵横分割，形成通常所称的"单元"，按照《房屋登记办法》第10条，基本单元经登记后，即具备了经济上与法律上的独立意义，可单独为业主所有，与司法解释所设置的条件相互吻合。[2]但是登记机构对成套住房严格以套为基本单元进行登记，即不对一栋房屋进行初始登记，而是对一栋房屋里的每套住房都进行初始登记，分别记载于房屋登记簿。[3]登记簿是房屋权利归属和内容的根据，[4]所以无论是开发商自留，或是业主独自购买一栋可区分所有的建筑物，依法只能取得其中全部单元的区分所有权，而非整栋建筑物的区分所有权。更为重要的是，由于建筑区划的可分性，建筑区划内的整栋建筑物与其他独立空间之间是可分的。在司法解释将"属于业主专有的整栋建筑物的规划占地"的建设使用权给予该栋建筑物业主，使得土地和建筑物的权利归结为某个人的情况下，其拥有共有部分的依据何在？[5]立法在这个问题上的模糊立场，正是引发小区内会所、物业管理用房、绿地等独立空间权属争议的原因之一。

其二，专有部分范围的扩大，使得"在测绘上可能不算入建筑面积的部分在区

---

〔1〕参见最高人民法院民事审判第二庭编著：《最高人民法院区分所有权、物业服务司法解释的理解与适用》，人民法院出版社2009年版，第50页。

〔2〕参见高富平：《我国居住物业法律制度设计的缺陷及校正——物业小区开放的目的和意义》，载《河北法学》2017年第11期。

〔3〕刁其怀：《区分所有权之专有权研究》，载《中国房地产》2011年11月（下半月刊）。根据《房屋登记办法》第10条，国有土地范围内成套住房，以套为基本单元进行登记；非成套住房和以房屋的幢、层、间等有固定界限的部分为基本单元进行登记。非住房以房屋的幢、层、套、间等有固定界限的部分为基本单元进行登记。

〔4〕参见《房屋登记办法》第5条，《物权法》第16条。

〔5〕参见陈晓林：《区分所有权之共有权制度争议问题再探讨——以相关司法解释为起点》，载《东北大学学报（社会科学版）》2011年第5期。

分所有权法上成为专有部分”[1]，影响建筑物面积和比例计算的准确性。《物权法》将专有部分与建筑物总面积的比例作为确定业主表决权和费用分摊、收益分配等事项的基准，但未明确其计量规则。《区分所有权司法解释》第8条依照先后顺序排列了三个认定方法：首先是不动产登记簿记载的面积，其次是暂按测绘机构的实测面积，最后是房屋买卖合同记载的面积。专有部分面积的统计总和即建筑物总面积。按照住建部的说明，建筑物为多个所有人区分所有的，专有部分建筑面积为套内建筑面积；建筑物不属于多个所有权人区分所有的，专有部分建筑面积即建筑面积。[2]可见，专有部分面积是登记、实测、合同记载的套内建筑面积或建筑面积。司法解释将“规划上专属于特定房屋，且建设单位销售时已经根据规划列入该特定房屋买卖合同中的露台等”认定为专有部分的组成部分，但无论上述哪种方法，专有部分面积都不包含露台面积在内。

从房屋买卖合同记载的面积来看，建设部1995年发布的《商品房销售面积计算及公用建筑面积分摊规则（试行）》规定，商品房销售以建筑面积为面积计算单位，建筑面积应按国家现行《建筑面积计算规则》进行计算。根据最新GB/T50353－2013《建筑工程建筑面积计算规范》，露台是设置在屋面、首层地面或雨篷上的供人室外活动的有围护设施的平台，属于不计算建筑面积的项目之一。就不动产登记簿记载的面积而言，《房屋登记办法》要求因合法建造房屋申请房屋所有权初始登记的，应提交房屋测绘报告，即房屋产权登记面积的测算依据为《房产测量规范》[3]。按照该规范，房屋的天面、挑台、天面上的花园、泳池，均属于不计算建筑面积的范围。其实最高法在解释时明知会出现这个问题，[4]出于实际考虑，还是作此解释，其结果既有害于解释的科学性和严谨性，又妨碍专有部分面积与建筑物总面积之比例计算的准确性，[5]更引发业主表决权和费用分摊、收益分配的纠纷。[6]

---

〔1〕 参见最高人民法院民事审判第二庭编著：《最高人民法院区分所有权、物业服务司法解释的理解与适用》，人民法院出版社2009年版，第132页。

〔2〕 住房城乡建设部《房屋登记簿管理试行办法》（建住房〔2008〕84号）附件《房屋登记簿记载内容说明》。

〔3〕 2001年12月24日建设部办公厅《关于建筑面积计算标准问题的复函》明确：《建筑面积计算规则》是编制工程预算、确定工程造价的依据，房屋产权登记面积测算应当依据CB/T179861－2000《房产测量规范》。

〔4〕 参见最高人民法院民事审判第二庭编著：《最高人民法院区分所有权、物业服务司法解释的理解与适用》，人民法院出版社2009年版，第132页。

〔5〕 在固定的建筑区划内，假设套内建筑面积相同，当露台面积被计入专有部分和建筑物总面积时，有露台的专有部分面积/建筑物总面积＞没有露台的专有部分/建筑物总面积；当不计入露台面积时，有露台的专有部分面积/建筑物总面积＝没有露台的专有部分面积/建筑物总面积。

〔6〕 参见（2016）京02行终第1382号判决书，（2016）粤04行终第49号判决书。

（三）专有部分以外的共有部分

作为连接各专有部分、供业主共同使用的建筑物部分，共有部分是建筑物区分所有的核心重要问题。[1]在《物权法》实施之前，大量的区分所有权权属、侵权纠纷以及与此相关的物业管理纠纷，争议的焦点往往集中在是否对争议客体具有共有权方面。[2]《物权法》主要采取排除法，以专有部分的确定为参照，概括规定专有部分以外的其他部分即共有部分。对一些争议较大的建筑部分能否归业主共有，持两种态度：一是明确规定为共有，包括：①建筑区划内的道路、绿地、其他公共场所、公用设施（含电梯、过道、水箱、自行车存车处等[3]）和物业服务用房，但城镇公共道路、城镇公共绿地及明示属于个人的绿地除外；②占用业主共有的道路或者其他场地用于停放汽车的车位；③建筑物及其附属设施的维修资金。二是不明确归属，将会所、人防工程等的权属交由实践具体认定。[4]

立法之所以对共有部分未予详细阐明，是考虑到共有部分的范围广泛，所涉功能用途丰富，难以逐项列全，采取排除法的界定方式较为灵活，易于实践操作。[5]可惜其效果不尽如人意，涉及共有权属争议的案件数仍然占区分所有权案件总数的一半以上。[6]原因很简单：《物权法》并未清楚地廓清专有部分和建筑区划的范围，不能保证据此清楚地推导出共有部分。实践中法院不得不另辟蹊径，以是否纳入公摊来确定共有部分。在“马某新诉洪某胜、李某业主共有权纠纷案”中，广东省佛山市中级人民法院认为：诉争走廊为公用分摊建筑面积组成部分，故诉争走廊应属于建筑物公用部分；[7]在“华智越等与无锡三阳银辉房地产开发有限公司等物权确认纠纷案”中，无锡市崇安区人民法院认为：诉争房屋面积未分摊至原告所属的房屋之中，故原告对其不享有共有权。[8]问题在于：《房产测量规范》规定的公摊面

---

〔1〕 王泽鉴：《民法物权》第一册《通则·所有权》，中国政法大学出版社2001年版，第254页。

〔2〕 刘本荣：《区分所有之共有权及相关纠纷案件的审理》，载《法律适用》2004年第8期。

〔3〕 参见《全国人大常委会法工委就物权法有关问题答记者问》，中国政府，网址：http://www.gov.cn/jrzg/2007-03/27/content_563065.htm，最后访问时间：2018年9月9日。

〔4〕 参见《全国人大常委会法工委就物权法有关问题答记者问》，中国政府，网址：http://www.gov.cn/jrzg/2007-03/27/content_563065.htm，最后访问时间：2018年9月9日。

〔5〕 参见黄松有主编：《〈中华人民共和国物权法〉条文理解与适用》，人民法院出版社2007年版，第225页。

〔6〕 参见北京市第一中级人民法院：《区分所有权类案件的调研报告》，载《人民司法·应用》2009年第1期。

〔7〕（2009）佛中法民五终字第430号民事判决书。类似裁判参见：（2008）越民一初字第2408号民事判决书，（2009）西民一终字第376号民事判决书，（2010）二中民终字第3280号民事判决书等。

〔8〕 参见（2009）崇民一初字第55号民事判决书。

积计算单位限于单栋建筑物，其内容〔1〕与《物权法》规定的共有部分并不一致。像“为多栋服务管理用房”并未纳入公摊，但《物权法》明确规定“物业服务用房”由业主共有；实践中也有法院将未纳入公摊的诉争房屋认定为小区配套设施，属于小区的共有部分。〔2〕所以，是否纳入公摊这个标准并不可靠。为此，最高人民法院采用列举、排除加兜底的方法，对《物权法》第六章所称的共有部分进行了全面解释。根据《区分所有权司法解释》第3条，除法律、行政法规规定的共有部分外，〔3〕建筑区划内的共有部分包括：建筑物的基础、承重结构、外墙、屋顶等基本结构部分，通道、楼梯、大堂等公共通行部分，消防、公共照明等附属设施、设备，避难层、设备层或者设备间等结构部分；其他不属于业主专有部分，也不属于市政公用部分或者其他权利人所有的场所及设施等；建筑区划内的土地，依法由业主共同享有建设用地使用权，但属于业主专有的整栋建筑物的规划占地或者城镇公共道路、绿地占地除外。

然而，在没有准确理解专有部分的情况下，解释共有部分实际上非常困难，司法解释也没有更加廓清共有部分的范围。第3条第1项的内容仅对《物权法》第六章规定的“共有部分”进行了一些列举，并未在面上解决业主共有部分的范围。一来列举无法穷尽业主共有部分的范围；二来按照相关测量规范，司法解释列举的建筑物部分大多已纳入公摊面积，属业主共有，并未解决未纳入公摊而又属业主共有部分的问题。〔4〕第3条第2项的表述是对《物权法》规定的同义反复，即建筑区划内，排除专有部分和他人所有的场所及设施，〔5〕属于共有部分，所以共有部分的界定又回到了起点。由于我国房屋登记并不针对建筑区划内的共有部分颁发权属证书，〔6〕各方主体在主张共有部分权利时均缺乏可靠凭证，这对业主尤为不利。开发

---

〔1〕根据《房产测量规范》附录B3.1，共有建筑面积的内容包括：电梯井、管道井、楼梯间、垃圾道、变电室、设备间、公共门厅、过道、地下室、值班警卫室等，以及为整幢服务的公共用房和管理用房的建筑面积，以水平投影面积计算。共有建筑面积还包括套与公共建筑之间的分隔墙，以及外墙（包括山墙）水平投影面积一半的建筑面积。独立使用的地下室、车棚、车库、为多幢服务的警卫室，管理用房，作为人防工程的地下室都不计入共有建筑面积。根据该国标制定的《四川省房产测绘实施细则》第6.2规定，共有建筑面积的分摊，应以栋为单位进行，非本栋的共有建筑面积不在本栋分摊，本栋共有建筑面积不分摊到他栋。

〔2〕参见（2009）成民终字第2997号民事判决书。

〔3〕建设部、财政部联合发布的《住宅专项维修资金管理办法》，对《物权法》第79条规定可使用维修资金的共有部分进行了详细的分类列举。

〔4〕参见刁其怀：《建筑物区分所有中会所架空层人防工程等权利归属研究——从建筑物区分所有共有部分的界定切入》，载《西南民族大学学报（人文社会科学版）》2015年第3期。

〔5〕市政公用部分也属国家这个“他人”所有。

〔6〕《房屋登记办法》第31条，“房地产开发企业申请房屋所有权初始登记时，应当对建筑区划内依法属于全体业主共有的公共场所、公用设施和物业服务用房等房屋一并申请登记，由房屋登记机构在房屋登记簿上予以记载，不颁发房屋权属证书。”

商往往利用其对共有部分的初始登记资格，或者迟迟不登记，使得业主无法确认共有部分的范围从而主张共有权[1]；或者将本应属业主共有的部分，尤其是车位、车库主张为自己的专有部分，从中获益；或者虚构共有部分，骗取业主缴纳公摊费用；[2]等等。

三、单一的主体：业主

《物权法》第六章名为“业主的建筑物区分所有权”，第70条也明确指出，是，且仅是“业主”，对专有部分享有所有权，对专有部分以外的共有部分享有共有和共同管理的权利。

（一）业主的范围

作为现代汉语的通用词汇，业主是指产业或企业的所有者。[3]《物权法》中的业主，是对香港《建筑物管理条例的借鉴》。[4]在我国立法上最早见于1994年实施的《深圳经济特区住宅区物业管理条例》，即“本条例所称业主，是指住宅区内住宅和非住宅房屋的所有权人。”（第2条）随着《条例》第6条明确规定，“房屋的所有权人为业主”，标志着业主一词在国家立法层面得以确定。从《物权法》第六章的名称可见，《物权法》中的“业主”即指区分所有权人。司法机关对此也予以认可，2009年5月25日最高法民一庭负责人就司法解释答记者问时指出，“业主”在区分所有权理论中被称为区分所有权人。

立法采用“业主”而不是“区分所有权人”的主体表述，一般认为是为了通俗

---

〔1〕 参见（2017）粤民再466号民事判决书。

〔2〕 在嘉德公寓公摊面积案中，嘉德公司向83户业主出售商品房，从业主收房并入住。但部分业主认为嘉德公司分摊公用面积的原则不符合法律规定，将违章建筑及设计和测绘时根本不存在的会所计入公摊面积。83户业主向北京市海淀区人民法院提起诉讼，要求嘉德公司返还因公摊面积弄虚作假而多收的房价款及相关费用。被告嘉德公司辩称，该公司分摊给业主的公摊面积方案，是经过北京市房屋土地管理局批准的。一审法院认为，嘉德公司对嘉德公寓制定的面积分摊办法，经过了北京市房屋土地管理部门的批准，如对此方案有异议，应通过原批准部门解决，判决驳回原告的请求。二审法院维持原判。参见白晶、林文彪：《杨某诉江苏省东台市东盛房地产开发有限公司商品房销售合同纠纷案——民事诉讼中对具体行政行为的审查》。

〔3〕 中国社会科学院语言研究所词典编辑室编：《现代汉语词典》，商务印书馆2013年版，第1519页。

〔4〕 香港《建筑物管理条例》中的业主（owner）是指：（a）土地注册处记录显示，当其时拥有一幅上有建筑物土地的一份不可分割份数的人；及（由1993年第8号第2条修订）（b）管有该份数的已登记承按人。

化，便于民众理解与接受；[1]也易于实践操作，有利于对区分所有权人的保护。[2]但由此也产生一个问题：二者的外延是否一致，因为区分所有建筑物的外延显然大于房屋外延。《区分所有权解释》对此进行了回应。根据解释第1条，除“依法登记取得或者根据物权法第二章第三节规定取得建筑物专有部分所有权的人，应当认定为《物权法》第六章所称的业主”外，基于与建设单位之间的商品房买卖民事法律行为，已经合法占有建筑物专有部分，但尚未依法办理所有权登记的人，也可认定为物权法第六章所称的业主。司法解释将未经登记等法定程序取得专有部分的所有权人，扩大解释为“业主”，不仅突破了以往法制，更导致“业主”在司法实践中成为比“区分所有权人”外延更大的概念，进一步激化了关于业主范围的争论。有学者对承认合法占有专有部分而未登记的买受人为业主持赞成态度，而有的学者则对此进行了堪称激烈的批判。有认为应将已办理预告登记者认定为业主，有认为已办理商品房预售合同登记并已入住者应被认定为业主；还有认为开发商虽为房屋所有权人，但不能成为业主；对于承租人等使用权人，多数学者认为其不是业主，但也有的学者认为应当区别对待，即10年以上承租人有业主资格，反之则无；有的学者甚至认为应当将居住权人、承租人、典权人等使用权人均纳入业主范畴，并建立一个广泛的“业主权”概念取代“区分所有权”概念。[3]

最高法理由是：在现实生活中，基于与建设单位之间的商品房买卖民事法律行为，房屋买受人在已经合法占有使用专有部分的情况下，仍未依法办理所有权登记的情形大量存在。有的是建设单位尚未办理大产权，直接导致买受人无法办理专有部分的所有权登记；有时候登记需要一个过程，在最终作成之前，买受人无法依登记取得所有权；还有的是因为买受人自身的原因拖延办理专有部分所有权登记。在此情况下，如果否认这部分主体的业主身份，将与现实生活产生冲突，并有可能对其应当享有的权利造成损害。该理由不可谓不充分，在此之前，已有地方法规制订了类似的条款。[4]但如此扩张解释明显动摇了“业主即区分所有权人”的论断。依照最高法的说明，第1条第2款对业主身份界定标准例外情形的规定，是为了解决业主自治过程中出现的表决权难以确定的问题，在发生建设单位一房数卖或者二手房买卖的情况，当事人之业主身份可以参照该条规定的原则予以确定。但可以认定

---

[1] 王利明：《论业主的区分所有权的概念》，载《当代法学》2006年第1期。

[2] 黄松有主编：《〈中华人民共和国物权法〉条文理解与适用》，人民法院出版社2007年版，第225页。也有学者认为，“区分所有权”一词已经语义确切，加上“业主的”这一定语反而导致语义不清。（参见陈华彬：《业主的区分所有权》，载《中外法学》2006年第1期。）

[3] 于飞：《〈物权法〉第六章“业主的区分所有权”中“业主”的界定》，载《华东政法大学学报》2011年第4期。

[4] 2007年《南宁市物业管理办法》第6条规定，房屋的合法买受人尚未办理产权登记，但已实际占有使用的视为业主。

为业主的人不等于司法解释已经认定其为专有部分的所有权人。如要递进为法律意义上的所有权人，还需满足《物权法》的相关规定。[1]可见，在物权法范畴使用业主概念，与区分所有权（人）并不兼容。

（二）业主组织的法律地位

根据《物权法》的规定，业主对建筑区划内专有部分以外的共有部分享有共有和共同管理的权利，业主可以设立业主大会，选举业主委员会。业主大会的决议或者业主委员会的决定，对业主具有拘束力。但是，对于业主大会和业主委员会的法律地位问题，《物权法》并未明确。2007年修订后的《条例》进一步明确区分和细化了业主大会与业主委员会的权利义务及运行规则，但却取消了2003年《条例》中关于“业主委员会是业主大会的执行机构”的表述，代之以“业主委员会执行业主大会的决定事项”；并将原第11条“业主大会履行下列职责”改为“下列事项由业主共同决定”，刻意淡化了业主大会的组织性。2009年住房和城乡建设部在原《业主大会规程》的基础上将业主委员会与业主大会并列，制定了《业主大会和业主委员会指导规则》，引发了业主委员会与业主大会是否业主组织，谁才是业主自治组织的争议。对此学界和实务界有三种不同的观点。

第一，认可业主委员会的主体性。[2]作为社区内代表业主利益的市民自治组织，业主委员会依法代表业主行使对本小区物业自治管理的权利。[3]不少学者在设计或者讨论民法典草案时，建议将“依法设立的业主委员会”纳入其他组织中。[4]最高人民法院一度也倾向于此，《区分所有权司法解释（征求意见稿）》第13条曾规定，业主共同权益受到侵害、妨害或者可能受到妨害的，业主委员会为原告：没有选举出业主委员会，或者业主委员会怠于行使权利的，业主大会或者业主可为原告。实践中，大多数法院也认可业主委员会的诉讼主体地位。在最高人民法院发布的2014年公报案例“徐州西苑艺君花园（一期）业主委员会诉徐州中川房地产开发有限公司物业管理用房所有权确认纠纷案”中，徐州市泉山区人民法院认为，艺

---

〔1〕参见杜万华、辛正郁、杨永清：《〈关于审理区分所有权纠纷案件具体应用法律若干问题的解释〉的理解与适用》，载《人民司法》2009年第13期。

〔2〕林国强：《浅谈业主委员会的性质地位与权利义务》，载《中国房地产》1996年第11期。

〔3〕张帆、周佑勇：《社会管理创新法治化视野下的业主委员会发展探析》，载《东南大学学报（哲学社会科学版）》2012年第5期。

〔4〕参见梁慧星主编：《中国物权法草案建议稿附理由》，社会科学文献出版社2007年版，第120页；梁慧星：《中国民法典建议稿》，网址：http：//www.fxcxw.org/index.php/home/xuejie/artindex/id/9260.html，最后访问时间：2017年10月18日；肖海军：《民法典编纂中非法人组织的主体定位技术进路》，载《法学》2016年第5期；谭启平：《关于非法人组织立法完善的几点思考》，载《法制日报》2016年8月24日等。

君业委会原告诉讼主体适格，判决争议物业管理用房所有权转移给业主委员会。[1]

第二，业主大会具有主体性。业主大会由物业管理区域内的全体业主组成，系管理建筑区划内建筑物及其附属设施的共有部分和共同事务的自治组织。[2]业主大会是一个独立的社会组织，是管理全体业主共有财产和共同事务的自治组织；作为区分所有建筑物业主管理团体的机关，它也是全体业主管理共有财产和共同事务时的议事机构。[3]对于我国业主大会的理解，不能仅限于字面意思，其不仅表示业主的议事方式，同时还表示业主的组织即业主团体。[4]不少业主大会作为当事人起诉或者应诉的案件也被法院受理，如最高法指导案例65号“上海市虹口区久乐大厦小区业主大会诉上海环亚实业总公司业主共有权纠纷案”[5]，“上海市浦东新区锦绣满堂花园业主大会等与上海港峰建设工程有限公司承揽合同纠纷上诉案”[6]，“成都睿邦物业服务有限公司等诉成都天府新区华阳街道远光·水印城建筑区划业主大会等物业服务合同纠纷案”[7]，等等。

第三，同时否认业主大会和业主委员会的业主自治组织身份，提出应该在业主大会和业主委员会之上，另行设置其上位组织——业主团体。所谓业主团体，指小区的业主为了维护共同的生活秩序，营造安宁的居住环境，自发组建的自治性组织。[8]可参照公司、公司股东会及公司董事会之间的关系，业主团体为独立的法人，业主大会为业主团体的意思机关，业主委员会相应地成为业主团体管理层，业主团体借助业主委员会执行其独立意思、维护其独立利益。[9]

由于立法的犹豫不决，无论在法律层面或在实践领域，业主大会、业主委员会难免陷入“妾身未明”的尴尬境地，这种局面对业主群体的权益保护、物业服务行业的规范发展以及基层社会治理都产生了极为不利的影响。《物权法》曾经试图明确业主组织的法律主体地位，（草案）第四稿第87条规定，“对侵害业主共同权益的行为，对物业服务机构等违反合同发生的争议，经专有部分占建筑物总面积过半

---

〔1〕 本案为公报案例，参见《最高人民法院公报》2014年第6期。

〔2〕 参见崔建远：《物权法》，中国人民大学出版社2009年版，第220页。

〔3〕 参见陈华彬：《业主大会法律制度探微》，载《法学》2011年第3期。

〔4〕 孟强：《论业主大会的诉讼主体资格》，载《政治与法律》2009年第8期。相同的观点还可参见王利明、尹飞、程啸：《中国物权法教程》，人民法院出版社2007年版，第237～238页；张农科：《基于区分所有权的业主大会》，经济科学出版社2011年版，第18页；朱涛、李维雅：《业主大会网络运行模式探究》，载《重庆邮电大学学报（社会科学版）》2016年第1期；等等。

〔5〕 参见（2011）沪二中民二（民）终字第1908号民事判决书。

〔6〕 参见（2017）沪01民终第6109号民事判决书。

〔7〕 参见（2017）川0116民初第7541号民事判决书。

〔8〕 梅伟、张旭东：《论我国业主团体的法律地位》，载《江西社会科学》2008年第2期。

〔9〕 参见代艳丽、付立明：《业主委员会法律地位探析》，载《求索》2013年第5期。相同的观点可参见方金华：《业主委员会主体资格研究》，载《南京航空航天大学学报（社会科学版）》2008年第4期。

数的业主或者占总人数过半数的业主同意，可以以业主大会或者业主委员会的名义提起诉讼、申请仲裁。”但是最终颁布的《物权法》没有采纳草案的这一条款，《物权法》第83条规定的诉讼主体只有业主。因为“法律委员会研究认为，业主大会是业主的自治性组织，业主委员会是业主大会的执行机构，业主大会或者业主委员会享有的权利、承担的义务都要落在业主身上，目前许多小区没有成立业主大会或者业主委员会，对业主大会或者业主委员会提起诉讼、申请仲裁的权利以暂不作规定为妥”〔1〕。可见，立法机关不是没有意识到业主组织的主体地位，但出于现实的考虑，为积累经验，采取了既不承认也不否认的立场。

四、复合性的权利

《物权法》第70条规定，“业主对建筑物内的住宅、经营性用房等专有部分享有所有权，对专有部分以外的共有部分享有共有和共同管理的权利。”通说认为，这是采取了德国学者贝尔曼所提出的三元论说。即区分所有权系指有区分所有建筑物专有部分所有权、共用部分持分权（共有权）以及因共同关系所生之构成员权所组成。此三者形成一个不可分离而具有物权法性及人法性之特别权利——“共同的空间所有权”。〔2〕根据三元论的学说，《物权法》上的区分所有权性质为一种特殊的复合性不动产所有权，是一个独立的、统一的、整体的权利；专有部分的专有权、共有部分的共有权以及因共有关系而产生的管理权都是这个统一权利的组成部分，三者相互依赖、相互配合、相互制约，构成不可分割的一个整体。

专有所有权是指业主对专有部分享有的自由使用、收益及处分的权利，在区分所有权中居于主导性地位。作为业主个人享有的权利，专有权属于个体法上的所有权，具备所有权全部权能。业主对专有权的享有行使具有较大自由，但由于建筑物区分所有的状态，每个人行使自己的专有权时，会受到比一般所有权行使更严格的限制。根据《物权法》相关规定，业主对其建筑物专有部分享有占有、使用、收益和处分的权利，业主行使权利不得危及建筑物的安全，不得损害其他业主的合法权益。业主不得违反法律、法规以及管理规约，擅自将住宅改变为经营性用房。同时，业主作为小区的一员，可以请求人民法院予以撤销业主大会或者业主委员会作出的侵害业主合法权益的决定；对侵害自己合法权益的行为，可以依法向人民法院提起诉讼。

共有所有权系指业主依据法律、合同及业主公约，对建筑物的共有部分所共同

---

〔1〕 全国人大法律委员会副主任委员胡康生于2006年8月22日向第十届全国人大常委会第二十三次会议汇报物权法草案的修改情况时的发言。

〔2〕 参见［日］玉田弘毅：《公寓之法理纠纷》，有斐阁1984年版，第147页。

享有的权利，具有从属性和不可分割性的法律特征；共同管理权，属业主成员权的范畴，指业主基于一栋建筑物的构造、权利归属及使用上的密切关系而形成的作为建筑物管理团体之一成员而享有的权利和承担的义务。[1]专有所有权和共有所有权是区分所有权的内部权利，成员权构成其外部权利。其间区别在于：内部权利主要是基于财产共有而发生关系，为区分所有权之“物法性”因素，而作为外部权利的成员权不仅仅是单纯的财产关系，更重要的是一种管理关系，因而构成区分所有权之“人法性”因素。《物权法》关于区分所有权构成问题，虽然采纳了三元论说的观点，但未使用“成员权”概念，而以“共同管理权”代替之。《物权法》对传统三元说予以改造的本意，在于通过对成员权本质的分析，突出其具有的人法（管理制度）因素，彰显业主作为权利主体享有的对区分所有建筑物共有部分的管理决策权。[2]问题是：管理权（成员权）与共有权的关系如何。有学者指出，成员权实质上乃是区分所有人为更好地行使专用权利和共用权，管理区分所有的建筑物，在区分所有人团体中所享有的权利。该权利之享有是以区分所有人享有区分所有权为前提的，不能作为区分所有权的构成要素。[3]有学者认为，成员权只不过是基于区分所有人之间的共有关系所产生的共有人一项权利，是共有权的应有之义，没有独立出来的必要。[4]还有学者提出，成员权主要还是私法上的权利，其虽然是所有权产生的，不能等同于所有权，也不是一种物权，不具有物权的内容。[5]问题的关键在于共有权与管理权（成员权）的关系。

通说认为，区分共有不同于普通共有。有学者认为，对共有权要进行区分，纵割式区分建筑物，宜解为按份共有；横切式和混合式区分建筑物，宜解为共同共有。[6]但无论是源于罗马法上的按份共有，还是发端于日耳曼法上的共同共有，本质上都是个人法，共有人之间的结合无法形成一个独立的法律人格，共有物可被分割。因此，多数学者主张其既不同于按份共有，也不同于共同共有，而是独立的“区分共有”。与个人所有权不同，共有权作为多人分享的所有权，其行使受到共有人共同意志的约束，内部存在如何管理共有物的问题，共同管理权也就应运而生。所以，这种共同管理权可以认为派生于共有权，而且也是直接归属于共有人个人且共同行使。所以共有人团体对于共有物享有共同管理的权利。正是在这个意义上，很多人主张管理权派生于共有权。

---

〔1〕 参见陈华彬：《物权法原理》，国家行政学院出版社 1998 年版，第 326 页。

〔2〕 参见黄松有主编：《〈中华人民共和国物权法〉条文理解与适用》，人民法院出版社 2007 年版，第 224 页。

〔3〕 林旭霞：《区分所有权若干法律问题探讨》，载《福建论坛（经济社会版）》1998 年第 10 期。

〔4〕 温世扬、廖焕国：《物权法通论》，人民法院出版社 2005 年版，第 282 页。

〔5〕 王利明：《论业主的区分所有权的概念》，载《当代法学》2006 年第 5 期。

〔6〕 参见陈华彬：《区分所有权》，中国法制出版社 2011 年版，第 124～125 页。

通说认为共同管理权是维护业主共同体关系而产生。“既然业主享有管理权，那么就一定要有一个团体，使管理权有所依附。这就是业主团体。”然而，关于业主团体的认识，到目前为止，无论是理论研究还是立法实践，都只局限于人法层面——业主组织的讨论，纠缠于是否赋予其法人资格的争论。业主组织只有取得民事主体资格，作为其成员的业主才能取得成员权，但此成员权与业主组织享有的管理权不同，后者是前者的行使结果与表现。《物权法》第76条对业主共同决定的事项就是在这个意义上规定的，这种共同管理权通过业主大会或业主委员会决定表现，实际上是业主大会或业主委员会的职权。但问题是，业主组织自身基于什么产生？管理的基础又在哪里？也就是说，单从人法层面（管理角度）探讨共同管理权并没有真正揭示其背后的权源，只有立基于业主团体自治，然后才会产生所谓的物业管理问题。但是《物权法》第六章竭力淡化区分所有权法律关系的团体性，完全是从个体法意义上的共有权出发看待共同管理权的，否定了从管理人团体角度看待共同管理权，这个意义上的共同管理权与团体法上的业主成员权无法相提并论。〔1〕这使得肇始于物业管理的业主共有权与管理权的分裂与错位，继续在法律上被延续。其结果是，业主的共有权也好、共同管理权也罢，均敌不过物业企业的物业管理权。

五、结论

理想的区分所有权制度构建遵循这样的法律逻辑：在住房商品化改革完成后，利用物权法定制度，依据所有权原理和共有理论，将房屋管理的主导权由原来行政权威授权的政府机关转化为法定民事确权后的全体业主，以划定权利客体的专有部分和共有部分的界限为前提，明确业主的权利义务，再通过业主自主制定契约关系（管理规约），从而确立起业主自我管理共有财产的机制。〔2〕但我国现实中区分所有权制度的产生与发展均伴随着城镇住房制度改革的进程，目的在于因应“物业管理”和“业主维权”的实际需要，历史的选择在此取代了逻辑的推演而起到了决定性的作用。在此基础上的制度、理论借鉴，难免因我国国情而发生扭曲和变形，进而产生理论、制度与司法实践的脱节。上述种种具体问题的提出和分析，正是试图为《民法典物权编》的制定提供预警。

全国人大常委会法工委主任沈春耀在《关于〈民法典各分编（草案）〉的说明》中指出：“编纂民法典是通过对现行民事规范进行系统整合、修改完善，编纂

---

〔1〕参见章光园：《论业主成员权的法律定位》，载《宁德师范学院学报（哲学社会科学版）》2013年第4期。

〔2〕参见朱冰：《房屋管理的法学分析》，载《同济大学学报（社会科学版）》2010年第6期。

一部适应中国特色社会主义发展要求，符合我国国情，体例科学、结构严谨、规范合理、内容协调一致的法典，是一项系统工程。”以此而言，以《物权法》为基础构造民法典物权编，可以看作一次《物权法》再法典化、现代化的过程。再法典化旨在谋求物权法规范的统一化、合理化；现代化是为了使物权法在内外体系上既能满足新时代经济、社会、法律的变革需求，又能使物权法具备应对未来发展的能力。前者要求必须以系统性思维对待物权编，从物权编之小体系、民法典之中体系、全部法律之大体系三个层次透视并合理构造物权编；后者要求必须以融贯“历史—未来”的动态观念思考对待物权编，使物权编一方面能够积极回应全面深化改革以来的各种政策主张，另一方面又能对未来法治发展予以前瞻性规划。法典化的这两种维度，构成我们分析、评价当下正向社会公众征求意见的民法典中区分所有权制度的基础或前提。希望立法者能够真正像其宣告的那样编纂民法典，在最大程度上纠正现有制度中存在的问题。

善意取得制度适用的权利模型的应然研究

王丽美*

目　次

一、问题的提出

源自日耳曼法“以手护手”原则的善意取得制度，产生之初，主要适用于动产物权，即动产所有权和动产他物权。2007年我国《物权法》颁布之前，理论界的通说亦认为“善意取得仅适用于动产”〔1〕。而该法颁布之后，善意取得制度的适用范围延伸至不动产物权，理论界的原通说被推翻，新通说继而转向与立法保持一致，即“善意取得既适用于动产，又适用于不动产”。2010年《公司法司法解释（三）》出台后，善意取得制度又进一步扩展适用于股权，专家、学者再次热议

* 王丽美，女，西北政法大学民商法学院副教授，法学博士，研究方向为民商法学。

〔1〕 参见梁慧星主编：《中国物权法研究（上册）》，法律出版社1998年版，第491页；张俊浩主编：《民法学原理（上册）》，中国政法大学出版社2000年版，第434页；魏振瀛主编：《民法学》，北京大学出版社、高等教育出版社2000年版，第24页；郑云瑞：《民法物权论》，北京大学出版社2006年版，第174页。

“股权”能否适用善意取得的问题[1]，最终基本达成股权亦适用的共识。由此，关于善意取得制度适用权利的范围问题，客观上形成了立法“倒逼”理论，理论跟着立法“走”的现象。

其实，善意取得制度作为一项法律制度，应有其本质属性，且该性质是客观的，不以人的意志为转移的，因此，由其性质决定的适用范围亦应具有客观性，而非立法者的主观决策行为。为彻底扭转目前立法“推进”理论发展的本末倒置的局面，必须从应然层面深入探究善意取得制度适用权利的范围，从而切实彰显理论本身应当具备的科学性与预见性。当前，从微观角度，即探讨动产所有权、动产他物权、不动产所有权、不动产他物权、股权、知识产权、票据权利等某个具体权利是否适用善意取得的论文已卷帙浩繁、蔚为大观，那么适时对这些具体权利的共性进行抽象、概括及总结，将该制度适用的微观理论上升到中观理论，即构建善意取得制度适用的“权利模型”，从而真正扭转理论被立法“牵着鼻子走”的被动状态，同时对未来立法、司法实践有所裨益。

“模型”，在自然辩证法上，与“原型”相对，是研究对象的替代物。原型，即客观存在的对象客体；模型，则是具有原型相似特征的替代物，是系统或过程的简化、抽象和类比表示。根据代表原型的不同方式，可分为物质模型和思想模型两大类。思想模型是客体在人们思想中的理想化反应、摹写，在人们头脑中创造出来，并被运用在思维中进行逻辑推理、数学演算和理想试验。[2]故本文拟用思想模型展示善意取得制度适用的权利的共同特点。尼采曾说：“不断重复一个梦幻，就能把它变为现实。”[3]其实，“民法学属于实用法学，民法学的研究成果应当有助于解决实际问题，并大多能够最终落实到民法规则的设计和适用上”[4]。故对于构建善意取得制度适用的权利模型的“梦幻”，归根到底是要为民法规则的设计和适用服务，最终实现“解决实际问题”的目的。

在此特别指出，本文所探讨的“权利模型”仅是从理论意义上，即应然层面加以探讨，并不能与现实状况，即实然层面完全吻合。从根本上说，由善意取得制度

---

[1] 参见陈彦晶：《有限责任公司股权善意取得质疑》，载《青海社会科学》2011 年第 3 期；王涌：《股权如何善意取得？——关于〈公司法〉法司法解释（三）第 28 条的疑问》，载《暨南学报》2012 年第 12 期；郭富青：《论股权善意取得适用的依据及法律适用》，载《甘肃政法学院学报》2013 年第 7 期；姚明斌：《有限公司股权善意取得的法律构成》，载《政治与法律》2012 年第 8 期。

[2] 《辞海》（缩印本），上海辞书出版社 1999 年版，第 1596 ~ 1597 页。

[3] Colli, M. Montinari, eds, Fr. Nietzsche, Kritische Gesamtausgabe der Werke, Ⅲ/2, Berling1973, S. 378. 转引自［荷］彼得·李伯庚：《欧洲文化史（上）》，赵复三译，上海社会科学院出版社 2004 年版，第 2 页。

[4] 参见王轶：《对中国民法学学术路向的初步思考——过分侧重制度性研究的缺陷及其克服》，载《法制与社会发展》2006 年 1 月；本文直接引自王轶：《民法原理与民法学方法》，法律出版社 2009 年版，第 6 页。

本质属性所决定的该制度适用权利的应然范围，是客观的、不以人的意志为转移的；但该制度适用权利的实然范围，却不得不受到法律的严格界定——“法定性”，即强调法律特别规定、特别赋权的特性。比如对于其产生的基础，权利本身的公示是否具有公信力，这需要法律的明确规定，若法律完全否认公示具有公信力，必然引发“多米诺骨牌”效应：公示所体现的权利外观并不能视为权利本身，即该权利不具有可表见性，也就不存在表见权利，更无与真实权利不匹配之说，则最终丧失了善意取得制度适用的可能性。

另外，由于作为以维护交易安全、降低交易成本、确保实质正义为价值目标的善意取得制度，其实是各国利益衡量和价值选择后的权利冲突解决特别机制，并非在任何情况下，符合该权利模型特点的权利一律无条件适用，而是凡事均有例外，不得不平衡各方利益且虑及打击违法、遏制犯罪等现实需要，故各国仅局限于部分实践证明适宜适用的情形或者排除一些不适用情形外的再适用，因此，各国实然的现存适用范围必定小于应然的理论适用范围，本文限于对“权利模型”应然范畴的探讨，拟从善意取得制度适用权利的基本性质、权利本身特征、权利要素特征和权利范围特征四个方面加以分析，全方位建构其权利模型。

二、善意取得制度适用权利的基本性质

理论上分析，善意取得制度的基本性质是“受让人因善意信赖建立在权利公示基础上的权利外观而取得权利的特别交易制度”[1]。这一基本性质决定了该制度适用于建立在公示基础上的可信赖的权利外观所表征的表见权利与真实权利不一致的权利。而这里的“权利”究竟属于何种性质，则需要逐步分层加以分析。

（一）根本层次：民事财产权

“因权利之存在，而得以享受之利益，可分为二大类焉：一曰经济利益（德 wirschaftliche Interessen），二曰人身利益（德 Vermoegensrechte）。”[2]享受经济利益的权利是财产权，享受人身利益的权利是人身权。“财产权与人身权的人格基础、权利形态和调整手段具有质的区别，基于此，财产权和人身权应是民事权利系统最基本的分类。”[3]依照该分类，善意取得制度作为一种民事交易制度，其适用权利的范围首先应当排除人身权，而仅界定在民事财产权范畴。同时，也并非所有财产

---

[1] 王丽美：《不动产善意取得制度的理论证成》，载《河北青年管理干部学院学报》2018年第4期。

[2] 梅仲协：《民法要义》，中国政法大学出版社2004年版，第33页。

[3] 马俊驹、梅夏英：《我国未来民法典中设置财产权总则编的理由和基本构想》，载《中国法学》2004年第4期。

权均适用善意取得制度，比如继承权，虽然其本质属于财产权范畴，但因其具有强烈的人身属性，不可作为交易对象，同时，“善意取得的核心要素乃是出让行为，继承等非出让行为不得善意取得”〔1〕。故将继承权排除适用。一言以蔽之，该制度适用权利的根本性质是民事财产权，且只涵盖部分财产权。

（二）核心层次：可表见性财产权

“权利是脑力的创造，是一种抽象；它不能被肉眼所见。但是它的行使是可以通过具有的行为和事实状态的改变来表现。因此，权利的行使和可见事实状态的一致，使我们可以将表见视为权利存在的反映。”〔2〕其实，可表见性，是指权利本身具有自己的公示方式，且这种公示具有公信力，在公示基础上的权利外观具有可信赖性，并将权利外观等同于权利本身的性质。故善意取得制度就适用于可表见性的财产权。“因表见权利人的无效行为不能使第三人获得的权利由于‘法律的效力’而被直接地获取了。表见因而具有一种‘创造作用’；它是为第三人利益而确认的权利的来源。”〔3〕正因为“表见”是第三人利益确认的基础，所以，只有具备可表见性的财产权，才能适用善意取得制度。

诚然，权利表见形式，即权利公示方式可多元化，它往往取决于权利自身特点，“从原则言，凡是能够证明权利存在及其内容等的形式，都可以称为非法定的绝对权的表征”〔4〕。有的以自然或天然的公示方式，比如动产物权以占有为权利表征的公示方式；也有以法定的公示方式，比如不动产物权以登记为权利表征的公示方式。不论哪种表见形式，均可能存在表见权利与真实权利不一致的情形，尽管发生概率不同，比如动产占有的表见权利与真实权利不一致情况司空见惯，而不动产登记的表见权利与真实权利不一致情况为数较少；但只要存在，就有善意取得制度适用的可能性。因此，可表见性是善意取得制度适用权利的核心要素。

（三）具体层次：物权与类物性权利

即使排除了继承权的民事财产权的范围亦较广，至少仍涵盖物权、债权、股权、知识产权等数类财产权，但具有可表见性的财产权则进一步缩小了该财产权的范围：物权、股权原则上均可适用善意取得制度，而知识产权中原则上有商标权和专利权等工业产权可适用该制度，而债权则范围更小，仅有证券化、动产化、实体

〔1〕田士永：《物权行为理论研究》，中国政法大学出版社2002年版，第261页。

〔2〕［法］雅克·盖斯旦、吉勒·古博：《法国民法总论》，陈鹏等译，法律出版社2004年版，第779页。

〔3〕［法］雅克·盖斯旦、吉勒·古博：《法国民法总论》，陈鹏等译，法律出版社2004年版，第803页。

〔4〕孙宪忠：《交易中的物权归属确定》，载《法学研究》2005年第2期。

化等物权化的特殊债权能够适用。用图1（图1：善意取得制度适用的民事财产权情况柱状图）表示则一目了然。

民事财产权	物权	债权	股权	知识产权	继承权
适用情况	全部能	小部分能	全部能	大部分能	全部不能

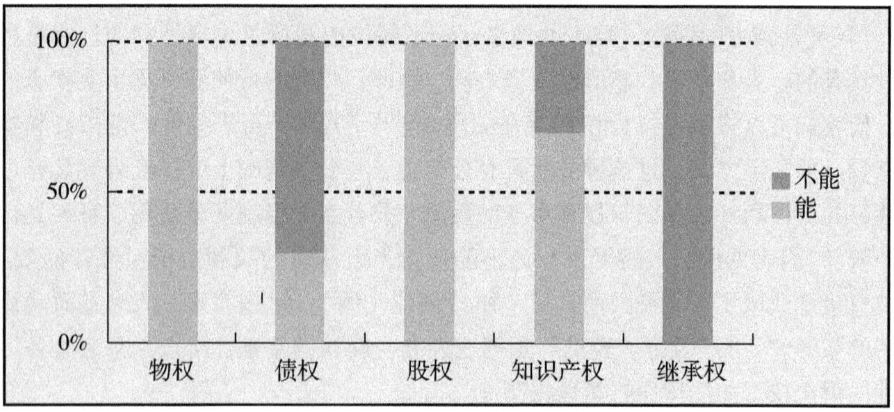

图1　善意取得制度适用的民事财产权情况柱状图

总之，因为物权外适用善意取得制度的财产权，均具有与物权相类似的可表见性特征，即均有各自的权利公示方式，且该公示具有公信力，产生“权利外观＝权利本身”的效果，所以形象地将它们统称为“类物性权利”。这样，善意取得制度适用权利的应然范围就是物权和类物性权利。图解上述善意取得制度适用权利的几层性质，带填充色的部分即善意取得制度适用权利的分层性质，如图2（图2：善意取得适用权利的分层性质）所示。

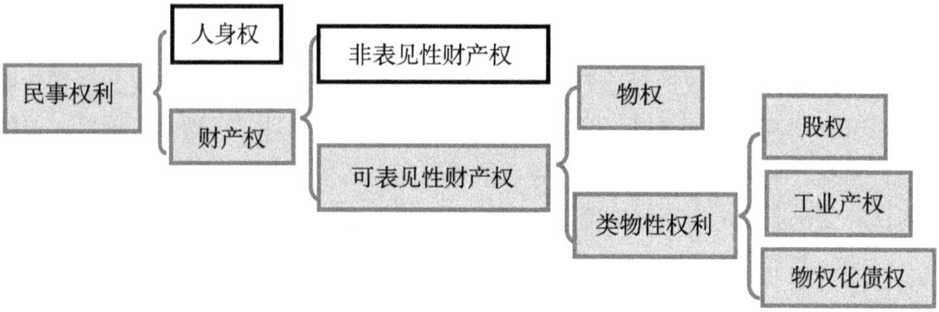

图2　善意取得适用权利的分层性质

三、善意取得制度适用权利的共性特征

善意取得制度的性质决定了其适用权利的范围局限于物权和类物性权利范畴。结合物权的特征，分析类物性权利的特征，总结物权与类物性权利所体现的共同特征，主要应当包含物质利益性、可让与性、可公示性、外观的可信赖性、可支配性和排他性六个方面，这六个特征两两对应，具有牵连关系，构成善意取得制度适用权利的“正方体”式特征模型，以下分述之。

（一）权利的物质利益性

“把权利理解为法律所承认和保障的利益。不管权利的具体客体是什么，上升到抽象概念，对权利主体来说，它总是一种利益或必须包含某种利益。”[1]一种权利的成立，归根到底是为了保护某种利益。当然，这种利益既可能是精神利益，也可能是物质利益。换言之，权利是受到法律确认及保护的利益。以此推知，物权和类物性权利亦必然体现利益性。同时，两类权利所体现的利益是可交易的，是权利人对其权利客体享有的物质利益，这种利益得到了国家强制力的有效保护，故物权和类物性权利首先是一种受法律保护的合法物质利益，可以用金钱计算，具有财产价值，反映人与人之间因对权利客体的控制或支配而发生的经济利益关系。物质利益性也映射了物权与类物性权利的财产权属性，这是物权与类物性权利适用善意取得制度的根本条件。

（二）权利的可让与性

适用善意取得制度的权利在具有物质利益性的基础上，还要具有可让与性，亦称“可交易性”或“可转让性”，物权、债权、股权、知识产权等如是。但并非每一种具有物质利益性的权利均可适用善意取得制度，比如继承权就是反面典型，尽管该权利属于财产权范畴，亦具有物质利益性，但因其具有强烈的人身专属性，所以不具有可让与性。而善意取得制度是无处分权人处分财产权的交易过程中确立的权利冲突特别解决机制，故要求该财产权可以由他人代为行使，可以处分，如可以转让、可以继承，甚至抛弃，不具有专属性，而不具有可让与性的财产权无法进入交易领域，更无从谈及适用善意取得制度。故可让与性是物权与类物性权利适用善意取得制度的前提条件。因物质利益性是可让与性的根本基础，故两者是物权与类物性权利一组具有对应牵连关系的特征。

---

〔1〕 张文显主编：《法理学》，法律出版社1997年版，第114页。

（三）权利的可公示性

权利可用某种表征方式彰显，即不论占有、登记、记载抑或其他方式均可。“从法律实践观之，动产物权的表征方式是占有，不动产物权的表征方式是登记，著作权的表征方式是署名，商标权和专利权的表征方式是登记、公告、证书，债权表征方式是债权证书（如借据、契约、收据、票据等），身份权的表征方式是登记（户籍登记、婚姻登记等）和特定的行为。”[1]但并不是每种权利表征方式均有“公示”作用，即“对外公开宣示”作用。很多权利的表征方式仅仅具有对内表征效力，比如一般债权的契约、借据，有限公司股权的内部股东名册记载等，只在内部主体之间起到证明及表征权利的作用，不具有对外公示性。而能够适用善意取得制度的物权和类物性权利则必须具有可公示性，即具有对外公开宣示权利的效力，比如票据权利人对票据的占有，股权的工商登记等，不仅对内部主体有表征权利的效力，对外部第三人也有公开宣示权利的效力。可公示性是物权与类物性权利适用善意取得制度的关键条件。

（四）权利外观的可信赖性

物权与类物性权利在有可公示性的基础上，仍要具备公示基础上的外观的可信赖性，才能真正适用善意取得制度。外观的可信赖性主要基于天然因素或者法定原因，使第三人有理由相信权利公示基础上的外观就等同于权利本身，即公示具有公信力。比如动产物权天然以占有作为其公示方式，有天然公信力，即第三人信赖占有者就是所有者；而不动产物权法定以登记作为其公示方式，有法定公信力，即第三人信赖被登记者就是所有者。换言之，“对于外观信赖人，外观视为真实，表见权利视为真实权利，外观信赖人取得当外观为真实时的法律后果，外观责任人则不得不承受因他人的直接原因或非因个人的真实意志而导致的不利益。”[2]外观的可信赖性是物权和类物性权利适用善意取得制度的核心条件，是第三人信赖利益保护的基本立足点。可公示性与外观的可信赖性一一对应、紧密相关，共同构成了“可表见性”，这是适用善意取得制度的权利区别于其他权利的最突出的特征。

（五）权利的可支配性

物权是直接支配特定的、独立的物的权利，且无须借助他人行为就能行使自己

---

〔1〕参见王焜：《权利表见责任研究——以物权法善意取得为视角》，载《政治与法律》2007年第6期；本文直接引自王焜：《积极的信赖保护——权利外观责任研究》，法律出版社2010年版，第40页。

〔2〕参加见王焜：《权利外观责任》，西南政法大学博士学位论文2008年；王焜：《积极的信赖保护——权利外观责任研究》，法律出版社2010年版，第80页。

权利或实现自己权利的财产权。因此，物权具有直接支配性。类物性权利作为与物权有类似特征，即有一定公示方式，且法律同样赋予该公示以公信力，使公示基础上的权利外观具有可信赖性的物权外的其他财产权，尽管没有像物权那么强的支配性，但实质类物性权利的主体也对其客体有一定的支配性。这种“支配”有两种表现形式：一种为事实上的支配，另一种为法律上的支配。比如物权化债权中的票据权利人、提单权利人或货单权利人以事实上占有票据、提单或货单作为其支配的表现形式；而股权、商标权、专利权则以法定登记作为权利公示方式，法律特别确认被登记人对其权利专有，并享有法律意义上的自主支配权。不论事实上的支配，还是法律上的支配，物权和类物性权利都体现权利主体对权利客体的可支配性。这是物权与类物性权利能被主体予以自由处分并进入交易的前提或基础，也是物权与类物性权利适用善意取得制度的必备条件。

（六）权利的排他性

与支配性有牵连关系或紧密相关的是排他性，“排他性”是指特定权利人排他地实现自己在特定客体上的利益，即任何其他人非经本人允许，均被排除在享有该客体利益之外。“排他性”原本是物权的典型特征，即世界上除物权人外的任何第三人均承担一种法律上的义务——必须尊重物权人对其物直接支配并排除他人非法干涉的权利。可见，物权具有强烈的排他性。而与物权相类似的类物性权利亦具有排他性：商标权与专利权在法定的保护期限内权利人享有专有权，具有极强的排他性；股权亦是在符合法律规定前提下，由股东自由支配，他人无权非法干涉而具有排他性；物权化债权中的票据权利人、提单权利人或货单权利人因直接占有票据、提单或货单而具有明显排他性；同为物权化债权中的租赁权，不管权利客体是动产抑或不动产，因为债权已物权化，租赁权人对第三人，甚或所有人亦具有一定程度的排他性或对抗性。

总之，善意取得制度适用的权利具有物质利益性、可让与性、可公示性、外观的可信赖性、可支配性和排他性六个特征，这六个特征又一一对应，两两相关，故可用“正方体”模型全面、形象地呈现适用善意取得制度的物权和类物性权利具有的典型特征。如图3（图3：善意取得制度适用权利的共同特征模型）所示：点ABCD组成“顶面”，即代表物质利益性，点EFGH组成“底面”，即代表可让与性；点ABEF组成“前面”，即代表可公示性，点CDGH组成“后面”，即代表外观的可信赖性；点ACEG组成“左面”，即代表可支配性，点BDFH组成“右面”，即代表排他性。

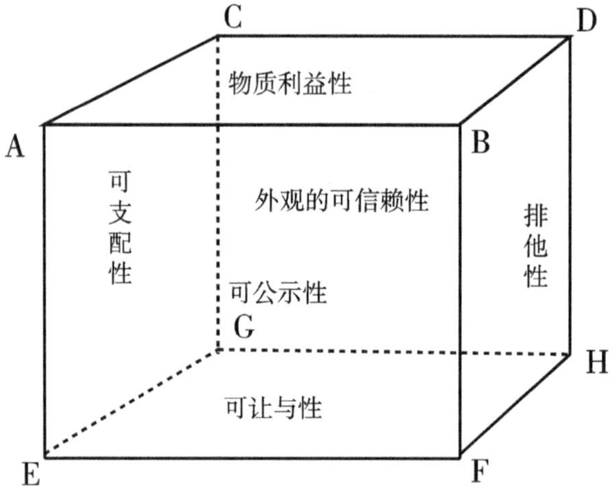

图3　善意取得制度适用权利的共同特征模型

四、善意取得制度适用权利的要素特征

"权利是法律为了保护特定主体的特定利益而赋予其基于自己的自由意志为一定行为或不为一定行为的可能性。"[1]为全方位阐释善意取得制度适用的权利模型的应然内容，特对其权利构成要素，此处特别指权利主体、权利客体以及权利公示方式等要素及其特征予以一一分析。

（一）权利主体具有一般性和非统一性

善意取得制度适用权利的主体具有一般性，主要指一般民事主体，具体包括自然人、法人和非法人组织。其中，自然人原则上应属完全行为能力人，只是善意取得制度中的原权利人，亦称真实权利人，虑及其在善意取得中处于纯权利人地位，而其权利的归属与其权利的行使是可以分离的，比如未成年人的权利由其法定代理人代为行使或破产人的权利可由其破产管理人代为行使，以及失踪人或禁治产人的权利可由其管理人代为行使等，故此处对原权利人本身无行为能力的特别要求。

值得强调的是，"善意取得制度适用权利的主体之间具有非同一性"[2]，否则不得适用该制度。因为"善意取得还以交易行为为前提，即出让人与取得人不能是同一人，在经济上也不能具有同一性。如果具有同一性，交易保护或者信赖保护就

[1] 方新军：《权利客体的概念及层次》，载《法学研究》2010年第2期。

[2] See Christian Altgen, The acquisition of GMBH shares in good faith, German Law Journal, 9 GERMAN-LJ 1141 (Sep 01, 2008). Original sentence: "the transferor and a bona fide transferee may not be identical from a legal or an economic point of view (Verkehrsgeschäft)."

不应予以考虑，所有权人的利益就具有优先性”[1]。即“交易行为应是发生在不同主体之间的行为，但对于那些形式上发生在不同主体之间，而实质上双方在经济上具有同一性的交易，也应当否定善意取得的构成”[2]。比如，“母子公司之间的交易，虽是成立于不同主体之间，因二者在经济上具有同一性，也应不具备构成善意取得的条件”[3]。故善意取得制度适用权利主体的非同一性是其鲜明的特征。

（二）权利客体具有多样性和丰富性

“权利客体，即民事法律关系的客体，也称为法律关系的标的，是指民事权利义务共同指向的对象。”[4]其实，“民事法律关系的客体是民事权利和民事义务赖以产生的事物，如果没有民事法律关系的客体，民事权利和民事义务就无所依托”。[5]物权和类物性权利系民事财产权，民事财产权的客体是财产，以财产存在的形态不同，可将财产分为有形财产和无形财产，其中，有形财产又可进一步划分为动产和不动产。根据上述分类分别论述善意取得制度适用权利的客体——财产。

1. 有形财产

有形财产亦可称为“有体物”，罗马法学家盖尤斯认为“有体物是具有实体存在，可以由触觉而认知的物体”[6]。作为善意取得制度适用权利的客体，即物权与类物性权利的客体大多数是有体物，具体包括动产和不动产两大类。

（1）动产。动产物权的客体就是动产本身。票据权利、提单权利、货单权利和动产租赁权虽然本质是债权，但这些债权已物权化，故其客体也相应地物权化，即票据权利的客体是已证券化的动产——票据，提单、货单权利的客体是代表一定财产的凭证动产——提单、货单，动产租赁权的客体则是被出租的动产本身。另外，股权的客体是股份，股份被视为动产；同时，有限责任公司以出资证明书作为标明股权或股份的动产类凭证呈现，股份有限公司则具体用证券化动产——股票直接表征股权或股份。

（2）不动产。不动产所有权及其他物权的客体是不动产本身；而不动产租赁权的客体则是被出租的不动产。

2. 无形财产

无形财产亦可称为“无体物”，罗马法学家盖尤斯亦认为“无体物则指没有实

---

[1] 汉斯·约瑟夫·魏灵：《物权法1：物、占有及动产权利》，1990年，柏林等，转引自田士永著：《物权行为理论研究》，中国政法大学出版社2002年版，第249页。

[2] 叶金强：《公信力的法律构造》，北京大学出版社2004年版，第93页。

[3] 叶金强：《公信力的法律构造》，北京大学出版社2004年版，第93页。

[4] 王利明：《民法总则》，中国法制出版社2006年版，第150页。

[5] 郭涛编：《民法学习小词典》，中国法制出版社2005年版，第15页。

[6] 周枏：《罗马法原论》，商务印书馆2005年版，第30页。

体存在，仅由人们拟制的物”[1]。无体物是与有体物并存的权利客体。作为善意取得制度适用的类物性权利中的知识产权的客体是人类在科学、技术、文化等知识领域中所创造的精神或智力成果，即知识产品。其中，专利权的客体是发明、实用新型和外观设计等知识产品；而商标权的客体是不仅代表商品或服务本身质量及其声誉，而且代表商品生产者或服务提供者本身及其商业信誉的商标。

综上所述，善意取得制度适用权利的客体，即物权和类物性权利所依附的对象，不仅包含动产和不动产等有形财产，而且包含知识产品和精神利益等无形财产，充分体现其客体的多样性和丰富性。

（三）权利公示强度与适用概率的反比性

善意取得制度适用权利的公示方式是权利应然内容的核心要素，也是直接决定权利能否适用该制度的关键指标。根据善意取得制度适用权利的客体不同，其权利的公示方式亦不同。典型的表征权利的公示方式包括占有和登记两种，“登记用于表征不动产以及部分动产之上的所有类型的物权，占有则是作为普通动产所有权的表征方式”[2]。当然“除占有与登记外，一切可资认识的权利表现形式，皆可作为权利外观，成为权利推定的基础，从而也是善意取得人从无权利人处取得权利的依据”[3]。以下主要讨论占有和登记这两种权利表征的公示方式。

1. 占有

占有是以动产作为客体的物权或部分类物性权利表征的公示方式。其实，“选择占有作为动产物权的表征方式，是法律对生活经验、实践逻辑的吸收”[4]。在罗马法中，“占有就被视为所有权的外部形象，或是所有权的事实状态”[5]。因为“民法从罗马法以来，占有一直就是动产物权的公示方法。这种方法，虽有不能彻底表彰动产权利存在的局限性，但它终究属于民法迄今所能寻找到的公示动产物权存在的最佳方法”[6]。故“将占有人推断为所有人，符合自然理性”[7]。不仅动产物权以占有作为权利表征的公示方式，而且物权化债权中票据权利、提单权利、货单权利及动产租赁权也以票据、提单、货单及动产的占有作为权利表征的公示方

---

〔1〕 周枏：《罗马法原论》，商务印书馆2005年版，第30页。

〔2〕 叶金强：《公信力的法律构造》，北京大学出版社2004年版，第13页。

〔3〕 参见王焜：《权利外观责任》，西南政法大学博士学位论文2008年；王焜：《积极的信赖保护——权利外观责任研究》，法律出版社2010年版，第16页。

〔4〕 叶金强：《公信力的法律构造》，北京大学出版社2004年版，第9页。

〔5〕［意］彼得罗·彭梵德：《罗马法教科书》，黄风译，中国政法大学出版社2005年修订版，第205页。

〔6〕 陈华彬：《物权法》，法律出版社2004年版，第337页。

〔7〕 叶金强：《公信力的法律构造》，北京大学出版社2004年版，第9页。

式，且此类“占有”具有公信力。

2. 登记

一般情况下，“登记如不动产和特殊动产的权属登记、记名股东的股东名册记载、不记名股东在证券登记机构的记载、法人登记义务事项的登记等”[1]。而此处的“登记”，主要特指不动产和特殊动产的权利表征的公示方式，是权利的外观事实。“登记之所以能够成为权利外观事实的原因在于登记的权利推定效力及其公信力或对抗力。”[2]登记通常是不动产物权权利表征的公示方式。而《中华人民共和国物权法》第24条规定：“船舶、航空器和机动车等物权的设立、变更、转让和消灭，未经登记，不得对抗善意第三人。”[3]即对于船舶、航空器和机动车等特殊动产，也以登记作为其权利表征的公示方式。另外，股权在股东名册上的记载以及在工商管理机关的登记均属于股权的权利表征方式，但前者记载属于公司内部登记，不具有对外公示效力；而后者登记属于公司外部登记，具有对外公示效力，且具有对抗第三人的效力。值得一提的是，对于客体是无形财产的工业产权，也同样以登记作为其权利表征的公示方式，即专利权的专利登记、商标权的商标登记均系其相应的权利公示方式。

因为占有是根据动产天然或自然属性作为动产的权利公示方式，即动产占有人被“推定”为权利所有人[4]；而登记是根据不动产、特殊动产、股权或工业产权等权利特征“法定”为其权利公示方式，即“法定”登记人就是实际权利人。故占有与登记两种公示方式比较，由于天然的“推定”效力必然小于强制的“法定”效力，所以，登记公示的公信力比占有公示的公信力更强。而具有较强公信力的“登记”出现错误的可能性相对较小，故其适用善意取得制度的概率就低；反之，具有相对较弱公信力的“占有”经常出现占有人与所有人不一致的情形，故其适用善意取得制度的概率就高。一言以蔽之，权利公示的公信力强弱与适用善意取得制度的概率正好成反比关系，如图4（图4：公示的公信力与适用善意取得制度概率的反比关系）所示。

---

[1] 王焜：《积极的信赖保护——权利外观责任研究》，法律出版社2010年版，第104页。

[2] 王焜：《积极的信赖保护——权利外观责任研究》，法律出版社2010年版，第104页。

[3] 参见《中华人民共和国物权法》第24条。

[4] 此处仅强调占有确立为动产公示方式的最初缘由，并非否定现代立法明确规定“占有”作为动产公示的“法定”方式，本文突出说明现代立法的确认实质是对于动产天然属性决定的“占有”为其公示方式的自然规则的“认可”，与此相比，“登记”作为不动产公示方式，则是真正意义上的“制定”规则。

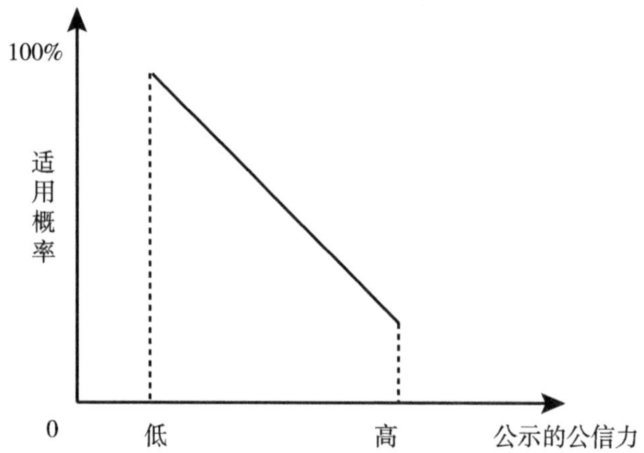

图4　公示的公信力与适用善意取得制度概率的反比关系

综上所述，善意取得制度适用权利的三个要素中，权利主体具有一般性及非同一性；权利客体具有多样性及丰富性；而权利的公示方式中，通过对占有和登记两类公示方式的比较，呈现权利公示的公信力强度与适用善意取得制度的概率之间的反比性。

五、善意取得制度适用权利的范围特征

善意取得制度归根结底是一国经济发展的必然产物，即由经济基础决定的法律上层建筑之一，随着商品交易的发展与繁荣，保护交易安全势必成为市场经济应当遵循的首要原则，所以该制度适用权利的范围必然有逐步扩大化的趋势，总体呈现显著广泛性和内外开放性的特点，但由于该制度毕竟是真实权利人与善意第三人之间进行利益衡量和价值选择的博弈结果，故从实然视角分析，该制度适用权利的范围也必然受本国国情影响而体现法律选择性，因此，我国在扩展时也应当特别遵循审慎原则，即体现应需渐进性。其实，显著广泛性、内外开放性、法律选择性及应需渐进性恰恰就是该制度适用权利范围的总体特征，以下分述之。

（一）权利范围的显著广泛性

无论是理论证成，还是法律考察，抑或实践反馈，均能看出善意取得制度适用权利的应然范围的显著广泛性，即凡是具有物质利益性、可让与性、可公示性、外观的可信赖性、可支配性和排他性等特征的物权和类物性权利均可适用该制度。其中，物权既涵盖动产所有权和动产他物权，又涵盖不动产所有权和不动产他物权；类物性权利既涵盖股权、商标权、专利权等，又涵盖票据权利、提单权利、货单权利、租赁权等物权化债权。总之，善意取得制度由原初意义的适用范围仅仅局限于

动产所有权和动产他物权，发展到延伸意义的适用范围扩及不动产所有权和不动产他物权，再发展到扩展意义的适用范围，进一步扩及票据权利、提单权利、货单权利、租赁权、股权、商标权、专利权等物权化财产权，与传统意义的善意取得制度相比，现代意义的善意取得制度的适用范围已具有显著的广泛性。

（二）权利范围的内外开放性

尽管本文探讨或论证了一些典型的适用善意取得制度的物权和类物性权利及其具体适用情形，但并不意味着已经穷尽，该制度适用权利的范围呈现开放性，尤其对于“类物性权利”这个表达“具有类似物权可表见性特征的物权外的其他财产权”的总称，随着市场经济的发展、商品交易的繁荣、司法实践的需求，其具体类型应不仅仅局限于当前分歧不大，基本达成共识的股权、商标权、专利权、票据权利、提单权利、货单权利、租赁权等，应当还有其他类型的权利：比如有学者探讨的不以登记为公示方法的知识产权——著作权和商业秘密权仍可适用善意取得制度的问题。[1]这属于该制度适用权利范围的“外在性”开放。相应地，还应有权利内部适用具体情形的扩张，比如股权，目前《公司法司法解释（三）》仅仅确立了“名义股东处分其名下股权”和“股权转让后原股东再次处分股权”两种适用善意取得制度的情形，其实，适应经济发展需要，股权适用的具体情形也将逐步扩展到其他情形，这可称之为该制度适用权利的“内在性”开放。不管“内在性”开放还是“外在性”开放，总体体现了善意取得制度适用权利的范围呈现开放性，即根据司法实践需要，实然范围将向应然范围不断发展并无限靠近。

（三）权利范围的法律选择性

善意取得制度适用权利范围的选择性，不仅体现为具体权利类型的选择性，比如物权和类物性权利可以适用，而人身权、继承权等权利则不能适用；而且还体现在权利内部具体适用情形的选择性，比如笼统来说，动产所有权适用善意取得制度，但其具体适用时，还要区别动产系占有委托物，还是占有脱离物，前者适用，而后者不适用，即后者是善意取得制度适用的例外；然而，例外之外仍有例外，即属于金钱、无记名证券或在公开市场上购得的占有脱离物又是善意取得制度适用的例外。另外，“任何法律都是特定国家或地区社会状况与时代精神的反映和抽象，都以特定国家和地区的法律传统作为前提和基础”[2]。即不同国家有不同国情，形成各具特色的法律传统，仅按动产善意取得制度承认程度不同划分，在大陆法系内

---

〔1〕 参见王国柱：《知识产权善意取得的合理性分析——兼论知识产权制度与物权制度的兼容性》，载《海南大学学报（人文社会科学版）》2012 年第 4 期。

〔2〕 王轶：《民法原理与民法学方法》，法律出版社 2009 年版，第 125 页。

部诸国也分为“中间派”和“极端派”两派，其中，“中间派”是主流，包含德国、瑞士、日本、韩国、我国台湾地区等[1]；相应地，“极端派”是支流，而“极端派”又分为“极端肯定派”和“极端否定派”，前者如意大利，后者如葡萄牙、挪威和丹麦等。上述这些立法差异，恰恰都强烈反映了该制度适用范围的法律选择性。其实，法律选择性就具体体现各国在进行了必要的利益衡量和价值选择后，立法才确认特定权利或在具体情形下的特定权利适用善意取得制度。

（四）权利范围的应需渐进性

虽然善意取得制度适用权利范围具有内外开放性，其也势必为满足客观实际需求而不断扩展，但综观世界范围内的典型国家和地区，尽管普遍以立法形式确认动产物权适用善意取得制度，而对于不动产物权的适用则相对较少的国家和地区明文确认，对于物权外其他权利的适用则更为审慎，基本坚持“应需渐进性”，即只有应经济发展和司法实践的客观需要，才渐进性地扩展善意取得制度适用权利的范围。我国亦应借鉴并学习此慎重态度。因为就整体来说，善意取得制度被视为“现代法以牺牲权利安全为代价而维持交易安全的一种方法”[2]；且就个案来说，真实权利人与善意第三人是此消彼长的利益关系，抑或称为“零和游戏（zero sum game）”[3]。法律对任何一方有倾向性地选择保护不是一个纯粹逻辑的问题，而属于一种价值判断的问题。因此，为了满足经济发展的客观需要，司法实践的必然要求，并随着法律意识的理性提升以及理论研究的逐步成熟，善意取得制度的适用范围随之扩展是大势所趋，但应当遵循审慎原则，不宜大肆扩张，即法律确立某种权利或在某种情形下的权利适用善意取得制度时，应当始终坚持应需渐进性。

其中，有缺憾的典型例子是我国善意取得制度延伸适用于不动产物权的立法：在无论法律意识，还是理论研究尚未到位，时机尚未成熟且未充分虑及动产物权与不动产物权适用条件有差异的情况下，我国在2007年《中华人民共和国物权法》出台时，自上而下地“顶层设计”了善意取得制度，且该法第106条直接对动产物权与不动产物权适用善意取得制度的构成要件进行了“一体化”设计，从而仓促推动该制度延伸适用于不动产物权，使用了较有歧义的“无处分权人”[4]表述该制度适用的前提条件，在司法实践中不可避免地出现了诸多问题，有待法律后续再行

---

〔1〕其中，也包含我国。

〔2〕易继明：《将私法作为一个整体的学问》，载易继明主编：《私法（第1辑第2卷）》，北京大学出版社2002年版，第36页。

〔3〕零和游戏又称为“游戏理论”或“零和博弈”，来源于博弈论（game theory），是指一项游戏中，游戏参与者有输有赢，一方所赢正是另一方所输，而游戏的总成绩永远为零。现在广泛用于有赢家必有输家的竞争与对抗。善意取得制度中真实权利人与善意第三人的利益恰恰符合零和游戏的含义。

〔4〕前文已论述，为避免歧义，应当使用“表见所有人”或“表见权利人”表述。

修正。

与之相反，比较成功的范例是我国善意取得制度扩展适用于股权的立法：即采取了自下而上地“基层设计”模式，先在司法实践中做了有益的探索，在总结实践经验、夯实理论研究的基础上，各地方高级人民法院出台处理此类案件的指导意见，最高人民法院在总结各地方高院处理意见的共性的基础上再出台司法解释，且本着“成熟一种，确立一种”的科学理念，目前将该适用仅限于“名义股东处分其名下股权”和“股权转让后原股东再次处分股权”两种情形，术语严谨、不留歧义，审慎地限定了股权适用的具体情形，确保衡平各方利益，值得其他类物性权利扩展适用时借鉴。一言以蔽之，善意取得制度扩展适用的立法应沿着“司法实践——理论研究——司法解释——正式立法”的轨迹科学运行。其实，善意取得制度适用权利范围的应需渐进性，即实践证明且理论证成确有必要以立法形式明确将此特定权利或在具体情形下的特定权利扩展适用时，再审慎予以扩展，反之，则应暂缓。

综上所述，善意取得制度适用权利范围的显著广泛性、内外开放性、法律选择性及应需渐进性四个特征，可用椭圆四分图形象展示，如下图 5（图 5：善意取得制度适用权利范围的总体特征）所示。

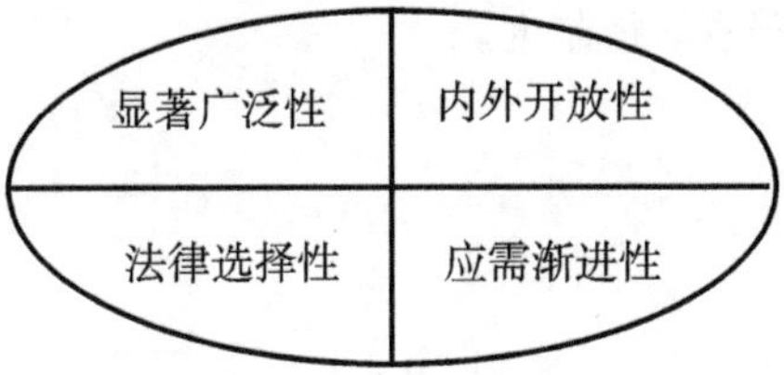

图 5　善意取得制度适用权利范围的总体特征

其实，综合该制度适用的“权利模型”上述四个方面的内容，就可得出该模型实质是以善意取得制度适用权利的基本性质为基础的，体现权利共同特征、权利范围总体特征以及权利要素特征的“三角体”模型或称“准金字塔”模型，如图 6（图 6：善意取得制度适用的权利模型）所示，三角体底面三角形 ABC 代表作为善意取得制度适用权利“模型”基础的权利的基本性质（简称权利性质），三角体侧面三个三角形 ABD、ACD、BCD 分别代表该制度适用权利的共性特征（简称权利特征）、权利范围的总体特征（简称范围特征）和权利要素特征（简称要素特征）。

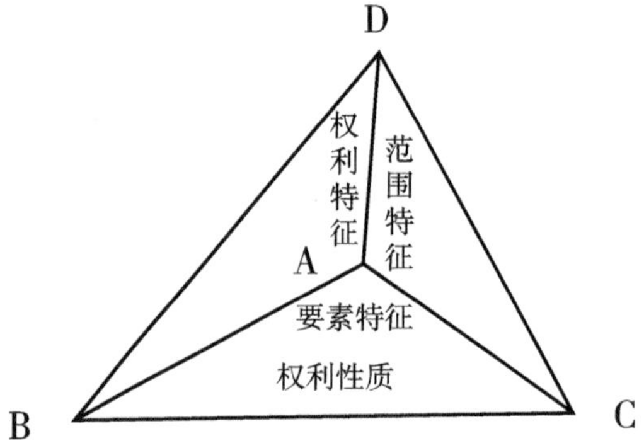

图 6　善意取得制度适用的权利模型

六、结论

具有“受让人因善意信赖建立在权利公示基础上的权利外观而取得权利的特别交易制度”性质的善意取得制度，应然适用于物权及类物性权利等具有“三角体”模型或称“准金字塔”模型特征的权利。根据该模型演绎推知，具有此“模型”特征的权利，均可适用善意取得制度。

论先占

陈传法*

目　次

民法典分编一审稿在“所有权取得的特别规定”中没有规定先占制度。现代社会，无主物似乎越来越少，先占制度似乎也就可有可无；先占制度还有化公为私的嫌疑，规定先占似乎与公有制的理念不符；先占者取得所有权似乎与法律追求公平的价值观念不相吻合。仅此数点，不规定先占制度似乎特别有道理。然而，从某种意义上来说，先占其实是通过人类生活经验反复检验过的一条生活准则，而且它也是整个民法逻辑当中少数堪称基石性的规则之一，立法者不可不察。

一、“劳动财产论”需要处理原材料所有权问题

洛克的“劳动财产论”必须建立在原材料极其充裕的前提下，才具有逻辑上的合理性。也就是说，若大自然中的原材料无限丰富，没有稀缺性，即不存在原材料

* 陈传法，男，北京化工大学文法学院副教授，硕士研究生导师，研究方向为民商法学、法理学。

的财产权，劳动作用于原材料形成产品，劳动者取得产品的财产权。然而，当自然界中的原材料相对于需求不够丰裕时，原材料的财产权就需要先于劳动产品而确定。

二、先占是人类生活的经验

那么如何在原来没有财产权的物品上确定财产权呢？从理论上讲，可以有很多方式；然而，世界各地的先民大多不约而同地采取了先占的方式。例如，盖尤斯在《论日常或珍贵的事务》第2卷中有这样的段落，“不属于任何人之物，根据自然理性归先占者所有”〔1〕。优士丁尼《法学阶梯》同样有此条文〔2〕，显然，这是一个一般性的原则。更具体的规则有很多，例如：“野兽、鸟类、鱼类，换言之，一切出自大地、海洋、天空的动物，一旦被某人捉住，它们立即按万民法成为他的。”〔3〕“在海岸上发现的宝石、美玉和其他物，立即按自然法成为发现者的。”〔4〕等。为什么先占者取得所有权就符合“自然理性”的要求呢？

三、公平的难题

难道不是将稀缺的自然产物宣布为公有，然后让每人得到均等的一份，才最为公平吗？问题绝不是如此简单：其一，稀缺的自然产物是否属于可分物？如果属于不可分物，意味着分割将导致价值的变化（主要是价值降低）。其二，即使是可分物，如何保证每一份额的均等？如果不能保证份额均等，不仅不能实现公平，反而会引发纷争，从而使分配成本急剧上升。此时可能发生两种结果：一是分割无法继续进行，二是产生权威，压制纷乱，继续分割。其三，每人得到均等的一份是否最为合适？如就果实分配来说，青壮年与老幼的需求是有差异的，同样的份额，对于幼儿来说可能是浪费，而对于青壮年来说可能还不足。如果按照个人的需求进行分配，因为存在稀缺，任何人都不可能得到完全的满足，其中比例就很难掌握，因此，仍然会产生纠纷。其四，任何时期的分配都难以顾及后来者，那些未来出生的

---

〔1〕［意］桑德罗·斯契巴尼选编：《物与物权》，范怀俊译，中国政法大学出版社1999年版，第31页；参见《学说汇纂（第四十一卷）：所有权、占有与时效取得》，贾婉婷译，［意］纪蔚民校，中国政法大学出版社2011年版，第3页。

〔2〕徐国栋译为“先前不为任何人所有的物，根据自然理性，被给予先占者。”优士丁尼：《法学阶梯》，徐国栋译，阿尔多·贝特鲁奇、纪慰民校，2005年第2版。转引自徐国栋：《优士丁尼〈法学阶梯〉评注》，北京大学出版社2011年版，第175页。

〔3〕转引自徐国栋：《优士丁尼〈法学阶梯〉评注》，北京大学出版社2011年版，第175页。

〔4〕转引自徐国栋：《优士丁尼〈法学阶梯〉评注》，北京大学出版社2011年版，第178页。

人的利益如何保证？其五，谁来从事分配工作？从事分配的个人或组织需要具备一系列的条件，才有可能将这项工作有条不紊地进行下去。分配者必然拥有分配权力，如何防范分配者滥用这一权力？谁能充当监督者？谁又能监督监督者的权力？其六，分配中产生的成本如何控制？由谁承担？所有的人很快就会发现，只有当通过劳动也不可能增加新的产品时，分配中耗费的时间精力等成本才是可以忽略不计的。对公平的追求越是趋于理想化，耗费的时间成本就越高。而如果劳动是有用的，将大量的时间耗费在分配中就有可能得不偿失。在原始社会，的确存在这样的情形：当一个部族生存环境恶劣，所得极为匮乏时，就会实行原始共产主义，一切所得均归部族，然后在全体成员中进行分配，以维持种族的延续。然而一旦生存危机解除，劳动有了剩余，公有制迅速解体，私有制随之诞生。总体而言，人们的生活比以前更好了。因此，如果分配成本不高，公平就是值得追求的目标，对稀缺自然物的公有就是可取的备选方案之一；但如果公平分配的成本过于高昂，公有就不一定是最好的选择。

四、先占的正当理由

让我们再次回到丰裕和稀缺的问题上来。事实上，只要有等级差别，就一定会存在相对的稀缺，即品质好等级高的物品永远是稀缺的。所以，从需求的角度看，稀缺实乃常态。当稀缺成为常态时，人们就会不断地面临同一个问题，即如何对待先占。下面以土地稀缺为例，说明让先占者取得财产权不仅会在经验世界成为理性人的优先选择，逐渐成为一种惯例，而且有其正当性理由。

当世界上人口稀少而荒地众多时，容易垦殖的、肥沃的、靠近水源的荒地仍然具有稀缺性。这些荒地，很快就被一个家族或一个部族先占了，其他的家族或部族通常会另觅新的荒地。这些家族或部族之间，很难形成一个统一的共同体，所以公平分配的基础条件一开始就不存在，渐渐地，先占的事实就变成了财产权。在这一过程中，到底有哪些理由可以支持先占取得财产权呢？

第一，先占之中多多少少包含了广义的劳动。搜寻当中不仅有体力的支出，而且有脑力的付出，因为需要不断地对土地的品质进行综合判断；在确定要实施先占行为时，需要在当前的土地和未来可能遇到的更好或更糟的土地之间进行取舍，需要在时间成本、改良成本以及潜在的搜寻成本之间进行取舍；先占，亦即圈地本身也需要付出一定的劳动。不仅对土地的先占如此，大多数先占者都要付出一定的劳动，比如采集和狩猎，也都不仅仅是体力劳动，同时也包含有一定的经验和技巧。不过，先占中所包含的劳动的价值，应与物品本身的稀缺性所带来的价值区别开来。而且，仅凭运气而没有付出任何劳动的先占也是存在的。因此，这并不是先占者取得财产权的主要原因。

第二，忽略品质差异，在资源的绝对数量并不稀缺的情况下，侵夺行为大多代价高昂而获益甚微，甚至得不偿失。一方面，这样的行为通常会引起家族之间、部族之间的争战与旷日持久的报复性行动，最终往往两败俱伤。另一方面，总体而言，地广人稀，土地供应仍然非常充足，人们总是能找到相对较好的土地，通常情况下，搜寻成本加上通过劳动改良土地的成本仍然远远低于侵夺的成本。而且，由于信息不充分，人们并不清楚其他地方是否存在更好的荒地，这也进一步增强了人们搜寻新地的动机。

第三，对于绝对数量也处于稀缺状态的无主物，如果不赋予先占者以财产权的话，仅仅无序地争夺就会导致该物的价值消耗殆尽。如果我们单纯从个人的立场作局部的观察就会发现，参与争夺的每一个人，只要争夺中所花费的代价小于争夺所得的成果，争夺就是值得的；也就是说，作为一个理性人，每个人都希望所得大于付出，希望在自己得到时其他人退出争夺战。然而，对于没有得手的争夺者而言，意味着他此前的投入没有得到任何回报，如果他理性地认识到沉没的成本不是成本，争夺就必然会持续下去，直到最后一次投入争夺的成本也接近于物的价值时，争夺才会停止。假设争夺者构成了一个小型社会，那么，我们就会发现，所有人投入争夺的行动，并没有增加任何社会价值，而是白白地消耗掉了；而且，如果争夺持续到最后一次投入的成本也接近于物的价值时，它意味着整个社会所耗散的成本价值将是该无主物自身价值的无数倍（具体倍数取决于参与争夺的人数的多寡以及争战的轮次；如果没有程序的制约，最后一个获得者本人所付出的代价将接近于无主物的价值乘以其他参与争夺人次的倍数），在极端情形下，这一争夺会导致整个社会解体。在这一无序的争夺当中，个体的理性导致了集体的无理性；理性出错的关键在于对争夺本身缺乏反省。有些更加理性的人在中途就会退出争夺，原因可能有二：其一，他及时发现了现实的对手和潜在的对手加起来差不多是整个社会的全体成员，争夺成本过于高昂，参与争夺就是一个错误的选择。其二，他发现争夺中所耗费的代价可以创造出比争夺的物品价值更高的产品，因此争夺是不理性的。用发展的眼光看问题，才能在让自己获益的同时增加全社会的财富总量。所以，最为理性的人一开始就不会介入争夺之中。当这种理性的思想或做法传播到全体社会成员当中，就可能产生两种后果：一是对于稀缺的无主物，没有人去实施先占行为，这就会导致社会财富的浪费。因为大多数自然物都会腐败，其价值将随着时间的流逝而消散；即使是异常坚固不容易腐败的物品，不及时善加利用也是财富的损失。二是社会公众认可或赋予先占者对无主物的财产权，禁止他人侵夺。一旦社会中少数人因理性不够或自制力不足，实施侵夺行为，就会引起舆论谴责或者社会力量的制裁。

所以，在无法以最低的成本实现平均分配的情况下，确定先占者财产权的意义就在于，将其价值可能消散为零的稀缺无主物，变成一项可以充分实现其价值的财产权。

第四，人类无法消除一切偶然的幸运和不幸以实现绝对公平。从某种意义上说，劳动财产权的前提就是承认劳动者对于自己劳动力的先占。每个人一生下来，在体力、智力、意志力、心理素质等各个方面的天赋都是不同的；每个人的成长环境不一样，后天所受到的培养教育也千差万别，因此人们的劳动能力大不相同。社会或许可以改变人们的后天成长环境，但无论如何不可能改变先天素质。罗尔斯认为人的禀赋差异不应归个体独享，而应由社会分享才公平[1]；诺齐克正确地指出这一设想完全不现实，因为有天赋者可以控制自己的天赋，他将不再积极努力地发挥自己的天赋，从而使其天赋才能被浪费掉，最终受损的是整个社会。而且，在诺齐克看来，不幸不是不公正，幸运也不是不道德。[2]即使人们捡拾到无主的宝石、美玉，也不涉及任何分配正义的问题。假如非要强迫他拿出来分配，那么在人口众多的情况下，仅分配的成本就有可能超过分配后单个人的收益，最后的结果便是损人不利己。

当然，嫉妒是人的天性，但它是人性中不那么美好的一面。如果某人先占的无主物价值巨大，引起社会上多数人的嫉妒，通常他会隐瞒这一事实，在隐瞒不了时，也可能拿出一部分利益分润给众人。对于这种现象可以做多种解读：一是认为让先占者取得全部财产权不公平，这种不公平已经招致社会公众的反应，因此财产权应另作安排。二是认为法律不应该迎合或助长这种人性的弱点，而应该平和地看待他人的幸运。我个人赞同第二种观点，因为价值的大小之间并不存在鸿沟，如果要对这种数量上的连续性作出不同的法律安排，不仅法律本身会无比复杂，而且会从根本上动摇“先占者取得财产权”的规则，重新回到丛林世界。即使法律成功地确立了其他财产权规则，也会导致无穷无尽地规避法律的行为发生，除了增加社会成本之外，不会取得更好的社会效果。

第五，先占规则具有巨大的秩序维护功能、公益增进功能和效率价值。其一，让先占者取得财产权，可以以最小的成本实现社会秩序的稳定。它既可以避免无谓的争斗，也可以避免再分配当中耗费的社会成本。先占者本人也不需要付出巨大的防范成本，而是可以很快地将注意力转移到其他事务中去。也就是说，否定先占，就是否定既有秩序，破坏旧秩序以及重建新秩序的代价都非常高昂，往往得不偿失。其二，它可以鼓励人们将视线更多地倾注到创造性劳动上。因为从根本上来说，分配已有的财富所耗费的劳动属于社会劳动的净损耗，除了让已有的财富被分

---

〔1〕 参见［美］约翰·罗尔斯：《正义论》（修订版），何怀宏、何包钢、廖申白译，中国社会科学出版社2009年版，第77、139、403～404页。

〔2〕 参见［美］诺齐克：《无政府、国家与乌托邦》，何怀宏等译，中国社会科学出版社1991年版，第215页及以下。

薄之外，它丝毫无助于社会财富的增长。法律不应助长人们的嫉妒心理——毕竟，幸运总是偶然的、可一而不可再的，“守株待兔”式的行为是愚蠢的；法律应该引导人们运用自己的聪明才智创造更多的财富。先占规则将内耗的门关上，就是为了让更多的人走上“劳动创造价值与财富”之路。其三，先占规则，也可以促使人们争先利用闲散的无主物，从而可以节约社会资源，提高经济效益。至于私有财产权本身固有的效率价值，我们留待下文再行探讨。

第六，随着人类社会的发展，无主物越来越少，与先占规则相关的所谓“公平”问题越来越不值一提。一方面，无主物的减少，意味着幸运儿也会越来越少，少量的幸运不应该成为人们重点关注的对象。另一方面，新的无主物，往往存在于人们未知的空间和领域，而人们对于未知的探索，本身就是一种艰辛的智力劳动；新的发现，是一种重要的智力成果，这使得先占更像是一种劳动所得。单从物质的角度看，发现并不等于创造，但从价值的角度看，发现就是创造，因为未经发现的价值，特别是那些难以发现的价值，很容易被人们浪费掉。例如，古生物学家从一堆即将进入锅炉的煤炭中发现了一块珍贵的古生物化石，避免了化石像其他煤炭一样被燃烧的命运；而化石一旦被燃烧，即使再珍贵，其价值也与普通煤炭相同。因此，没有古生物学家，就不可能发挥这块化石的价值，在这个意义上，科学家创造了它的价值。

有人可能反驳说，即将进入锅炉的煤炭一定是有主物，无法用以说明对无主物价值的发现和先占规则。其实，煤炭中包含了未被发现的化石，就煤炭而言，当然是有主的；就化石而言，未被发现，就处于实质上的无主状态。此时，古生物学家可以将自己的发现无偿地告诉煤炭的主人，让主人通过先占取得化石的所有权；也可以将自己的发现“卖”给煤炭的主人，主人支付给古生物学家智力成果的报酬；还可以隐瞒自己的发现，将主人的煤炭买过来，然后取出其中的化石，从而拥有化石的所有权。在最后这个买卖的过程中，古生物学家有没有义务将自己的发现告诉煤炭的原主人？根据先占规则，古生物学家没有将自己的发现无偿告知对方的义务。因此，古生物学家是先“占有”自己的“发现”，他完全可以通过保密的方式自主控制这一智力成果，再通过煤炭交易实现对化石价值的占有。

总之，除非对于无主物的其他财产权安排成本极小，同时又能满足公平和效率的要求，否则，先占仍然是取得无主物财产权最好的理由。

虽然劳动和先占是两种不同的财产权产生依据，却可以互相支持。如前所述，先占中多多少少包含着部分劳动；而人对自身的劳动力，在某种意义上也可算是一种先占。此外，对于外在于人的劳动产品因何仍然归属于人的质疑，先占理论也可以提供一种至少能够自圆其说的回应理由。甚至有些情况下，财产权的确定是劳动和先占共同作用的结果，如专利权虽然是智力劳动成果上的权利，但却要遵循申请在先的原则。

五、普遍的先占——“时间序列”优先规则

一谈到先占，我们首先想到的就是所有权的原始取得。其实，能够原始取得的，绝不仅仅是所有权。在专利权、商标专用权的取得上，都有先占的影子。而且，在财产权规则中，类似于先占的依照“时间序列”确立的优先规则几乎无处不在。例如，在相邻关系当中，先在的不动产一方，总是可以对后来者主张通风权、采光权等，但后来者却无权对先来者提出同样的要求。

由于存在确定的权利和“时间序列”优先规则，所以经济分析法学中的“损害的相互性”（或称“双边损害”）预设在多数情况下并不成立，依此所推演出的结论，在法律实务当中很少有什么现实意义。“损害的相互性”抹掉了问题的时间维度，将处于时间序列中的先后问题——一种历时性的问题，做共时性处理，固然有利于提高效率，但却可能冲击已经形成的社会秩序。后来者应通过交易的方式获得一种对先在的权利进行“损害”的“权利”——按照科斯定理，这依然可以达成最有效率的结果。当然，按照经济分析法学派学者们的观点，一切交易均有成本，如果交易成本过高，法律可以通过模拟市场的方式减少交易成本（这是从科斯定理推演而来）。具体到先占者权利问题上，经济分析法学认为，如果先占者行使权利给后来者带来的“利益损失”（须注意，在法律上，先占者是在行使权利，因此并无侵权行为），远远超过后来者侵犯先占者权利给先占者带来的利益损失（后来者的行为是真正的侵权行为），而先占者又毫无理由地制造交易障碍、人为提高交易成本，那么，法律为了减少交易成本，可以在保留先占者利益的情况下，将原本属于先占者的权利改为赋予后来者，并要求后来者在行使权利的同时对先占者的利益加以补偿。也就是说，先占者的权利受到限制，变成了先占者的利益。这种观点部分地影响了现实立法，如在相邻关系问题上，以及专利强制许可当中，都有类似的制度安排。值得说明的是，如果先占者对于先占的权利具有很强的主观价值，那么补偿未必能够完全弥补其损失，所以，一般情况下，这样的制度安排仍然存在过度干预现实生活的可能。故而立法者在抉择时需要特别慎重，一方面要确定绝大多数情况下先占者是否存在很强的主观价值，另一方面要看后来者是否有更强的主观效用或者有其他能起补强效果的理由，足以支持干预的立场。

总之，“时间序列”优先规则的广泛存在，一方面说明，“先占”在整个法律制度当中具有举足轻重的地位，单单否定所有权的原始取得，恰恰破坏了法律的内在融贯性；另一方面也说明，通过“先占”所产生的财产权（各种在先者的权利）具有十分复杂的样态，其中既有所有权，也有一些属于权能，还有一些表现为权利的顺位或者解决权利冲突的优先规则，有的则退化为相对权。除了权利之外，也有仅仅附着在其他权利上面的某种法益，甚至还有一些属于法律不提供保护的合法利

益（如对公共物品的利用）。

六、结论

民法典中应当确立先占制度。明确规定，凡以自主占有的意思，先行占有无主物的，取得该物的所有权，法律另有规定的除外。

依嘱托登记立法思考*

王荣珍**　唐　趣***

目　次

依嘱托登记，是指不动产登记机构[1]依据有权机关的嘱托进行的登记，[2]有别于依职权登记和依申请登记。我国现行立法对依嘱托登记欠缺系统和完整规定，其制度内容分散在《不动产登记暂行条例》《不动产登记暂行条例实施细则》（下文简称《实施细则》）《土地登记办法》《房屋登记办法》等规范性文件中。现行立法有些规定粗略，有些内容疏漏，难以有效指引依嘱托登记实践，可能引发纷争。为了完善依嘱托登记立法，回应依嘱托登记实践关切，有必要梳理现行立法，检讨其中不足，借鉴他国和地区先进法制，探求相关立法填漏补缺之方案。

一、依嘱托登记现行立法之梳理

理论上，依嘱托登记类型主要包括依嘱托的转移登记、查封登记、预查封登

* 本文发表于《中国不动产法研究》2018 年第 1 期。
** 王荣珍，法学博士，广东外语外贸大学法学院教授。
*** 唐趣，广东外语外贸大学法学院 2016 级民商法学硕士研究生。
[1] 为行文方便，不动产登记机构在下文简称为登记机构。
[2] 程啸：《不动产登记法研究》，法律出版社 2011 年版，第 564 页。

记、注销登记和破产登记。我国《不动产登记暂行条例》第3条[1]，《实施细则》第19条第2款[2]和第五章第四节[3]，《土地登记办法》第63条至第69条[4]，《房屋登记办法》第35条第2款[5]等规范性文件虽然没有出现依嘱托登记字样，但是对依嘱托的转移登记、查封登记、预查封登记和注销登记作出了规定。其中，《实施细则》对“查封登记”专节予以规定。

（一）关于依嘱托登记之嘱托主体

依嘱托登记的嘱托主体是指享有嘱托权的国家机关。根据《实施细则》第19条，《土地登记办法》第63条，《房屋登记办法》第35条等规定，嘱托主体包括人民法院、人民检察院、公安机关和人民政府。具体而言，人民法院依据生效法律文书和协助执行通知书，有权嘱托登记机构办理登记；人民检察院和公安机关持协助查封通知书，有权嘱托登记机构对不动产进行查封登记；人民政府依据生效的征收、收回不动产权利决定书，有权嘱托登记机构办理注销登记。同时，《实施细则》第19条作了兜底规定，即法律和行政法规有其他规定时，其他有权机关也可以嘱托登记机构办理有关登记。根据《刑事诉讼法》第4条[6]和《公安机关办理刑事案件适用查封、冻结措施有关规定》第58条[7]，国家安全机关在办理危害国家安全的刑事案件时，有查封不动产并要求登记机构办理查封登记的权力；根据《税收征收管理法》第38条和第40条[8]以及《税收征收管理法实施细则》第66

[1] 《不动产登记暂行条例》第3条规定：“不动产首次登记……查封登记等，适用本条例。”

[2] 《实施细则》第19条第2款规定：“有下列情形之一的，不动产登记机构直接办理不动产登记：（一）人民法院持生效法律文书和协助执行通知书要求不动产登记机构办理登记的；（二）人民检察院、公安机关依据法律规定持协助查封通知书要求办理查封登记的；（三）人民政府依法做出征收或者收回不动产权利决定生效后，要求不动产登记机构办理注销登记的；（四）法律、行政法规规定的其他情形。”

[3] 《实施细则》第五章第四节第90条至第93条规定了查封登记。

[4] 《土地登记办法》第63条至第69条规定查封登记、预查封登记。

[5] 《房屋登记办法》第35条第2款规定：“因人民法院或者仲裁委员会生效的法律文书取得房屋所有权，人民法院协助执行通知书要求房屋登记机构予以登记的，房屋登记机构应当予以办理。房屋登记机构予以登记的，应当在房屋登记簿上记载基于人民法院或者仲裁委员会生效的法律文书予以登记的事实。”

[6] 《刑事诉讼法》第4条规定：“国家安全机关依照法律规定，办理危害国家安全的刑事案件，行使与公安机关相同的职权。”

[7] 《公安机关办理刑事案件适用查封、冻结措施有关规定》第58条规定：“国家安全机关依照法律规定，办理危害国家安全的刑事案件适用查封、冻结措施的，适用本规定。”

[8] 《税收征收管理法》第38条第1款第2项规定：“……如果纳税人不能提供纳税担保，经县以上税务局（分局）局长批准，税务机关可以采取下列税收保全措施：（二）扣押、查封纳税人的价值相当于应纳税款的商品、货物或者其他财产。”第40条第1款第2项规定：“从事生产、经营的纳税人、扣缴义务人未按照规定的期限缴纳或者解缴税款，纳税担保人未按照规定的期限缴纳所担保的税款，由税务机关责令限期缴纳，逾期仍未缴纳的，经县以上税务局（分局）局长批准，税务机关可以采取下列强制执行措施：（二）扣押、查封、依法拍卖或者变卖其价值相当于应纳税款的商品、货物或者其他财产，以拍卖或者变卖所得抵缴税款。”

条[1]，税务机关在法定情形下，可以针对纳税人的不动产进行查封并向有关机关发出协助执行通知书办理查封登记；根据《证券法》第180条[2]和《中国证券监督管理委员会冻结、查封实施办法》第2条和第16条[3]，中国证券监督管理委员会及其派出机构在法定情况下，可以对有关人员的不动产进行查封并通知登记机构办理查封登记。由此可见，国家安全机关、税务机关以及中国证券监督管理委员会及其派出机构也应当是依嘱托登记的嘱托主体。

（二）关于依嘱托登记之程序

相对于依申请登记和依职权登记，依嘱托登记在程序上有其特殊性。《实施细则》《土地登记办法》《房屋登记办法》最高人民法院《关于人民法院民事执行中查封、扣押、冻结财产的规定》（下文简称《查封、扣押、冻结财产的规定》）《关于依法规范人民法院执行和国土资源房地产管理部门协助执行若干问题的通知》（下文简称《协助执行若干问题的通知》）《关于建立和完善执行联动机制若干问题的意见》以及国土资源部《不动产登记操作规范（试行）》等规范性文件中都有关于嘱托登记程序的规定，其中《实施细则》和《不动产登记操作规范（试行）》的规定较为系统详细。《不动产登记操作规范（试行）》明确了依嘱托登记程序：包括嘱托、接受嘱托、审核和登簿。[4]详言之：其一，享有嘱托权的国家机关嘱托登记机构，并提交相应的材料，主要有：有权机关工作人员的工作证和执行公务的证明文件，委托其他法院送达的，还应当提交委托送达函；有效法律文书，如人民法院的协助执行通知书、人民检察院的查封函或解封函、公安机关的查封或解封文

[1] 《税收征收管理法实施细则》第66条规定："税务机关执行税收征管法第三十七条、第三十八条、第四十条的规定，实施扣押、查封时，对有产权证件的动产或者不动产，税务机关可以责令当事人将产权证件交税务机关保管，同时可以向有关机关发出协助执行通知书，有关机关在扣押、查封期间不再办理该动产或者不动产的过户手续。"

[2] 《证券法》第180条规定："国务院证券监督管理机构依法履行职责，有权采取下列措施：（六）查询当事人和与被调查事件有关的单位和个人的资金账户、证券账户和银行账户；对有证据证明已经或者可能转移或者隐匿违法资金、证券等涉案财产或者隐匿、伪造、毁损重要证据的，经国务院证券监督管理机构主要负责人批准，可以冻结或者查封。"

[3] 《中国证券监督管理委员会冻结、查封实施办法》第2条规定："中国证券监督管理委员会及其派出机构依法履行职责，有权冻结、查封涉案当事人的违法资金、证券等涉案财产或者重要证据。"第16条："查封可以采取下列方式：（二）查封已登记的不动产、特定动产及其他财产权的，应当张贴封条或者公告，并通知有关登记机关办理查封登记手续；（三）查封未登记的不动产、特定动产及其他财产权的，应当张贴封条或者公告，并告知法定权属登记机关。"

[4] 《不动产登记操作规范（试行）》第1.7.1、1.7.2、1.7.3条。

件；其他必要材料。[1]其二，登记机构依规接受嘱托，并按照审查要求对提交的必要材料进行审核。其三，登记机构审查后符合登记条件的，则将嘱托内容记载于不动产登记簿上，完成嘱托登记。

（三）关于依嘱托登记之审查原则

根据《土地登记办法》第64条[2]，《协助执行若干问题的通知》第3条[3]、《关于建立和完善执行联动机制若干问题的意见》第20条[4]以及《不动产登记操作规范（试行）》第18.2.2条的规定，登记机构对嘱托文件不进行实体审查，只进行形式审查。《不动产登记操作规范（试行）》详细规定了查封登记的审查要点，包括：其一，审查送达人是否在嘱托文件上签名；其二，核实嘱托机关工作人员工作证明和执行公务的文件；其三，审查嘱托文件是否齐全并符合规定；其四，审查嘱托事项是否清晰、是否注明了不动产的坐落、权利人、权属证书号以及不动产内容与登记簿记载是否一致等。[5]登记机构审查后符合登记条件的，应当及时将嘱托事项记载于不动产登记簿，并发生相应的法律效力。在审查过程中，如果登记机构对嘱托登记事项有异议的，应当向嘱托机关提出审查建议，但不停止办理嘱托登记。

（四）关于依嘱托登记之效力

关于依嘱托登记的效力，现行立法仅仅针对查封、预查封登记作出了规定，对于其他类型无涉及。依据《土地登记办法》第69条[6]，《房屋登记办法》第22条[7]，

---

[1] 《实施细则》第90条规定："人民法院要求不动产登记机构办理查封登记的，应当提交下列材料：（一）人民法院工作人员的工作证；（二）协助执行通知书；（三）其他必要材料。"

《不动产登记操作规范（试行）》第18.2.1条和第18.3.2条关于登记材料的规定。

[2] 《土地登记办法》第64条规定："国土资源行政主管部门在协助人民法院执行土地使用权时，不对生效法律文书和协助执行通知书进行实体审查。国土资源行政主管部门认为人民法院的查封、预查封裁定书或者其他生效法律文书错误的，可以向人民法院提出审查建议，但不得停止办理协助执行事项。"

[3] 《关于依法规范人民法院执行和国土资源房地产管理部门协助执行若干问题的通知》第3条规定："……国土资源、房地产管理部门在协助人民法院执行土地使用权、房屋时，不对生效法律文书和协助执行通知书进行实体审查。国土资源、房地产管理部门认为人民法院查封、预查封或者处理的土地、房屋权属错误的，可以向人民法院提出审查建议，但不应当停止办理协助执行事项。"

[4] 《关于建立和完善执行联动机制若干问题的意见》第20条规定："有关部门收到协助执行通知书或司法建议函后，应当在法定职责范围内协助采取执行联动措施。有关协助执行部门不应对生效法律文书和协助执行通知书、司法建议函等进行实体审查。对人民法院请求采取的执行联动措施有异议的，可以向人民法院提出审查建议，但不应当拒绝采取相应措施。"

[5] 《不动产登记操作规范（试行）》第18.2.2条关于审查要点的规定。

[6] 《土地登记办法》第69条规定："对被人民法院依法查封、预查封的土地使用权，在查封、预查封期间，不得办理土地权利的变更登记或者土地抵押权、地役权登记。"

[7] 《房屋登记办法》第22条第6项规定："有下列情形之一的，房屋登记机构应当不予登记：（六）房屋被依法查封期间，权利人申请登记的。"

《协助执行若干问题的通知》第22条[1]以及《公安机关办理刑事案件适用查封、冻结措施有关规定》第14条[2]等规定，不动产在被人民法院、公安机关等有权机关查封、预查封期间，不得办理不动产变更、转让等登记手续。因此，依嘱托的查封、预查封登记之效力应为限制权利人对不动产进行处分。

二、依嘱托登记现行立法之检视

（一）分散立法有待统整

尽管现行立法对于依嘱托登记的类型、主体、审查原则、程序以及效力等问题在不同规范性文件都有涉及，但是缺乏统一规定，更勿论体系化与科学化。这种立法可见一类类具体的依嘱托登记，难见既抽象一般规定又反映不同类型差异的体系化依嘱托登记，极易导致“只见树木不见森林”之错觉，以致有些登记实务人员甚至怀疑《不动产登记操作规范（试行）》中提出“依嘱托登记”概念之合法性。也正因为此种立法现状，依嘱托登记的制度内容有些缺失，如审查原则可否为形式审查？登记错误赔偿责任是否应有特殊性等。各种类型的依嘱托登记之间立法着墨不一，有的甚至遗漏。如查封登记和预查封登记规定细致，而破产登记不见踪影。即使是用墨较多的查封登记和预查封登记，分散立法也导致不同规范性文件之间的规定冲突，如《土地登记办法》第63条规定国土资源行政主管部门应当报经人民政府批准后，将查封或者预查封的情况在土地登记簿上加以记载。而与其同位阶的《实施细则》对此没有提及，二者共同的上位法《不动产登记暂行条例》也未就此作出规定。那么，有关于此究竟是否需要人民政府的审批就会出现争议。总之，分散立法难免产生立法冲突，难以维护立法统一，不能有效指引登记实践，可能引起权利纠纷，亟待统整。

（二）嘱托主体与依嘱托登记类型有待完善

《实施细则》第19条仅仅列举了人民法院、公安机关、人民检察院和人民政府等常见的依嘱托登记之嘱托主体。然而，根据我国《刑事诉讼法》《公安机关办理刑事案件适用查封、冻结措施有关规定》《税收征收管理法》《税收征收管理法实施细则》《证券法》以及《中国证券监督管理委员会冻结、查封实施办法》等文件

---

[1] 《协助执行若干问题的通知》第22条规定：“国土资源、房地产管理部门对被人民法院依法查封、预查封的土地使用权、房屋，在查封、预查封期间不得办理抵押、转让等权属变更、转移登记手续……”

[2] 《公安机关办理刑事案件适用查封、冻结措施有关规定》第14条：“国土资源、房地产管理等有关部门对被公安机关依法查封的土地、房屋等涉案不动产，在查封期间不予办理变更、转让或者抵押权、地役权登记。”

规定，国家安全机关、税务机关和中国证券监督管理委员会及其派出机构也是常见的享有依嘱托登记嘱托权的国家机关，但《实施细则》中却未将其明确列出。为充分发挥立法的指引作用，增强可操作性，应当将这些嘱托主体整合进来，细化《实施细则》相关规定。

关于依嘱托登记类型，除了已纳入立法的转移登记、查封和预查封登记以及注销登记以外，还应包括破产登记。[1]破产登记是指破产债务人因破产之宣告，对于其破产财产丧失管理及处分权，有破产申请时，法院得为其提供必要之保全处分，嘱托为破产登记。[2]自比较法观之，台湾地区的“土地登记规则”第29条以及“破产法”第66条对此有规定[3]，其明确了破产登记属于依嘱托登记，要求法院应当在债务人破产之时，嘱托登记机关进行相应的破产登记以对财产进行保全。我国《企业破产法》虽然规定了债务人不得非法处分破产企业的财产，但未规定对企业的不动产以登记的方式进行限制。同时，《不动产登记暂行条例》和《实施细则》也未将破产登记作为不动产登记类型。由于不动产具有重大的价值，对破产财产中的不动产进行破产登记并公示于众，既有利于使第三人及时并充分了解企业的破产信息，避免因未能获得企业破产信息而作出错误的交易决定，也有利于避免企业对不动产进行不当处分，从而对第三人的利益造成损害，因而有必要明确破产登记为依嘱托登记。

（三）审核程序有待进一步规范

据调研，登记机构在实践中将依嘱托登记的审核细化为初审和复审两个阶段。即登记机构在收到嘱托文件后，先由初审工作人员对嘱托文件进行第一次形式审查，符合登记条件的，工作人员则直接在不动产登记簿上记载嘱托事项，嘱托登记自此发生法律效力。但是，登簿完成后，复审工作人员继续对嘱托文件进行第二次形式审查，若发现登记有误的，则由初审工作人员再次对登记内容进行修改。因此，实操中依嘱托登记的程序可以概括为：嘱托、接受嘱托、初审、登簿、复审、存在错误后再更正。

上述操作出发点是好的，初审后即登记能够保证及时对不动产进行查封、解封或执行，提高登记效率；同时，复审有利于及时发现错误并更正以确保登记的准确

---

[1] 于海涌：《不动产统一登记的立法研究——兼论不动产登记法草案的设计》，法律出版社2016年版，第84页。

[2] 李昊、常鹏翱、叶金强、高润恒：《不动产登记程序的制度构建》，北京大学出版社2005年版，第458页。

[3] 台湾地区“土地登记规则”第29条规定：“政府机关遇有下列各款情形之一时，得嘱托登记机关登记之：八、依破产法第六十六条规定之登记。”台湾地区“破产法”第66条规定：“法院为破产宣告时，就破产人或破产财团有关之登记，应即通知该登记所，嘱托为破产之登记。”

性。但是，从复审到更正，有依职权更正登记之嫌，不符合先审核再登记的一般程序要求。登记机构在完成最终审核之前就将嘱托事项记载到登记簿上，可能对登记的正确性造成影响，使得事与愿违。通常来说，在登记业务量少的时候，初审后的登记能够及时被复审，进而保障及时发现和更正错误；但是业务量多时，初审后的登记未能及时被复审，登记错误未能及时被发现并更正，就会对不动产处分造成不正当的限制，给不动产权利人造成损害，登记机构就需承担赔偿责任，徒增法律风险。可见，这种实践操作有可能使登记的准确性大打折扣。反观我国台湾地区，其不动产登记中的审查程序分为初审、复审和核定程序，在初审、复审和核定人员都审查无误后，则即刻登载于登记簿上。〔1〕台湾地区做法与上述实践操作相同之处在于，细化了审核程序，确保审查的准确性。但前者符合先审查后登簿的程序要求。因而，立法上应当总结登记实践并借鉴台湾地区立法，细化审核程序，明确初审、复审和登簿之间的先后顺序。

（四）因嘱托机关导致登记错误的赔偿责任尚需特别规范

《物权法》第21条以及《不动产登记暂行条例》第29条对登记错误的赔偿责任作出了一般规定〔2〕，但是缺乏对因嘱托机关导致登记错误赔偿责任的特别规定。最高人民法院办公厅《关于房地产管理部门协助人民法院执行造成转移登记错误，人民法院对当事人提起的行政诉讼的受理及赔偿责任问题的复函》指出：轮候查封的法院违法要求协助义务机关处置查封标的物造成执行申请人损失的，应当进行执行回转，无法执行回转的，由错误发出协助执行通知的法院承担司法赔偿责任，协助执行义务机关不承担赔偿责任。据此可知，此种情形中因嘱托机关导致的登记错误，登记机构不承担赔偿责任。关于因嘱托机关导致登记错误的赔偿责任，学界也存在观点分歧。有学者认为，登记机构为执行上级机关的指令或者其他有权威的机构的指令而进行了错误的登记，此过错仍理解为登记机关的过错，由登记机关先行承担赔偿责任。〔3〕与此相反的观点认为，嘱托登记中的登记机构不负担审查义务，对嘱托人的嘱托行为也无监督义务，由登记机构替代嘱托人受过而承担责任，于法无据，有失公允。〔4〕因此，为了更好地划分两者承担责任的范围，立法有必要针对依嘱托登记之特殊性，对由嘱托机关导致登记错误的赔偿责任作出特别规范。

---

〔1〕 雷秋玉：《我国台湾地区不动产登记制度研究》，法律出版社2012年版，第117页。

〔2〕《物权法》第21条规定："当事人提供虚假材料申请登记，给他人造成损害的，应当承担赔偿责任。因登记错误，给他人造成损害的，登记机构应当承担赔偿责任。登记机构赔偿后，可以向造成登记错误的人追偿。"《不动产登记暂行条例》第29条："不动产登记机构登记错误给他人造成损害，或者当事人提供虚假材料申请登记给他人造成损害的，依照《中华人民共和国物权法》的规定承担赔偿责任。"

〔3〕 梁慧星：《中国民法典草案建议稿附理由·物权编》，法律出版社2004年版，第45页。

〔4〕 常鹏翱：《也论不动产登记错误的法律救济》，载《法律科学》2006年第5期。

三、依嘱托登记立法之完善

（一）统整依嘱托登记立法

依嘱托登记之立法统整，可以借鉴日本《不动产登记法》关于依嘱托登记的立法思路。日本《不动产登记法》第三章“关于登记之账簿”的第一节“通则”中，对官厅公署之嘱托登记作出了原则性的规定，包括了嘱托登记的主体、类型和程序等内容。其中，第25条规定了嘱托登记为不动产登记的类型之一，第29条、第30条、第31条规定了官厅嘱托登记的类型、登记的程序及提交的材料。[1]借鉴日本这种立法思路，可以在将来制定的《不动产登记法》或者《不动产登记暂行条例》中就依嘱托登记作出有别于依申请登记和依职权登记的统一规定，包括其类型、嘱托主体、审查原则、程序以及效力等内容，在《物权法》中对其登记错误赔偿责任作出特别规定，然后在《实施细则》中加以细化。首先在依嘱托登记类型上，除现行立法中的转移登记、查封登记、预查封登记、注销登记外，还应当纳入破产登记，即一旦企业宣告破产，法院就应当立即嘱托登记机构对企业的不动产办理破产登记，以维护交易安全和秩序，理由已如前述。其次在依嘱托登记的效力方面，依嘱托的查封登记、预查封登记以及破产登记的目的在于限制不动产权利人对不动产的不当处分，因此上述登记类型应当产生限制处分的效力；而依嘱托转移登记是指登记机构根据嘱托而办理的不动产转移登记，登记机构在接受嘱托办理完成相应的不动产转移登记后，就发生《物权法》上所规定的物权变动效力；依嘱托注销登记中，如果注销查封、预查封登记，登记完成发生对不动产物权限制处分的解除效力；如果注销不动产物权，则产生使之归于消灭的效力。对于上述不同类型的依嘱托登记效力，理应在立法中予以规定。至于依嘱托登记中的嘱托主体、审查原则与程序、赔偿责任等内容完善容下逐个详述。

（二）细化依嘱托登记的嘱托主体规定

在《不动产登记暂行条例》《实施细则》颁布之前，相关立法规定享有嘱托权的主体包括人民法院、人民检察院、公安机关、国家安全机关、税务机关、中国证券监督委员会及其派出机构等。《实施细则》出台以后，其第19条采取列举与概括相结合的立法技术，即对依嘱托登记的嘱托主体作了部分列举，但对于其他法律已明确赋予嘱托权的国家安全机关、税务机关、中国证券监督委员会及其派出机构未

---

〔1〕 南洋公学译书院初译、商务印书馆编译所补译校订、何佳馨点校：《新译日本法规大全（第一卷）》，商务印书馆2007年版，第493页关于《不动产登记法》的规定。

予明确列出。为了进一步规范和有效指引其行使嘱托权，建议在《实施细则》第19条中增加三项，将其明确列出。

（三）明确审查原则与优化审核程序

依嘱托登记的审查原则宜明确为形式审查，即登记机构对依嘱托登记要求提交的材料进行审查，对其中的法律文书不做实体审查，对嘱托登记事项有异议的，应当向嘱托机关提出审查建议，但不停止办理嘱托登记。理由在于：嘱托机关提交的法律文书是其行使公权力的结果，同时，嘱托源自国家公共事务领域，是国家有关公权力机构为了履行维护公共利益、维持私人合法权益等公共职责，要求登记机构通过登记予以协助的行为，目的在于实现国家公权力。[1]因此，登记机构无权也没有能力对嘱托机关提交的法律文书进行实体审查。但是，登记机构在审查中对登记事项确有异议时，为了防止嘱托登记不当给相关权利人造成不应有的损失，理应向嘱托机关提出审查建议。但此时，不能停止办理依嘱托登记。

对于审核程序的优化，应针对实践中依嘱托登记程序的不规范之处，在立法上可以考虑借鉴我国台湾地区的做法，将审查程序分为初审、复审与核定阶段，并明确规定审查完毕后才能在不动产登记簿上进行相应登记。具体做法为：初审人员负责初步审查登记原因、书表的格式以及申请书、登记原因证明文件、权利书状与登记簿记载内容、印鉴等申请材料，并签具处理意见；复审人员负责审查初审人员呈判文件的内容，并针对初审人员的意见签拟自己的意见；核定人员则负责对初审人员和复审人员的意见进行裁定与核定。在审查无误后，即刻登载于登记簿上。[2]这种设置从程序上为登记准确提供了保障，有利于减少登记错误，保护当事人的合法权利，提高登记效率。

（四）特别规范因嘱托机关导致登记错误的责任承担

登记机构对登记错误的责任承担应当与其履行职责相对应。就依嘱托登记而言，登记机构办理登记过程中无权进行实质审查，对嘱托机关行使公权力作出的法律文书不享有审查的权利也不承担审查的义务，因而，根据权责一致原则，登记机构当然不对由法律文书导致的登记错误承担责任。反之，要求登记机构就此承担责任，则有失公允；而且由登记机构承担责任后再向嘱托机关追偿，造成赔偿程序复杂化，降低赔偿效率。所以，由嘱托机关导致的登记错误赔偿责任应由作出法律文书的嘱托机关承担。此外，尽管登记机构对嘱托机关提交的材料不承担实质审查的

---

〔1〕 国土资源部不动产登记中心：《不动产登记暂行条例实施细则释义》，北京大学出版社2016年版，第45页。

〔2〕 雷秋玉：《我国台湾地区不动产登记制度研究》，法律出版社2012年版，第117页。

义务，却要进行形式审查，必须按照要求对材料进行相应的审查，由于登记机构违反形式审查义务而导致登记错误给当事人造成损害的，其应当承担相应的责任。因而，对于依嘱托登记错误的责任承担应特别规定为：因嘱托机关法律文书错误引起的损害赔偿责任由作出机关承担。

民法典编纂中的农村土地权利制度研究*

王铁雄**

目 次

前言

随着我国改革开放与现代化进程的推进和全面建成小康社会重大历史任务的提出，农业市场化、规模化、现代化成为二十一世纪农业发展的重要目标。农村土地问题受到越来越广泛的重视，农村土地[1]问题作为其中的重要组成部分，成了社会各界关注的焦点，对其权利制度的改革问题，也成了各界争议的焦点。农村土地权利制度问题的形成，缘于宪法和法律规定的农地集体所有家庭承包经营制度与农地利用封闭流转不畅之类现实问题之间的矛盾。而造成矛盾的制度根源则在于我国不可转让的集体所有权前提下，继受建立在促进流转的个人所有权制度基础上的大

* 基金项目：本文系作者主持的国家社科基金一般项目：《民法典编纂中的集体农用地制度研究》的阶段性成果。

** 王铁雄，男，湖南衡阳人，上海海事大学法学院教授，博士生导师，中国社会科学院法学所博士后，德国科隆大学访问学者，研究方向为物权法理论。

〔1〕 指农户承包经营的集体农用地，后文亦简称农地。

陆法系传统民法物权制度所导致的农地利用的模式僵化；社会根源在于当前土地的生存保障功能仍是中国社会稳定和发展的基础性功能这一难以超越的现实基础；而土地承包经营权作为一种复合性权利兼具成员身份性、约定债权性与法定物权性，致其无法市场化开放性流转，尤其不能直接以物权方式转让及抵押，则是其直接根源。总体上来看，就其问题与症结，目前改革观点不一、争议较大，更缺乏成熟的法理支撑。加之相关民事法律对农地集体所有权的“有意模糊”，尤其是《物权法》对土地承包经营权的流转闭锁及转让问题的“立法逃逸”，因而造成实践中集体农地所有权虚置、农民成员权虚化、土地纠纷频发、土地承包经营权流转受限、抵押难行、农地经营低效、弃耕抛荒现象时有发生，农村土地权利制度改革势在必行。虽然现实中各地探索旨在“放活土地经营权”的农村土地权利制度改革创新实践日久，但大都由地方政府推动运作，农地经营权流转市场发育迟滞，农地利用封闭流转不畅问题依然严重。

为此，中央、国务院在总结改革实践经验与教训基础上适时提出“在落实农村土地集体所有权的基础上，稳定农户承包权、放活土地经营权”这一“放活土地经营权”的改革政策，其具有深厚的法理意蕴，为农村土地权利制度改革指明了方向。法界学者做出积极响应，尤其是在2014年《中共中央关于全面推进依法治国若干重大问题的决定》明确提出“编纂民法典”以“做到重大改革于法有据、立法主动适应改革和经济社会发展需要”的改革要求之后，民法学者先行参与起草出《民法总则》并于2017年3月15日由全国人大予以颁行。其中第99条即以专条规定“农村集体经济组织依法取得法人资格”，从而使集体土地所有权的性质、主体及其实现方式达至清晰明确，[1]农民集体与成员权利实至名归。而在2017年10月18日召开的党的十九大进一步提出“完善承包地‘三权’分置制度”这一新时代旨在“放活土地经营权”的经营制度模式改革创新之后，科学诠释这一新时代农村土地权利制度改革政策的精神实质与准确内涵，洞悉其深厚法理，以便为深化农地制度改革完善集体农地法制提供坚实的理论支撑，就成为研究的新时代迫任！因此，本文便是在遵循《民法总则》落实集体土地所有权规定前提下，进一步在民法典分编研究中，循着党的十九大改革最强音将探讨的重心聚焦于“稳定农户承包权”的基础上实现“放活土地经营权”这一农村土地权利制度改革政策核心价值目标的深刻法理。

一、农村土地权利制度改革的政策旨趣与法律意涵

党中央坚持以马克思列宁主义、毛泽东思想、邓小平理论、“三个代表”重要

---

〔1〕 参见蔡立东、姜楠：《农地三权分置的法实现》，载《中国社会科学》2017年第5期。

思想、科学发展观为指导，紧密结合新的时代条件和实践要求，针对现行农村土地权利制度存在的流转闭锁、抵押难行等固有缺陷，顺应日益高涨的农地改革实践呼声，以全新的视野深化对中国特色社会主义农业经营规律的认识，进行了艰辛政策的实践探索，取得了重大创新成果，适时提出了农村土地权利制度重大改革举措。这是新时代马克思主义中国化的最新成果，是邓小平理论在当前农地经营改革新形势下的发展升华，是人民群众实践经验的总结，是党中央集体智慧的结晶。其具有深刻的法律意涵，不仅其基本内涵与现行法律及其改革发展趋势高度契合一致，而且其基本精神反过来又为农村土地法律制度改革指明了正确的目标方向。

（一）农村土地权利制度改革的政策旨趣

农村土地权利制度改革政策的提出有着深厚的社会需求基础和丰富的实践探索经验，我国一些地区实际上在二十世纪九十年代初就已经开始了旨在“放活土地经营权”的农村土地权利制度改革实践试验。[1]据农业部发布数据来看，截至2013年6月底，全国农户承包土地流转面积就达3.1亿亩，已经占到家庭承包耕地面积的23.9%。[2]浙江、上海、安徽、江西等省市已出台指导“三权”分离农地流转的规范性文件。[3]同时，现实中，不少地区已根据本地区实际情况进行了多种形式的承包地经营权抵押的实践探索，[4]以致各地有关农村土地经营权抵押贷款的相关报道不断涌现，[5]且各改革试验区地方政府也积极推动承包地经营权抵押试点工作并颁布了有关承包地经营权抵押贷款办法。[6]承包地经营权流转、适度规模经营已

[1] 张力、郑志峰：《推进农村土地承包权与经营权再分离的法制构造研究》，载《农村经济问题》2015年第1期。

[2] 数据来源：中国政府网：《农业部长：全国农户承包土地流转面积达3.1亿亩》，网址：http://www.tdzyw.com/2013/1206/33757.html，最后访问时间：2018年7月2日。

[3] 如2001年9月1日中共浙江省委办公厅、浙江省人民政府办公厅发布的《关于积极有序地推进农村土地经营权流转的通知》（浙委办［2001］53号）；2003年9月8日上海市崇明县人民政府批转县集资办制定的《崇明县农户承包地经营权流转暂行办法》；2004年9月9日合肥市人民政府办公厅发布的《关于规范农村土地承包和经营权流转的若干意见》（合政办［2004］95号）；2007年5月15日萍乡市人民政府办公室转发市农业局《关于萍乡市换发农村土地经营权证工作实施方案的通知》（萍府办发［2007］15号）等。资料来源：地方法规规章、北大法宝法律数据库、法律法规检索平台，网址：http://www.pkulaw.cn/，最后访问时间：2019年7月2日。

[4] 唐薇、吴越：《土地承包经营权抵押的制度“瓶颈”与制度创新》，载《河北法学》2012年第2期。

[5] 参见王铁雄：《农村土地承包经营权抵押融资问题与对策分析》，载《云南大学学报（法学版）》2014年第2期。

[6] 如2007年福建明溪县发布的《明溪县农村土地经营权抵押贷款管理办法》；2009年9月29日浙江嘉善县颁布的《嘉善县土地承包经营权流转抵押贷款管理办法（试行）》；2009年11月16日江西万年县颁布的《万年县农村土地承包经营权抵押登记管理办法（试行）》等。参见李伟伟、张云华：《土地承包经营权抵押标的及其贷款操作：11省（区、市）个案》，载《改革》2011年第12期。

成蔚然之势。

顺应农民的农地改革意愿和强烈社会诉求，在总结改革实践经验与教训基础上，中央、国务院适时提出了旨在“放活土地经营权”的农村土地权利制度改革政策。十八届三中全会公报及历年的中央农村工作会议、中央“一号文件”等一系列政策实践尤其是党的十九大报告都对其改革精神做出了明确规定、系统部署并予以全面具体深化。

2013年11月12日十八届三中全会通过的《中央关于全面深化改革若干重大问题的决定》（后文简称《决定》）明确提出：“稳定农村土地承包关系并保持长久不变”“赋予农民更多财产权利”，为农村土地权利制度改革确定了基本目标。2014年1月中共中央、国务院印发《关于全面深化农村改革加快推进农业现代化的若干意见》（后文简称2014年中央一号文件）明确提出：“在落实农村土地集体所有权的基础上，稳定农户承包权、放活土地经营权，允许承包土地的经营权向金融机构抵押融资。”在中央文件中首次提出旨在“放活土地经营权”的农村土地权利制度改革政策。

2015年2月中共中央国务院印发《关于加大改革创新力度加快农业现代化建设的若干意见》（后文简称2015年中央一号文件）要求：“抓紧修改农村土地承包方面的法律，明确现有土地承包关系保持稳定并长久不变的具体实现形式，界定农村土地集体所有权、农户承包权、土地经营权之间的权利关系。”首次就农村土地权利制度改革提出了修改法律的要求，使旨在“放活土地经营权”的改革政策内容走向法制化与规范化。2015年11月中共中央办公厅、国务院办公厅印发的《深化农村改革综合性实施方案》（后文简称2015年《方案》）则更为明确地提出：“深化农村土地制度改革的基本方向是：落实集体所有权、稳定农户承包权、放活土地经营权。”正式将“放活土地经营权”政策目标确定为农村土地权利制度改革的基本方向，并对旨在“放活土地经营权”的改革政策内涵进行了全面阐释与具体界定。

2016年10月中共中央办公厅、国务院办公厅印发《关于完善农村土地所有权承包权经营权分置办法的意见》（后文简称2016年《意见》）提出：“要始终坚持农村土地集体所有权的根本地位；严格保护农户承包权；加快放活土地经营权。”同时明确指出：“农村土地集体所有权是土地承包权的前提，农户享有承包经营权是集体所有的具体实现形式，在土地流转中，农户承包经营权派生出土地经营权。”党的十九大报告则进一步明确提出：“完善承包地‘三权’分置制度”，“保持土地承包关系稳定并长久不变”，“发展多种形式适度规模经营”。从而使旨在“放活土地经营权”的承包地改革政策内容更加具体化、制度化，为新时代农村土地权利制度改革确定了根本目标，指明了正确方向。至此，农村土地权利制度改革的基本构想、实施策略、完善制度得以全面阐释、系统部署与具体深化，旨在“放活土地经营权”的农村土地权利制度改革政策格局已然形成。

但是，由于在当前我国决策层、管理层及至学界之中尚未能完全从新时代中国特色社会主义思想的高度来系统理解和全面深悟中央提出并在政策实践发展中逐步完善形成的这一重大改革政策精神，以致对于如何贯彻“在落实农村土地集体所有权的基础上，稳定农户承包权、放活土地经营权”改革的精神现在还缺乏共识，尤其是对于正确理解“放活土地经营权”的政策基础——“稳定农户承包权”与准确把握其政策核心——“放活土地经营权”还存在较大争议和歧见。显然，如果我们脱离当前农地经营的鲜活实践，仅从文义上或者甚至拘束于个别词句断章取义、人云亦云地理解和贯彻“放活土地经营权”的承包地改革政策，则很容易陷入误区，甚至有可能曲解中央政策的改革精神。

我们只有从新时代中国特色社会主义思想的高度对“落实集体所有权、稳定农户承包权、放活土地经营权”这一“放活土地经营权”的承包地改革政策进行精准研究并予以全面系统地理解和贯彻，才能准确把握其精神实质，正确指导农地制度改革实践。其中，“落实集体所有权”是前提，其政策精神是确保农民能公平公正地享有农地权利，实现对农村社会的有效治理功能；“稳定农户承包权”是基础，其政策精神是凸显农地对农民家庭或者个人生存与发展的社会保障功能，实现其公平价值目标，促进农业基础稳固农民安居乐业，维护农村社会和谐稳定；“放活土地经营权”才是核心，其政策精神就是要释放农地可交易、可抵押的财产使用与交换价值，以发展适度规模经营，提高农业生产效率，推进农业农村现代化、决胜建成小康社会这一二十一世纪农村经济发展的重要目标。因此，旨在“放活土地经营权”的农村土地权利制度改革政策的精神实质就是落实所有权与稳定承包权以求公平，放活经营权以求效率，是实现公平与追求效率的有机统一，〔1〕互动增进！承包权与经营权分设则不仅是使土地承包经营权内部权能发生分离，更是使其承载的社会保障功能与经济效用功能〔2〕有效分离，使农民所享有的农地上的保障权利与农地上的财产权利均得以各就其位，既确保将农地作为生存保障手段的农民的需要，又保障将农地作为生产发展手段的经营者的需要，以实现农地保障功能和农地财产价值之双重目标。〔3〕

而旨在“放活土地经营权”的农村土地权利制度改革政策的准确内涵，则在一系列中央有关文件的政策实践中得到了全面具体化。首先十八届三中全会《决定》

---

〔1〕 张红宇：《农业规模经营与农村土地制度创新》，载《中国乡村发现》2013年第2期。

〔2〕 赵万一、汪青松：《土地承包经营权的功能转型及权能实现——基于农村社会管理创新的角度》，载《法学研究》2014年第1期。

〔3〕 刘俊、胡大武：《大陆农村集体土地承包经营权现状及展望》，载《东海大学法学研究》2007年第27期。

及其后历年的有关中央政策文件[1]都一致强调“坚持家庭经营在农业中的基础性地位”，而不是坚持“家庭承包”的基础性地位。并且，2014年《意见》更是要求“健全土地承包经营权登记制度”“强化土地承包经营权物权保护”，而2015年《方案》则明确指出：“稳定农户承包权，就是要依法公正地将集体土地的承包经营权落实到本集体经济组织的每个农户”，2016年《意见》进一步强调：“土地承包权人对承包土地依法享有占有、使用和收益的权利。”可见，“稳定农户承包权”这一改革政策基础的准确内涵就是要从维护农民生存保障权高度来稳定农户的承包经营权，也就是说，“放活土地经营权”只能在稳定农户土地承包经营权的基础上进行。

并且，在十八届三中全会《决定》强调赋予农民对“承包经营权抵押、担保权能”后，2014年中央一号文件进一步提出：“允许承包土地的经营权向金融机构抵押融资。”随后，2014年《意见》、2015年《方案》、2016年《意见》等文件都明确要求“稳步推进土地经营权抵押、担保试点”。特别是在十八届三中全会《决定》强调赋予农民对“承包地流转权能”后，2014年之后的中央一号文件及其他阐释“放活土地经营权”的承包地改革政策的相关中央文件都一改2013年之前中央一号文件、相关法律与部门规章中的“土地承包经营权流转”用语，[2]而使用“土地经营权流转”之用语。这一用语的转变，其政策旨趣就是要促使土地承包经营权的农民集体经济组织内封闭式流转向土地经营权的市场化开放性流转发展。并且中央文件明确提出了从承包经营权中分离派生出的土地经营权应该可以转让、可以抵押的政策要求。[3]可见，“放活土地经营权”这一新时代农村土地权利制度改革的政策旨趣与核心目标就是要释放农地可交易、可抵押的财产使用与交换价值功能，就是要使土地经营权成为一种开放性的、可市场化流转的纯粹财产权，就是要“放活土地经营权”。

因此，旨在“放活土地经营权”的农村土地权利制度改革政策精髓，就是要使土地承包经营权这一兼具成员身份性、约定债权性、法定物权性并承载着生存保障的社会功能与财产发展的经济功能而从集体土地所有权中分离出来的复合型权利，

---

[1] 2014年11月中共中央办公厅、国务院办公厅印发的《关于引导农村土地经营权有序流转发展农业适度规模经营的意见》（后文简称2014年《意见》）、2015年中央一号文件、2015年《方案》、2016年《中共中央国务院关于落实发展新理念加快农业现代化实现全面小康目标的若干意见》（后文简称2016年中央一号文件）、2016年《意见》、2016年12月26日《中共中央国务院关于稳步推进农村集体产权制度改革的意见》、2017年5月中共中央办公厅、国务院办公厅印发的《关于加快构建政策体系培育新型农业经营主体的意见》（后文简称2017年《意见》）等。

[2] 朱广新：《土地承包权与经营权分离的政策意蕴与法制完善》，载《法学》2015年第11期。

[3] 陈锡文：《农村土地制度改革，底线不能突破》，载《人民日报》2013年12月5日；孙宪忠：《推进农地三权分置经营模式的立法研究》，载《中国社会科学》2016年第7期。

能在集体土地所有权不可转让的前提下，实现其自身的市场化开放性流转：即在坚持稳定农户承包经营权并长久不变的基础上实现其承载的生存保障的社会功能与财产发展的经济功能的再次分离，亦即在坚持农地集体所有权与农户承包经营权性质与功能不变前提下，从农户土地承包经营权中分离派生出一种具有纯私权性、能实现市场化开放性流转的土地经营权，从而在稳定农地社会保障功能基础上实现最大化产权的经济效率，[1]并达到维护承包户权益与促进承包地流转之间的平衡，[2]以实现农地的社会保障功能和财产交换价值，兑现中央“赋予农民更多财产权利”的承诺。[3]而不是将“农户承包权与土地经营权分置”望文生义想当然地理解为把土地承包经营权拆分为农户承包权与土地经营权。这是对“放活土地经营权”的承包地改革政策的教条化解读，与农地产权生成的实践逻辑严重不符。因为在目前绝大多数农村还是单一农户直接依据土地承包经营权来耕作的情况下，[4]如果农户只有承包权，没有经营权，如何种地、生产经营、安居乐业；如果农户只有经营权，没有承包经营权，那与农民集体之外的农业经营者又有何区别，其生存、就业与发展权利如何保障！本来农村集体土地所有权就一直有虚置之嫌，再把农民享有的土地承包经营权这一法定物权拆分为法定物权种类中根本不存在的承包权与经营权，[5]那势必会导致承包地“三权”虚置，这是对旨在“放活土地经营权”的农村土地权利制度改革政策的误读。因此，我们只有从新时代中国特色社会主义思想的高度对农村土地权利制度改革政策的精神内涵进行精准研究，才能领会深透其政策旨趣，才不至陷入误区。

（二）农村土地权利制度改革的法律意涵

中央、国务院提出的农村土地权利制度改革政策具有深刻的法律意涵：其政策内涵与现行法律规定及农地法制改革的发展趋势高度契合；其政策旨趣就是要改革现行农地权利制度，即在坚持维护农地集体所有权与农户承包经营权性质与功能不变前提下，从农户土地承包经营权中分离派生出开放性的、可市场化流转的土地经营权这一纯粹财产权，以释放农地的市场价值与经济功能，实现“放活土地经营权”的价值目标。由此升华出的政策精神则又为新时代农地法制改革指明了正确的目标方向。

现行宪法明确规定以“家庭承包经营为基础”，《民法通则》将土地承包经营

---

[1] 邓大才：《中国农村产权变迁与经验——来自国家治理视角下的启示》，载《中国社会科学》2017 年第 1 期。

[2] 叶兴庆：《集体所有制下农用地的产权重构》，载《体制改革》2015 年第 7 期。

[3] 刘守英：《中共十八届三中全会后的土地制度改革及其实施》，载《法商研究》2014 年第 2 期。

[4] 孙宪忠：《推进农地三权分置经营模式的立法研究》，载《中国社会科学》2016 年第 7 期。

[5] 参见常鹏翱：《物权法定原则的适用对象》，载《法学》2014 年第 3 期。

权规定为农户家庭或者个人获得生存与发展的基本民事权利，《物权法》则进一步将土地承包经营权规定为法定用益物权。况且没有哪个法律文件只规定以“家庭承包为基础”，也没有哪个法律文件将土地承包经营权细分为“土地承包权”“土地经营权”并予以分别规定。[1]可见，“农户承包权”政策内涵具体化为法权形态仍应是“农户土地承包经营权”，这充分说明中央阐释“农户承包权”改革政策的基本内涵与现行法律规定的本真意涵是完全契合的。

同时，虽然 1986 年《土地管理法》与《民法通则》依据 1982 年《宪法》的规定不准许土地承包经营权流转，[2]但自 1988 年宪法修正案修改第 10 条第 4 款规定“土地的使用权可以依照法律的规定转让”而明确农村土地流转的合法地位后，土地承包经营权就实现了从方式单一化流转[3]到方式多元化流转[4]的发展。且对土地承包经营权流转的规定愈益具体化，2002 年《农村土地承包法》仅规范土地承包经营权流转的条文就达近 30 条，同时 2005 年农业部公布的《农村土地承包经营权流转管理办法》对每种流转方式进行了具体的可操作性的细化规定，2007 年颁布的《物权法》则进一步予以明确。特别是对土地承包经营权流转须“经发包方同意”的限制条件从最初对每种方式流转的限定[5]到仅限于“转让”这一种方式[6]的流转。最高人民法院的相关司法解释也根据实践发展的需要对土地承包经营权的流转做出了从严格限制到有限转让的规定。[7]

可见，现行法律对土地承包经营权流转的规定逐步多元化、具体化。然而，尽管如此，但由于现行法律考虑到土地承包经营权的社会保障功能及维护农村社会稳

---

[1] 高圣平：《新型农业经营体系下农地产权结构的法律逻辑》，载《法学研究》2014 年第 4 期。

[2] 1982 年《宪法》第 10 条第 4 款规定：“任何组织或者个人不得侵占、买卖、出租或者以其他形式非法转让土地。”1986 年《土地管理法》第 2 条规定：“任何单位或者个人不得侵占、买卖、出租或者以其他形式非法转让土地。”1986 年《民法通则》第 80 条第 3 款规定：“土地不得买卖、出租、抵押或者以其他形式非法转让。”

[3] 1993 年《农业法》第 13 条规定：“在承包期内，经发包方同意，承包方可以转包所承包的土地、山岭、草原、荒地、滩涂、水面，也可以将农业承包合同的权利和义务转让给第三者。”

[4] 如 2002 年《农村土地承包法》第 32 条规定：“通过家庭承包取得的土地承包经营权可以依法采取转包、出租、互换、转让或者其他方式流转。”

[5] 参见 1993 年《农业法》第 13 条规定。

[6] 2009 年《农村土地承包法》第 37 条第 1 款规定：“土地承包经营权可以采取转包、出租、互换、转让或者其他方式流转的，当事人双方应当签订书面合同。采取转让方式流转的，应当经发包方同意；采取转包、出租、互换或者其他方式流转的，应当报发包方备案。”（2018 年修正为第 40 条）《农村土地承包经营权流转管理办法》第 11 条规定：“以转让方式流转的，应当事先向发包方提出转让申请。”同时参见《物权法》第 128 条规定。

[7] 1999 年《最高人民法院关于审理农业承包合同纠纷案件若干问题的规定（试行）》第 14 条规定：“承包方未经发包方同意，转让承包合同，转包或者互换承包经营标的物的，人民法院应当认定该转让、转包、互换行为无效。”2005 年《最高人民法院关于审理涉及农村土地承包纠纷案件适用法律问题的解释》第 13 条规定：“承包方未经发包方同意，采取转让方式流转土地承包经营权的，转让合同无效。”

定的需要，[1]因而在2009年《农村土地承包法》第48条中仍严格规定："发包方将农村土地发包给本集体经济组织以外的单位或者个人承包，应当事先经本集体经济组织成员的村民会议三分之二以上成员或者三分之二以上村民代表的同意，并报乡（镇）人民政府批准。"（2018年修正为第52条）《土地管理法》第15条中亦同样规定："农民集体所有的土地由本集体经济组织以外的单位或者个人承包经营的，必须经村民会议三分之二以上成员或者三分之二以上村民代表的同意，并报乡（镇）人民政府批准。"从其规定可以看出，就算不横加"乡（镇）人民政府批准"的行政干预，仅是在如今农民大都进城务工的情况下要"事先"召开村民会议并取得本集体经济组织"三分之二以上成员或者三分之二以上村民代表的同意"，其困难就不言而喻。这一法律障碍无疑就将土地承包经营权的流转阻隔于"本集体经济组织"之内。而《物权法》第128条规定："土地承包经营权人依照农村土地承包法的规定，有权将土地承包经营权采取转包、互换、转让等方式流转。"则不仅对土地承包经营权的转让问题采取"立法逃逸"，更有甚的是删除了"出租"这一市场流转方式，仅保留了只能在"同一集体经济组织"内进行流转的"转包"与"互换"方式。[2]显然，现行土地承包经营权流转上存在的问题就绝非当下学界热论的是债权性流转还是物权性流转问题，而是如何解决土地承包经营权基于其成员身份性在现行法框架下压根儿就只能在"本集体经济组织"内封闭式流转问题。因此，从土地承包经营权中分离派生出可市场化开放性流转的土地经营权就成为当前旨在解除成员身份性羁绊冲破本集体经济组织藩篱的农地经营改革实践迫切所需！这也就为解决现行法仍对土地承包经营权以物权方式转让及抵押予以严格限制[3]问题提供了可行的路径。

而"放活土地经营权"这一农村土地权利制度改革的政策旨趣与核心目标就是要释放农地的市场价值和财产发展的经济功能，就是要放活土地经营权，使其成为一种可市场化开放性流转的完全财产权。这不仅是"放活土地经营权"这一农村土地权利制度改革政策的重大指导价值所在，而且也正为农地法制改革指明了目标方向：即在坚持农地集体所有权与农户承包经营权性质与功能不变的基础上，从农

---

〔1〕 孟勤国：《中国农村土地流转问题研究》，法律出版社2009年版，第7页、第65页。

〔2〕 2005年《农村土地承包经营权流转管理办法》第35条规定："转包是指承包方将部分或全部土地承包经营权以一定期限转给同一集体经济组织的其他农户从事农业生产经营。""互换是指承包方之间为方便耕作或者各自需要，对属于同一集体经济组织的承包地块进行交换，同时交换相应的土地承包经营权。"

〔3〕 1995年《担保法》第37条规定："下列财产不得抵押：（一）土地所有权；（二）耕地、宅基地、自留地、自留山等集体所有的土地使用权。"《物权法》第184条规定：下列财产不得抵押：（一）土地所有权；（二）耕地、宅基地、自留地、自留山等集体所有的土地使用权，但法律规定可以抵押的除外。"

户土地承包经营权中分离派生出可市场化开放性流转的农地经营权。因此，旨在“放活土地经营权”的新时代农村土地权利制度改革政策的具体内涵与当代农地法制改革的目标方向高度一致，其权利结构的法律逻辑即在落实可牢固社会主义本质的集体土地所有权前提下，坚持能反映中国特色的农户土地承包经营权基础不动摇，以体现新时代精神的农业经营者二元化土地经营权达至“放活土地经营权”核心价值目标的有效实现。

其具有深厚的法理意蕴：其法理传统渊源自宋代以来形成的田底权与田面权分离理论；[1]其指导理论植根于马克思主义小农户大营农经营观；其法理基础系基于英美地产权客体权益分离理论与大陆法系二次权能分离理论的地权二次分离理论。

二、农村土地权利制度改革的法理基础

旨在“放活土地经营权”的农村土地权利制度改革的政策精神之所以既能与现行农地法制改革的发展趋势高度契合，同时又能反过来为当前农地制度改革指明目标方向。究其根本在于，党中央提出的这一新时代农村土地权利制度改革政策不仅深植于马克思主义小农户大营农经营观，而且有着深厚的科学原理与坚实的法理支撑：即在党的十一届三中全会后社会主义农村土地改革实践中根据马克思主义所有权与经营权可分离原理形成并发展为传统民法理论的所有权权能分离理论基础上，[2]进一步基于英美地产权客体权益分离理论与大陆法系二次权能分离理论所创建的地权二次分离理论。

（一）理论根基：马克思主义小农户大营农经营观

马克思主义认为，在社会主义社会，小农户经营可能长久存在，而以农业合作为主要特征的社会主义大营农经营则是社会主义农业经营发展的必然趋势。

马克思明确提出，为了“小农的利益”并“以利于全社会”，要求农业经营尤其是规模经营须“用最新的科学方法”。[3]恩格斯则提出，“吾辈对于小农之任

〔1〕关于我国自宋代以来形成的田底权与田面权分离理论传统，参见戴建国：《从佃户到田面主：宋代土地产权形态的演变》，载《中国社会科学》2017年第3期；龙登高、林展、彭波：《典与清代地权交易体系》，载《中国社会科学》2013年第5期；汪洋：《明清时期地权秩序的构造及其启示》，载《法学研究》2017年第5期等。

〔2〕丁季民：《经营权与所有权》，载《法学研究》1987年第1期。

〔3〕参见中共中央马克思恩格斯列宁斯大林著作编译局编译：《马克思恩格斯全集（第五卷）》，人民出版社1958年版，第3～5页。

务”，系“提供其社会之援助”；[1]“对于大农，亦犹之对于小农者然”，并“使之移于组合的经营”。[2]

他们认为，“小经营，普通较大经营，于同一之地积，所得之生产为多。但其于同一之地积，所需人工之劳力，亦多于大经营”。因而，“小农经营，以原则言，优于收获率”；“大农经营，优于劳动生产力”。因此，在农业经营中，小农户经营与大营农经营可以优势互补，共同发展。[3]

列宁亦认为，“随着经营规模的扩大和机器的使用”，“劳动生产率”将“大大提高”。[4]因此，“列宁以马克思信徒，自当赞成大农之经营。大农之经营能适用近代的科学与技术，以为增加绝大之农业生产力”。因而，列宁主张大农经营应“采用社会主义的大农组织”，即所谓的“农业组合”；并予以“奖励原则的政策大农经营之实施”。[5]

同时，“列宁者于社会主义之社会，预想小农经营，尚有长存之可能”。因而，列宁主张应“注意”对“小农组织之保护改善”，并“提倡种种之方策，以增加彼等之生产力。如供给农民改良之种子，与人造肥料，普及科学上之知识，给予科学之助言，及援助”。[6]

因此，列宁认为，大营农经营能有效利用科技发展成果，极大地推动生产力发展，所以，对大营农经营要施以奖励政策；而小农户经营在社会主义社会仍将长久存在，亦应予以保护改善与“援助”。[7]

与马克思主义小农户大营农经营观一脉相承，邓小平“两个飞跃”理论则深刻地阐明了中国社会主义农业改革与发展必须坚持家庭联产承包责任制基础上的家庭承包经营长期不变与发展集体化集约化适度规模经营相结合。

1990年邓小平在关于《国际形势与经济问题》的谈话中明确指出：“中国社会主义农业的改革和发展，从长远的观点看，要有两个飞跃。第一个飞跃，是废除人民公社，实行家庭联产承包为主的责任制。这是一个很大的前进，要长期坚持不变。第二个飞跃，是适应科学种田和生产社会化的需要，发展适度规模经营，发展

---

〔1〕参见中共中央马克思恩格斯列宁斯大林著作编译局编译：《马克思恩格斯选集（第四卷）》，人民出版社1995年版，第310页。

〔2〕参见刘宝书编译：《马克思与列宁之农业政策》，上海太平洋书店1928年版，第33～34页。

〔3〕参见刘宝书编译：《马克思与列宁之农业政策》，上海太平洋书店1928年版，第45～47页。

〔4〕参见《列宁全集（第一卷）》，人民出版社1955年版，第5页；《列宁全集（第十六卷）》，人民出版社1959年版，第436页。

〔5〕参见刘宝书编译：《马克思与列宁之农业政策》，上海太平洋书店1928年版，第23页、第25页。

〔6〕参见刘宝书编译：《马克思与列宁之农业政策》，上海太平洋书店1928年版，第24页。

〔7〕参见《列宁全集（第四卷）》，人民出版社1958年版，第79页；《列宁全集（第六卷）》，人民出版社1959年版，第113页。

集体经济。这是又一个很大的前进，当然这是很长的过程。”[1]

1992年他在审阅中共十四大报告稿时再次强调，“关于农业问题，现在还是实行家庭联产承包为主的责任制”，但“在一定的条件下，走集体化集约化的道路是必要的”。“搞适度规模经营，就是集体化集约化。”他认为，“要提高机械化程度，利用科学技术发展成果，一家一户是做不到的”。“仅靠双手劳动，仅是一家一户的耕作，不向集体化集约化经济发展，农业现代化的实现是不可能的。”“农村经济最终还是要实现集体化和集约化”，“最终还是要走这条路”。[2]

中央提出的新时代农村土地权利制度改革政策，便是植根于马克思主义小农户大营农经营观并对邓小平“两个飞跃”理论的发展升华，强调坚持家庭承包经营在农业中基础性地位并保持长久不变与支持新型农业经营主体发展适度规模经营的有机统一。

十八届三中全会《决定》强调，“依法维护农民土地承包经营权”，“推进家庭经营、集体经营、合作经营、企业经营等共同发展的农业经营方式创新”。其后，在2014年《意见》中进一步提出，“引导土地经营权有序流转”“积极培育新型经营主体”“发展多种形式的适度规模经营”。“加快构建以农户家庭经营为基础、合作与联合为纽带、社会化服务为支撑的立体式复合型现代农业经营体系。”

党的十九大报告则明确提出，“巩固和完善农村基本经营制度”“保持土地承包经营关系稳定并长久不变”“实现小农户和现代农业发展有机衔接”；“培育新型农业经营主体”“发展多种形式适度规模经营”，构建新时代中国特色社会主义农业“经营体系”。

（二）法理支撑：地权二次分离理论

根据马克思主义小农户大营农经营观，在社会主义社会，小农户经营将长久存在，而大营农经营则是社会主义农业经营现代化发展的必然趋势。这就要求我们必须在坚持农户家庭经营的基础性地位，始终维护土地承包经营权性质不动摇，以稳定农户土地承包经营权的前提下，加快培育新型农业经营主体，发展适度规模经营，并为大营农创造出一种可市场化开放性流转的经营权，以便真正“放活土地经营权”。这样在所有权权能分离理论基础上，进一步基于英美地产权客体权益分离理论与大陆法系二次权能分离理论所创建的地权二次分离理论，就为在坚持土地承包经营权性质与功能不变前提下，从其客体权益中分离派生出一种可市场化开放性流转的土地经营权提供了坚实的法理支撑。

---

[1] 邓小平：《邓小平文选（第三卷）》，人民出版社1993年版，第355页。

[2] 中共中央文献研究室编，冷溶、汪作玲主编：《邓小平年谱（1975－1997）（下）》，中央文献出版社2004年版，第1349～1350页。

在英美法上，地产权的客体是指与土地相关的一切权益，而作为地产权客体的权益可以根据持续时间进行分割并分离出不同的权益持续期即地产权。[1]也就是说，土地上的地产权就是占有该土地的一段期间，或者说是一段时间内在土地上享有的权益。土地保有人享有的地产权就是根据不同时间享有的不同权益，也就是说，各种各样的地产权只不过是客体权益分离出的各种各样的时间权益而已。

可见，英美法上的地产权客体权益分离理论，主要是通过对一个整体地产权的客体权益按照持续时间进行分割并分离出各种不同权益持续期的地产权，以达到对土地的社会化利用。

这就启发我们通过一个全新的视角来重新审视大陆法系传统的权能分离理论。虽然在大陆法系传统上，强调所有权的客体只能是有体物，但当从整个物权体系来考虑时，大陆法系的物权客体与英美法的地产权客体权益，其实是相通的。从历史角度看，大陆法系自罗马法以来，物权的客体就既可以是有体物，也可以是无体物，或者说可以是法律上的权利或权益。典型地，如就用益物权设定担保物权，客体就是用益物权这一权利或者权益。[2]德国民法学者卡尔·拉伦茨则在此基础上系统地提出了三层次权利客体理论。[3]日本民法学者我妻荣也认为："基于所有权设定地上权或者抵押权，不是将构成所有权内容的一种权能予以分离，而是对整体性权利内容的一部分具体化之后的让与。"[4]这就充分说明物权的客体，与英美法的地产权客体权益论相似，也可以是法律上的权利或权益。

同时，由于在大陆法系传统中，所有权具有永久性。所有权主要通过其使用权能与变价权能的分离，[5]创设出用益物权与担保物权，以实现物的使用价值与交换价值，达到物尽其用。但这种传统的所有权权能分离理论，这里称为"一次权能分离理论"，容易导致物权僵化，不能灵活地适应社会发展的需要。

其实，如果从整个财产权体系来考察，大陆法系的权能分离理论与英美法上的客体权益分离理论具有相似的功效。因为，正如拉伦茨所认为的，不仅所有权的权

---

〔1〕 See William Blackstone, Commentaries, On the Laws of England (1765—1769) Vol. Ⅱ, of the Rights of Things (1766), The University of Chicago Press, 1979, p. 103.

〔2〕 See Antonio Gambaro, Property Rights in Comparative Perspective: Why Property Is So Ancient and Durable, 26 The Tulane European and Civil Law Forum, 2011, p. 215.

〔3〕 卡尔·拉伦茨认为，第一层次的权利客体，即支配权或利用权的客体是物，而且按《德国民法典》第90条的规定，只能是有体物；但他认为，第二层次的权利客体，即处分行为或处分权的客体则是权利和法律关系（权利关系）；第三层次的权利客体是可以作为处分标的财产上的整体权利或权益。参见[德]卡尔·拉伦茨：《德国民法通论（上册）》，王晓晔、邵建东、程建英、徐国建、谢怀栻译，法律出版社2003年版，第377~378页。

〔4〕 [日]我妻荣：《新订物权法》，罗丽译，中国法制出版社2008年版，第269页。

〔5〕 参见[德]鲍尔·施蒂尔纳：《德国物权法（上册）》，张双根译，法律出版社2004年版，第32页。

能可以分离出用益物权和担保物权，这些所有权分离出的权利即“权利上的权利”的权能或权益也可进行分割并分离出独立的、可以转让的新的权利。并且他认为，“权利上的权利”权能分离产生出的新权利总是与产生它的那个权利具有同样的结构，如产生新权利的权利是一个债权，则其权能分离产生出的新权利就有类似债权的特点；如是一个物权，分离产生出的新权利则具有物权的特点。[1]德国民法学者鲍尔与施蒂尔纳也认为，其他财产权也可以像所有权一样分离出用益权能与变价权能。[2]这就是说，大陆法系的权能分离理论不仅包括所有权的“一次权能分离理论”，而且包括其他权利或权益的“二次权能分离理论”。

从历史的角度看，大陆法系的财产权同样一直是按照时间来创设的，当单独考察所有权时，似乎把时间维度推到一边而不予考虑，但当从整个财产权体系来考虑时，时间就立即成了主要的相关因素。[3]因而，大陆法系的权利客体理论、权能分离理论与英美法上的客体权益分离理论有异曲同工之妙，即都是按时间维度来从其权能或客体权益中分离创制出财产权或地产权的。

可见，虽然大陆法系传统的权能分离理论仅是指从所有权权能中分离出用益物权与担保物权，但同时大陆法系的权能分离理论也包括其他权利或权益的“二次权能分离理论”：即这些所有权分离出的权利即“权利上的权利”的权能或权益也可按时间维度再次进行分割并分离出独立的、可以转让的新的权利。并且如产生新权利的权利是一个债权，则其权能或权益分离产生出的新权利就有类似债权的特点；如是一个物权，分离产生出的新权利则具有物权的特点。具体到我国地权而言，即根据传统权能分离理论或“一次权能分离理论”，从农地所有权权能中分离出农地用益物权比如土地承包经营权；再根据“二次权能分离理论”，从农地用益物权比如土地承包经营权的客体权益中分离派生出新的权利。而由于我国现行土地承包经营权兼具约定债权性与法定物权性，因此，从其客体权益中分离派生出的新权利，就既可以是债权性土地经营权，亦可通过法律或法律解释创制为物权性土地经营权。这正是我国《地权二次分离理论》的独特之处，也是其能为旨在“放活土地经营权”的新时代农村土地权利制度改革政策提供有力法理支撑的根本所在。

这样，在传统权能分离理论基础上，基于英美地产权客体权益分离理论与大陆法系二次权能分离理论所创建的《地权二次分离理论》就必然具有以下独特法律特征：

---

〔1〕 参见［德］卡尔·拉伦茨：《德国民法通论（上册）》，王晓晔、邵建东、程建英、徐国建、谢怀栻译，法律出版社2003年版，第297～298页。

〔2〕 参见［德］鲍尔/施蒂尔纳：《德国物权法（下册）》，申卫星、王洪亮译，法律出版社2006年版，第718页。

〔3〕 See supra note：Property Rights in Comparative Perspective：Why Property Is So Ancient and Durable，p. 228.

第一，其中心目标是促进土地的社会化利用。以达到地尽其用，充分发挥土地的使用价值与交换价值。第二，其地权客体既可以是土地这一有体物也可以是无体物：即可以是法律上的权利或权益。第三，其客体权益可以进行多次分离。[1]当第一次分离出的权利不能满足土地社会化利用的需要时，就可以进行第二次分离，以达到地尽其用，顺应社会的需求。第四，其一直把时间维度作为其权能或权益分离创制地权的中心考虑因素。即按照时间维度来从其权能或客体权益中分离创制地权。第五，其具有灵活性与法定性。权能或权益分离产生新权利，并非随意分割，而是基于农地社会化利用的需要。如从土地承包经营权客体权益中分离派生出债权性经营权以顺应农地灵活经营实践；通过法律或法律解释对其客体权益进行分割并分离创设出物权性经营权以满足农地抵押及长期经营所需。从而使其权能或权益分离派生出的新型地权既具有债权的灵活性又体现物权的法定性，以能全面灵活地满足社会需求适应实践需要。

而这种具有独特法律特征的地权二次分离理论的创建，则既可使我国农地制度改革能坚持农地集体所有家庭承包经营制度并确保农户土地承包经营权性质与功能不变，又可从其土地承包经营权客体权益中分离派生出一种可市场化开放性流转的土地经营权。并以债权性流转的经营权顺应实践中灵活经营的需要；物权性经营权满足实践中可转让及抵押之需，同时通过民事特别立法及司法解释予以制度构建，且在未来民法典编纂中明确为法定用益物权。这样既能维护集体土地对每个集体成员的生存保障功能，又可促进其有效利用的财产发展功能，克服现行农户土地承包经营权这种承载着保障与发展双重功能的复合性权利所导致的农地利用封闭、流转不畅的模式僵化问题，从而真正实现“放活土地经营权”的改革价值目标。

这与中央因应农地制度改革实践需要适时提出的旨在“放活土地经营权”的农村土地权利制度改革价值目标的法实现机理高度契合！十八届三中全会提出“依法维护农民土地承包经营权”，党的十九大进一步明确要求其保持“稳定并长久不变”，这就为土地承包经营权客体权益在时间维度上分割出具有时间权益特质的土地经营权提供了可能性；而既要严守“坚持家庭经营在农业中的基础性地位”“保持土地承包关系稳定并长久不变”以维护农户土地承包经营权性质不动摇这一新时代地权改革政策基础，又要强化“发展多种形式适度规模经营”、满足“新型农业经营主体”对可市场化开放性流转的土地经营权的经营实践需要以放活土地经营权自由流转这一新时代地权改革政策为核心，就为地权二次分离理论提供了必要性。

同时，这一地权二次分离理论在分离创制物权性经营权场合，也是符合《物权法》科学原理的，并且早已在我国立法实践中一直适用亦与我国立法传统相符。在

[1] 关于权能分离的多样性，可参见王利明、尹飞、程啸：《中国物权法教程》，人民法院出版社2007年版，第138～139页。

我国，几乎所有涉及土地承包经营权的法律均规定在国家所有由集体使用的土地上可通过地权二次分离再设立土地承包经营权。〔1〕因为国家所有由集体使用的土地，集体拥有的应是土地使用权，这样在土地权利结构中就形成了一个在土地所有权之上设立土地使用权，又在土地使用权之上再设立土地承包经营权的梯次结构。这种权利生成的法理逻辑便是地权二次分离理论在我国立法实践中的灵活应用。这也充分说明了两个性质相同的他物权是可以并存在同一物上的，〔2〕这并不违背物权法关于“一物一权”原则的科学原理。

三、农村土地权利制度改革的实践基础

实地调查表明，小规模农户家庭经营是新时代中国特色社会主义农业经营的底色，而大营农多种形式适度规模经营则是其上激荡着的一道道亮丽风景线。这是马克思主义小农户大营农经营观在中国新时代适用的实践基础。而在马克思主义小农户大营农经营观与新时代中国农业经营实践相结合中产生的旨在“放活土地经营权”的承包地改革政策，其政策基础即要求“稳定农户承包权”，明确将集体土地的承包经营权落实到每个农户即总体上“确地到户”；其政策核心则是强调“放活土地经营权”，提出在非农就业充分、社会保障健全、经济发达地区可实行“确权确股不确地”，〔3〕以利将由此形成的土地经营权投入农地一级市场自由流转，按市场机制配置给作为大营农多种表现形式的各新型农业经营主体。进而根据地权二次分离理论，在坚持农户土地承包经营权性质与功能不变前提下，从其客体权益中分离派生出可市场化开放性流转的土地经营权，以确保小农户经营与大营农经营优势互补，共同发展，真正“放活土地经营权”，顺应我国农业经营实践需要。

（一）小农户经营与稳定农户承包权

在我国农业发展中，历史以来，农民都希望拥有一块属于自己的土地，而能经营自家的承包地，也是当前农民的最基本愿望。我们不能忽视这一在我国延续了几

〔1〕如《民法通则》第80条第2款规定：“公民、集体依法对集体所有的或者国家所有由集体使用的土地的承包经营权，受法律保护。”1986年《土地管理法》第12条规定：“集体所有的土地，全民所有制单位、集体所有制单位使用的国有土地，可以由集体或者个人承包经营，……土地的承包经营权受法律保护。”《农村土地承包法》第12条第2款规定：“国家所有依法由农民集体使用的农村土地，由使用该土地的农村集体经济组织、村民委员会或者村民小组发包。”（2018年修正后为第13条第2款）《物权法》124条第2款规定：“农民集体所有和国家所有由农民集体使用的耕地、林地、草地以及其他用于农业的土地，依法实行土地承包经营制度”，等等。

〔2〕屈茂辉：《农村土地承包经营权债权性质驳议》，载《法制与经济》1998年第1期。

〔3〕关于土地承包经营权确权方式，2014年中央一号文件提出：“可以确权确地，也可以确权确股不确地”；2015年中央一号文件进一步强调：“总体上要确地到户，从严掌握确权确股不确地的范围。”

千年的小农经济以及由此形成的小农意识。[1]对农民来说，耕作农地，不仅仅是一种经济行为，还是一种社会行为和文化行为。[2]在自家的承包地上，他们谋生，他们发展，他们自在地生活并实现其自身存在的价值。不必像在城里天生就是“人格减等”贴着标签的“农民工”。

而具有中国特色的小规模农户家庭经营，在当前所呈现出的“兼业化”[3]“半工半耕”[4]特征，则是由农业生产规律与季节性特点及我国农村传统家庭文化所决定的。老年农民90%以上常年务农照看着农地；而大多数中年农民则是农闲时进城务工，农忙时返乡务农；青年农民常年务农的则远不足10%，有的地方甚至不足1%。[5]尽管如此，但这种“半工半耕”的农户家庭经营模式却符合农业生产自身的规律和农作物生长的季节性与周期性所表现出来的农事弹性特点，亦符合我国农村一般祖孙三代共同生活的传统家庭结构。因而具有广泛适应性与合理性。并且，农户享有的土地承包经营权不仅仅担负着家庭生产经济发展功能，更担负着家庭成员就业尤其是成员中尚无耕作能力及已丧失耕作能力者的生存社会保障功能。因此，小农户经营仍然是维持我国农村社会稳定的最基本经营方式。

根据笔者负责的国家社科基金项目“民法典编纂中的集体农用地制度研究”课题组于2017年1月及7月、8月在8个省份的53个村301个农户进行的问卷调查，[6]在面对“您愿意自己耕种承包地吗”这一问题时，其中云南、湖南、江西、安徽、河南、河北、江苏、广东八省的受访农户分别有90.50%、81.43%、83.86%、80.57%、79.69%、73.92%、43.08%、39.85%表示愿意。不过像江苏、广东等省内不同区域之间受访农户的意愿差别也很大，这里取的都是每省总受访农

---

〔1〕 黄少安：《从家庭承包制的土地经营权到股份合作制的“准土地股权”——理论矛盾、形成机理和解决思路》，载《经济研究》1995年第7期。

〔2〕 陈翰笙、冯峰：《解放前的地主与农民：华南农村危机研究》，中国社会科学出版社1984年版，第4~5页；付会洋、叶敬忠：《论小农存在的价值》，载《中国农业大学学报：社会科学版》2017年第1期。

〔3〕 张璟、程郁、邓风田：《市场化进程中农户兼业对其土地转出选择的影响研究》，载《农业经济研究》2016年第7期。

〔4〕 黄宗智、彭玉生：《三大历史性变迁的交汇与中国小规模农业的前景》，载《中国社会科学》2007年第4期；贺雪峰：《关于“中国式小农经济”的几点认识》，载《南京农业大学学报（社会科学版）》2013年第6期。

〔5〕 数据来源于笔者2017年1月及7月、8月实地调查时，在河北省赵县西湘洋村、湖南省衡东县状元村、广东省茂名市尼乔村等村委会与相关村委成员访谈后所作的集中统计。这里的老年农民、中年农民、青年农民分别指60岁以上、40-59岁、39岁以下的农民。下同。

〔6〕 本文所涉的问卷调查，除课题组成员外，还有18位研究生全程参与。数据统计分析由本负责人及两位研究生共同完成，责任由本人承担。所取得的数据只能大体上说明调查所涉我国不同省份地区、不同年龄段受访对象之间的差异性、多样性与不平衡性，但并不具绝对统计学意义，不具含盖周延性甚至代表性。因此，本文所有数据仅供参考，以免可能犯以“逻辑的事物‘来代替’事物的逻辑”之错误。

户的百分比。但总体上还是可以看出，广大中西部地区的受访农户种田意愿都比较高。除经济发达的沿海省份与城市郊区外，绝大多数农村还是由农户直接依据以家庭承包方式取得的土地承包经营权来耕种农地的。可见，土地仍然是绝大多数农户的基本生存保障资料，他们对土地的感情非常深厚，即使种地辛苦也愿意自己耕种。

同时，小农户经营在同一土地面积上，普遍较规模经营年产出多，加之农户对自己承包地的珍视，使得农村土地能得到更合理利用。所以，一般来说，小农户经营较规模经营要“优于收获率”“优于土地利用之强度”。[1]所以，农户家庭经营始终是农业生产最基础的形式。

因而，农户土地承包经营权还具有广泛的适应性和强大的生命力。农民土地权利不受侵犯是农民强烈的呼声，《物权法》保护农户物权性土地承包经营权就是对这一呼声的回应。所以，对这一农民在长期经营实践中争取的行之有效深得人心的法定物权，必须长久坚持不动摇！[2]不能随意拆分或减损他们的土地权利。按照马克思主义小农户大营农经营观，小农户经营可能“长存”，以家庭为单位从事农业经营是农民可接受的生产经营形式，应予“保护改善”与“援助”。中央提出的“放活土地经营权”的政策基础就是马克思主义小农户经营观在我国新时代小农户家庭经营实践基础上的灵活运用。它强调“稳定农户承包权”就是要落实每个农户对集体土地的“承包经营权”，强调抓紧落实农户土地承包经营权登记制度，明确土地承包经营权确权要坚持“以确权确地为主”，总体上要“确地到户”，同时党的十九大报告明确提出“第二轮土地承包到期后再延长三十年”，真正让农民吃上“定心丸”。[3] 总之，其政策底线就是“不能把农民利益损害了”。[4]

因此，“放活土地经营权”，引导土地经营权有序流转、培育新型农业经营主体、发展适度规模经营、推进农业现代化，必须坚持农户家庭经营、维护农民土地承包经营权这一现实基础。这就必须遵循地权二次分离理论的科学原理，从土地承包经营权客体权益中分离派生出土地经营权后，只是权益存续期的让与，并不会改变土地承包经营权的性质。就像所有权分离出他物权后，所有权的性质仍不会改变一样。这样，反过来，坚持小农户家庭经营这一现实存在就是使得地权二次分离理论的创建在“放活土地经营权”改革中成为必要的经营实践基础。

---

〔1〕 参见刘宝书编译：《马克思与列宁之农业政策》，上海太平洋书店1928年版，第45页。

〔2〕 陈小君：《我国农村土地法律制度变革的思路与框架——十八届三中全会〈决定〉相关内容解读》，载《法学研究》2014年第4期。

〔3〕 参见2016年4月25日习近平总书记在安徽凤阳县小岗村主持召开农村改革座谈会并发表的重要讲话：《加大推进新形势下农村改革力度 促进农业基础稳固农民安居乐业》，网址：http://www.chinanews.com/gn/2016/04-28/7852799.shtml，最后访问时间：2018年7月9日。

〔4〕 参见2016年《意见》。

（二）大营农经营与放活土地经营权

根据农业部发布的统计数据，截至2016年6月底，全国承包耕地流转面积达到4.6亿亩，超过承包耕地总面积的1/3，在一些东部沿海地区，流转比例已经超过1/2。全国经营耕地面积在50亩以上的规模经营农户超过350万户，经营耕地面积超过3.5亿多亩。其中，家庭农场、农民合作社、农业产业化龙头企业等新型经营主体数量已超过270万家。[1]虽然农地流转多数发生在经济发达的沿海省市与城市郊区，[2]但随着我国工业化、信息化、城镇化和农业现代化的深入推进，农村劳动力大量转移，作为大营农多种表现形式的新型农业经营主体在各地不断涌现并成为我国重要力量，土地经营权流转与大营农多种形式适度规模经营发展已成为必然趋势。

而为解决大营农从事规模经营的融资需求，截至2017年6月30日，除贵州省、西藏自治区、新疆维吾尔自治区外，全国有28个省（市、区）纷纷以“农村承包土地的经营权抵押贷款”“农村土地经营权抵押贷款”“农村流转土地经营权抵押贷款”“农村土地流转经营权抵押贷款”等形式出台规范承包地经营权抵押融资的多种层次文件达60多个。[3]可见，实践中，大营农发展适度规模经营也迫切要求获得一种可抵押的土地经营权以解决扩大生产的融资所需。

同时，根据课题组2017年1月及7月、8月在8个省份的问卷调查，在面对“您是否有考虑要扩大农地经营规模”这一问题时，其中云南、湖南、江西、安徽、河南、河北、江苏、广东八省的受访农户分别有50.39%、58.10%、54.55%、60.86%、67.09%、73.06%、85.52%、90.36%表示有考虑。可见，经济发达的沿海省市与城市郊区的农户扩大经营规模的意愿较强烈。

而有考虑要扩大经营规模的203个受访农户在面对“如考虑扩大农地经营规模，您希望以什么方式取得土地经营权”这一问题时，有69.05%的受访农户表示会以租赁方式取得农地经营权扩大经营规模；另有30.95%的受访农户表示希望以转让方式取得农地经营权以扩大经营规模。显然，选择“租赁方式”的比例远高于“转让方式”。但值得注意的是，如果将所有受访农户成员按不同年龄段分组来调查选择扩大经营规模希望取得农地经营权的方式时却发现，其中39岁以下年龄段的青年农民则有近半选择以转让方式取得农地经营权来扩大经营规模，占比达49.77%；另外60岁以上年龄段的老年农民虽然多数没有考虑要扩大经营规模，但

---

〔1〕数据来源：央广网：《农业部：全国承包耕地流转比例已超过三分之一》，网址：http://news.xinhuanet.com/politics/2016-11/17/c_1119933443.htm，最后访问时间：2018年9月2日。

〔2〕参见凌斌：《土地流转的中国模式：组织基础与运行机制》，载《法学研究》2014年第6期。

〔3〕资料来源：地方法规规章——北大法宝法律数据库——法律法规检索平台，网址：http://www.pkulaw.cn/，最后访问时间：2018年9月2日。

在有考虑的受访老年农民中，则以租赁农地经营权方式扩大经营规模的占绝大多数，占比达89.07%。可见，青年农民似乎有倾向以土地经营权转让方式即希望拥有物权性转让及抵押的经营权来扩大经营规模；而中年农民尤其老年农民则倾向以租赁方式来扩大经营规模。且在不同省份、不同地区的受访农户同一年龄段成员的诉求基本上一致。

因此，实践表明，新时代"放活土地经营权"改革政策对当前农地制度改革具有重大指导价值，而赖以支撑的地权二次分离理论则完全具有创建的可能与必要。按照马克思主义小农户大营农经营观，以合作为特征的大营农经营适应现代化农业发展，能适用最新科学技术成果以最大程度增加农业生产力，应施以奖励政策。中央提出的旨在"放活土地经营权"的承包地改革政策核心就是马克思主义大营农经营观在我国新时代促进多种形式适度规模经营这一改革实践基础上的深入发展，是邓小平集体化、集约化经营理论在新形势下的全面深化。它强调"放活土地经营权"，就是允许承包农户将土地经营权依法自愿配置给有经营意愿和经营能力的主体，并明确提出"确权确股不确地"的土地承包经营权确权方式，"引导土地经营权规范有序流转"，"稳步推进土地经营权抵押"，以发展多种形式的适度规模经营。且明确要求"完善农业支持保护制度"，"优化财政支农资金使用"，"把一部分资金用于培养""更多爱农业、懂技术、善经营的新型职业农民"，"实施现代青年农场主培养计划"，努力走出一条"生产技术先进、经营规模适度、市场竞争力强、生态环境可持续的中国特色新型农业现代化道路"。[1]其政策重心就是要求法律上必须为发展适度规模经营与农业现代化的新型农业经营主体创造出一种可市场化开放性流转的土地经营权。以利在依据合同法建立债权性租赁经营权的同时，在需要转让及抵押的场合，通过登记设立物权性经营权，以满足灵活经营的实践需要并稳定农业经营者尤其是青年农业经营者长期经营的信心！

这就必须遵循地权二次分离理论，在坚持农地集体所有家庭承包经营制度前提下，从土地承包经营权客体权益中分离派生出独立的可市场化开放性流转的农地经营权。从而使根据《民法总则》规定取得法人资格的农村集体经济组织能作为市场主体，将按"确权确股不确地"方式形成的土地经营权统一打包进入农地一级市场开放性流转，由通过市场机制取得农地经营权的专业大户、家庭农场、农民合作社、农业企业等大营农发展多种形式的适度规模经营。进而使分离派生出的农地经营权真正摆脱成员身份性的羁绊突破本集体经济组织的藩篱并真正实现政社分开、政经分离，改变政府在农地流转中推动运作、直接干预的管理职能，且向发展农业规模经营提供财政扶持、奖励政策的服务职能转型。通过实施65岁以上老年农民离农终身补贴政策，消除土地流转障碍，推动农地资源合理配置；并重点通过实施

〔1〕参见党的十九大《报告》及2014年《意见》、2016年中央一号文件、2017年《意见》。

对愿意经营农业想要扩大经营规模的青年农民的补贴与奖励政策，以促进农业的年轻化、专业化、规模化、现代化发展。从而切实解决当下土地细碎化、地权分散化、效益低下弃耕抛荒的经营局面，[1]并充分发挥农地的生产功能，促进农业适度规模经营，提高劳动生产效率，推动农业经营从保障型、粗放型、过度分散型向效益型、集约型、适度规模型转变，以达至“放活土地经营权”的改革目标，实现新时代中国特色社会主义农业农村现代化。

四、农村土地权利制度改革政策的法权形态

农村土地权利制度改革，其政策实践精神的前提是“落实集体所有权”，基础是“稳定农户承包权”，核心则是“放活土地经营权”。这是马克思主义小农户大营农经营观在作为新时代中国小规模农户家庭经营底色与大营农适度规模经营趋势这一经营实践基础上高度融合的理论结晶，是邓小平“两个飞跃”理论在当前农地经营改革新形势下的发展升华。由此决定其法权形态就应是集体土地所有权、农户土地承包经营权、农业经营者二元化土地经营权的分置并行，其法权结构生成逻辑即遵循《民法总则》落实集体土地所有权规定前提下，在稳定农户土地承包经营权性质与功能不变基础上，根据地权二次分离理论的科学原理，从土地承包经营权客体权益中分离派生出独立的可市场化开放性流转的土地经营权。

（一）稳定农户承包权政策与土地承包经营权法权

“稳定农户承包权”政策，是农村土地权利制度改革的政策基础在表述上的高度抽象，其目的就是要充分“凸显农地对农民家庭或个人生存与发展的社会保障功能、实现其公平价值目标、促进农业基础稳固农民安居乐业、维护农村社会和谐稳定”这一改革政策精神。但其政策内涵则是“要依法公正地将集体土地的承包经营权落实到本集体经济组织的每个农户”，是要“确权确地”“确地到户”以强化农户对农地的承包经营权。其政策目标就是要从维护农民生存保障权这一具有宪法性权利的高度来确保农户的承包经营权。因此，其具体化为法权形态就是要稳定“农户土地承包经营权”这一法定物权。这既是马克思主义关于社会主义小农经营可能长存的小农户经营观的具体要求，也是由新时代中国特色社会主义小规模农户家庭经营实践基础所决定的，更是在农民群众自发创立、经党的政策肯定国家法律确定、再由群众在改革实践中探索发展、经政策完善后上升至法律规范并为法律进一步发展完善指明目标方向，这一良性互动螺旋式发展的农地制度变革历史中所形成的。因而具有科学的理论依据和深厚的实践基础与历史底蕴。

---

[1] 谢鸿飞：《农村土地可以释放更多红利》，载《人民日报》2016年1月28日。

“农户土地承包经营权”肇始于家庭联产承包责任制并萌芽于其中的“包产到户”。[1]1978年12月党的十一届三中全会之后，我国开始了以“包产到户”的家庭联产承包责任制为核心的农村经济体制改革，这场“包产到户”的农村土地制度改革是由农民群众自发进行的。邓小平说，有两个省带了头，“一个是四川省”，“一个是安徽省”，“根据这两个省积累的经验”，中央“制定了关于改革的方针政策”。[2]

1980年9月27日中共中央印发了《关于进一步加强和完善农业生产责任制的几个问题》指出，群众“要求包产到户的，应当支持群众的要求，可以包产到户，也可以包干到户，并在一个较长的时间内保持稳定”。[3]1982年1月1日中共中央批转的《全国农村工作会议纪要》进一步指出，“目前实行的各种责任制，”“包产到户”，“包干到户”，“都是社会主义集体经济的生产责任制”。[4]从而第一次从政策上正面肯定了以“包产到户”为主要形式的家庭承包制，确定了农村改革的基本方向。[5]

1983年1月2日中共中央印发的《当前农村经济政策的若干问题》提出，采取“统一经营与分散经营相结合的原则”“完善联产承包责任制”，确立了农业基本经营制度。1984年1月1日中共中央发布的《关于一九八四年农村工作的通知》提出“土地承包期一般应在十五年以上”，并提出调整土地应“本着‘大稳定，小调整’的原则”。1986年1月1日中共中央、国务院发布的《关于一九八六年农村工作的部署》指出：“家庭承包是党的长期政策，决不可背离群众要求，随意改变。”从而实现了家庭联产承包经营向家庭承包经营的演变，并从政策上肯定了农户土地承包经营权。

此后，土地承包经营权在法律上亦得到了认可与确定。《民法通则》第80条第2款规定公民对“土地的承包经营权，受法律保护”。首次从民事基本法律的层面肯定了农民享有的土地承包经营权，并把土地承包经营权作为一项与财产所有权有关的财产权予以保护。1986年《土地管理法》第12条亦对“土地的承包经营权受法律保护”作出了规定。1993年宪法修正案则在第8条第1款写入了“家庭联产承包为主的责任制”，从而将土地承包经营关系的法定化上升到了宪法的高度。

---

〔1〕参见王景新：《中国农村土地制度的世纪变革》，中国经济出版社2001年版，第18页。

〔2〕参见邓小平：《邓小平文选（第三卷）》，人民出版社1993年版，第238页。

〔3〕参见中共中央文献研究室编：《三中全会以来重要文献选编》（上），中央文献出版社1982年版，第474页。

〔4〕参见中共中央文献研究室编：《三中全会以来重要文献选编》（下），中央文献出版社1982年版，第364页。

〔5〕参见蔡昉：《中国农村改革三十年——制度经济学的分析》，载《中国社会科学》2008年第6期。

随着农村改革实践的进一步发展，土地承包经营权制度也得到政策的进一步完善并将完善的土地承包经营权政策上升至法律规范予以确定。

1993年11月5日中共中央、国务院发布的《关于当前农业和农村经济发展的若干政策措施》指出："以家庭联产承包为主的责任制和统分结合的双层经营体制，是我国农村经济的一项基本制度，要长期稳定，并不断完善。"同时提出，"在原定的耕地承包期到期之后，再延长30年不变"，以及"在承包期内实行'增人不增地、减人不减地'"。1995年3月28日国务院批转农业部的《关于稳定和完善土地承包关系的意见》明确提出："建立土地承包经营权流转机制"，"对承包标的依法转包、转让、互换、入股，其合法权益受法律保护。"

随后，1998年修订的《土地管理法》第14条便对"土地承包经营期限为三十年"予以明确规定。1999年宪法修正案将第8条第1款修改后规定："农村集体经济组织实行家庭承包经营为基础、统分结合的双层经营体制。"《农村土地承包法》则作为专门规定土地承包经营权制度的立法，强调以维护农民合法权益为核心，赋予农民长期而稳定的土地承包经营权，并对土地承包经营权的流转予以具体规范。充分体现了中央强化土地承包经营权的指导思想。而《物权法》则将土地承包经营权明确规定为法定物权，并在第125条将其强调为一种对承包地进行农业经营的用益物权。[1]从而实现了土地承包经营权由债权性向物权性的演化，并最终定格为一种兼具成员身份性、约定债权性与法定物权性的复合性权利，一种承载着社会保障功能与经济发展功能的法定物权。同时，在《土地管理法》第14条与《农村土地承包法》第20条关于"耕地的承包期为三十年"规定的基础上，《物权法》第126条第2款增设了"前款规定的承包期届满，由土地承包经营权人按照国家有关规定继续承包"的规定，旨在将土地承包经营权确定为一种可长久存在的权利：即对农户家庭而言，是一种永久性权利，对农户成员来说，则是一种相当于英美法上的终身地产权。[2]这正是马克思主义关于社会主义小农经营可能长存的小农户经营观在"农户承包权"政策的法权形态上的具体体现。

为此，2008年中共十七届三中全会做出了"赋予农民更加充分而有保障的土地承包经营权，现有土地承包关系要保持稳定并长久不变"的重大决定，从而把这一法权形态体现的法精神予以政策确认并为土地承包经营权制度进一步发展完善确定了基本指导原则。这就为新时代农村土地权利制度改革的提出奠定了政策基础并确定了基本目标。

---

〔1〕《物权法》第125条规定："土地承包经营权人依法对其承包经营的耕地、林地、草地等享有占有、使用和收益的权利，有权从事种植业、林业、畜牧业等农业生产。"

〔2〕［美］约翰G. 斯普兰克林：《美国财产法精解》，钟书峰译，北京大学出版社2009年版，第107页。

（二）放活土地经营权政策与二元土地经营权法权体系

"放活土地经营权"政策，是对农村土地权利制度改革政策核心的生动形象表述。其基本精神是要释放农地的财产使用与交换价值功能，以提高农业生产效率，促进农业市场化、规模化、现代化发展；其基本内涵是要按"确权确股不确地"方式并通过市场机制为有经营意愿和经营能力的人创设出土地经营权以发展多种形式适度规模经营；其基本目标就是要营造出一种独立的、可市场化开放性流转的土地经营权。因此，其法权形态就是因农地灵活经营实践的债权性租赁经营权与满足可转让及抵押所需的物权性经营权的二元化。这不仅是马克思主义关于能有效利用科技成果、发展合作化规模经营、最大程度提高生产力的大营农经营观所要求的，而且是我国新时代年轻化、专业化、市场化、规模化、现代化农业经营改革实践的迫切需要，并有利于真正实现"放活土地经营权"这一新时代农村土地权利制度改革的核心价值目标。

上述实地调查表明，当前农地经营改革实践中，大多数情况都是依据《合同法》通过租赁方式取得债权性农地经营权来扩大经营规模的。这主要是因为在二元土地经营权体系中，债权性租赁经营权，其权利产生的方式比较简要。相较而言，其设定的形式更为灵活，程序更简便，内容更丰富。它一方面可根据权利人自身的需要设定该债权性经营权存续期限的长短；另一方面可以在合同中约定特别条款，在特定事由出现后可将土地重新复归土地承包经营权人经营。[1]因而更能适应灵活经营的实践需要。因此，完善农地经营权租赁制度，建立统一的、开放的农地经营权租赁市场，就成为当务之急与迫切之需。

但是，尽管在当下农地规模经营改革实践中，对债权性租赁经营权的需求远超于物权性经营权，但随着农业市场化、规模化、现代化的进一步发展，基于对权利保护刚性、流通安全性及增强与所有权、承包经营权同质抗衡能力以利长期经营的需要，对物权性转让及抵押的农地经营权的需求会逐渐增多。并且随着社会的全面发展，农村社会保障体系的完备建立，按照梅因的论断："进步社会的运动"，"是一个从身份到契约的运动"，[2]土地承包经营权亦终将脱去成员身份性的羁绊，冲破本集体经济组织的藩篱，为一种独立的、排他的、开放的、可转让及抵押的完全物权性经营权所取代。所以，民法典编纂应具前瞻性，应未雨绸缪，因此，有必要对二元土地经营权体系中的这种完全物权性土地经营权的法权形态作出符合传统民法规范与用益物权属性的科学界定。

---

〔1〕陈小君：《我国农村土地法律制度变革的思路与框架——十八届三中全会〈决定〉相关内容解读》，载《法学研究》2014年第4期。

〔2〕［英］梅因：《古代法》，沈景一译，商务印书馆1959年版，第17页。

在传统民法中，并没有“经营权”这一概念，[1]“经营权”是一个非常现代性的词汇，二十世纪八十年代初才在我国出现。但“经营”一词，在我国古代是指“治理”之意，如《诗经·大雅·江汉》：“经营四方，告成于王。”[2]在近代，则是指“经理谋划”之意，如明·朱鼎《玉镜台记》第二八出：“好使谋略往经营，莫教荆棘萌歧径。”[3]在现代意义上，则是指“经管办理经济事业”，如“经营商业”等。[4]在国际上与“经理（manage）”同义，有“管理、处理、控制”之意，通常指从事于、忙于某项工作、事业。现代意义上的“经营”一词较早见于1928年刘宝书编译的《马克思与列宁之农业政策》，如“农业与工业之结合经营”，[5]及1933年潘冬舟翻译的《资本论》，如“经营”“农工业”。[6]在法律文本上则见于1930年印行的《国民政府颁行中华民国民法物权编》，如第774条规定“土地所有人经营工业”。[7]可见，一般而言，“经营”都是指经营农业、工业、商业、企业等。

而与“经营”相关的权利概念则最早见于1950年传入我国的《苏俄民法》中规定的“经营管理权”。[8]在我国，1978年12月22日通过的《中共十一届三中全会公报》也提出了“让地方和工农业企业在国家统一计划指导下有更多的经营管理自主权”。[9]但“经营权”概念第一次出现则是在我国1982年的中央一号文件《全国农村工作会议纪要》之中，该文件提出要“保证土地所有权与经营权的协调与统一”。[10]

作为一种民事权利，“经营权”在我国特指国有企业的财产经营权，并最先规定于1986年《民法通则》之中。[11]随后，1988年颁行的《全民所有制工业企业法》将企业的财产经营权具体规定为“企业对国家授予其经营管理的财产享有占

---

[1] 鲍荫民：《简论经营权之渊源》，载《中央社会主义学院学报》1998年第5期。

[2] 古代汉语词典编写组编：《古代汉语词典》，商务印书馆2002年版，第811页。

[3] 许少峰编：《近代汉语词典》，中华书局2008年版，第969页。

[4] 夏征农、陈至立主编：《辞海》，上海辞海出版社2009年版，第1149页。

[5] 参见刘宝书编译：《马克思与列宁之农业政策》，上海太平洋书店1928年版，第7页、第23页。

[6] 马克思：《资本论（第一卷第三分册）》，潘冬舟译，北平东亚书局1933年印行，第476页。

[7] 戴渭清辑：《国民政府颁行中华民国民法物权编》，上海民治书店1930年印行，第6页。

[8] 参见《苏俄民法》，汪毓源、徐步衡译，上海三民图书公司1950年发行，第16页。

[9] 参见前引《三中全会以来重要文献选编（上）》，中央文献出版社1982年版，第6页。

[10] 参见前引《三中全会以来重要文献选编（下）》，中央文献出版社1982年版，第364页。亦有学者指出：“企业享有经营权，这在1948年苏联学者就曾提出过，并于1961年由苏联的《民事立法刚要》从立法上加以肯定。”参见丁季民：《经营权与所有权》，载《法学研究》1987年第1期。但经笔者查询国家图书馆与上海图书馆所有现存中文文献并无此译本，该学者这里所称“经营权”，应该是《苏俄民法》中的“经营管理权”。

[11] 《民法通则》第82条规定：“全民所有制企业对国家授予它经营管理的财产依法享有经营权，受法律保护。”

有、使用和依法处分的权利”。从其规定可以看出，经营权不包括收益权能，因此并不具有用益物权属性。因为用益物权的核心是收益权能，是“用益物权人对他人所有的不动产或者动产，依法享有占有、使用和收益的权利”。[1]并且国有企业的财产经营权，作为我国经济体制转轨期间出现的特有权利概念，现已被现代企业制度的法人财产权概念所取代。

而“土地经营权”，在我国现行法律中则根本无此表述，且在我国经济体制改革初期，相关政策文件与实践中所用的土地经营权的范围异常广泛。既包括土地使用权的受让人在国有土地上进行的开发经营，也包括承包经营户在集体承包地上进行的承包经营。[2]所以有学者将农地“三权”中的“土地经营权”解读为包括土地承包经营权、集体建设用地使用权、宅基地使用权等在内的“农地使用权”。[3]并且从汉语构词法角度也可以看出，“经营权”的内涵大于“承包经营权”的内涵，“承包经营权”只是“经营权”的下位概念。[4]

这样，如果用“土地经营权”作为从农户土地承包经营权中分离派生出的可自由转让及抵押的法定用益物权的法权形态，则显然既不符合传统民法概念与用益物权属性的规范要求，也不符合法权结构的生成逻辑，不利于“放活土地经营权”这一改革核心价值目标的实现。

因此，对其法权形态的表达既要充分体现“放活土地经营权”改革的基本精神，也要根据法律规范的一般要求进行慎重的考量。根据现行《土地管理法》第4条关于按“土地用途，将土地分为农用地、建设用地和未利用地”的规定，并且考虑到与《物权法》中既有的“建设用地使用权”规定相协调统一，因而用具有完全物权性的“农用地使用权”来表达则更具规范性与合理性。就是最早规定“经营管理权”概念的苏俄民法，对其“集体农场的土地权”，也并未使用“土地经营权”概念，使用的亦是“集体农场的社会主义的土地使用权”概念。[5]我国台湾地区1993年提出的“民法”物权编修正草案亦曾提出“删除永佃权”“增设农用权”的主张。[6]

虽然在我国物权法的起草过程中，也曾有学者主张用“农地使用权”[7]“农用

---

〔1〕参见《物权法》第117条。

〔2〕参见金立琪、徐明：《论土地经营权》，载《中国法学》1989年第1期。

〔3〕参见高飞：《农村土地“三权分置”的法理阐释与制度意蕴》，载《法学研究》2016年第3期。

〔4〕参见赖丽华：《农村土地“三权分置”下经营权物权化的制度建构》，载《社会科学家》2016年第10期。

〔5〕参见［苏联］弗克斯：《苏联集体农场法》，宗华译，作家书屋1951年版，第170~171页。

〔6〕王泽鉴：《民法物权：用益物权·占有》（2），中国政法大学出版社2001年版，第64~65页。

〔7〕参见梁慧星主编：《中国民法典草案建议稿附理由：物权编条文、说明、理由、立法例》，法律出版社2013年版，第402~442页。

权”[1]来取代《民法通则》《土地管理法》《农村土地承包法》中的“土地承包经营权”概念，但主张沿用“土地承包经营权”概念的学者认为，这样“容易导致广大农民对法律产生一些认识上的偏差”。[2]因为“土地承包经营权”这一法律概念已经为“广大农民和各级政府所普遍接受，有着广泛的群众基础”。[3]其实，还有一个最根本的原因在于，源于家庭联产承包经营制的土地承包经营权还不是一种完全意义上的物权，是一种兼具成员身份性、约定债权性与法定物权性的复合性权利，所以无法用传统用益物权概念来表述。立法机关最终沿用了约定俗成的土地承包经营权概念是符合其实际的。

但按旨在“放活土地经营权”的农村土地权利制度改革政策精神从农户土地承包经营权中分离派生出的这种物权性土地经营权已经是一种可自由转让及抵押的完全性物权，在性质上已是真正的用益物权，具有用益物权的全部特质。因此，用更能体现用益物权属性的“农用地使用权”概念来表达其法权形态，不仅更加符合传统民法规范，而且在未来民法典编纂中能更好地将关于土地利用的用益物权按其目的与用途系统化为建设用地使用权与农用地使用权，从而彰显出作为二十一世纪民法代表的中国民法典应具的科学性、规范性、体系性、开放性与前瞻性，最为关键的是能更有效地实现“放活土地经营权”这一新时代农村土地权利制度改革的核心价值目标。

而且，采用“农用地使用权”这一法权形态，也符合党的政策主张与我国立法实践传统。如2001年12月30日中共中央就曾发布了《关于做好农户承包地使用权流转工作的通知》；《山东省农村集体经济承包合同管理条例》等地方性规范中也曾采用“土地使用权”概念；[4]1995年《担保法》第37条与其后的《物权法》第184条都有关于“耕地、宅基地、自留地、自留山等集体所有的土地使用权”“不得抵押”的规定；而2008年国土资源部施行的《土地登记办法》则直接采用了“农用地使用权”[5]这一概念。

而在现行农业经营实践中，可被归入“农用地使用权”这一法权形态的有望“放活”的物权性土地经营权情形主要有：其一，直接从农户以家庭承包方式取得

---

[1] 参见崔建远：《四荒拍卖与土地使用权——兼论我国农用权的目标模式》，载《法学研究》1995年第6期。

[2] 王利明：《物权法研究（第四版）（下卷）》，中国人民大学出版社2016年版，第804页。

[3] 房绍坤：《物权法用益物权编》，中国人民大学出版社2007年版，第65页。

[4] 如1999年颁布的《山东省农村集体经济承包合同管理条例》第33条规定：“承包方将承包的土地使用权部分或者全部转包、转让给第三者的，原承包方与发包方依据土地承包合同确立的权利义务关系不变。”

[5] 《土地登记办法》第2条第2款规定：“前款规定的国有土地使用权，包括国有建设用地使用权和国有农用地使用权；集体土地使用权，包括集体建设用地使用权、宅基地使用权和集体农用地使用权（不含土地承包经营权）。”

的土地承包经营权中分离派生出的物权性土地经营权；其二，从农户入股农村集体经济组织的土地承包经营权中分离派生出的物权性土地经营权；其三，从集体为农户确权确股不确地后形成的土地承包经营权中分离派生出的物权性土地经营权；[1]其四，从集体统一经营的农地所有权中分离出的土地经营权；其五，通过招标、拍卖、公开协商等非家庭承包方式取得的荒地等土地承包经营权；其六，国家所有由集体使用的农地的使用权等。

与农户土地承包经营权法权相比较，这些物权性土地经营权被塑造为“农用地使用权”法权后，便拥有其独具特征：第一，权利主体上，全面开放性，不再具成员身份性。即可以是一切农业经营者，不再严格限于本集体经济组织成员个人。第二，权利客体上，具有权益性与限定性。即系以土地承包经营权之权益为客体，并限于耕地（将来可扩展到所有农用地）的承包经营权。第三，权利内容上，完全物权性，不再具约定债权性。即权利内容完全由法律直接规定，不再通过承包合同约定。其可自由转让、抵押，无须经发包方或承包人同意。第四，权利期限上，时间维度性。即有法定的较长的权益持续期，以利长期经营。第五，权利设立上，登记生效性。以适应市场需要，维护交易安全。

正是基于以上特征，才能使按保障理念通过与集体签订承包合同的准行政方式配置的土地承包经营权与按私权理念通过基于市场原则依法律行为的物权变动规则设立用益物权方式创设的农用地使用权得以严格区分、各司其职；才能使农用地使用权成为真正独立的、排他的、可自由转让与抵押的完全性物权；才能与更能适应灵活经营实践需要的债权性租赁经营权共同构成可市场化开放性流转的二元土地经营权体系；才能真正实现“放活土地经营权”这一新时代农村土地权利制度改革的核心价值目标。

五、结语

可见，农村土地权利制度改革的基本精神是要确保坚持农地对农民的社会保障功能与促进农地经济发展功能的协调统一；基本内涵则是要在落实农地集体所有权前提下稳定农户承包经营权的基础地位，并加快放活土地经营权自由流转。其基本目标就是要在坚持土地承包经营权性质与功能不变基础上，从其客体权益中分离派生出可市场化开放性流转的土地经营权，以“放活土地经营权”，发展多种形式适度规模经营，最大程度提高农业生产力。

这一新时代农地权利制度改革蕴含着深厚的法理：它是马克思主义小农户大营

---

〔1〕 农业部等六部门联合颁布的《关于认真做好农村土地承包经营权确权登记办证工作的意见》（农经发［2015］2号）指出：“实行确权确股不确地的，也要向承包方颁发土地承包经营权证书。”

农经营观与中国二十一世纪农地经营制度改革实践有机结合的理论结晶；是邓小平“两个飞跃”理论在新时代农地经营改革实践中的发展升华。它以地权二次分离理论的科学原理为坚实法理支撑，在坚持农地集体所有权与家庭承包经营制度前提下，既确保农户土地承包经营权性质与功能不动摇，又能从其客体权益中分离派生出可市场化开放性流转的土地经营权这一、二元经营权体系，从而切实解决现行农地利用封闭、流转不畅、抵押难行的模式僵化问题，并真正营造出一种农地利用开放、流转顺畅、抵押可行的灵活模式以适应多种形式适度规模经营发展的需要。同时，通过使按《民法总则》规定而具有法人资格的集体经济组织作为市场主体将依确权确股不确地方式形成的土地经营权统一投放农地一级市场流转，由通过市场机制取得这一开放性经营权的新型农业经营主体发展规模经营，从而推动新时代农业向集约型、规模型、效益型发展，以改变农地经营低效、弃耕抛荒的不良格局。并真正实现政社分开、政经分离，改变政府推动运作直接干预农地流转的管理职能，且向市场培育、财政扶持、奖励政策设定的服务职能转型，以明确农地的集体所有权、落实农民的集体成员权。从而既确保集体农地对每个集体成员的生存保障功能、又促进其有效利用的财产发展功能，切实推进农村土地权利制度的根本性变革，真正达成“放活土地经营权”以推动农业经营年轻化、专业化、市场化、规模化发展促进乡村振兴与农业农村现代化决胜全面建成小康社会这一新时代农村土地权利制度改革根本价值目标的最终有效实现。

民法典编纂中农村承包土地“三权分置”的法理构造

冯建生*

目　次

民法典编纂是当前我国民事立法最重要的工作，而物权制度是整个民事法律制度的重要组成部分。《中华人民共和国物权法》（以下简称《物权法》）2007年生效至今，已经暴露出很多问题。在农村土地制度方面，土地承包经营权享有者身份上的限制，已经严重制约了农村承包土地的流转。为了促进农村土地经营权顺畅、有序流转，2014年中央一号文件《关于全面深化农村改革加快推进农业现代化的若干意见》和2014年11月中共中央办公厅、国务院办公厅印发的《关于引导农村土地经营权有序流转发展农业适度规模经营的意见》都提出要稳定农户承包权、放活土地经营权。但农村承包土地“三权分置”政策提出伊始，即在我国民法学界产生很大争议，最主要的争议点是农村承包土地“三权分置”在民法上是否存在法理依据？因此，在民法典编纂过程中，有必要进一步完善我国农村土地制度，设计出合理的制度安排为农村承包土地“三权分置”政策的落实提供立法上的支持和保障。这就要求我们在厘清农村土地集体所有的内涵、土地承包经营权性质的基础上

* 冯建生，男，河北工业大学副教授，研究方向为合同法、经济法、贸易法。

对农村承包土地的权利制度重新进行设计。

一、农村土地集体所有的内涵与权属

对于农村集体土地的权利归属，我国《民法通则》第74条、《土地管理法》第8条和《物权法》第59条皆规定为农民集体所有。但这种农村土地集体所有到底为民法上何种形式的所有权，以及其内部权利结构如何，相关法律均未加以明确。对其原因，有人认为：我国作为农村土地所有权主体的“集体”是一系列政治运动的产物，其创制之初就没有遵循法律主体的制度逻辑。所以，“集体”不是一个严格的法律术语，根本无法对其按照民事主体的制度结构进行理解。[1]农村土地集体所有的权属虚置化带来很多社会问题，这种集体所有权概念本身的模糊性，导致集体所有权的主体不明确、农民权利虚化。[2]只有将集体土地所有权主体明确和具体，使之具有可操作性，集体所有权的法律意义才能得以体现。[3]为了对其加以明晰，学者提出的见解主要包括法人所有说和共同所有说等。就法人制度与共有制度本身，并无孰优孰劣之分，只存在与我国农村土地制度现状契合与否之态。事实上，要对我国农村土地集体所有的内涵和权属结构给出一个既在法理上讲得通、又与我国社会主义经济制度相适应的解释，必须站在历史发展的角度，并结合我国社会、经济的现实基础进行阐述。

（一）农村土地集体所有是对农村土地个人私有的排斥

针对我国农村土地权利主体不明确、农民自身权益经常受到侵害等诸多情形，有人提出应当将农村土地分配给农民，使农民通过自身享有农地所有权来实现对土地的真正权利。但将农村土地私有化与我国的社会经济现实并不相符，具体原因为：（1）村集体虽然并非我国的基层政权组织，但在事实上充当着国家政策执行和乡土治理的代理人角色，因此村集体组织在我国政治经济体制中不可或缺，脱离时代的政治经济基础讨论法律制度的构建是不切实际的。就其实质来说，集体经济的制度基础最初不是私人之间的一种合约，而只是国家控制农村社会与经济的一种形式。[4]（2）农村土地私有化并不一定有利于提高农地生产效率。在将农村土地划分给农民所有的情况下，农村土地基于现状将呈现出条块化、分散化，在农地各自所

---

〔1〕 高飞：《论集体土地所有权主体立法的价值目标与功能定位》，载《中外法学》2009年第6期。

〔2〕 王利明、周友军：《论我国农村土地权利制度的完善》，载《中国法学》2012年第1期。

〔3〕 孙宪忠：《中国农村土地权利制度研究》，载《争议与思考——物权立法笔记》，中国人民大学出版社2006年版，第540页。

〔4〕 汪洋：《集体土地所有权的三重功能属性——基于罗马氏族与我国农村集体土地的比较分析》，载《比较法研究》2014年第2期。

有状态下并不利于规模化、现代化生产经营，这样难以真正提高农地的产出效率。（3）农村土地私有化可能最终导致农民失去土地。如果农村土地归农民个人所有，在自由处分的原则下，农民为应对生活急需会对外转让自己的土地，由此导致土地向少数人集中。如果农村土地过于集中，在当前我国农村社会保障制度并不健全的情况下，失地农民将处于生存困境，进而引发许多社会问题。（4）农地私有制度不是明晰产权的唯一形式。[1]土地制度能否对农民产生激励作用，不完全取决于是否拥有土地所有权，只要土地制度安排能使经营者的投入与收益之间形成合理的比例，农民的生产积极性就能调动起来。[2]因此，我们的当务之急是在土地私有化途径之外探索出明晰农地产权的有效方式，既维护我国社会主义公有制经济体制，又使农民的土地权利真正得到落实。

（二）法人所有：农地产权制度的一种探索

针对我国农村集体土地权属虚化的问题，有人提出采取法人的形式来明确农村土地集体所有的民事主体地位。就外部法律关系而言，将集体组织改造为法人，确实解决了其参与民事活动的身份问题。这样既可以以法人的身份与他人为民事行为，又可以在其财产受到侵害时以法人的身份参加诉讼，这对于维护其自身权益是十分有益的。但就集体组织与农民的内部关系而言，以法人形式来构建集体组织的民事主体地位，却可能导致农民对土地的权利被弱化，甚至被变相加以剥夺，因而并非解决我国农村集体土地权属的理想方式。具体理由为：（1）作为需要定期向农民分配盈利的法人，其初始资本应由股东（或成员）出资形成，在农民集体组织这一法人中，其财产主要为农村土地，依法理这些土地即农民对该法人的出资，因此不可回避的问题是首先要确认农民对土地的所有权。也许有人会辩称，农民是以其享有的土地承包经营权这一用益物权而非土地所有权进行出资。如此，又如何解释农民以土地用益物权出资后，集体组织法人却最终获得了土地的所有权？我们并不否认农民可以以自己享有的土地用益物权向其他法人出资，但这里要解决的是农村土地集体所有权本身的民事主体地位问题。另有人会提出，可将农民集体土地所有权直接规定为法人所有权，然后再划分为股份无偿分配给农民。这种看似对农民施加赠与恩赐的表象下却掩盖了这样一个事实：农民在不知不觉中被剥夺了土地所有权，其得到的仅仅是有限参与的股份权。（2）按照法人的运行机理，法人在同他人的经济交往中如果发生债务，应以自身的全部财产作为责任财产来清偿。但根据我国当前法律规定，农村集体土地并不允许买卖交易，因而难以作为责任财产承担清

---

〔1〕 黄韬：《中国农地集体产权制度研究》，西南财经大学出版社2010年版，第76页。

〔2〕 参见孙宪忠：《中国农村土地权利制度研究》，载《争议与思考——物权立法笔记》，中国人民大学出版社2006年版，第511页。

偿责任。(3) 在农村土地集体所有采法人形式时，农民虽然被分配给股份，但他们很难真正参与到法人的事务管理与决策中去。该法人往往被少数管理者所控制而成为他们谋取个人私利的工具，广大农民的权利被虚化而使他们的权益受到严重侵害。有人会提出，农民作为股东可以通过行使表决权等权利来维护自身的合法权益，但根据我国的现实情况这很难真正做到，这也可以从我国农村土地集体所有的管理现状中加以佐证。根据相关法律规定，现行农村集体事务由村民或村民代表会议决策，但村民会议召集的难度很大，很难通过讨论形成集体意志，最终还是由村干部说了算，村民会议已蜕变成村干部为其权力寻求合法外衣的工具。[1]在农村土地集体所有采法人所有情形下，仅在形式上由法人管理层取代村委会（很多情况下由村委会成员出任改制后的法人管理者），农民参与决策的权利事实上被剥夺的状态并不能实质性改变。因此，农村土地集体所有法人化仅能使其外部法律关系明晰，但并不能真正解决个体成员农民与集体组织之间的土地矛盾问题。如果不顾我国农村的现实情况，从立法上规定农民集体所有权是法人所有权，就脱离了农村的实际。[2]在非法人组织第三类民事主体已经为我国《民法总则》确认的情况下，并不应将法人寄托为解决农民集体组织土地权属问题的唯一方式。

(三) 总有：体现总分关系的农地产权制度安排

农村土地集体所有的目的在于最大限度地维护农民的利益，而不是限制甚至剥夺农民的权益。如上所述，法人制可能在事实上弱化甚至变相剥夺农民的原始地权，并不宜用来解决我国的农村集体土地产权问题。那么，应当如何确定我国农村集体土地的权属关系呢？有学者指出，我国当前的农村土地成员集体所有在性质上类似于总有。[3]所谓总有，即成员资格不固定的团体，以团体的名义享有的所有权。其基本特征是团体的成员身份相对确定但不固定，团体的成员因取得成员的身份而自然享有权利，因丧失成员的身份而自然丧失权利。[4]总有作为一种特殊的所有形态，虽然与一般共有（主要包括按份共有和共同共有）有一定的相似之处，但它们之间区别还是十分明显的，主要表现为：(1) 一般共有本质上为个人私有；总有则体现出一定的公有成分。(2) 在一般共有之场合，共有并不具有较为稳定的团体形态，权利主体仍为各共有人；而总有具有较为稳定的团体形态，总有之团体本身为权利主体，同时其成员在规约范围内就部分权利之行使也可以成为特定权利主体。(3) 在一般共有中，各共有人之合意即共有之团体意思，二者具有一致性；但

---

[1] 杨代雄：《农村集体土地所有权的程序建构及其限度——关于农村土地物权流转制度的前提性思考》，载《法学论坛》2010 年第 1 期。

[2] 韩松：《农民集体所有权主体的明确性探析》，载《政法论坛》2011 年第 1 期。

[3] 王利明、周友军：《论我国农村土地权利制度的完善》，载《中国法学》2012 年第 1 期。

[4] 孙宪忠：《我国物权法中所有权体系的应然结构》，载《法商研究》2002 年第 5 期。

在总有中，除存在总有团体意思外，其成员还可以有自己单独之意思，当然成员单独意思之行使不得与总有团体的利益相抵触。(4) 一般共有人的退出可能会导致一般共有的消灭；而总有中个别成员的退出并不导致总有团体的消灭，即总有之团体的存在不受个别成员加入或退出的影响。(5) 在一般共有中，共有人退出共有或共有关系结束会导致共有份额或财产的分割；但在总有中个别成员的退出一般并不导致总有财产的分割。

总有制度在日耳曼法时期即已成为其固有法的内容。在总有的法律关系中，特定身份是成员享有权利的资格，其权利的得丧取决于身份的得丧，该权利也不得成为继承和让与的标的。在成员权利之上，更有团体的支配权，以统制各成员的个别权，故于全体之利益与个人之利益结合一致的范围内，成员的个别权，始得行使。[1] 就我国现阶段农村集体土地权属状况而言，与总有制度十分相似，具体表现为：(1) 根据《农村土地承包法》第16条的规定，本集体成员身份是其取得集体土地承包权的前提；另根据该法第27条的规定，本集体成员身份丧失（如转为非农户口）则其集体土地承包权消灭。可见，成员身份是其享有集体组织内权利义务的前提。(2) 农民对集体土地享有承包经营权，依自己意思为使用收益，但不能对集体土地随意进行处分，即农民的个人意思既具独立性又要受集体组织利益的约束。(3) 农民对集体土地所享有的权利是潜在份，不能请求分割，[2] 即使农民退出集体组织，也不得请求对其原享有的土地权利份额进行分割。(4) 个别农民退出集体组织时，集体组织并不消灭，具有团体的稳定性。可以看出，我国农村土地集体所有所展现出来的特点完全符合总有制度的特征，因此，农民集体对本集体土地所享有的权利，只能认定为总有。[3] 需加注意的是，虽然我国农村土地集体所有认定为总有，但在具体制度的设计时还应结合我国的国情进行调整，切不可禁锢于日耳曼法之传统总有的制度安排。例如，按照日耳曼法的规定，总有是将所有权的内容，根据团体内部的规约，加以分割。其管理、处分等支配的权能，属于团体，而使用、收益等利用的权能，则分属于其构成员。[4] 可见，在日耳曼法总有制度中，成员并不能对团体财产进行管理、处分，这种规定对成员权利的实现是否有益有待探讨。就我国农村集体土地制度而言，如果农民对集体土地不能为任何方面的处分，则难以保证其权利最大限度地实现。因此，笔者认为，那些有助于农民对土地的使用特别是收益权能得到实现的必要处分行为，农民可以为之，但不得损害农民集体的团体利益，更不得改变农村土地集体总有的性质，对此将在下文详述之。综上所述，

---

〔1〕 参见李宜琛：《日耳曼法概说》，中国政法大学出版社2003年版，第76~77页。

〔2〕 王利明、周友军：《论我国农村土地权利制度的完善》，载《中国法学》2012年第1期。

〔3〕［日］小川竹一：《中国集体土地所有权论》，牟宪魁、高庆凯译，载《比较法研究》2007年第5期。

〔4〕 李宜琛：《日耳曼法概说》，中国政法大学出版社2003年版，第75~76页。

我国的农村土地集体总有应当是在继承和更新传统总有形式的基础上的一种新型总有形式。[1]

在将农村土地集体所有确定为总有关系之后，需要解决的一个问题就是在《民法典》物权编中如何设置总有这一权利。我国现行《物权法》按权利享有主体的不同将所有权分为国家、集体和私人所有，这一分类方法很不科学，它混淆了所有制和所有权的关系。[2]因此，在修订《民法典》物权编时应对这种分类方法加以舍弃。国家所有，以公法人所有的形式来表达；而对于农村土地集体所有，则确定为总有进行类型化规定。考虑到农村土地集体所有这种总有表现出来的新特点，应将其确定为一种特殊的所有权形式。如上所述，因总有与一般共有存在很大差异，且二者涵盖的财产范围也并不一致，故在《民法典》物权编中设置总有这一农村土地权利时，不建议将其规定在“共有”之下，而应当在“所有权”这一章中，单独设立一节专门规定“总有”，使其与建筑物区分所有权和共有等特殊所有权处于并列的地位。我国《民法总则》第99条第2款的规定为对农村集体土地所有权作出法人所有之外的特别规定提供了可行的立法空间。

二、农村土地承包经营权的法律性质：用益物权抑或“类所有权”？

作为落实农民生存基本保障的一项重要权利，土地承包经营权一直备受关注。在农村土地实行家庭联产承包的较长一段时间里，由于我国当时尚未建立起物权制度，农民享有的承包经营权只能被认定为债权，依承包合同进行保护，这种权利并不具有排他性，农民随时面临承包合同内容变更甚至被解除的风险。2007年颁布实施的《物权法》明确将土地承包经营权规定为物权，这为农民排他性地利用土地、对抗村集体等肆意侵害其权益提供了强有力的保护。但社会发展、时代变迁，中国农业发展的基本问题已经由解决农民温饱转向提高生产效率、增加农民收益。为此，党的十八届三中全会所作《关于全面深化改革若干重大问题的决定》提出加快构建新型农业经营体系，以实现农业规模化、专业化和现代化经营。上述农业政策目标的实现，要求土地经营权能够顺畅流转，但目前我国法律对土地承包经营权流转的限制颇多，特别是成员身份的限制更是严重制约了土地承包经营权的流转。法律作为上层建筑应当与其社会经济基础相适应，并随着社会经济基础的变化而调整，否则就会阻碍社会的发展。因此，有必要根据我国农村发展实践的变化对土地承包经营权制度重新加以审视。

依我国现行法律的规定，农村土地承包经营权的取得受到较为严格的身份限

---

〔1〕 韩松：《论总同共有》，载《甘肃政法学院学报》2000年第4期。

〔2〕 孙宪忠：《我国物权法中所有权体系的应然结构》，载《法商研究》2002年第5期。

制。例如，《农村土地承包法》第16条规定以家庭承包方式承包农村土地的仅限于本集体经济组织的农户。该法第34条同时规定土地承包经营权的转让只能在经发包方同意的情况下转让给其他农户。农业部颁布的《农村土地承包经营权流转管理办法》第35条对转包的规定更为严格，将接包方限于同一集体经济组织的其他农户。但传统物权法理论将用益物权视为非所有人利用所有人的物的独立权利，一般不与用益物权人的特定身份相联系。[1]我国土地承包经营权取得和流转这种身份上的限制事实上阻碍了农地流转，不利于农业规模化经营。如上述讨论，我们将农村土地集体所有确认为总有，对总有财产权利的享有需要拥有成员身份，这是毫无疑问的。但值得我们思考的是，是否与农地有关的所有财产权利的取得都需要拥有成员身份？对此必须加以明确。就用益物权而言，在他人对物获得用益权利的同时所有人也会获得对价收益，使所有人的财产价值以多种形式得到实现，如果将用益物权人也限定为具有成员身份，反倒不利于所有人财产价值的实现。因此，笔者认为成员身份的限制并不应适用于与总有财产有关的一切权利，应对其加以限缩解释仅适用于所有权及类似性质的权利。在物权法之下，真正带有身份性或成员权性质的，其实是集体土地所有权。[2]由此，将土地承包经营权定性为用益物权是否适宜有待进一步探讨。

土地承包经营权虽然被我国《物权法》确认为一种用益物权，但却受到《农村土地承包法》等相关法律法规的诸多限制，使土地承包经营权作为物权所应具有的支配权属性无法完全彰显，其本应具有的物权功效也就大为削弱。例如，依《农村土地承包法》第34条的规定，土地承包经营权采取转让方式流转的应当经发包方同意。这不仅与民法的私法品性不符，更与物权法的基本原理相违背。依法理，物权作为一种排他性支配权，物权人完全可以按照自己的意思行使权利而不受他人干涉。既然将土地承包经营权视为物权，可以自由流转是其应有之义，[3]又何须经发包方同意？即使总有之团体对成员行使共同所有权可以进行约束，但对他人享有的用益物权绝无权肆意干涉，即使这一用益物权基于自己的所有权而设定，其一经产生即独立于所有权而不受所有人的束缚。有人担心土地承包经营权如果不受限制地随意流转，可能会导致农民最终失去对土地的权利，从而使土地对农民的社会保障功能丧失殆尽。不可否认，就当前我国农村社会现实而言，土地确实对农民承担着不可或缺的社会保障功能，但用益物权本身显然难以独自担当此任。

依传统民法，用益物权系以支配他人之标的物利用价值为内容之定限物权。[4]

---

[1] 周应江：《论土地承包经营权的身份制约》，载《法学论坛》2010年第4期。

[2] 高圣平：《新型农业经营体系下农地产权结构的法律逻辑》，载《法学研究》2014年第4期。

[3] 刘俊：《土地承包经营权性质探讨》，载《现代法学》2007年第2期。

[4] 谢在全：《民法物权论（中册）》，中国政法大学出版社2011年版，第425页。

因此，用益物权一般是所有人在自己的所有物上为满足他人利益需要而设定的他物权。前面的分析表明，我国农村土地集体所有应当认定为一种总有关系，农民作为成员对集体土地共享所有权。作为所有人，对其所有的财产为使用、收益是其所有权的应有内容，自无须再通过为自己设定用益物权加以解决，即作为他物权的用益物权原则上不包括所有人为自己而设定的情形。但德国民法学理在此方面显得更为开放，认为在土地上可以设立所有人用益权。〔1〕不过此种情况并非常态，而是一种少有的例外，故原则上定限物权须就他人的物而设定。〔2〕在特定场合，如农民需要以其承包的土地用益物权出资时，可以先就该承包地以自己为权利人设定用益物权，然后再以该用益物权作为向其他企业的出资。但如果农民仅仅为自己使用、收益之目的，则实无自我设定用益物权的必要。

将土地承包经营权规定为用益物权，会导致作为承包人的农民再次以农地为他人设定用益物权在法理上不可行。依物权的排他性，同一物上不能存在两个以上相抵触的物权。所有权具有绝对排他性，故同一物上不能同时存在两个所有权；此外，同以占有、使用为要件的他物权亦不能同时存在于同一物之上，用益物权为其典型。正如学者指出：用益物权的享有和行使以对标的物存在占有为前提，只有用益物权人对标的物加以实际占有，才有对标的物加以使用、收益的可能，故原则上同一标的物上不能同时设定多个用益物权。〔3〕在将土地承包经营权确定为用益物权时，因其权利的实现以对标的物的实际占有为前提，如果承包人再以该地为他人设定用益物权进行流转，承包人在将该土地移转占有给后面的用益物权人时因丧失对土地的实际占有而致使他对土地使用收益的权利无法实现，即导致原承包人事实上丧失了土地承包经营权。一些学者以地役权为例，主张用益物权不必以对物的实际占有为要件。笔者对此观点不能认同。因为地役权仅为用益物权的一个特例，要用特例否定一般之整体需要充分的正当性基础。同时，地役权和以耕作为目的的农地用益物权内容并不相同。地役权的内容是限制所有人或者使用人对土地的使用，因此不以对土地的实际占有为前提。但以耕作为目的的农地用益物权其内容是用益权人自己对他人土地为使用行为，因此要以对土地的实际占有为前提。

有学者也认识到如果将后设定的用益物权（农地经营权）视为一般意义上的用益物权，因其与同为用益物权的土地承包经营权的客体相同而相互排斥、无法同时存在，故主张后设定的农地经营权的客体应为权利（土地承包经营权本身），这样与土地承包经营权的客体（农地）相异，则两者排斥的矛盾就会迎刃而解，土地

---

〔1〕［德］鲍尔·施蒂尔纳：《德国物权法（上册）》，张双根译，法律出版社2004年版，第699页。

〔2〕梁慧星、陈华彬：《物权法》，法律出版社2010年版，第251页。

〔3〕参见梁慧星、陈华彬：《物权法》，法律出版社2010年版，第251～252页。

承包经营权与经营权作为不同用益物权的制度安排便能够成立。[1]笔者认为，上述见解对权利客体的相关法理存在认识上的误解。依德国民法学理，权利客体确实被从两种意义上加以理解：一种是指支配权或利用权的标的，简称为第一顺位的权利客体，包括物和无体物（精神产品）；另一种是指权利主体可以通过法律行为予以处分（即处分行为）的标的，简称为第二顺位的权利客体，包括权利和法律关系（权利关系）。学理主张者卡尔·拉伦茨教授进一步释义：属于某人所有的物是第一顺位的权利客体，而存在于该物上的所有权，作为处分的标的（可以处分的对象）则是第二顺位的权利客体。[2]可见，依拉伦茨教授的见解，这里的权利应为处分行为（处分权）的客体，而不是支配权或利用权的客体。例如，甲有一物，欲转让给乙，甲对该物的所有权的客体为物本身。甲要将该物转让给乙，必须实施一个处分行为，该处分行为针对的是甲对该物的所有权，即处分行为的客体是甲对该物的所有权。乙通过受让取得该物的所有权，乙的所有权的客体是什么？是甲对该物的所有权？显然不是，乙对该物的所有权的客体仍是该物本身。同理，作为用益物权的土地承包经营权的享有者通过处分行为再次为他人设定同为用益物权的土地经营权时，土地承包经营权人的处分行为的客体为土地承包经营权，但后一用益物权人取得的土地经营权的客体并不是土地承包经营权，而是农地本身，只有通过对农地实际占有和利用其土地经营权才能实现。因此，因二者的客体同为农地，两个用益物权相互排斥而不能同时并存。

对土地承包经营权法律性质的认定，应当在坚持法理的基础上，结合我国农地政策目标，以历史发展的眼光加以分析论证。社会发展的历史表明，落实农民对土地的权利，是政权巩固、社会稳定的根基所在。因此，我国农村土地制度改革的方向应当是赋予农民更充分的土地权利。在前面的分析中，我们将农村土地集体所有的组织形态定性为总有关系。总有作为一种非法人团体，在集体组织自身与构成成员之间呈现出一种紧密的关系。成员集体是成员的集合，但它又不凌驾于成员之上，不是抽象于成员之外的组织，成员的全体或整体本身就是组织。[3]因此，在总有中，其财产属于构成成员之全体。[4]总有的财产处分和事务管理，原则上应由全体成员集体表决共同为之。具体到我国农村集体所有的土地，《物权法》第59条首先确定了集体重大事项由集体成员共同决定，接下来的第60条则规定农村集体所有的土地由村集体经济组织或者村民委员会等代表集体行使所有权。在这种制度安排下，农民虽然被赋予了对本集体土地重大事务的参与决定权，但过去的实践表明

---

〔1〕参见蔡立东、姜楠：《承包权与经营权分置的法构造》，载《法学研究》2015年第3期。

〔2〕参见［德］卡尔·拉伦茨：《德国民法通论（上册）》，王晓晔、邵建东、程建英、徐建国、谢怀栻译，法律出版社2013年版，第377～378页。

〔3〕韩松：《论成员集体与集体成员——集体所有权的主体》，载《法学》2005年第8期。

〔4〕李宜琛：《日耳曼法概说》，中国政法大学出版社2003年版，第77页。

农民事实上很难真正对本集体土地的处分和管理享有决定权，相关权利实际上由村干部等少数人所掌控。但我们应当清醒地认识到，集体所有并不是村委会或任何村级组织所有，而是全体村民所有。[1]因此，我们必须把农村集体土地的享有权和行使权真正交还给农民。

我国民法制度主要移植继受于大陆法系，但我国的国情与大陆法系国家的差异较大。西方国家实行土地私人所有，而我国农村土地则为集体所有，这就要求我们不能只局限于西方国家的传统民法思维模式，而应探索出符合我国国情的农村集体土地享有和行使的制度安排。依传统民法，总有的财产所有权由全体成员共同享有、共同行使。但这是否应为总有财产所有权行使的唯一方式？或者说总有之成员可否约定由各个成员对总有财产所有权的特定部分分别行使之？笔者认为，只要不危及农村集体土地总有的法律地位，由成员依约定对农村集体土地所有权的特定部分分别行使并非不可，当然权利的行使要受全体成员共同约定内容的限制。在总有中，所有权的内容，可依团体内部的规约加以分割。[2]

对于土地承包经营权的设定，孙宪忠教授认为这是执政者有意识地“与民立约”的体现。[3]这里需要我们进一步思考的是，这个“与民立约”的内容到底应当是什么？土地承包经营权仅仅应当是赋予作为成员的农民对本集体土地的使用、收益的权利？对本集体的土地进行使用、收益，是农民的当然权利，但农民对本集体土地的权利并不仅限于此，农民对本集体的土地还享有所有者的成员权。如果按照我国现行法律规定将土地承包经营权定性为用益物权，只能解决集体所有、农民利用的问题，没有从根本上解决农村土地的归属问题。[4]对于土地承包经营权的初始取得即农民对本集体土地的承包，其成员身份是必不可少的，这是一般用益物权所不要求的，因而我国的农村土地承包经营权绝不仅仅是一种用益物权，它还包含了所有权的内容。如上所述，农民集体总有的财产所有权既可以由全体成员共同行使之，也可以经全体约定由成员对所有物特定部分分别行使之，土地承包经营权实际上是集体组织与农民立约由农民就农地的特定部分分别行使所有权。这里必须对所有权的享有与行使加以区分，农地所有权由总有之集体享有不可动摇，但农地所有权可以经全体成员约定分别行使之。正是在此意义上，孙宪忠教授将土地承包经营权理解为“类所有权”，这种权利本身具有所有权的性质，是一种“还权于民”

---

〔1〕 张千帆：《农村土地集体所有的困惑与消解》，载《法学研究》2012 年第 4 期。

〔2〕 参见李宜琛：《日耳曼法概说》，中国政法大学出版社 2003 年版，第 75 页。

〔3〕 参见孙宪忠：《中国农村土地权利制度研究》，载《争议与思考——物权立法笔记》，中国人民大学出版社 2006 年版，第 478 页。

〔4〕 王利明、周友军：《论我国农村土地权利制度的完善》，载《中国法学》2012 年第 1 期。

的伦理性安排。[1]

将土地承包经营权定性为“类所有权”并不违反一物一权的物权法基本原则，因为它不是在同一土地上并存两个所有权，而是由集体组织之总有团体与其成员（农民）就土地所有权的行使范围进行分工协作。一方面，土地的所有权主体具有集体性。另一方面，土地的所有权主体又具有个体性，集体的存在并不使个人的主体地位丧失，集体成员仍然享有权利。[2]不仅是（总有的）团体，农民也对土地享有权利。[3]因此，如何在农民集体组织和作为成员的农民之间进行农地所有权行使的权利配置就成为问题的关键所在。笔者认为，为维护总有的团体地位所必需的集体土地所有权内容之选项，皆由集体组织行使，当相关权利受到不法侵害时，由集体组织作为权利主体捍卫之，包括对抗个别成员可能对总有的团体权利发生的侵害行为。同时，为了将农村土地利益最大限度地交由农民享有，集体组织行使土地所有权的选项应限缩在最小维度范围内，其余的所有权内容选项均交由农民成员行使。农民在其权利行使范围内，可以由本人亲自对农地进行使用、收益，也可以以相应的农地份额为他人设定土地经营权来获取农地流转收益。当相关权利受到他人侵害时，农民作为权利主体可采取一切必要手段排除侵害行为，包括以诉讼主体身份寻求公力救济；并且，当农地被征收时，农民可作为权利主体获得相应补偿。但对可能危及农村土地集体总有地位的权利农民不得行使，如农民无权对外转让其权利行使范围内的农地所有权。当然，根据我国现行法律规定，即使是农村集体组织也不得私自买卖农村土地。在此框架下，将土地承包经营权定性为“类所有权”，开启农村土地流转难题的破冰之旅。

基于以上分析，在对我国《民法典》物权编进行修订时，不宜将农民的土地承包经营权在用益物权章节中加以规定。如前所述，农村土地集体所有应当确定为总有关系，在《民法典》物权编所有权一章中作为一种特殊所有权类型专设一节加以规定。因此，农民的土地承包经营权应当在“总有”这一节中加以确认和规定，明确其“类所有权”的属性。作为一种自物权，对农地占有、使用的权利是农民土地承包经营权的当然内容，无须再单独为农民设定土地用益物权。当然，农民的土地承包经营权除了包括对集体土地进行用益的权利之外，还包括对集体土地的成员权利，该成员权利既体现为对集体土地的承包权，还蕴含着对集体土地决策管理的权利。

---

〔1〕参见孙宪忠：《中国农村土地权利制度研究》，载《争议与思考——物权立法笔记》，中国人民大学出版社2006年版，第498～499页。

〔2〕王利明、周友军：《论我国农村土地权利制度的完善》，载《中国法学》2012年第1期。

〔3〕［日］小川竹一：《中国集体土地所有权论》，牟宪魁、高庆凯译，载《比较法研究》2007年第5期。

三、以土地承包经营权为基础设定土地经营权

农村承包土地“三权分置”的政策主张提出伊始，即受到一些法学界人士的批评，认为该主张是经济学者主导下的理论产物，但在法理上无法获得有力支持。例如，高圣平教授认为，所谓“三权分离”的经济逻辑无法在法律上找到其适法的定位。[1]单平基副教授指出，土地所有权无法同时派生（同为用益物权的）土地承包经营权和土地经营权，（作为用益物权的）土地承包经营权之上亦无法生成具有用益物权性质的土地经营权。[2]申惠文博士认为：农地所有权是法律概念，而农地承包权和农地经营权不是法律术语。“三权分离”是经济学主导农地改革政策的形象表述，存在明显的法学逻辑悖论。[3]就农地承包权和农地经营权而言，确实非为我国现行物权法上的概念，在大陆法系民法上更无适法的定位，因而学者的批判意见甚值我们关注。同时需要进一步思考的是，在法律制度建设和相关学理研究中，我们是应固守大陆法系传统民法理论的价值和观念，还是应根据社会现实的变化和需求而随之进行必要的立法创新与调整？

法律制度，只是表明和记载经济关系的要求而已，[4]因此法律的内容必须随社会经济关系的不断变化而调整。就我国农村近些年的发展变化，有学者指出：随着农村劳动力离农化趋势加大，承包权与经营权发生事实上的分离，对这两束权利合一设置的制度安排就暴露出明显的缺陷：农户因担心丧失土地承包权，只得将经营权向熟识的人流转，影响土地的经营效益。[5]可以看出，将土地承包经营权规定为单一性用益物权与我国农村社会发展的现实需求并不吻合。立法上顾此失彼的状况，源于对该权利性质的认识不足，将承包土地上的权利集合体，简单理解为一项权利。[6]因此，将农村承包土地上的权利进一步细化是当前农村社会发展迫切而客观的要求，“三权分置”主张顺应了这一社会现实需要，但如何使其成为具有可操作性的制度安排需要深入的法理论证。

法学界的众多学者已经对农村承包土地“三权分置”从制度构建上表达了自己的见解。例如，丁文教授在坚持土地承包经营权为用益物权的基础上提出将土地

〔1〕高圣平：《新型农业经营体系下农地产权结构的法律逻辑》，载《法学研究》2014年第4期。

〔2〕参见单平基：《“三权分置”理论反思与土地承包经营权困境的解决路径》，载《法学》2016年第9期。

〔3〕申惠文：《农地三权分离改革的法学反思与批判》，载《河北法学》2015年第4期。

〔4〕马克思：《哲学的贫困》，载《马克思恩格斯全集（第四卷）》，人民出版社1958年版，第122页。

〔5〕刘守英：《中共十八届三中全会后的土地制度改革及其实施》，载《法商研究》2014年第2期。

〔6〕刘俊：《土地承包经营权性质探讨》，载《现代法学》2007年第2期。

承包权与土地承包经营权相分离，并认为土地承包权是一种具有身份属性的成员权。[1]学者的创新精神值得肯定，但这样的农村土地制度安排会产生一些问题。首先，身份权原则上不具财产价值，[2]因此将土地承包权作为成员身份权与土地承包经营权分离后，农民要对农地进行使用、收益，单独取得土地承包权还不行，仍须另外取得该农地的用益物权，这对农民着实不便，也让人质疑将土地承包权分离出来的意义何在？其次，在农地所有权之下并行分离出具有成员身份属性的土地承包权和单纯具有财产属性的土地用益物权，在土地用益物权流转后会导致农民对土地的财产性权利丧失。因为土地用益物权是以农地所有权为母权利设定的，由土地所有人为他人设定用益物权，而依我国现行法律规定，农民集体组织才是农村土地的所有人，则土地用益物权应由农民集体组织而不是农户来设定。在这种情况下，如该土地用益物权流转后，农民只剩下不具有财产内容的土地承包权，即使该用益物权因期限届满等原因而消灭时，相应的权能也只能恢复到农地所有人之处，并不会复归于农户名下。因此，这样的制度设计最终可能导致农民的权利被架空，其对土地的财产权利遭到严重侵害。

农村土地制度改革的政治伦理底线是只能强化而不能减损农民已经获得的权利。[3]因此，在围绕落实“三权分置”的政策目标进行农村土地制度改革时，应当以农民享有的土地承包经营权作为土地用益物权产生的出发点，同时也是土地用益物权的最终归宿点，即应当以农民的土地承包经营权为源权利设定、分离出土地经营权。正如蔡立东教授等所指出的，作为制度创新产物的经营权等新型农地权利，只有嫁接在土地承包经营权之上，才能存活。唯一遗憾的是，蔡立东教授等在提出以土地承包经营权为基础分离出土地经营权的同时，仍坚持传统观点认为土地承包经营权为用益物权，而将土地经营权认为是设定于土地承包经营权之上的权利用益物权。[4]笔者在前文中已加以论证，土地经营权作为用益物权其客体只能是农地本身而不是权利，如果再将土地承包经营权认定为用益物权，基于物权的排他性二者不能同时并存于同一农地之上。因此，我们坚持认为，土地承包经营权是农民集体土地总有关系下农民个体成员行使农地所有权的表现形式，在法律性质上为“类所有权”。对于该权利在法律上的术语，到底应确定为土地承包经营权、还是类所有权或准所有权，存有争议。笔者认为，我们并不应当过分纠结于其具体的名称为何，赋予其应有的实体权利才是问题的关键。在农村土地制度改革中，我们应尽量做到改革成本最小化。鉴于我国现在已经对农村土地进行确权颁证，农民获得的证

---

〔1〕 参见丁文：《论土地承包权与土地承包经营权的分离》，载《中国法学》2015年第3期。

〔2〕 王泽鉴：《王泽鉴法学全集（第十卷）》，中国政法大学出版社2003年版，第38页。

〔3〕 蔡立东、姜楠：《承包权与经营权分置的法构造》，载《法学研究》2015年第3期。

〔4〕 参见蔡立东、姜楠：《承包权与经营权分置的法构造》，载《法学研究》2015年第3期。

书上载明的权利名称就是土地承包经营权，同时农民对这一名称已经耳熟能详了，因此沿用这一名称是理性和必要的，只不过是要明确其性质是“类所有权”而不是用益物权。

在明确土地承包经营权为“类所有权”的基础上，我们进一步勾勒出农村承包土地“三权分置”制度改革的思路：以农民享有的土地承包经营权为基础设定用益物权进行流转。对于所设定的用益物权的名称，学者提出的见解有土地使用权、土地耕作权等，笔者一如前述原因对其名称问题不做过多讨论，基于研究的方便，本文采用上述政策文件中提出的土地经营权这一概念。这一制度安排具有重大的现实意义：以农民享有的土地承包经营权为母权利或源权利来设定土地经营权，在作为用益物权的土地经营权分离流转后，具有身份性特征的土地承包权仍保留在农民手中。在这里，土地承包权并不宜单独分离出来作为一项独立的权利，而是留存在土地承包经营权中的具有身份限制的权能，即土地承包权为其行使受到经营权限制的土地承包经营权的代称。[1]这样的制度安排并不是在土地承包经营权之上直接平行地分离出土地承包权和土地经营权，而是在土地承包经营权上设定土地经营权作为用益物权，具有身份性的土地承包权作为权能保留在土地承包经营权之中，在土地经营权因期限届满等原因消灭后，农民的土地承包经营权又恢复到“类所有权”的圆满状态。即土地经营权由农民的土地承包经营权而生，并最终恢复到农民的土地承包经营权之中而不是恢复到集体组织的所有权之中。这样，农民并不因土地流转而丧失对土地的控制权，由此真正实现农村土地的社会保障功能和流转功能兼顾。土地承包经营权所具有的可以设定土地经营权之用益物权的功能也说明通过家庭承包方式取得的承包经营权更接近所有权，而不能被简单地归入用益物权的行列。[2]土地承包经营权作为“类所有权”应当是无期限的，这也与党和政府提出的稳定农村土地承包关系并保持长久不变的政策目标相吻合。而土地经营权作为用益物权，则可以由农民和土地使用人根据需要约定期限。这样的制度安排，在法理上是可行的，而且也能够很好地贯彻落实党和政府农村土地制度改革的重大方针政策。

之所以将土地经营权设定为用益物权而非债权性使用权，是因为这样更有利于对农民之外的土地利用人即土地经营者进行保护。如果将土地经营权定性为债权性土地使用权，即农民和农地经营者之间体现为一种合同关系，则农地经营者随时要面临农民违约而收回土地的风险。当然这一情况发生时农地经营者可以要求农民承担违约责任，但农民可以用来承担责任的财产可能非常有限，唯一值钱的房屋作为其栖身之所很难被执行，而农业规模化经营的前期投入成本又比较高，致使农地经营者即使赢得诉讼但因执行困难而最终遭受重大损失。可见，债权性土地使用权难

[1] 蔡立东、姜楠：《承包权与经营权分置的法构造》，载《法学研究》2015 年第 3 期。

[2] 袁震：《农村土地承包经营权流转形式之法理分析》，载《河北法学》2011 年第 8 期。

以为大规模集中经营提供产权保障。〔1〕而将土地经营权设定为用益物权，基于物权的排他性，不仅可以排除第三人的侵害行为，还可以对抗农民期限届满前随意收回土地。当然，我们并不否认农民可以和土地经营者通过约定进行债权性土地流转，但此时的流转方式称之为土地租赁而不是设定土地经营权。土地用益物权和土地债权性利用权形成了土地利用的二元体系，对农地的利用，到底是通过订立债权契约的形式进行，还是通过设定用益物权的方式进行，取决于当事人主观需要、客观情事、交易成本、法律文化等因素。〔2〕作为用益物权的土地经营权除具有上述排除第三人和源权利人（农民）不法干涉的功能外，相较于债权性的土地租赁权还具有以下优势：（1）土地经营权可以成为抵押权的客体，在制度上革除对农地财产权利流转的束缚，为集约利用土地和土地权利金融化提供制度支持。〔3〕但债权期限具有任意性，内容具有相对性，不但其权利价值难以量化，其设定方法也难以公示，所以债权性的土地租赁权不具备成为抵押权客体的条件。〔4〕（2）土地经营权脱离了身份属性的限制成为纯粹的财产性权利，其取得主体不限于本集体成员，完全可以作为继承权的客体。〔5〕而债权性的土地租赁权以人的信用为基础，不具有完全自由的让与性及继承性。〔6〕（3）土地经营权为对物之权利，仅受所有权的限制，其标的物之所有人只负容忍用益物权人用益其物的消极义务。而出租人除应将标的物交付承租人使用外，于租赁期间更负有保持租赁物合于约定用益状态的积极义务。〔7〕可见，物权性的土地经营权具有债权性土地租赁权所不具有的功能，如果单纯的土地租赁权能够满足农地经营者的各项要求，就没有必要如此费尽心力对农村承包土地进行权利分置了。因此，这里的土地经营权是具有特定含义的，它是在土地承包经营权之外创设具有物权效力的经营权。〔8〕

四、结语

我国当前的农村土地制度已经不能满足构建新型的农业经营体系，发展农业规模化、专业化、现代化经营的要求，因此农村土地产权制度改革势在必行。上文所

---

〔1〕 蔡立东、姜楠：《承包权与经营权分置的法构造》，载《法学研究》2015年第3期。

〔2〕 参见王泽鉴：《民法物权》，北京大学出版社2010年版，第277页。

〔3〕 蔡立东、姜楠：《承包权与经营权分置的法构造》，载《法学研究》2015年第3期。

〔4〕 陈小君：《我国农村土地法律制度变革的思路与框架——十八届三中全会〈决定〉相关内容解读》，载《法学研究》2014年第4期。

〔5〕 参见蔡立东、姜楠：《承包权与经营权分置的法构造》，载《法学研究》2015年第3期。

〔6〕 参见谢在全：《民法物权论（中册）》，中国政法大学出版社2011年版，第426页。

〔7〕 参见谢在全：《民法物权论（中册）》，中国政法大学出版社2011年版，第426页。

〔8〕 蔡立东、姜楠：《承包权与经营权分置的法构造》，载《法学研究》2015年第3期。

述，我国农村土地集体所有实质上为一种总有关系，土地承包经营权是农民作为成员行使集体土地权利的方式表现，法律性质上属于自物权而非他物权，是非常接近所有权的“类所有权”，也是创设土地经营权（他物权）的基础。民法典编纂中对物权编进行修订时，农村承包土地“三权分置”的法律结构构思如下：在所有权一章中专设“总有”一节对农村集体土地所有权做出规定，在总有内部，农民集体和个体成员就农地所有权的行使进行权利分配，对于维护农村土地集体总有法律地位所必需的权利由总有集体统一行使，除此之外的权利如对农地使用、收益以及在农地上设定用益物权流转的权利皆可交由个体成员农民分别行使。同时，在“总有”一节中将集体成员农民的土地承包经营权确认为“类所有权”（自物权），其不仅包括农民对集体土地用益的权利，还包括农民对集体土地的成员权利。在此基础上，以农民的土地承包经营权为母权利或源权利设定用益物权性质的土地经营权进行流转，而具有成员身份限制的土地承包权作为土地承包经营权的相关权能保留在农民手中。在因期限届满等原因致土地经营权消灭时，相应的用益权能又恢复到农民的土地承包经营权之中。这样的制度安排，既能够促进农地基于利用的需要有效流转，又能够保证农民不因土地流转而最终失去土地。

土地经营权的制度定位与立法表达

周玉辉*

目　次

2017年11月公开征求意见的《中华人民共和国农村土地承包法修正案（草案）》（简称《土地承包法修正草案》）将流转的“土地承包经营权”拆分为“土地承包权”与“土地经营权”，并分节配置相应规则。[1]该立法方案直白地反映了农地“三权分置”政策成果，但该方案却因违背现行物权体系构造而广为民法学界所诟病[2]。

“土地经营权”尚为政策概念，未为我国法律所清晰表达。“三权分置”理论肇始于经济学界的“权利束”理论，但法律表达上遭受权利分离理论与“一物一

* 周玉辉，男，山东临沂人，法学博士，山东政法学院民商法学院讲师，山东省高等学校人文社科研究基地（民商事法律与民生研究中心）研究人员，研究方向：民商法学。本文系山东省社科规划项目《民法典编纂中的农地物权体系研究》（15CFXJ36）、山东法学会2017年度省级法学研究课题《农村土地经营权的制度定位与法律表达》（SLS（2017）C69）阶段性成果。

〔1〕参见《全国人民代表大会农业与农村委员会关于提交审议〈中华人民共和国农村土地承包法修正案（草案）〉的议案》，载《第十二届全国人大常委会第三十次会议文件（十三）》。

〔2〕参见高圣平：《论农村土地权利结构的重构》，载《法学》2018年第2期；陈小君：《〈农村土地承包法修正案（草案）〉要义评析》，载《中国土地科学》2018年第5期；高飞：《土地承包权与土地经营权分设的法律反思及立法回应——兼评〈农村土地承包法修正案（草案）〉》，载《法商研究》2018年第3期。

权”理论的抵牾。因此，厘清农村土地经营权的法理基础，进而做科学的制度定位，关涉土地经营权的权能配置和法律表达的根基和研究方向。而土地经营权的制度定位与立法表达，关涉中央文件的政策需求，受制于现行法的体系强制，成为农地“三权分置”立法表达的疑难问题。

一、土地经营权的概念争议与内涵界定

（一）土地经营权的概念之争

《中共中央国务院办公厅关于完善农村土地所有权承包权经营权分置办法的意见》（以下简称《三权分置办法意见》）强调，“赋予经营主体更有保障的土地经营权，是完善农村基本经营制度的关键。”农村土地由“两权分离”到“三权分置”的改革亮点与制度枢纽是土地经营权的法律定位及其权利规则配置。国家治理现代化水平的提高，特别是国家对集体所有权、家庭承包权的替代供给为发展产权的经济功能提供了前提条件。这些都需要解放被约束的土地产权，释放产权的经济功能。从这个意义上来看，“三权分置，搞活经营权”是国家治理现代化的必然结果，是产权经济属性充分发挥的内在要求。〔1〕自中央文件提出“土地经营权”概念以来，土地经营权的概念的法律表达以及此新型权利的法律定性，在学界引发巨大争议。

当前，“土地经营权”尚属政策概念，未为《物权法》等现行法所接受，其概念内涵的表述散见政策文件和学术著述中。因此，土地经营权的内涵界定，需要梳理并凝聚既有共识。首先，就政策文件的表述而言，《关于全面深化农村改革加快推进农业现代化的若干意见》使用了“土地经营权”的概念，〔2〕此后《深化农村改革综合性实施方案》将土地经营权的流转主体界定为“承包农户”，〔3〕而《三权分置办法意见》将“土地经营权”界定为：“土地经营权人对流转土地依法享有在一定期限内占有、耕作并取得相应收益的权利。”〔4〕此为政策层面上“土地经营权”概念界定的集大成者。其次，在学者著述层面，“土地经营权”的术语选择历

〔1〕 邓大才：《中国农村产权变迁与经验——来自国家治理视角下的启示》，载《中国社会科学》2017年第1期。

〔2〕《关于全面深化农村改革加快推进农业现代化的若干意见》指出“鼓励流转承包土地的经营权，加快健全土地经营权流转市场。”

〔3〕《深化农村改革综合性实施方案》指出：“放活土地经营权，就是允许承包农户将土地经营权依法自愿配置给有经营意愿好经营能力的主体，发展多种形式的适度规模经营。”中共中央办公厅、国务院办公厅：《深化农村改革综合性实施方案》，载《人民日报》2015年11月3日。

〔4〕《关于完善农村土地所有权承包权经营权分置办法的意见》，载《人民日报》2016年10月31日。

经纷争后，[1]趋同于“土地经营权”，但其内涵界定存有不同表达。譬如：(1) 土地经营权是“权利人对流转土地依法享有的在一定期限内占有、耕作并取得相应收益的权利”[2]；(2) 土地经营权为“在农村土地上进行耕作、种植等从事农业生产经营活动的权利”[3]；(3) 土地经营权，是指“经营权人在不改变土地集体所有和农户承包的基础上，具有土地的使用权、流转权和收益权”[4]；(4) 凡是法律认可的通过出租、入股、互换、抵押、借用等土地流转方式创设的权利人对农村承包土地的适用、经营的权利统称为土地经营权；[5](5) 土地经营是重纯粹的农地支配权，在权能上包括承包土地的占有使用权、土地经营收益权和有限的流转权，在来源上可分为通过农户承包之间获得的原始经营权和通过市场流转间接获得的继受经营权；[6](6)《土地承包法修正草案》第6条第3款将“土地经营权”界定为“一定期限内占用承包地、自主组织生产耕作和处置产品，取得相应收益的权利”。土地经营权的上述概念界定，多脱胎于《三权分置办法意见》的政策表达，并基于物权法原理予以学术化阐释或立法化表达。

（二）土地经营权的内涵界定

“土地经营权”的内涵界定，不仅是学理问题，更是立法问题，需要最大限度地凝聚价值共识。“三权分置”改革的核心目标，在于“落实集体所有权、稳定农户承包权的基础上，放活土地经营权”[7]。所谓“放活土地经营权”，就是通过主体多元、权能灵活的土地经营权实现土地的规模经营，进而释放农村承包地所蕴藏的巨大财富，增加农民的财产性收入。[8]基于此改革目标及学界既有研究成果，本文认为：土地经营权是承包农户为其他经营主体在其以家庭承包方式取得的土地承包经营权上设立的具有占有、使用、收益承包地，以及转让、入股等权能的用益物权。

---

[1] 有学者建议在立法中将其命名为“耕作权”或者“耕作经营权”，参见孙宪忠：《推进农地三权分置经营模式的立法研究》，载《中国社会科学》2016年第7期；亦有学者建议采用“农地使用权”，参见高飞：《农村土地“三权分置”的法理阐释与制度意蕴》，载《法学研究》2016年第3期。

[2] 蔡立东、姜楠：《农地三权分置的法实现》，载《中国社会科学》2017年第5期。

[3] 崔文星：《民法物权论》，中国法制出版社2017年版，第373页。

[4] 参见李国强：《论农地流转中“三权分置”的法律关系》，载《法律科学》2015年第6期。

[5] 参见赖丽华：《农村土地“三权分置”下经营权物权化制度构建》，载《社会科学家》2016年第10期。

[6] 参见马俊驹、丁晓强：《农村集体土地所有权的分解与保留——论农地“三权分置”的法律构造》，载《法律科学》2017年第3期。

[7] 参见《关于完善农村土地所有权承包权经营权分置办法的意见》，载《人民日报》2016年10月31日。

[8] 参见管洪彦、孔祥智：《农村土地“三权分置”的政策内涵与表达思路》，载《江汉理论》2017年第4期。

土地经营权的内涵界定，需要进一步明确以下几点：(1) 土地经营权的主体是农村承包经营户（《民法总则》第55条[1]）之外的其他经营主体，即本集体经济组织外部的其他新型农业经营主体，如农业合作社、农业企业等。(2) 土地经营权的客体仅指以家庭承包方式取得的承包地（《农村土地承包法》第13条），不包括不宜采取家庭承包方式的荒山、荒沟、荒丘、荒滩等农村土地（《农村土地承包法》第48条）。此类荒地承包经营权无身份限制，已经实现了流转上的较大自由，释放土地承包经营权的财产权属性，故无须进行土地承包权与经营权的再次分离。(3) 土地经营权为设立于承包经营权上的次级用益物权。土地经营权以土地承包经营权为“母权”，形成承包农户自由意愿基础上的土地承包经营权的权能限制。(4) 土地经营权的内容包括许可权利人占有、使用、收益承包地，以及将土地经营权转让、抵押、入股、入伙等。(5) 土地经营权是对土地承包经营权的分离和限制，但土地经营权的行使期限、行使方式等不得损害集体经济组织、土地承包经营权的合法权益。此外，在土地经营权的制度设计上，需要合理界分土地经营权与现行法中土地承包经营权，并配置相应的权利冲突解决规则。

二、土地经营权的制度定位

（一）土地经营权的法律性质

当前，“土地经营权”是政策概念，而非法律概念。故土地经营权的法律性质的界定，属于立法论问题，学界争议颇大。目前主要存在以下几种观点：(1) 债权说。该观点认为，经营权是土地流转的情况下独立于承包权的一项权利，它在性质上是债权而不是物权。[2]农地经营权本质是债权，是不动产租赁权的重要类型。[3]该观点将土地经营权定性为债权，必将贬损“三权分置”改革的固有意义，不利于市场农地规模经营，其不得对抗第三人的属性必然增加经营者的经营风险，更不利于农地权利融资功能的实现，增加了经营主体的道德风险。(2) 用益物权说。该观点认为，农户土地承包权是具有“准所有权”性质的成员，可以作为母权分立出土地经营权，在法律属性上为用益物权。[4](3) 权利用益物权说。该观点认为依循多层权利客体的法理，经营权乃是承包农户设定的、以土地承包经营权为标的的权利

[1] 《民法总则》第55条规定：“农村集体经济组织的成员，依法取得农村土地承包经营权，从事家庭承包经营的，为农村承包经营户。”

[2] 李伟伟：《“三权分置”中土地经营权的权利性质》，载《上海农村经济》2016年第2期。

[3] 申惠文：《农地三权分离改革的法学反思与批判》，载《河北法学》2015年第4期。

[4] 参见黄凯平：《试析农地“三权分置”下土地经营权的法律性质》，载《学海》2017年第4期。

用益物权，并通过“承包权与经营权分置的制度设计完全可为用益物权体系所容纳”[1]。(4) 耕作经营权说。依据中央文件精神，建立“三权分置”，新提出的“经营权”不得妨害现有农民的土地承包经营权。目前有机构提出的立法或者修法方案，采纳了将农民的土地承包经营权改称为承包权、把新设的权利叫经营权的做法。这个做法不妥，因为它妨害了现有的土地承包经营权的制度稳定性，而且必然会造成政策混乱，更令人担忧的是引起农民心理不稳。因此笔者的观点是在土地承包经营权之外，另外确定新创设的“经营权”的法律名称。可以在立法中将其命名为“耕作经营权”或者“耕作权”。[2] (5) 权利二元论。该观点认为：土地经营权可分为确权确地之经营权与确权确股不确地之经营权。其中，确权确地之经营权应为债权性质；而确权确股不确地之经营权为用益物权。[3]该观点虽然表面上符合实际，似乎也有一定解释力，但其最大的问题在于逻辑上的不一致性。基于立法的体系强制性，同一部法律中的法律术语应保持概念内涵和法律性质上的同一性。若依不同的流转方式确定不同性质的土地经营权，其法理构造仍需斟酌，且该观点因定性多元增加了立法表达的难度，也增加了解释成本，故该观点不足为取。

土地经营权法律性质的界定，首先需要考察“三权分置”改革的政策目标。“加快放活经营权”是“三权分置”改革的中心思想，旨在使土地经营权可以自由流转，获得融资。[4]《三权分置办法意见》等中央文件将土地经营权确定为“可转让”“可抵押”的权利，而只要将土地经营权依法确定为物权，方可满足此政策要求。此外，《合同法》第214条第1款对租赁权租赁期间有不得超过20年的限制，无法满足承包地租赁权人的长期生产经营的需求。我们在调研中发现，经营投入较大的农业公司、种粮大户等新型经营主体，对租赁权性质的“土地经营权”或“土地利用权”的稳定性存在焦虑，而对物权化的“土地经营权”满怀期待。[5]因此，从立法论视角分析，土地经营权宜设置为用益物权，方可实现三权分置的改革目标。然而，囿于物权法定原则，设立土地经营权的约定，不具有物权效力，仅能被解释为债权性质的权利。

我们赞同土地经营权为土地承包经营权中分离出的次级用益物权的观点，主要理由如下：(1) 土地经营权为次级用益物权，较为符合“三权分置”改革的政策目标，亦回应经营主体对稳定土地经营关系的强烈现实需求。(2) 土地经营权为用

---

[1] 蔡立东、姜楠：《承包权与经营权分置的法构》，载《法学研究》2015年第3期。

[2] 孙宪忠：《推进农村土地“三权分置”需要解决的法律认识问题》，载《行政管理改革》2016年第2期。

[3] 参见高海：《论农用地“三权分置”中经营权的法律性质》，载《法学家》2016年第46页以下。

[4] 参见张红宇：《农村土地“三权分置”政策解读》，载《领导科学论坛》2017年第4期。

[5] 参见孙宪忠：《推进农村土地“三权分置”需要解决的法律认识问题》，载《行政管理改革》2016年第2期。

益物权，符合权能分离理论。[1]权能分离理论通常表现为限制物权的设定。我们认为，从土地承包经营权分离出土地经营权，剩余的权利仍为土地承包经营权，而不是政策文本中所称的“土地承包权”。(3) 承包经营权为土地经营权的母权。鉴于我国土地所有权的公有性和不可交易性，农户土地承包经营权在很大程度上具有“准所有权”的自物权属性。此外，党的十九大报告再次重申“保持土地承包关系稳定并长久不变，第二轮土地承包到期后再延长三十年”，足见农户土地承包经营权是长久不变的权利，故在其上设置一个新的用益物权不存在制度障碍。该方案可将土地经营权置于承包经营权的既有规则之下，这可以节约立法成本，保护既有制度的稳定性和可预期性。(4) 土地经营权主体具有开放性、社会化以及主体多元性，让最适宜的人才从事农业生产经营，有效释放承包土地的财产属性，增加农民的财产性收入。

（二）土地经营权的权利边界

合理界定土地经营权与土地集体所有权、集体成员权、土地承包经营权、土地承包权等权利的边界，是进行土地经营权的妥适立法表达的重要前提工作。有学者主张“三权分置”改革政治文件中的“土地承包权”对应的是我国《物权法》《农村土地承包法》中的“土地承包经营权”。[2]其依据在于《三权分置办法意见》明确指出：“农户享有承包经营权是集体所有权集体实现形式，在土地流转中农户承包经营权派生出土地经营权”[3]。

但有学者持有不同观点，将土地承包权界定为农民集体成员权。[4]《土地承包法修正草案》亦秉持此观点，于第6条第2款将“土地承包权”界定为“农村集体经济组织成员依法享有的承包土地的权利”。该方案明显违背《三权分置办法意见》中“土地承包权”的政策概念等同于《物权法》体系中的“土地承包经营权”的概念内涵，即“土地承包权人对承包土地依法享有占有、使用和收益的权利”。

本文认为该观点值得商榷，将农民集体成员权与权利的行使结果混淆。《物权法》第59条第1款[5]以及第59条第2款，第62条和第63条第2款构造了农民集

---

〔1〕 参见王利明：《物权法研究》，中国人民大学出版社2016年版，第390页。

〔2〕 参见孙宪忠：《推进农地三权分置经营模式的立法研究》，载《中国社会科学》2016年第7期；高圣平：《农地三权分置视野下土地承包权的重构》，载《法学家》2017年第5期。

〔3〕《关于完善农村土地所有权承包权经营权分置办法的意见》，载《人民日报》2016年10月31日。

〔4〕 参见陈小君：《我国农村土地法律制度变革的思路与框架》，载《法学研究》2014年第4期；丁文：《论土地承包权与土地承包经营权的分离》，载《中国法学》2015年第3期；朱广新：《土地承包权与经营权分离的政策意蕴与法制完善》，载《法学》2015年第11期。

〔5〕 该款规定：“农民集体所有不动产和动产，属于本集体成员集体所有。”

体成员权的规则体系。所谓集体成员权，是指“集体成员基于其成员身份，针对农民集体就集体财产和集体事务管理等方面事项所享有的复合性权利”[1]。而农民集体成员权的内容，可分为：（1）自益权，主要包括：请求承包集体土地的权利、请求分配宅基地的权利、土地流转方面的优先权、集体收益分配权、集体福利分配权等内容；（2）共益权主要包括：集体经济组织内部的民主决策权、知情权与监督权、选举权与被选举权等内容。[2]成员权虽然包括集体成员承包集体土地的资格，但是成员权只是土地承包经营权产生的前提，土地承包经营权作为用益物权一旦产生即独立于成员权。[3]本集体经济组织成员农户申请承包地是行使农民集体成员自益权的表现，而取得土地承包经营权则是行使农民集体成员自益权的结果。因此，“土地承包权”为土地承包经营权分离出土地经营权后的剩余权利的简称，具有用益物权属性，[4]是一项身份性财产权，[5]故“土地承包权为成员权”的观点不能成立。

本文主张“三权分置”政策文件中的“土地承包权”不予立法表达，而是对接现行立法中“土地承包经营权”。这不仅有利于农村土地承包关系的稳定，消除新概念带给农民的紧张心理，也利于将“土地承包权”“土地经营权”等政策概念与《物权法》中“土地集体所有权”“农民集体成员权”“土地承包经营权”等法律概念体系顺利接驳，并整合相关降低立法成本。而所谓“土地承包权”是对承包农户所享有的分离出土地经营权后的土地承包经营权的状态描述，并非独立的权利类型。政策表述中的“农户承包权”只不过更为强烈地强调了土地承包经营权的身份属性，但这恰恰是三权分置改革所欲摒弃的。“土地承包权”并不是集体成员权，而是集体成员权行使的结果，其本质上是具有用益物权性质的土地承包经营权。[6]因此，政策文本中的“土地承包权”，不具有独立的法律意义，反而易于造成权利间的龃龉，故无须转化为法律概念并进行相应的立法表达。

总之，土地经营权脱胎于土地承包经营权，是承包农户基于土地经营权合同而为其他经营主体设立的用益物权。土地承包权是对分离出土地经营权后的土地承包

---

[1] 参见管洪彦：《农民集体成员权研究》，中国政法大学出版社2013年版，第59～60页。

[2] 参见管洪彦：《农民集体成员权：中国特色的民事权利制度创新》，载《法学论坛》2016年第2期。

[3] 参见高海：《土地承包经营权“两权分离”的论争与立法回应》，载《武汉大学学报（社会科学版）》2016年第6期。

[4] 参见高海：《土地承包经营权“两权分离”的论争与立法回应》，载《武汉大学学报（社会科学版）》2016年第6期。

[5] 参见马俊驹、丁晓强：《农村集体土地所有权的分解与保留——论农地“三权分置”的法律构造》，载《法律科学》2017年第3期。

[6] 参见管洪彦、孔祥智：《农村土地“三权分置”的政策内涵与表达思路》，载《江汉理论》2017年第4期。

经营权的状态描述，不是一种独立的财产权利。土地经营权是对承包土地的占有、使用、收益和有限处分，是对土地所有权和土地承包经营权的限制；但土地经营权的行使，不得侵害土地所有权人和土地承包人的合法权益。

三、土地经营权的立法模式选择与权能配置

（一）土地经营权的立法模式选择

土地经营权的政策需求和法律定位，是土地经营权在立法上的用益物权化。在土地经营权的母权选择上，学界存在两种立法方案：其一是集体土地所有权作为母权，土地经营权这个子权由集体土地所有权中派生出来；其二是农户承包经营权作为母权，由其派生出土地经营权这个子权。[1]我们认为第一种方案弊端颇多，具体表现为：首先，以集体土地所有权为母权，在同一承包地上派生出土地承包权和土地经营权这两个权能趋同的用益物权，不仅违反“一物一权”原则；其次，由农村集体经济组织法人设立土地承包权和土地经营权，因为土地经营权的设立未基于土地承包权，不符合《三权分置办法意见》所确立的“尊重农民意愿”原则，势必压制农户土地承包经营权的固有权能；[2]再次，以集体土地所有权为母权的立法方案，亦违反《三权分置办法意见》中“土地承包权”的政策概念界定，即“土地承包权人对承包土地依法享有占有、使用和收益的权利”，也不应当剥夺和限制了农户的土地承包权；最后，以集体土地所有权为母权的立法方案，在立法表达上导致土地承包权与土地经营权并列为两章或两节，土地经营权的条文在数量将与土地承包权形成较大差距，不符合立法美学，更增加了与《物权法》既有体系接驳的立法成本和普法成本。

我们赞同以土地承包经营权为母权的立法方案，主要理由有：其一，该方案符合他物权生成的“权能分离”理论，我国土地承包经营权的“准所有权”属性，符合生成土地经营权的母权要求；其二，以土地承包经营权为母权的方案，是我国农地制度演进的必然要求，土地承包经营制度早已深入人心，具有广泛的群众基础，故土地承包权与土地经营权的内涵界定与体系定位，必须立足与现行土地承包经营权制度；[3]其三，以土地承包经营权为母权的方案，符合《三权分置办法意见》土地经营权改革要点；其四，以土地承包经营权为母权的方案，可在现行《物权法》的“土地承包经营权”的立法框架下，进行土地经营权的立法表达。这不

---

〔1〕 参见崔建远：《民法分则物权编立法研究》，载《中国法学》2017 年第 2 期。

〔2〕 参见崔建远：《民法分则物权编立法研究》，载《中国法学》2017 年第 2 期。

〔3〕 参见蔡立东、姜楠：《农地三权分置的法实现》，载《中国社会科学》2017 年第 5 期。

仅利于节约立法资源，也减少了法官找法成本和公众普法成本。

（二）土地经营权的权能配置

1. 土地经营权权能配置的政策依据

《全面深改决定》拓展了承包经营权的权利内容，增加了“抵押、担保权能”，并且“允许农民以承包经营权入股发展农业产业化经营。鼓励承包经营权在公开市场上向专业大户、家庭农场、农民合作社、农业企业流转，发展多种形式规模经营。”据此，学者指出：“《决定》对承包权与经营权进行了政策上的分离，对两束权利分别赋权，即承包农户对承包权享有占有、使用、收益和流转权，经营农户对所流入的土地的经营权拥有抵押权和担保权，这样，既有利于承包户将承包地放心地流转，也有利于经营户以经营权的收益权作抵押和担保，获得金融支持，从事现代农业。”〔1〕《关于引导农村土地经营权有序流转发展农业适度规模经营的意见》再次肯认了土地经营权的抵押、担保的权能，〔2〕利于增加农民的财产性收入。有学者指出：“经营权与承包权权能分离的目的在于实现农地资源配置最大化，经营权人在不改变土地集体所有和农户承包的基础上，具有土地的使用权、流转权和收益权。”〔3〕故此，土地经营权的权能设计应该是“三权分置”制度法律化中的重点和难点内容。

2. 土地经营权的具体权能配置

为弥补土地承包经营权权能上的缺陷，民法典物权编的编纂以及《土地管理法》的修订应立足土地经营权之非身份性的用益物权的属性，配置以下权能：

其一，土地经营权自主设立权能，即土地承包经营权可自主自愿为其他经营主体设立土地经营权，无须经发包人同意，但应当通知发包人备案。

其二，土地经营权的土地使用权能，即土地经营权人在不改变土地集体所有和土地农业生产用途的基础上自由使用承包地，但原则不得长期闲置承包地。

其三，土地经营权的自由流转权能，即土地经营权人有权依法将土地经营权以转让、互换、抵押、出租、入股等方式流转。

其四，土地经营权的收益权能，即土地经营权人有权收取其进行农业生产经营或处分经营权所获得的收益，并在涉及承包地征收时获得合理的征收补偿。

其五，土地经营权的继承权能，即经交易行为取得土地经营权可以继承。

---

〔1〕刘守英：《农村土地法律制度改革再出发—聚焦〈中共中央关于全面深化改革若干重大问题的决定〉》，载《法商研究》2014年第2期。

〔2〕《关于引导农村土地经营权有序流转发展农业适度规模经营的意见》指出：“按照全国统一安排，稳步推进土地经营权抵押、担保试点，研究制定统一规范的实施办法，探索建立抵押资产处置机制。”

〔3〕李国强：《论农地流转中“三权分置”的法律关系》，载《法律科学》2015年第6期。

四、土地经营权的立法建议

综上，农村承包地上的物权体系为集体土地所有权、土地承包经营权和土地经营权，且土地经营权为派生于农户土地承包经营权之上的次级用益物权。土地经营权法律规则，宜置于民法典物权编“土地承包经营权”一章，并单设一节，依次配置土地经营权的内涵界定规则、土地经营权的设立规则、土地经营权的流转规则、土地经营权的公示生效规则以及土地经营权的收益规则。

（一）土地经营权的内涵界定

土地经营权是土地承包农户设立的，对其用益物权之农地占有、适用及收益的权利其本质为经营权人对土地承包经营权人享有权利之土地的用益。[1]鉴于土地经营权为新型的农地财产权利，其内涵和外延不为公众所熟知，因此，我们建议对土地经营权进行立法界定，条文可设计为：

第 X1 条【土地经营权的概念界定】本集体经济组织内部的农户或本集体经济组织外部的其他农业经营主体对农户承包的土地享有占有、使用、收益以及转让、入股、抵押、继承等权能的用益物权。

（二）土地经营权的设立

承包农户可将其依法承包的农地进行自主生产经营，也可为其他经营主体设立土地经营权。基于土地经营权的非身份化的纯粹财产权利属性，土地经营权的设立无须经过发包人同意。根据民法的基本原理，土地经营权源于土地承包经营权，因此其期限只能小于或等于承包期的剩余期限。根据法律规定和土地承包经营权、土地经营权的性质，经营地只能是农地农用，因此不得改变具体农业用途。

崔建远教授领衔的中国法学会民法典编纂项目领导小组物权法编课题组在《民法典物权法编修订条文及立法理由》（陈小君教授拟定，以下简称“法学会建议稿”）设计了土地经营权的设立规则，即“土地承包经营权人可在承包经营的土地上设立土地经营权。土地经营权的期限不得超过承包期的剩余期限。未经依法批准，不得改变经营地的农业用途。”陈苏教授领衔的中国社会科学院民法典编纂项目组草拟的《物权编》建议稿（以下简称“社科院建议稿”）为落实“三权分置”政策，专款规定“土地承包经营权人可以在自己的权利之上再为他人设定土地承包经营权，由他人在其承包地上从事农业生产经营。”而李永军教授领衔的中国政法大学民商经济法学院民法研究所“中国民法典研究小组”起草的《中华人民共和

---

〔1〕 参见蔡立东、姜楠：《农地三权分置的法实现》，载《中国社会科学》2017 年第 5 期。

国民法物权编（专家建议稿）》（以下简称“法大版建议稿”）[1]第147条首句涉及土地经营权设立规则：“土地承包人可依法、自愿、有偿地进行土地经营权的流转。”

我们基于本课题的研究结论，并借鉴学者建议稿，设计条文如下：

第X2条【土地经营权的设立】承包农户可依法、自愿、有偿地在其承包经营的土地上为其他经营主体设立土地承包经营权。

土地经营权的期限不得超过土地承包经营权的剩余期限，超过承包期的剩余期限无效。

未经依法批准，不得改变经营地的农业用途。

（三）土地经营权的流转

农地“三权分置”改革的目标就是“放活土地经营权”，并赋予土地经营权以权能充分的、摆脱身份羁绊的用益物权。《物权法》第184条禁止以家庭承包方式取得的土地承包经营权抵押，极大限制了农户的融资机会。为维护土地承包经营权的社会保障功能，在保持土地承包关系长久不变的前提下，可以允许土地经营权抵押贷款。立法需要通过规定土地经营权的各种流转方式，明确土地经营权的权能和物权效力。

“法学会建议稿”就此拟就的规则是：“土地经营权人有权依法将土地经营权以转让、互换、抵押、出租、入股等方式流转。”“社科院建议稿”则规定：“土地承包经营权人依照农村土地承包法的规定，有权采取出租、互换、转让等方式流转承包地或者土地承包经营权，流转的期限不得超过土地承包权人的剩余期限。”“通过市场交易方式取得的土地承包经营权，可以继承、抵押。”“法大版建议稿”则明确：“土地经营权人采取转让、抵押等方式处分土地经营权的，应当经土地经营权人书面同意，并向农民集体经济组织法人备案。”我们为此设计的条文是：

第X3条【土地经营权的流转】承包农土地经营权人有权依法将土地经营权以转让、互换、抵押、出租、入股等方式流转，流转的期限不得超过土地承包权人的剩余期限。

通过市场交易方式取得的土地承包经营权，可以继承剩余经营期限内予以继承。

（四）土地经营权的公示方法及效力

基于《不动产登记暂行条例》第5条之规定，以及随着土地承包经营权转让的

---

[1] 参见李永军等：《中华人民共和国民法物权编（专家建议稿）》，载《比较法研究》2017年第4期。

现象逐渐增多，已经不限于农民集体内部，已由“熟人社会”的适用语境逐渐转向“市民社会”的适用语境，因此，土地承包经营权权利变动模式应由登记对抗主义改采登记生效主义。

对此，“法学会建议稿”规定：“土地承包经营权人转让土地经营权的，经依法登记时生效。”“土地经营权采取转让、互换、抵押、入股等方式流转的，经依法登记时生效。”“社科院建议稿”则规定：“土地承包经营权的设立、变更或者终止应当依法办理登记，非经登记不发生物权变动效力。”对于土地经营权的公示规则，我们设计的条文为：

第 X4 条【土地经营权的公示】土地经营权的设立、变更或者终止应当依法办理登记，非经登记不发生物权变动效力。

（五）土地经营权的收益规则

如前所述，土地经营权的收益权能，即土地经营权人有权收取其进行农业生产经营或处分经营权所获得的收益，并在涉及承包地征收时获得合理的征收补偿。当前所见的立法建议稿中，仅有“法大版建议稿”对此作了规定：“承包地被征收的，农民集体经济组织法人有权就征地补偿安置方案等提出意见并依法获得补偿。土地承包经营权人、土地经营权人有权依照法律规定获得相应补偿。”对此，我们设计的条文如下：

第 X5 条【土地经营权的收益】承包地被征收的，农民集体经济组织法人有权就征地补偿安置方案等提出意见并依法获得补偿。

土地承包经营权人、土地经营权人有权依照法律规定获得相应补偿。

若土地经营权人有证据证明其有土壤改良、附属设施修建作了实际投入的，有权请求合理补偿。

民法典物权编草案完善刍议

脱剑锋*

目 次

引言

2018年8月27日，第十三届全国人民代表大会常务委员会第五次会议审议的《民法典各分编（草案）》，勾勒出了我国民法典的基本架构，是进一步审议和修订的基础。其中，物权编是笔者教学和研究的侧重，故针对这一编（下文称民法典物权编草案）的一些规定，结合我国台湾地区民法规定和民法学研究成果，提出修改完善的意见和建议，就教于海峡两岸的民法学者。

---

* 脱剑锋，男，兰州大学法学院副教授，研究方向为民法学。

一、关于民法典物权编草案的一般规定

对物权的概念、物权的客体、物权法定原则等内容，因《民法总则》第114条、第115条和第116条已经作了规定，为避免重复，民法典物权编草案再没有规定。这使得物权的规定分散在总则和分则中，虽不影响法律实务和民法研究，但从立法的体例安排上看，不能不说是一种缺憾。对此，木已成舟，在此将笔者曾在《民法总则》征求意见时，反对总则规定“民事权利”一章的理由转录如下，以求教于学界。具体如下：

《草案》单设一章即第五章，对“民事权利”作了规定。我们认为，《草案》这一章规定没有必要，建议删除。具体理由如下：

第一，《民法通则》设专章规定“民事权利”，这是特定历史背景下的产物，有其必要性和合理性。在当时它划定了民事权利、民法的范围，统率了此后的民事单行立法。《民法通则》施行三十年来，《合同法》《物权法》《侵权责任法》以及《著作权法》《专利法》《商标法》等单行法相继颁布，民商事法律体系已经基本建成，《民法通则》当初规定“民事权利”的目的已经达到，现在制定《民法总则》、编纂民法典，再无在总则中规定这一内容的必要。

第二，《草案》这样规定也违反了民法典总则与分则的分工体系。总则是“提取公因式”，规定共通性内容，分则是规定各种具体民事权利，民法典不宜容纳的，仍然需要规定在单行法中。现在这样的规定，只是对分则和民事单行法中民事权利种类、概念的简单列举，不但与将来分则的规定相重复，而且也没有任何规范意义。

第三，学界有些人认为，这样规定可以划定民事权利、民法的范围，明确民法典将来可能不纳入的知识产权、股权等权利的民事权利属性。我们认为，这是一种非常学理化的思维，不是科学的立法思维，立法不是写教科书，不应该让这样的想法来影响、左右立法。

第四，民事权利是开放的，随着社会、经济的发展，会有一些新的民事权利产生，对民事权利列举无异于作茧自缚，“等”字也解决不了开放性的问题，将来可能还得靠单行立法来解决。因此，总则中对民事权利不宜作列举和限定。

二、民法典物权编草案第28条关于宣示登记的规定

民法典物权编草案第28条照搬了现行《中华人民共和国物权法》（以下简称《物权法》）第31条的规定。但这一条规定的表述，是存在重大瑕疵的。

《物权法》第31条规定：“依照本法第28条至第30条规定享有不动产物权的，

处分该物权时，依照法律规定需要办理登记的，未经登记，不发生物权效力。”例如，甲的房子由乙继承，乙再转让给丙，在此交易过程中，须先办理继承登记，再办理转让登记。《物权法》第31条所指的“登记”，究竟是指在先的“继承登记”，还是靠后的“转让登记”，依据第31条的文义，应该是指“转让登记”，但如此解释，则与《物权法》第9条的规定重复了。胡康生主编的《中华人民共和国物权法释义》也是如此理解的。[1]但这样理解，是不准确的，不符合该条的立法目的和宗旨。该条是借鉴我国台湾地区“民法”第759条的规定，即“因继承、强制执行、公用征收、法院之判决或其他非因法律行为，于登记前已取得不动产物权者，非经登记，不得处分其物权。”这种“登记”，学说上称为“宣示登记”，因为登记的作用只不过是宣示已发生的物权变动而已。[2]很显然，宣示登记指的是我们前面所举例子中的“继承登记”，而非“转让登记”，它确立的规则是“非经登记，不得处分”，目的是确保登记的连续性，使不动产登记簿发挥不动产“履历表”的作用。民法典物权编草案第28条的规定，没有将宣示登记“非经登记，不得处分”的要义表达出来，反而让人产生误解，这是显而易见的重大立法瑕疵，应该借鉴我国台湾地区“民法”第759条规定，予以修改完善。

三、关于所有权取得的特别规定

与现行物权法相比，民法典物权编第117条规定了添附制度，具有非常重要的意义。但与我国台湾地区“民法”相比，我们缺乏两种非常重要的所有权原始取得的法律制度，即先占和取得时效制度。

我国台湾地区“民法”第802条规定：“以所有之意思，占有无主之动产者，除法令另有规定外，取得其所有权。”大陆地区的司法实践和民法理论均承认先占制度，民法典物权编应该明确加以规定。

关于取得时效，我国台湾地区“民法”第768－772条有详细规定。大陆地区，民法学界主张规定取得时效的学者很多，而且理由非常充分。主要理由是：第一，根据消灭时效，时效届满时债务人可免除义务，但不能取得对所占有的标的物的所有权，因而只有同时规定取得时效，才能结束这种不稳定状态，以利于经济秩序和社会秩序的稳定，即与消灭时效相对应，消灭时效使主体丧失权利，取得时效使另一方取得权利。第二，有利于促使财产所有人适时行使权利，精心管理自己的财产，以充分发挥社会财富的效用。第三，有利于人民法院正确及时地处理年代久远的物权纠纷。第四，时效取得者必须善意、和平、公开地占有他人财产，因而不

[1] 胡康生主编：《中华人民共和国物权法释义》，法律出版社2007年版，第83页。

[2] 王泽鉴：《民法物权（一）：通则·所有权》，中国政法大学出版社2001年版，第114页。

违反社会主义道德的要求。第五，取得时效主要针对的是他人私有的物，而且期间较长，也不会危及社会主义公有制的安全。我国《物权法》《民法总则》均未规定取得时效制度。但1995年国家土地管理局颁布的《确定土地所有权和使用权的若干规定》第21条规定：“农民集体连续使用其他农民集体所有的土地已满二十年的，应视为现使用者所有；连续使用不满二十年，或者虽满二十年但在二十年期满之前所有者曾向现使用者或有关部门提出归还的，由县级以上人民政府根据具体情况确定土地所有权。”这类似取得时效的规定。这次民法典物权编仍然没有规定取得时效制度，不能不说是一大遗憾。况且，《民法总则》第196条规定：“下列请求权不适用诉讼时效的规定：（一）请求停止侵害、排除妨碍、消除危险；（二）不动产物权和登记的动产物权的权利人请求返还财产；（三）请求支付抚养费、赡养费或者扶养费；（四）依法不适用诉讼时效的其他请求权。”对这一条第2项作反对解释，非登记的动产即船舶、航空器、机动车以外的普通动产返还请求权应适用诉讼时效。若不规定取得时效制度，动产返还请求权诉讼时效届满的主体对动产的权利，就处于一种权利不确定状态，这与党中央提出的“归属清晰、权责明确、保护严格、流转顺畅”的产权改革的要求是不相符合的。因此，民法典物权编的进一步修改完善，应该贯彻党中央产权改革的精神，非常有必要规定取得时效制度。

四、关于土地承包经营权“三权分置”中的经营权

民法典物权编第131条规定：“土地经营权人有权根据合同约定在一定期限内占有农村土地，自主开展农业生产经营并取得收益。”这里出现了一个新名词“土地经营权”，即所谓的“三权分置”改革中的“经营权”，如何来界定这种“经营权”的性质呢？我认为，可以分成两种情况：一是土地承包经营权通过转让、互换、入股等形式流转，取得人取得的权利的性质还是物权，就是“土地承包经营权”这种用益物权本身，这如同建设用地使用权的转让，转让只是主体的变更，但并不改变权利的性质。二是土地承包经营权通过转包、出租等方式流转，取得人取得的权利的性质是债权，这如同建设用地的出租。因此，所谓的“三权分置”中的“经营权”并不构成一种独立的物权种类。我觉得，民法学界在这个问题上存在不太一致的认识，有必要加以澄清。对这个问题，孙宪忠老师的论文讲得很清楚，可以参考。[1]

---

〔1〕孙宪忠：《推进农地三权分置经营模式的立法研究》，载《中国社会科学》2016年第7期。

五、关于居住权的性质和设定方式

从物权制度的历史沿革来看，居住权属于役权制度中的人役权的范畴，即满足特定人利益而在他人房屋上设定的以居住为目的的用益物权。一般认为，东方国家没有人役权的文化基础和历史传统，因此旧中国和现中国台湾地区“民法”、日本民法、韩国民法等，都没有关于居住权的规定。在物权法制定过程中，最初草案中有居住权的规定，但后来被删除。这次，民法典草案又对此加以规定，这说明实践中有设定这种物权的现实需要，因此很有必要加以规定。但在设定方式上，除了合同、遗嘱以外，实践中还有法院判决等，若通过法院判决设定，是适用民法典物权编草案第159条第3款规定的“登记生效”规则呢？还是适用民法典物权编草案第28条规定的“宣示登记”规则？对这个问题有必要加以明确，我个人觉得应该是“宣示登记”。

六、关于民法典物权编草案第187条规定的所谓“浮动抵押”制度

民法典物权编第187条规定：“企业、个体工商户、农业生产经营者可以将现有的以及将有的生产设备、原材料、半成品、产品抵押，债务人不履行到期债务或者发生当事人约定的实现抵押权的情形，债权人有权就实现抵押权时的动产优先受偿。”这一条的原型是现行《物权法》第181条。物权法的这一条被认为是关于浮动抵押的规定。[1]这种所谓的浮动抵押制度具有如下特点：第一，浮动抵押的标的物限定于动产，对不动产和其他财产不得设定浮动抵押。第二，浮动抵押的主体比较广泛，包括企业、个体工商户、农业生产经营者。之所以如此规定，据说，我国的抵押制度主要是为了解决中小企业和农民的贷款难而设定，而对中小企业和农民而言，其财产只有动产，很少有不动产。[2]由此可见，大陆地区规定浮动抵押的出发点和英国、日本以及我国台湾地区大相径庭，在这些国家和地区浮动抵押一般只有信用比较好的股份公司、公开公司、大企业才可适用，而且有的国家浮动抵押限定只能用来担保股份公司发行的公司债券债权。《物权法》规定的这种所谓的“浮动担保”制度，从我们调查的情况来看，问题很多，金融机构风险防控难度很大，建议进一步完善或予以废除。

---

〔1〕 胡康生主编：《中华人民共和国物权法释义》，法律出版社2007年版，第394页。

〔2〕 胡康生主编：《中华人民共和国物权法释义》，法律出版社2007年版，第398页。

七、关于民法典物权编草案第206条规定的动产抵押和动产质押并存时的受偿顺序

对动产抵押和动产质押竞合时的受偿顺序，2000年《最高人民法院关于适用〈中华人民共和国担保法〉若干问题的解释》第79条第1款规定："同一财产法定登记的抵押权与质权并存时，抵押权人优先于质权人受偿。"在允许竞合的情况下，这种处理我觉得是可取的，因为登记国家介入了，它的公示效力更强一些，而质权设定要求的交付，由于简易交付等替代交付或观念交付方式的存在（设定动产质权，占有改定不允许），使得交付的公示效力大打折扣，而且当事人可以通过倒签合同等方式进行欺诈活动，因此规定登记的动产抵押权优先于动产质权，就具有合理性。

这次，民法典物权编草案第206条规定："同一财产既设立抵押权又设立质权的，拍卖、变卖该财产所得的价款按照登记、交付的时间先后确定清偿顺序。"这一规定改变了担保法解释相对科学合理的规定，非常值得商榷，应该加以修改完善。

动产上多种担保物权并存时，为了加强公示，防止当事人欺诈损害他人，好多国家和地区都主张建立动产与权利担保物权统一登记制度。我所兼职的甘肃诚域律师事务所也提出了类似的主张，经取得撰写人董武斌主任和何晓辉律师的同意，转录如下，供大家研讨参考。具体内容如下：

关于推动建立动产和权利担保物权统一登记制度的建议及理由

（一）建议在民法典（草案）中增加动产和权利担保物权统一登记的规定

1. 建议在民法典物权编（草案）第十六章担保物权一般规定中增加一条有关设立动产和权利担保物权统一登记制度的规定，表述为："国家对动产和权利融资担保实行统一登记制度，未经登记的，不得对抗善意第三人。登记范围涵盖各类动产和权利担保交易，包括动产抵押、权利质押和应收账款转让、所有权保留、融资租赁等非典型担保交易类型。登记机构建立基于互联网的统一动产担保登记公示系统，对登记申报材料进行形式审查，具体的登记机构和登记办法由国务院制定。"

2. 建议《民法典物权编（草案）》第207条动产抵押登记和《民法典合同编（草案）》第336条、第431条、第536条有关债权转让、所有权保留、融资租赁等非典型担保交易登记的规定中，均分别增加一款，"上述登记适用于《民法典物权编（草案）》第十六章中动产和权利担保物权统一登记的规定。"

（二）建议修改的理由

1. 我国动产和权利担保物权登记过于分散的状况已明显不能适应现代市场经济发展的需要。现行《物权法》和《担保法》规定了十多个登记机构，它们主导各类担保物权登记，尚未实现登记的完全电子化，登记理念不一，信息无法共享，公示效果差。上述现状不符合市场交易便利性原则，不仅增加了融资成本，而且十分不利于交易安全。

2. 建立动产和权利担保物权统一登记制度是动产融资的重要基础型工作，并且符合国家公约、示范法和立法指南等立法趋势。例如，1994年欧洲复兴开发银行《担保交易示范法》、国际统一私法委员会2001年《移动设备国际利益公约》（我国2008年10月28日审议批准该公约）、亚洲开发银行2002年《动产登记指引》、世界银行2010年《担保交易和登记制度工作手册》、联合国国际贸易委员会2007年《担保交易立法指南》和2016年《担保交易立法指南》等都积极主张构建基于互联网的动产和权利担保物权统一登记制度和登记系统。根据世界银行发布的《2016年营商环境报告》，全球已有近70个国家和经济体建立了动产和权利担保物权的统一登记制度，其中有58个实现了一元化的动产担保物权制度。

3. 建立动产和权利担保物权统一登记制度有利于优化我国营商环境。《物权法》出台后，根据世界银行出版的《全球营商环境报告》，我国信贷人权利保护指标从0分上升至5分（当时共8个指标，满分8分）。2015年，世界银行将上述指标调整为12个，其中有10个指标涉及担保物权法律制度，更加注重是否在法律层面建立了统一的动产担保登记制度和统一的登记系统。虽然指标数量增加，但《2018年全球营商环境报告》中我国得分却降至3分。因此，迫切需要借编纂民法典之契机，建立基本法律层面上的动产和权利担保物权统一登记制度，以改善我国营商环境。

4. 建立动产和权利担保物权统一登记制度有一定的现实基础。根据《物权法》，人民银行征信中心建立了基于互联网的全国统一的动产融资登记系统（以下简称登记系统），提供应收账款质押登记服务，并根据动产融资发展的市场需求，逐步增加了应收账款转让、融资租赁、保证金质押、存货和仓单质押等登记服务，为建立我国动产和权利担保物权统一登记制度提供了有益经验。截至2018年8月底，登记系统累计注册登记和查询用户超过30万户，累计发生应收账款质押、应收账款转让和融资租赁的登记量分别为134.2万笔、109万笔和99.8万笔，登记量年均增长率分别约为9%、5%和56%。除应收账款质押登记，登记系统中其他登记均为市场自发登记。2007年登记系统法定登记与自发登记的占比分别为90%和10%，2017年占比变为29%和71%，充分表明市场已普遍接受了声明登记的现代理念和登记系统，登记系统已成为我国一项重要的金融基础设施。

5. 随着商事活动的发展，市场催生了越来越多的新型担保方式，既包括法律明文规定的抵押、质押，也有现行法律未明文规定的以债权转让（包括应收账款转让，即保理）、所有权保留、融资租赁等担保债权实现的非典型担保形式。上述新型担保方式广泛用于各类担保融资，涉及工业设备、交通运输装备、生产设备等各类生产生活资料，因此有必要通过立法将上述担保方式纳入统一登记制度，与动产抵押、权利质押等担保物权适用统一的公示、优先权顺位规则，以明晰动产权属状况，更有效地保障交易安全。

八、关于民法典物权编草案第239条但书的规定

民法典物权编草案第239条："债权人留置的动产，应当与债权属于同一法律关系，但企业之间留置的除外。"这一条系照搬现行《物权法》第231条。这是所谓的商事留置牵连关系从宽把握或牵连性之拟制。我国台湾地区"民法"第929条也有类似规定，即"商人间因营业关系而占有之动产，与其因营业关系所生之债权，视为有前条所规定之牵连关系。"大陆地区用"企业"代替了台湾地区民法中的"商人"，但这样规定，忽略了大陆地区所特有的个体工商户这样一类商事主体。因此建议，将民法典物权编草案第239条改为："债权人留置的动产，应当与债权属于同一法律关系，但个体工商户、企业之间留置的除外。"

此外，物权法对占有的规定，过于简略，好多制度都是缺失的，民法典物权编草案仅规定了5个条文，我国台湾地区民法规定占有制度有27个条文，法国民法典25个条文，德国民法典28条，这显然与我国制定一部完备的民法典的要求是不相符合的。占有制度应该作为民法典草案物权编进一步审议和完善的重中之重，学界应该大声呼吁，引起立法机关的高度重视，力争将来正式通过的民法典能够构建起我国系统完备的占有法律制度体系。

结语

民法典物权编草案总体规定的不错，但个别规则和制度的确有修改完善的必要，好多缺失的制度亟待补充。希望海峡两岸民法学者能够携起手来，共同致力于制定一部科学、完备的民法典，为国家的长治久安和人民的幸福生活奠定坚实的法律基础。

论物权法司法解释的整理与民法典物权编的完善*

王文胜**

目　次

在民法典编纂过程中，应对现行民事法律规范进行科学整理。整理的对象，既包括已有法律条文，也应包括已有司法解释条文。[1]

对已有司法解释进行整理，对于民法典编纂而言，不论在微观层面还是宏观层面，都具有重要意义。在微观层面，参照某些司法解释条文对原有法律条文进行补充或修正，将某些司法解释条文的内容纳入民法典中，有助于完善民法典的具体内容；在宏观层面，从司法解释条文中总结和反思已有民事立法的不足及其规律，有助于避免在民法典中再出现类似的不足。

本文以最高人民法院针对《中华人民共和国物权法》（以下简称《物权法》）的相关司法解释为整理对象，通过对司法解释条文作类型分析，探讨不同类型的司法解释条文对于民法典物权编的完善所具有的价值，借以管窥司法解释条文的整理

* 本文发表于《河南社会科学》2018年第9期。基金项目：湖南省普通高校哲学社会科学重点研究基地开放基金项目“我国司法实务中的民事司法解释研究”（17K023）。

** 王文胜，男，法学博士，湖南大学法学院副教授，研究方向为民商法学。

〔1〕 有学者提出，对已有司法解释的整理和重述，是“此次民法典编纂的主要任务”。参见薛军：《民法典编纂如何对待司法解释》，载《中国法律评论》2015年第4期。

对于民法典编纂所具有的独特价值。

一、物权法司法解释条文的类型区分

（一）物权法司法解释条文的主要类型

最高人民法院针对《物权法》所作的司法解释主要有《关于适用〈中华人民共和国物权法〉若干问题的解释（一）》（以下简称《解释一》）和《关于审理建筑物区分所有权纠纷案件具体应用法律若干问题的解释》（以下简称《区分所有权解释》）。根据司法解释条文的功能，有关物权法的司法解释条文主要可分为六种类型：（1）简单解释型；（2）澄清误解型；（3）多义取舍型；（4）具体细化型；（5）漏洞填补型；（6）裁量因素型。

1. 简单解释型条文

有的司法解释条文，是对法律条文的简单解释，运用的主要是文义解释方法，有时也简单运用体系解释方法。例如，《解释一》第4条是对《物权法》第20条第1款中“处分”一词所作的简单解释。在民法中，“处分”一词有狭义与广义之分，狭义的处分仅指法律上的处分，广义的处分则还包括事实上的处分。处分若涉及效力判断，则仅指法律上的处分，因为事实上的处分不存在法律评价其是否发生效力的问题。由此可知，《物权法》第20条第1款中的“处分”仅指法律上的处分，《解释一》第4条具体指明为“转移不动产所有权，或者设定建设用地使用权、地役权、抵押权等其他物权”，这是较为简单的文义解释和体系解释。

2. 澄清误解型条文

有的司法解释条文所涉及的是在实践中存在广泛误解（或易于产生误解）的问题。典型的如《解释一》第1条。对于不动产登记的法律属性，我国民法学界已形成了普遍共识，即“登记并非一种行政许可或行政确认行为。当事人办理不动产物权变动登记，并不需要政府的审批和核准，而是将物权变动的事实对外公开。”〔1〕但司法实践中仍存在较为普遍的误解，“有些民事法官在遇到涉及登记问题的不动产权属案件时，也常以登记的公定力为由，要求当事人先提起行政诉讼，中止民事案件的审理，待行政诉讼对登记行为的审查结论作出后，再依据行政判决结果来作出民事判决。”〔2〕这种误解的根源正在于将不动产登记当成了对民事权利的行政许可或行政确认。《解释一》第1条中明确：“因不动产物权的归属，以及作为不动产

---

〔1〕 王利明：《物权法研究（第四版，上卷）》，中国人民大学出版社2016年版，第277～278页。

〔2〕《进一步提升保障财产权利及市场交易安全与效率的法治化程度——最高人民法院民一庭负责人就物权法司法解释（一）答记者问》，载《人民法院报》2016年2月24日。

物权登记基础的买卖、赠与、抵押等产生争议，当事人提起民事诉讼的，应当依法受理。”这意在澄清司法实践中的上述误解。

又如《解释一》第2条。基于前述对登记的法律属性的错误认识，许多实务工作者误认为不动产登记具有绝对效力，于是在认定物权归属时完全以不动产登记簿的记载为依据。实则《物权法》规定的不动产登记簿仅具有推定效力和公信效力，不具有绝对效力，通过对《物权法》第17条和第19条进行体系解释可以得出这一结论。《解释一》第2条对此加以明确：“当事人有证据证明不动产登记簿的记载与真实权利状态不符、其为该不动产物权的真实权利人，请求确认其享有物权的，应予支持。”据此，未被登记簿记载为权利人的当事人可以请求确认物权，这有助于澄清法官的误解。

3. 多义取舍型条文

有的司法解释条文针对的是《物权法》适用中具有争议的法律条文。司法解释条文在有争议的多种结论中进行取舍，以统一裁判规则。典型的如《解释一》第18条第1款。《物权法》第106条第1款第1项规定的善意取得构成要件之一为“受让人受让该不动产或动产时是善意的”，然而“受让时”一词有多种理解，在不动产场合争议较多的两种主张是提出登记申请时和登记完毕时，此外合同订立的时点也处于文义范围。有学者认为，以“记载于登记簿时”作为判断善意的时点“根据更充分些”；[1]有的学者则主张，“自理论言，应以办理登记完毕时为准，实际上则以申请登记时为准，较为合理。”[2]在这两种观点之中，最高人民法院选择了前者，即受让人受让该不动产时，是指依法完成不动产物权转移登记之时。

又如《解释一》第20条。《物权法》第106条第1款第3项中规定的善意取得构成要件之一为“依照法律规定应当登记的已经登记”，以登记作为物权变动对抗要件的特殊标的物是否属于此所谓“应当登记的”可有不同理解，正反两方面的结论都可为其文义所容纳。《解释一》第20条规定特殊动产的善意取得以交付为条件，即认为特殊动产不属于“应当登记”的范围，是在两种结论之中选择了一种。

4. 具体细化型条文

有的司法解释条文义在对《物权法》中规定得非常笼统和简单的条文加以细化，或是对非常抽象的术语加以具体化，以期为裁判提供指引。例如，《物权法》第101条后段简单规定了按份共有人转让份额时“其他共有人在同等条件下享有优先购买的权利”，但未规定优先购买权应如何行使。《解释一》第11条、第12条第2款和第14条对优先购买权的行使规定了具体规则。又如，《解释一》第15条第1款将善意取得构成要件中的受让人善意解释为“不知道转让人无处分权，且无重大

---

〔1〕 崔建远：《物权法,》中国人民大学出版社2017年版，第86页。

〔2〕 王泽鉴：《民法物权》，北京大学出版社2010年版，第89页。

过失”，第16条第1款罗列了应当认定不动产受让人知道转让人无处分权的五种情形，都属于对“善意”这一抽象术语的具体细化。

5. 漏洞填补型条文

某些司法解释条文，意在填补最高人民法院所认为的法律漏洞。例如，《物权法》第101条笼统规定了按份共有人“转让”共有份额时其他共有人的优先购买权，自文义而言，共有人相互间转让的情形也包含在内。但是，共有人优先购买权的制度目的应是减少共有人的人数，防止因外人介入而使内部关系复杂化，以提高共有物利用效率。[1]因此，《物权法》第101条文义过宽，应将共有人相互间转让的情形排除在其适用范围之外，《解释一》第13条正是按照这种思路对《物权法》第101条作了目的性限缩。又如，《物权法》第106条第1款对善意取得规定了三项构成要件，但没有涉及转让合同的效力。从文义而言，《物权法》第106条第1款对构成要件的规定是完全列举式的，只要具备该款所规定的要件，即应发生善意取得。最高人民法院认为该款存在漏洞，“由于合同效力问题可能会涉及国家、社会利益和公序良俗，我们难以得出合同无效一概均不影响善意取得适用的结论。”[2]于是，《解释一》第21条规定，在“转让合同因违反《合同法》第52条规定被认定无效”或“因受让人存在欺诈、胁迫或者乘人之危等法定事由被撤销”时，受让人主张善意取得的不予支持。这限缩了《物权法》第106条第1款的适用范围，构成对该款的目的性限缩。

6. 裁量因素型条文

《物权法》中规定了一些不确定概念，在适用时需要法官自由裁量。司法解释中有的条文为法官规定了在自由裁量时所应考虑的具体因素，为法官的自由裁量活动提供指引和规范。例如，《解释一》第10条规定了共有人行使优先购买权场合判断是否属于“同等条件”所应考虑的因素，包括共有份额的转让价格、价款履行方式及期限等；第17条规定了动产转让场合认定受让人是否具有“重大过失”所应考虑的因素，包括交易的对象、场所或者时机等是否符合交易习惯；第19条规定了善意取得制度中判断是否属于“合理的价格”所应考虑的因素，包括转让标的物的性质、数量以及付款方式等具体情况，并应参考转让时交易地市场价格以及交易习惯等因素。

（二）不同类型之间的区分与交错

上述对于物权法司法解释条文所作的类型区分，依据的是司法解释条文对于其

---

〔1〕 参见崔建远：《物权法》，中国人民大学出版社2017年版，第245页。

〔2〕《进一步提升保障财产权利及市场交易安全与效率的法治化程度——最高人民法院民一庭负责人就物权法司法解释（一）答记者问》，载《人民法院报》2016年2月24日。

所解释的《物权法》条文而言意图实现的功能，与之紧密相关的是司法解释条文在进行法律解释时所运用的法律解释方法。不过，法律解释方法的具体运用有时难免有不同理解，因而，具体某一司法解释条文应属哪种类型，有时会有不同看法。例如，对于将给付判决排除在《物权法》第28条所规定的法律文书之外的问题，有学者认为属于限缩解释，[1]此种限缩似已进入了目的性限缩的范畴，因而，按这种观点，《解释一》第7条或应属于漏洞填补型条文。然而，在本文看来，《解释一》第7条应属具体细化型条文，理由在于，《物权法》第28条中“因……导致……”的表述，已清晰规定了该条所称“法律文书”仅指那些导致物权变动的法律文书，从而《物权法》第28条的文义并非过宽，只是哪些法律文书才属于导致物权变动的法律文书在第28条中未予明确揭示而已。

另外，同一司法解释条文可能涉及多个法律问题，针对不同问题所运用的法律解释方法各不相同，从而，同一条文中的不同部分可能分别具有不同功能、分别归属于不同类型。以《解释一》第5条为例，该条指出：“买卖不动产物权的协议被认定无效、被撤销、被解除，或者预告登记的权利人放弃债权的，应当认定为物权法第20条第1款所称的‘债权消灭’。”自体系解释而言，“债权消灭”一词应适用《合同法》第91条的规定并结合预告登记制度的目的来理解。《合同法》第91条第1项规定的债务履行在预告登记场合意味着物权变动已完成、预告登记的目的已实现，第3项规定的抵销、第4项规定的提存通常不会发生于不动产物权转让场合，因而这三项情形都与《物权法》第20条第2款不兼容，剩下的合同解除（第2项）、债务免除（第5项）、债权债务混同（第6项）应属于《物权法》第20条第2款所称“债权消灭”。《解释一》第5条中的“协议被解除”对应第2项，“权利人放弃债权”对应第5项，[2]也就是说，第5条中这两项内容的得出所对应的解释方法在整体上属于体系解释，这两项属于上文所称“简单解释型条文”。与之不同，第5条中“协议被认定无效、被撤销”不属于《物权法》第20条第2款中“债权消灭”的文义所能及的范围。合同无效或被撤销的法律后果为“自始没有法律约束力”，因而合同主债权债务自始未产生。债权既然未产生，当然不存在消灭问题。相应地，自逻辑而言，用于保障该债权实现的预告登记也不应发生效力。然《物权法》仅规定了“预告登记失效”，并无“预告登记不发生效力”的规定。因此，《解释一》第5条将“协议被认定无效、被撤销”规定为《物权法》第20条第2款中“债权消灭”的情形之一，其实质是为否定预告登记法律效力而对“债权消灭”一词作了目的性扩张。可见，《解释一》第5条中，一部分属于“简单解释型”，另一部分则属于“漏洞填补型”。

---

[1] 参见崔建远：《物权法》，中国人民大学出版社2017年版，第67页。

[2] 由此也可看出，《解释一》第5条遗漏了债权债务混同的情形。

此外，上述六种类型仅是对物权法司法解释中主要条文的类型化，不能覆盖所有条文。在上述类型外还有其他类型，如明确证明责任分配的条文（《解释一》第15条第2款）、重复法条文义的条文（《解释一》第12条第1款〔1〕）等。

二、司法解释条文对于完善民法典物权编的价值

上述不同类型司法解释条文所涉及的法律解释方法不同，在得出条文所规定结论时进行的法律解释思维的复杂程度各异，相应地，对于民法典物权编的完善而言所具有的价值也各不相同。

1. 简单解释型条文

简单解释型条文主要是运用文义解释方法对法律条文进行解释，有时也简单运用体系解释方法。对于简单解释型条文所涉及的法律问题，如果能够正确运用这两种法律解释方法，即使欠缺司法解释条文，法官仍应能得出正确结论。

除前文所列《解释一》第4条、第5条之一部分外，《解释一》第8条、第9条及《区分所有权解释》第1条第1款、第6条、第10条第1款、第15条都属于简单解释型条文。

《解释一》第8条只是对物权保护制度的重申，在具备《物权法》第28条至第30条所规定的构成要件时，即使尚未完成交付或登记，也已发生物权变动，新的物权人当然可以根据《物权法》第34条至第37条保护其物权。

《解释一》第9条是对《物权法》第101条中的"转让"一词所作解释。在通用汉语中，"转让"是指"把自己的东西或应享有的权利让给别人"，〔2〕因而，转让应限于权利人主动移转权利的情形，就民法而言，应限于权利人通过法律行为移转权利的情形。《物权法》第101条前段中"可以转让"的表述也清晰表明该句所规范的是共有人依其自由意志而移转份额的情形。因继承、遗赠而引发权利主体变动，不属于权利主体依其自由意志主动促成的，而是因自然人死亡而必然发生的。因此，继承、遗赠不属于第101条中"转让"的文义范围。即使没有《解释一》第9条，通过文义解释也可得出相同结论。

《区分所有权解释》第1条第1款是对《物权法》第六章中"业主"一词所作解释，对《物权法》第70条和第9条、第二章第3节进行简单的体系解释即可得出相同结论。《区分所有权解释》第6条对"占用业主共有道路或者其他场地增设

〔1〕 理由在于，将共有人之间转让共有份额的情形排除出优先购买权适用的范围之外，是《解释一》第13条的任务，并非第12条第1款的任务；除去重复这一限制的"按份共有人向共有人之外的人转让其份额"一句，第12条第1款的文义与《物权法》第101条后句的文义并无多大区别。

〔2〕 中国社会科学院语言研究所词典编辑室编：《现代汉语词典（第五版）》，商务印书馆2005年版，第1790页。

的车位”的物权归属所作解释，只是对《物权法》第 74 条第 1 款和第 3 款的综合、对第 3 款内容的强调，通过简单的体系解释即可得出相同结论。《区分所有权解释》第 10 条第 1 款明确未经同意的有利害关系的业主可以请求排除妨害等，是对《物权法》中物权保护规则的简单运用。《区分所有权解释》第 15 条规定了四种应受《物权法》第 83 条第 2 款规范的行为，这四种类型与《物权法》第 83 条第 2 款所明确列举的情形极为相似，显然都属于第 83 条第 2 款所规定的“损害他人合法权益的行为”，即使司法解释没有加以明确，法官通过简单的法律解释应也能得出相同结论。

可见，在编纂民法典时，可以将简单解释型条文的内容纳入其中，但需求并不迫切。

2. 澄清误解型条文

澄清误解型条文的结论得出需要相对较为复杂的体系解释、历史解释、目的解释等解释工作。除前文所列《解释一》第 1 条和第 2 条外，《解释一》第 3 条和《区分所有权解释》第 10 条第 2 款也属于这种类型。

《解释一》第 3 条规定，异议登记因未及时起诉而失效后，当事人仍可提起物权确认之诉。《物权法》第 19 条第 2 款仅规定了申请人应在异议登记之日起 15 日内起诉，不起诉则异议登记失效，但未明确规定异议登记失效后是否仍可起诉。在逻辑上，存在失效后仍可起诉和不可起诉两种结论。此时需要结合制度目的来进行解释。异议登记制度的目的在于弥补更正登记需较长时间才能完成的欠缺，在利害关系人发现登记簿错误后、完成更正登记前，异议登记为利害关系人提供了打破登记公信力、防止不动产物权被他人善意取得的途径。换言之，异议登记类似于民事诉讼中的财产保全，属于临时性的“冻结”措施（“冻结”了公信力，但不妨碍第三人自担风险继续受让），对当事人之间的物权归属不产生影响，异议登记失效不意味着物权归属争议的解决。因此，从制度目的出发，即使在异议登记因未及时起诉而失效后，利害关系人仍可依《物权法》第 33 条起诉要求确认物权。但是，若不能准确理解制度目的，则可能陷于误解。《解释一》第 3 条正在于澄清和预防这种误解。

《区分所有权解释》第 10 条第 2 款规定，《物权法》第 77 条所规定的“应当经有利害关系的业主同意”是指应征得每一位有利害关系的业主同意，不能适用少数服从多数的规则。其原因在于，将住宅改变为经营性用房将对有利害关系的业主的专有部分带来妨害、危险甚至损害，而不仅是危及共有部分。可见，只有准确理解《物权法》第 77 条的制度目的，才能得出《区分所有权解释》第 10 条第 2 款所规定的解释结论。若不能清晰理解多数决规则在适用范围上的限制，极易误以为《物权法》第 77 条也可适用多数决规则。

由上可知，与简单解释型条文相比，澄清误解型条文虽也可通过法律解释得出结论，但得出结论所需的法律思维复杂得多。这类条文对于防止法官误用甚至故意错用法律条文而言非常必要。因此，在编纂民法典时，有必要将司法解释中澄清误解型条文的内容以一种妥当的表达方式纳入民法典中。

对于已有司法解释条文尚未涉及，但因表达不够精确而同样易于引发误解的法律条文，也有必要在民法典编纂时加以完善。典型的如《物权法》第9条第1款与第23条，这两条规定的物权变动原则上经登记或交付发生效力，均仅适用于基于法律行为发生物权变动的情形，均以存在有效的法律行为作为其构成要件，但条文字面上均未对此加以明确，以致在实践中有不少法官在判断物权是否发生变动时完全不对法律行为的有无和效力加以考虑。因此，在编纂民法典时有必要对此作更加明确和清晰的规定。

3. 多义取舍型条文

多义取舍型司法解释条文所涉的法律条文，文义可以容纳两种甚至多种结论，学者也持不同看法。法官在面对这些条文时，即使尝试从学说中寻找答案，也会无所适从。因此，司法解释中的多义取舍型条文对于统一裁判规则、减少同案不同判现象具有重要意义。

在前文所列《解释一》第18条第1款和第20条外，《解释一》第6条中有部分内容也是在多种观点之间进行取舍。《物权法》第24条规定特殊动产的物权变动“未经登记，不得对抗善意第三人”，但该条对于特殊动产的物权变动要件未作明确，引发了广泛争议。有的认为特殊动产物权变动发生于合同生效时；[1]有的认为发生于交付或登记时；[2]有的认为仅以交付作为物权变动要件，仅完成登记但未取得占有之人不取得物权。[3]这些观点各有论证，不应交由法官在裁判时自行选择。《解释一》第6条规定受让人“取得占有，虽未经登记”时其权利可以对抗转让人的债权人，采纳了交付但未登记时即已发生物权变动的观点。

《区分所有权解释》第18条也属于多义取舍型条文。《物权法》第9条第1款规定不动产物权变动“未经登记，不发生效力，但法律另有规定的除外”，第31条在规定非依法律行为取得的物权的效力时也使用了“法律”，然“法律”一词有多种含义。对此，《区分所有权解释》第18条明确“应当以法律、行政法规为依据”，是在多种文义中作了取舍。

显然，在编纂民法典时，应参考司法解释中的多义取舍型条文，完善相应法律

---

〔1〕 参见黄松有主编：《中华人民共和国物权法条文理解与适用》，人民法院出版社2007年版，第114页。

〔2〕 参见王利明：《特殊动产物权变动的公示方法》，载《法学研究》2013年第4期；程啸：《论动产多重买卖中标的物所有权归属的确定标准》，载《清华法学》2012年第6期。

〔3〕 参见崔建远：《再论动产物权变动的生效要件》，载《法学家》2010年第5期；崔建远：《机动车物权的变动辨析》，载《环球法律评论》2014年第2期。

条文的表述，尽量消除多种解释结论的存在空间，如不应笼统使用“法律”这类可作多种解释的词语。

4. 具体细化型条文

具体细化型条文的出现是因为法律条文的规定过于简单、高度概括，仅搭起了一项法律制度的基本框架，或是因为所使用的术语过度抽象，导致法官在实践中无从把握。司法解释在总结实践经验和参考理论学说的基础上尝试为法律制度填充具体内容，或使抽象术语的内涵具体化。除前文所列《解释一》第11条、第12条第2款、第14条、第15条第1款、第16条第1款、第7条外，《区分所有权解释》第2条至第5条、第7条至第9条、第11条、第14条也属于这种类型。

在制定具体细化型司法解释条文时，最高人民法院在客观上充当了立法者的角色，常在进行利益衡量。如《解释一》第11条对优先购买权行使期间长度的规定完全是利益衡量的结果。《区分所有权解释》第7条将“改变共有部分的用途、利用共有部分从事经营性活动、处分共有部分”规定为属于《物权法》第76条第1款第7项所规定的“其他重大事项”，从而，这些事项按第76条第1款“应当经专有部分占建筑物总面积过半数的业主且占总人数过半数的业主同意”，业主大会或业主委员会不能按一般议事规则对这些事项作出决定，这也是利益衡量的结果。《区分所有权解释》第11条规定“本栋建筑物内的其他业主”都应认定为《物权法》第77条所称“有利害关系的业主”，也是在进行利益衡量，继而排除了个案中法官根据欲改变为经营性用房的住宅和其他业主的住宅之间的垂直距离远近来自行裁量的可能。《解释一》第12条第2款第2项规定优先购买权受侵害后不能主张共有份额转让合同无效或要求撤销该合同，《解释一》第15条第1款规定善意取得制度中受让人“无重大过失”（而非无一般过失甚至无轻微过失）为善意，这都是利益衡量的结果。

在制定具体细化型条文时，最高人民法院除进行利益衡量外，还需较多依靠法学学说。《解释一》第7条对《物权法》第28条所作的具体细化生动说明了这一点。对于哪些法律文书才属于能够导致物权变动的法律文书，第28条未予列举。在《物权法》施行以后，学界对此作了讨论。[1]正是以这些学说为基础，最高人民法院在《解释一》第7条列举了能够导致物权变动的法律文书的几种类型。此外，《区分所有权解释》第2条对于“专有部分”的认定所作解释，也是借鉴了学说中有关物的独立性判断的理论。

可见，具体细化型条文所涉法律问题，本应在立法时就予充分考虑并尽可能给

---

〔1〕 参见房绍坤：《导致物权变动之法院判决类型》，载《法学研究》2015年第1期；房绍坤：《法院判决外之法律文书的物权变动效力问题研究》，载《法商研究》2015年第3期；程啸：《因法律文书导致的物权变动》，载《法学》2013年第1期。

出明确规定。在编纂民法典时，对于具体细化型司法解释条文所涉问题，应在法典中尽可能给出具体规范。

5. 漏洞填补型条文

漏洞填补型条文针对的是最高人民法院所理解的法律漏洞。在填补漏洞时，有的条文是进行目的性限缩，有的是进行目的性扩张，有的是进行类推适用，还有的是进行纯粹漏洞填补。

进行目的性限缩的除前文所列《解释一》第13条和第21条外，还有《解释一》第6条的部分内容。该条将转让人的债权人排除在“善意第三人”之外，极大限缩了《物权法》第24条的文义范围，从而，即使物权变动未经登记，受让人所取得的物权也优先于转让人的债权人所享债权。

进行目的性扩张的除前文所列《解释一》第5条中的部分内容外，还有《区分所有权解释》第1条第2款及第17条。自文义而言，“基于与建设单位之间的商品房买卖民事法律行为，已经合法占有建筑物专有部分，但尚未依法办理所有权登记的人”不是业主。但这类主体享有取得所有权的债权，按交易规律在将来极可能取得所有权，在取得所有权之前他们对于专有部分和共有部分的权利都已有获得承认和保护的需要。基于此，《区分所有权解释》第1条第2款对《物权法》第70条及第71条作了目的性扩张，规定这类人也可认定为“业主”。与之相似，根据包销合同的约定以自己的名义对外销售物业的包销人，未曾实际组织或从事建设活动，在文义上不属于“建设单位”，但其根据包销合同而概括承受了建设单位的权利义务，因而，《区分所有权解释》第17条对“建设单位”一词作了目的性扩张，规定包销人也属于该解释所称的“建设单位”。

进行类推适用的如《区分所有权解释》第16条。专有部分的承租人、借用人等物业使用人不属于业主，但承租人、借用人在实际使用物业，应受到共有部分使用管理规则的直接约束（同时也享有相应权利），而《物权法》对此完全未予涉及，《区分所有权解释》第16条规定此种情形“参照本解释处理”，即类推适用该解释中有关业主的规则来处理。

进行纯粹漏洞填补的如《区分所有权解释》第12条、第13条。其中，业主对业主大会或业主委员会决定的撤销权的除斥期间，在《物权法》中完全没有规定，《区分所有权解释》第12条对此作了漏洞填补。对于业主的知情权和监督权，《物权法》仅在第79条规定“维修资金的筹集、使用情况应当公布”，在第82条规定物业服务企业或者其他管理人要“接受业主的监督”。但对业主大会和业主委员会的监督、对维修资金以外的其他事项的知情，《物权法》完全没有规定。对此，《区分所有权解释》第13条作了漏洞填补。

显然，在编纂民法典时，对于漏洞填补型条文所涉的、确属法律漏洞的问题，应在民法典中给出清晰规定，不应放任法律漏洞继续存在。

不过，漏洞填补型条文所涉法律问题，有的确实存在法律漏洞，有的是否确实存在法律漏洞则仍有讨论空间。在编纂民法典时，应对司法解释中的漏洞填补型条文进行排查，对于不属法律漏洞的问题应以一种适当方式对司法解释的规定加以纠正。

6. 裁量因素型条文

裁量因素型条文为法官规定了在进行自由裁量时所应考虑的具体因素，但即便有这类司法解释条文存在，在个案处理中仍需依赖法官自由裁量。例如，《解释一》第10条规定共有人行使优先购买权时的“同等条件”在判断时应考虑的因素包括转让价格、价款履行方式及期限等。在具体个案中，若共有人主张购买时所提出的价格略低，但愿意在签订合同之后立即支付全部价款，而共有人以外的其他购买人所提出的交易条件虽然价格稍高，但仅能分期付款，则仍可考虑认定共有人所提出的交易条件构成“同等条件”，但价格的差额与价款支付方式或期限之间存在的差异在何种情形下能够称得上“对等”，只能交由个案的法官进行自由裁量。可见，裁量因素型条文是为法官的自由裁量活动提供指引，但无法对法官的自由裁量活动施加足够有意义的限制。因此，在编纂民法典时，将裁量因素型条文纳入民法典加以规定的意义不大。

总之，不同类型的司法解释条文在得出结论时所完成的法律解释工作的思维复杂程度不同，从而在编纂民法典时纳入法典的需求程度各异。所要完成的法律解释工作越复杂，越迫切地需要将相应问题纳入民法典中加以规定。最迫切需要纳入民法典的首先是漏洞填补型条文和具体细化型条文，其次为多义取舍型条文，最后为澄清误解型条文。当然，在纳入民法典时应对司法解释条文的妥当性进行审查。[1]简单解释型条文虽也可适当纳入法典之中，但其紧迫性最弱。有关物权法的司法解释中的裁量因素型条文虽也可纳入法典之中，但纳入法典中加以规定的意义不大，相应的裁量规范更多要通过逐渐完善指导性案例制度来实现。

三、结语

民事立法的质量高低，首先取决于其在多大程度上能够满足裁判机构妥当处理民事纠纷的需求。[2]澄清误解型条文、多义取舍型条文、具体细化型条文和漏洞填

---

〔1〕 有的司法解释条文的内容是明显值得商榷的。例如，《解释一》第6条在规定特殊动产物权变动未经登记的法律效力时有关受让人“已经支付对价”的表述实属多余；受让人是否支付对价，不属于基于法律行为发生物权变动的场合所要考虑的问题。又如，《解释一》第16条第1款前3项所规定的情形不应被纳入该条第1款中，而应被纳入该条第2款中。

〔2〕 参见王文胜：《论民法典立法讨论中不同类型问题的轻重缓急》，载《北航法律评论》2016年第1辑（总第7辑），法律出版社2017年版，第91～106页。

补型条文大量存在于有关物权法的司法解释之中，反过来说明《物权法》在相关问题上无法满足裁判机构的需求。在编纂民法典的过程中，应对司法解释的条文进行系统梳理，将司法解释中的澄清误解型条文、多义取舍型条文、具体细化型条文和漏洞填补型条文取其合理者纳入民法典中。对于物权编以外的民法典其他分编的编纂，也应做这一工作。

（二）合同编

民法典合同编（草案二审稿）的修改建议

汪渊智*

在2018年12月23日召开的第十三届全国人民代表大会常务委员会第七次会议上，《民法典合同编（草案二审稿）》提请审议。草案二审稿对体例结构、关于依法成立的合同受法律保护、关于保证方式的推定、保理合同、客运合同、技术合同、物业服务合同等内容进行了优化修改，进一步回应了社会争议和公众关切，值得肯定。但是，草案二审稿仍然存在一些问题，需要修改。本文就以下15个方面的问题提出修改意见，供立法参考。

一、合同的生效

条文：第二百九十四条第二款　法律、行政法规规定应当办理批准等手续生效的，依照其规定。未办理批准等手续的，该合同不生效，但是不影响合同中履行报批等义务条款以及相关条款的效力。应当办理申请批准等手续的当事人未履行该义务的，对方可以请求其承担违反该义务的责任。

建议：删除本条第二句但书及后一句的规定，即修改为："法律、行政法规规定应当办理批准、登记等手续生效的，依照其规定。当事人未办理批准、登记等手续的，该合同不生效。"

理由：第一，未办理批准、登记等手续导致该合同不生效，所产生的法律责任属于缔约上的过失责任，对此，本编第二百九十二条已经做出了规定；第二，办理

* 汪渊智，山西大学法学院教授。

批准、登记等手续不属于合同义务，而是属于缔约过程中的先合同义务，即使在合同中进行了约定，也不能改变其性质，而违反该先合同义务的法律后果在本编第二百九十二条进行了规定，因此无须再予以规定。

二、连带债务人的追偿

条文：第三百一十条第二款　实际承担债务超过自己份额的连带债务人，有权就超出部分在其他连带债务人未履行的份额范围内向其追偿，并相应地享有债权人的权利，但是不得损害债权人的利益。其他连带债务人可以向该债务人主张对债权人的抗辩。

建议：本条内容建议修改为："实际承担债务超过自己份额的连带债务人，有权就超出部分在其他连带债务人未履行的份额范围内向其追偿，其他连带债务人可向该债务人主张对债权人的抗辩。"

理由：上述修改主要是删除了"并相应地享有债权人的权利，但是不得损害债权人的利益"一语，原因是：第一，连带债务人的追偿，可以是法律的直接规定，也可以是法律允许连带债务人取代债权人的位置向其他债务人行使债权，二者选其一即可。本条既然已经规定了"有权就超出部分在其他连带债务人未履行的份额范围内向其追偿"，说明通过法律规定赋予了追偿的权利，就无须再规定连带债务人"享有债权人的权利"等内容；第二，如果一方面法律赋予连带债务人追偿权，另一方面允许连带债务人可以取代债权人的位置向其他债务人行使债权，将会产生法律适用的矛盾和逻辑体系的混乱。

三、纯粹利益第三人的合同

条文：第三百一十三条第二款　法律规定或者当事人约定第三人可以直接请求债务人向其履行债务，第三人未在合理期限内明确拒绝，债务人未向第三人履行债务或者履行债务不符合约定的，第三人可以请求债务人承担违约责任；债务人可以向第三人主张其对债权人的抗辩。

建议：本条应作如下修改："法律规定或者当事人约定第三人可以直接请求债务人向其履行债务，第三人未在合理期间内明确拒绝的，第三人可以请求债务人履行，债权人也可以请求债务人向第三人履行。

第三人请求债务人履行债务的，债务人可以向第三人主张其对债权人的抗辩。债务人未向第三人履行债务或者履行债务不符合约定的，债权人有权请求债务人承担未向第三人履行所产生的损害赔偿责任"。

理由：第一，真正利益第三人合同，第三人虽然取得了直接请求权，但终非合同当事人，因此基于该合同由当事人享有的权利，如合同解除权、撤销权、违约责任请求权等，第三人无权行使，只能由债权人主张；第二，债务人未向第三人履行债务或者履行债务不符合约定的，第三人可以申请强制履行，也可以请求损害赔偿，此之损害赔偿属于一般债务不履行的责任；第三，债权人虽然可以向债务人主张违约责任，但由于第三人享有履行利益，因此债权人不得请求债务人向自己实际履行，只能向债务人主张未向第三人履行给自己产生的损害赔偿责任。

四、不安抗辩与预期违约

条文：第三百一十七条　应当先履行债务的当事人，有证据证明对方有下列情形之一的，可以中止履行：

（一）经营状况严重恶化；

（二）转移财产、抽逃资金，以逃避债务；

（三）丧失商业信誉；

（四）有丧失或者可能丧失履行债务能力的其他情形。

当事人没有证据中止履行的，应当承担违约责任。

第三百一十八条　当事人依照前条规定中止履行的，应当及时通知对方。对方提供适当担保的，应当恢复履行。中止履行后，对方在合理期限内未恢复履行能力并且未提供适当担保的，视为以自己的行为表明不履行合同主要义务，中止履行的一方可以解除合同并可以请求对方承担违约责任。

第三百五十三条第一款　有下列情形之一的，当事人可以解除合同：……（二）在履行期限届满之前，当事人一方明确表示或者以自己的行为表明不履行主要债务；……

第三百六十八条　当事人一方明确表示或者以自己的行为表明不履行合同义务的，对方可以在履行期限届满之前要求其承担违约责任。

建议：建议草案第三百五十三条第一款第（二）项、第三百六十八条中规定的违约行为明确限定于明示预期违约行为，具体修改方法是：A. 第三百一十八条最后一句话“中止履行后，对方在合理期限内未恢复履行能力并且未提供适当担保的，视为以自己的行为表明不履行合同主要义务、中止履行的一方可以解除合同并可以请求对方承担违约责任。”建议恢复《合同法》第六十九条的表述：“中止履行后，对方在合理期限内未恢复履行能力并且未提供适当担保的，中止履行的一方可以解除合同。”B. 第三百五十三条第一款第（二）项中“当事人一方明确表示或者以自己的行为表明不履行主要债务”一语，建议修改为：“当事人一方明确表示或者以自己的行为显然表明不履行主要债务”。C. 第三百六十八条中“当事人一方明确表示或者以自己的行为表明不履行合同义务”一语，建议修改为：“当事人一方明确表示或者以自己的行为显然表明不履行合同义务”。

理由：明示预期违约，是当事人明确表示或者以其行为十分明确地表明，他将届期不履行合同义务。默示预期违约，是一方当事人虽然没有明确表示将不履行义务，但其行为及客观情况表明他将不履行合同义务。这两种预期违约类型，在救济途径上是不同的。在明示预期违约情形下，由于违约已经确定，对于非违约方有两个救济途径，一是立即解除合同，并要求其承担违约责任；二是等到履行期届满，已经构成实际违约时，再要求其承担违约责任。在默示预期违约情形下，由于仅仅是推断他有可能不会履行合同，因此不能立即要求对方承担违约责任，而是采取两步走：第一步，先停止自己的履行，通知对方在一定期间内恢复履行能力，或者为将来的履行提供担保；第二步，在一定期间内，对方既未恢复履行能力，也未提供将来履行的担保，非违约方才能解除合同，并要求其承担违约责任。我国现行《合同法》关于明示预期违约与默示预期违约的界定不清楚，表现在第九十四条、第一百零八条规定的“当事人一方明确表示或者以自己的行为表明不履行合同义务”一语，既可能是十分明确地表明将不履行合同义务，也可能只是推定他将来不履行合同义务，前者属于明示预期违约，后者应属于默示预期违约，并且与第六十八条第一款第（四）“有丧失或者可能丧失履行债务能力的其他情形”相重叠，这样一来，如果属于后者时，究竟应当适用第六十八条、第六十九条关于默示预期违约的规定，还是适用第九十四条、第一百零八条关于明示预期违约的规定，不知所从。草案在保留上述四个条文时，并未消除这一问题。

五、债权人行使代位权的法律后果

条文：第三百二十六条　人民法院认定代位权成立的，由债务人的相对人向债权人履行义务，债权人接受履行后，债权人与债务人、债务人与其相对人之间相应的权利义务终止。

第三百三十一条第二款　债权人请求人民法院撤销债务人行为的，可同时依法以自己的名义代位行使债务人在其行为被撤销后对相对人所享有的权利。

建议：删除上述两个条文的规定。

理由：第一，债权人行使代位权仅仅是为了保全债务人的财产，其行使的后果应当实行入库规则，如果允许债务人的相对人向债权人履行义务，无疑将代位权的行使等同于强制执行，有损其他债权人的利益，破坏了债权平等原则；第二，实行入库规则不会创伤债权人行使代位权的积极性，因为如果债权的实现没有其他途径，不采取这一保全措施，自己的债权就更没有实现的可能；第三，在我国，债权人代位权只能通过诉讼或仲裁的途径行使，所以，代位权的实现一般都要强制执行，债权人接受相对人的履行后，在符合法定抵销情形时，可以行使法定抵销权，只有在不符合法定抵消情形时，才需要将财产转交债务人；第四，债权人行使代位权的结果，如果要实行入库规则时，第三百三十一条第2款的规定就没有必要继续存在。

六、违约方的合同解除权

条文：第三百五十三条第3款　合同不能履行致使不能实现合同目的，有解除权的当事人不行使解除权，构成滥用权利对对方显失公平的，人民法院或者仲裁机构可以根据对方的请求解除合同，但是不影响违约责任的承担。

建议：删除本条。

本条是为了打破合同僵局新创设的规定，出发点是对的，但存在问题：第一，合同不能履行的原因是多方面的，可能是非因双方当事人的原因，如不可抗力，也可能是因为违约方的原因。如果是非因双方当事人的原因导致不能履行的，则存在违约行为的阻却性，任何一方当事人都有解除合同的权利；如果是因违约方的原因导致不能履行的，只有非违约方才享有合同解除权，违约方无权解除合同，否则将会鼓励违约解除、产生道德风险。第二，既是合同不能履行致使不能实现合同目的，说明该合同的继续存在已无意义，此时非违约方应该行使解除权而不行使，直到对违约方产生明显不公平时才行使，应属于滥用权利，可适用《民法总则》第一百三十二条禁止权利滥用的规定处理。基于上述原因的考虑，本文认为草案第三百五十三条第三款没有规定的必要，合同陷入僵局在我国法律上是有解决途径的。

七、保留所有权买卖中取回标的物的条件

条文：第四百三十二条　当事人约定出卖人保留合同标的物的所有权，在标的物所有权转移前，买受人有下列情形之一，对出卖人造成损害的，除法律另有规定或者当事人另有约定外，出卖人有权取回标的物：（一）未按照约定支付价款，经催告后在合理期限内仍未支付；（二）未按照约定完成特定条件；（三）将标的物出卖、出质或者作出其他不当处分。

出卖人可以与买受人协商实现取回权；协商不成的，可以参照担保物权的实现程序。

取回的标的物价值明显减少的，出卖人有权要求买受人赔偿损失。

建议：第一，去掉该条规定的取回标的物的第（三）项情形；第二，删除本条第3款“取回的标的物价值明显减少的，出卖人有权要求买受人赔偿损失”之规定。

理由：之所以去掉该条规定的取回标的物的第（三）项情形，理由在于：第

一，附保留所有权的买卖中，出卖人与买受人约定保留所有权，只具有相对性，不具有绝对性，即该所有权只能对买受人享有和行使，不能对任何人行使；第二，如果允许保留所有权的出卖人可以对任何人行使所有权，不仅会严重危害交易安全，而且与善意取得制度发生冲突；第三，最高人民法院《关于审理买卖合同纠纷案件适用法律问题的解释》第三十五条已经将善意取得作为出卖人行使取回权的例外情形。

之所以删除本条第三款“取回的标的物价值明显减少的，出卖人有权要求买受人赔偿损失”之规定，理由在于：出卖人取回标的物后，为了平衡出卖人与买受人的利益冲突，一方面允许买受人在一定期间内回赎标的物，以继续交易关系，从而保障其期待利益；另一方面买受人在回赎期内没有回赎标的物的，允许出卖人另行出卖标的物，以实现自己的债权。本编第四百三十三条第二款规定了出卖人的再出卖权：“买受人在回赎期间内没有回赎标的物，出卖人可以以合理价格出卖标的物，出卖所得价款扣除原买受人未支付的价款及必要费用后仍有剩余的，应当返还原买受人；不足部分由原买受人清偿。”问题是，出卖人再次出卖所得的价款如何处置，一种观点认为，出卖人取回标的物后，买卖合同即告解除，标的物本身的所有权属于出卖人，再行出卖后的全部价款归属于出卖人，已经从买受人处接受的价款应当返还。另一种观点则认为，出卖人取回标的物后买卖合同并不解除，出卖人再次出卖是就物受偿，因而已经从买受人处接受的价款无须返还。根据第四百三十三条第二款之规定，出卖所得价款扣除原买受人未支付的价款及必要费用后仍有剩余的，应当返还原买受人，不足部分由原买受人清偿，这就是就物清偿的特别程序，很显然是采用了第二种观点。既然是就物清偿，那么标的物的价值有多少就清偿多少，不足部分由原买受人清偿。但是，第四百三十二条第三款规定：“取回的标的物价值明显减少的，出卖人有权要求买受人赔偿损失。”依据这一规定，取回的标的物价值减少时，原买受人应负损害赔偿责任，似又采纳了第一种观点，即解除合同后，互相返还财产，出卖人返还价款，买受人返还原物，原物如有损害，应负损害赔偿责任。很显然，第四百三十二条第三款之规定与第四百三十三条第二款之规定存在矛盾，所以，为了消除这一矛盾现象，建议删除第四百三十二条第三款之规定。

八、一般保证债务诉讼时效的起算

条文：第四百八十三条第 1 款　一般保证的债权人在保证期间届满前对债务人提起诉讼或者申请仲裁的，从保证人拒绝承担保证责任的权利消灭之日起，开始计算保证债务的诉讼时效。

建议：本条应当修改为：“一般保证的债权人在就债务人的财产依法强制执行

仍不能受偿，并在保证期间届满前要求保证人承担保证责任的，从债权人要求保证人承担保证责任之日起，开始计算保证债务的诉讼时效。”

理由：保证责任虽是一种特殊的债务（其特殊性主要体现在法律对责任的承担有特别规定），但同样具有债务的一般属性，其诉讼时效的起算也不例外，也应当适用一般债务的诉讼时效之规定。一般保证由于具有补充性，在债权人未就债务人的财产强制执行前请求保证人承担保证责任的，保证人享有先诉抗辩权，此时保证债权的行使只是具有法律障碍，并未受到损害，因而不能起算诉讼时效，只有保证债权的行使不存在法律障碍时，行使该权利遭到保证人拒绝或者不能完全承担保证责任时，保证债权受到侵害，诉讼时效才可以起算。本条规定，在保证期间届满前对债务人提起诉讼或者申请仲裁的，从判决或者仲裁裁决生效之日起，就开始计算保证债务的诉讼时效，是不妥的。因为，判决或者仲裁裁决生效后，还没有强制执行债务人的财产，此时债权人还不能向一般保证人主张权利，权利是否受到侵害还不确定，因而在此时起算诉讼时效是有害于债权人利益的。只有在就债务人的财产依法强制执行仍不能受偿，并在保证期间届满前要求保证人承担保证责任的，保证人予以拒绝或者不能完全承担保证责任时，才应当起算保证债务的诉讼时效。

九、承租人行使优先购买权的除外情形

条文：第五百一十七条　出租人出卖租赁房屋的，应当在出卖之前的合理期限内通知承租人，承租人享有以同等条件优先购买的权利，但是房屋共有人行使优先购买权或者出租人将房屋出卖给近亲属的除外。

建议：删除本条但书中“房屋共有人行使优先购买权”一语。

理由：共有人优先购买权的标的是共有物的份额，而承租人优先购买权的标的是物本身，两者不存在冲突，因此无需将房屋共有人行使优先购买权的情形作为承租人行使该项权利的例外。

十、承租人死亡后租赁合同的延续

条文：第五百二十三条　承租人在房屋租赁期间死亡的，与其生前共同居住的人或者共同经营人可以按照原租赁合同租赁该房屋。

建议：删除本条中“或者共同经营人”的规定。

理由：我国现行《合同法》第二百三十四条规定：“承租人在房屋租赁期间死亡的，与其生前共同居住的人可以按照原租赁合同租赁该房屋。”该条规定的目的是，承租人死亡后，为了保护与其共同居住的人的居住利益，赋予共同居住人一项以同等条件租赁该房屋的权利，是《合同法》保护弱者利益的体现。但是，本编第

五百二十三条增加了共同经营人也可以享有此项权利，将共同经营人的经营利益也纳入了保护范围，超越了《合同法》第二百三十四条规定的目的范围，显然是没有必要的，因为共同经营人不是弱者，无须给予特别保护。

十一、建设工程合同无效后不当得利之返还

条文：第五百七十六条第1款　建设工程施工合同无效，但是建设工程经竣工验收合格的，可以参照合同关于工程价款的约定补偿承包人。

建议：本条应当修改为："建设工程施工合同无效，但是建设工程经竣工验收合格的，承包人可以依照本法第七百六十八条的规定向发包人请求返还不当得利。"

理由：建设工程合同无效后，建设工程经竣工验收合格的，承包人无权请求发包人按照合同约定支付工程价款，但由于发包人对于建设工程应当支付而未支付工程款，属于不当得利，因此应当允许承包人请求返还不当得利。如果规定承包人可以请求参照合同的约定支付工程价款，无疑在实质上等于承认合同的效力，将无效合同按照有效合同来处理，在法律逻辑上是讲不通的。

十二、无偿保管人承担责任的条件

条文：第六百八十条　保管期间，因保管人保管不善造成保管物毁损、灭失的，保管人应当承担损害赔偿责任，但是保管是无偿的，保管人证明自己没有故意或者重大过失的，不承担损害赔偿责任。

建议：本条但书中"保管人证明自己没有故意或者重大过失的"应当修改为"除非寄存人证明保管人存在故意或重大过失的"。

理由：无偿保管中，由于保管人不获取报酬，因而其因保管不善造成保管物毁损、灭失的责任较有偿保管人的责任要轻，只有在故意或重大过失的情况下才承担责任，一般过失则不承担责任。基于此，寄存人要求无偿保管人承担责任时，当然应当证明保管人存在故意或重大过失，不能将此举证责任倒置给保管人，更何况保管人无法证明自己没有故意或者重大过失。

十三、业主解除物业服务合同

条文：第七百二十八条　业主依照法定程序共同决定解聘物业服务人的，可以解除物业服务合同。决定解聘的，应当提前六十日书面通知物业服务人，但是合同对通知期限另有约定的除外。因解除合同造成物业服务人损失的，除不可归责于业主的事由外，业主应当赔偿损失。

建议：本条应当修改为："具有约定或法定的解除物业服务合同情形的，业主可以依照法定程序决定是否解聘物业服务人。决定解聘的，业主委员会应当提前六十日书面通知物业服务人，但是合同对通知期限另有约定的除外。因解除合同造成物业服务人损失的，除不可归责于业主的事由外，业主应当赔偿损失。"

理由：第一，物业服务合同虽然在性质上属于委托合同，但不能由业主随时解除，只有在具有约定的或者法定的解除情形时，才可以解除，否则将会损害物业服务人的合法利益；第二，既然业主依照法定程序决定解除物业服务合同，就应当按照法律或物业管理章程进行即可，无须专门强调"共同决定"；第三，业主依照法定程序决定解聘物业服务人的，应当由业主委员会向物业服务人为解除的通知，单个的业主不能直接通知物业服务人。

十四、管理行为违反本人真实意思的后果

条文：第七百六十三条第2款　管理行为不符合受益人真实意思的，管理人不享有前款规定的权利，但是为维护公序良俗的除外。

建议：本条应当修改为："管理行为不符合本人真实意思，造成损害的，应当承担损害赔偿责任，但是为本人尽公益上的义务，或为其履行法定扶养义务，或本人的意思违反公序良俗的除外。"

理由：第一，管理行为不符合本人真实意思，造成损害的，管理人不仅不能享有本条第一款规定的权利，而且还应当承担损害赔偿责任，该责任属于无过错责任，即使无过失，也应承担。之所以应作这样的制度安排，就在于平衡无因管理中管理人与本人之间的利益，一方面鼓励管理人的义举，另一方面也应要求管理人尽善良管理人的注意义务，以免本人的利益受到损害。第二，管理人虽然应对自己的违反本人真实意思的管理行为所造成的损害负赔偿责任，但是，如果其管理行为有利于公序良俗者，应免于承担该种责任，因为管理人的行为不仅不具有违法性，而且应受到鼓励，应产生无因管理的后果。本条但书中只规定了"为维护公序良俗的除外"，过于抽象，不具有操作性，而且其范围较窄，如缴纳税款、消除火灾隐患等公益上的义务，则不属于公序良俗的范畴。

十五、给付不当得利请求权的排除

条文：第七百六十八条　得利人没有法律根据取得不当利益的，受损失的人可以请求得利人返还获得的利益，但是有下列情形之一的除外：

（一）为了履行道德义务进行的给付；

（二）债务到期之前的清偿；

（三）明知无给付义务而进行的债务清偿。

建议：建议上述条文增加第（四）项除外情形，即“因不法原因而进行的给付。但不法原因存在于受领人一方时，不在此限。”

理由：第一，因不法原因而为给付，给付人不得请求返还，在罗马法上即已有之。第二，给付人不得请求返还，却使受领人因不法原因而保有给付利益，即产生“不法即合法”的结果，有悖于公平正义并奖励犯罪，因此，如果不法原因存在于受领人一方时，应当允许返还，不阻却不当得利返还请求权。

互联网合同订立新规则评析

王洪亮*

目　次

互联网技术的发展，带来了新的商业模式。互联网上订立合同逐渐成为订立合同的主流。当事人通过互联网作出意思表示，订立合同。由于互联网远程、迅捷的特点，对于合同订立制度提出了新的挑战。在立法层面，是一个不得不回应的问题。《合同法》与《电子签名法》承认了电子签名形式，并规范了电子签名的构成。2017年已经处于二读的《电子商务法草案》的第3章第一节专节规定了电子商务合同，2017年颁布的《民法总则》规定了关于电子形式意思表示的到达规则。2017年8月法工委起草的民法典合同编草案也规定了关于电子合同的新规则，逐渐形成了有别于既有合同成立与生效规则的法律框架体系。

本文拟对上述新起草的互联网合同订立的规则予以分析评价，具体的思路是：首先，需要思考的是，这些新规则的正当性，是否有必要创设新的规则，既有的规则是否不能解决电子合同的问题？其次，需要思考的是，这些涉及互联网的新规则能否融入既有的体系？最后，需要考虑能否预先认知新规则适用带来的法律问题，并预先给出解决方案。

---

* 王洪亮，清华大学教授，法学博士，甘肃政法学院飞天学者讲座教授。

一、电子意思表示的到达

（一）到达的判断标准

《民法总则》区分对话方式作出的意思表示与非对话方式作出的意思表示。对话方式作出的意思表示，相对人知道其内容时生效。以非对话方式作出的意思表示，到达相对人时生效。而所谓到达相对人，是指到达相对人可支配范围，并置于相对人可了解的状态[1]。相对人是否实际知道，并非生效前提，意思表示到达的时间不能为受领人故意不去知道已经位于其支配范围的表示所操控[2]。

对于电子意思表示的到达，民法总则予以特别规定。首先认定数据电文形式的意思表示，是一种以非对话方式作出的意思表示。其次区分相对人是否指定系统接收数据电文。相对人指定特定系统接收数据电文的，该数据电文进入该特定系统时生效。数据电文是以电子、光学、磁或者类似手段生成、发送、接收或者储存的信息，在数据电文传输过程中，都是无形的，只要在到达目标计算器上，才可以被存贮以及有形化。但到达的风险分配与传输方式无关，而是与利益评价有关，作出意思表示者不必使受领人事实上知道，只要表意人使受领人可以处于再复制该表示的状态，那么受领即已足，也就是说，完全与该传递过程无关，知道也是可能的[3]。在本质上，指定系统与传统的邮箱并无区别。所以，在数据电文的意思表示情况下，原则上采取的到达标准，也是传统的意思表示到达标准，即进入相对人支配领域，并可期待相对人能够知道[4]。相对人指定系统，但表意人并未向指定系统发出，而是向其他系统发出的情况，联合国国际贸易法委员会《电子商务示范法》规定收件人检索到该数据电文的时间为到达时间[5]。

而在相对人未指定特定系统情况下，首先有疑问的是，是否可以如有通信地址一样，推定网络拥有人将之作为订立合同的工具，向该信箱或者系统作出意思表示。由于设立信箱或系统会有成本，即使电脑或者互联网逐渐普及，但不能要求每个人都得适用互联网订立合同、交互意思表示。所以，如果相对人没有明示或默示提供特定系统，表意人即使知道对方有邮箱或系统，也不能向该邮箱或系统发出意

---

〔1〕 沈德咏主编：《中华人民共和国民法总则条文理解与适用（下）》，人民法院出版社 2017 年版，第 922 页。

〔2〕 Dörner, Rechtsgeschäfte im Internet, AcP, S. 367.

〔3〕 John AcP 1984, 384 (395).

〔4〕 刘颖：《论电子合同成立的时间与地点》，载《武汉大学学报（社会科学版）》2002 年第 6 期。

〔5〕 刘颖：《论电子合同成立的时间与地点》，载《武汉大学学报（社会科学版）》2002 年第 6 期。

思表示[1]。如果此时相对人还是想邮箱或系统发出了意思表示，那么只有在相对人实际上知道的情况下才为到达，采取的是了解主义[2]。

在相对人有提供多个系统，而又没有指定特定系统的情况下，《合同法》第16条第2款规定的是该数据电文进入收件人的任何系统的首次时间，视为到达时间。这样规定存有弊端，无疑是在要求相对人要每天二十四小时查看邮件或者系统，而且会缩减表意人撤回意思表示的余地[3]。所以，现在的《民法总则》对此规则予以修改，规定未指定特定系统的，相对人知道或者应当知道该数据电文进入其系统时生效。又回归到传统的意思表示到达标准，即可支配范围和相对人知悉合理期待的标准。

进一步来看，如何确定到达的时点，什么时点是受领人可能知道意思表示之内容的时点，是否可以合理期待相对人随时查看系统。在此应当区分经营者与消费者。对于消费者用户，按照交易观念，如同邮箱一样，只能期待其每日清理一次，通常是傍晚，而在下班时间，电脑是关闭的。而对于经营者用户，只有在营业期间才能期待受领人可能知道意思表示内容，一般也不能期待其二十四小时都在查看邮件，而只能期待经营者用户一天两次查看邮箱，即早上与晚上。所以，通常意思表示都是在发出之后的次日到达的。

（二）通信风险的分配

在意思表示传递过程中出现的丢失与迟延风险，意思表示发出人与受领人各自对自己影响的范围承担责任。而发出人选择的通信方式，所以，还要承担意思表示被存储在受领人受领系统中之前的运送风险。

首先，在电子意思表示在网络中丢失或者中途被拦截而不能到达的情况下，依照上述标准，风险应归属于意思表示发出人。其次，在电子意思表示到达目标计算机，但不能储存入电子信箱，或者是因为网络失灵，或者因为系统崩溃，或者为过滤器所阻止。此种情况下，通信风险原则上应归属于意思表示发出人[4]，断电、病毒袭击等大部分属于通信媒介问题，而通信媒介方式是意思表示人发出的，所以应承担通信风险。而且，意思表示发出人也不能期待相对人保留特定接受设备，如果意思表示发出人第一次尝试与受领人解除后未果，应选择其他途径。但在设备故障或者电子意思表示不能到达可归责于受领人的情况下，通信风险归之于受领人[5]。如受领人因为疏忽没有清空电子邮箱，导致邮箱充满而不能接收新的邮件，此时，表

---

[1] Dörner, Rechtsgeschäfte im Internet, AcP, S. 367.

[2] Medicus, Allgemeiner Teil des Bürgerlichen Rechts, 7 Aufl., 1997, Rn. 271.

[3] 朱庆育：《民法总论》，北京大学出版社2016年版，第205页。

[4] Köhler, BGB Allgemeiner Teil, 25 aufl. 2001, 6 Rn. 18.

[5] 朱庆育：《民法总论》，北京大学出版社2016年版，第206页。

意人可以要求如同意思表示及时到达的效果[1]，也就是说，表意人的意思表示不构成迟延。但此时，并不能合理期待相对人能够知悉，所以，意思表示没有到达，表意人不受意思表示拘束，但受领人承担到达风险[2]。再次，电子消息已经被存储在受领人接受设备中，但在通常可以期待相对人知道的时点，因为事后出现的计算机故障而被销毁，此时谁承担风险？按照意思表示到达的双重标准，此时意思表示已经到达相对人可支配范围，在电子信息被存储后，即处于相对人影响的范围内，而且也可以期待相对人能够知悉，所以，此种情况下，意思表示已经到达，相对人应当承担风险。复次，意思表示已经被存储在受领人的目标计算器中，也一致持续存在，但基于技术故障，在通常可知悉的时点上不能下载。在此情况下，根据交易观念，也可以合理期待受领人应当可以知悉，因为，受领人自己要采取合理措施获悉到达其支配范围的信息。最后，意思表示在受领计算机中存储，但到了可期待知悉的时点消失了或者变得不可读了，如病毒或者被受领人或第三人误删的情况，此时意思表示当然到达并发生效力了。

二、互联网合同中权利能力与行为能力的推定

合同编草案第 6 条第 1 款第 1 句规定："当事人订立合同，应当具有相应的民事权利能力和民事行为能力。"这和既有的规定是一样的，但是第 1 款第 2 句就有所不同，第 2 句规定："利用互联网等网络签订电子合同的当事人在电子商务活动中推定其具有相应的民事权利能力和民事行为能力，但有相反证据推翻的除外。"

（一）权利能力推定制度反思

首先，比较引人深思的是，权利能力也可以推定吗？权利能力需要推定吗？权利能力制度目的在于确认民法上的人具有享有权利、承担义务、负担责任的资格（《民法总则》第 13 条）。对于所有的自然人，法律上都承认具有权利能力。甚至对于胎儿的权利能力，《民法总则》第 16 条也采取列举加概括的模式予以承认。而对于营利性法人、事业单位法人等，法律上承认具有权利能力，对于设立中的法人与之后取得权利能力的社团具有同一性，如果设立失败，则由发起人承担责任（《公司法》第 94 条、《公司法解释三》第 3 条）。通常对于民事合伙并不承认其具有权利能力[3]。

在电子商务交易过程中，通常难以识别交易人的身份，因此只能原则上推定为

---

[1] Larenz/ Wolf, Allgemeiner Teil des Bürgerlichen Rechts, 8 Aufl., 1997, 26, Rn. 42.

[2] 朱庆育：《民法总论》，北京大学出版社 2016 年版，第 209 页。

[3] 朱庆育，《民法总论》，北京大学出版社 2016 年版，第 380 页以下，第 435 页以下。

账号设定者所为。这似乎是合同编草案第6条第1款第2句第2种情况的规则逻辑。但确认与网络经营者交易的相对人是谁的问题，并非权利能力制度所能解决的。如果用户纯粹以虚拟身份进行交易，能够查明其真实身份的，此时合同在该用户与电子商务经营者之间成立，如果不能查明的，则是电子商务经营者要承担的风险。如果是假买他人名义进行交易，此时按照冒名规则处理，准用无权代理规则[1]。

进一步来看，即使按照文义，将证明权利能力的责任归之于网络用户，也不会增加什么负担。在实践中，当事人是否有权利能力的争议，并未发现。但值得继续思考的是，如果一只会说话的鹦鹉或人工智能，在网络上可以说话，如"买买买"，那么根据通过第6条第1款第2句第2种情况，推定鹦鹉或人工智能是有权利能力的，而鹦鹉或人工智能在诉讼中又没有办法或不愿意举证自己没有权利能力，那么鹦鹉或人工智能就因此具有权利能力了，这也算是起草规则当初所意想不到的结果。

（二）行为能力推定制度

进一步来看，在互联网合同情况下，是否有必要类推行为能力呢？在网络交易环境中，交易当事人并不见面，电子平台经营者或者网络经营者并不知道相对人是谁，也不知道交易相对人是否具有行为能力。甚至成年人进行网络交易，事后反悔的，也会欺骗对方称是未成年作出的意思表示，以达到宣布合同无效的目的。

为了解决上述问题，对于互联网合同情况下，有观点认为，应当认为这种情况下合同有效，因为，如果依据合同法全盘否定未成年人与电子商务经营者订立合同的效力，势必会挫伤电子商务经营者的积极性，不符合促进交易的原则。根据我国台湾地区的"电信法"的有关规定，能够使用电信的无民事行为能力人和限制民事行为能力人，被视为有行为能力的人[2]。相对缓和的观点认为，在电子商务经营者是受欺诈而和未成年人签订电子合同的情况下，合同方为有效[3]。还有的观点认为抛开既有的行为能力规则，另行通过意思能力结合年龄确定行为能力，通过其履行完毕电子交易以及使用电脑的能力等在一定程度上赋予未成年人行为能力[4]。

《电子商务法草案》采纳了第一种观点，第41条第2款规定：电子合同当事人在电子商务活动中推定其具有相应的民事行为能力，其意思表示真实。但是有相反证据证明的除外。《合同编草案》第6条第1款第2句也规定了行为能力推定的制

---

[1] 王利明：《合同法研究》，人民大学出版社2011年版，第312页。

[2] 蔡秉坤：《网络交易中未成年人的电子合同缔约能力》，载《商业经济评论》2012年7月8日。

[3] 蔡秉坤：《网络交易中未成年人的电子合同缔约能力》，载《商业经济评论》2012年7月8日。袁菲：《析未成年人的电子合同缔约能力》，载《人们司法》2009年第11期。

[4] 段晓梅：《电子合同及其主体资格的认定》，载《山西大学学报（哲学社会科学版）》2005年第3期；袁菲：《析未成年人的电子合同缔约能力》，载《人们司法》2009年第11期。

度。但并未规定连同意思表示真实一并推定的规则。在本质上，第 6 条第 1 款第 2 句是一个推定规则，推定规则会使举证责任倒置。

首先，值得质疑的是，行为能力制度能用来保护无行为能力人或限制行为能力人的相对人吗？行为能力是行为人有效实施法律行为的能力，是辨认自己行为的能力[1]。其制度目的在于保护不能辨认或者不能完全辨认自己行为的人免于承受法律行为危险的效果，因辨认能力不足而使财产受损，影响未来的发展。无行为能力的未成年人订立的合同属于无效合同，限制行为能力的未成年人订立的合同效力待定。基于保护未成年人以及精神障碍者的目的，即使相对人信赖其有行为能力，也不受保护[2]。由此可见，行为能力制度目的是保护无行为能力人或限制行为能力人，而非其相对人。

其次，行为能力推定规则能解决问题吗？现实中小孩子打游戏或网上购物，电商并不知道是谁下了订单、谁敲击鼠标或者意思表示是谁做出的，他们不知道合同当事人是谁，因此想通过第 6 条第 1 款第 2 句省却确定当事人是谁的问题，但是从条文表述来看，推定的是民事行为能力，并不能解决当事人是谁的问题。再设计一个场景，其实这种案件在现实中也很多，如小孩去打个游戏或者给直播打赏，数额较大，产生诉讼纠纷，一般的消费者如未成年人的监护人进行诉讼，主张合同无效，此时本应该由原告承担证明无或限制行为能力的责任，并无必要规定举证责任倒置的必要。我们还注意到，我国台湾地区“电信法”规定的能够使用电信的无民事行为能力人和限制民事行为能力人，被视为有行为能力人的规则，采用的并非推定技术，而是拟制技术，是不容推翻的。

但是进一步思考，这个条款还可能会有其他功能，如会导致当事人证明在进行网络购物、打赏或者赠与这样行为的那一刻是有行为能力的，这比较难，尤其是在精神健康出问题的情况下，证明自己没有精神问题是比较难的，如果试图证明这一点，医生反倒是会认为你有精神问题。如果这样理解这一规则，这一规则还是有其用处的。

即使如此，还是要反思，为什么这样规定，为了保护谁呢？如果是为了保护电商，有何种正当性呢？从行为能力制度目的而言，是为了保护未成年人或者不能辨认自己行为的成年人，即使交易相对人善意信赖，也不受保护。那么，为什么在网络环境下，就不保护了呢？

最后，值得注意的是，《电子商务法草案》第 41 条第 2 款规定了电子活动当事人意思表示真实推定的规则，这一规则也没有实质意义。是否发生错误或者欺诈，通常都是由发生错误或收到欺诈的一方举证的，而且该推定规则，也没有澄清推定

---

〔1〕 朱庆育：《民法总论》，北京大学出版社 2016 年版，第 340 页以下。

〔2〕 陈聪富，《民法总则》，元照出版社，修订第二版，第 61 页。

哪一方的意思表示真实。

三、特殊的合同订立规则

合同的订立是指缔约当事人为意思表示并达成合意的状态。通过要约、承诺方式订立合同是合同订立的常态。所谓要约，是希望和他人订立合同的意思表示，其内容具体确定，而且表明经受要约人承诺，要约人即受该意思表示约束（《合同法》第14条）。承诺是受要约人向要约人发出的表示无条件同意要约内容，决定以要约内容为合同内容，与要约人订立合同的意思表示。要约与承诺的分离与结合，无非就是在明晰当事人的意思、确认当事人之间的合意[1]。

有疑问的是，在网络环境下，是否应改变既有的要约承诺模式。合同编草案立法者认为应当改变，于第31条第2款中规定："当事人一方通过互联网等网络发布的商品或者服务信息符合要约条件的，对方选择该商品或者服务，提交订单并付款成功时，合同成立，但当事人另有约定的除外。"

该规则打破了传统的"要约—承诺—成立"的模式，要求提交订单、并付款成功后合同才成立，这个是突破比较大的新条文。为什么这样规则，第一个理由就是，京东购物的交易过程就是如此，如购买人将商品放在购物车里面三天，也没有人向他主张合同成立，要求他付款。而且他也可以随时取消，商家也可以随时取消。第二个理由是，日本出现了所谓的钓鱼网站，利用"要约—承诺"规则出售商品，现代人习惯不停地点击，会把自己喜爱的商品放入购物车中，并不意味着一定购买，但根据要约承诺规则，此时合同已经成立，钓鱼网站就可以要求其履行。如果不履行，就要求购买人赔偿损失。第三个理由是，在程序化的交易机制下，如果标价错误，那么电子商务经营者将面临巨额的损失，规定以支付价款为合同成立前提，可以延长缔约时间，电子商务经营者有更多机会发现错误，由此可以减少错误的发生率，不过是否真的减少错误发生率，不好论证。再有就是为错误一元论建立基础，在点击错误情况下，按照二元论区分动机和内容表示错误，会给法官带来辨识麻烦，无法判断是不是动机错误，而依据现在的新规则，如果客观化合同订立的意思表示，确立一元论错误，法官就比较好判断。

（一）适用范围的质疑

该规则似乎只能适用于网上购物情况，并不能适用于提供服务的情况，如在现实中，甲喝酒喝多了，想找代驾，在地下二层车库等待，结果错误点击滴滴专车。经过千辛万苦与对方接上头后，发现对方开着七个座的大车来了，双方都非常吃

---

[1] 崔建远：《合同法》，中国人民大学出版社2013年版，第37页以下。

惊，问为什么你是开车来，对方回答说我为什么不能开车，你点的是专车呀。这时候主要的法律问题就是合同是否成立的问题。在这里，我们发现，并没有以合同款支付作为合同成立的要件。再拓展一下，如说网上借贷、服务，也不可能以付款为成立条件。

（二）互联网合同订立的要约承诺过程

就订立互联网合同而言，是否没有明晰的要约承诺过程，在付款前当事人并不受之约束。

在思路上，我们先确定电子商务当事人的哪一个意思表示是要约。电子商务经营者在网络上提供商品或服务的标价点击页面，内容具体确定，但从客观受领第三人的角度来解释，是否表明经受要约人承诺，要约人即受该意思表示约束呢？与橱窗情况类似，考虑网络经营者的履行能力以及顾客的信用能力，应当认为，网络经营者的标价点击页面的表示并非要约而是要约邀请〔1〕。商店的标价或者橱窗陈列，原则上为要约邀请，因为从中很难推断含有订立合同的目的。而且，若认为其为要约，则一旦顾客承诺，店主即负有履行合同的义务，如此，甚或会超出店主履行能力，导致违约责任，故将标价或橱窗陈列理解为要约，实在不符合当事人客观之意思。与此类似，在互联网合同情况下，电子商务经营者在网络上提供商品或服务的标价点击页面也应属于要约邀请。但是，如果网络经营者可以提示与控制货物数量，在没有存货的情况下，网络用户无法点击购买。在此情况下，相对人无法点击，则这种情况属于要约〔2〕。

从网络用户的角度来看，当网络用户在商品点击购买页面上点选了“加入购物车”，链接进入商品暂存页面，在此页面上再次选定商品，或消费者直接点击“立即购买”等按键，在链接页面上均会出现要求消费者再次确定所选购商品的名称、型号、数量、价格、送货方式及配送费用、送货地址、付款方式等。此时，可以与在商店或超市购买商品放入购物车类比，并不属于要约，而是要约邀请。而在客户点击“提交订单”之后，则属于要约。至于在交易环节上，提交订单之后，会出现“进入结算中心”或“结账”等按键，然后链接到付款页面，这已经属于履行合同，只不过电子商务经营者通过程序设置强行要求用户先为给付，不能认为这一交易流程即符合法律规定的，并是交易的典型形态，应该为法律所承认。

在实践中，客户一旦下达订单，就会收到电子商务经营者的确认单，通常的表述是：感谢您的购物！我们已经收到了您的订单。也有明确表示不受拘束的：收到

---

〔1〕 Busche/MünKomm, vor § 145, Rn. 38. 吴瑾瑜：《论网站标价错误之法律效力》，载《月旦法学杂志》2010 年第 187 期。

〔2〕 王天凡：《网络购物错误标价的法律规制》，载《环球法律评论》2017 年第 2 期。

您的订单后，我们将向您发送一电子邮件或短信确认我们已经收到您的订单，其中载明订单的细节，但该确认不代表我们接受您的订单。还有进一步规定合同何时成立的：您点击提交订单按钮后，我们将向您发送电子邮件或短信确认我们已收到您的订单，只有我们向您发出发货确认的电子邮件或短信，方构成我们对您的订单的确认，我们和您之间的订购合同才成立。根据《德国民法典》第312e条第1款第3项的规定，电子商务的经营者必须毫不迟延地通过电子途径向顾客确认其订单的到达。但一般来讲，该确认单并非承诺，只是一种通知，属于准法律行为，表示接到了用户的要约〔1〕。但有时也从电子商务经营者的确认书中也可能解释出承诺的意思表示，如确认书中写明：我们会尽快发货或者已经安排发货等。此时，从客观受领第三人角度解释，即应构成承诺〔2〕。

通过互联网订立合同，通常属于非对话的意思表示情况，而且，表意人与意思受领人没有同时存在一个空间，所以，根据《合同法》第23条，网络提供者要在合理时间内予以承诺，在网络环境下，通常是在要约的同一天。

在商业实践中，往往通过默示地交付货物或者提供服务对要约予以承诺，即所谓的意思实现。依据交易习惯，承诺之到达是不被期待的或者被放弃的，则承诺未到达，合同也成立。就意思实现而言，相对于一般的承诺过程，其省略了承诺到达的步骤，承诺一旦作出，合同即成立，由此加速了合同形成过程。但需要注意的是，承诺的作出，仅有内在受领意思并不足够，还需外部可认知的形式〔3〕。

最后，至于为什么用户可以在放入购物车而不受约束，理由很简单，因为此时尚没有要约，而用户在付款前都可以反悔，一方面可能用户行使了撤回权，另一方面可能是电子商务经营者放弃追究用户的违约责任。

（三）格式条款的控制

从“出身”上看，合同编草案第31条第2款的规则原本是一种格式条款。电子商务经营者在用户协议中写明，用户支付价款后，合同才成立，或者在网络页面上设计了支付价款的环节。

除了这种格式条款以外，在实践中，更多的是电子商务经营者通过注册协议规定以发货作为合同成立的时间。如亚马逊使用条件中规定：只有当我们向您发出送货确认的电子邮件或短信，通知您我们将您订购的商品发出时，才构成我们对您的订单的接受，我们和您之间的订购合同才成立〔4〕。对于这类约定，有的法院就认

---

〔1〕 Leenen, AT des BGB, S. 118.

〔2〕 Kocher: Anfechtung bei falscher Kaufpreisauszeichnung im Internet JA 2006, 145.

〔3〕 王洪亮：《债法总论》，北京大学出版社2016年版，第54页。

〔4〕 京东、当当网、苏宁易购、苹果官网、天猫、小米、1号店等主要网站均有此类规定。

为该格式条款“排除了其商品陈列系要约以及消费者基于要约进行承诺的权利，其实质和后果是赋予了公司单方决定是否发货的权利并免除了公司不予发货的违约责任，但这是对消费者基于一般的消费习惯所认知的交易模式的重大改变，因而对消费者的合同利益会产生实质的影响，购物网站对此应当作出合理的、充分的提示，提醒消费者注意该项特别约定，并判断选择是否从事此项交易，在没有提醒的情况下，视为没有订入合同”〔1〕。

现在合同编草案直接将以支付价款作为合同成立要件的格式条款上升到法律规则，由此就逃避了《合同法》第39条、第40条控制格式条款的规则。而且，不论该货款直接支付给电子商务经营者还是第三方，在本质上，该规则都是赋予买受人的先给付义务，买受人丧失了同时履行抗辩权。

在利益平衡上，该规则也未必对消费者或用户有利，电子商务经营者利用缔约时间延长，可以发现标价错误，从而逃避因为撤销错误而产生的信赖利益损害赔偿。

（四）钓鱼网站的问题

所谓的在互联网环境下，经营者利用要约承诺一致合同即成立的规则促使用户承担违约责任的问题，比较值得怀疑。首先，如上所述，将货物放入虚拟购物车并不构成要约。其次，即使要约经过承诺导致合同成立，用户也完全可以履行契约。如果发生错误，当然可以撤销，也不至于承担违约责任。而且，有何种正当理由增加先行付款要件呢，如此不更加有利于钓鱼网站吗？

（五）特殊法优先适用的问题

最后，《电子商务法》二审稿第42条规定：电子商务经营者发布的商品或者服务信息符合要约条件的，当事人选择该商品或者服务并提交订单，合同成立。当事人另有约定的，从其约定。根据该规定，当事人选择该商品或者服务并提交订单，合同成立，并不要求支付价款合同才成立。根据特别法优先适用于普通法的规则，在网络订立合同的情况下，应优先适用《电子商务法》二审稿第42条，《合同编草案》第31条第2款就不能得到适用。

四、订立阶段的信息提供义务与准备义务

在现行法上，通常情况下是买者当心，但缔约人不能故意提供虚假信息。在消

〔1〕 参见北京某信息技术有限公司与宁某某买卖合同纠纷上诉案北京市第三中级人民法院（2014）三中民终字第09381号民事判决。

费者保护的理念下，经营者被赋予了越来越多的信息提供义务（《消费者权益保护法》第8条、第18条、第19条、第21条）。而在互联网合同情况下，《消费者权益保护法》还规定了向消费者提供经营地址、联系方式、商品或者服务的数量和质量、价款或者费用、履行期限和方式、安全注意事项和风险警示、售后服务、民事责任等信息的义务（第28条）。在此基础上，《电子商务法草案》为电子商务经营者进一步规定了两种义务，一种是信息提供义务（第43条第1款），另一种是技术准备义务（第43条第2款）。二者紧密关联，信息提供义务是为了履行准备义务创造前提或者使用户知道履行了该准备义务。之所以赋予经营者这两种义务，是因为在电子商务情况下，对消费者的远程与媒介服务越来越多，消费者信息严重缺乏，消费者针对订购程序的技术缺陷无能为力，有必要予以救济。

从规范目的上看，这两个义务的目的在于为形式公平的合同准备以及形式公平的缔结合同提供最低程度的前提保障。尤其是避免在电子交易中产生的高度危险，如客户因为程序的技术构造而发出了所不愿意发出的订单，或者错误地多次发出了订单，或者不清楚订单是否被登记了，或者是否导致了合同订立。另外，还要保障的是，经营者的格式条款在合同订立之后被改变，或者客户在证明技术上没有可能根据最原始的版本。除此之外，还有促进互联网交易互信的目的。最后，还可以保护用户免于交易费用以及信任培训的风险与促进自我规制[1]

（一）信息提供义务

《电子商务法》第二次审议稿第43条第1款规定：电子商务经营者应当清晰、全面、明确地告知用户订立合同的步骤、注意事项、下载方法等事项，并保证用户能够便利、完整地阅览和下载。

1. 从适用主体来看，义务主体一定是电子商务经营者，而相对人可以是经营者，也可以是消费者。对于电子商务经营者的身份，由用户证明。

2. 《电子商务法》第二次审议稿第43条第1款没有规定告知义务的时点。基于该制度的规范目的，经营者应当在用户订购之前告知，也就是说，应当在用户发出与合同标的相关的数据给经营者之前，以可期待的方式使用户知道，从而使用户在告知信息前提下做出决断。具体来讲，通常在订购键、订购表格出现之前，用户必须在营业者网页上能够调用这些信息。在设置网页技术上，需要保障用户可以在发出订单之前知道这些信息。

3. 《电子商务法》第二次审议稿第43条第1款要求所提供的信息必须清晰、全面、明确。具体包括信息的打印页、结构、表述以及范围均须清晰、全面、明确。是否清晰、全面与明确，需要从一般的用户能力出发予以判断。通常要求一般

---

〔1〕 Wendehorst/MünKomm, vor §312e, Rn. 1.

用户不需要法律咨询就可以理解，不得引用法律规定或者法律专业术语。但也不必强制消费者在订立合同前即可以调用这些信息，只要在订立合同前插入下载按钮即可。

4. 所提供的信息内容涉及订立合同的步骤、注意事项、下载方法等事项。所谓的订立合同的步骤是指具体的技术步骤。而技术步骤不是现代数据传输的阶段，而是要让用户清楚，哪些行为或表示从用户方或者从企业方传输，并且这些表示具有哪些法律效果。尤其要清楚，在哪一时刻，客户发出了有法律拘束力的要约，而且，通过企业的哪些行为表明可以认知要约被接受〔1〕。

所谓注意事项，不仅是使用规则，还包括经营者的企业行为准则，经营者需要告知用户这些信息，并提供链接。

最后所谓下载方法规定的比较宽泛，下载方法固然重要，但更重要的是下载内容。为了方便用户日后调取查用，并获得原始合同证据，应当赋予电子商务经营者提供合同条款下载可能性〔2〕。电子商务经营者要使用户有可能在订立合同时下载合同条款，并且可以以复制的形式储存。经营者应当告诉用户如何以及何时可以下载合同条款、并可以以复制的形式储存。同时也要告知储存格式。

（二）准备义务

《电子商务法》第二次审议稿第43条第2款规定：电子商务经营者应当保证用户在提交订单前可以更正输入错误。在性质上，这种义务是经营者在技术上准备的义务以及组织的义务（Hoeren论文认为该规则没有实际意义）。

在比较法上，《德国民法典》第312e条规定：网络上的经营者对顾客负有提供适当、有效且易于使用之方法，使顾客得于订购前知悉输入之错误及更正。不仅规定了更正技术准备义务，而且还规定了知悉输入错误的技术准备义务。

在逻辑上，知悉与纠正错误的技术准备义务是相互关联的，应当一并赋予。据此，在用户提交订单前，电子商务经营者必须给予用户纠正输入错误的机会。而要保障用户有此纠正输入错误的机会，必须由电子商务经营者提醒用户，提供输入错误的信息。

该附随义务的规范目的在于避免用户因为粗心或者注意力并不集中点击错误领域或者下达错误命令。

1. 所谓输入错误，是指在电子交易中，表意人可能做出了根本不愿意做出的意思表示，如在虚拟购物款中搜寻时错误点击，或者用户缺少实际的表示意识，甚或在没有行为意识情况下错误点击，如睡着在电脑前，错误点击鼠标。第一种情况

---

〔1〕 Wendehorst/MünKomm, vor §312e, Rn. 78.

〔2〕 王利明：《编撰一部网络时代的民法典》，载《暨南学报（哲学社会科学版）》2016年第7期。

下，是一种典型的表示错误，而第二种情况下，虽然缺乏表示意识，但在规范上，表意人的通知可以归责于表意人，因为表意人必须清楚，电子消息被理解为意思表示，他应该注意地应对键盘就可以避免电子消息的发出。此时，意思表示有效发出并到达，但可以类推错误规则予以撤销。第三种情况下，没有行为意识，应当认为没有构成意思表示。

值得注意的是，动机错误并不属于输入错误，如用户没有考虑成熟，在确定后马上又后悔的，在此情况下，只能通过消费者撤回权予以保护（《消费者权益保护法》第25条）。

2. 提交订单不仅仅是用户指向订立合同的意思表示，而且包括所有的经营者与用户之间的、涉及合同标的的数据传送，如是否还有存货的询问、查看的要求等。即使库存询问并不会引发任何法律效果，也须将之包括在内，因为如此可以促进互联网交易的迅捷。但中间存储并不属于提交订单，如点击购货框的按钮。如果任意中间阶段，都要求经营者提供纠错可能，会使得经营者压力过大并严重阻碍电子交易。

3. 在提交订单前，经营者就必须安装程序软件，使用户能够知道并能够改正。而不是在接受确认之后才提供纠正可能性，应是在提交订单前。用户在输入过程中应该有充分的可能发现输入错误。也就是说，需要在技术上提供清除书写按键、命令选线菜单，双击不能自动导致双重订购。对于格式设计，要求用户在输入时可以读到全部或者足够的范围，在一页里要可能包括输入窗口、给付描述以及合同条款[1]。

在给付相关的数据首次传送给经营者之前，用户必须有机会对其表示全部有关联地预读一遍，并有机会翻页检查是否正确。而且经营者不能通过技术施加时间压力。经营者还必须在输入过程中以及在向经营者传输数据前给予用户纠错可能性，尤其要保障用户可以删除，在技术上应配有退格键，并且有明确操作且简单易操作的取消可能。而且，纠正之后，不能要求客户从头开始重新填写订购表格[2]。

4. 在经营者没有设置纠错可能性或者没有充分告知如何使用的情况下，如果用户撤销意思表示，那么基于诚信原则以及与有过失（《合同法》第58条）规则，经营者不得向用户请求信赖利益损害赔偿[3]。

5. 在德国法上，如果用户是消费者，还享有撤回权，而在经营者没有履行安装纠错机制或者告知义务以前，撤回权期间不开始起算，而此时消费者可以在6个月内行使撤回权，如此可以避免基于错误撤销而带来的证明责任以及损害赔偿。

---

〔1〕 Wendehorst/MünKomm, vor §312e, Rn. 66.

〔2〕 Wendehorst/MünKomm, vor §312e, Rn. 68.

〔3〕 Dörner, Rechtsgeschäfte im Internet, AcP, S. 381.

如果用户不是消费者，那么必须证明他错误点击或者根本不想订购，只是想离开网页，但这样的证明是比较困难的。这样，即使经营者没有提供纠正输入错误的工具，用户也不能撤销意思表示，对经营者形成不了任何制裁。

《电子商务法》第一次审议稿曾经试图通过赋予用户告知义务来解决错误输入证明的问题，其第 30 条规定：电子合同使用自动交易系统的，在人机互动中用户发生输入错误，而该系统未提供更正错误的方式，同时符合以下要求的，用户有权撤回输入错误的部分：（一）该用户在发生错误后立即通知对方当事人有输入错误发生；（二）该用户没有从对方当事人处获得实质性的利益或者价值〔1〕。但这样规定无疑增加了用户的负担，赋予用户通知义务并无正当性，而且，也不能真正解决输入是否确实发生错误的问题。

所以，问题的关键在于能否减轻用户的举证责任上，能否由法官自由采证。在德国法上，如果当事人对于损害或者赔偿的利益数额有争议，法官可以在考量所有情况下予以自由心证。是否以及在多大程度上采证或者官方委托专家鉴定，也可由法官自由裁量（《德国民事诉讼法》第 287 条第 1 款）。在错误输入情况下，可以类推适用这一规则，由法官自由裁量是否采信用户的证据。

五、结论

通过互联网进行意思表示，在本质上与通常的线下意思表示并无二致，也要求到达相对人支配范围并为其可能知道。尤其在相对人具有多个接受系统而又没有指定系统的情况下，应区分一般用户还是经营者分别规定不同规则。在意思表示传递过程中出现的丢失与迟延风险，意思表示发出人与受领人各自对自己影响的范围承担责任。

对于权利能力推定制度以及行为能力制度，并不能解决立法起草人所要解决的问题，而且也不具有正当性。而在互联网合同订立上要求支付价款合同才成立，也不合理。在互联网合同订立中，具体根据当事人的意思解释确定要约与承诺，无须增加要件，在利益衡量上，明确规定用户具有先行付款义务，并不合理。

《电子商务法草案》增加的经营者信息提供以及技术准备义务，突破了既有的买者当心的基本法律框架，基于信息不对称以及用户的技术弱势，有一定的合理性，只是在规则上有进一步细化的空间。

---

〔1〕 该规则源自《美国统一计算机交易法》，参见齐爱民：《电子合同典型法律规则研究》，载《武汉大学学报（社会科学版）》2002 年第 2 期。

论合同解除的宽限期设置模式

郝丽燕[*]

目　次

一、引言

契约严守原则下，并非任何违约行为均引起解除权，通常认为，只有当债务人的给付不符合合同约定，并且导致债权人利益受损达到一定程度时，方允许债权人解除合同。为了使债权人利益受损的严重程度具体化，合同解除目前区分为“重大（根本）违约解约模式”（Modell der wesentlichen Vertragsverletzung）和“宽限期解约模式”（Nachfristmodell）。通常认为“重大违约解约”源于英美法，“宽限期解约”源于德国法。“宽限期解约模式”经发展又区分为“实体宽限期”（materielle Nachfrist）和“形式宽限期”（formelle Nachfrist），后者也被称为“宽限期设置”（Nachfristsetzung）。主要采“重大违约解约模式”的立法例包括《联合国国际货物销售合同公约》《欧洲合同法原则》《国际商事合同通则》等；“实体宽限期模式”

* 郝丽燕，山东建筑大学法学院讲师。

由《欧洲消费者买卖指令》确立；“宽限期设置模式”（“形式宽限期”）由德国法创设，是现行《德国民法典》遵循的主要解约制度。

我国合同类的法律法规对“宽限期解约模式”并不陌生，根据《合同法》第94条第3项的规定，在主要给付义务出现迟延履行时，债权人要催告，合理期限内债务人不履行，债权人方可解除合同。除了《合同法》，《建设工程施工合同解释》中也规定了解除合同的“宽限期模式”，根据该解释第8条第2项，工程未及时完工的，且发包人在催告的合理的期限内仍未完工的，发包人有解除权。上述两个规定是“宽限期解约模式”的具体体现，但是这里的“……催告，合理期限内债务人不履行……”和“催告的合理的期限”的内涵是否相同，是否能被理解为德国民法中的“设置宽限期”，抑或应当理解为“实体宽限期”，则有待于进一步分析。立法者的本意是在合同法定解除事由中坚持大陆法系的框架，[1]但是从《合同法》第94条第4项后半段的“或者有其他违约行为致使不能实现合同目的”的概括性规定为立足点分析，[2]第94条仍然应当被归属到重大违约解约模式中，因为合同目的受到违约行为的侵害程度是判断重大违约的主要标准之一，[3]合同目的不能实现当然可以确定违约具有重大性。而以德国民法为典范的大陆法系主要的解除合同的模式是宽限期模式[4]——比如，《德国民法典》第323条第1款规定，债务人不履行或者瑕疵履行时，债权人必须先设置宽限期，宽限期经过无果，债权人才可以解除合同；再如，根据《法国民法典》第1184条第3款，法院在作出裁判前可以为债务人设置宽限期。

“宽限期设置”解约被誉为《德国民法典》中“成功”的规定，[5]它为合同的解除提供了一个重大违约之外的依据，而且宽限期解约在很大程度上可以克服重大违约解约的缺点（见下文）。当下，“宽限期设置模式”与“重大违约模式”共同构成现代民法合同解除制度的双元模式，[6]在编纂《中国民法典》的大背景下，论证“宽限期设置”解约制度的基础理论及具体问题，无论在理论上，还是从实践方面考量，都有其重要意义。

---

〔1〕韩世远：《合同法总论》，法律出版社2011年版，第516页。

〔2〕朱广新：《合同法总则》，人民大学出版社2012年版，第519页。

〔3〕Staudinger - CISG (2013), Art. 25, Rn. 13.

〔4〕参阅［韩］成升铉：《联合国国际货物销售合同公约解除制度模式的比较法史研究》，崔吉子译，载《清华法学》2011年第5期。

〔5〕Huber, Ulrich, Leistungsstoerungen, Bd. II. Tuebingen 1999, S. 328.

〔6〕Claus-Wilhelm, Teleologie und Systematik der Ruecktrittsrechte nach dem BGB. In FS Krohpholler 2008, S. 8.

二、宽限期设置解约模式——重大违约解约之外的另一种选择

当民事法律制度上升到立法层面，便脱离了当事人的自由意志，直接反映立法者的意志或者客观的“规范意旨”，因此探寻法律制度背后的法律基础，明确法律概念中的价值负荷，将直接影响该制度的理论构建，[1]对于合同的解除制度同样如此。

（一）宽限期设置解约的基本理念

现代合同法通常以“契约严守原则”作为根本的出发点，根据该原则，即使双务合同中给付交换出现障碍，当事人之间的衡平利益因为债务人的不履行或瑕疵履行被打破，合同当事人在符合比例原则及合理性原则的范围内依然要履行合同。基于该理念，债务人不给付或者给付出现瑕疵，除非出现特殊情况，通常应当允许债务人进行补救。换言之，当债务人的不给付或瑕疵给付可以补救时，他的再次给付的机会也是一种值得保护的利益，在这种理念的支配下，买卖合同中美国法规定了出卖人的补救权，德国法规定了买受人的再履行请求权。

另外，在以对价给付为前提的双务合同中，双方当事人应当遵循的一个履行的基本理念是“有条件的相互牵联”（konditionelle Synallagma），它体现了双务合同所调整的交换公正性，其含义是：一方允诺的给付是为了取得另一方的对待给付，给付与对待给付相互依存，如果债务人“空手而来”，那么原则上他不得期待债权人提供对待给付，这是主观等值原则（subjektive Aequivalenz）。[2]当债务人不给付或者给付出现瑕疵时（或者称给付不符合合同约定），双务给付合同中的平衡关系被打破，对当事人而言也不存在主观上的等值性。为了调整双方当事人之间的对等利益，原则上应当允许债权人解除合同，因此现代合同法设置了合同解除制度。易言之，解除是因为双务合同履行过程中双方给付之间的牵连关系受到威胁或者破坏而产生的救济制度。[3]

上述情况表明，违约情况发生时，“债权人解除合同的利益”和“契约严守原则”之间形成了一组对立的关系。解决这种对立关系既不能完全从当事人意思出发，也不能完全从归责的角度出发，而应当以公正性为基础，鉴于此，不能允许债权人在债务人出现任何违约行为时立即获得解除合同的权利。从公正性的角度出

[1] 参阅陆青：《合同解除效果的意思自治研究》，法律出版社2011年版，第20页。

[2] 参阅Canaris, Claus - Wilhelm, Teleologie und Systematik der Ruecktrittsrechte nach dem BGB. In FS Krohpholler 2008, S. 4 ff.

[3] 陆青：《合同解除效果的意思自治研究》，法律出版社2011年版，第27页。

发，不给付或给付不符合约定对债权人利益的损害形式和损害程度至关重要，因为这是债权人摆脱契约束缚的基础。通常认为，只有当债务人不依合同给付对债权人的利益的侵害达到一定的程度时，才可能考虑允许债权人解除合同。为了确定债权人因违约遭受到的损害程度达到解约的界限，各立法例经过长久发展，迄今主要确立了“重大（根本）违约解约模式”和“宽限期解约模式”。

宽限期设置解约模式可以追溯至1861年的《一般德国商法典》中的买卖合同法，可以说是德国法的“首创的史无前例的制度”，因此该模式又被称为“德国的宽限期”（the German Nachfrist）。[1]在2002年《债法现代化法》生效之前，“宽限期设置”解约并没有成为债权人解除合同的一个普遍适用的基本规则，尽管旧的《德国民法典》在第326条也规定了“宽限期设置”解约，但是因为同时存在大量的不同规定，导致法律状态的混乱，甚至出现价值矛盾的情况。[2]《债法现代化法》在第323条将宽限期设置规定为解除合同的一般性要件，使“宽限期设置模式”成为德国民法合同解除的主要依据，也成为“重大违约模式”之外的另一种主要的合同解除制度。

（二）宽限期设置解约的功能

在“强制履行”（specific performance）和“契约严守”（pacta sunt servenda）的基本原则下，债权人的首要利益在于实现自然给付（Leistung in natura），当债务人不履行或者履行出现瑕疵时，除了履行不能的情况，债权人的第一性权利是再履行请求权，解除合同只是后位的，或者说是辅助性的权利，债权人的首要利益在于取得履行的给付。为了实现给付利益，只要给付障碍的形式允许，债权人应当为债务人设定一个合理的等待期限。这种模式保障了，或者说加强了大陆法系的“自然履行优先原则”（Vorrang der Erfuellung in natura）以及“契约严守”原则。[3]

宽限期设置的另一个功能是警告债务人。通过设置宽限期，债务人可以明确知道债权人对给付的期待，如果债务人对此置之不理，则债权人可以解除合同。因为在契约严守原则下，仅仅违约并不足以导致合同解除，还要求其他附加条件，如违约的“重大性”等。合理宽限期经过债务人仍不履行就是使合同可以解除的附加条件，从这方面看，宽限期设置使债权人解除合同成为可能——如果债务人在合理的

[1] 关于宽限期解约制度的形成历史，参阅 Huber，Ulrich，Leistungstoerungen，Bd. II. Tuebingen 1999，S. 324 ff。

[2] 转引自 Canaris，Claus－Wilhelm，Teleologie und Systematik der Ruecktrittsrechte nach dem BGB. In FS Krohpholler 2008，S. 10。

[3] Canaris，Claus－Wilhelm，Teleologie und Systematik der Ruecktrittsrechte nach dem BGB. In FS Krohpholler 2008，S. 3 ff.

宽限期内仍然“空手而立”，那么原则上他不能期待债权人遵守契约。[1]另外，宽限期设置解约也有保护债务人的功能。首先，法律规定债权人一般情况下必须设置宽限期，可以避免债权人把履行瑕疵当成解除合同的借口，这种情况主要发生在给付条件不利于债权人或者市场条件发生了不利于债权人的变化的时候。其次，要求债权人必须先设定再履行的宽限期，是为债务人提供了第二次履行的机会，或者称第二次供货，使债务人可以取得对待给付。[2]

综上，“宽限期设置解约”具有同时保护债权人解除合同的利益和债务人维持合同的利益的双重功能，[3]立法者用一种相对简单的程序规定实现双方利益的平衡。[4]正因如此，相较“重大违约解约”模式，“宽限期设置解约”能够使债权人和债务人之间的利益达到一个更为合理的平衡，被认为是《德国民法典》中的一个成功的规定。[5]在宽限期设置模式下，设置合理的宽限期是债权人的非真正义务，如果不设置宽限期，债权人在一般情况下将失去解除权以及损害赔偿请求权。

合同的解除制度赋予了债权人单方面摆脱合同束缚的权利，这与私人自治原则违背，因为订立合同由双方当事人共同决定，但是解除合同对合同的另一方（被解除方）而言是“他人”决定（Fremdbestimmung）。在法律历史和比较法中出现过不同的解决该问题的制度，如认为在合同中包含了一个生效条件（aufschiebende Bedingung）——合同的给付以对待给付为条件，当一方得不到满足时，则可解除合同，该理论又被称为“默示解除条件说”，[6]或者规定合同的解除以债务人对履行障碍有过错为条件，抑或规定由法院裁判解除合同，从而缓解“他人决定”为被解除方带来的不公。但是这些方案并没有实际解决合同解除制度中的私人自治问题，第一种解决方法因为解除权的形式多样，仅仅依据私人自治不足以解决问题，第二种解决方法的基础理念是自己责任（Selbstverantwortung），第三种解决方法恰恰也违反私人自治。宽限期解约模式更好地考虑到合同双方当事人的私人自治，当债权人为债务人设置宽限期时，他其实是为债务人提供履行或者再履行的机会，此时，合同是否能被解除由债务人决定，如果他在宽限期内提供完全的、符合约定的给付，则合同不得被解除，该模式下，债务人的私人自治在宽限期解约模式中得到充

[1] Canaris, Claus - Wilhelm, Teleologie und Systematik der Ruecktrittsrechte nach dem BGB. In FS Krohpholler 2008, S. 5.

[2] Lorenz, Stephan, Nacherfuellungsanspruch und Obliegenheiten des Kaeufers: Zur Reichweite des “Rechts zur zweiten Andienung”. In NJW 2006, 1175.

[3] Bassler, Moritz/Buechler, Philipp, Die Reform des Ruecktrittsrecht. In AcP 2014, 893.

[4] Dubovitskaya, Elena, Fristsetzung im Schuldrecht: Neue Obliegenheit fuer den saeumigen Schuldner? In JZ 2012, 328.

[5] Huber, Ulrich, Leistungsstoerungen, Bd. II. Tuebingen 1999, S. 328 ff.

[6] 比如《法国民法典》第1184条第1款规定，“双务契约中，凡是当事人一方不履行其义务的情形，均不言而喻地存在解除条件”。

分保障；宽限期经过无果后，是否解除合同则由债权人决定。

(三) 宽限期设置解约与重大违约解约的关联

合同解除的这两种主要的模式——“宽限期解约”和“重大违约解约”——并非彼此严格区分或者对立，在很多方面具有统一性。其共同之处在于，这两种模式都是为了从要件上将债权人利益所受的危险具体化，借以确认债权人利益的受损程度达到解除合同的界限，同时也限制债权人解除合同的权利，保护债务人的利益。两者的不同之处在于，“重大违约解约模式”为实体方面的要求，“宽限期解约模式”属于形式上的手段。根据“重大违约解约模式”，当债务人没有给付或者给付不符合约定导致债权人的利益因此受到重大损害时，债权人才可以解除合同。但是这种实体上的违约的“重大性”定义很模糊，需要予以具体化，将这样一个抽象的概念具体化并非易事，这个缺点“宽限期解约模式”则可以在一定程度上避免。“宽限期解约模式”的构建理念是，如果债务到期债务人未给付或者给付有瑕疵，而债权人设置恰当的履行或再履行宽限期的情况下仍未及时得到完全的、符合合同约定的给付时，则债权人有理由怀疑，债务人要么不想给付，要么不能给付，此情况下，可以高度合理地认为，债权人给付利益遭受的危险程度超出了他应当承受的界限，单方面解除合同的权利边界因此得以突破，在这种情况下债权人解除合同具有合理性。

《德国民法典》所确立的“宽限期解约模式”又被称为“宽限期设置”解约模式，或者“形式”宽限期模式，因为该模式要求债权人为债务人的履行或者再履行“设置”合理的宽限期。“设置”宽限期是程序上的要求，即债权人在要求债务人履行或者再履行时，形式上也必须同时设定履行期限。与之对应的是“实体宽限期模式”（materielles Nachfristmodell），该模式为《欧洲消费者买卖指导方针》所采，其含义是，如果给付的消费品不符合合同要求，债权人只需要提出再供货或者排除瑕疵这样的再履行请求权，不必同时“设置”再履行的期间。该模式下，虽然债权人不必要在主张再履行时同时设定履行期限，但是债务人再履行并非没有时间限制，他必须在合理的时间内提供再履行，合理期间经过后，如果债权人仍未提供符合约定的给付，债权人可以解除合同。这种解约模式不要求债权人在形式上设置宽限期，但是实际上债权人必须给予债务人合理的再履行的期限，因此而得名。

尽管“宽限期设置模式”和“重大违约模式”被认为一个是形式上的设置，一个是实体方面的要求，但是现代合同解除制度并没有将“形式”和“实体”全然区分开，如设置宽限期时还要求宽限期的长短是“适当的”（angemessen），这属于实体方面的要求；再如，《德国民法典》在第323条第5款中规定了部分给付解除合同时要求债权人对该部分给付没有利益，瑕疵给付解除时要求瑕疵不能不显著（nicht unerheblich），瑕疵是否显著主要从瑕疵引起的价值减少方面予以判断等，都是实体方面的规定。反之，在以“重大违约”为解除合同的标准的立法例中，也会规定通过设置合理宽限期来解除合同，如《联合国国际货物销售合同公约》第49条第1款第2项、第64条第1款第2项等，但是这里的宽限期只是“重大违约”的一个替代，只有不供货时才适用，供货不符合约定的情况不能适用，[1]从体系上看，第49条第1款第1项和第64条第1款第1项规定了合同解除的基本理念是存在“重大违约”，其中各自的第2项则是第1项的补充选择，其目的仍然在于确定违约具有重大性，因为根据第2项，债务人在宽限期内不履行，原本不具有重大性的违约升格为重大违约。[2]

三、“设置”宽限期

《债法现代化法》生效之前，《德国民法典》要求债权人设置宽限期时同时以拒绝相威胁，易言之，债权人应当声明，宽限期过后他将拒绝接受给付，此时有效的宽限期设置不要求结束的时间具有确定性，如债权人可以要求债务人“及时提供给付，否则将不接受”。《债法现代化法》将“以拒绝相威胁”这一要求取消，这种情况下，面临的一个问题是，如何设置宽限期才有效。

（一）“最后通牒式”的对外表达

设置宽限期是为了给债务人以压力，促使他依约履行。根据德国科隆高级法院的要求，债权人必须向债务人明确表达“这是债务人最后一次依合同履行的机会”，[3]因此他要用一个最后通牒式的词语表达这种意思。但是理论中的观点认为，债权人的表述要求明确且具有强调性，目的是强调给付请求的警告性，[4]对债权人而言，设置宽限期是他施压的手段，是使债务人感觉到时间的紧迫性，这样可以保证宽限期设置的效率。[5]但是并不要求宽限期具有最后通牒的性质，否则当宽限期经过无果后，债权人就没有机会主张给付，不能要求严守契约，这与宽限期设置模式的目的不相符。实际上，宽限期经过后，债权人还可以设置新的宽限期，继续要求债务人履行，或者债权人也可以延长宽限期。[6]从功能、定义以及德国债法体系上

[1] *Canaris*, *Claus - Wilhelm*, Teleologie und Systematik der Ruecktrittsrechte nach dem BGB. In FS Krohpholler 2008, S. 10.

[2] ［韩］成升铉：《联合国国际货物销售合同公约解除制度模式的比较法史研究》，崔吉子译，载《清华法学》2011年第5期。

[3] OLG Koeln, in ZGS 2003, 392, 393.

[4] Canaris, in JZ 2001, 499, 510.

[5] Canaris, in JZ 2001, 499, 510.

[6] Mankowski, Peter, Wie setzt man eine Nachfrist richtig? In ZGS 2003, 452.

看，设置宽限期包含的内容是“要求债务人在设置的期间内履行或者再履行”，[1]重要的是它的催告功能。[2]宽限期设置的目的不是给债务人“最后一次”机会，而是为了给他“第二次”机会，债权人在设置宽限期时内心允许保留：即使债务人在宽限期经过后仍然不提供给付，他仍然不准备解除合同，继续要求债务人履行。如果债权人以最后通牒式的表达设置宽限期，那么宽限期无果后原则上他不能再接受债务人的给付。

2002 年前的《德国民法典》第 326 条第 1 款关于宽限期设置要求债权人明确表明，不及时履行将拒绝接受给付，这种表述说明债务人的履行机会是最后一次。在债法改革法中，立法者有意取消了“拒绝接受威胁”这一要件要求，意味着在设置宽限期的时候不再要求最后通牒式的表达。从定义上看，宽限期设置要求在设置的期限内完成再履行，并不包括最后通牒的意义。

尽管不需要“最后通牒式”的表达，但是提示给付义务，或者有礼貌的请求给付不能构成设置宽限期的要求，因为这种表达方式不能体现出警告的作用，债务人也不能感受到来自债权人方面的时间上的压力。实践中，为了督促债务人履行或者再履行，通常建议债权人在设置宽限期时选择比较尖锐的表达方式，甚至可以附加上过期拒绝接受给付的威胁，但这并不影响之后接受宽限期过后提供的给付，或者再设置新的更长的宽限期。

（二）是否要求具体的结束日或确定的期间

德国民法中的宽限期模式尽管被称为“形式”宽限期，但是因为要求设置的宽限期具有合理性（Angemessenheit），因此该模式也有“实体”性质。纯理论上看，立法者可以选择一种绝对形式化的宽限期设置模式，不对宽限期的合理性做出要求，这种模式的优点是法律的确定性，但是很容易产生债权人专断的风险，如债权人为了尽快解除合同将宽限期设置的很短，这样就导致宽限期模式形同虚设，债务人根本不能获得再次履行的机会，[3]也不能在债权人利益和债务人利益之间形成一种平衡，因此，宽限期模式的本质决定了，宽限期不可能没有实体上的因素。[4]在这方面必须考虑的问题是，债权人如何“设置”宽限期，才能满足实体的“合理性”的要求。

---

〔1〕 Mankowski, Peter, Wie setzt man eine Nachfrist richtig? In ZGS 2003, 453.

〔2〕 Zimmermann, NJW 2002, 1, 5.

〔3〕 Dubovitskaya, Elena, Fristsetzung im Schuldrecht: Neue Obliegenheit fuer den saeumigen Schuldner? In JZ 2012, 329.

〔4〕 Canaris, Claus - Wilhelm, Teleologie und Systematik der Ruecktrittsrechte nach dem BGB. In FS Krohpholler 2008, S. 9.

理论中的观点认为，债权人应当设置一个清楚确定的宽限期间，[1]这样不至于使债务人对解除合同和主张损害赔偿感到惊讶。宽限期设置简单地从定义上看是指明了结束期日或者特定的期限长度的催告。[2]另外，一个不明确的宽限期会给当事人，特别是债务人带来法律上的不确定，因此至少要求宽限期的结束期具有可计算性。债务人应当从警告中知道，他必须在什么时间内提供给付。

相反观点认为，设置的宽限期不需要具体确定，只要求根据具体情况有可确定性，[3]该观点得到了德国联邦法院的支持。联邦法院从两个方面将理论中对宽限期设置的严格要求弱化：过短的宽限期通常延长至合理长度；[4]债权人可以要求“立即、及时、立刻给付”，[5]或者类似的表达，只要他的表达要能够清楚表明，债务人要在有限的时间内履行。设置宽限期的目的是让债务人感受到时间的紧迫性，他必须在有限的期间内完成对给付的补救，否则将承受合同被解除的后果，这个目的通过“在合理期间”“及时”“立刻”等表达足以实现，不需要进一步确定具体的宽限期。这种表述可以降低德国宽限期模式在实体要求方面的不足，债权人在设置宽限期的时候不需要确定地给出结束日期或确定期间，借此可以避免设置的期间过长给债权人带来的不利，把期间降至最低限度。[6]

要求宽限期具体确定不符合现实情况。宽限期的合理性是为了使债务人能够完成给付的准备，但它是由债权人设置，然而债权人并不能了解到债务人对给付的准备情况，通常情况下债权人不能准确地判断，债务人需要多长时间才能完成给付，所以他设置的宽限期的长短是否“合理”他自己不能提前准确地得知，只能根据具体的客观情况设置一个他认为合理的期间。如果债权人设置的宽限期是具体的一个时间段，那么可能出现三种情况：第一种情况是债权人设置的期间比实际需要的时间短，这时通说和司法裁判都认为宽限期自动延长为合理的长度；[7]第二种情况是设置的期间比债务人实际需要的时间长，债权人此时受制于自己设定的期间，如果债务人不提前给付，债权人必须等到设置的期间结束时；第三种情况是债权人设置的期间恰好合适。无论债权人设置的期间是否合理，过短还是过长，对他而言都充满了不确定性，他在设置宽限期的时候并不能准确地判断期间的长度实际上对债务

---

[1] Dubovitskaya, Elena, Fristsetzung im Schuldrecht: Neue Obliegenheit fuer den saeumigen Schuldner? In JZ 2012, 328; Koch, Die Fristsetzung zur Leistung oder Nacherfüllung. In NJW 2010, 1639.

[2] Huber, Ulrich, Leistungsstoerungen, Bd. II. Tuebingen 1999, S. 362.

[3] Jauernig, Othmar/Berger, Christian, Das Buergerliche Gesetzbuch. Muenchen 2009, § 281, Rn. 6; Bamberger/Roth, Kommentar zum BGB. Muenchen 2007, § 281, Rn. 16; Emmerich, Volker, Das Recht der Leistungsstoerungen. Muenchen 2005, § 18, Rn. 31.

[4] BGH NJW 1985, 2640.

[5] BGH, NJW 2009, 3153.

[6] Ludes/Lube, MDR 2009, 1317, 1319.

[7] BGH NJW1985, 2640; NJW 2009, 3153.

人而言是否是“合理”的长度。出现第一种情况时，理论和实践都认为宽限期自动延长至合理长度，[1]但是债权人并不能知悉什么时候期间终止；出现第二种情况时，债权人必须等到他设置的较长的期间结束，宽限期设置的目的是平衡债权人和债务人之间的利益，等待的时间过长是对债权人利益的一种侵犯，对债权人而言是一种不公平；即使在第三种情况中，债权人也不能确定，设置的时间长度是否合适，只能被动地等待。鉴于此，要求设置具体确定的宽限期对债权人而言并不符合实际情况。

前文已述，当设置的宽限期过短时，允许该期间延长至“合理的”期限，这个“合理的”期限并不是一个确定的日期，只是一个根据具体情况可以确定的日期，既然如此，那么就应当允许债权人直接设置一个具有可确定性的日期。设置宽限期的目的是使债务人感受到时间的压力，督促债务人尽早给付，只要债务人能够在债权人的表述中认识到，他只有及时行动才能避免合同的解除即可。[2]这种不确定的表述带来的另一个问题是，它是否符合“期间设置”这个定义。“期间设置”（Frist setzen）在德语中的意思非常广泛，意思可以是“限定时间、限制时间、确定日期”，联邦法院要求债权人的表述应当使债务人明白，留给他的给付时间是有限的（begrenzt），“立即给付”“马上给付”这样的表述足以使债务人感受到时间上的受限性，这种表达符合“期间设置”的要求。

允许债权人以“立即”“及时”等类似表述设置宽限期可以强化债权人的权利。尽管通常认为，宽限期设置解约模式可以更公平合理地平衡债权人的解约利益和债务人的严守契约利益。但是，因为对宽限期的“合理性”的要求，债权人在设置宽限期的时候，很难判断多长的宽限期更合理，他通常都会设置一个较长的宽限期，超过“合理的”长度，这样债权人的解除合同的权利在一定程度上受到了不公正的限制，他必须等待的时间超过了应该等待的时间，相反对债务人利益的保护更强。另外，与重大违约解约模式相比，宽限期设置解约模式更容易具体化、可操作性更强。但是判断多长时间的宽限期是“合理的”对债权人而言并非易事，宽限期所谓的具体可操作性的功能也降低。允许债权人设置不确定的宽限期可以降低宽限期设置解约模式的实体上的缺点，至少当债务人方面愿意给付或者再给付时，他可以尽快实施履行行为，不必浪费不必要的时间。总体而言，以“立即”“及时”等表达设置宽限期可以使宽限期设置解约更加公正。

另一个问题是，如果允许债务人设置一个不具体确定的宽限期，宽限期设置模

---

〔1〕 BGH NJW 1982, 1279; NJW 1985, 2640; Dubovitskaya, Elena, Fristsetzung im Schuldrecht: Neue Obliegenheit fuer den saeumigen Schuldner? In JZ 2012, 329.

〔2〕 参阅 Klein, Winfried, Anmerkung zu BGH, Versaeumnisurteil von 12. 08. 2009. In NJW 2009, 3154 ff.

式是否会向实体宽限期模式逃逸。在《欧洲消费者买卖指导方针》规定的所谓的“实体宽限期模式”中，债权人只须要求债务人履行或者再履行，不必要求履行或再履行的期间，债务人方面体会不到时间上的紧迫性，经过合理期间债务人不履行后，债权人可以解除合同。在“设置”宽限期时，即使债权人的表述只是“立刻”“及时”等，债务人仍然能够感受到时间方面的压力，这与“实体宽限期模式”具有本质的差异。如果说宽限期设置相当于在解除合同和损害赔偿之前设置了一个“障碍”，这个“障碍”并不能因为设置宽限期时这种日期不确定的表述而消失。一言以蔽之，债权人在设置宽限期时使用“立即”“及时”等类似表述已足。

（三）债务人的反应义务（Reaktionsobliegenheit）

宽限期解约模式中不可能没有实体因素，债权人设置的宽限期从时间长短上看必须是“合理的”，但是这种实体上的要求却隐藏了法律上的不确定性，无论债权人是设置了一个具体确定的宽限期，还是仅仅设置了一个具有可确定性的宽限期，如要求立即给付，债权人的处境几乎没有改善，他同样无法准确地判断债务人到底经过多长时间能提供给付，无法判断他设置的宽限期的长度是否合理。从宽限期设置解约模式的功能上看，该制度的目的是更合理地平衡债权人和债务人之间的利益，实际上，在该制度中，债务人所处的地位更为有利，因为对债务人而言，他至少可以明确知道，宽限期的长度对他而言是否合理，特别是宽限期过长时，他可以充分利用这个过长的宽限期。对债权人而言，如果他设置的宽限期过短，则自动延续为合理长度，但是多长是合理的，他不能确定。实践中，因为这种法律的不确定性，债权人通常会设置一个较长的宽限期。

为了解决这个问题，可以为债务人设定反应义务——他应当及时表示，债权人设置的宽限期是否合理，原因显而易见，债务人自己通常了解他对履行或再履行的准备情况。这种要求首先对宽限期过短的情况有意义，因为如果宽限期太长对债务人有利，他一般不会向债权人主张缩短宽限期；如果债务人在合理时间内不告知债权人宽限期过短，则不允许过后主张，否则可以认为违反诚实信用原则。债务人在主张宽限期过短的同时必须说明主要的理由，并建议合适的期间。[1]另外，当债权人设置宽限期时用的表达是“立即”“马上”“在合理时间内”等词语时，债务人的反应义务体现在他应当告知债权人他履行或再履行所需要的时间。承认债务人有反应义务，至少可以规制那些在经济上处于强势地位的债务人，因为处于弱势的债务人通常对债权人有经济上的依赖性，当宽限期过短时，他们会积极对债权人设置的宽限期作出反应，请求推迟履行。债务人的反应至少可以让债权人间接观察到债

---

〔1〕 Dubovitskaya, Elena, Fristsetzung im Schuldrecht: Neue Obliegenheit fuer den saeumigen Schuldner? In JZ 2012, 332.

务人的情况，虽然债权人不能确定债务人的主张是否符合真实情况，但是至少可以对未来的风险有一定的判断。债务人的反应义务是一种非真正义务，不及时反映，则受其约束。

债务人的反应义务对宽限期模式的整体构建有利。宽限期设置解约制度的优点之一是可以避免重大违约解约模式中违约的“重大性”难以确定这一缺点，但是该优点因为该模式要求宽限期的长度具有“合理性”而被削弱，因此，允许债权人在设置宽限期时可以使用“立刻”“在合理时间内”等可确定的表述，这样可以改善债权人所处的不利地位，这又带来了法律上的另外的不确定性。债务人的反应义务恰恰可以避免宽限期设置模式的上述缺点，债权人不必再小心谨慎地设置较长的宽限期，而是根据自己的判断设定一个具体的宽限期，或者设置一个“可确定”的宽限期，静待债务人的反应即可。债务人的反应义务使宽限期设置后的法律状态更快地变得明确，债权人不必长时间面对一种不确定性。除此之外，宽限期设置是债权人的（非真正）义务，如果再对债务人设定相对应的非真正义务，可以促进双方的信息交流与合作，有利于提高合同实现的效率。宽限期设置解约模式的功能之一是为了保障“契约严守”原则，债权人和债务人之间的合作对此亦有促进功能。

（四）设置的宽限期对债权人的约束力

2002 年《德国债法现代化法》生效前，旧《德国民法典》第 326 条中的宽限期设置被通说认为具有形成效果的意思表示，[1]因为债权人在设置宽限期的时候同时附加拒绝接受的威胁，这意味着债权人同时表示了宽限期无果后解除合同的意思。[2]现行的第 323 条中的宽限期设置不再有形成效果，但是设置的合理的宽限期无果后，解除权的产生不依赖于债权人的意思，因此现在的宽限期设置不是意思表示，而是需受领的准法律行为。[3]这种争议并无实际意义，因为适用于意思表示的法律条款类推适用于准法律行为中。[4]

宽限期设置后，并不产生绝对约束的法律效力，债权人可以变更宽限期，但是这种变更只限于对债务人有利的变更，如债权人可以撤回原宽限期，继而设置新的宽限期，但是新设置的宽限期不能较原来的宽限期短，否则将不利于债务人；债权人还可以单方面延长宽限期，这种宽限期的延长可以被认为第二次的、时间上连续设置的期限，不需要先将原来的宽限期撤回。如果债权人设置了宽限期，则他不能主张设置前就已经存在宽限期不必要的情况，也不能主张宽限期设置后，突然发生

---

〔1〕 BGHZ 114, 366.

〔2〕 Muenchener Kommentar zum BGB 2012, § 323 Rn. 50.

〔3〕 Medicus/Larenz, Schuldrecht I AT. Muenchen 2012, Rn. 480.

〔4〕 Muenchener Kommentar zum BGB, § 323, Rn. 50.

了新的事件导致债权人对履行失去利益，宽限期因此不必要，但是如果发生的新情况使履行变得不具有合理性，为了保障债权人的利益，此时债权人可以主张交易基础障碍。[1]宽限期经过无果后，其法律后果虽然是产生了债权人的解除权，但是这只是一种待定的法律状态，债权人既可以主张解除合同，也可以继续要求债务人履行合同。[2]

四、宽限期不必要的情况

宽限期解约模式通过为履行契约提供第二次机会，在债权人利益和债务人利益之间形成一种合理的平衡。当无法借助宽限期达到这种利益平衡时，则没有必要设置履行宽限期，债权人可以直接主张解除合同，如违约的方式或者严重程度导致遵守合同对债权人不具有合理性，或者债务人因为不值得保护而不必为他提供履行或再履行的机会。

（一）设置宽限期不具合理性的情况

当债务人的迟延给付导致债权人主要的履行利益客观消灭时，债权人可以不设置宽限期直接主张解除合同，此类情况也被称为合同目的不能实现。[3]迟延的给付对债权人而言失去利益，适用的情况主要是定期交易（Fixgeschaeft），[4]此时债权人的履行利益与给付的及时性密切关联，如果债务人不遵守给付时间将导致债权人丧失履行利益（Erfuellungsintesse）或者失去等值利益（Aequivalezinteresse），这样的交易被称为相对定期交易（relatives Fixgeschaeft）。至于给付时间对履行利益是否重要，可以由双方当事人在合同中约定，也可以由债权人在订立合同前或订立合同时告知债务人，或者由订立合同时的相关因素推定而知。也有观点认为，如果及时履行的重要性是经由债权人单方面告知，或者推定得出，此时给付时间的意义至少上升为推定的合同的内容。

需要注意的是，双方当事人约定了具体的日历日为给付日期，并不足以导致宽限期设置的不必要，要求按期给付对债权人具有相当的重要性，以至于不及时给付导致债权人失去履行利益。履行利益丧失与标的物的价值无关，而是根据债权人的计划使用目的确定——债权人为了特定目的取得该给付，但是不按期给付导致债权人不能为了该目的或需求使用给付，[5]如季节性产品的买受人在季节结束后不能找

---

〔1〕 Huber, Ulrich, Leitstungsstoerungen Bd. II. Tuebingen 1999, S. 502.

〔2〕 Muenchener Kommantar zum BGB, § 323, Rn. 45.

〔3〕 参阅王洪亮：《债法总论》，北京大学出版社2016年版，第314~315页。

〔4〕 韩世远：《合同法总论》，法律出版社2011年版，第519页。

〔5〕 Huber, Ulrich, Leitstungsstoerungen Bd. II. Tuebingen 1999, S. 498.

到下家，此时买受人失去履行利益。给付迟延使给付和对待给付之间失去了等值性，此时债权人失去了等值利益，如季节性产品过季后价格明显降低，债权人即使能将产品再卖给他人，但是不可能取得期待的价格，这与他支付的对待给付不能形成等值性。

此时另一种可能出现的情况是，本来因为存在定期交易债权人不必设置宽限期就有解除合同的权利，但是债权人向债务人提出履行的请求，这时债权人使自己处于一种与其订立合同时的行为矛盾的状态，因为订立合同时债权人的行为表达的意思是，其履行利益与时间联系在一起。随着债权人要求债务人履行，债权人的履行利益不再与时间有密切关联，如债权人意欲将给付用作他用，此前的宽限期设置不必要的情况消灭，债权人立即解除权也消灭，否则有违诚实信用原则。[1]债权人的法律状态回归至通常状态，如果债务人没有及时履行或者履行不符合约定，债权人通常情况下必须设置宽限期，无果，才可以解除合同。

与相对定期交易区别的是绝对定期交易（absolute Fixgeschaeft）。在绝对定期交易中，逾期给付导致给付失去了履行适宜性（Erfuellungstauglichkeit），此情况中，依合同的目的和已存在的双方利益情况，遵守给付时间对债权人非常重要，迟延给付完全不能达到债权人原来的目的，这样，给付就不再具有履行的性质，而是法律上的履行不能（Unmoeglichkeit），[2]如某人为了赶火车或飞机而预订计程车，这时履行时间就非常重要，逾期履行对债务人毫无意义，此类情况下要求债权人严守契约对他而言不可承受，债权人当然不必设置履行宽限期。再如，债权人为了结婚纪念日预定蛋糕，过了纪念日当天，债务人的给付就不具有履行的适宜性。

设置宽限期的功能之一是为了实现债权人的自然给付利益，当债权人对给付失去利益时，宽限期设置的该功能必定落空，因此没有设置宽限期的必要性，如果在这种情况下仍然坚持要求债权人“严守契约”，就是置债权人的利益于不顾。

（二）债务人不值得保护的情况

当债务人拒绝履行时，该情况如果发生于履行期届满前，则存在预期违约的情况，但并不限于履行期届满前的拒绝履行，履行期满后，债务人也可以拒绝履行。在此类情况中，债务人通常没有受法律保护的必要，预期违约时不能期待债权人等待履行期届满才从合同中解脱出来，[3]他可以在履行期届满前解除合同，更不必要再要求债权人设置宽限期，因为要设置宽限期无异于浪费时间。

需要明确的问题是，债务人如何对外表达拒绝给付，才能够满足不需要设置宽

---

〔1〕 Bassler, Moriz/Buechler, Philipp, Die Reform des Rucktrittsrechts. In AcP 2014, 902.

〔2〕 Palandt, Buergerliches Gesetzbuch. Muenchen 2015, § 323 Rn. 19.

〔3〕 王洪亮：《债法总论》，北京大学出版社 2016 年版，第 312 页。

限期的情况。如果债务人对外表示的拒绝履行仅仅是暂时性的，那债权人仍然要设置宽限期。一般认为，债务人必须明确无误地表达出他不准备给付，债权人基于他的这种表达不再对给付有所期待，换言之，债务人拒绝给付的表达从第三人视角看是债务人最终表达，债权人没有理由再期盼债务人改变拒绝履行的决定。〔1〕《欧洲消费者买卖指导方针》要求，拒绝给付必须“明确地”（unmissverstaendlich）表达，原因在于，非明确的、经解释仍然不能清楚确定的履行拒绝不是法律上重大的拒绝表示。〔2〕《德国民法典》第323条第2款第1项的条文表述是“严肃地”（ernsthaft）、“确定地”（endgueltig）拒绝给付，这实际也是要求拒绝给付的意思表示没有歧义，清楚明确。除了语言上明确地、严肃地拒绝履行，还包括债务人以自己的行为表明不履行债务的情况，对于这类情况，也要求通过解释能够确定债务人的行为所表达的拒绝给付的意思明确无疑。

当债务人明确拒绝履行时，不必要设置宽限期的另一个主要原因是，此情况下也不存在债权人利益和债务人利益之间的矛盾——解除合同和严守契约之间的矛盾，因为债务人明确拒绝履行时，说明他没有“契约严守”的要求，而这正是阻碍合同解除制度的主要原因，当这个主要的原因不存在了，当然没有必要设置宽限期。

（三）违反诚实信用原则的情况

如果债务人的行为违反诚实信用原则，则不能要求债权人设置履行或者再履行的宽限期。〔3〕比如，债务人进行了欺骗行为，此时要求债权人再给予债务人第二次履行的机会不具有合理性。类似的情况还包括，债务人前期的行为使债权人失去了对他的履行能力和履行意愿的信赖，或者已经有充分的证据显示债务人不可能履行或者再履行，或者债务人的行为矛盾，如一方面他自己主动承诺履行，另一方面却想方设法阻碍债权人设置宽限期。〔4〕在以上这些情况中，设置宽限期没有必要，债权人有理由相信设置宽限期不过是空的形式，无异于浪费自己的时间，他可以立即解除合同。

（四）中间结论

当出现上述宽限期设置不必要的情况时，根据重大违约解约模式，债权人同样可以解除合同，因为当违约导致债权人的期待从本质上不能实现时，违约具有重大

---

〔1〕参阅BGH NJW 2011，3714.

〔2〕Bassler, Moriz/Buechler, Philipp, Die Reform des Ruecktrittsrechts. In AcP 2014, 895.

〔3〕BGH NJW 2010, 2503; NJW 2009, 2532.

〔4〕Riehm, Thomas, Irrungen und Wirrungen zur Fristsetzung und ihrer Entbehrlichkeit. In NJW 2014, 2069.

性。[1]无论迟延给付是导致债权人失去给付利益，还是导致履行不能，最后的结果都是债权人不能实现他的期待利益；债务人明确拒绝履行的结果同样是债权人无法实现订立合同时期待的利益。这也是我国《合同法》第94条第2项和第4项前半段的规定。

《德国民法典》第323条第2款规定了上述宽限期不必要的情况，可理解为这里是以列举的方式规定了重大违约解除合同的事由。[2]这样看来，《德国民法典》中的解约制度是一种混合模式。与之相似的是《联合国国际货物销售合同公约》，第49条第1款第1项确定了该公约中买受人解除合同的基本模式为重大违约模式，第2项则规定了例外的情况下的宽限期设置解约制度；另有第64条第1款第1项和第2项分别规定了卖方重大违约和宽限期经过解除权。在这两个条款中，宽限期设置模式只是重大违约解约的一个替代选择，一般情况下适用重大违约解约原则，当出现其他违约情形时，才能适用宽限期设置解约模式，[3]并且宽限期解约只适用不供货的情况。以上情况说明，合同解除的这两种通常的模式一般没有严格区分，两者之间并非彼此对立，更多的是一种互为补充的关系。

五、宽限期的再次设置

如果债权人设置了宽限期，宽限期内债务人仅仅提供了部分给付或者宽限期内的给付不符合合同约定（瑕疵给付），债权人是否还必须再次设置宽限期，要求债务人全部履行或者消除瑕疵。这种情况的具体表现形式多样，总体上区别为原始缺陷未彻底消除和多重障碍（Mehrfachstoerungen），前者包括不给付之后仅部分给付、瑕疵给付后的再给付仍有瑕疵等，后者主要表现为不给付之后的瑕疵给付，嗣后又浮现新的瑕疵等情况。

“一体原则”（Einheitskonzept）对此问题持否定态度，认为无论是债务人提供了部分给付还是瑕疵给付，无论具体是哪种情况，只要债务人没有利用宽限期进行完整的、符合合同约定的履行，就存在“宽限期无果”，债权人不必再设置新的宽限期，可以直接解除合同[4]当然，如果他愿意，可以再设置宽限期。与之对应的是“单独考虑原则”（Prinzip der Einzelbetrachtung），根据该原则，每个不符合合同

[1] Huber, Ulrich, Leitstungsstoerungen Bd. II. Tuebingen 1999, S. 496–497.

[2] 卡纳里斯认为第323条第2款并非重大违约解约模式，参阅Canaris, Claus – Wilhelm, Teleologie und Systematik der Ruecktrittsrechte nach dem BGB. In FS Krohpholler 2008, S. 14。

[3] [韩] 成升铉：《联合国国际货物销售合同公约解除制度模式的比较法史研究》，崔吉子译，载《清华法学》2011年第5期。

[4] Canaris, DB 2001, 1815, 1816.

约定的给付应当根据自己的法律意义单独判断是否有必要再设置宽限期。[1]“单独考虑原则”要求区别对待原始瑕疵未消除和多重障碍的情况。

（一）原始缺陷未彻底消除

债务人没有及时履行，宽限期内仅仅提供了部分履行（量的瑕疵给付），通常认为债权人可以拒绝接受，[2]待宽限期经过后，直接解除合同，不必再次设置宽限期，这是“宽限期无果”的一般情况，债权人在设置宽限期的时候期待的是完全的给付，债务人也有机会提供完全的给付。如果债权人接受了部分给付，那么他一般情况下只能部分解除合同，只有当他对部分给付没有利益时，才可以解除全部合同，同样不必要再设置宽限期。如果部分给付之后，债权人设置的宽限期没有经过，债务人仍然可以继续利用剩余时间，提供完全给付。

瑕疵给付后在宽限期内未彻底消除原始瑕疵，如修理不成功，或者替代给付的标的物有同样的瑕疵。通说认为，债权人不必再设置宽限期，即使他因为没有注意到瑕疵的存在而接受了给付，发现瑕疵后仍然可以直接解除合同，当然，瑕疵不能无关紧要。原因简单明了，债权人在设置宽限期的时候，就是要求他消除这个具体所指的缺陷，如果他没有有效利用这次机会，债权人可以将接受的给付退还，解除合同。如果发现瑕疵时，原来设置的宽限期没有经过，债权人应当通知债务人，债务人可以利用余下的时间消除瑕疵。如果债权人没有及时向债务人指出瑕疵，使债务人失去修正的机会，债权人也不会因此失去解除权，但是损害赔偿请求权则受到影响，因为债务人无过错。[3]

（二）多重障碍（Mehrfachstoerungen）

与上述情况不同的是所谓的“多重障碍”：

1. 不给付后宽限期内提供瑕疵给付

对于此类情况的解决途径，理论中颇有争议，部分见解提出，要区别对待，只有当债权人拒绝接受瑕疵给付时，才允许不再设置新的宽限期，直接解除合同。[4]部分观点则认为，无论债权人是否接受该瑕疵给付，都可以直接提出解除合同，不必再设置宽限期，[5]债务人的义务是提供完全的、无瑕疵的给付，该义务债权人即

---

〔1〕 Muenchener Kommentar, vor § 275, Rn. 15 ff.

〔2〕 Soergel, BGB 2003, § 323 Rn. 91.

〔3〕 Dauner-Lieb, Barbara, Zur Reichweite des Vorrangs der (Nach-) Erfuellung beim Kauf. In Festschrift fuer Canaris. Muenchen 2007, S. 151-152.

〔4〕 Palandt, Buergerliches Gesetzbuch. Muenchen 2015, § 281, Rn. 12; Muenchener Kommentar, § 323 Rn. 88.

〔5〕 Braun, ZGS 2004, 423, 424; Schwab, JR 2003, 133; Wiotkewitsch, MDR 2004, 862, 863.

使在宽限期中也没有履行。[1]另有观点正相反，认为此时债权人必须再设置宽限期，该宽限期针对的是瑕疵给付，是为了让债务人可以再提供无瑕疵的给付或者排除瑕疵，[2]从体系上看原始履行和再履行并不相同，不给付后的宽限期是为了给债务人提供履行的机会，瑕疵履行后的宽限期是为了给他提供再履行（包括再给付和排除瑕疵）的机会。

债务人不履行时债权人设置的宽限期的目的之一是督促债务人提供无瑕疵履行，换言之，当债权人要求债务人在一定期限内履行时，其内容既包含了对给付数量上的要求，也包含了对给付质量上的要求，对此，一个理性的债务人应当知情，并且当债权人设置履行的宽限期时，债务人完全知道他的履行义务的范畴，换言之，他能具体确定完全履行的内容，要求债务人在宽限期内提供完全给付具有合理性宽限期过后，债务人提供的给付有瑕疵，这意味着，债权人向债务人要求的内容至少没有得到完整的满足，这时可以认为宽限期经过无果。[3]另外，如果债务人在不履行的宽限期内提供了瑕疵履行，说明他没有充分利用债权人提供的“第二次机会”，应当承担产生的不利。要求债权人再次设置宽限期是对债权人利益的侵害，有违宽限期设置的功能——平衡债务人利益和债权人利益。因此，在“不履行后的瑕疵履行”的情况中，不应当要求债权人再设置宽限期。

2. 原始瑕疵排除后又出现新瑕疵

另外一种情况是，宽限期内债务人有效地排除了原始的瑕疵，但是嗣后又浮现出其他的瑕疵——该瑕疵在风险转移时已经存在，只是没有被发现。根据“一体原则”，债权人可以立刻解除合同，不必再设置宽限期，该原则不区分对待不同情况，过于简单草率。“单独考虑原则”认为，应当为之后浮现的瑕疵再设置独立的宽限期，因为该瑕疵与之前设置的宽限期没有任何关联，新浮现的履行障碍应当基于其自身的法律意义以及之前的宽限期的具体目的来判断，是否需要再次设置宽限期。宽限期的设置要求具有“适当性”（Angemessenheit），这个适当性要根据不同的给付请求来具体判断，债权人在设置宽限期的长度时，其目的是针对已经知道的瑕疵，并没有考虑其他未浮现的瑕疵。

债权人是否需要再次设置宽限期，还要从宽限期有效发挥功能的前提条件分析。宽限期设置在法律上有意义的前提是，债权人所要求的在宽限期内进行的给付

[1] Reinicke/Tiedtke, Kaufrecht. ? 2004, Rn. 472.

[2] Palandt, Buergerliches Gesetzbuch. Muenchen 2015, § 323, Rn. 19; Lorenz, Stephan, Einmal Vertretenmüssen - immer Vertretenmüssen? - Zum Verhältnis von Fristablauf und Vertretenmüssen beim Schadensersatz statt der Leistung, in: Festschrift für Ulrich Huber (2006) S. 423, 429.

[3] 参阅 Dauner-Lieb, Barbara, Zur Reichweite des Vorrangs der (Nach-) Erfuellung beim Kauf. In Festschrift fuer Canaris. Muenchen 2007, S. 154.

已经确定，宽限期针对的是引起这个具体的给付的债务人的行为。[1]设置宽限期的目的是让债务人有机会避免合同的解除，只有债务人知道他具体应该做什么，才能有效地利用这次机会按合同进行给付。只有给付请求的内容是排除特定的瑕疵，而该瑕疵在宽限期内未被有效排除，才成立“宽限期经过无果”。债权人为某个具体的给付瑕疵设置了宽限期，债务人及时有效地排除了该瑕疵，这说明宽限期取得了预期的效果。如果之后又出现了另外一个瑕疵，债权人此前设置的宽限期与该瑕疵并无直接关系，债务人对此也不知情，自然就不知道具体应该做些什么，来排除这个瑕疵，因此对新浮现的瑕疵而言，不存在“宽限期经过无果”的情况。债权人对新出现的瑕疵不能不设置宽限期，而直接解除合同，新浮现的瑕疵不属于之前设置的宽限期内要求给付的行为的范畴中。[2]

宽限期设置一方面保障了债务人有机会通过再次提供给付获得对待给付，另一方面在债务人不履行时可以保障债权人的履行请求权，在债务人瑕疵履行时保障债权人的再履行请求权。但是这种排除瑕疵的机会必须有其界限，债权人不能陷入不断设置宽限期的循环中，如果浮现的瑕疵过多，意味着给付不能达到合同目的，可以依重大违约解除合同，不必再设置宽限期。再次设置宽限期的频率以一次为宜。

（三）中间结论

宽限期内债务人的给付出现本节所述的情况时，不能适用“一体原则”全面否定再次设置宽限期，宽限期并不是为了给债务人最后一次履行的机会，而是第二次机会。依据“个别考虑原则”，结合再次出现的不符合约定的履行的特点判断，只有在原始瑕疵排除后又出现新瑕疵的情况中，债权人才需要再次设置宽限期，其他情况中不能要求债权人再次设置宽限期。

六、我国合同解除的“宽限期模式”分析

《合同法》第94条和《建设工程施工合同解释》第8条和第9条中规定的“宽限期解约”制度，具体属于实体宽限期还是形式宽限期需要进一步分析。

《合同法》第94条第3项规定，一方迟延履行主要债务，经“催告后”在合理宽限期内仍未履行，可以解除合同。对于催告（Mahnung），通常的理解是“要求

---

〔1〕 Dauner－Lieb, Barbara, Zur Reichweite des Vorrangs der (Nach－) Erfuellung beim Kauf. In Festschrift fuer Canaris. Muenchen 2007, S. 156.

〔2〕 Muenchener Kommentar, § 323 Rn. 88.

债务人履行义务”,[1]其功能是警告债务人，其目的是给债务人第二次机会,[2]但是“催告”本身只要求债权人要求履行的意思明确，并不必然包含履行的期限、后果威胁等内容,[3]当然，债权人可以在进行催告时设定具体给付的期限，即有期日的催告（Mahnung auf Termin）。第94条第3项中使用了“催告后在合理期间”这样的表达，说明我国合同解除的这一制度不具有设置宽限期的性质，只要债权人明确要求债务人给付已足。该条款与《欧洲消费者买卖合同指导方针》中的规定如出一辙，属于实体宽限期解约模式，即债权人向债务人提出履行要求时不必须同时设置履行期限，但是需要等待合理的期间经过，无果后才能解除合同。

与《合同法》第94条第3项的规定不同的是《建设工程施工合同解释》第8条第2项。该条款规定，合同约定的期限内没有完工，且在发包人催告的合理的期限内仍未完工的，发包人可以请求解除合同；第9条第1项规定，发包人未按约定支付工程价款的，致使发包人无法施工，且在催告合理期限内仍未履行相应义务，发包人请求解除建设工程施工合同的，应予支持。这里的条文表达是“催告合理期间”，而不是如《合同法》第94条中的“经催告后在合理期间内……”《解释》中的“催告合理期间”是一个准法律行为，即在要求债务人给付的同时“指定期间”,[4]显然是设置宽限期的行为。

与宽限期设置解约模式相比，实体宽限期模式只要求债权人向债务人提出履行的要求，即催告，在催告的同时不对履行的时间作出限制，这种催告方式不会使债务人感受到时间上的紧迫性，不利于督促债务人及时履行合同债务或者提供再履行。

七、余论

“宽限期设置解约”模式作为“重大违约解约”制度之外的另一种合同解除制度，其优势主要在于实体方面更容易具体化，更容易操作。重大违约解约制度要求的违约的“重大性”或“根本性”过于抽象，实践中难于具体化；尽管宽限期设置解约中也要求宽限期具有“合理性”，但是债权人在设置宽限期时可以谨慎地设置一个较长的期间，或者可以借助债务人的反应义务使“合理性”具体化过程更简单，更容易操作。然后，宽限期解约模式能更公平地平衡债权人和债务人之间的利

〔1〕韩世远：《合同法总论》，法律出版社2011年版，第395页、第398页；Palandt, Buergerliches Gesetzbuch. Muenchen 2015, § 286, Rn. 16。

〔2〕王洪亮：《债法总论》，北京大学出版社2016年版，第313页。

〔3〕Muenchener Kommentar, § 286, Rn. 48; Palandt, Buergerliches Gesetzbuch. Muenchen 2015, § 286 Rn. 17；参阅韩世远：《合同法总论》，法律出版社2011年版，第398页。

〔4〕参阅王洪亮：《债法总论》，北京大学出版社2016年版，第314页。

益，平衡解除合同和严守契约之间的关系。在设置宽限期后，债务人掌握了主动权，他可以充分利用第二次履行的机会实现自己的合同义务，通过这种方式还可以保障债权人的自然给付的利益；宽限期无果，则债权人可以解除合同，他的解除利益也得到充分的保障。另外，重大违约解约制度中，是否构成重大违约最终由法院进行裁判，这将导致债权人处于一种法律上的不安定状态，若法院最后判定债务人的违约行为不具有法律上的重大性，行使了解除权的债务人要承担损害赔偿责任，这对债权人明显不利。宽限期解约模式在很大程度上也可以避免债权人承担这样的风险。[1]宽限期解约和重大违约解约之间并非彼此对立，而是互为补充，从《德国民法典》和《联合国国际货物销售合同公约》中的解约制度的构建看，均属于混合模式，但是都有一个主要的解约模式，前者以宽限期设置为主，重大违约为辅，后者恰好相反。

与之相比，从我国《合同法》第94条中，很难一目了然地判断我国《合同法》的解约制度构建的基本理念，条款中的第2项、第3项、第4项前半段以列举的方式规定了合同解除的法定事由，既包括重大违约解约，也包括实体宽限期解约。从第4项后半段的一般性条款的表述看，我国《合同法》应当是以重大违约解约模式为主，但是其条款安排欠缺体系化，因为在传统民法典中，法律规则通常采取从一般到特殊的立法体例。[2]法典化其中的一个功能就是形成一个科学的有序的法律体系，《合同法》第94条忽视了解约制度的体系化，有修正的必要。另外，《合同法》第94条中的宽限期解约为“实体宽限期”模式，其优越性明显弱于“形式宽限期”（“宽限期设置”）解约制度。实体宽限期解约因为不需要同时设定履行时间，不能对债务人形成时间上的压力，不利于合同实现的效率。在实体宽限期中，双方对时间的限制没有明确的信息，债权人单方面等待“合理的”期间经过，债务人也只能被动地接受，这样徒增法律上的不确定性。《建设工程施工合同解释》中规定的宽限期设置解约更值得推崇。

当然，无论是重大违约解约模式，还是宽限期解约制度，其目的都是防止非违约方任意解除合同，平衡合同双方发生违约时对立的利益关系。立法最终采宽限期设置解约模式，还是采重大违约解约模式，抑或采实体宽限期解约模式为主，主要是基于法律政策方面的考量。不管怎样，德国民法中的“宽限期设置”解约模式都为我们提供了一个可以借鉴的典范。

---

〔1〕 参阅［韩］成升铉：《联合国国际货物销售合同公约解除制度模式的比较法史研究》，崔吉子译，载《清华法学》2011年第5期。

〔2〕 陆青：《论法定解除事由的规范体系》，载《华东政法大学学报》2015年第1期。

继续性合同的商法构造

徐强胜*

目　次

一、问题

在商事实践中，大量的营业行为是通过继续性合同予以表现的，如居间、融资租赁、运输、特许经营、借贷等。继续性合同的基本特点是，时间因素在其中居于重要地位，作为债，其主要效力在于履行状态的维持。[1]在较长时间的履行状态维持中，由于营业环境的变化，不仅原来确定的权利义务会随之变化，新的权利义务需求也会产生。也就是说，继续性合同的性质使得其会随着时间的经过导致双方关系的改变，但法律的一个基本要求则是其确定性，即不变。

对于一时性合同而言，合同的内容是不变的，变更必须经过当事人同意。继续性合同则必然会发生改变，而且该改变很大程度上并非由当事人意志决定。同时，继续性合同的变并非改变已经履行的内容，而是在此基础上新的内容增加或已经确定但并未履行部分的变化。

---

* 徐强胜，河南财经政法大学法学研究院教授。
本文系国家社会科学基金项目（17BFX007）“我国合同法中民商合一的规范技术研究”阶段性成果。
〔1〕 韩世远：《合同法总论》，法律出版社2017年版，第63页。

在一定意义上，继续性合同的变是常态，不变反而退其次。那么，法律如何构造当事人权利义务框架，颇值得研究。

二、合同法对继续性合同的构造及不足

继续性合同最初系由德国学者基尔克于1914年以“继续性债之关系”的概念提出，以后得到学界与实务界的普遍接受。固有意义上的继续性债之关系，具有四个特点：（1）单一的合同；（2）定有期限或不定期限；（3）以继续性作为或不作为为其内容；（4）随时间的经过在合同当事人之间产生新的权利义务。[1]普遍认为，一般劳务性合同多为继续性合同，如各国合同法中的雇用、承揽、委任、运送，财产性中的租赁亦属于继续性合同。随着社会经济的发展，现代社会的交易基本上为企业交易，而企业交易大多为继续性合同，故继续性合同成为现代社会的一种典型的交易方式，有学者甚至称为“企业交易中继续性合同的原则化”，作为其表现，诸如继续性供给合同、代理店或特约店合同、合并事业合同、继续的保证、特许经营合同、会员合同等均为企业交易中的继续性合同，从而使得原以财产流转为主要内容的合同也成为利用财产权的合同和提供服务型的合同。[2]

可以说，继续性合同更多的是一个过程，通过该过程来实现某种可确定性后果，但其过程是可变的，因此，就其本质而言，继续性合同的内容是不确定的，其在合同成立时只是具备了一个初步的合同架构，其内容有待于当事人在合同履行过程中逐步确定和填充。亦即，继续性合同在本质上是一种不确定性契约。[3]

源于古典合同法的现代合同法，尽管经过了从过于注重形式主义到实质主义的转变，但基于私法的形式化与内在体系化要求，其仍然以形式化及内容的确定为基本要求。也就是说，现代合同法仍然是以合同关系的确定为主线来构造相关合同制度的，故其仍以一时性合同为模型构筑相应理论体系，并以其为立法者所预想的合同类型。[4]在这种立法指导思想下，继续性合同被作为例外甚至类似性制度而安置于其中。

所以，合同法仍以合意、形式化与确定性构造继续性合同，强调从合同成立到合同履行及终止或解除，当事人的权利、义务必须是明确、清晰并需要得到严格遵守的，有关规定及法院裁判都应当具有准确的可预见性。不过，为因应继续性合同

---

〔1〕王泽鉴：《债法原理（第一册）》，中国政法大学出版社2001年版，第132页。

〔2〕韩世远：《合同法总论》，法律出版社2017年版，第66页。

〔3〕屈茂辉、张红：《继续性合同：基于合同法理与立法技术的多重考量》，载《中国法学》2010年第4期。

〔4〕屈茂辉、张红：《继续性合同：基于合同法理与立法技术的多重考量》，载《中国法学》2010年第4期。

的特殊性及商业经济发展需要，有关国家和地区的合同法开始在某些制度上弱化传统合同法的一些规定。如《国际商事合同通则》规定，合同可通过对要约的承诺或通过当事人能充分表明其合意的行为成立，但如果当事人有意将一项或多项条款留待进一步谈判商定或由第三人确定，则这一事实并不妨碍合同的成立；而且，即使当事人未就待定条款达成一致，或第三人未予以确定，考虑到当事人意图，如果在具体情况下具有可选择的合理方法来确定此条款，则合同的成立不受影响（第2.14条）；在关于契约严守要求上，则通过情事变更原则予以缓和；在当事人的权利义务上，规定了前合同义务、后合同义务；在关于合同的消灭上，规定了继续性合同的终止而非解除制度等；在合同解释上，开始重视语境主义下的客观解释；同时，对于可以类型化的继续性合同，则通过有名（典型）合同模式加以专门化安排。当然，现代合同法也以大量开放性条款，诸如公平、诚实信用、合理、信赖利益等贯穿其中，以试图解决继续性合同带来的法律难题。

总体来说，对于继续性合同，现代合同法还主要是通过压制、排除以及例外等立法技术构造的，一时性合同在现代合同法中仍然占据支配地位。[1]

我国合同法也是以传统的一时性合同为中心构建相关理论及进行制度设计的，而一时性合同为基础构建的古典契约法是与农业社会和早期工业社会相适应的，继续性合同则是现代商业社会的产物，是典型的营业行为。显然，传统的合同法理论及制度框架已经不能适应现代商业社会发展的需要，以继续性合同而非一时性合同为模型构造相关合同法及有关法律已经成为现代社会发展的必然。

三、现代商法对于继续性合同的构造及立法模式

继续性合同系因营业而引起，是典型的营业行为。既为营业，则这种合同的当事人必然有一方为具有营业资格者，或者说商人或营业者；既为营业，则营业者并不会因一时、一地之因素而计较，其须着眼于未来或全局；而且，既为营业，则营业者须关照对方和社会利益之得失，而不仅仅是自己利益之实现。这就是现代商业。

（一）继续性合同法律构造的法理及基本要求

继续性合同的法理基础是关系性合同理论，该理论认为，关系性合同具有其特殊性：第一，持续期较长。这种合同随着时间的延伸而继续，交换关系既可能表现为同一当事人在不确定时期内订立的一系列“当场交易”合同，也可能表现为一个

---

[1] 屈茂辉、张红：《继续性合同：基于合同法理与立法技术的多重考量》，载《中国法学》2010年第4期。

具有确定期限的长期合同。第二，开放条款和自由裁量权保留。当事人既不打算也不期望看到任何单一时刻现时化的整个未来关系，因此，更为合理性的态度是，随着不同时间的发生作出适应性的调整和组合。第三，未来合作行为和合意的治理机制。开放条款和自由裁量权的保留，使当事人可以根据未来的变化要求，分担风险或者做出必要调整，因此，如果合同条款自身不能实现目的，当事人可能同意诚信协商。第四，损益分担。在关系性合同中，关系通过双方合意的共同合作得以维持，而且，灵活性的规定减少了一方当事人进行策略性的机会而倾向于维持关系。[1]

按照关系性合同理论，它“不过是有关规划将来交换的过程的当事人之间的各种关系”，“某些交换的因素，不是立即发生，而是要到将来才发生”，[2]亦即，处于继续伙伴关系中的当事人一般都将许多条款悬而不决，留待今后根据商业需要再作临机应变的调节。因此，正如前述，继续性合同更多的是一个过程，而非某个时点决定。而“过程的观点势必要求对于无法事先确定的契约行为进行事后评价的标准，即与缔结契约时当事人的意志相分离的评价规范—它一般表现为程序要件的充足和促进交涉的规则”。[3]那么，对于继续性合同，其合意的价值就不在于当事人的意思自治，而更多的是为未来奠定了双方合作的框架，有关双方或多方的权利义务是可以通过持续的合作协商调整的，而相应法律则是这种合作框架的保证—合作程序及促进交涉。进而，除了具有清晰界限的规则（Rule）之外，相应法律还通过标准（Standard）调整当事人的权利与义务，“根据标准，决策制定者可以在事后规定当事人义务的内容”。[4]

（二）现代商法对于继续性合同的构造

除了根据继续性合同的特殊性而对传统合同法形式化且明晰规则进行改造以外，[5]现代商法更多注重当事人之间从合同订立、合同履行及合同终止后的关系协调。

首先，作为营业的一方或双方必须有相应的能力。继续性合同是现代商业社会

---

〔1〕 孙良国：《关系契约论导论》，科学出版社2008年版，第86～88页。

〔2〕 ［美］麦克尼尔：《新社会契约论》，雷喜宁等译，中国政法大学出版社1994年版，第4页。

〔3〕 季卫东：《关系契约论的启示（代译序）》，［美］麦克尼尔：《新社会契约论》，雷喜宁等译，中国政法大学出版社1994年版，第3页。

〔4〕 孙良国：《从形式主义到实质主义——现代合同法方法论的演进》，载《法学论坛》2007年第5期。

〔5〕 如根据《欧洲示范民法典草案：欧洲私法的原则、定义和示范规则》第2～4：第101条规定，在合同的成立上，当事人只要是“意在建立具有拘束力的法律关系或产生其他法律效力”且“达成了充分的合意”即可，无须面面俱到。见《欧洲示范民法典草案：欧洲私法的原则、定义和示范规则》，高圣平译，中国人民大学出版社，第164页。

发展的必然，它往往是具有相应营业能力者为之的。因此，尽管现代合同法采客观主义立法而很少提及有关主体的能力，但对于继续性合同，能力规则在其中至关重要，亦即，只有有能力者才能提供相应服务或产品。故现代商法（包括合同法）对于继续性合同营业的一方的能力做出了相应要求。

其次，在实体上强化当事人的协同义务。与合同法一般规定的合同附随义务（协助、保护等）不同，在继续性合同中，当事人从合同订立到合同履行和合同终止之后，都对对方负有协同义务。继续性合同的长期性及不确定性决定了当事人从一开始，到运营及终止之后，均须协同对方，非强调自己的权利，否则继续性合同不仅无法继续，其也无法开始。可以说，“如何经营和如何建构运作关系而不是简单地确定要交换什么的计划，已经支配了相当大部分的现代契约。”〔1〕因此，对于继续性合同而言，为保障当事人合同目的的实现，各当事人行为之间需要进行一定的协同，其程度超过了传统的附随义务。〔2〕其协同义务既包括磋商过程中信息的披露，也包括合同履行过程中的信息沟通，合同终止之后也需要及时提供应有的协助等。

最后，在程序上强化当事人信息披露规定及促进交涉。本来，合同法就是关于合同如何订立、履行及终止的程序规定，但这些所谓的程序对于一时性合同而言，更多的是一种形式上的，实质意义并不大，故传统合同法理论对于合同法中的所谓程序并不重视。〔3〕但在继续性合同中，其长期性与不确定性要求实质意义上的程序规则，该程序规则更多的是关于当事人的义务性标准。通过这些实质意义上的程序要求，保证了作为过程的继续性合同在变中的延续性及各方利益的共同实现。

（三）立法模式

对于如何规范作为营业的继续性合同，主要有两种立法模式：

一是采民商合一下的单一合同法模式，即通过合同法加以系统规范，其典型代表为欧洲示范民法典。在该模式下，其对传统合同法进行了根本性改造，由过去的以一时性合同为模型改为以继续性合同为模式构造相应的合同制度。首先其一改传统合同法的客观主义模式，明确区分了经营者与消费者，并对于经营者因经营导致的合同特别是那些继续性合同，如服务合同、商事代理合同、特许经营合同等，明确规定了相应能力要求、协同义务与程序标准。如其第三编“服务合同”分 8 章，规定了建筑合同、加工合同、保管合同、设计合同、信息和咨询合同、医疗服务合

〔1〕［美］麦克尼尔：《新社会契约论》，雷喜宁等译，中国政法大学出版社 1994 年版，第 43 页。

〔2〕王利明：《论合同法组织经济的功能》，载《中外法学》2017 年第 1 期。

〔3〕现行合同法理论仍然固守合同法传统上的基本属性认识，即合同法为私法、合同法为财产法、合同法为交易法、合同法为自治法。韩世远：《合同法总论》，法律出版社 2017 年版，第 14 ~ 15 页。

同。其中第二章为“适用于服务合同的普遍规则”，该章规定了价款、先合同警示主义、合作义务、转包人（分包人）、工具和材料、具备相应技能及注意的义务、完成工作成果的义务、遵守客户指令的义务、服务提供人的约定警示义务、服务合同的单方变更、客户就预期不履行的通知义务、客户的解除权。如果从传统合同法来看，这些规定已经远远超出了合同法范畴，但继续性合同的特殊性使得这些规定成为现代合同法的重要内容。其他各章也分别规定了相应的具体要求。

二是采民商分立下的“合同法+商法”模式，即由合同法规定继续性合同的基本合同要素，由商法规定继续性合同的特殊之处以及非合同要素。法国新的商法典第一卷“商事总则”第三编规定了“居间商、行纪商、承运人、商业代理人与独立的上门销售人”，其对于居间合同、行纪合同、商事代理合同等继续性合同通过对商人的要求规范了相应营业，如其第L134-4规定：“商业代理人与委托人之间的合同是为双方共同利益而订立的合同。”“商业代理人与其委托人之间的关系，受诚信与相互提供信息之义务约束。”“商业代理人应以一个善良职业人的态度履行委托。委托人应当为商业代理人能够履行其给予的委托提供必要的条件。”第L134-11条第1款规定：“有确定期限的商业代理合同到期之后，双方当事人仍然继续履行的，视其转为不定期合同。”也就是说，关于商业代理合同，更多的规定是交给了商法，合同法只是提供基本框架和要素。

当然，“合同法+商法”模式既包括专门的商法典，也包括商事单行法。

四、结语

基于一时性合同的传统合同法重视的是当事人的合意，要求合意清楚，契约严守，强调守约者个人利益；而基于继续性合同的现代合同法则重视的是当事人的能力与信用，要求相应信息的披露及及时协商和协同，以实现当事人共同利益。因此，现代商法对于这些营业行为的构造已经由传统的当事人合意转向当事人信用的要求。

我国正在进行的民法典编纂尽管强调民商合一，但其许多内容仍是基于传统民法个人至上而作出的制度设计，其并没有很好地体现现代商业发展的要求。特别是其中的合同法编纂，尽管规定了服务合同、特许经营合同等继续性合同，但显然，其规定是一种修补式的，而非改革的。因此，一旦民法典编纂完毕，则商法如何进一步展示其革命性姿态，值得期待。

请托关系之民法规制

张 红*

目 次

一、问题之提出

遇事请托不仅有害法治社会建设，且增加交易成本，是优化市场发展环境之巨大障碍。如何从法律上破解“办事找关系”的难题，是一个重大的法律议题。因请托多表现为双方“合意”甚至是书面合同，涉及的多为合同效力、费用归属、缔约过失等问题，故遏制请托实际上是一个如何从民法上规制请托关系的问题。由于专门针对防范、规制请托之立法尚付之阙如，破解此难题须从观察进入司法裁判的请托案件入手，厘清这些案件的法律关系、法律适用和裁判思路，汲取有益的裁判意见加以阐释、修正，引导后来判决并牵引立法规范之，以因势利导而达至惩恶扬善、遏制请托、净化社会环境之目的。

笔者于中国裁判文书网、北大法宝等司法案例数据库，以请托、托关系为关键

---

* 张红，中南财经政法大学教授。中南财经政法大学民商法典研究所研究生赵丹、袁野、黄绍坤、李惠、李耕读、汪君等参与本文资料收集、讨论，特此致谢，但文责自负。本文简版发表在《法学家》2018年第5期。

词进行搜索，裁判时间涉及2008年至今，共获得81个案例，为求案例广泛性与代表性、时效性与经典性相协调，排除说理粗糙判决，兼顾基层、中级、高级法院以及再审之裁判，选取典型案例49个[1]，形成文章素材，以便类型化研究。由本文选取49个典型请托案例观之，实践中对于认定请托之类型、案件性质、请托行为定性、效力及法律后果上，分歧很大（如下表）：

[1] 参见广东省高级人民法院（2014）粤高法民申字第1692号民事裁定书；辽宁省沈阳市中级人民法院（2015）沈中民三终字第259号民事判决书；广西壮族自治区南宁市西乡塘区人民法院（2014）西民二初字第15号民事判决书；山东省济南市中级人民法院（2013）济商终字第727号民事判决书；辽宁省沈阳市中级人民法院（2015）沈中民三终字第00626号民事判决书；江苏省连云港市中级人民法院（2014）连民终字第0871号民事判决书；黑龙江省哈尔滨市中级人民法院（2014）哈民四商终字第197号民事裁定书；江苏省徐州市中级人民法院（2015）徐民终字第0041号民事判决书；江苏省南京市建邺区人民法院（2014）建民初字第4751号民事判决书；江苏省无锡市中级人民法院（2014）锡民终字第0464号民事裁定书；河南省郑州市中级人民法院（2011）郑民二终字第1274号民事判决书；湖北省武汉市中级人民法院（2015）鄂武汉中民商终字第00110号民事判决书；江苏省盐城市中级人民法院（2014）盐民终字第3204号民事判决书；河北省唐山市中级人民法院（2014）唐民四终字第196号民事判决书；河北省沧州市中级人民法院（2011）沧民终字第1037号民事判决书；广西壮族自治区南宁市西乡塘区人民法院（2013）西民一初字第1461号民事判决书；上海市嘉定区人民法院（2013）嘉民一（民）初字第6471号民事判决书；沈阳市中级人民法院（2014）沈中民再终字第131号民事判决书；浙江省杭州市拱墅区人民法院（2015）杭拱民初字第560号民事判决书；上海市长宁区人民法院（2008）长民一（民）初字第2911号民事判决书；上海市第一中级人民法院（2015）沪一中民二（民）终字第1245号民事判决书；新疆维吾尔自治区高级人民法院伊犁哈萨克自治州分院（2014）塔民一终字第151号民事判决书；江苏省高级人民法院（2013）宁民终字第50号民事判决书；江苏省靖江市人民法院（2014）泰靖民初字第0079号民事判决书；广西壮族自治区南宁市中级人民法院（2013）南市民一终字第196号民事判决书；山东省临沂市中级人民法院（2014）临商终字第900号民事判决书；江苏省南京市玄武区人民法院（2013）玄民初字第679号民事判决书；河南省平顶山市中级人民法院（2015）平民三终字第33号民事判决书；广东省五华县人民法院（2015）梅华法龙民初字第25号民事判决书；广东省五华县人民法院（2015）梅华法龙民初字第34号民事判决书；安徽省寿县人民法院（2015）寿民一初字第01022号民事判决书；湖南省长沙市开福区人民法院（2013）开民二初字第03256号民事判决书；四川省遂宁市船山区人民法院（2015）船山民初字第368号民事判决书；辽宁省锦州市黑山县人民法院（2015）黑民二初字第00073号民事判决书；河南省鹤壁市淇滨区人民法院（2013）淇滨民初字第1201号民事判决书；江苏省丰县人民法院（2015）丰民初字第0899号民事判决书；宁夏回族自治区银川市中级人民法院（2014）银民终字第1325号民事判决书；天津市滨海新区人民法院（2014）滨港民初字第3283号民事判决书；江苏省泰州市海陵区人民法院（2014）泰海商再初字第0001号民事判决书；江苏省南京市中级人民法院（2014）宁商终字第1486号民事判决书；广西壮族自治区武鸣县人民法院（2014）武民一初字第1363号民事判决书；江苏省泰州市中级人民法院（2014）泰中商终字第00332号民事判决书；湖北省荆门市中级人民法院（2014）鄂荆门民二终字第00125号民事判决书；山东省临沂市中级人民法院（2014）临商终字第1207号民事判决书；江苏省建湖县人民法院（2014）建民初字第0506号民事判决书；江苏省南京市鼓楼区人民法院（2014）鼓民初字第856号民事判决书；浙江省湖州市中级人民法院（2008）湖民二终字第283号民事判决书；江苏省新沂市人民法院（2015）新民初字第00777号民事判决书；湖南省长沙市开福区人民法院（2013）开民二初字第04194号民事判决书。

（表1）

诉由	不当得利	缔约过失	返还原物	居间合同	民间借贷	委托合同	所有权纠纷	物权保护
数量	4	1	3	2	17	19	2	1
比例	8.2%	2%	6.1%	4.1%	34.7%	38.8%	4.1%	2%

（表2）

效力形态	有效	无效	不在民事法律受案范围	未涉及效力认定
数量	7	28	4	10
比例	14.3%	57.1%	8.2%	20.4%

（表3）

法院裁判依据		数量	比例
《民诉法》第2条或第119条		4	8.2%
《合同法》第42条		1	2%
《合同法》第52条	第2项	2	4.1%
	第3项	4	8.2%
	第4项	14	28.6%
	第5项	6	12.2%
	未言明	1	2%
《合同法》第60条		1	2%
《合同法》第396条或第398条		2	4.1%
《民法通则》第7条或《合同法》第7条		4	8.2%
《民法通则》第55条		1	2%
《民法通则》第90条		4	8.2%
《民法通则》第92条		4	8.2%
《物权法》第66条		1	2%

（表4）

请托费用归属	不返还请托人	返还请托人			过错分担损失	收缴
		全额返还并支付利息	全额返还	法院酌定返还		
数量	12	5	24	3	3	2
比例	24.4%	10.3%	49.0%	6.1%	6.1%	4.1%

请托形态多样，如何建构其类型以明晰其法律适用，殊为重要。有的请托涉及刑事犯罪，故有裁判认为请托不应由民法规制（见表2）。因此，请托是否属于民事诉讼管辖范畴，民法规制请托之必要性与可行性尚待深究。即使请托关系确属民事纠纷，请托应为何种法律关系，是不当得利纠纷、合同纠纷抑或物权保护纠纷？如为合同纠纷，则应为委托合同或民间借贷合同还是居间合同尚有分歧（见表1）。对于请托效力如何以及裁判规范，缺乏统一标准（见表2、表3）。此外，对请托费用之归属属裁判之焦点疑难问题（见表4）。从学说上看，学者对请托及其民事规制这一问题几乎集体失语，未有专门著作或者文章论证。谢红星、周永坤、孙旭等虽对请托已有研究，但均局限于汉唐明清等前朝请托问题，基于比较法、立法论角度并未解决当下司法实践问题。[1]关注“高考移民”[2]“借名买房”[3]问题的文章数量虽多，但鲜有注意背后请托行为之效力的研究。从比较法上看，我国台湾地区多以不法原因给付制度予以规制。[4]然我国民法对于不法原因给付制度并未有明文规定，如加以适用，是否妥适，仍需探讨。

二、请托类型及法院裁判进路

（一）请托类型

有关就业、晋升等铨叙请托，乃求职者违反公开招聘、择优录取之原则，在公务员录取评级[5]、教师、医生之聘用[6]、参军[7]等国家机关、企事业单位招聘中，为达顺利入职之目的委托他人为聘录事项运作之请托。在“王某案”中，王某为其女及亲属安排工作给付刘某18万元，事未成，王某将刘某诉至法院，要求返还请托费用。两审法院均认为请托涉嫌诈骗、行贿犯罪，故双方纠纷不属人民法院

[1] 详见谢红星：《唐代的请托及其法律治理困境》，载《法学家》2014年第6期；周永坤：《中国古代“请托”立法及其现代意义》，载《河北学刊》2013年第1期；孙旭：《明代白话小说的法律文献价值——以对请托罪法的反映为例》，载《政法论坛》2014年第4期；孙旭：《也谈中国古代的请托罪法》，载《河北学刊》2014年第1期。

[2] 参见戴云：《“封堵高考移民”现象的法理分析》，载《复旦教育论坛》2005年第5期；刘海峰、樊本富：《论西部地区的“高考移民”问题——兼论科举时代的“冒籍”现象》，载《教育研究》2004年第10期；张千帆：《中国大学招生指标制度的合宪性分析》，载《中外法学》2011年第2期。

[3] 参见马一德：《借名买房之法律适用》，载《法学家》2014年第6期；马强：《借名购房案件所涉问题之研究——以法院裁判的案件为中心》，载《政治与法律》2014年第7期。

[4] 参见王泽鉴：《民法概要》，北京大学出版社2009年版，第19～20页。

[5] 参见湖南省长沙市开福区人民法院（2013）开民二初字第04194号民事判决书。

[6] 参见辽宁省沈阳市中级人民法院（2015）沈中民三终字第259号民事判决书；辽宁省沈阳市中级人民法院（2015）沈中民三终字第00626号民事判决书。

[7] 参见江苏省连云港市中级人民法院（2014）连民终字第0871号民事判决书。

民事案件受理范围，裁定驳回王某诉求。王某诉请法院将有关材料移送公安机关或检察机关，法院不予置理。[1]“韩某案”中，被告武某向原告韩某借款50000元，借条、收条中表明钱款用于韩某女儿安排工作，承诺事未成全部退还。后武某未履约，韩某诉至法院要求返还费用。法院认为，武某无证据证明钱款非借款性质，合法借贷关系受法律保护，故判令返还费用。[2]观上述两案判决逻辑，铨叙请托案件是否属于民事受案范围、请托行为效力是其主要审查点。“王某案”中，原告王某主张对被告之转委托并不知情，第三人构成诈骗与原告并无法律上之利害关系，法院并未查出双方有任何犯罪事实，“涉嫌犯罪”实属认定事实错误，然法院却对当事人之意见置之不理，亦未阐明为何不在民事案件受理范围，论证逻辑有失缜密。铨叙请托极易构成行贿、受贿，当事人要求法院将此案移至公检机关未予准许，妥当与否另当别论。而“韩某案”中，收条足证此款非欠款而是安排工作之费用，且原告自认此款为请托领导之用，法院却依然受理此案，并在被告缺席之情况下作出借贷关系合法有效之裁判，两案比对，案件性质、请托行为效力认定都尚待考究。

入学请托乃考生或其家长，为达考生被学校顺利录取之目的，支付金钱财物请托他人，为学生中高考、硕博招考、军校考试等入学考试录取事宜运作之请托。例如，“杨甲案”中，杨甲委托许甲办理借读事宜并支付6万元，许甲死致事未成，杨甲诉至法院，要求许甲之继承人返还办事款。两审均驳回原告起诉。后当事人申请再审，法院再审认为该借读请托属民法调整范围，借读不是法律禁止性行为，双方口头达成之委托合同有效，许甲因故死亡未完成约定义务，其法定继承人应承担相应法律责任，故支持原告之诉求，但对于利息之诉求法院认为于法无据，未予支持。当事人不服继续上诉，二审认为当事人明知不具备借读条件而采取非正常手段规避相关规定，为并不符合借读条件的学生办理借读，该委托是以合法形式掩盖非法目的，应属无效，案件双方对于合同无效均有过错，但均未向法院主张因合同无效受到损失，丁甲等四被告主张办事款已交付他人，但未提供证据证明，故判定被告在遗产继承范围内返还6万元。[3]而在“缪某案”中，缪某为其孙就读大学一事支付请托费用给陈某，并签订请托就读协议一份，陈某同时向缪某出具借据。后缪某反悔，要求陈某返还费用。法院认为该案债务属于托人情、找关系等请托形成的债务，依法不予保护，依《民法通则》第90条之合法债务受法律保护之规定，驳

---

〔1〕 参见黑龙江省哈尔滨市中级人民法院（2014）哈民四商终字第197号民事裁定书。

〔2〕 参见江苏省南京市建邺区人民法院（2014）建民初字第4751号民事判决书。

〔3〕 参见沈阳市中级人民法院（2014）沈中民再终字第131号民事判决书。本案一、二审分别作出（2012）沈铁西少民初字第106号民事裁定、（2013）沈中少民终字第13号民事裁定。由于当事人杨某某申请再审，辽宁省高院作出（2013）辽审一民申字第1356号民事裁定，指令再审本案，两份裁定均遭撤销，笔者亦难觅其原文。民事裁定书乃仅涉及程序不涉实体，故笔者认为两份裁定应均为驳回原告起诉，未支持其诉求。

回原告诉求。[1]“朱某案”中，原告朱某委托被告褚某、徐某为其子高考录取事宜请托关系，后其子未被录取，诉至法院要求返还费用及利息。法院认为此费用属于不法原因之债，不属民法调整范围，驳回朱某起诉。[2]观上述三案判决，请托法律关系认定、效力与请托费用归属是法院审查之重点。首先，就请托所涉及的法律关系，裁判者分别认定为委托合同纠纷、民间借贷纠纷、不法原因给付之债纠纷，可见法院对请托法律关系认定存在争议。“杨甲案”与“缪某案”当事人之间均有借据，案由认定却不同，“朱某案”中法院认定的案由“不法原因给付之债纠纷”并不是民事案件案由。从案由认定来看，法院仍认为请托给付在双方之间形成债之关系，仅无请求权而已，类似于自然债务。在笔者掌握的请托案例案由认定上，还有居间合同[3]、不当得利[4]等，当事人之诉由更为混乱（表1），可见实务对于请托所蕴含之法律关系认识不一。其次，请托效力及其依据亦有争议。“杨甲案”法院重审后一审实际上是认为请托有效，仅因合同目的无法实现而解除合同；二审却改判合同无效；“缪某案”中法官认定该债务属于自然债务，当事人并无请求权；“朱某案”法官则“巧妙”避开合同效力，直接运用不法原因给付不予返还这一法理判案，然裁判疏于说理，规避合同效力之认定，驳回原告诉求是否妥适？纵观笔者搜集之案例，裁判者有认为请托有效[5]，而认为请托无效之依据各异，涉及《合同法》第52条第2项、第3项、第4项、第5项[6]。最后，于厘定请托费用归属上，“杨甲案”重审后一审依据合同解除的法律后果返还费用；二审本意欲依据《合同法》第58条过错分担条款厘定损失分担，因双方当事人未主张损失只能作罢，但裁判者似乎已然意识到返还似有不当；“朱某案”法官则依据“不法原因给付不予返还”这一法理，判定不予返还。上文表4可清晰展现实务之分歧：全部返还费用的法院居多，亦有法院认为应基于过错分担请托失败之损失，而损失之界定亦争议颇多，是为委托费用[7]，抑或利息[8]，亦为费用和利息[9]？裁判于请

[1] 参见江苏省建湖县人民法院（2014）建民初字第0506号民事判决书。

[2] 参见江苏省无锡市中级人民法院（2014）锡民终字第0464号民事裁定书。

[3] 参见山东省济南市中级人民法院（2013）济商终字第727号民事判决书。

[4] 参见四川省遂宁市船山区人民法院（2015）船山民初字第368号民事判决书。

[5] 参见：浙江省湖州市中级人民法院（2008）湖民二终字第283号民事判决书；河北省沧州市中级人民法院（2011）沧民终字第1037号民事判决书等。

[6] 依《合同法》第52条第2项判决的案例参见广西壮族自治区南宁市西乡塘区人民法院（2013）西民一初字第1461号民事判决书；依第3项判决的案参见沈阳市中级人民法院（2014）沈中民再终字第131号民事判决书；依据《合同法》第52条第5项判决的案例参见新疆维吾尔自治区高级人民法院伊犁哈萨克自治州分院（2014）塔民一终字第151号民事判决书等。

[7] 参见江苏省靖江市人民法院（2014）泰靖民初字第0079号民事判决书。

[8] 参见山东省临沂市中级人民法院（2014）临商终字第900号民事判决书。

[9] 参见江苏省南京市玄武区人民法院（2013）玄民初字第679号民事判决书。

托法律关系认定、效力甄别与请托费用归属上态度不一，仍待考量。

关说请托是指，请托人为影响行政、司法、执法活动，请托他人打通“关节”，摆平“关系”。此类请托多涉“解除拘留”[1]“消除犯罪记录”[2]“影响司法裁判”[3]“解除行政处分”[4]等事项。“张某案”中，张某为尽快抓捕打伤其子之歹人，托宋某协调，宋某在自家超市拿礼品和现金供请托，张某出具借条。歹徒抓获后，宋某诉至法院要求返还财物。法院认为合法债务应予清偿，故判令偿还债务并支付利息。[5]又如“曾某案”中，曾某委托钟某运作解除其友拘留，后觉被骗遂报警，未立案。后钟某出具欠条，曾某遂诉至法院要求返还财物。裁判认为，请托有违公序良俗应予批评，两人并非借贷纠纷乃不当得利纠纷，故依《民法通则》第92条判令返还。[6]由两则案例可见，除请托之效力、裁判依据等共有之争议点外，该类型中独特之处尤应注意：首先，如请托事项合法，如罪犯之追捕等，其效力何如？其次，请托费用由受托人垫付，受托人可否索要？

办证、办资请托包括，请托人自身不符合获取某种证件或资质之资格，请托他人运作等。办理证件种类可涉毕业证[7]、驾驶证[8]，资质亦如病休病退[9]、行业准入资格[10]、社保资质[11]等。典型案例“海某案”中，海某委托周某办理病退，事未成。周某出具欠条，海某索要未果，诉至法院。裁判认为，双方基于请托形成之协议有损公共利益，应为无效，然请托未达目的，未损及公益，欠条表明新债权债务关系之形成，故周某应返款项。[12]“海某案”中裁判以欠条乃债务更改判定返还。然债务更改系以消灭旧债务为原因，故须旧债务合法存在为前提，而裁判已认为旧债务有损公共利益，后又认为新债务有效，此论证是否前后矛盾，仍需深究。

借名请托通常是指，借名人不具备购买经济适用房、二套房、贷款等之资格，为规避政策，给予有资格者或有“门路”者好处，借名买房或贷款。如“马某案”中，马某多次给付柏某现金，托其打点关系代购经济适用房，事未成，柏某因诈骗

---

[1] 参见广东省五华县人民法院（2015）梅华法龙民初字第34号民事判决书。

[2] 参见湖南省长沙市开福区人民法院（2013）开民二初字第03256号民事判决书。

[3] 参见宁夏回族自治区固原市原州区人民法院（2014）原民初字第500号民事判决书。

[4] 参见江西省南昌市中级人民法院（2014）洪民一终字第1号民事判决书。

[5] 参见河南省平顶山市中级人民法院（2015）平民三终字第33号民事判决书。

[6] 参见广东省五华县人民法院（2015）梅华法龙民初字第25号民事判决书。

[7] 参见河南省鹤壁市淇滨区人民法院（2013）淇滨民初字第1201号民事判决书。

[8] 参见江苏省丰县人民法院（2015）丰民初字第0899号民事判决书。

[9] 参见辽宁省锦州市黑山县人民法院（2015）黑民二初字第00073号民事判决书。

[10] 参见宁夏回族自治区银川市中级人民法院（2014）银民终字第1325号民事判决书。

[11] 参见天津市滨海新区人民法院（2014）滨港民初字第3283号民事判决书。

[12] 参见辽宁省锦州市黑山县人民法院（2015）黑民二初字第00073号民事判决书。

罪收监，马某诉请返还财物。裁判认为委托因马某构成诈骗罪而无效，应返还房款。[1]观“马某案”之裁判，疑窦丛生：刑事犯罪是否影响请托效力？裁判返还费用看似不当，如若受托人恶意欺诈是否应作别论？如若请托者顺利获取房屋或贷款，应作何处理？

媒体公关请托一般是，请托人请托媒体公关公司在报刊、电视、网络等媒体制造话题，雇佣水军炒作虚假民意（非虚假事实），引起轰动，借以影响行政、司法秩序。典型案例如“王某案”：王某认为法院裁判不公，以每篇4000元支付龚某费用，托其将相关新闻见诸媒体。后王某以发文媒体较边缘，未达预期为由诉至法院要求返还费用。一审认为王某此举目的在于引起轰动，迫使相关部门纠正“错案”，目的不当显非善意，有偿新闻亦于法不容，王某及传媒公司之行为均系违法，依《民通意见》第163条，推广费予以收缴。二审亦维持原判。[2]观“王某案”判决，于推广费之归属，法官并未适用合同无效后财产处理规则，直接适用《民通意见》中收缴之规定，于情于理是否妥适，仍需探讨。

暴力讨债请托是指，债权人请托讨债公司调查债务人资信状况，暴力讨债。如“唐某案”中唐某委托某公司有偿催收账款，某公司亦委托他人对债务人之资金、房产及婚姻状况进行调查。唐某并未向某公司提供借据等凭证，亦未付讨债费用。某公司诉至法院，要求唐某支付费用。一审认为委托有效，唐某应支付费用。二审推翻一审，判令某公司不能依照协议主张权利，实际损失应另行处理。[3]然，上文“张某案”中受托人诉求支付其垫付费用，“唐某案”裁判反其道而行之，何种裁判更为妥适，下文亦会探讨。

枪手请托是指，请托他人为其替考或代写论文而组织人员、疏通关系。综据数案，枪手请托仍存疑窦：首先，《刑法修正案（九）》中已将在法律规定的国家考试中替考以及组织替考入刑，然立法仅将规制范围限制在国家考试中，若于学校组织的期末考试等非国家考试中替考或组织替考，枪手请托效力、费用归属何如仍有疑问。其次，代写论文乃涉及委托作品或著作权转让问题，并非违法，但教育部出台的《学位论文造假行为处理办法》又对此问题进行了相关规定及处罚措施，是否会对代写论文之效力、费用归属产生影响，洵需探讨。

（二）裁判进路

对于请托问题，由于缺乏最高人民法院相关判例，最高人民法院的态度尚不得而知，但从本文收集的这些案例来看，基本上可总结为下列六种处理进路：

---

[1] 参见江苏省泰州市海陵区人民法院（2014）泰海商再初字第0001号民事判决书。

[2] 参见江苏省南京市中级人民法院（2014）宁商终字第1486号民事判决书。

[3] 参见江苏省泰州市中级人民法院（2014）泰中商终字第00332号民事判决书。

其一，有裁判认为，不应适用《民法通则》《合同法》等民事法律处理请托，形成一劳永逸解决请托案件之进路：以请托涉嫌行贿受贿、欺诈等刑事犯罪，并非民事案件受案范围为由，驳回当事人起诉。此种裁判进路下，刑事案件尚未定谳，甚至未予立案，法院武断认为请托涉嫌犯罪是否为有罪推定？法院对当事人要求将案件移送公安或检察机关之诉请不予理会亦似不妥，裁判之顾虑或因请托之法律后果可能并不仅仅涉及民事责任，很有可能涉及刑事犯罪，因此干脆以不在民事受案范围为由直接排除适用民法，进而避免处理民刑交叉案件时法律行为效力认定、相关财产处理等难题。

其二，一些法院根据案件中请托具体情形，以“请托悖俗却不构成犯罪，双方应自省”为由认定请托合法，形成第二种裁判进路〔1〕：请托并未构成犯罪，亦未对公共利益有实际损害，无法适用《民法通则》或《合同法》相关条款，故请托行为有效。有违善良风俗者，双方自省足矣，相关财物按约定处理或依举证由法院酌定〔2〕。法院之所以认为请托悖俗却无碍其效力，可能缘于“道德义务法律化”之担忧而无奈为之。中国社会乃人情社会，请托之风由来已久，故些许裁判受此影响认为评价请托仅为道德事务，法律理应缄默，实属情有可原。然此种处理路径是否妥适，容后文详述之。

其三，有裁判认为，请托给付系不当得利，应予返还，此是第三种裁判进路。具言之，法院认为受托人并未兑现其承诺，于请托人处取得财物无法律依据，受托人因有收益及请托人之损失，应依《民法通则》第 92 条，返还该不当得利。〔3〕此种裁判路径表面并无破绽，深究则不免疑窦丛生：首先，受托人依请托，从请托人处获取财物之行为为何无法律依据？其次，受托人是否因请托事项未完成而丧失取得财物之法律依据？再次，构成不当得利之要件为不当得利人取得不当利益，然受托人是否存在得利之情形？最后，依不当得利规则是否可以取得良好的社会效果？这些疑问裁判书中语焉不详，尚待澄清。

其四，实践中因请托人在给予受托人财物时，多要求受托人出具欠条、收条，在请托事项未完成后，诉至法院要求还款，是故法院以民间借贷之裁判规则处理请托债务，形成了第四种裁判进路。而在此种裁判路径内部更显分歧：或认为合法债务应予以保护〔4〕；或认为欠条代表新债权债务关系之形成，系为债务更改，亦应

---

〔1〕 此种裁判思路之案例可参见广东省五华县人民法院（2015）梅华法龙民初字第 34 号民事判决书；浙江省湖州市中级人民法院（2008）湖民二终字第 283 号民事判决书。

〔2〕 参见浙江省湖州市中级人民法院（2008）湖民二终字第 283 号民事判决书。

〔3〕 持此种裁判思路的案例可参见：四川省遂宁市船山区人民法院（2015）船山民初字第 368 号民事判决书；广东省五华县人民法院（2015）梅华法龙民初字第 25 号民事判决书。

〔4〕 参见江苏省南京市建邺区人民法院（2014）建民初字第 4751 号民事判决书；江苏省新沂市人民法院（2015）新民初字第 00777 号民事判决书。

得到保护[1]；或认为此项债务系不法原因之债，不受法律保护。[2]此类因请托形成债务之案件数量日增且案情缛杂，江苏省高院审委会于2013年就进行专题讨论，认为因托人情、找关系等请托形成的债务为违背公序良俗的借贷行为，如请托人诉至法院要求偿还借款，法院应予以驳回。[3]这实际上肯定上述第三种裁判进路，对之后法院裁判产生重大影响。然将因请托形成之债务认定为民间借贷这一做法本就仍需探讨，更遑论债务变更之说，且将不法原因给付与民间借贷相联系，谓之不法原因之债予以驳回，概念是否精确，驳回起诉是否妥当均值考量。

其五，实务上多数法院以请托效力为切入点，依民事行为无效或合同无效规则，先判定请托无效，后依据无效后相关规则厘定请托财物之归属，是为第五种裁判进路。然此种裁判路径内部依然存在种种分歧：首先，裁判依据各异，民法基本原则如民事权益受法律保护原则（《民法通则》第5条）、公序良俗原则（《民法通则》第7条），以及《合同法》第52条第2项至第5项均被不同法院作为裁判依据。其次，对民事行为无效后的法律后果以及相应裁判依据选择不一，判定返还、过错分担、收缴之案例均存在。裁判依据选择之广究系“福音”抑或因对请托认识尚浅引致司法无序，值得深究。

其六，些许法院以请托给付系不法原因给付为由，认定请托费用不应返还，形成第六种裁判进路。不法原因给付乃当事人基于违反强行法或者公序良俗的原因而为的给付，[4]此制度肇始于罗马之“不道德的返还诉”（condictio ob turpem causa），在给付之结果致使受领人的受领与善良风俗、公共道德相悖的情形下，如给付方或双方均有不道德行为，给付方不得要求返还。[5]其基本思想在于任何人不得援引自身不洁行为受益。[6]我国现行民法却并无不法原因给付制度，实务上处置请托时却已出现依不法原因给付进行裁判之案例[7]，可见法官认为在审理请托案件时，现行法律应存在卡尔·拉伦茨所言的“规整漏洞”[8]，即对于请托现行法律缺乏适当规则予以调整，故不得不转向“不法原因给付”这一法理并借鉴域外法经验进行裁判。

多种裁判路径之形成源于现今处理请托时混乱的司法实践现状，法官在缺乏充分的理论证成下，或轻易拒绝受理、驳回诉求；或裁判标准各异，依据不一；为实

---

〔1〕参见辽宁省锦州市黑山县人民法院（2015）黑民二初字第00073号民事判决书。

〔2〕参见江苏省无锡市中级人民法院（2014）锡民终字第0464号民事裁定书。

〔3〕参见江苏省高级人民法院审判委员会会议纪要（2013）1号。

〔4〕谭启平：《不法原因给付及其制度构建》，载《现代法学》2004年第3期。

〔5〕周枏：《罗马法原论（下）》，商务印书馆2014年版，第845页。

〔6〕王泽鉴：《不当得利》，北京大学出版社2009年版，第97页。

〔7〕参见浙江省杭州市拱墅区人民法院（2015）杭拱民初字第560号民事判决书。

〔8〕参见［德］卡尔·拉伦茨：《法学方法论》，陈爱娥译，商务印书馆2003年版，第251页。

现“个案正义”，或选择跳出现行法律规定转向法理与外国法中寻找依据。由此，疑窦再生，对于请托之规制，现行民法是否应予介入？如介入，现行民法中何者可作为统一的规制条款是为恰当？

三、请托关系民法规制之正当性

（一）请托关系应受民法规制

实务上，民法介入请托关系之最大担忧在于两点：首先，在并不构成犯罪的情形下，请托浓厚的伦理道德属性是否会成为民法介入并予以规制的阻碍？质言之，请托违背善良风俗并不能对其效力有实质性影响，应仅在道德领域评价请托行为，双方自省即可，民法并无介入必要？其次，如请托涉嫌行贿受贿等刑事犯罪，此时应适用刑法进行规制，民法规制是否可行？

以民法规制请托洵有必要，裁判者缘于“道德义务法律化”之担忧而认为请托仅为道德事务，法律不应置喙之观点诚属不当。首先，在西方，伦理道德因素在法律适用和司法自由裁量中从未被排除甚至起到了决定性作用。[1]罗马法中便有“诚信诉讼不承认那种对其进行主张将违背善良风俗的给付”[2]“不道德的要式口约，无任何效力”[3]等蘸满道德因素之裁判规则。古代中国素有“礼仪之邦”美誉，宗法社会“礼法交融”，“出礼入刑”之观念深入人心。请托作为古代中国人情社会之必然产物，对人之生存起着润滑甚至支撑作用[4]，虽在民众中具有强劲生命力，甚至有一定认同感，[5]但仍因其异化人情交往、滋生吏治腐败、破坏社会秩序、腐浊社会风气为社会所不容，故有“邪佞未去，权门请托”导致“选举不实”“百姓愁怨”之思过，[6]更有“尔等自为身家桑梓计，亦断应速改历代之陋习也”[7]之警言。上溯先秦之“五过”，中观汉武李唐之“听请”“禁谒”，下至明清之“嘱托公事”，[8]历朝皆为重视规制请托，唯恐怠慢，将之入律，相担重责。综上，

---

〔1〕 参见［美］罗斯科·庞德：《法律与道德》，陈林林译，中国政法大学出版社2003版，第81～82页。

〔2〕 D.22，1，5

〔3〕 D.45，1，26

〔4〕 参见孙旭：《也谈中国古代的请托罪法》，载《河北学刊》2014年第1期。

〔5〕 参见孙旭：《明代白话小说的法律文献价值——以对请托罪法的反映为例》，载《政法论坛》2014年第4期。

〔6〕 参见《后汉书·显宗孝明帝纪》。

〔7〕 参见《清世宗实录》第49卷。

〔8〕 中国古代对于请托之规定详见周永坤：《中国古代“请托”立法及其现代意义》，载《河北学刊》2013年第1期。

无论东西方，请托浓厚的伦理道德属性并未成为法律介入调整之阻碍，尤其在古代中国，更是针对请托明文立法以求抑遏。

其次，现代民法中均设有公序良俗条款以便民法在恰当之时灵活应对道德问题，法律与道德并非完全割裂，《德国民法典》第138条便在道德与法律之间搭建互通之桥梁。我国《民法通则》第7条亦强调民事活动应尊重社会公德，不得损害社会公共利益，《合同法》第7条亦从之，《民法总则》第8条更是明确规定民事主体从事民事活动不得违背公序良俗，可见我国立法者亦将是否违背善良风俗作为衡量民事行为效力之要素。是故，法院如遇请托等违背善良风俗之行为时，不应简单认为请托属人情伦理范畴，排除适用民法，绝不可以“双方应自省”敷衍行事。

最后，法律是道德建设的权力支柱，是社会主义道德建设的推进器。[1]请托之风势焰日炽，遍及官员铨叙、学生入学、司法审判、评奖就业等社会方方面面，早在1987年就有学者公开撰文，批评当时“说情风”之猛烈，[2]何况今日。刑法之适用，须在请托导致行贿受贿等犯罪之情形下，然因请托之隐秘且多不涉刑事，多数请托很难被定性为犯罪；请托之人情属性会使人情往来和行贿受贿之间的界限极难区分，请托双方往往能逃避刑事制裁；最重要的是，现今受托人多为掮客，难以构成犯罪，仅依靠刑法规制请托存在天然盲区。为政者亦看到刑法规制有失周全，相继出台《“五个严禁”的规定》《领导干部干预司法活动、插手具体案件处理的记录、通报和责任追究规定》等规定，然均从规制官员行为，提高其自律性这一角度出发，自律固然是第一位，但目前形势下，洵需“他律”，即对请托双方进行规制，而民法此时介入，通过对请托进行民事评价，调整双方财产关系，现今看来，为防治请托、反推道德建设之重要一环，洵有必要。

民法规制请托亦具备可行性。其一，请托纠纷确实属于民法调整、受案范围。请托乃法律行为之一种，请托双方作为平等民事主体，因请托行为而生财产关系，如生纠纷，查《民法总则》以及《民法通则》第2条[3]、《民事诉讼法》第3条[4]、《民事诉讼法》第119条之规定[5]，应属民事案件受案范围。法院如无法判定双方当事人是否涉嫌犯罪，动辄以请托案件不在民事案件受案范围为由驳回当事人起诉

---

〔1〕 参见吴汉东：《法律的道德化和道德的法律化》，载《法商研究》1998年第2期。

〔2〕 参见武家水：《抵制说情风》，载《人民司法》1987年第2期。

〔3〕《民法总则》第2条规定：“民法调整平等主体的自然人、法人和非法人组织之间的人身关系和财产关系”；《民法通则》第2条规定：“中华人民共和国民法调整平等主体的公民之间、法人之间、公民和法人之间的财产关系和人身关系”。

〔4〕《民事诉讼法》第3条规定：“人民法院受理公民之间、法人之间、其他组织之间以及他们相互之间因财产关系和人身关系提起的民事诉讼，适用本法规定。”

〔5〕《民事诉讼法》第119条之规定“起诉必须符合下列规定：（一）原告是与本案有直接利害关系的公民、法人和其他组织；（二）有明确的被告；（三）有具体的诉讼请求和事实、理由；（四）属于人民法院受理民事诉讼的范围和受诉人民法院管辖。”

诚属不当。其二，实务上大多数请托案件很难进入刑事案件管辖范围，需由民法进行规制。典型案例中有数起请托人报案却最终未予立案之案例[1]，即使法院询问公安机关意见，亦未有民事案件转为刑事案件。[2]因为：首先，请托双方往往难以被认定为行贿，因其行为隐蔽，查证困难，受托人拒绝提供具体信息，受贿罪在证据上无从确认，作为对合犯的行贿罪也无法在证据上单独成立。其次，即使受托人在民事诉讼中承认行贿的事实，但受贿人拒不承认，此乃"孤证"，再无其他证据的情况下，并不能认定行贿。再次，此类请托案件，请托人只是想利用受托人之"关系"，为己谋求求学、入职等机会，而操盘者为受托人，即使涉及行贿，请托人大都并无行贿意图，所以能认定为共同行贿之情形甚少。最后，如不能认定共同行贿，即使涉及其他犯罪，与请托并不是同一法律关系，人民法院亦有权审理[3]；如果请托双方涉及共同行贿或者受托人涉及诈骗，虽需中止审理，但只会影响到民事法院判定请托无效的依据选择。然，请托确有可能违背刑法禁止性规定，构成行贿受贿罪、组织考试作弊罪、代替考试罪、欺诈罪等刑事犯罪，从而使案件兼具民、刑事案件双重性质，但仍属民法规制范围，法官仅需依请托行为违背法律禁止性规定，判定其无效之权利，其他需刑法规制之事项应移交刑庭。是故，请托纠纷确属民法调整范围，且刑法规制存在天然盲区，这两点均为民法规制请托行为提供了空间。需要指出的是，由于请托可能涉嫌犯罪，法院在受理时，正确之做法应首先辨明请托是否会涉及刑事犯罪，案件当事人仅牵连于刑事案件抑或是请托关系与刑事皆依托于同一法律关系，如二者为同一法律关系，案件应依先刑后民的原则，中止审理，等待刑事审判结果，一旦双方当事人均被法院定罪，民庭应依《民法总则》第153条第1款、《民法通则》第58条第5项或《合同法》第52条第5项以请托违背法律强制性规定为由判定请托无效。法院如拿捏不定，应主动向公安机关询问，或将犯罪嫌疑线索、材料移交到公安机关或检察机关，"季某案"[4]与"朱某案"[5]之裁判思路较清晰，可供参酌。

(二) 民法上的请托关系系委托合同

实务中，如何认定请托双方之法律关系存有争议，有不法原因给付之债、不当

---

[1] 参见广东省五华县人民法院（2015）梅华法龙民初字第25号民事判决书；上海市第一中级人民法院（2015）沪一中民二（民）终字第1245号民事判决书。

[2] 参见江苏省高级人民法院（2013）宁民终字第50号民事判决书。

[3] 《最高人民法院关于在审理经济纠纷案件中涉及经济犯罪嫌疑若干问题的规定》第10条：人民法院在审理经济纠纷案件中，发现与本案有牵连，但与本案不是同一法律关系的经济犯罪嫌疑线索、材料，应将犯罪嫌疑线索、材料移送有关公安机关或检察机关查处，经济纠纷案件继续审理。

[4] 参见江苏省高级人民法院（2013）宁民终字第50号民事判决书。

[5] 参见山东省临沂市中级人民法院（2014）临商终字第1207号民事判决书。

得利、民间借贷、居间关系、委托关系几种观点，笔者认为应将由请托行为形成之法律关系定性为委托关系。其一，裁判以不法原因给付之债，或以不法给付不受法律保护为由驳回起诉[1]并不妥当。首先，驳回起诉之举显然失当。只要存在些许不法迹象，法院均应挺身而出，拒绝对原告所有协助的认识显然是不能被接受的。[2]法官不能放弃判定民事行为无效之权力，不应仅依当事人诉请而被动审查民事行为效力，须首先主动审查民事行为效力，此为法律赋予法官之义务。动辄没有充分原因驳回起诉；仅简单照搬适用外国法之“不法原因给付”，却不论证“不法”之缘由；仅以“涉嫌违法乱纪”为借口，并未将材料移送公安机关或者检察机关，如此驳回起诉难以定分止争。其次，将不法原因给付与债合称为不法原因之债，难谓妥当。赌债非债，[3]请托之债亦非债，既认为因请托而形成债务之借贷行为违反公序良俗，则该请托或借贷行为当依《民法通则》第58条第5项归于无效，双方根本不生债之关系，又何来不法原因之债？又岂仅驳回起诉剥夺请托人请求权而止？江苏省高院审委会之《会议纪要》将请托、赌博、吸毒等不法原因给付形成之债务认定为自然债务，即仍认为形成债务但无请求权，[4]实值检讨。诚如郑玉波教授所言：“不法原因之给付并无债务之存在”[5]，如是不法原因给付，则无债存在，由此可见无论《会议纪要》抑或裁判所言不法原因给付之债均存谬误，实难赞同。再次，法院将不法原因给付作为民事案件案由，并非最高人民法院《民事案件案由规定（试行）》中的合法案由。我国法律并未明文规定不法原因给付制度，于法条穷尽时作为法理用于厘定费用归属尚属勉强，仍需论证，将其视为民事案件案由显失妥当。现行民法处置请托时如存“规整漏洞”，裁判时以不法原因给付作为依据无可厚非，但是否存在“规整漏洞”，仍需探讨。最后，不法原因给付应为终局性给付，过渡性给付并不能适用于不法原因给付，[6]此类案件费用归属之争，除“好处费”“报酬”应为终局性给付外，委托费用乃过渡性给付，请托人可能将费用给予他人，故无论不法原因给付或不法原因给付之债皆不能概括请托之法律关系，诚无适用空间。

其二，依《民法通则》第92条认定请托关系为不当得利，利用不当得利之规

---

〔1〕参见浙江省杭州市西湖区人民法院（2012）杭西泗商初字第491-1号民事裁定书；吉林省吉林市中级人民法院（2014）吉中民三终字第91号民事判决书。

〔2〕（1987）1WLR1116，1134；转引自黄忠：《违法合同效力论》，法律出版社2010年版，第103~104页。

〔3〕参见王泽鉴：《民法学说与判例研究（第二册）》，北京大学出版社2009年版，第88页。

〔4〕参见江苏省高级人民法院审判委员会会议纪要（2013）1号。

〔5〕郑玉波：《论赌债》，载《法学丛刊》1977年第85期，转引自王泽鉴：《民法学说与判例研究（第二册）》，北京大学出版社2009年版，第94页。

〔6〕参见［德］维尔纳·弗卢梅：《法律行为论》，迟颖译，法律出版社2013年版，第465页。

则规制请托显失妥当。首先，受托人多为掮客，财物均用于请托，并无私存，不当受益何从谈起，定性为不当得利纠纷未能囊括案件之法律关系。其次，认定不当得利须证明财物之取得无合法依据或事后丧失合法依据，然请托人自愿给予受托人财物，外观合法，如若论证不当得利存在，必须证明请托无效，此为案件关键点所在，即请托效力问题。故，请托案件应定性为确认民事行为效力纠纷或合同效力纠纷而非不当得利纠纷，即使当事人以不当得利、返还财产、物权保护等诉由诉至法院，法院只能以确认请托效力作为案由，费用归属仅为请托效力确认后相应之法律后果，实质上还是民事行为效力纠纷，是故请托究竟为何种法律行为，应作为考查重点。

其三，法院仅凭欠条将请托形成的债之关系认定为民间借贷，裁判合法债务或债务更改应予以保护，变相承认请托效力，实为欠妥。借条外观上反映民间借贷关系无疑，但观借条内容或庭审查明之事实，双方之间真实的意思表示并非借贷，实为委托，仅以借贷之形掩盖请托之实，如若以民间借贷定性此案，无疑是将非法事宜合法化，甚为不妥。债务更改系以消灭旧债务为原因，故须旧债务合法存在为前提，如若旧债务之源头即请托行为并未有效，何来债务变更一说？是故请托蕴含之法律关系终究为请托效力之判别，而非债之关系。

其四，将请托关系认定为居间关系亦不妥当。居间合同乃双方当事人约定一方为他方提供、报告订约机会或为订立合同的媒介，他方给付报酬的合同。[1]实务中亦有当事人认为请托双方应为居间合同关系。[2]诚然，请托关系貌似居间，实为委托。首先，在居间合同中，居间人只是起到“引荐”作用，通常不参与委托人与第三人的关系，在“引荐”成功后，由委托人和第三人自行订立相关合同，合同关系约束双方，居间人收取一定报酬。而在请托中，受托人一般是自行找人为请托人办理入学、入职等请托事宜，属于自己为完成委托人所委托事务之行为，而非委托人与案外人之间订立合同进行引荐提供机会或媒介服务的行为。其次，居间合同的居间人只能是经过有关国家机关登记核准的从事居间营业的法人或公民，而在此类案件中，受托人不可能有经过国家机关登记核准的从事居间营业的证件，而国家亦没有批准此类居间范围，是故请托行为不应为居间行为，而是典型的委托行为。由此请托乃委托民事法律关系，应为口头或书面之委托合同。职是之故，请托应认定为委托法律关系，进而言之应为或口头或书面之委托合同，可同时适用《民法总则》《民法通则》《合同法》相关规定，《合同法》相较之《民法通则》为特别法，《民法总则》与《合同法》相较之《民法通则》又为新法，用于判定请托效力更为恰当。费用归属仅为请托效力确认后相应之法律后果，法律关系之关键并非不当得

---

〔1〕 崔建远主编：《合同法》，北京大学出版社 2013 年版，第 666 页。

〔2〕 参见山东省济南市中级人民法院（2013）济商终字第 727 号民事判决书。

利，而应着重判定请托效力。在请托无效之前提下，不发生债权债务关系，即请托之债非债；所谓居间、民间借贷亦为掩盖，均是不义行为之华丽外彰，实则内蕴不法委托。而现行民法中何者可作为规制请托效力之统一条款，下文将详述。

四、请托（委托）合同效力与费用

（一）效力甄别

请托既为委托合同关系，效力判定必从《合同法》第52条入手，宜对《合同法》第52条每一项进行分析，辨明其是否可作为请托无效之裁判依据。《合同法》第52条第1项两个关键点在于欺诈与胁迫之界定，以及国家利益之定义。由最高人民法院《关于贯彻执行若干问题的意见》第68条可知，欺诈需满足以下要件：有欺诈行为，即故意告知对方虚假消息或隐瞒真实情况；后果，即当事人作出错误判断；因果关系，即欺诈行为引起后果。请托乃基于请托人自我意志，请托受托人为入学、入职、办证等事运作，双方合意准确无误，委托人没有欺诈行为，受托人一般未出现错误认识。如若存在欺诈，只有可能是受托人假借“有关系”“办事”之名，骗取委托人费用这一情况。这种情况亦可能存在。如若欺诈存在，该条能否作为裁判依据，取决于第二个关键点，合同是否损害国家利益。对于此项国家利益，学界对此亦有争议。观点有三：一是公法意义上的国家利益；二是国有企业利益；三是社会公共利益。[1]立法理由似偏向赞同国有企业利益说，即此条主要应为应对侵吞国有资产之情形，防止国有资产大量流失。[2]笔者以为此项之国家利益应为公法意义上的国家利益，即国家政治、经济、军事、安全利益。首先，如若理解为国有企业利益，在国有企业作为合同一方当事人时，如若国有企业作为欺诈、胁迫一方，此合同应以《合同法》第54条以及《民法总则》第148－150条判定为可撤销合同；如果国有企业受欺诈、胁迫时，合同为无效；国有企业相互欺诈时，根本就无法判断国家利益是否受到侵害，无效、撤销均不妥当。[3]可见认定为国有企业利益会造成新的困惑，不应采纳。而认定为社会公共利益，按此项理解，如未使用欺诈、胁迫损害社会公共利益应为有效，与《合同法》第52条第4项以及《民法总则》第153条第2款相矛盾，亦不可取；由此，此国家利益限缩解释为国家政治、经济、军事、安全利益。显然，本文所探讨之请托即使可能涉及“欺诈”，亦不可能损害国家政治、经济、军事、安全利益，故此项不宜作为判定请托无效之

---

〔1〕 参见李仁玉等：《合同效力研究》，北京大学出版社2006年版，第178页。

〔2〕 参见胡康生主编：《中华人民共和国合同法释义》，法律出版社2012年版，第101页。

〔3〕 参见柳经纬、李茂年：《论欺诈、胁迫之民事救济——兼评〈合同法〉之二元规定》，载《现代法学》2000年第6期。

依据。

《合同法》第52条第2项之构成分为主、客观两个方面，主观因素为恶意串通，即当事人双方具有共同目的，希望通过订立合同损害国家、集体或者第三人利益。[1]此条款上的恶意串通可分为两个方面。[2]其一，虚伪表示，指相对人通谋而为的非真意的意思表示。此时，该项与《合同法》第52条第3项“以合法形式掩盖非法目的”有相似之处，均是表面虚伪表示，即与内心真实意思表示不一致的表示，此时，可认为《合同法》第52第3项应为第52条第2项之特别法，即“以合法形式掩盖非法目的”应为“恶意串通”表现形式之一。在这个意义上讲，此时的《合同法》第52条第2项和第3项都为一种脱法行为，即以迂回手段，规避强行规定。[3]此种情况实践中多为利用阴阳合同避税等行为，很明显请托并非虚伪表示。恶意串通亦指双方通谋而为与之效果意思一致的意思表示。此时，对于条款中“恶意串通”行为的认定，应当分析合同双方当事人是否具有主观恶意，并全面分析订立合同时的具体情况、合同约定内容以及合同的履行情况，在此基础上加以综合判定。[4]例如，在最高人民法院指导案例“瑞士嘉吉国际公司诉福建金石制油有限公司等确认合同无效纠纷案”中，在明知债务人尚欠债权人巨额债务的情况下，关联公司仍以明显不合理低价购买债务人的主要资产的行为，说明其在与债务人签订买卖合同时即具有主观恶意，应属上述规定的恶意串通行为。[5]由上观之，具备损害国家、集体或者第三人利益的主观恶意此时显得十分重要。而在请托关系中，请托双方均仅仅是为自己之利益而奔波，请托人仅意欲达成入学、入职、办证等不法目的，受托人或为得到委托人支付其酬劳或是碍于与委托人之间之情谊，双方均未有恶意或故意损害国家、集体或者第三人利益，虽可能在客观上损害第三人之利益，但主观上并不属于此项要求的“恶意串通”之主观要件。故观本项之主观方面，综合当事人之主观恶意并全面分析合同，此项不适宜作为判定请托无效之依据。且如前所述，请托并不直接涉及“国家利益”，亦难涉及集体利益。于此项所指之第三人利益，笔者认为应做限缩解释为特定之第三人，如损害的是不特定的第三人利益，实质损害的是公共利益，应属《合同法》第52条第4项之范畴。实务上依据此项判定损害第三人利益合同无效也多为损害特定第三人利益，如卖方与恶意第三人签订一房二卖的商品房买卖合同、法人与他人串通签订合同，损害特定企

---

[1] 参见韩世远主编：《合同法总论》，法律出版社2011年版，第172页

[2] 参见朱广新：《合同法总则》，中国人民大学出版社2012年版，第286～289页。

[3] 王泽鉴：《民法总则》，中国政法大学出版社2001年版，第284页。

[4] 参见最高人民法院（2009）民申字第1760号民事裁定书，载《中华人民共和国最高人民法院公报》2010年第10期。

[5] 参见最高人民法院（2012）民四终字第1号民事判决书。

业利益[1]。而本案如果牵涉到损害第三人利益的问题，也应是不特定的第三人，如入学请托中，在考试结果没有确定之前，其范围和具体人员不可确定，况且，请托案例中，多数请托都未达目的，所以亦不存在损害本项中第三人利益的问题。因此，请托既不符合“恶意串通”之要求，又不符合“损害国家、集体、第三人利益”之条件，故《合同法》第52条第2项以及《民法总则》第154条不宜作为依据来判定请托无效。

实务上依《合同法》第52条第3项判定请托无效之案例论证并不充分，[2]然应较容易判定并不适用《合同法》第52条第3项。而真正可能较具有迷惑性的是“周某案”[3]以及“张某案”[4]，均为请托双方意图通过打借条、签订房产协议等手法掩盖合同真实性质。《合同法》第52条第3项之合法形式掩盖非法目的应于外在有一个合意，该合意乃虚伪表示，即与内心真实意思表示不一致的表示，故意掩盖背后存在的违法或背俗的真实合意，即以形式上合法之合同，掩盖非法的缔约目的及实际内容。例如，订立基本授信合同及相关贷款合同，实为骗取银行信贷资产；[5]或当事人之间并无真实之贸易背景，却以进口货物为名，向银行申请开立信用证，实为融资[6]。斟酌数案，如适用此项须存一外在合法合同，存在掩盖之故意与通谋，而背后隐有违法或背俗的真实合意。反观“周某案”，借条仅仅是请托双方关于委托费用归属之约定，并未掩盖不法目的。而“张某案”中，办户口、空挂协议等目的已明文写入合同，并不存在掩盖之故意与通谋。而请托大都为口头协议，遑论合法形式之合同。综上，《合同法》第52条第3项和《民法总则》第146条亦不宜作为裁判依据来判定请托效力。

请托案件在排除适用《合同法》第52条第3项后，仅剩52条第4项和第52条第5项或可适用。此时应先厘清这两项之关系，分清适用的先后顺序。通说认为，《合同法》第52条第5项是《合同法》第52条第4项的特别法。[7]而《德国民法典》第134条和第138条亦与我国规定相似，其主流观点亦认为“第134条是相对于第138条的特别法。”“违反法律的法律行为，只适用于第134条，哪怕适用第138条构成要件上更容易。如果根据134条不受制裁，而根据138条受无效制裁，

---

[1] 例如“上海勋怡发展有限公司诉被告上海瑞申钢铁贸易发展有限公司财产权纠纷案”，参见北京市高级人民法院民事审判二庭编：《合同法疑难案例判解》（2002年卷），法律出版社2003年版，第49页。

[2] 依据《合同法》第52条第3项判定合同无效之案例参见沈阳市中级人民法院（2014）沈中民再终字第131号民事判决书。

[3] 参见江苏省南京市鼓楼区人民法院（2014）鼓民初字第856号民事判决书。

[4] 参见河北省唐山市中级人民法院（2014）唐民四终字第196号民事判决书。

[5] 参见最高人民法院（2008）民二终字第124号民事判决书。

[6] 参见最高人民法院（2003）民四终字第15号民事判决书。

[7] 参见耿林：《强制性规范与合同效力——以合同法第五十二条第五项为中心》，中国民主法制出版社2009年版，第98页；黄忠：《违法合同效力论》，法律出版社2010年版，第127页。

则适用138条。[1]法律是最低的道德，是道德的底线，《合同法》第52条第4项是兜底性条款，第5项是特别法，应对《合同法》第52条第4项通过规范目的的保留来做出目的限缩解释，为第52条第5项留下适用空间。即使在适用第4项更为简单的情况下，也应首先证明适用第5项。故在探究请托效力问题时，应优先适用《合同法》第52条第5项以及《民法总则》第153条第1款，方得逻辑自洽。《德国民法典》第134条所规定的禁止性法律在1896年的立法理由书中曾被解释成主要是民法以外的禁令，特别是刑罚上的禁令。[2]由此观之，我国第52条第5项之法律、行政法规的强制性规定中法律亦应优先考虑刑事法律。如上文所言，法院在审理请托案件时，应首先要辨别此类案件是否会涉及刑事犯罪，案件当事人仅仅是与刑事案件有牵连还是案件涉及的法律关系与刑事案件为同一法律关系，如委托双方涉及共同行贿或者受托人涉及斡旋行贿受托人涉及诈骗或触犯《刑法修正案(九)》中新增的关于国家考试中替考以及组织替考、编造虚假灾情、警情等相关罪名，此时需要中止民事案件审理，但需要强调的是，如是情形，请托因违反《合同法》第52条第5项以及《民法总则》第153条第1款无效。审慎视之，如依据此项判定合同无效，笔者认为须满足严苛之要求。如受托人乃掮客，罪名涉及行贿罪或对非国家工作人员行贿罪，此时，必须是请托双方共同行贿，才能运用《刑法》第164条、第389条借道于《合同法》第52条第5项之规定，判定合同无效。原由在于，如多名参与法律行为的当事人之中仅有一人的行为因法律行为的实施而构成犯罪时，法律行为的实施尚不足以构成犯罪。[3]进而言之，只有当多名参与法律行为的当事人都触犯刑法规范，或明知或能够预见到其中一人的行为触犯刑法规范，却仍然为自己的利益实施犯罪行为时，才能将禁止实施某一行为的刑法规范作为禁止性规范适用于该法律行为本身。最高人民法院《关于在审理经济纠纷案件中涉及经济犯罪嫌疑若干问题的规定》（法释（1998）7号）第10条亦规定要求法律行为本身必须与刑事上要求的法律关系为同一法律关系时，人民法院才应中止审理，如不是同一法律关系，民事案件并不受刑事案件影响。因此诈骗罪必须是请托人直接诈骗委托人，方可适用《刑法》中关于诈骗罪之规定判定合同无效，替考亦同。是故仅在请、受托人同时涉及刑事犯罪，则可依据《合同法》第52条第5项以及《民法总则》第153条第1款判定请托因违反法律强制性规定而无效。

《合同法》第52条第5项以及《民法总则》第153条第1款之“法律”到底

---

〔1〕 参见耿林：《强制性规范与合同效力——以合同法第五十二条第五项为中心》，中国民主法制出版社2009年版，第111～112页。

〔2〕 Motive zum Entwurf eines Buergerlichen Gesetzbuch, Berlin, 1896, Bd. I, S. 21 0.

〔3〕 参见［德］维尔纳·弗卢梅：《法律行为论》，迟颖译，法律出版社2013年版，第406页。

包不包括私法上之强制性规定尚有争议。[1]笔者认为区分强制性规定究属民法内、外对于实务并无助益。首先，《合同法》第52条第5项以及《民法总则》第153条第1款之“法律”，并未有司法解释明确限定必须是刑法。立法对此事未有关注，理论界之讨论是否过于杞人忧天？其次，我国民法诸多条款混合较强“公”的因素。在这一特殊背景下，依旧去严格区分民法内的强制性规范与民法外的强制性规范而异其效力就更无价值了。[2]最后，实务中已运用民法内强制性规范进行判案，如《合同法》第329条。[3]故，此强制性规定应含有民法强制性规范。然，如何寻找民法内效力性强制性规定又成理论、实践上之共同难题。[4]通说认为，首先的判断标准是该强制性规定是否明确规定违反后果是合同无效；其次法律、行政法规虽然没有规定违反将导致合同无效，但违反该规定如使合同继续有效将损害社会公共利益的，也应当认定该规定是效力规范。[5]笔者对这一辨识方法心存疑惑，如若合同有效将损害社会公共利益，那合同因《合同法》第52条第4项之规定而无效，此判断逻辑是先推出合同无效，后认定此规定为效力性强制性规定，而正确推理模式应为先认定效力性强制性规定，后推出合同无效。两者之间这种不合逻辑之倒推，倒不如直接依据合同违背公共利益认定其无效来的清楚明了。若要依据私法强制性规定判定合同无效，定要找出法律、行政法规之效力性强制性规定。笔者收集到与考试、机关事业单位竞聘等有关之法律法规，这些规定很多并非私法，且都是管制请托一方当事人，与请托行为没有直接联系，与合同效力没有任何关系，而具体涉及此类请托之规范多为地方性法规、教育部规章甚至办法，[6]依据合同法相关解释，不能作为判断合同效力的依据。且规范仅仅为了教育招生、公务员选拔秩序

---

〔1〕认为不应包括民法内强制性规范之学者如孙鹏、谢鸿飞。参见孙鹏：《论违反强制性规定行为之效力》，载《法商研究》2006年第5期；谢鸿飞：《论法律行为生效的“适用规范”》，载《中国社会科学》2007年第6期。

〔2〕参见黄忠：《违法合同效力论》，法律出版社2010年版，第105页。

〔3〕《合同法》第329条规定：非法垄断技术、妨碍技术进步或者侵害他人技术成果的技术合同无效。

〔4〕参见苏永钦：《寻找新民法》，北京大学出版社2012年版，第359页

〔5〕沈德咏主编：《最高人民法院关于合同法司法解释（二）理解与适用》，人民法院出版社2015年版，第135页。

〔6〕笔者查询整理的可能与请托有关之法律、法规、规章、文件有：（1）入学请托：《教育法》第77条；《高等教育法》第19条；《国家教育考试违规处理办法》第14条；《普通高等学校招生违规行为处理暂行办法》第6条、第10条；（2）关说请托：《领导干部干预司法活动插手具体案件处理的记录通报和责任追究规定》第8条；《人事考试工作人员纪律规定》第14条；（3）媒体公关请托：最高人民法院《关于人民法院接受新闻媒体舆论监督的若干规定》第9条；（4）铨叙请托：《党政领导干部选拔任用工作责任追究办法（试行）》第6条；（5）暴力讨债请托：《关于禁止开办“讨债公司”的通知》第1条；《关于取缔各类讨债公司严厉打击非法讨债活动的通知》第1条；（6）枪手请托：《学位论文作假行为处理办法》第7条、第8条。

管理的禁止规范，对违反其行为之私法上的后果未作涉猎。实务中，诸多法院对认为当事人诉请之依据不属于效力性强制性规定如《高等教育法》第19条。[1]是故，如果适用《合同法》第52条第5项以及《民法总则》第153条第1款须有与之明确相关的效力性、强制性法律与行政法规作为依据，在私法内，难觅此类法律、法规之踪迹，故如在请托双方并不涉及“犯罪”之时，请托不适用《合同法》第52条第5项以及《民法总则》第153条第1款。

《合同法》第52条第4项规定损害社会公共利益之合同无效，学界通说认为，我国虽未在现行法中明确采用公序良俗概念，但社会公共利益的地位和作用等同于其他立法例中的公序良俗，即社会公共利益可以解释为同时包含公共秩序和善良风俗，损害公序良俗之合同亦损害社会公共利益。[2]而将公序良俗原则应用到具体案件审理中，必然涉及公序良俗原则的内涵。而公序良俗的内涵各国学者众说纷纭，莫衷一是。缘为公序良俗非常抽象，其含义之把握，应在判例研究基础上予以类型化。故，本文不再探讨公序良俗之内涵，而是比照之前学者已有类型化，查究请托可否纳入公序良俗的适用范围。以下类型化以资借鉴：拉伦茨先生类型化中“双方法律行为，双方都具有违反善良风俗的目的”；[3]我妻荣先生类型化中“违反正义观念的行为”[4]；史尚宽先生类型化中“违反公正竞争行为”[5]。以上列举出之类型化虽止于原则，但经分析不难反现，请托均踏入抑或临近违反正义观念行为之域界，可归为违背公共秩序或善良风俗之类型化中。亦可结合我国实际，详细分析：

首先，请托严重破坏公共秩序。1987年就有文章指出：“许多地方的‘说情风’越刮越甚，他们有的在请客送礼时提出要求，有的递条子，打电话为当事人说情。各种渠道，各种方法，不一而足。”[6]近年来请托之风不息反烈，党和国家领导人亦对此类请托严重关切，认识清晰，习近平总书记就曾谈道：“群众反映，现在的一个案件，无论是民事案件还是刑事案件，不托人情、找关系的是少数。尤其是到了法院审判环节，请客送礼、打招呼、批条子的情况很严重。”“这样的案例影

---

〔1〕 上海市长宁区人民法院（2008）长民一（民）初字第2911号民事判决书。

〔2〕 参见胡康生主编：《中华人民共和国合同法释义》，法律出版社2012年版，第104页；朱广新：《合同法总则》，中国人民大学出版社2012年版，第282页；于飞：《公序良俗原则研究——以基本原则的具体化为中心》，北京大学出版社2006年版，第1页；王家福主编：《中国民法学·民法债权》，法律出版社1991年版，第356页。

〔3〕 参见［德］拉伦茨：《德国民法通论》，王晓晔、邵建东、程建英、徐国建、谢怀栻译，法律出版社2003年版，第613页。

〔4〕 参见于飞：《公序良俗原则研究——以基本原则的具体化为中心》，北京大学出版社2006年版，第74页。

〔5〕 参见史尚宽：《民法总则》，中国政法大学出版社2003年版，第337页。

〔6〕 参见武家水：《抵制说情风》，载《人民司法》1987年第2期。

响很坏!”[1]由此可见，请托对于社会秩序影响极大。我国现存之请托类型均对公共秩序损害较大：入学请托有违公平公正之教育秩序；铨叙请托损害人事选拔制度，严重影响政府、企事业单位招录秩序；关说请托对依法行政、司法公正会产生难以预估之影响；证件、资质乃证明身份、职业或技能水平之重要证件，须经严格审核，办证办资请托会导致社会诚信感进一步沦落，极大扰乱教育秩序、经济秩序，甚至隐含重大安全风险；借名请托涉及炒房、投机性购房、贷款欺诈，对调控房地产市场乃至经济金融秩序是一种冲击；媒体公关请托通过引导虚假网络民意，向行政、司法机关施压，扰乱正常公共秩序；暴力讨债请托对于社会安宁稳定影响甚大；枪手请托涉及替考、代写，亦是对教育秩序、职称评定之扰乱。此八种请托均为公共秩序之对立面，为社会秩序所不容。

其次，请托明显违背善良风俗。党的十八大提出，倡导自由、平等、公正、法治，积极培育和践行社会主义核心价值观。“自由、平等、公正、法治”是社会主义核心价值观中社会层面应有之价值取向，乃上千年来中华民族善良风俗之高度凝结。自由乃法律许可之一切权利，请托限制公民本应拥有之自由，如媒体公关请托中，有偿网络删帖对公民言论自由之破坏显而易见，暴力讨债甚至会威胁到公民人身自由；平等意味着人人享有平等参与、平等发展之权利，尤其是在教育、就业、创业等领域更要求平等，然而入学请托，铨叙请托等请托皆是对教育平等、就业平等之公然违背；公正要求执政者执政时秉公而非徇私，关说请托却与公正原则背道而驰，危害执法、司法公正。请托乃是人情社会之产物，故必为法治社会所不齿不容，有违现今多数公民之道德观念。

仍需注意的是，如当事人为自身合法权益进行请托，效力何如？于八种类型中是否存在有效请托？此时，仍需探究其请托手段与方式是否会导致损害社会公共利益。显然，非用于获得学位、晋升职称之代写以及入学请托中依规为中、高考移民办理户口这两种请托应为有效，其他内容合法之请托仍无效。上文“张某某案”中，张某某乃为尽快抓捕犯罪嫌疑人而请托，虽当事人目的、请托内容并无可责性，然当事人选用之手段明显不妥，扰乱正常社会秩序，违背善良风俗，如对此内容合法之请托有所容忍，合法之事尚需用不当请托手段才可实现，久而久之，必然请托成风，难以根治。因此，即使请托内容合法，但因其手段不当，亦是对公共秩序之破坏、善良风俗之违背，应予判定无效。而在枪手请托中，如若将代写之论文用于获得学位、晋升职称，此时明显有违教育秩序与教师聘任程序，对于高校教学科研损害极深，为教师、学生以及社会大众所不齿，此时请托无效。然，其他情形

[1] 中共中央文献研究室编：《习近平关于全面依法治国论述摘编》，中央文献出版社2015年版，第68页。

下之枪手代写请托乃委托作品著作权问题[1]，请托人之著作权受法律保护，故请托效力当然有效。而在为中、高考移民办理户口之请托中，如办理程序合法合规，不存在任何不当手段与情形，请托费用为办理户口之合理花费，此请托效力与一般委托无异，效力应给予认可。实践中“蓝印案”[2]便可参酌。综上，请托破坏公共秩序，违背善良风俗，对于社会公共利益有明显之损害。由上观之，请托合同依据《合同法》第52条第4项及《民法总则》第153条第2款判定合同无效应作为当下民法规制请托之依据。

（二）费用归属

请托无效后，法院多选择适用《合同法》第58条返还全部财产，但判决“返还”财产不甚妥当，合法却不合理，裁判之社会效果与法律效果无法统一。“倘使法律秩序允许行为人援引自身行为违反善良风俗而获益，法律将会遭到滥用”。[3]且返还之压力会迫使受托人为避免承担不当得利返还义务而更加努力实现不道德之目的。而我国大多数法院适用“返还”之判罚，无疑造成了恶性循环：于请托方，最坏效果乃“毫无损失，下次继续”，裁判无疑纵容甚至鼓励了这种不法请托；于受托方，必须努力实现该请托事项，才能避免将来返还费用，反而增加了请托行为实现最终目的之概率，就立法目的而言，可谓南辕北辙。即使在如涉及受托人欺诈请托人这种最极端之情形，返还之处理方式亦为不当。我国台湾地区便有欺诈请托之案例，其“最高法院”认为，“为行使基于侵权行为之损害赔偿请求权，有主张自己不法之情事时，如拟用金钱力量，使‘考试院’举行之考试发生不正确之结果，而受他人欺诈者，是其为此不法之目的所支出之金钱，则应适用第180条第4款前段之规定，认为不得请求赔偿。”[4]是故，即使涉及欺诈，请托人主观上请托意图明显，亦实际进行了请托，与一般请托并无他别，仅因受托人之欺诈行为，就对请托人网开一面，难谓公平，故即使涉及欺诈，亦不应判决返还。综上，返还费用虽表面合法但明显不合理、公正，达不到良好的社会效果，遂应摒弃。

实务中，亦有法院适用《合同法》第58条“双方都有过错，各自担责”之规定作为裁判依据，亦非妥当：首先，损失难以确定。实践中对损失之认定杂乱无章，有法院将损失认定为委托费用，有的认定为利息，有的法院将损失认定为委托费用和利息。然请托费用是用于不法活动，将其与损失等同，并未考虑请托违背善

---

〔1〕《著作权法》第17条规定：受委托创作的作品，著作权的归属由委托人和受托人通过合同约定。合同未作明确约定或者没有订立合同的，著作权属于受托人。

〔2〕河北省沧州市中级人民法院（2011）沧民终字第1037号民事判决书。

〔3〕参见［德］维尔纳·弗卢梅：《法律行为论》，迟颖译，法律出版社2013年版，第463页。

〔4〕详情参见我国台湾地区1967年台上字第2232号判例。参见王泽鉴：《民法概要》，北京大学出版社2009年版，第19~20页。

良风俗，实为不妥。其次，即便不将委托费用认定为损失，实践中多数法院在衡量过错程度之时，选择让请托方承担20%之责任，受托方承担80%之责任，思虑略显不周。[1]损失之发生，乃请托人不法委托于受托人，且主动给予其财物，受托人只是依请托人意愿办事，为何请托人只承担小部分责任，而受托人承担大部分责任？如此分担费用，造成的客观结果仍是请托方基于自己之“丑行”，行使返还请求权，降低自身风险，即使请托被判无效，从结果来看，委托方有一种“虽败犹荣”之感，该结果未客观表现出法律对请托人目的不当之苛责。综上，笔者认为，适用《合同法》第58条“过错分担”之规定作为裁判依据亦不妥当。

运用不法原因给付这一在中国尚未转化成实定法之法理并借鉴外国法经验判定请托，亦难谓妥适。首先，适用法理之前提在于现行法之缺失。如存在一规范，可窥见立法者若处于今日，亦赞同适用该规范，则法官应适用规范，不能径行适用法理。[2]其次，不法原因给付中所称之给付当事人之给付目的，在受领人终局保有此项财产给予[3]，而多数请托人并非意欲使受托人终局性保有请托财物，仅用于请托产生之合理花费。最后，如适用不法原因给付，受托人如为职业掮客，客观上使得其非法利益合法化，裁判之社会效果将会大打折扣。是故，未分情形适用“不法原因给付不得返还”这一法理难谓妥适，仍应谨慎。

请托乃中国人情社会千年来之特色产物，单独适用“返还”“不返还”等裁判规则难得满意效果。笔者认为，应基于案情特点，依请托行为不同实施阶段，组合适用“返还”“不法原因给付”不予返还与“收缴”这三种方式，方可妥善解决。首先，如请托人在受托人未实际开始实施行为之前，主动撤回委托，应支持其返还请求。“在受领人未履行委托事项之前，委托人可以撤回委托。当他因撤回委托而请求返还给予时，并未以自身悖俗行为为由行使返还请求权，允许其撤回不道德的委托符合法律思想”。[4]此时，请托行为并未实际发生，尚未造成实际损害，如允许请托人幡然醒悟，要求返还财物，乃撤销委托之举，允许其请求彰显法律鼓励其“悔改”之意图，如此裁判亦可引导部分请托自灭于萌芽之中，大大降低请托发生之概率。当注意的是，如若请托人一直未给予受托人“请托费用”和“好处费”，受托人即使在履行承诺后，亦无权主张费用。请托人未给予费用可推知请托人仍处于犹豫状态，如若此时准予受托人主张费用之诉请，亦是对受托人一种鼓励，不利于杜绝请托行为。其次，如果受托人开始实施请托行为，则分为两种情况，如受托人举证证明费用之去向，即可适用“不法原因给付”，不予返还费用；此时，受托

---

[1] 参见江苏省南京市玄武区人民法院（2013）玄民初字第679号民事判决书。

[2] 参见杨仁寿：《法学方法论》，中国政法大学2013年版，第276页。

[3] 参见王泽鉴：《民法学说与判例研究（第二册）》，北京大学出版社2009年版，第94页。

[4] 参见［德］维尔纳·弗卢梅：《法律行为论》，迟颖译，法律出版社2013年版，第464页。

人并未存在不当得利，判定不予返还也惩罚了请托人之不法委托行为。受托人举证证明费用去向则更有利于法院查明真相，发现潜在的犯罪线索。受托人实际上依据自身之意愿，已将请托费用使用殆尽，亦算是客观上“保有”此项财产。然，受托人受领之好处费不能适用不法原因给付不予返还，如若此时适用则会变相鼓励受托人，于情于法难容。最后，如若受托人无法举证证明费用之去向，可适用《民法通则》第134条、《民通意见》第163条有关“收缴”之民事制裁方式解决费用问题。《民法通则》第134条、《民通意见》第163条规定了“收缴”之民事制裁方式一直饱受争议。虽对于收缴之研究成果甚少，但因其制裁之特性与民法以及法院之定位不符、无具体司法制度配套等原因，历来受到学者非议。[1]外国民法中保有收缴这一民事制裁方式的亦为少数，仅俄罗斯、奥地利等国保留了“没收”这一处理模式。[2]然《最高人民法院公报》2015年第3期公布的“无锡市掌柜无限网络技术有限公司诉无锡嘉宝置业有限公司网络服务合同纠纷案”却肯定了法院收缴不法所得这一裁判，而此案与请托相近，乃请托网络公司向用户发送房地产垃圾短信，可见最高人民法院并未废弃收缴这一民事制裁方式，也为本土化处理请托问题提供了思路。《民法总则》出台之后，删去了《民法通则》第134条第3款有关“收缴”的规定。由此引发能否继续适用“人民法院可以收缴进行非法活动的财物和非法所得”规定的争论。首先，从《民法总则》与《民法通则》的效力关系上来看，《民法总则》出台之后是没有废止《民法通则》的，因此，对于具体的案件，《民法总则》没有规定而《民法通则》有规定时，可以直接适用《民法通则》，如《民法通则》第134条第3款规定的训诫、责令具结悔过，收缴进行非法活动的财物和非法所得。[3]其次，从立法目的的角度来看，之所以删去《民法通则》第134条第3款的规定，是因为此种民事制裁规定，混淆了私法公法的关系，与民法的私法本质相抵触。[4]也就是说有关“收缴”的规定被删除并不是因为该规定本身存在谬误或者已经落后于时代。该规定本身是有积极作用的，只不过放在民法或《民法典》这一司法体系中不太合适才予以删除。即使将来完全废止《民法通则》，“收缴”这种民事制裁方式也将在未来回归公法领域供法官适用。是故，如若受托人无法举证证明费用之去向，可适用《民法通则》第134条、《民通意见》第163条有关“收缴”之民事制裁方式解决费用问题，请托人给予受托人之好处费亦应属于“进行非法活动的财物和非法所得”，法院应另行制作民事裁判书予以收缴。如此，请托人也不会因“返还”而客观上因主张自己不道德之行为而受益，亦能惩罚

---

[1] 参见魏盛礼：《民事制裁制度性缺陷评析》，载《河北法学》2005年第5期。

[2] 参见《俄罗斯民法典》第169条、《奥地利民法典》第1174条之规定。

[3] 丁宇翔：《适用民法总则应处理好五大关系》，载《人民法院报》2018年1月31日第7版。

[4] 李宇：《民法总则要义》，法律出版社2017年版，第864页。

受托人，以防受托人存有不当得利，兼顾法理情理，乃一举两得之法。但应注意收缴财物之具体范围，应为无法证明用途之委托费用和好处费等相关财物。尤应注意，在借名请托中，收缴范围不应包含房屋、贷款等另一合同中的标的物，而应局限于双方用于借名请托的费用及所涉好处费。

五、结语

办事找关系，累人累己，且有损公共秩序，败坏社会公德，对法治社会养成极为不利。然请托形态繁多，囿于实在法规范阙如，实践中认定其性质、效力等较为困难，同案异判时有发生。基于此，笔者立足于本土案例，依据相关现行法，参酌各家学说，进行价值衡量，寻究我国民法中规制请托之本土化途径，试得出以下结论：

其一，请托主要有入学请托；铨叙请托；关说请托；办证办资请托；借名请托；媒体公关请托；暴力讨债请托；枪手请托八种类型。实务中尚存“非民事案件受案范围，不予受理”“请托合法”“请托给付系不当得利”“请托给付系民间借贷”“请托无效”“请托系不法原因给付不予返还”六种裁判进路。

其二，根据请托之特性及其危害，请托并非刑法问题，法院亦不能不予受理。请托问题实属民法议题，民法规制请托具有必要性与可行性，应在现行民法中找寻裁判依据。请托关系系委托合同，不是不法原因给付之债、不当得利、民间借贷、居间关系等。

其三，枪手代写请托之效力应以论文用途来具体判定，如代写论文不用于学位、职称评定等场合，依据《著作权法》，该代写请托应为有效。入学请托中依法、依规为中、高考求学办理户口亦为有效。其他请托均应无效，无效之依据应为《合同法》第52条第4项或《民法总则》第153条第2款，即请托内容、方式损害社会公共利益、违反公序良俗；特殊情况下，如涉共同行贿或诈骗等刑事犯罪，法院可将相关线索移交给公安或检察机关，是否中止审理取决于请托与犯罪行为是否为同一法律关系，如若刑庭判定犯罪成立，法院须依《合同法》第52条第5项以及《民法总则》第153条第1款判定请托无效。

其四，厘定请托费用归属如若单独适用返还或者过错分担损失、不法原因给付等规则均难以自洽，应分情况组合适用“返还”“不法原因给付”不予返还和“收缴”之方式，以求个案正义。如请托人在受托人未实际开始实施行为之前，主动撤回委托，应支持其返还请求；如若请托人一直未给予受托人“请托费用”和“好处费”，受托人即使履行请托事项，亦无权主张此费用。如请托实际履行，则分为两种情况，如受托人举证证明费用之去向，费用归属可依“不法原因给付”之法理不予返还；如受托人无法举证证明费用之去向，可适用《民法通则》第134条有关“收缴”之民事制裁方式，另行制作民事裁决书，收缴请托费用、好处费等财物。

艺术品拍卖中的拍卖人对委托人鉴定义务研究
——以美国法为例

郑　臻*

目　次

一、问题的提出

试举一例，在2014年9月18日宣判的陈超与上海宣化展览服务有限公司委托合同纠纷案中，被告上海宣化公司称原告陈超持有的“千叶岩宝石”价值连城，并与之签订委托合同，同时收取前期服务费用1万元，随后被告委托在案外人上海金堂拍卖有限公司在拍买会上展出该石，最后因拍品流拍而拒绝退还原告服务费。[1]

在原被告所提供的证据中，我们发现，原告提供了上海中宝宝玉石鉴定所的鉴

* 郑臻，北京航空航天大学法学院法学博士研究生，专业方向：民商法。

〔1〕参见（2014）松民一（民）初字第7176号判决书，详见网址：https：//www. itslaw. com/detail? judgementId = 77fe8578 - f8aa - 4dea - 9e1a - 6ed1d1733f86&area = 1&index = 20&sortType = 1&count = 21&conditions = searchWord% 2B% E4% B8% 8A% E6% B5% B7% E5% AE% A3% E5% 8C% 96% 2B1% 2B% E4% B8% 8A% E6% B5% B7% E5% AE% A3% E5% 8C% 96&conditions = trialRound% 2B1% 2B8% 2B% E4% B8% 80% E5% AE% A1，最后访问时间：2017年11月7日。

定报告，称这是一颗主要成分为碳酸岩的普通玉石，没什么价值；被告提供了委托拍卖合同，称客户（指原告）自报底价为180万元；同时提供了案外人拍卖会的宣传图册，图册上显示该拍品的底价也是180万元。[1]

如果不考虑证明材料真伪情况，根据上述材料我们可以有两点假设，其一为拍卖人没有对拍品进行鉴定，直接采用了顾客报价；其二为拍卖人故意或者过失的错误鉴定了拍品，导致认同了顾客的报价。无论是哪一点的假设，其实都可以归结为，拍卖人没有或者没有适当对委托人的拍品进行鉴定。那么对委托人而言，拍卖人应当承担鉴定义务吗，没有或者没有适当履行鉴定义务又该如何处理，便成为了一个需要研究与讨论的问题了。

二、我国有关规定的综述与分析

拍卖人对委托人承担的义务内容，主要由双方签订的委托拍卖合同承载。就委托拍卖合同的性质而言，可以将其归结为委托合同的一种，受到《合同法》的约束，同时就拍卖部分也受到《拍卖法》与其他有关法律法规的约束。[2]与艺术品拍卖鉴定有关的法规可以参见2017年商务部的《文物艺术品拍卖规程》。

基于委托人对拍卖人专业知识与技能的信赖，辅之以拍卖市场拍品质量良莠不齐的现状，势必会要求拍卖人承担的义务更为精细化，专业化。但是在我国法律关于拍卖人（受托人）义务的表述中，我们可以发现，鉴定或者与之相关的义务，仅在商务部的《文物艺术品拍卖规程》中以一个条文的方式呈现，同时该条文只规定了拍卖行应该对委托人的拍品进行审定，而未具体规定审定的标准，同时也未规定违反的后果。另外，对于没有鉴定或者鉴定错误的情形，或可以依照《合同法》第406条来处理。但是其中"过错"一词的表述更多的是形容对注意义务的违反。[3]因此，鉴定与注意义务的关系仍需理清。根据域外的理论与实践，注意义务的程度又分为三种，一是正常情况下一般人即可尽到的注意程度；二是平日处理自己事务

〔1〕 参见（2014）松民一（民）初字第7176号判决书，详见网址：https：//www. itslaw. com/detail? judgementId = 77fe8578 - f8aa - 4dea - 9e1a - 6ed1d1733f86&area = 1&index = 20&sortType = 1&count = 21&conditions = searchWord% 2B% E4% B8% 8A% E6% B5% B7% E5% AE% A3% E5% 8C% 96% 2B1% 2B% E4% B8% 8A% E6% B5% B7% E5% AE% A3% E5% 8C% 96&conditions = trialRound% 2B1% 2B8% 2B% E4% B8% 80% E5% AE% A1，最后访问时间：2017年11月7日。

〔2〕 我国《合同法》的委托合同一章规定了拍卖人对委托人的四条义务，分别为服从指示义务（第399条）、亲自处理义务（第400条）、告知义务（第401条）与财产交付义务（404条）。《拍卖法》也规定了拍卖人四条义务，分别是保管义务（19条），亲自处理义务（20条），保密义务（21条），禁止自拍自买义务（22－23条）。

〔3〕 屈茂辉：《论民法上的注意义务》，载《北方法学》2007年第1期

所用到的注意程度；三是“善良管理人”的程度，[1]鉴定又是处于注意义务的何种程度？最后，作为一种法定义务，鉴定义务是否可以免除？又应当怎么免除？凡此种种，无一不是需要认真对待的问题。

三、美国法的规定

美国法律规定拍卖人可能有两项不同的义务：勤勉义务和信赖义务。这两项义务都基于成文法和普通法，以及拍卖人与委托人之间明示或暗示的合同条款。[2]拍卖人与委托人关系的具体细节受到委托合同与其他有关合同的约束。[3]

（一）勤勉义务

拍卖人的勤勉义务是双重的：它包括以应有的谨慎和技巧履行他所承担的义务以及在拍卖中获得最佳价格的具体义务。

一旦委托合同形成，“委托人有权依赖拍卖人的诚信和判断。”[4]由于以下两个原因，使得这种勤勉义务的认定标准超过了一般的认定标准，首先，勤勉义务的认定标准期望拍卖人和其他专业人士一样，行使他们“自己的最佳判断力”，表现出理性或合理的判断。[5]其次，尽管拍卖人可能会被追究责任，但是勤勉义务的认定标准仍期望拍卖人在进行估值时需要运用他们的特殊能力。[6]

因此，确定专家的责任取决于他的具体资格和能力：如果专家声称拥有特殊的知识和技能，他就可以应用这些知识和技能，而不能仅仅局限于其专业的最低标准。[7]拍卖人不能充分应用其知识或技能，或者缺乏必要的最低限度知识都有可能

---

〔1〕 杨立新：《侵权法论（上册）》，人民法院出版社2013年版，第144～146页

〔2〕 Restatement (Third) of Agency, para. 1.01 (23)

〔3〕 Lerner, Ralph E. and Judith Bresler. Art Law-The Guide for Collectors, Investors, Dealers and Artists. 3rd ed. New York City: Practising Law Institute, 2005. p334

〔4〕 Bullock, Reginald Jr. “Imposing the Underwriters’ Duty of Care on Art Auctioneers.” Cardozo Arts & Entertainment Law Journal 7 (1988 - 1989) p369

〔5〕 Bullock, Reginald Jr. “Imposing the Underwriters’ Duty of Care on Art Auctioneers.” Cardozo Arts & Entertainment Law Journal 7 (1988 - 1989) p369

〔6〕 Cristallina S. A. v Christie, Manson & Woods Int’l, Inc., 117 A. D. 2d 284, 294, 502 N. Y. S. 165, 172 (1st Dept. 1986)

〔7〕 Lerner, Ralph E. and Judith Bresler. Art Law-The Guide for Collectors, Investors, Dealers and Artists. 3rd ed. New York City: Practising Law Institute, 2005. p604

导致其违反勤勉义务。[1]在违反勤勉义务的情况下，拍卖人失去对所提供服务的求偿的权利。[2]

这种责任的程度必须根据实际的情况进行评估。考虑到各大拍卖行每天处理的货物数量很多，他们可能比小型拍卖行花费更少的时间来审查委托才财产。虽然委托人可以要求拍卖人“不偏离其推广和销售艺术品的标准做法”。[3]但是对拍卖人的勤勉义务很大程度上取决于行业标准，而这是由主要拍卖行的内部实践决定的。[4]行业标准决定了委托人对拍卖人的期望程度，包括在鉴定财产的时候，由于拍卖人不需要承担正确的鉴定义务，而是为了履行其遵守某种程度的勤勉义务。因此，在判断拍卖行是否使用训练有素的自由裁量以及忽视某些必要的事实或数据方面，某些错误是否违反了拍卖人的谨慎责任，这很大程度上取决于相关拍卖行的内部惯例。

在 Reale 诉 Sotheby's，Inc 关于销售 74 种罕见美国硬币的案件中[5]，纽约上诉法院驳回了原告的观点，即在出售前，苏富比在允许咨询专家在没有对硬币进行目鉴的情况下，估算硬币的价值从而存在疏忽。因为原告无法证明不对收集品进行目鉴会导致估值数降低或造成其他伤害。[6]此外，法院认为，在委托人表示他不希望一些硬币专家参与他的硬币鉴定后，苏富比并未违背其对委托人或专业标准的责任。[7]鉴于委托合同赋予苏富比绝对的酌情权，使其可以决定向谁咨询，因此拍卖行没有忽视发货人的指示违反其义务。

相反，委托人必须证明拍卖人在准备和出售方面缺乏谨慎，从而对委托人造成损害。拍卖人有特定义务在拍卖中获得最佳价格，这并不意味着他必须保证拍卖的结果，为此，拍卖人可以预先确定委托财产的保留价。实际上，这项义务涉及拍卖

---

〔1〕 有学者区分了导致了违背勤勉义务的四种不同过失情况，其一，专家缺乏必要的知识；其二，专家的知识仅仅是一种“相信”；其三，专家疏于精进自己的知识；其四，专家没有适当运用他的知识。参见 Karlen, Peter H. “Fakes, Forgeries and Expert Opinions.” Journal of Arts Management and Law 16, no. 3 1986 P9－10

〔2〕 7 Am. Jur. 2d Auctions and Auctioneers, paras. 67 、78.

〔3〕 Bullock, Reginald Jr. “Imposing the Underwriters' Duty of Care on Art Auctioneers.” Cardozo Arts & Entertainment Law Journal 7（1988－1989）p594

〔4〕 Bullock, Reginald Jr. “Imposing the Underwriters' Duty of Care on Art Auctioneers.” Cardozo Arts & Entertainment Law Journal 7（1988－1989）p368

〔5〕 Reale v. Sotheby's, Inc., 278 A. D. 2d 119, 718 N. Y. S. 2d 37, 2000 WL 1868592, 2000 N. Y. Slip Op. 11338.

〔6〕 Reale v Sotheby's, 278 A. D. 2d 119, 120－121（2000）, 718 N. Y. S. 2d 37.

〔7〕 Reale v Sotheby's, 278 A. D. 2d 119, 120（2000）, 718 N. Y. S. 2d 37, 38.

师设定合理的低估和高估，价格最有可能激发竞拍人并鼓励他们提出高额投标。[1]

根据纽约州上诉法院 Cristallina 诉 Christie's 的判决，拍卖人被认为有“隐含的诚意义务，尽其最大努力来销售委托人的产品”。[2] 特别是，在本案中佳士得未能就委托绘画作品的吸引力以及设定保留价和估计价格范围等方面给予适当的建议。拍卖前，佳士得采取了促销活动宣传拍卖和委托画作，并表示预计以低于先前与委托人达成一致的估价范围的价格出售。此外，佳士得还建议在公开拍卖会上出售该物业。公开拍卖的风险本质上是将拍卖失败置于信息披露与否上，因此对拍品的市场性造成负面影响。

在 Cristallina 案中，几乎所有的委托画作都没有出售，因此被拍卖行买下。两位佳士得的专家进行了协商，并分别负责销售的准备。其中一位曾对画的吸引力和他们获得指定估价的可能性表示担忧。然而，这些担忧还不足以说服佳士得专家在印刷拍卖目录之前推荐私人销售或从销售中撤回绘画。因此，从裁决中可以推断出，拍卖行有义务正确告知委托人关于销售，保留价和估价的类型以及其他考虑因素，根据“与当地行业标准相称的特殊技能的勤勉标准”，以便以合适的方式推销委托财产。[3]

促使委托人的财产充分发挥潜力的责任关系到拍卖人关于拍品市场化的战略决策，以及吸引最有潜力的投标人的目标。战略决策是假设什么样的拍品应该置于什么样的拍卖场合、如何进行推广，估计应该出售的价格，低于这个价格的货物不应该出售等等。促进委托人财产的义务重新组合了拍卖人的职责：与其表现有关的勤勉义务，因为促销是向托运人提供的服务的一部分，以及履行委托人的利益。

从根本上讲，如果拍卖人对寄售的财产进行错误鉴定，那么所有为了进一步促进拍卖成功而做的努力都会随之消逝。受到错误鉴的拍品没有充分发挥其潜力，是因为它的实际价值首先被错误认可。此外，如果准确的鉴定可能导致拍卖人将拍卖品放置在吸引潜在感兴趣的购买者的拍卖会中，或者联系可能感兴趣的购买者，那么错失这样的机会可能会导致违反促进委托人财产出售的义务。

综上，当委托人与拍卖人订立委托合同时，他有权期望拍卖人评估和鉴定他的财产，同时考虑到所有可以合理的、与同等拍卖专家考虑的因素相同的因素。在鉴

---

〔1〕 估计价格的高低代表“拍品可能出售的价格范围”，但不预测拍品的实际销售价格。参见 Lerner, Ralph E. and Judith Bresler. Art Law-The Guide for Collectors, Investors, Dealers and Artists. 3rd ed. New York City: Practising Law Institute, 2005. p434

〔2〕 Cristallina S. A. v Christie Manson & Woods, International Inc., 117 A. D. 2d 284, 502 N. Y. S. 165 (1st Dept. 1986).

〔3〕 Cristallina S. A. v Christie Manson & Woods, International Inc., 117 A. D. 2d 284, 294, 502 N. Y. S. 165, 172 (1st Dept. 1986).

定错误的拍卖的情况下，拍卖人是否履行了该标准，必须逐个审查。判例法可能会提供一些指导，但肯定不会为拍卖人的勤勉义务建立明确的标准。

（二）信赖义务

拍卖人代表委托人作为代理人承担委托人的信赖义务。[1]当双方进入关于委托的磋商时产生信赖关系。[2]但是，拍卖人在委托之前，预先对拍品进行的估值不会产生信赖义务。[3]当出现错误鉴定的情况时，拍卖人可能违反了这项义务的两个组成部分：最大诚信义务和告知义务。

1. 最大诚信义务

美国最高法院于1890年确立了代理人忠诚度的重要性，他们认为“委托人享有代理人在执业和维系信任关系时勤勉，热情和无私的权利。”[4]一般来说，代理人的信赖义务可以被定义为“在与代理机构有关的所有事项上最大的诚信，诚实和忠诚的义务”。[5]纽约商法典将“最大诚信”定义为“事实上的诚实和遵守公平交易的合理商业标准”。[6]以最大诚信行事的义务贯穿于拍卖交易的各个方面。[7]因此，它构成了拍卖人必须随时采用公正交易的基本标准。

信赖关系是诚信的一种表现形式。[8]拍卖人必须尽可能避免任何可能引起利益冲突问题的情况，例如当他在拍卖自己所有的物品时，或者他代表另一方如买方行

[1] Restatement (Third) of Agency, para. 1. 01 (23); Mickle v Christie's, Inc., 207 F. Supp. 2d 237, 244 (S. D. N. Y. 2002); Cristallina S. A. v Christie Manson & Woods Int'l, Inc., 117 A. D. 2d 284, 292, 502 N. Y. S. 2d 165, 171 (1st Dept. 1986)。在某些州的法律中，情况这可能并非如此，例如在北卡罗来纳州Shalford诉Shelley's Jewelry, Inc. 案。法院认为根据北卡罗来纳州法律，“合同当事人不会因此而信赖彼此；除了合同条款之外，他们通常对彼此没有特别的义务”，同时“在平等的谈判地位和公平交易中相互依存的商业人士不是信赖关系”。北卡罗来纳州的法律要求信赖关系需要建立在一定程度上具有优越性和影响力之上。“在本案中，原告对拍卖业务的经验和知识阻止了根据信赖关系的建立”参见，Lerner, Ralph E. and Judith Bresler. Art Law-The Guide for Collectors, Investors, Dealers and Artists. 3rd ed. New York City: Practising Law Institute, 2005. p332.

[2] Bullock, Reginald Jr. "Imposing the Underwriters' Duty of Care on Art Auctioneers." Cardozo Arts & Entertainment Law Journal 7 (1988 – 1989) p375

[3] Nelson v Sotheby's Inc., 128 F. Supp. 2d 1172, 1178 (N. D. Ill. 2001).

[4] Wadsworth v Adams, 138 U. S. 380 (1890)

[5] Contreras J L. The Art Auctioneer: Duties and Assumptions. Social Science Electronic Publishing, 1991. p727

[6] N. Y. U. C. C. Section 9 – 102 (43).

[7] Christie's Inc. v Jerome Davis and Susan B. Davis, 247 F. Supp. 2d 414, 421 (S. D. N. Y. 2002).

[8] Bullock, Reginald Jr. "Imposing the Underwriters' Duty of Care on Art Auctioneers." Cardozo Arts & Entertainment Law Journal 7 (1988 – 1989) p374

事时。[1]

在 Greenwood 诉 Koven 案中，纽约地方法院认为，佳士得没有违反其信赖责任，寻求外部专家的意见，以核实 Georges Braque（1882 - 1963）的粉彩画的真实性。[2]拍卖结束后，佳士得咨询了权威专家同时也是对拍品享有著作人身权利的 Braque，但是他拒绝为粉彩画发放真实性证书。因此，佳士得撤销了此次拍卖，把画退还了购买者，并寻求委托人进行退款。法院认为，佳士得获得委托合同的授权，可以以咨询专家的方式进行售后服务，即使这样做“会违背委托人的利益”。[3]法院解释说，实际上，拍卖人的信赖义务可以由当事人重新定义，就像目前案件中所发生的那样，通过委托合同来进行。此外，佳士得只通过“诚实地尝试作出明智的决定”来履行诚信和公平交易的义务，因此并无不当行为。[4]

拍卖人的信赖义务的范围取决于委托人对委托人利益的授权。[5]拍卖人拥有的权力越大，他的职能表现就越容易实现。委托人可以给予拍卖人绝对的权利去处置他的财产，同时可以充分受益于拍卖师在艺术品方面的专业知识，但是也将承受拍卖人疏忽的风险。[6]

在 Reale v Sotheby's 案中，法院认为，委托人指称苏富比违反了他不想让某位专家参与的明确愿望并不构成违反信赖义务的行为。法院认为，委托合同为拍卖行提供了比较大的处置权。此外，委托人没有提供任何“反对协商的客观理由，作为一个法律问题，磋商的事实并不重要，而委托人对专家的主观感受却没有法律救济的理由。”[7]委托人在二审中进一步认为，苏富比在拍卖他的硬币的同一日期安排另一次拍卖会的行为违反了诚信和公平交易的隐含约定。然而，法院根据明确预见特定拍卖日期的委托合同再次驳回诉讼请求。[8]

因此，虽然理论上可能违反了受托责任，但拍卖者人经常会谨慎地拒绝委托合同和销售条件中的责任。

2. 告知义务

从根本上讲，拍卖人作为代理人有责任“尽量合理地向委托人提供代理人知

[1] Contreras J L. The Art Auctioneer: Duties and Assumptions. Social Science Electronic Publishing, 1991. p728

[2] Greenwood v Koven, 92 Civ. 2574 (CSH), 1993 U. S. Dist. LEXIS 18272 (S. D. N. Y. 1993)；二审参见 Greenwood v Koven, 880 F. Supp. 186 (S. D. N. Y. 1995)；1995 U. S. Dist. LEXIS 3769.

[3] Greenwood v Koven, 880 F. Supp. 186 (S. D. N. Y. 1995)；1995 U. S. Dist. LEXIS 3769. 24.

[4] Greenwood v Koven, 880 F. Supp. 186 (S. D. N. Y. 1995)；1995 U. S. Dist. LEXIS 3769. 33.

[5] Restatement Third, Agency, para. 1. 01 (23).

[6] Bullock, Reginald Jr. "Imposing the Underwriters' Duty of Care on Art Auctioneers." Cardozo Arts & Entertainment Law Journal 7 (1988 - 1989) p376

[7] Reale v Sotheby's, 278 A. D. 2d 119, 120, 718 N. Y. S. 2d 37, 38.

[8] Reale v Sotheby's, 278 A. D. 2d 119, 121, 718 N. Y. S. 2d 37, 39.

道，有理由知道或应该知道的事实…当委托人希望知道一些事实或事实对代理人履行职责有重要影响；而且事实可以在不违反代理人对其他人的义务的情况下向委托人提供。"[1]拍卖人必须以"委托人明示的"和与他们之间法律关系的程度为标准，确定哪些信息对发货人有价值。即使披露此类事实对拍卖人造成损失，通知责任优先于拍卖人的个人利益，并要求其提供相关信息。如果拍卖人"尽力合理地提供信息，合理且一致地遵守委托人提供的任何指示"，那么拍卖人就算合理的履行了提供信息的义务。[2]这项义务是普通法原则，并非源于法规。[3]这个义务背后隐含的意义是有利于委托人控制拍卖人的表现，因为他可以充分了解任何可能对拍卖会的成功产生重大影响的事实。[4]法院进一步阐明了这项义务，例如在Reale案中，鉴于没有足够证据证明并行销售已经造成委托人的任何具体损害，[5]纽约上诉法院驳回了原告关于苏富比未能通知委托人从而违反信赖义务的主张。

在Cristallina S. A. 诉 Christie Manson&Woods，International，Inc. 案中，[6]两位佳士得的专家对几件委托画作的质量和销售性持不同意见。其中一位专家从十一张中选择了八幅作品希望出售的作品，并建议这些作品应在公开拍卖中出售。专家还建议了每幅作品的估价和底价。第二位专家向他的同事报告说，作品的底价和估计价格都是"无法获得"，并且对所选绘画的吸引力存在分歧，同时还认为这些画比"漂亮的照片"更难出售。但是，这些担忧从未传达给委托人。拍卖成交不佳：八幅画中只有一幅被出售。因此，委托人开始对佳士得采取法律行动。

纽约州上诉法院修改了纽约州曼哈顿高等法院的裁决[7]，认为拍卖人必须披露关于被委托财产的可拍卖性的内部分歧，以及有对其价值提供真实意见的义务。如果将这些信息传达给委托人，他本可以不提供出售的作品，从而避免了在"买入"这幅画时造成的价值损害。

另外，如果拍卖行认定拍卖提供的待售商品似乎"不可能或不可行"，[8]它有义务不进行这种出售。拍卖人的告知义务对于可能影响拍卖成功的事实尤为重要，

---

[1] Restatement Third, Agency, para. 8.11 (369).

[2] Restatement Third, Agency, para. 8.11 (370).

[3] Bachman R. Agency: Auctioneer's Duty To Disclose Material Facts of Agency To Seller. Marquette Law Review, 1949. P58

[4] Restatement Third, Agency, para. 8.11 (370)

[5] Reale v Sotheby's, 278 A. D. 2d 119, 121, 718 N. Y. S. 2d 37, 39.

[6] Cristallina S. A. v Christie, Manson & Woods Int' l, Inc., 117 A. D. 2d 284, 294, 502 N. Y. S. 165, 172 (1st Dept. 1986)

[7] Cristallina S. A. v Christie, Manson & Woods Int' l, Inc. No. 82-09630 (S. Ct., N. Y. Cty. July 15, 1982).

[8] Bullock, Reginald Jr. "Imposing the Underwriters' Duty of Care on Art Auctioneers." Cardozo Arts & Entertainment Law Journal 7 (1988-1989) p374

因为未能在拍卖中出售该财产会降低其价值。[1]即使披露这些事实可能会在财务上对拍卖人造成损害，告知义务仍应优先于任何拍卖人的个人利益，并迫使他提供相关信息。[2]此外，可能真正对确定的底价和估计价格产生疑问的信息应通知委托人，尤其是在“这些信息可能对卖方造成很大的依赖性和某些期望”的时候。[3]然而，依赖和期望本身可能几乎不会产生有效的索赔。如前所述，委托人承担举证责任，证明这种依赖属于拍卖人义务的范围，并未被委托合同所排出，并造成实质损害。

当拍卖人未能履行这些行为时，他违反了对委托人的信赖义务，这将导致拍卖人损失所有的佣金。[4]此外，无论诉讼理由是基于合同违约还是故意过失，拍卖人都应对委托人造成的损失负责。[5]

（三）免责条款

如果合同条款含糊不清，拍卖人的责任必须基于可以从合同中推测的双方意图。如果依旧不能清楚地确定合同的意图，那么模糊的条款就会被解释为对条款的起草者不利。[6]美国的判例法和成文法都规定了拍卖人在错误鉴定情况下，免责条款的限制规则。

1. 拍卖人裁量权的限制

根据美国的判例法，拍卖人在其拍卖规则中规定的鉴定和拍卖准备中行使的裁量权受到诚信和公平交易的约束。UCC 第 2－103 节规定：对于艺术商人来说，“诚信”意味着诚实，并遵守合理的贸易公平交易标准。基于委托人可以期待的其他类似拍卖人的技巧和勤勉，法院借此解释了拍卖人裁量权的概念。

在 Greenwood v Koven 案中，纽约地方法院认为克里斯蒂的责任免责声明是明确的，并且认为当事人的合意清晰可辨。通过该案例可以表明，拍卖人可以通过委托合同和拍卖规则来修改与委托人的信赖关系。在本案中，佳士得提出了在粉彩画

---

〔1〕 Lerner, Ralph E. and Judith Bresler. Art Law-The Guide for Collectors, Investors, Dealers and Artists. 3rd ed. New York City: Practising Law Institute, 2005. p365

〔2〕 法院强迫拍卖人出示他的记录，这些记录是法律辩护所必需的。参见 Contreras J L. The Art Auctioneer: Duties and Assumptions. Social Science Electronic Publishing, 1991. p762

〔3〕 Bullock, Reginald Jr. “Imposing the Underwriters’ Duty of Care on Art Auctioneers.” Cardozo Arts & Entertainment Law Journal 7 (1988 –1989) p374

〔4〕 Bachman R. Agency: Auctioneer's Duty To Disclose Material Facts of Agency To Seller. Marquette Law Review, 1949. P58

〔5〕 Cristallina S. A. v Christie, Manson & Woods Int’l, Inc., 117A. D. 2d284, 292, 502N. Y. S. 165, 171 (1stDept. 1986)

〔6〕 Ace Wire & Cable Co. v Aetna Casualty & Surety Co., 60 N. Y. 2d 390 (1983); Record Club of America, Inc. v United Artists Records, Inc., 890 F. 2d 1264, 1271 (2d Cir. 1989).

拍卖之后的疑问。权威专家否认了其真实性，于是佳士得撤销了买卖合同。于是委托人起诉拍卖行违反信赖义务。纽约地方法院认为，佳士得对委托人的义务受限于拍卖规定和关于佳士得与购买者之间的真实性保证。此外，正如法院指出的那样，即使在拍卖后，委托合同依然可以授予佳士得咨询任何专家的权利，委托人将合同解读为拍卖人的专家咨询权限于拍卖之前是没有依据的。事实上，法院认为，委托合同的其他部分也隐含了这种权力。[1]

委托人认为，如果佳士得在出售前询问专家的意见，她并不会反对。但是法院认为，这样的预售调查将同样能够揭示潜在的不利信息，并对粉彩画不利。[2]从这个判断来看，信赖关系是合同解释的问题。此外，无论是拍卖前还是拍卖，拍卖人可能不承担与外部专家进行鉴定咨询的责任。

Greenwood 案进一步表明，在涉及鉴定和拍卖过程时，委托人应服从拍卖人的裁量权。在 Reale 案中，法院认为苏富比有权咨询委托人明示反对的专家。作为法律事实，委托人必须出示客观和必要的理由，以便对拍卖人的裁量权提出质疑。但是这种证明通常很难建立，特别是对于一个非专业人士。

另外，在 Mickle 诉 Christie's Inc 案中，美国纽约南区地区法院认为，佳士得行使其裁量权时受到隐含的诚信和公平交易的约束。法院指出："在充分满足一些法律上承认的诚信和公平交易措施的前提下，佳士得的主观裁量会得到支持，例如：（1）代理人的知情选择；（2）基于诚实的信念；（3）在一个真实而非幻想的前提下进行尽职调查；（4）受到有关各方之间关系的合同或其他规则所产生的权力的推动和限制；（5）是为了陈述的理由而采取的，而不是其他一些前提性的目的；（6）与实现双方明确的共同目标和合理期望的动机相一致，而不是阻碍合同履行；（7）导致其放弃利益或失去其协议完成时合理预期的机会。"[3]评估这些问题的主要困难在于它们"涉及关于诚信，动机和意图的判断"以及"需要进行密集事实的调查"。[4]

在 Greenwood 中，法院推论："佳士得通过诚实地尝试作出明智的决定来满足其诚信义务。"因此，法院认为，佳士得没有不当行为。总而言之，法院的结论是，如果委托人"寻求比法律赋予合同当事人最低程度的保护更大的保护，那么她应该在委托合同中对此进行磋商"。法院还回顾说，双方当事人最初同意较低的勤勉义

---

〔1〕 Greenwood v Koven, 880 F. Supp. 186 (S. D. N. Y. 1995), 197; 1995 U. S. Dist. LEXIS 3769, 31–32.

〔2〕 Greenwood v Koven, 880 F. Supp. 186 (S. D. N. Y. 1995), 197; 1995 U. S. Dist. LEXIS 3769, 30

〔3〕 Mickle v Christie's, Inc., 207 F. Supp. 2d 237, 249 (S. D. N. Y. 2002); 2002 U. S. Dist. LEXIS 11676, 36–37

〔4〕 Mickle v Christie's, Inc., 207 F. Supp. 2d 237, 249 (S. D. N. Y. 2002); 2002 U. S. Dist. LEXIS 11676, 36

务标准，进而言之，佳士得会以“唯一判断”作出撤销买卖合同的决定。因此，高勤勉义务标准不适用，并且“这种较低勤勉义务的适用性并未因一般原则而改变，即具有特殊技能的代理人的勤勉义务标准以当地类似代理人的勤勉义务为准。”[1]

Kohler 诉 Leslie Hindman，Inc 案的判决也是极为相似的，在本案中委托人同样主张拍卖人违反信赖义务与委托合同。本案的事实如下：首先，拍卖行在拍卖前未能就画作的真实性获得权威意见。在拍卖预展期间，感兴趣的潜在购买者 Thune 对画作的真实性提出质疑，接着，在委托人不知情的情况下，拍卖行与 Thune 达成一致意见，如果他能成功竞拍，同时画作确系赝作，他可以在 30 天内将作品返还给拍卖行。Thune 在竞标中占上风，并将这幅画发给了一位专家，旋即确定该作品不是拍卖目录中所列画家的作品。因此，Thune 把这幅画退还给了拍卖行。伊利诺伊州北区地区法院判决，驳回了委托人对 Leslie Hindman，Inc 与 Thune 提出的所有诉讼请求，上诉法院也认可了这一判决。[2]

委托人所有的诉讼请求都取决于拍卖人作为委托合同中的受托人代理权限的范围。委托合同赋予拍卖人裁量权用以撤销拍卖，以避免由于真实性担保而引起的诉讼。[3]因此，地区法院裁定，拍卖行撤销拍卖的行为是在其权限范围内行事。但是，上诉法院认为委托人提出了一个“强有力的观点：认为 Hindman，Inc. 拥有无限的撤销权力将会破坏限制拍卖人权利的其他方面。”[4]

为了确定拍卖人裁量权的界限，上诉法院提到了 Greenwood 案，并对比了 Kohler 案中的裁量权条款和履行条款。根据履行条款：“一方当事人行使裁量权是履行其义务的条件。”Kohler 案的上诉法院将委托合同中的裁量权条款视为履行条款。法院认为，在 Kohler 案中拍卖人裁量权时，双方达成一致的标准是主观的，但是通过委托人和拍卖人之间的身份利益可以证明其合理性。这导致了委托人对拍卖人的主观决策的信任。[5]

因此，Hindman 公司与 Thune 的协议符合诚信标准，并且也符合委托人的利益；考虑到拍卖师和委托人都有着同样重要的利益，“Hindman 公司为自己做的任何事情，显然也是为托运人做的。”通过与 Thune 达成协议并决定进行拍卖，而不是撤回拍卖，拍卖人保护了 Thune 假定绘画是真实的出价动机，并最大限度地提高

---

[1] Greenwood v Koven, 880 F. Supp. 186 (S. D. N. Y. 1995), 200; 1995 U. S. Dist. LEXIS 3769, 41 - 42.

[2] Kohler v Leslie Hindman, Inc., No. 95 - 1752, 80 F. 3d 1181; 34 Fed. R. Serv. 3d 1342.

[3] 拍卖行在合同中的表述是“如果出售任何财产的要约已经使我们和/或您在真实性保证下承担任何责任，被授权作为您的代理人，我们将自行决定接受退货并撤销任何财产的销售。”参见 Kohler v Leslie Hindman, Inc., No. 95 - 1752, 80 F. 3d 1181; 34 Fed. R. Serv. 3d 1342. para. 4

[4] Kohler v Leslie Hindman, Inc., No. 95 - 1752, 80 F. 3d 1181; 34 Fed. R. Serv. 3d 1342. para. 19

[5] Kohler v Leslie Hindman, Inc., No. 95 - 1752, 80 F. 3d 1181; 34 Fed. R. Serv. 3d 1342. para. 23 - 24.

了“拍卖获得丰厚收益的机会”。院认定这一行为是诚信的行为，同时根据委托合同，该行为也是在拍卖人权限范围内作出。[1]

关于拍品遭受错误鉴定的委托人，也适用同样的制度：必须确定委托合同授予拍卖行在鉴定和编目方面的裁量权。这意味着拍卖人可以有效地限制来自委托人的勤勉和信赖义务。但是免责条款必须明确规定，以便委托人了解拍卖人将适用的勤勉标准的程度。

在E. S. T. Inc. 诉Christie's Inc案中[2]，免责声明的明确与否对案件的结果至关重要。争议物品是关于一幅17世纪早期艺术大师的名为“卸下圣体”或“基督圣骸”的油画，委托人请佳士得确定其创造者。拍卖行得出的结论是，这幅画是由Annibale Carracci（1560－1609）的一名学生绘制的，事实上，在拍卖结束后，这幅画被证明出自Carracci本人之手，因此更有价值。当时，佳士得的拍卖规则规定："佳士得不会就该拍品的真实性，状况或其他方面向委托人作出任何陈述或保证。"[3]

纽约地方高级法院赞同了委托人的论点，因为，佳士得的免责声明是模棱两可的，应做不利于文书的起草者的解释：委托人将术语“真实性”解释为非伪造或假造的艺术品，而在特定情况下，这幅作品仅仅是错误地归属于师父的学生，这不涉及绘画的真实性，而仅仅是鉴定的错误。法院认为：“作为法律问题的认定，在早期的辩护阶段，佳士得未能提供充分的证据，不能仅以书证认定可以驳回原告的诉请或者支持被告的责任免除。”[4]更具体地说，法院不能免除佳士得免责条款包含的错误鉴定行为，因此驳回了佳士得的诉讼请求。最终，各方达成了和解，而佳士得随后在其标准免责条款中加入了“鉴定”。

在Greenwood案中，法院认为委托合同已经明确表示佳士得会使用主观的勤勉义务标准：佳士得被授权基于“独立判断”“决定”是否可能承担责任。这种修辞清楚地表明，只有佳士得的判断与确定潜在责任有关。在Kohler案中，法院的判决也基本相同。拍卖行在鉴定方面使用了类似Greenwood案的修辞。[5]

尽管拍卖人在委托合同中表达了免责的意愿，并且基于拍卖规则，规定鉴定和

---

[1] Kohler v Leslie Hindman, Inc., No. 95－1752, 80 F. 3d 1181; 34 Fed. R. Serv. 3d 1342. para. 26.

[2] E. S. T., Inc. v Christie's Inc., 6/28/2001 N. Y. L. J. 20, Index No. 112793/2000 (Sup. N. Y. Co. 2001).

[3] E. S. T., Inc. v Christie's Inc., 6/28/2001 N. Y. L. J. 20, Index No. 112793/2000 (Sup. N. Y. Co. 2001), at 2.

[4] E. S. T., Inc. v Christie's Inc., 6/28/2001 N. Y. L. J. 20, Index No. 112793/2000 (Sup. N. Y. Co. 2001), at 4

[5] 例如苏富比的拍卖规则：“您同意我们对于在目录或任何报告中描述和说明任何拍品的方式拥有裁量权。”

目录描述仅仅是表达不可诉的意见，但拍卖人有义务“如实陈述此意见”。[1]如果没有这么做，拍卖人可能会被要求承担欺诈责任。在较早的时候，鉴定可以视为重大事实的陈述，而不仅仅是表达意见，从而在欺诈的框架下变为可诉，因为拍卖人一定知道他所作的陈述是虚假的。[2]从理论上说，欺诈往往使的委托人能够排除免责条款，但是实际上却很困难。如果拍卖人的鉴定结论高于拍品本身的价值，也就是拍卖赝品，这从客观上来说是有利于委托人的，委托人通常不会选择诉讼；如果拍卖人的鉴定结论低于拍品本身的价值，拍卖人几乎不会有意地做出虚假陈述，因为他对拍卖成功更有兴趣。因此，基于欺诈的索赔不可能成功，必须探索其他方式。

在 Kohler 案中，法院判决强调：“在判断拍卖人是否真诚地作为委托人的代理人行事而不是只利于自己行事时，委托人和拍卖人的利益是否高度一致，将起着至关重要的作用。”[3]因此，在鉴定的具体做法时，拍卖人可能会提前支付成本和时间因素来支持他的决定，而非对受托财产进行更详细的审查，这样委托人和拍卖人都会节省金钱和时间。

然而，错误鉴定拍卖品案件的问题在于假如进一步调查，即使费时费力，很可能发现拍卖品瑕疵或者真实价值，而委托人和拍卖人都将从中受益。因此，拍卖人通过避免对委托财产进行更详细的调查而做出与委托人互利的决定是不合理的。就拍卖人个人的立场观之，避免对委托财产进行更详细的调查无疑是符合拍卖人利益的做法，但是在鉴定错误的情况下，这也导致了拍卖人处于不利的地位。那么，拍卖人和委托人的利益分歧在多大程度上影响拍卖人如实履行其义务？同时鉴于可以任意适用的免责声明，拍卖人的裁量权有哪些限制呢？

在 Sveaas 诉 Christie's 的案件中，关于委托收藏葡萄酒的合同规定，拍卖行对拍卖的方式有完全的裁量权。[4]拍卖后，委托人开始对佳士得提起法律诉讼，指称许多葡萄酒没有销售或以远远低于市场价格的出售，其原因在于佳士得并没有充分宣

---

〔1〕 Cristallina S. A. v Christie, Manson & Woods Int' l , Inc. , 117A. D. 2d284, 292, 502N. Y. S. 165, 171 (1stDept. 1986)

〔2〕 Cristallina S. A. v Christie, Manson & Woods Int' l , Inc. , 117A. D. 2d284, 292, 502N. Y. S. 165, 171 (1stDept. 1986)

〔3〕 在 Mickle 案中，法院认为，由于对已售油画的真实性存在疑虑，佳士得决定撤销买卖合同“是以合同程序为指导，并受到其约束的限制，这不仅仅考虑了佳士得的利益，还考虑了画廊和 Mickle 的利益。”因此，法院认为佳士得决定解除买卖合同不是仅符合其自身的利益，而是同时符合了拍卖人、委托人和买方的利益。参见 Mickle v Christie's, Inc. , 207 F. Supp. 2d 237, 249 (S. D. N. Y. 2002); 2002 U. S. Dist. LEXIS 11676, 45

〔4〕 Sveaas v Christie's Inc. , no. 10 Civ. 4263 (LTS), 2011 U. S. Dist. LEXIS 49118 (S. D. N. Y. April 20, 2011); 二审参见 Sveaas v. Christie's Inc. , No. 11 - 2064 - cv, 2011 U. S. App. LEXIS 25596 (2d Cir. N. Y. , Dec. 22, 2011)

传这次拍卖并且没有告知委托人有关佳士得在竞拍拍卖后十天举行的另一场葡萄酒拍卖会。原审法院认为，即使裁量权条款“可以被解释为佳士得违反信赖义务，”[1]但佳士得的保证免责条款阻止了委托人的损害赔偿请求。

地区法院在其判决中指出，“根据纽约法律，如果合同考虑行使裁量权，诚信和公平交易的原则将约束裁量权，使其在行使中避免恣意或不合理。”[2]恣意或不合理行为的认定标准类似于英国的温特伯里合理性标准，其中审查了裁量权是否被任意地，善变地或无理地行使。然而，在Sveaas案中，地区法院还认为诚信义务不能增加，减损或改变合同条款本身[3]：诚信义务“只是为了控制当事人如何履行他们在合同下承担的权利和义务；它本身不会产生独立的义务。”[4]这意味着拍卖人没有法律上强制执行的义务，因为他有义务履行具体行为。而在鉴定错误的情况下，缺乏独立的义务的情况甚至得到加强，因为拍卖人的拍卖规则大都不承认鉴定责任。因此，委托人可能不会合法地期待拍卖人在鉴定过程中有某些具体表现，因为委托合同中没有要求拍卖人在鉴定委托财产来源时采取某些行动。[5]委托人唯一能让拍卖人承担责任的可能性是证明拍卖人已经恣意地，非理性地鉴定了拍卖品。

在Sveaas案中，地区法院判决，委托人的“关于佳士得没有及时足够广泛地向最合适的潜在竞拍者推销拍卖品的指控，并不足以证明佳士得以恣意，非理性或恶意的方式行事。”[6]同时考虑到佳士得确实为确保对拍卖的利益而做出积极努力的情况，法院驳回了委托人的诉讼请求。

在二审时，地区法院的判决得到肯定。上诉法院补充了地区法院的裁决，“除非当事方为避免责任而为鲁莽忽视（reckless disregard）的行为，从而不顾其他人的权利，否则该条款具有可执行性。”[7]在各种情况下，委托人难以断言拍卖人存在此类行为。因此，在“鲁莽无视”的疏忽程度下确立的否认拍卖人免责声明的效力规则其实对委托人的保护程度相当低。这一标准意味着只有在拍卖人不顾一些事

---

[1] Sveaas v Christie's Inc. , no. 10 Civ. 4263 (LTS), 2011 U. S. Dist. LEXIS 49118 (S. D. N. Y. April 20, 2011) P9

[2] Sveaas v Christie's Inc. , no. 10 Civ. 4263 (LTS), 2011 U. S. Dist. LEXIS 49118 (S. D. N. Y. April 20, 2011) P9 -10

[3] Sveaas v Christie's Inc. , no. 10 Civ. 4263 (LTS), 2011 U. S. Dist. LEXIS 49118 (S. D. N. Y. April 20, 2011) P10

[4] Warner Theatre Assoc. Ltd. P'ship v Metropolitan Life Inc. Co. , 97 Civ. 4914, 1997 WL 685334, at 6 (S. D. N. Y. Nov. 4, 1997).

[5] Sveaas v. Christie's Inc. , No. 11 -2064 -cv, 2011 U. S. App. LEXIS 25596 (2d Cir. N. Y. , Dec. 22, 2011) at 4

[6] Sveaas v Christie's Inc. , no. 10 Civ. 4263 (LTS), 2011 U. S. Dist. LEXIS 49118 (S. D. N. Y. April 20, 2011) P10 -11

[7] Sveaas v. Christie's Inc. , No. 11 -2064 -cv, 2011 U. S. App. LEXIS 25596 (2d Cir. N. Y. , Dec. 22, 2011) at 6

实，来源或因素，导致艺术品的错误鉴定时，委托人的诉讼请求才能得到支持。尽管如此，在委托财产的鉴定过程中拍卖人的自私可能很容易导致拍卖人肆无忌惮地忽视某些要素。

通过 Greenwood 案，Kohler 案和 Sveaas 案，我们可以发现，如果委托合同的条款和拍卖规则明确规定拍卖人完全有权对艺术品进行鉴定，估计价格和做与拍卖有关的其他决定时，拍卖人不会对这些表述和决定的准确性作出回答，同时拍卖人可能不承担任何责任。

在另一个关于拍卖人对发货人的信赖责任的案例中，法院作出了有利于委托人的判决。在 Cristallina 案中，上诉法院审查了佳士得的信赖义务，结果推翻了一审法院的简易判决。上诉法院判决，委托人 Cristallina 已经指出了起诉佳士得及其前总裁 David Barthust 的行为的正当理由，因为他违反信赖义务并向委托人虚假陈述。Barthust 争辩说，决定委托绘画作品的价值和底价仅仅是在表达他的意见，而不是表达可以起诉的重大事实。上诉法院认为即使假定拍卖人仅仅表达了意见，那么“他有义务如实陈述这种意见”，并且“在某些情况下，价值陈述可以被看作是对现有事实的陈述。”法院的结论是，佳士得的行为引发了一个严重的问题，即佳士得虚假陈述了委托油画的价值用以支持欺诈行为。[1]然而，Cristallina 案必须根据其背景进行解释，并且不能作为举证责任人对虚假陈述承担责任的参考。

首先，委托合同似乎没有排除佳士得对鉴定准确性、估计价格以及推进拍卖的责任，至少，佳士得没有在庭审中提出通过协议明确排除此类责任的观点：“委托人所抱怨的行为是未经当事人之间任何协议授权的行为，但是拍卖行在此基础上没有进行解释。”[2]但是法院认为信赖义务可以被合同所改变。[3]如前述案例所言，拍卖行和委托人受到包含重大影响的免责声明的合同的约束，允许拍卖行在拍卖准备和编目过程中拥有广泛的裁量权。

其次，委托人 Cristallina 是一家专门从事艺术品贸易的公司。艺术商人是一个足够重要的客户，因此其与佳士得签订了一项协议，该协议脱离了拍卖行的格式委托合同的范围。Cristallina 已经取得了佳士得关于出售几幅印象派绘画的可能性，作为回报，佳士得准备了一份备忘录，建议发货人收藏的哪些油画应该在拍卖会上出售，并显示油画在私人物品中的价值差异。拍卖行采取了较低的价格，并在拍卖之前预留了比平时更宽泛的准备时间。在筹备期间，佳士得专家不同意 Barthust 关于某些油画的可销售性以及既定的估价和底价。因此，根据每个拍卖目录的描述，

---

〔1〕 Cristallina S. A. v Christie, Manson & Woods Int' l, Inc., 117A. D. 2d284, 292, 502N. Y. S. 165, 171 (1stDept. 1986)

〔2〕 Greenwood v Koven, 880 F. Supp. 186 (S. D. N. Y. 1995), 195; 1995 U. S. Dist. LEXIS 3769, 26.

〔3〕 Greenwood v Koven, 880 F. Supp. 186 (S. D. N. Y. 1995), 195; 1995 U. S. Dist. LEXIS 3769, 26.

Barthust 和专家降低了估计价格，从而违反了佳士得“不要设置高于公开预售估计的底价”的长期政策。Cristallina 案之后，纽约市出台了关于披露底价的规定。[1]实际上并不具备广泛的适用性。

第三，委托绘画是由梵高，塞尚和莫奈等受到高度重视的印象派艺术家的画作。考虑到他们的重要性，佳士得专门向媒体提供这些委托画作的建议，以推广这些涂料。同样，对高端艺术品的这种个别照顾通常不是“常规”货物的标准，包括那些有可能鉴定错误的货物。相反，拍卖行促进整体拍卖，并可能突出显示它认为是最重要拍卖品的某些艺术品。鉴于这些货物的价值较低，拍卖行的宣传活动也相应减少。由于这些原因，Cristallina 的判决可能不被视为对任何委托人的拍卖人施加的一般受托人标准。

在 Marchig 诉 Christie's 案中，原告指称尽管拍卖人有权修改其合同义务，但他们不能完全否认该关系所产生的任何信赖义务。相反，“如果合同确立当事人之间的信任关系，如代理人与当事人之间的信赖关系，那么合同产生的信赖义务就与合同义务无关。”在这种情况下，尽管有任何合同免责声明，委托人依然可以主张侵权。但是，委托人必须证明拍卖人存在欺诈行为。

总之，拍卖人在委托合同中表示其在鉴定，估价，目录描述，广告和准备拍卖销售以及咨询其他专家时拥有完全的裁量权。委托人通过签署委托合同同意这种勤勉义务和信赖义务标准。只有当拍卖人采取鲁莽的无视或欺诈行为时，委托人可以对拍卖人提起违约责任的诉讼。在这种情况下，委托人的诉讼请求可以对抗任何合同免责条款。美国的判例法表明，委托人提起的诉讼并胜诉是非常具有挑战性的。从积极的方面来看，可以从美国判例法中得出结论，委托合同赋予拍卖人在作出鉴定结论时应力求其最佳和诚实判断的权力。如果拍卖人对委托财产的鉴定有疑问，可以进行进一步调查。

2. 消费者合同的法定保护

在美国，委托合同是否构成消费者交易的问题由各州的法律确定。[2]UCC 将消费者的概念限缩在“为个人，家庭或家庭目的购买消费品”。[3]但各州可能在其法律中实施了不同的定义。

纽约市消费者事务部制定了法规（纽约艺术和文化事务法），通过对拍卖人施加某些义务来管制艺术品销售，这部法律的规定远远超出了联合国的范围，[4]例如拍卖人需要披露隐藏的向委托人出售时的利益，如预付款，贷款或保证最低价格

---

〔1〕 Rules of the City of New York, Title 6: Department of Consumer Affairs, Sections 2－122 (f) (1) and 123 (b)

〔2〕 Weber M. Liability for the Acquisition of faked or wrongly Attributed Works of Art in US Law. 2010. P416

〔3〕 U. C. C. Section 2－103

〔4〕 美国密歇根州艺术贸易监管范围同时也比 UCC 更广泛的。

等。[1]此外，拍卖人必须在目录或其他出版材料中包含该拍品的底价。[2]这部法律规定的义务主要是为了保护买家和公众，而不是委托人，因为拍卖人必须披露以前只有拍卖人和委托人才知道的某些信息。[3]然而，有些条款针对的是委托人的保护，例如书面合同的要求必须包括委托货物的某些要素，例如委托人应支付的所有费用，佣金和费用。[4]

此外，纽约“艺术和文化事务法”对鉴定证书和类似的正式文书提出了语言要求。这些文书涉及作者的作品目录陈述以及作品的署名，而该规定则要求这些文书明确表示该作品实际上是由作者或作者所署名的。例如该法第13.01（4）条规定了表述的三种情况：“（1）作品在没有任何词语限制的情况下，是由某名作者或具有署名作者创作，这意味着明确指出该作品是由该指定的作者或具有此类署名作者创作；（2）该作品‘归于指定作者’是指作品存于该作者的时代，可以归因于他，但不确定是他创作；（3）该作品是‘指定作者学生（school of a named author）’的作品是指作品存于该作者的时代，由其学生或密切追随者但不是作者创作。”

尽管如此，根据该法第13.01（4）条，拍卖行可能会限制或否定进行此类陈述的责任。只要合理解释免责条款的表述，他们的免责条款就会得到维护。即使委托人基于“真实性或类似书面表述的证书”，真实的鉴定了拍品，但是要求拍卖人承担责任依然十分困难，因为拍卖人明确声明否认鉴定和目录的内容的责任。[5]

虽然UCC等联邦法律名为涉及消费者的具体概念，但是纽约艺术和文化事务法对于艺术品拍卖的委托人是否符合消费者资格的问题并无争议，它明确规定其规定是否适用于委托人和潜在的竞买人和买主。相反，那些专门设法保护“消费者”的纽约州法规可能不适用于艺术品的委托人。在Mickle诉Christie's案中，纽约南部联邦地区法院“并不认为独一无二的绘画作为一种典型的消费品，消费者合同也不是管理这种艺术作品拍卖出售的合同，”因此不受消费者法的约束。[6]由于该案涉及构成适用于消费者交易的证据规则，因此适用“纽约民事诉讼法律规则（New York Civil Practice Law and Rules）”。该法将消费者交易定义为“交易中涉及的金钱，财产或服务主要用于个人，家庭或家庭目的的交易”。因此，消费者交易的定

---

〔1〕 Rules of the City of New York, Title 6: Department of Consumer Affairs, Sections 2－122 (d) and (h).

〔2〕 Rules of the City of New York, Title 6: Department of Consumer Affairs, Sections 2－122 (f) (1) and 2－123 (b).

〔3〕 Bennett, Stuart. "Fine Art Auctions and the Law: A Reassessment in the Aftermath of Cristallina." Columbia－VLA Journal of Law & the Arts 16, no. 3 (1992) P282

〔4〕 Rules of the City of New York, Title 6: Department of Consumer Affairs, Sections 2－122 (a) and (b).

〔5〕 出于这个原因，苏富比排除了自己对买方多处虚假陈述的责任。参见 Foxley v Sotheby's Inc., 94 Civ. 7039 (SAS), 893 f. Supp. 1224, 1231 (1995 U.S. Dist. Lexis 5332), 12.

〔6〕 Mickle v Christie's, Inc., 207 F. Supp. 2d 237 (S.D.N.Y. 2002).

义是基于交易的目的，而“用于拍卖的委托服务”显然不在此列。[1]以交易目的进行区分消费者交易这种解释与瑞士消费者保护的一些学说很类似，他们认为区分交易的决定性因素是进行此类交易时消费者使用的功能特征，因此使艺术品拍卖不符合功能目的。

此外，在Mickle案中，法院考虑到委托人对一些具体问题的理解，并指责他们“几乎不是他们所宣称的那种不知情的新手”。相反，委托人已经尝试了20年，将他们的作品租给博物馆或出售给画廊和拍卖行。此外，委托人还定期与艺术市场专业人员进行交易。法院认为这种行为不符合“主要用于个人，家庭或家庭目的的交易”的法定要求。相反，委托人只想出售该画作以谋取利润。[2]

与纽约的判例法相反，在Nataros诉Fine Arts Gallery of Scottsdale案中，亚利桑那州州法院认定，由于拍卖人虚假陈述艺术品的价值并隐瞒它的出处，因此被误导的买方可能有资格作为消费者并向拍卖人索赔。[3]

总的来说，成分法和判例法限制了拍卖人履行其职责的裁量权，但是这是一个很轻易就能达到的门槛。只要拍卖人在合同中明确地规定了自己的裁量权，并且诚实地试图做出明智的决定，那么对于鉴定的免除就很可能得到保护。即使如此，各个法院的消费者法及其解释也因州而异，因此委托人的保护根据适用的州法律而改变。

四、美国法的规定对我国的启示

从鉴定义务的来源上讲，美国的判例法通过委托人赋予拍卖人的裁量权规定了拍卖人在行使该权利的时候应该履行的义务。而我们国家则通过成文法的规定，要求拍卖人必须履行鉴定的义务。但是我们国家的法规并未明确规定鉴定义务的内容为何，实为遗憾。美国的法律将拍卖人的义务规定为勤勉与信赖义务，从理论上来说是有一定的借鉴意义的。首先，从委托人本身的利益出发，依据我国的法律法规，其有权期望拍卖人评估和鉴定他的财产，同时作为受托人，拍卖人也应该依法鉴定委托财产，也就构成了勤勉鉴定的基础。其次，从一般的交易理念出发，依据诚信原则，委托人有权期望受托人可以忠实履行受托事项，进而言之，就是在整个拍卖过程中呈现拍卖的最大价值。这也就是忠实鉴定的基础。

在对鉴定义务违反的归责问题上，我们国家采用的是“以过错责任为主”的归责原则，具体到对鉴定义务违反上来说，就是判断拍卖人在鉴定的时候是否存在故

---

〔1〕 Christie's Inc. v Croce, 5 F. Supp. 2d 206, 207 – 208 (S. D. N. Y. 1998).

〔2〕 Mickle v Christie's, Inc., 214 F. Supp. 2d 430, 432 (S. D. N. Y. August 13, 2002).

〔3〕 Nataros v Fine Arts Gallery of Scottsdale, Inc., 126 Ariz. 44, 612 P. 2d 500 (1980).

意或者过失，进而对规定其应承担的责任。但是问题在于，首先，拍卖人在鉴定的时候是否存在故意或者过失，尚无认定的标准，因此难以于法有据的判断。其次，鉴于过错责任的举证方是委托人，要证明拍卖人在鉴定过程中确有过失或故意，现下通行的做法是有委托人出具一份法院认可的证明文件，来证明拍卖人没有或者没有适当履行。在默认鉴定报告的真实性的基础上，获得这份报告所付出的代价，无论是个人资源投入还是司法资源的投入，却是高昂的。

但是美国判例法关于拍卖人的归责则采用了义务优先的设计。换言之，把拍卖人的义务看作是为避免事故发生而需要支付的一种成本，把过失界定的问题就转化为：这种成本需要追加到何种程度才不被视为“欠缺”。[1]对于程度的把握，一小部分来源于法律的规定，即对于拍卖人裁量权的限制与消费者法对委托人的保护；绝大部分则由当事人双方，主要是拍卖人来约定，这样做的原因一则是出于委托人对拍卖人的信赖，二则是因为拍卖人掌握了专业的技术与知识。如果当事人已经认为需要过大的成本才能避免过错，再去苛责他们避免过错，似乎对法律的价值有所偏离。

并非所有的过错都应该被预防，如果避免过错的成本要大于过错的损害的话，那么放任这种过错往往也是一种效率的体现。即：拍卖人是否构成过错的标准是，拍卖人是否需要为避免事故支付高于事故预期损失的成本。[2]汉德公式恰好为过失的判定划定了一个经济学意义上的界限。这是一种对效率的追求，而效率是一种法的独立价值，同时也是合同法的基本原则。

---

〔1〕 桑本谦：《过错责任背后的经济—伦理问题——对一起医疗事故赔偿纠纷案的分析》，载《法学》2003年第8期。

〔2〕 桑本谦：《过错责任背后的经济—伦理问题——对一起医疗事故赔偿纠纷案的分析》，载《法学》2003年第8期

建设工程合同发包人单方变更权的合理限度
——以德国建筑私法相关规定为借鉴

黄 喆*

目 次

单方变更权在合同法中受到严格的限制，现行法中规定的单方变更权均需以提请法院或仲裁机构决定的方式来行使。[1]但是，建设工程合同实践中，却大量存在发包人直接单方变更合同的情形。为了应对合同履行中的复杂情况，建设工程合同中往往包含变更约款，其中关于发包人单方变更权的条款，规定发包人为了自己的利益可单方面下达变更指令，而承包人需遵照执行。此类约款见诸我国建设工程常用之合同范本，如《建设工程施工合同范本 GF-1999-0201》（以下简称《99版施工合同范本》）、《标准施工招标文件2007年版》（以下简称《07版标准施工招标文件》）和《FIDIC 红皮书 1999 年版》（以下简称《99版 FIDIC 红皮书》）。实践中，大量的建筑合同履行中发包人行使了单方变更权。

对于发包人的此项权利，理论界鲜有探究，以至于该权利的基本面尚不清晰。

---

* 黄喆，东南大学法学院副教授，德国哥廷根大学法学博士。本文发表于《政治与法律》2012年第11期。

〔1〕 根据《合同法》第54条规定，可变更、可撤销合同中当事人享有的仅是请求法院和仲裁机构变更或撤销合同的权利。

诸如该项权利的性质、权利的范围、权利行使的效果，以及权利的合理限制等，均缺乏深入的讨论。鉴于德国《建筑工程招标与合同规则》（Vergabe - und Vertragsordnung für Bauleistung，以下简称 VOB）中也有关于发包人单方变更权的规定，并且德国理论界对此已有精细的研究，本文拟以德国建筑私法为借鉴，结合我国建设工程实践，以变更权的合理限度为核心展开讨论。

一、发包人单方变更权的权利属性

发包人单方变更权来自工程合同中的特约，通过该约定，发包人可单方指示承包人办理变更，不需要经过承包人的同意，并且，除非承包人无法实施此变更，否则不得拒绝发包人的变更指令。[1]德国建设工程通用条款是由德国工程建设发包委员会（DVA）制订的 VOB，在德国的工程业界被广泛适用。其中 B 部分规范的是建筑施工合同通用条款（以下简称 VOB/B）。VOB/B 第 1 条规范的是建筑施工的形式和范围，其中第 3 款和第 4 款包含了两项关于发包人变更权的重要规定。VOB/B 第 1 条第 3 款规定了发包人单方变更建筑设计（Bauentwurf）的权利，此时，承包人有义务满足发包人的要求、相应地调整其施工。另外，第 1 条第 4 款指出，以对于合同给付之必要为限，承包人应在发包人的要求下实施没有约定的给付，除非承包人不具有给付的能力。对于这里的发包人单方变更权的权利属性，德国法上有精细的讨论。

（一）强制缔约说

在德国的文献和司法实践中，对于 VOB/B 第 1 条第 3 款和第 4 款规定的发包人单方变更指令的法律属性有两种理解，一种观点认为属于“强制缔约”（Kontrahierungszwang），[2]另一种意见认为构成《德国民法典》第 315 条意义上的单方给付确定权。[3]这两种理论有明显的差异。对于承包人而言，“强制缔约”指其有缔结合同的义务。发包人单方指示变更是变更合同的要约，承包人因原合同条款中的约定而负有承诺的义务，拒绝缔约，意味着对原施工合同的违约并要承担损害赔偿责任。在拒绝缔约的时点上，变更合同并未成立。单方给付确定权所指的情况

[1] 《99 版施工合同范本》第 29. 1 款、《99 版 FIDIC 红皮书》第 13. 1 款、《07 版标准施工招标文件》第 15. 3. 1（4）。

[2] Staudinger/Peters, BGB, §633 Rn. 52; OLG Dresden BauR 1998, 565; LG München I, Vorentscheidung zu BGH NJW 1996, 1346.

[3] BGH NJW 1996, 1346, 1347; Leinemann/Roquette, VOB/B, § 1 Rn. 40; Quack, ZfBR 2004, 107, 108; a. A.: Ingenstau/Korbion/Keldungs, VOB/B, § 1 Nr. 3 Rn. 1; OLG Dresden, BauR 1998, 565, 566 f.; Rehbein, Die Anordnung des Auftragsgebers S. 40 f.

是，发包人有确定具体给付的权利，该权利的行使，仅需发包人向承包人以意思表示为之，后者有义务继续履行变更了给付内容的已签订的合同。换言之，此时涉及的仍是承包人的合同履行义务，虽然具体内容上有所变化，但在本质上并没有脱离原合同。

强制缔约的约款通常针对大量发生的交易行为，标志特征在于其与公共事业的关联性，如强制运输、强制供给、制定强制价目表等。有强制缔约义务的一方当事人通常为特定的有垄断地位的经营者，或是公共服务的提供者。在建设工程施工合同中，如果承包人对发包人的变更请求不予理会，会造成发包人所要求的工程性能不能完全实现；或者如果发包人另行寻找承包人，则会导致工程延期或增加成本等后果，但以此为由将承包人置于受强制缔约约束的地位，与强制缔约义务脱胎于由公法关联性所延伸的供给义务不相当。因此，有学者认为，应当排除发包人单方变更权的强制缔约性质。[1]

（二）单方给付确定权说

德国理论界和司法实务中的通说认为，VOB/B 第1条第3款规定的发包人的变更权是《德国民法典》第315条意义上的单方给付确定权。[2]根据合同的约定，工程发包人有权通过单方的意思表示确定合同的给付，包括对给付内容的变更和扩大。发包人行使该权利时，完全不需要再有双方的补充协议，权利的正当性基础存在于合同做出的授权。一般认为，《德国民法典》第315条为这一条款的设置提供了教义学背景。《德国民法典》第315条仅针对一次性的形成权的行使，而 VOB/B 第1条第3款规定的变更权可由发包人多次主张，认为对 VOB/B 第1条第3款的理解应准用第315条的规则。

在德国的工程私法中，将 VOB/B 第1条第3款规定的单方变更权定位于民法第315条的单方给付确定权意义重大。因为 VOB/B 是一般交易条款意义上的事先拟定的合同条件。德国债法改革之前，根据联邦高等法院的判决，如果合同当事人将 VOB/B 作为一个整体纳入建设工程施工合同中，则认为 VOB/B 关乎工程合同的特殊性、并在整体上充分平衡了合同双方的利益，因此不再受到一般交易条件法内容控制（Inhaltskontrolle）的约束。[3]但是债法改革之后，VOB/B 在司法实践中丧失了其整体优先性地位，需要就其条款的适当性接受民法典的审查。[4]对于 VOB/

---

〔1〕 Siehe Quack, ZfBR, 2/2004, 107, 108.

〔2〕 BGH NJW 1996, 1346, 1347; Leinemann/Roquette, VOB/B, § 1 Rn. 40; Quack, ZfBR 2004, 107, 108; a. A.: Ingenstau/Korbion/Keldungs, VOB/B, § 1 Nr. 3 Rn. 1; OLG Dresden, BauR 1998, 565, 566 f.; Rehbein, Die Anordnung des Auftragsgebers S. 40 f.

〔3〕 BGH v. 16. 12. 82 - VII ZR 92/82, BGHZ 86, 142.

〔4〕 BGH v. 22. 01. 04 - VII ZR 419/02.

B第1条第3款规定的发包人的单方变更权，也应当在具体情况下受到一般交易条件法的内容审查。由于第3款仅规定发包人保留变更建筑设计的权利，而未有任何限制，显然与德国民法第308条“有评价可能性的条款禁止”第4款相冲突，该款明确规定，如果一般交易条款中有“变更权保留”的内容，则不生效力。正是基于此点认识，德国有学者直接提出，VOB/B第1条第3款因违反《德国民法典》第308条第4款的规定，事实上应作无效处理。〔1〕不过，由于发包人变更权的权利属性在于《德国民法典》第315条意义上的单方给付确定权，根据该条款，虽然一方当事人有确定给付义务的权利，但有疑义时，必须确认该确定系依照公平裁量做出，所做出的确定只有合乎公平，才对另一方有拘束力。因此，对VOB/B第1条第3款的解释认为，虽然发包人可以单方面指令变更建筑设计，而承包人应当遵照履行相应的变更，但必须在民法第315条明确的可期待的范围内进行，这已然又符合了第308条第4款但书中的条件，该但书指出，关于使用人变更或偏离所约定的给付的权利的协议，在考虑到使用人的利益的情况下，该项变更或偏离对于合同当事人另一方是可以合理期待的除外。

根据VOB/B第1条第4款，如果事后出现合同没有约定的、但却必要的给付需要，则发包人可以做出相应的变更指示。这里涉及单方给付确定权意义上的给付目的的要求。据此，以给付对实现合同既定目的系属必要为限，发包人可以要求承包人实施合同未予约定之给付，除非承包人不具有施行相应给付之能力。除此之外的其他给付，需要取得承包人的事先同意。有观点认为，此处表达为“未约定的给付”有不妥，认为根据一般承揽合同规则，对于达成建设目标所必要的给付，仍应认定其为承包人根据合同所负担之给付，只是未有相应的报酬约定，因而可据此请求增加相应价款。〔2〕该款设置的并非发包人的给付加重权，只是为其提供了一种可能性，通过单方形成权的行使、为承包人设置为必要履行的义务，同时根据双务合同规则，向承包人支付增加的工程款。

（三）我国法上的定性

我国现行法上没有类似于《德国民法典》第315条的规定，故教义学上不能因循德国法的路径。就强制缔约而言，现行法上仅《合同法》第289条就公共运输设有规定。理论上就发包人单方变更权行使效果，归入强制缔约的范畴，也颇为牵强。从发包人单方变更权的构造来看，实质上便是一种单方改变法律关系内容的权利，故可定性为形成权。该形成权并非法律直接规定，而是由当事人约定而发生，这也符合私法自治的精神，当事人的合意安排为该权利提供了坚实的基础。但是，

---

〔1〕 Bruns, ZfBR 2005, 525, 526.

〔2〕 Voit, ZfIR 2007, 157 ff., Althaus, ZfBR 2007, 411, 413.

形成权关系中，一方居于主动地位，一方却是束手待命，此项形成权若无必要的限制，必将沦为发包人侵害承包人正当利益的工具。故关键的问题在于，应如何限制此种单方变更权。

二、发包人单方变更权的内容和限制

（一）德国 VOB/B 规则下的单方变更权内容

1. 建筑设计的变更（VOB/B 第 1 条第 3 款）

德国 VOB/B 第 1 条第 3 款规定：发包人保留变更建筑设计的权利。究竟“建筑设计”（Bauentwurf）的范围如何，一直存有争议。不过通说认为，“建筑设计”是“在具体的建设工程施工合同中，形成承包人工程施工合同给付义务内容的全部”，[1]包括工程图说，全部的规划文件，特别是对建筑物的规划图纸（平面图，鸟瞰图，外观）并包括所有书面的和口头的解释（估算、试验等）。[2]对此，最大的争议在于“建筑设计”是否包括履行的方式方法、施工的时间等其他“建筑情势”（Bauumstände）。持否定态度的观点认为，如果二者都包含的话，则发包人的单方给付变更权范围将会无限扩大，而本条款的目的不在于扩展给付，仅是变更约定的、透过价格约款被确定的给付。[3]相反的，肯定的观点认为，正是因为争议焦点在于待建工程和工程价款之间的给付均衡关系，应在双务合同给付与对待给付之有偿衡平框架下确定双方的权利义务。由施工合同确定的承包人的给付包括所有涉及待建工程形式和内容的约定，即包括工程的内容、如何施工、由谁施工、以何种方式施工、何时施工以及多久完工等众多方面。上述给付内容是与发包人的工程款支付义务相适应的，二者构成恰如其分的给付均衡关系。[4]

以笔者对德国相关文献的考察来看，德国法主张区分构成建筑设计本身的建筑内容和与其相关的所谓建筑情势，其原因在于，如果没有合同的特别约定，通常认为，承包人使用何种施工方式、选择何种施工时间（正常工作日工作、周末工作或者晚间工作等），应当由其自主决定，不应当被发包人干涉。[5]但是根据 VOB/B 第

---

[1] Keldungs, in: Ingenstau/Korbion, § 1 Nr. 3 VOB/B Rd. 7; Heiermann/Riedl/Rusam, VOB, 10. Aufl.(2003), § 1 Rd. 31; Leinemann/Schoofs, VOB/B, 2002, § 1, Rd. 25.

[2] Nicklisch/Weick, VOB/B, § 1 Rn. 25.

[3] Thode, ZfBR 2004, 214 ff.

[4] Zanner, Keller, NZBau 2004, 353 ff.

[5] Kapellmann/Messerschmidt, VOB/B, § 1 Rn. 54; Thode, BauR 2008, 155, 158; Ingenstau/Korbion/Keldungs, VOB/B, § 2 Nr. 5 Rn. 18; Jagenburg in: Ganten/Jagenburg/Motzke, VOB/B, § 1 Nr. 3 Rn. 10 f.; Leinemann/Roquette, VOB/B, § 1 Rn. 44 f.; Riedl, in: Heiermann/Riedl/Rusam, VOB/B, § 1 Rn. 31a; Nicklisch/Weick, VOB/B, § 1 Rn. 25 f.

1 条第 4 款的规定，即使不考虑本条第 3 款“建筑设计”概念的内涵和外延，仅考虑双方的履行约定，则虽然承包人得拒绝非由原合同约定之给付，但为完成合同约定之建设目标的额外给付不在此限。这一规定的后段无疑为发包人干涉施工方式提供了支撑，这样一来，原则上应当由承包人自主决定的领域，即采用何种方式达成给付效果，也被纳入了发包人的变更空间。如此一来，精确定义第 3 款中“建筑设计”的内涵，似乎已经没有太大的意义了。比较来看，在我国常用的合同范本中，变更权的内容也明确包含了改变施工方式和施工时间等方面，对承包人的保护和利益的平衡则是通过变更价款来体现。

具体来说，VOB/B 第 1 条第 3 款所确立的变更范围包括工程图说或工程清单中的全部履行内容，既可以是目标数据（Zieldaten）的变更，如房屋的空间划分，窗户设置的数量及其开合度等；也可以是施工数据（Ausführungsdaten）的变更，如在翻修桥梁的建设项目中，为路面建设而增加玻璃纤维工艺，[1]在排水工程中采用特定的排水设施，[2]以及在隧道工程中用所谓的掘进设施取代钻机工序等。[3]

理论上认为，变更权的范围应限于建筑设计的“变更”而非“重新规划”(Neuanfertigung)。不过，这一界定在个案中并不十分明确。如果发包人的变更指令完全不涉及履行义务根本性的形式和内容，这毫无疑问是关于建筑设计的简单“变更”；但如果发包人指令将待建工程由独户房屋变更为多户房屋或者要求其符合完全变更了的技术要求，此时即显然超出了单方变更权的范围。[4]

理论上认为，界定变更权行使的范围并非仅为了顾及承包人的利益。[5]因为，在规则的整体架构中，并无需要对承包人施以特别之保护。对应发包人的单方变更权，第 2 条第 5 款相应设置了承包人增加价款的请求权，完全能够体现承包人的主要利益。不排除在一种情况下，认为承包人的利益取决于实施原计划的工程任务，但这显然非常罕见。并且，即使根据合同的明确约定或是推定认为确实存在这种利益，也可以根据由诚信原则产生的关于单方变更权的一般限制而得到充分的保护，如基于“可苛求性”理论（Zumutbarkeit）。通过诚信原则的运用，能够妥当平衡合同当事人的合理利益；同时，因为规则本身的格式条款性质，发包人也需谨慎注意到合同相对方的认识可能性，在发生异议时，应采用通常的客观解释、考虑到在同种行业背景下合同参与人的利益安排和认知标准做出判断。[6]

---

〔1〕 BauR 2004, 135, 136 f.

〔2〕 BauR 1988, 338 ff.; BauR 1992, 759 ff.; BauR 1994, 236 ff.

〔3〕 OLG Koblenz, NJW – RR 2001, 1671, 1672.

〔4〕 Bau – und Architektenrecht/Glöckner. v. Berg, VOB/B, § 1 Rn. 23.

〔5〕 Ingenstau/Korbion/Keldungs, VOB/B, § 1 Nr. 3 Rn. 11; Leinemann/Roquette, VOB/B, § 1 Rn. 48.

〔6〕 Nicklisch/Weick, VOB/B, § 1 Rn. 28 f; BGHZ 84, 268, 272; 22, 90, 98; BGH NJW 1990, 1059, 1060; 1389, 1390.

2. 追加的给付（VOB/B 第1条第4款）

VOB/B 第1条第4款规定的发包人变更权指向合同没有约定的额外的给付，其实现条件有三：一为该附加的给付对于合同目的的实现有必要性；二为所涉及的给付，非为合同约定承包人之任一项履行内容；三为承包人须得具备完成给付之必要专业技能。很明显，本款所针对的情况与第3款有所区分。虽然第3款中建筑设计的变更同样会带来额外的工作，但第4款规范的却是不涉及原建筑设计的追加给付、完全是在原计划范围之外的补充元素。如果发包人指示对原建筑设计进行变更，那么只能适用第3款的规定。[1]施工过程中常因种种情势发生工程的延误，但是由于工程项目的特定用途（如奥林匹克赛场、世界杯足球场或者待租赁的房屋），在合同原定工期内完工诚属必要，如果此时发包人要求承包人采取赶工的措施，此一变更指令应属于第4款规定的范畴。[2]

对于发包人要求的其他额外给付，根据第4款第2句，只能在承包人同意的前提下才能够发生。此时，如果承包人同意，则无关发包人行使变更权的问题，更多的是双方达成了事后的补充协议，双方可以另行约定价金、而无须受到原定合同计价的限制。

我国台湾地区工程业界亦有“额外工程”的类似表述，指出虽然变更应限于“工作范围”之内，但该工作范围并非仅为工程图说或其他设计材料上所明确记载的工作项目，“凡与本工程有关联性的工作，如功能上或地域上关联，且在承包商可以合理预期的范围之内，所增加的工程应属契约变更的范围。”[3]此一强调与本工程“关联性”的表述，与德国 VOB/B 第1条第4款体现了相似的价值判断。

（二）变更权的一般限制

根据前文分析的结果，发包人变更权具有单方给付确定权的属性，纵然达成给付效果是建筑承揽合同的根本目的，但发包人在行使权利时还是要受到衡平法理的拘束、不得滥用权利。VOB/B 第1条第4款和第4条第1款第4项规定了对发包人变更指示权的限制，指出发包人的指令必须在不违反法律、行政法规的前提下，在承包人的生产能力范围内才能够得以遵照执行。不过上述条款与其说是限制，不如说是一般法律思维的体现，因为违反强行性法律规定的法律行为无效，而超出债务人的履行能力则会受到履行不能规则的豁免。

除此之外，发包人行使变更权还应在诚信原则的限度范围内。这意味着，所有

---

〔1〕 Nicklisch/Weick, VOB/B, § 1 Rn. 31.

〔2〕 Vygen: Bauvertragsrecht nach VOB, 5. Aufl. 2007, S. 48.

〔3〕 谢哲胜、李金松：《工程契约理论与求偿实务》，台湾财产法暨经济法研究协会2005年版，第456页。

不可期待的、权利滥用的变更指令都是不被允许的。[1]德国民法第315条中的单方给付确定权，规定了对履行标的的变更，透过该条款所体现的价值判断可得出同样的结论。[2]即便给付的确定处于一方自由处置的空间，但是，在有明显不公正，[3]或甚至是任意专断的情况下，[4]给付确定依然是无效的。为符合公平的衡量，应当在充分考虑到双方当事人的利益和相似情况的处理而确定通常的做法。[5]换句话说，此时需要考虑的问题是，如果站在一个理性第三人的立场，如果原合同条款中包含了事后的变更时，承包商是否仍会以相同的内容签订合同？

变更指令的"不可期待性"（Unzumutbarkeit）通常表现在下列情况中：如果发包人指示变更 VOB/B 第1条第3款意义上的"建筑设计"，但该变更却动摇了原合同的履行基础、致使合同内容发生根本性改变，[6]此时认为要求承包人完全听从发包人的指令行事即不可期待；同样的情况还发生在当变更必然引发建筑瑕疵[7]或直接违反法律、行政法规的强制性规定，更甚者构成对第三人的身体和生命威胁时[8]；除此之外，如果发包人对于承包人提出的专业性的异议完全不做回应，并且毫无理由地拒绝免除承包人的瑕疵担保责任，也因此要受"不可期待"理论的约束，构成对发包人指令变更权的限制。[9]

此外，受欧盟消费者指令计划在《德国民法典》内的全面转化和贯彻，一般交易条件法在保护格式条款相对方权利上力度再次加强。德国的文献中，对于 VOB/B 规定的发包人变更权在民法一般交易条件法审查下的合理性和有效性多有探讨。为此，需区分以下两个问题：一是在考虑到变更权权限范围的前提下，考察对于合同相对方有何种实质性的不利；二是解释在上述两个条款中以何种方式明确了对于发包人变更权的限制。由于第1条第3款和第4款较为宽泛地规定了发包人的权限、仅单方面惠及发包人，则承包人可以从格式条款的相对方角度出发，要求对该条款做出无效解释。[10]就第一个问题，上文已有论述，发包人单方变更权的确定是建立在合理衡量双方当事人利益的基础之上，并以变更的后果对于发包人而言并非不可期待（unzumutbar）为限。

---

〔1〕 BGHZ 92, 244, 249 f.

〔2〕 MüKo – BGB/Gottwald, § 315 Rn. 23.

〔3〕 RGZ 99, 105, 106; BAG DB 1982, 1939.

〔4〕 Palandt/Grüneberg, BGB §315 Rn. 10.

〔5〕 BGHZ 41, 271, 273.

〔6〕 Ingenstau/Korbion/Keldungs, VOB/B, § 1 Nr. 3 Rn. 11.

〔7〕 OLG Hamm, BauR 2001, 1594, 1596; Ingenstau/Korbion/Keldungs, VOB/B, § 4 Nr. 1 Rn. 95; Staudinger – BGB/Peters, § 633 Rn. 50.

〔8〕 OLG Karlsruhe, IBR 2004, 684.

〔9〕 BGH MDR 1985, 222, 223.

〔10〕 v. Westphalen, NJW 2002, 12, 17.

不过，以一般交易条件法的要求，VOB/B第1条第3款和第4款的有效性值得质疑。因为条款本身并不直接包含对发包人变更权的明确限制，一般意义上的限制仅来自对条款的补充解释以及诚信原则的要求。对于一个虽然谨慎注意、但缺乏专业知识的承包人来说，却不足以认识到这一限制。虽然在司法裁判上认为，不应当过分细致的强调对于有关格式条款透明性的要求，[1]但是如果欠缺透明性和明确性，则会存在一方显受不公的危险，以至于立法上认为需要保护相对人的利益从而限制变更权的行使范围。[2]因此，如果发包人对承包人使用VOB规则，那么其中第1条第3款不符合一般格式条款的要求。考虑到违反透明性原则的要求，VOB/B第1条第3款事实上应作无效处理。[3]对此，德国有学者建议，应当至少在条款中加入可期待的权利行使的大致范围。[4]

（三）我国合同范本中规定的解释

我国《99版施工合同范本》区分工程设计变更和其他变更，前者是指发包人遵照特定的程序，可以更改工程有关部分的标高、基线、位置和尺寸；可以增减合同中约定的工程量；改变有关工程的施工时间和顺序以及增加工程变更需要的附加工作。而其他变更则是指发包人不能单方面指示变更的情形，主要包括变更工程质量标准和其他实质性变更。[5]《99版FIDIC红皮书》第13.1款罗列的指示变更包括施工工作量的改变，工作质量或其他特性上的变更，工程任何部分标高、位置和尺寸上的改变，工程施工顺序或时间安排的改变等。[6]《07版标准施工招标文件》第15.1款规定的变更内容包括，取消合同中任何一项工作，改变工作的质量或其他特性，改变工程的标高、基线、位置和尺寸，改变施工时间或施工工艺以及为完成工程追加额外工作。[7]在《07版标准施工招标文件》和《99版FIDIC红皮书》中，没有提到《99版施工合同范本》中的实质性变更，对于工程质量标准的变更，更是明确纳入了发包人单方变更指令的范围。由此引发的问题是，发包人单方变更权的行使范围是否因此而扩大？有无合理性？双方产生争议时，对该条款应当作何解释，是否会受到一般交易条件法的不利评价？

《99版施工合同范本》中确立的实质性变更，系指触及对施工合同根本的性质上的变更，这需要由当事人双方协商确定。此时发包人如以指令的方式要求承包人

[1] BGH NJW 1996, 1346, 1347.

[2] Palandt/Grüneberg, BGB §307 Rn. 20 m. w. N.

[3] Bruns, ZfBR 2005, 525, 526.

[4] Bau- und Architektenrecht/Glöckner. v. Berg, VOB/B, §2 Rn. 46; Bruns, ZfBR 2005, 525, 527.

[5] 参见《99版施工合同范本》第29款、第30款。

[6] 参见《99版FIDIC红皮书》第13.1款。

[7] 参见《07版标准施工招标文件》第15.1款。

变更施工内容，则属违约行为，承包人可以拒绝。对此，英美法的重大变更（Cardinal Change）理论值得借鉴。Allied Materials and Equipment Company v. United States. 一案定义的重大变更“是一种契约的违反，政府对于工作造成激烈的（drastic）变更，以至于实际上产生要求承包商履行的责任，已重大的不同于原来的交易约定”；在此基础上实务中还发展了“累计影响理论”，认为在发生多个变更情况下，虽然单独观察每个单一的变更均属正常，但是共同结合后却发生对承包人极其不利的影响和不可预见的成本。〔1〕我国台湾地区审判实践中，有依据“债的同一性”理论区分“重要部分之变更”为“债的更改”，而非“债的变更”，〔2〕判断是否有重要部分的变更，也并非仅从“工作性质”上观察，尚应从“工作数量”上加以判定，因为后者是承包人投标报价时的重要参考基准，工程数量变动过巨，自然会影响到施工合同约定的基础条件，构成重大的变更。〔3〕由于在法律后果上，以重大变更为抗辩，承包人可主张终止契约、请求赔偿损失，从而避免引用契约条款中对其不利的争议解决条款和损害赔偿的限制，因此对于适用重大变更理论是有严格限制的，尤其要考察承包人能否合理预期。例如，在 General Dynamics Corp. v. United States. 一案中，虽然因为变更增加履约成本达 165%，且工期因此展延三年，但法院认为，承包人在建造核子潜艇的契约中应该能够预期到这样的变更，因此并不构成重大变更。〔4〕同样情况在德国工程司法实务中也有所体现。虽然认为应当限制发包人变更的范围，如果发包人的变更指令超出了界限，则承包人可以拒绝给付。但这种情况在审判实务中极少发生，德国联邦高等法院的一宗判决中，承包人因为发包人对建筑设计的变更多达 60 多次而主张解除合同，法院裁决驳回该诉讼请求。〔5〕

鉴于上述理由，虽然《07 版标准施工招标文件》和《99 版 FIDIC 红皮书》中没有提到实质性变更的情况，但在工程实践中，诚实信用原则或“重大变更”理论应当构成对发包人变更权的限制。同时，由于合同范本的格式条款性质，范本中诚如“改变合同中任何一项工作的质量或其他特性”或“对合同中任何工作的工程量的改变”等表述，均应当受到一般交易条件法的检视，认为其缺乏相当程度的确定性和透明性，发生争议时，应做出对发包人不利的评价。

---

〔1〕谢哲胜、李金松：《工程契约理论与求偿实务》，台湾财产法暨经济法研究协会 2005 年版，第 451 页。

〔2〕台湾“最高法院”台上字第 2753 号判决。

〔3〕Bau - und Architektenrecht/Glöckner. v. Berg, VOB/B, § 2 Rn. 46; Bruns, ZfBR 2005, 525, 527.

〔4〕Bau - und Architektenrecht/Glöckner. v. Berg, VOB/B, § 2 Rn. 46; Bruns, ZfBR 2005, 525, 527.

〔5〕BGH, BauR 1997, 300.

三、变更后价款的确定

（一）变更的提出

德国VOB/B第2条第5款对发包人变更指令的行使作出了限定，根据该款，变更指令应当是由发包人发出的、明确的变更或扩展承包人履行义务的意思表示。[1]该意思表示可由发包人的代理人（工程师等）做出，并需要承包人受领。[2]形式上对于变更指令并无特定的要求，可通过明示、默示或其他可推知的方式做出，不过需要有发包人积极的行为为佐证。[3]承包人单纯的懈怠行为（对发包人的变更指令不作回应）并不意味着对变更指令的接受。[4]如果承包人考虑到变更工作难以施行而继续履行了原合同给付、并且为发包人所接受，则认为此时不存在变更。[5]

（二）变更估价

建设工程合同作为等价有偿的双务合同，一方面，赋予发包人单方面变更合同内容的权利；另一方面，承包人得就变更的给付主张增加或变更工程价款。在德国VOB/B规则中，对应第1条第3款和第4款的发包人单方变更权，分别在第2条第5款和第6款中规定了承包人不同的价款变更请求权。如果变更仅涉及原工程清单中相同或类似的工作量的增减，相应的变更估价按照原计价清单上约定价格计算即可，此点应无疑问。但是由于确立合同价格的基础在于原合同约定的给付，给付的变更可能导致原计价因素发生改变，发生这种情况时，按照VOB/B第2条第5款，双方有义务考虑到费用增减的状况重新做出价格约定。不过此时需要区分不属于VOB/B第2条第5款变更行为的情形：比如，发包人指示承包人检查其施工行为，但该意愿没有拘束力；[6]或者，在承包人应当履行合同义务的范围内，发包人为实现合乎合同的履行而提出具体的要求；[7]再有，如果工程清单中包含有发包人在不同情形下的选择权，则发包人行使选择权的行为也不视为变更；[8]最后，如果工程

---

〔1〕 BGH, Urt. v. 09. 04. 1992 - VII ZR 129/91, BauR 1992, 759.

〔2〕 Vgl. BGH, Urt. v. 27. 11. 2003 - VII ZR 346/01, BauR 2004, 495; Ingenstau/Korbion/Keldungs, VOB/B, § 2 Abs. 5 Rn. 27.

〔3〕 Bau - und Architektenrecht/Glöckner. v. Berg, VOB/B, § 2 Rn. 77; Herig, , § 2 VOB/B Rn. 82 ff.

〔4〕 OLG Düsseldorf, Urt. v. 20. 01. 2009 - 23 U 47/08, IBR 2009, 255.

〔5〕 OLG Frankfurt, Urt. v. 25. 05. 2007 - 19 U 127/06, Beschl. v. 14. 02. 2009 - VII ZR 125/07, BauR 2008.

〔6〕 BGH, Urt. v. 09. 04. 1992 - VII ZR 129/91, BauR 1992, 759.

〔7〕 BGH, Urt. v. 09. 04. 1992 - VII ZR 129/91, BauR 1992, 759.

〔8〕 Ingenstau/Korbion/Keldungs, VOB/B § 2 Abs. 5 Rn. 28.

图说中有遗漏或者前后冲突，那么发包人对于履行内容所做出的解释也不是变更。[1]就最后一种情形，如果作为施工合同基础的工程图说被证明是不完善的或是有矛盾的，则需要解决的问题是，承包人应在多大范围内完成施工义务，其相应的工程款为何？如上文所述，此时发包人所做出的解释，不应当视作 VOB/B 第 2 条第 5 款的变更，承包人不得据此就增加的工程给付而主张工程款，在此情况下，需要透过合同的解释规则来明确承包人根据合同所应负担的义务范畴、以及与此相应的价金范围。[2]如果确定承包人应承担履行的义务、却不可根据 VOB/B 第 2 条第 5 款的规定主张相应的工程款，当工程图说的疏漏可归责于发包人时，承包人得主张民法上通常的损害赔偿。[3]此外，根据第 2 条第 6 款，如果产生合同中没有约定的给付，则承包人可以主张相应的价金……价金之确定应基于原合同给付的价金计算和增加给付的特别费用。

需要特别提出的是，决定一项建设工程价款的因素除了实际的支出以外，就是工期的长度。双方当事人约定的完成合同给付所需要的期限，特别是工期的开始和结束，首先决定了工程价款的基础，并进而成为待建工程的组成部分。对于工期变更应当区分两种情形：一是发包人直接指令变更工期；二是发包人事后要求变更或增加给付、影响到原定的合同内容，继而间接地导致工期的变化。德国的司法实务和文献均认为，发包人指令变更工期属于 VOB/B 第 2 条第 5 款的“其他变更”范畴（非为建筑设计的变更）。这里特别指向那些原定工期的展延，并由此引发原合同价格基础的改变。[4]变更工期既包括开工日期的变化，也有完工日期的提前或后延，还有所谓发包人指示赶工（Beschleunigungsanordnung）的情况，要求承包人不仅在正常的工作时间、还需要在夜间或周末加班。这样一来，就相同的给付，原合同约定的工期缩短了，因此承包人得请求发包人增加给付相应的工程价款。[5]

此外，如果遭遇施工障碍，承包人本得请求延长工期，但发包人却坚持合同原定的完工日期、在知道障碍发生的情况下仍要求承包人在原定工期范围内完成工作。此时认为发包人发出的是有关变更工期的指令，应适用第 2 条第 5 款的规定。[6]通常来说，变更建筑设计、增加或减少原定的给付内容，都会导致工期的变化，尤

---

〔1〕 BGH, Urt. v. 09. 04. 1992 - VII ZR 129/91, BauR 1992, 759, 760.

〔2〕 KG, Urt. v. 15. 07. 2004, 27 U 300/03, BauR 2005, 1680; Kemper, in: Franke/Kemper/Zanner/Grünhagen, VOB/B, § 2 Rn. 84.

〔3〕 BGH, Urt. v. 11. 11. 1993 - VII ZR 47/93, BauR 1994, 236.

〔4〕 KG, Urt. v. 12. 02. 2008 - 21 U 155/06/BGH, Beschl. v. 27. 11. 2008 - VII ZR 78/08, BauR 2009, 650.

〔5〕 OLG Jena, Urt. v. 11. 10. 2005 - 8 U 849/04, IBR 2005, 658; KG, Urt. v. 12. 02. 2008 - 21 U 155/06/BGH, Beschl. v. 27. 11. 2008 - VII ZR 78/08, BauR 2009, 650; Ingenstau/Korbion/Keldungs, VOB/B, § 2 Rn. 22, Rn. 3 ff.

〔6〕 Kemper, NZBau 2001, 238, 239.

其在工期展延的情况下，需要考虑到具体延长的时间以及因工期展延而进入相对不利的施工季节的因素。根据 VOB/B 第 6 条的规定，因为发包人指示变更而间接导致工期延长，就增加的费用损失承包人可向发包人主张损害赔偿，同时，VOB/B 第 2 条第 5 款也指向相同的情势，承包人或可主张增加工程款。联邦高等法院在其早期的判决中认为，VOB/B 第 6 条第 6 款和第 2 条第 5 款在原则上可以选择适用。根据 VOB/B 第 2 条第 5 款，承包人行使增加给付的请求权、可无须在交错的事实关系中特别计算与工期相关的费用。而在 1989 年 12 月 21 日上诉审〔1〕中，联邦高等法院明确支持了科布伦茨州高等法院的意见，认为合同约定的履行义务范围的变更以及额外工作的增加都可以被看作 VOB/B 第 6 条意义上的障碍，由此引起的施工迟延和履行期限的展延应作为可归责于发包人之情势看待，因而承包人得根据 VOB/B 第 6 条第 6 款主张损害赔偿。根据早期的司法实践，承包人可先根据第 2 条第 5 款主张与合同内容直接相关的价款请求权、在必要的情况下根据第 6 条第 6 款再行主张因履行障碍而产生的费用。〔2〕近期 Hamm 州高等法院有新的见解认为，在发包人违反合同约定做出变更指令的情况下，承包人仅得根据第 6 条第 6 款主张损害赔偿。〔3〕此时首先要判断的问题又回归到发包人变更权的范围上，需要对合同约定的内容进行明确。

主张 VOB/B 第 2 条第 5 款或第 6 条第 6 款的请求权，其根本区别在于，前者要基于原定的核算标准来计算（在其标准基础之上的增加或减少）、而后者可以在证明损害的范围内不考虑原始核算；相应的，如果承包人援用前者、则可免去证明损害范围的必要。如果承包人基于第 2 条第 5 款和第 6 款与发包人达成新的价格约定，则由于工期影响而产生的其他请求权消灭，〔4〕因为此时双方当事人通过签订事后补充协议的方式、已经就新的事实关系达成了约定，该约定应当是终局的、有约束力的。〔5〕只有在补充协议中有相应的保留条款时，或者当承包人适时发出可被视作保留声明的障碍通知时，承包人才可继续主张第 6 条第 6 款的因履行障碍而生的损害赔偿请求权。〔6〕

---

〔1〕 BGH, Urt. v. 21. 12. 1989 - VII ZR 132/88, BauR 1990, 210, 211.

〔2〕 OLG Nürnberg, Urt. v. 13. 10. 1999 - 4 U 1683/99, BauR 2001, 409; OLG Düsseldorf, Urt. v. 30. 05. 2000 - 22 U 214/99, BauR 2000, 1336; KG, Urt. v. 17. 10. 2006 - 21 U 70/04, BauR 2007, 157, IBR 2006, 665.

〔3〕 OLG Hamm, Urt. v. 14. 04. 2005 - 21 U 133/04, BauR 2005, 1480.

〔4〕 OLG Karlsruhe/BGH, Urt. v. 22. 12. 1998 - 17 U 189/97/Beschl. v. 17. 02. 2000 - VII ZR 43/99, IBR 2000, 155.

〔5〕 Kemper, in: Franke/Kemper/Zanner/Grünhagen, VOB/B, § 2 Rn. 114.

〔6〕 OLG Düsseldorf, Urt. v. 24. 10. 1995 - 21 U 8/95, BauR 1996, 267, 269; OLG Karlsruhe/BGH, Urt. v. 22. 12. 1998 - 17 U 189/97/Beschl. v. 17. 02. 2000 - VII ZR 43/99, IBR 2000, 155; Kemper, NZBau 2001, 238.

（三）我国法的状况

我国《99版施工合同范本》第29.1款约定，施工中发包人需对原工程设计变更，应提前14天以书面形式向承包人发出变更通知。《07版标准施工招标文件》第15.3款对变更程序做出了更为详细的约定，认为在三种情形下可产生变更，其分别是监理人认为可能要发生变更、监理人认为肯定要发生变更以及承包人认为可能要发生变更的情形，并在程序上区分变更意向书与正式的变更指示，特别指出的是，发出变更指示的只能是监理人，且应说明变更的目的、范围、变更内容以及变更的工程量及其进度和技术要求，并附有关图纸和文件。根据《99版FIDIC红皮书》第13.3款的规定，应由工程师向承包商发出执行每项变更并附做好各项费用记录的任何要求的指示，承包商应确认收到指示。

对于变更后价款的估定，我国《99版施工合同范本》和《07版标准施工招标文件》均做出了原则性的约定，承包人应在工程变更确定（或收到变更指示）14天内（或专用条款另有约定），向监理人提出变更工程价款的报告。同时，两个范本中都对变更工程的价款约定了估价的方法，其中前两条原则是一致的：合同中已有适用于变更工程的价格（或已标价工程量清单中有适用于变更工作的子目的），按合同已有的价格变更合同价款；合同中只有类似于变更工程的价格（或已标价工程量清单中无适用于变更工作的子目，但有类似子目的），可以参照类似价格进行变更。有区别的是，在原合同约定中既无可直接适用的价格、也无可参照适用的价格时，该如何估价？《99版施工合同范本》规定，由承包人提出适当的变更价格，经工程师确认后执行；而《07版标准施工招标文件》要求按成本加利润的原则协商新的价格，由监理人商定或确定。[1]《2007年版标准施工招标文件使用指南》中对于变更估价的原则做了进一步的解释，以已标价工程量清单为主要依据，按第15.4.1项约定，变更工作直接采用适用的子目单价的前提是其采用的材料、施工工艺和方法相同，亦不因此增加关键线路上工程项目的施工时间；按第15.4.2项约定，变更采用适用的子目单价的前提是其采用的材料、施工工艺和方法基本相似，不增加关键线路上工程项目的施工时间，可仅就其变更后的差异部分，参考类似的子目单价协商新的子目单价；按第15.4.3项约定，变更工作无法找到适用和类似的子目单价时，按成本加利润的原则协商新的变更单价。最后，在双方对于变更价款不能达成一致意见时，承包人应当先实施变更，变更价款通过争议程序解决。[2]

针对司法实践中的争议案件，最高院就变更后价款的确定也作出了原则性的规

[1] 参见《99版施工合同范本》第31.1款；《07版标准施工招标文件》第15.3.2款、第15.4款。

[2] 参见《99版施工合同范本》第31.4款、第37.2款；《07版标准施工招标文件》第3.5款；《99版FIDIC红皮书》第3.5款，第13.3款。

定，《关于审理建设工程施工合同纠纷案件适用法律问题的解释》（法释［2004］14号）第16条第2款规定，“因设计变更导致建设工程的工程量或者质量标准发生变化，当事人对该部分工程价款不能协商一致的，可以参照签订建设工程施工合同时当地建设行政主管部门发布的计价方法或者计价标准结算工程价款。”最高人民法院认为，本条司法解释的原则是：如果当事人在施工合同中对于建设工程的计价标准或计价方法有约定的，从其约定；没有约定，但发生变更后协商一致的，以当事人的约定办理；事先未定有标准、事后又不能协商一致的，则可以参照签订建设工程施工合同时当地建设行政主管部门发布的计价方法或者计价标准结算工程价款，也就是按照市场价格信息予以确认。[1]

四、结论

建设工程施工合同订立之时，发包人于待建工程项目之思虑往往未能周全，且工程建设历时持久，客观情势发生改变亦属正常。通过承包人的履行达成发包人所心仪的给付结果，最大限度地发挥发包人所要求的工程性能乃建筑承揽合同的目的所在，故设定发包人单方变更权诚为必要。不过，任何权利的行使都需有其恰当的边界，诚实信用原则、可期待性理论以及衡平法理均可为权利范围的确定提供理论上的支撑，工程实践中所使用的合同范本或一般合同条件应受此约束。考虑到施工合同中待建工程与工程价款之间应有均衡的给付关系，对应发包人的单方变更权，应当相应赋予承包人变更工程价款的请求权。变更估价应充分关注价格形成和确立的基础，得适用或准用原合同计价清单中的子目单价；在原计价基础发生动摇的情况下，双方应有重新协商、确定新的变更工程价款的义务，未能达成一致的，可参照原合同签订时当地市场价格予以确认。

---

〔1〕参见《最高人民法院建设工程施工合同司法解释的理解与适用》，人民法院出版社2009年版，第145条。

医疗合同关系中医方义务问题研究

毛吾吉达·依布拉依江*

目　次

一、医疗合同及其关系的范畴

（一）医疗合同及其关系的概念界定

1. 医疗合同的概念界定

关于医疗合同的概念，目前我国理论界众说纷纭。[1]然而理论界往往都是从医学的角度来定义的，忽略了从法律的角度来进行定义。在荷兰，法律界将医疗合同统一定义为，作为自然人或者法人的健康照护提供者，根据其职业活动或者商业活动，与另一方订立的，以直接向其提供医疗诊治服务或者向某特定的第三人提供医

* 毛吾吉达·依布拉依江，北京航空航天大学法学院博士研究生。

[1] 部分学者认为，“医疗合同是医疗机构提供安全的医疗器械、设备，医师运用其所知的专业性医学知识、熟练的医疗技能、丰富的诊疗经验，为病患诊断、治疗疾病，患者给付相应的医疗费用的合同”。参见王岳：《论医疗合同》，载《中国卫生法制》2002 年第 6 期。

疗诊治服务的协议〔1〕。这一界定通过法律的角度，对医疗合同给出了较为合理的定义。本文所说的医疗合同也是采纳荷兰法律界的定义，从法律的角度解释医疗合同。

2. 医疗合同关系的概念界定

医疗合同关系是一种特殊的法律关系，其发生、变更和消灭，是因法律规定和法律事实的共同作用和发生而发生的。医疗合同关系是医方与患者之间的合同关系，该关系依照医方和患者方双方当事人的自由意思而成立，是指基于约定或法律规定，其产生的基础为合同。医疗合同关系的主体，即医方与患方，其中医方在有些国家指的是医师，而在我国法律上医疗合同中作为合同当事人的医方是指医疗机构。医疗行为作为医疗合同关系的客体，其存有不确定性、专业性等特殊性。医疗合同关系的内容则为医方和患者的权利义务内容，对于该部分在下文将详细介绍，此处不再赘述。

（二）医疗合同的定性

1. 典型合同说

医疗合同是否为典型合同存有争议，一种观点认为医疗合同是典型合同，而另一种观点则认为医疗合同为非典型合同。

主张医疗合同为典型合同的学说有以下几种：

委托合同说是我国台湾地区医疗合同所采纳的学说，也是我国大多数学者所推崇的学说。该说认为，医疗合同的给付内容是劳务，在医疗合同关系中，医方所付出的诊疗活动是不是一种法律行为，该服务既可以是有偿的又可以是无偿的，以持续性的诊疗活动不再是一个必要的先决条件终止合同。除了上述原因之外，医疗合同关系中的医方一般是用其高度专业的知识、医疗技术和积累的临床经历来选择适用某一具体的诊疗方法，这一过程中，病人的建议不能拘束医方的选择，也不会有像委托合同中产生的由病人对医方的诊疗活动进行监督等，因此，医疗合同不应该属于委托合同的范畴。〔2〕

在日本相关法律里面，委托合同只可能是一种处理事实行为的合同，它不包括处理法律行为的合同，“如果受委任人所处理的是非法律行为的事务，应称为准委任。”〔3〕基于以上法律规定，日本的学界大多主张医疗合同的性质为准委托合同，而不是委托合同。因为医疗合同关系中医方所提供的医疗行为是以诊断、治疗病人

---

〔1〕 宁红丽：《大陆法系国家的医疗合同立法及其对中国大陆的借鉴意义》，载《月旦民商法杂志》2006年第4期。

〔2〕 黄丁全：《医事法》，中国政法大学出版社2003年版，第165页。

〔3〕 罗丽：《日本的医疗合同》，载《北京理工大学学报》2001年第3期。

为其目的，它不属于法律行为，应认定为事实行为。因此，日本学术界的观点与我国台湾地区学术界对医疗合同性质的不同学说主要原因在于其对委任合同中所处理的事务的性质有限制。

德国通说主张医疗合同的性质为雇佣合同而非委任合同〔1〕。因为在《德国民法》中所规定的委任合同是无偿性的合同，而医疗合同中医方所提供的医疗服务并非是无偿性的，也就是说医疗合同的有偿性并不符合《德国民法》所规定的委任合同的要件。基于以上规定，德国学者否定医疗合同的性质为委任合同，主张其属于雇佣合同，因为雇佣合同一般是以提供他人劳务为其给付内容，而其所提供的给付内容可以是事实行为、法律行为以及物权行为，而且雇佣合同是有偿合同，这与医疗合同相符合。除此之外，英美法也肯定了医疗合同属于雇佣合同。

上述每一种单一的典型合同说都有其相应的道理，但是从我国的法律角度去考虑就不免发现其有片面性。首先，医疗合同关系中医方对患者采取诊断、治疗的行为是运用其自身的专业的医疗活动的知识和积累的临床经历而实施的，医方的这一行为，不像委托合同，仅仅只是根据病人的要求来完成工作，因此这一医疗合同关系中医方的主导型足以证明医疗合同与（准）委托合同是不相同的。其次，根据我国《合同法》相关规定，在委托合同关系中，委托人或者受托人双方可以随时解除合同，这是合同自由的体现。在医疗合同关系中，医方的诊断、治疗行为涉及患者的生命健康权，因此患者有解除权，可以随时进行单方解除权使合同终止。然而，医疗合同关系中的医方却没有随时解除权，因为医方的职责就是治病救人，医疗合同具有强制缔约性，在其履行过程中，医方是不能自行解除合同的。也就是说，医疗合同关系中医方没有随时解除权，这与委托合同的相关规定也不符。

此外，在医疗合同关系中医方所给付的义务是手段债务，只要医师进行了适当的治疗行为，就可以视为履行了医疗合同的义务。而承揽合同则需要由交付的结果，这与医疗合同中医方的义务不相同，因此医疗合同也不属于承揽合同。但是在一些医方承诺交付一定结果的医疗合同关系中，如安装义肢等医疗活动，这一点与承揽合同的一些特征相符合。

通过研究德国相关法律，我们可以知道，德国法认为医疗合同是雇佣合同，这是因，在德国的相关法律上委托合同是无偿合同，而医疗合同则是有偿合同，就不能将医疗合同纳入委托合同的范畴。然而，在我国法里没有将雇佣合同有名化，而且我国委托合同既可以是有偿合同，又可以是无偿合同。因此，把医疗合同纳入雇佣合同也不符合我国法律的相关规定。

另一部分学者则主张医疗合同为非典型合同，他们认为医疗合同的内容之复杂并不能完全被现已存在的委任合同、雇佣合同、承揽合同所覆盖。医疗合同关系

---

〔1〕 张跃铭：《医疗合同若干法律问题探讨》，载《理论月刊》2007 年第 8 期。

中，患者寻找医疗机构，并委托其实施医疗诊断和治疗等行为，医方接受患者的委托，并为其提供相应的服务，患者支付费用，医方收取相应的费用，看起来与委任合同的特征相符合。但是进一步观察可以发现，医疗合同关系中医方所提供的服务与委托合同中受托人所提供的劳务存在本质上的区别。基于以上理由，部分学者认为现行的典型合同还不能覆盖医疗合同，因此将医疗合同定性为非典型合同更具有合理性。

本文认为，医疗合同是典型合同，因为典型合同不仅包括合同法分则所列举的合同类型，还应包括特别法上的有名合同，即合同法分则之外的法律、行政法规和司法解释规定的典型合同。最高人民法院《关于修改〈民事案件案由规定〉的决定》将医疗服务合同纠纷归入服务合同纠纷之中。司法实践中还区分医疗服务合同纠纷与医疗损害赔偿纠纷，这也实际上承认了医疗合同为一种独立的典型合同。但是本文所说的典型的医疗合同，是一种独立的典型合同，其不能被其他的合同所涵盖。

2. 混合合同说

医疗合同是否为混合合同，学术界存有争议。

部分学者认为医疗合同关系中医方的给付内容复杂多样，其内容并不能用某一种单一的合同来解释，应该依据其内容的多样性将其视为多钟合同类型的混合。例如，患者在医疗机构接受住院治疗时，医方首先是要对其进行诊断并提供相应的治疗服务。在医疗合同关系中医方所实施的诊疗等行为，可以被看作为委托合同，或者是雇佣合同的范畴。而患者在接受治疗过程中，使用医疗机构的设备、床铺等行为可以界定为与医疗机构订立租赁合同。此外，患者在住院接受治疗期间，购买药品、血液制品等行为则可以视为与医疗机构订立买卖合同。基于以上的理由，部分学者认为，对于医疗合同不能一概而论，应该以其给付内容的不同将其视为不同类型的合同的混合。

笔者认为，医疗合同是一种混合了几种合同类型的独立的合同，此混合合同与上述学说中的混合合同说并不完全相同。虽然说，医疗合同可能会与上述各学说中所提到各种单一的典型合同会有一些相似之处，但是也存在着很大的区别。[1] 因此，医疗合同的内容并不能被现有的合同法分则里所规定的某一单一的合同所涵盖，可以说医疗合同是多种合同的混合。但是又因为医疗合同的特殊性，应该结合其医学和法律上的特性将其规定为一种独立的合同对其进行规制，特别是对医疗合同关系中的医方的义务进行明确的规范，对医疗合同关系中医疗机构违反义务行为具体适用严格责任还是过错责任等原则问题和其产生的违约责任的承担方式，医疗机构进行损害赔偿的范围等种种在现行立法上还没有明确的疑点问题，通过颁布新

---

〔1〕 吴从周：《论法学上之类型思维》，元照出版社1997年版，第34页。

的民事法律的形式进行确认和详细的规定，以达到在医患矛盾产生的源头上杜绝其产生，以便于通过医疗纠纷的解决，维护医方和患者的合法权益。

二、医疗合同关系的内容：以医方义务内容为重点

（一）医疗合同关系中医方义务内容的构成

1. 医方义务内容的复杂性与特殊性

随着社会的进步与发展，人们对医疗服务的要求也越来越多样化，医方的义务和权利内容也就日趋复杂化。人类在医学领域的研究中也发现很多新鲜事物，以前无法观测到的疾病，在医疗卫生和科学技术不断进步和发展的情况下，已经有了更多的了解，并且有些疾病已经找到了治疗方法。然而医学对这些疾病领域的突破与治疗是需要一定的时间和经验积累的，在正常的救治范围中对有些疾病的治疗是达不到痊愈效果的，甚至还会出现生命危险，这是医疗救治中在所难免的情况，也是医疗合同关系中医方义务内容特殊于其他合同义务的原因所在。现行的法律法规虽然有很多可以适用于医方与患者之间的处理，但是先进的医疗合同关系中医方所提供的医疗服务内容越来越复杂多样化，很多医疗纠纷是这些法律所无法照顾到的。因此本文认为，在医疗合同关系中明确医方的义务内容是至关重要的问题，只要医方按照合同的规定，履行了应尽的责任和义务，对于出现的无法救治的后果也不应追究其责任，这样就能调动医生的工作积极性，从而敢于开拓创新，能更好地为医疗卫生事业的发展和进步做出更多的贡献。医疗合同关系中医方义务内容的特殊性主要体现在以下几点：

（1）医疗合同中的医疗行为并不是以治疗结果为目的。

一般来说，民事合同在订立之时，都具有明显的结果目的，而因为医疗行业的特殊性，医疗合同关系中医方所提供的医疗服务并不是以达成某一疾病的治疗结果为目的的。医疗合同关系中医方的医疗服务的对象是人体，但是每个人因个体的差异，可能会有不同的效果。医疗合同关系中医方的医疗行为会受到科学技术发展水平的限制，因此，基于医疗水平和疾病自身的不确定性等各方面的限制，医方无法承诺治好病人，而我们也不能要求医方所承担的债务为结果债务。所以说，医疗合同关系中，医方向患者提供的医疗服务并不是以达到某一种疾病治疗结果为目的，医方也不用像承揽合同一样，对病人提交某一特定的结果。

当然，医疗合同关系中医方所提供的服务的标的有时也包括一些由行为而产生的物质性结果，例如镶牙、器官的移植等。医疗活动中，病人了解医方义务内容的这一特殊性，就对医疗的效果会有心理上的一种判断，也可以了解到医方的医疗行为并不是以某种治疗结果为条件的，在医方进行适当的医疗服务时，就已经履行了

合同义务，这也有利于病人了解医方义务的手段性，减少因此而产生的不必要的纠纷。

如今社会上还存在许多的包医合同，而对于这一类型的医疗合同应当采取手段债务标准还是结果债务标准，应按照每一个具体的合同内容来进行确认。

（2）医疗合同关系中医方义务内容具有相对不确定性。

由于医学的专业性和复杂性，医疗合同关系中医方的医疗行为具有其相应的特殊性和复杂性，医疗行业的这一特殊性决定了医疗合同关系内容的不确定性，进而导致医方义务的不确定性。医疗合同关系中医方的义务的确定因以具体情况加以分析，即医方的义务一般在具体患者的病情及其发展变化过程中得以确认。医疗合同关系中，医方一般只能结合个体的差异性，对不同的病患根据其具体的状况来选择相应的诊断、治疗行为。

对于上述不确定性，笔者认为需要注意以下几点。首先，上述不确定性与医疗合同关系中医方与患者双方当事人的一些相对确定的基本权利义务不发生冲突。其次，医疗合同关系中所说的，医方义务的这种不确定是仅仅是一种在医疗合同关系订立之前的不确定性，不包括医疗合同关系建立后的不确定性。医方与病人在根据自由的意思表示达成一致订立医疗合同时，一般只涉及对医疗合同履行过程中实施医疗活动时，采取恰当的诊疗行为等医疗服务。在订立医疗合同之时，医方与双方对于医疗合同履行中的医方与病人相关的一些具体化的权利义务关系，只能结合个体差异，按照病人的具体病情和发展趋势来进一步进行确定。当然，在医疗合同关系中患者也应该积极的配合医方的治疗工作，把自己的病症应毫无保留地告诉医师，以便于医师作出病情判断。所以说，医疗合同关系中，医方与患者的这些基本的权利义务在合同中始终是具体确定的。

本文将从主、从、附随义务这三方面具体分析医疗合同关系中医方的义务内容。

2. 医方的主给付义务

医疗合同关系中，医方的主给付义务是关系到患者切身利益的最为核心的义务。在医疗合同关系中，医方首先有提供合格的医务人员及必备医疗设备的义务。根据相关的法律、法规，我们可以知道，在医疗合同关系中，作为合同主体的医疗机构应该按照其在相关法律、法规中规定的等级规格，向患者有提供与其医疗机构等级所匹配的医疗技术和相关的医学人才，并且医疗机构还应根据其所处的等级规格，配备治疗疾病所必需的一些医疗器械和医疗活动过程中会涉及安全设施，同时，医疗机构应当对这些相应的设备和设施采取恰当的管理的措施，这样就能够避免患者在医疗活动过程中，因这些设备、设施的问题遭受一些多余的损害。

除了上述主给付义务之外，医疗合同关系中医方最为重要的义务就是对患者的诊疗护理义务。在医疗合同关系中，医方的诊疗护理义务属于医方的主给付义务，医方应借鉴其丰富的医学经验，并结合患者的疾病情况和诊疗需求，不同患者的具体的病情以及其病情的发展来选择有针对性的医疗行为。医疗合同关系中医疗机构在依据合同履行其诊疗护理这一主给付义务时，应当根据患者的具体情况，选择最为适当的诊疗方案，尽可能地减少病人所可能承担的痛苦。医疗合同关系中患者所提出的治疗要求，如果在医疗机构的现行医疗标准和技术能力之外，医师应考虑患者的具体病情和病情发展趋势，选择恰当的医疗行为。

3. 医方的从给付义务

首先，医方有与患者沟通的义务。根据我国《执业医师法》中的相关规定，医疗合同关系中医方，应当及时向患者或者患者的近亲属告知患者的具体病情，但在沟通的过程中医方应注意其告知的方式，以防止对患者产生不利的后果。医疗合同关系中，医方进行实验性的医疗，除了要得到医疗机构的批准之外，还应及时与患者及其近亲属沟通，征得他们的同意。此外，我国《医疗事故处理条例》对医方与患者沟通的义务做出了更为具体的规定，即通过立法规定，在医疗活动中，医方应当根据病人的具体情况，把患者具体的病情状况、结合病情状况而选择的相应的医疗行为和在医疗合同关系中医方在实施医疗行为时可能会对病人的身体会带来的危险可能性等情况都应该真实的告知病人或者其近亲属，并且应当及时解答他们的疑问。

其次，医方有制作、保管病历的从义务。病历是医疗合同关系中的患者方，在看病过程中由医疗机构的医务人员书写并进行保管的，详细记录病人病情状况、发展趋势、所使用的医疗手段等等一系列问题的书面或电子版的材料，而这一材料除了有医学上的用途之外，在发生法律纠纷时也能起到至关重要的书证作用。但是通过对一些医疗纠纷案件的考察，可以知道，实际上还有很多医方不及时、真实的书写病历、医疗机构对病历的保存有不妥当性、不真实以及病历的丢失、篡改或销毁病历等行为，都是产生医方与患者之间矛盾并引发医疗纠纷的一个原因。为解决这一问题，我国医疗纠纷相关法律、法规以及规章制度都明确规定了医疗合同关系中医方的制作、保管病历的义务[1]。

此外，医方需向患者提供必要的材料。一般情况下，患者在看病的过程中，因为种种原因，可能会有转院、转科等新的需求，而在这一过程中，患者需要把已有的一些检查资料、病历情况等材料交给新的医院或者科室。因此，医疗合同关系中的医方，应该在患者有转院或转科等情况下，应及时把病人的一切可能会用到的材料交给转入院或者科室，以防止转入院因重复检查而浪费不必要的时间和医疗资源，也减少了患者的看病成本。

最后，根据我国《医疗机构管理条例》的相关规定，医疗机构对于因其医疗设

[1] 何海军：《病历书写质量分析与改进》，载《中国医药导报》2010年第7期。

备或技术条件所不能诊断、治疗的病人，应当及时转诊，即医疗机构有及时转诊的义务。一般来说，这里所说的转诊义务有三种类型，即转院、转科和换医师。医疗合同履行过程中，病人可能会因为其病情的发展或者是其他自身的原因，可能会有转院、转科和换医师的需求，而医方也可能会在医疗活动过程中根据具体情况会安排及时转院、转科或换医师等。

4. 医方的附随义务

一般情况下，医疗合同的附随义务主要是一些法定的义务，但是也不否定医疗合同关系中，医方与患者在订立合同之时，根据自由的意思表示所约定的附随义务关系。本文主要对医疗合同关系中的法定的保密义务与保护义务两种附随义务进行介绍。

（1）医方的保护义务。

医疗合同关系中，医方的保护义务首先是体现在对患者生命、健康权的保护上面。因为，众所周知，病人去医院看病，对医方是有很大的信任，由于医疗的高度专业性，我们不可能要求所有的病人也拥有与自己的病情相应的医学知识。在看病过程中，有的病人不但对自己的病情不够了解，还有可能因为无法继续支付看病所需的报酬而会选择终止与医方之间的医疗合同关系。而医疗合同关系中，医方拥有专业的医学知识，丰富的诊疗经验，因此，医方应当根据具体患者的病情状况，全面详细地进行诊疗行为，并从客观上可以选择要不要终止与患者之间的医疗合同关系。因此说。医疗合同关系中，除了一些病人出现极度不配合医方的情形下，在一般情况下医方应当保护患者的生命、健康权。

除了上述保护义务之外，医疗合同关系中医方还有保护病人安全的这一项重要的附随义务，应保护患者在医疗合同履行过程中免于危险，如病房、医院的楼道有水的情况下可能会导致患者滑到进而产生不必要的损害，因此医方应当做好相应的防滑措施，防止病人滑到等危险情况的发生。

（2）医方的保密义务。

医疗合同关系中，医方应当尊重患者的隐私权，不得实施侵犯患者隐私权的行为，[1]如果医方侵犯了患者的隐私权，那么就要承担相应的责任。医疗合同关系中，医方在履行义务的过程中，会知道一些关于病人的隐私的情况，如患者的病情状况、发展趋势等等都是患者的隐私问题，而且这些隐私在某种意义上对患者来说是非常重要的，所以，法律就会规定医疗合同关系中的医方对病人隐私的保密义

---

〔1〕 隐私权作为一种人格权利，是指公民享有的私人生活安宁与私人信息依法受到保护，不被他人非法侵扰、知悉、搜集、利用和公开的一种权利，只有权利主体对他人在何种程度上可以介入自己的私生活，对自己是否向他人公开隐私以及公开的范围和程度等具有决定权。参见张新宝：《隐私权的法律保护》，群众出版社2004年版，第12页。

务。当医疗合同关系中的医方违反法律中对病人隐私的保密义务，将病人的隐私公之于外界，则就可以认定为对保密义务的违反，此时，就会医疗合同违约责任或医疗侵权责任，医方应当按照具体情况承担不同的赔偿责任，受害方可以依照相关法律，要求医方承担相应的损害赔偿责任。[1]

三、医方违反合同义务的认定

（一）医方违反合同义务认定的复杂性

一般来说，合同是当事人双方根据自由原则以及一致的意思表示而形成的协议，因此最基本的违约行为是违反约定义务。现有的各种合同关系中，很少有相关法律对其有强制性的规定，即法律、法规并不为这些合同中的双方当事人设立太多的义务，而是给予当事人更多的任意性规定，合同中约定的义务部分占主要，而因医疗行业的特殊性所在，医疗合同关系中法定的义务比约定的义务多。

医疗合同中医方法定义务占主要成分，主要是因为在医疗活动中，医方因其专业的医学背景和丰富的临床经验起主导作用，而患者对合同履行过程中的这些高度专业化的医学知识不够了解，如果不事先通过法定的形式规范医方的义务，患者无法与医方平等的设立全面的合同内容。这些法定的义务除了包括法律、法规中所明确规定的医方所应承担的义务之外，还包括一些医疗行业标准中所规定的医方义务。

无论是法定义务、约定义务还是附随义务的情况，医患双方合同中医方的义务是医生应尽到注意义务，凡是医生违反了其注意义务，就可认定医方违约，而追究医方的违约责任。因此，判断是否有违约行为的关键是医方注意义务的标准。在相关法律法规没有明确的规定注意义务的情况下，医方是否有违反义务的行为如何认定？判断注意义务，这就涉及医方到底负有何种程度的注意义务，应当确立一些一般的标准，作为指导原则。对于一些具体的医疗行业，则应确立一些具体可操作的规则标准来判断注意义务。

（二）违反医疗注意义务的认定标准

一般情况下，判断医疗合同关系中的医方的医疗注意义务，不能纯凭法官的想象，而应该考虑一些法律政策、发生的损害的可预见性、期待合理性、医师的职业标准等方面。在设定医疗合同关系中医方的注意义务时，首先要考虑合理限定的原则，使注意义务限定在一定的范围内。此外，在判断医方的注意义务时，还应该考

---

〔1〕 龚赛红：《医疗损害赔偿立法研究》，法律出版社2001年版，第29～39页。

虑医患双方对该医疗行为可能会产生的效果的期待性，不能无限地扩大医方的注意义务，因为这会增加医师的压力，不利于医患双方的和谐关系。总之，注意义务应该是合理的、宽严同存的。

1. 理性人标准与危险标准

“理性人”是一个被法律虚构出来的标准化的人，但是一般来说，该“理性人”也不完全是理性之人，毕竟“理性人”也会受到人之常情的影响，也会有疏忽大意鲁莽急躁、鲁莽急躁等情况发生。然而“理性人”的这些缺陷如果是合理的缺陷，那么就能够获得法律的包容。[1]理性人标准是一种客观标准，是法律中消除了所有人的外貌、气质、智力、教育等方面的差异，创造了社会上，只有具备了一般人的知识和逻辑推理能力的普通人。所以，在某种特定条件下的个体和模型之间的差异通常是不考虑在内的。也就是说，即使有人判断和预测风险的能力高于理性人，这一标准也不会提高；相反的是，如果一个人在一些层面无法达到理性人的标准，也不会因为个体的差异而降低这个标准。无论有多大困难，行为人都必须和正常人一样达到理性人行为的要求，否则就要承担相应的责任。当衡量一个人的行为举止有没有低于理性人的标准时，应该是基于该行为人所处的情况来确认其是否合理。

而对于危险标准这一特殊的标准，笔者认为法官在适用时必须考虑几个要素。首先应考虑的是行为损害危险性。它包括行为损害危险的可能性和行为损害危险的严重性。行为损害危险的严重性，在确定行为人的注意义务时，人们不仅仅要考虑损害危险的可能性，而且也得要考虑损害危险的严重性；行为损害危险的可能性，当一个人的行为有可能对别人带来损害时，这个人需要承担相应的注意义务，采取一定的措施，以防止这种损害的发生。但是法律所要求的并非是绝对的行为标准，而仅仅是根据行为人的行为有损害他人的合理可能。

其次，还应该考虑危险行为的目的。因为鼓励人们从事有益于社会的事业是法律的目的之一，而任何人的行为均可能会具有损害他人人身和财产的潜在可能性。如果仅仅凭借一个人的行为对他人有此种潜在危险的可能性，而认定该行为人的行为有过错，那人们行动自由的权利将会受到严重限制。因此，行为人的行为是否有过错，仅仅考虑其行为损害危险的可能性和严重性是不够的。所以，有必要考虑到行为人的行为的目的，要实现人的行为和他人的比例，以实现对人的行为的测量。

最后，还应该考虑避免危险的成本。当行为人的行为存在着对他人人身及财产造成损害的危险时，行为人为了排除此种危险的可能性应当对此采取一定的防护措施。一般说来，对他人危险的可能性增加意味着行为人承担注意义务及避免损害成

[1] 王俊：《违反注意义务判断标准的类型化分析》，载《泰山学院学报》2006年第4期。

本的增加。[1]

2. 职业理性标准

通过上述理性人标准与危险标准原理的分析，得到以下结论，结合理性标准与危险标准的相关因素，注意义务的判断标准应为职业理性标准。法官通过理性人标准判断医师是否适当履行注意义务时，还应当考虑医师的职业属性，具体体现为考察其诊疗行为是否合法以及是否遵循行业习惯和行业惯例。行为人的行为一旦触犯了法律的明文条例则说明行为人违反了注意义务，其实施的行为是有过失的。任何人都必须遵循这些法律法规，违反法律法规也就相当于违背了社会对行为的期望。但并非所有违反法律法规的行为都会导致行为人承担其责任，是否要承担其责任一般还需要考虑以下三个方面。

首先，原告方是该法律所希望保护的人。其次，该项法律还必须能够满足合理性的要求。最后，原告所受到的侵害是该法律所制止和防范的。[2]当然，医疗活动相关的习惯和行业惯例并不是自然而然地就能够形成一个绝对的注意义务，首先应判断这些医疗习惯或惯例是否符合理性人标准的相关理论，最后才能确定这些习惯和惯例可否能成为一种普遍的，可以得到法律强制力的，在该领域内所有人行为的标准。[3]

（三）违反医疗注意义务的具体认定规则

1. 违反诊断过程中的注意义务的认定

在分析违反医疗诊断过程中的注意义务的具体认定规则时，作为患者就医看病的第一步的问诊过程是否适当会影响医疗合同关系中医方注意义务的判定。一般情况下中西医的问诊可能会有所不同，中医中主要包括望、闻、问、切这几种问诊方式，医师应该遵循其职业标准，对前来就医的病人首先应该进行充分、详细的问诊，因为问诊环节会影响到整个后续的医疗活动。在进行了适当的问诊之后，医师应根据患者的问诊结果，对患者实施适当的检查，以进一步诊断患者的病情。当今社会上的医疗纠纷案件，其中有一部分是因为医师在诊断过程中进行了多余的检查，增加患者的看病成本而导致的。医师在进行适当的检查行为后还应该对检查的结果、各类化验单等结果进行细致的分析，并结合患者自身的病症来进一步明确诊断的结果。

因为诊断直接影响后续的医疗行为，如果违反上述问诊和检查这两个过程中的注意义务，则很有可能导致误诊的发生。误诊作为违反诊断过程中注意义务的后果，它可能是因为没有进行充分的问诊或没有细致研究检查结果而导致的将 A 中病

---

[1] 王俊:《违反注意义务判断标准的类型化分析》，载《泰山学院学报》2006 年第 4 期。

[2] 王俊:《违反注意义务判断标准的类型化分析》，载《泰山学院学报》2006 年第 4 期。

[3] 王俊:《违反注意义务判断标准的类型化分析》，载《泰山学院学报》2006 年第 4 期。

情误诊为B中病情，又或者严重的疾病状况误诊称轻微的疾病，这都会影响患者的生命、健康权。此外，另外还有一种误诊是，无任何疾病的状态诊断为有一定症状。除了区分好这些类型外，还有对因病变的认识、预测有误、病状之态样、部位等有误，诊断不及时而导致的误诊等情况。

2. 违反治疗过程中的注意义务的认定

医疗合同履行过程中，医方进行适当的诊断行为，判断患者的基本病情以及其发展趋势之后，应该进一步针对该病情进行后续的治疗行为。由于医疗行业的高度专业性和人体结构的复杂多样性等特殊性，医疗合同中的治疗行为也是非常复杂的。根据不同的病人、不同的病情和不同的疾病发展趋势，医师所应采取的治疗行为也因人而异，其可能会有输液、输血和手术等治疗行为。由于治疗行为直接影响患者的康复程度，并且该行为过程中，还可能会有损害患者身体的情况发生，因此医方应该承担高度的注意义务。而对该注意义务的判断，司法实践中应当采取医疗职业理性人标准来认定，而不适用普通的理性人标准。

四、完善医疗合同中医方义务规范的思考与建议

（一）医疗合同典型化

1. 医疗合同典型化的必要性

在《侵权责任法》出台之间，我国处理医患纠纷依据的多为行政法规。2010年颁布的《侵权责任法》，是利用医疗损害赔偿责任一段对医疗机构和病人的权利义务和产生侵权时的双方责任问题和医疗活动中医方所实施的诊疗行为的过失的标准也都做出了较为明确的规定，这对我国的医患关系立法有着很大的意义，也为医患纠纷的处理提供了更为有利的法律途径。然而，如果只是通过《侵权责任法》来调整医患关系，其只能骑到事后补救的功能，而无法对医疗活动全过程起到指导的作用。

医疗合同的典型化，是为了从根源上规范医疗合同关系中双方当事人的行为，为医疗活动提供明确、具体的规范基础，对医患双方的行为进行事前的指导，以防止医方与病人之间产生一些不必要的纠纷，同时，笔者认为医疗合同的典型化还能够对医方和病人之间产生的矛盾的处理提供了简洁的方法，有利于维护医患双方的利益。通过上文的分析，我们可以知道，从根源上解决医患纠纷，应先把医疗合同相关的理论规范清楚，并应该针对医疗合同关系的主体、客体和内容以及违约责任等相关的问题进行详细的立法，尤其是应明确医疗合同关系中医方的义务内容。[1]

---

〔1〕郭锡昆：《医患关系和医疗合同立法探析——兼谈对医疗纠纷的本源遏制》，载《甘肃政法学院学报》2001年第4期。

因此，通过立法将医疗合同典型化，明确规范医疗合同关系中双方当事人的权利义务关系，具有很大的意义。

从合同法的角度来说，合同法分则中所规定的典型合同，是因国家的意志干预合同双方当事人私人意志才得以典型化。医疗合同关系中医方的医疗行为具有危险性，这一危险性只能由医方控制，因此追求医疗合同的典型化，是为了通过医疗合同立法，事先确定医疗合同的内容。这样不仅可以提高效率，而且还能作为医疗损害发生后的规范基础反复适用，从根本上解决医疗纠纷，并且能更好地把患者利益保障落到实处。

此外，医疗合同的典型化还能增大裁判的可预见性，节约合同双方当事人的交易成本。在医疗合同的履行过程中，医方和患方发生争议时，因医疗合同相关立法对合同主体的权利义务实现已经进行了分配，医方和患者方在订立合同之时就能够事先对产生纠纷时利用诉讼进行救济可能会得到的效果有一定的判断，这一可预见性对医疗合同关系中医方和患者提前预算处违约的成本来减少成本有重大意义。通过医疗合同的典型化，可以明确规定合同中医方和患者所享有的权利和所应承担的义务，而医方和患者在订立医疗合同之时，可以在这些已经典型化的权利义务的基础上，根据具体情况进行增加或者减少权利义务内容，这样的做法能够有效地减少医方和患者订立合同的成本。

因此，笔者认为完成医疗合同的典型化，详细规范医疗合同关系中医方和患者所享有的权利和应承担的义务内容，能够遏制医患矛盾的发生，从根源上减少医患纠纷，促进医方和患者的和谐相处。

2. 医疗合同典型化的立法模式

根据上述分析，医疗合同的典型化具有重大意义。近些年，我国理论界和事务界也不断地探讨医疗合同典型化的问题，因此医疗合同的典型化成为了主流的发展趋势。医疗合同的立法究竟采取何种立法模式，存有争议。从比较法的角度来看，医疗合同主要有以下两种立法模式。

第一种立法模式是以荷兰为代表，通过合同来规范医疗关系，并且追究医疗合同关系中医方的合同责任。这种立法模式是通过事先利用合同法规定双方的权利义务,提高患者的自我保护水平，《荷兰民法典》正是采取了这种典型的合同模式。〔1〕荷兰将医疗服务合同纳入民法典的做法区别于欧洲其他国家让法院解决医疗关系的做法，其立法者的这一举措产生于与产品责任的指令并行的欧洲致力于实现欧盟关于服务的指令。基于这一指令而规定进荷兰民法典第七编“具体合同”，除了医疗合同之外，还包括分时享有合同和旅游合同等。荷兰的医疗合同立法模式相

〔1〕 宁红丽:《大陆法系国家的医疗合同立法及其对中国大陆的借鉴意义》，载《月旦民商法杂志》2006年第4期。

对于创立一部新法来说成本较低、程序较简便。

第二种则是以日本为代表的医事法模式。日本医疗合同的立法模式选择以医事法的形式，对医疗合同关系及其相关内容予以明确、详细的规定，以防止相关法律适用的冲突。医疗合同这两种立法模式中，以日本为代表的医事法模式虽然相比于以荷兰为代表的典型合同模式来说成本高，且程序繁琐，但是笔者认为这种模式可以详尽规范医疗活动的整个过程，并且能够从根本上解决我国目前有关医疗合同法律法规混乱冲突的局面。

不论我国法律将来采取何种立法模式，就医疗合同的典型化指导思想而言，最主要的是在遵守民法的平等、自愿、公平、诚信等原则的基础上，根据医疗合同的特殊性，对于医方给予适当的限制，寻求医疗合同关系中医方和患方之间权利义务的妥当平衡，即医疗合同的立法，应该强化保障合同中弱势医方的利益，调整医患双方因其地位不平等而引起的实质上的不平等，只有做到这一点，医疗合同立法才能实现维护合同的公平正义。

此外，不论是何种模式，医疗合同的典型化的重点都应该是明确合同中的医方的义务和其违反合同义务而产生的违约责任，通过制定强行性的医方义务规范，防止医方利用其优势地位获取不正当的利益，以补充医疗合同关系中因医疗行为的不确定性而产生的巨大弹性空间。

（二）相关立法完善建议

1. 合同法分则增设医疗合同一章

通过上述医疗合同典型化的分析，笔者建议我国法律在未来修订《合同法》时，把医疗合同与买卖合同、租赁合同等相关的有名合同一样，纳入进合同法分则之中。任何一种合同经过一定的阶段，都有可能被典型化，而如今的社会生活中，医疗合同已普遍存在，其发展已经达到应纳入到合同法分则的程度，所以笔者建议在合同法分则中增设医疗合同的内容。

此外，对于合同法分则中增设医疗合同，如何进行具体的内容规范，荷兰的医疗服务合同立法可以作为有效的一种参考。同时，我国学术界有不少学者也主张将医疗合同纳入到民法典之中，更有不少学者在其主编的民法典草案之中就将医疗合同，同其他典型合同一起纳入进了合同法分则部分，并且对其具体的内容做出了详细的规范。笔者认为，这些学者作出的医疗合同相关规范对我国将来医疗合同的典型化有借鉴的意义。

2. 制定统一的医事法

如果没有统一的医事法来明确规范医患关系，不能详细、系统的规范医疗合同中医方和患方的权利义务关系，仅仅通过散件于各种法律、法规以及规章制度来确立双方的权利义务关系，难免会有所遗漏，并可能会产生法律适用上冲突。也就是说，没有统一的医事法，很难从权利义务的角度，调整并约束医疗合同关系中的医方的医疗行为，无法对医疗合同履行的全过程进行行为规范。这样一来，便不利于法律法规对医疗合同关系中的医疗活动的前瞻性约束力，也就无法从根本上阻止医患矛盾的发生，因此建立一部统一的医事法迫在眉睫。

相比于将医疗合同纳入合同法分则，结合医疗行业的高度专业性，笔者认为我国立法可以借鉴日本的医事法模式，即通过制定特别的医事法，对医疗合同中医方的义务内容予以详细的规定，以防止因医方的义务内容不能确定而发生更多的医患纠纷，并从根本上解决我国目前医疗法律法规混乱冲突的局面。此外，通过制定统一医事法明确规定医方违反义务的判断标准，医方违约责任的相关规定。

结语：

近些年来，医方与患者之间的矛盾问题越来越升级，也不断地发生医患纠纷，威胁了医患之间和谐的相处模式，导致现今社会医方与患方之间关系的恶化。造成这一不良现象的原因复杂并多样化，但是笔者认为，其中最为重要的原因就是我国立法没有对医疗合同关系中医方义务内容作出详细的规定，造成医方义务规范基础的缺失。仅仅通过司法是没有办法从源头上处理医患纠纷的，我国应该考虑在立法上对医疗合同的内容有所突破，进而为医方和患者提供明确的规范基础。

本文认为通过对医疗合同关系中医方义务内容完善，才能更好地缓解医患纠纷的产生。我国立法应以医疗合同典型化为基础，细化医疗合同规范特别是医方义务规范的规定。有关规定应包括：医疗合同关系的主体的范围，医方实施的医疗行为的注意义务和过错的判断标准，医方和患者在医疗合同履行过程中所享有的权利和应承担义务，当医方或患者违反合同义务时应承担的违约责任的方式以及损害赔偿的范围等内容。

同时，我国立法应考虑借鉴日本医事法模式，尽快制定一部综合性的医事法。笔者认为，制定一部综合性的医事法，是为了从长远的利益而考虑医疗活动中的规范，其可以通过具体化的医事法规范来确定医疗合同关系中医方与患者的权利义务内容，对医疗合同中所可能产生的相关问题进行较为系统化的规范，能够有效的避免医疗相关法律、法规适用过程中的冲突，更能够进一步对医方和患者之间发生的法律问题作出调整，从而加速医疗卫生事业的平稳发展。

因笔者能力有限，对医疗合同关系中医方义务若干基本法律问题及立法建议的一些认识仍十分粗浅，也有些不成熟。不足之处唯有通过今后更加深入、系统地学习研究予以弥补。

（三）侵权责任编

《民法典侵权责任编》修订的若干意见

石佳友*

1. 第九百四十六条　侵权行为危及他人人身、财产安全的，被侵权人有权请求侵权人承担停止侵害、排除妨碍、消除危险等侵权责任。

建议：在句尾增加："以预防、减少或消除损害"，从而突出侵权法的预防功能，这是二十一世纪侵权法区别于古典侵权法的重要特征；现行《侵权责任法》在第1条立法目的中明确强调预防原则，然而这一条款在民法典草案中被删除，令人遗憾。

2. 第九百五十二条　被侵权人对同一损害的发生有过错的，可以减轻侵权人的责任。

建议：删除"同一"措辞，没有必要重复，而且在解释上容易引发歧义。另外，在句尾增加"法律另有规定的除外"，因为在某些无过错责任中，过失相抵规则不能适用。

3. 第九百五十五条　本法和其他法律对不承担责任或者减轻责任的情形另有规定的，依照其规定。

建议：删除本条。因为在《民法总则》、侵权法分则及特别法中都有相应规定，自可适用；本条无必要规定。

4. 第九百五十六条　侵害他人造成人身损害的，应当赔偿医疗费、护理费、交通费、营养费等为治疗和康复支出的合理费用，以及因误工减少的收入。造成残疾的，还应当赔偿残疾辅助器具费和残疾赔偿金。造成死亡的，还应当赔偿丧葬费

* 石佳友，中国人民大学法学院教授、民商事法律科学研究中心执行主任。

和死亡赔偿金。

建议：在受害人残疾或死亡的情况下，应增加对受害人负有法定抚养或赡养义务人的抚养费、赡养费的赔偿。人身利益是侵权法所要保护的最为重要的利益，对生命权、身体权和健康权等基本权利的保护，是法治文明最为集中的体现。本条宜参照比较法上的普遍经验，增加对相应的抚养费和赡养费的赔偿。

5. 第九百六十条　侵害自然人人身权益造成严重精神损害的，被侵权人有权请求精神损害赔偿。

故意侵害自然人具有人身意义的特定物品造成严重精神损害的，被侵权人有权请求精神损害赔偿。

建议：第一款中将“自然人”改为“他人”。在比较法上，侵害法人的某些人格权（名誉等），法人亦可请求精神损害赔偿。本条在措辞上宜保持开放性，为未来的发展留有余地。

第二款中将“故意”改为“故意或重大过失”，增加重大过失的赔偿责任，符合公平原则。

6. 第九百六十一条　侵害他人财产的，财产损失按照损失发生时的市场价格或者其他合理方式计算。

建议：改为“赔偿时（的市场价格）”；侵权损害赔偿应尽可能按照判决时的市场重置价格来赔偿，而非按照损害时的价格。2017 年法国《侵权责任法改革草案》第 1262 条规定：“对损害赔偿的评估应当以作出判决之日为准，并应当考虑到自损害发生之日起能对损失的价值和持续性产生影响的所有情况，还应当考虑到可合理预见到的后续发展。如在判决之日后损害有所加重，受害人还可就由此产生的损失主张补充赔偿。”

7. 第九百六十二条　受害人和行为人对损害的发生都没有过错的，可以依照法律的规定，由双方分担损失。

建议：“依照法律规定”改为“依据公平和诚实信用原则”，因为公平原则适用的情况都是法律没有规定的情况，“依照法律规定”显然无法适用，而只能诉诸公平和诚信的民法基本原则，增加诚实信用原则对于评估双方的行为、平衡双方的利益尤为重要。

8. 在第二章最后应增加侵权责任赔偿与社会保险赔偿之间的协调；前者是完全赔偿原则，后者往往是一揽子一次性赔偿。

9. 第九百六十八条第二款　因第三人的行为造成提供劳务一方损害的，提供劳务的一方有权请求第三人承担侵权责任，也有权请求接受劳务的一方承担侵权责任。接受劳务的一方承担侵权责任后，可以向第三人追偿。

建议：删除本款，因为这样给接受劳务一方施加了过大的责任（不真正连带责任），将其类比为雇主的地位，有失公平。

10. 第九百七十条　网络用户、网络服务提供者利用网络侵害他人民事权益的，应当承担侵权责任。

网络用户利用网络服务实施侵权行为的，权利人有权通知网络服务提供者采取删除、屏蔽、断开链接等必要措施。通知应当包括构成侵权的初步证据。

网络服务提供者接到通知后，应当及时采取必要措施，并将该通知转送相关网络用户；未及时采取必要措施的，对损害的扩大部分与该网络用户承担连带责任。

权利人因错误通知造成网络用户损害的，应当承担侵权责任。

建议：1）删除第一款。一方面，该条无实际的适用意义，另一方面，该条的表述容易让人误以为网络侵权是无过错责任

2）删除“应当及时采取必要措施”。因为如果网络平台发布某些信息、批评或舆论监督，被批评者一般都会发出抗议通知并会附上某些证据；而如果平台一接到此类抗议通知，就立即“采取必要措施”删除或者屏蔽帖子，极其不利于保护言论自由和发挥舆论监督作用；而且，“一有抗议就删帖”的规则极易被滥用；合理的做法应该是在发帖人作出答辩声明之后，平台视情况决定是否有必要“采取合理措施”。

11. 第九百七十一条　网络用户接到转送的通知后，可以向网络服务提供者提交不存在侵权行为的声明。声明应当包括不存在侵权行为的初步证据。

网络服务提供者接到声明后，应当将该声明转送发出通知的权利人，并告知其可以向有关部门投诉或者向人民法院起诉。网络服务提供者在转送声明到达权利人后十五日内，未收到关于权利人已经投诉或者起诉通知的，应当及时终止所采取的措施。

建议：1）在第一款后规定：“网络服务提供者根据权利人的通知、网络用户的声明及双方所提供的初步证据，决定是否有必要采取必要措施”。根据“正当程序”原理，平台在删除用户的发帖之前，不能仅凭权利人一方的指控，而应该赋予用户答辩的权利；之后网络平台再决定是否删帖。

2）第二款修改为：“网络服务提供者接到声明后，应当将该声明转送发出通知的权利人，并告知平台关于是否采取措施的决定；权利人可以向有关部门投诉或者向人民法院起诉。网络服务提供者在转送声明到达权利人后十五日内，未收到关于权利人已经投诉或者起诉通知的，应当及时终止所采取的措施”。

12. 第九百八十六条　以挂靠形式从事道路运输经营活动的机动车发生交通事故造成损害，属于该机动车一方责任的，由挂靠人和被挂靠人承担连带责任。

建议：删除本条。一方面，“挂靠”并非严格的法律术语，其往往涉及承包经营、借用经营资质、分包等多种法律关系，宜交由这些相应的法律制度作出相应处理。另一方面，挂靠现象的发生也是往往由于某些领域的经营资质的行政管制所致，在当今其适用范围已经十分有限；随着改革的深入推进，挂靠现象在未来将日

趋式微。将此类特定阶段性的细微问题写入民法典，容易影响民法典的稳定性和严肃性。

13. 第一千零一十条　损害生态环境，能够修复的，法律规定的机关或者组织有权请求侵权人承担修复责任。侵权人在期限内未修复的，法律规定的机关或者组织可以自行或者委托他人进行修复，所需费用由侵权人承担。无法修复的，侵权人应当依法赔偿损失。

建议：增加第二款："国家设立生态修复基金，具体办法由国务院规定；侵权人损害生态环境所支付的赔偿金，纳入生态修复基金，用于环境修复"。

理由：借鉴比较法经验，适时设立专门的生态修复基金。例如，作为发展中国家的巴西早在30多年前即以法律设立了此类基金（1985年7月24日法律）；强调赔偿金应纳入生态修复基金，也防止地方政府或组织将损害赔偿金挪作他用。

14. 第一千零一十三条　民用核设施、核材料或者放射性核废料发生核事故造成他人损害的，民用核设施的营运单位应当承担侵权责任，但是能够证明损害是因战争、武装冲突、暴乱等情形或者受害人故意造成的，不承担责任。

建议：删除"武装冲突、暴乱"，因为它们经常可能是由非国家行动者所引发的，并非国家行为，具有一定的可预见性，在一定程度上可以防止，核设施机构对此应当负担危险防范义务。

15. 第一千零二十三条　禁止饲养的烈性犬等危险动物造成他人损害的，动物饲养人或者管理人应当承担侵权责任。

建议：删除本条。一方面，引发动物饲养责任的并非是被饲养动物本身的危险性，而是饲养人的行为；动物的危险性，与发生侵害并无必然关系；危险动物并不见得会更多的引发侵害事件，而小型动物伤人的概率可能更高。换言之，法律着眼的应当是人而非动物本身，不应该根据动物的危险性而分别立法。另一方面，本章已经列举了动物园的动物、遗弃、逃逸的动物等具体类型，具有明显的"决疑论"色彩，是一种落后的立法技术，表明逻辑抽象能力和体系化技术的落后，有损民法典的美感与体系性。

中国民法典侵权责任编的体系结构与立法完善
——以“一审稿”和“二审稿”为视角

李　昊*

目　次

2017年3月15日，全国人大通过了《民法总则》，之后，中国民法典分则各编的编纂工作进入了快车道。2017年10月31日和2018年3月15日分别形成了民法典侵权责任编的民法室室内稿（以下简称为“室内稿”）和法工委征求意见稿（以下简称为“征求意见稿”），并征求了学界和各部门的意见。2018年8月下旬，第十三届全国人大常委会第五次会议对《民法典各分编（草案）》（含侵权责任编）整体进行了审议，并于9月5日公布，面向公众征求意见（以下简称为“一审稿”）。2018年12月下旬，第十三届全国人大常委会第七次会议对《民法典侵权行为编（草案）》（二次审议稿）（以下简称为“二审稿”）进行了审议，并于2019年1月4日面向公众征求意见。从四个民法典草案的体例看，侵权责任编将保持与合同编的分立，成为未来民法典中的独立一编，这次编纂也为我们提供了一个重新审

* 李昊，北京航空航天大学法学院、人文与社会科学高等研究院副教授，法学博士。本文大部分内容曾以“对民法典侵权责任编的审视与建言”为名发表于《法治研究》2018年第5期，此次修订增加了“二审稿”的相关内容。感谢我的研究生张博文和张旭泽同学在资料整理上的协助。

视我国2009年颁布的《侵权责任法》的机会。本文将以此次“一审稿”和“二审稿”为基础，从侵权责任编与民法典其他编的关系以及侵权责任编自身内容的修改完善两部分出发，为我国民法典侵权责任编的立法工作建言，以期促进侵权责任编能反映国内最新的立法和实务进展，适应新的实践的需求。

一、中国民法典侵权责任编“二审稿”的体系结构与修订内容

（一）“一审稿”和“二审稿”的体系结构

从已经出台“室内稿”“征求意见稿”“一审稿”和“二审稿”的编章内容来看，基本保持了2009年颁布施行的《侵权责任法》的结构框架，仅在细节部分进行了修补完善。

“一审稿”和“二审稿”为例共分十章，分别为92条和91条（第943－1034条，“二审稿”增二减一）。各章标题分别为：第一章一般规定、第二章责任承担、第三章关于责任主体的特殊规定、第四章产品责任、第五章机动车交通事故责任、第六章医疗损害责任、第七章生态环境损害责任（“二审稿”改为“损害生态环境责任”）、第八章高度危险责任、第九章饲养动物损害责任、第十章建筑物和物件损害责任。

从编章结构上看，“一审稿”和“二审稿”将《侵权责任法》的第一章、第二章和第三章拆分重组，将《侵权责任法》第二章关于损害赔偿的部分独立为第二章“责任承担”，并将《侵权责任法》第一章“一般规定”第三章“不承担责任和减轻责任的情形”合并为第一章，称为“一般规定”。

（二）在内容上，“一审稿”对《侵权责任法》做了如下主要的修订：

1. 一般规定部分，删去《侵权责任法》第1条关于立法目的的规定；关于《侵权责任法》的保护范围，删去了所有列举项，改采概括规定的方式（“一审稿”第943条）；删去了关于同一侵权行为导致的侵权责任、刑事责任和行政责任关系的规定（《民法总则》第187条已有规定）；删去了关于连带责任承担方式的规定（《侵权责任法》第13条、第14条，《民法总则》第178条已有规定）；在与有过失规则中明确了被侵权人是对同一损害的发生有过错（“一审稿”第952条）。

2. 责任承担部分，删除了侵权责任承担方式的规定（《侵权责任法》第15条）；在获利剥夺规则中，明确规定了侵害他人人身权益的可以按照侵权人因此获得的利益赔偿，无须以损失无法确定为前提（“一审稿”第959条）；明确了故意侵害自然人具有人身意义的特定物品的可获精神损害赔偿（“一审稿”第960条）；删去了见义勇为情形下责任承担和补偿的规定（《侵权责任法》第23条，《民法总

则》第184条规定救助人不承担责任，与此冲突）；规定了公平责任的适用以法律规定为前提（“一审稿”第962条）；删去了不可抗力、正当防卫和紧急避险免责的规定（《侵权责任法》第29－31条，《民法总则》第180－182条已有规定）；

3. 特殊责任主体部分，增设了委托监护中责任承担的规则（“一审稿”第965条）；将劳务派遣情形中劳务派遣单位承担的责任由相应的补充责任改为相应的责任（“一审稿”第967条）；增设了第三人导致提供劳务一方受损害时责任承担的规则（“一审稿”第968条）；增设了承揽活动中侵权责任承担的规定（“一审稿”第969条）；明确了被侵权人向网络服务提供者发送的通知中应包含的内容（“一审稿”第970条）；增设了网络服务提供者收到被侵权人的通知后的处置方法（“一审稿”第971条）；明确了承担安全保障义务的主体包括营业场所、公共场所的管理人，明确安全保障义务人及教育机构承担补充责任后可以向第三人追偿（“一审稿”第973条、第976条）；

4. 产品责任部分，删去了销售者不能指明缺陷产品的生产者，也不能指明缺陷产品的供货者时承担侵权责任的规定（“一审稿”第978条）；

5. 机动车交通事故责任部分，增设了挂靠形式的机动车发生事故后的责任承担的规定（“一审稿”第986条）；增设了未经允许驾驶他人机动车发生事故后责任承担的规定（“一审稿”第987条）；增设了盗窃人、抢劫人或者抢夺人与机动车使用人并非同一人时发生事故责任承担的规定（“一审稿”第990条）；增设了好意搭乘时发生事故责任承担的规定（“一审稿”第992条）；

6. 环境污染责任更名为生态环境损害责任，并作如下修订：增设了破坏生态环境侵权责任的规定；明确损害生态环境责任的大小要考虑损害行为对损害后果所起的作用（“一审稿”第1006条）；增设了侵权人故意违反国家规定损害生态环境时的惩罚性赔偿（“一审稿”第1008条）；增设了法律规定的机关或者组织请求侵权人承担恢复原状义务的规定（“一审稿”第1010条）；分别明确了被侵权人和法律规定的机关或者组织可以请求赔偿的损害项目（“一审稿”第1007条、第1011条）；

7. 高度危险责任部分，在民用核设施之外增设核材料或者放射性核废料导致的核事故、将民用核设施的经营者改为运营单位、在免责事由中增补列举了武装冲突和暴乱（“一审稿”第1013条）；在高度危险物的列举中增加高放射性、强腐蚀性物品（“一审稿”第1015条）；明确了从事高空、高压、地下挖掘活动或者使用高速轨道运输工具致人损害时，需被侵权人对损害的发生有重大过失才可以减轻经营者的责任（“一审稿”第1016条）；明确了高度危险区域管理人需采取足够安全措施并尽到充分警示义务方可减轻或不承担责任（“一审稿”第1019条）；在赔偿限额中，增设了“行为人有故意或重大过失的除外”的但书规定（“一审稿”第1020条）；

8. 饲养动物损害责任中，针对违反管理规定，未对动物采取安全措施造成他人损害的情形，增设了被侵权人故意造成损害时可以减轻责任的但书规定（“一审稿”第1022条）；

9. 物件损害责任一章更名为建筑物和物件损害责任，并作如下修订：将因第三人造成的建筑物、构筑物或者其他设施倒塌中的第三人进一步细化为所有人、管理人、使用人或者第三人（“一审稿”第1029条）；在堆放物损害责任中增设了滑落的情形（“一审稿”第1031条）；增设了公共道路管理人证明自己尽到清理、防护、警示等义务的规定（“一审稿”第1032条）；在林木损害中增设了倾倒、果实坠落的情形（“一审稿”第1033条）；明确了公共场所或者道路施工人的过错推定责任（“一审稿”第1034条）。

（三）“二审稿”的主要修订内容

“二审稿”在条文编号上保持了“一审稿”的编号，在内容上，则对“一审稿”做了如下主要的修订：

1. 一般规定部分，将《侵权责任法》第9条第2款后半句以及“一审稿”第948条第2款后半句中的“未尽到监护责任的”修改为“未尽到监护职责的”（“二审稿”第948条第2款）；增加自愿参加危险活动受损害人与活动组织者的责任负担（“二审稿”第954条之一）；增加紧急情况下个人的私力救济（“二审稿”第954条之二），该规定最先出现于“室内稿”第23条，“征求意见稿”和“一审稿”删除该规定，“二审稿”又加以恢复。

2. 责任承担部分，将“营养费”作为应赔偿的合理费用（“二审稿”第956条）；明确因重大过失侵害自然人具有人身意义的特定物造成严重精神损害的，被侵权人有权请求精神损害赔偿（“二审稿”第960条）；增设故意侵害知识产权情节严重的可请求相应的惩罚性赔偿（“二审稿”第961条之一）。

3. 特殊责任主体部分，明确用人单位承担侵权责任后，可以向有故意或者重大过失的工作人员追偿（“二审稿”第967条）；明确接受劳务的一方承担侵权责任后，可以向有故意或者重大过失的提供劳务的一方追偿，提供劳务一方因劳务使自己受到损害的，由接受劳务一方承担侵权责任；提供劳务一方有过错的，可以减轻或者免除接受劳务一方的责任（“二审稿”第968条第1款）；明确网络用户要求网络服务提供者采取措施时应提交权利人真实信息，网络服务提供者转通知相关用户应及时（“二审稿”第970条）；将“一审稿”第973条中的“经营场所”变为“经营者”“管理人”变为“管理者”，并将第3款并入第2款（“二审稿”第973条）；将“一审稿”第976条第1款前半句中的“人员”和“侵权人”改为“第三人”（“二审稿”第976条）。

4. 产品责任部分，因产品缺陷侵权，增加“停止侵害”责任承担方式（“二审稿”第980条)；明确因明知产品存在缺陷而未采取补救措施造成损害的，可请求相应的惩罚性赔偿（“二审稿”第982条)。

5. 机动车交通事故责任部分，增设租借机动车管理人的责任承担的规定（“二审稿”第984条)；扩大道路交通事故社会救助基金垫付的范围（“二审稿”第991条)。

6. 医疗损害责任部分，将《侵权责任法》第55条第1款以及“一审稿”第994条中的书面同意改为明确同意（“二审稿”第994条)；泄露患者隐私或者未经患者同意公开其病历资料的侵权责任删除了《侵权责任法》至“一审稿”中的“造成患者损害的”这一表述（“二审稿”第1001条)。

7. 生态环境损害责任更名为损害生态环境责任，新增两个以上侵权人责任分配的考量因素（“二审稿”第1006条)；将“一审稿”第1005条中的“污染者”变为“侵权人”（“二审稿”第1005条)；删除“一审稿”第1007条；在生态损害的环境修复责任的第1010条的第1句增加“违反国家规定”的表述，在第3句增加“无修复必要的”的表述（“二审稿”第1010条)；将“一审稿”第1011条规定的损失和费用的第4项拆分为两项（“二审稿”第1011条)。

8. 高度危险责任部分，明确对于运入运出民用核设施的核材料或者放射性核废料导致的核事故，由该设施的营运单位承担责任（“二审稿”第1013条)。

二、侵权责任编与民法典其他编的关系

（一）与民法总则编的关系

《民法总则》第八章延续了《民法通则》的体例，尝试对民事责任做出了一般性的规定，其内容对侵权责任编会产生如下影响：

1. 首先，《民法总则》中已有的内容，侵权责任编无须再做规定。《民法总则》第177条规定了按份责任的承担方式，第178条规定了连带责任的承担方式。因此，侵权责任编在多数人侵权部分无需再重复这些规定，亦即《侵权责任法》第13条、第14条可以删去（“一审稿”和“二审稿”已删除)，第12条可以修改为“二人以上分别实施侵权行为造成同一损害的，承担按份责任。”其次，《民法总则》第180条至第182条规定了分别不可抗力、正当防卫和紧急避险作为免责事由。将正当防卫和紧急避险从侵权责任违法阻却事由上升为共通性的违法阻却事由的意义在于体现私力救济在权利保护中的地位和作用。[1]基于此，亦有学者主张在《民法总则》增设“民事权利的取得、行使与保护”章，并将正当防卫、紧急避险

〔1〕 参见陈苏主编：《民法总则评注（下册)》，法律出版社2017年版，第1295页。

作为权利保护的措施规定在该章中。[1]但是在法律适用的过程中，仍需对二者是否可适用于侵权责任之外的其他情形做进一步研究。[2]另外，“室内稿”第23条规定的自助行为在“征求意见稿”和“一审稿”中被删除，“二审稿”第954条之二又做了恢复，但自助行为更主要为民事权利的自力救济方式，而非单纯的免责规定，也不应限于发生侵权的情形，因此应当纳入将来的民法典总则编。具体位置可以考虑纳入民法总则的民事责任章中，作为和正当防卫、紧急避险同等的权利救济方式和责任阻却事由。最后，《民法总则》第187条吸纳了《侵权责任法》第4条的内容，规定民事责任、行政责任和刑事责任之间的关系，侵权责任编亦无须再规定（“一审稿”和“二审稿”已删除）。

2. 应当从《民法总则》中移到侵权责任编中的内容。首先，《民法总则》第185条规定了侵害英雄烈士等的姓名、肖像、名誉和荣誉的民事责任。这一规则属于具体的侵权责任，不应规定在《民法总则》中，而应规定在侵权责任编中，[3]具体位置可以放在新设的人格权侵权一章。其次，《民法总则》第183条和第184条分别是因保护他人民事权益受损的责任承担和受益人补偿规则及自愿实施紧急救助行为致害的免责规定。二者是侵权责任中的特殊问题，不符合该章民事责任一般规则的体系定位，应回归侵权责任编。以“二审稿”为例，《民法总则》第184条可以置于一般规定中，列为第954条之三，第183条可置于第962条之后。

（二）与人格权编的关系

人格权是民事主体所享有的基本民事权利，民法典编纂的过程中有学者提出编纂独立的人格权编以加强对人格权的保护，[4]并且为民法分则的室内稿、征求意见稿和一审稿所接受。在人格权独立成编的背景下，为确保民法典的体系性，如何衔接好侵权责任编与人格权编之间的关系是十分重要的。总体来说，人格权编应当以人格权的内容和人格权的行使等为重点，而人格权受到侵害后的责任构成、责任承担等应当由侵权责任编加以规定。具体而言，比较理想的方式是在侵权责任编单独

---

〔1〕 柳经纬：《论我国民法典形成之时总则编之调整》，载《政治与法律》2018年第6期。

〔2〕 有观点认为，正当防卫和紧急避险可以阻却违约责任和其他债务不履行责任，并不限于侵权责任。参见金可可：《民法总则（草案）若干问题研究——对草案体系等若干重大问题的修改意见》，载《东方法学》2016年第5期。从实践案例来看，不乏否认正当防卫和紧急避险可以适用于违约责任的案例。参见“滨州大饭店有限公司与淄博菱光商务有限公司财产损害赔偿纠纷案”，滨州市中级人民法院（2017）鲁16民终1769号民事判决书；“中国人民财产保险股份有限公司大连分公司与黄金彪等海上、通海水域货物运输合同纠纷案”，武汉海事法院（2017）鄂72民初第1410号民事判决书。

〔3〕 杨立新：《民法总则新规则对编修民法分则各编的影响》，载《河南财经政法大学学报》2017年第5期。

〔4〕 参见王利明：《论我国〈民法总则〉的颁行与民法典人格权编的设立》，载《政治与法律》2017年第8期。

增加侵害人格权的一章，详尽规定人格权侵害中的法益衡量和特殊抗辩事由，尤其是针对名誉权侵权和隐私权侵权。[1]

（三）与合同编的关系

1. 损害赔偿规则的协调。无论是侵权责任，还是违约责任，其法律后果都主要体现为损害赔偿，在损害赔偿问题上也都有共通规则，典型如比较过失、损益相抵等。此外，规定在合同编的减损规则与比较过失规则不仅效果不同，发挥作用的内在机制也不同，减损规则不应被比较过失规则所取代。[2]同时，在侵权责任的情形中，受害人未及时采取措施导致损失扩大的，亦属有之。[3]因此，减损规则在侵权责任中也有适用余地，也属于损害赔偿的共通规则。

在目前民法典不设立债法总则的情况下，如果在合同编和侵权责任编对损害赔偿的共通规则加以规定，如与有过失规则，则难免会造成条文的重复，较为理想的处理方案或许是将此类损害赔偿的共通规则规定在《民法总则》民事责任部分，次佳的方案是在合同编设立准用条款。

2. 违约责任的精神损害赔偿。精神损害赔偿并非侵权法所独有，在违约责任的场合下，也可能存在精神损害赔偿。[4]在民法典分则的立法过程中，需要协调好合同责任和侵权责任在精神损害赔偿问题上的规定，为违约责任中的精神损害赔偿留下必要的空间。在目前民法典分则不增设债法总则的情况下，比较理想的方式是在《民法总则》第八章民事责任中增设关于精神损害赔偿的一般规定，同时适用于合同责任和侵权责任。次佳的选择方案是在侵权责任编增设准用条款或在合同编违约责任章增设精神损害赔偿的特殊规定。

3. 侵权责任与违约责任的竞合。侵权责任与违约责任的竞合可以划分为固有型、违约责任扩张型和侵权责任扩张型。[5]违约责任扩张型竞合是合同法上保护义务的扩张导致的，但是这种责任竞合的出现却使得调整不同对象的合同法与侵权法大范围的重合，民法典编纂过程中应当通过限缩附随义务的类型尽量减少此种竞合。固有型的责任竞合是指将侵权法上不侵害他人权利的义务作为合同的给付义务，属于无法避免的责任竞合。应当在责任竞合效果上尽量缩小二者之间的差异。首先，《合同法》上的特定责任减轻规则应当可适用于侵权责任，如《合同法》中无偿保管人仅在故意和重大过失情形下承担责任的规定；其次，合同中的免责条款

---

〔1〕 参见王泽鉴：《人格权法：法释义学、比较法、案例研究》，北京大学出版社2013年版。

〔2〕 韩世远：《合同法总论》，法律出版社2011年版，第645页。

〔3〕 王泽鉴：《〈中华人民共和国民法通则〉之侵权责任：比较法的分析》，载《民法学说与判例研究（第六册）》，北京大学出版社2009年版，第237页。

〔4〕 参见崔建远：《精神损害赔偿绝非侵权法所独有》，载《法学杂志》2012年第8期。

〔5〕 参见谢鸿飞：《违约责任与侵权责任竞合理论的再构成》，载《环球法律评论》2014年第6期。

应当可适用于侵权责任；最后，《合同法》第121条（“二审稿”第383条）规定，债务人要为第三人造成的违约负责，这一条款在学界引起了广泛讨论。[1]从合同编与侵权编的关系上来看，应当将这一规定限制在债务人为其履行辅助人负责，与用人者责任保持一致。

4. 获利返还请求权与不当得利返还请求权。侵权法上的获利返还请求权与权益侵害型不当得利中的不当得利返还请求权不同。获利返还请求权融合了侵权损害赔偿责任的归责要件和不当得利请求权的法律后果，处于侵权法和不当得利法的中间过渡地带。[2]换言之，二者虽然效果相同，但是构成要件上存在差别。因此，在两个请求权的要件均满足的情形下，应当允许受害人自由选择行使哪一个请求权，而非一概排斥不当得利返还请求权的适用。[3]

（四）与物权编的关系

1. 物权请求权与侵权责任请求权。停止侵害、排除妨碍和消除危险是绝对权请求权，而非侵权责任承担方式。[4]应当由物权编将之作为物权请求权加以规定，侵权责任编不应规定。

2. 占有人——所有人关系与侵权责任。占有人——所有人关系属于《物权法》上的特别债法规则，按照这一规则：

（1）善意自主占有人对占有物的毁损灭失不承担责任，善意他主占有人在相信自己享有权利的范围内亦做相同评价。[5]但善意占有人系指对自己无权占有不知情且无重大过失，并不排除存在一般过失。虽不能排除善意占有人对自己的无权占有存在一般过失的情形下，有构成侵权责任的可能性，但是基于善意占有人保护的特殊规范目的，即使成立侵权责任，也应当优先适用占有人——所有人关系规则。

（2）恶意占有人的情形下，《物权法》第242条及第244条所规定的恶意占有人损害赔偿责任究竟为无过错责任还是过错责任，尚存争议。[6]采何种归责原则取

---

〔1〕参见周江洪：《〈合同法〉第121条的理解与适用》，载《清华法学》2012年第5期；解亘：《论〈合同法〉第121条的存废》，载《清华法学》2012年第5期；解亘：《再论〈合同法〉第121条的存废——以履行辅助人责任为视角》，载《现代法学》2014年第6期。

〔2〕朱岩：《“利润剥夺”的请求权基础——兼评〈中华人民共和国侵权责任法〉第20条》，载《法商研究》2011年第3期。

〔3〕参见王若冰：《获利返还制度之我见——对〈侵权责任法〉第20条的检讨，》，载《当代法学》2014年第6期。

〔4〕详见崔建远：《绝对权请求权抑或侵权责任方式》，载《法学》2002年第11期。

〔5〕《物权法》对此并未作出明确规定，但是通过第242条的反面解释可以得出相同结论。

〔6〕无过错责任的观点，参见王洪亮：《物上请求权的功能与理论基础》，北京大学出版社2011年版，第114页。过错责任的观点，参见崔建远：《物权：规范与学说——以中国物权法的解释论为中心（上册）》，清华大学出版社2011年版，第351页。

决于是否加重恶意占有人的责任，是立法价值选择的问题。但就其与侵权责任编的关系而言，如果是过错责任，则与侵权责任构成责任竞合；如果是无过错责任，则因加重恶意占有人责任的特殊规范目的排除侵权责任的适用。

三、侵权责任编的完善建议

（一）《侵权责任法》的保护范围

1.《侵权责任法》保护的权利。"征求意见稿"采取的仍是概括加列举的模式，但是限缩了列举范围，将发现权、监护权删除，而"一审稿"和"二审稿"则直接采取了概括模式。从立法技术上来讲，由于新型权利的不断涌现，取消不完全列举亦有其合理之处，具体侵权法保护哪些权利则可以通过司法实践来处理。本文此处仅就《侵权责任法》第2条第2款所列举的三项权利——发现权、监护权和继承权不应属于侵权法的保护范围做以说明。

（1）发现权。《民法总则》在民事权利部分也未规定发现权。发现权本身并非一项民事权利，因为发现人对科学发现并不享有权利，实践中为数不多的"发现权纠纷"实质上是因发现而获得的奖励和荣誉的纠纷。[1]

（2）监护权。有观点提出应当摒弃现行以监护权代替亲权的做法，建立完善的未成年人"亲权+监护"的立法模式。[2]主流观点也认为监护与亲权虽有相同之处，但是其差异也不可忽略。[3]《民法总则》监护部分的立法依然将父母作为第一顺位的监护人，但从其规定来看，监护本身并不能在监护人与被监护人之间创设身份关系，亦不产生身份权。监护主要体现为职责而非民事权利。[4]因此，实践中使被监护人脱离监护人的控制范围的情形下，受到侵害的应当是亲权，而不是监护权。今后可能需要通过规定亲权或者从父母子女关系中解释出亲权内容的方式弥补可能出现的保护不足。

（3）继承权。继承权在继承开始之前只是单纯的期待，除了保护纯粹经济损失的遗嘱案型以外，[5]继承期待不属于侵权法要保护的民事权益，继承开始之后继承

---

〔1〕参见"李某诉季某芳发现权纠纷案"，广东省中山市中级人民法院（2005）中中法民三初字第119号民事判决书。

〔2〕杨立新：《〈民法总则〉制定与我国监护制度之完善》，载《法学家》2016年第1期。

〔3〕参见江平主编：《民法学》，中国政法大学出版社2016年版，第732页；马俊驹、余延满：《民法原论》，法律出版社2016年版，第874页。

〔4〕裴桦：《亲权与监护立法之比较》，载《甘肃政法学院学报》2004年第5期。

〔5〕参见王泽鉴：《侵权行为》，北京大学出版社2016年版，第401页、第409页（案例14 糟糕的法律服务）；李昊：《纯经济上损失赔偿制度研究》，北京大学出版社2004年版，第37页、第129～131页。

权直接转化为继承人享有的债权、物权或其他财产权利,[1]除了借助于继承回复请求权以外，对继承人的保护还可以借助于对这些具体权利的保护方式来实现。因此，继承权不属于侵权法保护的民事权益。

2.《侵权责任法》保护的民事利益。《侵权责任法》保护的民事利益包括纯粹经济损失和纯粹精神损害。前者系指非因人身或所有权等权利受侵害而受到的经济或财产损失,[2]对债权的侵害本质上亦属于纯粹经济损失;[3]后者则指不以自己人身权益受侵害为前提的精神损害,[4]典型者如惊吓损害（nervous shock)。

首先，纯粹经济损失应当明确纳入侵权责任的保护范围，并妥当规范其保护模式。由于纯粹经济损失可能引发责任泛滥的“水闸”效应，为了在行为自由与权益保护之间寻求平衡点，德国仅在故意悖俗侵权情形或存在以保护纯粹经济利益为内容的法律时才对之加以保护，英、美也主要保护故意造成的纯粹经济损失，并限缩对过失引起的纯粹经济损失的赔偿。[5]目前纯粹经济损失的案例在司法实践中并不少见，但是裁判结果却各不相同。[6]为了指导司法审判、更好地保护民事主体的合法权益，侵权责任编应当对纯粹经济损失及其保护加以明确，并列举主要的侵权类型，尤其是过失引起的纯粹经济损失的典型案型，如不实陈述。

其次，对于纯粹精神损害，我国目前承认的限于三种：受害人死亡时其近亲属的精神损害赔偿、死者名誉受侵害时其近亲属的精神损害赔偿和侵害具有人格象征意义的特定物时的精神损害赔偿。纯粹精神损害的问题在于精神损害本就无形，在不依附于请求权人人身权益的情形下更是难以确定。有观点将纯粹精神损害分为可推知的纯粹精神损害和可确定的纯粹精神损害。[7]我国法律明文规定的三种属于可推知的纯粹精神损害。侵权责任编应当进一步扩大纯粹精神损害的赔偿范围。在法律明文规定的三种情形之外，允许请求人通过举证证明自己存在纯粹精神损害而获得赔偿，最主要的案型就是惊吓损害。同时为防止赔偿过于泛滥，应当在主体、适用情形等方面进行严格限制。

3. 构建弹性的权益区分保护模式。哪些民事利益属于侵权法的保护范围且受

---

〔1〕 参见谢怀栻:《论民事权利体系》，载《法学研究》1996 年第 2 期。

〔2〕 王泽鉴:《侵权行为》，北京大学出版社 2016 年版，第 362 页。

〔3〕 侵害债权的案例，参见“上海普鑫投资管理咨询有限公司诉中银国际证券有限责任公司财产损害赔偿纠纷案”，载《最高人民法院公报》2014 年第 10 期（总第 216 期)。

〔4〕 参见鲁晓明:《论纯粹精神损害赔偿》，载《法学家》2010 年第 1 期。

〔5〕 详见李昊:《纯经济上损失赔偿制度研究》，北京大学出版社 2004 年版。

〔6〕 支持纯粹经济损害赔偿请求的案例，参见“天津市塘沽区红星海上娱乐服务有限公司与天津市水利工程建设管理中心等海事侵权损害赔偿纠纷案”，天津市高级人民法院（2012）津高民四终字第 110 号民事判决书；不予支持的案例，参见“湖北荆玻海龙玻璃制品有限公司与杨凡等机动车交通事故责任纠纷案”，荆门市中级人民法院（2016）鄂 08 民终第 219 号民事判决书。

〔7〕 详见鲁晓明:《论纯粹精神损害赔偿》，载《法学家》2010 年第 1 期。

到何种程度的保护必须根据整个法律体系加以确定，虽然立法可以通过列举的方式作出规定，但列举既不可能没有漏洞，也不可能预测未来出现的新的类型。[1]因此，在判断哪些利益属于侵权法保护的内容时，应当构建弹性的评价体系，由法官在具体个案中决定某些利益是否受保护。[2]侵权责任编应当明确规定法官裁量时需要考虑的因素。考量因素的设计可以参考《欧洲侵权法原则》第2：102条、《欧洲共同参考框架草案（欧洲示范民法典草案）》第6编第2：101条的立法例。这种设计也为纯粹经济损失和纯粹精神损害的赔偿提供了弹性空间。

（二）责任能力

责任能力是成立侵权责任的前提，无责任能力则无过错，亦不成立侵权责任。责任能力制度的目的在于保护欠缺责任能力的行为人。[3]我国民事立法中向来用行为能力代替责任能力，“征求意见稿”“一审稿”和“二审稿”亦未规定侵权责任能力，但二者并不相同。行为能力涉及智虑不周者的保护与交易安全之间的协调，责任能力涉及的则是行为自由与损害救济之间的平衡。[4]侵权责任编应当设立独立的责任能力制度，在判断标准上应当将识别能力与控制能力相结合。在具体模式的设计上，对于未成年人，应当采纳划定年龄界限和个案判断相结合的方式；对于不能识别或不能完全识别自己行为的成年人，由于缺乏明确的统一标准，应当进行个案判断。

（三）责任承担方式

“征求意见稿”规定的侵权责任承担方式包括损害赔偿、停止侵害、排除妨碍和消除危险。“一审稿”和“二审稿”第二章则将责任承担方式限定于损害赔偿，这应当是合理的选择。首先，停止侵害、排除妨碍和消除危险作为典型的绝对权不宜规定在侵权责任编。但“一审稿”和“二审稿”第946条仍保留了《侵权责任法》第21条的规定，“二审稿”并在产品责任部分就产品缺陷的危险新增类似规定（第980条）。在“一审稿”物权编和人格权编已经就物上请求权（第32条、第253条第1款）和人格权请求权（第778条）做出一般规定的情况下，侵权责任编无须做重复规定。即使为了应对将来新出现的绝对权益的预防性保护，也不宜在侵权责任编加以规定，可留给《民法总则》的民事责任章以一般规定的方式来加以规范。

---

[1] 于敏、李昊等：《中国民法典侵权行为编规则》，社会科学文献出版社2012年版，第120页。

[2] 于敏、李昊等：《中国民法典侵权行为编规则》，社会科学文献出版社2012年版，第120页。另参见叶金强：《论侵权损害赔偿范围的确定》，载《中外法学》2012年第1期。

[3] 崔建远、韩世远等：《民法总论》，清华大学出版社2013年版，第105页。

[4] 郑晓剑：《广义行为能力在我国民法典中的定位》，载《现代法学》2016年第5期。

其次，“征求意见稿”将恢复名誉、赔礼道歉删去，转而规定在人格权编之中(第8条)，“一审稿”亦同（第778条)。原因在于，这两类责任承担方式属于对人格权进行保护的特殊规则，宜在人格权编中作出特殊规定。[1]恢复名誉与赔礼道歉主要是名誉权侵权的责任承担方式，属于对损害的填补，因此不属于绝对权请求权，而是侵权损害赔偿请求权。为了协调人格权编与侵权责任编的体系关系，应当将其规定在侵权责任编中的人格权侵权一章。此外，赔礼道歉作为属于行为义务，无法对其采取直接强制执行，只能采用其他执行方式。[2]侵权责任编应当对赔礼道歉的替代方式做出明确规定。

（四）共同危险行为

《侵权责任法》第10条对共同危险行为采用了“能够确定具体侵权人的，由侵权人承担责任；不能确定具体侵权人的，行为人承担连带责任”的表述，这一表述引发了行为人可否通过证明自己与被侵权人的损害之间不存在因果关系而免责的争议。共同危险行为规则中的因果关系推定属于法律上之事实推定，共同危险行为与损害之间的选择因果关系是前提事实，各危险行为与损害之间具体的因果关系是推定事实。立法者设立该推定目的在于减轻或免除当事人的举证困难，由于该推定未必为真，因此允许行为人通过反证加以推翻亦是推定规范的应有之义。[3]“室内稿”与“征求意见稿”在共同危险规则中（均为第7条），增加了“但行为人能够证明自己的行为与损害之间不存在因果关系的除外”的规定能够杜绝争议，值得赞同。但是此次公布的“一审稿”和“二审稿”却又将之删去，对此实难以赞同，建议恢复这条规定。

（五）免责事由和减责事由

1. “一审稿”和“二审稿”保留了“损害是因第三人造成的，第三人应承担侵权责任”的规定（第954条)，这一规定应当予以删除。首先，如果第三人的行为中断了因果关系，损害系第三人造成，则该第三人就是加害人，自应由他来承担侵权责任，在先行为人本就不构成责任。其次，也不能将第三人侵权简单地规定为免责事由，在第三人侵权的情形，存在多种责任形式，如补充责任、按份责任或连带责任等，并非一概由第三人承担全部责任。[4]

---

〔1〕 王利明:《论人格权编与侵权责任编的区分与衔接》，载《比较法研究》2018年第2期。

〔2〕 葛云松:《民法上的赔礼道歉责任及其强制执行》，载《法学研究》2011年第2期。

〔3〕 参见霍海红:《论共同危险行为规则之无因果关系免责——以〈侵权责任法〉第10条之解释为中心》，载《中外法学》2015年第1期。

〔4〕 参见张力、郑志峰:《侵权责任法中的第三人侵权行为——与杨立新教授商榷》，载《现代法学》2015年第1期。

2. 因受害人过错减轻加害人责任的比较过失规则实质上是损害赔偿的分担规则，不涉及侵权责任的成立。因此，在体系安排上，应当将该规则规定在责任承担部分。受害人故意造成损害作为一项免责事由，可以规定在侵权责任成立要件之后。对于自甘冒险规则（“二审稿”第954条之一），则可以将其解释在比较过失规则之中。[1]

3. 除医疗侵权的知情同意规则（如“二审稿”第994条）外，侵权责任编还应当增加关于受害人同意作为一般性的免责事由。受害人同意属于受害人的意思表示，性质上应当属于准法律行为，有参照适用法律行为规则的空间。[2]侵权责任编应当主要围绕受害人同意的构成要件、受害人同意的效力以及对受害人同意规则的限制等方面进行完善规定。

（六）损害赔偿

1. 侵权责任编应当规定完全赔偿原则。完全赔偿原则系指损害赔偿范围的确定不考虑过错和其他情形，只要责任成立就应当对损害全部赔偿。是否应当将完全赔偿原则作为基本原则是有争议的。反对观点认为完全赔偿原则过于僵化、导致个案的不公平，应采比例责任模式。[3]支持的观点则主张完全赔偿原则有利于强化侵权法的救济功能，也有利于强化法律对裁判者的约束。[4]我国侵权责任编中应当坚持完全赔偿原则。完全赔偿原则的最大优势在于为裁判者提供了个案裁判的指引和约束，最大限度地保障受害人的权益。对于可能出现的个案不公平，可以通过生计酌减等规则创设例外进行缓和。[5]如果按照反对观点改采弹性的损害赔偿范围，虽然有助于缓解个别案件的不公平，但也可能导致本可妥善处理的案件在司法实践中出现混乱。

2. 四个草案关于责任承担的规定主要集中在人身损害赔偿领域，关于财产损害赔偿规定过于简略，但是财产损害赔偿在实践中也存在较大争议，侵权责任编应当完善对财产损害赔偿的规定，明确财产损害赔偿中的几个重要问题：

（1）损害计算的时点：“一审稿”仍将损害计算的时点限制在损害发生时（第961条），这种模式过于僵化，且不利于受害人保护。“二审稿”虽然增加了“其他

---

〔1〕 周友军：《我国〈侵权责任法〉修订入典的初步构想》，载《政治与法律》2018年第5期。

〔2〕 黄芬：《侵权责任法中受害人同意的法律性质探究》，载《求索》2011年第6期。但是不同观点认为，判断受害人之同意是否属于准法律行为并无意义，因为不同准法律行为可适用意思表示的范围也不同，参见王千维：《侵权行为损害赔偿法上之允诺》，载《政大法学评论》2008年第4期（总第102期）。但受害人同意可以准用意思表示的相关规则是无争议的。

〔3〕 参见郑晓剑：《侵权损害完全赔偿原则之检讨》，载《法学》2017年第12期。

〔4〕 参见周友军：《我国侵权法上完全赔偿原则的证立与实现》，载《环球法律评论》2015年第2期。

〔5〕 参见徐银波：《论侵权损害完全赔偿原则之缓和》，载《法商研究》2013年第3期。

合理方式”的表述，但仍过于模糊，难以操作。对此，可以选择的一种解决方案是，放弃统一的基准时间，根据“同类主体对同类标的为相同处分”的可能进行类型化。〔1〕但是这种方案通过立法实现的难度较大。另外一种能够通过立法实现的选择方案是，为受害人提供几个可供选择的时点，如损害事故发生时、起诉时、庭审辩论终结时等。

（2）获利剥夺规则（“一审稿”和“二审稿”第959条第1分句）应当予以改造。首先，获利剥夺规则的适用范围应当扩展至侵害所有民事权益的情形，而非仅限于侵害人身权益的情形。〔2〕其次，获利剥夺规则不是损害无法确定时的替代方法，而是以侵权人的获利大于受害人损失或者侵权人有获益而被侵害人无损害为前提。〔3〕它应当是独立的获利返还请求权。也正是由于这一点，获利剥夺请求权的数额计算与被侵权人的损害并无关系，而是取决于侵权人的获利数额，因此“一审稿”和“二审稿”重新恢复了已经被“征求意见稿”删去的“被侵权人因此受到的损失难以确定”并不合理。最后，侵权责任编应当明确法官酌定返还数额时的考量因素，以限制法官的自由裁量权。〔4〕

（3）增加使用利益丧失的规定。在物因侵权行为损毁而无法使用的情形下，司法实践一般承认受害人租赁替代物时可获得相应租金赔偿。但即使受害人未租赁替代物，已丧失使用利益的独立经济价值也不应被否定。〔5〕侵权责任编的立法应当明确财产损害中使用利益的可赔偿性、赔偿要件及限制规则。

（4）明确交易性贬值的可赔性。物遭损害经修理后可能产生技术性贬值和交易性贬值。技术性贬值系指经过修理后无法恢复到原来的状态，导致物的价值贬损，我国司法实践中对此一般皆予认可。〔6〕然而实践中对交易性贬值的性质及可否获赔却存在较大争议，最典型的如机动车的交易性贬值。〔7〕侵权责任编应当明确，交易性贬值是受损物修复后仍然存在的价值利益的损失，无法通过修复来弥补，应当予

---

〔1〕 徐银波：《论计算财产损失的基准时间》，载《北方法学》2015年第1期。

〔2〕 朱岩：《利润剥夺的请求权基础——兼评〈中华人民共和国侵权责任法〉第20条》，载《法商研究》2011年第3期。

〔3〕 朱岩：《“利润剥夺”的请求权基础——兼评〈中华人民共和国侵权责任法〉第20条》，载《法商研究》2011年第3期。

〔4〕 参见王若冰：《论获利返还请求权中的法官酌定》，载《当代法学》2017年第4期。

〔5〕 徐建刚：《论使用可能性丧失的损害赔偿》，载《法商研究》2018年第2期。

〔6〕 参见徐建刚：《论汽车贬值损失的损害赔偿》，载《清华法学》2017年第4期。相关案例，参见“赵某与驻马店市鑫通汽车贸易有限公司机动车交通事故责任纠纷案”，驻马店市中级人民法院（2013）驻民二终字第110号民事判决书。

〔7〕 支持贬值损失请求的案例，如“陈某豪与南京武宁房地产开发有限公司等财产损害赔偿纠纷案”，载《最高人民法院公报》2013年第5期（总第199期）。不支持的案例，如“王某伟与孙某刚等机动车交通事故责任纠纷案”，北京市丰台区人民法院（2015）丰民初字第26948号民事判决书。

以赔偿。[1]

（5）明确财产损害赔偿中的以新换旧规则。以新换旧规则与损益相抵规则不同，损害相抵中是因为同一损害事实而获益，而以新换旧中的得利则是因为损害赔偿方法而发生。[2]以新换旧的核心问题在于所受利益并非出于受害人的意思，因此可能构成强迫得利，需对其进行合理限制。[3]侵权责任编应当对此做出明确规定。

（6）"一审稿"和"二审稿"第960条第2款将故意或重大过失（重大过失为"二审稿"新增）增加为侵害具有人身意义的特定物品主张精神损害赔偿的前提要件之一。这一设计旨在限制侵害具有人身意义的特定物品情形下的精神损害赔偿范围。但是按照我国目前的侵权法理论，故意或过失仅作为侵权责任的成立要件，并不作为损害赔偿中限制赔偿范围的工具，此次侵权责任编草案的这一修改无疑是在具有人身意义物品的特定问题上突破了这一界限，并不妥当。若要限制其赔偿范围，更好的方法也应当是在具体适用中通过对"具有人身意义的特定物品"和"严重精神损害"的解释来实现。

3. 在人身损害赔偿部分，最高人民法院《关于审理人身损害赔偿案件适用法律若干问题的解释》对死亡赔偿金和残疾赔偿金的计算采取的是区分城市和农村基础上的抽象客观标准。"征求意见稿"在这一问题上有所变化（第15条）。首先，用国家上年度职工平均工资取代了城乡二元标准；其次，在计算时可以考虑被侵权人的年龄、收入状况等主观因素。这实际上是转用劳动能力丧失的理论体系。但是，不应赋予法官决定是否考虑主观因素的自由裁量权，"征求意见稿"中的"可以考虑"应改为"应当考虑"。这样一来，"因同一侵权行为造成多人死亡的，可以以相同数额确定死亡赔偿金"的规则就应当删除，因为死亡赔偿金的计算本就需要考虑收入状况、年龄、被扶养人状况等不同因素。[4]而"一审稿"和"二审稿"将死亡赔偿金和残疾赔偿金的计算规则完全删除并不妥当，应当恢复并按照上述方案予以改造。

对于未成年人、残疾人、家庭妇女等特殊人群的劳动能力丧失，应当明确其赔偿规则。这些特殊群体虽无收入，但是其劳动能力的价值不应被否定。就家庭妇女而言，考虑其家务劳动所具有的价值，可以其雇用第三人帮助自己从事家务劳动所要支出的市场价格作为替代。未成年人和无职业者劳动能力的价值主要体现为未来获得收入之可能，其计算标准可能较为抽象，更多地参考受害人的家庭状况、学业状况、社会平均工资水平等相关因素。

---

〔1〕参见程啸、王丹：《损害赔偿的方法》，载《法学研究》2013年第3期。

〔2〕王泽鉴：《损害赔偿》，北京大学出版社2017年版，第178、179页。

〔3〕王泽鉴：《损害赔偿》，北京大学出版社2017年版，第179页。

〔4〕周友军：《我国〈侵权责任法〉修订入典的初步构想》，载《政治与法律》2018年第5期。

4. 在完全赔偿原则的前提下，应当规定生计酌减规则。生计酌减是指基于赔偿义务人生计困难而对损害赔偿范围进行的调整，即义务人因完全赔偿将陷入生计困难时，法院可综合考量相关因素，减轻其赔偿责任。[1]生计酌减规则的构建有利于一定程度上弥补完全赔偿原则的缺陷，保障赔偿义务人的生存能力。

5. 损益相抵是损害赔偿计算上的重要规则，系指基于同一原因事实遭受损害并受有利益者，其请求的赔偿金额，应扣除所受利益。[2]“征求意见稿”对这一规则进行规定值得赞同，但在扣除规则上仍需要细化。损益相抵的认定不能依据“原则—例外”的方法进行思考，亦即不能做抽象规定，而必须依据不同类型做具体分析。[3]可以考虑的是，将获利划分为因第三人给付而获得的利益、因受害人行为而获得的利益、因损害事件而获得的利益以及因客观原因而获得的利益等类型，分别判断是否具有可扣减性。[4]“一审稿”和“二审稿”将这一规则删除并不妥当。作为损害计算中的重要规则，民法典应当予以明文规定并进一步完善。

6. 增加假设因果关系的规定。假设因果关系中，存在两个原因事实，其中一个原因对损害的发生具有事实上的原因力，被称为真正原因，另一个原因事实对损害的发生并无事实上的原因力，但如果不存在真实原因的话，它会造成同样的损害，被称为保留原因。[5]受害人或物自身的特质、意外事故、受害人行为和第三人行为均可能构成假设因果关系的保留原因。[6]假设因果关系涉及的并非是因果关系层面的问题，而是损害层面的问题，即用假设的原因进程对损害范围予以限缩，[7]具体表现为所失利益的范围会因保留原因的出现而减小。侵权责任编应当对假设因果关系的效果作出明确规定，以防止司法实践中的误用。

（七）公平责任

由于《侵权责任法》规定较为简略，公平责任的适用素来存在争议。三个草案均不再继承《侵权责任法》“可以根据实际情况”的规定，而是改为“可以依照法律的规定”（如“一审稿”和“二审稿”第962条）。这一变化意味着裁判者在公平责任的适用上不再有自由裁量权，而是仅能在法律有规定的情形下适用公平责

〔1〕 邓辉、李昊：《论我国生计酌减制度的构建》，载《研究生法学》2015第3期。

〔2〕 王泽鉴：《损害赔偿》，北京大学出版社2017年版，第284页。

〔3〕 王泽鉴：《损害赔偿》，北京大学出版社2017年版，第288页。

〔4〕 详见程啸：《损益相抵适用的类型化研究》，载《环球法律评论》2017年第5期。

〔5〕 黄文煌：《论侵权法上的假设因果关系》，载《中外法学》2011年第3期。本文所谈的假设因果关系不涉及超越因果关系，亦即后一个原因事实吸收了前一个原因事实，导致前一个原因事实成为“保留原因”的情形。

〔6〕 王泽鉴：《损害赔偿》，北京大学出版社2017年版，第108页。

〔7〕 廖焕国：《假设因果关系与损害赔偿》，载《法学研究》2010年第1期。

任，这样一来该条便不再具有裁判规范的功能。

公平责任一般条款的规定本就可能导致裁判者自由裁量权的扩张，限制其适用是值得赞同的，但是这种将其限制于法律规定情形的方法反而使该条文仅具有宣示意义，不如直接删去。

（八）关于责任主体的特殊规定

1. "一审稿"和"二审稿"仍然保留了"关于责任主体的特殊规定"一章，但是正如学者所言，这一章主体特殊之处甚少，独立设置一章缺乏根据。[1]这一章中，唯独监护人责任和用人者责任的规则因属于替代责任而在主体部分具有特殊性。除此之外，网络侵权责任、违反安全保障义务责任和教育机构责任在主体方面都无特殊之处。在侵权责任编的立法过程中，这一章应当加以改造。

首先，在监护人责任和用人者责任的基础上发展出替代责任的完整规则，构建"替代责任"一章。其次，网络侵权在主体部分虽无特殊之处，但是因网络载体的特殊性，"一审稿"和"二审稿"中的三个条文仍显不足，可通过扩充其内容构建"网络侵权责任"一章。再次，原因自由行为的规定（"一审稿"和"二审稿"第966条）属于责任能力规则的例外，因此可以放在责任能力部分。最后，鉴于安全保障义务涉及数人侵权中的补充责任形态，合理的方式是将安全保障义务这一条放在多数人侵权部分。而教育机构责任是公共场所管理人安全保障义务的具体化，完全可以通过对安全保障义务的解释来实现，或者在特别法，如《未成年人保护法》中进行具体规定。侵权责任编可以删除教育机构责任。

2. 监护人责任。在规定责任能力的前提下，监护人责任的规定亦应当有所变化。

（1）无责任能力人造成他人损害的，无责任能力人不构成侵权，亦无须以自有财产优先支付赔偿费用。此时，令监护人承担无过错责任对其过于严苛，其归责原则应改为过错推定责任。若监护人证明自己无过错，则无须承担侵权责任，但是出于对受害人的保护，应当设置一个法定衡平责任的规定，由监护人负担一定的补偿义务。

（2）在被监护人具备责任能力的情形下，要考虑被监护人是否构成侵权，被监护人不构成侵权的，无须负担赔偿义务；被监护人构成侵权的，出于对被侵权人的保护，由监护人承担替代责任。

2. 用人者责任。《侵权责任法》并未构建统一的用人者责任制度，而是区分了用人单位和工作人员之间、个人劳务关系之间分别加以规定。这种分类是不周延的，司法实践中存在实习生、志愿者在工作期间造成他人损害或者自身遭受损害时

---

〔1〕 韩强：《责任主体特殊规定中特殊性的辩驳》，载《政治与法律》2014年第10期。

的责任承担问题。[1]侵权责任编应当取消此种分类，构建统一的用人者责任制度。[2]

在这一前提下，应做如下修改：首先，明确判断被使用者的标准是用人者对被用者的管理、监督和控制能力；[3]其次，关于劳务派遣的特殊规定仍予以保留；再次，对于从事职务活动的认定，侵权责任编应当明列相关因素作为裁判者判断的基准；[4]最后，被使用人因职务活动自身受损害的，无须规定在侵权责任编，分别可以通过工伤保险和劳动合同中违反保护义务的责任来解决。

（九）产品责任

1. 首先，明确产品的概念。这个概念是认定是否构成产品责任的前提，目前规定在《产品质量法》中，应将其移入侵权责任编。[5]在我国已有立法成果的基础上，并参考借鉴域外相关立法例，产品应当定义为经过加工制作并用于销售的动产。[6]不动产应排除在产品概念之外，不动产的质量问题按《侵权责任法》的模式放入物件责任部分。此外，导线中传输的电也应当属于产品。[7]

2. 首先，明确产品缺陷的判断标准。现行《产品质量法》产品缺陷定义的核心在于危及人身、财产安全的不合理危险，这一模糊的判断标准仍应坚持。在此基础上，规定不同的产品缺陷类型，即制造缺陷、设计缺陷和指示缺陷，并在不同类型的基础上采取不同的判断标准。

此外，《产品质量法》中"有国家标准和行业标准的，产品缺陷是指不符合上述标准"的规定应予以删除，否则会不当缩小产品缺陷的范围，削弱对消费者的保护。

3. 明确缺陷产品自身损害不属于产品责任保护范围。原则上，产品自身的损失属于纯粹经济损失，侵权法原则上不予保护，应当通过违约责任解决。[8]

（十）机动车交通事故责任

1. 机动车交通事故责任的主要规则体现为《道路交通安全法》第76条，基于

---

〔1〕 相关案例，如"李某帅诉上海通用富士冷机有限公司等人身损害赔偿纠纷案"，载《最高人民法院公报》2015年第12期。

〔2〕 参见张新宝：《民法分则侵权责任编立法研究》，载《中国法学》2017年第3期。

〔3〕 程啸：《侵权责任法》，法律出版社2015年版，第410页。

〔4〕 详见程啸：《侵权责任法》，法律出版社2015年版，第419~421页。

〔5〕 相同观点，参见周友军：《民法典编纂中产品责任制度的完善》，载《法学评论》2018年第2期。

〔6〕 详见于敏、李昊等：《中国民法典侵权行为编规则》，社会科学文献出版社2012年版，第386页以下。

〔7〕 于敏、李昊等：《中国民法典侵权行为编规则》，社会科学文献出版社2012年版，第386页。

〔8〕 详见冉克平：《缺陷产品自身损失的救济途径》，载《法学》2013年第4期。

民法典作为民事基本法的考虑，在立法过程中应将有关归责原则的规定放在侵权责任编中。其次，我国机动车交通事故责任的归责原则也应当加以修改，在机动车与行人、非机动车之间发生交通事故时，机动车保有人应当承担无过错责任，取消机动车保有人在无过错情形下仅承担10%责任的规定。

2. 应当在侵权责任编中明确规定机动车交通事故的基本概念，包括“机动车”、“交通事故”和“机动车一方”。《侵权责任法》所使用的机动车一方的概念不够准确，建议采用比较法上的“机动车保有人”的概念，并以“运行利益”和“支配利益”作为判断标准。[1]其次，机动车和交通事故的概念应当从《道路交通安全法》中移到侵权责任编。交通事故的概念应当进行修正，取消“在道路上”的要求，而是根据损害是否为机动车固有危险所导致来判断。机动车的概念也应当进行修正，不应限于轮式车辆、应当有最高时速限制，并与轨道交通相区别。[2]

3. 应当增加好意同乘的规定。按照“一审稿”和“二审稿”第992条的规定，好意同乘需满足非营运车辆、无偿搭乘两个条件，在机动车一方无故意或重大过失时，可减轻或免除机动车一方的责任。这一规定稍有不足，应当取消非营运车辆的限制，重点考察机动车发生事故时是否处于营运状态。

4. 网约车平台的责任承担问题。若网约车平台可认定为机动车保有人，则网约车平台属于责任主体；若网约车平台不是机动车保有人，而是仅提供媒介服务，应对网约车保有人承担监督职责，若有过错，应当与机动车保有人承担连带责任。“一审稿”将网络预约机动车责任承担问题的相关规则删去，并不合理，应予恢复并按照上述建议进行改造。

5. 自动驾驶机动车的事故责任。自动驾驶汽车可以划分为不同的技术级别，随着技术级别的提高，可以逐渐实现由汽车智能行驶取代人工操控。这样一来，以人类驾驶者驾驶行为为中心构建的现行交通事故侵权责任制度难以继续适用。[3]因此，侵权责任编可以考虑对自动驾驶汽车的事故责任做出未雨绸缪的规定。首先，应当对自动驾驶汽车的概念做出规定；其次，规定发生事故时区分自动驾驶和人工驾驶的方法；最后，明确自动驾驶情形下的责任承担规则。

（十一）医疗损害责任

1. 删除医疗损害责任的一般条款。有观点认为，医疗损害的一般条款可以起到补充法律明文规定的三种医疗损害责任类型的作用。[4]但是除缺陷医疗产品引发

---

〔1〕 程啸：《侵权责任法》，法律出版社2015年版，第527页。

〔2〕 周友军：《我国〈侵权责任法〉修订入典的初步构想》，载《政治与法律》2018年第5期。

〔3〕 郑志峰：《自动驾驶汽车的交通事故侵权责任》，载《法学》2018年第4期。

〔4〕 杨立新：《医疗损害责任一般条款的理解与适用》，载《法商研究》2012年第5期。

的责任外，医疗损害责任仍然是建立在医疗机构过错基础上的，其中最主要的类型体现为医疗技术责任和对患者知情权的侵害。至于除此之外的其他情形，完全可以将过错责任的一般条款作为请求权基础，无须单独设立医疗责任的一般条款。

2. 将患者或者其近亲属不配合作为比较过失规则的适用情形。“一审稿”和“二审稿”第999条规定了医疗机构免除责任的三种情形，第一种是“患者或者其近亲属不配合医疗机构进行符合规范的诊疗”。这本质上是比较过失规则的具体适用，与后两种情形下医疗机构无过错不同。应当将该情形设计成单独的一个条文，明确在患者或者其近亲属不配合医疗机构进行符合规范的诊疗的情形下，医疗机构可以免除或者减轻责任。

3. 明确规定过度医疗的损害赔偿责任。医疗损害虽然满足侵权责任与违约责任的竞合，但是现实生活中往往选择通过侵权责任来寻求救济。“一审稿”和“二审稿”第1002条虽然规定了医疗机构负有不得实施不必要的检查的义务，但是并未规定法律后果。此种义务是医疗机构根据医疗合同所负的合同义务，患者一般无法通过侵权责任的途径提起诉讼。如果要将其规定在侵权责任编，则应当对其法律后果作明确规定；如若不然，该条应当予以删除。

4. 错误怀孕和缺陷出生、缺陷生命。错误怀孕是指医疗机构的避孕措施失败导致生下计划之外的婴儿，缺陷出生是指由于医疗机构的检查措施失败，导致产下有先天缺陷的婴儿，缺陷生命的要点则在于缺陷婴儿可否就自己的先天缺陷主张赔偿。[1]司法实践中此类案例频发，侵权责任编应当作出明确规定。

（1）保护客体。生育决定权是一项人格权，错误怀孕和缺陷出生构成了对父母生育决定权的侵害。[2]医疗机构对此应承担侵权责任。相反，有先天缺陷的子女自身，因其缺陷并非医疗机构所造成，况且出生乃是生命价值的实现，而非损害，不可主张损害赔偿。[3]亦即，缺陷生命本身不受侵权法保护。

（2）赔偿范围。首先，错误怀孕和缺陷出生的损害赔偿范围首先应当包括侵害生育决定权的精神损害赔偿；其次，如果抚养该子女造成了特别的负担并且实质性地降低了他们的生活标准，医疗机构对抚养费也应给予赔偿。[4]

5. 生存机会丧失。生存机会丧失作为侵权法上的一个特殊问题，侵权责任编应当对此做出明确规定。首先，生存机会丧失的适用情形应当限于医疗损害责任中医务人员过失导致患者病情恶化并最终导致损害的情形；[5]其次，在客体上，生存

---

〔1〕 王泽鉴：《损害赔偿》，北京大学出版社2017年版，第152页、第153页。

〔2〕 于敏、李昊等：《中国民法典侵权行为编规则》，社会科学文献出版社2012年版，第329页。

〔3〕 王泽鉴：《损害赔偿》，北京大学出版社2017年版，第168页。

〔4〕 于敏、李昊等：《中国民法典侵权行为编规则》，社会科学文献出版社2012年版，第328页。

〔5〕 陈聪富：《“存活机会丧失”之损害赔偿》，载《因果关系与损害赔偿》，北京大学出版社2006年版，第212页。

机会是一项具有独立价值的民事权益，本身是受侵权法保护的客体；[1]最后，在因果关系的判断上，生存机会丧失不适用“全有—全无”的因果关系判断方法，而是适用比例因果关系。

（十二）生态环境损害责任

在侵权责任编立法过程中，有学者指出，由于2014年《环境保护法》修正时，增加了破坏生态这一侵权责任类型，因此侵权责任编亦应当增加这一类型，与污染环境责任并列。[2]“征求意见稿”也已经进行了相应修改，增加了生态破坏责任作为无过错责任的一种，“一审稿”更是将生态环境损害责任和环境污染责任合并为生态环境损害责任，而“二审稿”则将章名调整为“损害生态环境责任”。作为侵权责任编中变化最大的一章，仍有几处需要进一步完善：

1. 不同于在民事主体在生态环境破坏中遭受的人身损害或财产损害，生态利益由于无法归类到个人权利范畴，也因此无法在传统的私法体系中加以妥当保护，而均是通过公法加以保护。目前的侵权责任编草案就面临这样的困境。“一审稿”和“二审稿”第1004条统合生态损害和对私益侵害的方式并不可取，应当拆分二者，恢复“征求意见稿”的章名，并修订“征求意见稿”第69条作为第1004条第1款，即“因污染环境、破坏生态造成他人损害的，侵权人应当承担侵权责任。”

同时，就生态损害的救济，值得借鉴的是欧盟指令（第6条第2款C项、第3款和第8条）和《欧洲示范民法典草案》（第6－2：209条）的立法例，二者通过设置拟制条款将政府或有关主管机关因生态损害而负担的不利益视为《侵权责任法》中的损害的方式解决了这一问题。本文建议，应当在“二审稿”第1004条后增设一款：“法律规定的机关或组织因生态环境损害而遭受的不利益视为本法所称的损害。”基于第1004条第2款的规定，顺理成章地可以引出“一审稿”和“二审稿”第1010条规定的救济措施，即法律规定的机关或者组织有权要求侵权人承担修复生态的责任，或者请求侵权人承担修复生态所需的费用，这里的费用应包括“二审稿”第1011条第3项规定的生态环境损害赔偿调查、鉴定评估费用以及第4项规定的清除污染、修复生态环境的费用。“一审稿”将第1011条第4项前半段规定的费用与第1010条分离显然有偏差，应该将之纳入第1010条规定的修复费用的范围。

在“一审稿”第1011条规定的四项损失中，第3项和第4项前半段规定的清除污染、修复生态环境的费用如前所述，应当删除纳入第1010条中，而第1项规

---

〔1〕 陈聪富：《“存活机会丧失”之损害赔偿》，载《因果关系与损害赔偿》，北京大学出版社2006年版，第211页。

〔2〕 张新宝：《民法分则侵权责任编立法研究》，载《中国法学》2017年第3期。

定的生态环境修复期间服务功能的损失以及第4项后半段规定的防止损害的发生或扩大所支出的合理费用可以属于与修复费用并列的损失范畴，第2项则应属于第1010条最后一句所规定的："生态环境无法修复时，法律规定的机关或者组织可以要求侵权人赔偿的损失。"第1011条将四项损失并列，明显忽视了它们各自适用的不同场景和条件，以及它们和修复责任之间的关系，应当重新调整规定，依顺序规定第4项后半段、第1项和第2项，并将第1010条最后一句和第1011条第2项合并，规定为"生态环境无法修复时，生态环境功能永久性损害造成的损失"。[1]"二审稿"第1011条将"一审稿"第1011条规定的第4项拆分为两项，同样应做顺序调整，依次应为第5项、第1项和第2项，并合并第1010条最后一句与第1011条第2项，改为"无法修复或者无修复必要时，生态环境功能永久性损害造成的损失"。

2. "一审稿"和"二审稿"将生态环境破坏导致的损害区分为私益主体的人身损害、财产损失及作为公共利益的生态利益的损害，并分别由被侵权人和法律规定的机关和组织作为请求主体，是值得赞同的。但是目前"一审稿"和"二审稿"第1011条的四项费用中，亦可能包括私益主体的财产损失，如私益主体为维护自身的民事利益，而支出了防止损害的发生和扩大的合理费用或者调查、鉴定、评估等费用，则其亦可以主张该费用的偿还。因此，在该条中不应完全排除作为私益主体的"被侵权人"请求赔偿的权利。

3. "一审稿"第1006条借鉴了最高人民法院《关于审理环境侵权责任纠纷案件适用法律若干问题的解释》第4条的规定，但仅保留了污染物的种类和排放量两个主要因素，同时考虑损害行为对损害后果所起的作用。"二审稿"第1006条又增加了污染物的浓度及破坏生态的方式、范围、程度等几项因素。这一规定阐明了数人污染环境或破坏生态时的责任份额的确定因素，一则可以作为数人承担连带责任情形时内部份额的确定规则（如该司法解释第3条第1款和第3款），二则可以作为数人承担按份责任情形时个人对外承担的责任份额的确定规则（如该司法解释第3条第2款）。

在此基础上，应当进一步增加无意思联络的数人污染或者破坏生态时的对外和对内责任分担的规定。最高人民法院《关于审理环境侵权责任纠纷案件适用法律若干问题的规定》第3条区分三种情形就无意思联络的数人对外承担责任的问题做出了规定，这三种情形其实可以进一步整合为"数人分别以自己的责任份额对外责任承担。"在数个行为人的行为各自均足以导致全部损害的情形下体现为连带责任（"征求意见稿"第950条），内部责任分担则可依据上述"一审稿"第1006条来处

---

[1] 当然，"一审稿"和"二审稿"第1011条规定的生态损害如何计算，是否可扩张适用于个人等问题仍值得深入探讨，因为不属于本文的讨论主题，此处不予展开。

理；在数个行为人的行为各自均不足以导致全部损害，或者部分足以导致全部损害，部分不足以导致全部损害的情形下，体现为“按份责任”，但由于各个侵权人的责任份额相加之和很可能大于整个损害，其外部责任份额可否为“一审稿”和“二审稿”第951条规定的承担按份责任的无意思联络的数人侵权（《侵权责任法》第12条）所称的“相应的责任”所包含，内部份额又如何确定，仍有待进一步研究。[1]

（十三）高度危险责任

1.《侵权责任法》在高度危险责任部分采取一般条款和具体列举相结合的方式，“一审稿”和“二审稿”延续了这一做法，仍以高度危险作业为高度危险的一般条款，并具体分为高度危险物、高度危险活动和高度危险区域三种类型，但是并未对高度危险的判断标准做出说明。侵权责任编应当对高度危险的识别标准做出说明。[2]法律条文中对责任主体的界定也较为混乱，分别使用营运单位、经营者、所有人、管理人、占有人和使用人等用语，应当从对危险的控制能力和营利目的两个角度出发，统一高度危险责任的责任主体。

2. 民用航空器致人损害的规定应当予以删除。有观点认为应当适当增加民用航空器致害责任的免责事由。[3]但是考虑到《中华人民共和国民用航空法》已经对民用航空器致害责任作出了详细规定，在侵权责任编中无须再对民用航空器的致害责任作出规定。

3. 责任限额

赔偿责任限额是对高度危险责任中侵权人的特殊保护，但是此种保护不应成为高度危险作业责任人的“护身符”，在高度危险作业责任人对损害的发生有故意或重大过失的情形下应当突破责任限额的限制。[4]“征求意见稿”和“一审稿”对此作出的修正应予肯定。

（十四）饲养动物损害责任

1. 饲养动物损害责任的主体为动物的饲养人和管理人，但这两个概念不够清

---

〔1〕 此处涉及责任份额不明的情形，数个人都是以自己可能的最大个人份额对外承担责任，所以加在一起可能大于全部损害。在内部责任分担上也不同于一般的按份责任，数人均不足以造成全部损害时，内部责任由数个人按照各自份额占个人份额总和的比例分担；而足以造成全部损害的侵权人和不足以造成全部损害的侵权人内部责任分担是否可以依此方法来分担全部损害，仍值得进一步考虑。

〔2〕 详见唐超：《论高度危险责任的构成——〈侵权责任法〉第69条的理解与适用》，载《北方法学》2017年第4期。

〔3〕 杨立新：《民法分则侵权责任编的主要问题及对策》，载《现代法学》2017年第1期。

〔4〕 相同观点，参见杨立新：《民法分则侵权责任编的主要问题及对策》，载《现代法学》2017年第1期。

晰。动物致害责任的基础在于危险责任，责任主体的概念应符合风险引发、危险控制和利益取得三项要素，动物致害责任主体应采“动物保有人”的概念，并以“为自己的利益使用动物”和“对动物的支配力”作为判断标准。[1]如果同一动物有数个动物保有人，数人之间应当承担连带责任。此外，本章的规范对象亦不应限定于饲养动物，而应扩及至野生动物，章名亦应改为“动物损害责任”。

2. 在饲养动物损害责任中，此次公布的“一审稿”和“二审稿”第1021条进一步加重了动物饲养人的责任，删去了《侵权责任法》第78条中的“不承担责任”，亦即，即使是被侵权人故意造成损害，违反管理规定，未对动物采取安全措施的动物保有人也只能减轻责任，而不能免除责任。从这一改变中也可以更加明确地看出，在作为无过错责任的动物损害责任中设置的“违反管理规定，未对动物采取安全措施”“饲养禁止饲养的烈性犬等危险动物”等事由的立法目的在于排除比较过失规则的适用。因此，更加合理的规范设置模式是将《侵权责任法》第78条、第79条和第80条整合为一个条文。

3. “一审稿”和“二审稿”延续了《侵权责任法》的模式，将动物园的动物致人损害的责任规定为过错推定责任（第1024条）。这种对动物园的责任减轻不具有正当性，动物园的动物致人损害的，亦应承担无过错责任。[2]

（十五）建筑物和物件损害责任

1. 本章不仅包括建筑物和物件损害责任，还包括地面施工的施工者责任，本章的章名应改为“物件损害责任和施工人责任”。[3]

2. 物件损害责任应当以致害原因进行分类。《侵权责任法》按照损害发生的不同方式进行分类，如脱落、坠落、倒塌、折断等。这种规定模式并未认识到物件损害责任的实质。[4]物件倒塌致损责任的原因类型可以分为建造缺陷与管理缺陷。[5]侵权责任编物件损害责任应当围绕这两个致害原因进行规定，并可以根据原因不同采取不同的归责原则：在管理缺陷时为过错推定责任，在建造缺陷时采无过错责任。

3. 侵权责任编还应当明确物件损害责任中物件的范围。从我国《侵权责任法》的规定来看，物件损害责任中物件的概念不仅包括不动产，也包括动产。[6]侵权责任编对此应当予以坚持。此外，尚需要明确的是，国家赔偿责任是国家对国家机关及其工作人

---

[1] 叶锋：《动物致害责任研究》，载《华东政法大学学报》2014年第6期。

[2] 杨立新：《修订侵权责任编应对动物园动物损害责任归责原则进行调整》，载《河南财经政法大学学报》2018年第2期。

[3] 张新宝、吴婷芳：《物件致人损害责任的再法典化思考》，载《现代法学》2017年第2期。

[4] 程啸：《侵权责任法》，法律出版社2015年版，第633页。

[5] 冉克平、厉志伟：《论工作物倒塌致人损害的侵权责任》，载《财经法学》2016年第4期。

[6] 程啸：《侵权责任法》，法律出版社2015年版，第631页。

员在执行职务、行使公权力过程中，给他人造成的损害所应承担的责任，并不能适用于公共营造物致人损害的情形。[1]因此，本章中的物件不仅包括一般物件，也应包括公共营造物。

四、侵权责任编的建议体例

在“一审稿”和“二审稿”的基础上，根据总则—分则的顺序以及分则中不同归责原则的组合，建议对侵权责任编的条文顺序做如下调整：第一章“一般规定”、第二章“损害赔偿”、第三章“人格权侵权责任”、第四章“网络侵权责任”、第五章“医疗损害责任”、第六章“物件损害责任和施工人责任”、第七章“高度危险责任”、第八章“机动车交通事故责任”、第九章“产品责任”、第十章“环境污染与生态破坏责任”、第十一章“动物损害责任”、第十二章“替代责任”。

---

〔1〕于敏、李昊等：《中国民法典侵权行为编规则》，社会科学文献出版社2012年版，第338页。

违法性与生态损害
——评台湾地区“最高法院”2013年度台上字第2218号民事裁定

王千维*

目 次

一、案例事实

2000年至2001年，乙工程股份有限公司（以下简称乙公司）受台湾地区“经济部”工业局委托，在台湾地区云林县台西乡外海离岛新兴工业区海域从事抽砂工程等开发工作。虽乙公司使用吸管式抽砂船之施工方法，唯抽砂结果仍产生漂砂，造成海水浊度提高，加上海流及海象推波影响，漂砂等浊泥漂至邻近海域，阻碍邻近海域之蚵苗着床于蚵壳，导致在邻近海域从事垂下式养殖法养殖蚵苗之甲[1]因蚵苗无法着床而未能收成，致生损害。然而，乙公司对此却辩称：其抽砂工程乃系基于“政府机关”之授权而施作，并不具违法性。并且，乙公司所采吸管式抽砂船之施工方法，乃系就漂

* 王千维，台湾政治大学法学院教授。

〔1〕 本案实际上受害之蚵农有数十人至上百人，养殖面积高达800公顷，本文为求简化，乃以甲一人代之。

砂之生成，仅具最小危险性。

二、争点

（一）乙公司之抽砂行为是否具有违法性？

（二）甲所受之损害性质为何？

三、裁判要旨

（一）原审法院（台湾地区“高等法院台南分院”2012年度公上更（三）字第1号民事判决）之判决要旨

原审法院认为，乙公司既系经营营造事业之人，其所从事包含抽砂等开发工程之性质，依据论理法则或经验法则，对于在邻近海域从事养殖蚵苗之甲等人，有生损害之危险，应勘认定。而因本次污染，影响蚵苗附着之海域面积广大，受害蚵农上百人，依首开说明，乙公司应负台湾地区“民法”第191条之3所规定之“一般危险责任”。

此外，原审法院又认为，甲之蚵苗无法着床于蚵壳之损害乃属纯粹经济上损失。原审法院同时指出：台湾地区“民法”第191条之3所规定之损害虽有认为不包含纯粹经济上损失者，然而，就本案而言，若纯粹经济上损失并无台湾地区“民法”第191条之3之适用，则仅能依据台湾地区“民法”第184条之规定请求赔偿损害，而乙公司又抗辩从事抽砂工作并无不法性，且非故意以悖于善良风俗之方法加损害于人，则甲将无求偿之道，其有悖于法律所蕴含之公理与正义，而非事理之平，甚为显然。进而，乙公司既对于“甲之损害非由于乙公司工作或活动或其使用之工具或方法所致”以及“乙公司于防止损害之发生已尽相当之注意”等事项均未能举证证明，则乙公司应依据台湾地区“民法”第191条之3之规定对甲负担损害赔偿责任。况且，甲并非在禁止放养养殖物之新兴工业区范围内，而系在其邻近海域放置串起数蚵壳之蚵条，从而并非属自甘损失或与有过失。至此，不论甲在此等邻近海域养殖蚵苗时，是否曾向主管机关申请核准取得区划渔业权，尚与乙公司有无侵害甲之权益无关。

（二）台湾地区“最高法院”（台湾地区“最高法院”2013年度台上字第2218号民事裁定）之裁判要旨

台湾地区“最高法院”并未指摘上述原审法院之判决有任何缺失，而完全同意原审法院之看法。唯台湾地区“最高法院”在此乃特别强调，甲所受之损害乃系台湾地区“民法”第216条第1项所规定之所失利益，亦即甲因不能收取蚵苗所致预期收益之损失。

四、评析

（一）违法性之理念

若自前述原审法院之判决要旨中：“仅能依‘民法’第184条之规定请求赔偿损害，而上诉人（乙公司）又抗辩从事抽砂工作并无不法性，且非故意以悖于善良风俗之方法加损害于人，则被上诉人（甲）等人将无求偿之道”，一语观之，原审法院似乎认为，乙公司主张其从事抽砂工作并无不法性之抗辩乃有效成立。然而，原审法院却未进一步清楚说明，乙公司从事抽砂工作业已侵及甲之利益，为何不具不法性之理由。此外，台湾地区“最高法院”对此亦未加以指摘，似乎同意原审法院得不附任何理由，径予认定乙公司侵及甲之利益之抽砂行为无不法性之可言。然而，原审法院以及台湾地区“最高法院”之此等做法，颇有可议之处：

此处所谓“不法性”，乃系指“违法性”而言。所谓“违法性”，简单地说即违反法规范之意。[1]亦即“违法性”乃系指违反法规范所定的行为义务而言。[2]并且，各该损害赔偿责任构成要件上即反映了此等法规范所设定的行为义务。[3]

若自“防止损害之发生已尽相当之注意”一语观之，台湾地区“民法”第191条之3仍系维持在过失责任主义的理念之内。[4]过失责任主义若按其字面上之文义，固然主要系针对有责性（Verschulden）（故意、过失）而言，[5]然而，单纯仅

---

〔1〕 Deutsch, Allgemeines HaftungsR, 2. Aufl., 1996, S. 147, 148; ders., Fahrlässigkeit und erforderliche Sorgfalt, 2. Aufl., 1995, S. 200, 242; Fikentscher/Heinemann, 10. Aufl., 2006, SchuldR, S. 317; Löwisch, AcP 165 (1965), 421, 422; Stathopoulos, Festschrift für Larenz, 1983, S. 631, 639, 642; Zippelius, NJW 1957, 1707；请参阅蔡墩铭：《刑法精义》，1999年版，第168～169，171页；王千维：《民事损害赔偿责任法上“违法性”问题初探（上）》，载《政大法学评论》第66期。

〔2〕 Larenz/Canaris, SchuldRII2, Besonderer Teil, 13. Aufl., 1994, S. 365；请参阅王千维：《民事损害赔偿责任法上“违法性”问题初探（上）》，载《政大法学评论》第66期。

〔3〕 请参阅王千维：《民事损害赔偿责任法上“违法性”问题初探（上）》，载《政大法学评论》第66期；《民事损害赔偿责任法上“违法性”问题初探（下）》，载《政大法学评论》第67期。

〔4〕 王泽鉴：《侵权行为法》，2015年版，第22页；黄立：《“民法”债编总论》，2006年版，第339～340页；孙森焱：《“民法”债编总论（上）》2013年版，第325页；陈聪富：《危险责任与过失推定》，载《月旦法学杂志》第55期；请参阅苏惠卿：《从“民法”第一九一条之三论侵权行为法之归责事由》，载《律师杂志》第240期；请参阅王千维：《民事损害赔偿责任法上“违法性”问题初探（下）》，载《政大法学评论》第67期。

〔5〕 王泽鉴：《侵权行为法》，2015年版，第328～329页。

具故意或过失之行为并不足以作为责任成立之根据。换句话说，过失责任主义下的有责性必须以违法性为前提，[1]过失责任主义并非广泛地针对单纯的故意、过失而言，而仅系针对违法而有责（故意或过失）之行为。更确切地说，过失责任主义的精神乃系建立在以违法而有责之行为作为责任成立的基础上，[2]单纯的故意或过失之行为尚不足以作为责任成立之基础。[3]并且，违法性之判断更成为有责性判断之前提，亦即违法性的问题必须在有责性之前加以讨论，若一行为经判断结果不具违法性，则无须再行讨论其有没有责性之问题。[4]再者，如前所述，违法性乃系违反法规范所定的行为义务，同时各该损害赔偿责任构成要件上即反映法规范所设定的行为义务，从而，乃导引出“构成要件该当性即征引违法性”之结论。亦即一构成要件该当行为原则上乃被评价为具违法性之行为，例外仅有在个案中若存有违法阻却事由时，始不具违法性，盖在出现违法阻却事由之特殊情境下，乃意味着行为人例外无须遵守构成要件上所反映之行为义务，自无违反行为义务之可言。[5]综上所述，构成要件该当性（Tatbestandsmäβigkeit）、违法性（Rechtswidrigkeit）以及有责性（Verschulden）三者乃形成具逻辑次序关连的侵权行为之三层结构。[6]

台湾地区“民法”第191条之3构成要件上仅以“防止损害之发生已尽相当之注意”一语提示一定之行为义务。亦即若危险行为人未尽相当之注意致生损害，此等行为不仅一方面该当台湾地区“民法”第191条之3所定之构成要件，同时原则上亦被评价为具违法性。然而，在此所谓“已尽相当之注意”，一般系指已尽过失意义范围内之注意义务而言。唯，若参酌台湾地区“刑法”第14条第1项之规定，所谓“过失”，乃系指应注意，能注意，而不注意而言，对此，若同时配合前述侵

---

〔1〕 Nipperdey, NJW 1957, 1777, 1779, 1780; Rother, Festschrift für Larenz, 1983, S. 537, 545; Stathopoulos, Festschrift für Larenz, S. 631, 634 f. (635)；请参阅王千维：《民事损害赔偿责任法上“违法性”问题初探（上）》，载《政大法学评论》第66期。

〔2〕 Deutsch, Allgemeines HaftungsR, S. 38; Larenz/Canaris, SchuldRII2, Besonderer Teil, S. 351 f.; Nipperdey, NJW 1957, 1777, 1779, 1780; Rother, Festschrift für Larenz, 1983, S. 537, 545; Stathopoulos, Festschrift für Larenz, S. 631, 634 f. (635)；请参阅陈自强：《“民法”侵权行为法体系之再构成（上）——“民法”第一九一条之三之体系地位》，载《台湾地区本土法学杂志》2000年11月；王千维：《民事损害赔偿责任法上“违法性”问题初探（上）》，载《政大法学评论》第66期。

〔3〕 Rother, Festschrift für Larenz, S. 537, 545; Stathopoulos, Festschrift für Larenz, S. 631, 634 f. (635)；请参阅王千维：《民事损害赔偿责任法上“违法性”问题初探（上）》，载《政大法学评论》第66期。

〔4〕 Larenz/Canaris, SchuldRII2, Besonderer Teil, S. 351 f.; Stathopoulos, Festschrift für Larenz, S. 631, 634 f. (635)；请参阅王泽鉴：《侵权行为法》，2015年，第113~115页；王千维：《民事损害赔偿责任法上“违法性”问题初探（上）》，载《政大法学评论》第66期。

〔5〕 Kohte, AcP 185 (1985), 105, 110；请参阅王千维：《侵权行为损害赔偿责任法上之允诺》，载《政大法学评论》2008年4月。

〔6〕 王泽鉴：《侵权行为法》，2015年版，第113~115页。

权行为之三层结构观之，乃不难发现，所谓“应注意”，乃系指客观上的行为义务，属于违法性之层次；而所谓“能注意”，则系涉及行为人主观上之能力，属于有责性之范畴。换句话说，违法性意义范围内之行为义务与过失意义范围内之注意义务其内容乃系完全一致，唯违法性与过失二者仍有差异。[1]简言之，主观归责事由之过失乃系对违法性所成立的客观归责[2]为一定程度之限缩：[3]亦即在行为人因客观行为义务违反而成立违法性之后，因在过失客观化[4]之要求下，不再以行为人本身，而系以善良管理人[5]与行为人处在相同具体情况下之标准，判断善良管理人对上述客观行为义务之可认识性与履行之期待可能性，[6]以认定此等违法行为是否具有过失。亦即若与行为人处在相同具体情况下之善良管理人，对行为人所违反之行为义务具可认识性与履行之期待可能性者，则得认定上述违反行为义务之行为同时具有过失。

违法性意义范围内之行为义务与过失意义范围内之注意义务在内容上即系完全一致，则台湾地区“民法”第191条之3但书所定“相当之注意”除过失意义范围内之注意义务外，同时乃意味着违法性意义范围内之行为义务，而成为台湾地区“民法”第191条之3构成要件之一部分。然而，台湾地区“民法”第191条之3

---

〔1〕 Deutsch, Allgemeines HaftungsR, S. 237, 238；过失并非即等于违法性，此从台湾地区“民法”第184条第1项第1句之文义，将“故意或过失”与“不法”二者并列自明；此等过失并非即等于违法性之理念，反映在台湾地区“民法”第184条第2项更为显然，因为自台湾地区“民法”第184条第2项之文义得知：行为人之行为虽违反某一行为义务——“保护他人之法律”，而具违法性，但此时行为人之行为可能并无过失。

〔2〕 王泽鉴：《侵权行为法（Ⅰ）》，1998年版，第260页。

〔3〕 Deutsch, Allgemeines HaftungsR, S. 252, 270 f. (271), 284, 285, 286；Rother, Festschrift für Larenz, S. 537, 556；Staudinger - Hager, 13. Aufl., 1999, § 823, Rn. A6, A13；vgl. Canaris, Festschrift für Larenz, 1983, S. 27, 57.

〔4〕 Brüggemeier, Deliktsrecht, 1. Aufl., 1986, S. 93；Deutsch, Allgemeines HaftungsR, S. 232；Fikentscher/Heinemann, SchuldR, S. 323；Larenz, SchuldRI, Allgemeiner Teil, 14. Aufl., 1987, S. 282 ff. (284 f.), 288, 291；Larenz/Canaris, SchuldRII2, S. 369 f.；Münchener Kommentar - Emmerich, 3. Aufl., 1994, § 275, Rn. 68 ff.；Münchener Kommentar - Hanau, 3. Aufl., 1994, § 276, Rn. 77, 78 ff.；Stathopoulos, Festschrift für Larenz, S. 631.

〔5〕 台湾地区“最高法院”19年上字第2746号判例；台湾地区“最高法院”26年鄂上字第3号判例；王伯琦：《“民法”债篇总论》，1993年版，第74、155页；王泽鉴：《侵权行为法》，2015年版，第333～335页；史尚宽：《“债法”总论》，1990年版，第112，343～344页；黄立：《“民法”债编总论》，第261，443～444页；孙森焱：《“民法”债编总论（上）》，第240页；郑玉波：《“民法”债编总论》，1983年版，第162页；陈自强：《“民法”侵权行为法体系之再构成（下）——“民法”第一九一条之三之体系地位》，载《台湾地区本土法学杂志》2000年12月。

〔6〕 王泽鉴：《侵权行为法》，2015年版，第334页；Brüggemeier, Deliktsrecht, S. 87, 92；Geilen, JZ 1964, 6, 12；Hager, Festschrift für E. Wolf, 1985, S. 133, 140；Larenz, SchuldRI, Allgemeiner Teil, S. 282；Münchener Kommentar - Hanau, § 276, Rn. 75；Stathopoulos, Festschrift für Larenz, S. 631, 633, 635；请参阅蔡墩铭：《“刑法”精义》，第254～256，257页。

之构成要件在此仅提示“相当”一语，以致各该行为义务之具体内容为何，尚有赖于在个案中分别加以认定。就本案而言，因甲乃系于乙公司从事抽砂行为之邻近海域养殖蚵苗，所以，在本案中乙公司所应遵守之行为义务之具体内容，自得于相邻关系之规范中探求之。

（二）相邻关系之规范意旨

1. 所有权之积极权能与消极权能在不动产上之冲突

台湾地区“民法”第765条不仅赋予所有权具有占有、使用、收益以及处分之积极权能，同时亦赋予其具有排除他人干涉之消极权能。[1]然而，不动产因其具不能移动之本质，所以无法将基于使用某一不动产所生之影响，限制于该不动产本身之内，[2]以致法律所赋予某一不动产所有权使用之积极权能，势必会与其赋予不动产所有权排除他人干涉之消极权能发生冲突。[3]从而，法律必须寻求一个调和相邻不动产间使用与排除他人干涉权能间冲突之机制。[4]

2. 相邻关系之类型

台湾地区“民法”第773条以下所定相邻关系之规定，乃系调和相邻不动产间使用与排除他人干涉权能间冲突之核心规范。[5]依其利益调和之准据之不同，可大体分为三个类型，兹分述如下：[6]

（1）自身利益之欠缺（mangelndes Eigeninteresse）

以自身利益之欠缺为调和准据之类型，最典型者，乃系台湾地区“民法”第773条第2句以及第797条第3项等规定。[7]

（2）法益的权衡（überwiegendes Einwirkungsinteresse）

相邻关系之规范对于相邻不动产间利益调和之准据，主要乃系法益的权衡。[8]从而，此一类型乃占据相邻关系规范之绝大部分。举其荦荦大者，诸如：台湾地区“民法”第779条、第780条、第783条、第785条、第786条、第787条至第789条、第790条第2款、第791条、第792条、第793条但书、第796条至第796条

---

〔1〕 王泽鉴：《“民法”物权》，2014年版，第140～141页；Baur/Stürner, Sachenrecht, 18. Aufl., 2009, S. 321；Brox, JA 1984, 182.

〔2〕 Brox, JA 1984, 182.

〔3〕 Baur/Stürner, Sachenrecht, S. 321；Brox, JA 1984, 182.

〔4〕 Brox, JA 1984, 182.

〔5〕 谢在全：《“民法”物权论（上）》，2014年版，第188～189页；Baur/Stürner, Sachenrecht, S. 321；Brox, JA 1984, 182；vgl. BGH NJW 1985, 47, 48.

〔6〕 Baur/Stürner, Sachenrecht, S. 312 ff.

〔7〕 Baur/Stürner, Sachenrecht, S. 312 f. (313).

〔8〕 王泽鉴：《“民法”物权》，第181页；请参阅谢在全：《“民法”物权论（上）》，第189页。

之2以及第798条等规定。[1]此处所谓“法益权衡”，乃系经法益权衡后，次顺位之法益即负有容忍为成就先顺位之法益而受妨害之义务。并且，此等类型既系以法益的权衡作为利益调和之准据，因此乃具备牺牲之理念（Aufopferungsgedanke），[2]亦即对于因法益权衡而退让，负担容忍义务者，法律多半赋予其补偿请求权[3]（请参阅台湾地区“民法”第779条第2项、第780条但书、第783条、第785条第1项但书第2项但书、第786条第1项但书、第787条第2项、第788条第1项但书、第791条第2项第1句、第792条但书、第796条第1项但书、第796条之1第2项以及第796条之2等）。

（3）同一区域或状态不动产的一致化（Egalisierung der Grundeigentümer gleicher Lage）

同一区域或状态不动产的一致化之类型乃系以台湾地区“民法”第793条但书所定之“按土地形状、地方习惯，认为相当”为代表。[4]并且，以同一区域或状态不动产的一致化作为利益调和之准据乃与前述法益的权衡发生竞合。[5]换句话说，同一区域或状态不动产的一致化亦得归属于法益权衡之范畴。亦即在同一区域或状态不动产一致化的公共利益优先于个别所有权人之私人利益下，因而使各该所有权人负担容忍义务。

3. 基于相邻关系所生之权利义务对于违法性成立之影响

台湾地区“民法”第184条以下所定侵权行为损害赔偿责任之成立，以侵害行为具有违法性为前提，[6]此由侵权行为之三层结构观之，最为显然。[7]

基于相邻关系所生得以使用或侵害他人不动产或其他法益之权利，解释上乃将其定位为侵入权利人之所有权或其他不动产利用权保护范围之扩张。[8]既在侵入权利人之所有权或其他不动产利用权保护范围内，所以纵他人不动产所有权或其他法益有因此而遭受妨害之情形，因他人负有容忍义务，所以具有违法阻却事由，自不

[1] Baur/Stürner, Sachenrecht, S. 313, 314.

[2] Baur/Stürner, Sachenrecht, S. 314.

[3] Baur/Stürner, Sachenrecht, S. 315.

[4] Baur/Stürner, Sachenrecht, S. 313.

[5] Vgl. Baur/Stürner, Sachenrecht, S. 313.

[6] 王泽鉴：《侵权行为法》，2015年版，第302页；王千维：《民事损害赔偿责任法上“违法性”问题初探（上）》，载《政大法学评论》第66期。

[7] 王泽鉴：《侵权行为法》，第113~115页；王千维：《民事损害赔偿责任法上“违法性”问题初探（上）》，载《政大法学评论》第66期。

[8] “最高法院”1974年台上字第2117号判例；王泽鉴：《民法物权》，第181~182页；谢在全：《“民法”物权论（上）》，第188，190，193（注5）页；Baur/Stürner, Sachenrecht, S. 318；Staudinger-Gursky, § 1004, Rn. 176.

成立违法性。[1]

相反地，基于相邻关系而负担容忍义务者，若不履行其容忍义务，乃构成对侵入权利人之所有权或其他不动产利用权之侵害，因而成立违法性。[2]

（三）台湾地区“民法”第793条之前提要件

本案中之漂砂乃系经由海流及海象等环境媒介之传递所构成之环境影响（Umwelteinwirkung）。相邻关系中有关环境影响之规范乃为台湾地区“民法”第793条。台湾地区“民法”第793条之前提要件如下：

1. 须为不可量物[3]

台湾地区“民法”第793条本文所例示者，诸如：瓦斯、蒸气、臭气、烟气、热气、灰屑、喧嚣、振动等，皆为不可量物（Imponderabilien）。台湾地区“民法”第793条强调须为与此等例示相类之物，所以台湾地区“民法”第793条之适用，自以不可量物为限。[4]在此，台湾地区“民法”第793条本文例示以外之不可量物，诸如：电磁波[5]以及本案中之漂砂等。

2. 不以直接相邻（unmittelbare Nachbarschaft）为前提

相邻关系所规范之邻地，本不以直接毗邻之不动产为限。[6]台湾地区“民法”第793条之规定当然亦不例外。甚且，有别于台湾地区“民法”第774条、第775条、第777条、第778条、第779条、第780条、第783条、第784条、第785条、第787条、第788条、第789条、第792条、第794条、第795条、第796条、第796条之1、第796条之2、第797条以及第798条等规定，台湾地区“民法”第793条并未明文揭橥相邻之要件（请参阅台湾地区“民法”第782条、第786条、第790条以及第791条等规定），反而强调不可量物侵入之因果关系。换句话说，台湾地区“民法”第793条主要乃以侵入者与被侵入者间具因果关系为前提。

---

〔1〕 Staudinger - Roth, Neubearbeitung, 2009, § 906, Rn. 48; Staudinger - Gursky, Neubearbeitung, 2013, § 1004, Rn. 172 f. (173); vgl. BGH NJW 1985, 47, 48 f. (48)；请参阅苏永钦：《相邻关系在“民法”上的几个主要问题》，载《“民法”研究（II）》，1999年版，第31页；德国民法第1004条第2项："若所有权人负有容忍义务者，其妨害除去请求权及妨害预防请求权即遭排除。"（Der Anspruch ist ausgeschlossen, wenn der Eigentümer zur Duldung verpflichtet ist.）。

〔2〕 Baur/Stürner, Sachenrecht, S. 315.

〔3〕 王泽鉴：《“民法”物权》，第195页；谢在全：《“民法”物权论（上）》，第195页。

〔4〕 王泽鉴：《“民法”物权》，第195~196页；Baur/Stürner, Sachenrecht, S. 323 f.

〔5〕 Baur/Stürner, Sachenrecht, S. 324; vgl. BGH NJW 2004, 1315, 1316.

〔6〕 王泽鉴：《“民法”物权》，第184页；谢在全：《“民法”物权论（上）》，第191页；Baur/Stürner, Sachenrecht, S. 324.

3. 须因侵入所致

台湾地区“民法”第793条明文揭示“侵入”（zuführen）之要件。[1]此处所谓“侵入”，乃系指积极的环境影响（positive Umwelteinwirkung）而言，并不包含消极的或精神上的环境影响。[2]此处所谓“消极的环境影响”（negative Umwelteinwirkung），如因邻地大楼之耸立而妨碍土地所有人之日照与视野。[3]至于所谓“精神上的环境影响”（ideelle Umwelteinwirkung），例如：因邻地开设风化场所，而令土地所有人有嫌恶之感。[4]有关消极的或精神上的环境影响并非系台湾地区“民法”第793条所规范之对象，对于消极的或精神上的环境影响，乃涉及台湾地区“民法”第765条所定所有权保护范围是否及于此等环境影响之问题。[5]

（四）台湾地区“民法”第793条但书所定“轻微”与“按土地形状、地方习惯，认为相当”之判断

台湾地区“民法”第793条但书所定之“轻微”，乃呈现法益权衡之利益调和之准据。至于“按土地形状、地方习惯，认为相当”，如前所述，乃意味着以同一区域或状态不动产的一致化作为利益调和之准据。然而，如前所述，同一区域或状态不动产的一致化亦得归属于法益权衡之范畴。简言之，一旦是符合按土地形状、地方习惯认为相当之环境影响，即得在同一区域或状态不动产一致化之理由下，经由法益权衡，而令土地所有人对此负有容忍之义务。此时，按土地形状、地方习惯认为相当之环境影响，亦得视为轻微之环境影响。

至于如何判断侵入之不可量物系属按土地形状、地方习惯认为相当？乃涉及究竟应依小区居民对环境保护之意识，[6]抑或依公法上“行政主管机关”所定之管制标准[7]而定等两个不同面向之问题。前者乃属主观标准，后者则属客观标准。[8]至此，台湾地区“民法”第793条但书之规定，乃呈现了私法与公法间是否存在相同或不同认定标准之紧张关系。[9]

在此，为达台湾地区“民法”第793条但书所持同一区域或状态不动产一致化

---

[1] Baur/Stürner, Sachenrecht, S. 324.

[2] Baur/Stürner, Sachenrecht, S. 324.

[3] Baur/Stürner, Sachenrecht, S. 324.

[4] Baur/Stürner, Sachenrecht, S. 324.

[5] Baur/Stürner, Sachenrecht, S. 324.

[6] 谢在全：《“民法”物权论（上）》，第196页；“应依一般社会观念是否能忍受以定之”。

[7] 请参阅“台湾地区‘最高法院’2000年度台上字第223号民事判决”；有关本判决之评释，请参阅王千维：《“民法”第793条但书所定“按土地形状、地方习惯，认为相当”之判断——评“最高法院”99年度台上字第223号民事判决》，载《月旦裁判时报》2017年1月。

[8] Baur/Stürner, Sachenrecht, S. 325.

[9] Baur/Stürner, Sachenrecht, S. 320.

之态度，并调和私法与公法间之紧张关系，〔1〕本文拟以客观标准为出发点，亦即若侵入之不可量物低于行政主管机关所定之管制标准值或经其许可或授权者，原则上乃有按土地形状、地方习惯认为相当之可能性。〔2〕此一结论，若考诸《德国民法典》第906条第1项第1句、第2句等规定，〔3〕固值肯定。然而，若同时参酌《德国民法典》第906条第2项第1句〔4〕以及《德国联邦公害防治法》（Bundes－Immissionsschutzgesetz）第14条〔5〕等规定，则不难发现，对于是否符合土地形状、地方习惯认为相当之判断，除公法上"行政主管机关"所定之管制标准抑或获其许可或授权外，尚应考虑排放不可量物之行为人是否已设置依目前科技水平足以实现，且就同一不动产之利用方法而言，经济上可合理期待之防护措施，〔6〕盖纵依据前述《德国民法》第906条第1项第1句、第2句等规定，将未逾越法律或法规命令所确立之临界值或标准值之环境影响，界定为轻微之环境影响，因而令土地所有人对此负有容忍之义务，唯在同条项第3句〔7〕却又同时强调，此等标准值须反映目前之科技水平。换句话说，未逾越"行政主管机关"所定之管制标准值或已获其许可

〔1〕 Baur/Stürner, Sachenrecht, S. 325.

〔2〕 Vgl. BGH NJW 1985, 47, 49.

〔3〕 请参阅《德国民法典》第906条第1项第1句、第2句："土地所有人对于由他人土地所生之瓦斯、蒸气、气味、烟雾、灰屑、热气、噪声、振动及其他与此相类之环境影响侵入时，若此等影响对于其土地之利用并无或仅轻微之妨碍者，不得禁止之。依据各该法律或法规命令所调查与评估之环境影响若未逾越其所确立之临界值或标准值者，原则上即属轻微之妨碍。"（Der Eigentümer eines Grundstücks kann die Zuführung von Gasen, Dämpfen, Gerüchen, Rauch, Ruβ, Wärme, Gräusch, Erschütterungen und ähnliche von einem anderen Grundstück ausgehende Einwirkungen insoweit nicht verbieten, als die Einwirkung die Benutzung seines Grundstücks nicht oder nur unwesentlich beeinträchtigt. Eine unwesentliche Beeinträchtigung liegt in der Regel vor, wenn die in Gesetzen oder Rechtsverordnungen festgelegten Grenz－oder Richtwerte von den nach diesen Vorschriften ermittelten und bewerteten Einwirkungen nicht Überschritten werden.）。

〔4〕《德国民法典》第906条第2项第1句："若一本质上之防碍，乃因他人土地依其地方上一般正常之使用，并经由就此等使用方法而言，经济上可期待之措施亦无法避免者，土地所有人亦不得禁止之。"（Das Gleiche gilt insoweit, als eine wesentliche Beeinträchtigung durch eine ortsübliche Benutzung des anderen Grundstücks herbeigeführt wird und nicht durch Maβnahmen verhindert werden kann, die Benutzern dieser Art wirtschaftlich zumutbar sind.）。

〔5〕《德国联邦公害防治法》第14条："私法上针对由一土地侵害相邻土地之环境影响所赋予之非基于特殊名义之妨害除去请求权，不得请求停止一经政府所许可且不得撤销之设备之营运，仅得请求增设排除有害之环境影响之措施。若上述措施依目前科技水平无法实现或经济上不具有合理性者，仅得请求损害赔偿。"（Auf Grund privatrechtlicher, nicht auf besonderen Titeln beruhender Ansprüche zur Abwehr benachteiligender Einwirkungen von einem Grundstück auf ein benachbartes Grundstück kann nicht die Einstellung des Betriebs einer Anlage verlangt werden, deren Genehmigung unanfechtbar ist; es können nur Vorkehrungen verlangt werden, die die benachteiligenden wirkungen ausschlieβen. Soweit solche Vorkehrungen nach dem Stand der Technik nicht durchführbar oder wirtschaftlich nicht vertretbar sind, kann lediglich Schadensersatz verlangt werden.）。

〔6〕 Baur/Stürner, Sachenrecht, S. 326.

〔7〕《德国民法典》第906条第1项第3句："未逾越依据德国联邦公害防制法第四十八条所颁布在一般行政规则上确立且反映目前科技水平之标准值者，亦同。"（Gleiches gilt für Werte in allgemeinen Verwaltungsvorschriften, die nach § 48 des Bundes－Immissionsschutzgesetzes erlassen worden sind und den stand der Technik wiedergeben.）。

或授权之行为人，虽毋庸停止其设备之营运，唯若未设置依目前科技水平足以实现且经济上可合理期待之防护措施者，纵其排放不可量物未逾越行政主管机关所定之管制标准值或已获行政主管机关之许可或授权，仍未达台湾地区“民法”第793条但书所定按土地形状、地方习惯认为相当之程度。此时被不可量物侵入之被害人即无负担容忍义务之可言。[1]此一结论证诸台湾地区“最高法院”1994年台上字第2197号判例[2]以及德国实务判决之见解，[3]更为显然，盖参酌台湾地区“民法”第774条、第779条第1项但书、第786条第1项但书以及第787条第2项等规定，可以得知，相邻关系之规范，既系作为调和相邻关系当事人间利益之机制，则不仅须考虑被侵入者对损害之忍受程度，尚应顾及侵入者对损害之防免可能性。[4]

漂砂乃属不可量物，前已述及，所以漂砂之侵入自得该当台湾地区“民法”第793条之规定。并且，甲虽非系争海域之所有权人，唯原审法院乃认为，不论甲在系争海域养殖蚵苗，是否曾向“主管机关”申请核准取得区划渔业权，尚与乙公司有无不法侵害甲之权益无关，足见原审法院甚且台湾地区“最高法院”皆肯认甲系属系争海域之利用人。同时，乙公司亦系受台湾地区经济部工业局委托，在台湾地区云林县台西乡外海离岛新兴工业区海域从事抽砂工程，自属此等海域之利用人，自不待言。因而本案若依据台湾地区“民法”第800条之1之规定，应得准用台湾地区“民法”第793条之规定。然而，本案乃发生于台湾地区“民法”第800条之1增订之前。虽然如此，参酌台湾地区“最高法院”79年度第2次民事庭会议决议（一）之精神，纵在台湾地区“民法”第800条之1增订之前，台湾地区“民法”第793条以及其他相邻关系之规范，仍得类推适用于所有权人以外其他不动产利用

---

〔1〕 Staudinger-Gursky，§ 1004，Rn. 176.

〔2〕 台湾地区“最高法院”1994年台上字第2197号判例：“土地所有人经营工业及行使其他之权利，应注意防免邻地之损害，‘民法’第七百七十四条规定有明文，而‘空气污染防制法’系行政法，其立法目的，仅在维护国民健康、生活环境，以提高生活质量，此观该法第一条之规定自明。故工厂排放空气污染物虽未超过主管机关依‘空气污染防制法’公告之排放标准，如造成邻地农作物发生损害，仍不阻却其违法。”

〔3〕 BGH NJW 1985, 47, 48 f. (49).

〔4〕 Vgl. BGH NJW 1987, 47, 49；郭丽珍：《噪声干扰之损害赔偿责任与气响侵入之禁止》，载《台湾地区法学杂志》2010年第149期，第169~170页认为，侵入者之防护措施应将个案整体之其他特殊情事纳入考虑，以排除损害之发生。唯该文并非着眼于在同一不动产利用方法下，经济上可合理期待之观点，以致并未检讨被侵入者是否负有容忍之义务。此等看法似乎忽略相邻关系之规范乃系作为调和当事人间利益冲突之机制，以及台湾地区“民法”第793条但书之规定乃系以同一区域或状态不动产之一致化作为利益调和之准据。抑有进者，被侵入者在台湾地区“民法”第793条但书下负有容忍之义务，亦为德国实务判决（BGH NJW 1985, 47, 48）所肯认。

人间之关系。[1]况且，甲纵属系争海域之无权占有人，[2]唯甲乃系漂砂等不可量物之被侵入者，若类推适用台湾地区“民法”第793条之规定，至多仅令其额外负担容忍之义务，并无基于侵入行为而有扩张其既有权利保护范围之余地，盖台湾地区“民法”第793条所规定被侵入者之妨害除去请求权乃系台湾地区“民法”第767条第1项第2句所定妨害除去请求权之具体化，[3]所以台湾地区“民法”第793条实际上并未扩张被侵入者任何既有权利之保护范围。从而，本案纵发生于台湾地区“民法”第800条之1增订之前，仍得类推适用台湾地区“民法”第793条之规定，应无疑义。[4]甚且，系争海域未设围障，甲等蚵农在系争海域放置串起数蚵壳之蚵条养殖蚵苗，解释上乃属“采集[5]野生物”，同时，甲等蚵农有数十人至上百人，历年来即在系争海域养殖蚵苗，养殖面积高达800公顷，所以足以令养殖蚵苗成为对系争海域依地方习惯上一般之使用，进而，在此类推适用台湾地区“民法”第790条但书第2款所定“山林地之共享”（Gemeingebrauch am Walde）之规定，[6]系争海域所有人之所有权因而遭受限制，[7]以致甲等蚵农是否构成无权占有，即生疑问。然而，无论如何，至少类推适用台湾地区“民法”第790条但书第2款之规定，甲等蚵农其放置系争海域之蚵壳与蚵条之所有权，即不得被法律所拒绝保护。此一理念亦为本案之原审法院与台湾地区最高法院所肯认，此由原审法院之判决理由中出现“不论被上诉人（甲）等人在公告区域以外之系争海域养殖蚵苗时，是否曾向主管机关声请核准取得区划渔业权，尚与上诉人（乙公司）有无不法侵害被上诉人（甲）等人权益无关”，一语观之，最为显然。

相邻关系之规范乃具有积极调节不动产利用之功能，[8]进而，若为与事业之经营或活动之实施获得衡平，由前述《德国联邦公害防制法》第14条之立法例可以得知，只要不令行为人停止其设备之营运，即足以保障此等设备所创设之经济价值。[9]同时，尚应考虑在不停止设备营运之前提下，令行为人设置依目前科技水平足以实现，且在同一不动产利用方法下，经济上可合理期待之防护措施。断不可出

---

[1] 王泽鉴：《民法学说与判例研究（VII）》，第251~252，257页；谢在全：《“民法”物权论（上）》，第193~194（注5）页。

[2] 请参阅台湾地区“云林地方法院2004年度公更字第1号民事判决”；陈忠五：《抽沙污染海域影响附近蚵苗成长：权利侵害或纯粹经济上损失——‘最高法院2011年度台上字第250号判决’评释》，载《台湾法学杂志》2011年第187期。

[3] Medicus/Petersen, Bürgerliches Recht, 23. Aufl., 2011, S. 211.

[4] 谢在全：《“民法”物权论（上）》，第193（注5）页。

[5] 请参阅台湾地区“高等法院台南分院”2007年度公上更（一）字第1号民事判决。

[6] Staudinger - Gursky, § 1004, Rn. 177.

[7] Staudinger - Gursky, § 1004, Rn. 177.

[8] 请参阅台湾地区“最高法院”2000年度台上字第223号民事判决。

[9] Baur/Stürner, Sachenrecht, S. 328; vgl. BGH NJW 1985, 47, 48.

于保障事业经营或活动实施之理由，仅行为人未逾越行政主管机关所颁布之管制标准值或已取得其许可或授权，即令当地居民因此对行为人设备之营运所生之环境影响负担容忍之义务。从而，在本案中，乙公司虽已取得经济部工业局之授权，且其抽砂行为固在公共利益上具有重要性（gemeinwichtig），[1]然而，只要不停止其设备之营运，即足以确保此等抽砂行为所创设之价值，断不得仅因乙公司业已取得台湾地区经济部工业局之授权为抽砂行为，即令甲等蚵农对其负担容忍之义务，进而阻却此等侵害甲等蚵农之利益之抽砂行为之违法性。至此，最重要的，乃在于审视于不停止乙公司之抽砂行为下，乙公司是否已设置依目前科技水平足以实现，且在同一不动产利用方法下，经济上可合理期待之防护措施，以使其因而该当台湾地区"民法"第793条但书所规定按土地形状、地方习惯认为相当之标准。简言之，乙公司所应实行之防护措施，一方面固以依目前科技水平所得实现之最大可能性为出发点，唯同时尚须考虑受到对于同一不动产利用方法下，经济上合理期待性之制约。换句话说，在此所应探查者，乃系就漂砂生成之防范而言，乙公司所实行吸管式抽砂船之施工方法，是否已达对于一般抽砂工程之施作，经济上的合理期待下，依目前科技水平所能实现之最大可能性之标准。此等行为人应实行针对同一不动产利用方法，经济上可合理期待下，依目前科技水平所能实现最大可能之防护措施，乃系行为人就不动产之利用，在相邻关系上，对于环境影响侵入之防范所应尽之行为义务，自亦属前述台湾地区"民法"第191条之3构成要件上所定行为义务之一环，又因为台湾地区"民法"第184条第1项第1句规定针对间接侵害行为[2]所规定之交易往来安全义务之一类型，而成为台湾地区"民法"第184条第1项第1句构成要件之一部分。[3]

（五）甲得向乙公司请求损害赔偿或请求偿金

至此，就漂砂生成之防范而言，若乙公司所实行吸管式抽砂船之施工方法，未达对于一般抽砂工程之施作，经济上的合理期待下，依目前科技水平所能实现之最大可能性之标准者，则不意味着乙公司之抽砂行为违反台湾地区"民法"第184条第1项第1句或第191条之3等构成要件[4]上所规定之行为义务，具构成要件该当

---

[1] Staudinger - Roth, § 906, Rn. 247.

[2] 在本案中，经乙公司之抽砂行为所生之漂砂，并非直接侵入蚵壳，乃系借由海流及海象等环境媒介之传播所致，从而，乙公司之抽砂行为乃属间接侵害行为。

[3] 王泽鉴：《侵权行为法》，2015年版，第359~360页；请参阅王千维：《"民事损害赔偿责任法"上"违法性"问题初探（上）》，载《政大法学评论》第66期。

[4] 台湾地区"民法"第184条第1项第1句与第191条之3在构成要件上最主要之区别，为台湾地区"民法"第184条第1项第1句之构成要件将被害人所受损害之态样限于权利之侵害。至于此二条文规定有关举证责任配置上之差异，则与构成要件无关。

性，因而征引违法性。同时，因未得该当台湾地区“民法”第793条但书所规定之按土地形状、地方习惯认为相当之要件，[1]以致甲乃无负担容忍义务之可言，乙公司自不存在违法阻却事由。

相反地，若乙公司所实行吸管式抽砂船之施工方法业已符合上述台湾地区“民法”第793条但书所规定按土地形状、地方习惯认为相当之标准者，则不仅意味着乙公司之抽砂行为已尽台湾地区“民法”第184条第1项第1句或第191条之3构成要件上所规定之行为义务，自无构成要件该当性之可言，从而未得征引出违法性。同时，因业已符合台湾地区“民法”第793条但书所规定之按土地形状、地方习惯认为相当之要件，因而令甲对此抽砂行为所致之损害负担容忍之义务。然而，如前所述，依据台湾地区“民法”第793条但书之规定负担容忍义务者，乃是经法益权衡下之结论，因此具备牺牲之理念，亦即对于因法益权衡而退让，负担容忍义务者，应得对先顺位法益之所有人主张补偿请求权。[2]此由台湾地区“民法”第779条第2项、第780条但书、第783条、第785条第1项但书及第2项但书、第786条第1项但书、第787条第2项、第788条第1项但书、第791条第2项第1句、第792条但书、第796条第1项但书、第796条之1第2项以及第796条之2等规定观之，更为显然。再者，与台湾地区“民法”第793条相当之前述德国“民法”第906条，亦于其第2项第2句设有赋予负担容忍义务者享有补偿请求权之规定：亦即“若土地所有人须因此而容忍由邻地所生之环境影响，唯此等环境影响，业已妨害土地所有人其土地依地方习惯上之一般使用，或已令其收益逾越可期待之限度而锐减者，土地所有人得向邻地之使用者请求金钱上适当之补偿。”[3]从而，在本案中，就漂砂生成之防范而言，纵乙公司所实行吸管式抽砂船之施工方法业已符合对于一般抽砂工程之施作，经济上可合理期待下，依目前科技水平所能实现之最大可能性之标准，因而令乙公司之抽砂行为不具违法性，同时甲亦因此依据台湾地区“民法”第793条但书之规定负担容忍之义务，以致甲无法依据台湾地区“民法”第184条第1项第1句或第191条之3等规定向乙请求损害赔偿。然而，如前所述，在本案中，甲等被害之蚵农有数十人至上百人，历年来即在系争海域养殖蚵苗，养殖面积高达800公顷，所以足以令养殖蚵苗成为对系争海域依地方习惯上一般之使用，此等依地方习惯上一般之使用，因乙公司不具违法性之抽砂行为而遭受妨害，导致甲等数十位至上百位之蚵农无法养殖蚵苗，并且毫无收成之可言。在此参酌前述《德国民法》第906条第2项第2句之规定，甲应得类推适用台湾地区

---

〔1〕 Vgl. BGH NJW 1985, 47, 49.

〔2〕 Baur/ Stürner, Sachenrecht, S. 315.

〔3〕 Hat der Eigentümer hiernach eine Einwirkung zu dulden, so kann er von dem Benutzer des anderen Grundstücks einen angemessenen Ausgleich in Geld verlangen, wenn die Einwirkung eine ortsübliche Benutzung seines Grundstücks oder dessen Ertrag über das zumutbare Maβ hinaus beeinträchtigt.

"民法"第779条第2项之规定，向乙公司请求赔偿金。

（六）甲所受损害之性质

1. 自然意义下的损害与法规范意义下的损害

台湾地区"民法"并未就损害加以定义，[1]相反地，仅对相关之某些事项指示了一定的方向，诸如：经由台湾地区"民法"第18条第2项之规定间接提示将非财产损害纳入损害的定义之内；又经由台湾地区"民法"第192条至第195条等规定勾勒出人格权以及身份权受侵害之损害赔偿内容；此外，经由台湾地区"民法"第213条以及第216条第1项等规定揭示一般损害赔偿之方法及其范围；并且，经由台湾地区"民法"第216条第2项之规定树立了所失利益之定义等。[2]

另外，学说[3]上乃提出自然意义下的损害（der Schaden im natürlichen Sinne）与法规范意义下的损害（der Schaden im rechtlichen Sinne）二个概念：所谓"自然意义下的损害"，乃系指基于一定之原因事实导致某人遭受某种不利之变动而言。[4]简言之，被害人所遭受任何不利之变动皆得该当此处所谓"自然意义下的损害"。至于所谓"法规范意义下的损害"，并非泛指上述被害人所遭受一切不利之变动，相反地，仅系指法律上得请求赔偿之损害（rechtlich ersatzfähiger Schaden）。此处所谓"法律上得请求赔偿之损害"，自需经法律之评价（rechtliche Wertung），亦即任一自然意义下的损害，若经法律评价后，成为可请求赔偿之损害者，则令被害人以外之人对此有负担损害赔偿义务之可能性，换句话说，被害人有将此损害转嫁由他人加以承担之余地。[5]

2. 蚵苗无法着床于蚵壳损害之性质

在本案中，双方当事人、历审法院以及学说[6]争执之重点皆聚焦于二笔损害：亦即蚵苗无法着床于蚵壳以及甲遭受无法收成出售蚵苗之损失等。并且，此二笔损害乃具有先后之因果关系，换句话说，因蚵苗无法着床于蚵壳，以致甲遭受无法收成出售蚵苗之损失。对此，原审法院乃着重于蚵苗无法着床于蚵壳之损害，甚且将其定性为纯粹经济上的损失。然而，台湾地区"最高法院"却特别强调甲遭受无法

---

[1] Lange, Schadensersatz, 2. Aufl., 1990, S. 27; Larenz, SchuldRI, Allgemeiner Teil, S. 427.

[2] Lange, Schadensersatz, S. 27 f.

[3] Larenz, SchuldRI, Allgemeiner Teil, S. 426 ff.

[4] Larenz, SchuldRI, Allgemeiner Teil, S. 426.

[5] Larenz, SchuldRI, Allgemeiner Teil, S. 427.

[6] 陈忠五：《抽沙污染海域影响附近蚵苗成长：权利侵害或纯粹经济上损失——"最高法院"2011年度台上字第250号判决评释》，载《台湾地区法学杂志》第187期；《2011年台湾地区法律发展回顾："民事法"》，载《台大法学论丛》2012年11月；陈聪富：《论过失侵害利益之侵权责任：区别权利侵害与利益侵害的困境与突破》，载《台大法学论丛》2017年3月；叶启洲：《纯粹经济上损失在台湾地区侵权行为法上的保护——以"最高法院"相关裁判为中心》，载《月旦法学杂志》2015年6月。

收成出售蚵苗之损失始为甲所受之损害，似乎暗示蚵苗无法着床于蚵壳本身仅系自然意义下的损害，非法规范意义下的损害，盖无可讳言的，蚵苗无法着床于蚵壳乃构成对甲不利之变动，无论如何属自然意义下的损害。至于原审法院将蚵苗无法着床于蚵壳之损害定性为纯粹经济上损失，若从纯粹经济上损失之定义，乃系非因人身或所有权等权利受侵害而产生的经济或财产数额上之损失〔1〕观之，原审法院形式上虽着眼于蚵苗无法着床于蚵壳之损害，唯蚵壳并未遭无权占有，其实体或其归属亦未遭受侵害，〔2〕从而，原审法院似乎认为，并无所有权遭受侵害之情事发生，以至于原审法院实际上亦将重点置诸蚵苗无法收成出售所生财产数额上之损失，所以将蚵苗无法着床于蚵壳之损害定性为纯粹经济上损失。换句话说，若依据原审法院之见解，单纯蚵苗无法着床于蚵壳之损害，尚不足以成为法规范意义下的损害或法律上的请求赔偿之损害，必也因蚵苗无法着床于蚵壳导致被害人遭受一定财产数额上之损失时，始有成为法规范意义下的损害或法律上的请求赔偿之损害之可能性。此见解亦为台湾地区部分学说〔3〕所采，盖此等学说亦将蚵苗无法着床于蚵壳之损害定性为纯粹经济上损失。

综上所述，蚵苗无法着床于蚵壳之损害之性质为何？是否仅系自然意义下的损害？抑或成为法规范意义下的损害？在此即值探讨：就蚵苗无法着床于蚵壳而言，因蚵壳上之蚵苗并非蚵壳自然所生，乃系既存于海水中之蚵苗等浮游生物附着于蚵壳所致，因此蚵苗并未附着于蚵壳即可视之为蚵壳内之生态发生变化，并且此等变化对甲等蚵农不利，因而属于自然意义下的损害。如前所述，自然意义下的损害经法律评价后始得成为法规范意义下的损害或法律上的请求赔偿之损害。唯蚵苗无法着床于蚵壳得否被评价为法规范意义下的损害？亦有待进一步加以探究：蚵苗无法着床于蚵壳既属蚵壳内之生态发生变化，即得被归类为一种生态损害（ökologischer Schaden）。有关生态损害则有被评价为法规范意义下的损害之可能性，此点参酌《德国环境责任法》（Umwelthaftungsgesetz）第16条第1项之规定最为显然，盖《德国环境责任法》第16条第1项乃规定："若物之毁损同时又构成自然环境或地貌之侵害者，则在被害人重新制造宛如侵害之原因事实未发生下之应有状态时（按：即相当于恢复原状），民法第251条第2项规定（按：相当于台湾地区"民

---

〔1〕王泽鉴：《侵权行为法》，2015年，第405页；陈忠五：《抽沙污染海域影响附近蚵苗成长：权利侵害或纯粹经济上损失——"最高法院"2011年度台上字第250号判决评释》，载《台湾地区法学杂志》第187期；叶启洲：《纯粹经济上损失在台湾地区"侵权行为法"上的保护——以"最高法院"相关裁判为中心》，载《月旦法学杂志》第241期。

〔2〕王泽鉴：《侵权行为法》，2015年版，第222～224页。

〔3〕陈聪富：《论过失侵害利益之侵权责任：区别权利侵害与利益侵害的困境与突破》，载《台大法学论丛》第46卷第1期；叶启洲：《纯粹经济上损失在台湾地区侵权行为法上的保护——以"最高法院"相关裁判为中心》，载《月旦法学杂志》第241期。

法”第215条所规定因恢复显有重大困难，而应以金钱赔偿其损害之规定）之适用，不得仅因恢复应有状态所需之费用逾越该物之价值而构成不成比例（恢复显有重大困难）。[1]本条文中所谓“自然环境或地貌之侵害”，德国学说[2]乃将其解释为泛指生态环境之破坏而言。亦即《德国环境责任法》第16条第1项明文揭橥，若物之毁损同时构成生态环境之破坏者，[3]生态环境应有状态之恢复，亦成为恢复原状之损害赔偿方法应回复的对象之一。[4]换句话说，经由《德国环境责任法》第16条第1项之规定，乃将生态损害评价为法律上的请求赔偿之损害，而成为法规范意义下的损害。同时由《德国环境责任法》第16条第1项之规定可以得知，生态损害得构成所有权遭受侵害的内容之一，[5]在此，解释上乃视之为所有权保护范围的扩张。

本案中蚵苗无法着床于蚵壳虽与上述《德国环境责任法》第16条第1项所规定之情形有别，盖蚵苗之所以无法着床，并非导因于蚵壳遭受毁损所致。然而，《德国环境责任法》第16条第1项之规定却足以反映生态损害得被法律评价为法规范意义下的损害，成为所有权保护范围的内容之一。从而，在本案中，蚵苗无法着床于蚵壳固属一种生态损害，同时亦构成对蚵壳所有权之侵害。然而，严格言之，蚵苗无法着床于蚵壳之损害纵未同时构成对蚵壳所有权之侵害，亦未必因此令其未得成为法规范意义下的损害。详言之，是否同时构成对蚵壳所有权之侵害，主要乃涉及是否该当台湾地区“民法”第184条第1项第1句之构成要件之问题。

因蚵苗无法着床于蚵壳之损害不仅为法规范意义下的损害，同时又构成对蚵壳所有权之侵害，并且，如前所述，类推适用台湾地区“民法”第790条但书第2款之规定，甲等被害之蚵农其放置系争海域之蚵壳与蚵条之所有权不得被法律所拒绝保护。从而，乙公司若因此该当台湾地区“民法”第184条第1项第1句或第191条之3等规定而成立侵权行为损害赔偿责任者，依据台湾地区“民法”第213条第

---

〔1〕 Stellt die Beschädigung einer Sache auch eine Beeinträchtigung der Natur oder der Landschaft dar, so ist, soweit der Geschädigte den Zustand herstellt, der bestehen würde, wenn die Beeinträchtigung nicht eingetreten wäre, § 251 Abs. 2 des Bürgerlichen Gesetzbuchs mit der Maßgabe anzuwenden, dass Aufwendungen für die Wiederherstellung des vorherigen Zustandes nicht allein deshalb unverhältnismäßig sind, weil sie den Wert der Sache übersteigen.；此外，《德国基因科技法》（Gentechnikgesetz）第32条第7项第1句与本条项之内容相同。

〔2〕 Landsberg/Lülling, Umwelthaftungsrecht, 1991, § 16, Rn. 17; Paschke, Kommentar zum Umwelthafugsgesetz, 1993, § 16, Rn. 7; Staudinger－Kohler, Neubearbeitung, 2010, § 16 UmweltHG, Rn. 11.

〔3〕 Landsberg/Lülling, Umwelthaftungsrecht, § 16, Rn. 17; Paschke, Kommentar zum Umwelthaftungsgesetz, § 16, Rn. 7; Staudinger－Kohler, § 16 UmweltHG, Rn. 9, 12；例如：被害人土地上之植物遭受破坏，导致该土地不再成为候鸟及其他生物之栖息地（Landsberg/Lülling, Umweltrecht, § 16, Rn. 11）。

〔4〕 Landsberg/Lülling, Umweltrecht, § 16, Rn. 18; Paschke, Kommentar zum Umwelthaftungsgesetz, § 16, Rn. 9; Staudinger－Kohler, § 16 UmweltHG, Rn. 13.

〔5〕 Landsberg/Lülling, Umweltrecht, § 16, Rn. 16; Staudinger－Kohler, § 16 UmweltHG, Rn. 4.

1项之规定，[1]首先应以恢复原状之方法赔偿蚵苗无法着床于蚵壳之生态损害，唯目前已无法令蚵苗溯及于2000年至2001年着床于蚵壳，因而乃陷于不能恢复原状之窘境。对于此不能恢复原状之生态损害，即依据台湾地区“民法”第215条之规定而为金钱赔偿。此处所谓“金钱赔偿”云者，有别于台湾地区“民法”第213条第3项所规定“恢复原状所必要之费用”乃系在保护“完整利益”，台湾地区“民法”第215条则系在保护被害客体之“价值利益”，[2]即系在保护被害客体之“价值利益”，因而以此生态损害所衍生被害人甲未能收成出售蚵苗之损失作为价额计算之基础，而令其获得一定之金钱赔偿。

（七）小结

本案中蚵苗无法着床于蚵壳之生态损害，非仅系自然意义下的损害，同时又是被法律评价为法规范意义下的损害，并且又构成对蚵壳所有权之侵害。若乙公司因此违反台湾地区“民法”第184条第1项第1句或第191条之3等规定，而成立侵权行为损害赔偿责任者，依据台湾地区“民法”第213条第1项之规定，乙公司本应以恢复原状之方法赔偿此生态损害，唯因目前已无法令蚵苗溯及于2000年至2001年间着床于蚵壳，以致陷于不能恢复原状之窘境，因此以甲未能收成出售蚵苗之损失作为价额计算之基础，依据台湾地区“民法”第215条之规定，对甲为金钱赔偿。

五、结论

过失责任主义的精神乃系建立在以违法而有责之行为作为责任成立的基础上。并且，违法性之判断更成为有责性判断之前提。在此，所谓“违法性”，乃系指违反法规范所规定的行为义务而言，同时各该损害赔偿责任构成要件上即反映法规范所设定的行为义务，从而，乃导引出“构成要件该当性即征引违法性”之结论。

针对同一不动产利用方法，依目前科技水平所能实现最大可能之防护措施，乃系行为人就不动产之利用，在相邻关系上，对于环境影响侵入之防范所应尽之行为义务。此行为义务不仅作为判断是否该当台湾地区“民法”第793条但书所规定之按土地形状、地方习惯认为相当之标准，同时亦属台湾地区“民法”第191条之3构成要件上所规定行为义务之一环，又为台湾地区“民法”第184条第1项第1句

---

[1] 生态损害是否同时该当台湾地区“民法”第196条所规定之毁损，颇有疑问。至于台湾地区“民法”第196条与第213条间之关系，请参阅王千维：《由“民法”第二百十三条第三项之修正看“民法”物之损害赔偿责任理念的变动》，载《政大法学评论》2003年第74期。

[2] 请参阅王千维：《由“民法”第二百十三条第三项之修正看“民法”物之损害赔偿责任理念的变动》，载《政大法学评论》第74期。

规定针对间接侵害行为所规定之交易往来安全义务之一类型。若行为人酿成环境影响之行为违反此一行为义务者，乃不啻意味着，行为人违反台湾地区“民法”第184条第1项第1句或第191条之3等构成要件上所规定之行为义务，具构成要件该当性，因而征引违法性。同时，因未得该当台湾地区“民法”第793条但书所规定之按土地形状、地方习惯认为相当之要件，以致被害人乃无负担容忍义务之可言，自不存在违法阻却事由。相反地，若行为人业已践行上述针对同一不动产利用方法，经济上可合理期待下，依目前科技水平所能实现最大可能之防护措施者，则不仅意味着，行为人酿成环境影响之行为已尽台湾地区“民法”第184条第1项第1句或第191条之3构成要件上就不动产之利用，在相邻关系上，对于环境影响侵入之防范而言所规定之行为义务，自无构成要件该当性之可言，从而未得征引出违法性。同时，因业已符合台湾地区“民法”第793条但书所规定之按土地形状、地方习惯认为相当之要件，因而令被害人对行为人酿成环境影响之行为所致之损害负担容忍之义务。然而，被害人纵系依据台湾地区“民法”第793条但书之规定负担容忍义务，亦有向行为人请求偿金之可能性。

再者，蚵苗无法着床于蚵壳之损害本身乃属一种生态损害，得成为法规范意义下的损害或法律上的请求赔偿之损害，同时又得成为所有权保护范围的内容之一，进而，在侵权行为法上，此等生态损害之发生因此得构成对蚵壳所有权之侵害。对于此等生态损害，依据台湾地区“民法”第213条第1项之规定，原则上首先应以恢复原状之方法进行赔偿。至于因此等生态损害进一步所导致被害人财产数额上之损失，得作为不能恢复原状时损害价额计算之基础。

第三人损害求偿之必要性
——以“债法”上危险免责之类型为例

许政贤*

目 次

一、问题之提出

所谓第三人损害之求偿[1]（Drittschadensliquidation，或译“第三人损害之补偿”“第三人损害之赔偿”“第三人损害之清算”“第三人损害之清偿”；以下简称“第三人求偿”），系指损害赔偿请求权之债权人，得将第三人损害视同自己损害加以求偿[2]。第三人求偿为损害赔偿法之传统议题[3]，相关发展虽已逾150年历史，但学说上仍有争议，实值重视！

有关第三人求偿，学说上有广狭二义。广义之第三人求偿，系就债权人以外第三人所受损害，凡有填补之必要者皆属之，包括真正（或典型）第三人损害之求偿

* 许政贤，台湾政治大学法学院副院长。

〔1〕 王泽鉴：《损害赔偿法》，2017年3月，第313页。

〔2〕 Vgl. Medicus/Lorenz, Schuldrecht I, Allgemeiner Teil, 19. Aufl., 2010, Rn. 650.

〔3〕 损害赔偿法为学理上之术语，乃涉及损害赔偿法律之总称，又有广狭二义。就广义而言，系指有关损害赔偿之发生原因与法律效果；就狭义而言，仅指法律效果。参阅王泽鉴，同注1，12页。

及其他关联问题，涵盖层面颇为广泛。狭义之第三人求偿，仅指真正第三人损害之求偿而言[1]，乃涉及损害赔偿请求权人，对于非属自己损害之第三人损害，能否向加害人请求赔偿之问题[2]，亦为本文探究之重点[3]。

德国法因受“债权人利益理论”之影响，对非属债权人损害之第三人损害，原不在赔偿之列。但有时因法律规定或因特别之行为状态，损害并非发生在被害人处，而系在第三人处，此时第三人求偿之观念于焉诞生[4]。

二、体系定位

（一）损害赔偿之基础

1. 法律规范

学者参酌德国法之学理，认为台湾地区“债法”关于损害赔偿之规定，乃基于四项原则而建构体系，亦即全部损害赔偿原则、禁止得利原则、符合经济性原则、债权人利益理论及构成要件原则[5]，对于损害赔偿法体系之解释适用，深具参考价值。

学理上为建立明确判断之基准，就损害赔偿法之架构，区分为责任成立规范与责任范围规范。前者包括侵害行为、侵害权益（侵害损害）、责任成立因果关系、违法性、故意或过失；后者包括损害概念、责任范围因果关系、损害赔偿方法及内容、损害赔偿范围[6]。无论契约责任或侵权责任，仅其请求权基础有所不同，在判断架构上则属共通。损害赔偿法之重点，在于确定被害人的请求赔偿之损害[7]，其中无论在责任成立规范或责任范围规范，损害之判断均居于关键地位。因此，何种损害始得请求赔偿，无论在概念分类或判断标准上，均有明确界定之必要，学理上乃对损害概念加以解析，以利实务案例之判断。

---

〔1〕 史尚宽：《债法总论》，1983 年 3 月，第 305 ~ 308 页；曾世雄、约翰逊林：《损害赔偿法原理》，三版再刷，2013 年 11 月，第 254 页。

〔2〕 史尚宽先生早已指出此为问题所在，并称“有疑难者，唯第三人受有实际损害，而债权人形式上不受任何损害时，债权人是否得基于第三人之损害请求赔偿”，参阅史尚宽，同注 1，307 页。

〔3〕 本文所称“第三人损害之求偿”，如未特别指明，均指狭义或真正第三人损害之求偿。

〔4〕 Vgl. Lange, Schadensersatz, 2. Aufl. , 1990, S. 459.

〔5〕 参阅王泽鉴：《损害赔偿法》，2017 年 3 月，第 14 ~ 15 页。

〔6〕 参阅王泽鉴：《损害赔偿法》2017 年 3 月，第 61 页。亦有学者将损害赔偿之债之架构，分为损害赔偿之债成立要件、损害赔偿之方法及损害赔偿之范围；其中损害赔偿之债成立要件，区分为（主观、客观）责任原因、损害及因果关系。参阅孙森焱：《债法债编总论（上册）》，修订版，434 ~ 450 页，2008 年 8 月。

〔7〕 参阅王泽鉴：《损害赔偿法》，2017 年 3 月，第 22 页。

2. 损害概念

因人之行为致多人受害时，并非所有被害人均得请求赔偿，仅具备请求权基础者，始得请求损害赔偿，此即所谓“构成要件原则”（Tatbestandsprinzip）[1]。申言之，在违反契约义务之情形，除第三人利益契约或附保护第三人效力之契约外，仅契约当事人始得请求损害赔偿；在侵权行为之情形，仅具备法定构成要件之人（绝对权受侵害或属法规保护范围内之对象）始得请求损害赔偿。

此外，学理上又有自己损害（Eigenschaden）与第三人损害（Drittschaden）之区别。台湾地区“债法”第214条规定：“应恢复原状者，如经债权人定相当期限催告后，逾期不为回复时，债权人得请求以金钱赔偿其损害。”就字义而言，债权人所得请求者，系“以金钱赔偿其损害”，同时，其亦蕴含损害赔偿系以债权人之损害为对象[2]。换言之，债权人所得请求损害赔偿者，系其自己损害，故赔偿客体与债权人具有重要关联[3]，此涉及所谓“债权人利益理论”。

3. 损害判断

除上述概念外，在个案中判断是否构成损害时，仍需另立工具性之操作标准，此时所采理论即属关键。为利于客观之判断，学理上发展出所谓差额损害概念，就被害人所得请求赔偿之损害，以损害发生前后权益状态之差额为准[4]。申言之，依差额说之理论，就损害事故发生之前后，比较被害人总财产状况之增减，经计算差额结果，即属其损害。而首创差额说之学者Mommsen，将损害（即被害人之总财产差额）与利益，两者等同视之，故此说亦称“利益说”[5]。据此，损害之认定标准即依利益而定，利益存否及大小，则依被害人财产之差额而定。台湾地区“债法”就何谓损害未设明文，学者仍依第213条第1项规定，系采差额说[6]。但差额说在应用上，有时不免过于僵化而有失公允，相关修正或补充见解乃应运而生，包括客观之损害概念及规范之损害概念[7]。

所谓客观之损害概念，立论基础略有差异，大致而言，乃区分直接损害（客体

---

[1] Vgl. MünchKommBGB/Oetker, § 249 Rn. 268; STAUDINGER/SCHIEMANN (2005) Vorbem. 49 zu § § 249ff.; Brox/Walker, Allgemeines Schuldrecht, 33. Aufl., 2009, § 29 Rn. 12.

[2] 德国学说上亦认为《债法》第251条所指赔偿义务人以金钱赔偿债权人之规定，即当然表明赔偿权利人以债权人为限。Vgl. Medicus/Lorenz, aaO. (Fn. 2), Rn. 650.

[3] 亦有“援引债之关系相对性”为据，认为非契约当事人不得对于违约事由所生损害请求赔偿。Vgl. Kötz, Vertragsrecht, 2. Aufl., 2012, Rn. 1067.

[4] 参阅王泽鉴：《回复原状与金钱赔偿——损害赔偿方法的基本架构》，载《月旦法学杂志》第127期。

[5] 本文沿用学界通称，仍将其学说简称“差额说”，而非“利益说”。Vgl. STAUDINGER/SCHIEMANN (2005) Vorbem. 36 zu § § 249ff.

[6] 参阅王泽鉴：《损害赔偿法》，2017年3月，第182页。

[7] 参阅王泽鉴：《损害赔偿法》，2017年3月，第72页。

损害)、间接损害（财产结果损害)。直接损害之赔偿，应客观估定而填补，并代表最低赔偿额度[1]，亦即以客观价值为最低损害。有关间接损害之认定，则须就被害人之整体财产为之。另所谓规范之损害概念，常用于处理差额说所生难题。例如：加害人伤害雇主之受雇人，致其受伤而无法工作，而雇主仍继续支付工资时，德国实务上认为该项支付之用意，并非在于免除加害人之责任，就法律之规范意旨而言，受雇人仍属受有损害。此种将损害概念规范化，其与差额说结合，学理上称为双重之损害概念[2]。

（二）债权人利益理论之原则

在损害赔偿法上，为合理分配风险及确定赔偿范围、有关人之范围，除构成要件原则外，学理上有所谓“债权人利益理论”，两者构成损害赔偿法之基石。简言之，依构成要件原则，仅符合法律上请求权基础之被害人，始得请求损害赔偿；至依“债权人利益理论”，依请求权基础而得主张权利者，仅得就自己所受损害请求赔偿。因此，“债权人利益理论”之主要功能，并非借以判断损害赔偿请求权人之范围，而系判断请求权之内容是否包括第三人损害[3]。

值得一提者，“债权人利益理论”为德国法上确立之原则，对其法律规范与理论发展之关系，自有略予阐述之必要。在具体法律规范上，《德国债法》第 249 条至第 253 条之规定，属于损害赔偿之一般规定[4]。上述规定蕴含一项基本判断，亦即对于仅属间接被害人者，并未赋予其损害赔偿请求权[5]。同时，第 251 条已表明应填补债权人所受损害，自亦表明债权人所得请求赔偿者，限于自己损害，而

---

[1] 参阅曾世雄、约翰逊林：《损害赔偿法原理》，三版再刷，2013 年 11 月，第 149 ~ 150 页。

[2] 参阅王泽鉴：《损害赔偿法》，2017 年 3 月，第 72 ~ 73 页。

[3] Vgl. Papadimitropoulos, Schuldverhältnisse mit Schutzwirkung zu Gunsten Dritter – ein Erklärungsmodell für die Entstehung von Schutzpflichten gegenüber Dritten, 2007, S. 175.

[4] 《德国债法》第 249 条规定：“负损害赔偿义务者，应恢复至如同使赔偿义务发生之情事未发生时之状态。(第 1 项）因对人侵害或对物毁损，而应赔偿损害者，债权人得不请求恢复原状，而请求恢复原状所必要之金额。于物之毁损，营业税仅以实际发生者为限，包括依第一段规定必要金额之范围内。(第 2 项)”；第 250 条规定：“债权人得对赔偿义务人定恢复原状之相当期限，并表示于该期限经过后，债权人拒绝恢复原状。于该期限内，未恢复原状者，债权人得请求金钱赔偿；该恢复原状请求权予以排除。”第 251 条规定：“恢复原状不能或不足以填补债权人损害者，赔偿义务人应以金钱赔偿债权人。(第 1 项）恢复原状需费过巨者，赔偿义务人得以金钱赔偿债权人。因治愈受伤之动物所需之费用虽显超过动物价值者，不当然为需费过巨。(第 2 项)”第 252 条规定：“应赔偿之损害，包括所失利益。按事物之通常发展或特殊情事，即如按已订之措施或设备可得期待之利益，视为所失利益。”第 253 条规定：“非财产上损害之金钱赔偿，仅以法律所规定之情形为限。(第 1 项）因侵害身体、健康、自由或性自主而应赔偿损害者，亦得就非财产上之损害请求公平之金钱补偿。(第 2 项)”。译文参照台湾地区大学法律学院、财团法人台大法学基金会编译：《德国债法（上)》，总则编、债编、物权编，二版，第 266 ~ 268 页。

[5] Vgl. MünchKommBGB/Oetker, § 249 Rn. 277.

非第三人损害。简言之，上述规定乃基于“债权人利益理论”，符合债之关系相对性，并清楚表明：损害赔偿请求权之债权人，仅得请求赔偿自己之损害〔1〕。准此，第三人须自行承担其损害，纵使第三人与被害人间具有契约或法律上之请求权，而因被害人受害致第三人无法实现请求权亦然。例如，雇用人因受雇人被侵害而无法实现契约上权利，雇用人纵因而间接被害，亦不得向加害人求偿；此外，亦不得以加害人侵害营业运作之权利为由，向其请求赔偿，因侵害受雇人不得认为系侵害营业运作之权利〔2〕。

（三）债权人利益理论之例外

如第三人与被害人间，在内部关系上须承担风险时，其因而仅属间接被害而对加害人无请求权，但被害人却因无自己损害，致无法主张损害赔偿。此种对于加害人通常无法预见之损害偏移至间接被害人情形，不能认为加害人因而免除赔偿义务，此项判断得由危险负担之目的推知。申言之，危险负担之目的在于规范具有权利地位者与第三人之关系，而非使加害人免责，且其利益状态类似第三人对被害人给付所生损益相抵问题〔3〕，否则将使加害人因而免责，并导致不公平之结果〔4〕。但如此一来，上述“债权人利益理论”即无从贯彻，而形成例外〔5〕。

在部分案例（例如：债法上危险免责之类型，详下述）中，因内部关系之约定或法律上之规定，致以加害人观点而言，损害有偶然偏移之情形，此时依诚信原则，应不得任由加害人以请求权人未受损害而免责〔6〕。至于应以如何方式加以规制，早期学说见解不一〔7〕，现已逐渐承认其构成要件及法律效果。学者认为，台

---

〔1〕 Vgl. Medicus/Lorenz, aaO.（Fn. 2）, Rn. 650.

〔2〕 Vgl. MünchKommBGB/Oetker, § 249 Rn. 269.

〔3〕 Vgl. MünchKommBGB/Oetker, § 249 Rn. 277.

〔4〕 如上文所提案例，如加害人伤害雇主之受雇人，致其受伤而无法工作，而雇主仍继续支付工资时，德国实务上认为该项支付之用意，并非在于免除加害人之责任，就法律之规范意旨而言，受雇人仍属受有损害。

〔5〕 Vgl. Medicus/Lorenz, aaO.（Fn. 2）, Rn. 650.

〔6〕 Vgl. Fikentscher/Heinemann, Schuldrecht, 10. Aufl., 2006, Rn. 611.

〔7〕 有学者归纳为四说，亦即（一）债权人应请求债务人直接向第三人赔偿，但如债权人先行赔偿第三人之损害时，则得向债务人请求赔偿；（二）债权人得向债务人请求赔偿；（三）债权人得向债务人请求赔偿，亦得由第三人直接向债务人请求赔偿；（四）债权人应将损害赔偿请求权转让第三人后，再由第三人向债务人请求赔偿。参阅曾世雄、约翰逊林：《损害赔偿法原理》，三版再刷，2013年11月，第260~261页。亦有学者归纳为五说：（一）加害人有赔偿第三人所受损害之义务；（二）如债务人之给付，系第三人而非债权人受有利益时，债权人得使债务人赔偿第三人之损害；（三）就债务人对第三人所造成损害，债权人得使债务人赔偿第三人之损害；（四）第三人得请求债权人让与代偿之赔偿请求权；（五）债权人与债务人如以明示或默示方式，约定应赔偿第三人所受损害时，债务人始须赔偿该损害。参阅何孝元：《损害赔偿之研究》三版，第61页。

湾地区“债法”承袭德国法制，而在德国法上所产生第三人求偿之问题，在中国台湾地区法上亦有相同问题。其共通点在于，“债法”典对此均无明文规定，但第三人所受损害应予填补，实属损害赔偿之基本原则——合理填补损害——之运用结果[1]。

三、要件与效果

在契约责任上，一方当事人虽有违反契约义务之情事，但他方当事人并未受有损害，而系契约当事人以外之第三人受有财产上损害时，依“债权人利益理论”，加害人原无违约责任可言。因他方当事人虽得主张违约情事，但因自己并无应填补之损害，致无从主张损害赔偿。至第三人虽受有损害，但因与加害人间并无契约关系，遂无从对其主张契约责任。此外，在侵权责任上，加害人虽对被害人为加害行为，而有法益之侵害，但却造成第三人财产上之损害时，亦有类似困境。上述情形，如认加害人对其所生损害，无须负赔偿责任，而受害第三人须自行承担损害，乃有失公平。因此，德国实务及通说就此形成特定要件，承认被害人得就第三人损害向加害人求偿[2]。第三人如依法律规定或契约合意，而无法就所形成损害主张赔偿时，始有考虑该观念运用之余地[3]，其适用范围相对有限，相关要件如下：

（一）除损害外已具备责任成立要件

请求权人对加害人主张损害赔偿时，除须具备责任成立要件外，依“债权人利益理论”，其中所指损害，系指债权人自己所受损害，并不含第三人之损害。因此，除损害要件有待斟酌外，请求权人须已具备责任成立要件，始有进一步审酌之必要。对此，学者称为“无损害之请求权”（Anspruch ohne Schaden）[4]。

（二）须有请求权人以外之第三人受害

第三人求偿之发生，乃请求权人以外之第三人受有损害，而因其对加害人并无直接请求赔偿之权利，则对其损害应以何方式加以填补，遂生理论上之争议。对此，学者称为“无请求权之损害”（Schaden ohne Anspruch）[5]。

（三）损害之偶然偏移

第三人求偿之特点，在于损害因偶然因素而有偏移（Verlagerung）之现象。换

[1] 参阅曾世雄、约翰逊林：《损害赔偿法原理》，三版再刷，2013 年 11 月，第 261 ~ 262 页。

[2] Vgl. Brox/Walker, aaO. (Fn. 11), § 29 Rn. 14.

[3] Vgl. Brox/Walker, aaO. (Fn. 11), § 29 Rn. 15.

[4] Vgl. Brox/Walker, aaO. (Fn. 11), § 29 Rn. 15.

[5] Vgl. Brox/Walker, aaO. (Fn. 11), § 29 Rn. 15.

言之，其法律与经济上之归属，因偶然或违常因素而分离[1]，学者称为“损害之偶然偏移”（zufällige Schadensverlagerung）[2]，德国实务上亦使用损害偏移之表达[3]。以加害人观点而言，无论系因内部约定或法律规定所致，此种损害之偏移乃属偶然，并不得以请求权人并无损害为由而拒绝赔偿，故请求权人仍得就第三人之损害请求赔偿[4]。

基上所述，第三人求偿之特征在于，仅第三人受损害，债权人并无损害，且实际被害人与请求权人分属不同人[5]。因此，如被害人有自己损害，或第三人有自己请求权，均无第三人求偿之适用[6]。

有关第三人求偿之法律效果，主要涉及将第三人之损害考虑为请求权之一部，而使请求权人得向加害人请求赔偿第三人所受损害[7]。换言之，在契约责任上，契约一方当事人得向负赔偿义务之他方请求；在侵权责任上，权益受侵害之一方得向加害人请求[8]。

四、债法上危险免责之类型

有关第三人求偿之类型，学理上之分类大同小异。有区分3种[9]或4种[10]类型，亦有区分5种类型[11]，包括间接代理、债法上之危险免责、保管关系或看顾他人之物、信托关系、合意等类型，主要基于法官造法而形成不同类型[12]。本文以“债法”上危险免责（Obligatorische Gefahrentlastung）之类型为例，以下简介其特性。

---

〔1〕 Vgl. Deutsch, Deliktsrecht, 6. Aufl., 2014, Rn. 624; Medicus, Gesetzliche Schuldverhältnisse, 5. Aufl., 2007, S. 109.

〔2〕 Vgl. Brox/Walker, aaO. (Fn. 11), § 29 Rn. 15.

〔3〕 Vgl. BGH NJW 1996, 2735.

〔4〕 Vgl. Fikentscher/Heinemann, aaO. (Fn. 28), Rn. 611.

〔5〕 参阅曾世雄、约翰逊林：《损害赔偿法原理》，三版再刷，2013年11月，第255~256页。

〔6〕 Vgl. Schlechtriem, Schuldrecht, Allgemeiner Teil, 5. Aufl., 2003, Rn. 263.

〔7〕 Vgl. Brox/Walker, aaO. (Fn. 11), § 29 Rn. 16.

〔8〕 Vgl. Lange, aaO. (Fn. 7), S. 478.

〔9〕 参阅王泽鉴：《损害赔偿法》，2017年3月，第314~317页；曾世雄、约翰逊林：《损害赔偿法原理》，三版再刷，2013年11月，第262~266页。Vgl. Fikentscher/Heinemann, aaO. (Fn. 28), Rn. 612ff.

〔10〕 Vgl. Brox/Walker, aaO. (Fn. 11), § 29 Rn. 17ff.

〔11〕 Vgl. STAUDINGER/SCHIEMANN (2005) Vorbem. 68ff. zu § § 249ff.; MünchKommBGB/ Oetker, § 249 Rn. 284ff.; Prütting. Wegen. WeinreichBGB/Medicus, § 249 Rn. 101ff.; Lange, aaO. (Fn. 7), S. 460ff.; Medicus/Lorenz, aaO. (Fn. 2), Rn. 651ff.; Büdenbender, Drittschadensliquidation bei obligatorischer Gefahrentlastung – eine notwendige oder überflüssige Rechtsfigur?, NJW 2000, 986.

〔12〕 Vgl. Prütting. Wegen. WeinreichBGB/Medicus, § 249 Rn. 101.

（一）类型特征

所谓“债法”上之危险免责，系指债务人在“债法”上之损害赔偿责任，因一定事由而免除，其中以送付买卖为典型。例如，甲（住台北市）向乙购买B计算机，并请求乙送交丙（住花莲市）收受。乙将B计算机交由丁运送人运送，嗣因丁所雇用司机之过失而发生车祸，致B计算机灭失，其相关法律关系如下[1]：

1. 乙对丁有请求权而无损害

甲、乙间有买卖契约，乙依台湾地区“债法”第367条规定，对甲取得价金请求权。同时，依第374条规定，甲请求乙将B计算机送交清偿地以外处所，成立送付买卖；而B计算机因交付丁而特定，且自交付丁时起，目标物危险由甲承担。此外，丁系“债法”第622条所指运送人，乙、丁间成立运送契约；而因丁使用人之过失，致B计算机灭失，乙得依第634条、第224条规定，向丁请求损害赔偿。乙交付于甲前，仍属B计算机所有人，依第184条第1项前段、第188条规定，对丁另有侵权行为损害赔偿请求权。又甲虽未取得目标物所有权，仍有支付价金之义务；而乙对丁虽有契约或侵权行为之损害赔偿请求权，但对甲亦有价金请求权，依差额说，乙并未受有损害。

2. 甲有损害而对丁无请求权

甲系买卖契约之买受人，其因B计算机灭失，无法取得所有权及占有，乃受有损害。甲与丁间并无契约关系，且丁对甲亦不构成侵权行为，故甲无从向丁主张契约或侵权行为之损害赔偿。

3. 损害之偶然偏移

乙对丁固有契约或侵权行为之损害赔偿请求权，但就其与甲之关系而言，因“债法”上危险负担之规定，乙并未受有损害。相对地，甲因目标物灭失，而受有损害。基上，因“债法”上危险负担之规定，致请求权与损害分属不同人，而形成损害之偶然偏移。基于甲、丁间之利益衡量，为保护甲之利益，并使丁不因而免责，乃使乙就甲所受损害，得向丁请求赔偿。

此类型所构成第三人求偿，乃考虑请求权人危险免责之规范意旨。申言之，“债法”第374条只规范自何时取得买卖价金之利益，并非有意免除外人有关通常危险，及通常须负损害赔偿责任之效果。值得注意者，有关此类型存在之必要性，渐受到强力质疑，排除之声不绝于耳[2]。主要理由乃因在此类型中，权利受侵害

---

[1] 参阅王泽鉴：《损害赔偿法》，2017年3月，第315～316页；曾世雄、约翰逊林：《损害赔偿法原理》，三版再刷，2013年11月，第264页。

[2] 《德国商法》第421条第1项修正后，受货人或托运人就非属自己损害，而系第三人损害，仍得以自己名义请求运送人赔偿损害，学者认为基此规定，业已解决不少送付买卖之难题，且使非成文之第三人补偿，并非仅属于教科书案例。Vgl. Canaris, Handelsrecht, 24. Aufl., 2006, § 31 Rn. 61.

之人受有“客观最低损害”，原得请求损害赔偿，无须借由第三人求偿之观念，而将第三人之损害列入请求权中[1]。

（二）概念重构

有关第三人求偿之观念，德国学者有认一部分类型甚至全部类型并无存在之必要[2]，中国台湾地区亦有学者对于德国学界之通说提出质疑。整体而言，纵其观察角度有所不同，解析路径或有差异，但在结论上实与通说大同小异，以下扼要说明：

1. “债法”上危险免责类型实属多余

学者或有认为[3]，第三人求偿欠缺法律明文，虽经实务上多年发展，并已逐渐具有习惯法之效力，但其法律上之构造仍属结果导向，解决问题之承载力及必要性亦受质疑。同时，其与近年来损害赔偿法其他制度之最新发展亦有整合之必要。其主要质疑在于，在此类型中被害人之未受损害，似已成自明之理，但实有待商榷。申言之，所谓自己损害，并非单指依差额说所为财产客观数额之判断，依近年来之最新发展，损害应一方面基于差额说之客观判断，另一方面基于评价观点（在损害赔偿法中特别是损益相抵学说或规范之损害概念）加以审查。但学说上所主张客观损害或客观最小损害[4]，遭质疑与《德国债法》第249条规定不符，说服力有所不足。同时，契约之危险负担规定，其意旨及目的在于规范契约当事人之内部关系，并未考虑契约外之第三人，此为理解损害赔偿法所为评价之前提。准此，认定损害虽以差额说为主要标准，但应借由双重损害概念而有所调整[5]，换言之，除以损害前后之客观差额为断外，另应考虑法律所内建之评价基准，损益相抵原则即属重要参考。否则，于第三人求偿仅以差额说之客观标准判断，而于其他损害赔偿法问题却常基于评价观点（特别是损益相抵观念），在逻辑上难以一贯。因此，如能以规范之损害概念补充差额说之不足，对于解决第三人求偿所引发难题，将颇具贡献。据上所述，“债法”上危险免责规定系规范当事人之内部关系，并未考虑第三人之外部关系，更无免除加害人依侵权行为法所应负责任之意，故依结合损害赔偿法与危险负担法则之整体观察（Zusammenspiel von Schadensersatzrecht und Gefahrtragungsregeln），被害人仍属受有损害，学者因认第三人求偿之观念乃属多余。至被害人所受领给付，为避免双重受领给付，仍需交付第三人，第三人求偿就此部

[1] Vgl. Lange，aaO.（Fn. 7），S. 470f.。台湾地区学者亦有赞同此见解者，参阅杨佳元：《责任法基础理论》，载《中央警察大学法学论集3卷》1998年3月。

[2] Vgl. Lange，aaO.（Fn. 7），S. 459.

[3] Vgl. Büdenbender，aaO.（Fn. 45），S. 986ff.

[4] 有关客观之损害概念，参阅王泽鉴：《损害赔偿法》，2017年3月，第72页。

[5] 所谓双重损害概念，乃以差额说为基础，结合将特定案例之损害予以规范化。参阅王泽鉴：《损害赔偿法》，2017年3月，第73页。

分所运用规则，仍有适用余地。

上述依规范之损害概念所建构之解决路径，在解决方法上被批评未直接针对问题之根源——买卖及承揽契约法上非典型之危险负担法则——加以处理，而将问题点转移至一般损害赔偿法，并将其置于损益相抵之框架中而将危险负担法则排除在外，如此一来，似乎已解决问题之根源。但此种解读乃基于不妥适之前提，认为危险负担法则并无法开展外部效力，而债权人与债务人间之外部关系亦因而隐晦，以期达成妥适结果。实际上，危险负担法则虽无直接外部效力，仍有间接外部效力。例如，在送付买卖中之所失利益，即属典型之结果损害，其不再由出卖人而由买受人承担。而依规范损害概念之理论，此种典型之结果损害并非买受人所得请求赔偿，因其基于由出卖人所转让之权利，仅得主张债权人所生实质损害，故上述批评仍有所不足〔1〕。

2. 类推适用间接被害人向加害人请求赔偿之规定

学者认为〔2〕，第三人求偿与规范损害概念之理论，均有其难以克服之缺陷，且两者因理论基础不同，亦难以并用，故唯有另辟蹊径才属根本解决之道。至新开展之解决路径，在方法上应追溯至危险负担法则，才能根本解决问题。申言之，以买卖契约为例，危险负担法则主要规范价金之风险问题，而在送付买卖情形，自目标物交付运送时起，买受人须承担其危险。立法者一方面设计此种"“债法”上危险免责"之规定，另一方面却无相应之“物上危险免责”（dingliche Gefahrentlastung）规定，形成前者与后者偏离之现象。换言之，立法者所设计“债法”上危险负担之规定，已偏离“物权法”上之所有权法则，致买受人虽已承担价金风险，却非属目标物之所有权人。因此，在外部关系上对第三人具有重要性之物上所有权法则，与拘束契约当事人之危险负担法则，两者乃存在评价上之矛盾。而此种评价上之矛盾，进一步导致无论“债法”上处理契约之法则，或以“所有权法”为导向之“侵权行为法”上之处理法则，均无法得出妥适之结果。简言之，在“契约法”中因“债法”上之危险负担法则，致债权人并无损害；在侵权行为法上，因相反之所有权状态，致被害人欠缺具保护价值之法益。为解决此项评价上之矛盾，学者建议在“债法”上增加危险免责之类型，第三人得类推适用间接被害人向加害人请求赔偿之规定〔3〕。因该规定使被害之第三人得直接向加害人求偿，乃突破“债权人

〔1〕 Vgl. Stamm, Rechtsfortbildung der Drittschadensliquidation im Wege eines Schadensersatz - anspruchs analog § 844 Abs 1 BGB, AcP 203 (2003) 369f.

〔2〕 Vgl. Stamm, aaO. (Fn. 54), AcP 203 (2003) 383ff.

〔3〕《德国债法》第 844 条第 1 项规定："于死亡之情形，赔偿义务人对承担殡葬费用义务之人，应赔偿殡葬费用"，译文参照台湾地区大学法律学院、财团法人台大法学基金会编译：《德国债法（上）》，总则编、债编、物权编，二版，第 812 页。该条项相当台湾地区“债法”第 192 条第 1 项规定。

利益理论”之限制[1]；同时，该间接被害人与第三人求偿之第三人，两者利益状态类似。此方式使第三人与加害人之关系，简化为仅属“侵权行为法”上之加害行为，如此一来，第三人既不得对债务人主张契约上之损害赔偿请求权，债务人对第三人之请求，亦不得以契约关系所生事由加以抗辩。

3. 损害归属之重新思考

中国台湾地区学者亦有主张[2]，第三人求偿在德意志法系国家所以争论不休，乃就损害归属之问题，沦于本末倒置之分析。其立论在于，在损害赔偿法上，损害乃预设发生于请求权人之财产，此涉及损害归属之判断，至于债务人如援引请求权人与第三人之关系，并主张请求权人因而未受损害，须依法规意旨以决定是否准予援用。准此，第三人求偿之重点，并非通说所指第三人损害应如何填补，而系依法规意旨，债务人得否援引请求权人与第三人之关系而免责[3]。简言之，德国学者自始认为损害乃发生于第三人处，而将赔偿权利人与赔偿义务人之关系并与考虑，致出发点有所偏差。解决之道在于，应基于损害发生于赔偿权利人处之前提，就赔偿义务人援引赔偿权利人与第三人之关系而主张免责，根据法规之意旨决定是否准许。上述观察之立足点虽有所不同，但所得结论则与通说大同小异[4]。亦即除间接代理类型不生第三人求偿外，在其余类型仍应填补第三人所受损害。

4. 本文见解——语言哲学视野下之文义界限

在德国法学方法论上，针对法律适用过程，多区分为法律解释与解释以外之法律适用（法之续造），理论上系以法条文义之范围为其界限[5]。其区分标准在于，在文义范围以内对法律加以阐释，称为法律“解释”（德文：Auslegung，常用方法包括文义、体系、历史、目的解释等），而所谓解释乃以法条文义划定界限；如逾越法条文义最大可能理解之范围时，即不属法律解释[6]，而进入“法之续造”（德文：Rechtsfortbildung，一般区分为法律内法之续造、法律外法之续造）范畴。换言之，依方法论学界之通说，法条之可能文义（möglicher Wortsinn），乃判断是否进行法之续造（法官造法）之界限[7]，所谓法律“解释”系在法条之可能文义范围内进行，逾越此范围者，即属法之续造范畴。

---

[1] Vgl. Stamm, aaO.（Fn. 54）, AcP 203（2003）388.

[2] 详细分析参阅曾世雄、约翰逊林：《损害赔偿法原理》，三版再刷，2013年11月，第268~271页。

[3] 参阅曾世雄、约翰逊林：《损害赔偿法原理》，三版再刷，2013年11月，第266~268页。

[4] 在采取三类型分类之前提下，除间接代理类型有不同结论外，其余类型之结论尚无不同。参阅曾世雄、约翰逊林：《损害赔偿法原理》，三版再刷，2013年11月，第268~271页。

[5] Vgl. Engisch, Einführung in das juristische Denken, 9. Aufl., 1997, S. 132.

[6] 参阅［德］卡尔·拉伦茨：《法学方法论》，陈爱娥译，2000年10月。

[7] Vgl. Kuntz, Die Grenze zwischen Auslegung und Rechtsfortbildung aus sprachphilosophischer Perspektive, AcP 215（2015）389.

值得注意者，此种理论上之区别，固然仍居于主流见解之地位，但早有学者基于语言哲学之立场提出质疑，认为法律解释与法之续造间并无明确、清晰之界限，尤其以法条之可能文义为基准，实有疑问〔1〕。简言之，在规范用语中之特定意涵，并非仅将诠释前之既存内容加以重现，实系基于相关脉络而对特定规范加以建构或重构其意涵〔2〕。如基于上述语言哲学之简要分析，法条用语之特定意涵，既属针对规范脉络（考虑背景因素）所建构（或重构）之结果，并非诠释前既存内容之重现，就此而言，实具有相对之主观性，并非纯然之客观性，故有关法律解释与法之续造的界限，传统见解以法条之可能文义为基准，即具有不确定性，端视所考虑相关因素之建构（或重构）结果而定。

在此分析架构之下，《德国债法》第 251 条第 1 项规定："恢复原状不能或不足以填补债权人损害者，赔偿义务人应以金钱赔偿债权人。" 其用语系填补 "债权人损害"，学说上乃严格基于债权人利益理论，认为第三人损害并非债权人损害，无法归属该条项所指损害。此项判断所考虑背景因素，似系基于个人主义之价值观，重视 "第三人" 与 "债权人" 为不同人格主体，预先将 "第三人" 与 "债权人" 之概念设立界限，并借由差额说所为财产客观数额之判断，区分 "第三人" 与 "债权人" 是否各自受有损害，并认第三人如欲请求义务人赔偿，已逾越该条之可能文义，仅得借由法之续造加以救济。问题在于，基于上述语言哲学之观点，任何对于规范用语（如债权人）内涵之界定，皆属针对规范脉络所建构（或重构）之结果，而此种重视人格主体性之判断，在规范脉络之关联性上，乃基于债权人利益理论，将损害限于债权人之损害，并不包括第三人之损害，似属受个人主义价值观之影响，致将所谓 "债权人损害" 之范围加以限缩。如进一步探究其规范脉络，该理论建构之正当性基础，似在借以实现 "平衡被害人与加害人间之利益" 之规范目的，但所谓债权人损害或第三人损害，在特定具体条文之适用上，因涉及法律之规范评价，其与社会事实上之自然概念，仍应有所区别。同时，就上述条项所指赔偿义务人与债权人之关系而言，"债权人损害" 是否完全无法涵括第三人补偿案例所指第三人损害，至少在 "债法" 上之危险免责类型似有疑义。

相对地，中国台湾地区 "债法" 第 213 条第 1 项所指："负损害赔偿责任者，除 "法律" 另有规定或契约另有订定外，应回复他方损害发生前之原状。" 其用语系回复 "他方损害"，而于决定该条项所指损害之范围时，如基于债权人利益理论，径认仅指债权人之损害，并不包括第三人之损害，在概念区分上固收简便之效，但未基于规范脉络而针对具体问题提出解决之道，可能过于简化问题之复杂性。因此，本文认为，中国台湾地区 "债法" 第 213 条第 1 项所指损害，固得解为系指债

---

〔1〕 Vgl. Kuntz, aaO. (Fn. 63), AcP 215 (2015) 389ff.

〔2〕 Vgl. Kuntz, aaO. (Fn. 63), AcP 215 (2015) 435.

权人之损害，但此处法条用语，仍得基于规范评价观点，将社会事实上可能属于第三人之损害，评价归属该条所指债权人之损害，而非简化以差额说之公式，径认债权人并未受有损害，至少在“债法”上之危险免责类型，此种判断有其合理性。

五、结语

第三人损害之求偿，无论在德国或中国台湾地区“法律”上，均无制定法上之明文根据，相关发展一方面突破“债权人利益理论”之基础，另一方面则填补“法律”之不足，具有法之续造特性。但亦有学者认为有关第三人补偿问题，借由“法律”解释即得解决，似无运用法官造法之必要。第三人求偿之观念，就损害赔偿法重要原则之一的“债权人利益理论”，在适用界限上加以修正，相关发展逾一个半世纪，其间争议不断，学者因认以统一公式加以解决，似属难以期待〔1〕或已无可能〔2〕。该问题源于依法律规定或当事人约定，对加害人而言，偶然发生损害偏移之情形。简言之，在具体案例中，具有“无损害之请求权”“无请求权之损害”及“损害之偶然偏移”之特性，基于衡平理念或诚信原则，为避免产生不平之结果，实务及学理上乃创设第三人求偿之观念，其在德国经多年发展，已具有习惯法之地位。因其源于实务案例之特性，目前经通说承认之类型，主要为间接代理、债法上危险免责、保管关系或看顾他人之物、信托关系、合意等类型。未来在实务判断上，考虑当事人及第三人之利益状态，就其构成要件及法律效果，上述发展均有值得参考借鉴之处。

---

〔1〕 Vgl. STAUDINGER/SCHIEMANN（2005）Vorbem. 62 zu § § 249ff.

〔2〕 Vgl. Stamm, aaO. （Fn. 54）, AcP 203（2003）397f.

职场性骚扰之雇主责任
——以“民法”及“性平法”之规定为中心

徐婉宁*

目 次

一、前言

依据“性别平等工作法”（以下称“性平法”）第12条之规定，本法所称性骚扰，谓下列二款情形之一：一、受雇者于执行职务时，任何人以性要求、具有性意味或性别歧视之言词或行为，对其造成敌意性、胁迫性或冒犯性之工作环境，致侵犯或干扰其人格尊严、人身自由或影响其工作表现。二、雇主对受雇者或求职者为明示或暗示之性要求、具有性意味或性别歧视之言词或行为，作为劳务契约成立、存续、变更或分发、配置、报酬、考绩、升迁、降调、奖惩等之交换条件。前者即所谓敌意工作环境性骚扰（敌意型），后者即交换性骚扰（交换型）[1]。而于工作场所性骚扰争议中，雇主法律责任范围之厘清，向来是个棘手的难题，而我国台湾地区有关部门于制定“性平法”时，参照美国的经验，于同法第13条课以雇主事

* 徐婉宁，台湾大学法律学院，副教授

〔1〕 焦兴铠：《两性工作平等法中性骚扰相关条款之解析》，载《律师杂志》第271期。

先预防及事后处理性骚扰事件之义务[1]。然而，雇主于“性平法”上应负之责任，并未区分交换或敌意环境性骚扰行为，皆须负相同之责任，且由于相关条文之规定过于简略而有文义不清之处，且除了订定性骚扰防治措施申诉及惩戒办法、并在工作场所泄漏之义务，仅适用于雇用受雇者30人以上之雇主之外，其他的性骚扰防治义务及事后的纠正及补救措施，并未区分事业规模大小而一体适用，故而对于我国台湾地区有关方面大多为中小企业之事业单位而言，往往造成雇主过重的负担，而产生执行不力、不切实际之弊病[2]。特别是一人公司等微型企业，仍有“性平法”之适用；则当事业规模过小，没有能力建立内部申诉机制时，被害人实难以透过内部申诉机制来寻求救济，亦难以期待雇主得以启动此管道来解决纷争[3]。则此时雇主责任应如何认定，即有探究之必要。

此外，“性平法”的立法目的并非规范性骚扰行为人与受雇者间可能发生之法律责任，其对于雇主责任规范之核心为确立雇主友善工作环境义务之确立[4]，主要着眼于事前之预防与事后之救济等制度面的建立[5]，并于同法第3条第3款明文规定要派单位视为同法13条之雇主，且代表雇主行使管理权或处理有关受雇者事务之人，视同雇主，而于同法第27条、第28条规范雇主之损害赔偿责任。再者，“性平法”于同法第27条规定被害人因职场性骚扰受有损害者，由雇主及行为人连带负损害赔偿责任，此系参照“民法”第188条规定而来，将职场性骚扰界定为特殊侵权行为[6]。然而，由于“性平法”第27条并未排除“民法”之适用，因

---

[1] 焦兴铠：《雇主在性骚扰事件法律责任范围之界定——试评“台北高等行政法院”2003年度简字第466号判决》，载《全国律师》第10卷第3期。

[2] 焦兴铠：《雇主在性骚扰事件法律责任范围之界定——试评“台北高等行政法院”2003年度简字第466号判决》，载《全国律师》第10卷第3期；焦兴铠：《雇主对工作场所性骚扰之防治义务——“最高法院”2009年度第2820号裁定评析》，载《月旦法学杂志》第222期；焦兴铠：《雇主知悉离职员工于在职期间遭受性骚扰——“台北高等行政法院”2012年度简字112号判决》，收于台北大学法律学院劳动法研究中心主编：《“性别工作平等法”精选判评释》，元照出版社，第161页。

[3] 焦兴铠：《雇主知悉离职员工于在职期间遭受性骚扰——“台北高等行政法院”2012年度简字112号判决》，收于台北大学法律学院劳动法研究中心主编：《“性别工作平等法”精选判评释》，元照出版社，第159页。

[4] 郭玲惠：《员工一人与雇主之性骚扰防治——“台北高等行政法院”2006年度简字第590号判决评析》，收于台北大学法律学院劳动法研究中心主编：《“性别工作平等法”精选判评释》，元照出版社，第148页。

[5] 郭玲惠：《雇主对于性骚扰防治之立即有效之纠正及补救措施——“最高行政法院”2009年度裁字第2802号裁定评析》，收于台北大学法律学院劳动法研究中心主编：《“性别工作平等法”精选判评释》，元照出版社，第138页。

[6] 刘志鹏：《职场性骚扰与雇主之举证免责——“台北地方法院”2007年度诉字第6336号判决评释》，收于台北大学法律学院劳动法研究中心主编：《“性别工作平等法”精选判评释》，元照出版社，第177页。

此于探讨雇主责任时，仍须注意“民法”之相关规定[1]。

以下拟以“民法”及“性平法”之规定为中心，探讨职场性骚扰发生时，雇主责任如何认定之问题，最后并论及微型企业之雇主责任的特殊问题。

二、雇主之责任

（一）性骚扰防治义务

“性平法”第13条第1项规定，雇主应防治性骚扰行为之发生。其雇用受雇者30人以上者，应订定性骚扰防治措施、申诉及惩戒办法，并在工作场所泄露。由于受雇者皆由雇主所雇用，且工作场所亦由雇主管理，其有责任确保受雇者免于遭受职场性骚扰[2]，因而“性平法”就性骚扰防治义务，并未区分企业规模大小，而应一体适用。立法者认为雇主有责任透过各种方式，如举办职场性骚扰防治研习营或鼓励受雇者参加相关训练等，以使受雇者更加了解其权益[3]。

而为了使受雇于规模一定以上事业单位之受雇者，得以明了该事业单位对于性骚扰之政策及措施，“性平法”要求雇用受雇者30人以上之雇主应订定性骚扰防治措施、申诉及惩戒办法，并在工作场所泄露[4]。而关于性骚扰防治措施、申诉及惩戒办法之相关准则，“性平法”第13条第3项规定由中央主管机关定之，即为工作场所性骚扰防治措施申诉及惩戒办法订定准则。

依据该准则之规定雇主应提供受雇者及求职者免于性骚扰之工作环境，采取适当之预防、纠正、惩戒及处理措施，并确实维护当事人之隐私（第3条）。而雇主订定之性骚扰防治措施、申诉及惩戒办法必须在工作场所显着之处公告及印发各受雇者（第2条），并应设置处理性骚扰申诉之专线电话、传真、专用信箱或电子信箱，并将相关信息于工作场所显着之处泄露（第5条）。亦即其揭示的场所必须使任何可能进入职场之受雇者及他人皆可得知的情形，若仅透过电子邮件寄送予所有

---

[1] 刘志鹏：《职场性骚扰与雇主之举证免责——“台北地方法院”2007年度诉字第6336号判决评释》，收于台北大学法律学院劳动法研究中心主编：《“性别工作平等法”精选判评释》，元照出版社，第181页。

[2] 郑津津：《“性别工作平等法”逐条释义》，五南出版社，第86页。

[3] 郭玲惠：《员工一人与雇主之性骚扰防治——“台北高等行政法院”2006年度简字第590号判决评析》，收于台北大学法律学院劳动法研究中心主编：《“性别工作平等法”精选判评释》，元照出版社，第148页。

[4] 郑津津：《“性别工作平等法”逐条释义》，五南出版社，第86页。

的受雇者，仍未达到其目的[1]。

该准则规定性骚扰防治措施应包括下列事项（第4条）：

1. 实施防治性骚扰之教育训练。
2. 颁布禁止工作场所性骚扰之书面声明。
3. 规定处理性骚扰事件之申诉程序，并指定人员或单位负责。
4. 以保密方式处理申诉，并使申诉人免于遭受任何报复或其他不利之待遇。
5. 对调查属实行为人之惩戒处理方式。

而性骚扰之申诉得以言词或书面提出（第6条），而雇主处理性骚扰之申诉，应以不公开方式为之（第7条），并得进行调查，调查过程应保护当事人之隐私权及其他人格法益（第8条）。若性骚扰行为经调查属实，雇主应视情节轻重，对申诉之相对人为适当之惩戒或处理。如经证实有诬告之事实者，亦对申诉人为适当之惩戒或处理（第12条），并应采取追踪、考核及监督，确保惩戒或处理措施有效执行，并避免相同事件或报复情事发生（第13条）；而雇主认为当事人有辅导或医疗之必要时，得引介专业辅导或医疗机构（第14条）。

虽然订定之性骚扰防治措施、申诉及惩戒办法并泄露的义务，仅限于雇用受雇者30人以上之雇主方有适用，然工作场所性骚扰防治措施申诉及惩戒办法订定准则之内容，仍可供未负有该等义务之雇主参考，因其性骚扰防治义务，以及事后的补救义务并不因雇用人数未满30人而免除。且前述“性平法”第27条第1项虽规定，被害人因同法第12条之性骚扰情事受有损害者，由行为人与雇主连带负损害赔偿之责，然其于同项但书亦设有免责抗辩条款，但雇主证明其已遵行本法所规定之各种防治性骚扰之规定，且对该事情之发生已尽力防止仍不免发生者，雇主不负赔偿责任，鼓励雇主主动采用各项防治措施，并尽力防免性骚扰情事之发生[2]，因此工作场所性骚扰防治措施申诉及惩戒办法订定准则之各项规定，对雇主如何落实防治措施而言，十分具有参考价值，此部分容后再述。

（二）事后立即有效之纠正及补救义务

“性平法”第13条第2项规定，雇主于知悉前条性骚扰之情形时，应采取立即有效之纠正及补救措施。相较于同条第1项之事前的预防义务，此为雇主事后的补救义务。

而关于雇主“知悉”之认定，虽实务见解认定必须雇主或视同雇主于确实有被

---

[1] 郭玲惠：《员工一人与雇主之性骚扰防治——“台北高等行政法院”2006年度简字第590号判决评析》，收于台北大学法律学院劳动法研究中心主编：《“性别工作平等法”精选判评释》，元照出版社，第137页。

[2] 焦兴铠：《两性工作平等法中性骚扰相关条款之解析》，载《律师杂志》第271期。

告知之情形时始应负责[1]，然有学者指出，所谓的“知悉”应包含“可得知悉”之情形，因提供安全的工作环境系雇主基于劳动契约而生之附随义务，不仅是“职业安全卫生法”所规范之职业灾害，或“性平法”所规范之职场性骚扰之防治与救济，皆包含于雇主应负之附随义务中[2]，故不因受雇人或其他代雇主履行契约义务者是否告知雇主，而影响“性平法”第 13 条第 2 项之认定[3]。而若非由受害者于在职期间告知雇主，而系由外部申诉机制来函告知性骚扰情事时，实务见解认为亦属雇主知悉，而应采取立即有效之纠正及补救措施[4]，学者亦赞同之[5]。再者，所谓知悉系指雇主知悉性骚扰情事时，即应立即采取行动，而非必须等到调查结束，还原真相后才予以补救措施[6]，实务见解也认为雇主所应实行之纠正及补救措施，并非直到申诉处理完毕后才进行，亦不以雇主所知悉之情事应经调查确定该当性骚扰之构成要件为前提；换言之，雇主一经接获员工为性骚扰之申诉，即处

---

〔1〕 例如，“台北高等行政法院”2003 年度简字第466 号行政判决即以就雇主是否知悉其前开被害情形，仅诉称有数次向原告之妻陈某琴及其三姐陈某珍等家人反映被陈某升夫妇殴打，原告之三姐亦有带其至医院就诊，致其遭受性侵害一节，仅陈称有告诉原告之大哥，伊有带其去验孕云云，然未有只字词组提及曾向原告或原告之配偶陈某琴、原告之三姐陈某珍申诉遭受监护人性侵害等语。又原告因未与父母同住且工作忙碌，平日多由住在附近之三姐陈某珍处理受监护人夫妻与外劳 T 女之日常事务，并由原告之妻陈某琴给付 T 女薪水及与中介接洽事宜，渠等依首揭“两性工作平等法”第 3 条后段规定应视同雇主，然渠等于调查中，均坚称：渠等虽曾因 T 女反应被受监护人夫妇殴打，且看到她身上有伤，但受监护人否认，渠等仍带 T 女去就诊，并告知 T 女，如监护人要打她，伊可跑掉，原告才是真正之雇主，要伊不用怕被解雇，但渠等未曾听 T 女说受监护人有对伊性侵害等语，此有 T 女、原告配偶陈某琴及原告三姐陈某珍之访谈纪录附原处分卷可稽，依上述证据，尚难认雇主即原告或视同雇主之原告配偶陈某琴、原告之三姐陈某珍，已获悉受雇之 T 女有遭监护人对之为性侵害行为。而认为本件既查无原告已知悉其聘雇之 T 女遭性侵害，而未采取有效防治措施之情事，被告径以受监护人数次对 T 女为性侵害行为，认原告违反前揭“两性工作平等法”第 13 条第一项规定，未采取立即有效之纠正及补救措施，依同法第 38 条规定裁处原告十万元罚款之处分，于法自有违误，诉愿决定未予纠正，亦有未合，原告诉请撤销诉愿决定及原处分，为有理由，应予准许。

〔2〕 郭玲惠：《员工一人与雇主之性骚扰防治——“台北高等行政法院”2006 年度简字第 590 号判决评析》，收于台北大学法律学院劳动法研究中心主编：《“性别工作平等法”精选判评释》，元照出版社，第 150 页。

〔3〕 郭玲惠：《雇主对于性骚扰防治之立即有效之纠正及补救措施——“最高行政法院”2009 年度裁字第 2802 号裁定评析》，收于台北大学法律学院劳动法研究中心主编：《“性别工作平等法”精选判评释》，元照出版社，第 139 页。

〔4〕 例如，“台北高等行政法院”2012 年度简字第 112 号行政判决：原告于 2011 年 1 月 27 日收受被告劳工局函时即已知悉其离职员工申诉在职期间有遭受性骚扰之情事，已负有启动处理机制，审慎调查并为立即有效纠正及补救措施之公法义务。

〔5〕 侯岳宏：《“性别工作平等法”判决之回顾与展望》，载《月旦法学杂志》第 232 期；郑津津：《“性别工作平等法”逐条释义》，五南出版社，第 87 页。

〔6〕 郑津津：《职场上雇主之性骚扰防治责任——“台中高等行政法院”2010 年度简字第 208 号判决》，收于台北大学法律学院劳动法研究中心主编：《“性别工作平等法”精选判评释》，元照出版社，第 126 页。

于“性平法”第13条第2项之“知悉”状态，即应采取适当之纠正及补救措施，借以提供受雇者免受性骚扰之工作环境，以免侵犯其人格尊严、人身自由或影响工作表现[1]。

而何谓立即有效的补救措施，“最高行政法院”曾虽未具体说明雇主应采取的措施，但指出唯查“性平法”第13条第2项规定，雇主于知悉性骚扰之情形时，应采取立即有效之纠正及补救措施，希借以提供受雇者免受性骚扰之工作环境，以免侵犯其人格尊严、人身自由或影响工作表现。其所称立即有效之纠正及补救措施，固非单纯以被性骚扰者之主观感受为据，唯若机关、学校、团体或事业单位于受理性骚扰申诉案件时，未以审慎态度视之，实时设身处地主动关怀，启动所设置之处理机制，并采取适当解决之措施，以免被性骚扰者长期处于具敌意性、胁迫性或冒犯性之工作环境，即难认已符合该项规定[2]。

另有实务见解认为，雇主希望透过双方当事人互相让步解决纷争，并要求被上诉人息事宁人，撤回申诉之试行调解，并非立即有效之纠正及补救措施[3]。而雇主一经知悉受雇者于执行其所指派之职务时，有遭受性骚扰之情形，应实时依“性平法”第13条第2项规定，采取一定措施，以为纠正或补救；该条项所称“纠正”，系指对性骚扰行为人进行惩处，并将惩处方式告知申诉人，至所谓“补救”，则指雇主于知悉性骚扰行为发生时，主动介入调查以确认事件始末，及设身处地关怀被性骚扰者之感受，尽力避免使被性骚扰者继续处于具敌意性、胁迫性或冒犯性之工作环境而言并认定雇主虽请申诉人先回家休息，且告知申诉人可报警，唯申请人之工作地点既未变更，相对人在警方尚未介入调查前，仍有前往申请人工作地点与申请人再行接触之可能，是梁某森等3人前述处理方式，难认可有效避免申诉人继续处于具敌意性、胁迫性或冒犯性之工作环境。原告知悉申诉人已有意报警后，仍未积极协助申诉人与警察单位联络，仅建议其自行报案，对于申诉人可能遭受之心理伤害，复未自行或引介有关机关协助辅导，显然疏未注意依“性平法”第13

[1] “高雄高等行政法院”2016年度诉字第526号行政判决。同旨，“高雄高等行政法院”2014年度简上字第60号行政判决。

[2] “最高行政法院”2007年度裁字第2802号行政裁定；同旨，“台中高等行政法院”2010年度简字第208号行政判决、“台北高等行政法院”2012年度简字第282号行政判决、“台北高等行政法院”2012年度简字第112号行政判决。

[3] “最高行政法院”2016年度判字第351号行政判决：调解并非申评会审议之法定先行程序，上诉人试行调解之目的乃在透过双方当事人互相让步解决纷争，并要求被上诉人息事宁人，撤回申诉，对维护职场性别平等环境全无帮助，且本案被上诉人与参加人均未声请调解，申评会2014年第1次会议仍违法决议试行调解并指定调解委员与被上诉人之长官强行介入调解；申评会2014年第2次会议决议且引用调解过程被上诉人与参加人之陈述，显非合法。上诉人主张：依“性别工作平等法”第13条第2项规定：“雇主于知悉前条性骚扰之情形时，应采取立即有效之纠正及补救措施。”调解属立即有效之纠正及补救程序，相关法令并未禁止上诉人进行调解云云，显系误解上述规定，而无足采。

条第2项规定，就已知之工作场所性骚扰事件，采取立即有效之补救措施，自有过失。原告主张其所属员工梁某森等3人，于申诉人提出申诉后，请其立即休有薪假3日，于恢复上班当日请主管注意其工作状况，并建议其报警，已采取立即且有效之补救措施云云，仍难采凭，而认定雇主并未采取有效之补救措施。

另有法院认定，查原告自2011年2月间知悉A君之申诉案件后，其间，除研议资遣A君方案外，并未就A君之申诉案件采取相应之适当措施，迄2011年4月28日始召开性骚扰申诉处理委员会会议，核诸前开说明，殊难谓其已尽“性平法”第13条第2项规定“为立即有效之纠正及补救措施”之义务〔1〕。

亦有实务见解指出，所谓立即有效之纠正及补救措施，应包括雇主知悉性骚扰行为发生时，主动介入调查以确认事件之始末，以及调查完成后设处被性骚扰者之感受，给予完善之保障，以免被性骚扰者处于具敌意性、胁迫性或冒犯性之工作环境，而认定雇主知悉性骚扰事由并在被告要求其调查后，原告仍未依“性平法”第13条第1项规定订定性骚扰防治措施、申诉及惩戒办法，再者，观诸前开访谈记录，原告于知悉该性骚扰事件后所采取之行动，仅咨询A女及B女二人，未去探究公司工作环境是否确有存在要求女性员工迎合男性主管特定喜好的事情，是否对未能在穿着打扮上配合的女性员工形成敌意的工作环境之事件或声明禁止性别歧视之职场性骚扰之补救措施等，而认定雇主违反“性平法”第13条第2项〔2〕。

---

〔1〕“台北高等行政法院”2012年度简字第282号行政判决。

〔2〕“台北高等行政法院”2012年度简字第158号行政判决。与此类似的见解尚有“台北高等行政法院”2012年度简字第324号行政判决认为，所称立即有效之纠正及补救措施，系指雇主于知悉性骚扰行为发生时，应有“立即”之作为，而此作为需能“有效”地“纠正及补救”性骚扰之情形，包括主动介入调查以确认事件之始末，以及设身处地主动关怀被骚扰者之感受，启动所设置之处理机制，并采取适当解决之措施，给予完善之保障，以免被性骚扰者长期处于具敌意性、胁迫性或冒犯性之工作环境，方与前揭立法目的相符。此外，“台北高等行政法院”2011年度简字第827号行政判决，其认为所谓立即有效之纠正及补救措施，应包括雇主知悉性骚扰行为发生时，主动介入调查以确认事件之始末，设处被性骚扰者之感受，采取具体有效之措施，方与前揭立法目的相符。此固非单纯以被性骚扰者之主观感受为据，唯若雇主于知悉有受雇者提出性骚扰申诉案件时，未以审慎态度视之，实时设身处地主动关怀，启动雇主所设置之性骚扰防治处理机制，避免被性骚扰者继续处于具敌意性、胁迫性或冒犯性之工作环境，即难认已符合该项规定。唯原告代表人于2010年10月23日参与劳资争议协调会议时，陈称渠双方共赴英国出差，其间互动亲切产生似有若无情愫，追问后该主管表示示好爱慕之意，并赠送礼品，劳方并未拒绝云云。嗣原告代表人于被告所属劳工局通知接受调查时，并未亲自出席而委由行为人代为2010年11月12日赴该局接受询问，行为人陈称其于2010年9月23日申诉人解雇当天有将本案所有细节向公司负责人报告；公司未成立性骚扰申诉处理委员会调查小组等语。嗣经“劳工局”2010年12月23日电询原告后续处理情形，原告代表人表示本案自劳资协调会后即无后续处理，亦未与申诉人联络，并认本件纯属两人间之事，此有劳资争议协调会议纪录、行为人谈话记录及公务电话记录复印件在卷足凭。显见原告知悉系争性骚扰事件后，并未采取立即有效之纠正及补救措施，仅凭行为人片面说辞及报告，率尔认定无性骚扰情事。至原告另主张曾向其他员工秘密查证云云，既乏具体客观之调查纪录可佐，且所谓秘密查证云云，亦难认属雇主于知悉性骚扰之情形时，所采取之立即有效之纠正及补救措施行为而判雇主败诉。而“高雄高等行政法院”2011年度简字第180号行政判决亦认为所谓立即有效之纠正及补救措施，固非单纯以被性骚扰者之主观感受为据，唯若雇主于知悉有受雇者提出性骚扰申诉案件时，未以审慎态度视之，实时设身处地主动关怀，启动所设置之处理机制，并采取适当解决之措施，以免被性骚扰者长期处于具敌意性、胁迫性或冒犯性之工作环境，反而采取对受雇者不利之措施，即难认已符合该项规定。

而“台北高等行政法院”2010年简字第590号行政判决亦认为，所谓“立即”之作为，应指该作为需能“有效”的“纠正及补救”性骚扰，即雇主知悉性骚扰行为发生时，应主动介入调查以确认事件之始末，以及调查完成后设处被性骚扰者之感受，采取具体有效之措施，给予完善之保障，以免被性骚扰者处于具敌意性、胁迫性或冒犯性之工作环境，并进而促使所有受雇者有免受职场性骚扰疑虑之工作环境。并以雇主至始否认有性骚扰之发生，更未主动介入调查确认事件始末，于事件发生前未建置相关处理机制，事件发生后更未以妥适的处理机制予以调查，而进而要求蔡君提起刑事报案即认其义务已终结，而认定雇主未为立即有效之补救措施。

而于仅寄发存证信函认为受雇者（性骚扰受害人）所述与常情不符、与常理有悖，且认若有夸大其词，依法须负“刑法”第310条诽谤罪责，请其应谨言慎行；而于第2次存证信函则以受助者始终未提供证据供雇主审酌，故无从认定性骚扰事件成立之事件中，法院认为由原告2份存证信函内容，可知原告完全未有提供孙某任何协助或向孙某询问系争性骚扰之发生经过，反而系消极以孙某未主动提供证据为由，即未再主动请求孙某提供相关证据以供调查并予结案。足见原告就本件职场性骚扰案，未以审慎态度处理该案件，难认有立即采取适当有效之纠正及补救措施[1]。

而于54名外劳向政府机关陈情外劳宿舍管理人员有拉开浴帘观看或偷看外劳洗澡等性骚扰情事中，雇主虽采取召集管理部有关人员及外劳所属人力中介公司开会研商决议：（1）外劳在如厕或洗澡时不可至浴厕找人，须等待他出来。（2）进入外劳寝室需2人（含）以上：管理者、中介或管理者、主管。（3）外劳犯错开立警告单需3人（含）以上并需照相为证，随后更公告所聘雇之外劳，如有性别工作平等及骚扰等任何问题时，请依公司性骚扰防治措施申诉及惩戒办法（已公布于公司网站）规定，向雇主所委托之人力中介公司反应或直接将事实写信放进申诉信箱内等措施，但法院仍认为雇主未先将该外劳宿舍管理人员张某调离原职务，以便于原告（雇主）可展开公正之调查处理程序，且未就联署申诉之数十名外籍劳工为确实积极查证，仅委由其外劳中介公司随意抽样调查5位外劳之意见，并据以认定张某尚无上述性骚扰之情事，是原告于知悉前述性骚扰之情形时，显未采取立即有效之纠正及补救措施，自与“性平法”第13条第2项规定不符……原告于知悉前揭情事后，却未先将该外劳宿舍管理人员张某调离原职务，仍由其担任管理外劳之职务，致被性骚扰者尚处于具敌意性、胁迫性或冒犯性之工作环境，且未为确实积极查证，致其上述作为于事件真相之厘清，究系外劳诬告行为或张某性骚扰行为之

[1] “高雄高等行政法院”2016年度诉字第525号行政判决。

纠正及安全、友善工作场所之维护等，皆无帮助而认定雇主违反“性平法”[1]。

而于礼品设计师职务，遭部门主管性骚扰的事件中，法院则认为事发时××公司负责人在国外，虽无法亲自处理，唯已即刻指示公司人员调查，并寄发存证信函予原告请其配合调查，嗣后并发布公告、参加台北县政府所举办之两性平等倡导课程、研习会，并对被告××提出告诫，由此足征××公司实已竭尽所能践行之两性工作平等法之规范，而认定雇主已为有效的补救措施[2]。

综上所述，法院对于何谓立即有效的补救措施，如是否应将加害人调职等以避免和被害人接触，或依相关规定予以惩戒并对在职员工施以性骚扰防治教育及训练即为已足，尚未能建立一致的认定标准。此外，雇主违反“性平法”第13条第2项之规定，除依同法第38条之1处罚款并公布姓名外，依同法第28条之规定，受雇者或求职者因此受有损害者，雇主应负赔偿责任，此部分于后述之。

（三）损害赔偿义务

1.“性平法”第27条之损害赔偿责任

如前所述，“性平法”第27条第1项规定，受雇者或求职者因第12条之情事，受有损害者，由雇主及行为人连带负损害赔偿责任。但雇主证明其已遵行本法所规定之各种防治性骚扰之规定，且对该事情之发生已尽力防止仍不免发生者，雇主不负赔偿责任。因此被害人虽可请求雇主连带负损害赔偿责任，但雇主可以主张免责。

唯此规定既系仿效“民法”第188条，受雇人因执行职务，不法侵害他人之权利者，由雇用人与行为人连带负损害赔偿责任。但选任受雇人及监督其职务之执行，已尽相当之注意或纵加以相当之注意而仍不免发生损害者，雇用人不负赔偿责任之雇用人责任而来，而实务上对雇用人之举证免责采取严格的态度，以保护被害人，因此雇用人欲举证免责甚属不易[3]。实务上鲜少雇用人举证免责成功之相关案例，而此种见解如适用于职场性骚扰是否妥适实不无疑义[4]。学者多主张应于雇主克尽“性平法”第13条第1项防治义务时，即予以免责。例如，焦兴铠教授即认为，性骚扰之事前防治远胜于事后之补救，于民事损害赔偿方面赋予雇主免责

---

[1] “高雄高等行政法院”2011年度简字第180号行政判决。

[2] “台湾台北地方法院”2017年度诉字第6336号民事判决。

[3] 王泽鉴：《侵权行为法》，王慕华出版社，第548~549页。

[4] 刘志鹏：《职场性骚扰与雇主之举证免责——“台北地方法院”2007年度诉字第6336号判决评释》，收于台北大学法律学院劳动法研究中心主编：《“性别工作平等法”精选判评释》，元照出版社，第177页。

抗辩的诱因，鼓励其建置完善的性骚扰防治机制，确能发挥一定程度之功效〔1〕。而刘志鹏律师则认为，“性平法”的重点既为防治职场性骚扰之发生，且同法第13条第1项课予雇主防治之法定义务，已透过工作场所性骚扰防治措施申诉及惩戒办法订定准则将其内容具体明确的规定，使雇主得以遵循履行，主管机关或法院事后进行监督或审查时，其标准亦具体清楚，且同法第38条之1另设有罚款之规定，因此应从宽解释“性平法”第27条第1项但书之文义，让雇主有较大的举证免责空间，并可收鼓励雇主采取事前防止性骚扰措施之效〔2〕。

2. “性平法”第28条之损害赔偿责任

如前所述，“性平法”第28条规定，受雇者或求职者因雇主违反第13条第2项之义务，受有损害者，雇主应负赔偿责任。

而“性平法”第13条第2项之事后补救措施，要求雇主于知悉职场性骚扰之情形时，应采取立即有效之纠正及补救措施，而何谓知悉、何谓立即有效之纠正及补救措施，如前所述仍有争议。而雇主依法采取之纠正或补救措施是否立即有效，非单纯依性骚扰被害者之主观感受为据，尚须综合社会一般通念于个案中客观判断之，唯法院所采取之标准宽松互异，尚未见一致〔3〕。

3. “民法”之侵权行为损害赔偿责任

如前所述，加害人如符合“民法”第184条之规定，则雇主即有依“民法”第188条负雇用人责任之可能，虽雇主得以举证免责，然实属不易。

此外，于“性平法”施行之后，由于其亦属于保护他人之法律，故雇主若有违反“性平法”之情事，亦可成立“民法”第184条第2项之侵权行为责任。

4. “民法”之债务不履行责任〔4〕

“性平法”所课予雇主之性骚扰防治义务，是否为“民法”第483条之1保护照顾义务之具体内容，换言之，一旦违反性骚扰防治义务，雇主是否即成立债务不履行的责任，亦有探讨之必要。

关于保护照顾义务之具体内容与“性平法”间的关系，刘志鹏律师认为，受到性骚扰的劳工可依据“民法”第483条之1向雇主主张损害赔偿，无论加害人是否

---

〔1〕焦兴铠：《雇主对工作场所性骚扰之防治义务——“最高法院”98年度第2820号裁定评析》，载《月旦法学杂志》第222期。

〔2〕刘志鹏：《职场性骚扰与雇主之举证免责——“台北地方法院”2007年度诉字第6336号判决评释》，收于台北大学法律学院劳动法研究中心主编：《“性别工作平等法”精选判评释》，元照出版社，第182～183页。

〔3〕刘志鹏：《职场性骚扰与雇主之举证免责——“台北地方法院”2007年度诉字第6336号判决评释》，收于台北大学法律学院劳动法研究中心主编：《“性别工作平等法”精选判评释》，元照出版社，第178～179页。

〔4〕以下论述主要整理自，徐婉宁：《“民法”第四八三条之一之研究——以我国台湾地区实务见解及日本法为素材》，载《政大法学评论》第138期。

为雇主，纵使加害人系上司、同仁或如顾客等第三者，由于此等人员系构成劳工工作环境之一环，劳工在此环境中提供劳务时，雇主应采取必要之预防措施，使得劳工得以免于生命、身体、健康危害之性骚扰……“性平法”第 13 条第 1 项的规定“雇主应防治性骚扰行为之发生”，就其内涵应该与上述“民法”第483 条之1 规定相同[1]。而邱琦法官亦指出，“民法”第 483 条之 1 所规定雇用人对于受雇人之生命、身体、健康危害之预防义务，亦应包含心理健康之保护，且“性平法”第 13 条规定雇用人对受雇人负有防治性骚扰行为发生之义务，此即为雇主的保护义务[2]。此外，有的学说虽未直接表示“性平法”所课予雇主之公法上义务，即当然成为“民法”第 483 条之 1 保护照顾义务之内容，但认为该等义务为雇主附随义务之一环；例如，郭玲惠教授主张保障受雇者有一个安全的工作环境，乃雇主因为劳动契约而生之附随义务，无论是“劳工安全卫生法”所规范之职业灾害，甚至“职场性骚扰”之预防及救济，皆应包含其中。而侯岳宏教授则认为，“性平法”并未明白规定雇主之契约责任，但当雇主未能保障劳工于工作中免于遭受性骚扰时，应注意受性骚扰之员工可否依“民法”第 483 条之 1 主张雇主负担不完全给付之债务不履行责任[3]。

相对于此，有的学说虽认为雇主违反“性平法”第 13 条时，其应负债务不履行责任，但未明确说明是否以违反“民法”第 483 条之 1 为法条依据；例如，谢棋楠教授认为雇主对主管人员性骚扰之责任可以解释为民事上债务不履行责任，而未说明依据，仅表示“性平法”第 28 条之雇主责任系基于雇主对受雇人照顾义务之法理而建立[4]。

而实务见解亦认为，按受雇人服劳务，其生命、身体、健康有受危害之虞者，雇用人应按其情形为必要之预防。受雇人服劳务，因非可归责于自己之事由，致受损害者，得向雇用人请求赔偿，“民法”第 483 条之 1、第 487 条之 1 分别定有明文。受雇人服劳务，其生命、身体、健康有受危害之虞者，雇主应按其情形为必要之预防。另参诸“两性工作平等法”第 12 条第 1 款规定：“本法所称性骚扰，谓下列二款情形之一：一、受雇者于执行职务时，任何人以性要求、具有性意味或性别歧视之言词或行为，对其造成敌意性、胁迫性或冒犯性之工作环境，致侵犯或干扰其人格尊严、人身自由或影响其工作表现。……”；第 13 条第 1 项规定：“雇主应

[1] 刘志鹏：《职场性骚扰之法律救济——“板桥地院”2007 年诉字第 774 号判决评释》，载《台湾地区劳动法学会学报》第 8 期。

[2] 邱琦：《工作场所性骚扰民事责任之研究》，载《台大法学论丛》第 34 卷第 2 期。

[3] 侯岳宏：《“性别工作平等法”上工作场所性骚扰雇主之民事责任》，载《月旦法学杂志》第 196 期。

[4] 谢棋楠：《以美国主管人员性骚扰之雇佣人责任认定原则观“台北高等行政法院”2005 年简字第 64 号判决之雇主责任认定》，载《台湾地区劳动法学会学报》第 7 期。

防治性骚扰行为之发生。其雇用受雇者三十人以上者，应订定性骚扰防治措施、申诉及惩戒办法，并在工作场所泄漏”；第27条规定：“受雇者或求职者因第十二条之情事，受有损害者，由雇主及行为人连带负损害赔偿责任。但雇主证明其已遵行本法所规定之各种防治性骚扰之规定，且对该事情之发生已尽力防止仍不免发生者，雇主不负赔偿责任。”足见性骚扰若来自于具有管理权之上司、同人或第三人（顾客等）时，对劳工而言，此等人员系构成劳工工作环境之一环，劳工在此环境中提供劳务时，雇主应采取必要之预防措施，使得劳工得以免受生命、身体、健康危害之性骚扰。雇主若未为必要之预防措施，致使劳工遭受生命、身体、健康之损害时，雇主即构成债务不履行责任[1]。依此见解，可解释为实务上认为“性平法”所课以雇主之义务，亦构成“民法”第483条之1保护照顾义务之具体内容。

综上所述，雇主若违反了“性平法”之相关规定，即违反了“民法”第483条之1保护照顾义务，而应负债务不履行责任。唯有学者主张，雇主若已实行中央主管机关所规定之性骚扰防治措施，可谓已采取了必要之预防措施，纵使仍发生性骚扰之情事，雇主亦得主张免责[2]。

三、微型企业之特殊问题

如前所述，我国台湾地区有关方面“性平法”课以雇主的责任中，除了第13条第1项后段订定性骚扰防治措施、申诉及惩戒办法，并在工作场所泄漏之义务限于雇用受雇者30人以上之事业单位方有适用以外，其余关于雇主之性骚扰事前防治义务与事后立即有效之补救义务，并未区分企业规模而一体适用。此种做法对于微型企业而言，实徒生许多困扰。

就事前防治义务而言，微型企业虽可参照工作场所性骚扰防治措施申诉及惩戒办法订定准则，以建立其防治措施，然就员工仅有一人的微型企业而言，实不切实际。尤其是“性平法”于外籍家庭看护工或家庭帮佣亦有适用，则不仅难以期待雇主建置完善的性骚扰防治措施，亦难以期待其采取立即有效的事后补救措施。以看护工为例，若行为人为受看护者，则其往往与雇主有亲属关系，则如何期待雇主对行为人加以惩戒，或禁止其与看护者接触？于微型企业，若无其他职缺，亦会产生难以透过将行为人调职以隔离行为人与被害人之问题。

而性骚扰防治义务虽实务及学说皆肯认其为“民法”第483条之1保护照顾义务之一环，而有受雇者是否有履行请求权、同时履行抗辩权之议。例如，若雇主未履行性骚扰防治义务，受雇者是否可以请求其履行，并行使同时履行抗辩权拒绝提

---

〔1〕“板桥地方法院”2007年度诉字第774号民事判决。

〔2〕焦兴铠：《工作场所性骚扰争议之预防与处理》，载《台湾地区劳动评论》第1卷2期。

供劳务？关于此问题，仍应回归保护照顾义务之性质加以探讨[1]。而有学者主张，“民法”第483条之1所规定之对受雇人之生命、身体或健康之保护，其中健康法益除身体健康外，亦包含心理健康，故而工作场所遭受性骚扰使得受雇人之心理健康有受危害之虞时，雇用人未提供必要之预防时，除涉及行政处罚外，受雇人应亦得请求雇用人履行保护义务，并于其提供必要之预防措施，如将加害人调职之前，得拒绝提供劳务[2]。则于仅一人受雇之情形，雇主无法将其调职时，则雇主如何落实其保护照顾义务实有疑义[3]，而于看护工因害怕再遭受性骚扰而逃跑时，雇主往往不知如何采取纠正及补救措施，而仍须受到主管机关之裁罚[4]。

则“性平法”于适用上，是否课以雇主过重之责任，向来为学者所指摘[5]，特别是微型企业所面临的遵法困境，实值得吾人重新检视“性平法”之适用范围。

四、结语

性骚扰行为人之责任，虽可透过“性平法”及“民法”之规定，由被害人向其请求损害赔偿，但对于雇主责任，则难以厘清与划定。

“性平法”主要课以雇主事前的性骚扰防治义务与事后的补救义务，透过“工作场所性骚扰防治措施申诉及惩戒办法订定准则”之规定，虽使得雇主应遵循之事项更为具体明确，然而对于微型企业而言，有其实行上的困难点。

至于何谓事后立即有效之纠正与补救措施，虽不以满足被害人主观感受为判断

---

〔1〕 对于保护照顾义务的性质，目前有附随义务、从给付义务及主给付义务三种不同的看法，学说见解并未统一。然而当雇用人未妥善履行保护照顾义务时，虽大部分的学说皆认为雇用人之保护照顾义务与受雇人服劳务之间并无对待给付关系，然因事涉受雇人之生命安全，此时多主张可以类推适用“民法”第264条同时履行抗辩之规定，允许受雇人得拒绝服劳务。至于受雇人可否依诉请求雇用人履行保护照顾义务，有些学者认为当保护照顾义务之内容可透过劳动安全法规等加以特定时，应肯认受雇人有履行请求权，然我国台湾地区“民法”学说对这方面的探讨并不充足。此外若认为保护照顾义务系从给付义务或主给付义务，则受雇人即有履行请求权。关于学说见解之整理，请详参，徐婉宁，见以下论述主要整理自，徐婉宁：《“民法”第四八三条之一之研究——以我国台湾地区实务见解及日本法为素材》，载《政大法学评论》第138期。

〔2〕 郭玲惠：《员工一人与雇主之性骚扰防治——“台北高等行政法院”2006年度简字第590号判决评析》，收于台北大学法律学院劳动法研究中心主编：《“性别工作平等法”精选判评释》，元照出版社，第147页。

〔3〕 郭玲惠：《员工一人与雇主之性骚扰防治——“台北高等行政法院”2006年度简字第590号判决评析》，收于台北大学法律学院劳动法研究中心主编：《“性别工作平等法”精选判评释》，元照出版社，第147页。

〔4〕 例如“台北高等行政法院”2006年度简字第590号行政判决。

〔5〕《雇主知悉离职员工于在职期间遭受性骚扰——“台北高等行政法院”2012年度简字112号判决》，收于台北大学法律学院劳动法研究中心主编：《“性别工作平等法”精选判评释》，元照出版社，第161页。

标准，然实务见解之以审慎态度视之，实时设身处地主动关怀，启动所设置之处理机制，并采取适当解决之措施，实非常抽象，且于具体个案判断时，往往标准宽松不一，难谓已经确立一定之标准。

若将雇主之性骚扰防治义务视为保护照顾义务之一环，而允许受雇人行使履行请求权，则于当事人透过契约特定雇主性骚扰防治义务之内容时，或有其可行性；唯若任由受雇人特定雇主应采取之措施，则于雇主依其请求采取性骚扰防治措施后，若仍发生性骚扰情事，则受雇人是否应受禁反言法理之拘束，而不得再主张雇主违反保护照顾义务，即有疑义。且若受雇人主张将性骚扰行为人调职甚而解雇时，若不符比例原则或解雇最后手段性原则而雇主拒绝时，雇主是否即违反保护照顾义务而应负债务不履行责任？

“性平法”施行以来，我国台湾地区有关方面于此法域之发展，已取得一定之成果[1]，然而如上所述仍有诸多问题存在，而有待进一步之改革。

五、附录

工作场所性骚扰防治措施申诉及惩戒办法订定准则

第1条

本准则依“性平法”第十三条第三项规定订定之。

第2条

雇用受雇者三十人以上之雇主，应依本准则订定性骚扰防治措施、申诉及惩戒办法，并在工作场所显着之处公告及印发各受雇者。

第3条

雇主应提供受雇者及求职者免于性骚扰之工作环境，采取适当之预防、纠正、惩戒及处理措施，并确实维护当事人之隐私。

第4条

性骚扰防治措施应包括下列事项：

一、实施防治性骚扰之教育训练。

二、颁布禁止工作场所性骚扰之书面声明。

三、规定处理性骚扰事件之申诉程序，并指定人员或单位负责。

四、以保密方式处理申诉，并使申诉人免于遭受任何报复或其他不利之待遇。

五、对调查属实行为人之惩戒处理方式。

---

[1] 《雇主知悉离职员工于在职期间遭受性骚扰——“台北高等行政法院”2012年度简字112号判决》，收于台北大学法律学院劳动法研究中心主编：《“性别工作平等法”精选判评释》，元照出版社，第161页。

第4－1条

受雇者于非雇主所能支配、管理之工作场所工作者，雇主应为工作环境性骚扰风险类型辨识、提供必要防护措施，并事前详为告知受雇者。

第5条

雇主应设置处理性骚扰申诉之专线电话、传真、专用信箱或电子信箱，并将相关信息于工作场所显着之处公开提示。

第6条

性骚扰之申诉得以言词或书面提出。以言词为申诉者，受理之人员或单位应作成纪录，经向申诉人朗读或使阅览，确认其内容无误后，由其签名或盖章。

前项书面应由申诉人签名或盖章，并载明下列事项：

一、申诉人姓名、服务单位及职称、住居所、联络电话、申诉日期。

二、有代理人者，应检附委任书，并载明其姓名、住居所、联络电话。

三、申诉之事实及内容。

第7条

雇主处理性骚扰之申诉，应以不公开方式为之。

雇主为处理前项之申诉，得由雇主与受雇者代表共同组成申诉处理委员会，并应注意委员性别之相当比例。

雇主为学校时，得由该校之性别平等教育委员会依本准则处理性骚扰申诉事宜。

第8条

雇主接获申诉后，得进行调查，调查过程应保护当事人之隐私权及其他人格法益。

第9条

申诉处理委员会召开时，得通知当事人及关系人到场说明，并得邀请具相关学识经验者协助。

第10条

申诉处理委员会应为附理由之决议，并得作成惩戒或其他处理之建议。

前项决议，应以书面通知申诉人、申诉之相对人及雇主。

第11条

申诉应自提出起二个月内结案；必要时，得延长一个月，并通知当事人。

申诉人及申诉之相对人对申诉案之决议有异议者，得于收到书面通知次日起二十日内，以书面提出申复。

前项申诉案经结案后，不得就同一事由再提出。

第12条

性骚扰行为经调查属实，雇主应视情节轻重，对申诉之相对人为适当之惩戒或处理。如经证实有诬告之事实者，亦对申诉人为适当之惩戒或处理。

第13条

雇主应采取追踪、考核及监督，确保惩戒或处理措施有效执行，并避免相同事件或报复情事发生。

第14条

雇主认为当事人有辅导或医疗之必要时，得引介专业辅导或医疗机构。

第15条

本准则自发布日施行。

民法典编纂下侵权预期请求权的构建*

杨垠红　陈小康**

目　次

一、侵权预期请求权的问题提出

2018年11月4日凌晨，福建省泉州市泉港区一艘正在执行油品装卸作业的船舶发生事故。因船舶与码头相连的输油管道中的垫片老化，致使管道破损，造成6.97吨的碳九外泄，附近区域出现富集异常气味，附近海域被油品覆盖，当地损失严重。碳九系石油加工中获得的一种碳氢化合物，根据加工程序的不同，碳九又可以分为裂解碳九与重整碳九。刚从石油中裂解出来的碳九主要成分为脂肪烃，经过重整后脂肪烃会发生构化反应，进而产生三甲苯、异丙苯、正丙苯、乙基甲苯等有毒成分。重整碳九中包含的这些有毒成分会对生物要素造成侵蚀与伤害，长期或大量接触此类物质，将会使有毒物质在生物体内积聚，引发长期健康风险。

---

* 该论文是国家社科基金年度项目（一般项目）《有毒物质侵权的救济机制研究》（14BFX163）和中国法学会部级课题《绿色发展理念下环境损害赔偿机制研究》CLS（2018）D64的阶段性成果。

** 杨垠红，福建师范大学法学院教授，北京大成律师事务所（福州分所）兼职律师。陈小康，福建师范大学法学院硕士生。

泉港的碳九泄漏在我国并非唯一的可能引发潜伏性损害事件。事实上，晚近，随着现代化建设的不断推进，大量的高科技产品融入了社会日常生活当中。这些产品、技术在给人们带来便捷的同时，其蕴藏的种种风险也逐渐增多。近年来，影响面较广的安全事故就有不少，如“龙胆泄肝丸”事件、“三聚氰胺毒奶粉”事件、“癌症村”事件、天津爆炸事件等，大量有毒物质造成的安全事故触目惊心。这些事件中，具有直接、明显病症的受害者大多都能得到赔偿，但对于那些仅具有潜在损害的受害者而言，根据传统的侵权法理论与现有的法律规范，难以获得救济。因为在侵权法上，可得赔偿损害是指客观存在的，且法律认可的能够予以救济的损害，其具有以下两层基本含义：第一，依据一般情形属于法律所明确规定的可予以救济的损害范围；第二，依据案件特别情形可归责于行为人的损害后果。[1]根据现行法律规定的损害赔偿的范围，这种具有潜伏性、尚未显现、不具有明显表征的潜在损害不在损害赔偿范围之列。

这些受害者时刻处于一种健康受到威胁的状态，在不安中等待损害的来临，终日担惊受怕，承受着沉重的精神压力。一些受害者受到的潜在损害不断累积，甚至引致死亡。人们的身体健康、生命安全受到极大的威胁。然而面对潜在损害要求救济的现实，我国的侵权法律规范却难以应对，而只能等其实际损害具现方得救济。但有毒物质损害的漫长潜伏期一方面会导致将来的救济不能风险，另一方面也会使侵权行为人借此逃脱侵权法的制裁，缺乏震慑而继续其侵权行为，扩大潜在损害的范围。不管何种情形，都使得人们对法律的公平正义及侵权法制裁侵权行为保障人权目的产生质疑。

潜在损害的救济困境不仅是中国的问题，也是一项世界性难题。现代社会在享受高科技福利时，同样也得面对科技带来的风险成本，潜在损害问题即是其一。从在二十世纪七八十年代，有毒物质潜在损害的救济便成了美国法律界的热门话题。对于石棉暴露、含铅玩具、粉尘污染、重金属污染等产生的潜在损害救济问题，美国的一些法院开辟了新的思路，即在有毒物质侵权发生后，支持潜在损害的受害者关于应对潜在损害发作而提出的一些赔偿请求，或支持暴露在有毒物质中受害者提出的定期做疾病检查的费用请求，以降低潜在损害发作的概率或危害程度；或支持受害者因恐惧罹患重病而导致严重精神疾病的赔偿请求；或支持受害者对自身遭受有毒物质的潜在损害而使得将来罹患癌症的概率增加这一事实的损害赔偿请求等。虽然有毒物质造成的潜在损害不符合传统损害赔偿中的实际性损害标准，但此类潜在损害往往风险极高，后果极其严重，如果放任其积聚爆发，一旦损害显现，将严重的侵害人权，造成不可逆转的损失。由于这种“潜在损害”并未现实地发生或依据现有手段无法察觉，损害事实的认定在很大程度上仍然依赖于医学原理、科学原

---

[1] 杨立新：《杨立新民法讲义——侵权法总则》，人民法院出版社2009年版，第101页。

理等，因此美国的立法和判例将这些“潜在损害”诉求归为一类，通过修正传统的人身伤害规则，支持潜在受害者提出的有别于传统损害赔偿的请求权，保障有毒物质潜在损害受害者的合法权益。美国学者将此类请求称为侵权预期请求权或预期侵权请求权（anticipatory claim.），意指这是在实际损害具现之前，针对潜在损害进行救济。本文即针对潜在损害的救济问题，在借鉴国外的救济制度基础上，提出我国潜在损害赔偿请求权的设想与具体构建路径，以期在风险频发的现代社会，为潜在损害受害者的合法权益提供及时、有效的保护。

二、侵权预期请求权的内容阐释

（一）侵权预期请求权与潜在损害

潜在损害是二十世纪七八十年代美国法官在面对有毒物质侵权诉讼时发现的一个新问题。在此类诉讼中，原告提出的损害赔偿请求，往往都是针对很久之前的侵权行为。

该侵权行为引发的损害具有漫长的潜伏期，从遭受侵权行为，到这些有毒物质诱发人体产生疾病，少则数年，多则数十年。在长期的等待损害具现的过程中，可能出现证据消失、证明力减弱、证人死亡、因果关系介入异常因素等情形，导致受害人对损害赔偿的举证陷入事实不能而丧失救济，亦可能出现侵权人财产减少、破产、主体资格消灭等情形，导致受害者的损害赔偿请求缺乏被请求人。不管哪种情形的出现，都会使受害者陷入救济的孤岛。此类侵权救济之桎梏在于传统损害规则的局限。由于传统损害规则要求提起损害赔偿应具有实际、确定的损害，然有毒物质从接触到损害产生往往需要漫长的潜伏期，因而受害者在遭受有毒物质侵权之初往往无法获得救济。为了矫正这一不正义，美国的学者与法官们寻找到了新的路径：在有毒物质侵权中，从侵权行为发生到受害者获得损害基础提起赔偿请求这一过程中，受害者实际还承受着另一种形式的损害——具有漫长潜伏期、在不确定的某个时间点有概率演变成实际损失的潜在损害，从潜在损害入手，通过预期的赔偿请求，实现损害结果的减少与预防的效果。

美国的判例之所以能够发展出侵权预期赔偿请求这种打破传统损害赔偿请求权规则的求偿权，是因为传统规则在解决潜在损害问题上的不适应。虽然美国学者将其称为侵权预期请求权，实则在为潜在损害寻求可救济的途径。因此在谈论侵权预期请求权之前，必须对其中的关键因素——潜在损害作出析明。

（二）潜在损害的阐析

潜在损害与传统损害具有明显的区别，具体而言，潜在损害具有以下特征：

首先，潜在损害的关键在于“潜在”，即非显在化。相比于传统侵权法中具有物理性或有形性等特征的显在损害，潜在损害在外观上不具有显在性。这种非显在性主要表现为两种情况：第一，依据一般的医疗诊断、经验常识、科学检测等常规的损害鉴定方式无法发现该类损害，亦无法从受害人整体财产的流失差额中推断损害的存在。而只能通过比对其他遭受同类侵权行为的受害者的损害结果而提示潜在损害的存在，或随着科学技术的进步，提高损害的观测水平才能予以发现；第二，虽然侵权行为已经发生，但其带来的损失是一种预期的不利益。无论何种情况，都为潜在损害的及时救济制造了障碍，这种非显在性带来的直接后果之一便是，受害者无法通过常规的观察手段早期发现潜在损害，进而导致相应诊治与预防措施的迟延，使得潜在损害不断积聚，最终酿成不可挽回的后果。如在有毒物质侵权中，人体的有毒物质异常增加在早期不会产生明显影响，等其积聚诱发癌变等病症时，损失已不可挽回。

其次，潜在损害具有渐进性。它表现在如果不采取主动措施，而依靠自然的、自发的、自身的净化或回复手段，则通常无法予以消除此类损害。而且，它不但会伴随着人体或其他物质长期存在，随着有毒物质的接触数量增加或时间经过，这种潜在损害还会缓慢累积，最终演变为可被明显察觉的损害。一旦放任潜在损害积聚，它演变为实际损害的概率将大大增加，而且从群体的视角看，这种潜在的风险损害将会随着样本的增加而趋于必然。如我国此前曾广泛报道的“癌症村”等现象，即受害者长期生活在严重污染地区，有毒物质在体内不断积聚，导致大范围的癌变现象。

最后，潜在损害的显性化具有不确定性。这种不确定性表现在，虽然某种行为或被证明可能对某些特定主体造成过损害，或被证明这种行为确实能够造成某种确定损害，但这种损害是否会实际呈现在与其遭受同类侵权行为的潜在损害者身上并不确定，或许这些潜在损害者终身不会出现这种损害。换言之，从概率学的角度，潜在损害仅仅是一种具有高度盖然性的损害，而并非必然会演变成确定的、实际的损害。由于人类的观察、认识能力受到科技发展水平的限制，大量有毒物质的作用形式与致害机理还未能被了解，即使是人类自身的人体机理，也还处于研究、认识的阶段。加之从潜在损害的潜伏期到损害的最终爆发之间往往要持续很长的一段时间，在这一过程中往往会介入其他的异常因素，使得潜在损害的具现充满了不确定性。这也是长久以来人们对潜在损害的救济存在顾虑的主要原因之一。当然，即使潜在损害的显在化具有不确定性，也只是相对于确定的损害而言。与其他的臆想损害等非实质性损害相比，潜在损害仍然具有相当的确定性基础。如当遭遇有毒物质侵权的群体中出现某个具有明显损害的受害者时，可以合理推断这种侵权行为足以导致具体损害，而遭遇同类行为的其他受害者具有相当的可能性遭遇同类损害。

三、侵权预期请求权的正当性分析

（一）侵权预期请求权的法理基础

1. 符合侵权法预防损害、保障权利之目的

保障民事主体合法权益不受侵害是我国侵权责任法的目的所在。在我国民事法律体系中，对于权利的保障主要通过侵权法进行，如《侵权责任法》第 2 条明确列举了受侵权法保护的具体人权内容，为受害者提供了请求权基础。

潜在损害可以说是处于对应的显性损害的未完成阶段。对于受害者而言，当其遭受潜在损害时，其实际面临两种伤害，一是潜在损害本身这一事实对其财产、人身、精神等方面造成损失风险；二是其同时还要面临在未来不确定的某个时间点大概率爆发显在损害的后果。可见遭受潜在损害的受害者的民事权益同样面临极大的威胁。从宽泛意义而言，潜在损害亦是侵犯民事权益的后果之一。但由于潜在损害的显在化具有潜伏性与不确定性，依据现有的侵权法理论及实体法规定，我国尚未对潜在损害提供具体的救济途径，倘若视而不见、放任不管，潜在损害本身造成的损失，以及由此积聚爆发显在化造成的损失，不仅会对人的生命健康、身体完整等造成不可逆的损害，而且可能因为时间的经过而导致侵权人的请求因超过时效而丧失胜诉权，或者证据灭失、因果关系中断或介入异常因素等使得受害者实际的请求救济不能，这有悖于侵权法保障权利的价值取向。

赋予受害人针对潜在损害的侵权预期请求权一定程度可以于损害实际发生之前起到阻断的作用，以事前的预防手段应对风险社会引发的环境毒物或产品毒物侵权，以降低将来损害具现的概率，避免大规模损害的发生，发挥我国侵权法防范风险、预防损害、保障权利之功能。

2. 符合法经济学的成本—效益理论

从法经济学的角度，法律的救济可折算成一定的社会成本。在潜在损害中，当实际损害尚未发生时，由于缺乏确定的损害，无法通过传统侵权理论对其进行救济，侵权人亦无须承担赔偿责任。此时对潜在损害的救济成本为零，侵权人的责任成本亦为零。但由于潜在损害的具现通常表现为不可逆的人身权益损害，且潜在损害的受害者通常是规模性存在，因而当这种损害具现时，其救济成本将急剧攀升，侵权人的责任成本亦随之上涨，乃至超出侵权人的责任能力限度。无疑，放任潜在损害显在化的做法非常不具有经济性。

从经济理性的角度，只要侵权人为预防损害而支出的费用低于预期的事故损失，而其预防支出即具有合理性。在潜在损害中，通过令侵权人预先承担起受害人因应对潜在损害而产生的费用支出，能够有效地降低潜在损害具现的概率与危害程

度，进而降低最终的预期损失，使侵权人最终承担的责任成本最低。故对于侵权人而言，当其预防费用与预防后损失之和小于预防前预期事故损失时，其效益将始终优于放任潜在损害显在化的。因此，令侵权人承担部分的侵权预期责任具有相当的经济理性。

通过赋予潜在损害的受害者赔偿请求权，一方面可以平复、安抚潜在损害造成的恐慌；另一方面在经济支持之下，受害者亦能够及时发现、诊治潜在损害，最大化地减小损失，进而降低社会总体的救济成本。显然，赋予潜在损害受害者损害赔偿请求权，既能够稳定社会秩序，提高社会管理效益；又能够及时察觉、救济损害，降低社会整体的救济成本。无论对潜在损害的受害人，还是侵权人，或者社会整体而言，赋予潜在损害者特定情形下的赔偿请求权符合成本—效益原则。

（二）侵权预期请求权的规范基础

潜在损害在一定情形下具有一定的可赔偿性，则针对潜在损害的侵权预期请求权便具有了规范基础。至于潜在损害者的可得救济，可从几种原因加以释明。

从法规目的上看，对潜在损害予以适度赔偿符合现代侵权法的法规之目的。此点前文已述及，此时不赘述。

从受侵犯的利益性质看，潜在损害的受害者往往多方面利益均处于不利状态。其中既包括了法律保护范围内的人身、财产等权益的不利益，也包括了法律保护范围外的一些现实的不利益。对于前者，自然应当受到法律的保护。

从加害人负有的义务看，大部分的潜在损害是因为侵权人侵犯受法律保护的利益而造成的结果，这些损害通常来自有毒物质侵权，这种侵权包括了食品毒物侵权、药品毒物侵权以及环境侵权等。除了个别由于发展风险而确实无法预见的之外，加害人对自己的侵权行为均具有合理的注意义务。换言之，加害人对这些受法律保护的利益具有充分的预见性，对其自身的行为亦具有绝对的控制与支配能力，因此要求加害人进行赔偿具有合理性。

最后，从损害的可量性看，潜在损害中为诊查可能的疾病花费的费用、因恐惧疾病发生等损失都是具有一定社会认同感的损失，这种损失是具体的、现实的、真实的。一方面，对于潜在损害的及时救济能够降低其对应显在损害的程度，进而降低显在损害的救济成本。另一方面，事前的预防成本通常要远低于事后的救济成本，对于潜在损害的赔偿亦符合一定的经济理性。

综上，潜在损害具有一定的可赔偿性。但是可赔偿性只是提供一种救济的可能，并非意味着定能获得赔偿。虽然从整体上说，潜在损害符合可赔偿性损害的标准，但这种可赔偿性还应当因潜在损害的具体形态而有所区分。例如，根据确定性程度，潜在损害可以分为相对确定的潜在损害和不确定的潜在损害，前者如医疗监测费用的支出，虽然现实还未发生，但通过专家证言、医学原理等可以合理的确定其具体范围；后者如癌症风险上升带来的预期生命价值丧失，囿于科学技术与医学原理的发展，这种潜在损害的不确定性相对较高。因此，对于可赔偿的潜在损害的甄别，本身还需回归到个案中进行具体审视，而不能一概而论。概言之，潜在损害原则上具有可赔偿性。但这种可赔偿性还需借助个案中具体因素的二次审查，避免责任的无限扩张。

（三）侵权预期请求权的时代之需

在风险社会，随着科技发展水平的提高，大量的高科技产物投入人们的日常生活当中。这些科技产物在给人们带来前所未有的便捷的同时，也潜伏着大量的风险。人类的逐利性决定了一项新的技术的发现或发明，对其应用价值的认识总是要领先于其他认识。因而大量的科技、发明、造物在其全部的认识还未明朗之前，便迅速地投入使用之中。由此带来的后果是，大量依据现有技术手段或认识水平无法发现、理解的损害在人类社会潜伏、积聚，直到时机成熟，发育成严重的、不可逆的损害。如美国二十世纪四十年代至二十世纪七十年代，己烯雌酚（DES）被作为安胎药而广泛使用，然而一些孕妇在妊娠期间服用了含有己烯雌酚的药物后，其女性后代出现了宫颈及阴道的腺病及腺癌症状。

这种潜在损害的产生有多种原因，或是囿于科技发展水平，一些潜在的损害在产生之初尚无法通过现有观察手段发现；或是受害人并未意识到自身暴露在潜在损害之中；抑或是受害者不具有发现潜在损害的物质条件。总而言之，基于种种客观原因，这些损害无法第一时间为受害人自行察觉、发现，直到很长一段时间后这些潜在损害才会积蓄、发展成可被察觉的显在损害。如前文所述，显在损害的迟延发生将会引发一系列的问题，导致其无法获得充分救济甚至救济不能。因此，面对现代风险社会普遍存在的潜在损害威胁及传统侵权理论的救济困境，适时将潜在损害纳入损害赔偿的范畴，赋予潜在损害的受害者以赔偿请求权，有其现实的必要性。

四、侵权预期请求权的行使及其限制

（一）侵权预期请求权的类型

根据域外研究成果与司法实践，侵权预期请求权主要有以下三种。

1. 医疗监测（medical surveillance）费用赔偿请求权

医疗监测费用赔偿请求权系针对潜在损害受害者的医疗监测费用损失而产生的一项赔偿请求权。在有毒物质侵权中，对潜在损害进行医学监测系为了早期发现与诊断有毒物质可能诱发的疾病与健康损害，进而为受害者争取医疗时间与降低潜在损害显在化的危害程度。基于避免损失扩大与损害预防的原则，该请求权有其存在的必要。例如，现代的医学研究表明，对于早期癌症进行针对性的治疗能够极大的提高患者的存活期。但是癌症在早期时往往无法通过受害者的直观感受感知，而只能依赖专业的医学监测。为了安全和健康利益的最大化，具有癌症潜在风险的受害者不得不定期进行医疗监测，由此将产生大量的医疗监测费用损失。对于受害者遭受的这种潜在损害，赋予其损害赔偿请求权不仅具有法理上的正当性，在医学与公共政策上亦具有正当性基础。

在我国，医疗监测费用损害赔偿请求权具有适用的基础。我国应对此类毒物致害事件，通常会采取行政手段积极干预，其中包括给予当事人一定的经费用于排查疾病症状。行政手段的采用虽在一定程度上便于当事人及时获得救济，但这必然减轻了毒物致害者本应承担的责任，亦有公法过多介入私法领域之嫌。此外，由于具体的医疗监测费用能够根据一定的科学原理与医学证据进行推断，因此该种潜在损害在具有较高程度的确定性，使得相较其他两种潜在损害赔偿类型而言更具有说服力。

2. 患病恐惧（fear of disease）的精神损害赔偿请求权

在此类案件中，原告往往是长期暴露在有毒物质侵权之中或长期食用某些缺陷产品、药品的当事人，虽然仅具有潜在损害，无显在病症，但伴随着风险的增加，这种对潜在损害显在化可能出现的癌症或将来其他疾病的恐惧给受害者带来了与日俱增的恐惧等精神痛苦。美国一些法院遂允许受害人就此主张患病恐惧赔偿。最初只有有形物理伤害引发的精神损害才能得以赔偿，除非这种侵权是故意或莽撞的以极端和恶劣行为作出。[1]故大多数美国法院通常要求原告必须提供一定的人身伤害的证明才得以请求精神损害赔偿。而在有毒物质造成的潜在损害中，受害者有时不一定会存在显在的伤害症状，其恐惧却是真实的，尤其在面对癌症这种令人闻风丧胆的疾病时。面对实践中出现的问题，伤害的影响和身体表征这些旧的要件逐渐被抛弃，[2]现在美国一些法院修正了传统人身伤害规则，允许对潜在损害提起精神损害赔偿，如在 Potter v. Firestone Tire and Rubber Company 案中，[3]法院即支持了暴露在有毒垃圾但没有明显人身伤害症状的土地所有人有关癌症恐惧的赔偿请求。[4]

---

〔1〕［美］爱伦·M. 芭波里克选编：《侵权法重述纲要》，许传玺、石宏等译，法律出版社 2016 年版，第 285 页。

〔2〕［美］丹·B. 多布斯：《侵权法（下册）》，马静、李昊等译，中国政法大学出版社 2014 年版，第 727 页。

〔3〕863 P. 2d 795（Cal. 1993）.

〔4〕［美］吉恩·马基雅弗利·艾根：《毒物侵权法精要》，李冰强译，南开大学出版社 2016 年版，第 273 页。

从我国精神损害赔偿请求权的规范基础可以看出，[1]精神损害赔偿救济限于以下几种情形：第一，以人身权益受到侵害时的精神损害赔偿；第二，侵害具有人格象征意义的特定物时的精神损害赔偿（司法解释）；第三，受害人死亡时其近亲属的精神损害赔偿；第四，死者名誉受侵害时其近亲属的精神损害赔偿（司法解释）。而仅因患病恐惧而生之精神损害并不在我国法律或司法解释承认的可得赔偿的精神损害。这是一种纯粹精神损害。所谓纯粹精神损害，是指作为民事主体的自然人在其民事权利未受侵害情况下的精神利益损害。[2]虽法律规范或司法解释仅认可非常有限的纯粹精神损害赔偿，但在实践中，我国不乏支持其他类型纯粹精神损害赔偿的案例，如在“曾某因健康权纠纷”一案中，[3]受害者就因受到侵权人饲养动物的惊吓而获得精神损害赔偿；此外一定情况下欺骗行为造成的精神损失也能得到赔偿，如家事案件中的“欺诈性抚养”。可见，在我国，精神损害的赔偿并不必然伴随人身损害，这为我国支持患病恐惧损害赔偿请求权留下了解释的空间。

3. 患病风险增加（enhanced risk of disease）的赔偿请求权

潜在损害的预期赔偿请求权系以疾病风险增加为基础但又不同于疾病增长风险赔偿请求的一种损害赔偿方式。在美国，有毒物质的潜在受害者往往会以潜在的疾病风险为基础而提起一项关于疾病风险增加的赔偿请求，其赔偿的是受害者因为潜在损害而减损的预期生命价值。支持者认为对于暴露在有毒物质中的潜在损害者而言，其罹患对应疾病的概率较未暴露人群将会显著增加。但反对者认为原告最终的患病概率具有极大的不确定性，如果对其进行赔偿会有过度赔偿之虞，另外，也可能导致诉讼的泛滥。因此，在实践中此类赔偿请求很难得到法院的支持，少数允许这种侵权预期请求权的法院，往往也要求原告提供高于50%的患病风险证明，但由于有毒物质的复杂原理，在有毒物质侵权中很少有原告能够满足此类要求，实际导致了这种赔偿请求几乎销声匿迹。[4]

就我国而言，虽然从权利保障的角度，疾病风险增加的救济确有其合理性。但从个体潜在受害者的角度，他们遭受的损害实际是一种具有不确定性的预期损失（future loss）。这种潜在损害一方面尚未实际发生，另一方面也不具有确定性。动辄救济，将会造成潜在原告的数量急剧增加。由于我国庞大的人口数量及此等损害

---

〔1〕 主要体现在《侵权责任法》第22条规定：“侵害他人人身权益，造成他人严重精神损害的，被侵权人可以请求精神损害赔偿。”以及《最高人民法院关于确定民事侵权精神损害赔偿责任若干问题的解释》的相关规定。

〔2〕 鲁晓明：《论纯粹精神损害赔偿》，载《法学家》2010年第1期。

〔3〕 见“曾某因健康权纠纷”一案判决书，上海市第一中级人民法院（2011）沪一中民一（民）终字第2288号。

〔4〕 周彬彬：《美国侵权法中因果关系不确定的解决进路研究》，山东大学2015年博士学位论文，第112页。

的不确定性，一旦直接承认此类救济，将会导致侵权人的责任指数式的飙升，产生极大的社会成本，甚至导致侵权救济体系的崩溃。

美国学者提出了“保险基金裁决（insurance fund judgment）”来弥补单纯侵权救济方式的无力。[1]该模式的核心在于将潜在损害受害者视为整体受害人，进而使得不确定的、微弱概率上升为确定的、具体的整体概率，从而以集体的名义对潜在损害请求损害赔偿。这种方式在我国或有适用的可能。虽然从个体层面观察，多数情况下由于风险的增加最后能够转化为具体的损害的概率难以确定，但必须承认的是，如果将潜在损害的受害者视为一个整体，那么在大规模的有毒物质侵权中，这种潜在损害最终显在化的概率是可得知的。所以从所有的受害者群体的角度，这种损失可以通过合理的方式计算。这种宏观视角下的请求权模式，具有相当的可操作性，也避免了不确定的将来潜在损害带来的救济障碍问题。

（二）侵权预期请求权的具体行使及其限制

1. 医疗监测费用赔偿请求权的具体行使及其限制

医疗检测费用请求权的行使首先应确定适格的权利主体。该请求权的目的在于为潜在损害者对自身潜在损害进行医学监测的损失进行赔偿。因此，该项请求权的行使主体首先是实际遭受了侵权行为，且具有潜在损害的受害者。

美国部分法院主张只有那些伴随着明显的人身伤害的受害者，才能针对该伤害可能造成的预期损失提起医疗监测费用赔偿之诉。[2]但亦有法院不要求原告现有人身伤害，而以身体亚细胞的变化作为当前损害，进而支持赔偿请求。[3]从总体趋势来看，人身伤害规则越发受到质疑，对医疗监测费用请求权人的认定逐渐从人身伤害要求转向了暴露程度要求，即只有那些受到超过基础浓度的暴露或达到严重暴露程度的受害者才能够行使医疗监测费用请求权，而只是轻微暴露的受害者，则认为没有定期监测的必要。

我国可以以美国法的发展为鉴，在主体资格的确认上，无须拘泥于已存在明显人身伤害者，但凡长期暴露于有毒有害物质之中且疾病风险高于一般人群的受害者均有权提供此类诉讼，即只要符合下列条件，受害者便可提起该医疗监测赔偿请求权诉讼：（1）这种物质被认为是危险的，或已被证明能够诱发某种疾病；（2）受害者确实暴露其中；（3）暴露的结果是受害者潜在疾病的风险较一般群体有明显增加，或者体内监测中相关致病因子的数量异常增加。是否应该予以赔偿、赔偿多

---

〔1〕 David Rosenberg, “Decoupling Deterrence and Compensation Function in Mass Tort Class Actions for Future loss”, 88 Va. L. Rev. 1871 (2002).

〔2〕 在 Wood v. Wyeth - Ayerst Labs 案中，法院在缺乏当前的人身伤害证明的情况下，拒绝支持医学监测的诉求。See 82 S. W. 3d 849 (Ky. 2002).

〔3〕 See Donovan v. Philip Morris USA, Inc. 914 N. E. 2d 891 (Mass. 2009).

少，则由法院进一步通过医疗监测的必要性与合理性的考量对赔偿予以判定。

一般来说，对于定期医疗监测的必要性与合理性的认定，首先，法院需要指定医学专家或科学小组提供可靠的专家证言。[1]其次，这种定期监测项目应当具有针对性，系专门用于潜在损害的监测，区别于一般人的体检项目。[2]这种定期监测还应当具有实际价值，即受害者可以通过医学监测对疾病的发展起到实际的阻止或控制作用。

此外，医疗监测费用请求权的行使，应与显性损害的实际治疗费用的赔偿请求权相区别，前者仅仅是针对潜在损害的专门花费，其行使不会妨碍对应的显在损害赔偿。事实上，当受害者通过医疗监测发现疾病症状时，即意味着潜在损害显在化，此时新的损害出现，发生新的赔偿请求权，而已不属于潜在损害的救济范畴了。

2. 患病恐惧的精神损害赔偿请求权的具体行使及其限制

疾病恐惧赔偿请求权本质上属于精神损害请求权的一种。对于这一请求权，主要有两种观点，一是认为只有受害人自身承受了人身损害时，方可主张该请求权；二是认为即使受害人自身没有明显的人身损害，亦可主张该请求权。在美国实践中有三种处理方式：（1）多数法院，如得克萨斯州等要求疾病恐惧的赔偿必须伴随有形的人身损害；（2）纽约州法院修正了人身伤害规则，将体内有毒物质的异常增加认定为有形损害，进而允许此类潜在损害受害者享有精神损害赔偿请求权：（3）加利福尼亚州法院放弃了人身伤害要求，转而从证明责任的角度，要求受害者提供患病风险的合理性证明，即只有能够证明自身患病风险是合理的潜在损害受害者，才能提起精神损害赔偿。

从我国侵权责任法和相关的司法解释的规定看，我国将精神损害赔偿限定于人身权益遭受侵害的前提，但凡侵害自然人的人格权益造成严重精神损害的，均有权主张精神损害赔偿，这为患病恐惧赔偿请求权开辟了可行之路。在我国行使这一请求权的桎梏在于潜在损害的受害者的患病恐惧是否是真实的，是否通常会导致合理人的严重精神损害，损害赔偿如何计算。解决这一问题，需要结合专家鉴定意见，以合理第三人的标准作出判断。对于潜在损害的受害者的患病恐惧是否是真实的以及是否通常会导致合理人的严重精神损害，可以参考以下因素判定：第一，受害人是否暴露在有毒物质之中、遭受有毒物质侵权的事实。第二，是否有较为可靠的证据证明这种暴露有相当可能性造成某种典型性或代表性疾病。第三，受害人遭受痛苦或恐惧的情况，可以根据医师鉴定判断其遭受精神损害的“严重性”程度。通常

---

[1] American Law Inst.，Enterprise Responsibility for Personal Injury 379－380（1991）.

[2] ［美］吉恩·马基雅弗利·艾根：《毒物侵权法精要》，李冰强译，南开大学出版社 2016 年版，第 289 页。

来说，这种严重是指后果的严重性，即所造成的痛苦超出社会一般人的容忍程度。[1]第四，这种痛苦或恐惧以合理谨慎人标准来看，是否是合理的、真实的。第五，这种痛苦或恐惧是否是因为恐惧有毒物质可能引发的典型性、代表性疾病所产生的。

对于精神损害赔偿的计算，需要综合考查以下因素予以确定：1. 毒物侵权人的过错程度；2. 毒物侵害在多大范围、多大程度上造成了怎样的损害后果；3. 毒物侵权人是否因此行为获得利益，获得利益的多少；4. 受害人遭受精神损害的持续时间，可能罹患疾病的严重性。

3. 患病风险增加赔偿请求权的具体行使

患病风险增加赔偿请求权可以参照美国大规模侵权的保险基金裁决模式，设计我国这一请求权的具体行使规则。

保险基金裁决系针对大规模的预期损失采取集体诉讼（class action）的救济方式。保险基金裁决模式主要通过以下三个具体的步骤完成：首先，由法官召集大规模侵权事件中的全部潜在受害者，要求其加入集体诉讼（限制个人诉讼），以此实现最优效益的诉讼成本；其次，法院基于一定的数据统计与计算，确定侵权人应当承担的整体责任，并以此厘定适宜的赔偿金总额，实现人权保障与行为自由的平衡；最后，进入保险基金阶段，以该笔赔偿金总额建立一个保险基金，在受害者群体中出现具体损害时，根据实际的损害程度从保险基金中支付相应的赔偿金。[2]如此优势在于，一方面它无须考虑受害者的个体特殊性，也不用关注等待实际结果的出现，实现救济的及时性；另一方面通过集体诉讼的模式能够实现救济效率与成本的最优配置，分摊此类诉讼中成本极高的证明责任。这一模式恰好适合在患病风险增加赔偿的救济中运用。

在行使基于患病风险增加赔偿请求权时须注意，请求权的主体是一个侵权事件下的受害者集体，单个受害者不能成为此类请求权的主体；从请求权的赔付上讲，侵权人的赔偿并非直接支付给受害者，也非现时支付，而是形成一个专项基金账户，待到显在损害发生之后根据实际的损害程度而进行支付。

尾论

综上，在当前风险社会背景下，民法典宜适度承认侵权预期请求权。可以说，《民法典侵权责任编（草案）》（二审稿）在侵权责任的一般条款上为侵权预期请求权的承认与行使留下了解释的空间。然在损害赔偿的列举与精神损害范围的规定上

---

[1] 王利明：《侵权责任法研究（上卷）》，中国人民大学出版社2016年版，第724页。

[2] 叶聪颖：《风险社会视角下对潜在危害的救济》，载《贸大法律评论（第一卷）》。

可稍加完善，即第956条“侵害他人造成人身损害的，应当赔偿医疗费、护理费、交通费、营养费等为治疗和康复支出的合理费用，以及因误工减少的收入。”可明确承认医疗监测费用，改进为“侵害他人造成人身损害的，应当赔偿医疗监测费、医疗费、护理费、交通费、营养费等为治疗和康复支出的合理费用，以及因误工减少的收入。”第960条“侵害自然人人身权益造成严重精神损害的，被侵权人有权请求精神损害赔偿。”可改进为：“侵害自然人人身权益或严重危及他人人身权益，造成严重精神损害的，被侵权人有权请求精神损害赔偿。”

论侵害特定纪念物品精神损害赔偿的适用范围

——从“人格象征意义说”到“身份象征意义说”*

王 竹 张 敏**

目 次

近代人格觉醒，人作为理性拥有者，其独立、有尊严的地位得到承认和尊重。从康德伊始，人格作为“超脱了整个自然的机械作用的自由和独立性”，凭借作为理性存在者的人格人成为目的本身。[1]体现在法律上是人法中传统以身份地位决定人格和权利能力的时代不再，以支配性和等级为特征的身份权式微，取而代之的是人格权的产生和发展。在侵权损害赔偿上，除了财产损害赔偿以外，一些非财产上

* 载于《现代法治研究》Journal of Modern Rule of Law 2018 年第3期。

** 王竹，法学博士，四川大学法学院教授、博士生导师，法律大数据实验室主任；兼任中国人民大学民商事法律科学研究中心侵权法研究所副所长，烟台大学中欧侵权法研究院研究员。张敏，四川大学法学院民商法学专业硕士研究生。

“法合实验室”为本文的写作提供了案例数据支持，在此致谢！

本文系教育部人文社会科学重点研究基地重大项目“中国侵权责任法改革研究”（16JJD820015）的中期成果。感谢教育部对本文写作的支持，本文文责自负。

〔1〕［德］康德：《实践理性批判》，韩水法译，商务印书馆1999年版，第94页。

的损害如精神痛苦也开始被纳入赔偿范围。非财产损害赔偿或精神损害赔偿的出现扩大了损害赔偿的适用范围，实现了对受害人更全面的救济。通说认为精神损害赔偿主要是针对侵害权利主体人身权益的情形，《侵权责任法》第22条因此规定："侵害他人人身权益，造成他人严重精神损害的，被侵权人可以请求精神损害赔偿。"人格权和身份权作为非财产权益，均不能表现为直接的财产价值，无法用金钱来度量。[1]此外精神损害赔偿中还有一类特殊问题，就是侵害特定纪念物品的精神损害赔偿适用问题。损害赔偿的目的在于填补损害，在物品遭受侵害时赔偿财产上所受不利益即可，对于所有人在物上倾注的情感一般不予赔偿。但有的物品尽管财产价值有限，但包含了重大的精神利益，如坟墓、父母的遗像等。侵害这些特定纪念物品会给受害人带来巨大的精神痛苦，针对这种侵害物品导致的非财产上的不利益是否应当承认赔偿精神损害存在较大的学说争议。

2001年最高人民法院《关于确定民事侵权精神损害赔偿责任若干问题的解释》（以下简称《精神损害赔偿司法解释》）第4条规定："具有人格象征意义的特定纪念物品，因侵权行为而永久性灭失或者毁损，物品所有人以侵权为由，向人民法院起诉请求赔偿精神损害的，人民法院应当依法予以受理。"本文从司法实务出发，通过搜集整理适用《精神损害赔偿司法解释》第4条的相关司法裁判，探讨侵害特定纪念物品适用精神损害赔偿的适用范围，并提出相应的立法建议。

一、精神损害赔偿范围的限制与扩张

侵权精神损害赔偿的一般适用条件为受害人的人身权益遭受侵害，产生生理或心理上的痛苦等非财产上不利益。而侵害特定纪念物品适用精神损害赔偿，虽然赔偿客体是非财产上的不利益，但其突破了侵权客体是人身权益的限制，对侵害特定物品也认可赔偿精神损害。

（一）关于侵害特定纪念物品适用精神损害赔偿的学说争议

有学者对《精神损害赔偿司法解释》第4条的规定存有疑虑，认为财产权益受损害时适用财产损害赔偿就可救济受害人，此外人格象征意义难以判断可能导致法官自由裁量权过大。[2]大多数欧洲国家也将非财产损害限定于人身伤害案件，如侵

[1] 姚辉：《人格权法论》，中国人民大学出版社2011年版，第95页。

[2] 王利明：《侵权责任法研究》，中国人民大学出版社2010年版，第713页。

害身体、隐私或名誉。〔1〕但这一规定得到了国内学术界大多数学者的支持，代表性的观点认为，具有人格象征意义的特定纪念物品永久性灭失或毁损有两个损失，一个是物的损失，一个是物损害后造成的人格利益损害；〔2〕侵害财产权益可能给权利人带来一定的精神痛苦，因而有精神损害赔偿的必要。〔3〕不过学者们也提出，“具有人格象征意义的特定纪念物品”范围过窄，应增加可引发精神损害赔偿的其他物品的类型，如充当人“器官”的物、其他寄托重大感情因素的物品、知识产权等。〔4〕比较法上，法国和日本对精神损害赔偿都采概括主义，即不论是侵害人格权益或财产权益，都可以赔偿精神损害，不以法律明文规定情形为限。奥地利法规定只有在故意触犯刑法或恶意造成损害时，对于财产损害才需要赔偿物的情感价值。〔5〕

精神损害赔偿不同于财产损害赔偿。财产损害赔偿适用完全赔偿原则，旨在“恢复原状”，实现矫正正义；而精神损害赔偿中损害具有不可逆性，只能通过金钱赔偿的方式进行补偿。财产损失只要根据一般的因果关系理论可归责就应该加以赔偿；而非财产损失作为一种情感损失不能适用财产损失的可赔偿性标准。〔6〕因此各国多对可赔偿的精神损害进行限定，以法律明文规定为限。如《德国民法典》第253条第1款规定：“对于非财产损害的赔偿，仅在法律有规定的情形，始可以请求以金钱赔偿。”〔7〕

传统民法上的民事权利分为财产权和人身权，人身权实际上扮演了非财产权的补充性概念，包含了人格权和身份权两种相对独立的权利类型。人身权和财产权作为两大权利类型在内涵、性质和保护上都有明显区别。人格权和身份权保护权利主体精神上、道德上的利益，都与权利主体人身不可分离，不可转让、继承；财产权保护权利主体的财产利益。随着社会的发展，这种二元化的权利模式框架在实践中也面临一些挑战。传统理论认为对人身权的保护主要采用精神损害赔偿的方式，但某些人格权如姓名权、肖像权中的人格权客体被商业化利用越发普遍，更多体现为商业价值，出现人格商品化倾向，在损害赔偿上可以适用财产损害赔偿。某些财产人格化的倾向也逐渐显现和得到认可。有学者在研究了人格与财产的互动之后，提

〔1〕［德］U. 马格努斯主编：《侵权法的统一：损害与损害赔偿》，谢鸿飞译，法律出版社2009年版，第278页。

〔2〕杨立新：《侵权法论》，人民法院出版社2013年版，第1160页。

〔3〕张新宝主编：《精神损害赔偿制度研究》，法律出版社2012年版，第309页。

〔4〕参见胡平：《精神损害赔偿制度研究》，中国政法大学出版社2003年版，第76页；易继明、周琼：《论具有人格利益的财产》，载《法学研究》2008年第1期。

〔5〕［德］U. 马格努斯主编：《侵权法的统一：损害与损害赔偿》，谢鸿飞译，法律出版社2009年版，第19页。

〔6〕［德］克雷斯蒂安·冯·巴尔：《欧洲比较侵权行为法（下）》，焦美华译，法律出版社2001年版，第200页。

〔7〕杜景林、卢谌：《德国民法典全条文注释》，中国政法大学出版社2015年版，第168页。

出“人格财产”的概念，认为有些财产应当被认定为“人格的”，相比一般财产提供更优位的保护。这些财产与人的全面发展或者团体的身份认同有关，如结婚戒指、祖传遗物、房屋等。[1]而徐国栋教授认为现代新财产的分类中包括人格财产和可替代财产的划分，人格财产指与人格紧密相连、其灭失造成的痛苦无法通过替代物补救的财产。[2]这些新发展突破了人身财产的二元对立，关注到了二者的互动，适应了社会发展的需要。

（二）侵害特定纪念物品适用精神损害赔偿的可赔偿性

损害赔偿的确定除了损害要具有真实确定性、侵权行为与其具有因果性，还要有可赔偿性，即具有法律上的可补救性，有救济的必要和可能。[3]物品或多或少会寄托人的一定情感，但并非所有物品遭受侵害后都要进行精神损害赔偿，一般情况下通过恢复原状或赔偿财产损失就可以填补损害。精神损害无法像财产损害一样精确计量，损害程度也受个体主观的影响；同时精神损害发生后难以恢复原状，只能事后通过金钱赔偿的方式进行抚慰。基于对保障行为自由、救济受害人和诉讼闸门三者平衡的考量，除少数国家对精神损害赔偿采概括主义外，多数国家都限定精神损害赔偿的适用范围，采用列举主义或折中主义。[4]对侵害特定纪念物品进行精神损害赔偿更应该严格把握其要件。

1. 被侵害的物品包含重大的人格或身份利益

侵害物品导致一般意义上的情感价值损失不适用精神损害赔偿，如毁坏了他人的情书或心爱的物品。具有精神损害可赔偿性的物品应当是包含重大人格或身份利益的物品。人格权是存在于权利人自己人格上的权利，以人格利益为标的。身份权是存在于特定身份上的权利，以身份利益为标的，这里的身份是狭义的亲属法上的身份。权利属于广义的利益，人身利益是指被上升为权利之外的值得法律保护的其他利益。受到法律保护的利益亦即法益，“法益”的概念产生于德国，将作为侵权行为法保护客体的权利和利益相区分，解决对不同的利益保护程度如何区分的问题。[5]个人全部的权利或受法律保护的利益的总和，称之为“权利范围”。[6]根据权利概念的“法力说”，权利是得享受特定利益的法律上之力。权利也属于广义的

---

[1] See Margaret Jane Radin, Property and Personhood, 34 Stan. L. Rev. 957 (1982).

[2] 徐国栋：《现代的新财产分类及其启示》，载《广西大学学报（哲学社会科学版）》2005年第6期。

[3] 江平：《民法学》，中国政法大学出版社2011年版，第486页。

[4] 张新宝主编：《精神损害赔偿制度研究》，法律出版社2012年版，第74～78页。

[5] 孙维飞：《弹性的法学移植——以侵权行为法学中“法益”学说之发展为个案的考察》，载《中外法学》2009年第6期。

[6] ［德］卡尔·拉伦茨：《德国民法通论》，王晓晔等译，法律出版社2013年版，第48页。

法律上的利益，而狭义的利益在主体、内容、范围上与权利相比不具体特定。利益的重要性和具体化程度虽然不及权利，但可以弥补仅保护权利的不足和权利确认的滞后性，通过对重要的利益进行消极保护的方式实现对受害人更好的救济。德国除了权利化的人格权，还创设出一般人格权对非典型人格利益进行保护，在损害赔偿上有所区分。对权利和利益的保护程度不同，在侵害一般人格权时，侵权行为的判定更多需要利益衡量和个案具体分析。〔1〕普通法系也会用人格利益指代某些未被上升为人格权但值得法律保护的人格方面利益，如个人荣誉早期就先被作为人格利益提出进行讨论。〔2〕

虽然侵权客体是作为财产权客体的物品，但当该物品主要包含非财产利益，且这种非财产利益表现为重要的人格或身份利益，侵害该物体造成的精神损害才有救济的必要。对适用精神损害赔偿的物品应该严格谨慎判断，即使在法国、日本对侵权损害赔偿采概括主义的国家，也并不意味着侵害物品可以广泛赔偿非财产性不利益，对物品适用精神损害赔偿也是例外情况，主要集中在侵害宠物、祖屋等。〔3〕

2. 侵害物品造成的精神损害具有严重性

任何一个法律制度都需要一个过滤器，以将可赔偿性损害从不可赔偿性损害中区分出来。〔4〕我国《侵权责任法》在精神损害中与德国类似，采用严重性作为可赔偿性损害的过滤器。严重性要求意味着精神损害只有在超过日常生活通常所应承受的程度或构成一种心理疾病时才能得到赔偿。〔5〕《精神损害赔偿司法解释》第8条要求精神损害造成严重后果才可支持精神损害赔偿，限定过严，《侵权责任法》第22条采用“严重精神损害”的用语予以缓和。适用精神损害赔偿不限于侵权导致精神疾病等后果，可以通过其他方式推断当事人精神损害的严重程度。如结合加害人实施侵权行为时的主观心态、行为方式、行为场所等情节来推断精神损害的严重性。〔6〕

侵害物品导致精神损害与一般的侵害精神性人格权导致的精神损害不同。如侵害名誉权的情况下，损害受害人名誉的不实言论作出时就对受害人造成了无形损害，事后的道歉赔偿无法真正回到侵权行为发生前的状态。而在侵害物品导致的精神损害中，当事人的精神利益以物为载体，有可能通过修理等方式使物品的状态回到侵权行为发生前，适用精神损害赔偿的必要性不强。当物品的损坏无法恢复，当

---

〔1〕薛军：《非典型人格利益的民法保护模式研究》，载《暨南学报（哲学社会科学版）》2012年第3期。

〔2〕See Roscoe Pound, Interests of Personality, 28 Harv. L. Rev. 445 (1914－1915).

〔3〕参见张民安：《法国民法》，清华大学出版社2015年版，第387页。于敏：《日本侵权行为法》，法律出版社2015年版，第560页。

〔4〕［德］克雷斯蒂安·冯·巴尔：《欧洲比较侵权行为法（下）》，焦美华译，法律出版社2001年版，第33页。

〔5〕谢鸿飞：《精神损害赔偿的三个关键词》，载《法商研究》2010年第6期。

〔6〕张新宝主编：《精神损害赔偿制度研究》，法律出版社2012年版，第22页。

事人寄托特殊感情的载体不复存在，造成的精神损害才有赔偿的必要。《精神损害赔偿司法解释》第4条中规定具有人格象征意义的特定纪念物品因侵权行为而“永久性灭失或毁损”，通过侵权对物造成损害后果的严重性要件将受害人轻微的精神损害排除。

3. 损害的判断适用客观标准

精神损害赔偿的客体是非财产上的不利益，人格或身份权益受到的侵害需要客观上可以确定。个人对物品的情感具有很强的主观性，因而可适用精神损害赔偿的物品具有的情感价值应当采用客观标准判断。损害的客观性既包括损害是客观发生的，非属当事人主观臆造或虚构；也指损害是依社会客观认识或事物发展客观规律必然发生的结果。[1]例如，在宠物被侵害致死案件中，作为宠物主人的原告要求精神损害赔偿，此时的精神损害更多是一种因为宠物主人在宠物身上倾注的情感体现的情感价值，这种价值有很大的主观性，而且容易被夸大。情感价值带有很强的个人情感色彩，从社会一般大众的视角出发不被认可具有重要人身利益的话不应被视为非财产损害进行精神损害赔偿。

二、“具有人格象征意义的特定纪念物品”司法实务分析

（一）司法实务中《精神损害赔偿司法解释》第4条的适用情况

《精神损害赔偿司法解释》第4条的规定来源于对司法实践的回应，设计原型是二十个世纪九十年代末发生的一起父母遗照丢失请求精神损害赔偿的案件。原告在唐山大地震中失去双亲，后找到父母遗照各一张送至被告唐山美达摄影有限公司翻版放大。但被告将遗照丢失，原告诉至法院要求赔偿特定物损失及精神损失。法院认为被告的失误给原告造成无法挽回的精神损失和精神上痛苦，支持了部分精神损害赔偿。为此司法解释抽象出“具有人格象征意义的特定纪念物品”概念，对侵害某些与特定人格相联系或具有人格象征意义的特定纪念物品支持精神损害赔偿。[2]

经过笔者的整理，“中国裁判文书网”公布的案例中，以《精神损害赔偿司法解释》第4条为裁判依据的案例共计263个。[3]其中共有171个裁判支持了精神损害赔偿，主要类型如下：

---

〔1〕 宁金成、田土城：《民法上之损害研究》，载《中国法学》2002年第2期。

〔2〕 唐德华主编、最高人民法院民事审判第一庭编著：《最高人民法院〈关于确定民事侵权精神损害赔偿责任若干问题的解释〉的理解与适用》，人民法院出版社2015年版，第42页。

〔3〕 对于重复案例和属于人身损害赔偿的案例进行了手工排除，司法实践中对于房屋、机动车等价值较高的物品受侵害有请求精神损害赔偿的情形，但不属于特定纪念物品没有获得法院支持，统计时进行了排除。

特定纪念物品被侵害请求精神损害赔偿案件类型表

特定纪念物品类型	数量（个）	支持数量（个）	支持比例	赔偿数额范围	赔偿额平均数
遗体、遗骨、骨灰	20	18	90%	2400－80000元	24522元
宠物	18	5	28%	500－2000元	980元
个人生活照	5	2	40%	500－1000元	750元
学历、资格证书	5	5	100%	1000－3000元	2200元
获奖证书、奖状	2	2	100%	2000－10000元	6000元
婚礼录像、结婚照	65	64	98%	600－22000元	6772元
祖坟、墓碑	60	50	83%	300－40000元[1]	9322元
过世亲人照片	3	3	100%	5000－10000元	8333元
在世亲人照片、录像	8	8	100%	750－5000元	1931元
祖屋、宗谱	3	2	67%	3000－10000元	6500元

（二）适用《精神损害赔偿司法解释》第4条的特定纪念物品类型分析

1. 遗体、遗骨、骨灰

案例中共有20例涉及遗体、遗骨、骨灰，法院对于原告精神损害赔偿的诉求大都予以了支持。《精神损害赔偿司法解释》第3条第3项规定了“非法利用、损害遗体、遗骨”的精神损害赔偿，将遗体、遗骨作为具有人格象征意义的特定纪念物品不妥。而骨灰作为死者遗体的变形物没有明文包括在《精神损害赔偿司法解释》第3条第3项中，部分法院适用第4条进行保护，建议未来应将骨灰与遗体、遗骨放在一个条文中进行规定。

遗体、遗骨、骨灰作为一类特殊的物，一直受到法律的特殊保护。无论是将遗体、遗骨、骨灰作为延续人身利益进行延伸保护；[2]或是将其作为死者遗属的精神利益以及社会公共利益的体现进行保护，[3]都承认遗体中蕴含的精神属性和情感价值。遗体、遗骨和骨灰作为自然人身体的遗存具有双重属性，其上不仅承载着死者的人格尊严，包含了死者的人格利益，而且还是死者近亲属身份利益的体现，包含了死者近亲属巨大的精神利益。对遗体、遗骨和骨灰进行特殊保护属于死者人格利

〔1〕涉及祖坟案例中一例是共有纠纷，原、被告共同的祖坟在修高速公路时意外被挖，经协商获得160000元的赔偿款，法院认定赔偿款的性质为精神损害赔偿款。因法院只是确认赔偿款的性质，该数额在计算赔偿数额范围时未包含在内。

〔2〕杨立新、王海英、孙博：《人身权的延伸法律保护》，载《法学研究》1995年第2期。

〔3〕潘元松：《论骨灰的民法调整和保护》，载《人民司法》2011年第7期。

益的延伸保护，不属于《精神损害赔偿司法解释》第 4 条中规定的具有人格象征意义的特定纪念物品。

2. 宠物

18 个涉及宠物的案例中有 5 个支持了精神损害赔偿，不支持的判决多认为宠物不是《精神损害赔偿司法解释》第 4 条中规定的“具有人格象征意义的特定纪念物品”；〔1〕支持的判决主要是从受害人与宠物感情深厚，宠物死亡对其造成精神伤害的意义上认定的。〔2〕

现代社会越来越多的家庭饲养宠物，人与宠物之间的情感联系也更加密切，因宠物发生的侵权事件也日益增多。当宠物因侵权行为而受伤甚至死亡时，其主人会遭受一定的精神痛苦，但是主人与其宠物的关系具有较强的主观性，在宠物身上寄托的感情以及宠物被侵害后导致的精神痛苦也有明显的差异性。宠物不体现特定人的人格，与人也无法形成身份关系，宠物不应当认定为具有重大人格或身份利益的特定纪念物品，不可适用《精神损害赔偿司法解释》第 4 条。在故意致宠物死亡，如宠物“受伤后故意致死”和“当面残忍打死”的，可以考虑适用“精神震吓”，赔偿精神损害。〔3〕

3. 个人生活照

普通的个人生活照虽然对于当事人有一定纪念意义，照片上负载了所有人的情感。但这种情感利益主要表现为所有人的主观价值，缺乏从一般社会公众出发普遍被认可的客观性，不具有精神损害赔偿可赔偿性。

4. 学历、资格证书

搜集的案例中还有 4 例毕业证和 1 例音乐考级证书案例获精神损害赔偿，毕业证和考级证书对人的学习、就业等有重要作用，但一般可以补办或通过开具证明文件方式弥补，对人造成的精神损害并不重大，不应适用精神损害赔偿。

5. 荣誉证书、奖状

案例中有获奖证书和父亲军功奖状被丢失赔偿精神损害赔偿的情形各 1 例。荣誉证书或奖状作为权威机关对特定主体授予的肯定评价的物质载体，与荣誉权的保护相关。某些重要的荣誉证书或奖状的毁损、灭失对当事人会造成严重的精神损害，如果属于死者的证书、奖状由其近亲属主张精神损害赔偿涉及死者人格利益的延伸保护；如果是荣誉获得者自己主张可以用直接纳入荣誉权的保护范围。

---

〔1〕 上海市第一中级人民法院：“钟某鹏诉上海哆趣宠物有限公司财产损害赔偿纠纷二审民事判决书”，(2015) 沪一中民一（民）终字第 1626 号。

〔2〕 上海市浦东新区人民法院：“李某与张某财产损害赔偿纠纷一审民事判决书”，(2015) 浦民一（民）初字第 32253 号。

〔3〕 王竹、王艳玲：《宠物被侵害财产损失计算方式的实证研究与规则构建》，载杨遂全主编：《民商法争鸣（第十辑）》，法律出版社 2016 年版，第 139 页。

6. 祖坟、墓碑

60个涉及祖坟、墓碑的案例中共有50个判决支持了原告的精神损害赔偿诉求，另外有6个案例是原告坚持以合同为案由诉讼，法院未支持精神损害赔偿。这里所指的祖坟，是指近亲属的坟地或家族墓地，包括作为墓地的地下及地上建筑形态，不包括其中安放的遗体、遗骨或骨灰。

祖坟作为安放死者遗骸之处，是其亲属寄托哀思、缅怀逝者的重要场所。死者为大，入土为安，祖坟在国人心中有特殊意义。墓碑作为祖坟的附属设施，可以纳入广义的祖坟范围。黑格尔认为公民在世时更多属于国家，死亡后才重新回到家庭；家庭的重要任务是保证个体的埋葬。[1]祖坟对死者近亲属来说包含特殊感情因素，对祖坟和墓碑的侵害往往会导致坟主近亲属重大的精神损害，具有身份象征意义。

死者近亲属对祖坟的所有权共有，应该尊重坟主后代的人格尊严，认可其对祖坟的利益。[2]我国传统上崇尚土葬，祖坟、墓碑与遗体、遗骨、骨灰的保护密切相关。有学者就认为包括尸体（遗骸）、棺木、泥土、石沙等在内的祖坟，应被视为结合物，它们共同构成了死者亲友认同的、得以慰借的保护死者的丧葬形态。[3]

7. 婚礼录像、结婚照

65个案例涉及婚礼录像、结婚照，其中64个的精神损害赔偿诉求得到支持。[4]不同于一般的录像和照片，结婚录像和照片纪念意义更强，而且是夫妻关系产生的重要见证。一般情况下，同一对夫妻也不会办第2次婚礼，婚礼场景不可再现，婚礼录像和结婚照具有时效性，损害无法补救。中国文化向来注重家庭观念，婚礼录像和结婚照包含着重大的身份利益，对夫妻双方来说具有特别的感情价值，应该承认侵害婚礼录像、结婚照产生的精神损害。

笔者搜集到的案例均属于婚姻存续期间夫妻双方均在世的情况下毁损、灭失婚礼录像、结婚照适用精神损害赔偿的情形。夫妻双方在世情形下婚礼录像和照片代表的是配偶身份，婚礼录像和照片作为配偶身份结成仪式的特定纪念物品，是双方因为婚姻而形成的特定联系的体现。此时婚礼录像和照片并不具有人格象征意义，而是具有配偶身份象征意义。

8. 已过世的尊亲属或者卑亲属照片

照片记录了特定情形下人的经历和状态，具有特殊的纪念意义。案例中涉及的

---

〔1〕［德］黑格尔：《精神现象学（下）》，贺麟、王玖兴译，商务印书馆1979年版，第8页。

〔2〕肖泽晟：《坟主后代对祖坟的权益》，载《法学》2009年第7期。

〔3〕易继明、周琼：《论具有人格利益的财产》，载《法学研究》2008年第1期。

〔4〕未支持的一例为婚纱摄影服务合同中，被告将原告结婚照部分底片丢失，法院认为原告对此主张精神损害赔偿不符合法律规定，未予支持。参见天津市滨海新区人民法院：“马某与天津圣玛莉婚纱摄影中心婚纱摄影服务合同纠纷一审民事判决书”，（2015）滨港民初字第5414号。

照片包括与死者有关的照片如父母遗像和过世女儿生前照。

父母遗像如果具有唯一性，从社会一般观念出发遗像毁损无法修复，对受害人造成的精神损害是重大的。遗像承载着子女对亲人的追思和怀念，其中包含着子女巨大的情感价值，遗像包含重大的身份利益。其他离世亲人的照片象征了该亲人的人格，令在世者回忆怀念亲人的音容笑貌。虽双方身份关系因一方离世已不复存在，但亲人生前照片化作连接二者的纽带，体现身份利益。

9. 在世亲人的照片、录像

在世亲人的照片主要包括亲人特定时刻纪念照如子女百日照、周岁照、父母寿宴录像等。孩子的百日照、周岁照等是父母在未成年子女成长过程中的影像留念，是父母对幼子关心、照顾的体现，包含了一定身份利益。录像和照片一样，使特定人的形象或声音得以保存下来，对亲人的回忆和思念有了更为具体的载体。

10. 祖屋、宗谱

祖屋、宗谱等不是近亲属范围内的特定纪念物品，属于宗族中重要的特定纪念物品，象征着宗族的传承。宗族作为一种团体身份关系，虽然在我国亲属法中没有规定，但是应该承认这种在传统社会发挥过重要作用的亲缘组织中维系的身份。宗族作为家庭的扩大体在传统社会政治、经济和生活中有重要作用，同宗的亲属在一个宗族中通过宗族物品和宗族活动维系着伦理亲情。

三、从“人格象征意义说”到“身份象征意义说”

（一）作为通说的“人格象征意义说”

针对《精神损害赔偿司法解释》第4条中规定的“具有人格象征意义的特定纪念物品”，我国支持精神损害赔偿的学者几乎一致认为是因为该特定纪念物品中包含了当事人的人格利益。如杨立新教授认为在受到侵害的特定纪念物品中，须具有人格利益因素，包含人的精神利益和人格价值，该物品成为人的精神寄托、人格的寄托，或者人格的化身。〔1〕易继明教授认为其属于具有人格利益的财产，是外在物的内化。〔2〕还有学者主张存在特殊种类的物与人格密切相关，如冷传莉教授总结抽象出“人格物”这一概念，认为人格物是一种与人格利益紧密相连，体现人的深厚情感与意志，其灭失造成的痛苦无法通过替代物补救的特定物。〔3〕司法实践中适用《精神损害赔偿司法解释》第4条涉及的婚礼录像、结婚照、祖坟等被认为是具

〔1〕 杨立新：《论侵害财产权中的精神损害赔偿》，载《人民检察》2002年第6期。

〔2〕 易继明、周琼：《论具有人格利益的财产》，载《法学研究》2008年第1期。

〔3〕 冷传莉：《论民法中的人格物》，法律出版社2011年版，第60页。

有人格利益。[1]

民法上的人，经历了从所有人的平等的人格到人格权的承认，从抽象的人格到具体的人格，从理性的、有意志的坚强人到软弱人的转变。[2]承认部分包含重大人格利益的物品被侵害适用精神损害赔偿是关注具体的人格，全面保护人的价值的体现。遗体、遗骨等是人身体的遗存，与特定纪念物品不同，前者得到保护是因为遗体和遗骨本身包含的人的身体利益和尊严价值，属于人格利益的延伸保护；而后者是所有权人与亲属之间亲情联系的反射，保护的是身份利益。

（二）被忽视的身份利益

人格权和身份权交互作用，互相影响。人格和身份的关系经历了此消彼长的发展过程。罗马法时期基于身份决定人格，要作为完全的权利义务主体，需要具有自由权、市民权和家族权；[3]近代人的理性觉醒，人格以人的伦理价值为实质基础，“生命、身体、健康、自由、尊严、名誉”等作为“人之所以为人”的条件，构成了人格的基本伦理要素，[4]现代个人主义发达，确立起对人格权的保护，在具体人格权之外还注重一般人格权的保护。而身份逐渐退居人格之后，只在家庭法领域发挥作用，人格权成为人身权中主导的、基本的权利。关注人的价值除了适用范围日益扩大的人格权益以外，身份权益也有它独特的作用。家庭是无历史的、无性别的、无时间的商品世界的对立世界，[5]家庭中含纳的夫妻、亲子、亲属等人伦关系仍然是人的重要依靠。

我国受苏联立法的影响将人格权和身份权统一规定为人身权，《民法通则》颁布后早期以人身权为研究对象，后期以单独研究人格权的居多。[6]我国对于身份关系没有规定统一的亲属法，身份关系的内容主要集中于《婚姻法》和《继承法》，而婚姻法作为单独的法律部门不是传统民法学者的研究对象。身份权益在权利之外更强调特定义务，如夫妻的忠实义务、父母对子女的抚养义务。身份权益的伦理性和道德性使得在亲属法中更强调家庭内的自治，因此无须过多的强制性规定。法律规定的身份关系主要集中于亲属之间的对内关系，忽视了对外关系，在身份关系内

---

〔1〕参见贵州省遵义市汇川区人民法院：“李某峰、陈某瑶与遵义市天赐良缘文化传媒有限公司服务合同纠纷一审民事判决书”，（2018）黔0303民初262号。宁夏回族自治区银川市金凤区人民法院：《尤某艳与宁夏暗格文化传播有限公司人格权纠纷一审民事判决书》，（2016）宁0106民初6459号。

〔2〕［日］星野英一：《现代民法基本问题》，段匡、杨永庄译，上海三联书店2015年版，第78页。

〔3〕周枏：《罗马法原论》，商务印书馆2005年版，第107页。

〔4〕马俊驹：《论作为私法上权利的人格权》，载《法学》2005年第12期。

〔5〕［德］罗尔夫·克尼佩尔：《法律与历史——论〈德国民法典〉的形成与变迁》，朱岩译，法律出版社2003年版，第111页。

〔6〕徐国栋：《人格权制度历史沿革考》，载《法制与社会发展》2008年第1期。

部也极少适用损害赔偿。[1]这导致了在考虑侵权精神损害赔偿时很少关注到身份利益。

（三）“身份象征意义说”的提出

人格利益主要包括具有人格属性的生命、身体、健康、自由、名誉等为了实现人的自由发展和人格尊严必须保障其不受第三者侵害的利益。而身份关系强调特定的亲属之间的地位以及相互的权利和义务关系，在对内关系上具有相对性，保障两权利主体之间的身份利益。[2]

人格权益和身份权益作为非财产性权利，都与权利主体的人身不可分离，都属于绝对权，也共同体现了人的伦理价值和尊严。但是二者的区别也不容忽视。人格权益是民事主体所固有的，因出生而自然取得，是人之所以为人所需具有的属性；而身份权益非权利人固有，有的要通过一定行为取得，可以做出选择。身份权益具有更强的习俗性、伦理性，受社会环境和风俗的影响，故亲属间之法律关系与国情不合者，鲜能发挥其效用。[3]

适用《精神损害赔偿司法解释》第 4 条的案例中出现婚礼录像、结婚照、祖坟、墓碑、孩子满月照、父母遗像等特定纪念物品都是与亲属关系有关的物品。“人格象征意义说”认为照片、亲属遗留物等使人联想到特定人及其精神风貌，持续地体现了主体的人格所在。同时指出这些特定纪念物品体现的人格不限于所有权人自己，与权利人存在社会普遍观念能够接受的密切联系之人的人格也包括在内，后者一般认为是近亲属。[4]亲属身份权兼具相对性和绝对性，当亲属一方离世，亲属间的相对身份权利义务关系消灭，但双方的身份关系并不因此改变，对第三人的绝对权效力仍然存在。[5]对侵害结婚照、遗像等适用精神损害赔偿，其目的不是保护物品所有人或物品所象征代表之人的个体的人格利益，结婚照、遗像等物品不是自然人维护其独立、自由、尊严所不可缺少的载体，但它们是人们感受亲属间的亲密关系、感悟家庭历史与传承不可缺少的，其承载的是物品所有人与物品所代表的亲属之间的身份利益。正是因为这些物品充当了特定身份亲属之间关系的纽带，当物品遭受毁损时物品所有人不仅在经济利益上有损失，更重要的是亲属关系纽带被切断，其用来纪念、缅怀亲人的载体也不复存在。特定纪念物品所维系的身份内部关系的平衡被打破，当事人因此遭受严重的精神损害。正是为了保护这些特定纪念物品中体现的身份利益，法律才允许适用精神损害赔偿。我们提出“身份象征意义说”，

---

[1] 王利明：《人格权法》，中国人民大学出版社 2005 年版，第 88 页。

[2] 杨立新：《家事法》，法律出版社 2013 年版，第 49～51 页。

[3] 史尚宽：《亲属法论》，中国政法大学出版社 2000 年版，第 5 页。

[4] 易继明、周琼：《论具有人格利益的财产》，载《法学研究》2008 年第 1 期。

[5] 杨遂全：《现行婚姻法的不足与民法典立法对策》，载《法学研究》2003 年第 2 期。

认为特定纪念物品中体现的实为“身份”象征意义，而非“人格”象征意义。

四、具有“身份”象征意义的特定纪念物品类型

现代人格独立，个体在社会生活中主要面对的是“陌生人社会”，但在家庭中仍然以“共同生活”的维持作为最高目标。人格和家庭是个体存在的两种不同状态。[1]在家庭中有更多人情的因素存在，凝结在特定纪念物品中的亲属之间的扶助陪伴情感因素应该得到尊重和保护。亲属身份关系包括夫妻关系、亲子关系和其他的近亲属关系，与之对应的基本亲属身份权包括配偶权、亲权和亲属权。此外我国传统社会中还存在以家长制为核心、以血缘关系为纽带的宗族制度，虽然随着封建制度的消灭宗族制度已经瓦解，但其中蕴含的亲族之间和睦相处、互帮互助的传统在今天仍然发挥其积极意义。[2]应该承认具有身份象征意义的特定纪念物品适用精神损害赔偿，具体包括具有“配偶身份”象征意义的物品、具有“亲子身份”象征的物品、具有“亲属身份”象征意义的物品和具有“宗族身份”象征意义的物品。

（一）具有“配偶身份”象征意义的特定纪念物品

夫妻是关系最亲密的亲属，是血亲和姻亲的源泉。体现配偶身份利益的物品主要包括婚礼仪式纪念物，如婚礼录像和结婚照，配偶的坟墓、遗像等。婚姻制度是家庭制度的核心，通过两性结合形成新的共同生活团体，也是亲属关系的起点。我国传统上向来注重婚礼仪式，古代婚礼要经“纳采”“问名”“纳吉”“纳征”“请期”“亲迎”六礼才算完成。结婚不仅具有个体意义，更重要的是对家庭关系具有重要意义。中国传统中的婚姻具有宗教性，是子孙对祖先的神圣义务，独身无嗣是愧对祖先的不孝行为。[3]虽然现代婚礼已经不再沿袭古代的一整套流程，但是婚礼对于夫妻双方和各自的家庭仍然具有重要意义。婚礼录像中记录了婚礼仪式，具有重要的身份利益，有法院就明确指出：“婚礼的影像记录是两原告人生中具有永久纪念意义的重大活动，是夫妻日后重温结婚喜庆、获得精神愉悦的特定纪念物品，具有不可替代、不可再现性。”[4]

（二）具有“亲子身份”象征意义的特定纪念物品

父母与未成年子女一般长时间共同生活，体现亲子利益的物品主要包括未成年

---

〔1〕张翔：《论家庭身份的私法人格底蕴及其历史演变》，载《法律科学》2011年第2期。

〔2〕参见郑定、马建兴：《论宗族制度与中国传统法律文化》，载《法学家》2002年第2期。

〔3〕瞿同祖：《中国法律与中国社会》，中华书局2003年版，第97页。

〔4〕安徽省安庆市大观区人民法院：“龙某生、闫某敏等与安庆市贵夫人婚纱摄影有限公司一般人格权纠纷一审民事判决书”，(2016) 皖0803民初1458号。

子女的纪念照片、录像、坟墓、遗像等。父母子女是最近的直系血亲，是家庭关系的重要组成部分。父母对未成年子女有管教和保护的义务，现代社会设立亲权制度主要是为了保护未成年子女的利益，[1]子女的百日照和周岁照包含了父母对未成年子女的保护和关心。

当亲人离世，在世亲属与其之间的身份权消灭，包含在身份权中的基于特定身份产生的具有支配利益的身份利益也不复存在。遗像、遗物等就成了当事人与亲人感情联系的纽带，睹物思人，如未成年子女的遗像是父母怀念在抚养和教育过程中双方浓厚亲情的寄托，若被永久毁坏对当事人造成的精神痛苦是巨大而持久的。

（三）具有“亲属身份”象征意义的特定纪念物品

具有“亲属身份”象征意义的物品主要包括其他近亲属的纪念照片、坟墓、墓碑、遗像等。祖坟对于家庭来说具有重要的精神利益，中国人崇尚土葬，坟墓和墓碑是安放亲人遗骸之处，是家庭成员缅怀先人的寄托物。祖坟是同族生命的根源，对中国人来说具有极为重要的意义。在中国传统观念中，祖先和子孙同属于一个“气”，而祖坟就象征着“气”的展开，祖坟的吉凶或管理的好坏左右着子孙的命脉。[2]祖坟对于家族成员来说是维系其家族认同的重要象征，祖坟被毁损意味包含在其中的身份利益被严重侵害，对当事人来说会造成严重的精神痛苦和伤害。这也是司法实务中法院广泛认可针对祖坟被侵害引发的精神损害赔偿的原因所在。

对包含亲属身份利益的物品适用精神损害赔偿保护的是曾经共同生活的亲属之间的亲属关系和亲密关系，亲属的范围不宜过广。对比侵害遗体、遗骨等具有人格利益的物品造成死者亲属精神痛苦的，有权请求精神损害赔偿的赔偿权利人是死者的近亲属。具有身份象征意义的特定纪念物品受侵害，请求精神损害赔偿的权利人也应限定为近亲属。这里亲属身份利益中的亲属范围是除了配偶、父母与未成年子女之外的成年子女与父母、祖父母、外祖父母和兄弟姐妹。

（四）具有“宗族身份”象征意义的特定纪念物品

宗族身份利益主要包括族谱、祖屋等宗族中的重要物品，这与我国古代宗法制度发展至今的留下的宗族观念密切相关。中国古代家是共同生活的团体；族是家的综合体，是血缘单位。家族是政治、法律的基本单位，以家长或族长作为一单位的主权，对国家负责。[3]正如法院在涉及宗谱案件中所认定的，“该宗谱系始序于1835年，传至现在已经有一百七十多年的历史，该宗谱记载了其宗族的兴衰及相互

---

〔1〕 杨大文主编：《亲属法与继承法》，法律出版社2013年版，第190页。

〔2〕 [日] 滋贺秀三：《中国家族法原理》，张建国、李力译，法律出版社2003年版，第304页。

〔3〕 瞿同祖：《中国法律与中国社会》，中华书局2003年版，第27页。

之间的关系，是具有较高人格象征意义的特定纪念物品，对原告来说至关重要。”[1]现代宗法制度虽然不复存在，宗族在人们的生活中的作用也几近消灭，但在某些地方宗族仍然存在并发挥其作用，这种团体性的身份利益仍然应该得到承认。

五、《民法典·侵权责任编》精神损害赔偿条款立法建议

《精神损害赔偿司法解释》的起草人较早注意到了精神损害赔偿不应仅限于侵害人身权益，回应了实践中侵害特定纪念物品造成精神损害的现实需求。学者也提出“具有人格利益的财产”“人格财产”等概念试图抽象出一类特定财产。如前所述，适用《精神损害赔偿司法解释》第4条的大多数案例所保护的是特定纪念物品中体现的是身份利益而非人格利益。考虑到条文设计的简洁性，建议未来《民法典·侵权责任编》的精神损害赔偿条款将《精神损害赔偿司法解释》第4条与《侵权责任法》第22条的内容合并，规定：“侵害自然人人身权益，或者侵害具有身份象征意义的特定纪念物品导致永久性灭失、毁损，造成严重精神损害的，被侵权人可以请求精神损害赔偿。”

---

[1] 山东省济南市济阳县人民法院：“程某芳与郭某峰等侵权纠纷一审民事判决书”，(2014) 济阳民初字第643号。

动物侵权责任主体概念论*

朱晓峰**

目　次

一、问题的提出

在当前的侵权法实践中，《侵权责任法》第78条以下沿用了《民法通则》第127条的做法，将饲养动物损害责任的主体规定为饲养人或管理人，而非动物的所有人或占有人。个中理由如何，难以知悉。[1]由此导致了司法实践中的裁判标准混乱不堪，学说理论也异见纷扰，难有定论。正在进行的民法典编纂强调科学性和体系性。[2]其中，体系性的核心要求在于抽象概念的严谨性和逻辑的一致性，因为唯有借着将抽象程度较低的概念涵摄于较高等的概念之下，最后才可以将大量的法律素材归结到少数最高概念上，由此构筑的法的体系才是完整的。在体系的范畴内，

---

* 载于《法学评论》2018年第5期。

** 中央财经大学法学院副教授。

〔1〕 参见程啸：《侵权责任法》，法律出版社2015年版，第626页。

〔2〕 参见孙宪忠：《我国民法立法的体系化与科学化问题》，载《清华法学》2012年第6期。

多数法律问题仅借逻辑思考操作即可解决，据此既可以保障最大可能的概观性，亦可保障法的安定性。[1]因此，对于动物侵权责任主体概念的构造与选择而言，立法有必要充分关注司法实践于此反映出来的核心问题，深入考察辨析学理上的主要立场与争议焦点，探析饲养动物侵权场合责任主体概念界定的一般性标准以及具体应予考量的要素，为民法典分则侵权责任编的科学、体系编纂提供砖石材料。

二、动物侵权责任主体概念遭遇的实践困惑

在当前司法实践中，各地法院对《侵权责任法》第78条等规定的责任主体概念"饲养人或者管理人"之内涵外延的理解和把握，并不统一。

（一）所有人一元统一论

持此观点的法院在其作出的生效裁判文书中明确表示，动物饲养人为其所有权人，所有人作为饲养动物的管理人，负有注意和管理义务，当其未尽到注意和管理义务而疏于管束时，应对动物侵权造成的损害承担赔偿责任。[2]该观点的基本立场是，所有关系体现的是主体与饲养动物间的权属规范关系，而饲养人、管理人则是所有权人与饲养动物之间饲养与管束的事实控制关系。因此其本质上体现为典型的动物侵权责任主体一元论立场。

存在问题的是，实践中物权规范关系与事实管理控制关系并非当然合二为一，而是事实管理控制关系常常脱离权属规范关系而相对独立存在。例如，所有权人通过保管合同将饲养动物寄存于事实保管人处、[3]事实控制人基于无因管理喂养捡拾到的动物，[4]等等。于此情形下一元论并不能提供充分说明。

（二）所有人与管理人二元并存论

持此观点的法院在其作出的生效裁判文书中明确表示，动物饲养人是指动物所有人，是对动物享有占有、使用、收益、处分权的人，动物管理人是指实际控制和管束动物的人。[5]依据这一观点，饲养人即所有人当然负有管束动物的义务，当所

---

〔1〕 参见［德］卡尔·拉伦茨：《法学方法论》，陈爱娥译，商务印书馆2003年版，第317页。

〔2〕 参见内蒙古自治区通辽市科尔沁区人民法院民事判决书，（2015）科民初字第2007号；内蒙古自治区通辽市中级人民法院民事判决书，（2015）通民终字第1436号。

〔3〕 参见天津市滨海新区人民法院民事判决书，（2016）津0116民初26253号；北京市第三中级人民法院民事判决书，（2016）京03民终3265号。

〔4〕 参见江苏省南京市江宁区人民法院民事判决书，（2014）江宁江民初字第505号；上海市杨浦区人民法院民事判决书，（2015）杨民一（民）初字第1736号。

〔5〕 参见上海市宝山区人民法院民事判决书，（2016）沪0113民初3828号。

有人与管理人不为同一人时，所有人所担负的管束义务即移转于实际管束控制动物的管理人。[1]据此可以发现，该观点重点强调主体对于动物事实上的管束、控制，至于这种事实上的管束、控制是否构成规范意义上的占有、所有，则在所不问。

存在分歧的是，所有人和管理人非同一人时的责任主体究竟是所有人还是管理人？有法院认为，于此情形下所有人担负的管束动物的义务已移转于管理人，承担责任的主体自应是管理人自己；[2]还有法院认为，在饲养人、管理人未对动物采取安全措施导致他人损害的情形下，饲养人和管理人应承担共同责任。[3]这种分歧常常导致相同案件的不同裁判结果。

（三）所有人与占有人二元并存论

持此观点的法院在其作出的生效裁判文书中表示，动物饲养人或管理人并不局限于动物所有人。在动物被遗弃或逃逸时，占有人出于无因管理而占有动物的，应将之纳入合法占有范畴，而合法占有动物之人因其对动物的直接控制而相应的负有管理义务，属于动物管理人范畴。[4]亦言之，动物饲养人或管理人仅是事实层面的判断，在规范层面，动物饲养人或管理人要么是所有人，要么是占有人。至于占有人是否必须是合法占有，司法实践并未予以明确说明。

区别于所有人与管理人二元并存论的显著特点是，该观点强调对动物事实上的管束、控制在规范层面加以判断，以符合所有或占有的规范评价。该观点的现实意义在于，在不承认先占制度或拾得遗失物等可以取得物之所有权的现行物权法体系下，对于长期喂养并事实上管束、控制无主之动物的责任主体认定，可以在占有体系内解决，而占有与无主动物的事实管束控制，亦可以像所有与管理那样相分离并依据事实管理控制理论来分配侵权责任。[5]

（四）保有人论

司法实践中还有法院依据保有人概念来应对当前饲养人、管理人概念涵摄不力的实践问题。例如，在乔某玉与肖某贞饲养动物损害责任纠纷案中，审理法院即在

---

〔1〕 参见江苏省南京市中级人民法院民事判决书，(2014) 宁民终字第2957号。

〔2〕 参见上海市杨浦区人民法院民事判决书，(2015) 杨民一 (民) 初字第1736号；天津市第二中级人民法院民事判决书，(2015) 二中民四终字第1501号；江苏省南京市中级人民法院民事判决书，(2014) 宁民终字第2957号；新疆维吾尔自治区乌鲁木齐市沙依巴克区人民法院民事判决书，(2014) 沙民一初字第2345号；陕西省丹凤县人民法院民事判决书，(2013) 丹民初字第00203号。

〔3〕 参见四川省南充市中级人民法院民事判决书，(2014) 南中法民终字第2009号；江苏省南京市秦淮区人民法院民事判决书，(2015) 秦民初字第754号。

〔4〕 参见上海市杨浦区人民法院民事判决书，(2015) 杨民一 (民) 初字第1736号。

〔5〕 参见四川省南充市顺庆区人民法院民事判决书，(2013) 顺庆民初字第3531号。

裁判文书中明确指出，应将饲养人解释为作为所有人的保有人，管理人解释为所有人以外的保有人。法院在其做出的生效裁判文书中将保有人的具体判断标准确定为两项：[1]

一是为自己利益而使用动物。在现实生活中人们为了自己的利益而使用动物的形式有很多。例如，让动物来工作、从动物处获得产品、从动物处获得快乐、通过转让动物获利、从动物处获得食物等。

二是对动物的决定权。对动物的指示、使用、生存等有决定性影响，并有权支配动物和控制动物危险的人，通常即应被认定为动物保有人。因此，对动物是否具有决定权的认定，并不单纯的考虑所有权因素，其毋宁是考虑动物处于何人的控制力之下。

从实践效果来看，运用保有人概念可以部分解决当前法律实践中动物侵权责任主体概念内涵外延不清导致的涵摄难题。但问题是，司法实践于此在裁判文书中所为的法律续造，明显有违既存法律概念体系之嫌，在合法性论证上面临困境。

（五）受益人论

司法实践中还有一种惯常做法，那就是如果动物是事实饲养人为履行职务而饲养，则事实饲养人尽管会被认定为动物管理人，但实际承担侵权责任的却是与该事实饲养人存在劳动关系或雇佣关系的企业或雇主。在实践中，并非动物饲养人或管理人的企业或雇主被判承担侵权责任的具体理由也不尽相同：

例如，在南京龙晟建设有限公司与王某某、易某某健康权纠纷案（下文简称易案）中，审理法院即认为，尽管易某某长期喂养流浪狗致其聚集工地进而与之形成事实上的饲养关系，成为该流浪狗的实际管理人，但易某某是龙晟公司门卫，其职责是看管工地，看管工地是其履行职务行为，其喂养两条流浪狗的原因之一是因为狗晚上可以帮其看工地。因此，易某某饲养该两条狗的行为应被认定为履行职务行为，由此导致的不利后果应当由其所在的龙晟公司承担。[2]而在与易案相近的另一则案件中，审理法院却认为，尽管动物事实上的饲养人为动物管理人且其饲养动物之行为系履行职务行为之一部分，但若该饲养人所在企业或雇主未尽合理管理义务并采取适当措施，则实际在管理人管理控制之下的动物导致的侵权责任依然由企业或雇主承担，至于承担了侵权责任的企业或雇主与动物管理人内部之间如何分配责任，则在所不问。[3]

---

[1] 参见北京市第二中级人民法院民事判决书，（2012）二中民终字第16207号。

[2] 参见江苏省南京市江宁区人民法院民事判决书，（2014）江宁江民初字第505号；江苏省南京市中级人民法院民事判决书，（2015）宁民终字第1044号。

[3] 参见辽宁省鞍山市铁东区人民法院民事判决书，（2014）铁东民二初字第464号；辽宁省鞍山市中级人民法院民事判决书，（2015）鞍民二终第136号。

据此，若动物饲养人和管理人饲养并实际管理的动物并非为其履行职务所必需，那么该动物即使在其履行职务期间致人损害，饲养人和管理人所在企业也无须承担动物侵权责任。例如，在牟某某诉四川华能宝兴河水电有限责任公司饲养动物损害责任纠纷案中，审理法院即认为：作为动物饲养人和管理人的舒某完成某公司的安保工作，并非必须通过豢养犬只来完成，更多地是依赖于其自身在规定时间内提供的劳动力和保质保量完成工作任务的责任心，另结合其开始饲养涉案动物的时间综合判断，其饲养的动物也并非因完成安保工作而刻意为之。因此，舒某豢养犬只的行为，与完成向公司提供安保服务的行为之间缺乏内在联系，该行为不能认定为完成公司电站安全防范保护工作的内容之一，而应当认定为舒某的个人行为。[1]

以饲养动物是否为行为人完成特定职务行为所必需为标准来判断其所致损害责任的承担主体，在本质上与保有人观点内的受益标准相同，因此可以视为保有人论的延伸。问题是，现实生活中饲养人实际管理控制的动物究竟是否为其完成特定职务行为的界定标准薄如蝉翼，很难在错综复杂的案件事实中发挥应有功能，[2]这势必会使受益人论的实践意义大打折扣。

司法实践对于“饲养人或者管理人”概念理解上存在的分歧所导致的混乱现象如下表所示：

具体表现 典型案例	基本立场	核心标准	主要认定要素	责任方式	责任认定的主要理由
（2015）通民终字第1436号	所有人一元统一论	物权归属	所有权[3]	单独责任	所有人作为饲养人和管理人，负有注意和管理义务，其未尽注意和管理义务而疏于管束时，应承担赔偿责任

[1] 参见四川省雅安市中级人民法院民事判决书，（2014）雅民终字第674号。

[2] 参见四川省宝兴县人民法院民事判决书，（2014）宝兴民初字第133号。

[3] 参见内蒙古自治区通辽市科尔沁区人民法院民事判决书，（2015）科民初字第2007号。

续表

具体表现典型案例	基本立场	核心标准	主要认定要素	责任方式	责任认定的主要理由
（2014）宁民终字第2957号	所有人与管理人二元并存论	物权归属管理控制	物权[1]、时间[2]、直接性[3]、独立性[4]、利益性[5]、意志性[6]、其他[7]	单独责任共同责任	饲养人即所有人当然负有管束动物的义务，当所有人与管理人不为同一人时，所有人负担的管束义务即移转于实际管束控制动物的管理人；在饲养人选任管理人未尽注意义务时二者负共同责任
（2015）杨民一民初字第1736号	所有人与占有人二元并存论	物权归属管理控制	所有权、占有[8]、合法性[9]	单独责任	饲养人或管理人并不限于所有人，在动物被遗弃或逃逸时，占有人因对动物的直接控制而负相应管理义务，属于动物管理人范畴。
（2012）二中民终字第16207号	保有人论	实际管理控制	自益性与决定权[10]	单独责任	应将饲养人解释为作为所有人的保有人，管理人解释为所有人外的保有人，为自己利益而使用动物且对动物有决定权的人为保有人，应对动物所致损害承担侵权责任

[1] 参见江苏省南京市中级人民法院民事判决书，（2014）宁民终字第2957号；上海市宝山区人民法院民事判决书，（2016）沪0113民初3828号。

[2] 参见北京市丰台区人民法院民事判决书，（2012）丰民初字第16654号；北京市平谷区人民法院民事判决书，（2013）平民初字第04024号。

[3] 参见北京市第二中级人民法院民事判决书，（2016）京02民终4921号。

[4] 参见河南省郑州市中级人民法院民事判决书，（2013）郑民二终字第1205号；天津市滨海新区人民法院民事判决书，（2016）津0116民初26253号。

[5] 参见北京市第二中级人民法院民事判决书，（2016）京02民终4921号。

[6] 参见广西壮族自治区宜州市人民法院民事判决书，（2016）桂1281民初823号。

[7] 诸如是否提供食宿、是否单纯投食等，均影响责任主体的认定。相关判决参见陕西省延安市中级人民法院民事判决书，（2015）延中民一终字第00124号；新疆维吾尔自治区塔城地区中级人民法院民事判决书，（2014）塔民一终字第402号；辽宁省鞍山市中级人民法院民事判决书，（2015）鞍民二终第136号；重庆市万州区人民法院民事判决书，（2016）渝0101民初6651号。

[8] 参见四川省南充市顺庆区人民法院民事判决书，（2013）顺庆民初字第3531号。

[9] 参见上海市杨浦区人民法院民事判决书，（2015）杨民一（民）初字第1736号。

[10] 参见北京市第二中级人民法院民事判决书，（2012）二中民终字第16207号。

续表

具体表现典型案例	基本立场	核心标准	主要认定要素	责任方式	责任认定的主要理由
（2015）宁民终字第1044号	受益人论	实际管理控制	受益性〔1〕	替代责任	动物是事实饲养人为履行职务而饲养，为其履行职务所必须，企业或雇主应对外承担全部责任

三、我国学理上的主要观点及评析

针对《民法通则》第127条以及《侵权责任法》第78条“饲养人或者管理人”概念中存在的分歧，侵权法学理上迄今亦未达成共识，异见纷呈。

（一）学理上的主要观点

对于如何理解第127条以及第78条规定的“饲养人或者管理人”概念，我国学理上主要存在如下观点：

1. 所有人与保有人的二元论

该观点认为，第127条和第78条的动物饲养人是指动物的所有人，即对动物享有占有、使用、收益、处分权的人；动物管理人是指实际控制和管束动物的人，管理人对动物不享有所有权，而只是根据特定法律关系直接占有和控制动物。实际生活中的饲养人与管理人有时为同一人，有时则为不同人。若动物饲养人与管理人为不同人时，管束动物的义务由饲养人转移给管理人，这时的赔偿义务主体为管理人。至于管理人是有偿管理还是无偿管理，是长期管理还是临时管理，在所不问。〔2〕据此，有学者认为，此种解释使我国法律上的既有规定兼采了所有者责任与保有者责任。〔3〕另外，在学理上看来，将动物饲养人解释为所有人，将管理人解释为负有管理职责的其他动物保有人，在法律适用上更为明确、更为便捷。〔4〕

〔1〕 参见江苏省南京市江宁区人民法院民事判决书，（2014）江宁江民初字第505号；江苏省南京市中级人民法院民事判决书，（2015）宁民终字第1044号；辽宁省鞍山市铁东区人民法院民事判决书，（2014）铁东民二初字第464号；辽宁省鞍山市中级人民法院民事判决书，（2015）鞍民二终第136号；四川省雅安市中级人民法院民事判决书，（2014）雅民终字第674号。

〔2〕 参见房绍坤：《试论动物致人损害的民事责任》，载《中外法学》1992年第6期；王胜明：《中华人民共和国侵权责任法解读》，中国法制出版社2010年版，第390页。

〔3〕 参见张新宝：《侵权责任法》，中国人民大学出版社2016年版，第305页。

〔4〕 参见杨立新：《饲养动物损害责任一般条款的理解与适用》，载《法学》2013年第7期。

2. 所有人与占有人二元论

该观点认为，可以将饲养人和管理人解释为物权法上的所有人和占有人/使用人，即实际控制和管束动物的人；对于占有人作限制性解释，不包括非法占有人，但包括间接占有人。[1]在非法占有场合，动物侵权责任主体的确定依据《侵权责任法》第83条规定的第三人过错规则处理，由非法占有人承担动物侵权责任。[2]就此而言，该观点与所有人与保有人二元论立场相同，即不承认非法占有人为《侵权责任法》第78条规定的管理人，而是将之交由该法第83条处理，受害人可以向饲养人或管理人请求赔偿，也可以向作为第三人的非法占有人请求赔偿；动物饲养人或管理人赔偿后，有权向第三人追偿。[3]

另外，在所有人与占有人内部，还有一种观点认为，《侵权责任法》使用的"饲养人或者管理人"概念中的饲养人，既包括所有人也包括占有人，而管理人的概念主要是指管理国家所有的动物的法人或其他组织。[4]

3. 保有人一元论

该观点认为，应借鉴德国法上的动物保有人概念，将第78条的动物饲养人解释为作为所有人的保有人，动物管理人解释为所有人以外的保有人。实践中对于保有人的认定应如德国法律实践一样综合考虑两项标准：[5]

一是为了自己的利益而使用动物；

二是对于动物的决定权。

持此观点的学者认为，饲养动物损害责任的理论基础虽然有所有权、占有的因素，但并非必须依此确定饲养动物损害责任。而应坚持权利与义务相一致原则，根据动物危险控制理论，由动物保有者即动物利益享受者对饲养动物损害责任负责，将动物饲养人、管理人理解为保有人即可解决这个问题。这一理论能够较好地解决动物保有者承担责任的基础在于享受动物之利益，在于其可以而且应当控制动物的危险。[6]

4. 占有人或管理人的二元论

该观点认为，第78条规定的"饲养人或者管理人"概念类似于《日本民法典》第718条所规定的"动物的占有者或保管者"概念。这种在表述上未明确指明

---

[1] 参见程啸：《侵权责任法》，法律出版社2015年版，第626页。

[2] 参见李显冬：《侵权责任法》，北京大学出版社2014年版，第228页。

[3] 参见张新宝：《侵权责任法》，中国人民大学出版社2016年版，第306页。

[4] 参见王利明：《侵权责任法》，中国人民大学出版社2016年版，第428页。

[5] 参见周友军：《我国动物致害责任的解释论》，载《政治与法律》2010年第3期。

[6] 参见杨立新：《侵权责任法》，北京大学出版社2014年版，第352页。

“动物的所有人”的本意，应是出于使能够直接控制动物的人负责。具体而言：[1]

其一，所有人自己管理动物时，饲养人或管理人当然包括动物所有人；

其二，所有人委托他人饲养或管理动物时，所有人原则上应被排除于义务主体的范围，若所有人存在过错，则应承担连带责任；

其三，动物占有人亦在“动物饲养人或管理人”的范围。

合法占有人因其对动物的直接控制而负有管理义务，故可纳入“动物管理人”范围，自当负其责任。至于非法占有人则应结合《侵权责任法》第82条和第83条规定处理。

（二）学说理论的主要分歧

总结起来，我国侵权法学理上对“饲养人或者管理人”概念应如何解释的主要分歧是：

1.“饲养人或者管理人”概念是否合理

我国学理上有观点认为，将动物侵权责任主体确定为“饲养人或者管理人”，颇有新意，而且延续了我国立法传统，同时可以避免国外立法中将责任主体直接与物权中的所有以及占有等概念相关联，导致无法确定责任主体从而不利于保护受害人。基于此，应在未来的民事立法中继续沿用这一概念。[2]但反对观点则认为，将“饲养人或者管理人”规定为责任主体，忽视了责任主体与所有权、占有的直接联系，因而不能从法律逻辑上正确揭示饲养动物致人损害由义务人承担赔偿责任的法理基础。[3]基于此，应在未来的民事立法中将该概念修改为反映物权关系的所有人、管理人、占有人或保有人等概念。[4]

动物侵权责任主体概念的合理性问题实质上反映的是立法的正当性基础问题，涉及抽象概念以及以此为基础构建起来的法律规则与法之外在体系内涵的基本价值判断与立场。正当性基础不充分的抽象概念，在涵摄现实生活时会遭遇贝卡利亚式的诘难：“一切违背人的自然感情的法律的命运，就同一座直接横断河流的堤坝一样，或者被立即冲垮和淹没，或者被自己造成的漩涡所侵蚀，并逐渐地溃灭。”[5]因此，动物侵权责任主体概念的选择必须与动物侵权责任在当代的功能定位与目的

---

〔1〕参见最高人民法院侵权责任法研究小组：《中华人民共和国侵权责任法条文理解与适用》，人民法院出版社2016年版，第529～530页。

〔2〕参见王利明：《侵权责任法》，中国人民大学出版社2016年版，第390页。

〔3〕参见张新宝：《饲养动物致人损害的赔偿责任》，载《法学研究》1994年第2期。

〔4〕参见全国人大常委会法制工作委员会民法室：《中华人民共和国侵权责任法：条文说明、立法理由及相关规定》，北京大学出版社2010年版，第317页。

〔5〕参见朱晓峰：《配偶权侵害的赔偿责任及正当性基础》，载《浙江大学学报（人社版）》2017年第6期。

结合起来，以保护合法权益、填补并预防损害为基点展开，否则泛泛而谈其合理与否，并无实益。〔1〕

2. 责任主体概念是否需要反映物权关系

我国学理上有观点认为，若忽视动物侵权责任主体与对动物之所有权、占有的直接联系，将会导致无法从法律逻辑上正确揭示饲养动物致人损害由义务人承担责任的法理基础。〔2〕其言下之意是，制定法应在动物侵权责任主体与引发侵权责任的动物之间确立物权法上的规范联系。对此，反对观点认为，饲养动物侵权责任的理论基础虽然有所有权以及占有的因素，但并非必须依此来确定饲养动物侵权责任，而是应根据权利与义务相一致原则，依据动物危险控制理论来指导并确定动物侵权责任主体。〔3〕将责任主体直接与物权法中的所有权以及占有等反映权属关系的概念相关联，可能会导致无法确定动物侵权责任主体，从而不利于受害人的充分保护。〔4〕

事实上，动物侵权责任主体概念与物权归属之间的规范关系，属于抽象概念正当性基础的延伸，原则上只有那些与动物之间存在物权关系的人，才应当对动物侵权所致损害负责，物权关系所内涵的逻辑关系是动物侵权责任主体认定的核心所在。在比较法视阈下，动物侵权责任主体的界定在法律史的早期都普遍和物权关系联系起来，法律实践通过物权关系来厘定侵权责任主体。而在当代社会背景下，法律核心关注的是对动物危险泉源的风险控制和对受害人的充分救济，由此导致动物侵权责任主体界定的标准普遍由物权关系转变为实际管理控制标准。由于实际管理控制标准是开放而非封闭的体系，在该体系内物权关系仅是确定动物侵权责任主体时围绕实际管理控制标准所考虑的重要因素而非唯一因素。在此意义上，动物侵权责任主体概念是否必须内涵物权关系显非要事。

3. 饲养人或管理人是否包含间接占有人

我国学理上有观点认为，《侵权责任法》第78条采用的"饲养人或者管理人"概念，其中的饲养人概念非常宽泛，既包括所有人也包括占有人，至于占有人是否必须为直接占有，则在所不问。〔5〕该观点明确指出，动物管理人可以是直接占有人，也可以是间接占有人；但若某人是依用人单位的指令或接受劳务方要求而照顾

---

〔1〕 参见朱晓峰：《比较法视阈下动物侵权责任主体的界定标准及启示》，载《比较法研究》2018年第3期。

〔2〕 参见张新宝：《饲养动物致人损害的赔偿责任》，载《法学研究》1994年第2期。

〔3〕 参见杨立新：《侵权责任法》，北京大学出版社2014年版，第352页。

〔4〕 参见王胜明：《中华人民共和国侵权责任法释义》，法律出版社2013年版，第435页。

〔5〕 参见李显冬：《侵权责任法》，北京大学出版社2014年版，第228页；参见王利明：《侵权责任法》，中国人民大学出版社2016年版，第428页。

动物，则动物管理人是该用人单位或接受劳务的人。[1]对此的反对观点则认为，动物侵权责任场合对动物的占有应以直接占有为限，因为在间接占有场合，间接占有人于法律上已不能直接对动物进行管束，管束动物的义务已经移转给直接占有人，此时动物侵权导致损害的，应由直接占有人承担侵权责任。[2]

针对以上两种截然对立的观点，折中观点认为，在间接占有场合，间接占有人事实上已无法对动物直接进行控制，而是由直接占有人实施管理、控制行为，原则上应由作为管理人的直接占有人承担责任。但在例外情形下，如间接占有人对动物出租、出借行为本身存有过错，对具有特定危险性的动物明知或应知他人不具有管理资质或能力而将动物出租或出借给他人，则应由间接占有人与直接占有人承担连带责任。[3]

事实上，间接占有人可否为动物侵权责任主体，涉及对物权归属关系界定标准的检讨。在物权归属关系标准当中，动物侵权责任主体的界定关注的是行为人与动物之间在物权法上的规范关系，而非事实关系。而间接占有涉及的主要是行为人与动物事实关系层面的空间性、直接性联系，并未改变间接占有人与动物之间的物权归属关系，依据物权归属关系标准自应由其承担动物侵权的责任。然而如前所述，物权归属关系标准单一、封闭的评价标准在正当性问题上存有疑问，导致以其为基础的推论说服力明显不足。显然，在正当性的论证力度方面，学说理论于此依据管理控制标准来界定间接占有场合的动物侵权责任主体更有说服力。

4. 饲养人或管理人是否包含非法占有人

我国学理上有观点认为，第 78 条的“动物饲养人或者管理人”概念涵摄范围非常广泛，当然包括抢劫、抢夺、盗窃动物的非法占有人，因为于此占有人尽管为非法占有，但对社会公众而言，其应负担管理义务，唯有如此，才能更有利于动物侵权致害场合受害人的充分、及时保护。[4]另外，在学理上看来，依据保有者概念所持的判断标准，若因盗窃或其他不法原因致所有人或其他合法占有人丧失占有，则所有人或其他合法占有人丧失饲养人或管理人身份，盗窃人或其他不法占有人取得饲养人或管理人身份，因为于此场合非法占有人是为了自己的利益而使用动物。[5]对此，学理上的反对观点则认为，第 78 条所规定的“动物饲养人或管理人”，应当是基于合法根据或事由饲养或管理动物的人。在保有人或占有人责任理论中，非法

---

〔1〕 参见程啸：《侵权责任法》，法律出版社 2015 年版，第 626 页。

〔2〕 参见房绍坤：《试论动物致人损害的民事责任》，载《中外法学》1992 年第 6 期；参见杨立新：《侵权责任法》，北京大学出版社 2014 年版，第 353 页。

〔3〕 参见张新宝：《侵权责任法》，中国人民大学出版社 2016 年版，第 305 页。

〔4〕 参见最高人民法院侵权责任法研究小组：《中华人民共和国侵权责任法条文理解与适用》，人民法院出版社 2016 年版，第 530 页。

〔5〕 参见周友军：《我国动物致害责任的解释论》，载《政治与法律》2010 年第 3 期。

占有者可以解释为保有人或占有人，但在《侵权责任法》中将非法占有者解释为管理者似乎显得牵强。[1]在学理上看来，排除非法占有者为管理人的意义在于：一是彻底地贯彻所有权的排他性、对世性和追及力，即使饲养动物被非法占有人占有，也不改变合法占有人的物权人地位；二是避免非法占有人提出无过错抗辩而使受害人赔偿请求落空。[2]

非法占有人的法律涵摄问题和间接占有人一样，受制于动物侵权责任主体概念的选择与相应概念之内涵的界定标准。在坚持物权关系为动物侵权责任主体概念的规范内涵而以之为界定标准的观念中，非法占有人与动物之间因不存在物权法上的权属关系，自然无须承担第78条规定的动物侵权责任。存有疑问的是，在动物被非法占有人实际管控时，仅依据物权关系而认定物权法上的权利人承担动物侵权责任，既不符合社会的一般认知，也与当代动物侵权责任保护的基本价值相违背，缺乏正当性基础。当然，若依据物权关系将非法占有人排除出第78条的涵摄范围，则将显著降低“饲养人或者管理人”概念的涵摄能力，无法满足社会现实生活对抽象法律概念以及据此构建的法律规则和法秩序体系提出的涵摄要求。

四、动物侵权责任主体概念的内核与立法表达

从我国司法实践以及相应学说理论中存在的分歧来看，引发争论的核心在于《民法通则》第127条以及《侵权责任法》第78条所使用的“饲养者或者管理者”内涵外延并不明确。在编纂科学、体系的民法典的大背景下，有必要透过纷繁复杂的理论与司法实践所织成的层层迷雾，来探寻并把握动物侵权场合责任主体界定的本质要素，并以其为基础提炼内涵外延相对确定的责任主体概念，从而为民法典外在体系的逻辑一致性提供必需的砖石。[3]

（一）从物权关系到实际管理控制：责任主体认定的实质性转变

首先应予查明并重申的是，在当代社会背景下，动物侵权责任主体何以要对动物侵权导致的损害承担责任？责任主体概念选择的一般标准和具体方法为何？因为对于体系、科学的法典编纂而言，前者涉及法之内在体系的一般法律思想或基本价

---

〔1〕 参见韩强：《流浪动物损害责任的个案解析》，载《法商研究》2013年第4期；李显冬：《侵权责任法》，北京大学出版社2014年版，第228页；参见张新宝：《饲养动物致人损害的赔偿责任》，载《法学研究》1994年第2期；参见王胜明：《中华人民共和国侵权责任法释义》，法律出版社2013年版，第392页；最高人民法院侵权责任法研究小组：《中华人民共和国侵权责任法条文理解与适用》，人民法院出版社2016年版，第530页。

〔2〕 参见张新宝：《饲养动物致人损害的赔偿责任》，载《法学研究》1994年第2期。

〔3〕 参见方新军：《内在体系外显与民法典体系融贯性的实现》，载《中外法学》2017年第3期。

值，后者涉及法之外在体系的抽象概念和具体规则。构成外在体系的抽象概念、规则需要和彰显一般法律思想的内在体系相互沟通，才能最大程度上确保法典本身的体系性、科学性。[1]

1. 确定动物侵权责任主体的正当性基础

对于侵权法来说，饲养动物所致损害的责任何以由人来承担，由谁来承担的说理是否充分，实际上涉及相应法律规则的正当性基础亦即其内涵的一般法律思想问题。就此，学理上发展出来了一系列亦为法律实践所普遍支持的基础理论，其中最有力的是危险控制理论和损益自担理论。

危险控制理论的事实基础在于动物本身存在着的难以预料的危险性，行为人饲养、管理动物的行为本身制造了潜在的风险源泉。[2]在共同体的道德评价体系内，行为人于此"背离了对于邻人所应遵循的限制性行为标准"，从而制造了某种"与人们的期待不相称的"危险。[3]在饲养动物场合，一般来讲，实际饲养、管理动物的行为人对动物的习性以及由此可能产生的危险最清楚，他可以得到社会共同体中其他主体所无法得到的与饲养、管理动物行为有关的特别信息，并频繁地重构在实际行动之前的实践推理过程，一般情形下做的比外部旁观者所能做的也要好。[4]因此，若类似饲养动物这种异常危险活动所创造的风险最终导致此种风险范围内的损失，那么此种损失应转嫁给加害者。[5]

损益自担理论是一项很早即被学界所广泛承认的理论。十七世纪德国的自然法学家普芬道夫（Pufendorf）即明确指出，所有权人从他的动物那里得到了利益，而受害人从它那里遭受了损失。其他同一时期的著名法学家如法国的多马（Domat）等亦持相近观点。这些观点指明了建立在这一原则即损益自担之上的严格责任理论：如果为了给自己取得利益而让原告面临特别高的遭受损失的风险，被告应当负责。[6]

在饲养动物场合，行为人饲养动物要么是基于心理上的某种依赖需求，要么是基于对自己财产的安全防范考虑，要么是为了获得经济利益。但不论何种情况，行

[1] 参见孙宪忠：《我国民法立法的体系化与科学化问题》，载《清华法学》2012 年第 6 期。

[2] 参见潘志玉：《饲养动物致害责任探析》，载《政法论丛》2007 年第 4 期。

[3] Frederick L. Sharp, Note, Aristotle, Justice and Enterprise Liability in the Law of Torts, 34 *U. Toronto Fac. L. Rev.*, 1976, p. 90.

[4] 参见［美］克里斯托弗·H. 施罗德：《因果关系、损害赔偿与道德责任》，谢九华译，载《侵权法的哲学基础》，北京大学出版社 2016 年版，第 359 页。

[5] 参见［美］肯·克雷斯：《异常危险活动的损害严重性论点》，刘金瑞译，载《侵权法的哲学基础》，北京大学出版社 2016 年版，第 286 页。

[6] 参见［美］詹姆斯·高德利：《亚里士多德传统中的侵权法》，张金海译，载《侵权法的哲学基础》，北京大学出版社 2016 年版，第 154 页。

为人都是饲养动物的直接获益者。[1]在共同体的道德评价体系内，参与社会活动的行为自由人，其利己行为蔑视或无视他人之利益，致他人于危险的境地。倘若此等致他人于危险境地的行为已成事实，那么该行为在道德上属于不当行为。[2]倘若行为人为取得自己利益而选择从事此类行为而让原告面临异常高的风险并最终导致损害发生，那么其应承担赔偿责任。[3]因此，就结果责任或严格责任而言，能够控制事情结果并从中获利的人，必须承担此事对他人的致害责任，或者说，在一个不确定的可控情景中，获益人承担其行为造成的损失是公正合理且合乎正义的事情。[4]

侵权法承认由那些与动物存在特定事实关系的人承担动物侵害所致的赔偿责任，在自然法学者看来是合乎正义原则的：就矫正正义而言，其本身就是人们有义务赔偿自己负有责任的不法损失这一原则；[5]就分配正义而言，其支持动物的结果责任，并支持对动物的管理及用益人提起诉讼，尽管后者未对受害人造成直接的伤害。[6]同时，法经济学家也承认于此由行为人承担动物侵权责任在合效率性方面的正当性：根据汉德公式，当且仅当事故的预期成本超过避免事故的成本时，事故情境中的加害人才应对受害人承担责任。[7]

危险控制理论和损益自担理论在我国司法实务界也获得了普遍的承认，实践中法院所作的生效裁判文书的说理部分常常有意或无意的契合这些理论：

就危险控制，已生效裁判文书中的常见表述包括："流浪动物的不可控性及自然天性，在没有得到有效控制的前提下必定会给社区的公共环境带来危险，被告自己未采取任何措施控制相关危险的发生……"，[8]"上诉人对流浪狗已形成了事实上的饲养关系，负有对狗进行管束、防止对他人构成侵害的责任"，[9]"动物正好处于被告的直接控制之下，被告理应尽到谨慎注意义务"，[10]"被上诉人在捡到流浪狗后

---

〔1〕 潘志玉：《饲养动物致害责任探析》，载《政法论丛》2007年第4期。

〔2〕 参见［英］托尼·奥诺尔：《侵权法的道德性：问题与答案》，张铁薇译，载《侵权法的哲学基础》，北京大学出版社2016年版，第87～88页。

〔3〕 参见［美］詹姆斯·高德利：《亚里士多德传统中的侵权法》，张金海译，载《侵权法的哲学基础》，北京大学出版社2016年版，第160页。

〔4〕 ［英］托尼·奥诺尔：《侵权法的道德性：问题与答案》，张铁薇译，载《侵权法的哲学基础》，北京大学出版社2016年版，第84、86页。

〔5〕 参见［美］朱尔斯·L.科尔曼：《矫正正义的实践》，张铁薇译，载《侵权法的哲学基础》，北京大学出版社2016年版，第73页。

〔6〕 ［英］托尼·奥诺尔：《侵权法的道德性：问题与答案》，张铁薇译，载《侵权法的哲学基础》，北京大学出版社2016年版，第84、86页。

〔7〕 参见［美］朱理查·A.波斯纳：《财富最大化与侵权法》，张金海译，载《侵权法的哲学基础》，北京大学出版社2016年版，第97～98页。

〔8〕 参见北京市第二中级人民法院民事判决书，（2012）二中民终字第16207号。

〔9〕 参见陕西省延安市中级人民法院民事判决书，（2015）延中民一终字第00124号。

〔10〕 参见上海市杨浦区人民法院民事判决书，（2015）杨民一（民）初字第1736号。

实际控制管理小狗，其作为管理者应承当相应的侵权责任”，[1]“被告没有对动物是一种危险来源，其危险性体现于动物自身独立的行为可能导致他人损害做充分考量，导致顾客处于遭受动物侵害的险境”，[2]等等。

就损益自担而言，当前裁判文书中的常见表述包括：“在现实生活中人们为自己利益而使用动物的形式很多。例如，让动物来工作、从动物处获得产品、从动物处获得快乐、通过转让动物获利、从动物处获得食物等。被告出于救助的心理在其生活的小区中长期投喂食物，其并非为了自己的利益而使用动物”，[3]“被告提供场地，并不收费，且场地也符合相关法律规定，并未从中受益”，[4]等等。

司法实践于此普遍认同的动物侵权责任的正当性基础，为制定法中侵权责任主体概念的选择及解释标准提供了实践依据。

2. 比较法上侵权责任主体概念的一般表达与取舍标准

行为人通过法律的确定性来预见风险。这种确定性，建立在对认识性概念做出恰当地合理性阐述的基础之上（特别是对普通人或者理性人的判断所作的解释）。法律对既定风险情形规定的防范措施是由理性人而非个别被告的识别标准来确定。如果风险已物质化或变为现实损害，那么，意识到风险产生的人必须对所导致的损害结果承担侵权责任。[5]比较法上的经验表明，在动物侵权责任场合，相关立法例亦是据此来确定责任主体概念并提炼相应界定标准的。

早期的动物侵权责任主体的确定是与物权关系密切联系在一起的，法律上的这种认定标准以当时社会背景下普通人的一般认识为基础。例如，古罗马的《十二铜表法》中即规定：牲畜使人受损害的，由其所有人负责赔偿，或把该牲畜交与受害人；古日耳曼的《萨利克法典》也规定：若有人被任何四脚兽的家畜伤害致伤并被证明属实，则家畜主人应付一半罚款，告诉人得将该家畜据为己有以作为另一半的罚款。[6]

与这种古典立场基本一致，近现代以来无论是法典法系还是判例法系的制定法，普遍地将动物侵权责任主体的认定与物权关系联系起来，如《法国民法典》第1385条以及英国《狗法》第1条第1款规定的所有人概念、《德国民法典》第833条以及瑞士《债务法》第56条规定的保有人概念、《日本民法典》第718条及我国

---

[1] 参见河南省郑州市中级人民法院民事判决书，(2013) 郑民二终字第1205号。

[2] 参见江苏省南京市秦淮区人民法院民事判决书，(2015) 秦民初字第754号。

[3] 参见北京市第二中级人民法院民事判决书，(2012) 二中民终字第16207号。

[4] 参见重庆市第一中级人民法院民事判决书，(2013) 渝一中法民终字第02209号；重庆市渝北区人民法院民事判决书，(2013) 渝北法民初字第00638号。

[5] 参见［美］斯蒂芬·R. 佩里：《风险、损害和责任》，谢九华译，载《侵权法的哲学基础》，北京大学出版社2016年版，第345～346页。

[6] 参见房绍坤：《试论动物致人损害的民事责任》，载《中外法学》1992年第6期。

台湾地区“民法”第190条规定的占有人概念等，均是如此。学说理论上亦认同这一阶段立法实践所持之基本立场。在学理上看来，此种重视动物侵权责任主体与动物之间是否存在所有权、占有等直接联系的法律实践，能从法律逻辑上正确地揭示饲养动物致人损害由义务人承担赔偿责任的法理基础。[1]且尤为重要的是，制定法选择通过物权关系来确定动物侵权责任主体概念，有利于确保法律规则的确定性，从而增强行为人预见风险的能力。

但正如学理上已正确指出的那样，牛马在日常生活中占有重要作用的年代通过如所有权等物权关系来界定动物侵权责任主体具有重要意义，而在当代再强调物权关系的意义就不甚显著了。[2]此种见解亦获得了普遍认同。[3]在比较法视野下，典型立法例的法律实践也趋向于通过危险控制理论与损益自担理论而在具体司法实践中来认定动物侵权责任主体，至于动物与责任主体是否必须存在规范性的物权关系，则在所不问。例如：

在所有权模式中，法国司法实践已经通过解释民法典第1384条中的管理人概念而将动物侵权责任主体的认定交予对动物的支配力判断，[4]实践中那些对动物享有管理权、使用权和控制权的人，才是动物侵权责任的主体；[5]英国则在制定法中放弃了所有人概念而采取管理人概念，强调由对动物具有实际管控力的人承担责任。[6]

在保有人模式下，德国司法实践强调由那些对于动物具有事实管控力并为自身利益使用动物的人承担侵权责任；[7]瑞士的学说与判例也将“对动物事实上的管理和支配关系”作为决定性标准。[8]

同样地，在占有人模式当中，日本的司法实践以使最有可能防止损害发生者承担责任的理念出发，强调由直接管理控制动物的人承担责任；[9]我国台湾地区也强

---

〔1〕 参见张新宝：《饲养动物致人损害的赔偿责任》，载《法学研究》1994年第2期。

〔2〕 参见［日］圆谷峻：《日本新侵权行为法》，赵莉译，法律出版社2008年版，第328页。

〔3〕 参见王泽鉴：《侵权行为》，北京大学出版社2016年版，第560页；参见杨立新：《侵权责任法》，北京大学出版社2014年版，第352页；参见最高人民法院侵权责任法研究小组：《中华人民共和国侵权责任法条文理解与适用》，人民法院出版社2016年版，第435页。

〔4〕 参见叶锋：《动物致害责任研究》，载《华东政法大学学报》2014年第6期。

〔5〕 参见张民安：《现代法国侵权责任制度研究》，法律出版社2007年版，第236－239页。

〔6〕 参见朱晓峰：《比较法视阈下动物侵权责任主体的界定标准及启示》，载《比较法研究》2018年第3期。

〔7〕 Deutsch/ Ahrens, Deliktsrecht, 6. Aufl., Koeln/ Muenchen: Carl HeymannsVerlag, 2015, Rn. 535.

〔8〕 参见［瑞］海因茨·雷伊：《瑞士侵权责任法》，贺栩栩译，中国政法大学出版社2015年版，第266页。

〔9〕 参见［日］山田辉明：《日本侵权行为法》，顾祝轩、丁相顺译，北京大学出版社2011年版，第191页；于敏：《日本侵权行为法》，法律出版社2015年版，第458页。

调事实上对动物具有管领力的人承担责任。[1]

除了强调对动物的实际管理控制之外，各国当代法律实践还不约而同的强调在行使此种实际管控力时行为人是否具备独立自主性与自益性。所以，在学说理论上看来，对于由饲养动物的实际管领者承担动物侵权所致损害的责任，从严格责任制度的观点来看，是最具有说服力也是最适当的解决方案。[2]

（二）动物侵权责任主体概念的法典表达

从比较法经验观察，一方面，主要立法例基本上都顺应了以实际管理控制标准来界定动物侵权责任主体的趋势；另一方面，对于动物侵权责任主体的规范概念在制定法上究竟应如何表述，主要立法例之间则存在较大分歧，对此主要有三种模式：

第一种是彻底修改模式，如英国。英国在关于动物侵权责任的主要制定法即《狗法》中，除了例外情形，直接将所有人概念修改为管理人概念，以满足制定法对社会生活需要的及时回应与灵活应变。[3]

第二种是维持不变模式，如法国、我国台湾地区。一方面，法国和我国台湾地区在制定法中继续坚持原有的反映物权关系的动物侵权责任主体概念不变，以保持法的安定性；另一方面，为满足现实生活需要，法律实践在法律解释适用时不再拘泥于物权概念而受其限制，而是依据法律本身的规范意旨使负有管束义务的主体能被涵摄进法律的调整范畴。[4]

第三种是折中模式，如日本。日本既未完全改变民法典中原有责任主体概念的表述模式，亦未完全墨守成规而采取旧瓶装新酒的策略，其一方面因法的安定性而继续在法典中保持反映物权关系的占有权人概念不变，另一方面为满足社会生活的现实需求而在法典修改时引入了更具开放性的管理人概念。[5]

---

〔1〕 参见史尚宽：《债法总论》，中国政法大学出版社 2000 年版，第 199 页；郑玉波：《民法债编总论》，中国政法大学出版社第 2004 年版，第 164 页；王泽鉴：《侵权行为》，北京大学出版社 2016 年版，第 560 页；孙森焱：《民法债编总论（上）》，法律出版社 2006 年版，第 308 页。

〔2〕 参见［德］冯·巴尔：《欧洲比较侵权行为法（上）》，张新宝译，法律出版社 2004 年版，第 277 页。

〔3〕 英国制定法上动物侵权责任主体概念的转变，可以透过如下三部制定法的概念使用情况清晰地显现出来：An Act to consolidate and amend the Enactments relating to injury to live stock by Dogs, and otherwise to amend the Law relating to Dogs. [4th August 1906.] Art. 1; An Act to provide for the punishment of persons whose dogs worry livestock on agricultural land; and for purposes connected with the matter aforesaid. [14th July 1953.] Art 1 (1); An Act to make provision with respect to civil liability for damage done by animals and with respect to the protection of livestock from dogs; and for purposes connected with those matters. [12th May 1971] Art. 2, 3, 4.

〔4〕 王泽鉴：《侵权行为》，北京大学出版社 2016 年版，第 560 页。

〔5〕 参见［日］吉村良一：《日本侵权行为法》，张挺译，中国人民大学出版社 2013 年版，第173 页。

对于正在编纂民法典分则的中国来讲，既要合理借鉴比较法上的有益经验，也要理性对待我国已有法律实践的成功与教训。[1]就动物侵权责任主体概念的选择与表达而言，应在辨析如下问题的基础上展开：

1. 应否继续维持“饲养人或者管理人”概念？

从我国当前司法实践中的诸多争议以及学说理论上的主要分歧观察，《民法通则》第127条以及与其一以贯之的《侵权责任法》第78条所使用的“饲养人或者管理人”，是纷争四起的核心因素。我国侵权法上的相应学说理论在解释该概念时先后发展出来的诸如所有人与保有人二元论、所有人与占有人二元论、保有人一元论、占有人或管理人二元论等观点，以及相应司法实践中存在着的诸如所有人一元统一论、所有人与管理人二元并存论、所有人与占有人二元并存论、保有人一元论以及受益人一元论等立场，均试图通过解释论的方法来避开该概念在立法上的不足以应对实践需求，但都或多或少在正当性与合法性论证上存在问题。

既有前车之鉴，并且在解释论上亦无法完全解决“饲养人或者管理人”概念所导致的动物侵权责任主体界定的难题，那么在立法论上，对于正在编纂中的民法典而言，不宜继续完全墨守固有概念而不予变革。既然解释论上无法合理说明“饲养人或者管理人”彼此间的规范关系以及因此引发的诸多难题，不如破旧立新、另辟蹊径，通过立法上的修改完善根本性地解决既有法律概念表达不科学、严谨所导致的问题。

2. 应否引入全新的概念以完全取代“饲养人或者管理人”？

放弃全盘继承“饲养人或者管理人”概念的既有实践经验，是不是意味着必须以全新的概念来填补被抛弃之概念所留下的空间？对此，我国学说理论和司法实践中存在着肯定性的答案。例如，学理上有观点旗帜鲜明地指出应以德国保有人概念来形塑《侵权责任法》上的责任主体概念。[2]此种立场亦为我国部分司法实践所接受，不独保有人概念，保有人的主要界定标准，亦被部分法院作为动物侵权责任主体的界定标准来适用。[3]问题是，类似保有人这样的比较法上的概念应否在未来的民法典中被明确地规定下来作为动物侵权责任主体的一般性概念？

诚然，以保有人概念和相应的界定标准等来理解并把握《侵权责任法》中的动物侵权责任主体，在正当性上有天然的优势，因为保有人的界定标准准确揭示了动物侵权与责任主体确定之间的内在联系。但在立法论上当然将之视为既有概念的天

---

[1] 参见李建国：《关于中华人民共和国民法总则（草案）的说明——2017年3月8日在第十二届全国人民代表大会第五次会议上》《民法总则立法背景与观点全集》《民法总则立法背景与观点全集》编写组编，法律出版社2017年版，第6~7页。

[2] 周友军：《我国动物致害责任的解释论》，载《政治与法律》2010年第3期；参见杨立新：《侵权责任法》，北京大学出版社2014年版，第352页。

[3] 参见北京市第二中级人民法院民事判决书，（2012）二中民终字第16207号。

然取代者，却存在着明显地不足：

首先，对于正在进行的民法典编纂工作而言，其“并不是制定一部全新的法律，只是把现行的民事法律的规范进行科学整理。当然这也不是简单的法律汇编，要不断适应现在情况，对现行法律进行修改和完善，同时也要回应一些社会关切问题。”[1]这意味着，通过立法大刀阔斧地在民法典中嵌入一个全新概念，可能与当前法典编纂的基本理念与指导思想相违背，不易被广泛接受。

其次，即使当前民法典编纂不排斥通过引入全新的概念，来修改和完善既有法律体系，并回应社会现实需求，但此种引入的前提在于既有法律概念或规则完全不堪使用或者固有法中压根儿就不存在相应概念。对于立法而言，必须处理好固有经验教训与比较法经验的关系，既不盲目自信，也不委曲求全。于此的核心检验标准是：相应规范概念的选择是否能科学体系地回应现实生活的需要？从我国当前法律实践中动物侵权责任主体概念所引致的问题来看，症结在于“饲养人或者管理人”的表述本身，但这并不意味着饲养人概念或管理人概念本身亦被完全否定。在制定法中已有且被法律实践所熟知的法律概念如饲养人、管理人本身被否定之前，贸然引入陌生概念以规范指引社会生活，与法的生成原理相违背，有揠苗助长之嫌。

最后，法律概念的制定法表述虽重要，但多是技术问题，真正影响立法决断的是概念本身内涵外延的周延性与其所反映的价值理念等。就动物侵权责任主体制定法概念当前遭遇的实践与理论难题而言，真正能助益于问题解决的是相关概念的周延化以及因此衍生的实践适用中的现实可操性。实际上，为我国部分学说理论与司法实践所重视的保有人概念，其内涵的清晰的责任主体界定标准才是为人青眼有加之关键所在。从比较法经验看，内涵此等清晰界定标准的功能不独为保有人概念所有，其他诸如管理人概念等亦可通过法律解释的方法具备此等界定标准。

3. 在法的安定性与现实需求之间平衡处理法律概念的立法表达

既然当前的民法典编纂工作的主导思想是修改和完善既有法律规则而非推倒重来，那么构成法律秩序外在体系之砖石基础的抽象概念的选择亦应与此保持一致，须在法的安定性与满足社会现实需求之间的平衡点上妥为安置。前已述及，动物侵权责任主体概念的制定法表达，既不应墨守固有之成规，坚持“饲养人或者管理人”的表述不变，亦不能完全推倒重构，引入全新的概念来界定动物侵权责任主体。以此为基点，应考虑以折中模式来构造动物侵权责任主体概念，即抛弃《侵权责任法》中的“饲养人或者管理人”表达方式，而径以管理人概念作为第 78 条的动物侵权责任主体。于此的主要考虑在于：

---

〔1〕 参见王超英：《民法典分编编纂正有序开展 初步考虑将分五部分》，《中国网》，网址：http：//www. china. com. cn/lianghui/news/2018 - 03/12/content_ 50700027. shtml？ f = pad&a = true，最后访问时间：2018 年 3 月 12 日。

第一，管理人概念为我国制定法所固有，继续以其为动物侵权责任主体之一般性概念，有助于在维持法之安定性的同时，延续已有法律实践的有益经验，助益于法律修改完善工作成果在形式上的延续性和内容上的贯通性。

第二，管理人概念具有较强的开放性，从比较法以及我国法律实践的经验来看，强调事实构成而非规范构成要素的管理人概念，能够极大地提高其作为抽象概念的涵摄能力，满足制定法对社会生活开放的现实需求。

第三，管理人概念所展现的核心文义，与我国当前表面上歧见纷扰的司法实践与学说理论在本质上所透露出来的统一的、具有普遍意义的确定动物侵权责任主体的一般标准即实际管理控制标准相一致，明确表达了动物侵权责任主体界定的正当性基础。

第四，采用一元论的管理人概念，可以有效解决“饲养人与管理人”概念二元并立时所导致的理论纷扰与实践困惑，使关注的问题不再聚焦于二者的规范关系和责任界限，而是聚焦于责任主体的具体界定标准。

五、动态系统中把握管理人的具体认定要素

当然，在选择管理人概念作为动物侵权责任主体之一般概念的同时，应继续坚持我国当前实践经验以及典型立法例的普遍做法，即不宜对管理人概念做出精确定义，而是应当让一般概念向社会生活保持开放，其具体的内涵外延亦应交由司法实践来界定、填充和丰富，解决抽象概念空洞化的难题。[1]对此在解释论上，应以比较法上的成熟经验为镜鉴，结合我国法律实践中积累的经验教训，围绕实际管理控制来丰富动物侵权责任主体的具体认定要素：[2]

（一）主观要素

1. 意志要素

在动物侵权场合，只有行为人清楚且有意识地与动物之间建立起了受法律调整的规范关系，其才负有管理控制该动物的法定义务，在未履行该义务导致应受其管理的动物侵害他人时，才会发生“因自己行为侵害他人”而成为责任主体并承担侵权责任的法律效果。

对此，德国法上的司法经验明确地持肯定态度，对其而言，只有行为人有意识地接受或保有动物时，其才负有管理控制该动物的法定义务并承担该义务未履行时

---

〔1〕［德］卡尔·拉伦茨：《法学方法论》，陈爱娥译，商务印书馆2003年版，第331页。

〔2〕参见朱晓峰：《比较法视阈下动物侵权责任主体的界定标准及启示》，载《比较法研究》2018年第3期。

动物侵权所致损害的责任；对于仅是暂时照料他人走失之宠物并打算一俟找到主人即将之归还的行为人而言，因为依其主观意志其并未有意识地接受或保管动物，因此即不需要对该动物所致损害负责。[1]

此种立场亦为我国司法实践所支持。对于偶尔投食于流浪动物的行为人，审理法院一般认为其行为属良善之举而无饲养管理之意思，因此无须为动物侵权所致损害负责。[2]

2. 利益要素

在动物侵权场合，原则上应由那些为自己利益而使用动物的人负有实际管理控制动物的义务，未履行该义务致损害发生应负侵权责任。于此的利益，既包括经济利益的满足，也包括精神利益的满足。[3]对此，德、[4]日等立法例均明确予以肯认。

在日本，依据占有人之意志并为其利益而控制管理动物的人，仅是没有独立地位的占有机关或占有辅助人，并不具有最有可能防止损害发生的能力。依据一般社会观念，让这些单纯动手脚而非为自己利益使用动物的人负重责并不符合社会公平正义理念。当然，若这些人存在过失，亦需承担相应责任。否则，占有人不能以已尽占有辅助人的选任、监督注意义务，作为排除其危险责任的理由。[5]

我国司法实践中亦有法院持此标准来界定动物侵权责任主体。对于为自己利益而使用他人动物的行为人，原则上应负有实际管理控制义务，未履行该义务致损害发生应承担侵权责任；[6]对于非为自己利益而是为他人利益并依他人指示看管动物的，后者为管理人，应承担侵权责任，前者仅在过错范围内承担责任。[7]此举殊值赞同。

（二）客观要素

动物侵权责任主体的实际管理控制标准除意志、利益等主观性要素外，实践中还存在丰富的客观性认定要素，主要包括权属要素、时间要素、空间要素、独立性要素等。申言之：

---

[1] G. Schiemann, Ermann BGB, Bd. 2, 13. Aufl., Köln: Verlag Dr. Otto Schmidt, 2011, Rn. 7.

[2] 参见北京市平谷区人民法院民事判决书，（2013）平民初字第04024号。

[3] 参见北京市第二中级人民法院民事判决书，（2012）二中民终字第16207号。

[4] Kötz, Wagner, Deliktsrecht, 11. Aufl., München: Verlag Franz Vahlen, 2010, Rn. 518。

[5] ［日］山田辉明：《日本侵权行为法》，顾祝轩、丁相顺译，北京大学出版社2011年版，第190－191页；［日］吉村良一：《日本侵权行为法》，张挺译，中国人民大学出版社2013年版，第173页；于敏：《日本侵权行为法》，法律出版社2015年版，第458页。

[6] 参见北京市第二中级人民法院民事判决书，（2016）京02民终4921号。

[7] 参见河南省郑州市中级人民法院民事判决书，（2013）郑民二终字第1205号；天津市滨海新区人民法院民事判决书，（2016）津0116民初26253号。

1. 权属要素

尽管物权归属关系不再是界定动物侵权场合责任主体的核心要素，但其作为实际管理控制标准的辅助认定要素依然具有重要意义。因为物权归属关系强调规范性构成要素，在责任主体判定时清晰明了。并且实践中的管理人通常情形下与动物之间存在着物权归属关系，当此二者重合时，管理人不仅在事实上，亦在法律上能管理控制动物。从危险源泉控制能力的角度出发，尽管物权归属关系与实际管理控制二者的重合属于偶然而非必然联系，但在二者偶合时，物权人作为管理人当然具备最强的实际控制能力，自然应承担动物侵权责任。我国司法实践对此所持的基本立场与比较法上所普遍遵循的一致，认为所有人与管理人合二为一时，所有人原则上当然为动物侵权责任主体。〔1〕

2. 时间要素

时间要素在管理人认定时具有重要意义。司法实践之所以重视时间要素的核心考虑在于：动物作为危险源泉之所在，与其在时间维度上存在一定联系的人，对于该动物的生活习性的掌握程度以及与之相关的因动物所致风险的防控能力，通常情形下应比他人要高。〔2〕

从比较法经验来看，在其他辅助性认定要素如意志、利益、权属等付之阙如时，通过时间要素的引入来认定管理人，亦是惯常做法。在德国，一般情形下长期租赁或借用某动物的人是保有人，而短期的不是，但也存在例外。〔3〕另外暂时照料他人走失的宠物且准备将之归还给失主的动物拾得人无须承担该动物所致损害之责任，〔4〕但若将跑入自家的别人家的动物照料半年之久，那德国司法实践亦将之视为动物损害承担责任的实际管理人。〔5〕

我国司法实践亦重视通过时间要素的把握来认定动物侵权责任主体。一般而言，长期为流浪动物投食导致其在特定时空范围内出现，则行为人通常会被认定为管理人而承担动物侵权责任；〔6〕若投食行为仅是偶尔为之，那么投食者原则上不会被认为负有管理控制义务，无须承担责任。〔7〕存在问题的是，何谓长期？何谓临时？判断标准为何？司法实践中一直存在分歧。有法院会强调二个月、半年、一年

---

〔1〕 参见江苏省南京市中级人民法院民事判决书，（2014）宁民终字第2957号。

〔2〕［美］克里斯托弗·H. 施罗德：《因果关系、损害赔偿与道德责任》，谢九华译，载《侵权法的哲学基础》，北京大学出版社2016年版，第359页。

〔3〕 RG 62, S. 79 – 85; BGH NJW 1971, S. 509.

〔4〕 LG Düsseldorf VersR 1968, S. 99; Nürnberg MDR 1978, S. 757.

〔5〕 OLG Nürnberg VersR 1978, S. 1045.

〔6〕 北京市丰台区人民法院民事判决书，（2012）丰民初字第16654号。

〔7〕 北京市平谷区人民法院民事判决书，（2013）平民初字第04024号。

或一年以上等属于长期，[1]但也有法院并不强调长期而强调实际控制的直接性，如行为人拾得当日或虽仅有两三日但已直接性地实际控制了动物，亦会被认定为负有管理控制义务的管理人。[2]于此亦可以发现，时间要素在动物侵权责任主体认定时，赖以发挥作用的核心在于自身的强度和相关要素的结合方式。

3. 空间要素

与时间要素一样，空间要素也是从事实层面来判定动物与特定行为人之间是否存在密切联系，从而达到规范层面认知并认定行为人是否应对动物侵权所致损害负责的结果。与时间要素的着眼点不同，空间要素强调行为人管理控制动物的直接性，其应在物理空间上具备直接管理控制动物之可能。依据风险防控基本原理，现实生活中直接接触动物者一般而言更能了解动物的危险并针对性地采取防控措施。[3]

对此，比较法上的经验也普遍予以认同。例如，在日本以及我国台湾地区，对于动物的直接占有人而言，当动物在其直接占有期间致损害发生，由其承担侵权责任并无疑问；对于动物的间接占有人而言，是否需要对直接占有人占有之动物所致损害承担责任，理论与实践中皆存在较大分歧。分歧的核心在于，未直接管理控制动物的间接占有人，承担责任的正当性基础何在？对此一般需要其他要素如间接占有人在选任直接占有人是否存在过错等，来共同作用于责任主体的认定。[4]

我国司法实践与学说理论对此持相近立场。在行为人直接管理控制动物的情形下，原则上应由其承担动物侵权责任，对此各方立场一致，此亦表明实践及理论对于空间要素在动物侵权责任主体认定场合的普遍立场；在行为人间接占有而管理控制动物时，究竟应否承担责任，则存在严重分歧，解决方案亦如比较法上的一般，需要引入其他要素共同界定，界定时应考虑诸要素的强度以及结合方式。

（三）将管理人的具体认定要素置于动态体系中综合判断

事实上，除前述要素外，行为人管理控制动物时的独立性、好意施惠与专业程度等，亦为学说理论与法律实践所重视。一般而言，在具体案件中认定动物侵权责

---

〔1〕陕西省延安市中级人民法院民事判决书，（2015）延中民一终字第00124号；辽宁省鞍山市中级人民法院民事判决书，（2015）鞍民二终第136号；新疆维吾尔自治区塔城地区中级人民法院民事判决书，（2014）塔民一终字第402号；北京市海淀区人民法院民事判决书，（2016）京0108民初37700号。

〔2〕参见河南省郑州市中级人民法院民事判决书，（2013）郑民二终字第1205号；广西壮族自治区宜州市人民法院民事判决书，（2016）桂1281民初823号。

〔3〕于敏：《日本侵权行为法》，法律出版社2015年版，第458页。

〔4〕王泽鉴：《侵权行为》，北京大学出版社2016年版，第559～560页；郑玉波：《民法债编总论》，中国政法大学出版社第2004年版，第164页；［日］吉村良一：《日本侵权行为法》，张挺译，中国人民大学出版社2013年版，第173页。

任主体时，前述要素通常情形下呈现给裁判者的面貌可能仅是概观而非全貌，且这些要素亦非责任主体认定的构成要件，裁判时无须面面俱到，而是择其要者以清晰、明确地揭开行为人与责任主体之间的能够产生规范效果的事实关系。问题是，在运用这些要素确定动物侵权责任主体时，同一案件中据以认定责任主体的要素常常以不同强度、不同结合方式出现，这些并非责任主体界定之构成要件的要素，或彼此间相互支持，或对立以观。究应如何处理这些要素，才能更接近发现行为人与责任主体间之最本质的联系，并据此确定正当性、合法性基础无虞的管理人？于此可以考虑动态体系论的考量方式。

在动态体系论中，责任的确定并非基于某一统一的理念，而是基于多个方面的相互作用，这些相互作用的方面可以用要素或动态力量来表达。在这些要素的动态作用下，每个案件都有其特殊性，这种特殊性源于这些要素或动态力量的特殊结合和强度。这些力量并非绝对和僵化的，而是作为多变的要素之间相互作用的整体结果，并对责任的认定产生影响。其中，若某一要素以特殊强度发生作用，其自身就足以将责任认定正当化，无须考虑其他要素。就这些要素或动态力量所构成之体系的功能而言，其可以包容所有想象到的情形及其特殊性质。与一般原则或一般条款相比较而言，动态体系更具有弹性，并且在涉及单个因素之力量的价值判断随着时间变化时，亦不会丧失其价值。[1]

尽管理论上对于动态系统论的价值仍有争议。[2]但在动物侵权责任主体认定过程中，对于模糊的管理人概念而言，强调要素或动态力量的协调运用以认定责任的动态系统论，却大有用武之地。对此，应准确把握动态体系中认定动物侵权责任主体的诸要素之间的规范关系，最终作用于责任主体的认定。

1. 存在多个要素且作用方向一致

动物侵权场合，若多个责任主体认定要素并存且作用方向一致，于此情形下责任主体的认定清晰明了。对此，司法实践及相应的学说理论立场一致。例如，所有权人为自己利益长期并直接管理动物，无论是主观方面的意志要素、利益要素，还是客观方面的权属要素、时间要素、空间要素等，都同向作用于同一行为人。于此场合，无须考虑各要素的强度和结合方式，动物侵权致人损害的责任，原则上当然由各要素所作用的共同结果即同一行为人承担责任。

2. 存在多个要素但作用方向相反

若多个责任主体要素并存但作用方向不同甚至相反，或者仅部分一致而与其他方向相反，则责任主体的认定较为复杂，司法实践与相应的学说理论于此的争论较

---

〔1〕 参见［奥地利］维尔伯格：《私法领域内动态体系的发展》，李昊译，载《苏州大学学报（法学版）》2015年第4期。

〔2〕 参见解亘、班天可：《被误解和被高估的动态体系论》，载《法学研究》2017年第2期。

多。在动态体系论中，于此情形下各要素与责任主体认定的关系本质上表现为各要素彼此间的结合方式和强度之于责任主体的影响：

第一，若某一要素或者某些要素的结合强度显著高于其他要素或者要素的结合，那么应以强度显著为高的要素所作用的方向来确定责任主体；

第二，若某一要素或者某些要素的结合强度并未显著高于其他要素的结合，那么应探寻之于责任主体认定而言本质的某一要素或某些要素的结合，并以此为准来认定个案中的责任主体。

例如，动物所有权人将动物暂借于他人管理用益，在此期间动物致人损害的责任，依据利益要素、权属要素、时间要素、空间要素彼此结合的方式及强度来衡量，权属要素与时间要素结合并指向所有权人，利益要素和空间要素结合并指向借用人，由于后者之于实际管理控制而言更为重要，自应由后者作为管理人承担责任。

3. 仅有单一要素作用于责任主体认定

若具体案件中呈现出来的据以界定动物侵权责任主体的要素寥寥无几甚或只有一个，那么于此情形下责任主体的认定就取决于该有限要素的强度。依据动态体系论的观点，若该要素以特殊的强度发生作用，其自身就足以将责任认定正当化，而无须考虑其他要素。例如，行为人多年在小区某特定地点投食于流浪动物，致使流浪动物于特定的时空范围内聚集，由于于此的时间要素的作用效果足够强，因此仅依其即可正当化行为人为责任主体；反之，行为人仅是临时或偶尔投食于流浪动物，由于于此的时间要素的作用效果并不强，因此若无其他要素结合共同作用于行为人，则不能认定行为人为责任主体。

由于动态体系具有极强的弹性，并且该体系并非封闭的，而是向现实生活开放的，因此其赋予了裁判者在面对类似管理人等一般概念时，可以在相对确定的框架内，通过综合考虑具体案件中诸要素的结合方式和强度等，来认定侵权责任主体，并在一般概念的开放性与确定性之间求得适当的平衡。就此而言，侵权责任法确实是平衡的艺术。[1]

六、结语

动物侵权场合的责任主体概念选择及相应具体界定标准的发现与梳理，实质上反映了民法典编纂过程中作为法典体系之基石的抽象概念的一般思维过程。民法典既包括外在体系，也包括内在体系。外在体系的目标是概念逻辑的一致性，内在体系的目标是价值理念的统一性。在民法总则已经获得颁行的情形之下，理论实务界

---

〔1〕 参见张新宝：《民法分则侵权责任编立法研究》，载《中国法学》2017 年第 3 期。

当前的主要任务就是就分则各编中的具体概念以及规则进行细致梳理，以为科学、体系之民法典的编纂提供最基础的砖石材料。在此意义上，正如德国法学家施米特业已明确指出的那样，法学并不需要过于匆忙急迫，相反，它需要内在的集中精神、最冷静的观察和最为全面的研究。[1]

---

[1] Carl Schmitt, Die Lage der Europaeischen Rechtswisenschaft, Internationaler Universitaets – Verlag 1950, S. 21.

高空抛物法律责任比较研究

林庆郎[*]

目 次

一、前言

随着经济活动之进步及社会环境之变迁，人类互动已大为改变，因为建筑技术之提升，高楼大厦之产生，成为城市化之象征，同时也体现人类往天空发展之企求。

然而从高空坠落之物致被害人人身权及财产权受到侵害时，所衍生“加害人不明”之问题，应如何解决，颇值得探讨。

“加害人不明”之现象，也容易发生在公害、环保、食安议题上，如何适切地将责任归于应负责之人，成为侵权责任法上，如何兼顾被害人保护及社会行动自由之利益间重要之关键枢纽。随着工业进步，环保议题逐渐获得注意。另食安之民生问题，也成为民众关心之课题。

---

* 林庆郎，台湾地区台中法院法官，巴黎政治大学（SciencesPo）法学院法学博士。

二、法国

要了解法国民法关于高空抛物法律责任，首先必须了解法国民事责任共分三种类型：一为自己之行为责任，二为他人行为责任，三为物之管领责任。原则上被害人必须举证加害人之行为，具有《法国民法典》第1242条之情况，否则民事责任无由成立。

但是在某些情形之下，如果强令被害人必须举证“谁为加害人”有所困难时，假若因此否定被害人之损害赔偿请求权，则对于被害人而言，有失公平。

因此，法国法关于这一点，主要从两个方向着手：一为立法层面，主要介绍《法国民法典》及相关民事特别法领域之法律规定（一、立法层面）；二为法国司法实务就民法之发展现况（二、司法层面）。

（一）立法层面

就法国司法方面：在特定事件，借由民事特别法之规定（一、特别法）加以补充，一则在民法中，借由实务案例累积而发展（二、民法）。

1. 特别法

在特别法领域，如法国在1951年12月31日法律中，创设“车辆保险国家基金”（Le Fonds national de garantie automibile），后来该基金因2003年法律之规定，变成“损害赔偿义务保险基金”（Le Fonds des assurances obligatoires de dommages）[1]。

又如，在若干恐怖攻击或刑事犯罪，当加害人不明或无从查获时，法国也有“赔偿委员会”（la Commission d' indemnisation）之设计。

2. 民法

在法国民法中，也有针对行为人不明时，所作之责任推定。例如，《法国民法典》第1734条关于租赁目标物失火责任之规定。该条规定：“在承租人为数人之情形，承租人全体，如不能证明下列情形之存在，则全体承租人应对火灾，负连带赔偿责任：一、火灾系由承租人中之一人住所所肇致，则仅由该住所之承租人负责。二、承租人中数人，仅证明火灾非由其等之住所所肇致，则其等人不负赔偿责任。”

换言之，《法国民法典》第1734条规定，除非承租人得积极证明“肇致火灾之具体承租人”或至少证明“某些承租人不是肇致火灾之祸首”，则分别由具体肇致火灾之承租人负单独赔偿责任，或免除“至少不是火灾肇致者”之责任，其余无法提出前揭反证之承租人，即应就火灾负连带赔偿责任。

---

[1] Yvaine Buffelan - Lanore et Virgine Varribau - Terneyre, Droit Civil - Les obligations, 16 éd. , 2018, Sirey: Paris, p. 824.

（二）司法层面

法国实务见解的发展，主要在于“物之管领人”如何界定。“管领”之概念，分为“事实上管领”与“法律上管领”。

首先，“管领”的法律上含义，最直接即为物之所有人（propriétaire），只要肇致损害之物，其法律上之所有人，当然成为“管领人”而应就该物所造成之损害负责，此时“管领人”与“所有人”之身份完全重叠。

然而，法国司法实务从 1936 年 3 月 3 日废弃法院民事第一庭 Franck 案之后也承认，所有人也有可能不具管领人身份，因此，改采所谓“事实上管领说”。

该案为车辆肇事事件，被告将其车辆借给其儿子参加夜间 party，后来车子被偷了，小偷偷窃后发生车祸，导致被害人死亡。废弃法院采取“事实上管领说”。

法国实务为了解决行为人不明之案例，首先创设了集体过失（faute collective）及集体管领说（garde collective）；嗣后，又重新思考集体管领的概念。

后来 2017 年 3 月 13 日《法国民事责任法草案》，并没有采取集体过失及集体管领说，而是在第 1240 条直接规定民事责任。

三、中国大陆

（一）立法层面

1. 中华人民共和国侵权责任法

关于高空抛物法律责任，是由中华人民共和国第十一届全国人民代表大会常务委员会第十二次会议于 2009 年 12 月 26 日通过，自 2010 年 7 月 1 日起施行的《中华人民共和国侵权责任法》。该法第 87 条之规定：“从建筑物中抛掷物品或者从建筑物上坠落的物品造成他人损害，难以确定具体侵权人的，除能够证明自己不是侵权人的外，由可能加害的建筑使用人给予补偿。”

针对此条文，有学者认为在高空抛物的议题上，因为被告没有可归责性，且从司法实践而言，适用该条规定裁判的案件，也无法执行，故建议废止高空抛物制度，将高空抛物制度，从民法典侵权责任编抽离，改通过社会法加以解决[1]。

而在民法典各分编草案中，草案第 962 条规定公平原则为：“受害人和行为人对损害的发生都没有过错的，可以根据法律的规定，由双方分担损失。”此条文将原先“根据实际情况”修改为“依照法律的规定”，让之后的立法者，可以再因应社会变动，将公平原则适用到未来可能发生的个案上，保留民法发展可能性。

---

[1] 周友军：《我国〈侵权责任法〉修订人典的初步构想》，载《政治与法律》2018 年第 5 期。

然而，本文认为，“公平原则”之用语并不妥适，每一个法律条文，均是“公平原则”的展现，民法无处不彰显出“公平原则”的理念，“公平原则”根本无法，也不应该作为请求权基础，具体真正成为请求权基础的，还是各该条文。因此，“公平原则”应该是一个法律适用、解释的原则，而不是一个请求权基础。

而从“根据实际情况”修改为“依照法律的规定”，也可以看出，就“公平原则”日后的发展，其主控权，由原先的“法院”（司法者），变成“立法机关”（立法者），此之所以，学者认为，上揭六个字之修改，足以有效防止“公平原则”过于浮滥而遭滥用，避免当事人滥诉缠访，造成法院和稀泥裁判[1]。

论者进一步认为，以往高空抛物之情况，系透过《侵权责任法》第87条之规定，故现行《侵权责任法》第87条、草案第1030条有规定，“从建筑物中抛掷物品或者从建筑物上坠落的物品造成他人损害，难以确定具体侵权人的，除能够证明自己不是侵权人的外，由可能加害的建筑物使用人给予补偿”。在无法确定何人为加害人时，就必须要适用“公平原则”，由这栋楼的业主共同分担责任。

2. 民法典侵权责任编草案

在民法典侵权责任编草案一审稿（下称一审稿）的规定中，对于高空抛物之法律责任，可能的规范基础，首先规范于第949条之规定：“二人以上实施危及他人人身、财产安全的行为，其中一人或者数人的行为造成他人损害，能够确定具体侵权人的，由侵权人承担责任；不能确定具体侵权人的，行为人承担连带责任。”

然而，一审稿同时也于第八章规范有“高度危险责任”，第五章也有“机动车交通事故责任”，且在第一章“一般规定”的第949条，规定“行为人因过错损害他人民事权益，应当承担侵权责任。”显然地，一审稿对于侵权责任之一般原则，仍然是以个人主义下“过失责任”为原则。

因此，若将第949条，对照第944条之规定，吾人会发现，其间之关系如何，值得玩味。

首先，第949条文义所称“危及”，究属何意？是否即为民事责任法所谓“危险责任”之规定，值得探讨。

其次，从第949条之文义以观，既然数人之行为“造成他人损害”，那么，如何想象一个客观上已经造成他人损害的行为，居然“不具危险性”？一个已经造成实害的行为，怎么看它都是一个具有危险的行为，而且不仅仅是危险，既然该危险已经进一步造成具体损害发生，却又认为其不具危险，似乎论理上有欠周延，因此，“危及他人人身、财产安全”究竟有何实质、具体的意义，或在实务上，如何操作该要件？是不是只要损害发生，就应推定具有危险，再由行为人就该行为并不

---

[1] 段伟朵：《民法典草案一审拟为公平责任原则适用范围戴上金箍》，载大河网，网址：https：//news. baidu. com/share/detail/8943462532549076781，最后访问时间：2018年10月18日。

具有危险性，举反证加以推翻？

此外，既然第944条仍然采取“过失责任”，那么属于“无过失责任”底下之危险责任，在一审稿当中，其体系地位为何？换言之，第949条的构成要件，是否需要各个行为人对于损害之发生，具有944条之“过失”，始须负责？或是只要数个人行为，其行为具有危险性，最后又由其中一人或者数人的行为造成他人损害，即属该当？倘若如此，那么显然九百四十九条的责任类型，会是纯粹客观上论断是否具有“危险性”，以及最后结果是否发生“损害”这样由客观加以判断之责任，性质上将趋近于“客观责任”，是否为立法者之真意？有待讨论。

反过来说，从条文文义观之，如果数人之行为危及他人人身、财产安全，但是却“未发生损害”，显然依该条规定，数行为人均无须负责。就这点来看，显然“危险性”不是该条课以行为人责任的主要原因。

另外，如果要将949条作为高空抛物法律责任的规范，可能也无法符合文义之规定。因为高空抛物之案件中，真正抛物之行为人有为侵权行为，但对于其它同建物之其他住户而言，可能根本未为任何行为，并不该当“实施危及他人人身、财产安全的行为”之定义。

退而求其认，另一个可能的规范基础，出现在第950条。然而，就文义观之，也是一个可能用来处理高空抛物的法律规定。因为条文规定二人以上“分别实施”侵权行为，从而，各个责任主体，必须要有侵权行为之实施，只是同一损害之发生，因为无从确认确切之因果关系，才透过第950条之立法推定，将可能侵害人一并课与连带责任。

从而，依民法典侵权编草案一审稿之规定，似乎修法方向，已将高空抛物从民法规制体系中去除，转寻求其他法规加以规范。

（二）司法层面

1. 连带责任的承认

（1）花瓶砸车案

1）案例事实：

2014年7月13日晚，闵行区的市民前往居住小区之停车位取车，发现一花盆砸碎了其所有车辆之前挡风玻璃。被害人修车后，联系了居委会和物业，希望该小区之业主（即住户）协商承担费用，但所有的业主都拒绝赔偿。被害人乃将26位业主为被告，提起损害赔偿之诉。

2）法院见解：

闵行区人民法院判决认为，高空抛物致害案件出于分散风险之考虑，虽然被害人无法确定孰为具体侵权人，但由所有可能加害的业主承担类似“公平责任”的弥补机制，有利于保障受害者的权益，故最后判决除一楼业主被排除外，其他26位业主都要承担赔偿责任。

2. 份额责任之提出

虽然大陆实务判决采取“连带责任”，在被害人无从确认加害人为何人之情况下，使建物之住户均连带负责。但是大陆学术界多数主张参考《侵权责任法》第12条之规定，采取较为特殊之“份额责任”（或“按份责任”）。

（1）理论提出：

《侵权责任法》第12条规定：二人以上分别实施侵权行为造成同一损害，能够确定责任大小的，各自承担相应的责任；难以确定责任大小的，平均承担赔偿责任。

因此，采份额责任之学者认为[1]，在不能确定实际侵权行为人的高空抛物侵权案件中，应由可能加害的建筑物使用人各自按照“一定份额”给予受害者适当补偿。其主要理由，首先是基于分散损失之想法，认为由受害者承担高空抛物行为造成的人身、财产损失，对于被害人保护并不公平。而建筑物使用人的总体负担能力比较强，由其分担受害者的部分损失，更符合公平合理的立法理念。

因此，在这样的想法底下，此说学者认为，被害人得向可能加害之建物使用人请求。至于建物使用人之间，如果实行连带责任，又认为对于可能加害之建物使用人过于严苛，而认为实行“一定份额”。

值得注意者在于，学者认为，高空抛物侵权案件之按份责任，《侵权责任法》里的按份责任不同。《侵权责任法》第12条规定之按份责任原则，系以二人以上分别实施侵权行为，造成同一损害，而能够确认责任大小，乃其依原因力、过错等承担责任。因此，《侵权责任法》第12条之规定，适用前提必须以数人分别实施的行为；唯在高空抛物侵权案件中，因真正侵权行为人为单一，其特性只是因为“无从确认孰为加害人”，故此时按份责任并不以所有人均实施行为为适用前提，其目的仅在于被害者权利之保障，及更适切地平衡多方利益，避免住户责任过重。

《侵权责任法》第12条之规定，是在处理“数人共同不法侵权行为”，其定位类似于台湾地区有关方面“民法”第185条之规定：数人共同不法侵害他人之权利者，连带负损害赔偿责任。

唯台湾地区“民法”第185条规定，与《侵权责任法》第12条规定，在适用上却有所不同。台湾地区“民法”第185条，在被害人与共同侵权行为人间之外部关系而言，系采取连带责任，由被害人依“民法”第273条规定，得选择一人或数人或全体，同时或先后请求全部或一部之给付；嗣后各共同侵权行为人间之内部关系而言，再依其原因力，依“民法”第280条决定内部分担额。

而《侵权责任法》第12条，则是在被害人与共同侵权行为人间，直接在外部

[1] 许小琴：《探析高空抛物侵权的赔偿责任》，载《绵阳师范学院学报》2017年第3期。

关系上就将之“可分化”。

（2）操作标准：

至于如何决定可能加害人间之“份额”？目前学说上大致有几种决定方法：

1）以户为单位

有认为应以户为单位，以每个房产证上相对应之“产权人”，作为该“户”的代表人，从而，以户为计算标准的按份责任，最终落实到房产证的产权人上。

再决定了以“户”为单位后，再为等额分配。

然而，房产证上之产权人，对于房屋具有所有权，但是，是否就对于该房屋之占有，享有控制权？以份额责任的立基点而言，既然是认为责任可分，责任的基础，便在于对于该物之管领，则若对于外出之产权人，如何加以课责？恐难加以说明。

2）按面积平均

四、中国台湾地区有关方面

（一）立法层面

关于共同侵权行为，中国台湾地区“民法”第185条第1项规定“数人共同不法侵害他人之权利者，连带负损害赔偿责任。不能知其中孰为加害人者亦同。”第2项则规定“造意人及帮助人，视为共同行为人。”

其中，第185条第1项共有二个独立的请求权基础，前段规范“共同加害行为”，包括主观上有意思联络之共同加害行为，以及主观上虽无意思联络，但客观上具有行为关连共同之加害行为。而185条第1项后段，中国台湾地区学说通说称为“准共同侵权行为”或“共同危险行为”。

然而，185条第1项前段之“共同”与后段之“共同”所指涉含义并不相同。前段之“共同”，才是共同侵权行为的概念，即共同“加害”行为；而后段之“共同”，只是表现出数个危害他人之行为，具有一定之关连而已，因此，中国台湾地区“民法”第185条第1项后段的共同危险行为，较类似于《德国民法典》第830条第1项后段之“数参与人中不知孰为加害人者”之情况[1]。

（二）司法层面

1. 向来见解

“最高法院”在1978年台上字第1737号判例中认为：民事上之共同侵权行为

---

〔1〕 王泽鉴：《侵权行为法》，自版，2015年6月版，第495页。

（狭义的共同侵权行为，即加害行为）与刑事上之共同正犯，其构成要件并不完全相同，共同侵权行为人间不以有意思联络为必要，数人因过失不法侵害他人之权利，苟各行为人之过失行为，均为其所生损害的共同原因，即所谓行为关连共同，亦足成立共同侵权行为，依“民法”第一百八十五条第一项前段之规定，各过失行为人对于被害人应负全部损害之连带赔偿责任。

因此，在台湾地区所谓的“共同侵权行为”，本质上仍然是各行为人间之“过失行为”才构成，“最高法院”在1977年例变字第一号，只是解决了共同行为人之间“主观意思联络”要件上的问题，但基本上，每一个行为人本身，还是必须具备过失要件。如果该行为人并不具有过失，则无庸负共同侵权行为责任。

以1978年台上字第1737号判例的案例事实，原告为死者之子女，被告甲为司机，被告乙则为另一个重型机车之驾驶员，而死者坐于机车后座，事故因甲、乙车辆之碰撞，导致坐在后者之被害人因而死亡，由于某甲与某乙均有违反道路交通安全规则之过失，因此，对于原告依“民法”第185条，负共同侵权责任。

因此，在台湾地区的法制上，值得探究的问题为，台湾地区第七版的“民法”，是否有“不知行为人为何人”之法律规定？此问题在“最高法院”关于“天灯失火案”中进一步确认此立场。

2. 天灯失火案

（1）案例事实：

本件被告即上诉人为放天灯活动之主办单位台中县易道学会会员兼理监事共五名，在1998年农历春节期间，在紫云禅寺前方广场举办放天灯活动，唯在活动进行中，有一只天灯未能顺利升空，而掉落于紫云禅寺附近之皮件堆上，引发废弃皮件失火，而延烧至原告即被上诉人之房屋毁损。原告乃向主办单位之会员兼理监事请求损害赔偿。

（2）法院见解：

1）事实审：

就事实之调查，“高等法院”认为火灾确实系由天灯施放所造成，但因为本件活动现场另设有活动主委，活动主委已因另案判决应负赔偿责任，而本件无法证明该肇事之天灯，究竟是否属于该五名主委所施放，从而不构成共同侵权行为。就法律论述部分，“高等法院”则认为“民事上之共同侵权行为与刑事上之共同正犯，其构成要件并不完全相同，共同侵权行为人间不以有意思联络为必要，数人因过失不法侵害他人之权利，苟各行为人之过失行为，均为其所生损害的共同原因，即所谓行为关连共同，亦足成立共同侵权行为，依“民法”第一百八十五条第一项前段规定，各过失行为人对于被害人应负全部损害之连带赔偿责任。唯“民法”第一百八十五条第一项前段所谓共同侵权行为，须共同行为人皆已具备侵权行为之要件始能成立，若其中一人无故意过失，则其人非侵权行为人，不负与其他具备侵权行为要件之人连带赔偿损害之责任。至同项后段所谓共同危险行为，仍以数人均有侵害权利之不法行为为要件，故主张系共同危险行为，仍应积极证明被告有所行为，始得请求连带损害赔偿责任。”

2）法律审：

“最高法院”则认为“次按，‘民法’第一百八十五条第一项后段规定之共同危险行为，须数人共同不法侵害他人权利，即数人‘均有’侵害他人权利之‘不法’行为，而不能知其中孰为加害人为要件。本案被上诉人施放天灯当时，既非法令所禁止之行为，则施放天灯纵经易道学会理监事会开会决定举办，尚难因此决定遽令负侵权行为之责；且上诉人又主张被上诉人仅系参与易道学会所举办放天灯活动，而施放天灯又系个别为之，仅因一只天灯施放失败致引发系争火灾，显系个别施放者施放失败所致，核与数人‘均有’‘不法’侵害他人权利之共同不法侵害行为之情形有别，要无责令全体施放者同负共同危险行为之连带损害赔偿责任之理。”

“最高法院”针对“不知孰为加害人亦同”的解读，要求原告必须举证行为人的过失，但是，既然是“不知何人为加害人”，那到底要举证“谁”的过失？如果是要举证所有可能的行为人的过失，那么，就直接用前段就好了，何需后段的规定？因此，后段的规定，既然是针对“不知何人为加害人”，那么，就应该采取法国早期见解的“集体过失”理论，在原告可以举证数加害人的过失时，适用前段的共同侵权行为，如果无法举证数加害人过失，但可以确认，是由具体的特定的范围内之数人中之一人的过失，就应该以“集体过失”理论来适用，才是185条但书要减轻被害人举证的目的所在，也使得该条得以真正具有意义。

因此，在天灯失火案中，吾人可以赞同“最高法院”的见解，因为在该案中，原告已经向主办单位的现场主任委员请求获胜诉，但理由不是用185条但书如此解释，而应该是由“他人行为责任”中关于“对于他人具体行为”的管领力的角度，责由现场负责，有管领力之人负责，而在天灯失火案中，因为被告的五名理监事，并不具有对于具体施放天灯行为有管领力，而得以主张免责，因此，结果相同，但理由构成不同。

3. 事业废弃物清运案

（1）案例事实：

本案原告即上诉人某甲，为某仓库之所有人，某乙则为专业之仓库租赁业者，但未领有事业废弃物之清除与处理文件，依法不得处理一般事业废弃物之清运，而丙、丁、戊为制造事业废弃物之厂商，乙为了赚取中介费用，乃与甲成立仓库租赁契约，乙再向丙、丁、戊以低于市价之价格，承揽丙、丁、戊等厂商所生产之事业废弃物清运，并违法堆置于某甲之仓库，并违法开挖仓库之土地，最后并未支付租金，导致甲除了租金无法取得以外，尚需另行请求他人回填仓库土地之损害。故起诉主张乙及将事业废弃物堆置于仓库内之丙、丁、戊厂商，依“民法”第185条请求连带损害赔偿。

（2）法院见解

本件原审“高等法院”认为，某乙未依规定领有事业废弃物之清除、处理文件，依法不得处理事业废弃物之清运，却向甲承租后，非法向丙、丁、戊中介，而将事业废弃物违法堆置于甲之仓库，但因某乙只是中介业者，对于非法清运废弃物堆置于甲的仓库，所造成该仓库所在地环境污染，非一般中介业务之经验及常情所得预见或知悉，至于丙、丁、戊，纵因疏忽而未查证某乙并未取得合法许可文件，但就某乙于承揽后，拟以何种方式处理，应无明确认知，故丙、丁、戊对于某乙将事业废弃物堆置于甲的仓库，造成甲之仓库所在地之环境污染，仅须就其清除废弃物之方式违反“废弃物清理法”之规定负赔偿责任，限于将所堆放之事业废弃物为清运即可。至堆置后所造成之其他损害，即拆除仓库、回填土方费用及无法使用仓库之损害等，因均属甲违反甲乙间租赁契约所约定之债务不履行事项，非丙、丁、戊委托清运时所得预见或知悉，自不负损害赔偿责任。故认为乙、丙、丁、戊均不用赔偿。

然而，“最高法院”认为，一般人均知由家户产生之一般废弃物应交由垃圾车载运至垃圾处理场处理，不得任意弃置，以免污染损害环境，则举轻以明重，较一般废弃物更具污染性之事业废弃物自应采更严谨特殊之清运、贮存及处理方式。某乙既然为从事仓库租赁之中介专业人，对一般仓库之功能非在贮存事业废弃物，非法堆置其内可能造成环境污染即无不知之理。某丙、丁、戊在承租仓库时，依法本应注意某乙是否取得主管机关就清除、处理之许可，及其是否妥善处理事业废弃物，如有违反该注意义务，均应与某乙对清运废弃物所造成之环境污染负连带责任。因此，认为乙、丙、丁、戊均应连带负责。

换言之，“最高法院”认为“高等法院”，仅以丙、丁、戊等厂商，对于拟以何种方式处理，无明确认知，就某乙将事业废弃物堆置于仓库造成环境污染之损害不需负责，并不恰当，乃废弃“高等法院”之见解。

“最高法院”认为：“民事上之共同侵权行为（狭义的共同侵权行为，即加害行为）与刑事上之共同正犯，其构成要件并不完全相同，共同侵权行为人间不以有意思联络为必要，数人因过失不法侵害他人之权利，苟各行为人之过失行为，均为其所生损害的共同原因，即所谓行为关连共同，亦足成立共同侵权行为，依‘民法’第一百八十五条第一项前段之规定，各过失行为人对于被害人应负全部损害之连带赔偿责任”，因此丙、丁、戊违反注意义务，虽然只是过失行为，但与某乙的违法行为，是造成仓库环境污染损害的共同原因，仍然应该连带负责。

换句话说，本件案例事实，丙、丁、戊本身，仍然有违反废弃物清理法相关规定的过失行为，才得以与某乙之违法行为，依“最高法院”所说之“行为关联共同”，负连带责任。

五、结论—兼论高空抛物的性质分析

高空抛物之所以特别，在于它要处理的，是一个三面关系，一方是被害人，他方是实际行为人，第三方则是无辜的多数可能加害人。

从而，高空抛物之法律问题，涉及被害人损害赔偿请求权的落实，以及个人行动自由之维护。当无辜的多数可能加害人的数目越多，则要求无辜多数可能加害人，要为一个可归责之行为，但仅仅因为加害人不容易确定，这之间的利益衡量，就会越陷于纠结的状况，这时候天平的倾斜，便会出现疑义。

法国的经验透过“集体过失”与“集体管领”的概念来解决“加害人不明”的问题。

在中国台湾地区，“民法”只规制共同危险行为，并没有类似高空抛物的规制。

中国大陆则在本次民法典侵权编草案一审稿中，并不明文规定高空抛物之法律责任，日后发展，值得继续观察。

（四）人格权编、婚姻家庭编和继承编

论个人信息收集、利用行为合法性的判断
——以《民法总则》第111条为中心*

王叶刚**

目　次

一、问题的提出

2017年3月15日，十二届全国人大五次会议审议通过了《中华人民共和国民法总则》（以下简称《民法总则》），该法顺应网络信息社会发展的需要，对个人信息、数据、网络虚拟财产的保护作出了规定。关于个人信息保护，《民法总则》第111条规定："自然人的个人信息受法律保护。任何组织和个人需要获取他人个人信息的，应当依法取得并确保信息安全，不得非法收集、使用、加工、传输他人个人信息，不得非法买卖、提供或者公开他人个人信息。"该条规定对于我国个人信

* 载于甘肃社会科学 Gansu Social Sciences 2018年01期 ISSN：1003－3637。

** 中央财经大学法学院。

息保护具有重要意义：一方面，该条从民事基本法的层面确立了个人信息保护规则，一定程度上改变了我国原有的个人信息保护法律规则碎片化、零散化的状态，[1]为我国个人信息保护法律规则的完善提供了民事基本法的依据。另一方面，虽然《民法总则》没有明确将个人信息权规定为一项具体人格权，但其在具体人格权之后规定个人信息保护规则，而没有将其规定在财产权部分，这实际上是肯定了个人信息的人格权益属性，[2]这一基本立场值得肯定。此外，在个人信息保护方面，该条还确立了“依法取得，不得非法收集”“确保信息安全”“不得非法利用”等具体规则，[3]这对于有效保护个人信息具有重要意义。

当然，该规定也存在需要完善之处，问题之一就是如何界定收集、利用个人信息行为的合法性。[4]从该条规定来看，个人信息应当“依法”取得，不得“非法”收集、使用、加工、传输、买卖、提供或者公开他人的个人信息，但何为“依法”取得？何为“非法”利用？该条并没有作出明确规定，这一方面，不利于准确认定侵害个人信息权利的责任。《民法总则》第111条禁止相关主体非法取得与利用个人信息，如果相关主体是依法取得与利用个人信息，则法律并不禁止，行为人也无须承担责任。因此，合法与非法的界限不清晰，既不利于权利人主张个人信息权利，也不利于准确认定侵害个人信息权利的责任。另一方面，其也可能影响个人信息的有效利用。在大数据时代，利用个人信息的现象十分普遍，收集、利用个人信息的主体不仅包括企业，而且还包括政府机构，[5]个人信息收集与利用的合法性标准不清晰，将难以为相关主体收集、利用个人信息提供明确的行为标准，这也可能影响个人信息的利用。

个人信息收集与利用行为的合法性认定涉及个人信息权利保护与个人信息有效利用之间的关系，需要法律作出明确界定。探讨个人信息收集、利用行为的合法性，实际上就是划定收集、利用个人信息的行为标准，从而有效平衡个人信息权利保护与充分发挥个人信息经济效用之间的关系。《民法总则》第111条虽然提出了个人信息收集、利用行为的合法性问题，但并没有作出细化规定。本文拟从我国相关立法规定出发，对个人信息收集与利用行为的合法性进行探讨，以期有助于我国

---

〔1〕 参见肖登辉、张文杰：《个人信息权利保护的现实困境与破解之道——以若干司法案例为切入点》，载《情报理论与实践》2017年第2期。

〔2〕 参见张鸣起：《〈中华人民共和国民法总则〉的制定》，载《中国法学》2017年第2期。

〔3〕 参见王利明主编：《〈中华人民共和国民法总则〉条文释义》，人民法院出版社2017年版，第242~243页。

〔4〕 本文中的个人信息利用行为是指个人信息收集行为之后对个人信息进行利用的行为，包括了个人信息的处理、储存、流转等行为。

〔5〕 Schwartz, Paul M., Property, Privacy, and Personal Data, Harvard Law Review, Vol. 117, Issue 7 (May 2004), pp. 2056 – 2128.

个人信息保护立法的完善。

二、不宜一概将被收集者同意作为个人信息收集、利用行为合法性的前提条件

除《民法总则》外，我国相关法律也对个人信息保护作出了规定，这些个人信息保护规则虽然在规范目的等方面存在一定的差异，但一般都强调个人信息的收集与利用应当得到被收集者的同意。例如，依据《全国人大常委会关于加强网络信息保护的决定》第2条的规定，网络服务提供者和其他企业事业单位在业务活动中收集、使用个人电子信息时，除应当遵循合法、正当、必要等原则外，还应当取得被收集者的同意。再如，依据《中华人民共和国网络安全法》（以下简称《网络安全法》）第41条第1款的规定，网络运营者在收集、使用个人信息时，既需要遵循合法、正当、必要等原则，也需要“经被收集者同意”；同时，依据该条第2款的规定，网络运营者在处理其保存的个人信息时，除了依照法律、行政法规规定以外，还必须依据“与用户的约定”进行，其实际上也是强调了个人信息的收集与利用应当取得权利人同意。上述规定实际上都是将被收集者同意作为个人信息收集、利用行为合法性的前提。也有学者持此种观点，认为违反个人同意原则收集和利用个人信息，即属于非法收集和利用个人信息。[1]但本文认为，我国未来立法不宜一概将被收集者同意作为个人信息收集、利用行为合法性的前提条件，主要理由在于：

第一，此种做法可能不当影响个人信息的有效利用。二十一世纪是互联网时代，也是大数据时代，大数据时代的到来预示着信息化的发展进入了新的历史阶段。正如有学者所指出的，每个时代都有其最具代表性的历史标签，十九世纪是煤炭和蒸汽机，二十世纪是内燃机、石油和电力，而二十一世纪则是大数据，大数据是二十一世纪的石油和金矿，是提升国家综合国力的关键资源。[2]而大数据分析作为一种技术手段，其有效运用依赖于由海量信息汇聚而成的“大数据”，其中就包括了大量的个人信息。个人信息中包含巨大的经济价值，能够为企业带来客观的经济效益。[3]例如，通过对用户的个人消费习惯信息进行整合分析，企业可以准确定位市场需求，并在此基础上妥当安排和调整其经营计划，这有利于提高企业的市场竞争力。也正是因为这一原因，收集、利用用户的个人信息也成为许多企业的经营战略。与隐私权强调对个人人格尊严与人格自由的保护不同，对个人信息保护应当

---

〔1〕参见李永军：《〈民法总则〉中个人隐私与信息的“二元制”保护及请求权基础》，载《浙江工商大学学报》2017年第3期。

〔2〕参见苗圩：《大数据，变革世界的关键资源》，载《人民日报》2015年10月13日第7版。

〔3〕Schwartz, Paul M., Property, Privacy, and Personal Data, Harvard Law Review, Vol. 117, Issue 7 (May 2004), pp. 2056-2128.

注重发挥其经济效用，[1]有效利用个人信息，发掘其经济效用，是大数据时代的必然要求。[2]数据的流通既是信息再利用的形式，也是信息再利用的条件，数据的流通与获取是信息有效利用的前提，如果个人信息数据无法流通、无法获取，大数据产业也将成为无水之源。[3]因此，要求所有的个人信息收集、利用行为都必须取得权利人的同意，可能使个人信息的收集与利用变得极为困难，这将从源头上减少可供分析的个人信息数量，从而造成所谓“信息孤岛”现象，影响大数据技术的有效运用。同时，要求所有个人信息的收集与利用都经过被收集者同意，也会增加个人信息收集与利用的成本，影响个人信息的利用效率。

第二，此种做法的正当性不足。根据学者的考证，各国和各地区立法保护个人信息主要源于对隐私权保护的需要，[4]即通过规范个人信息收集与利用行为，弥补既有法律规则对隐私权保护的不足，从而强化对个人信息中所包含的个人隐私利益的保护。但强化对个人信息中所包含隐私利益的保护并不意味着所有个人信息的收集、利用都必须经过被收集者同意，因为并非所有的个人信息都涉及个人隐私。隐私主要是一种私密信息或者私人活动，凡是个人不愿意公开披露且不涉及公共利益的部分都可以成为个人隐私，[5]而个人信息的侧重点在于身份的识别性，[6]许多个人信息并不当然属于隐私信息。依据《网络安全法》第76条第5项的规定，个人信息“是指以电子或者其他方式记录的能够单独或者与其他信息结合识别自然人个人身份的各种信息，包括但不限于自然人的姓名、出生日期、身份证件号码、个人生物识别信息、住址、电话号码等”。从该规定来看，个人信息的外延是十分宽泛的，只要是能够直接或者间接识别出个人身份的信息，都可以纳入个人信息的范畴，其中许多个人信息并不属于个人隐私。正如有学者所言，“有的个人信息特别是涉及个人私生活的敏感信息属于个人隐私，但也有一些个人信息因高度公开而不属于隐私”。[7]因此，对不涉及个人隐私的个人信息而言，对其进行收集与利用并不当然导致对个人隐私权的侵害，要求此类信息的收集一概征得被收集者的同意并不妥当。

---

〔1〕 参见张新宝：《从隐私到个人信息：利益再衡量的理论与制度安排》，载《中国法学》2015年第3期。

〔2〕 王利明：《编纂一部网络时代的民法典》，载《暨南学报（哲学社会科学版）》2016年第7期。

〔3〕 金耀：《个人信息去身份的法理基础与规范重塑》，载《法学评论》2017年第3期。

〔4〕 参见张新宝：《从隐私到个人信息：利益再衡量的理论与制度安排》，载《中国法学》2015年第3期；刘云：《欧洲个人信息保护法的发展历程及其改革创新》，载《暨南学报》2017年第2期。

〔5〕 王利明：《隐私权概念的再界定》，载《法学家》2012年第1期。

〔6〕 参见王利明：《论个人信息权的法律保护——以个人信息权与隐私权的界分为中心》，载《现代法学》2013年第4期。

〔7〕 参见张新宝：《从隐私到个人信息：利益再衡量的理论与制度安排》，载《中国法学》2015年第3期。

第三，此种做法也不符合个人信息立法的发展趋势。从比较法上看，个人信息的保护主要有两种模式，即美国的特别立法+经营者自律模式与欧洲的政府主导立法模式，美国尚未制定统一的个人信息保护立法，而是在各个特别领域制定了相关的个人信息保护法律，其个人信息保护主要是通过市场和行业自律的方式实现的；〔1〕而欧洲法则主要是通过个人信息数据保护指令与各个成员国立法的方式保护个人信息。〔2〕两种模式相比较，美国法更注重对个人信息的利用，而欧洲法则更加注重对信息主体权利的保护。〔3〕但即便是在格外强调对个人信息权利进行保护的欧洲，也并非所有的个人信息收集与利用行为都需要经过被收集者的同意。欧盟于2016年颁行了《一般数据保护条例》（General Data Protection Regulation，"GDPR"）该条例第6条对合法处理个人信息的行为作出了规定："有下列情形之一的，个人信息的处理行为即属于合法行为：（a）信息主体基于一个或者多个明确的目的同意对其信息进行处理；（b）在信息主体作为合同一方当事人，为履行合同而必须处理其个人信息，或者在订立合同前，应信息主体的请求而处理其个人信息；（c）信息控制者为了履行所遵守的法律而产生的义务而处理个人信息；（d）为了保护信息主体或者其他人的重要利益（vital interests）而需要处理个人信息；（e）信息控制者基于履行公共利益或者官方机构课以的任务的需要而处理个人信息；（f）基于信息控制者或者第三方所追求的合法利益的需要而处理个人信息，当然，在信息主体的基本权利或者自由超过上述合法利益需要时除外，此时，需要保护个人信息数据，尤其是保护儿童的个人信息数据。在公权力机关为履行其职责而需要处理个人信息时，前款第（f）项不再适用。"从该条规定来看，其列举了多种合法处理个人信息的行为，个人同意只是其情形之一。基于公共利益、他人的合法权益甚至经济利益方面因素的考虑，〔4〕可以对个人信息进行处理和利用。可见，个人信息保护立法总的发展趋势是强化对个人信息的利用，而不是一概要求个人信息的收集、处理、利用等都必须经过个人同意，个人同意并非所有个人信息收集、利用行为合法性的必要条件。

从我国《民法总则》第111条的规定来看，其并没有明确将被收集者同意作为个人信息收集、利用行为合法性的条件，将来立法在细化《民法总则》个人信息保护规则、明确个人信息合法收集、利用的标准时，也不宜一概将被收集者同意作为其前提条件。

---

〔1〕参见王利明：《论个人信息权的法律保护——以个人信息权与隐私权的界分为中心》，载《现代法学》2013年第4期。

〔2〕参见张新宝：《从隐私到个人信息：利益再衡量的理论与制度安排》，载《中国法学》2015年第3期。

〔3〕参见石佳友：《网络环境下的个人信息保护立法》，载《苏州大学学报》2012年第6期。

〔4〕参见该《一般数据保护条例》第23条第1款第（e）项。

三、去身份化处理无法真正解决个人信息收集与利用的合法性难题

在大数据时代，随着个人隐私保护与数据利用之间矛盾的不断凸显，大数据产业及其从业者开始采用个人信息去身份的方式以实现二者的平衡。[1]个人信息的去身份化（de – identification）也称为个人信息的匿名化处理（anonymization），它是指将个人信息中能够识别个人身份的信息去除，从而阻断相关信息与个人身份之间的关联性。[2]个人信息收集与处理合法性的基础在于，其不能损害被收集者的隐私权及其他人格权益，个人信息是能够直接或者间接识别出个人的信息，如果消除该信息与个人之间的关联性，则可以有效降低个人信息流通中的隐私风险，从而保障个人信息利用行为的合法性。前述欧盟《一般数据保护条例》也对个人信息的去身份化作出了规定，该条例将个人信息的去身份化处理称为“pseudonymisation”，即对个人信息进行处理，使其在不借助其他信息的情况下不能识别出特定的个人，只要这些其他信息被采取技术措施或者其他措施单独保存，上述被处理的个人信息将无法识别出特定的个人。[3]该条例起草者认为，个人信息的去身份化有利于信息控制者和处理者履行其个人信息保护义务，并将其作为个人信息保护的重要方式之一。[4]我国也有学者主张，个人信息的去身份化处理通过去除或者改变个人身份信息，有利于个人信息的流通与利用，并认为个人信息的去身份化是信息有序流通的需要，也是信息再利用的前提。[5]

应当看到，个人信息的去身份化确实有利于促进个人信息的有效流通与利用，因为通过去身份化处理，去除个人信息中有关个人身份的信息内容，可以将个人信息转化为匿名信息（anonymous data），[6]这有利于减少信息处理、利用过程中对个人隐私权及其他人格权益的侵害，在很大程度上排除信息流通的障碍，[7]从而保障信息的有效利用。但本文认为，个人信息的去身份化并不能真正解决个人信息收集与利用行为的合法性问题，主要理由在于：

第一，个人信息的去身份化处理无法调整个人信息的收集问题。从我国《民法

---

〔1〕 金耀：《个人信息去身份的法理基础与规范重塑》，载《法学评论》2017 年第 3 期。

〔2〕 Eleftheriou, Demetrios A., Tips on Protecting Personal Data, Florida Bar Journal, Vol. 90, Issue 1 (January 2016), pp. 38 – 39.

〔3〕 参见欧盟《一般数据保护条例》第 4 条第（5）款。

〔4〕 参见欧盟《一般数据保护条例》前言（28）。

〔5〕 金耀：《个人信息去身份的法理基础与规范重塑》，载《法学评论》2017 年第 3 期。

〔6〕 Eleftheriou, Demetrios A., Tips on Protecting Personal Data, Florida Bar Journal, Vol. 90, Issue 1 (January 2016), pp. 38 – 39.

〔7〕 金耀：《个人信息去身份的法理基础与规范重塑》，载《法学评论》2017 年第 3 期。

总则》第111条的规定来看，不仅个人信息的利用行为应当具有合法性，个人信息的收集行为也应当具有合法性，即个人信息的收集不得损害个人的隐私权及其他人格利益。而个人信息的去身份化处理是在个人信息被收集之后，为了保障个人信息数据的利用，由数据控制人对个人信息进行集中分析并去除相关的身份信息。[1]前述欧盟《一般数据保护条例》也认为，个人信息的匿名化处理（pseudonymisation）主要发生在信息的处理（processing）阶段，[2]其无法有效调整个人信息收集行为。行为人收集个人信息应当遵循哪些行为规则？在个人信息收集阶段，如何保障个人的隐私权等人格权益？行为人在收集个人信息后，在进行匿名化处理之前，如何控制相关的隐私风险？等等，个人信息的去身份化处理均无法解决。因此，个人信息的去身份化只能部分解决个人信息处理、利用行为的合法性问题，而无法从根本上解决这一难题。

第二，个人信息的去身份化处理可能不当影响个人信息经济效用的发挥。个人信息法律制度需要有效平衡个人信息权利保护与个人信息数据有效利用之间的关系，促进信息的自由流动也应当是个人信息法律制度的目的之一，[3]这也应当是界定个人信息收集与利用行为合法性的基础之一。个人信息的去身份化处理可以将相关的信息数据与个人身份进行隔离，从而尽可能地降低对个人隐私权及其他人格利益的侵害，[4]此种做法虽有利于保护个人对其个人信息所享有的权利，但可能不当影响个人信息数据的有效利用。从利用方式上看，个人信息的利用既可以体现为“一对一”的利用，即针对特定信息主体利用个人信息，也可以体现为“一对一”以外的利用形式，即对大量的个人信息数据进行分析，得出相关的分析结论，以做进一步的利用。[5]个人信息的去身份化后虽然会转化为“匿名信息”，这虽然不会对个人信息的后一种利用方式产生大的影响，但可能会严重影响前述“一对一”的利用方式：因为“一对一”的利用方式要求对个人信息数据进行分析、处理必须借助于信息主体的相关信息，并通过信息数据点之间的基础关联而发挥其经济效用，而个人信息的去身份化处理则会消除信息数据与信息主体之间的关联，这可能影响

[1] 金耀：《个人信息去身份的法理基础与规范重塑》，载《法学评论》2017年第3期。

[2] 参见欧盟《一般数据保护条例》第4条第（5）款。

[3] 参见石佳友：《网络环境下的个人信息保护立法》，载《苏州大学学报（哲学社会科学版）》2012年第6期。

[4] 也正是因为这一原因，欧盟《一般数据保护条例》并不调整此类信息数据的利用行为，也就是说，如果相关信息已经被匿名化处理，或者成为名义上的信息（namely information），无法据此识别出特定的个人，则不再受到个人信息保护规则的保护。参见欧盟《一般数据保护条例》前言（26）。

[5] 参见张新宝：《从隐私到个人信息：利益再衡量的理论与制度安排》，载《中国法学》2015年第3期。

个人信息数据经济效用的发挥。[1]例如，一些企业通过检索个人的网络浏览记录，分析个人的消费习惯，并进行精准的广告投送，如果去除所有涉及个人身份的信息内容，则相关的精准投放行为也将难以实现，这也可能导致相关信息数据失去经济效用。因此，可以说，个人信息的去身份化虽然可以有效降低个人信息利用中的隐私风险，但却会不当影响个人信息的有效利用，其并不是平衡个人信息权利保护与个人信息利用之间关系的最佳方法。

第三，个人信息的去身份化处理难以从根本上消除个人信息流通、利用中的隐私风险。如前所述，个人信息的去身份化处理主要发生在个人信息的处理阶段，其有利于减少个人信息数据利用阶段的隐私风险。但要发挥个人信息数据的经济效用，就很难完全去除个人信息中的身份信息，这也使得个人信息的去身份化无法从根本上消除个人隐私泄露的风险。传统上认为，将一些典型的个人信息抹除，如姓名、住址、社保号码等，可以实现个人信息的匿名化，但学者新近的研究表明，个人信息在经过匿名化处理后，仍然存在再次识别的可能。[2]还应当看到，即便某些个人信息已经进行了去身份化处理，单个的信息数据无法识别特定的个人，但如果将一些经过去身份化处理的信息数据与其他信息数据结合在一起，其仍然可能识别出特定的主体。[3]尤其是一些反向身份识别技术的运用，更是增加了相关信息数据识别特定主体的可能性。[4]因此，匿名化不应当仅从静止的角度看，即认为一旦进行匿名化处理，将来就可以没有限制地处理和利用。[5]在判断个人是否可以识别时，应当考虑所有合理的可以采取的手段，可以直接或者间接识别出个人。[6]个人信息在经过匿名化处理后，如果与其他信息结合在一起仍然可以识别出个人，则仍然应当属于个人信息。有学者直言不讳地指出，完全的匿名化、将危险降至零是不

---

〔1〕 Sophie Stalla - Bourdillon, Alison Knight, Anonymous Data v. Personal Data - False Debate: An EU Perspective on Anonymization, Pseudonymization and Personal Data, Wisconsin International Law Journal, Vol. 34, Issue 2 (Winter 2016), pp. 284 - 322.

〔2〕 Tanner, Adam, Legal Questions Raised by the Widespread Aggregation of Personal Data, New England Law Review, Vol. 49, Issue 4 (Summer 2015), pp. 601 - 610.

〔3〕 Sophie Stalla - Bourdillon, Alison Knight, Anonymous Data v. Personal Data - False Debate: An EU Perspective on Anonymization, Pseudonymization and Personal Data, Wisconsin International Law Journal, Vol. 34, Issue 2 (Winter 2016), pp. 284 - 322.

〔4〕 徐明：《大数据时代的隐私危机及其侵权法应对》，载《中国法学》2017 年第 1 期。

〔5〕 Sophie Stalla - Bourdillon, Alison Knight, Anonymous Data v. Personal Data - False Debate: An EU Perspective on Anonymization, Pseudonymization and Personal Data, Wisconsin International Law Journal, Vol. 34, Issue 2 (Winter 2016), pp. 284 - 322.

〔6〕 参见欧盟《一般数据保护条例》前言（26）。

可能的。[1]因此，个人信息的去身份化虽然有利于减轻个人信息持有者与控制者的义务与责任，[2]但无法从根本上保障个人信息处理、利用行为的合法性。

第四，个人信息去身份化并没有直接解决个人信息利用的合法性问题，而是回避了这一问题。虽然个人信息也是以数据的形式展现出来的，而且目前各国立法出现了“信息”与“数据”混用的现象。[3]但个人信息不同于数据，个人信息能够直接或者间接识别出特定个人的信息数据，而纯粹的数据则不具有识别特定个人的功能。也正是因为数据的这一特点，各国个人信息保护立法一般也不直接调整数据的利用行为。[4]个人信息在去身份化之后，其不再具有识别特定个体身份的功能，在性质上应当属于数据，而不再属于个人信息。可见，将个人信息去身份化，将其转化为所谓匿名信息，本质上是将个人信息转变为数据，此种方法虽然可以极大地降低信息处理、利用过程中的隐私风险，但本质上已经不再属于个人信息的利用行为，而应当属于数据的利用行为。可见，个人信息的匿名化处理方式实质上是回避了个人信息收集、利用的合法性问题，其主要调整的是数据利用行为，而无法解决大量未进行匿名化处理的个人信息收集、利用的合法性问题。

四、个人信息收集、利用行为合法性的具体判断

如前所述，个人信息收集、利用行为的合法性认定本质上就是要划定行为人收集、利用他人个人信息的行为标准，这一行为标准的划定应当妥当平衡个人权利保护与个人信息利用之间的关系，既要保护个人对其个人信息所享有的权利，又不能因此不当限制个人信息的利用行为。[5]就前述两种方式而言，一概要求个人信息的收集、利用均需要经过权利人同意固然可以有效保障个人的隐私权等权利，但会不当限制个人信息的有效利用，并不可取；而将去身份化作为个人信息利用的前提，虽然也能减少个人信息利用过程中的隐私风险，但其也会不当限制个人信息的有效利用，而且难以真正解决相关的隐私风险问题，因此也不是最佳的个人信息收集与

[1] Sophie Stalla - Bourdillon, Alison Knight, Anonymous Data v. Personal Data - False Debate: An EU Perspective on Anonymization, Pseudonymization and Personal Data, Wisconsin International Law Journal, Vol. 34, Issue 2 (Winter 2016), pp. 284 - 322.

[2] 参见欧盟《一般数据保护条例》前言（26）。

[3] 参见齐爱民：《拯救信息社会中的人格：个人信息保护法总论》，北京大学出版社2009年版，第77页。

[4] 按照我国《民法总则》立法者的观点，如果相关个人信息经过处理后“无法识别特定个人且不能复原”，则不受《民法总则》第111条的规范。参见李适时主编：《中国人民共和国民法总则释义》，法律出版社2017年版，第349页。

[5] Wade, Ariel E., A New Age of Privacy Protection: A Proposal for an International Personal Data Privacy Treaty, George Washington International Law Review, Vol. 42, Issue 3 (2010), pp. 659 - 686.

利用的行为标准。

本文认为，在大数据时代，在平衡个人信息权利保护与个人信息利用之间的关系时，更应当强化对个人信息的利用，注重发挥其经济价值，个人隐私权等权利保护只是个人信息收集、利用行为的限制条件，也就是说，只要相关的个人信息收集、利用行为不会侵害个人的隐私权等权利，就应当肯定该利用行为的合法性；同时，鉴于个人信息法律制度产生与隐私权的密切关联，个人信息收集与利用行为的合法性判定主要也应当围绕隐私权保护而展开。

（一）个人信息收集行为合法性的判断

如前所述，为保障信息的流通与利用，不宜认定所有个人信息的收集都需要个人同意，但也不宜认为，所有个人信息的收集都无须个人的同意，尤其是对于个人的性领域、感情世界等核心隐私，如果一概允许他人合法入侵，也有失妥当。[1]因此，为有效平衡个人权利保护与个人信息利用之间的关系，需要区分哪些个人信息的收集需要经过个人同意，哪些个人信息的收集不需要个人的同意，从而从源头上规范个人信息收集行为。但问题在于，应当以何种标准进行此种区分？许多学者认为，应当强化对个人敏感信息的保护，[2]但能否据此认为，敏感信息的收集需要被收集者同意，而非敏感信息的收集不需要被收集者同意？本文认为，不应当以某一信息是否为敏感信息作为行为人是否需要取得被收集者同意的标准，主要理由在于：

一方面，敏感信息的认定较为困难，难以为信息收集者提供明确的行为预期。“敏感信息”是一个主观性较强的概念，也就是说，某一个人信息是否属于敏感信息，需要结合个人的主观感受加以判断，即便是同一信息，对有的人是敏感信息，而对其他人则未必是敏感信息。例如，有的人可能不在意他人知道自己的身高，但有人则对其身高极为敏感，[3]这也使得敏感信息的认定较为困难。从比较法上看，虽然有的国家立法对敏感信息的范围进行了列举，但其很难进行周延地列举。例如，英国 1998 年的《资料保护条例》将个人敏感信息界定为“由资料客体的种族或道德起源，政治观点，宗教信仰或与此类似的其他信仰，工会所属关系，生理或心理状况，性生活，代理或宣称的代理关系，或与此有关的诉讼等诸如此类的信息

---

〔1〕 Allen, Anita L., Protecting One's Own Privacy in a Big Data Economy, Harvard Law Review Forum, Vol. 130, Issue 2 (December 2016), pp. 71 – 78.

〔2〕 齐爱民:《个人信息保护法研究》，载《河北法学》2008 年第 4 期；张鹏:《论敏感个人信息在个人征信中的运用》，载《苏州大学学报（哲学社会科学版）》2012 年第 6 期。

〔3〕 参见齐爱民:《论个人资料》，载《法学》2003 年第 8 期。

组成的个人资料”。〔1〕其在列举各项敏感信息后，还必须使用兜底规定对敏感信息作出规定。对敏感信息列举的不周延性也会使得个人信息的收集行为难以进行，因为除法律明确列举的敏感信息外，信息收集者在收集其他信息时，仍然需要对其是否属于敏感信息进行个别判断，这将极大地增加个人信息收集成本，也会不当增加个人信息收集者的责任风险。

另一方面，难以实现规范个人信息收集行为的目的。如前所述，个人信息保护主要源于隐私保护的需要，而敏感信息与隐私保护之间并不能简单地划等号，因为并非所有的敏感信息都属于隐私信息，〔2〕也并非所有的非敏感信息都不属于隐私信息。如果认为非敏感信息收集都不需要被收集者同意，显然不利于保护个人隐私权（尤其是对不属于敏感信息但属于隐私信息的个人信息而言），难以真正实现对个人信息收集行为进行源头控制的目的。

因此，不应当以某一信息是否属于敏感信息作为认定收集该信息是否需要被收集者同意的标准，本文认为，应当以该信息是否属于隐私信息作为判断标准，也就是说，收集隐私信息原则上都应当经过个人同意，而收集隐私信息以外的其他个人信息原则上则不需要经过个人同意。〔3〕此种认定也能够很好地平衡个人权利保护与个人信息利用之间的关系：由于隐私信息本身就是个人不愿意公开的信息，行为人收集此类信息当然应当经过个人同意，否则即构成他人隐私权的侵害，此种信息收集行为很难说具有合法性。反之，对隐私信息以外的其他个人信息，行为人收集此类信息一般并不会侵害他人隐私权。按照此种界定，个人信息收集行为的合法性可以作如下理解：除法律另有规定外，对隐私信息的收集行为而言，合法收集原则上需要被收集者同意，而对隐私信息以外的个人信息而言，合法收集原则上不以被收集者同意为条件。

当然，应当看到，我国《侵权责任法》第2条、《民法总则》第110条虽然对隐私权作出了规定，但并未明确规定隐私权的内涵和范围，这也会给隐私信息的认定带来一定的困难，期待将来民法典分则对隐私权作出细化规定，尤其是明确规定隐私信息的认定标准，从而为个人信息收集行为提供相对明确的指引，这也有利于相关产业实践的开展。

---

〔1〕参见齐爱民：《论个人信息保护法的统一立法模式》，载《重庆工商大学学报（社会科学版）》2009年第4期。

〔2〕例如，在德国的“人口普查案”中，德国联邦宪法法院认为，个人信息在何种情况下敏感，不能只依其是否触及隐私而确定。参见齐爱民：《论个人信息的法律保护》，载《苏州大学学报》2005年第2期。

〔3〕当然，在存在相关的法定事由时，如公务机关执行法定职务、研究机构给予医疗目的的必要等需要收集个人信息，即便未经过个人同意，相关主题仍然可以收集个人信息。参见张新宝：《从隐私到个人信息：利益再衡量的理论与制度安排》，载《中国法学》2015年第3期。

（二）个人信息利用行为合法性的判断

仅对个人信息收集行为进行源头控制，还不足以保障个人信息利用行为的合法性，还需要对个人信息的利用行为进行动态规范，即对相关主体处理、储存、交易个人信息等行为进行规范。本文认为，主要应当从如下两方面保障个人信息利用行为的合法性：

一是不得侵害信息主体的隐私权。即便个人信息收集行为合法，个人信息利用阶段仍然存在相关的隐私风险。例如，信息收集者可能违反约定利用个人信息，或者因为未采取相关的安全保障措施，导致个人隐私信息泄露，从而构成对他人隐私权的侵害。[1]对隐私信息而言，相关主体的利用行为应当在被收集者允许的范围内进行，这既是尊重被收集者意愿的需要，实际上也是隐私权保护的当然要求，因为个人对其隐私信息所享有的隐私权不仅体现为权利人有权决定是否公开其隐私信息，还体现为权利人有权决定在何种范围内公开其隐私信息。[2]如果信息利用者违反被收集者的意愿利用其隐私信息，将构成对其隐私权的侵害，该信息利用行为的合法性也无从谈起。即便对非隐私信息而言，相关主体的利用行为也不得侵害被收集者的隐私权，即便是非隐私信息，如果其与其他隐私信息或者非隐私信息相结合，仍然存在揭示被收集者隐私的可能。因此，行为人在利用他人非隐私信息时，同样不能侵害被收集者的隐私权。

当然，为了降低个人信息利用阶段的隐私风险，相关主体可以考虑采用前述匿名化或者去身份化的方式，对个人信息进行利用，此时，相关的隐私信息或者非隐私信息将转化为信息数据，这可以极大地降低相关的隐私风险。但这并不意味着行为人可以随意使用经过匿名化处理的个人信息，其在利用此类信息时，应当采取相关的措施，尽量降低相关的隐私风险。[3]

二是个人信息利用行为不得不当展示个人的“数字化形象”。个人除对其个人信息享有隐私利益外，还享有其他人格利益，因为个人信息在某种程度上可以看作其“数字身份”或“数字人格”，[4]也可以称为“数字化形象”。个人的“数字化形象”能够详细展示信息主体的活动轨迹、行为习惯、消费习惯等，也关系到他人对信息主体的社会评价，是个人重要的人格利益。相关主体在利用个人信息时，如

---

〔1〕 尹志强：《网络环境下侵害个人信息的民法救济》，载《法律适用》2013 年第 8 期。

〔2〕 Vitale, Marco A. Quiroz, Control over Personal Data, Privacy and Administrative Discretion in Europe and the USA: The Paradox of Italian Data Protection Authority, John Marshall Journal of Information Technology and Privacy Law, Vol. 30, Issue 4 (Summer 2014), pp. 721 – 756.

〔3〕 Tanner, Adam, Legal Questions Raised by the Widespread Aggregation of Personal Data, New England Law Review, Vol. 49, Issue 4 (Summer 2015), pp. 601 – 610.

〔4〕 张里安、韩旭至：《大数据时代下个人信息权的私法属性》，载《法学论坛》2016 年第 3 期。

果不当展示个人的“数字化形象”，既可能侵害信息主体的具体人格权，也可能侵害其人格利益。前者如对个人的信息进行不当的拼接，导致个人社会评价的降低，则可能构成对信息主体名誉权的侵害；后者如对个人信用信息的利用方式不当，导致个人信息利益的损害。因此，相关主体在利用他人的个人信息时，不论是对个人隐私信息的利用，还是对非隐私信息的利用，都应当保障相关信息内容的准确，而不得侵害他人的“数字化形象”，否则将构成非法利用个人信息。

除上述两种情形外，个人信息利用行为原则上都应当是合法的，这有利于保障相关主体利用个人信息的自由，有利于充分发挥个人信息的经济效用。

五、结语

个人信息收集、利用行为的合法性判断问题不仅关系到个人隐私权等人格权益的保护，更是直接影响个人信息、数据利用等相关产业实践的发展，是大数据时代个人信息法律制度的重要议题。《民法总则》提出了个人信息合法收集、利用与非法收集、利用这一命题，但并未对二者进行明确界分，期待将来民法典分则在充分借鉴比较法经验的基础上，顺应个人信息相关产业发展的需要，对这一问题作出明确回应。

设权模式创新：我国自然人人格标识商业利用的民事权利构建

于 晓*

目 次

如何为自然人人格标识商业利用活动构建民事权利，是我国当前民法典编纂亟待解决的重大理论问题。对此，民法学界已经发表了大量研究成果。从新的视角观察，这些成果可概括为扩权模式学说和设权模式学说。这些现有学说尽管具有较高的学术价值，但不足以支撑我国自然人人格标识商业利用的民事权利构建。本文受设权模式的启发，试图就我国自然人人格标识商业利用民事权利构建的设权模式创新谈点看法，就教于民法学界同人。

一、自然人人格标识商业利用民事权利构建不宜采用扩权模式

在我国自然人人格标识商业利用民事权利构建模式的各种学说中，扩权模式主要是指“人格权扩张说”。这一学说的内容具体表现为三个方面：第一，自然人人格标识商业利用活动，应当纳入人格权范畴进行调整；第二，纳入人格权范畴进行

* 于晓，山东政法学院民商法学院讲师，法学博士。

调整的路径为扩张人格权的权能，使人格权不仅具有消极防御权能，而且具有积极用益权能；扩大人格权利益保护范围，在既有精神利益保护的基础上，增加对财产利益的保护。第三，人格权的积极用益权能和人格权上的财产利益可以与权利主体发生分离，这种分离具体表现为自然人人格标识的授权使用和人格权上财产利益的可继承性。[1]

（一）人格权扩张说理论上难以自洽

第一，该学说仅仅认识到标表型具体人格权和以人格标识为客体的一般人格权具有积极使用权能，但却忽视了人格权这一权利类型的设计目的。德国著名民法学者施瓦布指出，民事权利，指一个人相对于他人的、以之追求和实现特定利益的决定权能（或一束决定权能）。[2]由此观之，民事权利的设计，除应划定权利人的意思决定范围外，还应指出权利人在该范围内通过意思决定的实施而要达到的目的。就标表型人格权而言，无论其消极权能的发挥，还是其积极权能的行使，权利人所要达到的目的，应是人格利益的维护和实现。换言之，标表型具体人格权和以人格标识为客体的一般人格权，其权利的行使，目的是维护权利人的人性尊严并促进其人格自由发展。标表型具体人格权和以人格标识为客体的一般人格权，其权能的扩大，应受制于人格权制度设计的目的，如果超出该目的而扩充权能，则会违背该类权利设计的初衷，使这类权利变得不伦不类。自然人人格标识的商业利用，行为人通过对人格标识的使用，所追求和实现的特定利益，为财产性利益，而非维护人性尊严、促进人格自由发展的人格利益。因此，将标表型具体人格权和以人格标识为客体的一般人格权的积极使用权能进行扩充，使扩充后的积极使用权能涵盖人格标识的商业利用行为，这种设计有违人格权制度的设计目的。

第二，为民事权利设立法律规则，应在其规则设计的范围内进行。我国《民法通则》规定的姓名权和肖像权，就其立法体系而言，位列“民事权利”的“人身权”之中，是人格权制度的两个具体规则。人格权制度设计的目的，应该是保护权利人的人性尊严并促进权利人的人格自由发展。人格权权利人行使其权利，也是以此为目的。我国《民法通则》第99条有关姓名权的规定，从正面确定了对姓名的使用权能，但姓名权制度毕竟属于人格权制度的一部分，因此，姓名权人在该权利的范围内行使使用权能，其所追求和实现的特定利益，只能是人格利益，而非财产利益；相应地，其行使使用权能的方式，只能是以姓名标表其人格，而不应是用姓名进行直接的营利活动。我国《民法通则》第100条有关肖像权的规定，从反面禁

---

〔1〕 参见王利明：《论人格权商品化》，载《法律科学（西北政法大学学报）》2013年第4期；姚辉：《关于人格权商业化利用的若干问题》，载《法学论坛》2011年第6期。

〔2〕 ［德］迪特尔·施瓦布：《民法导论》，郑冲译，法律出版社2006年版，第134页。

止未经权利人同意而以营利为目的使用公民的肖像。按照人格权制度的设计目的，不应从反面禁止未经权利人同意而以营利为目的使用公民的肖像的规定中反推出肖像权的商业利用权能。未经权利人同意而以营利为目的使用公民的肖像，是典型的侵犯肖像权的行为。我国《民法通则》第100条对此行为作出禁止性规定，是民事法律规范从维护肖像权人的人格尊严的角度，为肖像权人以外的其他人设定了不作为义务。肖像权人以肖像权为依据排除他人以营利为目的使用自己的肖像，是对该权利的维护，亦为肖像权消极保护权能的行使。肖像权以权利主体的肖像为客体，而肖像又是独立于权利主体人格的、可以为人力所支配的符号形式，因而权利人可以对其进行使用。但在我国民事法律规范体系中，肖像权制度毕竟属于人格权制度的一部分。因而，对肖像权权能的扩充，不可逾越人格权制度的设计目的。权利人以肖像权为依据而行使使用权能，其所追求和实现的特定利益，只能是人格利益，相应的权利行使方式也要受追求和实现人格利益这一目的的限制。诚然，面对实践中出现的新情况、新问题，我国的民法学说应该首先在现有法律制度的范围内对相关法律规范进行解释，以收“旧貌换新颜”之效。但此类法律解释活动不可逾越相关法律规范设计的初衷，否则会造成相关法律规范的内部冲突以及整个法律体系的混乱。

第三，人格权扩张模式在逻辑性上难以自圆其说。其一，该学说认为，“有一些人格权的权能可以在一定程度上与权利人的人格权相分离”“肖像具有可复制性，从而使肖像权的权能在一定程度上能够与主体相分离”。[1]笔者认为，权能只是权利的具体内容，虽然在很多情况下权能具有相对独立性，但它们不能完全独立于其所依存的权利而存在。人格权以及作为标表型具体人格权的肖像权，其权能亦不可与其所依存的权利相分离而独立存在。其二，该学说认为，有些人格权的权能在一定程度上与权利主体的人格权相分离，其分离方式为权利人将该权利的客体——特定人格标识——授权给他人使用。笔者认为，授权分为相对权性质的授权和绝对权性质的授权。相对权性质的授权，其法律效果仅仅约束授权人与被授权人，就人格权而言，无非是给人格权人设定了行为负担，使其在授权范围内不行使消极保护的权能；绝对权性质的授权，其法律效果及于被授权人之外的所有人。假设标表型具体人格权及以人格标识为客体的一般人格权上确实存在着对特定人格标识的商业利用权能，[2]那么绝对权性质的授权，也只是给该权利设定了负担，使其在授权范围内的商业利用权能无法发挥，并为被授权人设定了可以对抗包括授权人本人的所有人的专属或非专属人格标识商业利用权。但无论是相对权性质的授权，

---

〔1〕 王利明：《论人格权商品化》，载《法律科学（西北政法大学学报）》2013年第4期。

〔2〕 受人格权制度设计目的所限，标表型具体人格权和以人格标识为客体的一般人格权之上并不具有针对特定人格标识的商业利用权能。

还是绝对权性质的授权，都不是将权能与其所依存的权利相分离，而是对特定人或特定权利的限制。其三，该学说认为“某些人格权的财产价值具有可继承性”，并申言之“死者人格利益中的财产部分也可以通过继承的方式做相应的保护。凡具有财产因素的人格利益，只要不违反法律法规的禁止性规定和公序良俗，应当允许其继承”。对于这种观点，笔者认为，人格利益是与财产利益相对应的概念，其外延为有关民事主体的人性尊严及人格自由发展的精神利益，并不包括财产利益。[1]人格权制度设计的目的，是保护权利人的人格利益并促进其人格利益的实现，相应地，该类权利的权能也没有赋予权利人以之追求财产利益的意思决定力。退一步说，即使人格利益本身包含财产利益，人格权真的具有财产价值，那么，该财产价值的继承不能实现。按照民法的基本原理，人格权具有一身专属性，与民事主体的民事权利能力相始终，本身无法被继承。即使标表型具体人格权和以人格标识为客体的一般人格权之上真的具有商业利用权能，而该权能也随着上述权利的消灭而不复存在。因此，不仅标表型具体人格权和以人格标识为客体的一般人格权本身无法被继承，其上假设存在的商业利用权能也无法被继承。由此可见，继承人如果以被继承人的标表型具体人格权和以人格标识为客体的一般人格权为依据，即使该类人格权的权能被扩张而涵盖商业利用行为，也无法因商业利用被继承人的人格标识而实现其财产利益。

（二）人格权扩张说实践上难以实行

将自然人人格标识商业利用活动解释为人格权积极用益权能的发挥，在一定程度上还会有碍于自然人人格标识商业利用活动的进行。特别是具体到商事主体想要从人格标识归属人处对特定的人格标识在一定范围内取得独占性或排他性的商业利用地位，其局限性即会凸显出来。

商事主体如果想要从人格标识归属人处针对特定人格标识在一定范围内取得独占性或排他性商业利用地位，有两种路径可以选择。第一种路径，该商事主体与人格标识归属人协商一致，针对人格标识归属人的特定人格标识在一定时间、一定范围内设立一个或多个人格标识排他性商业利用权，这种权利一经设立，便具有排除包括人格标识归属人在内的其他人在该段时间、该范围内的商业利用。如果在该段时间、该范围内，有包括人格标识归属人在内的其他人未经该商事主体的同意而商

---

〔1〕 人格利益中包含财产利益这一主张，有相应的规范依据。我国《侵权责任法》（2009年）第20条规定：“侵害他人人身权益造成财产损失的，按照被侵权人因此受到的损失赔偿；被侵权人的损失难以确定，侵权人因此获得利益的，按照其获得的利益赔偿；侵权人因此获得的利益难以确定，被侵权人和侵权人就赔偿数额协商不一致，向人民法院提起诉讼的，由人民法院根据实际情况确定赔偿数额。”但笔者认为，侵害人身权益所造成的财产损失，为责任范围上的损失，是侵害人身权益所造成的客观结果，不能包含在人身权益之中。

业利用此人格标识，该商事主体则可以以自己的名义，请求法院判令加害人停止侵害，并可以要求加害人承担损害赔偿责任，损害赔偿的范围包括加害人因不法商业利用该人格标识而获得的不当利益。经过该人格标识归属人的同意，该商事主体还可以转让这种排他性的商业利用权。第二种路径，该商事主体与人格标识归属人协商一致，针对人格标识归属人的特定人格标识，在一定的范围内，永久性地取得商业利用主体地位。这种地位一经取得，该商事主体便在此范围内针对该特定人格标识永久性地取得了排他性的商业利用权，其人格标识归属人在此范围内永久性地失去了针对该特定人格标识的商业利用权。此外，该商事主体还可以自由地转让这种权利，无须经过该人格标识归属人的同意。

在人格权扩张说中，这两种路径的实施都会遇到障碍。对于第一种路径而言，针对特定人格标识在一定时间、一定范围内设定排他性的商业利用权，意味着对原有权利的相关权能的限制。这要求原有权利必须有能够被限制的权能。按照人格权扩张说，权能被限制的原有权利，为标表型具体人格权或者以人格标识为客体的一般人格权。但笔者认为，作为人格权的一部分，标表型具体人格权和以人格标识为客体的一般人格权，其制度设计的目的，在于保护相应人格利益以及促进相应人格利益的实现。因而，其权能的扩张，不能逾越其制度设计的目的。标表型具体人格权和以人格标识为客体的一般人格权，其权能包括对特定人格标识的积极使用，这种积极使用，其目的应限于人格利益的实现，而不能为财产利益的追求。有鉴于此，标表型具体人格权和以人格标识为客体的一般人格权，其权能并不包括针对人格标识的商业利用。既然具体人格权和以人格标识为客体的一般人格权之上并不包括商业利用权能，则以该部分权利为基础，为商事主体设定排他性商业利用权，则无法实现。对于第二种路径而言，商事主体从人格标识归属人处针对特定的人格标识在一定范围内永久性地取得排他性商业利用主体地位，实为特定排他性人格标识商业利用权的继受取得。权利继受取得的前提，是原权利人合法拥有相应的权利，并且该权利具有可让与性。按照人格权扩张说，原权利人合法拥有的相应权利，为标表型具体人格权或者以人格标识为客体的一般人格权。笔者认为，限于人格权制度设计的目的，标表型具体人格权和以人格标识为客体的一般人格权，其权能并不包括针对人格标识的商业利用。因此，原权利人合法拥有的，并非为与人格标识排他性商业利用"相应的"权利。退一步而言，如果标表型具体人格权和以人格标识为客体的一般人格权真的具有针对特定人格标识的商业利用权能，亦即原权利人确实合法拥有"相应的"权利，这种继受取得也无法进行。这是因为，标表型具体人格权和以人格标识为客体的一般人格权，其性质皆为人格权，而人格权具有人身专属性，不可转让并不可继承，因此，原权利人不可能将特定标表型具体人格权或以特定人格标识为客体的一般人格权转让给商事主体。即使标表型具体人格权和以人格标识为客体的一般人格权真的具有针对特定人格标识的商业利用权能，则该权能也仅仅是权利内容的一部分，至多具有相对的独立性，不可能完全脱离其所依附的权利而存在，因而不具有可转让性。由是观之，人格权扩张说不可能解决人格标识排他性商业利用主体地位的变更问题。

二、现有自然人人格标识商业利用民事权利构建设权模式的弊端与缺陷

设权模式学说为自然人人格标识商业利用活动设计了各种各样的权利。依权利属性的不同，这些权利可分别归入人格权体系、财产权体系。可归入人格权体系的，为商品化权和商事人格权；可归入财产权体系的，为形象权和人格商品化权。

（一）人格权设权模式

第一，商品化权说。商品化权说认为，自然人人格标识商业利用活动，应纳入商品化权中予以调整。[1]商品化权属于人格权体系的范畴，在逻辑上，它是与具体人格权、一般人格权并列的一种权利。商品化权之所以独立于具体人格权和一般人格权，是因为商品化权所要实现的功能相异于这两种既存的民事权利。与具体人格权相比，姓名权、肖像权等具体人格权，其功能重在维护人格独立及人的自由发展的精神利益，同时也保障人格利益中的财产性利益。而商品化权是允许他人使用、开发自己的人格利益并获得报酬的权利，其主要功能在于保障、促进人格利益的商业化利用，既促进市场经济发展，又使民事主体在其中获利。与一般人格权相比，一般人格权对人格利益的保护主要表现为消极防御权能的发挥，即以禁止性方式对侵害人格利益的行为进行救济；而商品化权不仅包含消极防御权能，还包含授予他人利用自己人格标识的积极权能。商品化权说不仅在功能上将该权利与具体人格权和一般人格权做出了区分，还在法技术上对该权利的主体、内容和客体进行了设计。商品化权的主体，除包括拥有人格标识的自然人、法人和其他组织外，还包括商品化权的被许可人、受让人。商品化权的客体是主体对人格标识所享有的人格利益，主要表现为商业利益。商品化权的内容不仅包括消极防御权能，还包括权利人对人格标识的积极利用权能。这一学说还主张，商品化权具有可授权性、可转让性和可继承性。

笔者认为，商品化权说具有以下合理成分：其一，商品化权说认识到自然人人格标识商业利用活动无法为具体人格权和一般人格权制度所调整，这一认识维护了具体人格权制度和一般人格权制度的科学性和逻辑严谨性。具体人格权制度和一般

---

〔1〕参见杨立新、林旭霞：《论人格标识商品化权及其民法保护》，载《福建师范大学学报（哲学社会科学版）》2006年第1期（总第136期）。

人格权制度作为人格权制度的组成部分，其制度设计的目的在于维护民事主体的人格利益并促进民事主体的人格利益的实现。相应地，其对权利的具体内容的设计，亦应受制于该制度设计目的。而自然人人格标识商业利用活动，所追求和实现的特定利益为财产性的利益，这种财产性利益具体表现为民事主体积极财产的增加或消极财产的减少。因而这种活动无论是行为目的，还是行为模式，皆无法为具体人格权制度和一般人格权制度所容纳。其二，商品化权说在法技术上将权利主体的范围扩大至权利的被许可人和受让人，将权利内容范围扩大至对人格标识的积极用益权能，从而更加准确地反映了自然人人格标识商业利用活动的状况。其三，商品化权说认识到该权利具有可授权性、可转让性和可继承性，从而有利于对自然人人格标识商业利用过程的调整。

但该学说又有值得商榷之处。其一，该学说在逻辑上将商品化权与具体人格权、一般人格权相并列，有违人格权体系的逻辑严谨性。人格权体系的设计，就逻辑而言，有两种模式：一种为一般人格权与具体人格权相结合的规范体系模式，另一种为消极防御权能与积极用益权能相结合的模式。于第一种模式而言，有两种可供选择的逻辑结构：一是，从一般到具体的演绎结构。这种演绎结构彰显人格权制度设计的理念，即保护人性尊严及保障人格的自由发展，并以此设立一般人格权制度；然后以此为根据，对人格要素的具体方面分别进行确认和保护。二是，从具体到一般的归纳结构。这种归纳结构先对人格要素的具体方面进行确认和保护，然后从中抽象出人格权制度的设计理念，及保护人性尊严及保障人格的自由发展，并以此设立一般人格权制度，以对具体人格权起到补充及释明的作用。就第二种模式而言，可将一般人格权与具体人格权归为一类，体现人格权的消极防御权能；将商品化权单独归为一类，体现人格权的积极用益权能。然后将上述两类权利并列，以体现其逻辑合理性。但商品化权学说将商品化权与一般人格权、具体人格权不加分类地并列在一起，就权利体系的逻辑性而言，不具有合理性。其二，该学说将商品化权纳入人格权的调整范畴，不仅使该权利的积极用益权能难以发挥，而且使该权利的转让、继承难以实现。商品化权如果被纳入人格权体系，则该权利便具有了人格权的基本属性。人格权的制度设计目的，在于维护权利主体的人格利益并促进其人格利益的实现。人格权权能的发挥，亦受制于其制度设计目的。而商品化权权能的发挥，其目的并非在于维护权利主体的人格利益并促进其人格利益的实现，而是追求和实现财产利益。由是观之，如果将商品化权纳入人格权体系，则其权能的发挥必受限于人格权的制度设计目的。人格权具有人身专属性，不可转让并不可继承，而商品化权却具有可转让性和可继承性。如果将商品化权纳入人格权体系，则该权利的可转让性和可继承性必因与人格权的人身专属性相冲突而难以实现。

第二，商事人格权说。商事人格权说认为，自然人人格标识商业利用活动，应纳入商事人格权中进行调整。商事人格权，是指公民、法人为维护其人格在商事活动中所体现出的包含金钱价值在内的特定人格利益——商事人格利益而享有的一种民事权利。[1]就权利属性而言，一方面，商事人格权仍然极力固守普通民事人格权的基本属性；另一方面，为了适应社会商品化的发展，商事人格权在很大程度上又兼具财产权的属性。就权利结构而言，商事人格权的主体，包括自然人、法人和其他组织。商事人格权的客体，为商事人格利益，与普通人格利益不同的是，商事人格利益具有财产价值。商事人格利益既包括自然人和法人拥有的商号、商誉、商业秘密、商业信用等利益，又包括自然人的姓名、肖像乃至声音等人格标识用于商业目的时产生的经济利益。商事人格权的内容，既包括消极防御权能，又包括积极用益权能。就权利的分类而言，根据权利主体的不同，商事人格权可以分为自然人的商事人格权、法人的商事人格权以及合伙组织所享有的商事人格权；根据权利客体的差异，可以分为对主体人格外在标识的利益进行保护的商事人格权、对主体人格内在品格型利益进行保护的商事人格权和对主体人格自由进行保护的商事人格权。能够对自然人人格标识商业利用活动起调整作用的，是对自然人人格外在标识的利益进行保护的商事人格权。同时，商事人格权还具有一定的可转让性和可继承性。

将自然人人格标识商业利用活动纳入商事人格权进行调整，有相当的合理性。其一，商事人格权的内容包括积极用益权能。就自然人人格标识商业利用而言，这种积极用益权能表现为权利人对人格标识商业利用及由此产生的经济利益的控制。对商事人格权赋予积极用益权能，可以部分地实现对自然人人格标识商业利用活动的过程性调整。其二，商事人格权的客体包括财产利益。就自然人人格标识商业利用而言，这种财产利益由自然人人格标识的商业利用所产生。将财产利益纳入商事人格权的保护范围，有助于对自然人人格标识商业利用活动的保护性调整。

将自然人人格标识商业利用活动纳入商事人格权进行调整，也存在着一定的局限性。其一，商事人格权是自然人、法人等主体维护其在商事活动中与商事活动相适应的主体资格——商事人格所必备的权利。[2]就自然人人格标识商业利用活动而言，将商事人格权的调整范围限制在商事活动领域、将所维护的主体资格限制于商事人格，不利于对该活动的全面调整。在现实生活中，大量的人格标识商业利用活动并不具有反复性、不间断性和计划性，实施人格标识商业利用活动的自然人也并非皆具有商事人格，人格标识被不法商业利用的自然人，往往既不具有商事人格，也没有实施过人格标识商业利用行为。如果将商事人格权的调整范围局限于商事活动领域，将所维护的主体资格局限于商事人格，则上述情形必被排斥在该权利的调整范围之外。其二，就自然人人格标识商业利用而言，商事人格权如果固守传统的普通人格权的基本属性，则会使其可转让性与可继承性变得不可能。在自然人人格

[1] 参见程合红：《商事人格权刍议》，载《中国法学》2000年第5期。

[2] 程合红：《商事人格权刍议》，载《中国法学》2000年第5期。

标识商业利用活动中，商事人格权的原始主体为自然人。因而，在对该活动的调整过程中，商事人格权所固守的，为传统的自然人人格权的基本属性。传统的人格权理论认为，自然人人格权具有人身专属性，不可转让并不可继承。对自然人人格标识商业利用活动起调整作用的商事人格权，兼具财产权的属性。但这种兼具的财产权属性，就权利设计而言，无非是为传统的自然人人格权增加了积极用益权能，并将该活动所产生的财产利益纳入权利的保护范围，从而在商事领域形成了一种新的权利。权能的增加、权利保护范围的扩充，都无法否定传统自然人人格权的基本属性。因此，只要还固守着传统人格权的基本属性，则在自然人人格标识商业利用活动中，商事人格权的转让与继承，必为该基本属性所掣肘。

（二）财产权设权模式

第一，形象权说。形象权说认为，自然人人格标识商业利用活动，应纳入形象权中予以调整。形象权是形象商品化过程中产生的一种私权形态。形象权与人格权（如姓名权、肖像权、隐私权等）、知识产权（如著作权、商标权、商号权等）存在诸多联系，但具有无形财产权的独立品性。作为一项无形财产权，形象权可以与原权利主体发生分离而为新的权利人所享有，因而，该权利不仅具有可转让性，而且具有可继承性。相应地，在该权利被侵害时，有资格提起诉讼的，包括形象权人、形象权受让人、形象权的独占被许可人。该学说还着重强调，形象权的保护对象是知名形象，而不是一般的人格标识："形象必然具有一定的知名度，这是形象可商品化的前提。这一特征并非需要法律的设定，而往往就是市场本身的要求。这主要是因为非知名人物、角色或机构的形象商业开发价值很低，难以为商家带来直接的经济利益。对真实人物而言，其知名度表现为在相关领域的广泛认知度和对社会公众的相当影响力。"〔1〕

笔者认为，形象权说有一定的合理之处。其合理之处在于，形象权说将权利属性定位于财产权而非人格权。这种定位不仅正确地反映自然人人格标识商业利用活动的现实，而且有利于对该活动的全面调整。其一，对于自然人人格标识商业利用活动的目的而言，民事主体将特定自然人人格标识与具体商业活动相结合，所追求和实现的，并非以人性尊严和人格自由发展为内容的人格利益，而是以积极财产的增加或消极财产的减少为表征的财产利益。其二，在自然人人格标识商业利用活动中，被商业利用的，为自然人的特定人格标识。自然人的特定人格标识，为自然人人格要素的外化符号，独立于自然人的人格，因而可为人力所支配。在市场经济条件下，民事主体可以将自然人的特定人格标识用于商业活动而追求和实现财产利益，因而该特定人格标识又具有使用价值。自然人的特定人格标识可以为人力所支

〔1〕 吴汉东：《形象的商品化与商品化的形象权》，载《法学》2004年第10期。

配，在市场经济条件下又具有使用价值，因而为可资商业利用的财产性资源。形象权作为财产权的一种，其制度设计目的，在于促进和维护民事主体财产利益的实现，其客体为具有财产属性的商业资源——自然人的特定人格标识，因而能够正确地反映自然人人格标识商业利用活动的现实。作为财产权的形象权，本身即具有可转让性和可继承性，其积极权能为民事主体对特定人格标识的独占性商业利用，其消极权能为对人格标识独占性商业利用地位的维护，因而有利于对自然人人格标识商业利用活动实施过程性调整和保护性调整。

但笔者认为，形象权说仍然存在值得商榷之处。该学说将形象权的保护对象限于知名人物的形象，不仅不符合自然人人格标识商业利用活动的现实，而且限缩了形象权对该活动的调整范围。自然人人格标识商业利用活动，至少包括三种方式：一是将自然人人格标识直接商品化；二是将自然人人格标识用于商品或服务的促销；三是将自然人人格标识用于工商业标记。其中，将自然人人格标识用于工商业标记，只需自然人的特定人格标识具有区别功能即可，而不考虑该人格标识的归属人是否为知名人物；将自然人人格标识用于促销，实为自然人人格标识荐证功能的发挥。[1]如果自然人的特定人格标识能够证明商品或服务的质量，那么，该特定人格标识即使并非归属于知名人物，也能够影响相关消费者的消费取向。如果仅仅将形象权的保护对象限于知名人物的形象，便忽略了非知名人物人格标识的上述商业利用价值。就该权利的调整范围而言，亦排除了对非知名人士人格标识商业利用活动的过程性调整和保护性调整。

第二，人格商品化权说。人格商品化权说认为，自然人人格标识商业利用活动，应纳入人格商品化权中进行调整。人格商品化权是一种以人格符号为客体的区别于现有的物权或知识产权体系的特殊的财产权。就权利属性而言，人格商品化权属于财产权而非人格权，相应地，该权利具有可转让性和可继承性。就权利结构而言，人格商品化权的主体，不仅包括该权利的原始主体（人格标识归属人），还包括该权利的继受主体（权利的受让人、继承人）；人格商品化权的客体为自然人的特定人格符号（人格标识），这种特定的人格符号（人格标识）具有外在性、可支配性和可商业利用性；人格商品化权的内容，既包括消极防御权能，又包括积极用益权能。人格商品化权的消极防御权能，体现为权利人对不法商业利用相关人格标识行为的排除；人格商品化权的积极用益权能，体现为对特定人格标识独占性商业利用的决定权能。于权利的立法定位而言，该学说认为，人格商品化权属于支配权范畴，但其与同为支配权的物权、知识产权相比，在客体形态、取得方式等方面均有明显差异，因此在立法中难以将其纳入现有的财产权和知识产权体系。鉴于该权利与相关人格权之间的紧密联系，“仍不妨使其‘寄生’于相关的人格权（姓名

〔1〕 自然人人格标识的荐证功能，指特定自然人人格标识对于商品或服务的推荐或证明作用。

权、肖像权等）立法之中”。关于如何使人格商品化权“寄生”于相关人格权立法之中，人格商品化权说通过举例进行了说明：“如在人格权立法中，除规定‘自然人享有肖像权，非经本人同意，不得制作、使用他人肖像’（肖像权）外，另行规定‘自然人有权自己或许可他人为商业目的使用本人的肖像，也可将该项权利让与他人行使’（肖像商品化权）。”〔1〕

人格商品化权说认为，人格商品化权的属性为财产权。因此，这项权利具有可转让性和可继承性，这项权利的主体包括权利的继受人、客体为自然人的特定人格标识、内容包括积极用益权能。对于这些观点，笔者均表赞同。但该学说将人格商品化权置于相关人格权立法之中，值得商榷。其一，不同的权利体系，自有其不同的制度设计目的。人格权制度设计的目的，在于维护民事主体的人格利益并促进民事主体的人格利益的实现。相应地，其对权利的具体内容的设计，亦应受制于该制度设计目的。财产权制度设计的目的，在于为民事主体的自由行为确立合法的空间，〔2〕从而促进和维护民事主体财产利益的实现。自然人人格标识商业利用活动，所追求和实现的特定利益为财产性的利益，这种财产性利益具体表现为民事主体积极财产的增加或消极财产的减少。因而这种活动无论是行为目的，还是行为模式，皆无法为具体人格权制度和一般人格权制度组成的人格权体系所容纳。其二，就肖像权和“肖像商品化权”而言，两项权利的客体皆为特定民事主体的肖像，但在这两项权利中，同一肖像却表现出不同的功能，承载着不同利益。就肖像权而言，特定民事主体的肖像表现的是指示该特定民事主体人格的功能，即人格标识的第一性的功能，其上所承载的是特定民事主体对其肖像的人格利益；就“肖像商品化权”而言，特定民事主体的肖像体现的主要是对特定商品或服务的推荐或证明功能（荐证功能），易言之，主要是对特定商品或服务的促销功能，这种荐证功能或促销功能即人格标识的第二性的功能，此种情形下，该肖像所具有的是作为商业资源的使用价值，其上所承载的是财产利益。与同一肖像所表现出的不同功能及其承载的不同利益相对应的，是不同权利的积极使用权能和消极防御权能的行使方式和行使效果。就肖像权而言，其积极使用权能的行使方式为权利人以其肖像指示其人格（第一性的功能的发挥），行使效果为人格利益的实现和满足；其消极防御权能的行使方式为排除他人未经其同意以指示人格的方式制作或使用其肖像，行使效果为人格利益的维护。就“肖像商品化权”而言，其积极使用权能的行使方式为权利人将特定的肖像与具体的商业活动相结合，以发挥该特定肖像对具体商品或服务的促销功能，行使效果为财产利益的实现和满足；其消极防御权能的行使方式为排除他人未

〔1〕温世扬：《析“人格权商品化”与“人格商品化权”》，载《法学论坛》2013 年9 月。

〔2〕参见［美］穆瑞·罗斯巴德：《自由的伦理》，吕炳斌、周欣、韩永强、朱健飞译，复旦大学出版社 2014 年版，第3 页。

经其同意将特定肖像与具体商业活动相结合，行使效果为财产利益的维护。由上观之，肖像权和“肖像商品化权”的客体虽可为同一肖像，但该肖像因表现出的功能存在差异而显示出不同的属性：为肖像权的客体时，因与特定民事主体人格的紧密联系而具有人格属性；为“肖像商品化权”的客体时，因其可资商业利用的使用价值而具有财产属性。客体的不同属性（权利客体属性的不同），加上针对不同属性的客体的不同行为目的和行为模式（权利内容的相异），决定了这两种权利分属不同的体系：肖像权归属于人格权体系，“肖像商品化权”归属于财产权体系。因此，人格商品化权难以寄生于人格权立法之中。

三、自然人人格标识商业利用民事权利构建的设权模式创新

自然人人格标识商业利用民事权利构建扩权模式和设权模式中的人格权设权模式的共同特点，是将自然人人格标识商业利用行为纳入人格权制度进行调整。设权模式中的财产权设权模式，虽然将自然人人格标识商业利用行为纳入财产权制度中，但有的将行为主体限于知名人物，有的又主张使新设的财产性权利寄生于人格权中予以规范。笔者认为，自然人人格标识商业利用的民事权利应当从人格权中独立出来，构成一种新型的财产权，并由财产权立法进行规范。

（一）独立为新型财产权的基础和依据

自然人人格标识商业利用，是指特定自然人人格标识与具体商业行为相结合以谋取财产利益的活动。在这种活动中，人格标识归属人作为自然人，限于其经营能力，往往无法自己实施针对特定人格标识的商业利用活动，需要将这种活动的实施交由有相应商业经营能力的商事主体来进行。有相应经营能力的商事主体，为了通过实施特定人格标识的商业利用活动而在竞争中取得优势地位，对特定人格标识往往想取得稳定的、排他的商业利用地位。应该指出，这种活动实施者的目的，不是为了彰显人格，追求精神利益，而是为了实现财产性利益。在这种活动中产生的民事权利，其主体为所有自然人，[1]。而不仅仅是知名人物；客体为人格标识，这里的人格标识，应包括一切能够与自然人人格要素相分离、以特定符号所表达、能够指示特定自然人人格并可资商业利用的形式；内容为权利人对特定人格标识的独占性商业利用决定权。这种权利的性质为新型财产权。笔者认为，支撑这种新型财产权的现实基础和理论依据包括三个方面：

第一，是科技进步和市场经济发展的客观要求。随着科学技术的进步和市场经济的发展，自然人人格标识商业利用现象愈加明显地呈现在人们面前。市场经济的

---

〔1〕 于晓：《人格特征商业利用的客体不限于名人》，载《中国社会科学报》2013年12月4日。

发展，为自然人人格标识商业利用提供了可能和动力；科学技术的进步，为自然人人格标识的商业利用提供了必要的工具性条件。自然人人格标识商业利用的民事权利，就是在特定自然人人格标识与具体商业行为相结合以谋取经济利益的活动中产生的权利人享有的排除他人将自己的人格标识用于商业使用的权利。面对这种新型民事权利，人格权作为一种制度工具，已经无法发挥赋予权利基本内容，设定利益分配方式，制裁不法侵害行为，对基于自然人人格标识商业利用所产生的各种社会关系调整和规范的作用。适应科技经济的发展，自然人人格标识商业利用的民事权利理应从人格权中独立出来，由财产权所统摄。

第二，具有科学的理论依据。从人格发展出来的人格标识，与人格已有明显不同。按照民法原理，人格是民事主体享受权利和承担义务的资格，是人之为人的基础，是一个在内容上高度抽象的概念。在民事法律规范体系中，人格位于民事主体的规定之中，如我国《民法通则》第二章“公民（自然人）”中，第七节就是关于人格的规定。对自然人人格（民事权利能力）进行商业利用是不可想象的。这是因为，抽象的人格不具有任何合法的可支配性，无法与具体的商业行为合法地结合。人格标识则不同，人格标识是人格特征的外化符号。《现代汉语大辞典》对“标识”的解释是：“记号，符号或标识物。用以标示、便于识别。”由此可知，“标识”和“符号”是同义词。人格标识作为人格特征的外化符号，独立于自然人的人格特征，可以与不同的质料相结合而为人力所支配。人格标识具有标示、荐证和区分的功能。这种功能“主要通过‘嫁接’的叙事技巧，把一种与某个商品（能指）并不具有必然联系的意义（所指）‘嫁接’到该商品，从而引起超出产品之外的意义联想”。[1]以我国2015年新修订的《广告法》确立的自然人作为代言人为例，消费者正是基于对广告代言人的推荐或证明行为的信赖，才按图索骥地寻找并购买其所代言的产品或服务。其中的逻辑关系在广告心理学中已得到充分论证：广告代言的突出作用是通过将代言人的人格标识与产品的市场定位相结合，“进而提高在消费者心中的被认识程度，并将消费者对代言人的认同感转化为对产品的认同，最终使消费者对产品产生信赖。这正是所谓的‘意义迁移理论’，即广告代言人的推荐或证言会发生由代言人到产品再到消费者之间的意义迁移过程”。[2]在这个过程中，自然人人格标识商业利用所产生的不是人格上的精神利益，而是财产权利。

第三，具备财产权的基本特征。与传统人格权理论强调人格权的专属性、不可转让、不可继承不同，自然人人格标识商业利用的民事权利具有可转让性和可继承性。有学者指出，当某种利益具有可估价性、可出让性和可继承性时，这种利益便

〔1〕 谢晓尧：《商品化权：人格符号的利益扩张与平衡》，载《法商研究》2005年第3期。

〔2〕 宋亚辉：《广告代言的法律解释论》，载《法学》2016年第9期。

可设定财产权。[1]自然人人格标识商业利用的民事权利转让，是指自然人特定人格标识在一定范围内的独占性商业利用地位的永久性变更。因自然人人格标识与自然人人格具有一定的联系，并因为这种独占性商业利用地位的变更具有永久性，因此，这种转让行为只能针对特定人格标识在一定范围内进行。转让自然人人格标识商业利用的民事权利，应当订立书面合同。自然人人格标识商业利用民事权利的继承，是指被继承人人格标识商业利用权的概括继受。但对所继受的权利的行使、许可及转让，须以被继承人明示和可推知的意思进行。在比较法上，自然人人格标识商业利用的民事权利作为财产权，已有先例，如美国从隐私权中独立出来的公开权，[2]不仅可以转让，而且可以继承。从1953年，Haelan Laboratories Inc. v. Topps Chewing Gum Inc. 一案创设公开权开始，就肯定了公开权可以通过协议或许可的方式进行转让。对于可继承性，目前多数州都通过立法或普通法确认了公开权是一种可继承的财产权。不过，制定法在确认公开权可继承性的同时，也规定了公开权人的继承人享有公开权的年限，多数州法律的规定从20年至100年不等。[3]相较于美国，德国的自然人人格标识商业利用的财产性利益由法院创设的一般人格权进行保护，这种保护要求，生前可采许可利用，不能转让，但死后可以继承。[4]笔者认为，这种保护方式在理论上难以自洽，在实践中也难以使自然人人格标识商业利用的民事权利充分实现。因此，构建自然人人格标识商业利用的民事权利，美国的有益经验值得借鉴。

（二）在现有民事权利体系中的位置

自然人人格标识商业利用的民事权利作为一种新型财产权，在目前我国现有的财产权体系中，占有何种位置？回答这个问题，需要对目前我国的财产权类型进行详细分析。纵观我国有关财产权的民事法律规范，作为狭义财产权客体的财产可分为有体财产和无体财产两大类，这两大类财产为基本的财产类型。除此之外，还有一个特殊的类别——集合财产。[5]有体财产也就是传统物权法上的物，即有体物，

---

[1] Philippe Malaurie et Lawrent Aynes，Les biens，15e ed，P. U. F. Paris，1992：P13 转引自尹田：《物权法理论评析与思考》，中国人民大学出版社2004年版，第46页。

[2] 到2006年，美国共有28个州通过普通法或制定法的形式承认公开权，学术界更是涌现出了大量论述公开权的著述。参见［美］大卫·韦斯特福尔、大卫·兰多：《作为财产权的公开权》，郭钟泳译，载张民安主编：《公开权侵权责任研究：肖像、隐私及其他人格特征侵权》，中山大学出版社2010年版，第97页。

[3] 参见［美］苏珊娜·伯格曼：《美国和德国公开权制度的比较研究》，罗炜译，载张民安主编：《公开权侵权责任研究：肖像、隐私及其他人格特征侵权》，中山大学出版社2010年版，第288～289页。

[4] 参见沈建峰：《一般人格权财产性内容的承认、论证及其限度——基于对德国理论和实践的考察》，载《比较法研究》2013年第3期。

[5] 参见王卫国：《现代财产法的理论构建》，载《中国社会科学》2012年第1期。

包括不动产和有体动产。无体财产之下，包括一切可以为有关财产权的民事法律规范所调整的非物质形态的财产，分为知识财产、信用财产和其他无体财产三大子类。第一，知识财产包括创造性成果和经营性标记。创造性成果包括作品、发明创造（含发明、实用新型和外观设计）、集成电路布图设计、商业秘密（含技术秘密、经营秘密）、植物新品种等，该类财产是人们智力活动创造的成果，一般产生于科学技术、文化等知识领域，一定程度的创造性是其取得法律保护的必要条件。经营性标记包括商标、商号、产地标记和其他与制止不正当竞争有关的识别性标记。该类财产概为标示产品来源和厂家特定人格的区别标记，主要作用于工商业经营活动之中，可区别性是该类财产的主要特征，法律保护的目的即防止他人对此类标记的仿冒。〔1〕第二，信用财产包括货币、有价证券（股票、债权等）、可交易的债权（如应收账款）和股权（以及其他形式的投资权益）、金融衍生品（远期、期货、期权和掉期）等。第三，其他无体财产为知识财产和信用财产之外的无体财产。作为特殊类别的集合财产主要有企业和遗产。从理论上讲，集合财产的具体内容可以是任何种类的有体财产、知识财产、信用财产和其他无体财产，也包括各种债权。它们组成为一个整体。承认它们的整体性，可以建立起他们与普通财产法的联系。

通过以上分析可以看出，以上述各种财产为客体而设立的财产权有一个共同特征，那就是绝对性（对世性）以及由此派生的排他性。在这些财产权中，无论作为客体的财产的形态如何不同，权利人都享有法律保护其财产不受任何他人侵害的对世效力，大部分财产权可以体现为权利人对权利客体的支配能力；而另一部分财产权则体现为权利人在权利客体上对他人行为的排除能力。总体而言，这些财产权都派生出不特定相对人的不作为义务。与这些属于绝对权的狭义的财产权相对的是相对权（对人权），即债权。绝对权属性的狭义财产权和相对权属性的债权两大部分构成了广义财产权。〔2〕

自然人人格标识商业利用权在权利种类上属于绝对权，其客体为有形无体的非物质形态的财产。在无体财产权中，自然人人格标识商业利用的民事权利与知识产权同属无体财产权的范畴。但自然人人格标识商业利用的民事权利不能纳入知识产权中。这是因为，自然人人格标识商业利用的民事权利与知识产权具有明显区别。首先，知识产权通常具有创造性，是知识的直接物化，自然人人格标识商业利用的民事权利价值，不是直接来源于知识的创造，而是来源于自然人的人格标识。其次，在信息化时代，在经济全球化的背景下，自然人人格标识商业利用的民事权利，一般不受地域的限制，而知识产权则具有严格的地域性。因此，自然人人格标

〔1〕 参见吴汉东：《无形财产权的若干理论问题》，载《法学研究》1997 年第 4 期。

〔2〕 王卫国：《现代财产法的理论构建》，载《中国社会科学》2012 年第 1 期。

识商业利用的民事权利，只能纳入《关于完善产权保护制度依法保护产权的意见》中的“各种无形财产权”。[1]该《意见》由中央全面深化改革领导小组审议通过，是《中共中央关于全面推进依法治国若干重大问题的决定》中“健全以公平为核心原则的产权保护制度，加强对各种所有制经济组织和自然人财产权的保护，清理有违公平的法律法规条款”内容的具体化，可称为“法律指导性政策”，[2]对完善我国财产立法具有指导意义。

我国《民法通则》第2条对我国民事法律规范的调整范围作出了规定，该范围包括平等主体之间的财产关系和人身关系。相应地，我国的民事权利体系也应分为财产权体系和人身权体系两大部分。就“财产”而言，虽然在法律中既无定义，也缺乏一般性规定，但以此为客体而设立的权利规范，却散见于各种民商事法律文件之中。这些权利规范共同构成了我国的广义财产权体系，这个体系涵盖了我国所有的财产权类型。2017年3月15日，第十二届全国人民代表大会第五次会议通过了《中华人民共和国民法总则》（以下简称《民法总则》），其中第五章对民事权利的种类和内容进行了规定。《民法总则》对人身权、财产权包括物权、债权、知识产权等民事权利列举后，在第126条对民事主体依法享有的其他民事权利作出了规定。立法机关在对《民法总则（草案）》的说明中指出：“草案还对继承权、股权等民事权利作出了规定，并为其他新型民事权利的保护留出了空间（草案109条、第110条）。”自然人人格标识商业利用的民事权利作为一种新型财产权，应纳入《民法总则》第126条的“其他民事权利”之中，以便使其归入现有民事权利体系，由民法规范予以调整。

---

〔1〕 2016年8月30日，中央全面深化改革领导小组第27次会议审议通过的《关于完善产权保护制度依法保护产权的意见》，对我国产权保护制度建设提出了总体要求，即“坚持全面保护，保护产权不仅包括保护物权、债权、股权，也包括保护知识产权及其他各种无形财产权”。参见《人民法院报》2016年9月2日第1版。

〔2〕 参见刘作翔：《在民法典中应确立法律、政策、习惯三位阶规范渊源结构》，载《人民法院报》2016年9月30日第7版。

民法典编纂中各分编之间的衔接难题
——以夫妻财产约定/赠与中的物权编、合同编与婚姻家庭编衔接为切入点

杨晓林* 段凤丽**

目　次

引言

2018年9月5日，民法典各分编（草案）正式向社会公众征求意见，民法典编纂中各分编的设置问题引发了激烈的讨论。其中，王利明教授提出，民法典分编编纂应当妥善处理如下几个关系："第一，处理好民法典分编和总则的关系；第二，处理好民法典分编和民商事特别法的关系；第三，处理好立足本国国情和借鉴吸收国外经验的关系；第四，必须处理好改革与民法典编纂的关系。"[1]从民法典本身

* 杨晓林，北京天驰君泰律师事务所高级合伙人，中国法学会婚姻法学研究会常务理事。
** 段凤丽，北京天驰君泰律师事务所合伙人，中国法学会婚姻法学研究会会员。

〔1〕 王利明：《十三届全国人大常委会专题讲座第六讲：我国民法典分编编纂中的几个问题》，载"中国人大网"，网址：http：//www. npc. gov. cn/npc/xinwen/2018 - 09/05/content_ 2060667. htm，最后访问时间：2018年9月9日。

的体系性角度出发，如何处理好民法典分编和总则的关系以及如何处理好民法典分编和民商事特别法的关系，似乎是本次编纂活动中的重中之重。[1]换言之，目前的研究重点多集中于“总则—分编”和“分编—特别法”的关系之中。基于此，本文提出一个呼吁——除了上述两大研究方面以外，我们还需要关注民法典编纂中各分编之间的衔接问题，关注“分编—分编”的关系，关注民法典自身体系上的一致性与融贯性。

以“夫妻财产约定/赠与”问题作为切入点，将会很好地展现出民法典物权编、合同编与婚姻家庭编之间的衔接难题。“在民法典中，婚姻家庭法律制度是最具伦理属性、民族特性和人文主义精神，与国家发展、社会进步密切相关。”[2]在婚姻家事领域，随着我国社会经济的发展，家庭财产日益增多，夫妻财产关系日益复杂。在此背景下，《婚姻法》司法解释（三）第六条提出了“夫妻赠与”[3]这一概念，认为夫妻之间的赠与超越了夫妻财产约定[4]的范畴。基于此，夫妻之间的赠与适用《合同法》，结合《物权法》关于物权移转的法律规定，对于不动产的赠与未经公证或未履行物权变动手续的，赠与人可以行使任意撤销权。[5]与之相对，如若依照夫妻财产约定的法律规定，移转所有权无须履行物权变动手续，并且《婚姻法》及其司法解释中并未规定夫妻财产约定的变更和撤销制度。

上述现象指向于民法典物权编、合同编与婚姻家庭编之间的衔接适用问题，其背后的核心难题就在于如何解释“婚姻法确认夫妻对婚姻财产约定的合法性，却又赋予赠与人任意撤销权。”[6]针对夫妻财产约定/赠与的两种不同解读，导致了对此问题的不同认识，裁判结果也极为悬殊，实践中同案异判现象十分突出。因此，就本文的具体结构安排而言，本文将在第一部分借由现阶段法律实践中相关法律规定

---

[1]《中国法学会 2018 年度部级法学研究课题申报公告》将“民法典编纂中民事基本法与民事特别法的关系”这一选题明确列为“一般课题”之中，供各位法学学者申报参考。

[2] 夏吟兰：《民法分则婚姻家庭编立法研究》，载《中国法学》2017 年第 3 期。

[3]《最高人民法院关于适用〈中华人民共和国婚姻法〉若干问题的解释（三）》第六条：婚前或者婚姻关系存续期间，当事人约定将一方所有的房产赠与另一方，赠与方在赠与房产变更登记之前撤销赠与，另一方请求判令继续履行的，人民法院可以按照《合同法》第一百八十六条的规定处理。

[4]《中华人民共和国婚姻法》第 19 条：夫妻可以约定婚姻关系存续期间所得的财产以及婚前财产归各自所有、共同所有或部分各自所有、部分共同所有。约定应当采用书面形式。没有约定或约定不明确的，适用本法第十七条、第十八条的规定。

夫妻对婚姻关系存续期间所得的财产以及婚前财产的约定，对双方具有约束力。

夫妻对婚姻关系存续期间所得的财产约定归各自所有的，夫或妻一方对外所负的债务，第三人知道该约定的，以夫或妻一方所有的财产清偿。

[5]《中华人民共和国合同法》第 186 条：赠与人在赠与财产的权利转移之前可以撤销赠与。

具有救灾、扶贫等社会公益、道德义务性质的赠与合同或者经过公证的赠与合同，不适用前款规定。

[6] 最高人民法院民事审判第一庭编著：《最高人民法院婚姻法司法解释（三）理解与适用》，人民法院出版社 2015 年版，第 107 页。

和司法案例呈现出夫妻财产约定与夫妻赠与的复杂关系，以及背后所折射出的复杂问题，建构一幅观点上的“图景”。本文将在第二部分对此“图景”进行综合性的评价，经由全面掌握以及客观判断后陈述并且论证笔者的个人观点。本文将在第三部分结合夫妻财产约定与夫妻赠与的关系问题，指出我国夫妻约定财产制立法的不足之处，为民法典物权编、合同编与婚姻家庭编之间的衔接适用问题提供相应的立法建议。

一、复杂的夫妻财产约定/赠与

（一）夫妻财产约定/赠与的复杂法律规定

针对“夫妻财产约定/赠与”问题，既有法律规定存在两种相反且对立的解读：一种解读是认为夫妻之间有关财产的约定，只要是夫妻双方真实意思表示，并且不违反法律、行政法规的强制性规定，就应当认定为有效且对双方产生法律上的拘束力。“在调整夫妻财产关系领域，应优先和主要适用《婚姻法》，《物权法》等调整一般主体之间财产关系的相关法律规定应作为补充，保持谦抑性，对《婚姻法》的适用空间和规制功能予以尊重，尤其是夫妻之间关于具体财产制度的约定不宜由《物权法》过度调整，应当由《婚姻法》去规范评价。”[1]因此，夫妻之间有关房产赠与的约定无须经过物权变动手续，离婚时人民法院可以判决房产归受赠人所有，对赠与房产一方主张撤销赠与合同的请求不予支持。另一种解读是认为夫妻有关财产的约定合法有效，但依据《合同法》第一百八十六条和《物权法》第九条之规定，尚未办理房产过户手续的赠与，房产赠与人可以随时撤销赠与，人民法院对赠与房产一方离婚时主张撤销赠与合同的请求应予支持。“在一定程度上，任意撤销权是赠与人依法对夫妻间房产赠与合同的否定。”[2]只要任意撤销权合法存在，就不能以夫妻间房产赠与合同有效为由，判令赠与人继续履行赠与合同。

夫妻财产约定/赠与的复杂法律规定，徘徊于《婚姻法》与《物权法》《合同法》的相反规定之中。若按照《婚姻法》之规定，夫妻财产约定成立之日即可产生物权变动的效力；若按照《物权法》《合同法》之规定，夫妻财产约定将会转变为夫妻财产赠与，受到过户登记和任意撤销权的种种限制。夫妻财产约定/赠与的

---

〔1〕 王忠、朱伟、刘艳辉：《夫妻约定将登记在一方名下共同房产分割给另一方 不宜以是否变更登记为权属认定条件——李某、唐某甲上诉唐某乙法定继承纠纷案》，载“北京市第三中级人民法院网”，网址：http：//bj3zy. chinacourt. org/article/detail/2015/12/id/1767762. shtml，最后访问时间：2018 年 9 月 9 日。

〔2〕 最高人民法院民事审判第一庭编著：《最高人民法院婚姻法司法解释（三）理解与适用》，人民法院出版社 2015 年版，第 112 页。

复杂法律规定问题，随着民法典各分编（草案）的征求意见将再一次被提上议题。其中，“幸运”的是草案中的物权编、合同编与婚姻家庭编沿用了既往的规定，没有将该问题进一步复杂化；“不幸”的是草案对此复杂问题，似乎并没有给予高度的重视，任由复杂的夫妻财产约定/赠与继续复杂下去。

法律部门	文件名称	具体规定
婚姻法	婚姻法	第十九条：夫妻可以约定婚姻关系存续期间所得的财产以及婚前财产归各自所有、共同所有或部分各自所有、部分共同所有。约定应当采用书面形式。没有约定或约定不明确的，适用本法第十七条、第十八条的规定。 夫妻对婚姻关系存续期间所得的财产以及婚前财产的约定，对双方具有约束力。 ……
	婚姻法司法解释三	第六条：婚前或者婚姻关系存续期间，当事人约定将一方所有的房产赠与另一方，赠与方在赠与房产变更登记之前撤销赠与，另一方请求判令继续履行的，人民法院可以按照合同法第一百八十六条的规定处理。
	民法典婚姻家庭编（草案）	第八百四十一条：男女双方可以约定婚姻关系存续期间所得的财产以及婚前财产归各自所有、共同所有或者部分各自所有、部分共同所有。约定应当采用书面形式。没有约定或者约定不明确的，适用本法第八百三十九条、第八百四十条的规定。 夫妻对婚姻关系存续期间所得的财产以及婚前财产的约定，对双方具有约束力。 ……
物权法	物权法	第九条：不动产物权的设立、变更、转让和消灭，经依法登记，发生效力；未经登记，不发生效力，但法律另有规定的除外。 ……
	民法典物权编（草案）	第五条：不动产物权的设立、变更、转让和消灭，经依法登记，发生效力；未经登记，不发生效力，但法律另有规定的除外。 ……
合同法	合同法	第一百八十六条：赠与人在赠与财产的权利转移之前可以撤销赠与。 具有救灾、扶贫等社会公益、道德义务性质的赠与合同或者经过公证的赠与合同不适用前款规定。
	民法典合同编（草案）	第四百四十八条：赠与人在赠与财产的权利转移之前可以撤销赠与。 具有救灾、扶贫等社会公益、道德义务性质的赠与合同或者经过公证的赠与合同，不适用前款规定。

（二）夫妻财产约定/赠与的复杂司法案例

“夫妻财产约定/赠与”问题的复杂现象，根源在于法律规定的相反解释。除此之外，基于不同的法律解读将会导致司法实践中“同案异判”的复杂现象。复杂司法案例下的裁判观点主要可以分为以下几种：第一，以《婚姻法》司法解释（三）第六条所持观点为代表，认为夫妻在婚前或婚姻关系存续期间将一方所有的财产约定为另一方所有，也就是夫妻之间的赠与行为，完全适用合同法。第二，认为夫妻财产约定中将一方个人财产转为夫妻共同财产属于一方对另一方的赠与，该赠与尚未办理公证或房屋产权变更登记手续，并且该赠与不属救灾、扶贫等社会公益、道德义务性质的不可撤销的赠与。在该房屋权利转移之前，即房产证由一人变更为双方共有之前，赠与人有权撤销赠与。第三，认为夫妻约定一方所有房产婚后共有或归另一方所有，属于夫妻财产制契约范畴，不应比照赠与合同处理。

案例一：婚前协议约定房产加女方名字 法官：不作数[1]

1. 裁判摘要

婚前协议中承诺登记结婚后，将对方名字写进自己拥有产权的房产证上，应属于是对另一方的赠与。根据《合同法》及《婚姻法》司法解释（三）第六条的规定，在赠与的房产变更登记之前，赠与人有权行使任意撤销权。

2. 具体情节

原告：冯某，30岁，哈尔滨人，年轻漂亮，公司普通职员。

被告：张某，41岁，也是北方人，有过婚史，早年在杭州创业做生意，经过几年打拼在杭州买了房子，有一定经济基础。

原告以确认财产所有权纠纷诉至余杭法院，要求确认自己是房产的共有权人，并要求被告把自己名字加进房产证上。

原告诉称，原、被告于2008年上半年相识，不久就结婚生子。2009年12月，两人感情出现问题，很快离婚，孩子由张强抚养。后来，考虑到离婚对孩子身心的成长会造成不好影响，两人商量决定复婚。办复婚登记前，被告同意在房产证上加上原告名字；如有违反，被告须赔偿原告50万元。2010年11月5日，两人签了该协议。

11月11日，两人如期复婚。之后，原告多次要求被告按照婚前协议办理房屋过户手续，被告一直不肯。故而诉至法院，提出如上诉请。

被告辩称，两人虽签了这份婚前协议，但原告是以财产作为登记结婚的条件，有违公序良俗。退一步说，房产证上要加原告名字，应理解为是对所有权的赠与，

---

〔1〕 根据《婚前协议约定房产加女方名字？不作数》改编，网址：http：//roll. sohu. com/20120424/n341413630. shtml，最后访问时间：2017年10月2日。

根据《合同法》规定，赠与必须交付才能生效。

余杭法院判决认为，根据《婚姻法解释（三）》规定，被告在婚前协议中承诺在登记结婚后，将原告名字写进被告所有的房屋所有权证上，应属于是对原告的房产赠与。

在赠与的房产办理登记之前，被告不同意变更登记，相当于对赠与合同行使任意撤销权。根据《婚姻法解释（三）》规定，夫妻之间赠与房产，应按《合同法》中赠与的相关规定来处理。而根据《物权法》规定，不动产物权的设立、变更、转让和消灭，经登记发生效力。

所以，虽然被告作出赠与表示，但未到房产管理局登记之前，仍有权处分该赠与权，包括撤销，因此法院判决驳回了原告的诉讼请求。

案例二：拿着前夫赠房协议拿不到房　房屋没过户产权不转移赠与亦可撤销[1]

1. 裁判摘要

夫妻双方约定将一方个人财产赠与另一方的，该赠与尚未办理公证或房屋产权变更登记手续，并且该赠与不属救灾、扶贫等社会公益、道德义务性质的不可撤销的赠与。在该房屋权利转移之前，即房产证变更登记之前，赠与人有权撤销赠与。

2. 具体情节

原告：王女士

被告：冯先生

冯先生与王女士在日本留学时相识。冯先生回国后购置了上海市大同花园的两套房屋。王女士回国后，两人于2002年2月登记结婚。婚后不久，两人即产生了矛盾。为平息矛盾，两人于7月签订了一份房产财产转让约定，冯先生声明将自己婚前购置的其中一套房子转让给妻子，上述房产自声明签订之日开始，属于王女士个人财产，与双方夫妻关系无关，不属于夫妻共同财产，王女士在受赠人栏内签字。但在房产交易中心，该套房屋的产权至诉讼时还在冯先生名下。同年11月，王女士即向法院起诉离婚，在法院判决双方离婚后，两人为了财产分割又接连打了几场官司，其中就涉及该套房屋的产权。王女士认为该套房屋的产权应当确认为自己所有。但冯先生则认为房屋尚未办理过户登记，自己可以要求撤销赠与。

上海市第一中级人民法院经审理后认为，虽然冯先生与王女士的约定属于赠与协议，但根据合同法的有关规定，除了具有救灾、扶贫等社会公益、道德义务性质的赠与合同或者经过公证的赠与合同之外，赠与人在财产权利转移之前都可以撤销赠与。由于该套房屋未办理过户登记，房屋产权尚未发生转移，冯先生主张撤销是

---

〔1〕 参见倪晓：《拿着前夫赠房协议拿不到房　房屋没过户产权不转移赠与亦可撤销》，载《法制日报》2005年12月25日。

符合法律规定的。法院遂判决驳回了王女士要求确认该房屋所有权属自己所有的诉讼请求。

案例三：师×与陈×离婚纠纷案[1]

1. 裁判摘要

夫妻双方通过签署《婚内协议书》将婚后共同财产约定为夫妻一方个人财产的，属于“夫妻共同财产约定”，不属于一方将个人房产给予另一方的赠与行为。即使没有办理物权转移登记，亦不影响一方依据协议取得该房产的所有权。

2. 具体情节

原告：师×，女

被告：陈×，男

上诉人（原审原告）师×曾于2012年11月起诉离婚，北京市朝阳区人民法院于2013年3月18日出具（2013）朝民初字第06032号民事判决书驳回其诉讼请求。

2013年10月，师×再次起诉，北京市朝阳区人民法院对此出具了（2014）朝民初字第02977号民事判决书，判决准予师×与陈×离婚，并将诉争房产409房屋判归师×所有，房屋剩余贷款由师×负责偿还；师×于判决生效之日起三十日内给付陈×住房帮助费70万元。

原审法院判决后，师×与陈×均不服，上诉至北京市第三中级人民法院。其中，409房屋的归属问题成为本案的争议焦点。师×与陈×于2010年12月登记结婚并共同签署购房合同。双方于次年1月，将该房屋登记为共同共有。后双方于2012年10月21日签署一份《婚内协议书》，约定该房屋包括婚姻关系存续期间所偿还的银行抵押贷款部分及装修投入归师×个人所有，无论婚姻存续期间或离婚皆不作为双方的夫妻共同财产。并且，在双方离婚时，该屋归师×所有，未偿还的银行抵押贷款归师×偿还。后于离婚诉讼过程中，师×主张该房产应当依据双方婚内协议归其本人所有。陈×则表示为了婚姻存续，才不得已签署了《婚内协议书》，另外该协议系陈×就房产对师×进行的赠与行为，根据《婚姻法司法解释（三）》第6条的规定，在房产权属转移登记之前陈×可以撤销赠与，该协议不能作为分割该房屋的依据。

二审法院认为，原审法院根据协议的约定判定涉案房屋归师×所有、房屋贷款由师×偿还，符合法律规定。根据我国《婚姻法》第十九条之规定：夫妻可以约定

---

〔1〕 参见北京市朝阳区人民法院（2014）朝民初字第02977号民事判决书、北京市第三中级人民法院（2014）三中民终字第06092号民事判决书。又可见《师××诉陈××离婚纠纷案——夫妻约定共有房产归一方所有，无需物权转移登记即产生法律效力》，载《人民法院案例选》2015年第4辑（总第94辑），人民法院出版社2015年版。

婚姻关系存续期间所得的财产以及婚前财产归各自所有、共同所有或部分各自所有、部分共同所有。约定应当采用书面形式。夫妻对婚姻关系存续期间所得的财产以及婚前财产的约定，对双方具有约束力。师×与陈×作为完全民事行为能力人，自愿签署了《婚内协议书》，双方明确约定409号房屋的产权归属情况，此系双方的真实意思表示，不违反法律或者社会公共利益，合法有效，该协议书对双方均具有法律效力。原审法院根据协议的约定判定涉案房屋归师×所有、房屋贷款由师×偿还，符合法律规定。陈×上诉认为《婚内协议书》并非其真实意思表示，未提供相应的证据，陈×认为原审事实认定不符合《婚内协议书》约定，无事实依据，本院不予采信，陈×另认为，即使按《婚内协议书》约定409号房屋归师×所有，也应视为陈×对师×的房产赠与，在房产权属转移登记前其可撤销赠与。根据我国婚姻法相关司法解释的规定可知，婚前或者婚姻关系存续期间，当事人约定将一方所有的房产赠与另一方，赠与方在赠与房产变更登记之前可撤销赠与。而本案《婚内协议书》系双方对婚姻期间所得的财产进行的约定，而非对一方所有的房产进行的赠与，故陈×该部分上诉主张，于法无据，本院不予采纳。陈×上诉要求将409号房屋判归其所有、房屋贷款由其偿还、其支付师×40%房屋产权份额的经济补偿，于法无据，本院不予支持。

二、衔接难题：夫妻财产约定/赠与的问题本质

复杂的“夫妻财产约定/赠与”法律冲突与司法乱象，体现了人们对夫妻财产约定性质认识的分歧，主要集中在夫妻财产约定是属于身份性质的协议还是财产性质的协议，应该以婚姻法来调整还是财产法来调整，以夫妻财产约定变动产权是否需要履行物权变动手续？笔者认为夫妻财产约定属于附随身份关系的协议，应当以婚姻法来调整；反之，将之看作财产法上的合同行为，用《合同法》和《物权法》来调整的观点是值得商榷的。

在实践中，将《合同法》适用于夫妻财产约定，认为将夫妻一方的个人财产约定为双方婚后共同财产属于夫妻财产约定，适用《婚姻法》；而将一方的个人财产约定为婚后另一方的个人财产，就认定为夫妻之间的赠与，交付或公证之前具有任意撤销权，无法回答实践中普遍存在的以下质疑：同样是通过夫妻财产约定无支付财产上的对价获得对方财产，为什么通过双方共有的方式获得对方部分个人财产就视作夫妻财产约定从而无须履行物权变动手续，不可任意撤销，而如果获得对方全部个人财产或者只是某项财产的全部就视作赠与，从而需要履行物权变动手续或经公证才失去任意撤销权呢？这种量的区别为什么会导致质的差异呢？该认识的法理依据何在？更有极端一些的质问，如果是将个人财产或某项财产的百分之九十九约定给对方就视作夫妻财产约定，而将百分之百约定给对方就视为夫妻之间的赠与，

这公平吗?[1]

"如夫妻可以约定女方婚前父母所送的嫁妆归共同所有。当然也可以约定一方婚前财产归对方所有。"[2]另外，夫妻之间的财产约定往往因订立协议时的夫妻或准夫妻身份，带有很浓的感情因素，甚至是专为表达结婚的诚意而订立。既然能够通过协议自愿将个人财产约定为婚后双方共有或另一方个人所有，那么即使司法解释赋予一方交付或公证之前的任意撤销权，也可能因种种原因（如俗称的感情胁迫）无法真正拥有该权利，其结果只不过是在该协议上附加"放弃任意撤销权"的承诺而已。

因此强行将《合同法》植入婚姻家庭关系，违背婚姻家庭法的本质属性和价值取向。《婚姻法》与《合同法》《物权法》同属民事特别法且处于同一位阶。而且，《合同法》第二条第二款明确规定："婚姻、收养、监护等有关身份关系的协议，适用其他法律的规定。"那么作为《婚姻法》重要制度的夫妻约定财产制度究竟属于财产协议还是身份关系的协议?

（一）夫妻财产约定属于附随身份关系的协议

夫妻约定财产制，又称夫妻财产制契约制度，是指夫妻以契约方式商定婚前财产和婚姻关系存续期间所得财产的归属、管理、使用、收益、处分、及债务清偿、婚姻解除时的财产清算等事项，并排除法定夫妻财产制适用的制度。[3]

约定财产制作为与法定夫妻财产制并存的一项制度，一般包括以下内容：约定的时间、约定的具体内容（可供选择财产制的类型）、约定的形式、约定生效的条件、约定的法律效力（包括对内和对外效力）。[4]

关于夫妻财产约定的性质，在学说与立法实践中，主要存在以下两种观点：第一，身份行为说。日本学者以行为效力为标准，将身份行为分为形成的身份行为（直接以身份的创设、变更和废止为目的的行为，如结婚、离婚、收养等）、支配的身份行为（基于身份而于他人的身上所为某种身份的支配行为，如亲权的行使、婚姻的同意行为等）和附随的身份行为（系附随于身份关系的行为，又可分为附随于身份行为的行为与附随于身份法的事实行为，如附随于婚姻的夫妻财产契约属于前

---

〔1〕刘璨法官从"行为性质""意思表示的形式"以及"行为目的及实现"三个角度，区分了夫妻财产契约与夫妻间赠与的关系。参见刘璨：《夫妻间财产归属约定的性质》，载《人民司法·案例》2018年第20期。

〔2〕全国人大常委会法制工作委员会民法室：《〈中华人民共和国婚姻法〉解释》，群众出版社2001年版。

〔3〕参见蒋月：《夫妻的权利与义务》，法律出版社2001年版，第169页。

〔4〕参见薛宁兰、许莉：《我国夫妻财产制立法若干问题探讨》，载《法学论坛》2011年第2期。

者，而继承的限定承认或抛弃、特留分扣减权的行为属于后者）。[1]夫妻财产契约正是以结婚这一形成的身份行为为前提，并附随此行为发生的身份行为。附随的身份行为既然是身份行为的一种，夫妻财产契约当然就属于身份行为。第二，财产行为说。财产行为说认为，夫妻财产契约是不同于身份行为的，是涉及自然属性的财产法的法律行为——财产行为。因此，在法律适用上，除亲属法上有特别规定外，应适用财产法的一般性规定。

身份行为是指以发生身份关系的变动为内容或目的的民事法律行为，财产行为是指发生财产关系的变动为内容或目的的民事法律行为。而夫妻财产契约是以夫妻之间的财产关系为其内容，而不涉及一定身份的得丧变更，相反，在夫妻财产契约中双方当事人的身份已经特定。因此，从本质上看，夫妻财产契约应当是一种财产行为。但是，夫妻财产契约毕竟不同于普通的财产契约，其以夫妻身份的变动为生效条件。[2]

笔者认为，在夫妻财产约定性质上，虽一直存有争议，但夫妻财产约定附随身份关系，不能简单以财产法来调整，是无法否认的。

史尚宽先生在其《亲属法论》第三章第六节第三目第三款中讨论“夫妻财产制”，[3]并且认为：“亲属法为关于身份生活之法。……身份生活一方面为关于身份关系之设定、废止及变更，他方面为有此身份者间所生之权利义务。”[4]

日本学者久保教授、中川淳教授、高梨教授认为夫妻财产制契约为身份契约，因此具有结婚能力之人即有订立夫妻财产制契约之能力。[5]

“值得注意的是，大陆法系各国的法定夫妻财产制，在法律适用上冲突甚少。究其原因，可能表现在两个方面：（1）基于身份而发生的财产变动，与身份密切相关，大陆法系国家一般都将其作为夫妻财产制的内容直接规定于亲属法中，作为婚姻的直接效力，仅及于婚姻当事人双方，不涉及与第三人的关系，不受财产法的调整。”[6]

笔者认为，夫妻财产约定以财产协议的形式呈现，但毕竟基于夫妻身份而发生和变更，具有人身附随属性。不能简单以一般财产契约的等价有偿原则来衡量和规范。

因此，将夫妻财产约定直接纳入《合同法》的调整范围，模糊了财产法与身份

---

〔1〕 参见巫昌祯：《婚姻家庭法新论》，中国政法大学出版社2002年版，第195页。

〔2〕 参见杨晓林：《婚姻财产约定中不动产是否需要履行物权变动形式——兼谈我国夫妻财产约定制度的完善》，载《婚姻家庭法律师实务》第3辑，中国法制出版社2008年版。

〔3〕 参见史尚宽：《亲属法论》，中国政法大学出版社2000年版，目录第3页。

〔4〕 史尚宽：《亲属法论》，中国政法大学出版社2000年版，第4页。

〔5〕 参见林秀雄：《夫妻财产制之研究》，中国政法大学出版社2001年版，第188页。

〔6〕 许莉：《夫妻财产归属之法律适用》，载《法学》2007年第12期。

法的界限，违背了婚姻家庭关系的价值取向和规律，必然导致认识上的混乱和结果上的不公平。

（二）依夫妻财产约定变动产权无须履行物权变动手续

夫妻财产约定在性质上附随于夫妻身份，则依夫妻财产约定变动产权无须履行物权变动手续。正如史尚宽先生所说："夫妻财产契约之订立，以婚姻成立为前提，因结婚于配偶及对于其继承人之关系，即发生财产契约之物权的效力。""夫妻财产契约，直接发生夫妻财产法的效力。为引起财产契约所规定的所有权之变更，不须有法律行为的所有权或权利之移转。"[1]

在私法领域，物权法与婚姻法分属于财产法与身份法，其法律适用规则应体现一般财产法与特别财产法的区别。基于身份关系产生的财产关系不应完全适用财产法。在夫妻财产契约的效力上，身份财产法优于一般财产法。因此，我国《婚姻法》应立足于公平价值，公平价值优先于平等价值，明确赋予夫妻财产约定直接在夫妻之间产生物权变动的效力。[2]"物权领域，法律主体因物而产生联系，《物权法》作为调整平等主体之间因物之归属和利用而产生的财产关系的基础性法律，重点关注主体对物的关系，其立法旨在保护交易安全以促进资源的有效利用。而《婚姻法》作为身份法，旨在调整规制夫妻之间的人身关系和财产关系，其中财产关系则依附于人身关系而产生，仅限于异性之间或家庭成员之间因身份而产生的权利义务关系，不体现直接的经济目的，而是凸显亲属共同生活和家庭职能的要求。"[3]

笔者赞成这样的观点，《婚姻法》19 条所规定的"约定对双方具有约束力"，这里的"约束力"与一般财产合同所产生的债的效力不同，其效力规则具有特殊性，应适用亲属法的特别调整，约定一经生效，即在夫妻之间产生财产权利的变动，即直接具有物权效力。

三、难题的解决：理论建构与立法建议

（一）完善我国夫妻财产约定制度的理论设想

纵观夫妻约定财产制比较成熟国家的立法，我国的夫妻约定财产制明显存在规

---

〔1〕史尚宽：《亲属法论》，中国政法大学出版社 2000 年版，第 344 页。

〔2〕参见刘宏渭、赵军蒙：《论我国婚姻家庭立法的价值取向——兼议夫妻财产约定》，载《法学杂志》2012 年第 7 期。

〔3〕王忠、朱伟、刘艳辉：《夫妻约定将登记在一方名下共同房产分割给另一方 不宜以是否变更登记为权属认定条件——李某、唐某甲上诉唐某乙法定继承纠纷案》，载"北京市第三中级人民法院网"，网址：http://bj3zy.chinacourt.org/article/detail/2015/12/id/1767762.shtml，最后访问时间：2018 年 9 月 9 日。

定过于简单、概括，难以操作的问题。主要表现为未明确夫妻财产约定时间及生效时间、未明确夫妻财产约定的类型是否受到限制、缺乏公示制度，夫妻财产约定对外效力脆弱、缺乏对约定变更或者撤销的规定。

1. 应当明确夫妻财产约定的约定时间及生效时间

该问题本质上与夫妻财产约定的主体是一个问题的两个方面。《婚姻法》未对财产约定的时间予以明确，导致对婚前财产约定的性质和效力问题存有争议。婚姻当事人什么时候订立夫妻财产契约，内容如何约定，因婚姻当事人的婚姻状况、财产情况不同而不同，法律没有必要干涉。也有人认为，男女双方在婚前不符合主体资格要求，因为双方的身份还不是"夫妻"，故婚前不得约定。学者们一般认为，夫妻财产约定的时间，可以在结婚前、结婚时或婚姻关系存续期间。[1]

夫妻婚前订立财产契约的，于双方结婚之日进行登记时起生效；婚后订立财产契约的，于双方订约且在婚姻登记机关登记之日起生效。

2. 应当明确约定财产制的类型和具体内容

现实生活中，婚姻当事人之间的财产约定多种多样，如何认定其性质十分困难。因此，明确我国约定夫妻财产制的具体内容，不仅可以减少法律适用中的争议，也可以对民众选择约定财产制有所引导。[2]约定不明确也是导致学界对此认识不一、司法实务中同案不同判的根源。

因此，立法首先应当明确我国约定财产制具体可以约定的财产制类型。另外，《婚姻法》第19条只规定双方可以约定财产的所有权，却并没有考虑到夫妻在共同生活中对双方财产的管理、利用和流转方式等方面事项也有约定的需要。约定的内容是否也可以是对财产使用权、收益权、处分权等某项权能的约定，法律并没有明确规定。社会和法制发展的要求使得所有权不再是一个不可分割的整体，占有、使用、收益权能都可以和所有权分离而非所有人行使。[3]

3. 应当完善约定形式，构建约定的公示制度，加强约定的对抗效力

为确保夫妻财产约定的严肃性，也为平衡解决善意第三人和夫妻双方的财产利益问题，建议立法增加夫妻财产约定的公示问题。就具体的公示要求，可分为两点：夫妻婚前约定财产的，在其婚姻登记时同时将夫妻财产约定的内容予以登记，并将其书面形式附于登记档案中备案；夫妻于婚后对财产进行约定或对原约定进行变更、撤销的，应到婚姻登记机关进行补充登记或变更、撤销登记。夫妻财产约定以在婚姻登记机关登记备案为准，登记可发生对抗第三人的效力；不登记的只发生对内效力而不发生对外效力。这样不仅能保护夫妻双方各自的财产权利，也有利于

---

[1] 参见杨大文主编：《婚姻法学》，中国人民大学出版社1989年版，第149页。

[2] 参见薛宁兰、许莉：《我国夫妻财产制立法若干问题探讨》，载《法学论坛》2011年第2期。

[3] 参见文涛：《约定财产制亟待完善》，载《中国司法》2003年第9期。

保护与约定财产的夫妻进行民事活动的第三人的合法权益。[1]

4. 应当明确规定变更或撤销的条件和程序

对于夫妻财产约定的变更和撤销，在夫妻财产约定制度成熟的国家都有详尽的规定，而我国婚姻法却未作任何规定，制约了约定财产制作用的发挥。

约定是否可以变更，还是约定一经作出就不得变更和撤销，人们认识不一。有人认为，根据契约自由精神，夫妻双方既然可以订立财产契约，自然就有协议变更和撤销的权利，法律对此不应该禁止。也有人认为，应增加约定不得任意变更的法律条款，要严格限制夫妻财产契约的变更和撤销，以保护交易安全和第三方的合法权益。如一方要求变更而他方不同意的，不能当然终止约定的效力而适用夫妻财产法定制，为了公平，应交由一定的机关裁决是否变更。而且要求变更的一方，必须提出可以变更约定的法定理由。除非双方协商一致或有法定理由，夫妻财产契约不得变更。

应当增设夫妻非常财产制。从国外的相关立法看，只要有共有制存在，无论是法定共有还是约定共有，均有相应的终止共有制的救济途径。这种救济途径主要表现为两项制度：一种是共有财产撤销制度。另一种是宣告非常财产制度。[2]

鉴于非常财产制存在的必要性，《婚姻法》司法解释（三）第四条以婚内析产的方式引入了非常财产制的理念，即“婚姻关系存续期间，夫妻一方请求分割共同财产的，人民法院不予支持，但有下列重大理由且不损害债权人利益的除外：（一）一方有隐藏、转移、变卖、毁损、挥霍夫妻共同财产或者伪造夫妻共同债务等严重损害夫妻共同财产利益行为的；（二）一方负有法定扶养义务的人患重大疾病需要医治，另一方不同意支付相关医疗费用的”。但由于我国夫妻约定财产制本身的不成熟不完善，并未彻底解决撤销或变更的根本问题，如婚内析产后，双方是自然实行分别财产制，还是保持原有财产制，亦还是实行法定夫妻财产制，这些均未涉及。

笔者认为应当在未来立法中对之予以明确。既可以采取双方约定变更的方式，也可以通过诉讼，法定变更为分别财产制，同时对变更予以公示。

（二）衔接民法典物权编、合同编与婚姻家庭编的立法建议

1. 关于民法典第四百四十八条（合同编）

“赠与人在赠与财产的权利转移之前可以撤销赠与。

具有救灾、扶贫等社会公益、道德义务性质的赠与合同或者经过公证的赠与合同，不适用前款规定。”

---

〔1〕 参见杨晓林：《婚姻财产约定中不动产是否需要履行物权变动形式——兼谈我国夫妻财产约定制度的完善》，载《婚姻家庭法律师实务》第3辑，中国法制出版社2008年版。

〔2〕 参见薛宁兰、许莉：《我国夫妻财产制立法若干问题探讨》，载《法学论坛》2011年第2期。

（1）建议增加一款作为第三款，具体内容为：

“夫妻双方之间的赠与合同，除有明确意思表示与书面形式外，均应认定为是夫妻之间的财产约定，不适用第一款规定。”

（2）修改理由

第一，本章涉及婚姻家庭领域内的夫妻财产约定/赠与问题，《合同法》自 1999 年 10 月 1 日起施行，《物权法》自 2007 年 10 月 1 日起施行，婚姻家庭领域内的物权变动问题成为争议热点，至今无法达成共识，家事无小事，此次立法必须与《婚姻法》第 19 条相衔接。在夫妻财产关系上，我国《物权法》《合同法》与《婚姻法》存在着法律适用冲突。《婚姻法》作为一门具有独立地位的部门法律规范，与我国《民法通则》《物权法》和《合同法》等民事法律规范存在相同与衔接之处，但也存在一定的特殊之处。就物权的移转、变动而言，《物权法》《合同法》是以一般化的民事逻辑进行设计条款、建构制度。而《婚姻法》对夫妻财产关系的规定，调整的不仅是民事逻辑上的“财产关系”，更是家事逻辑上的“夫妻关系”。解决夫妻财产争议原则上应适用《婚姻法》，法律应就现实生活中常见的夫妻财产归属问题作出明确且翔实的具体规定。

第二，婚前或婚姻关系存续期间，夫妻一方将所有的财产全部或部分赠与另一方，或是将夫妻双方共同所有财产中的个人部分赠与另一方（该共同财产完全归一方所有），均为一方将个人财产之全部或部分给予另一方的单纯赠与行为。但是，基于《婚姻法》所调整的“财产关系”均是以“夫妻”这一身份限定为前提而存在，除有明确意思表示与书面形式外，该赠与行为均应认定为是夫妻之间的财产约定。在夫妻财产关系涉及物权变动的情形下，无须经过物权变动手续即可发生法律效力，一方不得以民法典合同编第四百四十八条之规定进行抗辩。

2. 关于民法典第八百四十一条（婚姻家庭编）

夫妻财产约定/赠与问题中“财产关系”受到了“夫妻关系”的制度性约束。因此，在此建议民法典婚姻家庭编立法时能对原《婚姻法》第十九进行修改：

现行《婚姻法》第十九条第一款规定：“夫妻可以约定婚姻关系存续期间所得的财产以及婚前财产归各自所有、共同所有或部分各自所有、部分共同所有。约定应当采用书面形式。没有约定或约定不明确的，适用本法第十七条、第十八条的规定。”

第十九条第二款规定：“夫妻对婚姻关系存续期间所得的财产以及婚前财产的约定，对双方具有约束力。”

（1）建议修改为：

第一款为：“夫妻可以在结婚前或婚姻关系存续期间签订财产约定协议。”

第二款为：“夫妻可以约定婚前个人财产以及婚姻关系存续期间所得的财产归各自所有、共同所有或部分各自所有、部分共同所有、一方个人所有。约定应当采用书面形式。没有约定或约定不明确的，适用本法第八百三十九条、第八百四十条的规定。”

第三款为：“夫妻对婚姻关系存续期间所得的财产以及婚前财产的约定，对双方具有约束力。”

（2）家事视角下夫妻财产约定的整体性立法建议

夫妻双方之间财产关系可以受到民法典合同编中“赠与合同”规定的约束，但由于民法典婚姻编作为独立的具体法律部门而存在，以夫妻身份关系而存在的赠与合同，除有明确意思表示与书面形式外，均应认定为夫妻之间的财产约定，否则将会与婚姻法的制度逻辑相冲突。

同时，夫妻双方之间的财产关系问题，既可能包括婚前的，也可能包括婚姻存续期间内的，我国民法典婚姻编需要对此进行明确的区分与规定。

另外，如果该约定没有采用书面形式，应视为夫妻双方财产关系未发生变动，适用民法典婚姻编第八百三十九条、第八百四十条的规定进行调整。

四、结论

“民法典体系是按照一定逻辑科学排列的制度和规则体系，它是成文法的典型形态。法典化就是体系化。”[1]民法典编纂过程中，不仅需要关注“总则—分编”和“分编—特别法”的关系，而且还需要关注“分编—分编”的关系，打通物权编、合同编、人格权编、婚姻家庭编、继承编与侵权责任编之间的关系，有效衔接，避免诸如“夫妻财产约定/赠与”的衔接难题，实现民法典自身体系上的一致性与融贯性。

---

〔1〕 王利明：《十三届全国人大常委会专题讲座第六讲：我国民法典分编编纂中的几个问题》，载“中国人大网”，网址：http：//www. npc. gov. cn/npc/xinwen/2018 －09/05/content_ 2060667. htm，最后访问时间：2018 年 9 月 9 日。

【第三部分】民法总则解释与适用研究

民法典编纂的碎片化问题*

柳经纬**

目　次

所谓碎片化，是指完整的事物破成零块。法的碎片化是指法律规定零散而不成体系的状态。这种状态是由立法造成的。因此，法的碎片化也就是立法的碎片化。立法碎片化现象通常存在于所制定的多部法律之间，有时也存在于一部法律内。本文讨论的民法典编纂的碎片化问题属于后者，因为民法典形式上是一部法律，而不是多部法律的集合（汇编）。

在我国，编纂民法典被认为是健全社会主义市场经济制度、完善中国特色社会主义法律体系的重要举措，[1]是化解民事立法碎片化问题的法宝。[2]当然，这首先取决于所编纂的民法典符合体系性的要求。如果所编纂的民法典不符合体系性的要求，特别是民法典本身也存在碎片化问题，那么所谓解决民事法律碎片化问题、健全社会主义市场经济制度、完善中国特色社会主义法律体系，必将成为一句空话。

---

* 本文原载于《北方法学》2019年第2期。

** 柳经纬，中国政法大学教授、博士生导师，“2011”计划·司法文明协同创新中心创新团队首席科学家，研究方向为民法学、标准化与法治。

〔1〕 李建国：《关于〈中华人民共和国民法总则（草案）〉的说明》，载《全国人大常务委员会公报》2017年第2期。

〔2〕 孙宪忠：《防止立法碎片化，尽快制定民法典》，载《中国政法大学学报》2013年第1期。

本文认为，根据当前民法典编纂的实际情况，不仅存在着碎片化的现象，而且这种现象还较为严重，并已损害到民法典的体系性，致使民法典编纂偏离预定的目标方向。这种情况应当引起立法机关和理论界的高度重视，并分析民法典编纂碎片化问题及其成因，探讨解决之方法和路径。

一、民法典编纂的碎片化现象

我国此番民法典编纂始于2014年中共十八届四中全会所作的决定。按照立法机关提出的“两步走”的法典编纂工作思路和方案，“第一步”编纂的是民法典总则，《民法总则》于2017年3月15日如期获得通过；“第二步”是编纂民法典分则，《民法典分编（草案）》（分则共六编：物权、合同、人格权、婚姻家庭、继承、侵权责任）也于2018年8月27日提交全国人大常委会审议，并公开征求意见。从民法典总则和分则各编草案的实际情况看，碎片化现象主要有以下三种情形。

（一）同一法律制度的内容散落在法典的不同地方，呈碎片状态存在

将同一法律制度的内容分散规定，或者相同的内容多处规定，这是一种典型的法律碎片化现象。在民法典编纂中，这种现象相当突出。例如物权，物权的概念、物权的客体（物）、物权法定原则属于物权制度的内容，但是它们被安排在《民法总则》（第114－116条），而不是分则物权编，这就造成了物权制度的割裂。又如人格权，《民法总则》已有总体的宣示性规定（第109条、第110条），分则人格权编草案又分别就具体人格权作出宣示性规定（《民法典分编（草案）》第783条、第784条、第785条、第792条、第798条、第804条、第810条、第811条），这就造成了严重的立法重复。再如个人信息保护，《民法总则》第111条已规定“自然人的个人信息受法律保护”，人格权编草案又作重复性的规定（《民法典分编（草案）》第813条）。

最能说明民法典编纂碎片化问题的是关于债法的安排。在我国民法学界，一直以来存在着否定传统债法体系的主张。[1]1986年《民法通则》虽然采纳了债的概念，但第五章第二节所规定的“债权”只包括合同、不当得利和无因管理，不包括侵权行为；侵权行为被安排在第六章“民事责任”中。这就造成了债法体系割裂的局面。2017年《民法总则》第118条第2款规定：“债权是因合同、侵权行为、无因管理、不当得利以及法律的其他规定，权利人请求特定义务人为或者不为一定行为的权利。”重新确认侵权行为属于债的发生根据，试图恢复传统债的法律体系。

〔1〕参见王作堂、魏振瀛、李志敏、朱启超：《民法教程》，北京大学出版社1983年版，第14页。

然而，民法典分则并无对应的债编，债法的内容被分散在多个编章。一是《民法总则》第五章“民事权利”规定了债的定义和四种类型之债（合同之债、侵权行为之债、无因管理之债、不当得利之债）（第118－122条）；二是《民法总则》第八章“民事责任”中规定了按份责任（即按份之债）、连带责任（即连带之债）以及不可抗力、正当防卫、紧急避险、侵害英烈名誉责任、侵权责任与违约责任的竞合等属于侵权行为责任的内容（第177条、第178条、第180－182条、第185条、第186条）；三是《民法典分编（草案）》第二编“合同”除规定专属于合同制度的合同的订立以及各种具体合同外，第四章“合同的履行”、第五章“合同的保全”、第六章“合同的变更和转让”、第七章“合同权利义务的终止”、第八章“违约责任”所规定的内容主要是债法的一般规范，这些规范既适用于合同，也适用于侵权行为、不当得利和无因管理等债；四是《民法典分编（草案）》第六编“侵权责任”是《民法总则》第120条所规定的“民事权益受到侵害的，被侵权人有权请求侵权人承担侵权责任”的具体化，实为侵权行为之债；五是《民法典分编（草案）》第三编“人格权”规定了侵害人格权的民事责任（第777－782条等），实为侵权责任，也属于侵权行为之债的范畴；六是《民法典分编（草案）》第一编“物权”第三章“物权的保护”多数内容为侵害物权的民事责任，其中损害赔偿（第34条）属于典型的侵权行为之债，第八章“共有”中规定的因共有财产产生的债权债务（第102条）实为多数人之债，也属于债的范畴。在上述碎片化的规定中，仅是关于多数人之债（按份之债和连带之债）的规定就有三处，除《民法总则》第五章“民事责任”、《民法典分编（草案）》第一编“物权”第四章“共有”外，《民法典分编（草案）》第二编“合同”第四章“合同的履行”也有规定（第308－312条）。在民法典里，债法的安排如“天女散花”，可谓“七零八落”。由此可见民法典编纂的碎片化有多严重。

（二）未进行必要的规范抽象，单纯罗列法律现象，这些规定始终处于碎片状态

法典编纂是一种规范抽象作业（即所谓“提取公因式”），通过对同一类型的法律现象的规范抽象，形成层级式的规范体系，每一个层级的规范之间有着内在的逻辑联系，构成一项独立的法律制度，上下层级之间的制度依其内在联系构成法典。如果没有进行必要的规范抽象，只是将同一类型的法律现象罗列出来，所罗列的法律规定必然呈现碎片化状态。这种情况如同一堆马铃薯，未进行任何加工，始终处于零散的状态。在我国民法典编纂中，这种现象也相当突出。

例如，《民法总则》第三章“法人”第三节“非营利法人”共计9个条文（第87－95条），其中7个条文罗列了事业单位法人（第88条、第89条）、社会团体

法人（第90条、第91条）、捐助法人（基金会、社会服务机构）（第92－94条）。如果说属于这三种法人之上抽象出的规范只有非营利法人终止时剩余财产的归属（第95条）。这也就是说，“非营利法人”一节基本上是三种法人现象的罗列和堆积，而不是非营利法人共同适用的一般规范。“法人”一章第四节“特别法人”也只是罗列规定了机关法人、农村集体经济组织法人、城镇农村的合作经济组织法人、基层群众性自治组织法人（居委会、村委会），并没有抽象出这些“特别法人”共同适用的一般规范。

再如，《民法总则》第五章“民事权利”共计28条（第109－132条），分别规定了人格权（第109条、第110条）、个人信息保护（第111条）、身份权（第112条）、财产权平等保护（第113条）、物权（第113－116条）、财产征收与征用（第117条）、债权（第118－122条）、知识产权（第123条）、继承权（第124条）、投资性权利（第125条）、其他民事权益（第126条）、虚拟财产保护（第127条）、弱势群体权益保护（第128条）、民事权利的取得（第129条）、民事权利的行使（第130－132条）。其中，除规定民事权利的取得与行使的4个条文外，其余条文均是罗列各种民事权益。

又如，《民法典分编（草案）》第一编“物权”关于所有权类型的规定（第五章），承袭了《物权法》的成例，分别规定了国家所有权、集体所有权和私人所有权。该章共计24条，主要内容是罗列各种不同主体的所有权的客体、权利行使的要求和国家保护各种财产所有权的态度。其中，第43－50条列出了8种国家所有的财产，第55条列出集体所有财产的范围，第61条列出私人所有财产的范围。不同主体财产所有权的共性是什么？是否可以在不同主体的所有权之上抽象出共同适用的规范？则基本没有作出规定。

（三）对不属于民法典的内容作只言片语的规定，这些法律规定成了孤独的法律碎片

在国家的法律体系内，部门法各有分工；在民商法体系内，民法典与民事单行法也各有分工。如果不考虑法律的分工，将不属于民法典的内容纳入民法典，只作只言片语的规定，这些规定与民法典的其他内容无法相容，它们在民法典中就只能是碎片化的存在。这种情形如同在人体内留下的弹片，它始终是弹片，而不会成为人体骨骼的有机组成部分。在民法典编纂中，这种情形主要存在于《民法典分编（草案）》第一编“物权编”和第三编“人格权编”。

《民法典分编（草案）》第一编“物权编”规定了社会主义初级阶段基本经济制度，见第2条第1款：“国家在社会主义初级阶段，坚持公有制为主体、多种所有制经济共同发展的基本经济制度。”这一条文摘自《宪法》第6条（1999年《宪

法修正案》第 14 条），但不完整。《宪法》第 6 条对社会主义初级阶段基本经济制度的完整表述是“中华人民共和国的社会主义经济制度的基础是生产资料的社会主义公有制，即全民所有制和劳动群众集体所有制。社会主义公有制消灭人剥削人的制度，实行各尽所能、按劳分配的原则。国家在社会主义初级阶段，坚持公有制为主体、多种所有制经济共同发展的基本经济制度，坚持按劳分配为主体、多种分配方式并存的分配制度。”社会主义初级阶段基本经济制度的内容包括生产资料所有制和分配制度。社会主义初级阶段基本经济制度作为国家基本制度之一，在宪法中与其他国家基本制度构成一个整体，将其中的生产资料所有制摘出，规定在民法典中，就只能是嵌入民法典的一个孤独的碎片，它无法成为物权法律规范体系的组成部分。《民法典分编（草案）》第一编“物权”关于不动产征收补偿以及补偿款管理的规定（第 39 条），也属于此类碎片。这一规定调整的是征收人（政府）与被征收人（不动产权利人）之间的关系，这是一种平等主体之间的关系，不属于民法的范畴。这一规定在《国有土地上房屋征收与补偿条例》里，是不动产征收补偿制度的重要组成部分，但是在民法典中它就只能是孤独的存在。第 41 条关于财产征用的规定与第 39 条相同，也属于嵌入民法典的一个碎片。此外，《民法典分编（草案）》第一编“物权”关于国有资产管理的规定（第 54 条）是《国有资产管理法》的组成内容；关于财产出资以及出资人权益的规定（第 52 条、第 63 条）则是《企业法》或《公司法》的组成内容，将它们摘到民法典里，只能是孤独的法律碎片。

《民法典分编（草案）》第三编“人格权”的许多规定也属于孤独的碎片。例如，《民法典分编（草案）》第 780 条关于诉前禁令的规定和第 781 条关于非财产责任强制执行的规定，属于《民事诉讼法》的内容；第 787 条关于人体器官移植捐献的规定和第 788 条关于禁止人体器官买卖的规定，属于《人体器官移植管理法》的范畴；第 789 条关于新药和新疗法实验的规定，属于《药物管理法》和《医事法》的范畴；第 190 条关于禁止性骚扰的规定，属于《反性骚扰法》的范畴；第 814 条和第 815 条关于个人信息收集使用的规定，属于《个人信息管理法》的范畴。上述这些条文脱离所属法律领域，在民法典中只是只言片语，它们无法构成一套系统的规范体系，只能是一些孤独的法律碎片。

二、民法典编纂碎片化的成因

第十二届全国人大常委会李建国副委员长在关于《民法总则》的立法说明中，指出我国编纂民法典的目标任务是编纂一部“体例科学、结构严谨、规范合理、内容协调一致”的法典，并强调民法典编纂要讲体系，甚至提到“提取公因式”（即法律规范抽象）的法典编纂技术。[1]然而，民法典编纂的碎片化现象则表明，当前民法典编纂与法典化的目标已呈南辕北辙之势。这是一种怪现象，最高立法机关一边在强调法典的体系，另一边却无视法典的体系。那么，民法典编纂为什么会出现这种怪现象呢?

产生这种现象的原因可能是多元的。对法典的体系性和科学性缺乏必要的了解和把握，不尊重民法的知识体系，不能熟练运用“提取公因式”的法典编纂技术，立法的准备工作不充分或者对编纂民法典的难度估计不足等，都可能导致民法典编纂中顾此失彼，出现法律规定的碎片化。在这些众多的原因里，笔者认为，最主要的也是根本的原因应当是此次民法典编纂仍然未能摆脱改革开放之初形成的单行法思路的影响，过度依赖现行民事法律。

法典化思路和单行法思路是我国改革开放之初民事立法所面临的两种不同的立法指导思想。法典化思路旨在制定一部完整的民法典，单行法思路则在强调根据实际需要和客观条件，就事论事，需要一个制定一个，而不追求一部完整的民法典目标。

第十一届三中全会以后，我国开始走上法治的道路，为了解决“无法可依”的问题，包括制定民法在内的立法工作被提到全国人大常委会的议事日程上来。1979年年初，全国人大常委会设立法制委员会，11 月成立民法起草小组，即着手起草民法草案。民法起草小组工作卓有成效，至 1982 年先后完成了《中华人民共和国民法（草案)》四稿。与此同时，制定民事单行法的思路也被提了出来。1979 年 7月 1 日，时任全国人大常委会副委员长兼法制委员会主任的彭真在法制委员会全体会议上提出，民法典和民事单行法同时并进，哪个成熟了，就先制定哪个。民法典由法制委员会负责起草，民事单行法由有关主管部门负责起草。11 月 3 日，在民法起草小组成立会议上，彭真重申了民事单行法与民法典并行的思路。[2]1981 年 5 月27 日，彭真参加民法座谈会再次强调“制定民法可以同制定单行法同时并行”。[3]在法典化和单行法两种思路中，立法机关最终选择了单行法的思路而放弃了法典化的思路。1982 年 5 月，民法起草小组解散，[4]民法典编纂工作告一段落，单行法的立法思路从此主导着我国的民事立法，直至 2014 年十八届四中全会作出编纂民法典的决定。

在单行法思路的指导下，我国于改革开放初期，修订了《婚姻法》，并制定了《经济合同法》《商标法》《专利法》《继承法》《涉外经济合同法》《技术合同法》

〔1〕 李建国：《关于〈中华人民共和国民法总则（草案）〉的说明》，载《全国人大常务委员会公报》2017 年第 2 期。

〔2〕 彭真传编写组：《彭真传（第四卷)》，中央文献出版社 2012 年版，第 1540 页。

〔3〕 彭真传编写组：《彭真传（第四卷)》，中央文献出版社 2012 年版，第 1542 ~ 1543 页。

〔4〕 彭真传编写组：《彭真传（第四卷)》，中央文献出版社 2012 年版，第 1545 页。

以及《民法通则》等民事法律。1992年中共十四大确立市场经济体制的改革目标后，我国加快了民商事立法的步伐，陆续制定了《公司法》《合伙企业法》《个人独资企业法》《票据法》《保险法》《担保法》《证券法》《信托法》《合同法》《物权法》《侵权责任法》等法律。至十八届四中全会作出编纂民法典的决定之前，我国基本解决了民事领域无法可依的问题，实现了十一届三中全会提出的“有法可依”的目标，也为后续的民法典编纂工作奠定了基础。

单行法的思路不仅主导现行民事法律的制定，而且影响着后续的民法典编纂。新世纪之初，立法机关重提民法典编纂工作，[1]2002年年底提交审议的《中华人民共和国民法（草案）》采取了“汇编”的方式，虽然名为一部法典，但实为当时已经颁行的《民法通则》《合同法》《婚姻法》《收养法》《继承法》以及正在起草的《物权法草案》《侵权责任法草案》《涉外民事关系的法律适用法草案》的“汇编”，“每编都是一部单行法”。[2]这部民法草案经立法机关审议后，《物权法》《侵权责任法》《涉外民事关系的法律适用法》继续以民事单行法的形式颁行。本次民法典编纂也同样受到单行法思路的影响。

根据民法典编纂工作的部署，我国民法典实行民商合一制，但没有将所有民事法律都编入民法典，编入民法典的是主要是《民法通则》《物权法》《合同法》《侵权责任法》《婚姻法》《收养法》《继承法》，《公司法》《合伙企业法》《证券法》《保险法》《信托法》等商事法以及《专利法》等知识产权法均保留民事特别法的地位。因此，编纂民法典的重点是对《民法通则》《物权法》《合同法》《侵权责任法》《婚姻法》《收养法》《继承法》进行系统性整理，使之体系化。然而，在如何对待这些现行民事法律的问题上，不难发现此次民法典编纂存在着过度依赖现行民事法律的现象。《民法总则》与《民法通则》无论是结构还是内容均大同小异，前者不过是后者的“修订版”。《民法典分编（草案）》第一编“物权”与《物权法》、第二编“合同”与《合同法》、第四编“婚姻家庭”与《婚姻法》和《收养法》、第五编“继承”与《继承法》、第六编“侵权责任”与《侵权责任法》也存在着“修订版”的现象。只有第三编“人格权”没有现行法为底本。因此，如果说民法典（《民法总则》和《民法典分编（草案）》）是现行民事法律的“汇编”，似乎也不为过。这就表明，我国此次民法典编纂实际上并没有摆脱单行法的立法思

---

[1] 2000年3月9日，时任全国人大常委会委员长李鹏在第九届全国人大第三次会议上做“全国人民代表大会常务委员会工作报告”，提出要“力争在本届人大任期内编纂一部比较完整的民法典”；2001年3月9日，李鹏委员长在第九届全国人大第四次会议上做“全国人民代表大会常务委员会工作报告”，再次提出要“着手民法典的编纂工作”。李鹏：《全国人民代表大会常务委员会工作报告》，载《全国人大常务委员会公报》2000年第2期；李鹏：《全国人民代表大会常务委员会工作报告》，载《全国人大常务委员会公报》2001年第3期。

[2] 顾昂然：《回望——我经历的立法工作》，法律出版社2009年版，第161页。

路。如果与2002年的民法草案比较，不难发现，此次民法典编纂实际上重蹈了2002年汇编式民法草案的覆辙。

未能摆脱单行法思路影响的民法典编纂，承继了现行民事法律几乎所有的优点和缺点，包括原本存在于现行民事法律中的碎片化问题。如果将《民法总则》和《民法典分编（草案）》与现行民事法律进行比较，我们就会发现，前述《民法总则》和《民法典分编（草案）》存在的碎片化规定大多可以追溯到现行民事单行法。

例如，债法碎片化源于1986年《民法通则》。《民法通则》确立了债与民事责任分离的体制，第五章第二节“债权”只规定了合同、不当得利和无因管理，合同之债不包括违约责任；侵权行为和违约责任被分离出来归入第六章“民事责任”。1999年《合同法》将违约责任收归合同制度，但《合同法》和《侵权责任法》分别制定却强化了债法体系的分裂。虽然《民法总则》第118条重新将侵权行为纳入债的体系，试图恢复传统民法债的体系，但是立法机关并没有沿着这一思路坚持下去构建系统的债法体系，而是坚持不设债编、不愿意改变《合同法》和《侵权责任法》分立的格局、又不愿意放弃《民法通则》民事责任与债分离的旧例，其结果不仅没能缓解债法的碎片化，反而更加剧了债法的碎片化。

又如，《民法总则》罗列民事权利，也源于《民法通则》。在经历了频繁的政治运动尤其是“文革”动乱之后，人们的权利意识极为薄弱，《民法通则》第五章集中规定了民事权利，彰显了权利的观念。但是，这是在不制定民法典的特定背景下采取的强化权利观念的措施。在法的体系上，物权、债权、亲属权、继承权、知识产权等基本类型的民事权利恰恰是民法典分则或民事特别法的核心内容，理应回归民法典分则或民事单行法。《民法总则》未充分考虑《民法通则》特定的立法背景和法典化的要求，延续《民法通则》集中规定民事权利的成例，罗列了各种具体民事权利和利益，使得《民法通则》的优点变成了缺点。

再如，《民法典分编》第一编“物权”的碎片化规定，则直接来自《物权法》。“物权”编第2条关于初级阶段基本经济制度的规定来自《物权法》第3条，第39条关于不动产征收补偿的规定来自《物权法》第42条，第54条关于国有资产管理的规定来自《物权法》第57条，第52条、第63条关于财产出资以及出资人权益的规定则来自《物权法》第55条、第67条。第五章“国家所有权、集体所有权、私人所有权”则来自《物权法》第五章。

三、民法典编纂碎片化之克服

民法典编纂的碎片化问题直接损害了法典的体系性和科学性，影响到法典编纂目标的实现，有必要予以高度重视，寻求解决的办法，最大限度地保障法典的体系性。笔者以为，要解决民法典编纂的碎片化问题，其实并不太难，但必须遵循以下两项原则。

（一）谨记民法典编纂的初衷，遵循编纂民法典的原则要求

这里有必要重温2017年3月8日李建国副委员长在十二届全国人大五次会议上所作的关于民法总则的立法说明。他说“编纂民法典是对现行民事法律规范进行系统整合，编纂一部适应中国特色社会主义发展要求，符合我国国情和实际，体例科学、结构严谨、规范合理、内容协调一致的法典。编纂民法典不是制定全新的民事法律，而是对现行的民事法律规范进行科学整理；也不是简单的法律汇编，而是对已经不适应现实情况的规定进行修改完善，对经济社会生活中出现的新情况、新问题作出有针对性的新规定。”[1]这段话揭示了编纂民法典的目标与路径。就目标而言，我们的目的是编纂一部体系科学的法典。就路径而言，民法典编纂不是制定全新的民法典，也不是仅仅将现行民事法律进行简单的“汇编”，而是对“现行民事法律规范进行系统整合”“进行科学整理”。前者为民法典编纂指明了方向，后者为正确处理民法典编纂与现行民事法律的关系确立了原则。李建国副委员长在谈到民法总则的编纂时还进一步提到“提取公因式”（即规范抽象）的法典编纂技术，提出要“尊重立法规律，讲法理、讲体系”。这些都是确保民法典编纂目标任务实现所必要的措施和方法，必须遵循的基本原则和要求。因此，只要牢记民法典编纂的初衷，谨记李建国副委员长代表立法机关提出的民法典编纂的具体要求，将这些要求落到实处，完全可以防止碎片化问题，实现民法典编纂的体系性目标。例如，如果严格遵守“提取公因式”的法典编纂技术要求，就可以避免对法人和民事权利作出“一袋马铃薯”式的碎片化规定；如果谨记编纂民法典不是简单的现行民事法律的汇编的告诫，就不会过度依赖现行民事法律，从而避免将现行民事法律连同其体系性缺陷都照搬下来；如果始终明确编纂一部“体例科学、结构严谨、规范合理、内容协调一致”的法典的目标方向，就会避免将债的体系搞得七零八落。由此可见，不忘编纂民法典的初衷，切实遵从立法机关关于民法典编纂的要求，对于克服立法碎片化问题，实现民法典编纂的目标任务，有多重要。

（二）淡化“两步走”方案，在审议《民法典分编（草案）》时一并考虑《民法总则》的调整

我国民法典编纂采取的“两步走”工作思路和方案，特点是分编起草、分编审议，而不是统一起草、分编审议。这也就是说，在编纂民法典总则时，只有总则和

---

〔1〕李建国：《关于〈中华人民共和国民法总则（草案）〉的说明》，载《全国人大常务委员会公报》2017年第2期。

分则大致的法典结构，而无完整的法典草案。这种情况极易造成立法的脱节，而无法顾及法典的体系性。另外，在“两步走”的方案中，总则编纂在前，分则编纂在后，编纂分则时，总则已成为法律。这就造成了分则必将受到总则制约的结果。如果总则存在着体系性缺陷，那么分则就更难满足法典体系的要求，法典的体系性必将大打折扣。上述许多碎片化的规定就与此有关。例如，由于《民法总则》第五章“民事权利”规定了物权的概念、物的分类、物权法定原则，从而给分则物权编带来了麻烦，如果物权编要保持制度的体系，就必须对物的概念、类型和物权法定原则作出规定，在总则不专设“权利客体”一章的情况下，也必须对物权的客体——“物”作出规定，这就不免与总则重复；如果要避免重复，物权编则只能舍弃这些规定，这又导致了物权制度的碎片化。《民法典分编（草案)》第一编“物权”目前的状况就是如此。债法的碎片化也是如此。《民法总则》第五章“民事权利”安排5个条文分别规定了债的概念、合同之债、侵权之债、无因管理之债和不当得利之债。这几个简单的条文当然不足以构成债法的体系，于是债法的碎片化也就成为定局。因此，要解决碎片化问题，应当淡化“两步走”的思路和方案。具体而言，《民法总则》和《民法典分编（草案)》是一个整体，不应将《民法总则》和《民法典分编（草案)》割裂开来，认为《民法总则》已经颁行，现在只需考虑如何完善《民法典分编（草案)》；应当在考虑如何完善《民法典分编（草案)》的同时考虑《民法总则》的调整（修订）。[1]而且，也不宜认为《民法典分编（草案)》的审议只在具体条文上，《民法典分编（草案)》的编制也应在法典的体系层面上一并加以审视，以服从编纂民法典的目标为必要考虑分则编的设置。

根据上述两项原则，在未来民法典编纂的具体工作中，应该重点解决以下四个问题。

第一，民法典分编中设“债法总则”编，解决债法的碎片化问题。民法典编纂的碎片化最为严重的领域是债法，债法碎片化问题的解决可以为保障民法典的体系性奠定基础。应当借鉴大陆法系国家民法典编纂的基本经验，设立债编。考虑到《债法》篇幅偏大和我国《合同法》《侵权责任法》单独立法的“传统”，可以不设统一的债编，改为增设“债法总则”编，连同“合同”编和“侵权责任”编构成统一的债法体系。“债法总则”编的主要内容是债的一般规范，包括债的概念、债的发生、债的履行、债不履行的责任、债的保全、债的移转、债的消灭以及多数人之债。可以将《民法总则》第五章“民事权利”关于债权概念的规定和《民法典分编（草案)》第二编“合同”中属于债的一般规范的内容移出来，归入“债法总则”编。考虑到无因管理和不当得利的篇幅相对小，不宜专设一编，可以将《民

[1] 关于《民法总则》的调整，参见柳经纬：《论民法典形成之时总则编之调整》，载《政治与法律》2018年第6期。

法总则》第五章“民事权利”和《民法典分编（草案）》第二编“合同”第二十七章“无因管理”和第二十八章“不当得利”合并整合后归入“债法总则”编，并入“债的发生”。为了避免侵权责任的分散问题，应将《民法典分编（草案）》第三编“人格权”第一章“一般规定”中有关人格侵权责任的内容移到“侵权责任编”，与其第二章“责任承担”中人身伤害责任部分内容合并，专设一章“人格侵权责任”加以规定。在完成上述调整后，调整《民法典分编（草案）》各编的排序：物权、债权总则、合同、侵权责任、婚姻家庭、继承。

第二，按照法律的分工，消除不属于民法典内容的法律碎片。首先，民法调整的是平等主体之间的社会关系，《民法总则》和《民法典分编（草案）》中不属于平等主体之间社会关系的内容应当退出。这些内容包括《民法总则》第117条和《民法典分编（草案）》第39条、第41条关于财产征收征用的规定，《民法典分编（草案）》第29条关于纠纷解决方式的规定、第35条第2款关于行政责任和刑事责任的规定、第54条关于国有资产管理的规定、第780条关于诉前禁令的规定、第781条关于非财产责任强制执行的规定、第787条关于人体器官捐赠的规定、第789条关于新药、新疗法实验的规定、第790条关于性骚扰的规定等。其次，按照民法典和民事特别法的分工，《民法典分编（草案）》第52条、第63条关于出资人权益的规定，属于《公司法》或《企业法》的内容，也应退出民法典。

第三，按照法典的体系要求妥善处理人格权立法问题，防止人格权法的碎片化。《民法典分编（草案）》第三编“人格权”较为集中地反映了法律碎片化的问题。一是在民法典设“侵权责任”编规定人身伤害责任的情况下，“人格权”编规定了人格权侵权责任，割裂了人格侵权责任；二是“人格权”编关于各种人格权的宣示性规定重复了《民法总则》第109条、第110条关于人格权的宣示性规定；三是“人格权”编对人体器官捐献、新药新疗法实验、性骚扰、个人信息的收集加工等所作“只言片语”的规定。正是由于这些碎片化的规定，使得仅有45个条文（《民法典分编（草案）》第773－817条）的“人格权”编更显得凌乱。因此，如何妥善地处理人格权立法问题，对于解决民法典编纂的碎片化问题，具有特殊的意义。笔者认为，人格权不同于物权、债权，不存在因法律行为等法律事实而变动（得失变更）的问题，因此法律也无须对人格权的变动作出规定；且由于人格权具有不可定义性，法律所能做的只是宣示人格权，因此人格权立法所需条文不多，无须独立一编。《民法典分编（草案）》第三编“人格权”多数规定不属于人格权制度自身的内容，而是人格权制度延伸出来的内容，它们大多不属于民事法律的范畴，将它们安排在民法典实属勉强。人格权与民事主体关系密切，可以在民事主体项下规定人格权，而不必单设一编。[1]

---

〔1〕柳经纬：《民法典编纂中的人格权立法问题》，载《中国政法大学学报》2018年第6期。

第四，改造《民法总则》第五章“民事权利”，解决罗列民事权利的碎片化问题。《民法总则》第五章“民事权利”采取罗列的方式集中规定了民事权利，应当将这些民事权利移出民法总则，回归民法典所在编和民事单行法。关于物权的规定回归“物权”编，关于“债权的规定”回归“债法总则”编，关于婚姻家庭人身权的规定回归“婚姻家庭”编，关于继承权的规定回归“继承”编，关于知识产权的规定回归《知识产权法》，关于股权等投资性权利的规定回归《公司法》和《企业法》，关于未成年人等弱势群体权益的规定回归《弱势群体保护法》。余下关于民事权利取得、行使的内容与第六章“民事责任”中的正当防卫、紧急避险、见义勇为等内容合并，将“民事权利”章改为“民事权利的取得、行使与救济”。考虑到个人信息保护、虚拟财产保护在民法典中无所归宿的特殊情形，可以安排在“民事权利的取得、行使和救济”章。

民法典是一部社会的“百科全书”，涉及范围广，编纂民法典是一项复杂的立法活动。尤其是我国，没有采取后法典化国家通常采取的办法，移植外国民法典，而是先制定民事单行法，在单行法的基础上再编纂民法典，情况就更加复杂，难度也更大。因此，要真正做到编纂一部“体例科学、结构严谨、规范合理、内容协调一致”的法典，也许有一定的难度。但是，解决现行民事法律的碎片化问题，则完全可以做到。当前的民法典编纂不仅没有解决现行民事法律中的碎片化问题，而且使之更加严重。这一问题应引起立法机关高度的重视。

民法典的生态化与环境人格权

李求轶*

一、生态原则

生态（Eco－）词语源于古希腊语，其含义指的是“家（house）”或者是我们的环境。后来扩展成为生物在一定环境之下的生存和发展状态以及它们之间与环境的不可分割的连接关系。生态与法律的关系，通常以法律生态化方式表达，“法律生态化是一种对传统法律目的、法律价值、法律调整方法、法律关系、法律主体、法律客体、法律原则和法律责任的绿化或生态化。”[1]。已故民法学家彭万林教授在其2011年出版的《民法学》教科书之中，直接地将生态原则表达为与现行《民法总则》范畴几乎一致的“当事人进行民事活动应当遵循节约资源、保护环境的原则。”2017年3月颁布的《民法总则》第9条规定：“民事主体从事民事活动，应当有利于节约资源、保护生态环境。”这个条款被称为民法的“环境生态保护原则”。对于《民法总则》第9条的民法基本原则有两种不同的价值取向的理解。（一）它是一种法律上的宣示，目的在于处理民法与环境法的关系“从文义解释的角度看，第9条为民事主体的活动设定了‘节约资源、保护生态环境的法定义务’，体现的是环境法与民法典对接的义务途径，即以宪法上的国家环境义务为依据，民法典通过对私主体环境保护义务及相应民事责任的规范，实现与环境法的连接，并在《民法总则》当中明确宣示民事主体的环境保护义务。在此意义上看，2020年编纂完成的民法典在处理与环境法关系上所采用的方式正如笔者之前所主张的义务

---

* 李求轶：1963年10月生，法学博士，博士后，北京盈科（上海）律师事务所高级合伙律师。

[1] 蔡守秋：《深化环境资源法学研究，促进人与自然和谐发展》，载《法学家》2004年第1期。

路径。”[1]并且“民事主体的环境保护义务是环境法与民法典连接的规范基础”[2]。（二）它是民法的价值和理念的扩展，它不是一种宣示条款，而是民法体系的一种实在的民法基本原则。在民法分编结构篇章乃至具体条款上要有体现该基本原则的制度设计。该“环境生态保护原则”简称为“生态原则”。吕忠梅教授持这种主流观点，在《民法总则》制定之前的《民法通则》时代，环境生态保护可以作为“公序良俗”原则的扩张解释定位，“《民法总则》第9条中直接规定了‘绿色原则’规定民事主体开展民事活动应当保护生态环境，将促进人与自然和谐发展和社会可持续发展确立为一项独立的民法原则。这种通过直接的方式要求民事主体开展民事活动需履行保护生态和环境的行为的义务。较之《民法通则》以及其他国家的民法典，这是《民法总则》的创新性规定。”[3]“生态原则”不仅规定在《民法总则》之中作为民法典的基本原则，而且也应当在民法分则的物权编、合同编、人格权编、侵权责任编、婚姻家庭编和继承编之中得到体现。民法典是民事权利的体系化，对于环境权是一种民事权利，民法大家江平教授、王利明教授均持肯定态度，环境权是一种特殊的民事权利。但也有部分民法学家和环境法学家对此持有质疑态度，如崔建远教授、徐祥民教授、朱谦教授等。吕忠梅教授则是中国国内首创公民环境权概念并提出环境权私法化的先驱学者，它对公民环境权的一系列重要研究成果为民事权利的生态化奠定了理论基础。民事权利的生态化主要体现在民法体系的物权法、人格权法、侵权责任法等分编的具体制度之中。物权法的生态化体现为“环境物权”“生态性物权，它的实质是传统物权对物的经济功能加以肯定的基础上增加了对物的生态功能的肯定，为了与一般物权相区别，我将其称之为环境物权”。[4]与环境物权是传统物权上的生态功能的叠加所不同的。物权的生态化的直接权利障碍在于作为物权法上的标的物圈定于有形的、有体的物质，而环境乃至生态上所指向的物质则不仅仅是有体物，往往是无体的不可量之物，如空气、水和土壤以及它们之间的混合，甚至是有体物和无体物的集合体（自然保护区、生态公园、历史街区和非物质文化遗产等）。物权法上静态的、定型的物，而环境法上的物不仅从罗马法上就是一种非排他性的公众共有物，而且这种公众共有物的大部分是动态的气流、水流和土壤及其它们的集合体。因此，两者在性质上和功能上不能兼容。合同法编（债法编）的核心价值是合同自由，因此，附加的生态原则具有外部性，难以形成具体的一般性规则体系。环境人格权则不是传统人格权上叠加上生

---

〔1〕 陈海嵩：《论环境法与民法典的对接》，载《法学》2016年第6期。

〔2〕 陈海嵩：《民法总则“生态环境保护原则的理解与适用”》，载《法学》2017年第10期。

〔3〕 吕忠梅、窦海阳：《民法典与环境法典生态环境保护制度的沟通与协调》，载《中外法学》2018年第4期。

〔4〕 吕忠梅：《论环境物权》，武汉大学环境法研究所基地会议《探索·创新·发展·收获——2001年环境资源法学国际研讨会论文集（上册）》，2001年11月1日。

态功能，而是自然人的人格利益的扩展而形成的不同于传统人格权的新型人格权。目前民法典人格权分编尚未规定环境人格权，以环境人格权是人格权的发展视角上看，环境人格权有一般环境人格权和具体环境人格权诸多类型，因此，应在人格权编作为一个分编组入人格权法。《侵权责任编草案》已经将生态环境损害责任作为第七章（第1004－1011条共八条）专章加以规定。这样就将《民法总则》的生态原则在民法体系中主要贯彻落实于民法典物权编、人格权编的侵权责任编。

二、环境权范畴

环境法学家将环境权作为环境法学的基本范畴，中国环境法学上的环境权概念肇始于著名环境法学家蔡守秋教授1982年在《中国社会科学》杂志上发表的《环境权初探》一文，之后数十年对环境权理论的探讨仍然孜孜不倦、络绎不绝，并且提出各种各样的环境权理论。归纳如下几种环境权理论：（一）以蔡守秋教授为代表的“综合环境权论”；（二）以吕忠梅教授为代表的“（狭义）公民环境权论”（包括了陈泉生教授的广义的公民环境权论）；（三）以徐祥民教授为代表的“人类环境权论”；（四）以周训芳教授为代表的公民环境权与人类环境权的“调和环境权论”。从环境权的法益保护的实现形式上，“综合环境权”和“人类环境权”以及“调和环境权”都不是一种直接的人权和权利，无法与民法范畴接轨，“一项权利如果不能具体化或称为一项公民可以获得的权利，那么这项权利根本无法得到保障，它也仅仅是具有形式上的意义而不能具有法律权利的实质内容。”[1]因此，实定法上的环境权就是一种“公民环境权”。广义上的环境权是从公民角度推定权利主体包括了公民之外的其他权利主体以及法益上不仅限于当代人的法益，而且包括世代人的法益，因此，它是狭义上“公民环境权”的延伸。本文所述的“环境权”忽略环境法学界对“环境权”的不同表达和解读，而以吕忠梅教授的“公民环境权”为样本范畴。吕忠梅教授认为，“环境权是公民享有的在不被污染和破坏的环境中生存及利用环境资源的权利”，这种“公民环境权”具有如下特点：（一）权利主体仅限于公民（自然人）；（二）公民环境权实质上是法治社会下的公民的基本人权；（三）“公民环境权”是私权而不是公权。“公民环境权”的制度构成包括了环境相邻权、环境人格权和环境侵权及其救济等基本制度。[2]尽管环境法学界普遍认为环境权是一种新型权利类型，但正如上述不同的环境权表述定义一样，对于环境权是一种什么权利存在着相当大甚至截然相反的理论争议。

（一）环境权是一项人权。环境权首先是作为一项人权而证成的。“1960年，

---

[1] 吕忠梅：《环境法新视野》，中国政法大学出版社2000年版，第234页、第77～79页。

[2] 吕忠梅：《再论环境权》，载《法学研究》2000年第6期。

西德以为医生，就北海倾倒放射性废物的行为，认为违反了《欧洲人权条约》中关于清洁卫生的环境规定而向欧洲人权委员会提出控告，首次引发是否将环境权追加入欧洲人权清单的大讨论，1962 年，卡逊发表《寂静的春天》一书，表达了美国民权条例没有提到公民有权免受私人或者公共机构撒播致死毒药的感叹，再次掀起一场关于环境权的大辩论，当时，许多美国人提出要求享有良好生活的权利。二十世纪七十年代，美国学者萨克斯以'公共财产论'和'公共信托论'为基础，第二次提出'环境权'理论，在美国社会引起了强烈的反响，稍后，又在欧洲和日本引起了环境权的进一步讨论，1970 年 3 月在东京召开的公害问题国际座谈会发表的《东京宣言》中萨克斯的环境权理论得以确认[1]，1973 年在维也纳召开的欧洲环境部长会议上，制定的《欧洲自然资源人权公约》又肯定环境是一项新的人权，并认为应将其作为《世界人权宣言》的补充。……1972 年，联合国召开第一次人类环境会议，会后发表《人类环境宣言》明确确认环境权[2]，则表明该项权利主张已经得到正式的广泛承认。可以说环境权作为社会成员一项初生的权利已经成立。"[3]1992 年《里约宣言》进一步宣称"人类处于普受关注的可持续发展问题的中心，他们应享有与自然相和谐的方式过健康而富有生产成果的生活的权利。"

（二）环境权是宪法上的基本权利。世界上各国宪法上的环境权规定是以环境权作为人权的时间同步的。"据笔者统计，规定环境权的宪法其制定的时间距今都具有二三十年，除了 1949 年印度宪法之外，制定于二十世纪七十年代的只有五部，分别是 1972 年巴拿马宪法、1975 年希腊宪法、1978 年斯里兰卡宪法、1978 年西班牙宪法和 1979 年瓦努阿图宪法。制定于二十世纪八十年代的有 1982 年葡萄牙宪法、1982 年土耳其宪法、1985 年危地马拉宪法、1987 年菲律宾宪法、1987 年韩国宪法、1987 年海地宪法。绝大多数宪法制定于二十世纪九十年代，分别是 1991 年保加利亚宪法、1991 年马其顿宪法、1991 年爱沙尼亚宪法、1992 年立陶宛宪法、1992 年南斯拉夫宪法、1992 年斯洛文尼亚宪法、1992 年乌兹别克斯坦宪法、1994 年俄罗斯宪法、1994 年吉尔吉斯斯坦宪法、1994 年摩尔多瓦宪法、1994 年塔吉克斯坦宪法、1995 年阿塞拜疆宪法、1995 年格鲁吉亚宪法、1995 年亚美尼亚宪法、1995 年白俄罗斯宪法、1995 年乌克兰宪法。这些规定环境权的宪法制定的时间与环境权提出的时间基本上是一致的。环境问题是在二十世纪六十年代以来才日益严重并引起足够重视，因此，一般来说近二三十年才可能规定环境权，同时，这也表

---

〔1〕《东京宣言》明确宣称"我们要求，把每个人享有其健康和福利等要素不受侵害的环境的权利和后代传给后代的遗产应是一种赋有自然美的自然资源的权利，作为一项基本人权，在法律体系中确认下来。"

〔2〕《人类环境宣言》第 1 条宣告"人类有权在一切能够过着尊严和福利的生活环境中，享有自由、平等和充足的生活条件的基本权利，并且负有保证和改善这一代和世世代代的环境庄严的职责。"

〔3〕王良海：《环境权理论与思考》，载《西南政法大学学报》2005 年第 5 期。

明了环境权新型权利的特点。”[1]尽管世界各国宪法在环境权的表述和安排上存在差异，但从宪法赋予公民的权利角度上，它们无疑都是宪法上的基本权利。这种基本权利为了区别于私法上的环境权，也称为宪法上的公民环境权。关于中国宪法是否确认环境权学界存在争议。虽然中国宪法没有明确环境权是一项基本人权，但是从中国宪法2004年修宪的“人权入宪”和2018年修宪的“生态文明”国策确立，即生态文明与物质文明、政治文明、精神文明、社会文明并列并把和谐、美丽与富强、民主、文明同时作为社会主义强国的目标的宪法序言以及宪法上的生态国策、环境人权和国家环境义务三者的体系逻辑上推导出环境权，“现行宪法通过不断变迁已经成为兼顾发展与环保的人权宪法，这就要求在与人权的关系中理解国家环保职责。学界普遍将环境上升到人权的高度，主张‘从我国《宪法》第9条、第26条、第33条和第38条引申出环境权’，这也得到比较法的佐证，因为各国宪法的生命权、健康权、人性尊严等条款都可能成为环境权的寄居条款。此外，欧洲人权法院从《欧洲人权公约》第8条‘隐私和家庭生活中导出环境权’……”“结合宪法序言第6段，环境权是人人有权获得为不断改善生活所必需的环境。在此基础上，可以附带地从第2条第3款、第41条等参与权与监督权条款中推衍出程序性环境权，比如，‘公民环境参与权也是公民管理国家事务、管理经济和文化事业，管理社会事务的一种体现’。”[2]然而，在中国目前的这种体系上和逻辑上的应然的环境权以及尚无宪法基本权利的救济制度之下，从应然的环境权到实然的环境权则是一种路径依赖。这种路径依赖的最佳选择是环境权私法化，确立民法上的公民环境权。

（三）公民环境权。这里指的是环境权的私法化，即民法上的公民环境权。环境权的法益不仅限于民法上的私益，它还具有相当程度的共益性。这种共益性是由环境权的客体相当部分是公众共有物。在此公民环境权根据权利客体的共益性程度划分为三种情况。第一种环境权只有私益性，其客体是有形的可计量的物质，这类环境权可以通过民法的物权制度添加生态功能以及通过物权法的相邻关系调整。第二种环境权和第三种环境权具有共益性，按照吕忠梅教授设计的环境权私权化路径也有二种方式，“一是将公共性的环境权利与民法的社会化相结合，即在环境权利之上附加一定的社会义务后纳入民法的体系范畴；二是对于具有较强公共性的环境权利先以公法手段对其进行限制，然后将可以由私人享有的那部分权利赋予个人。”[3]因此，第二种环境权可以将物权法上的物作为一般情况，而环境法上的公众共有

[1] 张震：《公民环境权若干基本问题探析》，载于俞荣根：《天宪（创刊号）》，法律出版社2006年版，第204页。

[2] 王建学：《论生态文明入宪后环境条款的整体性诠释》，载《政治与法律》2018年第9期。

[3] 吕忠梅：《环境法新视野》，中国政法大学出版社2000年版，第132～135页。

物作为物权法上的特殊之物，按照特别法优先于一般法原则构建公众共有物上的环境权体系。第三种环境权则是“先公后私”的顺序，因为公益和私益在环境权上是结合或混合的，所以，先进行环境公益保护，在对涉及私益的进行私法上的环境法益保护。总之，环境权上的法益根据“环境”要素不同，可能是人格法益、财产法益，甚至是人格与财产混合或者复合的法益，同时也可能是生态法益。法益不同，具体环境权的权利类型和结构也是不同的，由此的诉讼要件构成必然不同，环境权的诉讼方式可能是自益诉讼或者公益诉讼，甚至可能是代表诉讼。

基于环境权的类权利属性，理论界公认环境权是一种新型的权利。当对这种新型权利的属性尚有分歧。目前反对环境权私权化的主流观点认为：“‘环境权’是一种社会权，‘环境权’是环境法确认和保护的社会权，而非民法确认和保护的私权”〔1〕；“环境权这种新型的社会权不宜建立在民法部门，环境权社会本位决定了私人本位的民法无法容纳其存在和发展。环境权私权化的基本思路是在环境中建构环境民事制度，其与传统的作为部门法的民事制度之间是特殊与一般的关系，即环境民事制度是社会化的民事制度，它既是以传统的民事制度为基础，又以社会化的洗礼脱离了传统民法的私人本位的定位，成为具有自主性的特殊民事制度。”〔2〕因此，不宜在民法体系之中建构具体的环境权利类型。环境权属性是一种社会权的定性，是主观的、偏颇的定性。环境权的“环境”要素非常广泛，环境权要保护的法益也是多样化甚至是复合化的，既有私益，又有公益以及私益与公益的混合法益，环境权绝对不是一种纯粹的社会权，否则环境权就会成为“空中楼阁”。况且在目前的法律体系之中，也尚无环境法上的专门的权利救济体系，因此，环境权组入民法体系也是目前强化环境权保护的最佳途径。广义上的环境权是一种概括的、综合性的权利束或权利体系，狭义上的环境权仅指公民环境权。对此吕忠梅教授的环境权体系建构是比较科学中肯的，“环境权是一种权利体系。该体系以公民环境权为重心，环境法律制度设计要以公民环境权角度切入。作为新型人权，环境权是一个由公权与私权、程序性权利与实体性权利所构成的内容丰富的权利体系。它在程序上表现为国家环境管理的参与决策权，实体上则被赋予民事权利的性质。”〔3〕环境权实体上必须赋予民事权利的性质，才能成为实然性质的权利，环境权的法益才能具有广泛的深刻的社会基础，环境权的实现才会有（为权利而斗争的）坚实的群众基础。

---

〔1〕朱谦：《论环境权的法律属性》，载《中国法学》2001年第3期。

〔2〕王仁根、孙留芳：《论环境权的私权化》，载《法制在线》2017年4月17日。

〔3〕吕忠梅：《沟通与协调之道——论公民环境权的民法保护》，中国人民大学出版社2005年版，第44页。胡余旺：《环境利益与环境权》，载《法制与社会》2012年12月（中）期。

三、环境人格权

公民环境权的法益是环境法益，环境法益不同于环境利益，环境利益泛指环境上的各种主体的利益，由于环境要素的多样性、复杂性、可转化性和复合性等特点，加之环境主体的多样性和需求多层次性等特点，环境作为物质，其机能不同并可能发生机能冲突，如环境要素作为资源的经济机能和环境作为人类实现经济利益的载体。生态机能所体现的环境利益并不一致。“环境利益与经济利益存在对立统一的矛盾关系。首先，环境利益是经济利益实现的前提条件。如果没有自然环境为人类生产活动提供必需的能源和材料，人类将无法最终实现其经济利益。其次，追求经济利益的生产活动必然导致程度或轻或重的环境污染，损害人类的环境利益。最后，如果因追求经济利益导致的环境污染不能有效解决，会对人体健康、生命安全和人的物质财富造成危害，导致经济利益和环境利益将不可得，甚至为负。”环境利益和经济利益的不一致性势必要求通过法律来确定他们机能的实现程度。而且环境利益也是一种类概念，具体的环境利益因环境要素不同也是形形色色的。“环境利益是一个复杂的概念。环境利益就是环境带来的利益。何谓环境利益？在笔者看来，将环境利益是一种天然或天赋而非人为的利益。在此能够提供动植物繁衍生息场所、容纳降低废弃物、森林、草原能够防风固沙、保持水土、涵养水分、净化空气、调节气候、隔音降音、为动植物提供栖息场所等。水体有调节气温、净化空气、容纳废弃物等功能。空气有提供生命所需要的其他成份、净化废弃物等作用。矿藏是物质和能量的储存库，臭氧层能够防止温室效应。美丽雄伟的大自然带给人们审美愉悦，如此等等，皆是所谓环境利益。”[1]环境利益的广泛性、多样性、复合性和动态性等决定了环境利益并非都是环境权的客体，法律所保护的环境权客体是环境法益，而不是环境利益。因此，环境权法益划分为一般法益和特殊法益（具体法益）。环境权的一般法益通常比较概括和笼统。“对于人或人类来说，环境要素、自然资源既具有经济利益，又具有环境利益。环境法的目的在于保护环境利益，而不是经济利益。环境利益在法律文本中常用诸如‘适宜的’‘良好的’‘清洁的’‘健康的’‘有利于生存和发展的’‘有利于健康的’‘生态平衡、正常繁衍的’‘生命平衡和健康的’‘健康而舒适的’等词汇表达。”[2]这些词汇所涉概念范畴没有严格的边界，具有相当大的弹性。环境要素和环境利益上的特性，决定了环境法益的重要性和保护性，而这个类别的环境权必须通过具体权利确认定型化的立法作业和对环境利益与经济利益甚至于各种环境要素不同功能的利益冲突进行利益

---

〔1〕胡余旺：《环境利益与环境权》，载《法制与社会》2012年12月（中）期。

〔2〕胡余旺：《论环境权的特殊性》，载《学理论》2012年第36期。

衡量的司法裁量认定环境法益进行司法保护。环境要素和环境权上的法益的多样性、复杂性和复合性等特点，也决定了环境法益不仅具有公益（集体性）性和共益性（集团性），而且具有私益性（私法性）和私人性（个体性）特点，构筑环境权的保护体系不仅是公法保护，而且更重要的是私法保护。环境问题的严重性也迫切需要有效的环境权保护制度。"从实践层面上，环境污染事故频发，严重威胁公众身体健康。我国每年二氧化碳排放量从2000年的33.8亿吨上升到2008年的68.9亿吨，居于世界第一位。我国是世界上10多个缺水国家之一，缺水的原因中60%是由于污染造成的。城市化进程不断加快，城市建筑物的高度与密度不断增加，带给人们的是光照时间的大幅度缩短，活动空间越来越小，越来越'暗'。这些环境问题无疑都会侵害了人们的环境利益。因此环境人格权的提出也是非常必要的。"〔1〕

通常认为环境权组入民法的制度障碍在于权利客体。传统民法典上的权利客体的物无法涵盖环境权客体的环境乃至生态。而民法典的人格权是否独立成编的主要争论之一也是人格权的权利客体问题。德国民法学大家萨维尼和普赫塔曾经就人格权是否成为独立的一类权利展开论争。萨维尼认为人不能以己身作为法律关系的客体，普赫塔则认为权利客体可以包括自己。后世德国学者普遍支持普赫塔的人格权肯定说。目前主流观点则是权利主体是一种权利人的人格利益。这种人格利益尽管好像"羊毛长在羊身上"，但是"羊毛不是羊"，具体的人格利益一经独立于自然人抽象本体就具有独立的价值。全国人大法工委向社会公开发布的民法典分编草案也将人格权法独立成编，因此，环境人格权作为民法人格权编的分编组入民法典并没有以往学者喋喋不休的权利客体的障碍。另外，正如萨维尼的客体论是法律关系的客体，而普赫塔的客体论是权利的客体一样，萨维尼与普赫塔的论争领域并不完全重合，同样环境权作为一种新型的权利类型，它是一种权利而不是法律关系，因此，有关环境义务则不属于环境权范畴。

环境人格权是环境权私法化并在人格权法的体现。环境人格权是民法的人格权法组成部分，它是人格法益扩张和发展的结晶。"人格权是关于人的存在价值和尊严的权利，作为主体的人应当享有获得适宜生存环境的权利，以体现其作为主体的尊严。良好适宜的环境是人生存发展的基础，它具有人格利益的属性。环境人格是以环境利益为内容的人格，环境人格权的提出是环境权在人格权法中的具体化，亦是环境保护需求在人格权中的反映，它表明了一方面人应当享有适宜生存环境的权利，另一方面人也享有自身的生存环境不被他人破坏的权利。总的来讲，确立环境人格权的基本思路来自民法的人格权理论，是民法制度与环境法相互弥合的产物。

〔1〕贾国午、张静：《环境人格权之辨析》，载《商场现代化》2012年第29期。

环境人格权是环境权具体化、私法化的一项具有可操作的法律制度。”[1]当然也有学者认为环境权不能与民法人格权相结合，“‘环境人格权’概念将人格权建立于‘环境’之上，背离了人格权的本质。人格权是建立在主体自身人格利益上的权利，权利客体指向人自身，而非外在环境，不能充分享受各种环境利益时，就没有民事主体资格即人格独立、自由和尊严，不是完整的人。‘环境人格权’理论的这种权利客体转向存在着严重的内在理论缺陷，是不科学的。”进一步，有学者认为环境利益不能成为现有的一般人格权上的人格利益。“一般人格权是指民事主体享有的、概括人格独立、人格自由、人格尊严全部内容的一般人格利益，并由此产生和规定具体人格权的基本权利。根据定义，民事主体因环境资源而享有的特定利益很难包含其中。此点不利于民法对民事主体的环境权益加以保护。多类法律主体尤其是民事主体，无论是基于哪些环境资源而享有何种利益，其最终目标都在于实现个人的可持续发展。法律制度尤其是私法制度应引导社会走可持续发展的道路，这符合社会发展趋势也符合私法社会价值本质的发展目标。而这种可持续发展目标在民法上的体现在于法律保障‘人的发展’。民法特别是人格权法不仅要保障现在的人能够享有‘人之所以为人’的权利，更要保障后代人享有同样的‘人之所以为人’的权利。因此，关于一般人格权的定义中，应将人格发展作为该概念的一部分，从而进一步丰富一般人格权理论，并给未来其他与人格权相关的环境利益立法留有余地。”[2]

一般人格权的最初模型确实是物质人格权，现在即使是第一代人格权也已经扩展到精神性的人格权，如肖像、声音、名誉、荣誉、隐私和信息等上面的权利。因此一般人格权的内涵也不是绝对凝固的范畴，《环境保护法》规定的“生活环境”和“生态环境”也成为人格利益的重要载体。因为“人之所以为人”离不开“一定环境之中的人”，只有在一定的环境之中，人才能成为社会的人。民法社会化的结果将改变原有只是物质意义上的纯粹的自然人属性，塑造出民法上的社会化的人与环境生态共生的具有自然人格和环境人格的市民社会上的人。因此，传统人格权范畴的人格概念应当扩展，“在民事主体的人格权方面，《民法总则》第109条确认了‘人格尊严’受法律保护，第110条列举了‘生命权、身体权、健康权、姓名权、肖像权、名誉权、荣誉权、隐私权、婚姻自主权等权利’。这些人格权是人的生存根本、重点体现了人与人之间直接关系中的主体性特征。环境作为人类生存的基本条件，对于人获得主体资格至关重要或不可或缺，自然景观的美学价值、历史价值等都是人类生存、生活所必不可少的精神因素。但传统人格权的内容却忽视这

---

[1] 田茂兴：《论环境人格权的确立及法定内容》，载《科技信息》2008年10月20日；李旭东：《环境权私权化理论的检讨与启示》，载《社会科学战线》2013年第2期。

[2] 任江：《人格权法中是否存在环境人格权之问》，载《人民论坛》2013年第6期。

一重要的因素。因此，在同时涉及人与人、人与自然的复杂关系中，为了体现人作为主体地位的多重性特质，有必要扩展原有的人格概念，适当地增加相关环境因素的内容，即人们享有的一种以环境资源的美学价值和生态价值为基础，在美好的环境之中生活和工作的权利。”[1]环境人权的扩张的主要依据在于一般人格权，《民法总则》和2018年全国人大常委会法工委首次公布的《民法分则人格权编（草案)》都规定了一般人格权条款，《民法总则》第109条规定：“自然人的人身自由、人格尊严受法律保护。”《民法分则人格权编（草案)》第774条“民事主体的人格权受法律保护。除本编规定的人格权外，自然人享有基于人身自由、人格尊严产生的其他人格权益。”这个规定与《斯德哥尔摩人类环境宣言》宣称的“人类有权于在一种能够过尊严的和福利的生活环境中，享有自由、平等和充足的生活条件的基本权利，并且负有保证和改善这一代和世世代代的环境的庄严责任”的基于人的尊严和福利的生活环境的环境权的宣言本质上是一致的。因此，无论是人格或者人格利益的扩张，还是人格权内涵和种类的扩张都是由建构一种中国人格权法的开放体系属性和民事权利的社会化价值所决定的。

民法学家关注环境人格权立法，徐国栋教授在《绿色民法典（草案)》第一编“人身关系法”第313条专门规定了环境权。这种环境权的法益上属于健康权，它性质上是属于物质上的人格权。《乌克兰民法典》规定的环境权也是物质上的人格权（健康权）性质。王利明教授在其2005年出版的《中国民法典学者建议稿及立法理由（人格权编)》主张：“自然人享有的健康居住和清洁、卫生、无污染的自然环境的权利；针对废水、废气、粉尘、噪音、辐射等不可量物的排放等污染行为，权利人可以行使人格权请求权、预防妨碍或者排除妨碍、或请求侵权损害赔偿，但在必要的限度内负有容忍义务，必要的限度参照相关的国家技术标准、行业标准以及一个正常人的感受确定。”这种“环境权”的表述性质上属于综合的环境人格法益，既包括了物质上的人格权（生命权、健康权和身体权)，同时也包括了精神上的人格权，另外，也不可避免地包含有物质上的人格权和精神上的人格权混同或混合的综合人格权。该条针对不可量物的环境污染实际上已经被2007年颁布的《物权法》和2010年颁布的《侵权责任法》所采纳[2]。但是其条款之中“自然人享有的健康居住和清洁、卫生、无污染的自然环境的权利”的环境人格权一般条款并未写入2018年全国人大常委会法工委公布的《人格权法草案》。但在人格权编草案（第774条）规定“民事主体的人格权受法律保护。除本编规定的人格权

[1] 吕忠梅、窦海阳：《民法典与环境法典生态环境保护制度的沟通与协调》，载《中外法学》2018年第4期。

[2] 《物权法》第97条规定：“不动产权利人不得违反国家规定的废弃固体物，排放大气污染物、水污染物、噪声、光、电磁波辐射等有害物质”；《侵权责任法》第65条规定：“因污染环境造成损害的，污染者应当承担侵权责任。”

外，自然人享有基于人身自由、人格尊严产生的其他人格权益。”这个人格权开放性的兜底条款，为环境权组入人格权成为人格权法分编奠定了体系和制度的前提和基础。

环境人格权是一种类权利即一类的具体权利的组合。环境人格权的“环境”是一个不断扩展和扩张的范畴，在以人为中心的权利体系之中，“环境”最初体现为人与人之间的相邻关系下的权利，如滴水权、通风权、采光权、日照权、隔音权、通行权和线缆铺设权等，相邻权顾名思义，其权利主体必须是不动产权利上的相邻的自然人。相邻关系属于物权法范畴，《物权法》第89条规定：“建造建筑物，不得违反国家有关工程建设标准，妨碍相邻建筑物的通风、采光和日照。”《物权法》第90条规定：“不动产权利人不得违反国家规定的废弃固体物，排放大气污染物、水污染物、噪声、光、电磁波辐射等有害物质。”“环境”的第一次扩张体现为其境界上突破了相邻关系，表现为自然人的生活或者工作的自然条件，如清洁水权、清洁空气权、清洁土壤权、恶臭排除权、噪声消除权以及眺望权等；“环境”的第二次扩张凸显为“生态”，“生态”不以人为中心，强调人与自然的和谐共生，如宁静权、景观权以及不受化学物质和物理物质辐射的权利以及遗忘权等。上述的“环境”范畴扩张线路并非是完全直线和排他的。同时，“环境”不仅仅是自然要素，也包括了社会要素以及自然要素和社会要素的结合或者集合。正因为环境法益的变动性和不确定性，因此，“环境权人格权”这个范畴也是一个包容的概念。具体的环境人格权类型化只能列举，而不能穷尽。尽管《中华人民共和国环境保护法》第2条规定：“本法所称的环境，是指影响人类生存和发展的各种天然和经过人工改造的自然因素的总体，包括大气、水、海洋、土地、矿藏、森林、草原、湿地等以及自然遗迹、人文遗迹、风景名胜区、城市和乡村等。”这个“环境”定义采用了列举方式，但并非穷尽一切“环境”要素。例如，该条文未提到的土壤、地下水、沙漠以及一定地域的阳光、空气的流通、宁静的空间、优美的景观等也是环境权的客体。日本学界也有将人造环境也列入“生态环境”范畴，所谓环境要素可以划分为自然环境、历史文化环境和人工社会环境，“（一）自然环境。自然环境包括大气、水（河川、湖沼海等）、日照、静谧、森林、原野等的绿地、土壤、干泻、干拓风景名胜地、动植物、能源（沽绝性能源、再生能源）等。（二）历史文化环境。历史文化环境包括遗迹、史迹、历史街区和建筑等的文化遗产、历史遗产和精神遗产。（三）人工社会环境。人工社会环境包括公园、道路、机场、铁道、煤气、电气设施（电子、原子能等）、教育设施、医疗设施、博物馆等文化设施，等等。”[1]1986年《阿拉伯联盟环境与发展宣言》规定“环境乃指环绕人周围的一

---

〔1〕［日］小祝庆纪：《作为权利的“环境权”的再考——向私法上的“环境权”的接近》，载《比较法制研究》2012年第35期。

切。自然环境由水、空气、土地及所附和土地中众多的所有物质组成，它们由真主安拉惠赐所为他的利益享有和使用。人造环境指房屋、工作环境、道路和所有真主不可分割的组成部分。他生活于环境并蒙受其恩泽，而不能超然乎其外。”〔1〕包括人造（人工）环境和社会环境之内的是广义上的环境要素，中国人格权的环境生态要素不仅限于环境法上的列举，但就人格权立法而论，包括三个层次：第一是自身法益的人格要素；第二是工作环境法益的人格要素；第三是环境生态法益的人格要素。因此，民法上的人格权包括了以自由权为中心的第一代人权、以劳动权为中心的第二代人权和以环境权为中心的第三代人权的私法体系。在现实的环境要素和自然的环境要素中，历史文化环境和人工社会环境常常会统合于一种物质之中，这种环境要素是综合的环境要素，其人格要素和环境法益也是综合的，因此，环境人格权的综合的保护途径是必须的。

更多的环境法益不以权利形式出现，而以狭义上的法益（法律保护的利益）出现，通过司法的利益衡量进行保护。有学者尝试着将环境人格权内容归类，“从环境人格权的范围来看，其内容包括：（一）安全权，即民事主体享有在安全环境中生活和要求生命安全不受环境威胁的权利；（二）阳光权，即民事主体享有免受噪音危害及居所获得阳光照射的权利；（三）宁静权，即民事主体享有在适当的、安静的环境中生活、工作和学习的权利；（四）清洁空气权，即民事主体享有在未受污染的空气中生活、工作和学习的权利，但正常的、轻微的生产、生活活动所产生的空气污染除外；（五）清洁水权，即民事主体享有清洁的、卫生的水的权利；（六）通风权，即民事主体享有保证居所空气流通性的权利；（七）眺望权，即民事主体对其居所的视野开阔性享有的权利。”〔2〕环境权的法益也经常会与人格权之中的物质人格权的生命权、健康权和身体权的法益发生重叠，但是这种物质性的人格权是以损害后果为要件的，而对这种与人身不可分离的物质性人格权的损害是以一定医学上的标准为判断依据。因此，对于实际上未具备医学上的标准的环境权侵权则无法通过物质性人格权途径救济。在“环境”概念的要素已经扩张的情况之下，环境人格权已经不仅限于物质性人格权，可以通过类型化的其他具体环境权，如清洁空气权、清洁水权等进行法律救济。

环境人格权的类型化、具体化采取法律确权和司法确认的方式。这是对环境人格权法益的积极保护方式，以区别于传统的环境人格权的侵权责任的消极保护方式。环境人格权的积极保护方式和消极保护方式并不是截然对立的，这两种保护方法的演变过程实际上就是人格权法发展的历程。十九世纪时代至二十世纪初的民法

---

〔1〕 国家环境保护总局政策法规司：《中国缔约和参加的国际环境条约集》，学苑出版社1999年版，第390页。

〔2〕 田茂兴：《论环境人格权的确立及其法定内容》，载《科技信息》2008年第30期。

典都采用消极保护方式，如1804年《法国民法典》、1896年《德国民法典》、1898年《日本民法典》、1907年《瑞士民法典》等大陆法系民法典对人格权保护一般采取侵权责任的事后保护（又称消极防御）范式，而在二十世纪五十年代（即第二次世界大战）之后，民法典对人格权的保护则转向权利确权和司法确认相结合的方式，对一些内容相对稳定的人格权法益采取立法上确认具体人格权类型，而对另外一些内容相对难以固定的人格权法益则采取一般人格权加上司法确认法益的事前保护（又称积极实现）范式。例如，1960年《埃塞俄比亚民法典》、1967年《葡萄牙民法典》、1991年《魁北克民法典》、2002年《巴西民法典》都采取正面积极的确认人格权类型和构成的确权方式立法（又称确认主义），积极实现范式与消极防御范式不同，在于它利用了法律的预防、指引、示范和创造的功能。因此，环境人格权走上积极保护范式也必须采取立法确权方式。由于中国的《宪法》和《环境保护法》并未明确确认法定的环境权，而其他环境法律，如《水污染防治法》《大气污染防治法》《固体废物污染防治法》《土壤污染防治法》《水法》《森林法》《土地法》《野生动植物保护法》《海洋环境保护法》《环境噪声污染防治法》等都是针对某种环境要素的保护进行的针对性立法，基本上属于管理法性质，涉及环境权法益保护的零星分散、寥寥无几，加上短期之内编纂一部中国《环境法典》极其困难，为了推进生态文明建设，不使在环境保护和生态文明建设上留下真空，落实环境权，强化公民环境人格权的保护重任仍然在于民法典上对比较定型的具体法益进行积极确权，让不定型的法益上升为权利（定型的法益）。环境人格权广义上环境空间是指一般的环境空间，包括了生态空间以及生活空间和工作空间。狭义上的环境空间只是指生活空间和生态空间，工作空间则由劳动人格权进行调整规范。这样人格权编的人格权就从传统的自身法益的人格权扩张到劳动人格权和环境人格权，构成三层的递增法益而又复合的人格权体系。

四、（人格权编）环境人格权分编条款（建议稿）

第一章（环境人格权一般规定）

第一条（环境一般人格权）自然人享有在保持人的尊严和福利的清洁、舒适、优美的自然环境和人工环境中生活的权利。

第二条（准用人格权编的一般规定）环境人格权编无规定的，可以准用民法典人格权编的一般人格权和本分编环境人格权一般的规定。但本分编已有规定的除外。

第二章（环境具体人格权）

第三条（环境安全权）

第一款（一般规定）自然人享有在安全环境中生活和要求生命安全不受环境

威胁的权利；

第二款（饮食无害安全权）自然人享有对农产品和食品的无转基因或无添加剂等无害的权利，但农产品或食品标明“转基因”或“含添加剂”成分的，自然人自愿购买的除外。

第三款（公共场所安权全）自然人享有在机场、车站、码头、宾馆、饭馆、旅店、影剧院、体育馆、游泳馆、公园、展览馆、博物馆、图书馆以及公共交通工具上的安全保障的权利。

第四条（阳光权）自然人享有其居所获得充足的阳光照射的权利；

第五条（宁静权）自然人享有在适当的、安静的环境中生活的权利；

第六条（清洁空气权）自然人享有在未受污染的空气中生活的权利，但正常的、轻微的生产、生活活动所产生的空气污染除外；

第七条（清洁水权）自然人享有清洁的、卫生的水的权利；

第八条（清洁土壤权）自然人享有清洁的土壤的权利；

第九条（通风权）自然人享有保证居所或公共场所空气自然流通和无害流通的权利；

第十条（眺望权）自然人享有对其居所的视野开阔和无视线障碍的权利。

第十一条（景观权）自然人享有对特定的自然的、历史的、文化的景观观赏的权利。

第十二条（低辐射权）自然人对化学的、电磁的、光电等辐射具有排除不超过一定标准或者对其健康和精神造成或可能造成损害和威胁的权利。

第十三条（达滨权）自然人具有亲近水域而感受精神愉悦的权利。

第十四条（嫌烟权）自然人具有排除其在国家规定的公共场所被动吸烟的权利。

第十五条（对噪音、恶臭气体、粉尘等环境介质的权利）自然人对噪音、恶臭气体、粉尘等环境介质具有排除超过一定标准排放或者对其健康和精神造成损害和威胁的权利。

第十六条（对雾霾、酸雨、干旱、洪水、冰雹、风沙、飓风、海啸、台风、地震等生态环境破坏的修复的权利）自然人或者自然人的集合对任何人具有基于环境人格而享有的对雾霾、酸雨、干旱、洪水冰雹、风沙、飓风、海啸、台风、地震等生态环境破坏及其原因行为请求修复环境生态的权利，但该权利仅限于包括权利人利益的集体利益，而不得就修复行为直接取得金钱上的私益。

第十七条（户外休闲权）自然人对天然或者人造的公园、自然保护区、森林公园、风景名胜区、博物馆、艺术馆以及城市广场和开放绿地等享有休闲的权利。上述经营或管理环境要素的组织或机构不得以营利为目的有偿收取高额的门票等费用，但为维持上述环境要素正常运营的除外。

第三章（环境人格权属性）

第十八条（环境人格权的非排他性）自然人对特定的环境要素享有的环境人格权不能排除其他任何人对该环境要素享有同样的环境人格权。

第十九条（环境人格权的非竞争性）自然人对特定的环境要素享有的环境人格权具有平等性，任何人不得以特权或者竞价方式独占该环境要素上的环境人格权。

浅谈我国未成年人监护权的撤销

翟业虎 宋宜萍*

目 次

未成年人的教育、培养关系到整个国家的发展，是决定社会未来发展的重要群体。因此加强对未成年人的监护是国家和社会的重要责任，监护制度是一项重要的民事法律制度，不光关系到未成年人的权益，同时也关系到了家庭的稳定和社会的发展。早在1986年的《民法通则》中，我国就确立了监护制度，随着时间的变化和社会的发展，原有的规范在适用时存在的不足与漏洞日渐暴露，而《民法总则》的颁布，对此进行了修改和完善，从规则体系到具体内容都有了一定的发展。除了确定了其他监护人的顺序、增加了“遗嘱监护”和“指定监护”“指定监护”可直接向法院申请，指定机关包括民政部门，并取消“父母所在单位”的监护资格这些改变，《民法总则》最得到大家关注的是新增极端恶劣监护人永久撤销监护资格这一规范。

---

* 翟业虎，首都经济贸易大学法学院教授、研究生导师、法学博士；宋宜萍，首都经济贸易大学法学院硕士研究生。

一、问题的提出

2012年11月12日凌晨，贵州毕节5名男孩因缺乏监护人照料导致为了生活取暖而死在垃圾桶内的悲剧发生；2013年6月21日，南京市江宁区两个女童由于父母吸毒而无人监管，导致饿死家中。广东省的政协委员张志华提供了一个相当惊人的数据，“以深圳为例，刑事案件中未成年人作为受害人的案件从2007年的2361人上升至2012年的6730人，年平均上升率为16.67%”。在微博上出现此案例后，会在短时间内引起大家的激烈关注和讨论，但是总体来说，社会对于未成年人的关注度并没有随着这一系列案件发生率的上升而提高，家庭、社会乃至国家都严重欠缺对未成年人监护不足的反思，以及对权益保护意识相对薄弱的警觉。在2016年5月31日上午，“六一”国际儿童节来临之际，最高人民法院召开新闻通气会，公布12起关于侵害未成年人权益被撤销监护人资格的典型案例。典型案例的公布，能够反映出我国司法实务的现状和问题，通过对案例的剖析，有利于我们分析当下撤销监护资格在法律规定和运用中所存在的问题。

（一）严重侵害未成年人权益的案件

1. 外婆溺死外孙案

2007年5月中旬，吴某某携三个月大的女儿吴小宝从外地回靖江的父母家中，因其系单身母亲抚养小孩不易便将吴小宝留给母亲张某某，随后又外出打工。为帮助吴某某甩包袱，6月初的某日15时许，被告人张某某抱着外孙女吴小宝至其家屋前河中，将其浸入水中，欲将其溺死，被村民发现后，吴小宝获救。2007年6月10日21时许，被告人张某某再次抱吴小宝至其家屋前河中将其溺死。

法院经审理认为，被告人张某某故意非法剥夺他人生命，其行为已构成故意杀人罪，被判处有期徒刑十年六个月；剥夺政治权利三年。

2. 2015何某某被撤销监护人资格案

被申请人何某某（女）与案外人杨某某原系夫妻，双方协议离婚时约定婚生女儿杨某随被申请人何某某共同生活。2013年上半年至2014年7月13日，被申请人何某某的情人张某某在明知杨某是未满十四周岁幼女的情况下，先后多次让何某某将杨某带到遂昌县某宾馆房间内，由何某某做杨某的思想工作后，与杨某发生性关系。

2015年7月3日，遂昌法院以强奸罪分别判处张某某有期徒刑十年六个月，何某某有期徒刑十年。

3. 2013周某被撤销监护人资格案

申请人秦某某、周某某系夫妻关系，1978年领养周某。1999年秦某某、周某某因周某吸食毒品屡教不改并偷拿家中财物导致矛盾激化，双方于2000年解除了秦某某、周某某与周某之间养父母与养女关系。2005年周某在外非婚生育一女周某一。2005年周某找到秦某某、周某某希望能暂时代为照顾周某一。但当老两口接手孩子后，周某只是每年偶尔来看看孩子，也未支付过抚养费。2013年周某未看望过周某一，也未履行抚养义务。周某一小学四年级，成绩优良，但因被申请人周某未履行监护职责，未能办理户籍。本案在审理期间法院委托青少年事务中心进行社会观护。社会观护员反映周某一自幼由两申请人照顾，母亲周某一年多没有回家。周某一明确表示希望和两申请人生活在一起，不喜欢母亲周某。因为周某下落不明以及消极处理周某一的户籍问题，导致周某一目前处于没有户籍、没有医保、没有身份证的状况。社会观护员建议从保障未成年人权益出发，由两申请人担任周某一监护人为宜。

4. 林某某被撤销监护人案

在此案件中，福建某村村民林某某多次用各种残忍手段，虐待自己年仅9岁的亲生儿子林某，用火钳打，用菜刀割，又同时使孩子挨饿。此事案发后，林某某被公安机关、当地村委会、政府工作人员等多次批评教育。但是作为孩子母亲的林某某仍旧不知悔改，再次对孩子施加毒手，残忍地用菜刀割伤林某，后林某某被当地公安局行政拘留并处罚款。因被申请人长期虐待影响孩子林某身心健康，林某某所在村村委会向人民法院提起了监护资格撤销诉讼。回顾案情之初，在当地相关部门介入教育林某某的时候，本以为会改变或者缓和母亲和孩子之间的亲子关系，但结果却大相径庭，最后不仅没有换回林某的健康成长，反而又一次受到母亲伤害，最终法院判决撤销林某某监护资格。

（二）案件引出的法律问题

第一，大多案例中都是父母侵害亲生子女的恶性事件，而案例三是上海首例监护人不尽抚养义务被撤销监护权的案件。与其他的案例不同的是不是只有虐待未成年子女才会受到法律制裁，监护人长期不尽抚养义务，也会被剥夺监护权，由国家或者他人代为行使监护权。孩子不是父母的私有财产，他们是国家的未来，一旦发现未成年人权益受到侵害，公民有报告的义务，这样才会逐步减少未成年人权益受侵害的现象。现实中不乏父母存在暴力对待孩子或者不负抚养责任的现象，有的人或许认为“打”才是最好的教育方式，有的人认为孩子是自己的“私人财产”，教育孩子的方式选择是自己的事情，他人无法干涉，甚至在案发之初，公安部门或者其他机关、相关组织对侵害子女的父母进行批评教育时，很多父母都不以为然，往往表现出，自己“教育”孩子是为了孩子好。由此不得不思考，在浓厚的家庭自治观念下，法院在撤销监护资格案中，对这种暴力虐待未成年子女的案件应当充分调查取证，分别对待，对判前预防和调查程序应当予以重视。能在预防阶段就缓和的亲子关系，尽量采取多种手段，跟踪调查，调动社会资源一起帮助孩子和他们的家长。而公安机关或者其他机关、相关组织等在介入家庭关系时，合适的限度是多少？在批评教育过后对家长的后续行为应如何跟踪观察？毕竟家庭、父母才是一个孩子的避风港，该怎样帮助这些父母真真切切认识到自己的问题，从而让孩子重新回到父母的怀抱？这才应该是最好的结局。

第二，当自己的权益受到严重侵害时未成年人往往已经能够明辨是非，但是未成年人无法成为监护资格撤销的申请人。况且在一般情况下，若未成年人仅仅只有一个亲人，或者其他亲人不愿意做申请人，相关部门也相互推诿不愿当申请人时，又该如何解决申请人问题。

第三，法院在判决后对未成年人应当慎重安置，往往被侵害的未成年人仅仅只有一个监护人，受到侵害的未成年人本身身心发育就还在健全阶段，再加上家庭带来的创伤，其心理和身体均会对未来充满绝望感，对未成年人心理和身体的后续安置教育和心理恢复重建极为重要，毕竟下一个监护人的选择还会不会出现类似的侵害虐待情形，这些都需要考量和后续监督。由民政部门这种相关机构担任监护人合适与否值得思考。机构单位毕竟不是家庭，既提供不了家庭的环境和氛围，也无法使未成年人享受到亲情的温暖，这是摆在眼前急需解决的问题，如何安置未成年人的后续生活，因为一份判决希望它不是冷冰冰的而是有温度的、可以保护未成年人的。

二、监护与监护权撤销的基本理论

在解决问题中如何完善监护制度、如何完善监护权撤销制度，提出建议意见之前，应当对有关监护与监护撤销的相关理论进行了解。

（一）监护与监护权撤销的概述

所谓监护制度，是为保护无民事行为能力人和限制民事行为人的人身和财产权利而由特定公民或组织对其予以监督和保护的制度。

未成年人监护权撤销制度又称父母监护权的剥夺制度，是指父母作为监护人以滥用监护权的方式侵害未成年人身心健康或者以不作为的方式履行监护职责，造成未成年人处于困境或者危险状态，以及有其他严重侵害未成年人的合法权益的行为，使未成年人无法在正常的监护环境中成长，经有关个人或单位申请，由法院对父母监护权进行强制性撤销的制度。未成年人监护权撤销制度也是监护权变更制度，法院在撤销监护权后，需要为未成年人重新指定新的监护人，实现失职监护人监护权的变更，为监护人提供新的监护环境，履行监护职责，保障未成年人的合法权益。

（二）未成年人利益不保障的弊端及重要性

第一，总量很大。询问发现，每个年级有一两名学生有一些比较严重的家庭问题，看起来这是一个很小的数字，但是细思总量非常可怕。问卷调查中也看出普遍存在的“不严重”的不负责任行为，在成长过程中，人们逐渐对于这样的现象司空见惯，对于所谓的家庭纠纷也更容易趋于冷漠，关注这类社会问题的人仅占百分之六，可见未成年人利益保障问题的重要性与关注度非常不成正比。2010 年，我国 18 岁以下的未成年人约有 3.67 亿人，约占全国人口总数的 28%。2013 年，民政部社会福利司根据目前全国流动人口的规模以及几个典型城市流动儿童的流动人口的比例规律，推算出全国流浪儿童大约 100 万人，留守儿童数量保守估计超过 6000 万人。据《2014 年儿童防性侵教育及性侵儿童案件统计报告》显示，2014 年 1 月 1 日至 12 月 31 日，被媒体曝光的案件高达 503 起，平均 0.73 天曝光 1 起，等于每天曝光 1.38 起，是 2013 年同比的 4.06 倍。

第二，成年之后难以融入社会。对于大部分有家庭问题的未成年人，成长之后，更难以融入社会生活，更容易消极、负面、不负责任，对于人生没有良好的三观，比较少的奉献精神，严重的甚至会表现出一些反社会倾向。

第三，恶性循环。所谓“严打出孝子”的传统思想在中国大量的家庭存在着，从父母身上不自觉学习的恶性习惯，在成家之后，对于自己的孩子也会不自觉的恶性循环，影响下一代。

第四，成年之后的犯罪率。在美国曾进行统计，平均有 80% 的囚犯曾经是受虐待的儿童。青少年时期会用外化的不良行为来表达内心的痛苦，如吸毒、违法，之后很大概率会走上犯罪的道路，流入社会。

以此可见，关注未成年人，完善未成年人的监护制度极为重要。

三、未成年人监护权撤销的有关规定

（一）《民法总则》的相关规定

《民法总则》第 36 条规定：“监护人有下列情形之一的，人民法院根据有关个人或者组织的申请，撤销其监护人资格，安排必要的临时监护措施，并按照最有利于被监护人的原则依法指定监护人：（一）实施严重损害被监护人身心健康行为的；（二）怠于履行监护职责，或者无法履行监护职责并且拒绝将监护职责部分或者全部委托给他人，导致被监护人处于危困状态的；（三）实施严重侵害被监护人合法权益的其他行为的。本条规定的有关个人和组织包括：其他依法具有监护资格的人，居民委员会、村民委员会、学校、医疗机构、妇女联合会、残疾人联合会、未成年人保护组织、依法设立的老年人组织、民政部门等。前款规定的个人和民政部门以外的组织未及时向人民法院申请撤销监护人资格的，民政部门应当向人民法院申请。”在《日本民法典》有类似规定，第854条规定：“监护人有不正事由时，显著劣迹或其他不适任监护的事由时，家庭法院可以因监护监督人、被监督人的亲属或检察官的请求或者依职权，将其解任。”在我国台湾地区“民法”第1106－1条规定：“有事实足认监护人不符受监护人之最佳利益，或有显不适任之情事者，法院得依前条第一项声请权人之声请，改定适当之监护人，不受第一千零九十四条第一项规定之限制。”“法院于改定监护人确定前，得先行宣告停止原监护人之监护权，并由当地社会福利主管机关为其监护人。”可见《民法总则》在借鉴有关规定的基础上对监护制度进行完善。

（二）其他相关规定

我国司法解释对此已有相关规定，1988年《民法通则意见》第21条规定：“夫妻离婚后，与子女共同生活的一方无权取消对方对该子女的监护权，但是未与该子女共同生活的一方，对该子女有犯罪行为、虐待行为或者对该子女明显不利的，人民法院认为可以取消的除外。”该意见第22条还规定：“监护人可以将监护职责部分或者全部委托给他人。因被监护人的侵权行为需要承担民事责任的，应当由监护人承担，但另有约定的除外；被委托人确有过错的，负连带责任。”此外，2014年最高人民法院、最高人民检察院、公安部、民政部《关于依法处理监护人侵害未成年人权益行为若干问题的意见》第35条有更具体的规定：“被申请人有下列情形之一的，人民法院可以判决撤销其监护人资格：（一）性侵害、出卖、遗弃、虐待、暴力伤害未成年人，严重损害未成年人身心健康的；（二）将未成年人置于无人监管和照看的状态，导致未成年人面临死亡或者严重伤害危险，经教育不改的；（三）拒不履行监护职责长达六个月以上，导致未成年人流离失所或者生活无着的；（四）有吸毒、赌博、长期酗酒等恶习无法正确履行监护职责或者因服刑等原因无法履行监护职责，且拒绝将监护职责部分或者全部委托给他人，致使未成年人处于困境或者危险状态的；（五）胁迫、诱骗、利用未成年人乞讨，经公安机关和未成年人救助保护机构等部门三次以上批评教育拒不改正，严重影响未成年人正常生活和学习的；（六）教唆、利用未成年人实施违法犯罪行为，情节恶劣的；（七）有其他严重侵害未成年人合法权益行为的。”

四、国外相关规定的借鉴

在美国，民众主动举报虐童事件的积极性很高，这不仅是法律规定的驱使，更是一种文化引导的自觉。电影《刮痧》中，中国爷爷为美国孙子刮痧治病，后背的淤痕成了虐待孩子的证据，结果父亲被法庭剥夺了监护权。在 1974 年和 1984 年，美国分别通过了《儿童虐待预防和处理法案》和《儿童保护法案》。在美国防治虐童的相关法律中，最有特点的一条是“强制报告制度”。公民遇到疑似儿童虐待个案的情形都有向儿童福利机构举报的义务，医生、护士、教师、警察遇到相关情况时负有法定举报义务，未举报者以失职论，部分州立法将法定义务举报人扩展到了全体公民。关于监护资格的撤销，在美国称作终止父母权利，即“TPR 制度”。在美国，父母照顾养育子女是宪法赋予的权利，但是对这种权利的限制和规范就是 TPR 制度。此为最严厉的手段，一旦终止父母权利即就是对父母子女身份关系的终止和剥夺，两者之间的法律关系将永久且不可撤销的终止。由于法律终止父母权利的严厉性，故从立法角度看，终止父母权利在美国司法实务中最为慎重。在父母权利被终止前，要经历有关法定流程和干预措施。在美国《收养协助与儿童福利法案》中同时规定了干预儿童与父母之间的亲子关系，作出终止父母权利的决定之前，依旧要作出适当的、尽可能最大的努力来干预两者之间的关系。主要目的还是让儿童除非不到最后一步不脱离原父母，即使父母有过错，在通过政府干预后父母能够改正下使儿童再回到原家庭。

《德国民法典》强调在子女最佳利益受到侵害时，法院可部分或完全剥夺父母照顾权。同时，法典要求法院在剥夺父母照顾权的审理过程中，应当符合比例原则和子女最佳利益原则。德国的家庭法院负责监督，在必要条件下，可要求提供官方援助。而且未成年子女的权益受到父母侵害时，德国青少年司法局可直接提起诉讼。同时，家庭法院可主动干预父母代理权，其也是依职权可直接保障未成年子女权益的重要机关，以防止未成年子女的利益继续受侵害。《德国民法典》还规定了监护人的拒绝权。监护人有生活确有困难、年龄较大、未成年子女多、身体病残等情况的，可以拒绝履行监护职责，这样有利于法院根据被监护人的最大利益原则及时为被监护人重新安排监护人，防止监护人不负责的情形发生，使其生活早日步入正轨。

在日本，1933 年就制定了《儿童虐待防治法》，其中对虐待儿童的违法行为进行了非常细致的说明。身体虐待、性虐待、置之不理、心理虐待等各项规定得非常细致。自 1991 年开始，东京成立了虐待防止中心，开始对儿童虐待信息情报进行统计。日本厚生劳动省从 1990 年开始对儿童虐待数据进行了统计，并逐年公布。

新西兰的立法对于儿童的保护严谨而致密。都市快报报道，当地电视台曾报道一则案例：一位刚移民到此的父亲，在街上打了自家孩子一耳光，最后这位父亲被法庭判罚 6 个月的监禁。在新西兰法律还规定：凡是 14 岁以下的儿童不能独处，必须有其父母和监护人的看护，否则就是违法。

五、未成年人监护权撤销制度完善的建议

（一）完善诉前监护人侵害行为的发现与诉讼主体

1. 完善诉前监护人侵害行为的发现

建立监护监督制度来完善诉前监护人侵害行为的发现，可分为个人监督与监护监督机构监督。

1）个人监督。可以规定除监护人的直系血亲外的，熟悉并知晓被监护人生活状况的个人担任监护监督人。一是较其他人能够及时地发现。二是排除监护人直系血亲进行监护监督，可以防止包庇侵害行为，使未成年人及时得到救助。

2）完善监护监督机构。机构监督作为个人监督的一种补充方式。当监护监督人欠缺时，由机构承担起监督责任。可以是被监护人的所在单位，居民委员会，村民委员会，也可以是各级政府的民政主管部门作为国家的监护监督机构，行使监护监督的行政权力，行政监督机构的监督力度更强，能够有效避免监护监督人不作为的情况，也可是设立专门的机构进行。采取对监护人进行调查随访、对监护人侵害行为进行预防教育以及定期回访等方式进行监督，使监护权的行使被层层监督，违反监护职责的行为能够及时被发现。

2. 强化检察院诉讼主体地位和增加监护人诉讼主体资格

明确检察院的诉讼主体地位，在没有相关人员和单位提起撤销监护权诉讼时，检察院可以作为诉讼主体提出，这是实际的需要，使权利及时得到救济。

《德国民法典》规定了监护人的拒绝权。监护人确有生活困难、年龄较大、未成年子女多、身体病残等情况的，可以拒绝履行监护职责。借鉴外国立法经验，我国的立法也应该将监护人主动申请撤销监护资格的情形纳入未成年人监护权撤销制度中，当监护人履行监护职责确有困难的，可以作为诉讼主体，主动申请撤销监护资格，有助于对合法权益没有保障的未成年人进行及时的救济，生活早日步入正轨。

（二）完善诉后监护权的恢复

家庭是未成年人爱的港湾，是未成年人成长最好的土壤，一个完整的家庭有利于未成年人的成长，也有利于社会的发展与稳定。可以建立诉后考察期来完善诉后监护权的恢复，在考察期内，从法律关系上来说不恢复监护关系，而是在生活中让其重新担任监护人，但也存在一定的限制。监护人在考察期的表现是评估监护人监护意愿和监护能力是否达到可以恢复监护资格的依据。在考察期内，相关监护监督个人或机构对监护情况进行监督，监护人定期向监护监督人或机构汇报履行监护职

责的情况。在考验期内确有悔改，并能够积极履行监护职责并且未成年人同意其继续担任监护人，损害儿童利益行为不复存在或者伤害危险消失是恢复监护侵权的前提条件，只有经过评估确定父母不可能再次侵害未成年人的合法权益时，才有可能恢复父母的监护权，法院应当判决其恢复监护资格。在考验期内，出现侵害未成年人权益的行为，判决不得恢复监护资格。

（三）完善判后安置制度

1. 健全寄养收养制度

从我国现行法律规定来看，只规定了民政部门的兜底责任，即当没有合适的个人和单位担任监护人时，由我国的民政部门担任未成年人的监护人。但是民政部门所提供的监护环境和家庭监护环境仍存在很大差别。因此为未成年人提供良好的家庭监护，也是国家承担兜底责任的方式。在美国，对于受虐待或忽视的未成年人的安置呈多样性，福利机构已不再是首选，寄养家庭成为安置未成年人的主要方式。而我国可以借鉴这一方式，无论是短期的寄养还是长期的收养，当地相关政府机关都有对新的家庭严格把关的责任。政府机关应当在获取新的家庭的信息后，核实并比较。选出最适合每个未成年人成长的家庭。同时，相关责任并不因未成年人被寄养或收养而终止，应当承担起监护监督的职责。

2. 建立专门未成年人监护机构

很多国家的未成年人监护制度早已不再局限于家庭监护的范围，各个国家的政府几乎都设有专门处理未成年人监护事务的机构，如德国的青少年局，美国的儿童福利局等，我国可以借鉴这些国家的经验，设立专门的未成年人监护机构，一方面，改变以往将未成年人送入福利院的监护方式，不再分流福利院原本有限的资源；另一方面，有利于对未成年人更有效的监护和教育。

论会展主办单位之民事法律地位

林佳颖*

目　次

一、前言

中国在“十一五”规划当中，首次提及会展业，即以“合理规划展馆布局，发展会展业”为“十一五”期间的发展目标，之后在“十二五”规划中，则是提到“促进广告、会展业健康发展”；由此可知，中国自“十一五”到“十二五”期间，会展产业的发展重点，从着眼于展馆的硬件规划，延伸到会展产业及相关服务业的软件开发，乃系符合会展产业硬件及软件两方面不可偏废的发展需求。

2006年至2015年也就是“十一五”及“十二五”规划期间，确实是中国会展产业的黄金十年，展览数量及展馆新建数量均不断增加，尤其2008年的北京奥运会及2010年的上海世博会，带来指标性且关键性的影响，北京和上海也成为会展产业的重点城市，成为相关管理政策的领头羊。最新的“十三五”规划虽然没有再特别提及会展产业，但由于2015年国务院曾发布《国务院关于进一步促进展览业

* 林佳颖，台湾政治大学法学院博士生。

改革发展的若干意见》[1]（以下简称《若干意见》），立法者认为会展产业及相关政策规划已趋于成熟及完整，因此应进一步关注支撑会展产业的各产业之发展升级，同时亦应可达成会展产业精致化之成效。

申言之，从2011年《商务部关于十二五期间促进会展业发展的指导意见》[2]开始即指出当时“会展业结构不合理，专业化、市场化水平偏低，国际竞争力不强，仍处于重数量、轻质量，重形式、轻效益的粗放型发展状态，对服务业及国民经济发展的贡献率亟待提高。因此，必须加大对会展业的支持力度，加快提升国际竞争力，推动我国会展业实现跨越式发展”，因此提出了市场化、产业化、国际化、法制化之四个方向。管理及法制工作方面，在其七项保障措施当中，提出如“（二）完善法律法规和管理制度。完善现行法律法规体系和管理制度，清理废止阻碍行业发展和妨碍公平竞争的政策规定；在健全市场机制，优化市场环境，规范经营秩序的同时，简化管理程序，推行网上审批，建立相对统一的内外贸会展业管理体制。”“（三）出台扶持政策。研究制订促进会展业发展的政策措施。逐步加大对会展业的资金支持力度，落实会展活动承办单位税收优惠政策，完善相关土地使用政策，为会展主体提供融资支持。”“（五）强化知识产权保护。尽快修订并贯彻落实《展会知识产权保护办法》，加强会展业知识产权保护。支持和鼓励办展主体通过专利申请、商标注册等手段保护展会知识产权。会同有关部门，为展会主办单位和参展商提供知识产权法律服务，指导展会主办单位设立专门机构、制定专门措施，在防止参展产品侵犯他人知识产权的同时，保护参展商自身知识产权。”及“（七）强化行业自律。积极推动成立全国性会展业中介组织，充分发挥现有行业中介组织服务、协调、自律作用，加强行业协调与监管。行业中介组织要加强与政府、行业、社会之间的沟通与协调，协助政府部门积极开展行业自律、指导咨询、制定和推广标准、统计调查、行业培训、信用建设、评估认证、信息发布、政策研究等工作，指导企业运用行业标准，遵守经营准则，开展良性竞争；同时提高行业整体素质，依法自我保护，维护行业合法权益，推动行业健康有序发展。”

而至2015年国务院则在《若干意见》中指出：展览业体制机制改革滞后，市场化程度发展迟缓，存在结构不合理、政策不完善、国际竞争力不强等问题。故为进一步促进展览业改革发展，提出三个目标：“（一）坚持深化改革。全面深化展览业管理体制改革，明确展览业经济、社会、文化、生态功能定位，加快政府职能转变和简政放权，稳步有序放开展览业市场准入，提升行业管理水平，以体制机制创

〔1〕 国务院关于进一步促进展览业改革发展的若干意见，国发〔2015〕15号，数据来源：http：//www.gov.cn/zhengce/content/2015－04/19/content_9621.htm，最后访问时间：2016年6月9日。

〔2〕 商务部关于“十二五”期间促进会展业发展的指导意见，商服贸发〔2011〕463号，数据来源：http：//www.mofcom.gov.cn/article/b/xxfb/201112/20111207895784.shtml，最后访问时间：2016年6月9日。

新激发市场主体活力和创造力。（二）坚持科学发展。统筹全国展馆展会布局和区域展览业发展，科学界定展览场馆和展览会的公益性和竞争性，充分调动各方面积极性，营造协同互补、互利共赢的发展环境。（三）坚持市场导向。遵循展览业发展规律，借鉴国际有益经验，建立公开公平、开放透明的市场规则，实现行业持续健康发展。综合运用财税、金融、产业等政策，鼓励和支持展览业市场化发展。"值得特别注意的是，目标中指出展览场馆和展览会的公益性及竞争性的特质，以及对于展览业市场以"公开公平、开放透明"为原则，试图建立市场规则的方向，确实系会展产业在管理及法制建置时，求取稳健发展的重要焦点。

综合以上，会展的发展乃具有公益性及市场性，因涉及国家整体产业经济发展，政府必须透过对于展览主办单位的管制乃至于审批的手段，来间接管制整个展览市场，因此展览主办单位的角色和法律上地位因为行政管理的介入，是否因此在民事法律关系上具有特殊性、是否因此影响展览活动的性质，系本文以下关注的焦点。

二、会展法律法律关系

中国人民大学有法律学者认为，会展本身是一种隐含契约形式的交易行为，并以招商引资洽谈会为例解释这个概念：在会展主办者和参展的招商者之间，主办者出售"招商信息"给参展商，同时还向其出租场地使用权，价格就是展位费用；在会展主办者和场馆所有者、广告商之间，主办者又成为买者，买入场地使用权、信息广告权，付出场地费和广告费。可见，会展本身就是集"买"与"卖"于一身的一种交易行为〔1〕。

因此，展会秩序的建立，可认为系由许多契约所构成，而中国目前虽没有针对展会有特别法之规定，亦无针对展会的特殊之有名契约，唯就展会契约具有一特色，亦即学者认为由于在中国展会须通过审批，故其契约属于要式契约，须主办单位提交相关的申请文件批准后对该会展予以登记，主办单位对参展商的资格审核情况还须报登记机关备案，并非只要双方当事人达成了合意即可成为有效的合同，并且依《商品展销会管理办法》第 14 条规定，举办单位应当与参展经营者签订书面合同，明确双方的权利和义务〔2〕。

纵然展会秩序最终仍须建基于具体详尽的契约法制，但大陆对于展会法秩序的

---

〔1〕 刘强：《会展法律问题刍议——会展活动中的民事权利和义务》，载《中国会展研究 30 年文选》，上海交通大学出版社 2009 年版，第 176 页。

〔2〕 刘强：《会展法律问题刍议——会展活动中的民事权利和义务》，载《中国会展研究 30 年文选》，上海交通大学出版社 2009 年版，第 177 页。

管理及维系，由于行政管理尚有重要角色，各地方政府得以行政办法进行介入，如上海市2005年5月1日施行，业于2015年最新修正之《上海市展览业管理办法》针对责任主体的定义条文，即得以补充在契约法制方面责任主体认定上的不足。详言之，在上海市展览业管理办法对于责任主体的定义文字，有如下条文，其第2条：（第1项）本办法所称展览，是指举办单位（包括主办单位和承办单位）以招展方式在固定的场馆及预定时期内举办，通过物品、技术或者服务的展示，进行信息交流，促进科技、贸易发展的商业性活动。（第2项）本办法所称主办单位，是指负责制定展览的实施方案和计划，对招展办展活动进行统筹、组织和安排，并对招展办展活动承担主要责任的单位。（第3项）本办法所称承办单位，是指根据与主办单位的协议，负责布展、展品运输、安全保卫以及其他具体展览事项的单位。从而划分主办单位和承办单位具有不同的角色，并在如下第7条及第9条明确主办单位的认定标准及责任范围。盖上海市展览业管理办法第7条：按照规定应当由市商务委或者市科学技术委员会（以下简称市科委）等有关行政管理部门审查的国际性展览项目（以下简称国际展览），申请办理项目审查手续的单位为主办单位；无须申请办理项目审查手续的展览，发布招展信息的单位为主办单位。第9条：（第1项）招展信息应当以主办单位名义发布。（第2项）未经主办单位授权，承办单位不得擅自发布招展信息单位。最后，《上海市展览业管理办法》对于法律责任的规定，系规定于第四章之中。

总结前述，目前透过各地方政府展览业管理规定，得以补充依现行民事规范下契约订立原则和解释，并由于对会展契约责任主体的明确化，使得违反展会秩序者，不论系依照展览业管理办法的责任规定进行行政处罚，或者依据民事契约或相关法规进行究责时，亦有其基础。

三、政府主导型展会及主办单位的行政审批

沈丹杨博士提出了"政府主导型展会"一词，其以政府主导型展会是经济体制下我国各级政府积极利用会展活动，以展会项目为载体实施公共服务的一种重要方式，也是中国会展业的一个独特的现象和重要组成。应丽君对政府主导型展会所做的界定则是政府主导型展会是指由政府投资、组织、支持举办的一种展会类型，旨在贯彻国家政策、引领市场经济活动和交流传播文化文明[1]，耿松涛等认为政府主导型展会及政府作为主办单位或承办单位，由政府投资和组织举办的展览会，其

〔1〕 应丽君：《会展绿皮书：政府主导型展会发展报告》，人民日报出版社2010年版。转引自陶树丰：《社会化媒体时代政府主导型展会的品牌建构研究》，华东师范大学2018年硕士学位论文，第30页。

目的在于贯彻国家政策、引领市场经济、进行城市营销、传播文化文明[1]。由此可见，我国学者特别界定出具有特色的政府主导型展会一词，彰显了其与一般市场经济展会不同的样貌，乃具有其他的公共目的，如贯彻国家政策、引领经济活动或者进行城市营销等目的，此系与一般商展之重大差异，并由于此种公益性的背景及正当性的支持，政府主导型产会的资金来源也与一般私人组织不同，除了来自政府自身的资金以外，也因为政府居于协调的角色，可能得以整合更多的资源。另外，运作的组织也与一般商展具有不同的面貌，而可能更有行政部门的支持。

其他市场经济国家的会展产业，较少研究触及公权力进入会展业的方式，论者认为主要的会展强国如德国、英国、意大利、美国以及新加坡等都处于完全的市场经济状态。这种市场经济十分注重公平、自由竞争，认为如果政府直接参与到展会的具体运作，会破坏到展会竞争市场的公平性，一定程度上阻碍行业的发展[2]。从而，较少国外文献触及此议题，对于展会与政府问题的聚焦主要集中在探讨宏观层次上的政府角色定位问题以及法律法规的制定对于展会的影响问题两个方面。如美国学者 Goldblatt Joe 在《国际性大型活动管理》一书中的部分章节里探讨了政府行为对于会展业发展的影响问题，对政府的職能定位问题作出了相关的阐述与讨论、美国学者 Ann J. Boehme 在《成功的会展组织》一书中对于政策法规等对会议组织的影响问题作了简要的分析[3]。

相较于前述会展市场较为成熟的国家，我国大陆针对政府主导型展会有较多的研究成果，如政府主导型展会存在的原因、特点、作用以及转型等，然而纵使有转型及改革的意见，仍不能否定政府主导型展会与一般市场主导型展会得以达到不同的功能及作用，且系符合中国国情的需要，况且，在前述所谓的会展发达国家或者其他国家，实际上恐怕并非某些会展不需要政府主导，而是因为已经有足够的产业能量及配套的信用机制得以自律，再者，该等国家可能也会发现完全放任市场自律发展也可能有竞争力不足之处，如英国于 2015 年起设立了 Events Industry Board，其重要的使命之一，便是欲以政府之力协助会展产业的发展。

至于区辨政府主导型展会和一般展会的方式，一个清楚的标准即在于行政审批是否存在。依据《国务院对确需保留的行政审批项目设定行政许可的决定》（国务

---

[1] 耿松涛、华志兵、王红：《新常态下政府主导型展会经营模式转型研究——以海口市为例》，载《现代管理科学》2015 年，转引自陶树丰：《社会化媒体时代政府主导型展会的品牌建构研究》，华东师范大学 2018 年硕士学位论文，第 30 页。

[2] 应丽君：《会展绿皮书：政府主导型展会发展报告》，人民日报出版社 2010 年版。转引自陶树丰：《社会化媒体时代政府主导型展会的品牌建构研究》，华东师范大学 2018 年硕士学位论文，第 8 页。

[3] 陶树丰：《社会化媒体时代政府主导型展会的品牌建构研究》，华东师范大学 2018 年硕士学位论文，第 7 ~8 页。

院令第412号）第179项：境内举办对外经济技术展览会办展项目审批，系采取分级审批管理，并于《国务院办公厅关于对在我国境内举办对外经济技术展览会加强管理的通知》（国办发〔1997〕25号）、《在境内举办对外经济技术展览会管理暂行办法》（外经贸政发〔1998〕325号）等规定批准单位。

四、会展主办单位的法律定性

（一）民法上权利主体的光谱范围

传统民法上的权利主体二分为自然人及法人，然而在会展业，可能在短期内发生密集的民商事活动，但会展一结束即告终止的情形，如须要求主办单位均为此登记常设性法人，可能难以完全期待厂商的配合，举例而言，如果某些外国会展单位选择在国内办理展览或会议，要求该等单位为国内短期的会展活动办理法人登记，恐怕缘木求鱼，此时恐怕需要一种民事法律上的权利主体，来协助此种组织完成民事法律关系的成立。又如，在政府主导型或大型会展的情形，也经常出现任务性质的筹备委员会，则此种临时性组织的民事定性，似具有特殊性而值得关注。

2017年3月15日第十二届全国人民代表大会第五次会议，通过《民法总则》，关于权利主体有别于世界各国民法典，创设了第四章“非法人组织”的章节，可谓系一创举，纵然仍有许多议题有待解决，但也正视了实务上确实存在尚无法登记成为法人，实际上却有组织营运、形成群体对外民事法律关系之情境规制的需要。此更可证诸于《中华人民共和国民法总则（草案）》的说明，谓“关于非法人组织，随着我国经济社会的发展，在实际生活中，大量不具有法人资格的组织以自己的名义从事各种民事活动，赋予这些组织民事主体地位有利于其开展民事活动，也与其他法律的规定相衔接”。

根据我国《民法总则》第102条对于非法人组织的定义：非法人组织是不具有法人资格，但是能够依法以自己的名义从事民事活动的组织。非法人组织包括个人独资企业、合伙企业、不具有法人资格的专业服务机构等。在对外法律关系上，第104条：非法人组织的财产不足以清偿债务的，其出资人或者设立人承担无限责任。法律另有规定的，依照其规定。以及第108条：非法人组织除适用本章规定外，参照适用本法第三章第一节的有关规定。大致刻画出非法人组织的样貌。有学者认为，这是结合国情、吸收学理和司法实践的创新产物[1]，肯认了享有部分民

---

〔1〕王利明：《回顾与展望：中国民法立法四十年》，载《法学》第2018年第6期。

事权利能力的民事主体，满足当代社会对民事权利能力的多层次要求[1]。附带一提，《民法总则》第102条提到的不具有法人资格的专业服务机构，即很可能出现在会展产业的情境当中。

台湾地区亦有“非法人团体”的法制存在，明文却不规定在民事实体法，而系存在于“民事诉讼法”第40条：“非法人之团体，设有代表人或管理人者，有当事人能力。”此显然仅是为了处理诉讼纠纷所特别订定的条文。实务及学说则已就该条所称非法人团体形成具体的标准为“由多数人所组成，有一定之组织、名称及目的，且有一定之事务所或营业所为其活动中心，并有独立之财产，而设有代表人或管理人对外代表团体，并以团体名义为法律行为者始足当之。”“最高法院”1975年台上字第2461号判例可资参照。甚且，“最高法院”1961年台上字第1898号判例更认为：“未经认许其成立之外国法人，虽不能认其为法人，然仍不失为非法人团体。”由此可见，非法人团体乃具有实务上需要，故台湾地区多有学者及实务工作者倡议非法人团体于民事实体法上的肯认，如曾有探讨非法人团体能否作为智财权利主体之讨论[2]。

申言之，台湾地区学者以法律上人格态样具有变动和演变的可能性出发，观察到台湾地区法制也透过特别法的方式承认新的权利主体，其以2005年制定“原住民族基本法”对于“原住民族”作出定义，及2015年“原住民族基本法”修订再出现之“部落”，且依该法第2－1条规定，由中央原住民族主管机关核定者，为公法人等规定，作为法制建构“原住民族”权利主体之后，再建构“部落”为权利主体作为具体事例[3]，说明赋予权利主体地位之多元思考。

笔者认为，从前述的事例也可以观察到，权利主体承认的方式亦不能忽略公权力的角色及行政管制的作用，亦即在公部门所作的某种登记，虽然不是法人登记，但足以构成权利主体的外观，而成为构成民事法上权利主体的要素之一。此外，前述部落公法人化的立法历程，亦可看出法律上欠缺非法人团体权利能力的承认，可能反倒造成立法及社会运作上的困扰，盖从“原住民族基本法”第2－1条修法的理由以观，系以部落如仅非法人团体的身份，可能产生权利义务行使上的困难为由，故认必须明文将之定义为公法人，以便权利行使。然而，原本应该依照习惯法形成及运作的部落组织，径以法律定之为公法人而可行使公权力一事也可以看出，权利主体的发生，可能透过多个民事权利义务主体的长期累积、集合所产生的，如

---

[1] 杨立新：《从民法通则到民法总则：中国当代民法的历史性跨越》，载《中国社会科学》2018年第2期；杨立新：《民法总则中部分民事权利能力的概念界定及理论基础》，载《法学》2017年第5期。

[2] 施伟仁、林明贤：《非法人团体能否作为智财权利主体之探讨》，载《知识产权月刊》2016年10月。

[3] 邱玟惠：《论“民法”上心权利主体之诞生——以“非法人团体”为例》，载《法学丛刊》2018年第251期。

祭祀公业的法人化，也可能是透过国家赋权而来的，如此处谈及的部落公法人化的过程。

（二）会展主办单位与证券交易所议题具有相似性

市场为不特定多数人，在特定时段、固定地点进行商品供给与需求满足间之交易行为与场所，具有媒介供需双方之经济活动之功能。除交易活动之意义外，常须以组织设立与经营方法达成交易目的，故市场兼具营业活动与组织运作之意义[1]。因此，会展为最典型意义的市场情境之一，纵使有些会展活动亦非以完成特定交易为目的，仍不妨碍其具有促进交易的本质作用。会展的目标包含各种可能的商品及服务，相较之下证券交易所系专门提供有价证券交易的场所。

公法学者认为，为期市场活动圆满进行，可分为两个阶段，首先须有设立市场之行为：市场设立得为行政组织权行使，或私人行使工作权而自行聚集与进行交易（市场自由），分别为国家组织权保留或基本权保留原则之选择。其次是市场交易关系之建立与运行：待市场成立后，其经营者与利用者间的关系须受一定之行政管制；或本于私法自治之自我组织[2]。

关于前述第一个阶段的面向，台湾地区的会展市场在国家组织权的保留较不明显，政府多系扮演辅导而非主导的角色，然而有学者亦援引英国改变过去一直没有设立专门的机构来照看会展与盛会活动产业，于2016年起新设立“盛会活动产业委员会（Events Industry Board）”主导及推动相关产业，建言政府在办理国家级盛会活动时之政策参考[3]。而证券交易所在台湾地区的“证券交易法”第3条，将其定义为依该法之规定，设置场所及设备，以供给有价证券集中交易市场为目的之法人，则对于市场如何设立明定须依照该法之规则，实具有国家组织权保留的意义。

关于前述第二个阶段的面向，也会受到第一个阶段面向的影响，值得讨论的是整个市场运作时的态样及法律关系，以及居于这个市场中经营者的角色。在会展市场即为主办单位，在证券市场即证券交易所，而在台湾地区法的争论当中，会展主办单位因形形色色的会展过多，向来并无更深入的讨论，但在证券交易所的情形，则学说上已发展出营利私法人说、行政委托受托人说、国营事业说等多种观点。台

---

〔1〕 林依仁：《公权力委托制度的新发展——以台湾地区证券交易所为例》，载《国家发展研究》2015年第1期。

〔2〕 林依仁：《公权力委托制度的新发展——以台湾地区证券交易所为例》，载《国家发展研究》2015年第1期。

〔3〕 林冠文：《给国家会展与大型盛会活动产业计划的建言：超越国贸局与观光局推动政策的必要想象》，载中华国际会议展览协会网站，网址：http：//taiwanconvention. org. tw/index. php/newsletter2/special－report/269－2017－3－17－5，最后访问时间：2018年10月28日。

湾地区的法院实务大致认为证券交易所是营利私法人，但在行使管理证券市场的实质职能时是受托行使公权力[1]。以下进一步探讨。

（三）证券交易所法律定性的争议

依台湾地区“证券交易法”第94条规定，证券交易所的组织，分为会员制与公司制。会员制证交所为非以营利为目的的社团法人（“证交法”第103条），会员制证交所具有自律机构的性质。公司制证交所应为股份有限公司组织（“证交法”第124条），历经多次修法的演变，现证券商虽得为证交所股东，但不得参与公司制证交所的经营，故不具自律机构的地位（“证交法”第126条）。申言之，由于会员制证交所系由证券商主导掌控，因此证交所的章程、细则及其他规范，属于自律性质，与公司制证交所系以契约等方式规范证券商者不同。此外，会员制证交所的组织形态可能为公司组织，如纽约证券交易所为非营利性的公司；亦可能为非公司组织的社团法人，如“证交法”第103条规定的形态[2]。

首先在会员制及公司制两种制度的选择及争议，即已彰显了治理方向和政策的选择，其次即使是公司制的情形下，也会有是否存在国家公权力特征及程度高低、救济方式的争议。简言之，会员制应当是最能彰显市场自律的途径，唯政府如认为国家仍有介入监管必要时，则可能透过公权力委托或以国营企业经营的方式发生。

从立法当时的争论更可见此一政策选择的轨迹，盖“证交法”第125条第2项规定，公司制证交所原则上存续不得逾十年，有一种说法系当时经济部部长、顾问及立法院召集委员的说明，强调会员制为美、日等国所实行，属进步的制度，公司制只是一时过渡的组织，所以“特别规定存续期间，以示限制”[3]。甚且，经过数次修法也有逐渐向会员制倾斜的趋势，如“证交法”第126条及第128条等的修正，致力于降低证交所的营利性，并提高其公益性，然而终究公司仍为一营利组织，无法完全转化为会员制，但学者多数认为证交所对于证券商及上市公司执行实质上的公权力，故正当性及相关配套措施均应补强[4]。

（四）会展主办单位的法律定性初探

和证交所相较，会展主办单位也关乎交易市场秩序的维持，只是相较于证券交易市场而言，并非经常性的运作，营运期间亦属短暂有限，并且，许多会展涉及的交易公益性甚低，可谓系纯粹的经济活动，故完全留给主办单位自律空间，自是无

---

[1] 张红、张若宇：《台湾地区证券交易所的法律地位及其监管行为的救济》，载中国经济网，网址：https：//kknews. cc/zh－tw/finance/93oj888. html，最后访问时间：2018年10月28日。

[2] 赖英照：《最新“证券交易法”解析》，自版，2011年2月，第322～323页。

[3] 赖英照：《最新“证券交易法”解析》，自版，2011年2月，第323页。

[4] 赖英照：《最新“证券交易法”解析》，自版，2011年2月，第324～326页。

妨，然而，某些国家级的会展活动，涉及国家品牌形象甚至是整体经济发展，似也无法放任由完全的市场制度运作，故可能构成公权力进入监管的空间。

此种特色在中国大陆会展法治的发展更为明显，其具体的展现就在某些展会必须要取得行政审批方可经营。例如，涉及国外参展单位参展的对外经贸展览会及在国外参展、办展的主办单位资格，有着严格的限制。换言之，在此类展览，主办单位必须依照审批单位对于展览办理的管理要求参展厂商，否则主办单位的资格可能受到撤销。

更甚者，国家可能发动组织权，设立机构办理会展活动。例如，在《对外经济贸易部关于举办来华经济技术展览会审批规定》中，国外来华经济技术展览会应由各级国际贸易促进委员会及其所属展览公司（中心）及经对外经济贸易部（现为商务部）及其授权单位批准有举办国外来华经济技术展览会经营范围的公司主办。各类学会、协会，无外贸经营权的企业、事业，均不得自行举办国外来华经济技术展览会。国家级双边经济技术展览会原则上由中国国际展览中心主办[1]。

因此，由证券交易所可能涉及的法律定性学说以观，会展主办单位如果系属公司组织也可能有营利法人说、行政委托受托人说、国营事业说等本质认定之不同，然而如果系属会员构成的情形，则可能有更宽广的观察，盖会展主办单位许多情形是由同产业的公会所共同组织，也就是有众多民事主体集合的特质，故此时可能是非法人团体或者法人团体，法人团体尚有营利法人和非营利法人存在的可能性，又倘若再加入公权力因素的思考，以公法人来运作亦属选项之一，端看其设立时所牵涉的背景因素。

（五）小结

综合上述，会展主办单位在民事权利主体呈现的样态，可能包含所有的可能性，而更可能借由不同的权利主体地位来达成不同的功能目标，从光谱的两端来观察，从不具有法人资格的自然人或者非法人团体，到构成法人之后，是否具有营利性质，可能有营利法人或者非营利法人的区别。从而，因应不同功能的展会，可能得以选择不同的权利主体，以妥适安排主办单位的角色及对外法律关系。

五、代结论

由于会展产业具有火车头产业的性质，有着引领国家产业发展的功能，故各国在此软实力的竞争领域上，仍须在政策上不断提供必要的援助，实具有公共利益的性质，只是政府公权力的展现，可能有时是主导，有时逐步放松成为辅导或者完全

---

〔1〕 蒋丽霞主编：《会展法规实务》，中国人民大学出版社 2014 年版，第 43 页。

放手，因此在政府逐渐转变控管的外观之情形，主办单位作为承接政府角色的样态，便具有值得探讨的意义。

大陆透过对于特定会展的行政审批，得较为明确的区辨出主办单位是否具有不同于一般营利公司的特质，再辅以民法上对于营利公司以外的组织具有更多元丰富的权利主体选择，实得以更精准地描述在会展产业不同主办单位可能的法律面貌，从而影响主办单位在会展情境下的行为定性，以及响应法律上对其可能的期待要求。

相较而言，台湾地区对于会展主办单位法律性质的界定是较为模糊的，一则虽看似有行政主导的展会存在，但是究竟是否有公权力的实质和具体的表现形式并不明显，故如有涉及此类公权力的会展产业纠纷，也难以从现行法律途径明确解决，另则在台湾地区目前较僵化的权利主体认定，欠缺非法人团体的承认下，会展主办单位的民事实体法地位可能有时模糊，此对于会展法律关系及纠纷的处理，亦形成困难。

农村集体经济组织立法问题探析*

陈晓军**

目 次

我国自1949年以来逐步确立起国家所有和集体所有两种公有制形式，并最终为宪法所确认。两种公有制形式基本对应城乡两个不同的地域范畴，与我国长期所奉行的城乡二元体制相适应。以国有为代表的城市始终占据优先发展的地位，而集体所代表的乡村则被认为是劣后的、不纯粹的公有制形式。于是，与庞大的国有资产和严格的管理体系相比，集体经济在国家层面上便很少受到关照，其市场主体地位模糊不清，集体经济组织与村民自治组织和基层党组织之间长期处于政社不分的状况，这与社会主义市场经济所要求的独立、平等的原则相悖，造成了集体经济组织近年来发展的停滞与混乱。党的十九大以来，党提出了乡村振兴的目标要求，扭转了过去以城市和工业为优先发展目标的导向，开始把经济社会的发展目光更多地投向乡村和农业，而要实现这一目标就必须培育乡村集体经济的力量，改变以往乡村集体经济薄弱、管理手段原始、落后的状况。在当前乡村振兴的大背景下，对于

* 本文为国家社科基金一般项目《农村集体资产股份化法律问题研究》（15BFX117）的阶段性成果。
** 陈晓军，男，民商法学博士，山东农业大学文法学院教授，研究方向为民商法、农事法。

农村集体经济组织展开立法研究，不仅具有极强的实践价值，其在我国建设社会主义市场经济理论体系中的意义和作用也是不容小觑的。

一、国内外研究综述

国内法学界对农民集体和集体经济组织的性质一直存在争论。高富平认为："农民集体"乃基于一系列政治运动的产物，其创制之初便未遵循法律主体构造之制度逻辑，在民法的概念体系中缺乏与"农民集体"直接画等号的概念（2014）[1]。管洪彦认为：农村集体经济组织本质上应为经济组织（2018）[2]，张安毅也认为：农村集体经济组织要建立现代企业制度（2017）[3]；相反的观点则主张：集体土地制度的独特性及其承载的功能寄托决定农村集体经济组织法人难以成为单纯的营利法人（许中缘、崔雪炜，2018）[4]；陆剑、易高翔认为：农村集体经济组织宜定位为以经济统合功能为主，兼具社会、教育功能的综合性农民组织（2018）[5]。一部分学者则从农村集体经济组织的起源和设立基础入手对这类组织的立法问题进行了界定。陈苏提出并分析了籍合组织的概念，指出：对于不宜继续采用籍合组织结构的农村集体经济组织，应当及早地妥善地改制转型（2018）[6]。

就农村集体经济组织能否享有法人资格的问题，学术界的分歧也始终存在。李永军认为：从中国集体经济组织与其成员的关系上看，实际上我国集体经济组织与成员的关系很类似于"总有"，任何当代法人理论或者经济学理论都难以准确定义和解释这种法人（2017）[7]。谭启平、应建均也认为：当前统一将农村集体经济组织确定为法人可能是有明显问题的（2017）[8]。支持农村集体经济组织具有法人资格的也不在少数，赵万一、张长健认为：虽然农村集体经济组织只承担有限责任且成员不承担责任，但从其本质内容上看符合法人的实质要件，属社区型股份合作制

---

〔1〕高富平：《重启集体建设用地市场化改革的意义和制度需求》，载《东方法学》2014年第11期。

〔2〕管洪彦：《农村集体经济组织法人立法的现实基础与未来进路》，载《甘肃政法学院学报》2018年第1期。

〔3〕张安毅：《我国农村集体经济组织的角色扭曲与社会变革背景下的立法重构》，载《理论与改革》2017年第5期。

〔4〕许中缘、崔雪炜：《"三权分置"视域下的农村集体经济组织法人》，载《当代法学》2018年第1期。

〔5〕陆剑、易高翔：《论我国农村集体经济组织法人的制度构造——基于五部地方性法规和规章的实证研究》，载《农村经济》2018年第2期。

〔6〕陈苏：《籍合组织的特性与法律规制的策略》，载《清华法学》2018年第5期。

〔7〕李永军：《集体经济组织法人的历史变迁与法律结构》，载《比较法研究》2017年第7期。

〔8〕谭启平、应建均：《"特别法人"问题追问——以〈民法总则（草案）〉（三次审议稿）为研究对象》，载《社会科学》2017年第5期。

法人（2012）[1]。郑有贵认为农村集体经济组织具有法人资格意义重大，有利于实现集体资产保值增值、巩固集体经济产权制度改革成功、保障集体经济组织权益等（2012）[2]；屈茂辉则在肯定农村集体经济组织法人身份的同时，认为我国立法不应赋予农村集体经济组织法人以破产能力（2018）[3]。

更多的学者则深入研究了农村股份合作制这一现实中农村集体经济组织的主要形态。王权典等人把集体资产折股量化到人的过程，解释为由农民共同共有转变为农民按份共有的产权制度改革（2013）[4]。顾功耘认为：能不能赋予股份合作企业独立的法律地位，取决于这种企业有无存在的价值以及有无区别于其他企业形态的本质特征（1997）[5]。汪习根认为：股份合作制企业是独立的企业法人（1997）[6]。而韩松、陈天宝等学者主张：在农村产权制度的改革中，要加强集体资产管理、防止集体资产流失（2011、2009）。对于股权的具体类型问题，郑风田、赵淑芳认为可设置人口股（基本股）、劳龄股、特殊贡献股、公益股、集体股等多种股权类型（2005）[7]；另外，学术界的研究对于集体资产产权改革中的成员资格以及资产股份化的范围问题也给予了较多关注，成员资格问题讨论的中心是超生子女、服役军人、外嫁女和大学生等特殊群体的成员资格认定；股份化的范围问题则主要涉及农地、非经营性用地及其他未开发利用的土地是否应当列入量化的范围。具体观点较为琐碎，此不赘述。

国外方面，对于我国农村集体经济组织的研究比较欠缺，相关的研究成果大多是对中国经验的介绍和评价。Harry Williams 认为中国的乡镇企业借助股份合作制建立起了一种在劳动者、国家和私人组织之间分配的、不同于传统公司的法人所有权；Vermeer 在对山东和河北的实证研究中，分析了为什么地方政府都愿意支持乡镇企业的股份制改革；Ray Yep 研究认为乡村企业的管理者通过股份制企业改革，建立了逐渐远离国家经济管理模式以外的新的乡村治理模式。日本学者小川竹一认为：为了确保农民集体的自主性，很有必要确立将农民集体与农户间的权利义务明确化的总有论。

综上所述，法学界对农村集体经济组织的立法问题已经进行了较多探讨，但是

---

〔1〕 赵万一、张长健：《农村集体经济组织法权关系的创新——以社区型股份合作制法人组织的构建为研究对象》，载《西南民族大学学报（人文社会科学版）》2012 年第 6 期。

〔2〕 郑有贵：《农村社区集体经济组织法人地位研究》，载《农业经济问题》2012 年第 5 期。

〔3〕 屈茂辉：《农村集体经济组织法人制度研究》，载《政法论坛》2018 年第 3 期。

〔4〕 王权典、陈利根：《土地股份合作的法经济学分析与实践规制检讨——以广东南海模式为例》，载《农村经济》2013 年第 2 期。

〔5〕 顾功耘：《股份合作企业立法的若干疑难问题研究（上）》，载《法学》1997 年第 8 期。

〔6〕 汪习根：《关于股份合作制企业法人的几个问题》，载《政治与法律》1997 年第 12 期。

〔7〕 郑风田、赵淑芳：《城市化过程中“农转居”与农村集体资产改制问题研究》，载《中州学刊》2005 年第 11 期。

研究还不够深入。诚如陈小君教授的判断："对农村集体经济法律问题的研究没有得到法学界的充分重视。"为了尽快将农村集体经济组织纳入统一立法的轨道，此类重要的市场主体的立法问题需要在法学界得到更多的关注和呼应。

二、我国农村集体经济组织的规范体系与最新制度设计

集体所有制作为我国1949年以来的一种重要的公有制形态，立法的规范一直比较欠缺。从立法文本看，1956年6月由第一届全国人民代表大会第三次会议审议通过的《中华人民共和国高级农业生产合作社示范章程》首次确认了我国农村土地等生产资料的集体所有制。其中第13条规定："入社的农民必须把私有的土地和耕畜、大型农具等主要生产资料转为合作社集体所有"，这成为我国今天农村集体经济所有制类型的立法缘头。但是从1958年开始，高级社迅速被更高公有制形态的人民公社代替，至1958年年底参加人民公社的农户已占全国总农户的99%。而在长达二十年的时间里，农村集体经济发展的规范性依据则是1962年中共八届十中全会通过的《农村人民公社工作条例修正草案》（通称《农业六十条》）。该条例中规定了"三级所有，队为基础"的农村集体产权制度，一直到改革开放后实行家庭承包责任制，基本的产权形态变为"集体所有、户为基础"的阶段。由于一直缺乏一部完善的立法，我国农村集体经济组织的发展始终处于政策性指导的无法可依的状态，许多基本的法律问题都模糊不清，这使得我国农村集体经济组织的发展随意性强、独立性差，从而不利于集体经济的发展壮大和集体经济成员利益的保护。尽快制定出台一部符合当代农村经济社会发展要求的集体经济组织立法成为摆在立法者和学界面前十分迫切的一项任务。

2017年3月15日颁布的《中华人民共和国民法总则》（以下简称《民法总则》）对于我国的法人制度采取了营利性法人、非营利性法人和特别法人的划分方式，该法第96条规定："本节规定的机关法人、农村集体经济组织法人、城镇农村的合作经济组织法人、基层群众性自治组织法人，为特别法人"。这样我国的民事立法结束了农村集体经济组织长期以来法人地位立法缺失的局面，以特别法人的形式规定了其主体身份，充分体现了我国《民法总则》在法人制度方面的进步。然而，《民法总则》关于农村集体经济组织法人地位的规定毕竟是原则性的笼统规定，要真正使这类组织按照法人主体的要求设立和运行还需要制定一套完善的法律制度。《民法总则》第一次以全国性立法的方式，明确赋予农村集体经济组织以法人地位，其在我国农村社会经济未来发展中的地位和作用都将会有着深远的影响。因此，《民法总则》特别法人立法对于完善我国的集体所有制无疑会有巨大的历史性贡献，此不赘言。

但是，从《民法总则》对农村集体经济组织法人化的立法思路看，也会产生一

些新的问题。首先，特殊法人的定位并没有解决长期以来困扰此类组织的理论问题，相反由于在立法上单独划分为一种法人类型，致使法人制度理论上两大法系通用的“营利性”与“非营利性”的划分标准失灵〔1〕，法人分类上的三分法使现有的法人制度理论和行政管理体系都面临着捉襟见肘的窘境；其次，《民法总则》第96条所规定的四类特别法人从划分标准上来看，回避了集体经济组织是否具有营利性这一关键问题，把机关法人、农村集体经济组织法人、城镇农村的合作经济组织法人和基层群众性自治组织法人统一划分为特别法人，但是由于特别法人中不仅包含了公法人和私法人，而且继续把集体经济组织与群众自治性组织混为一体，难以解决长期以来我国农村集体产权运行中政社不分的问题。上述两个方面的问题，均有赖于在农村集体经济组织专门的立法中予以解决。

三、农村集体经济组织管理体制的改革

农村集体经济组织是以土地的集体所有制为基础，以乡村区域为范围，以管理土地和集体资产为主要功能，它与纯粹以营利为目的的企业、与以互助合作为目的的专业合作社均存在不同。我国大部分以农村集体经济组织名义管理和运行的农村集体资产性质十分复杂，其中包括集体所有的土地和法律规定属于集体所有的资源性资产、经营性资产、非经营性和其他资产。正是由于农村集体资产存在较大的复杂性，我国在《民法总则》立法过程中有意回避了农村集体经济组织法人和城镇农村的合作经济组织法人是否具有营利性的问题，而是采取了特别法人的分类标准。而在特别法人的四种分类中，农村集体经济组织法人和城镇农村的合作经济组织法人（专业合作社除外）因没有专门的立法规范，因而现行的管理体制也难以进行有效的调整和规范。

目前，我国有关市场主体合法资格的取得主要通过四种途径：一是机关法人、国有事业单位、居委会和村委会法人的立法确认取得，这些法人不需经过登记注册程序，其中机关法人和国有事业单位法人由政府机构编制部门负责管理，其法人身份属于当然取得；二是公司、专业合作社等营利性组织的工商登记取得；三是社会团体、非政府组织等非营利法人民政部门的登记取得；四是宗教组织在宗教管理机构的登记取得。2015年，国务院下发《关于批转发展改革委等部门法人和其他组织统一社会信用代码制度建设总体方案的通知》（国发〔2015〕33号），通知要求：

---

〔1〕在法人主体理论上，营利性和非营利性始终是法人分类的一个有效的标准，这一标准原本是可以涵盖所有的法人类型的，即某一法人或者是营利性法人或者是非营利法人，很难理解一个法人既不是营利性法人也不是非营利法人。这就像法人分类理论上的公法人和私法人的划分，一个法人组织或者是公法人或者是私法人，不能出现非公非私、亦公亦私的法人类型，否则公法人和私法人的分类标准就失去了应有的意义。

为理顺代码管理体制机制，建立覆盖全面、稳定且唯一的以组织机构代码为基础的法人和其他组织统一社会信用代码制度。但是，从该通知下发后，各地的村委会和居委会却因为找不到相关部门获得统一社会信用代码而遭遇尴尬处境：由于已经不能像从前那样在各地质监部门获得组织机构代码证书，在办理土地确权申请、经济往来开具发票等事项中，导致村委会和居委会难以办理相关事项，严重影响其相关权益。[1]村委会的境遇尚且如此，农村集体经济组织法人的处境就更加不利。

2018年9月14日，山东省政府办公厅发布《关于印发山东省农村集体产权制度改革试点方案的通知》，该通知要求：在基层党组织的领导下依法代表成员集体行使集体资产所有权，发挥好管理集体资产、开发集体资源、发展集体经济、服务集体成员等功能作用。可根据成员结构、资产情况等，建立经济合作社或股份经济合作社。县级农业（经管）部门负责对农村集体经济组织申报审核、登记注册，并赋予统一社会信用代码。农村集体经济组织据此向有关部门办理银行开户等相关手续，开展经营管理活动。山东省最新做出的有关农村集体经济组织管理体制的规定，与此前湖北、广东等地的管理体制制度设计具有较大的相似性，即都是增加了市场主体资格注册的新的机构，由农业主管部门作为农村集体经济组织的登记机关，但是目前在农村集体经济组织登记注册之后，如何在银行开立账户、从金融机构获得贷款，能否在税务机关购买税票，在出现经营困难、不能清偿到期债务的是否适用企业破产法的相关规则等问题均需要立法进一步的明确。

而按照《浙江省村经济合作社组织条例》第15条规定："村经济合作社可以向工商行政管理部门申请登记注册，取得法人营业执照。具体登记注册办法，由省人民政府工商行政主管部门商同省人民政府农业行政主管部门参照农民专业合作社登记办法制定。"显然，从各地已有的做法看，对于农村集体经济组织的法人类型和属性存在认识上的差异，还很难与《民法总则》所规定的特别法人制度衔接。笔者认为：立法上把农村集体经济组织规定为特别法人，必然要求制定一套完全不同于以往的建立在营利性和非营利性法人分类基础之上的法人管理体系。因此，农村集体经济组织法人的登记管理不应该继续沿用工商管理或者民政管理的法人管理模式。从现行我国行政管理机构的专业性和延续性角度看，有政府农业行政部门负责该类法人的登记注册更为合理，因此在立法上应该明确农业行政部门注册登记后颁发的统一社会信用代码具有唯一性和权威性，由于《关于批转发展改革委等部门法人和其他组织统一社会信用代码制度建设总体方案的通知》中并没有明确适用于农村集体经济组织法人，因此还需对此作出专门的解释。取得社会统一信用代码的组织凭此获得法人资格，进而办理银行开户、税务登记等手续。鉴于特别法人的税法地位不明确，还需要税务主管机关和农业主管部门对农村集体经济组织法人的税法

[1] 刘金林：《统一代码缘何成为村委会之痛》，载《检察日报》2017年7月19日。

问题做出专门的规定。[1]

四、农村集体经济组织立法需采取类型化方式

近年来，学界开始注意到农村集体经济组织专门立法的重要性，然而农村集体经济组织法人化的立法面临的现实国情极为复杂，突出的问题表现为东西部经济发展水平和阶段的差异、正处于城镇化进程中的农村社区与传统农业村落之间的差异。由于这两个差异的存在，试图用一个统一适用的标准完成对农村集体经济组织进行立法规范是不现实的。因此，农村集体经济组织的立法框架设计应当以类型化为前提。

目前，在东部经济较为发达的地区和城市郊区的农村地区，农村集体经济组织大多已经完成集体资产的股份化。这部分区域的共同特点是农业已经不是主业，集体经济组织成员大多从事工商业或服务业活动，其农民的主体性身份已经非常模糊。随着城镇化步伐的加快，村集体通过工业、商业和住房的开发建设，形成了以出租物业为主要经营活动的经济实体，村集体对村民的分配主要依赖于出租房屋和年底分红。农村集体经济组织也相应地进行了产权制度改革，并逐步过渡为具有法人资格的股份制公司。这一类型的集体经济组织虽然在名称上已经采取了公司制，但是由于其成员的身份性和股权的封闭性（不能对外转让），与一般的按照《公司法》所设立的股份有限公司存在显著的差异，因而应当在农村集体经济组织法人的专门立法中作为一个特殊的类型予以规范，名称可以采取“集体所有制股份有限公司”，以区别于《公司法》上的股份有限公司。

在广大的农村区域，党的十八大以来农村集体经济组织开始推广股份合作制的改革，目前这一改革的进程又分为社区型股份合作和农地股份合作两种形式。社区型股份合作是伴随城镇化和村改居的社区化改造同步进行的，这部分相关的村落虽然名称上改称社区，但是与城市社区不同，实际上仍然属于农村的建制，农民仍然保留了农业户籍，尽管行政村的建制发生了改变，但是社区化后从前的土地集体所有性质并未发生改变，这种形态的股份合作可以称为农村地区的社区股份合作。社区型股份合作在部分经济较为发达的地区成为主要的改革方向。这类社区型股份合作大多发生在几个旧村改造为新的农村社区的过程中，原有的集体经济经过重新组合无论是范围还是规模都发生较大变化，伴随着这种变化新的社区往往不再继续对

---

〔1〕 黄延信、余葵等认为：应在总结地方实践经验的基础上，在国家层面出台政策规定，授权县级以上人民政府统一颁发组织证明书，明确证明书的申领对象、条件、程序、执行部门，并在实践中不断完善组织证明书制度，赋予集体经济组织更加充分和完备的市场主体地位。参见《农村集体经济实现形式的实践探索与思考》《农村集体产权制度改革实践与探索》，中国农业出版社 2014 年版，第27 页。

集体土地进行承包，而是由新设立的社区集体统一支配和使用集体土地，原来的村民也主要关注集体组织的分配而并不坚持对社区土地的再次承包。近年来，我国部分地区农业规模化经营的实现是与这类社区型股份合作的发展密切相关的。如根据江苏省委和省府办公厅《关于积极推进农村社区股份合作制改革的意见》（苏办［2005］25 号）的要求，农村集体经济组织主要应向农村社区股份合作组织转变并参照股份合作制企业进行法人结构治理。但由于该意见并没有明确社区股份合作组织的法人身份以及具体的登记程序，所以在具体操作上具有很大的模糊性。于 2016 年 12 月发布的《中共中央国务院关于稳步推进农村集体产权制度改革的意见》要求：有序推进农村集体经营性资产股份合作制改革，将农村集体经营性资产以股份或者份额形式量化到本集体成员，作为其参加集体收益分配的基本依据。意见强调，农村集体经营性资产的股份合作制改革，不同于工商企业的股份制改造，要体现成员集体所有和特有的社区性，只能在农村集体经济组织内部进行。这是一项旨在让集体经济组织成员实现“家家有股份，人人是股东”的集体产权制度改革，其所要建立的社区股份合作组织具有鲜明的个性特征，应该在立法上专门进行规范。

而在许多仍然以农业为主要生产方式的传统村落，集体经济非常薄弱，村集体除了土地基本没有多少财产，同时村庄的格局由于地理、经营方式和内容等因素也没有出现大规模的合并村庄运动。对于这类传统的村集体经济组织，改革的方向则是以土地承包经营权的入股、出租等流转方式形成农地股份合作组织，这是目前我国积极推进农村集体土地的所有权、承包权和经营权三权分置的主要适用区域。农地股份合作组织面临着集体组织成员的承包权如何入股、集体经济组织的土地所有权如何体现等问题，同时由于受到基本农田保护和土地规划等法律制度的限制，农地股份合作组织的经营范围和方式必须坚持农业用途，因而与上述两种集体经济组织形成较大的差异性。

不可否认的是：尽管股份合作是我国农村集体产权改革的方向，但是实践中并不是所有的村集体都必须采纳股份合作制。在一些传统的农业地区尤其是山区、湖区等农地不适合规模化利用的乡村，集体经济并没有多少积累，股份化对于农民没有多大意义。对于这一类的村集体经济组织就应当坚持在明晰产权的基础上，建立规范的能够限购与独立财产、并能独立承担责任的合作社组织，立法上主要规定其集体经济组织的财产范围和属性等，而农户的承包权和经营权则由于属于私有财产，不必进行规范。我国农村集体经济组织立法整体上缺失，因而在立法上不仅要着眼于正在积极推进的股份合作组织，更要把长期存在的集体经济组织纳入立法规范的范围。

五、农村集体经济组织立法的基本框架与内容

农村集体经济组织的立法以类型化为基础，立法的框架首先应该采取总则和分则的设计。总则主要规定各种集体经济组织共性或基本的问题，分则则应该分为集体所有制股份有限公司、社区型股份合作公司、农地股份合作公司、经济合作社四个大的部分，进行分别规范。总则部分应当解决集体经济组织的性质、登记注册、资格、基本的内部治理结构、集体所有权的类型、集体经济组织的成员权等基本问题。

1. 总则内容

（1）农村集体经济组织的性质与定位

农村集体经济组织作为体现中国道路的特别市场主体类型，从根本上要确保我国集体所有这一公有制产权形态的存在，同时又要保证集体成员对组织事务的民主决策和管理。因而，对集体经济组织理论的认知需要突破传统的公法人与私法人的藩篱，结合中国农村二十世纪五十年代以来所形成的集体产权模式进行重新建构，这一过程本身就是在固有的市场主体管理体系内无法完成的。从实践来看，目前我国的农村集体经济组织定位和名称都比较混乱，有学者提出将农村集体经济组织界定为：原人民公社、生产大队、生产队建制经过改革、改造、改组形成的合作经济组织，包括经济联合总社、经济联合社、股份合作经济联合总社、股份合作经济联合社、股份合作经济社。〔1〕《广东省农村股份合作组织管理规定》也基本按照这一思路进行了规定，其中第7条规定：农村集体经济组织名称统一为广东省县（市、区）镇（街、乡）经济联合总社；广东省县（市、区）镇（街、乡）经济联合社；广东省县（市、区）镇（街、乡）村经济合作社。实行股份合作制的农村集体经济组织，其名称统一为：广东省县（市、区）镇（街、乡）股份合作经济联合总社、广东省县（市、区）镇（街、乡）股份合作经济联合社、广东省县（市、区）镇（街、乡）股份合作经济社。笔者认为：广东省作为我国改革开放的前沿地区，其对于农村集体经济组织的探索性经验值得在未来的立法活动中总结和借鉴。

（2）内部治理结构

农村集体经济组织要有自己独立的意思表示形成机制，否则将难以实现困扰其发展的“政社合一”问题，因而农村集体经济组织是否建立完善的内部治理结构至关重要。然而，学界对于农村集体经济组织到底应该建立什么样的内部治理结构存在着认识上的分歧。有学者认为：既有的“农民集体”概念具有落后性，也不符合民法规范，采用农村“社区法人”的概念用语具有先进性、合理性，符合民法科

---

〔1〕 杜国明：《农村集体经济组织立法探析》，载《法学杂志》2010年第5期。

学。构建农村社区法人应以我国民法之社会团体法人为基础，仿效公司治理结构进行。[1]有相关政府管理部门的人士提出："要建立混合健全组织内部的法人治理结构，参照现代企业管理制度，在组织内部建立成员（代表）大会议事制度，理事会经营决策议事制度，监事会的监督议事规则等。"[2]立法上赋予农村集体经济组织以法人资格，对于维护这类市场主体的独立地位有着重要意义。因此，法人制度理论上所要求的完善科学的内部机构设置、民主高效的决策机制、分工明确的责任追究机制均应该得以贯彻实行。同时，要顾及农村集体经济组织的特殊性，在其内部治理结构的设计中，充分尊重农地权利人和股份持有人的主观意愿和选择，把股份合作人的内部章程或协议作为最重要的规范，尽量减少强制性的要求和外部干预，以成员大会的决议作为最终的决策依据。当然如果成员同意按照一般公司法的原则设置其内部治理结构，就应当参照公司法的规定进行运作。

（3）成员权

农村集体经济组织带有相当强的封闭性、福利性，难以达到一般股份公司股份自由流转的要求，同时公司法所要求的信息披露、表决权的行使规则都与股份合作组织存在较大的差异。因此，在构建农村集体经济组织成员权的过程中，既要借鉴公司等营利性法人股东权的设计，又要参照采取民主决策制的会员制组织。由于土地承包经营权、宅基地使用权均是以家庭为单位，因而农村集体经济组织成员权是否必须以个人为基础并确权到人值得斟酌。韩俊等人建议：一个可行的制度框架是，选择家庭为基本单位作为股权确权的基本单位，"量化到人、确权到户"，以成员家庭为基本单位确立股权，在家庭的框架下保护股权。[3]笔者认为以户为单位对成员权进行确权符合农村集体经济组织的实际运行情况，避免了城镇化背景下集体成员的频繁变动而导致的股权的不确定性，因而在农村集体经济组织法人立法中应当予以确立。以家庭为单位确权类似于每个家庭派出代表，成员大会实际上就成了成员代表大会，因此成员的表决权、利润分配请求权、对法人的事务享有决策权、参与权、监督权和知情权等权利均以家庭为单位提起。而相应的，因家庭内部个别成员村民身份的丧失（户籍的变化、女性村民外嫁等）问题也将成为家庭内部问题，并不引起股权登记的变动。农村集体经济组织成员权区别于其他类型法人的成员权，需要在立法上重点予以阐述规定。

2. 分则内容

农村集体经济组织立法应当采取类型化，以规范我国目前处于不同发展阶段和

---

〔1〕张广荣：《我国农村集体土地民事立法研究论纲》，中国法制出版社2007年版，第130～132页。

〔2〕袁以星、侯廷永、张建官：《关于农村集体经济组织法的立法问题研究》，中国农业经济法研究会2016年年会暨学术研讨会论文集，2016年10月。

〔3〕国务院发展研究中心农村经济研究部：《集体所有制下的产权重构》，中国发展出版社2015年版，第98页。

财产状况的各类集体经济。归纳集体经济组织的类型，我国农村集体经济组织存在集体所有制股份有限公司、社区型股份合作社、农地股份合作社、经济合作社四个大的类型。因而在立法上应该采取差异化和类型化的思路。

集体经济组织如果按照《公司法》的程序设立则一般应该设立为股份有限公司。如果设立为有限责任公司，则会面临《公司法》上对股东最高人数的限制。实践中，有些村集体采取由少数股东代表多数股东进行工商注册，大多数股东成为隐名股东，而随着时间的推移，登记的股东基于其法律上的权利侵占隐名股东实际权利的情况不断发生，从而造成各种难题。但是，按照股份有限公司设立，也会面临股份不能自由流转、股东身份的封闭性以及集体土地所有权无法向法人进行出资等难题，因而即使按照《公司法》的程序要求进行了设立登记，其仍然带有鲜明的集体经济的特性，其性质仍属于集体经济组织而不是公司法人（关于这一点必须在法人证书上明确的标注）。[1]

随着我国城镇化的加速发展，农村集体经济组织在村改居的过程中大都采取了股份合作制改革，这种改革的基本方式是：在农村集体经济组织存有大量非农集体资产的情况下，不将集体资产分配给农户，而是直接折股量化，再将股权分给农户，农户凭股分红。同时为维护社区集体公共事务的运行，还要保留一定比例的集体股，而这部分“集体”股应该仍然为原社区成员共同享有所有权，因此在立法中应当规定社区成员持股会这种集体股的所有形式，由持股会按照民主表决的形式决定集体股的行使方式、并集体股的分红及其对社区公共事务的资金支持。社区股份合作组织法人的立法必须对个人股的构成、设定比例的要求、个人股和集体股的流转等问题进行详细的规定。原则性上，个人股可以根据个人的意愿以一定的价格转让，而集体股的转让则要受到严格的限制，只有社区内居民一致同意才能实施。个人股的受让者并不能当然获得集体股持股会成员的身份，因为对于集体股而言，它形成的基础是原社区的社员身份。当然随着社区化时间的推移和人事的代谢，集体股持股会的成员也会发生变化，而这样的变化依据什么样的原则如何操作等问题，都属于持股会成员共同决定的事项，亦不应由其他组织和个人来决定这部分财产权利的归属。

当前，我国正积极推进农村土地的“三权分置”，这一进程必然加速土地所有权、承包权和经营权的分离，从而提高我国农地的利用效率。而农地的股份合作就是在广大农村地区，通过农户将手中的农地承包权股份化之后，使经营权归属于农

〔1〕 叶兴庆认为：在土地已经完全城市化、集体成员已全部市民化、社区公共产品已全部由政府承担，集体成员对集体资产管理意见较大、问题较多的城市化地区，集体所有制的存在逻辑不复存在，改革的尺度可以更大些。参见叶兴庆：《农村集体产权权利分割问题研究》，中国金融出版社 2016 年版，第 111 页。

地股份合作法人组织的一种新型农地经营方式。农民进行股份合作的基础是享有土地承包经营权，因而承包经营权是本权，而农地股份则是因本权而派生出的权利。在土地承包经营权发生权利的转移或者终止的时候，必然影响参与合作的农地股份权利。因此，对待这类法人组织的立法，应当围绕土地承包权的特性展开，同时也要关注村集体对于农地所有权问题，确保村集体在公共事务和社会保障方面拥有一定的财力。因此，在这一类型的法人组织立法中，应当规范集体所有权的分配机制和方式，可以规定在股份合作法人集体股的比例，也可以规定法人每年提取固定比例的公益金，用于村庄公共事务。

在许多农地无法进行规模化利用的偏僻乡村，农地的股份化很难收到预期的效果，同时由于集体经济十分薄弱，将集体产权量化到农户也没有很大的意义。这种地区往往以传统的养殖业和苗木花卉等种植业为主，适合一家一户的分散经营，因而在这些地区没有进行股份合作制改革的必要。作为一般农业经营的区域，是否进行集体资产的股份化取决于成员的意志，建立经济合作社的目的主要是承担资源开发与利用、资产经营与管理、生产发展与服务、财务管理与分配的职能。立法上要对经济合作社的治理结构进行明确的规定，建立以社员章程和社员大会为核心的权力运行机制，使经济合作社能够真正成为独立运行的经济主体。

六、结语

农村集体经济组织立法是一项十分宏大的系统工程，《民法总则》仅是做出了原则性的规定，实践操作层面还有赖于进一步专门的立法。由于农村集体经济组织立法制度的建立涉及众多的现行立法，立法活动应该实现与土地承包经营法、土地管理法、公司法、企业破产法、物权法、合作社法等现有法律制度规范的衔接和协调。另外，我国农村集体经济组织仍处于城镇化大潮的变革中，不同区域、不同发展阶段的农村集体经济组织对制度的需求也有着很大的差异，因而相关的立法也应当以类型化为基本方式，不能不分情况地盲目推行股份制或者股份合作制，从而使我国的农村集体经济组织的立法既体现我国的国情又能够促进经济与社会的更好发展。

我国民法上的禁止权利滥用规范

——兼评《民法总则》第 132 条**

李 敏*

目 次

一、引言

权利滥用及其禁止，乃大陆法系民法学上一个基础性问题。自二十世纪八十年代以来，我国民法学界开始关注禁止权利滥用规范；时至今日，相关理论探讨余音未歇，但对其中的主要问题，迄今尚无共识。[1]51 我国民法是否承认禁止权利滥用规范为基本原则？禁止权利滥用规范的含义与适用范围如何？权利滥用有无判定标准？禁止权利滥用规范中所称权利是否包括物权、债权在内的所有民事权利？禁止权利滥用规范与诚实信用原则是何关系？均有争议。现有文献的一个重大不足是，缺少对我国司法裁判的实证研究。《民法总则》第 132 条将禁止权利滥用规范作为权利行使的一般条款，仅凭抽象的理论争辩难以把握其意义、明晰其适用，而必须通过类型化方法，剖析其中诸面相，方可为解释论提供参考，为立法论指明方向。

* 李敏，女，湖南长沙人，中南林业科技大学副教授，法学博士。

有鉴于此，本文以对实务案例的系统分析为基础，借助于2014年8月以“权利滥用”和“民法通则”为关键词搜索北大法宝案例库得到的92个判决和2016年10月25日以“权利滥用”为关键词搜索中国裁判文书网获得的144个新判决，〔1〕统计整理了禁止权利滥用的不同适用依据、判定权利滥用的多种考量要素、所滥用的不同权利类型、权利滥用的多种司法效果等方面的案件数量和分布情况，全景式地考察禁止权利滥用规范在司法实务中的适用范围和适用条件，分析禁止权利滥用规范的具体内涵、判定标准，以展现此项规范的真实生态，进而探讨其在民法中的应有地位，检讨《民法总则》第132条的得失。

二、是否“原则”：禁止权利滥用规范的实定法依据

所谓权利滥用，原意指以损害他人为目的而行使权利，即行使权利而无利益或无正当动机。〔2〕不少立法例明定禁止权利滥用规范为权利行使的基本准则，《瑞士民法典》第2条第2款、我国台湾地区“民法”第148条第1款、《德国民法典》第226条、《巴西民法典》第160条、《苏俄民法典》第1条、《荷兰民法典》第三编第13条均属其例。

《民法总则》发布前，我国民法是否明文规定禁止权利滥用原则，学界素有争议。肯定说认为，禁止权利滥用原则的现行法依据为《民法通则》第6条、第7条〔2〕和《宪法》第51条。〔3〕51 否定说则认为，我国尚未规定禁止权利滥用原则。后一种见解又可进一步分为支持说和反对说。支持说认为，现行民法虽未规定禁止权利滥用原则，但确有必要将其纳入基本原则范畴。〔4〕455 而反对说认为，禁止权利滥用规范不应成为我国民法基本原则，其理由主要在于，禁止权利滥用规范的内容已为诚实信用原则所囊括。〔3〕司法实务中存在类似的分歧。下表数据反映出司法裁判中引用不同法条、以禁止权利滥用规范分别作为说理依据和裁判依据的情况。

---

〔1〕中国裁判文书网于2013年7月开通，2014年后文书发布数量急剧增加，且以2014年后的生效裁判文书为主。此前裁判的文书，数量最多的当属北大法宝。为求全面且避免重复，本文所涉2014年之前的案例主要由北大法宝检索获得；2014年之后的案例主要由中国裁判文书网检索获得。

〔2〕李开国：《民法总则研究》，法律出版社2003年版，第79页；陈华彬：《物权法》，法律出版社2004年版，第197页。《民法总则》施行后，其对应依据应变更为《民法总则》第10条、第8条。《民法通则》第6条“应当遵守国家政策”规定未在《民法总则》中保留，该规定与禁止权利滥用无关。

〔3〕朱庆育教授指出：“并行二者，徒增无谓争端而已”（朱庆育：《民法总论》，北京大学出版社2013年版，第517页）。

表1 禁止权利滥用的法律依据

作为说理依据			作为裁判依据	
未引法条	引用法条		引用法条	
判决数量	被引法条	判决数量	被引法条	判决数量
215	民法通则第6条、第7条	9	民法通则第6条、第7条	5
	民法通则第4条	11	民法通则第4条	7
	宪法第51条 （+民法通则第7条）	1	其他	0

1. 以《民法通则》第6条或第7条作为禁止权利滥用依据

虽然有不少案件以禁止权利滥用原则作为说理依据，却仅有5个案件以《民法通则》第6条或第7条为裁判依据。[1]《民法通则》第6条规定："民事活动必须遵守法律，法律没有规定的，应当遵守国家政策。"事实上，该条为民事活动的守法要求，违反法律的"权利行使"，并非权利行使行为，故不涉及权利滥用。第7条是否属于禁止权利滥用原则之规定，确值商榷。第7条明定"民事活动应当尊重社会公德，不得损害社会公共利益……"据此认定我国立法规定禁止权利滥用原则的多数学者认为，不得损害社会公共利益为民事权利正当行使之边界。但前述以第7条作为判决依据的案件中，所涉民事权利之行使仅与个人利益相关，[2]均与社会公共利益无关，无法推断出实务上将该条作为禁止权利滥用原则的依据。

2. 以《民法通则》第4条作为禁止权利滥用依据

在更多判决中，法院虽以禁止权利滥用作为说理依据，但其法律适用依据为《民法通则》第4条规定之诚实信用原则。[3]在某些判决评述中，直接以诚实信用

〔1〕"王某某等与A市B公司财产损害赔偿纠纷上诉案"（长沙市中级人民法院（2010）长中民一终字第0107号民事判决书）、"江苏快达农化股份有限公司与钱某康与知识产权案件有关的损害赔偿纠纷上诉案"（江苏省高级人民法院（2006）苏民三终字第0088号民事判决书）、"王某宁诉云南省电信公司昆明分公司隐私权纠纷案"（云南省昆明市盘龙区人民法院（2004）盘法民一初字第0642号民事判决书）、"张某诉袁跃进排除妨害纠纷案"（新疆维吾尔自治区乌鲁木齐市新市区人民法院（2010）新民三初字第979号民事判决书）、"孔某兰与奥克坦姆系统科技苏州有限公司生命权健康权身体权纠纷"（江苏省苏州市中级人民法院（2014）苏中民终字第02259号民事判决书）。

〔2〕例如，隐私权、所有权等的行使。

〔3〕例如，"红牛维他命饮料有限公司等与李某侵犯商标专用权纠纷上诉案"（广西壮族自治区高级人民法院（2010）桂民三终字第80号民事判决书）、"李某姿、樊某新诉常熟市明珠佳苑业主委员会、常熟市明珠物业管理有限公司业主撤销权纠纷案"（江苏省常熟市人民法院（2010）熟民初字第0390号民事判决书）、"温州市长城鞋楦制造有限公司诉温州市巨高鞋业有限公司等买卖合同纠纷案"（浙江省温州市瓯海区人民法院（2009）温瓯商初字第532号民事判决书）、"郑某兴诉林某汉、汕头市森达塑胶厂有限公司财产所有权纠纷案"（广东省汕头市龙湖区人民法院（2005）龙民二初字第228号民事判决书）、"厦门永昌荣食品有限公司与厦门市电力投资发展总公司等买卖合同纠纷上诉案"（福建省高级人民法院（2004）闽民终字第615号民事判决书）、"苏某东与广饶县大王镇苏庙村村民委员会土地承包合同纠纷上诉案"（山东省东营市中级人民法院（2001）东中经终字第11号民事判决书）、"梁某伦等与江门市国顺酒店所有权确认纠纷再审案"（广东省高级人民法院（2009）粤高法审监民再字第70号民事判决书）。

原则作为判断是否构成权利滥用的标准。[1]在上述判决中，诚实信用原则与禁止权利滥用原则并无明确界限，通常作为对同一问题正反两面的解释依据。于法律尚未明确规定禁止权利滥用的情形，适用诚信原则解决这一问题，与我国学说将两者理解为同一原则的见解一致。

3. 以其他法律规范作为禁止权利滥用的依据

“宋某林与王某海上养殖损害赔偿纠纷案”中，法院在说理部分同时引用《宪法》第51条和《民法通则》第7条，指出上述规定的内容即禁止权利滥用原则。[2]但是，司法实务中未见以该条作为禁止权利滥用原则之判决依据。尽管现行法并未排除宪法的可直接适用性，而司法实务中似已形成“宪法不得作为裁判依据”的不成文惯例。[3]

此外，《公司法》第20条禁止股东滥用股东权利之规定或可作为禁止权利滥用之适用依据。理论上，该条不排除类推之可能，但司法实务中未见将禁止滥用股东权利规定类推适用的判决。

概言之，我国司法实务判决适用禁止权利滥用的依据有二：一是《民法通则》第6条或第7条，其适用情形为权利行使损害社会公共利益；二是《民法通则》第4条。以其他法律规范作为依据的情形，仅存在于理论上，实践中未见其例。而在法律解释上，《民法通则》第6条更多被解读为“遵守法律和政策”，属于法源规范范畴。[5]第7条通常被视为“公序良俗原则”，[6][7][8]第4条规定所涉为诚实信用原则，均未明言禁止权利滥用。因此，实定法上从未将禁止权利滥用规范为一项独立的原则。同样，从《民法总则》二审稿将“禁止权利滥用”作为民法基本原则规定于第8条，到三审稿及最终稿将其作为权利行使规范，其独立原则地位未获立法者认同。因此，实证法上的禁止权利滥用只能是基本原则的派生规范，学理上也不应再将其视为民法基本原则。

---

[1] 《广州市番禺碧桂园物业发展有限公司诉苏某、罗某房屋买卖合同纠纷案》，载《人民法院案例选（第61辑）》，人民法院出版社2008年版，第181页。

[2] 青岛海事法院（2001）青海法海事初字第23号民事判决书。

[3] 所谓“宪法司法化”第一案——齐某苓案的昙花一现，可为佐证。2009年最高人民法院《关于裁判文书引用法律、法规等规范性法律文件的规定》（法释〔2009〕14号）并未将宪法列入法院应予引用的规范性文件，反映出最高人民法院的立场，这可能进一步抑制了宪法的司法适用。另有学者通过对判决书样本的搜集、整理与归类，发现我国判决书尤其是民事判决书引用宪法规范的现象比较普遍，由此提出我国宪法在司法审判中应该占有一席之地，但值得注意的是，该作者也指出以宪法规范作为裁判依据的情形，实属罕见（林孝文：《我国司法判决书引用宪法规范的实证研究》，载《法律科学》2015年第4期）。

三、何谓“滥用”：权利滥用的要件

（一）立法例与学说

对于权利滥用行为，各国立法有不同表述，大致可将权利滥用的认定标准分为四类，即主观标准、客观标准、抽象标准和综合标准。采主观标准者，如《德国民法典》第226条规定：“权利之行使，不得专以损害他人为目的”；〔1〕《奥地利民法典》第1295条第2款规定：“以违反善良风俗的方式故意造成他人损害的人，也应对此负责；但如果在行使权利时导致损害发生，则只有权利的行使明显地以损害他人为目的时，其才应当负责。”[9]213 采客观标准者，主要有1922年《苏俄民法典》第1条规定：“民事权利的行使违反社会的经济目的的，不受法律保护。”采抽象标准者，未明确设定主观标准和客观标准，仅抽象地规定禁止滥用权利，如《瑞士民法典》第2条第2款规定：“显系滥用权利，不受法律保护。”〔2〕采综合标准者，兼具主观标准与客观标准，如我国台湾地区“民法”第148条第1项规定：“权利之行使，不得违反公共利益，或以损害他人为主要目的；”《荷兰民法典》第三编第13条第2款规定：“行使权利专以损害他人为目的，或者不符合授予其权利的目的，或者行使权利的人的利益与受到损害的人的利益不成比例，按照诚实信用原则不应允许其行使权利的，属于权利滥用。”

对于权利滥用的构成，学说上大多采类型描述方法，包括两类型说、三类型说、四类型说和七类型说。两类型说认为，权利滥用通常包括权利人出于损害他人的目的而行使其权利和行使权利所得利益微小而使他人遭受重大损害的权利行使两种情形。[10]21 三类型说认为，权利滥用包括违反公共利益、以损害他人为主要目的和行使权利或履行义务违背诚实信用原则三种情形。[11]371 四类型说依《民法通则》第7条之规定，提出权利滥用包括违反社会公德、社会公共利益、国家计划经济、社会经济秩序的四类行为。〔3〕六类型说将权利滥用归结为恶意损害他人、违背权利目的、于己无益、损害大于所得利益、与所引起信用相违背、损害超过可忍受限

---

〔1〕德国民法上的禁止权利滥用规范强调加害目的的唯一性，如果行为本身还有其他目的，则非属权利滥用行为（Grothe. Münchener Kommentar zum BGB, 5. Auflage 2006, BGB § 226, Rn. 11.）。

〔2〕对于权利滥用的确认，《瑞士民法典》第2条第2款规定不要求主观方面存在恶意，（明显）滥用的客观要件足以认定权利滥用（［瑞］贝蒂娜·许莉蔓—高朴、［瑞］耶尔格·施密特：《瑞士民法：基本原则与人法（第二版）》，纪海龙译，中国政法大学出版社2015年版，第106页）。

〔3〕徐国栋：《论权利不得滥用原则》，载《中南政法学院学报》1992年第3期（该文所述第6条应为第7条之误。第7条于2009年经《全国人民代表大会常务委员会关于修改部分法律的决定》修改为：“民事活动应当尊重社会公德，不得损害社会公共利益，扰乱社会经济秩序。”违反计划经济之说，自成历史遗迹）。

度。[12]197七类型说于此基础上增加特殊滥用行为。[13]相对而言，较为少见的是对禁止权利滥用原则具体适用情形的归纳。史尚宽先生通过列举方式归纳权利滥用的不同类型，具体包括十九种情形。[1]以上见解均兼采主、客观标准。

（二）我国司法实务中的权利滥用情形

我国司法实务中运用禁止权利滥用规范的案例大多以禁止权利滥用规范作为说理依据而非判决依据，其作用为附带性地补强说明适用相关法律规范的理由，且常止步于引用禁止权利滥用规范，极少进一步深入说明权利滥用的判定标准。从相关案件的说理部分来看，我国实务中权利滥用的判定主要视客观要件而定，通常不考虑主观要件。

表2　判定权利滥用的考量要素

考量要件	具体要素	案件数量
主观要件	明知[2]、恶意[3]	2
客观要件	行为违法或违约	3
	行为损害他人利益、公共利益	3
	主张过高赔偿	1
	行为侵犯他人权利或超过必要限度	6
	违反信赖原则	1
	行为客观上无法实现	1

在不同案由的案件中，权利滥用的表现形态有所不同，主要包括下列九种情形。

情形一：行使权利无法律或法律行为依据。于此情形下，行为人无实施相关行为之权利。例如，在一债权转让合同纠纷案[4]中，二审法院认为，债务人徐某明

[1] 分别为：欠缺正当利益之权利行使、为获取不当利益之权利行使、依侵权行为之权利行使、超过可忍受程度的损害之权利行使、亲属间不当之权利行使、所有权之滥用、工作物设置之滥用、地下水利用权之滥用、流水使用权之滥用、侵害排除请求权之滥用、土地承租人妨碍排除请求权之滥用、形成权之滥用、抗辩权之滥用、代表权与代理权之滥用、诉权之滥用、身份权之滥用、公司法上之滥用、劳工法上之滥用、诉权之滥用（史尚宽：《民法总论》，中国政法大学出版社2000年版，第718～732页。）。

[2] “徐某洪诉徐某琦等债权转让合同纠纷案”，浙江省衢州市中级人民法院（2011）浙衢商终字第102号民事判决书。

[3] “钜强（广州）机械有限公司、林某梁与钜强（广州）机械有限公司、林某梁侵害商标权纠纷”，最高人民法院（2015）民提字第49号民事判决书。

[4] “徐某洪诉徐某琦等债权转让合同纠纷案”，浙江省衢州市中级人民法院（2011）浙衢商终字第102号民事判决书。

知本案正在诉讼中，未经债权人同意，向债权人之债权人清偿债务并辩称其对债务已履行完毕。

情形二：超越范围行使权利。于此情形，行为人虽有权利，但权利之行使超出法律规定。例如，“陈某与吴某裕等农村土地承包合同纠纷上诉案”〔1〕中，村委会发包的权利范围限于短期承包，对长期承包并无发包权，村委会的行为超越其所获授权范围。而在“杨某某与华某某等排除妨害纠纷上诉案”〔2〕中，被告有权使用公用共有部位通道，但是擅自隔断原告唯一必经通道的走廊，显然超越其使用权范畴。

情形三：权利之行使违反法律或法律行为的限制。于此情形下，法律规定或当事人约定，行为人不得从事相关行为。例如，在“付某侠与上海绿宇物业管理有限公司房屋租赁合同纠纷上诉案——群租的法律规则”中，裁判要旨指出，承租方与房屋产权人可以约定承租方可自由分割出租房屋，但此约定不能排除物业公司与房屋产权人在住宅临时公约中的约定。房屋的承租方对房屋不当使用收益的行为，属于权利滥用。〔3〕依照《物权法》第83条规定，出租人应当遵守管理规约之规定，因此违反此种限制之权利行使，应直接适用具体法律规范。

情形四：行使损害赔偿请求权请求过高赔偿。例如，“郭某军与郭某达委托合同纠纷上诉案”中，二审法院认为，上诉人提出的车辆整体损失赔偿数额超过被上诉人应承担的责任范围，属于权利滥用。〔4〕

情形五：以侵犯他人权利的方式或超过必要限度行使权利。于此情形下，行为人行使权利之行为违反《侵权责任法》，侵害他人权利。在“上海某餐饮公司与重庆市某集团公司排除妨害纠纷案”中，重庆市某公司在上海某餐饮公司拒付工程款后，由该方工人到上海某餐饮公司讨薪，并发生冲突，二审法院认为，私自进驻系争房屋，显已构成侵权。〔5〕在“河南省商丘市古宋兽药厂诉商丘市睢阳土地管理局侵权纠纷案”中，二审法院认为，土地管理局在行使权利停水、停电后，已可避免其损失扩大，又采取锁闭药厂大门的做法，超过权利行使的必要限度，实非必要。〔6〕此外，在“宋某林与王某海上养殖损害赔偿纠纷案”中，被告取得特定海区承包使用权，通知原告自行拆除该海区海上养殖设施未果后，拆除原告海上养殖设施，造

---

〔1〕 海南省第一中级人民法院（2012）海南一中民三终字第170号民事判决书。

〔2〕 浙江省宁波市中级人民法院（2012）浙甬民一终字第267号民事判决书。

〔3〕《付某侠与上海绿宇物业管理有限公司房屋租赁合同纠纷上诉案——群租的法律规制》，载《人民司法·案例》2007年第22期。

〔4〕“郭某军与郭某达委托合同纠纷上诉案”，海南省三亚市中级人民法院（2005）三亚民一终字第17号民事判决书。

〔5〕 上海市第一中级人民法院（2010）沪一中民二（民）终字第4193号民事判决书。

〔6〕 河南省高级人民法院（2000）豫法民终字第142号民事判决书。

成原告损失。法院认为，被告的权利行使超过正当界限，构成权利滥用。被告滥用权利的行为已对原告的合法财产造成一定损失，构成侵权行为，故应承担民事责任。[1]另有“刘某莉与王某暖修理、重作、更换纠纷上诉案”[2]“伍某胜与伍某平排除妨害纠纷上诉案”[3]“秦某英与张某盼申请诉前财产保全损害责任纠纷”[4]，均属其例。

情形六：悖于他人正当信赖的权利行使。于此情形下，行为人虽有权利，但其行为使得相对方信赖其不欲行使权利。在“山东海汇生物工程股份有限公司与谢某豪股权转让合同纠纷上诉案”[5]中，原告、被告以及第三人各方先后签订的股权转让合同，被告迟延履行逾5年，原告未行使解除权，被告也未催告行使，原告认为其解除权不因《合同法》第95条规定而消灭；被告提出其合理信赖原告已经抛弃该项解除权或根本不欲行使该项解除权。对此，裁判要旨指出：“合同解除权作为一种形成权，在不具约定或法定除斥期间时，当相对人有正当理由信赖解除权人不欲再行使解除权时，则根据禁止滥用权利原则，不得再行使解除权。”

情形七：权利之行使损及他人利益。于此情形下，行为人虽有合法权利，但权利之行使将损害他人利益。例如，在“郑某兴诉林某汉、汕头市森达塑胶厂有限公司财产所有权纠纷案”中，原告请求相邻被告返还其所占原告200余平方米房产。法院认为，该返还将造成无过错之占有人969.03平方米房产无法继续作为生产场所、导致财产重大贬损，基于禁止权利滥用原则，不支持返还财产之请求。[6]依据《物权法》第34条之规定，该案原告有权请求被告返还原告所有之房产。但是，原告请求权之实现将使被告房产严重贬值，法院据此认定原告滥用权利。在“雷某鹏与何某军买卖合同纠纷”中，法院明确提出，权利的行使应以不对他人利益损害为前提，否则构成权利滥用。[7]

情形八：权利之行使客观上无法实现而仍主张权利。于此情形下，行为人虽有

---

〔1〕 青岛海事法院民事判决书（2001）青海法海事初字第23号民事判决书。

〔2〕 广东省东莞市中级人民法院（2013）东中法民一终字第399号民事判决书。该案中，法院认为，刘某莉在已经查明其所在房屋存在渗漏点，且与王某暖所住房屋发生渗漏水存在因果关系时，无视损害行为已经发生的事实，以房屋质量问题应由开发商承担为由，放任其所住房屋继续漏水，从而导致王某暖房屋损害的扩大，属于侵权行为。

〔3〕 浙江省湖州市中级人民法院（2011）浙湖民终字第392号民事判决书。该案中，当事人越界种植，属侵害他人所有权的行为。

〔4〕 安徽省淮北市杜集区人民法院（2014）杜民一初字第00419号民事判决书。该案中，原告因被告的错误保全行为遭受损失。

〔5〕 “山东海汇生物工程股份有限公司与谢某豪股权转让合同纠纷上诉案”，载《人民司法·案例》2011年第12期。

〔6〕 广东省汕头市龙湖区人民法院（2005）龙民二初字第4228号民事判决书。

〔7〕 贵州省贵阳市观山湖区人民法院（2015）筑观法民初字第356号民事判决书。

权利，但客观上存在影响其权利实现的障碍，导致其权利无法实现。例如，在“季A与上海市卢湾区高城苑业主委员会业主知情权纠纷上诉案”中，原告虽有权请求业主委员会提供相关财务信息，但是由于现业主委员会未能获取原业主委员会的相关材料，故而无法提供，客观上履行不能。法院认定原告主张构成权利滥用。[1]

情形九：权利之行使与公共利益相冲突。在“王某宁诉云南省电信公司昆明分公司隐私权纠纷案”中，法院认为，来电显示业务符合公共利益的需求，对社会发展具有明显的进步意义，取消来电显示以保护个人隐私权的主张为权利滥用。[2]

在前述各种情形中，法院都是从客观方面来认定权利滥用行为，鲜见对行为人主观方面的考量。但是，上述行为是否均属于真正的权利滥用行为，抑或属于与权利滥用近似的其他行为，则有待进一步探究。

（三）我国司法实践评析

所谓权利行使，必有一定界限，超过正当界限行使权利，方为权利滥用。[14]281如前述案例所示，禁止权利滥用规范广泛适用于各种不同情形，但由于权利滥用行为界定的标准不明，导致实际适用呈现较为混乱的状况，不乏滥用、误用情形。

1. 权利滥用与无权行为

将权利滥用行为与无权行为混为一谈，是司法认定中最为常见的问题。前述第一种情形，权利之行使并无法律或合同依据，既无权利，何来滥用？事实上，权利滥用行为与无权行为存在明确的界分。首先，两者的前提不同。权利滥用以权利之存在为前提，而无权行为则根本无此前提。其次，无权行为不以对他人造成损害为要件，而权利滥用行为以致人损害为要件。前述“徐某洪诉徐某琦等债权转让合同纠纷案”中，债务人徐某琦收到债权人债权转让通知后，应当向债权受让人徐某琦履行债务，并无向原债权人的另一债权人履行债务的选择权。故该案中徐某琦的行为并无法律或合同依据，既无权利之存在，自然非属权利滥用。[3]

---

[1] 上海市第二中级人民法院（2012）沪二中民二（民）终字第191号民事判决书。

[2] 云南省昆明市盘龙区人民法院（2004）盘法民一初字第0642号民事判决书。

[3] 类似的案件还有：“姚某军、姚某斌、镇安县秦鼎商贸有限责任公司、陕西长宇实业有限责任公司公司决议效力确认纠纷”，该案中姚某军、姚某斌在未合法取得镇城七组的股权的情况下，将该部分股权转让给长宇公司的行为属无权处分（陕西省商洛市中级人民法院（2014）商中民二终字第00086号民事判决书）；“安徽金屯集团物业发展有限责任公司与姚某鑫、胡某明、安徽宿州金狮矿业有限责任公司董事、监事、高级管理人员损害公司利益责任纠纷案”，该案中两大股东拒不执行公司管理制度和股东决议私占扣公司印章（安徽省宿州市中级人民法院民事判决书（2013）宿中民二初字第00071号）；“余某菊与胡某业买卖合同纠纷”，法院认为，当事人行使单方解除权不符合《合同法》第94条的规定，系对合同法赋予守约方解除权的权利滥用（安徽省长丰县人民法院（2015）长民一初字第01995号民事判决书）；等等。

2. 权利滥用与越权行为

司法实务中，对滥用权利与越权行为有时不加区分，出现将超越权利行为认定为滥用权利行为的情形。实际上，滥用权利与超越权利也有差异。例如，前述第二种情形，即超越法律规定范围的权利行使，则超越范围的部分同样属于无权行为，而非权利滥用。与第二种情形正面规定权利行使范围不同，第三种情形从反面限制权利的行使范围。此两种情形，均有法律具体规定可资适用，而不涉及禁止权利滥用。

3. 权利滥用与侵权行为

权利滥用行为与侵权行为的混淆也是较为常见的问题。对于侵权行为与权利滥用的关系，学者有不同见解。有学者将权利滥用认作侵权行为之一种，即行为人行使权利的行为，依侵权法的一般原则构成侵权时，即认定为权利滥用。[15][16]另有学者认为，无论在构成要件还是立法目的方面，侵权行为与权利滥用均存在明显的差异。[3]273-274权利滥用不同于侵权行为，首先，一般侵权行为以行为之违法性作为要件，[17]26须行为本身缺乏正当性，而权利滥用以权利存在为前提，行为本身并无违法性要求，其正当性取决于行为后果；其次，侵权行为违反的是法定的、绝对的义务，侵害的是绝对权，[18]32权利滥用行为并不以此为限。前述第五种情形，即以侵犯他人权利的方式或超过必要限度行使权利，行为人并无权利，属于侵权行为。例如，在“刘某莉与王某暖修理、重作、更换纠纷上诉案”中，一审法院认为，刘某莉作为1202号房屋的权属人，在已经查明1202号房屋存在渗漏点与王某暖所住的1102号房屋发生渗漏水存在因果关系时，基于禁止权利滥用的原则，刘某莉不应无视损害行为已经发生的事实，以房屋质量问题应由开发商承担为由，放任其所住的1202房屋继续漏水，从而导致王某暖房屋损害的扩大，刘某应及时对其房屋的渗漏水点进行修补，将实际损害降至最低。该案二审法院虽然支持一审法院判决，但其说理部分变更为刘某莉对该损失应当承担侵权责任。[1]该案中，刘某莉明知而放任房屋漏水，应属侵权行为。在“郭某贵与被告三门峡市兴通汽车销售有限责任公司、中国人民财产保险股份有限公司三门峡市分公司返还财产纠纷”中，法院认为被告的扣车行为，损害了郭某贵的合法财产权利，其行为构成权利滥用，应属侵权行为。[2]

4. 权利滥用与正当行使权利

权利滥用之构成要求造成他人损害，而正当行使权利的行为同样可能使他人利益受损。权利人行使权利时，常使他人负有义务。权利人行使支配权时，其他人负有忍受、不加干扰的义务，如对合理限度内噪声的容忍。权利人行使请求权时，相

---

[1] 广东省东莞市中级人民法院（2013）东中法民一终字第399号民事判决书。

[2] 三门峡市湖滨区人民法院（2013）湖民一初字第2499号民事判决书。

对人负有履行义务，履行行为可能减少相对人之财产，而此种利益损失为权利发生之时即可预见。在前述第四种情形，行为人主张损害赔偿数额超过其所受损失，并不会对相对方造成损害，相对人因对超过部分无义务赔偿，自可拒绝。而且由于当事人与法院对损失数额之具体判断常有不同，此种情形殊为常见，应非权利滥用。而在第七种情形中，权利之正当行使损及他人利益，即利己而损人，如为所有权行使的正常结果，属于他人应当容忍的范围，不构成权利滥用，反之，则可认定为权利滥用。以“郑某兴诉林某汉、汕头市森达塑胶厂有限公司财产所有权纠纷案”为例，原告基于其所有权主张返还财产，其主观并无损害他人利益的目的，客观上造成他人财产重大贬值，法院认定为权利滥用。[1]而在前述“季A与上海市卢湾区高城苑业主委员会业主知情权纠纷上诉案”中，原告虽享有资料提供请求权，但被告以客观上履行不能作为抗辩，由此阻却请求权。就结果而言，法院不予支持原告诉求，无可非议，但就说理而言，此种权利行使行为本身并不致对义务人造成损害，而以权利之无法实现推导出权利之滥用，难言合理。[2]在“梁某英与重庆市沙坪坝区歌乐山镇山洞村新房子经济合作社农村土地承包合同纠纷”中，对于原告因被告未适当履行而主张收回土地承包经营权有损公共利益，一审法院认为属于权利滥用，二审法院认定为正当权利之行使，非属权利滥用。[3]在“雷某鹏与何某军买卖合同纠纷”中，法院认为，被告不行使讼争车辆的过户权利损害了原告购车摇号的相关利益，故其行为构成权利滥用。[4]此种行为实为受领迟延，不必援引禁止权利滥用规范。

5. 权利滥用与背离公共利益

对于背离公共利益的权利滥用，司法实践中表现出严格适用的倾向。以“公共利益”和“权利滥用”或“滥用权利”为关键词搜索所得案例，多为主张超过诉讼时效行使权利和违背公共利益合同无效的情形，未见纯正的背离公共利益滥用权利的案件。即使当事人以违背公共利益为由援引禁止权利滥用原则，法院或者不予置评，或者径予否定。例如，在“王某某等与A市B公司财产损害赔偿纠纷上诉案”中，对于“多数人同意委托经营即构成《民法通则》第7条规定的‘公共利益’，从而拒不同意统一委托经营的行为构成违反公共利益”这一主张，法院认为，多个业主的经济利益并不属于公共利益的范畴。[5]

---

〔1〕 对于此类案件，比较法上常不认定为权利滥用，我国司法实务有不同见解。本案之分析于第五部分展开。

〔2〕 权利之行使与权利之实现两者内涵不同，前者指实现权利之行为，后者为权利行使之结果，即权利之内容已经实现（两者区别详见郑玉波：《民法总则》，中国政法大学出版社2003年版，第546页）。

〔3〕 重庆市第一中级人民法院（2015）渝一中法民终字第04256号民事判决书。

〔4〕 贵州省贵阳市观山湖区人民法院（2015）筑观法民初字第356号民事判决书。

〔5〕 长沙市中级人民法院（2010）长中民一终字第0107号民事判决书。

以违背公共利益为要件认定权利滥用行为的案例，有前述“王某宁诉云南省电信公司昆明分公司隐私权纠纷案”。法院认为，被告开展来电显示业务的目的是更好地实现通信，符合公共利益的需求。按照公共利益高于个人利益，个人利益让位于公共利益的原则，原告要求被告承担侵权责任的请求不予支持。[1]值得怀疑的是，来电显示业务是否属于公共利益范畴。来电显示业务应为电信经营者向客户提供的服务。在客户无意使他人获悉自己电话号码的情形下，当事人自可不选择此种服务或协商变更通信服务合同。因此，该案与公共利益无关。

6. 权利滥用与背信行为

在第六种情形，权利人在相当期间内不行使其权利，依特别情事足以使义务人正当信赖权利人不欲使其履行义务。此在大陆法系被认为是违反诚信之行为，在英美法系常以禁反言原则规范。此时诚信原则与禁止权利滥用规范难以区分，司法实务中常将二者相提并论。如在“长葛市农村信用合作联社与王某岭、段某妮借款纠纷案”中，二审法院认为，诚实信用原则是民事主体在从事民事活动时，应诚实守信，以善意的方式履行其义务，不得滥用权利。[2]

综上，我国司法实务确有不少运用禁止权利滥用规范的情形，但其中诸多判决对权利滥用行为与侵权行为、越权行为、无权行为、正当行使权利行为不加区分，混为一谈。判定是否属于权利滥用的前提是明确权利滥用的界定标准。否则，仅由适用禁止权利滥用规范的案例数量甚多这一现象就得出禁止权利滥用规范意义重大的结论，难免掩盖真正的权利滥用情形寥寥无几、禁止权利滥用规范的独立价值不彰这一真相。

实务上，多数案例虽提及禁止权利滥用，却不加论证。少数引用且论证的案例中，多从行为后果出发分析是否构成权利滥用。对于众多学者主张的主观要件，即以损害他人为目的行使权利，在个别案例中有所体现。例如，在一商标权纠纷中，最高人民法院提出，“任何违背立法目的和法律精神，以损害他人正当权益为目的，恶意取得并行使权利、扰乱市场正当竞争秩序的行为均属于权利滥用”。该判决从主观恶意和客观损害后果两要件展开分析，即主观上“钜强公司不具有攀附林某梁注册商标的意图”，客观上“不会使相关公众对产品的来源产生混淆和误认”，认定不构成权利滥用。[3]此外，实务上禁止权利滥用规范并非如学者所描述的在公共利益保护方面发挥重要作用，相反，即使有《民法通则》第7条之规定，法官在以违背公共利益为由判定权利滥用方面仍然极为谨慎，鲜见以违反公共利益为由判定

---

[1] 云南省昆明市盘龙区人民法院（2004）盘法民一初字第0642号民事判决书。

[2] 河南省许昌市中级人民法院（2011）许民再终字第6号民事判决书。

[3] “钜强（广州）机械有限公司、林某梁与钜强（广州）机械有限公司、林某梁侵害商标权纠纷”，最高人民法院（2015）民提字第49号民事判决书。

权利滥用的案例。因此，权利滥用在司法实务中虽以客观要件作为判定基础，但尚未形成较为一致的标准。为与其他类似行为区分，权利滥用应包括如下客观要件：首先，行为人须有权利，以区别于无权行为。其次，权利之行使边界模糊，如权利行使的范围、方式、期间未有明文规定，以区别于违法的侵权行为，避免权利滥用禁止的司法滥用。最后，权利之行使造成权利人所获利益与他人所受损失严重失衡。

四、何种“权利”：禁止权利滥用规范的适用范围

毋庸讳言，权利可能被滥用。那么，何种权利之行使可能构成滥用？是否任何权利均可能构成滥用？学者见解不一。有学者从权利性质视角指出，禁止权利滥用规范适用于包括物权、债权、知识产权和人身权等在内的一切私权。[13]有学者从权利作用角度提出，无论是请求权、形成权，还是绝对权甚至抗辩权之行使，均可能构成权利滥用。[19]918亦有学者以列举方式指出不适用禁止权利滥用规范的权利范围。[1]综观上列见解，适用范围由宽而窄，从可适用于所有私权，至特定范围的排除，不尽相同，故有必要逐一检视各种权利类型，探讨滥用之可能性。我国司法实务上所涉权利类型如下表所示。

表3 适用禁止权利滥用规范的权利类型

适用范围	具体权利类型	案件数量
支配权	物权	11
	人格权	1
	知识产权	1
请求权	物上请求权	7
	债权请求权	4
抗辩权	同时履行抗辩权	2
形成权	解除权	2

（一）支配权

支配权最突出的特性在于具有排他性，权利人可以排斥他人对客体之利用，并

---

〔1〕姚瑞光：《民法总则论》，中国政法大学出版社2011年版，第371～373页（以下权利之行使不适用禁止权利滥用：人格权受侵害时之除去侵害请求权、被诈欺或胁迫而为意思表示者之撤销权、适于抵消之抵销权、赠与人因受赠人有故意侵害之行为或不履行扶养义务之撤销权、邻地所有人对于土地所有人之移去越界建筑房屋之请求权、分割共有物请求权、联合财产关系消灭时剩余差额之分配请求权、离婚请求权、酌定对于未成年子女权利义务之行使或负担请求权、认领子女请求权、终止收养关系请求权、继承权被侵害者之回复请求权、继承人之分割遗产请求权等）。

可禁止他人非法妨碍自己支配客体的行为。通常支配权之行使仅取决于权利人自己的行为，无须他人积极协助，与之相对的他人的义务表现为消极地不干涉。

支配权主要包括物权、人格权、知识产权等。其中，物权的滥用在实务中最为常见。以所有权而论，即为完全物权，所有权人自得依其意思占有、使用、收益和处分特定物。所有权之行使，无须假他人之力，但其结果可能及于他人。故而早在罗马法上即有所有权行使不得有害邻人之论断。[20]204 所有权滥用常被视为权利滥用之典型，其中相邻关系的案件较为常见。例如，当事人主张拆除院墙以方便其排水的请求，须达到“必要”条件，否则构成权利滥用；[1] 降低相邻路面的请求，损害他人利益，同样需要满足“必要”的条件；[2] 侵占公有部位，影响权利人合法权益的行为为权利滥用。[3] 相较于所有权，用益物权仅包含占有、使用和收益权能，但仍不失为一种独立物权，用益物权人也可能利用其权利侵犯他人权益。例如，用益物权人利用租赁权限制所有权人的处分权或利用优先权刁难所有权人的处分权；[21] 担保物权设立之目的为确保债务履行，但此种权利之行使同样应有限制。例如，承运人不得以托运人欠付运费为由扣留救灾物资。[22]

人格权的滥用，实务中亦有其例。例如，滥用姓名变更权，故意造成姓名混同，谋取不当利益。[4]

知识产权滥用，为支配权滥用的另一典型。《反垄断法》第55条，《著作权法》第22-23条，《专利法》第六章“专利实施的强制许可”禁止滥用商标权和企业名称权[5] 和滥用著作权、禁止滥用专利权搭售商品。

基于支配权的请求权滥用为支配权滥用的另一种表现形态，同时也属于请求权滥用的情形。

（二）请求权

请求权包括基于物权或债权的请求权。理论上有学者认为，无论物权、债权的

---

〔1〕“刘某娣与马某勇、杨某等相邻关系纠纷”，江苏省徐州市中级人民法院（2015）徐民终字第2864号民事判决书。

〔2〕“申请再审人许某生与被申请人唐某生相邻权纠纷”，湖南省永州市中级人民法院（2015）永中法民再终字第27号民事判决书。

〔3〕“苏某静、沈某与董某华排除妨害纠纷”（镇江市润州区人民法院（2014）润民初字第945号民事判决书）、“田某与陈某明排除妨害纠纷”（镇江市润州区人民法院（2014）润民初字第737号民事判决书）、“沙某兰与吴某排除妨害纠纷”（镇江市润州区人民法院（2015）润民初字第1176号民事判决书）。

〔4〕例如，“王某文诉叶某军等著作权侵权、不正当竞争纠纷案”中，河北省王某文滥用姓名变更权，侵犯湖南省作家王某文的利益（湖南省长沙市中级人民法院（2004）长中民三初字第221号民事判决书）。

〔5〕“邓某强等与顺德市松本电工实业有限公司不正当竞争、名誉侵权纠纷上诉案”中，二审法院认为，当事人在行使各自的商标权和企业名称权时，均应当按照法律规定的范围进行使用，不得滥用权利（广东省高级人民法院（2003）粤高法民三终字第48号民事判决书）。

请求权均可能滥用，实际上并不尽然。物上请求权存在滥用的可能。物上请求权的行使，权利人所得利益并不等于义务人所受损失，两者可能不成比例。例如，在他人土地上建造房屋之情形，所有权人有权请求拆屋还地，但是于拆屋还地显然极不经济时，将使侵权人在经济上遭受过大的损失，而权利人自身所获利益甚少，利益得失严重失衡，故此种请求权主张应属滥用。〔23〕222 基于知识产权的请求权滥用亦同。〔1〕与物上请求权不同，债权请求权主要以金钱赔偿或返还金钱利益为内容，“损失多少赔偿（返还）多少”，义务人的赔偿（返还）数额即为权利人的损失数额，不存在义务人受损大于权利人获益的情况，因此不具备权利滥用的构成要件。

司法实务上所谓请求权滥用的案例，如滥用损害赔偿请求权请求过高赔偿、〔2〕滥用支付请求权、〔3〕滥用租金请求权〔4〕等案例均非请求权之滥用，实际上是权利之正当行使、无权行为或侵权案例。

（三）抗辩权

抗辩权是用以对抗请求权的权利，因此抗辩权的行使以请求权之主张为前提。与请求权类似，单方行使抗辩权对抗相对人的主张，通常不会直接损及他人利益或社会公共利益。有学者认为，在买卖合同纠纷中，一方以相对方交付货物数量不足主张同时履行抗辩权，若不足数量甚少，此时构成权利滥用。〔24〕但依《合同法》第66条之规定，主张同时履行抗辩权的范围仅限于“相应的履行要求”，即仅可就短少的部分主张同时履行抗辩权，因而不致损害相对人利益。在房屋买卖合同纠纷案中，购房人在房屋交付使用后以房屋质量问题主张先履行抗辩权，〔5〕与同时履行抗

---

〔1〕 2016年最高人民法院《关于审理侵犯专利权纠纷案件应用法律若干问题的解释（二）》第26条即明确规定：“被告构成对专利权的侵犯，权利人请求判令其停止侵权行为的，人民法院应予支持，但基于国家利益、公共利益的考量，人民法院可以不判令被告停止被诉行为，而判令其支付相应的合理费用。”

〔2〕 “郭某军与郭某达委托合同纠纷上诉案”，海南省三亚市中级人民法院（2005）三亚民一终字第17号民事判决书。

〔3〕 “丘某与丘某丽民间借贷纠纷”（广西壮族自治区陆川县人民法院（2014）陆民初字第1305号民事判决书）（法院认为，当事人主张超过银行同期贷款利率四倍的利息部分，属于权利滥用）、“上海某餐饮公司与重庆市某集团公司排除妨害纠纷案”［上海市第一中级人民法院（2010）沪一中民二（民）终字第4193号民事判决书］。

〔4〕 “河南省商丘市古宋兽药厂诉商丘市睢阳土地管理局侵权纠纷案”，河南省高级人民法院（2000）豫法民终字第142号民事判决书。土地管理局在行使停水、停电权利即避免了其损失扩大并使古宋兽药厂停止生产后，又采取锁闭古宋兽药厂大门的做法，该行为构成权利滥用，为法律所禁止。

〔5〕 “广州市番禺碧桂园物业发展有限公司诉苏某、罗某房屋买卖合同纠纷案”，广东省广州市中级人民法院（2006）穗中法民五终字第430号民事判决书（二审法院认为，该案所涉房屋经鉴定存在一定质量问题，且多与被上诉人有关，需采取措施修缮，经两上诉人交涉，被上诉人至今未履行维修义务，上诉人因此拒付最后一期购房款虽不完全符合《合同法》中抗辩权的行使条件，但鉴于其主观无违约故意，客观又存在被上诉人履约不当情况，依公平合理原则，该院认为以上诉人清偿所欠购房款时向被上诉人支付迟延期间的法定孳息为宜）。

辩权之行使类似，《合同法》规定权利人有权“拒绝其相应的履行要求”，同样不会损害相对人利益。又如，民航承运人滥用权利拒载案[1]中，航空公司基于合理事由拒绝订立合同的行为非属权利滥用，而是权利之正当行使；如非基于合理事由拒载，则根本无权利可言，亦与权利滥用无关。

（四）形成权

形成权是无须他人意思表示参与、仅依权利人一方意思发生法律效果的权利。无论是旨在创设法律关系的积极形成权还是旨在消灭法律关系的消极形成权，均有可能因滥用而损及他人利益。积极形成权，如优先购买权，承租人行使优先购买权可能损及房屋共有人和利害关系人的利益，因此最高人民法院《关于审理城镇房屋租赁合同纠纷案件具体应用法律若干问题的解释》第24条对承租人行使优先购买权设有限制。消极形成权，如解除权，无约定或法定除斥期间时，当相对人有正当理由相信解除权人不欲再行使解除权时，权利人行使解除权即构成滥用。[2]

除此之外，对于代理权的行使，有判决亦适用禁止权利滥用规范。例如，监护人滥用代理权处理被监护人财产的行为。[3]然而，代理权并非民事权利，而是一种权限、资格或法律地位，[3]108不应纳入禁止权利滥用规范的适用范围。对于此类行为，不妨认定为监护人违反义务而应负侵权责任，在法律行为上的效果则是因无权代理而无效。

概言之，我国禁止权利滥用规范的适用较为典型的领域为相邻关系、形成权，此与比较法经验较为一致。《德国民法典》第910条、第912条、第913条、第914条、第916条、第917条就相邻关系中的权利滥用特设专门规定；形成权滥用也有以诚实信用原则为基础的权利失效理论解决。[25]159-160《瑞士民法典》第四编第十

[1]《范某军诉厦门航空有限公司、中国旅行社中旅大厦售票处人格权案—民航承运人基于安全事由拒载的合法性》，载《人民法院案例选》2013年第2辑。裁判要点：在民航承运人履行强制缔约义务不利于保障航空安全的情况下，法院应当在个别乘客消费者权利与其他乘客的生命财产权利之间作出价值权衡，应当允许民航承运人基于安全事由对个别乘客拒载，但为防止民航承运人滥用拒载权利，应当为遭受拒载的消费者设置救济途径。

[2]“山东海汇生物工程股份有限公司与谢某豪股权转让合同纠纷上诉案”的裁判要旨指出，合同一方当事人因对方的迟延履行行为致使合同目的落空，依法享有法定解除权。但是合同解除权作为一种形成权，在不具备约定或法定除斥期间时，当相对人有正当理由信赖解除权人不欲再行使解除权时，则根据禁止滥用权利原则，不得再行使解除权（《人民司法·案例》2011年第12期）。另在“上诉人珠海公交巴士有限公司（以下简称公交公司）与被上诉人陈某才劳动合同纠纷”中，针对公交公司在原告发生交通事故后两年多才行使解除权，法院认为解除权已经失效，公交公司的行为属于权利滥用［广东省珠海市中级人民法院（2015）珠中法民一终字第424号民事判决书］。

[3]“白某威等与辽宁葫芦岛连山农村商业银行股份有限公司城北支行抵押借款合同纠纷再审案”（最高人民法院（2013）民申字第344号民事判决书）、“杜某霖诉徐某平等其他所有权纠纷案”（上海市第一中级人民法院（2014）沪一中民二（民）终字第313号民事判决书）。

九章第二节同样就土地所有权行使的限制设有多条规定，理论和实务上梳理了常见的权利滥用类型。例如，恶意修建高墙、房东恶意驱逐房客、恶意缔约、行为前后矛盾等。[26]61 权利滥用集中于相邻关系的原因主要在于，不动产遭受侵害时，可能因权利人主张排除妨害而导致双方利益严重失衡；而动产遭受侵害时，权利人无论主张返还或是赔偿，均无此后果。形成权滥用的产生原因均为法律存在漏洞，立法上未明确规定特定形成权的除斥期间或其他消灭事由时，权利之行使即有滥用之可能。

五、如何“禁止”：禁止权利滥用规范的效果

（一）权利滥用的法定效果

比较法上，权利滥用的法律后果不尽相同。德国法上，针对权利滥用行为，受害人可以主张停止侵害、排除妨碍、损害赔偿、[27]14[28]29-31 权利失效。[29]408 瑞士民法针对权利滥用行为主要规定了权利不受保护、损害赔偿等后果。[1] 我国立法中涉及权利滥用的规定主要指过度行使权利损害特定人利益或公共利益的情形，损害私益型滥用如《公司法》第 20 条规定的股东“滥用股东权利损害公司或者其他股东的利益”，损害公益型滥用如《反垄断法》第 55 条涉及“滥用知识产权，排除、限制竞争的行为”。总体而言，我国法定的权利滥用情形较少，如德国、瑞士、意大利、法国民法典均专门规定的越界建筑上的权利滥用问题，我国《物权法》也未置一词。

对于滥用股东权利的损害私益型滥用行为，公司法第 20 条第 2 款规定的法律后果为“给公司或者其他股东造成损失的，应当依法承担赔偿责任”。检索北大法宝，以“损害股东利益责任纠纷”为案由、以《公司法》第 20 条为依据所得案件仅 3 例，法院否定权利滥用的 1 例，[2] 一审肯定而二审否定 1 例，[3] 肯定的 1 例，即“张某根与张某武损害股东利益责任纠纷上诉案”，法院认为，控股股东在实际管理公司期间未建立规范的财务制度，导致公司在清算时因提供的财务账册无法反映公司客观真实的财务信息、经营信息而不能全面清算，构成权利滥用，因此应对

---

〔1〕 此外还有特别法上规定的特定法律后果，如《瑞士债务法》第 270 条、第 271 条之规定（Peter Tuor. Das Schweizerische Zivilgesetzbuch, 13. Auflage 2009, 65 ff.）。

〔2〕 “王某声诉大连大显集团有限公司等侵害股东权益责任纠纷案”，辽宁省大连市中级人民法院（2015）大民三初字第 275 号民事判决书。

〔3〕 “海南海钢集团有限公司与中国冶金矿业总公司损害股东利益责任纠纷上诉案”，最高人民法院（2013）民二终字第 43 号民事判决书。

承担遭受损害的股东承担赔偿责任。[1]以“损害公司利益责任纠纷”为案由、以《公司法》第20条为依据的案例，未见一例。对于滥用知识产权的损害公益型滥用，其法律后果主要为行政法上的后果，如《关于禁止滥用知识产权排除、限制竞争行为的规定》第17条规定的责令停止违法行为、没收违法所得、罚款等。此外，还可适用《专利法》第48条规定的强制许可。同时损害私益的，应依《反垄断法》第50条规定承担民事责任，但本条未言明具体责任形式。有学者提出，可以借鉴美国专利法，必要时规定滥用后果为权利永久地失去执行力，或者直接导致权利无效。[30]但此种主张在我国法上并无依据。

（二）权利滥用的司法效果

多数权利滥用行为并未在立法上明确规定，无法定效果可言，有赖于个案判断。如前所述，司法实务中滥用权利案例虽然数量可观，但常与侵权行为、越权行为、无权行为、正当行使权利行为混淆，真正的权利滥用案件数量有限。少量的权利滥用案件，其司法效果主要表现为权利限制、损害赔偿和权利丧失。其中，权利限制和损害赔偿主要存在于支配权的滥用情形，而权利丧失则常见于形成权的滥用。

表4 权利滥用的司法效果及其适用案型

司法效果	适用案型	案件数量
权利限制	对建筑越界主张拆屋还地	4
损害赔偿	对建筑越界主张拆屋还地	1
	对侵害知识产权主张停止侵害	1
权利丧失	解除权的行使	3

1. 限制权利行使并附加损害赔偿

司法实务中，限制权利行使主要见于支配权滥用和基于支配权的请求权滥用情形。

在越界建筑案例中，法院判决既有类似的禁止滥用权利的立场，也有相反立场和中间立场。当越界建筑仅少量占有相邻土地时，相邻权利人是否得主张拆屋还地？对此，有法院考虑建筑物越界之事实，即支持拆屋还地恢复原状的主张，并明

[1] 四川省广元市中级人民法院（2014）广民终字第488号民事判决书。该案中“未建立规范的财务制度”并不涉及股东权利，更接近于义务。

确限期拆除。[1]部分法院持相反立场，一方面确认越界事实，另一方面考虑到拆屋还地对行为人造成的损失过大，认为拆屋还地主张超过其应承担的范围，故不予支持。[2]另有法院采较为缓和的支持见解，一方面确认越界行为造成的损害较小，另一方面考量拆除越界部分造成的损害过大，因此，结合实际情况判定将拆除越界墙体的时间定为下一次翻建房屋时，同时权利人可另行主张所遭受的损失。[3]虽然基于相同的事实，但因为考量因素的不同，法院可能作出三种不同的判决结果。对损害不大的越界行为支持拆屋还地的主张，虽符合法理，却失之情理，法院在两者之间的摇摆，形成了判决结果的多元化。

在我国民法体系下，无论是基于故意或过失的越界侵权行为，行为人均仅须承担补偿性责任。在前述“郑某兴诉林某汉、汕头市森达塑胶厂有限公司财产所有权纠纷案”[4]中，虽然权利人在获知部分房产面积被占用后即时主张权利，法院仍然认定权利人返还财产的主张属于权利滥用，最终判定权利人获偿房产被占期间的租金损失，并将该房产争议部分转让于占有人。[5]在补偿性救济的方式选择上，我国司法实务与各国惯常处理方法颇有差异。比较法上，德国、意大利、法国和瑞士的立法均倾向于以拆屋还地之外的其他方式保护权利人的利益。《德国民法典》第912条和第915条为权利人提供接受越界期间的定期金和转让土地权利两种选择，其前提为行为人无故意或重大过失。《意大利民法典》第938条规定了对于善意的越界行为，越界行为人可获得土地权利，原土地权利人可获得越界土地双倍价格的补偿。《法国民法典》第555条规定对于善意的越界行为，权利人有容忍义务但可获得赔偿。《瑞士民法典》第674条第3款规定善意越界情形下，权利人获得赔偿作为权利移转的对价。概言之，各国立法的共识在于，权利人应容忍越界建筑行为，但仅限于此种行为为善意时；而其不同点则体现在权利人可以获得的救济方式，或为等值或双倍损害赔偿金，或为定期金，或为权利转让金。对照以观，我国民法的问题在于，由于欠缺具体规则，对越界建筑是否应当区分善意恶意，以及其

---

[1] “苗某让诉苗某涌侵权责任纠纷案”（河南省宁陵县人民法院（2014）宁民初字第1345号民事判决书）、“刘某梅诉殷某明等建筑物利用关系纠纷案”（陕西省平利县人民法院（2013）平民初字第00547号民事判决书）、“韩某兵诉张某锋宅基地使用权纠纷案”（河南省孟州市人民法院（2012）孟民初字第834号民事判决书）。

[2] “高某出入境边防检查站与严某师物权保护纠纷上诉案”，福建省厦门市中级人民法院（2015）厦民终字第1316号民事判决书（与一审法院相反，二审法院判定恢复原状）。

[3] “赵某成诉李某成排除妨害纠纷案”，北京铁路运输法院（2014）平民初字第01760号民事判决书。

[4] “郑某兴诉林某汉、汕头市森达塑胶厂有限公司财产所有权纠纷案”，广东省汕头市龙湖区人民法院（2005）龙民二初字第228号民事判决书。

[5] 对于该案情形，笔者前文分析认为非属权利滥用，此处仅用以分析法院认定权利滥用的司法效果。

后果究竟为补偿金抑或惩罚性赔偿、一次性赔偿或者定期金赔偿，均无可操作的规范，导致法院在此问题的处理上判决结果不统一，也缺乏对双方当事人利益关系的准确衡量。对于权利人而言，则存在欠缺请求权基础的问题。而在知识产权滥用案件中，如果权利人停止侵害的主张有损社会公共利益，可对该权利行使予以限制，同时对其权利行使之损失予以补偿。例如，在"武汉晶源环境工程有限公司与日本富士化水工业株式会社、华阳电业有限公司侵犯发明专利权纠纷案"中，最高法院支持原审法院判决，指出"鉴于本案烟气脱硫系统已被安装在华阳公司的发电厂并已实际投入运行，若责令其停止行为，则会直接对当地的社会公众利益产生重大影响，故原审判决在充分考虑权利人利益与社会公众利益的前提下，未支持武汉晶源环境工程有限公司关于责令停止行为的诉讼请求，而是判令华阳电业有限公司按实际使用年限向武汉晶源环境工程有限公司支付每台机组每年人民币24万元至本案专利权期限届满为止。"[1]此种结果，其机理较为类似越界人就越界建筑所占用土地向权利人支付租金，能够较好地兼顾和平衡各方利益，但同样无法解决补偿的请求权基础问题。

由是观之，基于支配权的返还请求权或停止侵害请求权滥用，司法实务的惯常做法是，法院虽然确认权利人遭受损害之事实，同时认定支持这一主张对相对人的损害过大或将损及社会公共利益，因而对其权利予以限制，并以其他方式予以救济。

2. 失权

失权通常是形成权滥用的一般后果。司法实务上，形成权的滥用主要见于解除权的行使，由此产生失权效果。司法实务中有相应的判决支持这一立场。例如，在涉及购房合同的案件中，法院认为，原告在解除权条件成就时未在合理期间内行使权利，足以使被告对完全履行合同产生合理信赖，同时基于此信赖向第三方交付了房屋，此时原告再行提出解除合同，有违诚信的市场交易秩序。[2]权利失效的时间应当自权利人应行使权利而未及时行使权利导致相对人产生信赖时起算。

支配权和形成权滥用产生不同效果，或可运用比例原则予以正当化。[3]在支配权滥用情形，权利人主张拆屋还地或停止侵害知识产权，自身所获利益微小，而相对人或社会公共利益损失巨大。但是，倘若因权利人滥用权利而产生失权效果，势必使权利人彻底丧失其目的性利益，对权利人而言，法律后果过于严苛。此时限制

---

〔1〕 最高人民法院（2008）民三终字第8号民事判决书。

〔2〕 "李某华等诉江苏皇珈置业有限公司商品房预售合同纠纷案"（江苏省溧阳市人民法院（2015）溧天民初字第0074号民事判决书）、"陈某诉江苏皇珈置业有限公司商品房预售合同纠纷案"（江苏省溧阳市人民法院（2014）溧天民初字第0448号民事判决书）、"宝鸡宝冶钛镍制造有限责任公司与宁夏日盛实业有限公司承揽合同纠纷"（宁夏回族自治区石嘴山市惠农区人民法院（2014）石惠民商初字第82号民事判决书）。

〔3〕 关于比例原则的私法适用问题，参见纪海龙：《比例原则在私法中的普适性及其例证》，载《政法论坛》2016年第3期；郑晓剑：《比例原则在民法上的适用及展开》，载《中国法学》2016年第2期。

权利人绝对权的行使，既可实现对相对人或社会公共利益的保护，又不至于使权利人承受过度的代价。而在形成权滥用情形，权利人长期不行使权利，使相对人产生信赖，并由此建立新的法律关系，此时允许权利人行使形成权，虽具有正当性，但势必影响既有的诸多法律关系，缺乏均衡性。不同于支配权滥用的后果主要为限制权利行使和损害赔偿，形成权滥用的后果通常为看似更为严重的失权。其原因在于，相较于支配权，形成权本身为一种手段性权利，服务于其他类型的权利，如支配权、请求权等，仅使此种手段性权利丧失，并不会消灭权利人的目的性权利，对权利人的损害相对较小。而在支配权滥用情形，若采用失权的司法效果，将直接消灭权利人的目的性权利，对权利人的损害过巨，构成对权利的过度剥夺，故不可取。

六、代结论：我国禁止权利滥用规范体系的再优化

从实定法上看，禁止权利滥用规范并非民法基本原则，其独立原则地位未获立法和司法实践支持。

禁止权利滥用规范应否具有独立原则地位，取决于其与诚实信用、公序良俗原则之间的关系。理论上有包含关系说、并列关系说或同一关系说三说。包含关系说认为，禁止权利滥用规范为诚实信用原则之当然内容，或曰诚实信用原则之反面规范。〔31〕并列关系说主张，此两原则互不隶属，并行不悖，兼有交叉。〔13〕同一关系说认为，可能适用诚实信用原则之处，即可能主张权利滥用之禁止，〔19〕两者实为同一问题之两面。〔10〕22 事实上，当诚实信用被认定为涵盖主观诚信和客观诚信在内的、可适用于私法各领域的帝王条款时，权利之行使或诚信或不诚信，几无中间状态存在，〔32〕84 此时诚信原则必然涵盖禁止权利滥用规范的诸领域。就禁止权利滥用规范与公序良俗的关系而言，从禁止权利滥用规范的构成要件来看，客观说认为权利滥用包括损害社会公共利益和损害他人利益两种情形，前者必然与公序良俗原则重叠。由此可见，禁止权利滥用规范与诚信原则和公序良俗原则均有交集。与此同时，诚信原则和公序良俗原则本身的边界模糊不清，众多学者试图明晰两者的界限，却始终难以毕其功于一役。于此背景下，探讨禁止权利滥用规范与此两大原则的界限，无异于画地为牢。因此，重点不在于探讨三者在理论上的关系，而是把握禁止权利滥用的规范性质、构造禁止权利滥用规范的最优规范模式。

由理论分析和实务观察可见，禁止权利滥用规范与诚实信用、公序良俗等原则、越界建筑规则的不同之处在于，其适用范围和违反后果比两种原则更明确，但较规则更抽象，介乎于原则与规则之间，可归类为标准。〔1〕

---

〔1〕 关于标准和规则的区别，详见 Louis Kaplow, Rules Versus Standards: An Economic Analysis, 42 Duke L. J. 557, 559 -560 (1992).

表5　禁止权利滥用规范与相关民法原则和规则的区别

	诚实信用原则	公序良俗原则	禁止权利滥用规范	越界建筑规则等
构成要件	不明确	不明确	相对明确	具体明确
适用范围	权利行使和义务履行	法律行为	支配权和形成权、物上请求权（及与之相当的知识产权请求权）	不动产物权
违反后果	不明确	法律行为无效	限制权利行使、失权	限制权利行使、损害赔偿

从各国现有立法和司法实践来看，禁止权利滥用的规范模式大致可分为三类。其一为德国式，即“原则＋主观标准＋规则”模式。《德国民法典》第226条虽为禁止权利滥用的专门规定，但其要件过于严格，仅适用于“专以损害他人为目的”之情形，故实践意义不大。[33]195为处理其他权利滥用问题，实务中多适用第242条和第826条。[29]407对于典型的权利滥用问题，《德国民法典》设有专门规则，如越界建筑规定。其二为瑞士式，即“抽象标准＋规则”模式。一方面，《瑞士民法典》第2条第2款明确规定禁止权利滥用的一般条款，并采用抽象标准，另一方面，针对典型的权利滥用情形也设有专条规则，如第674条。其三为荷兰式，即“综合标准＋规则”模式。首先于其民法典第三编（财产法总则）第13条确立禁止权利滥用的一般条款，其次对其作具体界定，同时采用主观标准（专以损害他人为目的）和客观标准（权利人的利益和受害人的利益不成比例），最后于第3款补充规定“某些权利根据其性质不可能构成权利滥用。”除了第13条之外，同时在第五编（物权编）中对越界建筑等具体行为设有规则。

三种模式中，共同的特点是均设有规则。针对不同情形，规定不同法律效果，既可以顾及权利滥用危害的差异，又可以实现司法的统一，规则在法的安定性和可预测性上均优于原则和标准。三种模式的不同之处在于，德国模式兼有原则、标准、规则三种规范，主观标准畸细而原则规定畸粗，导致标准适用空间过窄而原则空间过大，实务上为迂回规避主观标准的狭窄性，而逃向诚信原则甚至公序良俗等一般条款，不仅有违法学方法论的要求，更进一步造成禁止权利滥用规范与公序良俗原则之间的牵缠不清。瑞士模式较德国模式更为抽象，但由于标准过于模糊，何为“显属滥用权利者”，殊难界定，在司法实践中可适用的范围不甚明晰，有赖于学理上的类型化梳理。相较之下，荷兰模式标准优点更为明显，规定权利滥用的主客观两种判断标准，既避免了德国模式下以单一主观标准判定造成的适用空间过于狭小、逃向一般条款的问题，也弥补了瑞士模式下标准过于抽象之不足，更在一定程度上解决了因标准不明引发的适用难题。虽然荷兰模式中也有“权利人利益与受害人利益不成比例”如何认定的问题，但较之“显属滥用”的识别，仍然更为具体可行。[1]从时间维度来看，早期《德国民法典》刻意设计禁止权利滥用规范的严格适用条件，却意外引发大量判决逃向一般条款；稍后的《瑞士民法典》特意于诚实信用原则下专设抽象的禁止权利滥用规范，弃主观要件而单采客观要件；新近的《荷兰民法典》总结两模式经验，折中选择适用范围适中、主客观要件兼收的标准规范，作为现代禁止权利滥用规范目的之典范，值得我国借鉴。

《民法总则》颁行前，民事立法并无禁止权利滥用规范，但学说和实务上均以各原则作为相关案件的裁判依据，故可称之为“纯原则”模式。2017 年《民法总则》第 132 条设定标准，规定“民事主体不得滥用民事权利损害国家利益、社会公共利益或者他人合法权益”。[2]

表 6　禁止权利滥用规范的不同规范模式

		德国式	瑞士式	荷兰式	我国《民法总则》	
					颁行前	颁行后
原则		√			√[3]	
标准	主观标准	√		√		
	客观标准			√		
	抽象标准		√			√
规则		√	√	√		

我国现有禁止权利滥用规范具有下列特点。其一，只有抽象标准的设定，但未明确规定主观标准或是客观标准。其二，欠缺具体规则。相较于旧法，这一模式的优点在于避免了逃向一般条款，司法裁判无须再援引诚实信用原则和其他原则。禁止权利滥用规范的定位更为清晰准确。在标准的构造上，将损害社会公共利益和国

[1] 比例原则在私法领域的适用已有较多研究成果，如郑晓剑：《比例原则在民法上的适用及展开》，载《中国法学》2016 年第 2 期；纪海龙：《比例原则在私法中的普适性及其例证》，载《政法论坛》2016 年第 3 期；黄忠：《比例原则下的无效合同判定之展开》，载《法制与社会发展》2012 年第 4 期等。

[2] 该条的立法史为：2016 年 2 月全国人大法工委《民法总则（草案）》（征求意见稿）第 133 条第 1 款规定：“行使民事权利，不得违反法律、行政法规的规定，不得违背公序良俗，不得损害他人合法权益”。由于该条内容与第 7 条基本重合，故 5 月 20 日修改稿将其并入第 8 条一般规定，表述为：“民事主体从事民事活动，应当遵守法律，不得违背公序良俗，不得损害他人民事权益。”7 月《民法总则（草案）》（一审稿）第 8 条沿用之，仅将“民事权益”改为“合法权益”。11 月草案二审稿第 8 条进一步明确为：“不得滥用权利损害他人合法权益。”12 月草案三审稿删除第一章“基本原则”中禁止权利滥用的相关表述，在第五章“民事权利”第 132 条予以规定，表述为“民事主体不得滥用民事权利损害他人合法权益”。2017 年 3 月 15 日通过的《民法总则》保留其在三审稿中的定位，修改为“民事主体不得滥用民事权利损害国家利益、社会公共利益或者他人合法权益。”

[3] 我国《民法总则》颁行前，立法上未就禁止权利滥用设专门规定，司法实务上多引各原则作为裁判依据。

家利益一并纳入，这一规范内容近似于我国台湾地区。[1]

我国《民法总则》虽有禁止权利滥用规范的一般标准，但对于定型化的权利滥用行为，更适合用规则来处理。典型情形即越界建筑案型中拆屋还地请求权的滥用。对于此类行为，规则可以作更精细的考量，对利益关系的调整也更为精确，还可以避免自由裁量所固有的风险。比如，在侵入人有故意或重大过失的情形，就应当支持权利人拆屋还地的请求；作为否定拆屋还地请求权的代价，应当由侵入人支付偿金，实质上是创设了一种越界部分的强制购买请求权。在民事特别法中，已有若干规则的增设。[2]而禁止权利滥用的模糊标准则不具有此种区分不同情形并确定特殊后果之功能。对于尚未定型化的权利滥用行为，因无法制定明确的规则，只能依靠标准来处理。总体而言，从规则到标准再到原则，规范的精度和密度逐次递减，规范效益随之逐次递减。对于立法者而言，能够制定具体的规则是最优选择，只有当不能或无力制定规则时，才不得不诉诸标准。如果连标准也缺失，最后诉诸原则就是一种最不得已的选择。而标准越模糊，越接近原则的性格，其规范效益越低。高度抽象的标准（如《瑞士民法典》第2条第2款），几乎等同于原则。此种标准或原则欲被恰当运用，则必须依赖于学说和判例的极大努力，其确定性和可靠性自然较低，且始终无法摆脱法官自由裁量权滥用之虞。

就此而言，我国《民法总则》新增第132条，并不意味着在禁止权利滥用规范的立法上就此止步。在下列三个方向上仍然有完善的空间：方向之一，禁止权利滥用的规则化，即在民法典分则中增加禁止权利滥用规范的相应规则。首先，在物权编中增加越界建筑以及相邻关系中其他涉及权利滥用行为的条文。现行相邻关系制度较为粗糙，导致相邻关系中涉及支配权或物权请求权滥用的大量案件都要通过中度抽象的《民法总则》第132条规定来处理。而反观大陆法系民法典，大多设有具体精细的相邻关系制度。其次，在涉及形成权的情形，尽可能规定形成权的除斥期间和其他消灭事由，从而避免诉诸抽象的禁止权利滥用规范。考虑到权利滥用的典型情形是支配权和形成权的滥用，只能说《民法总则》只是完成了规范体系建构的第一步：通过确立标准，避免了向原则的逃避。但是，标准和规则之间的鸿沟，仍有待填平。

方向之二，禁止权利滥用标准的具体化。现有标准规定缺乏确定性，应当明确规定主观标准和客观标准。主观标准是指，权利人行使权利专以损害他人利益或公共利益为目的，属于典型的滥用行为。如果不考虑其行为人的行为性质和主观意

---

〔1〕我国台湾地区“民法典”第148条第1项规定：“权利之行使，不得违反公共利益，或以损害他人为主要目的。”

〔2〕例如，《反不正当竞争法》（修订草案二次审议稿）第12条第3项关于“恶意对其他经营者合法提供的网络产品或者服务实施不兼容”行为的规定。

图，纯粹以“是否损害他人权益或公共利益、国家利益”这一行为后果作为权利滥用的认定标准，不仅与权利之本质不符，且与侵权行为难以区分。由于权利的行使是权利人符合权利内容的行为，当权利人的利益与他人利益矛盾时，权利的赋予原则上意味着允许此种权利行使损害他人利益。〔29〕406但是，此种权利行使造成的损害应限于一定范围和程度，仅当权利人所得与他人所失明显失当时，构成滥用行为。标准亦有粗细之分，精细的标准优于粗糙的标准。权利行使行为所得和所失的比较权衡，毕竟优于在全无凭籍的“滥用权利”四字诀下进行司法操作。因此，规范构造上，两种类型的滥用行为均应纳入。

方向之三，修改侵害公共利益和国家利益之表述。国家利益和公共利益的区分并无实益。禁止权利滥用规范是否应涵盖损害国家利益和公共利益的情形，就逻辑自足性而言，公益与私益同受保护，自无疑问。但损害公益的权利滥用情形在司法实务中确属少见。且立法将公益保护细分为对国家利益与社会公共利益的保护，似无必要。虽然国家利益和公共利益看似应为两个不同的概念，但理论上常将公共利益视为国家利益的上位概念〔1〕或两者为同一概念，〔2〕实务中亦常见二者混用。〔3〕

总之，在权利滥用控制任务上，较为理想的模式是“主客观综合标准＋规则”体系。在标准的主导下，围绕标准建立规则的“卫星群”，从而将规范效能最大化。此种体系是一种立法者和司法者协力的、兼具确定性和灵活性的模式。规则设计是立法者之所长，标准适用则是司法者之所长：规则侧重于事前控制，立法者所担负的规则化的任务永不会停止，因为新型权利层出不穷，权利滥用的可能性随权利类型的增加而增加，立法者应当适时回应定型化的权利滥用行为，对滥用界限作更加精准化的区分，对滥用后果作更加定制化的设计；标准侧重于事后控制，标准的妥当适用则主要依赖于司法者，他们在立法者力所不及之处个案式的、渐进式的、创造性地解决问题。〔4〕同时，将低度抽象的标准作为权利滥用行为的最后控制阀，又有助于防止禁止权利滥用规范本身固有的危险性——禁止权利滥用规范被滥用。

---

〔1〕 有学者认为，公共利益是一个上位概念，国家利益是一个下位概念（高志宏：《公共利益的独立性及当代表达》，载《学术界》2013 年第 1 期）。

〔2〕 有学者认为，《合同法》第 52 条中，公共利益和国家利益具有相同的含义（冉克平：《论“公共利益”的概念及其民法上的价值——兼评〈合同法〉第 52 条之规定》，载《武汉大学学报（哲学社会科学版）》2009 年第 3 期）。

〔3〕 例如，“张某龙与百汇公司外汇买卖委托合同案”（上海市高级人民法院（2009）沪高民四（商）终字第 34 号民事判决书）。

〔4〕 反之，如果立法者在写完《民法总则》第 132 条式的标准之后撒手不管，而将规则化的任务留给法官，法官必然难以胜任。

无效法律行为转换之学理研究和逻辑应用

李文涛*

目 次

导言 问题的提出

所谓“无效法律行为的转换”，简言之，当事人为实现某种经济效果或社会目的，采取了法律所不允许的方式（无效法律行为），但是存在另一种法律所允许的方式（替代法律行为），同样可以实现或部分实现当事人的经济效果或社会目的，而且该替代行为也符合当事人的假定意思。此时，可以将该无效法律行为转换为替代行为，以实现当事人预期的经济效果或社会目的。转换的核心是采用不同的方式来实现当事人意欲的目的或效果。转换属于法律上最精巧细致的虚拟构建，因为它在法律上提供了这种可能，即将一种被当事人误入歧途的情势带回正轨[1]。但是

* 李文涛，法学博士，中国劳动关系学院法学院副教授，中国人民大学民商事法律科学研究中心兼职研究人员。该论文系中国劳动关系学院院级课题《法律行为部分无效问题研究》（19YYJS007）阶段性成果之一。本论文得到国家留学基金资助。

[1] Christoph Krampe, Die Konversion des Rechtsgeschäfts, Vittorio Klostermann GmbH Frankfurt am Main 1980, S. 1, 2.

关于转换与解释、转换与部分无效一直以来存在争议，其边界不甚清晰。更严重的问题是，在我国民法理论和实务界，尊重“意思自治”往往流于形式，空于口号，对于尊重当事人意愿的具体制度之技术安排关注不足，对于尽最大可能尊重当事人意愿之转换制度更是鲜有深入研究和实际适用。在当前创新型社会背景下，亟须深入研究无效法律行为之转换，以切实可行之规则来充分尊重当事人的意愿，由此促进商事交易和社会交往。

一、案例引入

（一）案情[1]

买受人王某与出卖人张某订立房屋买卖合同，买卖的房屋系小产权房（农村集体宅基地使用权）。在合同签订时，双方都不具备办理证件的条件，双方约定：等条件成熟时，双方互相协助办理房产手续，并约定了违约责任。买受人王某期望履行该合同，享有该房屋的居住使用利益。但该房为小产权房，土地性质为农村集体土地，没有相关的建房审批手续和房屋产权手续。

（二）裁判

受案法院依法作出裁判，确认该买卖合同无效，出卖人返还购房款，买受人返还房屋。

（三）转换规则的适用

如果适用“无效法律行为的转换”规则，则该案可以做如下处理。当事人经由小产权房买卖合同所实现的经济目的是居住该房屋，获得该房屋的使用价值。买受人期望获得居住使用该房屋的经济利益，但采取的方式（买卖合同）为法律所不允许。为更好地尊重当事人的意思，保护买受人的利益，可通过其他法律允许的方式（替代法律行为：租赁合同）来实现买受人居住使用的目的。因此可以将该买卖合同转换为租赁合同，当事人通过房屋租赁的方式来实现其居住使用的经济效果。

个案表明，对于无效合同，首先需要分析当事人经由该无效合同所追求的经济效果、经济目的或社会目的，如果该效果或目的具有正当性，而只是采取的方式违法，则可以通过其他合法的方式来实现当事人的目的，以此来最大限度地尊重当事人的意思，实现社会价值和社会效用。毫无疑问，转换规则的适用，相比适用无效

---

[1] “王某霞与张某芬确认无效合同纠纷案”，参见河南省太康县民事判决书（2015）太民初字第535号。

规则而言，更全面深入地考虑了当事人的意愿，尽最大可能为当事人寻找实现其目的的方法和道路。转换规则的适用，相比适用原则条款而言，在法律逻辑上更加清晰和严谨，更具有司法裁判上的可操作性和严密性。

二、转换的学理研究

（一）转换的理论和制度概述

1. 古罗马

罗马人将法律行为定义为，以产生、废除和变更法律关系为导向以意思表示为条件。进一步而言，意思表示包括两个方面，其一，外在方面，法律行为的实体，即表示。表示的形式，即法律行为的形式。其二，内在方面，行为的精神层面，即意思所指向的法律目的。二者一致共同构成法律行为。罗马人认为，从事法律行为仅仅是为了某个确定权利的变更，为了一个法律目的的实现。法律行为的形式没有自身的目的，仅仅是实现目的的手段〔1〕。在古罗马理论看来，转换是在寻找新道路来实现当事人的目的，因此罗马法学家将转换视为一个独特的法律技术〔2〕。早在罗马法时期，人们就在个别情形中承认转换现象。人们会将无效的具有物权效力的遗赠转换为具有债权效力的遗赠。但是罗马法上有单个的判例适用，而没有一般的关于转换的规则。

2. 德国

转换的概念可以追溯到1747年克里斯蒂·费迪南德·哈普莱希特（Christian Ferdinand Harpprecht）的论文。哈氏将转换定义为一种类型，通过这种方式，一个当事人所从事的法律行为可以转变另一法律行为，另一法律行为并非原法律行为的组成部分，而是以另一种可能方式来实现当事人所欲求的目的。法律行为的转换是保持法律行为的目的，并与当事人的意图和行为相符合。哈氏提出，转换有其独特的法律地位，与解释不同。解释是转换的前提。解释针对一个有效的法律行为，而转换针对一个无效的法律行为。潘德克顿学派在转换的本质和前提上发展了不同的观点和立场，这些问题至今仍在讨论〔3〕。在德国法理论上，任何类型的法律行为都可以转换，包括单方行为、双方行为、无权处分行为、家庭法上的行为、死因行为以及继承行为等。有瑕疵的诉讼行为也可以适用转换。在土地登记程序中，土地

---

〔1〕 Christoph Krampe, Die Konversion des Rechtsgeschäfts, Vittorio Klostermann GmbH Frankfurt am Main 1980, S. 97, 98.

〔2〕 Christoph Krampe, Die Konversion des Rechtsgeschäfts, Vittorio Klostermann GmbH Frankfurt am Main 1980, S. 97, 98.

〔3〕 Mathias Schmoeckel, Historisch – Kritischer Kommentar zum BGB, Mohr Siebeck, 2003, S. 755, 788.

登记行为也有转换的可能性，甚至公法合同也可以依法转换[1]，转换不仅在私法上，而且在公法上也有其价值和意义。

3. 日本

我妻荣认为，部分无效的特殊样态被称为无效行为的转换。将意思表示的内容进行合理地解释，当事人企图的无效的效果与通过转换得到承认的效果，如果该结果与社会目的一致，则应当使得该转换有效成立[2]，即转换应与社会利益的判断相一致。近江幸治则提出，转换是对部分无效理论加以延伸，无效行为在满足了另一个有效行为的要件时，有时会被作为一个新的有效行为得到承认[3]。可见，在日本民法理论上，有学者主张，转换是部分无效理论和规则的拓宽或延展。

4. 英美法

在英美法上，一个任何实质性方面改变了要约条款的同意表示可以作为反要约发生效力，但是它不是承诺而且不成立任何合同[4]。英美合同法将改变要约内容的承诺转换为新要约。

5. 我国目前国内的研究

关于转换问题，目前国内的研究更多偏重于分析我国引入转换制度的必要性和正当性，以及对转换制度的基本推介。有研究成果提出，转换在我国司法领域存在广泛的适用空间，在民法、商法领域都可以得到适用，尤其是在物权法领域[5]。无效法律行为转换的适用从严格走向宽松，建立无效法律行为的转换制度存在可能[6]。无效法律行为转变为权义结构相似，但形式要件不同的他种法律行为，即转换。我国应当引入无效法律行为的转换制度[7]。还有学者详细阐释了转换的法官裁量标准，解释先于转换、无效行为适格、不悖于真意是无效法律行为转换的司法裁量标准[8]。还有学者对转换与解释的关系进行了分析，并提出转换和解释的关系取决于解释本身的界限，即关于合同类型要素之意思表示的界限[9]。就研究现状而言，转换的研究在国内尚处于起步阶段，仍需要进一步深入研究发掘，而且很多基本概念需要厘清和辨析。

---

[1] Prütting · Wegen · Weinreich, BGB Kommentar, Luchterhand, Köln 2010, S. 173, 175.

[2] [日] 我妻荣：《民法总论》，于敏译，中国法制出版社 2009 年版，第 365 ~ 367 页。

[3] [日] 近江幸治：《民法讲义 · 民法总则》，渠涛译，北京大学出版社 2015 年版，第 286 页。

[4] Mactier's Adm'rs v Frith, 6 Wend. 103, 21 Am. Dec. 262 (NY. 1830)，参见科宾：《科宾论合同》，王卫国、徐国栋、夏登峻等译，中国大百科全书出版社 1997 年版，第 169 页。

[5] 参见黄忠：《无效民事行为效力转换制度研究》，载《法商研究》2007 年第 2 期。

[6] 参见董迎雪：《无效法律行为效力转换制度研究及借鉴》，载《法学杂志》2014 年第 2 期。

[7] 参见张川华：《无效法律行为转换探析》，载《河北法学》2004 年第 8 期。

[8] 参见常鹏翱：《无效行为转换的法官裁量标准》，载《法学》2016 年第 2 期。

[9] 参见殷秋实：《无效行为转换与法律行为解释——兼论转换制度的必要性和正当性》，载《法学》2018 年第 2 期。

（二）转换的学说整理

转换被阐释为转变、改造、转型、变形、转变。自十八世纪以来，关于转换的表述就存在争议。达成共识的一点是，当事人想实现其经济效果，但其所选择的方式是不允许的，因此可以采取其他的合法的方式来实现该效果或目的。而一直存在争议的是，转换是否是解释或者是部分无效的一种形态，或者是一种独立的制度。时至今日，转换制度已经成为欧洲民法科学的一个部分，欧洲一些国家的民法教科书都会讲到的转换制度。奥地利、瑞士和法国在判例和科学理论上都接受了转换制度，虽然其没有明确的法律规定[1]。关于转换的理论争议，也成为欧洲民法科学中的一个争点问题。

从法律行为和意思表示的理论体系和基本原理来看，无效法律行为的转换属于意思表示的领域，其实质是意思表示的解剖和分析。关于转换的各种理论和学说源于对法律行为和意思表示基本构成的不同理解[2]。关于转换的学说主要包括解释说、部分无效说、独立制度说。解释说认为，无效法律行为的转换仅仅是针对无效法律行为本身的解释，经由无效法律行为本身即可解释出替代行为，即转换不是对无效法律行为的转换，而是一种对无效法律行为的解释[3]。部分无效说主张，转换是一种特殊的部分无效，是无效法律行为之法律效果的部分减少而已。部分无效是法律行为数量上的减少，而转换是法律行为质量上的减少[4]。独立制度说提出，转换绝不是解释，也不是部分无效，而是一项独立的制度，在法教义学上，转换与解释、部分无效存在明确的区别，转换有其自身独特的法教义学构造[5]。如果认为，法律行为是以意思表示为要素旨在发生法律效果的行为，该行为为了实现一个更进一步的经济效果，即法律行为是当事人实现某种经济效果或社会目的的手段或形式。则当法律行为无效时，寻找新道路来实现当事人力图的经济效果，这就是转换。转换显然是不同于解释、部分无效的独立制度。无效法律行为已经无效了，不存在对该无效行为的解释问题，也不存在该无效行为的部分无效问题，而需要寻找新的法律行为来实现当事人预期的经济效果，这就是独立的转换制度。另外，如果认为，法律行为是以意思表示为要素旨在发生法律效果，同时也发生经济效果的行为，法律行为自身就包括当事人旨在发生的经济效果，意思表示中的效果意思不仅包括法律效果，还包括经济效果，则当法律行为无效时，只需要对该无效法律行为

---

[1] Mathias Schmoeckel, Historisch – Kritischer Kommentar zum BGB, Mohr Siebeck, 2003, S. 755, 788.

[2] Mathias Schmoeckel, Historisch – Kritischer Kommentar zum BGB, Mohr Siebeck, 2003, S. 755, 788.

[3] Christoph Krampe, Die Konversion des Rechtsgeschäfts, Vittorio Klostermann GmbH Frankfurt am Main 1980, S. 97, 98.

[4] Werner Flume, Das Rechtsgeschäft, Springer – Verlag, Berlin Heidelberg 1992, S. 589, 599.

[5] Jan Lieder, Die Umdeutung nach § 140 BGB, JuS, 2015, 1063.

进行解释即可，从该无效法律行为本身可以解释出有效的替代行为，转换便成为一种对法律行为或意思表示的解释。经由转换后，无效法律行为当事人力图的法律效果和经济效果往往会减小，此时，转换类似于一种特殊的部分无效。

（三）转换与解释

1. 转换是否是解释？

转换就是解释的观点是少数派的观点，以柯因、帕罗斯基和布洛克斯为代表。柯因认为，转换规则的适用应当依据对当事人意思进行解释的基本原理。帕罗斯基提出，解释与转换基本相似，即人们从无效法律行为中通过解释来寻找替代行为。布洛克斯指出，转换是否符合当事人的意思，首先需要通过解释来查明〔1〕。即通过解释来查明，替代行为是否与当事人的意思一致〔2〕。转换的概念是，在无效法律行为的构成中存在实现同样经济效用的法律行为。某个法律行为从自身角度来看，是无效的，而从另一角度来看，可以保持其效力，当事人也愿意从另一角度来维持其效力〔3〕。就解释说而言，无效法律行为从另一个角度来看，可以认为有效法律行为。温德沙伊德认为，就转换而言，无效法律行为不是通过另一法律行为而维持其效力，而是通过保持其自身而维持效力。转换本身并不是转换，而仅仅是通过当事人可推断的意思将当事人未明确公开的意思展示出来。在无效法律行为中可以查知，其覆盖了一个确定之法律行为意义上或者经济效果意义上的意思〔4〕。转换不涉及对法律行为效力的维护问题，而是明确了法律行为自身而已。转换仅仅是揭开法律行为的本原面貌，是一种特殊的法律行为解释而已。温德沙伊德将法律行为理解为意思表示形式和意思表示目的融为一体的行为。对温德沙伊德而言，针对法律行为的无效评价仅仅就某些法律规范而言，对该法律行为做出的最初判断，该判断并不是最终判断。当无效法律行为符合另一法律行为的构成要件时，而依据其他法律规范，该无效法律行为本身又是有效的，此时根本不需要转换为其他法律行为。转换，只是转变法律行为的名称而已〔5〕。德恩伯格斯也持相同的观点，即转换被作为解释来理解〔6〕，转换系法律行为效力维持的一种解释类型。通过这种方

---

〔1〕 Brox / Walker, Allgemeiner Teil des BGB, Verlag Franz Vahlen München 2015, S. 165, 166.

〔2〕 Christoph Krampe, Die Konversion des Rechtsgeschäfts, Vittorio Klostermann GmbH Frankfurt am Main 1980, S. 3, 7.

〔3〕 Josef Wagner, Konversion von Rechtsgeschäften, Halbach, G. M. B. H. Dortmund – Hörde, Marburg, 1932, S. 1.

〔4〕 Mathias Schmoeckel, Historisch – Kritischer Kommentar zum BGB, Mohr Siebeck, 2003, S. 755, 788.

〔5〕 Christoph Krampe, Die Konversion des Rechtsgeschäfts, Vittorio Klostermann GmbH Frankfurt am Main 1980, S. 97, 98.

〔6〕 Mathias Schmoeckel, Historisch – Kritischer Kommentar zum BGB, Mohr Siebeck, 2003, S. 755, 788.

式，当无效法律行为满足另一法律行为的构成要件，而当事人却未考虑到时，法官可以从有效的角度来解释该无效的法律行为。史尚宽甚至认为，转换其实就是对意思表示的解释[1]。

解释说的阐释表明，对法律行为和意思表示构成的宽泛理解构成了转换即解释的理论框架。更精确地说，对意思表示中效果意思的不同理解，形成了不同的转换学说。就法律行为的效果意思而言，意思表示本身所旨在实现的是法律效果，还是经济效果，还是一种有法律所确保的经济效果，存在着不同的观点[2]。如果认为，效果意思所针对的仅仅是导致法律效果的意思，那么无法通过对意思表示自身的解释来实现转换。但是如果认为，效果意思包括一种旨在发生确定经济效果的意思[3]，那么通过对意思表示本身的解释，就可以实现转换，即意思表示本身包括经济效果，转换实质上就是对意思表示本身的解释过程[4]。然而，这种对意思表示构成的理解遭受到了批评和挑战，同时在法教义学上也容易造成体系上的模糊和逻辑上的混乱。

2. 转换不是解释

与将转换视为解释的观点相反，大多数学者以及德国联邦最高法院的观点是，转换与解释是完全不同的制度。主流学说认为，转换是不同于解释的独特制度[5]。解释是查明当事人的真实意思，而转换仅仅是查明当事人的假定意思。假定意思不是客观的、理性的意思，其完全不同于当事人的真意。该学说代表是拉伦茨，其认为，转换不是意思表示的解释[6]。在拉伦茨看来，人们通过转换来想象当事人经由法律行为而欲实现的经济目的以及可以识别的利益评价。如果将转换视为解释的分支，则转换规则的条文将成为多余的条款[7]。解释的规则本身排斥转换的适用[8]，在解释的结果确定后，才能适用转换。在现代法教义学体系中，转换绝不是解释，二者存在根本的区别。

---

〔1〕 史尚宽：《民法总论》，中国政法大学出版社2000年版，第578～581页。

〔2〕 法律行为中的意思表示是一种指向确定经济上的并由法律所确保的效果的意图。但有些法律行为，并不存在经济效果，如收养。此时，可从该法律行为的目的来考虑转换问题。Werner Flume，Das Rechtsgeschäft，Springer－Verlag，Berlin Heidelberg 1992，S. 51，54.

〔3〕 Werner Flume，Das Rechtsgeschäft，Springer－Verlag，Berlin Heidelberg 1992，S. 47，49.

〔4〕 Werner Flume，Das Rechtsgeschäft，Springer－Verlag，Berlin Heidelberg 1992，S. 51，54.

〔5〕 Christoph Krampe，Die Konversion des Rechtsgeschäfts，Vittorio Klostermann GmbH Frankfurt am Main 1980，S. 119，122.

〔6〕 Karl Lanrenz，Allgemeiner Teil des Deutschen Bürgerlichen Rechts，C. H. Beck' sche Verlagsbuchhandlung，München 1989，S. 467，471.

〔7〕 Christoph Krampe，Die Konversion des Rechtsgeschäfts，Vittorio Klostermann GmbH Frankfurt am Main 1980，S. 3，7.

〔8〕 Franz Jürgen Säcker，Münchener Kommentar zum Bürgerlichen Gesetzbuch，C. H. BECK 7. Auflage 2015，S. 1364.

其一，二者的对象不同。解释以一个有效的法律行为为前提，而转换针对的是最终确定无效的法律行为，以法律行为的确定无效为前提。

其二、二者的范围不同。解释只能针对当事人的意思表示进行解释，不能超越意思表示的范围，而转换可以超越解释的范围〔1〕。转换是从当事人经由法律行为所追求的经济效果出发，去寻找其他的替代行为。

其三，二者的目的不同。解释是要查明当事人意欲表达之事实上的意思，或者说，真意，而转换所针对的只能是当事人未做表示的假定意思，转换时一般不可能存在法律行为无效从事替代行为的当事人真意。如果通过解释能查明当事人的真实意思，而该真实意思反对转换或者当事人在行为无效的情况下有从事替代行为的真实意思〔2〕，则不需要适用转换规则。转换和解释是相互排斥的。

其四，二者的主要任务不同。解释主要针对的是当事人内心意思的错误表示〔3〕，转换的主要任务是通过确定当事人的假定意思，来消除存在于当事人追求的目的与其采取的不允许的方式之间的矛盾〔4〕。易言之，解释主要针对的是当事人内心意思和外在表示之间的不一致，而转换所解决的是当事人采取的法律行为与法律行为所追求的经济效果之间的冲突。

其五，二者的适用顺序不同。解释先于无效法律行为的转换。通过解释确定法律行为无效后，然后才能通过转换来判断该无效法律行为是否还有转换规则适用的可能〔5〕。解释和转换是先后关系，而不是从属关系。首先通过解释来确定法律行为确定无效，然后才能通过转换来寻找其他合法的方式来实现当事人追求的经济或社会效果〔6〕。

从本文导入的居住权纠纷案来看，居住权合同违背了物权法定原则，其不具有物权法上的效力，在物权法上是无效的，对该无效的居住权合同无法适用解释规则，更无法从中解释出当事人订立租赁合同的真意。而可以通过转换的方式，寻找其他合法的替代行为（租赁合同）来实现当事人预期的经济效果（使用居住房屋）。当事人通过法律行为所企图的法律效果（转移物的所有权或者承认某项义

---

〔1〕 Karl Lanrenz, Allgemeiner Teil des Deutschen Bürgerlichen Rechts, C. H. Beck' sche Verlagsbuchhandlung, München 1989, S. 468.

〔2〕 Manfred Wolf, Bügerliches Gesetzbuch mit Einführungsgesetz und Nebengesetzen, Band 2, Allgemeiner Teil 2 § § 104 – 240, 1999, S. 356.

〔3〕 Daniel Berneith, Die Konversion, PL Academic Research, 2016, S. 47, 48.

〔4〕 Manfred Wolf, Bügerliches Gesetzbuch mit Einführungsgesetz und Nebengesetzen, Band 2, Allgemeiner Teil 2 § § 104 – 240, 1999, S. 347, 356.

〔5〕 J. von Staudingers Kommentar zum Bürgerlichen Gesetzbuch mit Einführungsgesetz und Nebengesetzen, Erstes Buch Allgemeiner Teil § § 134 – 163, Sellier – de Gruyter · Berlin, 1996.

〔6〕 Manfred Wolf, Bügerliches Gesetzbuch mit Einführungsgesetz und Nebengesetzen, Band 2, Allgemeiner Teil 2 § § 104 – 240, 1999, S. 347, 356.

务），一般说来，是为了实现一个更进一步的经济效果[1]。法律行为仅仅是实现当事人经济或社会目的的形式或手段，当法律行为无效时，则不存在对无效法律行为的解释空间，而是需要从无效法律行为所追求的经济效果或社会目的出发，去寻找可以到达的其他形式或道路，即其他法律行为——替代行为。此时需要假想当事人是否愿意从事该替代行为，即替代行为是否符合当事人的假定意思，这就是转换的过程。

3. 转换与补充解释

转换和补充解释存在相通之处，当事人都未作出意思表示，它们都需要假设当事人的意思。貌似二者相似，但是二者在适用领域上存在根本的区别[2]。转换与补充解释的根本区别是，补充解释针对的是在实施法律行为时未考虑到的漏洞，其以一个有效的法律行为基础。而转换针对无效法律行为。如果法律行为无效了，则补充解释不能适用。补充解释与转换不属于同一个领域，而是一种并列关系。二者都针对一种对当事人选择的确认。补充解释针对的是法律行为的漏洞，针对的是一种有缺陷的行为。转换针对的是以无效为前提的行为[3]。如果法律行为存在漏洞，但是通过补充解释可以填补的，则转换被排除[4]。补充解释同样先于转换，补充解释能查明当事人真意，排除转换。

但是在转换时，补充解释的原理和方式可以类推适用。有观点认为，转换应对的是一种由于无效约定而出现的漏洞[5]，因此，在转换确定当事人的假定意思时，可以通过合同补充解释的基本原理来查明。即如果当事人意识到法律行为的无效，是否会理智地考虑从事替代行为，以实现其所追求的经济目的[6]。此时，转换有些类似于补充解释，基于当事人事实上之约定做进一步考虑，由此来解决当事人未做考虑时个案中的问题[7]。但是需要注意的是，转换规则是可以超越解释界限的[8]，其可以突破解释的框架和囿限去寻找其他替代行为去实现当事人预期的经济

[1] Wolf / Neuner, Allgemeiner Teil des Bügerlichen Rechts, Verlag C. H. Beck oHG, 2016, S. 328.

[2] Manfred Wolf, Bügerliches Gesetzbuch mit Einführungsgesetz und Nebengesetzen, Band 2, Allgemeiner Teil 2 § § 104 – 240, 1999, S. 356.

[3] Manfred Kahl, Grenzen der Umdeutung rechtsgeschäftlicher Erklärungen (§ 140BGB), Emsdetten, 1985, S. 89.

[4] Manfred Wolf, Bügerliches Gesetzbuch mit Einführungsgesetz und Nebengesetzen, Band 2, Allgemeiner Teil 2 § § 104 – 240, 1999, S. 356.

[5] Franz Jürgen Säcker, Münchener Kommentar zum Bürgerlichen Gesetzbuch, C. H. BECK 7. Auflage 2015, S. 1624, 1638.

[6] Palandt Bürgerliches Gesetzbuch, C. H. BECK, 77., neubearbeitete Auflage, 2018, S. 159, 160.

[7] Nomos Kommentar BGB Allgemeiner Teil EGBGB, Band 1, 2. Auflage, Deutscher Anwalt Verein, 2011, S. 940, 947.

[8] J. von Staudingers Kommentar zum Bürgerlichen Gesetzbuch mit Einführungsgesetz und Nebengesetzen, Erstes Buch Allgemeiner Teil § § 134 – 163, Sellier – de Gruyter · Berlin, 1996.

效果。在法律史的实践中，转换经常导致超出解释边界的效果。虽然补充解释和转换非常类似，但其对象、领域、主要任务、适用顺序以及范围都存在着根本区别。

（四）转换与部分无效

1. 转换是否是部分无效?

关于转换与部分无效的关系，存在两种基本的观点。一种观点认为，转换是部分无效的个案表现，有效的法律行为作为一个小部分包含在无效法律行为中。一种观点认为，转换与部分无效是相互区分的。弗卢梅提出，转换属于部分无效的一种特殊情形，转换仅仅是无效法律行为法律效果的减少。人们可以认为，部分无效规则适用于法律行为数量上的部分无效，而无效法律行为之转换适用于法律行为质量上的部分无效。部分无效与转换之间并不存在本质的界限，因为二者的法律原理是相同的〔1〕。对于梯鲍特和普赫塔而言，转换系部分无效的特殊分支〔2〕。还有学者主张，部分无效是法律行为在数量上的部分无效，而转换通过解释当事人意思来实现无效法律行为质量上的部分效力〔3〕。

2. 转换不是部分无效

虽然转换类似于部分无效，将一个无效法律行为尽可能地维持其效力〔4〕，但转换不是部分无效，也不是部分无效的分支。转换规则不是部分无效规则的从属规则，否则，这会对转换的适用造成不恰当的限制〔5〕，影响转换规则功能的发挥和充分实现。在现代法教义学体系中，转换与部分无效存在根本的区别。

其一，二者的对象不同。部分无效针对的是一个部分无效的法律行为，而不是完全无效的法律行为。而转换针对的是确定无效的法律行为。部分无效以数量上的无效与部分无效为前提，而转换以整体无效为前提。

其二，二者涉及的无效理由不同。部分无效涉及法律行为之目的为法律所禁止，部分无效是法律行为的一部分是无效的，而另一部分不被无效理由所涉及，继续有效。而转换涉及的是当事人通过法律行为所追求的目的并不违法，而是其所采取的方式为法律所不允许〔6〕，而可以采取其他方式来实现法律行为的社会目的。

其三，二者的法律效果不同。部分无效是部分地实现当事人的经济效果或目

---

〔1〕 Werner Flume, Das Rechtsgeschäft, Springer－Verlag, Berlin Heidelberg 1992, S. 589, 599.

〔2〕 Christoph Krampe, Die Konversion des Rechtsgeschäfts, Vittorio Klostermann GmbH Frankfurt am Main 1980, S. 119, 122.

〔3〕 Alfons Bürge, Rechtsdogmatik und Wirtshaft, Bunker & Humblot, Berlin 1987, S. 111, 113.

〔4〕 Mathias Schmoeckel, Historisch－Kritischer Kommentar zum BGB, Mohr Siebeck, 2003, S. 755, 788.

〔5〕 Wolf / Neuner, Allgemeiner Teil des Bügerlichen Rechts, Verlag C. H. Beck oHG, 2016, S. 701, 704.

〔6〕 Nomos Kommentar BGB Allgemeiner Teil EGBGB, Band 1, 2. Auflage, Deutscher Anwalt Verein, 2011, S. 940, 947.

的，而转换则是通过另一种方式或道路来实现当事人的经济效果或目的，而不一定会减少该经济效果[1]，通过转换有可能实现相等的经济效果或目的。

其四，二者的适用顺序不同。部分无效和转换存在依次适用的关系。首先适用部分无效规则确定法律行为的部分无效，即哪些部分是无效的，其次针对该无效部分考虑适用转换规则。在通过部分无效规则分离无效部分后，对该无效部分才可以考虑适用转换规则[2]。

当然，转换规则和部分无效规则都服务于私法自治的贯彻实施[3]，都是为了更好地尊重当事人的意思，实现当事人的意思自治。转换不属于部分无效的理论依然是以对法律行为和意思表示构成的理解为基础的。在法律行为无效时，但法律行为所追求的经济效果、经济目的或社会目的是合法的，因此，可以通过其他法律行为（替代行为）来实现该效果或目的，此时并不存在无效法律行为的部分无效问题。而部分无效是指，就法律行为本身而言，其部分内容所追求的目的因违反法律而无效，而剩余部分的内容可以依然维持效力。

（五）转换是一项独立的制度及其法律教义学归类

在法律教义学上，关于转换的教义学分类一直很有争议，至今仍未停歇。多数派的观点认为，转换是独特的制度。而两个少数派的观点分别是，转换属于解释，转换属于部分无效[4]。前者认为，转换是一种特殊的解释规则。后者将转换理解为部分无效的分支。法教义学的主流观点将转换视为，超越部分无效和解释以外的、与解释和部分无效存在截然区别的、具有自己独特的教义学意义的法律构造[5]。在当事人所选择的法律行为确定无效后，不存在解释问题，也不存在部分无效问题。法律行为是当事人为实现其经济效果或社会目的采取的形式、手段或道路，在该法律行为确定无效后，通过转换来寻找其他形式或道路（替代行为）来实现当事人原来所追求的效果和目的。因此转换是一个独立于解释、部分无效的法律制度[6]，这也是转换规则的立法目的所在。因此在法律适用的过程中，先适用解释规则，然后可以考虑适用部分无效规则，之后才能适用转换规则[7]，这也符合法教义学的概念归类和逻辑体系。

---

[1] Mathias Schmoeckel, Historisch – Kritischer Kommentar zum BGB, Mohr Siebeck, 2003, S. 755, 788.

[2] Manfred Wolf, Bügerliches Gesetzbuch mit Einführungsgesetz und Nebengesetzen, Band 2, Allgemeiner Teil 2 § § 104 – 240, S. 347, 356.

[3] Medicus / Petersen, Allgemeiner Teil des BGB, C. F. Müller GmbH, Heidelberg, 2016, S. 230, 236.

[4] Daniel Berneith, Die Konversion, PL Academic Research, 2016, S. 6.

[5] Jan Lieder, Die Umdeutung nach § 140 BGB, JuS, 2015, 1063.

[6] Mathias Schmoeckel, Historisch – Kritischer Kommentar zum BGB, Mohr Siebeck, 2003, S. 755, 788.

[7] Reiner Schulze, Bürgerliches Gesetzbuch, 8. Auflage, 2014, S. 143, 144.

三、转换的逻辑构成

转换是独立的法律制度，其适用需要按照严格的逻辑推演来展开，即法律行为无效→存在替代法律行为→该替代法律行为不是无效法律行为→该替代行为不超过无效法律行为的法律效果→转换符合当事人的假定意思→转换不违反法律规范目的。只有这些构成要件都一一符合，转换才能成立。该逻辑构成是一个由客观到主观、从积极到消极的论证过程。

（一）法律行为无效

无效法律行为转换的第一个构成要件是存在无效的法律行为。如果法律行为是有效的、可撤销的、效力待定的、部分有效的、相对无效的，都不能适用转换规则。但是有些无效法律行为不适用转换。其一，法律行为无效的原因是当事人经由该法律行为追求的目的违法，排除转换。因为转换不能助力当事人实现非法的目的。无效法律行为转换前提中的无效，针对的不是法律行为所追求的经济效果或目的，而是反对当事人选择之实现法律秩序的方式。该无效是指当事人预期实现的经济效果是合法的，但其选择的手段、方法是不合法的。其二，能适用转换的无效原因不包括因为当事人行为能力导致无效的情形。如果是因为当事人行为能力欠缺，则当事人根据不具有意思表示能力，无法作出法律行为，也就不存在转换问题。一个法律行为因为错误、胁迫或欺诈被撤销而无效的，不能通过转换来消除其意思表示瑕疵。转换一般不能解决意思表示瑕疵问题[1]。因意思表示能力欠缺或意思表示瑕疵而无效的法律行为，一般不适用转换，因为当事人没有行为能力或意思表示存在瑕疵，无法从事替代法律行为。

（二）存在替代法律行为

无效法律行为转换的第二个构成要件是存在实现当事人追求的经济效果或社会目的的替代法律行为。

1. 无效法律行为是否包含替代行为？

关于替代行为与无效法律行为之间的关系，主要有包含说和一致说两种学说。包含说是指无效法律行为本身包含了替代行为。一致说则主要是指替代行为与无效法律行为力图达到的经济效果或目的一致或类似。包含说是早期比较有代表性的观点，即转换的前提是，无效法律行为包括替代行为。弗卢梅提出，在无效法律行为

---

〔1〕 Franz Jürgen Säcker, Münchener Kommentar zum Bürgerlichen Gesetzbuch, C. H. BECK 7. Auflage 2015, S. 1624, 1638.

的内容中包含着另一个替代的法律行为[1]，布洛克斯也认为，在无效法律行为中包含着一个有效的替代行为[2]。但是包含说被认为一些陈旧的学说，而被批评为不准确的，甚至会让人误入歧途。法律不是要求，无效法律行为必须包括替代行为，而是要求无效法律行为与替代行为的法律效果一致。无效法律行为无法包括有效的替代行为，这在法教义学上也是相互矛盾的。无效行为是确定无效的，无效法律行为与替代行为的经济效果的一致性才是具有决定性意义的[3]。一致说是目前主流的学说。

2. 无效法律行为无法包含替代行为

替代行为在法律文献中被表述为替代法律行为，而没有表述为无效法律行为的替代部分，这就是对包含说最好的辩驳[4]，替代行为无法被无效法律行为包含。进言之，需要以意思自治为导向，仅仅考虑法律行为的经济目的即可，而不能拘泥于包含与被包含的关系。拉伦茨认为，无效法律行为与替代行为并不一定是包含和被包含的关系，而是当事人的经济目的是否可以通过其他行为实现或部分实现[5]。费雪和拉伦茨保持一致，其认为，替代行为不需要被无效法律行为所包括，而是与无效法律行为的经济效果相符合即可，要么与无效法律行为预期的经济效果一致，要么类似。如果采取包含说的观点，则会大大限制转换的适用范围[6]。梅迪库斯也认为，当事人不可能在无效法律行为中包含替代法律行为的意思表示，当事人不可能在成立法律行为时考虑到替代行为[7]。转换之适用价值在于部分或全部地实现当事人预期的经济效果，而并不是替代法律行为被无效法律行为包含。只要存在同样可实现当事人力图的经济效果或社会目的的替代行为，即存在转换之可能，而无须其是否被无效法律行为包含。

（三）替代法律行为不是无效法律行为

无效法律行为转换的第三个构成要件是替代法律行为不是无效法律行为，其瑕疵轻微于无效法律行为。转换的核心是拯救无效法律行为，可以以瑕疵轻微于无效的法律行为替代之。替代行为如果是效力待定的，也可以转换，而并不一定要求是

[1] Werner Flume, Das Rechtsgeschäft, Springer – Verlag, Berlin Heidelberg 1992, S. 589, 599.

[2] Brox / Walker, Allgemeiner Teil des BGB, Verlag Franz Vahlen München 2015, S. 165, 166.

[3] Franz Jürgen Säcker, Münchener Kommentar zum Bürgerlichen Gesetzbuch, C. H. BECK 7. Auflage 2015, S. 1624, 1638.

[4] Daniel Berneith, Die Konversion, PL Academic Research, 2016, S. 43, 58.

[5] Karl Larenz, Allgemeiner Teil des Bürgerlichen Rechts, Verlag C. H. Beck, Müchen 2004, S. 813, 817.

[6] Mathias Schmoeckel, Historisch – Kritischer Kommentar zum BGB, Mohr Siebeck, 2003, S. 755, 788.

[7] Dieter Medicus, Allgemeiner Teil des BGB, C. F. Müller Verlag, Heidelberg 2006, S. 205, 209.

确定有效的[1]。即替代行为的些微瑕疵，不影响转换，可以通过其他法律规则来治愈或修缮其效力。替代行为不一定必须是完美无瑕的法律行为，也可以是附条件的、可撤回的、可撤销的、效力待定的、可治愈的法律行为，只要替代行为有可能是有效的，就可以转换[2]。

关于替代行为的类型也存在争议。有观点主张，无效法律行为必须与替代行为的要件符合。由此，替代行为不能以其他类型为前提。进一步而言，替代行为必须与当事人所选择的行为类型相符合[3]。同时也有观点主张，替代行为可以是其他类型的法律行为[4]。替代法律行为的法律关系可以是另一类型，如无效的抵押可以转换为债法上的留置权[5]。其实，从文义上来分析，转换规则并没有限制替代行为的类型。确定的条件仅仅要求无效行为与替代行为一致。一般而言，允许转换的替代行为是其他类型的法律行为。例如，在德国法上，财产转让合同可转换为继承合同；土地所有权转让合同可转换为收益权预定合同；债权让与转换为授权收取。对于转换而言，替代行为的类型是无关紧要的。替代行为不需要与无效行为的类型一致，转换规则不以法律行为的类型一致为前提[6]。显然，为实现无效法律行为所追求的经济效果或目的，选择其他类型的替代行为都是可以的。这也符合转换的主旨。另外，法律行为的形式的变更与否，也不是转换的前提。转换也可以涉及法律形式的改变[7]，通过转换可以改变法律行为的法律形式。如果不违反形式的规范目的，转换可以不考虑法律行为的形式，而径直考虑实现当事人意欲的经济效果或目的即可。

---

〔1〕 Prütting · Wegen · Weinreich, BGB Kommentar, Luchterhand, Köln 2010, S. 173, 175.

〔2〕 Manfred Kahl, Grenzen der Umdeutung rechtsgeschäftlicher Erklärungen （§ 140BGB）, Emsdetten, 1985, S. 197, 198, S. 216.

〔3〕 法律行为的类型存在多种不同的理解和分类。可以从意思表示的数量来区分、也可以从法律领域来区分，如物权领域、债权领域、亲属法领域、继承法领域，等等。J. von Staudingers Kommentar zum Bürgerlichen Gesetzbuch mit Einführungsgesetz und Nebengesetzen, Erstes Buch Allgemeiner Teil §§134 - 163, Sellier - de Gruyter · Berlin, 1996.

〔4〕 Prütting · Wegen · Weinreich, Bürgerliches Gesetzbuch Kommentar, 12. Auflage, Luchterhand Verlag, 2017, 190 - 192.

〔5〕 Werner, Flume, Das Rechtsgeschgeschäft, Springer - Verlag / Berlin · Heidelberg 1963, 589 - 599.

〔6〕 Manfred Kahl, Grenzen der Umdeutung rechtsgeschäftlicher Erklärungen （§ 140BGB）, Emsdetten, 1985, 197 - 198, 216.

〔7〕 法律行为的形式存在多种理解，可以是法律行为的表现形式，甚至可以是法律行为不同的类型。形式一词在德国法理论上有多种含义。笔者在此处所阐释仅仅是法律行为的表现形式而已。J. von Staudingers Kommentar zum Bürgerlichen Gesetzbuch mit Einführungsgesetz und Nebengesetzen, Erstes Buch Allgemeiner Teil §§134 - 163, Sellier - de Gruyter · Berlin, 1996.

（四）替代法律行为不得超过无效法律行为的法律效果

无效法律行为转换的第四个构成要件是替代法律行为的法律效果不得超过无效法律行为的法律效果，替代行为与无效法律行为的一致说与此相关。替代行为仅仅是减少或维持，而不能增加法律效果[1]。因此，替代行为在其效力方面不得超越当事人真正想要达成的行为。如在德国法上，设定动产质权的行为因缺少交付而无效，不能将该行为转换为担保性所有权移转[2]。如土地抵押权设定无效后，替代行为为土地转让时，则该替代行为超越了土地抵押的法律效果，导致了土地所有权的转让，超出了当事人预期的经济目的，则该转换是不成立的。如一个解除通知或解约声明不允许转换为一个基于错误的撤销通知。因为后者会导致表意人承担信赖损害赔偿责任[3]。转换不能增加法律效果，不能加大当事人的负担，超越当事人基于原法律行为而预期的效果和目的。

（五）转换符合当事人的假定意思——主观要件

以上四个构成要件系无效法律行为转换的客观要件，而第五个构成要件是转换的主观要件。转换的主观要件是指转换应当符合当事人的假定意思。

1. 假定意思

当事人所意欲的意思，理论上称为“假定意思”，是指当事人如果知道其法律行为无效，则会采取该替代行为以实现其经济效果的假设意思，而非当事人的真实意思，因为当事人并未考虑到法律行为无效。假定意思，首先是指一个理性人在当时情况（法律行为无效时）所意欲的意思。权威的观点是，如果当事人在合同订立时意识到合同无效，并且考虑到无效法律行为（带有当事人本原的意愿，但系无效的法律行为）所追求之目的，从理性人的角度判断，是否会从事可转换之替代行为[4]。因此，通过对当事人假定意思的确认，当事人的意图可以经由一种当事人虽然没有想到，但是却符合当事人自身之利益判断并且以合法和可能的方式来实现[5]。这种假定意思，符合当事人的利益，一般也符合当事人的理性标准。在判断当事人的假定意思时，不仅需要考虑当事人是否会理智地从事替代行为，还需要考虑诚信原则、交易习惯，需要考虑当事人经由无效法律行为所追求的经济效果[6]。假定意思的判断需要考虑多种因素，而不仅仅是一个理性人的标准。当然，假定意思的

---

[1] Prütting · Wegen · Weinreich, BGB Kommentar, Luchterhand, Köln 2010, S. 173, 175.

[2] [德] 梅迪库斯：《德国民法总论》，邵建东译，法律出版社2003年版，第395~403页。

[3] Wolf / Neuner, Allgemeiner Teil des Bügerlichen Rechts, Verlag C. H. Beck OHG, 2016, S. 701, 704.

[4] Rüthers / Stadler, Allgemeiner Teil des BGB, Verlag G: H: Beck OHG, 2014, S. 418, 420.

[5] Wolf / Neuner, Allgemeiner Teil des Bügerlichen Rechts, Verlag C. H. Beck OHG, 2016, S. 701, 704.

[6] Mathias Schmoeckel, Historisch – Kritischer Kommentar zum BGB, Mohr Siebeck, 2003, S. 755, 788.

观点也遭到了一些学者的批评，因为它不是与真实意思相对应的概念。弗里茨·舒尔茨区分了真实意思与非真实意思，以及已证实之意思与推测之意思的概念。假定意思经常意味着是非真意之意思、推测之意思，而不是真实的意思、已经证实的意思。假定意思是可以被推翻的、被证伪的意思[1]。因此，有的民法教科书采取了"可推测之当事人意思"的概念。转换的主观前提是一种对当事人意思的推测或推断，即当事人是否会理性选择从事替代行为。转换的目的则在于实现这种可推测之当事人意思，即在当事人选择不允许的方式实现其目的时，是否存在其他可能的正确方式来实现其目的[2]。这种对当事人意思的推测往往由法官来裁量。因此，席勒认为，转换是一种法官建构的类型。德国联邦最高法院紧随席勒的观点在判例中提出，可以从法律塑造的使命来分析转换。德国联邦最高法院甚至认为，在转换时，法官并不是从法律行为当事人的真实意思来考虑和裁判的[3]。

2. 假定意思的推断不能违背当事人的真意

同时，这种假定意思的确认不能违背当事人的真意。如果当事人明确表示不愿意从事替代行为，甚至该意思是非理性的，也应当得到尊重[4]，此时不能推断出当事人愿意从事替代行为的假定意思。法官不能以所谓的理性人标准和意愿或者以自己的主观意志强暴当事人的意志。毫无疑问，转换不得引致与私法自治背道而驰的结果[5]。如设立无限公司无效后拟转换为合伙，但一方当事人反对时，不能转换[6]。当转换与法律行为当事人的真实意思相矛盾时，转换是不被允许的。就合同而言，这是显而易见的，当合同一方当事人在合同订立时就明确表示拒绝从事另一法律行为时，向该另一法律行为的转换是不可能的。转换绝不允许反对当事人在无效法律行为成立时的真实意思[7]。假定意思的推断受到当事人真意的限制。因此，在个案中需要考虑，当事人对其所选择的法律形式是否赋予了特殊的价值，当事人所力图实现的经济效果只能随后考虑[8]。如果当事人对其选择的形式赋予了特殊的含义，则不允许转换成其他形式来实现当事人的目的[9]。如无效的宅基地使用

---

[1] Christoph Krampe, Die Konversion des Rechtsgeschäfts, Vittorio Klostermann GmbH Frankfurt am Main 1980, S. 3, 7.

[2] Rüthers / Stadler, Allgemeiner Teil des BGB, Verlag G: H: Beck OHG, 2014, S. 418, 420.

[3] Flume Werner, Das Rechtsgeschgeschäft, Springer – Verlag / Berlin · Heidelberg 1963, S. 589, 599.

[4] Medicus / Petersen, Allgemeiner Teil des BGB, C. F. Müller GmbH, Heidelberg, 2016, S. 230, 236.

[5] Karl Lanrenz, Allgemeiner Teil des Deutschen Bürgerlichen Rechts, C. H. Beck' sche Verlagsbuchhandlung, München 1989, S. 467, 471.

[6] Dieter Medicus, Allgemeiner Teil des BGB, C. F. Müller Verlag, Heidelberg 2006, S. 205, 209.

[7] Werner, Flume, Das Rechtsgeschgeschäft, Springer – Verlag / Berlin · Heidelberg 1963, S. 589, 599.

[8] BGHZ. 19. 269.

[9] Karl Lanrenz, Allgemeiner Teil des Deutschen Bürgerlichen Rechts, C. H. Beck' sche Verlagsbuchhandlung, München 1989, S. 467, 471.

权买卖合同拟转换为宅基地使用权租赁合同，如果当事人只愿意买，而不愿意承租，则转换是不可能的。当事人对买卖赋予了特殊的含义，而必须对此予以尊重。

3. 假定意思不明或排除

如果当事人约定了转换条款，即如果法律行为无效，则适用另一法律行为的规则，此时转换是没有空间的〔1〕，当事人在法律行为成立时，已经就法律行为无效时，适用其他法律行为达成合意的，则不再需要适用转换规则了。同样，当事人预先表示如果其法律行为无效时，排除其转换为其他法律行为生效，也不产生转换的效果〔2〕，此时不存在探求当事人假定意思的空间。如果能查明当事人的真实意思，无论是转换条款的约定，还是反对转换的意思，则转换是多余的。如果当事人的假定意思不能明确，也不能转换，而只能适用法律行为的无效规则〔3〕。此时，不能违背私法自治，而将法律意志强加于当事人。

4. 判断假定意思的时点

当事人假定意思的判断是法律行为成立的时间〔4〕。确定假定意思的时间点不是转换的时候，而是当事人从事无效法律行为的时候。因为法律行为成立后关系之变化会导致无法判断和查明无效法律行为成立时具有决定性意义的经济目的〔5〕。一般说来，法律行为的之经济效果或目的，以法律行为成立时为时点作出判断，并基于此来寻找替代行为，这也符合法律行为和意思表示解析的一般理论。

（六）转换的消极要件——转换的限制

以上是无效法律行为转换的积极要件，无效法律行为的转换还有一个消极要件，法律规范目的（立法目的）对转换的限制，如果转换违反了法律行为涉及的法律规范（一般是强制性规范）的立法目的或规范目的，则转换不能成立。转换的前提，不是法律行为所追求的目的，而是当事人所选择的方式被法律所否认〔6〕。如果不是当事人选择的“外衣”，而是法律行为的经济效果被法律否认，则转换被排除〔7〕。转换不能导致形式要求规范和禁止规范之立法目的落空。这需要认真仔细

---

〔1〕 Prütting · Wegen · Weinreich, BGB Kommentar, Luchterhand, Köln 2010, S. 173, 175.

〔2〕 史尚宽：《民法总论》，中国政法大学出版社2000年版，第578～581页。

〔3〕 Flume Werner, Das Rechtsgeschgeschäft, Springer – Verlag / Berlin · Heidelberg 1963, 589 – 599.

〔4〕 BGHZ. 40. 218ff.

〔5〕 Franz Jürgen Säcker, Münchener Kommentar zum Bürgerlichen Gesetzbuch, C. H. BECK 7. Auflage 2015, S. 1624, 1638.

〔6〕 Prütting · Wegen · Weinreich, Bürgerliches Gesetzbuch Kommentar, 12. Auflage, Luchterhand Verlag, 2017, S. 190, 192.

〔7〕 Reiner Schulze, Bürgerliches Gesetzbuch, 8. Auflage, 2014, S. 143, 144.

地考虑规范目的，在法律行为之无效理由存在的前提下，是否存在转换的可能性[1]。

1. 转换不能违背善良风俗或违反法律的禁止性规范

如果当事人的法律行为所追求的意图本身就是违法的，则该法律行为的转换是不可能成立的，特别是当法律行为的目的违反善良风俗时，法律行为的转换更加不可能。通说认为，不能将违反善良风俗的行为转换为符合善良风俗的行为。如果违反善良风俗的人可以期待，他依然可以得到尚且符合善良风俗的东西，则对禁止善良风俗行为的法律规范的立法目的将难以实现[2]。就高利贷而言，如果当事人一方通过替代行为得到一个法律上不允许的极大好处，该转换就违背禁止高利贷的禁止性规范的立法目的，即不能实现法律的威慑力，不能使得人们不敢从事该高利贷行为[3]。在转换时，需要判断转换是否符合禁止性法律规范的立法目的。当仅仅法律行为的个别条款违反善良风俗时，除去该个别条款，法律行为可以依然有效。与认定部分无效的情形一样，转换在很大程度取决于当事人是否在通过法律行为追求非法利益[4]，如果是，则不能通过转换来助力当事人追求不法目的或从事违背善良风俗的行为。同时更应当防止当事人故意通过转换规则来实现其非法的目的，并滥用转换规则作为规避法律的工具。

2. 转换不能违背法律行为的形式要件之目的

形式对于法律行为具有重要的意义，虽然形式仅仅是实现法律行为效果的手段，但其具有保护行为人操之过急的重要价值，同时对于保存证据，解决纠纷具有重要意义。同时，形式也实现某项公共利益，如要求某类法律关系具有清晰度和公开性的公共利益，或第三人利益。某些法律行为甚至以形式作为本身的目的，如票据行为。一般认为，以形式之具备本身为目的的要式行为，不允许转换。如在票据行为以具备一定的方式为目的的情形下，不允许转换。而以保证确定的意思表示为目的之要式行为，一般认为容易认可转换[5]，日本民法理论认为，无效的要式行为，在一般情况下，可向要式的替代行为或不要式的替代行为转换。对此，梅迪库斯指出，一项因不符合形式要件而无效的保证表示，不能被转换为一项不需要具备形式要件的债务承担行为，否则防止行为人操之过急的目的就会无法实现[6]，该形式的目的就是防止当事人因为没有确定的形式而负担债务，所以不具备该形式，

---

[1] Franz Jürgen Säcker, Münchener Kommentar zum Bürgerlichen Gesetzbuch, C. H. BECK 7. Auflage 2015, S. 1624, 1638.

[2] Dieter Medicus, Allgemeiner Teil des BGB, C. F. Müller Verlag, Heidelberg 2006, S. 205, 209.

[3] ［德］拉伦茨：《德国民法通论（上、下册）》，王晓烨等译，法律出版社 2007 年版，第 646 ~ 652 页。

[4] ［德］弗卢梅：《法律行为论》，迟颖译，法律出版社 2013 年版，第 703 ~ 716 页。

[5] ［日］山本敬三：《民法讲义：总则》，解亘译，北京大学出版社 2003 年版，第 260 页。

[6] Dieter Medicus, Allgemeiner Teil des BGB, C. F. Müller Verlag, Heidelberg 2006, S. 205, 209.

当事人就不应当负担债务才符合形式要件的目的，即转换不能违背形式的目的和主旨，这其中蕴含着社会利益的考量，同时对形式的尊重也就是对当事人意思表示的尊重，当然当事人以“可推断的行为”放弃对形式的要求则是另外一种情况了，因为形式本身并不具有强烈的社会利益因素的正当性基础。另外，非要式行为一般不太容易向要式行为转换。但是也有例外，有时可以考虑缓和其形式作为要式行为的立法宗旨〔1〕，如果不违反形式的宗旨，不要式行为也可以向要式行为转换〔2〕。

3. 当事人的虚假陈述不得转换

当事人故意不正确地表示其意思时，此时没有转换的空间。此时涉及解释问题。如当事人将租赁表示为借用〔3〕。

4. 法定的特殊规则优先适用

如我国《合同法》第28条规定，“受要约人超过承诺期限发出承诺的，除要约人及时通知受要约人该承诺有效的以外，为新要约。”此时不需要考虑转换问题，直接适用法定的特殊规则即可。史尚宽称之为法定的当然转换。

（七）转换的举证责任和法律效果

在上述转换的构成要件都符合的情况下，无效法律行为的转换才能成立，否则无法适用转换规则。就无效法律行为转换的举证责任而言，主张转换法律行为的法律效果的当事人应承担相应的举证责任，其必须说明和证明转换的真实基础〔4〕，即需要证明转换的各个构成要件（包括上述一一论证的客观要件和主观要件、积极要件和客观要件）的事实基础。当然，在个案中，法官也可以依法依据职权适用转换规则。无效法律行为转换成功之后，就其法律效果而言，转换后的替代行为具有溯及力，其效力溯及该无效法律行为成立时生效，即替代行为依法自该法律行为成立时发生法律效果。例如，土地使用权买卖合同无效后，转换为土地使用权租赁合同，则该租赁合同自该土地使用权买卖合同成立时生效。

四、转换的中国应用

无效法律行为的转换在中国民事司法实践中存在着广阔的适用空间，而且我国现行法上也有法定的转换规则。我国民法典的编纂应当增加转换条款的规定，同时需要将转换规则类型化、具体化的适用于在各个部门法中。

---

〔1〕 参见［日］我妻荣：《民法总论》，于敏译，中国法制出版社2009年版，第365～367页。

〔2〕［日］近江幸治：《民法讲义·民法总则》，渠涛译，北京大学出版社2015年版，第286页。

〔3〕 J. von Staudingers Kommentar zum Bürgerlichen Gesetzbuch mit Einführungsgesetz und Nebengesetzen, Erstes Buch Allgemeiner Teil § §134－163, Sellier－de Gruyter · Berlin, 1996.

〔4〕 Prütting · Wegen · Weinreich, BGB Kommentar, Luchterhand, Köln 2010, S. 173, 175.

（一）个案适用

就上文所论述的个案而言，可以通过上述转换规则适用的逻辑线索展开具体的适用。如就居住权纠纷案为例，确定该居住权合同无效→探究该无效合同所追求的经济效果或目的（使用房屋），确认其合法和正当后，来寻找替代方式（租赁合同）→确认该租赁合同不存在无效的因素→确认该租赁合同的经济效果没有超过居住权合同的经济效果→明确转换为租赁合同不违背当事人的假定意思→明确不存在禁止转换的强制性规定。最后结论是，可以将该无效的居住权合同转换为租赁合同。转换规则完全可以在我国民事司法实践中得到适用，其具有逻辑上的严谨性和司法实践上的可操作性。

（二）我国法定的转换规则

我国《合同法》第28条规定，“受要约人超过承诺期限发出承诺的，除要约人及时通知受要约人该承诺有效的以外，为新要约。”我国《合同法》第30条规定，“承诺的内容应当与要约的内容一致。受要约人对要约的内容作出实质性变更的，为新要约……”这是我国立法对转换的法律规定，属于法定的转换规则。《德国民法典》第150条也有类似规定。该法定转换规则的法理基础其一在于对当事人意愿的尊重。迟到的承诺视为新要约的理由在于，合同当事人已经明确表达了要订立合同的意思，基于该意思，有正当理由将该意思作为订立合同的要约来理解〔1〕，因为当事人已经明确公开表示了订立合同的意旨，因此确有必要将当事人的该意思转换为新要约，以满足当事人的意愿〔2〕。在该规则背后还存在法律政治学的考虑。当事人的承诺虽然无效了，但是基于表意人的意思，该承诺并不是没有任何意义〔3〕，其所欲求的目的应当受到尊重，同时承诺也是法律行为，符合转换的各个要件。该法定转换规则的法理基础其二在于促进交易和社会效用。将迟到或内容有偏差的承诺视为新要约，便于当事人的法律活动能够进一步继续开展〔4〕，有利于交易效率和社会交往。

我国《票据法》第27条第2款规定，“出票人在汇票上记载‘不得转让’字样的，汇票不得转让。”票据法理论一般认为，出票人在出票时记载不得转让，后

---

〔1〕 von Staudingers Kommentar zum Bürgerlichen Gesetzbuch mit Einführungsgesetz und Nebengesetzen, Erstes Buch Allgemeiner Teil § §134 – 163, Sellier – de Gruyter · Berlin, 2015, S. 150.

〔2〕 Mathias Schmoeckel, Historisch – Kritischer Kommentar zum BGB, Mohr Siebeck, 2003, S. 852.

〔3〕 Franz Jürgen Säcker, Münchener Kommentar zum Bürgerlichen Gesetzbuch, §150, C. H. BECK 7. Auflage 2015.

〔4〕 Barbara Dauner – Lieb, Anwaltkommentar, DeutscherAnwaltVerein, BGB, Band 1: Allgemeiner Teil mit EGBGB, Deutscher Anwalt Verlag, 2005, S. 868.

手再背书转让的，该转让行为在票据法上是无效的，但是可以转换为指名债权让与。该转换的法理基础依然是对当事人意思的尊重，虽然当事人的票据权利让与行为在票据法上是无效的，但是当事人将权利让与的意愿做了明确表达，该让与权利的意愿应该得到尊重，因此可以将无效的票据权利让与行为转换为债权让与行为，以实现当事人转让权利的目的。

（三）我国民法总则中转换条款的建议安排和具体应用

建议在我国《民法总则》条款中增加转换的条款，或者在司法解释中明确规定转换规则，基于转换的法理实质和逻辑构成，建议将转换条款表述为：

“无效民事法律行为所追求的经济效果或社会目的是合法的，而且存在实现该经济效果或社会目的的另一有效民事法律行为，无效民事法律行为可转换为该另一民事法律行为，但是转换违反法律强制性规定或违背当事人假定意思的除外。”

该条款的具体适用主要包括以下几点。

其一，无效法律行为虽然在法律效果上是无效的，但是并不一定意味着其所追求的经济效果或社会目的也是非法的。很多情况下，虽然法律行为是无效的，但其所追求的目的确实合法的，这为转换提供了空间。在司法实践中需要深入探究无效法律行为所追求的经济效果或社会目的，深入发掘并充分尊重当事人的意愿，并仔细判断其是否合法和正当。

其二，当事人为了实现其合法采取了不合法的手段（无效法律行为），但是存在另一有效法律行为来实现当事人的合法目的。如何寻找另一有效法律行为来实现当事人的目的，对民事裁判的拟制技术规则提出了要求。何种替代法律行为，可以实现且不超越当事人力图实现的效果或目的，需要在司法实践中遴选方案、具体甄别、推演试错和综合判断。即是否存在另一有效法律行为，如果存在或存在多个替代行为，需要一一推演试错，甄别比较，具体判断经由该另一法律行为能否实现且不超越当事人追求的效果。

其三，无效法律行为的转换不能违背当事人的假定意思。转换本身就是在最大程度上尊重当事人的意愿，给予当事人深切的关怀，而不能违背当事人的意愿。因此如果当事人知道其法律行为无效会拒绝转换时，不能恣意适用转换规则。

其四，转换不能违反法律的强制性规定，这是法律对转换的限制和约束。转换不是不受任何限制的，其受到法律强制性规定的引导和约束。

（四）转换规则的具体化和类型化

转换规则民法的各个领域都可以适用，其在《民法总则》《债法》《物权法》《特别民法》（包括《公司法》《合伙企业法》《破产法》《票据法》《保险法》《海商法》等）以及《民事诉讼法》中都有广阔的适用空间。转换规则在我国民法领域内的具体化和类型化需要我国司法实践经验的积累和学理研究的积淀。同时，转换规则的基本原理和基本机制需要与各个具体法律部门的特殊规则紧密结合，以此来获得其正当性和合理性的基础。例如，商法领域内无效法律行为的转换，需要充分考虑商事交易的特质，尤其需要考虑商事习惯的影响和作用。

结语 拓展观察当事人意愿的视界

在法律行为无效时，如何寻找替代行为来实现当事人经由法律行为追求的经济效果或社会目的是转换的焦点问题，其核心是对该效果或目的之观察、阐释和评价。在某种程度上，法律行为的效果终究服务于经济效果和社会目的。当房屋买卖合同无效时，如当事人买受房屋所有权的经济效果在于居住，则可以从居住之经济效果出发，去寻找实现该经济效果的替代行为，如租赁、借用等。转换制度观察当事人意愿的视界更加开阔，其不仅考虑了法律行为的法律效果，而且也考虑了当事人经由法律行为所力图的经济效果，由此来寻找替代行为以切实尊重当事人的意愿。在某种意义上，法学诚如自然科学，视野的拓宽往往意味着解决传统痼疾之新方法的出现。

无效、可撤销民事法律行为与善意第三人保护*

武　腾**

目　次

自2017年10月1日起实施的《中华人民共和国民法总则》（以下简称《民法总则》）第146条第1款规定："行为人与相对人以虚假的意思表示实施的民事法律行为无效。"该款为虚假表示无效之认定提供了明确的法律依据。相较于《民法总则（草案）》一次至三次审议稿，《民法总则》中的该款规定删除了通谋性要件，其适用范围可扩张至相对人明知并受领的单方虚假意思表示。[1]与《民法总则（草案）》一次至四次审议稿相比，该款还删除了"但是双方均不得以此对抗善意第三人"的规定；一同被删除的还有《民法总则（草案）》四次审议稿第155条，即"民事法律行为因重大误解、欺诈、显失公平被撤销的，不得对抗善意第三人。"根

---

* 本文发表于《清华法学》2018年第1期。

** 武腾，法学博士、中央财经大学法学院副教授。本文受教育部人文社会科学重点研究基地中国人民大学民商事法律科学研究中心项目"合同基础事实错误的类型、救济与体系安排"（15MSFJD820003）资助。

〔1〕 这体现为删除《民法总则（草案）》三次审议稿中的"串通"二字。有关不同解释的可能性，参见陈苏主编：《民法总则评注（下册）》，法律出版社2017年版，第1044～1045页。

据相关立法资料，在第十二届全国人大第五次会议上，法律委员会系采纳人大代表提出的以下意见——“民事法律行为无效或者被撤销后对第三人产生的法律后果，情况比较复杂，不宜一概规定不得对抗善意第三人，宜区分情形由民法典的物权编、合同编等分编作具体规定”，进而删除草案四审稿第149条第1款但书和第155条，并获得第十二届全国人大第五次会议主席团审议通过。〔1〕

对于上述删除之举，学界认识不一。比如，就虚假意思表示无效不得对抗善意第三人的规则（以下简称虚假表示无效不得对抗规则），有学者认为只有对其予以否定才符合立法者作出相关改动的原意；〔2〕有的认为《民法总则》第146条第1款由此存在法律漏洞，应当按照民法学理并参考相关立法例，认定虚假表示的当事人均不得以该表示无效对抗善意第三人；〔3〕有的认为，该规则与“表见代理、善意取得规范可以产生竞合，但是除此之外的情形，该条仍有适用的余地，因此以规定为宜”；〔4〕还有的认为立法者在此处保持“意味深长的沉默”。〔5〕之所以会出现上述不同认识，是因为《民法总则》通过前的相关删除实为速断。从法律委员会所作的报告来看，更准确的解读应是，立法机关并非简单否定上述被删除规则的制度价值，而是将相关制度构建的必要性、可行性以及具体方案等问题留待民法典合同编、物权编等分编编纂时继续予以解决。颇有意味的是，同样在2017年获得通过的《日本民法修正案》第93条和第95条分别新增两项规定，前者新增意思表示因心里保留而无效不能对抗善意第三人的规定，后者新增意思表示因错误而被撤销不能对抗善意且无过失的第三人的规定，〔6〕加上既有的《日本民法典》第94条和第96条中有关通谋虚伪意思表示无效、意思表示因欺诈而被撤销均不能对抗善意第三人的规定，日本民法上已形成意思表示因其瑕疵而无效、被撤销均不能对抗善意第三人（胁迫除外）的规范群。这与我国《民法总则》在通过前删除相关不得对抗规则的做法形成鲜明对比，成为比较法上应予研究和解释的现象。

在我国，即使不采用民事法律行为无效、被撤销不得对抗善意第三人之规则，

〔1〕 参见第十二届全国人民代表大会法律委员会关于《中华人民共和国民法总则（草案）》审议结果的报告（2017年3月12日第十二届全国人民代表大会第五次会议主席团第二次会议通过），载中国人大网，网址：http：//www.npc.gov.cn/npc/xinwen/2017－03/15/content_2018917.htm，最后访问时间：2017年3月15日。

〔2〕 参见陈苏主编：《民法总则评注（下册）》，法律出版社2017年版，第1046页。

〔3〕 参见梁慧星：《民法总论》，法律出版社2017年版，第182页。

〔4〕 王利明主编：《中华人民共和国民法总则详解（下册）》，中国法制出版社2017年版，第630～632页。

〔5〕 龙卫球、刘保玉主编：《中华人民共和国民法总则释义与适用指导》，中国法制出版社2017年版，第518页。

〔6〕 参见日本法务省官网，网址：http：//www.moj.go.jp/MINJI/minji07_00175.html，最后访问时间：2017年6月30日。

只要体系自洽，且能应对司法实践中的相关纠纷，便无不妥之处。国内学者否定上述规则之价值的主要理由是，适用善意取得规定即可解决相关问题。[1]然而，回顾我国相关司法实践，在实行意思主义权利变动模式，且权利外观缺乏公信力的领域，对于善意第三人能否、如何基于善意取得规定取得权利的问题，至今缺乏明确而一致的处理方案。如后文所述，在海基业债权转让合同系列纠纷案[2]中，最高人民法院一方面认为债权次受让人系善意第三人，另一方面认为其相对人因另一共有人放弃共有权利而有权独自处分债权，对此有必要辨析第三人获得保护的裁判理由；而对于其中的关键性事实，即另一共有人所作的书面声明与真实约定不尽一致，更有必要澄清相关法律效果。总之，在民事主体进行虚假债权转让、订立虚假债务合同等场合，虚假表示无效不得对抗规则能否发挥善意取得规定所难以取代的制度功能，是立法和司法实践所共同面对的紧要问题，亟待解答。

有鉴于此，本文从虚假表示无效不得对抗规则、民事法律行为被撤销不得对抗规则的制度功能入手，以我国法上财产权利变动模式的多元性为着眼点，探讨在民法分则立法时应如何进行制度安排，司法实践又当如何回应。

一、虚假表示无效不得对抗规则的制度功能及其局限

《民法总则（草案）》四审稿第149条第1款但书中有关虚假表示的当事人均不得以该民事法律行为的无效对抗善意第三人的规定，主要借鉴自《日本民法典》第94条第2项以及我国台湾地区“民法”第87条第1项但书。对于该规则，我国大陆地区学者已注意到其与外观理论的联系[3]及在日本法中所发挥的弥补登记无公信力的作用，[4]有的还结合我国台湾地区法介绍其与善意取得的关系，[5]有的在研讨案件时试图对其加以运用，[6]有的则结合物权行为无因性理论，建议在《民法总则》中不必作此规定。[7]实际上，通谋虚伪意思表示无效不能对抗善意第三人之规则（以下简称通谋虚伪表示无效不能对抗规则）在日本法等物权变动实行意思主义的法制中是贯彻表见法理的主要制度之一，有必要先准确把握其制度功能及其局限，再探讨应否、如何借鉴。

---

〔1〕 参见陈苏主编：《民法总则评注（下册）》，法律出版社2017年版，第1046页。

〔2〕 参见最高人民法院（2014）民申字第1661号民事裁定书、最高人民法院（2016）最高法民申第3452号民事裁定书。本文案例均来自北大法宝数据库。

〔3〕 参见于飞：《论民法上的第三人保护》，载《南京大学法律评论》2003年秋季号。

〔4〕 参见孙鹏：《物权公示论——以物权变动为中心》，法律出版社2004年版，第282~283页。

〔5〕 参见刘耀东：《论意思表示瑕疵与善意取得规定之关系》，载《天津法学》2012年第2期。

〔6〕 参见高治：《通谋虚伪表示下合同的效力及第三人权益保护》，载《人民司法》2011年第3期。

〔7〕 参见王洪亮：《法律行为与私人自治》，载《华东政法大学学报》2016年第5期。

（一）日本法上通谋虚伪表示无效不能对抗规则的构造和功能

日本法上的物权变动实行意思主义和公示对抗要件主义。与承认占有的公信力不同，对于不动产登记并未承认其公信力。通谋虚伪表示无效不能对抗规则成为根据表见法理对信赖不动产登记的善意第三人加以保护的重要制度。

《日本民法典》第 94 条分两项规定通谋虚伪意思表示，第 1 项规定与相对人串通而为的虚伪意思表示无效，第 2 项规定该意思表示的无效不能对抗善意第三人。该规定在 2017 年通过的《日本民法修正案》中未作修改。所谓通谋虚伪意思表示，是指尽管表面上有意思表示的存在，但从表示中推断出来的意思（表示上的意思）与当事人的真意（内心的效果意思）不符，表示人不仅自己对此明知，更与相对人串通达成表示上的虚假合意。〔1〕因此，该条第 1 项所规定的通谋虚伪意思表示无效，是从当事人的真实意思出发而当然产生的效果。当事人不能请求强制履行外表行为〔2〕上的义务，反而可以请求除去虚假的公示，如请求涂销虚假登记。〔3〕该条第 2 项规定系基于维护交易安全而对第三人的信赖加以特别保护，是对上述意思主义的修正。〔4〕概言之，在通谋虚伪意思表示场合，原则上外表行为无效，但例外的是，善意第三人可以主张外表行为有效而对隐藏行为的效力加以否定。〔5〕

对于《日本民法典》第 94 条第 2 项的构造需要从以下四个方面加以把握：第一，第三人是指通谋虚伪意思表示的当事人及其权利义务概括承受人以外的人，该人必须基于外表行为而形成一定的法律关系，从而基于其他法律原因产生新的法律上的利害关系。〔6〕所谓基于外表行为是指，外表行为的有效是另一法律关系形成的基础或前提；法律上的利害关系是指，第三人基于外表行为无效而丧失权利或者负担义务；其他法律原因是指与外表行为相区别的法律原因。〔7〕可纳入第三人范围的人主要包括，在虚伪的标的物让与、债权让与场合，从虚伪的受让人处受让物权、

---

〔1〕 参见［日］我妻荣：《新订民法总则（民法讲义Ⅰ）》，岩波书店 1965 年版，第 289～290 页。

〔2〕 在日本法中，“权利外观”系根据德文“Rechtsschein”译出，“外形行为”系根据法文“acte ostensible ou apparent”译出。本文在与“权利表征”有关的场合使用“外观”一词，在与“隐藏行为”相对的意义上使用“外表行为”一词。

〔3〕 参见［日］我妻荣：《新订民法总则（民法讲义Ⅰ）》，岩波书店 1965 年版，第 290～291 页。

〔4〕 参见［日］川岛武宜、平井宜雄编：《新版注释民法（3）总则（3）法律行为Ⅰ §§90～98》，有斐阁 2003 年版，第 316～317 页。

〔5〕 参见［日］川岛武宜、平井宜雄编：《新版注释民法（3）总则（3）法律行为Ⅰ §§90～98》，有斐阁 2003 年版，第 347 页。

〔6〕 参见［日］川岛武宜、平井宜雄编：《新版注释民法（3）总则（3）法律行为Ⅰ §§90～98》，有斐阁 2003 年版，第 348 页；又见［日］我妻荣：《新订民法总则（民法讲义Ⅰ）》，岩波书店 1965 年版，第 291 页。

〔7〕 参见［日］川岛武宜、平井宜雄编：《新版注释民法（3）总则（3）法律行为Ⅰ §§90～98》，有斐阁 2003 年版，第 349 页。

债权的人以及设立担保物权的人，以及对虚伪让与的特定财产实施扣押的债权人。[1]这些人不仅基于外表行为之外的法律原因与虚伪表示人产生利害关系，而且该利害关系本质上是就特定财产权利而产生的竞争关系。第二，对于第三人是否须已完成登记，在日本判例和学说上，多数意见是其不须登记，少数说则认为登记作为权利保护资格要件是必要的。[2]第三，善意是指第三人对于外表行为并非当事人的真意系不知。善意的判断时点是基于其他法律原因与虚伪表示人产生法律上的利害关系的时点。[3]日本判例和通说认为，在认定善意时并不需要第三人无过失。[4]第四，不可对抗性是指当事人不能以外表行为无效或者隐藏行为有效来对善意第三人加以主张。[5]与之相对，第三人则可自由主张外表行为无效（故其属于相对无效的一种）。[6]因此，原权利人不能否定善意第三人的权利取得，而善意第三人则可确定地取得权利。[7]

严格地说，《日本民法典》第94条不能适用到无相对人、无通谋、无法律上的意思表示而仅有事实上的容忍行为的场合。不过，在很多与通谋虚伪意思表示具有类似性的案件中，日本民法对当事人与第三人之间关系的法律效果长期缺乏规定，因而第94条第2项得到广泛类推适用。[8]其中之一是类推适用到第93条规定的心里保留场合。[9]在2017年通过的《日本民法修正案》中，第93条新增第2项，明确规定该无效不能对抗善意第三人。不过，有关第94条第2项最重要的类推适用

---

〔1〕参见［日］川岛武宜、平井宜雄编：《新版注释民法（3）总则（3）法律行为Ⅰ §§90～98》，有斐阁2003年版，第349页；又见［日］近江幸治：《民法讲义Ⅰ民法总则》，成文堂2008年版，第196～197页。

〔2〕参见［日］川井健：《民法概论1民法总则》，有斐阁2008年版，第165页。

〔3〕参见［日］四宫和夫、能见善久：《民法总则》，弘文堂2010年版，第205页；参见［日］川岛武宜、平井宜雄编：《新版注释民法（3）总则（3）法律行为Ⅰ §§90～98》，有斐阁2003年版，第354页。

〔4〕判例和通说参见［日］我妻荣：《新订民法总则（民法讲义Ⅰ）》，岩波书店1965年版，第292页；参见［日］川岛武宜、平井宜雄编：《新版注释民法（3）总则（3）法律行为Ⅰ §§90～98》，有斐阁2003年版，第355页。少数说认为需要无过失这一要件。参见［日］四宫和夫、能见善久：《民法总则》，弘文堂2010年版，第204页。

〔5〕参见［日］川岛武宜、平井宜雄编：《新版注释民法（3）总则（3）法律行为Ⅰ §§90～98》，有斐阁2003年版，第357页。

〔6〕参见［日］川岛武宜、平井宜雄编：《新版注释民法（3）总则（3）法律行为Ⅰ §§90～98》，有斐阁2003年版，第357页。

〔7〕参见［日］川岛武宜、平井宜雄编：《新版注释民法（3）总则（3）法律行为Ⅰ §§90～98》，有斐阁2003年版，第358页。

〔8〕参见［日］川岛武宜、平井宜雄编：《新版注释民法（3）总则（3）法律行为Ⅰ §§90～98》，有斐阁2003年版，第366页。

〔9〕参见［日］川岛武宜、平井宜雄编：《新版注释民法（3）总则（3）法律行为Ⅰ §§90～98》，有斐阁2003年版，第367页。

是在不动产登记信赖保护领域，日本法上的不动产登记簿由此具有“有限制的公信力”。[1]

在第94条第2项被类推适用时，“通谋性”的要求得到缓和，当事人的“意思参与”成为重要的判断标准。[2]在不动产权利被积极地或消极地登记在他人名义下时，法院通过类推适用第94条第2项，认为即使被登记的权利不存在，也不能对抗信赖该登记并产生法律上的利害关系的第三人。在以下三种类型中，日本最高裁判所均作出上述判决：（甲）意思与外观对应——外观自己作出型，主要是指不实登记的形成由（原）真正权利人直接地、积极地参与的情形。（乙）意思与外观对应——外观他人作出型，主要是指（原）真正权利人并未积极参与，而容忍或者放任他人作出不实登记的情形。（丙）意思与外观非对应型，主要是指（原）真正权利人与登记名义人对于不实登记的形成有复合性关系的情形。[3]后有日本学者根据新近判例将上述类型修正为（甲1）作出外观型、（乙1）承认外观型、（丙1）外观与因型。[4]本文认为，传统分类方法将（甲）与（乙）两类归为“意思与外观对应型”，正确地揭示出其共性较突出，因为无论是真正权利人积极追求虚假外观还是容忍或放任虚假外观，该外观的产生或存续均不违背其本意，故真正权利人的可归责性较强，应与（丙）类（意思与外观非对应型）相区别。后一分类方法的主要价值在于，通过强调“与因性”，揭示出（原）真正权利人的可归责事由，明确其权利丧失的效果具有正当性。

（二）混合继受法制上善意第三人保护制度的功能重叠

我妻荣教授曾指出，在如《德国民法》那样的法制中，对于交易外观的信赖已规定具体的保护制度，特别是已采用登记的公信力，故无必要再采用通谋虚伪表示无效不能对抗规则。[5]我国台湾地区法既从日本法中继受了通谋虚伪表示无效不得对抗规则（“民法”第87条第1项[6]但书）及其理论，[7]又从德国法中继受了不

---

〔1〕参见［日］川岛武宜、平井宜雄编：《新版注釈民法（3）总则（3）法律行为Ⅰ §§90～98》，有斐阁2003年版，第368－369页；又见［日］川岛武宜、平井宜雄编：《新版注釈民法（3）总则（3）法律行为Ⅰ §§90～98》，有斐阁2003年版，第203页。

〔2〕［日］近江幸治：《民法讲义·民法总则》，渠涛译，北京大学出版社2015年版，第203页。

〔3〕参见［日］四宫和夫、能见善久：《民法总则》，弘文堂2010年版，第209～210页。

〔4〕参见［日］山本敬三：《民法讲义Ⅰ总则》，解亘译，北京大学出版社2012年版，第134页。

〔5〕参见［日］我妻荣：《新订民法总则（民法讲义Ⅰ）》，岩波书店1965年版，第291页。

〔6〕该项规定：“表意人与相对人通谋而为虚伪意思表示者，其意思表示无效。但不得以其无效对抗善意第三人。”

〔7〕参见史尚宽：《民法总论》，中国政法大学出版社2000年版，第387～390页；洪逊欣：《中国民法总则》，洪林翠凤发行1992年版，第377～378页；姚瑞光：《民法总则论》，中国政法大学出版社2011年版，第235页；王泽鉴：《民法总则》，王慕华发行，2014年增订新版，第401～405页。

动产登记的绝对公信力规则（“民法”第759条之一第2项[1]）以及物权行为理论，由此产生该两项制度如何衔接的问题。

有学者认为，“民法”第87条第1项但书系一般规定，第759条之一第2项系特别规定，后者应优先适用；[2]有的则认为两者之间不存在一般规定与特别规定的关系，应容许当事人择一主张。[3]不少学者认为，“民法”第87条第1项但书在债权领域可发挥作用，但究竟在何种情形中适用，却意见纷呈。有的认为应将承租人排除在第三人范围之外；[4]有的则认为，应容许善意承租人主张通谋虚伪意思表示有效，透过占有之连锁对表意人主张有权占有。[5]有的认为，第87条第1项但书在通谋为债权让与场合颇具实益；[6]有的则认为该项但书的适用范围不包含未经有体化的虚假债权，[7]即只有可类推适用动产善意取得规定的才可适用该规定。

实际上，在我国台湾地区，基本不须借助“民法”第87条第1项但书保护善意第三人的物权取得。有学者甚至称后者有“画蛇添足”之嫌。[8]然而，鉴于台湾地区“民法”中缺乏类似于《德国民法典》第405条中有关“债务人不能以债务关系之成立或承认证书系虚伪为由对抗新债权人”的规定和《瑞士债务法》第18条第2项有关“债务人不能以书面债务承认系虚伪为由对抗第三人”的规定，可以推断能直接适用“民法”第87条第1项但书的情形至少包括，债务人与其相对人通谋作出虚伪的书面债务承认或债权证书，后对善意的债权受让人主张该债务系虚伪，由此而生的权利对抗问题。然而在此之外，该规定在实践中究竟发挥多大作用，仍有待进一步考察。

二、对虚假表示无效不得对抗规则的继受及其范围

（一）在意思主义领域应继受虚假表示无效不得对抗规则

由上述介绍和评析可见，在物权变动实行意思主义的法制中，虚假表示无效不

---

〔1〕 该项规定：“因信赖不动产登记之善意第三人，已依法律行为为物权变动之登记者，其变动之效力，不因原登记物权之不实而受影响。”

〔2〕 参见王泽鉴：《民法总则》，王慕华发行，2014年增订新版，第405页。

〔3〕 参见林诚二：《通谋虚伪意思表示中善意第三人之认定》，载《月旦法学教室》2010年第89期。

〔4〕 比如，王泽鉴先生认为，鉴于租赁契约效力不受通谋虚伪意思表示之影响，因而善意承租人不属于善意第三人的范围。参见王泽鉴：《民法总则》，王慕华发行，2014年增订新版，第401页。

〔5〕 参见林诚二：《通谋虚伪意思表示中善意第三人之认定》，载《月旦法学教室》2010年第89期。

〔6〕 参见王泽鉴：《民法总则》，王慕华发行，2014年增订新版，第402页。

〔7〕 参见黄茂荣：第通谋虚伪表示与善意取得页，载《植根杂志》1986年第12期。

〔8〕 陈启垂：《通谋虚伪意思表示与第三人保护——民法第八十七条第一项但书的检讨》，载《铭传大学法学论丛》2003年创刊号。

得对抗规则是保护善意第三人取得物权的主要制度之一，而在实行形式主义的法制中，其适用范围基本局限于债权领域，故适宜在债编中作出规定，而无须在总则编中作出规定。[1]在我国大陆地区，根据通说，大多数债权变动实行意思主义，[2]一定范围内的不动产、动产物权变动实行意思主义及登记对抗要件主义；[3]根据有力说，有限公司股权变动也实行意思主义。[4]在上述领域，有效的合意是权利变动的关键，权利外观即使存在，原则上也不具有公信力，适用善意取得规定难免存在逻辑障碍或产生不甚合理的结果。既然如此，实有必要拓宽思路，尝试运用虚假表示无效不得对抗规则来保护善意第三人，下面结合我国司法实践中的案例进行具体分析。

1. 债权转让场合虚假表示无效不得对抗善意第三人

【案例1】在海基业债权转让合同纠纷案[5]中，甲和乙作为共同受让人与转让人戊就A债权订立1号转让合同，甲与乙又签订补充协议，约定如甲未在某日前向乙支付5700万元，则“A债权项目自动转由乙独立负责处理，甲提供全面协助”，两者还就乙处理A债权所得利润分配比例进行约定，并约定乙作零利润处理时须征得甲书面认可。后甲因无法支付上述款项，向转让人戊和执行法院郑州中院出具书面声明：“我司谨此不可撤销地、自愿退出我司与乙和戊……签署的（1号）《债权转让协议》的共同受让方，该债权转让协议的受让方自2006年11月25日起由乙独家承继。”随后，乙作为唯一受让人与戊就A债权订立2号转让合同。而后，乙作为转让人在出示2号转让合同和甲的《自愿退出函》的情况下，与受让人丙就A债权订立3号转让合同。

甲起诉称其仅退出A债权项目经营权而仍保留共有权，主张乙与戊订立的2号转让合同无效，乙与丙之间的3号转让合同亦无效。最高法院认为：①戊与乙订立2号转让合同，系将已经转让的A债权再次进行处分，该合同因无权处分而无效；②对于甲出具的《自愿退出函》，应理解为甲放弃A债权共有权利；③乙因甲放弃共有权利而独自取得A债权，故其与丙订立的3号转让合同有效；④丙从乙处受让债权时，以戊与乙之间的2号转让合同为依据，属善意第三人。

---

〔1〕参见郑冠宇：《意思表示瑕疵与善意受让》，载《东吴大学法律学报》2004年第1期。

〔2〕参见王利明：《合同法研究（第二卷）》，中国人民大学出版社2015年版，第194页；崔建远：《合同法》，北京大学出版社2016年版，第246页。

〔3〕参见《物权法》第24条、第129条、第158条、第188条、第189条。其中，对于第24条中的特殊动产变动模式争议颇多。本文赞同对于船舶、民用航空器的物权变动采用意思主义模式。参见梁慧星、陈华彬：《物权法》，法律出版社2016年版，第77页。

〔4〕参见施天涛：《公司法论》，法律出版社2014年版，第272页。围绕有限公司股权变动模式争议颇多，本文倾向于采取意思主义说。

〔5〕参见最高人民法院（2014）民申字第1661号民事裁定书、最高人民法院（2016）最高法民申第3452号民事裁定书。本文案例均来自北大法宝数据库。

最高法院有关丙属善意第三人并取得债权的结论值得赞同，但有两点值得探讨：

其一，丙所信赖的内容值得澄清。实际上，丙对2号合同有效性的信赖与其对甲的《自愿退出函》的信赖无法并存。只要乙在与丙订立3号合同时向后者出示甲的《自愿退出函》，丙即应知道2号合同系为乙单独处置A债权提供便利而订立，戊与乙有关“再次”转让A债权及支付价款的约定系通谋虚假合意，故不应对其予以信赖。

其二，最高法院有关乙有权处分的认定和丙属于善意第三人的认定之间存在矛盾。若确定乙有权处分，则无所谓丙善意或恶意的问题。之所以出现上述矛盾，是因为最高法院仅基于甲对外出具的《自愿退出函》而认定甲放弃共有权利，进而认定乙独自取得A债权，系未能有效区分共有关系的约定与善意第三人的保护这两项问题。根据乙与甲之间的补充协议，乙“独立负责处理”A债权，甲有权按照一定比例分得利润，而且在乙作无利润处理时须经甲同意。据此难以解释为甲已将其份额让与乙，更不宜解释为甲已抛弃其债权份额，而应解释为甲与乙就A债权共有的内部关系进行约定，确定各自在A债权收益和处分方面的权利。因此，虽然甲对A债权的收益、处分均受到较大限制，但其仍保留部分支配性权利，系该债权共有人之一。乙将价值5000余万元的A债权在受让之后仅加价约5万元进行转让，可能构成无利润处分债权。因此，乙未经甲事先书面同意而径自转让A债权，可能构成无权处分。

不过，本案的关键性事实是甲对外出具的书面声明内容与真实共有关系不尽一致。正如一审法院郑州中院所述：“甲与乙均认可在甲退出后乙有权单独处置涉案债权，但又约定乙零利润操作时须征得甲的书面认可，该约定与甲出具的《自愿退出函》存在不尽一致之处……从保障交易安全和保护善意第三人利益的角度，考虑到《自愿退出函》为甲向第三方（戊、郑州中院）出具的对外声明，故……应以《自愿退出函》的内容为准。”[1]由此可见，本案裁判的关键在于该《自愿退出函》的性质，以及第三人丙对该《自愿退出函》的信赖是否值得保护。前一问题易于回答，该《自愿退出函》系甲所作的观念通知，而非意思表示，但可类推适用民法有关意思表示的规定。[2]对后一问题须分两步回答。第一，该《自愿退出函》系由甲自愿作出，且甲明知或应知其内容不能真实反映自己与乙有关共有关系约定的内容，尤其是其中有关“受让方……由乙独家承继”的表达，若从客观角度对其进行文义解释，可得出甲将其份额让与乙的结论。因此，该函为内容不实的观念通知，类似于虚假让与债权份额的意思表示。第二，该《自愿退出函》系甲以书面形式向

---

〔1〕河南省高级人民法院（2015）豫法民二终字第428号民事判决书。

〔2〕参见梁慧星：《民法总论》，法律出版社2017年版，第64页。

戊和郑州中院作出，以使外部人特别是执行法院知悉为目的，乙在与丙订立 3 号合同时出示了该书面通知，导致丙在订立合同时不知甲的通知存在虚假内容。因此，甲不能以其书面通知中的内容与真实约定不一致为由向善意人之丙进行抗辩，后者对于乙系有权处分的信赖值得保护。这实际上是对虚假表示无效不得对抗规则的类推适用。鉴于善意取得规定难以类推适用于缺乏权利外观的普通债权，借助虚假表示无效不得对抗规则，以作出虚假表示的原债权人的强可归责性为基础，可在不要求有公信力的权利外观的情况下终局地解决原债权人与债权次受让人之间的权利冲突问题，其实践价值不容忽视。

2. 物权、股权转让场合虚假表示无效不得对抗善意第三人

除在债权领域外，虚假表示无效不得对抗规则在实行意思主义的物权、股权领域亦可资适用。虽然相关典型案件较为少见，但借助设例，不难发现其用武之地。

【案例 1】设甲为求脱产与乙串通订立虚假的 A 海船买卖合同，并办理所有权转移登记。乙又将 A 船卖与不知情的丙，称将对甲的所有物返还请求权让与丙。后甲为向丁贷款，以 A 船为标的物订立抵押合同。丙主张甲与乙之间的买卖合同有效，请求甲返还 A 船。丁则主张甲与乙之间的买卖合同系虚假表示无效，请求拍卖 A 船。

在案例 1 中，丙主张取得 A 船所有权的规范依据可能有二，其一是《中华人民共和国物权法》（以下简称《物权法》）第 106 条第 1 款，其二为虚假表示无效不得对抗规则。根据前者，丙须满足的条件为：（1）对乙系无权处分为善意且无重大过失；（2）以合理价格转让；（3）依法应予登记的已经登记，不须登记的已经交付；（4）丙与乙之间的转让合同并非违法无效或因丙之欺诈、胁迫等而被撤销。[1]根据后者，保护丙须满足的条件是：（1）甲与乙之间系为虚假意思表示；（2）丙对于该虚假意思表示为善意且无重大过失；（3）丙与乙之间的买卖合同系有效。对于丙来说，根据《物权法》第 106 条第 1 款主张善意取得 A 船所有权时面临的障碍是：第一，乙并未现实占有 A 船，而仅为登记权利人，仅凭缺乏公信力的登记并不满足善意取得所要求的转让人的权利外观。第二，丙与乙之间系就 A 船为指示交付，而乙相对于甲并非间接占有人，即使按照交付系 A 船所有权变动生效要件的立场，严格来说丙也未满足善意取得所要求的占有状态。[2]第三，登记并非船舶所有权转移的生效要件，即使乙已将 A 船登记在丙名下也难谓满足善意取得的排他性支配状态。

---

〔1〕 参见最高人民法院《关于适用〈中华人民共和国物权法〉若干问题的解释（一）》（以下简称《物权法司法解释一》）第 21 条。

〔2〕 参见崔建远：《物权法》，中国人民大学出版社 2017 年版，第 109 页。

可见，根据善意取得规定保护丙面临逻辑上的重重障碍，[1]不经大幅修正，几无适用余地。而如果适用虚假表示无效不得对抗规则，便可避免上述问题。在甲系虚假表示人时，不论乙的权利外观是否满足善意取得的前提，只要丙结合该外观对甲与乙之间的买卖合同为有效产生信赖，且在与乙订立合同时仍为善意且无重大过失，那么在丙与乙之间的买卖合同有效场合，丙不须交付或者登记即在与甲的权利竞争中胜出，实际取得所有权，只不过不具有对抗善意第三人的效力。

在丙与丁的关系中，究竟何者具有优先地位，应根据《物权法》第24条和第188条处理。[2]在丙对虚假表示为善意且无重大过失，并且已经办理所有权转移登记的场合，可对抗丁；在丁对甲系有权处分为善意且无重大过失，并且已经办理抵押权登记的场合，可对抗丙。换言之，在均无可责性的丙与丁之间，先办理登记者处于优先地位，若均未办理登记，任何一方不能对抗另一方，应类推适用债权平等原则处理。

【案例2】设甲系某有限公司股东，其与乙进行虚假的股权转让，协助将乙登记为股东。后乙向第三人丙转让股权并协助将丙登记为股东，甲主张其与乙之间的股权转让系虚假表示无效，请求涂销丙的股东登记。

案例2的分析思路与案例1类似。对于有限公司股权能否适用善意取得规定，实务机关倾向于肯定立场，而学界不乏质疑声音。[3]实际上，《中华人民共和国公司法》第32条第3款已经确立商事登记的对抗效力，而非公信力。根据该款，公司未将股东的姓名或者名称向公司登记机关登记，或者登记事项发生变更未办理变更登记的，不得对抗第三人。既然如此，在解释论上难以按照善意取得规定处理股权冲突的问题，反而可以适用虚假表示无效不得对抗规则。在上例中，有限公司股东的登记并不具有公信力，在甲与乙为虚假表示场合，善意的丙可主张甲与乙均不能以之无效向自己主张，从而优先获得保护。

海上船舶物权变动实行意思主义及登记对抗要件主义，一方面与多数国家的海

---

[1] 根据《物权法司法解释一》第20条，船舶、航空器和机动车等交付给受让人的，为符合《物权法》第106条第1款第3项规定的条件。疑问在于，在实行登记对抗要件主义的物权变动中，不论是否以交付为物权变动生效要件，占有或登记至多具备有限的公信力，如何按照善意取得的规格加以保护？何为善意取得发生前提的权利外观？何为排除原权利人的支配状态？

[2]《物权法》第24条规定："船舶、航空器和机动车等物权的设立、变更、转让和消灭，未经登记，不得对抗善意第三人。"第188条规定："以本法第一百八十条第一款第四项、第六项规定的财产或者第五项规定的正在建造的船舶、航空器抵押的，抵押权自抵押合同生效时设立；未经登记，不得对抗善意第三人。"有关日本法对类似问题的处理，参见［日］川岛武宜、平井宜雄编：《新版注释民法（3）总则（3）法律行为Ⅰ §§90～98》，有斐阁2003年版，第351～353页。

[3] 可参见张双根：《股权善意取得之质疑——基于解释论的分析》，载《法学家》2016年第1期；余佳楠：《我国有限公司股权善意取得制度的缺陷与建构——基于权利外观原理的视角》，载《清华法学》2015年第4期。

事立法及国际趋向相接轨，另一方面也照顾到我国船运行业的现实需要，[1]在民法典中不宜改弦更张。类似地，为了商事交易的便捷，也顺应国际立法潮流，民用航空器所有权及担保权登记、有限公司股权等事项的商事登记仍应坚持意思主义及登记对抗要件主义。[2]由此带来的体系效果是，对于实行意思主义和登记对抗要件主义的物权、股权，登记簿并不具有公信力，[3]而物的占有或者出资证明书也仅有有限的权利推定效果，单凭任何一项均难以满足善意取得之发生前提，一概以善意取得规定来解决这类权利变动中的第三人保护，在逻辑上牵强，在利益衡量方面恐有不周，在实践中可能引发不甚合理的结果。反之，适用虚假表示无效不得对抗规则，以真实权利人的强可归责事由为基础，不须具有公信力的权利外观，在第三人善意且无重大过失场合，保障第三人取得权利，应更为可取。[4]

（二）在形式主义领域不必采用虚假表示无效不得对抗规则

在我国大陆地区，大多数物权变动实行形式主义，《物权法》第 106 条第 1 款也规定不动产、动产均可适用善意取得规定。尽管围绕不动产登记簿的公信力存在绝对说与非绝对说之分，[5]但上述善意取得规定足以保护形式主义下的善意第三人。比如，如果某不动产所有权被无权处分，善意第三人以合理价格受让该不动产，且已完成登记的，那么其可不否认相对人系无权处分，而依据《物权法》第 106 条第 1 款主张善意取得该不动产所有权。在这一领域，难有不得对抗规则并行适用的必要。

问题在于，善意第三人尚未办理登记的，无法根据《物权法》第 106 条第 1 款取得所有权，在司法实践中，有基于不得对抗善意第三人之规则所作的判决。虚假表示无效不得对抗规则在这种场合是否有独特制度功能，值得探讨。

【案例 2】在许某娟与杨某泉、郑某华房屋买卖合同纠纷案[6]中，杨某泉与郑

---

[1] 参见朱曾杰：《船舶所有权，"未经登记不得对抗第三人"》，载《中国远洋航务公告》2001 年第 10 期。

[2] 参见尹田：《论物权对抗效力规则的立法完善与法律适用》，载《清华法学》2017 年第 2 期。

[3] 有关船舶登记效力的讨论，参见司玉琢：《海商法专论》，中国人民大学出版社 2015 年版，第 34～35 页。

[4] 有关不得对抗规则在一定范围内可代替善意取得规则发挥作用的意见，参见王轶：《动产善意取得制度适用范围例外规定研究》，载《郑州大学学报（社会科学版）》2000 年第 6 期。

[5] 倾向于认为《物权法》采用绝对公信力的见解，参见朱广新：《不动产适用善意取得制度的限度》，载《法学研究》2009 年第 4 期；程啸：《论不动产登记簿公信力与动产善意取得的区分》，载《中外法学》2010 年第 4 期。倾向于认为《物权法》采用相对的公信力的立场，参见王洪亮：《论登记公信力的相对化》，载《比较法研究》2009 年第 5 期；叶金强：《物权法第 106 条解释论之基础》，载《法学研究》2010 年第 6 期。

[6] 参见福建省漳州市中级人民法院（2015）漳民终字第 860 号民事判决书。

某华于离婚时未对附条件取得所有权的房屋进行分割，而条件成就后该房屋被登记在杨个人名下。后杨某泉与第三人许某娟订立买卖合同，双方办理所有权变更手续未果。随后杨某泉与其前妻郑某提出该房屋系双方共有，主张买卖合同无效。一审法院认为，杨某泉与郑某华离婚近九年之久，许有理由相信杨某泉有完全的处分权，且许某娟已按约支付价款，杨某泉已交付房屋，郑某不得对抗善意第三人许某娟。二审法院认为该房屋是杨某泉在所附条件成就后一次性取得，且郑某未就房屋登记在杨某泉名下提出异议，故认定房屋并非杨某泉与郑某共有。二审法院忽略了郑某与杨某泉共同享有所有权期待权的事实，以郑某华未就登记提出异议为由否定其共有人地位，与前述案例1中最高法院的裁判类似，属于未有效区分共有关系的认定与善意第三人保护两项问题，不应予以赞同。下面对本案中的第三人能否、如何取得所有权予以分析。

善意取得规定要求取得人具有排除原权利人的支配地位，在不动产场合要求已完成登记，且善意的判断时点是依法完成不动产物权转移登记之时。[1]因此，案例2中的许某娟不可能依据善意取得规定获得保护。不过，即使该房屋属于杨某泉与郑某共有，其也登记在杨某娟一人名下，作为共有人之一的郑有怠于请求更正登记之嫌，且杨某泉与郑某离婚已近九年，难以预料未分割房产。一审法院认为，尽管第三人许尚未办理登记，杨某泉与郑某也不得对抗许。其所适用的裁判规则是，具有较强可归责性的原权利人不得以权利外观虚假为由对抗尚未办理登记，但已满足善意取得规定其他要件，且实际占有不动产的第三人。这一规则在现行法中并无依据，从权利外观保护法理来看却不乏一定合理因素。原因是，如果原权利人积极制造虚假权利外观或放任虚假权利外观的存续，那便具有较强的可归责性，而善意第三人未完成登记却未必是基于其可控制的事由，此时一概对原权利人予以优先保护，牺牲以合理价格受让、占有不动产而仅仅尚未完成登记的第三人的利益，正当性便有所减弱。

尽管案例2中一审裁判具有一定合理因素，本文认为尚难以一般性地接受其裁判规则，以不得对抗规则保护未完成登记的不动产善意买受人。如前所述，虚假表示无效不得对抗的第三人，是基于虚假表示之外的法律原因，就特定财产权利产生竞争关系的人，此系对“第三人”这一宽泛概念所作的限缩解释。其合理性在于，不具有权利竞争关系的第三人与虚假表示人之间并无真正的对抗关系，就虚假表示人的全部财产存在所谓竞争关系的人通常只是一般债权人，也无所谓真正的对抗问题，故对于地位不同的第三人必须进行不同评价。在意思主义下，第三人在财产权转让合同生效之时便就该特定财产权利与虚假表示人产生竞争关系；在形式主义

---

〔1〕 参见刘家安：《物权法论》，中国政法大学出版社2015年版，第106～107页。还可参见《物权法司法解释一》第18条。

下，第三人只有在完成公示之时才与虚假表示人就特定财产权利产生竞争关系，在合同生效之时甚至第三人实际占有特定财产之时，两者虽产生利益冲突，但未就特定财产权利产生严格意义上的竞争关系。[1]如果不对第三人的范围进行限缩，那么不仅形式主义物权变动的体系遭到冲击，而且物权相对于债权的优先效力也难以维系，整体来看弊大于利。因此，在形式主义下，尚未完成登记的第三人并非虚假表示场合所谓的第三人，不能依此规则在权利取得层面获得保护。[2]

善意取得规定的适用前提是占有、登记等权利外观具有公信力，而虚假表示无效不得对抗规则不依靠权利外观的公信力，而以虚假表示人的强可归责性为逻辑起点和制度依归，两者奉行不同的逻辑。在同一领域采用两套逻辑不同的救济制度，容易产生规范之间的竞合和法律适用上的困惑。前文第一节有关我国台湾地区法的介绍，已揭示出相关法律解释和适用的分歧。为避免重蹈覆辙，在我国民法物权编中，不宜一般性地规定虚假表示无效不得对抗规则。在司法实践中，对于以交付、登记为权利变动生效要件的物权，也不宜类推适用虚假表示无效不得对抗规则。

（三）虚假表示无效不得对抗善意第三人规则的具体构造

通过上述案例及设例分析，可以发现虚假表示无效不得对抗规则在意思主义领域确有其独特功能及继受必要性，而在形式主义领域则无适用的必要。鉴于此，本文建议在民法合同编债权转让部分作出相关规定："（1）行为人与相对人采用书面形式订立虚假的债务合同或债权转让合同的，不得以该合同系虚假为由对抗善意第三人。（2）自合同生效时设立、转让的其他权利准用前款规定。"对于该规则的具体构造，应从以下几个方面予以把握。

其一，该规则主要适用于两种情况，一是当事人设立虚假债权并将其转让的情况，此与《德国民法典》第405条和《瑞士债务法》第18条第2项所规定的主要情形类似，只不过前者要求存在"债权证书"，后者要求存在无因的书面债务承认，[3]而鉴于我国合同法并未一般性地承认债权证书和债务承认，宜修正为书面的债务合同。二是为当事人将真实债权予以虚假转让的情况，此与《日本民法典》第94条第2项所处理的典型情形类似，虽然在实践中往往伴有对债务人的虚假让与通知，但在此场合不能以债权表见让与规则予以替代，因为后者系解决债务人清偿是否有

---

〔1〕 富有启发性的观点参见［日］四宫和夫、能见善久：《民法总则》，弘文堂2010年版，第205页。

〔2〕 在利益第三人合同中的受益人已经登记的场合，对于虚假表示无效不得对抗规则能否适用的问题，王泽鉴先生有专门探讨，参见王泽鉴：《民法学说与判例研究（第六册）》，中国政法大学出版社2005年版，第221～226页。鉴于我国大陆地区通说不承认物权行为理论，即使受益第三人已经登记，能否认定其为基于买卖合同的有效而发生"另一法律关系"的第三人，也不无疑问。

〔3〕 根据《瑞士债务法》第17条，未表明债务原因的债务承认，仍为有效。

效的问题，而不能终局地解决原债权人与债权次受让人之间的权利冲突问题。此外，鉴于实行意思主义变动模式的物权、股权等亦可虚假转让，而用益物权、担保物权等则可虚假设立，故设第二款准用规定。

其二，行为人须与其相对人达成虚假合意，从而具有很强的可归责性，而非仅仅因为不当依赖他人导致后者伪造相关意思表示。虚假表示无效不得对抗规则的继受必要性，主要是为弥补善意取得规定在意思主义领域可适用性之不足，因此其制度功能和适用范围只宜收缩而不宜扩张。如前所述，日本司法实践将其扩张适用至原权利人仅对虚假外观的形成“与因”的场合，对这一做法我国法不应予以继受，在相关纠纷出现时宜通过类推适用善意取得规定予以处理，从而避免法律制度的功能重叠与规范竞合。

其三，不应对虚假外观的重要性予以过分强调，而不重视虚假表示的意义，否则便走向对意思主义和虚假表示无效不得对抗规则的制度反动。因为在意思主义下，真正值得保护的是第三人透过虚假外观对背后的意思表示有效性所产生的信赖。应从意思表示的决定性地位和表示人的强可归责性出发，降低虚假外观和公示手段的重要性。鉴于此，原则上只要当事人采取书面形式作出虚假意思表示，不须经过公证或采用其他有公信效果的权利外观，即可满足该规则的适用前提。

其四，第三人是指虚假表示人及其权利义务概括承受人以外的人，该人须以虚假表示的有效为基础形成一定的法律关系，从而基于虚假表示之外的原因产生法律上的利害关系。该利害关系是指，第三人基于虚假表示无效而丧失权利或者负担义务。前述案例1中的甲虽主张戊与乙订立的2号转让合同系无效，但甲并未基于2号合同形成一定的法律关系，故其并非“第三人”，而实系“原权利人”。

典型的第三人包括：(1) 虚假转让债权、物权、股权场合从虚假受让人处取得权利的人；(2) 虚假设立债权、物权场合从虚假权利人处取得权利的人；(3) 对上述虚假受让人或虚假权利人进行强制执行的债权人；(4) 从上述第三人处取得权利的人。是否属于第三人，由第三人承担主张责任和证明责任。[1]至于虚假的为第三人利益合同中的受益人，其并不是基于其他法律原因而产生新的利害关系，故原则上不属于第三人。[2]第三人通常不包括：(1) 虚假转让债权场合的债务人，但是债务人基于该虚假转让进行清偿的除外；(2) 为保全自己的债权而代位行使权利的人；(3) 虚假转让股权场合的公司；[3](4) 特定财产权利被虚假转让场合虚假受

---

〔1〕 参见［日］川岛武宜、平井宜雄编：《新版注釈民法（3）总则（3）法律行为Ⅰ §§90～98》，有斐阁2003年版，第351页。

〔2〕 参见［日］川岛武宜、平井宜雄编：《新版注釈民法（3）总则（3）法律行为Ⅰ §§90～98》，有斐阁2003年版，第349页。

〔3〕 第一项至第三项，参见［日］川岛武宜、平井宜雄编：《新版注釈民法（3）总则（3）法律行为Ⅰ §§90～98》，有斐阁2003年版，第349～350页。

让人的普通金钱债权人，因其系与债务人的全部财产而非该特定财产有利害关系。[1]

其五，善意是指主张虚假表示有效的第三人对于该表示并非当事人的真意系不知，其判断时点是基于其他法律原因而与虚假表示人产生法律上的利害关系的时点。善意第三人应无重大过失，因为在意思主义下第三人应按照通常的交易习惯，并结合具体交易情境进行必要调查，如果第三人严重违反一般注意义务，则不值得优先保护。

在保护善意第三人时，不要求其已完成登记。一方面，意思主义下的权利变动在民事法律行为生效时发生，登记并不具有对抗在先权利人的效果。另一方面，更重要的是，原权利人系积极作出虚假表示，不应再对第三人要求类似于善意取得规定中的登记要件。

其六，不可对抗的效果是，一方面，原权利人不能以虚假表示为由主张民事法律行为无效，也不能否定善意第三人的权利取得；另一方面，善意第三人确定地取得权利，在未登记场合也可以请求原权利人协助进行登记。[2]

最后需要指出的是，虚假表示人不得以其表示无效对抗信赖其表示有效的善意第三人系诚实信用原则的题中应有之义，而禁止权利滥用也是维护诚实信用原则的当然要求。也许有意见认为，《民法总则》第132条有关禁止民事主体滥用民事权利的规定可以替代虚假表示无效不得对抗规则。然而，第132条的构成要件较为抽象，有赖于在司法实践中予以具体化，故一般仅发挥填补法律漏洞的功能，不能替代相关具体规定。而且，第132条的效果以承认权利存在而否认其行使为原则，以权利丧失为例外，[3]而不得对抗规则的效果恰是原权利人丧失权利，第三人取得该权利，故难以被第132条所替代。

三、民事法律行为被撤销不得对抗规则的制度功能

《民法总则（草案）》四审稿第155条规定："民事法律行为因重大误解、欺诈、显失公平被撤销的，不得对抗善意第三人。"该条系继受自《日本民法典》第96条第3项和我国台湾地区"民法"第96条第2项。尽管《民法总则》最终删除该条规定，但在相关解释论上有学者仍认为"因欺诈而撤销意思表示，不得对抗善

[1] 参见［日］四宫和夫、能见善久：《民法总则》，弘文堂2010年版，第204页。

[2] 参见［日］川岛武宜、平井宜雄编：《新版注釈民法（3）总则（3）法律行为Ⅰ §§90～98》，有斐阁2003年版，第358页。

[3] 参见梁慧星：《民法总论》，法律出版社2017年版，第283页。

意第三人”。[1]有必要从该规则的制度功能和制度定位出发探讨其是否有借鉴意义。

（一）意思主义下意思表示被撤销与善意第三人保护

在实行意思主义的法制中，买卖合同能够直接产生所有权转移的效力，买卖合同被撤销原则上也具有对抗第三人的效力。换言之，买卖合同被撤销的，出卖人将重新成为所有权人，可请求第三人返还原物。如果不对该对抗力施加必要限制，则交易安全难免遭受不利影响。日本民法遂有第96条第3项之规定，即因欺诈而撤销意思表示的，不能对抗善意第三人。[2]

长期以来，《日本民法典》仅规定欺诈撤销不能对抗善意第三人（第96条第3项），而未规定意思表示因其他瑕疵而被撤销不能对抗善意第三人。之所以范围有此局限，是因为受日本旧民法财产编第312条的影响。[3]在日本旧民法中，欺诈并不构成“承诺瑕疵”，受欺诈人的救济原则上是对欺诈人的损害赔偿请求权，而在损害赔偿之外，允许以“补偿的名义”撤销（一种恢复原状的损害赔偿）。该撤销是一种债权的构成，原则上不产生对第三人的效力。与之相对，以构成承诺瑕疵的错误、胁迫、无能力为由撤销的，在旧民法上承认撤销的绝对效力。[4]日本1898年新民法的起草者修正欺诈撤销的性质和根据，对撤销的性质进行统一把握。[5]但是，欺诈撤销对第三人效力与错误撤销的存在不同，则是日本旧民法影响残留的体现，这也是日本通说将第96条第3项类推适用于错误情形的根源所在。[6]在2017年通过的《日本民法修正案》中，立法者采纳通说，在第95条第4项中规定因错误撤销意思表示的，“不能对抗善意且无过失的第三人”，又在第96条第3项中对于欺诈撤销不能对抗的善意第三人，增加无过失的要求。[7]由此，日本民法不仅坚持了意思表示撤销的绝对效力原则，而且明确了错误撤销与欺诈撤销对第三人效力

---

〔1〕 参见陈苏主编：《民法总则评注（下册）》，法律出版社2017年版，第1073页；参见梁慧星：《民法总论》，法律出版社2017年版，第186页。

〔2〕 类似地，《日本民法典》第545条第1项但书规定：“解除权的行使，不能损害第三人的权利。”

〔3〕 参见［日］川岛武宜、平井宜雄编：《新版注释民法（3）总则（3）法律行为Ⅰ §§90~98》，有斐阁2003年版，第468页。

〔4〕 参见［日］川岛武宜、平井宜雄编：《新版注释民法（3）总则（3）法律行为Ⅰ §§90~98》，有斐阁2003年版，第469页；又见［日］四宫和夫、能见善久：《民法总则》，弘文堂2010年版，第235-236页。

〔5〕 参见［日］川岛武宜、平井宜雄编：《新版注释民法（3）总则（3）法律行为Ⅰ §§90~98》，有斐阁2003年版，第470页。

〔6〕 参见［日］山本敬三：《民法讲义Ⅰ总则》，解亘译，北京大学出版社2012年版，第195页。

〔7〕 参见日本法务省官网，http：//www.moj.go.jp/MINJI/minji07_00175.html，最后访问时间：2017年6月30日。对于善意第三人，通说要求其无过失。参［日］近江幸治：《民法讲义·民法总则》，渠涛译，北京大学出版社2015年版，第230页；又见［日］内田贵：《民法Ⅰ 总则·物权总论》，东京大学出版会2008年版，第81页。

（交易安全保护效果）的统一。

与第94条第2项的构造类似，《日本民法典》第96条第3项中的第三人是指因欺诈而作出意思表示的当事人及其权利义务概括承受人以外的人，该人必须基于该意思表示而产生一定的法律关系，从而基于其他法律原因与主张撤销该意思表示的人有权利冲突或者利害关系。[1]善意是指上述第三人在处于冲突地位时，不知道因欺诈而作出意思表示这一事实。[2]不能对抗是指对于第三人而言不发生撤销效果，且第三人基于此反射效果有效取得权利。[3]在利益第三人契约场合，多数说结合《日本民法典》第539条，认为撤销可以对抗受益第三人；[4]少数说则认为，受益第三人的信赖利益与一般第三人的同样值得保护，故属于不能对抗的第三人。[5]围绕受让物权的第三人是否需要登记，判例和学说分为登记不要说和登记必要说。[6]判例采登记不要说。[7]我妻荣教授系传统登记必要说的代表。[8]新的登记必要说认为，以牺牲受欺诈人的利益为代价而优先予以保护的第三人应当具有权利保护资格要件，登记或交付便是这类重要标示。[9]鉴于受欺诈人的可归责性与虚伪表示人相比明显较弱，该说具有较强的说服力。

（二）物权形式主义下意思表示可撤销性与善意取得的关系

我国台湾地区法从日本法中继受了意思表示因欺诈而被撤销不得对抗善意第三人的规则（“民法”第92条第2项）及其理论，[10]由此产生“民法”第92条第2

〔1〕 参见［日］山本敬三：《民法讲义Ⅰ总则》，解亘译，北京大学出版社2012年版，第196－199页。

〔2〕 参见［日］四宫和夫、能见善久：《民法总则》，弘文堂2010年版，第236页。

〔3〕 参见［日］近江幸治：《民法讲义·民法总则》，渠涛译，北京大学出版社2015年版，第230页。

〔4〕 参见［日］川岛武宜、平井宜雄编：《新版注释民法（3）总则（3）法律行为Ⅰ §§90～98》，有斐阁2003年版，第483页。

〔5〕 参见［日］川岛武宜、平井宜雄编：《新版注释民法（3）总则（3）法律行为Ⅰ §§90～98》，有斐阁2003年版，第483页。

〔6〕 参见［日］川岛武宜、平井宜雄编：《新版注释民法（3）总则（3）法律行为Ⅰ §§90～98》，有斐阁2003年版，第485页。

〔7〕 日本最高裁判所在昭和49年9月26日作出的判决中称，根据第96条第3项的立法旨趣，难以得出第三人须具备对抗要件的结论。但在该案中，第三人已取得预告登记。参见［日］川岛武宜、平井宜雄编：《新版注释民法（3）总则（3）法律行为Ⅰ §§90～98》，有斐阁2003年版，第484～486页。

〔8〕 参见［日］我妻荣：《新订民法总则（民法讲义Ⅰ）》，岩波书店1965年版，第312页。

〔9〕 参见［日］川岛武宜、平井宜雄编：《新版注释民法（3）总则（3）法律行为Ⅰ §§90～98》，有斐阁2003年版，第486页。

〔10〕 洪逊欣：《中国民法总则》，洪林翠凤发行1992年版，第407～409页；参见史尚宽：《民法总论》，中国政法大学出版社2000年版，第430～431页；郑玉波：《民法总则》，黄宗乐修订，三民书局2008年版，第293页；姚瑞光：《民法总则论》，中国政法大学出版社2011年版，第246～247页。

项与善意取得规定的关系处理问题。代表性观点认为，受欺诈而出卖某物，买卖契约与所有权移转合意具同一瑕疵，均得撤销。欺诈人将该物转售于第三人时，其移转所有权的行为属无权处分，善意第三人固然可依第92条第2项主张受欺诈人不能以其撤销对抗之，但亦可适用善意取得规定，故第92条第2项于无善意取得情形（如债权让与），始具实益。[1]照此观点，我国台湾地区“民法”第92条第2项与第87条第1项但书类似，主要在债权领域适用。

所谓意思表示被撤销的对第三人效力，究其本质是指第三人的权利取得在何种情形下受意思表示之撤销的影响。从功能主义的角度出发，物权形式主义法制中具有可比性[2]的还应包括《德国民法典》第142条第2款。该款规定：“法律行为被撤销时，当事人知道或应当知道其可撤销的，视为明知或应知法律行为为无效。”如果撤销系针对某项处分行为，而取得人在撤销前已作进一步处分，且第三人对于该可撤销性系知道或应当知道，那么根据该款，该第三人就被视为从无权利人处取得权利，不能根据《德国民法典》第892条及以下条款、第932条及以下条款善意取得权利。[3]而且，第三人知道或者应当知道撤销的事实原因以及与此相关的行为缺陷即满足第142条第2款的要求。[4]既然善意取得规定要求第三人不应有重大过失，那么也只有在第三人因重大过失而不知道可撤销性时才能将其排除在该规定适用范围之外。可见，这一规定与善意取得规定有效衔接，有助于界定善意第三人的范围。

在德国法上，鉴于物权行为具有无因性，债权行为因有瑕疵而可撤销的，物权行为未必同时具有可撤销性，[5]特别是在意思表示错误场合。因此，债权行为具有可撤销性，物权行为不具有可撤销性的，即使第三人知道该可撤销性，其仍系从有权处分人处受让物权，不受表意人撤销权行使的影响。可见，尽管《德国民法典》第142条第2款限制了善意第三人的范围，但无因性原则缓和着该款对交易安全的影响。

---

[1] 王泽鉴：《民法总则》，王慕华发行，2014年增订新版，第438页。

[2] 虽然《德国民法典》第123条第2款第2句规定“权利取得人知道或者应当知道欺诈的”，撤销权人才可向其主张撤销意思表示，但该条旨在解决因第三人欺诈而订立为第三人利益合同场合，撤销权人与受益人之间的利益冲突，此时通常有四方主体参与，主要出现在人寿保险领域。参见［德］布洛克斯、瓦尔克：《德国民法总论》，张艳译，中国人民大学出版社2014年版，第192页。因此，该条与我国《民法总则（草案）》四审稿第155条的可比性不强，而可与《中华人民共和国保险法》第16条相比较。

[3] 参见［德］梅迪库斯：《德国民法总论》，邵建东译，法律出版社2001年版，第557页；［德］拉伦茨：《德国民法通论（下册）》，王晓晔等译，法律出版社2003年版，第667页。

[4] 参见［德］弗卢梅：《法律行为论》，迟颖译，法律出版社2013年版，第666页。

[5] ［德］弗卢梅：《法律行为论》，迟颖译，法律出版社2013年版，第675页。

四、民事法律行为被撤销不得对抗规则的功能分解与制度安排

（一）我国善意取得规定中应补充善意排除规则

2017 年修正后的《日本民法典》第 95 条第 4 项和第 96 条第 3 项所能解决的问题之一是，对于意思表示可撤销性知道或因过失而不知道的第三人，撤销权人在撤销后可对抗之。《德国民法典》第 142 条第 2 款所处理的也是该问题，即第三人知道或应当知道转让人系"未决"地有处分权的，在处分权被撤销后，视其为自始非善意，不适用善意取得规定。在我国，根据《民法总则》第 155 条，无效的或者被撤销的民事法律行为自始没有法律约束力。因此，导致权利变动的民事法律行为被撤销的，权利为自始未变动。对于知道或应当知道该民事法律行为可撤销性的第三人，在撤销发生后，应视其为知道或应当知道权利自始未变动。在民法物权编中有必要承认这一解释结论，在有关善意取得的规定中增加一款，即"受让人在受让不动产或动产时知道或者应当知道转让人的处分权可撤销的，在该处分权被撤销后，视为其知道或应当知道转让人自始无处分权"。

我国通说不承认物权行为，能够导致权利变动的是买卖合同等民事法律行为。对于买卖合同的可撤销性知道或者应当知道的第三人，买卖合同的撤销权人在行使撤销权后一概可以对抗。这意味着，即使撤销权人是因自身过失而在有关价格的合意中存在意思表示错误，其仍可在撤销买卖合同后向非善意的第三人请求返还原物。在解释论上，如果承认负担行为与处分行为可予以区分，那么应探讨负担行为层面的意思表示错误是否影响处分行为的有效性。[1]如果不承认上述区分，那便要承受动态交易安全受不利影响的结果。不过，《民法总则》第 152 条第 1 款第 1 项将重大误解撤销权的除斥期间规定为三个月，此系立法者强化交易安全保护的安排，可在一定程度上缓和上述不利影响。

（二）在意思主义领域撤销权人与善意第三人之间的关系

接下来应予回答的问题是，在民事法律行为被撤销场合，对于实行意思主义的债权、物权及股权，是否有必要构建有别于善意取得规定的善意第三人保护规定。前文所述虚假表示无效不得对抗规则，系基于虚假表示人的强可归责性，在意思主义领域例外地采用保护善意第三人的特殊规定。如果原权利人所作出的有关权利转让的表示系受欺诈而为，或被利用不利情事进而订立显失公平的合同，那么其可归责性明显较弱，意思主义的特殊性与原权利人的强可归责性不再叠加，故不能简单

〔1〕参见王洪亮：《法律行为与私人自治》，载《华东政法大学学报》2016 年第 5 期。

套用虚假表示场合的逻辑来构造不得对抗规则。

如果转让合同因受让人欺诈或显失公平而被撤销，那么转让人的利益颇值得保护，其受保护的标准不应低于不当依赖他人场合遭受无权处分的原权利人。既然如此，比照善意取得规定构造不得对抗规则便具有一定合理性。质言之，只有存在一定的权利外观，善意第三人不仅无过失，而且已完成登记或取得权利凭证，该第三人的权利取得才应受到优先保护。在实行意思主义和登记对抗要件主义的领域类推适用善意取得规定时，之所以要求第三人完成登记，不在于其能产生排他性支配状态，而主要是基于交易成本分担和风险合理分配的制度需求。因为在第三人完成登记而原权利人仍未主张权利的情况下，善意第三人应受保护的信赖利益分量进一步增加，优先保护动态交易安全的必要性进一步增强，故不妨将登记理解为权利保护资格要件。

需在解释论上予以澄清的是，是否应将民事法律行为因重大误解、胁迫而被撤销的对第三人效力按照欺诈、显失公平场合的情形进行同等处理。如前所述，《日本民法典》原本仅规定欺诈撤销不能对抗善意第三人，而在错误场合未作规定，但此系日本旧民法影响残留的体现，已在2017年通过的《日本民法修正案》中予以改变。在我国，《民法总则》第152条第1款第1项已将重大误解撤销权除斥期间缩短为三个月，对于交易安全的保障更为有力，在撤销权人（原权利人）与第三人之间已形成一种利益平衡，故不必再于保护善意第三人权利取得的构成要件中施加更为宽松的标准，而应对重大误解场合的善意第三人保护采用与欺诈、显失公平场合同等的标准。至于胁迫，考察《民法总则》第150条有关第三人胁迫的规定，立法者在受胁迫方与善意相对人之间，选择优先保护受胁迫方的利益，显然认为胁迫的不法性更甚于欺诈；回顾《民法总则（草案）》四审稿第155条，胁迫与重大误解、欺诈、显失公平也未被同等评价，在受胁迫方与善意第三人之间，前者的利益得到优先保护；对照《日本民法典》，即使在2017年被修正后，其也仍然坚持胁迫撤销可对抗任何第三人的立场。基于《民法总则》第150条背后的价值判断结论，参考《民法总则（草案）》四审稿第155条的思路，借鉴日本法相关经验，应认为在胁迫撤销场合，即使是善意第三人也可对抗。[1]

---

〔1〕 不过，如果认为在严格的条件下，因盗窃、抢夺、抢劫而取得的物也可适用善意取得，那么从体系协调的角度来说，将胁迫场合的受让之物完全排除在善意取得范围之外便难谓合理，因为胁迫对当事人自由意志的侵害通常不会比盗窃、抢夺、抢劫的侵害更严重。王泽鉴先生便认为，尽管被胁迫场合，撤销得以对抗善意第三人，但该第三人可通过善意取得规定获得保护。参见王泽鉴：《民法总则》，王慕华发行，2014年增订新版，第445页。

五、结论

《日本民法修正案》保留并增加有关意思表示因瑕疵而无效、被撤销不能对抗善意第三人的规定，与其意思主义物权变动模式保持体系上的内在一致性，我国《民法总则》通过时删除草案四审稿第149条第1款但书和第155条，则与我国形式主义物权变动模式的主导性地位相契合，两项立法虽对同类规定的立场迥异，但逻辑自洽，各得其所。不过，我国民法中不乏实行意思主义变动模式的权利。在这一领域，虚假表示无效不得对抗规则以虚假表示为逻辑起点，不要求具有公信力的虚假外观，即可保护无重大过失的善意第三人，从而弥补善意取得规定在适用时出现逻辑障碍及不合理结果的短板，是难以被取代的重要制度。因此，适宜在民法合同编中继受这一制度，以应对司法实践中有关债权虚假转让或订立虚假债务合同的纠纷，并将其准用于实行意思主义变动模式的其他权利。民事法律行为被撤销不得对抗规则应修正为善意排除规则，以解决第三人在知道或者应当知道处分权可撤销性时是否适用善意取得规定的问题。鉴于该场合下撤销权人通常不具有强可归责性，即使在实行意思主义的领域，也宜通过类推适用善意取得规定以保护第三人。

此外，在意思主义领域，导致权利变动的民事法律行为因限制民事行为能力人欠缺相应行为能力，被确认无效（《民法总则》第145条第1款），抑或因违反法律、行政法规的强制性规定或者违背公序良俗而无效的（《民法总则》第153条），能否对抗善意第三人，本文未及详述。[1]不过分析思路并无二致，即应从上述规定的立法目的出发，综合考虑原权利人的可归责性和意思主义的特殊性，探究善意第三人保护的合理标准，并回答究竟应否在善意取得规定之外另辟蹊径。

---

〔1〕 鉴于成年人是否属于限制民事行为能力人有时不易辨别，公序良俗亦有扩张之势，标的物流转不损及上述规定立法目的的，善意第三人的利益仍应受到保护。参见［日］大村敦志：《基本民法Ⅰ总则·物权总论》，有斐阁2007年版，第98页。

我国民法体系中民事责任制度的演进逻辑

——基于解释论的分析

李国强*

目　次

2017年施行的《民法总则》第七章规定了“民事责任”制度，其源头应该是1987年施行的《民法通则》第六章“民事责任”的规定，由于近代民法的开端《法国民法典》直至《德国民法典》都没有专门规定“民事责任”制度，民事责任只是在解释债的关系中使用的概念，[1]而且在民法典体系下《民法总则》专门规定作为民事责任制度会影响到整个体系构建的逻辑。从《民法通则》施行以来，我国又陆续颁布施行了多个民事单行法，其中对民事责任多有表述，但其内涵也在逐渐发生变化，实质上反映了民事责任理论的演变进化。所以有必要深入讨论“民法责任”制度从初创至今演进的逻辑，进而明确“权利—义务—责任”的我国民法典编纂体系逻辑的表达要求，为民法典分则编的立法的体系构成做好理论准备。本文试图还原我国自《民法通则》以来立法的内在逻辑安排，但需要注意的是，立法既

* 吉林大学法学院教授，博士生导师。

[1] 拉伦茨将承担责任解释为，是指接受其行为所产生的后果，并对这种后果负责。[德] 卡尔·拉伦茨：《德国民法通论》，王晓晔、邵建东、程建英、徐国建、谢怀栻译，法律出版社2003年版，第50页。

有依据理论做体系展开的一面，当然也有为完成政治任务脱离法学理论规定的可能，还有一种可能是参与立法者并非系统受过法律思维的训练而想当然的提出看起来可行而实际上很离谱的意见，这都会导致作为具体立法的民事法律规范很难解释出一个明确的逻辑线索，但既然是在法学研究的进路上展开，就尽量把我国历次民事立法的过程当成是在法学方法论的意义上正常展开的过程来解读。

一、《民法通则》确立与债分离的民事责任

《民法通则》第六章规定的“民事责任”和第五章“民事权利”成并列的结构，结合权利和义务的对应关系，在立法的结构上构成“权利—义务—责任”的逻辑结构，进而可以定义民事责任是民事主体违反民事义务所应承担的法律后果。[1]虽然《民法通则》不是一部真正意义上的民法典，但是仍然在整体上坚持了大陆法系民法典的体系逻辑，由此可以认为，民事责任的规定和民事权利的规定应该具有明确的体系逻辑，但事实上却很难解释出明确的体系逻辑，反倒是发现很多体系逻辑上的漏洞和问题。杨立新认为，经过长达30年的理论研究和司法实践证明，《民法通则》专门规定民事责任的做法是不成功的，没有遵从民事立法的客观规律。[2]但本文认为，由于已经经过了30多年的理论和司法实践的沉淀，不能简单说专门规定民事责任的做法错误，而应该解释其中的深层内涵。

（一）《民法通则》中“民事责任”的内涵

《民法通则》中的“责任”除了第六章“民事责任”以外被多次使用，其含义和“民事责任”并不统一。梁慧星认为，责任在法律上存在三种含义，第一种含义等同于职责，第二种等同于义务，第三种含义作为民事责任来使用，指的是不履行法律义务而应受的某种制裁。[3]三种含义在《民法通则》的立法上都有表现，共有68处使用“责任”一词，从第16条、第仔细区分可以发现：第17条规定的监护责任是职责的意思，而第35条规定的合伙人的清偿责任则是义务规定，第六章的民事责任规定才是法律后果意义上的“责任”。通过这些不同含义的“责任”的规定，可以看出对于“责任”一词的使用，《民法通则》是比较随意的。郭明瑞认

---

〔1〕《民法通则》施行前后出版的民法教科书多采用“后果说”，另外也有“义务说”“制裁说”等其他学说。参见佟柔主编：《民法原理》，法律出版社1986年版，第42页；金平主编：《民法通则教程》，重庆出版社1987年版，第380页；郭明瑞、房绍坤、于向平：《民事责任论》，中国社会科学出版社1991年版，第11页。

〔2〕杨立新：《民法总则规定民事责任的必要性及内容》，载《法学论坛》2017年第1期。

〔3〕梁慧星：《论民事责任》，载《中国法学》1990年第3期。郭明瑞、房绍坤、于向平：《民事责任论》，中国社会科学出版社1991年版，第9～10页。

为，从《民法通则》的规定看，在不同场合使用的民事责任的含义不尽相同，《民法通则》第43条、第63条第2款中提到的“民事责任”与第六章的民事责任含义就不完全相同。[1]

民事责任既然是民事义务的后果，这就和权利、义务一起被作为民事法律关系的要素，进而改变了萨维尼对民事法律关系的解释，萨维尼认为法律关系的要素是权利，当然还可以同时解释出包括对应的义务。[2]这种颠覆性的认识需要重新解释法律关系理论，但是显然当时中国学界并没有真正做到，梁慧星认为，民事责任是民事法律关系的构成要素，民事法律关系是由民事权利、民事义务、民事责任构成的，权利、义务为民事法律关系的内容，责任是权利、义务实现的法律保障。[3]以“保障”来解释民事责任看起来很通，但考虑基于私法自治的原则，保障似乎超出了私法的范围已然进入了公法的领域，但如果在民事法律关系中实现保障，则权利、义务关系本已有此意，所以在解释民事责任和民事义务的界限时往往模糊不清，但“保障说”的观点却似乎根深蒂固为民法学界所接受，董学立认为，民事责任对权利的维护或对义务履行的保障或对不履行义务的制裁，是其发挥作用的形式，其目的是保障权利的实现。在民事法律关系中，权利是核心，而权利的主体、权利的客体、权利的保障和权利本身则共同构成民事法律关系的要素。[4]张素华认为，民事责任作为一种实现利益分配的手段，是保障公民、法人民事权利的手段，是现代民法生命力之所在。[5]

还有在实质上把民事责任解释为一种法律关系的观点。魏振瀛认为，民事责任是一种法律关系，当一方的权利受到侵害，另一方需要承担责任的时候，就发生了因责任而形成的法律关系，这种法律关系的内容是救济权和责任。[6]这种法律关系说的重点是把民事责任不同于传统民法意义上的一般法律关系的不同点区分出来，但因责任而产生的新法律关系和原有法律关系之间的联系如何，就很难简单说通。还有更直接的“法律关系说”，前述梁慧星认为民事责任是法律关系的要素，但他在同一篇论文中又指出，民事责任实质上是一种特别的债权债务关系，其内容与普

---

[1] 郭明瑞：《民法总则规定民事责任的正当性》，载《烟台大学学报（哲学社会科学版）》2014年第4期。

[2] [德] 卡尔·拉伦茨：《德国民法通论》，王晓晔、邵建东、程建英、徐国建、谢怀栻译，法律出版社2003年版，第256页。

[3] 梁慧星：《论民事责任》，载《中国法学》1990年第3期。

[4] 董学立：《民事责任应为民事法律关系的要素》，载《山东法学》1997年第4期。

[5] 张素华：《请求权与债权的关系及请求权体系的重构》，中国社会科学出版社2012年版，第126页。

[6] 魏振瀛：《制定侵权责任法的学理分析——侵权行为之债立法模式的借鉴与变革》，载《法学家》2009年第1期。

通债不同，为赋予权利人法律上之力，使之能够强制义务人为特定行为。[1]如果民事责任仅仅是一种债的关系，那么在体系上就存在问题，《民法通则》第五章规定的民事权利就包括第二节“债权”，但是在该章节中并未规定民事责任，第六章独立的民事责任仅为债权的一种特殊形式，会进一步解释出《民法通则》的章节编排没有任何逻辑的结论。但从另一个角度讲，这种说法也有正确的成分，即《民法通则》的民事责任仅规定了违约责任和侵权责任两种，从传统民法“物—债”二分的逻辑看，只有债法关系中的责任而没有物权法关系中的责任，但即使如此，说民事责任是特殊的债权债务关系在逻辑上也是不通的。

（二）《民法通则》中民事责任的类型区分及其与权利的对应关系

学界对于《民法通则》规定的民事责任有几种类型是有分歧的，米健认为，《民法通则》中规定的民事责任包括三种：违约责任、侵权责任和特殊侵权责任。[2]张佩霖认为，《民法通则》中规定的民事责任包括三种：违约责任、侵权责任、不履行其他义务的民事责任。[3]从《民法通则》第106条的规定看，张佩霖的说法显然更准确，但是第六章除了一般规定，单独设节规定的只有“违反合同的民事责任”和“侵权的民事责任”，因此以主要内容而定，也可以说《民法通则》规定的“民事责任”包括违约责任和侵权责任，并且主要是侵权行为的制度，而且扩大了侵权行为的承担责任的形式，而在第五章“民事权利”第二节“债权”，没有规定作为债的发生原因的侵权行为。另外，《民法通则》也没有规定和物权法有关的民事责任，其规定的民事责任只是债法的民事责任，不过表现出侵权行为与债分离而已。但是，这里忽略了《民法通则》第106条第1款规定的违反其他义务责任的具体指向，从第六章和第五章的权利、义务和责任的对应关系看，第一节规定“财产所有权和与财产所有权有关的财产权”、第三节规定的“知识产权”、第四节规定的“人身权”都应对应义务，进而因违反义务而应承担责任，另外第二节“债权”中第92条规定的“不当得利”、第93条规定的“无因管理”既不能包括在违约责任中也不能包括在侵权责任中，故而也应由属于违反其他义务责任保护的范围，但是从第106条的表述看似乎应该包括，但从第六章第二节和第三节的两种类型区分看，这些违反其他义务的责任应该都包括在侵权责任当中了，这就在事实上导致侵权责任的范围显著扩大了，传统民法规定的以所有权返还原物请求权为代表的绝对权请求权都被放诸侵权责任中调整了。

---

〔1〕 梁慧星：《论民事责任》，载《中国法学》1990年第3期。

〔2〕 米健：《试析〈民法通则〉中的民事责任》，载《政法论坛：中国政法大学学报》1986年第4期。

〔3〕 张佩霖：《谈谈〈民法通则〉规定的民事责任》，载《政法论坛：中国政法大学学报》1986年第5期。

《民法通则》没有规定对应绝对权请求权的民事责任的直接后果是理论上认为民事责任就是属于传统民法债的关系的范畴，进而导致认为民事责任的归责原则除特殊侵权责任外原则上都是过错归责原则，因为《德国民法典》为代表的传统民法最初规定的违约责任和侵权责任都是过错归责原则，而且其承担责任的方式也都仅限于损害赔偿，[1]但需要注意的是，德国法规定的损害赔偿是包括了恢复原状的内容，而在物权编规定了物权请求权，在侵犯物权的场合，只要物还在就适用物权请求权来救济，而物权请求权因为不属于债所以也不涉及过错归责原则的内容；当物不存在的时候，就适用侵权损害赔偿责任来救济。相对于损害赔偿，《民法通则》规定了赔偿损失的承担责任方式，虽然看起来一致，但赔偿损失和损害赔偿实质是有区别的，李承亮认为，《民法通则》中的赔偿损失指的是以支付一定金钱的方式填补受害人的财产损害，从外延上看它虽然小于德国法中的损害赔偿，但却远远大于《德国民法典》第251条规定的价值赔偿。[2]《民法通则》在民事权利一章规定债权一节，但另外再规定民事责任一章，其中除一般规定外分别规定违约责任和侵权责任两节，在一般规定中第106条明确违约责任和违反其他义务责任是严格责任的归责原则，而侵权责任是过错责任的规则原则，在第四节规定了10种承担民事责任的方式，这些方式基本上对应了前面两节规定的违约责任和侵权责任的承担方式，但是由于没有规定物权请求权，所以在侵犯物权的时候可以依据《民法通则》第117条分别理解，财产还在则返还原物，财产不在则恢复原状或赔偿损失，但是由于第117条属于侵权责任，根据第106条第2款的规定应该适用过错归责原则。如果考虑所有权等物权的义务人是权利人之外的不特定人的话，侵犯物就属于违反不得侵犯物权的义务，进而在确定返还原物的时候是不需要过错归责原则的。由此可以得出，在《民法通则》没有规定物权请求权的情况下，第106条和第117条是存在矛盾冲突的。魏振瀛认为，《民法通则》没有规定物权请求权是因为采取了民法责任的"后果说"，相对应《德国民法典》对于民事责任则采取"义务说"，进而认为如果违反了不侵害物权的不作为义务，就产生了承担侵权责任的后果。[3]这种说法难言正确，因为德国法区分绝对权请求权发挥作用和侵权责任发挥作用的标准是绝对权客体（物）还是否存在，如果客体不存在则适用侵权责任的损害赔偿，由此可以明确"后果说"不能简单得出绝对权请求权不能适用的结论，绝对权请求权也可以产生使绝对权受到干涉或侵害的法律后果。

虽然《民法通则》第六章的规定没有处理好其与第五章民事权利规定的对应

---

〔1〕 主要的规定是《德国民法典》第280条。参见陈卫佐译：《德国民法典》，法律出版社2015年版，第94页。

〔2〕 李承亮：《损害赔偿与民事责任》，载《法学研究》2009年第3期。

〔3〕 魏振瀛：《民事责任与债分离研究》，北京大学出版社2013年版，第109～110页。

关系，但仅就第二节规定的违约责任和第三节规定的侵权责任来说，仍然是在传统民法债的关系的观念下展开，真正发生实质上改变的还在于第六章第四节“承担民事责任的方式”的规定，第134条是在体系解释上最难以说清的一个条文，当然其最一般的表现就是责任承担方式的多样化，考虑到涉及违约责任的承担方式是特定的，与传统民法也并无本质不同，所以主要表现的是侵权责任承担方式的多样化。魏振瀛认为，《民法通则》关于多种责任形式的规定，实际上改变了传统民法上侵权行为和侵权责任的概念，它反映了民事责任理念的改变，而且直接涉及未来我国民法典体系。〔1〕侵权责任的多样化，虽不改变侵权法主要为补偿法的性质特点，但对民法体系也提出了挑战，尽管侵权行为常常产生侵权损害赔偿之债，但也产生多种责任形式。〔2〕《民法通则》一个潜在的变化是在实质上把绝对权请求权并入了侵权的民事责任中，进而从另一个角度将民事责任区分为制裁不法行为的民事责任和维护状态的民事责任。

（三）民事责任与债分离的根据

民事责任与债分离是我国《民法通则》的创造，不可否认的事实是我国《民法通则》的立法深受《苏俄民法典》的影响，关于民事责任的说法在俄罗斯现在的民法学教材中也有表述，但是，实际立法中却是没有的。追溯前苏联的民事立法，1923年施行的《苏俄民法典》并没有民事责任的规定，和民事责任相关的内容包括：第59条关于物权请求权的规定，第106条关于债的发生原因的规定，第145条关于双务合同违约责任的规定，第403－第415条关于侵权责任的规定。其中责任和债应是统一内涵的概念，并且再区分为违约责任、不当得利返还责任、侵权责任等。〔3〕1964年施行的《苏俄民法典》也没有民事责任的规定，但在第6条规定了民事权利的保护，其中规定的保护方式包括：确认这些权利，恢复权利被侵犯前的原状并排除侵权行为，判决以实物履行义务，终止或变更法律关系，向侵犯权利的人索取所致损失的赔偿，在法律或合同规定的情况下索取违约金（罚款、逾期罚款），法律规定的其他方法。〔4〕这些规定和《民法通则》规定的民事责任承担方式非常近似，如果《民法通则》民事责任的规定是移植于《苏俄民法典》应该即出自此，但是显然苏联并没有把这种民事权利保护的内容和民事权利、义务并列成为民法法律关系的要素。另外，1964年《苏俄民法典》第十四章第151－157条

---

〔1〕魏振瀛：《〈民法通则〉规定的民事责任——从物权法到民法典的规定》，载《现代法学》2006年第3期。

〔2〕王利明等著：《我国民法典体系问题研究》，经济科学出版社2009年版，第434页。

〔3〕《苏俄民法典》，郑华译，法律出版社1956年版，第14页以下。

〔4〕中国社会科学院法学研究所民法研究室编：《苏俄民法典》，马骧聪、吴云琪译，王家福、程远行校，中国社会科学出版社1980年版，第6页。

规定的所有权的保护，内容和1923年《苏俄民法典》的物权请求权内容近似。[1] 1964年《苏俄民法典》第十九章规定了违反债的责任，第217－第227条，规定的内容，把债定义为义务，而责任是不履行义务的结果。[2]这就相当于清楚表明，《苏俄民法典》仍然坚持了责任是债务的不利后果的表述，苏联的民法学教材的编排也可以印证此结论，在格里巴诺夫、科尔涅耶夫主编的《苏联民法》中，论述民事责任的第二十六章属于第四编“债 一般原则”，但其中也提到，“在苏联民法教科书中，把责任仅仅看作对违反债的责任的传统认识，根深蒂固”，但同时该书的作者也认为，“在违反其他民事权利和义务的情况下，也适用民事法律责任”。[3]综合以上文本考察，我国《民法通则》规定的民事责任，应该等同于《苏俄民法典》的民事权利的保护，而《苏俄民法典》规定的责任除违约责任外则在《民法通则》中没有真正完全一致的对应内容，但从苏联民法教科书看，理论界已经在试图扩大民事责任适用的范围，至少在债法的范围内要扩大，这可能是我国《民法通则》规定的理论根源。

苏联解体后的俄罗斯民法也主要沿袭了《苏俄民法典》的制度体系，在《俄罗斯联邦民法典》中也没有民事责任的规定，但是俄罗斯的民法教科书中是有民事责任的专门讲解的，在中国影响较大的E. A. 苏哈诺夫主编的《俄罗斯民法》中，执笔者E. A. 苏哈诺夫认为：民事法律责任——这是国家强制的形式之一，它在于由法院为了受害人的利益而对违法者进行财产制裁，使违法者承担其行为的不利财产后果，其目的是恢复受害人被侵犯的财产权。[4]从其表述看，民事责任应该能够包括债法上的违约责任和侵权责任，也能够涵盖物权意义上的所有权保护的内容，这就和我国《民法通则》的规定有些近似了，但需要注意的是，《俄罗斯联邦民法典》中规定的侵权责任，其内容并没有吸收物权请求权的内容，而是仅指债的发生原因的物权请求权。

其实我国学者关于《民法通则》施行后对于侵权责任的解释中，仍然还是坚持了将侵权行为作为债的发生原因的说法，只不过在涉及责任和债务关系的时候出现了逻辑上的不协调，郭明瑞认为，侵权行为作为债的发生原因，而债务不履行发生债务不履行责任，在侵权行为之债中，“责任为因，债务为果”，而在债务不履行责

---

[1] 中国社会科学院法学研究所民法研究室编：《苏俄民法典》，马骧聪、吴云琪译，王家福、程远行校，中国社会科学出版社1980年版，第51页。

[2] 中国社会科学院法学研究所民法研究室编：《苏俄民法典》，马骧聪、吴云琪译，王家福、程远行校，中国社会科学出版社1980年版，第69页。

[3] ［苏］格里巴诺夫、科尔涅耶夫：《苏联民法（上册）》，中国社会科学院法学研究所民法经济法研究室译，法律出版社1984年版，第490页。

[4] ［俄］E. A. 苏哈诺夫主编：《俄罗斯民法（第1册）》，黄道秀译，中国政法大学出版社2011年版，第406页。

任中，“债务为因，责任为果”。[1]这种说法其实已经改变了“权利—义务—责任”的逻辑结构，将责任解释为义务的原因，实际上是回归传统民法将侵权行为作为债的发生原因，产生债务之后才会有损害赔偿责任的问题。

不能忽略的事实是，虽然近代大陆法系民法典实质上没有区分债务和责任，但近代民法源头之一的日耳曼法是区分债务和责任的，债务的内容是当为状态，所以是非由外部强制的履行义务，责任则是服从攻击权的意思，当债务不履行时可以诉之强制手段，要求债务的满足。[2]日耳曼法的这种表述比较接近《民法通则》专门规定“民事责任”的逻辑，民事责任成为具有和法律强制力直接联系的概念，是义务违反的后果，所以所有的义务违反都对应责任，《民法通则》实际上虽被认为是“权利本位的法”，但实际上因为是在计划经济背景下制定的，特别从公权力的角度强调了法律义务的问题。这可能是解释民事责任和债分离的最有力根据了。有一个细节需要特别提示一下，《民法通则》第 134 条并没有沿袭《经济合同法》规定“继续履行”为承担民事责任的方式，主要原因应该认为责任和义务是不同的，继续履行仍然是合同义务，所以不应成为违约责任的承担方式。[3]但 1999 年施行的《合同法》第 107 条还是把继续履行规定为承担违约责任的方式，可见责任不是合同义务本身的说法并不是立法表述的根据。但是不管怎样，即使有再多的逻辑上的不顺畅，或者理论上有各种争议，不可否认的事实是，《民法通则》确立了与债分离的民事责任，这对于中国的民事立法和民法理论的发展产生了重大的影响。

《民法通则》之后民事立法在沉寂了多年之后迎来了统一《合同法》的制定，《合同法》也专门规定了“违约责任”一章，除了把《经济合同法》中规定的继续履行作为承担责任方式照搬过来以外，其主要坚持了《民法通则》对于民事责任的内涵解读，也未发生理论争议，甚至包括《民法通则》用语不精确的问题也继续沿袭。例如，崔建远认为，《民法通则》第 66 条第 1 款前段规定的“责任”、《合同法》第 48 条第 1 款固定的“责任”是从最坏的结果着眼，包括承担通常意义上的民事责任，[4]实际上是一种用语的不精确。直到《物权法》的起草和颁布，有关民事责任概念的解释又一次成为法律条文体系解释的关键点。

---

[1] 郭明瑞：《民法总则规定民事责任的正当性》，载《烟台大学学报（哲学社会科学版）》2014 年第4 期。

[2] 李宜琛：《日耳曼法概论》，中国政法大学出版社 2003 年版，第 104 ~ 105 页。

[3] 田土城：《民事责任之本质探析——兼评我国的民事责任立法》，载《郑州大学学报（哲学社会科学版）》1994 年第 3 期。

[4] 崔建远：《合同法》，北京大学出版社 2016 年版，第 104 页。

二、《物权法》规定与物权请求权关系不明的民事责任

表面上看《物权法》并没有“民事责任”专门章节的规定，但是《物权法》在第三章用第32－第38条规定了“物权的保护”，其中在第37条、第38条使用了民事责任的表述，但是具体看来，除了第32条和第33条以外，剩下的5个条文都是《民法通则》第134条就已经有的内容，都可以看成是关于民事责任承担方式的规定，再审视第32条和第33条，其实都是有关程序权利的规定，所以这两个条文在《物权法》中出现本身就显得另类。还有一个问题需要注意，《物权法》第34条和第35条规定的内容即传统民法上所谓的“物权请求权”，由此产生了一个新的疑问，学界对于《物权法》第三章都在用物权请求权的理论去解释，而似乎忘记了民事责任和权利保护是否为同一内涵的问题。

（一）《物权法》规定物权请求权的体系逻辑

以王利明为代表的民法学者是以物权请求权的逻辑来解释《物权法》第三章的规定，甚至认为《物权法》第36条规定的也是物权请求权。[1]但是，修理、重做、更换显然属于违约责任的承担方式，而恢复原状显然也属于《民法通则》规定的侵权责任的承担方式，这就产生了物权请求权和违约责任、侵权责任界限不清、关系不明的问题。不仅如此，《物权法》第32条如果也理解为物权请求权在理论上是有难度的，因为第32条完全与实体权利无关，甚至也无关程序权利的内容，属于纯粹的程序法宣示条款，和解、调解、仲裁、诉讼只是民事权利保护的程序途径而已。而《物权法》第33条规定的确认物权也被解释成是物权请求权。[2]如果将物权确认请求权界定为实体法上的请求权，是否意味着在实体上请求权人享有确认的权利，而对方负有确认的义务，而且该权利是可以抵销、让与和免除的，相应的也就存在确认请求权是否适用诉讼时效的问题。[3]确认物权请求的提出并不是以恢复权利人对物的圆满支配状态为指向，很大程度上是解决物权纠纷的程序制度，即使指向权利也应该是程序上的权利。确认物权请求权可以认为是一种裁判请求权。[4]

---

〔1〕 王利明：《物权法研究》，中国人民大学出版社2013年版，第240页。当然也有不同观点，崔建远就认为第36条、第37条规定的是债权请求权。参见崔建远：《物权法（第三版）》，中国人民大学出版社2014年版，第111页。

〔2〕 全国人民代表大会常务委员会法制工作委员会民法室编：《中华人民共和国物权法条文说明、立法理由及相关规定》，北京大学出版社2007年版，第48页。但也有相反的观点，认为第33条规定的不是物权请求权。参见崔建远：《物权法（第三版）》，中国人民大学出版社2014年版，第113页。

〔3〕 王洪亮：《物上请求权的功能与理论基础》，北京大学出版社2011年版，第14页。

〔4〕 季秀平：《物权之民法保护制度研究》，中国法制出版社2006年版，第115页。

实际上《物权法》第三章中能解释为物权请求权的只有第34条、第35条规定的三项请求权。除此之外，《物权法》第245条规定的返还原物、排除妨害、消除危险符合德国法传统的物权请求权的规定，一般意义上，民法理论提到物权请求权如无特例应指的是第34条、第35条规定的请求权。[1]这三项请求权针对的都是物权的圆满支配状态受到侵害或侵害危险的情况而赋予物权人的权利，唯需要讨论的是“侵害”究竟指向什么。“侵害”一词在民法上是妨害和损害的上位概念，侵害涵盖了妨害和损害。[2]而在“物—债”二分的财产法体系下，物权法意义上的“侵害”应该指在“物”没有毁损、灭失情况下的侵害，一旦“物”毁损、灭失则不能适用物权请求权而只能适用债权请求权要求损害赔偿。《物权法》第34条、第35条适用的前提应该限于没有达到毁损、灭失程度的侵害，而第37条适用的前提“损害”则应该是达到毁损、灭失程度的侵害，所以第37条是具有债权性质的侵权损害赔偿请求权。[3]

以上只是分析了具体条文的内涵指向，如果从体系逻辑上分析，则应该理解为《物权法》第三章“物权的保护”是将物权请求权和债权请求权统一规定以保护物权，从体系上回归了传统民法“物—债”二分的逻辑，是以“权利—义务—保护请求权”为逻辑展开，这就和《民法通则》的“权利—义务—责任”的逻辑不同了。郭明瑞认为，《物权法》颁布后，绝对权请求权和多种责任承担方式的侵权责任并存的观点在学说上建立。[4]这就又产生了逻辑上的矛盾，由于基于《民法通则》规定而确立的侵权责任既包含了物权请求权的方式也包含了债权请求权的方式，表现为承担侵权责任的方式有返还财产等方式，所以当物被侵害的时候，既可能是基于物权请求权要求返还原物，也可能是基于侵权责任要求返还财产。

（二）基于《物权法》解释民事责任制度

从前述分析看，《物权法》第三章“物权的保护”似乎做了错误的逻辑安排，但仅从“保护”一词的意义看并不错误，无论是第32条纯粹程序的内容宣示，还是第36条、第37条债权请求权内容的规定，可以说具有保护物权的意义，当然从

---

[1] 但是，《德国民法典》采取的是“自由所有权保护”的思路，物权保护的问题被浓缩为所有权保护问题，所以，德国法并没有规定物权请求权，而是规定了基于所有权的请求权。参见王洪亮：《物上请求权的功能与理论基础》，北京大学出版社2011年版，第18页。

[2] 魏振瀛：《〈民法通则〉规定的民事责任——从物权法到民法典的规定》，载《现代法学》2006年第3期。

[3] 注意，《物权法》第37条没有使用《民法通则》第134条所使用的“赔偿损失”一词，而是使用传统民法意义上的“损害赔偿”，可以认为《物权法》至少在形式上没有完全坚持《民法通则》的内容。

[4] 郭明瑞：《侵权立法若干问题思考》，载《中国法学》2008年第4期。

物权客体特定的角度看，第36条修理、重做、更换的不再是原特定物，但就物权人的利益看来，也是得到了损害的填补。按照体系解释的逻辑，在民事责任制度的框架下重新解释《物权法》的规则，应该还是坚持了“后果说”。只不过返还财产、排除妨碍、消除危险在物权法领域成为物权请求权，不再适用侵权责任规则来保护物权。魏振瀛认为，物权受到侵害而未产生实际损害，如物被侵占，物权人有返还请求权，如果物权的行使受到妨害，物权人有妨害除去请求权或者妨害防止请求权，侵害人（不称侵权人）有返还原物的义务、除去妨害的义务或者防止妨害的义务。在物权请求权关系中不存在责任问题，如果侵害人不履行义务，物权人有权请求法院强制执行，这也不被称之为责任。〔1〕这种通过解释强行区分物权请求权和侵权责任的做法虽然逻辑上是通的，但却与《民法通则》的规则不一致，从另一个方面也反映了《物权法》和《民法通则》出现了逻辑不协调的问题。

除了《物权法》第三章的规定以外，《物权法》第245条规定的占有保护请求权也是物权请求权的表述，只是其保护的不是物权而是基于占有的事实状态而享有的利益，是秩序价值所反映的公共利益的私权表达。另外，《物权法》第243条规定善意占有人的费用偿还请求权、第193条规定的抵押权人的价值减少防止请求权、恢复抵押物价值请求权和增担保请求权，这些请求权很难说是物权请求权，因为其虽然是为了保护物权或物权利益而存在，但最终的结果并没有恢复特定物的圆满支配状态，当然《物权法》第193条是为了保护抵押权这种支配交换价值为内容的物权，还勉强可以解释恢复了支配交换价值的圆满支配状态，但至少说明在特殊的场合很难清晰的区分物权请求权和债权请求权。

但是，还可以从另一个角度解释《物权法》，即从民事责任的角度去解释《物权法》第三章的规定，把第34条、第35条解释为保护物权的民事责任。即使在民法典规定以请求权基础为逻辑的德国也有提出相似观点的学者，德国学者皮克尔认为，从责任体系出发，从所有物返还请求权以及防御请求权中抽象出的统一的责任体系，在事实构成、法律效果上大大不同于损害赔偿以及不当得利责任，该责任体系应被定位为否认性责任之上，指向越权情况，目的在于权利的实现。通过责任形式统一所有物返还请求权以及防御请求权的优点在于避免物上请求权中“物上”的模糊性及其与请求权含义的矛盾。〔2〕循此逻辑，再回头解释《民法通则》的规定，认为第106条规定的违反义务而应承担责任就当然包括不特定人违反不侵害物权的义务而应承担责任，则返还财产、排除妨碍、消除危险应该是适用于绝对权的民事责任，是在毁损、灭失之前的权利救济手段。但是，也有学者另寻道路解释，

〔1〕魏振瀛：《〈民法通则〉规定的民事责任——从物权法到民法典的规定》，载《现代法学》2006年第3期。

〔2〕王洪亮：《物上请求权的功能与理论基础》，北京大学出版社2011年版，第224页。

魏振瀛认为，用停止侵害、排除妨碍、消除危险，包括了妨害除去和妨害防止的内涵，其优点是可以避免德国民法上区分妨害与损害的困扰，并且可以避免妨害防止包括损害防止的缺陷。[1]实际上，所谓德国法的困扰应该是不存在的，没有任何一种解释可以完全避免界限不清晰的问题，需要解决的仅仅是体系上的清晰、逻辑上的严谨，显然，《物权法》的规定没有做到，既没有回归传统民法典的请求权的逻辑，也脱离了《民法通则》与债分离的民事责任的逻辑，在立法规范上表现为物权请求权和民事责任的关系不清楚，在司法实践中则表现为规则适用上的混乱。[2]

三、《侵权责任法》确定的“侵权责任”扩大了民事责任的范围

在《物权法》立法之时学界就物权请求权和民事责任的关系就多有探讨，但掀起该问题高潮的还是《侵权责任法》立法之时，有关侵权责任承担方式究竟包括哪些内容，进而讨论侵权行为是否还是债的发生原因之一成为问题的焦点。《侵权责任法》的名称和其第 15 条的内容与《民法通则》第 134 条关于民事责任承担方式的规定保持了一致，相当于使该问题尘埃落定，从解释论的角度应该讨论的应该是债和民事责任的分离，进而得出债的概念消亡的结论。不过与《物权法》立法时漫长的过程和轩然大波式的争论不同，《侵权责任法》近乎于静悄悄的通过了，但是《侵权责任法》的制度安排却进一步放大了《民法通则》在体系逻辑上的问题。

（一）《侵权责任法》保护的权利范围

在《侵权责任法》颁布之前就有观点认为侵权责任单独成编，认为《民法通则》不足之处在于将违约责任和侵权责任放在一起，主要是将违约责任与合同割裂，既不利于人们对合同法的学习和掌握，又难以做到立法的精神和简洁，应当独立成编的只能是侵权行为法，而不是民事责任，将侵权行为法作为所有绝对权和合法法益的保护法放在民法典的最后，形成一个事实上的权利保护（民事责任）编，既能够突出对民事权利的保护，又能对没有上升为权利的合法法益进行确认和保护。[3]《侵权责任法》第 2 条确定保护的民事权益的范围，列举了 18 种典型权利主要是人格权、身份权、物权等绝对权。但其最后使用人身、财产权益等的开放式表

---

[1] 魏振瀛：《〈民法通则〉规定的民事责任——从物权法到民法典的规定》，载《现代法学》2006 年第 3 期。

[2] 在“连某诉臧某排除妨碍纠纷案”中，法院并不是按照排除《物权法》的规则认定为“返还原物”或“排除妨害”，而是按照《民法通则》规定的“排除妨碍”来审理，裁判适用的也是《民法通则》的条文。参见李国强：《论不动产善意取得的构成与法律效果——评“连某诉臧某排除妨害纠纷案”》，载《山东社会科学》2016 年第 11 期。

[3] 丁海俊：《论民事权利、义务和责任的关系》，载《河北法学》2005 年第 7 期。

述确定，即使合同债权也可能是侵权责任保护的权利。[1]以德国法为代表的近代传统民法涉及的责任有两种：违约责任和侵权责任，与此同时，合同债权的相对性是明确的，一般不具有排他或涉他的效果，而侵权责任所针对的绝对权也主要是物权，损害赔偿也是建立在物的毁损灭失的基础之上。但是，即使是近代民法，也有人格权被侵权的问题，虽然《德国民法典》最初规定的典型人格权只有姓名权，随着社会的发展各种典型人格权日益成为侵权责任保护的主要内容，因此，为了解决种种新的人身和财产损害赔偿的问题，民事义务体系在合同法上和侵权行为法上都得到了扩张。[2]《侵权责任法》第2条是这种扩张的最好的注脚，典型权利的列举已经不能满足日常处理纠纷需要，侵权责任保护的利益范围必须扩大，扩大的同时也改变了损害赔偿的单一救济方式，在民法典没有单独的人格权编的情况下，也没有规定人格权请求权的可能，因此就会把绝对权请求权的内容也纳入侵权责任承担方式中，《侵权责任法》制定中不一定真的有这样的思考过程，但事实上有这种客观要求。

从《侵权责任法》第2条列举权利的表述还可以得出另一个间接的结论，在预设的民法典结构中，《侵权责任法》应该位于整个法典的最后，因为它几乎是所有权利的保护方式，无论是物权法编、合同法编，还是婚姻家庭法编、继承法编都会涉及侵权责任法保护的问题。这也被我国全国人民代表大会的民事立法活动所印证，《侵权责任法》在2002年第九届全国人民代表大会常务委员会第三十一次会议审议的《中华人民共和国民法（草案）》第九编结构中位列第八编，除了涉外民事法律关系的适用法以外位置最后，显然作为保护所有民事权利手段而设。刘士国就认为，任何民事法律关系，都离不开民事责任保护。[3]而按照《侵权责任法》的构成，侵权责任连债权都可以保护，除去违约责任特有的一些方式外，在民法体系结构中几乎替代了民事责任的功能。[4]所以，《侵权责任法》立法前后理论和实践实际上创造了一个超级侵权责任法，是承担整个民法典的权利保护功能的侵权责任法，相当于《俄罗斯联邦民法典》的权利保护的规定。

（二）《侵权责任法》实质上取消了债的观念

从《民法通则》开始，民事责任与债发生了分离，但是并没有取消债的观念，

---

〔1〕 魏振瀛：《民事责任与债分离研究》，北京大学出版社2013年版，第290页。

〔2〕 张素华：《请求权与债权的关系及请求权体系的重构》，中国社会科学出版社2012年版，第135页。

〔3〕 刘士国：《论民法总则之民事责任规定》，载《法学家》2016年第5期。

〔4〕 张新宝在论及民事责任竞合时认为，民事责任的竞合有违约责任和侵权责任的竞合、不当得利返还责任和侵权责任的竞合，没有物权请求权和侵权责任的竞合，显然物权请求权的内容已经为侵权责任所包括，而竞合现象的出现也说明了侵权责任的范围扩大。参见张新宝：《侵权责任法原理》，中国人民大学出版社2005年版，第93页以下。

《民法通则》第五章第二节的规定就是"债权"，当然只规定了合同之债、不当得利之债、无因管理之债，而没有规定侵权行为之债。《侵权责任法》彻底的不再把侵权行为作为债的发生原因来看待，如果说《合同法》还在用语上保留了债的说法，那么《侵权责任法》则不再使用债的用语，直接用民事责任把传统民法有关债的说法替换掉了。近代民法的"侵权—责任—请求权"的逻辑被打破，代之以"侵权—责任"的逻辑，损害赔偿请求权直接被责任承担方式代替。当然，这也会涉及一些传统的债法总则的一些规则适用的缺失问题，如债权让与、债务承担等是否适用侵权责任的问题，从《合同法》和《侵权责任法》的条文表述看，应该是不适用，但是否有这种现实需求呢？魏振瀛认为，有了侵权责任法，并没有削弱债法的地位和功能，而是使债法体系更加严谨，使民法体系更加科学。[1]这和前文提到的他认为侵权责任作为独立一编保护权利的说法有些不一致，既然侵权责任法还应该受到债法总则的约束，就不能吸收物权请求权的内容成为那个包括所有绝对权请求权的民事责任。

这里我们不妨来回顾一下债与责任的关系问题。在解释德国法传统下的债与责任的关系时，石田文次郎认为，债权人没有强制债务人给付的权利，要强制债务人为给付，则必须另有人格的责任或财产的责任等关系存在。[2]我国台湾地区学者林诚二也认为，债务与责任未必相结合，其发生的条件各有不同，有责任未必有债务，有债务未必有责任，无责任的债务亦有之。[3]在《侵权责任法》的模式下，债务和责任不是直接相关的，无债务而有责任是一种常见的情况，主要是因为把绝对权请求权纳入《侵权责任法》表述的内容，这就产生了一种假象，义务经常是不必要的，"权利—责任"成为可以接受的分析逻辑，对于强制性后果追求成为《侵权责任法》立法的主要依据。其实传统民法解释债务和责任的关系也是试图强调责任的强制性后果表现，实际上仅有义务也能够解决利益纷争。石田文次郎认为，债权人基于责任关系，得以诉讼方式实现债权，则债权人将法律上当为之债务关系，转变为法律上应为之债务关系。[4]所以，强制性后果是责任作为一个历史范畴共同的属性。

侵权责任法最终包含了绝对权请求权的内容主要原因是对于物权保护的理解，"物—债"二分的严格体系从来都不是绝对界限清晰的，典型的物权关系以所有权关系定之，典型的债权关系则以买卖合同关系定之，而二者之间则出现用益物权关系和租赁合同关系并无内容上的区别。对于典型物权的保护逻辑是，物权既然是一

---

〔1〕 魏振瀛：《民事责任与债分离研究》，北京大学出版社2013年版，第297页。

〔2〕 ［日］石田文次郎：《财产法中动的理论》，岩松堂书店1942年版，第318页。

〔3〕 林诚二：《论债之本质与责任》，林诚二：《民法理论与问题研究》，中国政法大学出版社2000年版，第208页。

〔4〕 ［日］石田文次郎：《财产法中动的理论》，岩松堂书店1942年版，第343页。

种对世权，则任何第三人均负有不可对之侵害的义务，所以如果有人对之侵害，则必须依据侵权行为的规定，对物权所有人负侵权损害赔偿责任。[1]此时构成的是一种债的关系，在“物—债”二分的体系下，此种侵害必须是在物被毁损、灭失的情形下，因为如物还在则应适用物权请求权，但物的毁损和物还在之间有时候是非常模糊的，进而导致侵权责任范围的扩大，把对物侵害的所有情况都用侵权责任来解决。只不过产生了一个新的问题，当绝对权请求权的保护方式被侵权责任所涵盖后，《侵权责任法》第6条规定的过错归责原则就失去了普遍适用的根据。魏振瀛就认为，将返还原物、妨害除去、妨害防止转变为侵权责任之后，侵权责任作为民法典独立的一编，其性质不再是侵权行为之债，返还原物、妨害除去、妨害防止责任为无过错责任。[2]但这种说法也有不足，无过错责任归责的条文依据是《侵权责任法》第7条，要求必须有法律的特别规定，返还原物、排除妨害、消除危险等责任形式并没有法律特别规定不需要过错，[3]所以显然《侵权责任法》在归责原则方面并没有做到有效的接纳绝对权请求权的内容。但是无可争议的事实是，接纳了绝对权请求权内容的侵权责任已经不再是债的观念了。

四、《民法总则》确立作为民法独立范畴的民事责任

《侵权责任法》试图规定脱离债的观念的侵权责任，但是《民法总则》颁布后，其第五章第118条规定的内容又告诉我们债的观念还是存在的，侵权行为仍然是债的发生原因。事实上，依据《民法总则》第五章“民事权利”的结构，未来民法典的财产法体系已经基本确立了“物—债”二分的结构，接下来的问题是在“物—债”二分的体系之下，民事责任的单独成章是否意味着新的问题，民事责任和债务的关系需要重新解释。

（一）《民法总则》中“权利”和“责任”的对应关系

在“权利—义务—责任”构成的逻辑思路中，民事责任获得了独立的地位，进而统领了整个民法典体系的构成，《民法通则》第五章第二节“债权”中并不包括侵权行为之债，但是在《民法总则》第五章“民事权利”第118条却把侵权行为作为债的五种发生原因之一，因此，《民法总则》的“民事责任”和《民法通则》的“民事责任”在内涵上并不一致。在《民法总则》规范中，侵权行为是债的发

---

〔1〕林诚二：《论债之本质与责任》，林诚二：《民法理论与问题研究》，中国政法大学出版社2000年版，第227页。

〔2〕魏振瀛：《〈民法通则〉规定的民事责任——从物权法到民法典的规定》，载《现代法学》2006年第3期。

〔3〕王轶：《民法原理与民法学方法》，法律出版社2009年版，第193页。

生原因，产生的后果是债权债务关系；侵权责任还包括侵害物权的责任，包含恢复物权的责任承担方式，这不是债权债务关系，而是物权关系。因此，“侵权”在《民法总则》中成为一个分裂的概念，既是债的发生原因的“侵权行为”，也是包括了侵权的债法上后果、侵权的物权法上后果的“侵权责任”。但是，应该明确这种表面上的错乱必然包含某种背后的合理性，民法解释学的功能应该是梳理其中的合理逻辑，这就应该从《民法总则》第五章规定的“权利”和第八章规定的“责任”的对应关系入手。

魏振瀛认为，近现代民法的发展形成了多种民事权利体系，不同的民事权利的民事保护方法有共同点，也有不同点，为了充分保护各种民事权利，就需要有与其相适应的民事责任形式。〔1〕如此一来，权利和责任应该存在一定的对应关系，对《民法总则》第五章进行简单的梳理，明确民事权利体系的构成，才能进而分析民事责任的体系构成。其一，人身权和财产权的区分。第 109 – 第 112 条规定了保护人格权、身份权以及随着社会发展而产生了基于个人信息而生的权利，基本上都可以概括为人身权；第 113 – 127 条规定了物权、债权、知识产权、继承权、股权等权利，也列举了随着社会发展而产生的对于数据、网络虚拟财产而产生的财产权，从整体看，人身权和财产权区分体系是明确的。其二，财产权又区分为物权、债权、知识产权、继承权、股权等投资性权利、数据和网络虚拟财产等新型财产权六类权利，但从第 114 条、第 118 条两个条文看，物权和债权二分是财产权体系的基础，其他财产权都是这个体系的补充，或者说其他权利都是类比物权和债权而构建制度的。由此可以认为，在“权利—义务—责任”逻辑下，物权和债权都应该对应民事责任，《民法通则》的处理是债权对应合同责任、不当得利责任、无因管理责任，物权对应侵权责任，但现在《民法总则》侵权行为是债的发生原因，则逻辑上（以物权为例）表现为：权利人享有物权，作为义务人的不特定人负有不得侵害物权的义务，但是特定人为侵害物权的侵权行为，因此发生侵害物权的侵权之债，基于此债务又产生民事责任。这里所说的“侵害物权”应该限于物还没有毁损灭失的情况，否则应该适用物权请求权，另外，侵权责任与违约责任、无因管理责任、不当得利责任等也是并列的。《民法总则》第八章规定的“民事责任”虽然能够对应权利体系，但是逻辑上非常的烦琐，并且很容易产生竞合的问题，杨立新认为，《民法总则》应该规定能够适用于所有的民事责任竞合，包括违约责任与侵权责任竞合、不当得利与侵权责任竞合、违反无因管理和单方允诺之债的损害赔偿责任与侵权责任竞合等，提供一个“普适”的法律适用规则。〔2〕刘士国认为，《民法总

---

〔1〕 魏振瀛：《〈民法通则〉规定的民事责任——从物权法到民法典的规定》，载《现代法学》2006 年第 3 期。

〔2〕 杨立新：《民法总则规定民事责任的必要性及内容》，载《法学论坛》2017 年第 1 期。

则》对于民事责任规定的顺序排列，既未体现民事责任是违反民事义务后果的逻辑关系，而将民事责任紧接民事权利之后，也未体现民事法律关系内部构成要素与外部动因（法律事实）的逻辑关系。[1]如此说来，看起来清晰的民事责任体系变得模糊起来，解释论上也产生了分歧。

就如何定义民事责任，学界分歧也较大。崔建远认为，民事责任是民事主体违反第一性义务所产生的第二性义务。[2]刘士国则认为，承担民事责任，是对违反民事义务人的民事制裁，是其违反民事义务应承担的法律后果。[3]基于不同的定义，对于《民法总则》规定的民事责任适用范围界定也不同，崔建远认为，停止侵害、返还财产、排除妨碍、消除危险、恢复原状诸方式虽然不宜全部作为民事责任的方式，却是保护物权、知识产权正常行使与不受不法侵害的有效的救济手段，有些也是保护人格权的有效措施，法律不可将它们排除于保护手段或曰救济方式之外。进而区分了民事责任和权利救济方式，民事责任的着眼点在于不法行为及其实施主体，权利救济的侧重点则在权利人及其补救手段。[4]从而将这些方式排除在民事责任范围之外，但是刘士国则认为，违约与侵权两种责任之外，违反不当得利义务、违反无因管理义务及违反传统民法中的其他债，也应承担民事责任。[5]本文认为，不承认停止侵害、返还财产、排除妨碍、消除危险、恢复原状诸方式为民事责任承担方式不符合《民法总则》文本的规定，而简单按照违约和侵权两种责任为主解释民事责任的范围也不符合《民法总则》创新的内容，而应该从权利对应的角度去考虑，以物权、人格权、知识产权为代表的绝对权，也对应民事责任，有具体的方式，如返还财产、消除危险等，但不被侵权责任所包括，是为违约责任和侵权责任以外的一种侵害绝对权责任，此种民事责任应对应传统的绝对权请求权的内容，而侵权责任则应该限定在如物的毁损、灭失一样的绝对权不可恢复情况下的损害赔偿，这样的体系解释还可以明确《合同法》之后呈现出的除一般侵权责任外民事责任并不都是过错归责原则的原因。

（二）《民法总则》构建的民法责任制度体系

《民法总则》在第八章“民事权利”中规定了物权和债权区分的权利体系内容，所以在“权利—义务—责任”的逻辑之下，民事责任一章应该规定物权责任和债权责任，不仅如此，民法典的分则编都应该有民事责任的规定，杨立新认为，因为在民法分则各编都有关于各自民事责任的规定，因而《民法总则》应当对所有的

---

[1] 刘士国：《论民法总则之民事责任规定》，载《法学家》2016年第5期。

[2] 崔建远：《民法总则应如何设计民事责任制度》，载《法学杂志》2016年第11期。

[3] 刘士国：《论民法总则之民事责任规定》，载《法学家》2016年第5期。

[4] 参见崔建远：《民法总则应如何设计民事责任制度》，载《法学杂志》2016年第11期。

[5] 刘士国：《论民法总则之民事责任规定》，载《法学家》2016年第5期。

民事责任共通使用的规则作出一般性规定。[1]但是在民事责任一章中仅规定了违约责任和侵权责任两种责任，它们都应该属于债权责任的一种，而没有与之并列的物权责任，虽然也可以解释第179条的第2项、第3项、第4项为物权请求权，但是不要忘记现行有效的《侵权责任法》也在第15条规定了和《民法总则》第179条的第2项、第3项、第4项一样的内容作为承担侵权责任的方式，如果不能解决“民事权利”和第八章“民事责任”对应的问题，民法典分编的民事责任制度就会陷入混乱，如物权法编和合同法编、侵权责任法编是并列的，但是物权编没有民事责任的规定，而相关内容规定在侵权责任编就没有做到“权利—义务—责任”的对应关系。

在民法典分则的构成中，《侵权责任法》是要独立成编的，一般意义上自然是接纳《侵权责任法》的全部内容，但需要注意的是，《侵权责任法》作为民事单行法虽然也要考虑体系逻辑的一致，但并没有真正严格的体系强制，尤其是在《民法通则》因时间和社会变迁而统摄能力日微的情况下。所以，必须把民法典分则的侵权责任法编和已经制定好的《民法总则》体系上做到一致，这就需要解释《民法总则》构建民事责任制度体系的逻辑。刘士国认为，侵害绝对性民事权利构成侵权责任，是侵权责任独立立法和民法典中独立成编的依据，《民法总则》民事责任的一般规定是侵权法脱离债法后的上位依据，也是违约责任的上位依据。[2]该观点没有论述物权请求权和民事责任的关系，其基本观点似乎表明民事责任仅为债法的概念，只不过需要独立，因为立法没有规定债法总则。郭明瑞认为，在将侵权责任法独立成编的体例下，实际上是对于民事责任进行两步抽象，第一步是将分则中的侵权责任抽象出来，归为侵权责任编；第二步是再将侵权责任、债务不履行民事责任的共通事项抽象出来规定于《民法总则》。[3]上述学者观点的共同点在于，民事责任制度体系构建的关键点都在于侵权责任的独立成编，同时也说明了在“权利—义务—责任”逻辑下按照民法典体系规定民事责任的难度。魏振瀛认为，民法典的最后一编为“侵权责任”，侵权责任编的最后一章为“侵权的责任形式与适用范围”。[4]这种观点虽然可资赞同，但亦如前述，如果不处理好绝对权请求权的内容融入侵权责任法的问题，更重要的是不理顺侵权责任法与债法分离的问题，就会导致解释适用上的混乱。

也有学者试图把民事责任解释为回归传统民法的路线，实际上是以传统民法债

---

〔1〕 杨立新：《民法总则规定民事责任的必要性及内容》，载《法学论坛》2017年第1期。

〔2〕 刘士国：《论民法总则之民事责任规定》，载《法学家》2016年第5期。

〔3〕 郭明瑞：《民法总则规定民事责任的正当性》，载《烟台大学学报（哲学社会科学版）》2014年第4期。

〔4〕 魏振瀛：《〈民法通则〉规定的民事责任——从物权法到民法典的规定》，载《现代法学》2006年第3期。

的关系来解释民事责任，如崔建远认为，民事责任分为三大类型，一是债务不履行责任，二是侵权责任，三是缔约过失责任。[1]从民法理论逻辑角度看，自然是颇具顺畅度的，《德国民法典》历经 100 多年虽然也有诸多逻辑上不完美的地方，但是既修正了许多问题也唯司法实践所接受，即使是中国的法官也因为法学教育的影响而普遍把“请求权基础理论”挂在嘴边。唯需要注意的是，立法的逻辑已经脱离了德国法的逻辑，请求权基础已经为民事责任构成所代替，再回归传统恐怕只会船行海上看不着岸边，所以笔者不能赞同请求权基础这种看起来很美的解释。

结语

民事责任制度自《民法通则》立法规定以来，历经 30 多年立法和理论演进的改变，其逻辑已经难以简单把握，立法者最初的想法缘起偶然，随着理论研究的渐进，尤其是对以德国民法为代表的传统民法理论研究的进步，我国理论界应逐渐意识到，创新理论和在制度上有所突破是异常困难的，民事责任作为民法的范畴构建制度需要理顺各种关系，侵权责任如何吸收传统民法绝对权请求权，各分编如何规定不同的民事责任，以及不同民事责任之间的竞合和冲突问题，成为理论研究应继续深入探讨的重要课题。

---

〔1〕 崔建远：《民法总则应如何设计民事责任制度》，载《法学杂志》2016 年第 11 期。

【第四部分】商法（含电子商务法）发展与完善

台湾地区股东代表诉讼之规范缺失与投保中心之代表诉讼

李佩瑜*

目　次

一、前言

如要完善建置公司治理（corporate governance），除需妥适分配经营者的权力、义务与责任外，于其违反受任人义务时，如何追诉其责任，亦为不可或缺之配套。以股份有限公司为例，董事执行业务时应对公司负善良管理人之注意义务与忠实义务，违反上述义务致公司受到损害时，应对公司负损害赔偿责任。即便如此，由于董事通常掌握公司经营大权，如何期待董事自律地、完整地实现公司此类请求权，诚属一大问题。但可以确定的是，若现实上缺乏有效诉追经营者责任之机制时，将无法确保我国台湾地区"公司法"义务规范的实际效用。因此义务规范与诉追机制

* 李佩瑜，台湾政治大学法律研究所博士班学生；台湾地区"高等法院花莲分院"法官。

实有一体两面的意义，对于公司治理应具有同等重要功能。

国际经济合作暨发展组织（Organization for Economic Co－operation and Development；OECD）在二十世纪末所颁布的“公司治理原则”（OECD Principles of Corporate Governance），提出六大原则，即确保有效率的公司治理架构（Ensuring the Basis for an Effective Corporate Governance Framework）、保障股东权利与所有权功能（The Rights of Shareholders and Key Ownership Function）、公平对待股东（The Equitable Treatment of Shareholders）、尊重利害关系人之角色（The Role of Stakeholders in Corporate Governance）、提升信息揭露透明度（Disclosure & Transparency）以及强化董事会责任（The Responsibilities of the Board）[1]。其中，对保护股东权利与公平对待股东方面，透过股东代表诉讼之落实，不仅是提供公司权益受侵害时，股东可依规定代位公司请求损害赔偿，实现法律救济的手段之一，也是股东可借此有效监控企业，获得间接保障，进而将公司治理的目标期能完善的途径。因此，股东代表诉讼制度可谓具有实践股东行动主义以及强化公司治理之功能。

我国台湾地区“公司法”第214条的股东代表诉讼制度，学者有谓乃一九六六年修正我国台湾地区“公司法”时，参酌美国与日本立法例所移植之外国法制之一[2]。这诚属重要的公司监控机制，然而即令历经数次修正[3]，但对于股东代表诉讼之规范，整体而言仍相当简略[4]，且台湾诉讼实务上，股东代表诉讼之实例并不多见，甚可谓使用率偏低[5]。对此情形，有认为与我国台湾民情比较不愿意提讼有关，但另一方面观察现行制度，法律明定因被告之声请，法院得命起诉之原告股东

---

〔1〕关于2004年公布的公司治理原则全文，请参见OECD Principles of Corporate Governance 2004，http：//www. oecd. org/daf/ca/oecdprinciplesofcorporategovernance. htm（visited Nov. 25，2013）.

〔2〕刘连煜：《现代“公司法”》，新学林出版社2013年版，第470页；廖大颖：《论证券投资人保护机构之股东代表诉讼新制》，载《月旦民商法杂志》2011年第32期。

〔3〕最近一次修正是2018年7月6日，于2018年11月1日施行，台湾“公司法”第214条修正放宽股东代表诉讼中股东持股比例与持股期间之限制，就裁判费超过新台币60万元部分明订暂免征收，以及增订法院得依声请为原告选任律师为诉讼代理人。

〔4〕相关条文仅有台湾地区“公司法”第214条及第215条，条文本身已属简略，且就股东代表诉讼提起后的相关民事诉讼部分，“公司法”与“民事诉讼法”均未有相应的规定。例如，公司可否参加诉讼（包括为原告股东参加或为被告的董事参加）、原告股东起诉后公司另行起诉时的处理、甲股东起诉后乙股东另起诉时的何处理、两造可否和解、两造和解是否需要告知公司及其他股东、原告是否可以撤回起诉、确定判决既判力的主观范围与客观范围等。

〔5〕至2019年3月31日查询日为止，以全文检索语词“‘公司法’第214条与损害赔偿”于“司法院”法学检索系统之搜寻结果，历年来台湾地区“最高法院”只有2件诉讼，台湾地区“高等法院”（包含各分院在内）共55件，但其中包括假扣押声明异议、定暂时状态的假处分、解任董事职务、确认股东会决议无效、确认委任关系不存在等案由，其中解任董事职务、确认股东会决议无效、确认委任关系不存在之案由，应该并非股东代表公司向董事求偿之可能情形，因此真正的股东代表诉讼案件应该更少。而各地方法院部分，历年来合计亦仅有74件，其中包括履行契约、涂销所有权移转登记、确认股东权不存在、确认债权关系不存在，确认股东会决议无效、解任董事职务、交付支票、确认所有权等案由，而确认股东权不存在、确认股东会决议无效、解任董事职务等案由应该也非股东代表公司向董事求偿之可能情形，故可推认真正的股东代表诉讼应比74件为少。

提供担保，原告股东不仅有裁判费的支出，还可能得提供担保金，若原告股东败诉，另须面对诉讼致公司受损时的赔偿责任，即令原告股东胜诉，被告所为的赔偿全数归于公司，原告股东基于股权比例所间接获得之利益，可能还远不如被告身为大股东间接所得之利益，再者，不论胜败，原告股东皆须自行吸收律师费及诉讼期间的劳力时间花费，几乎是吃力不讨好的工作，遑论多数情形原告股东非公司经营者，如何取得被告违法、不当行为之证据资料，诉讼过程充满困难。因此，对原告而言，显然缺乏提起代表诉讼的诱因，股东代表诉讼之成效似乎不彰[1]。2009 年 5 月台湾地区“投资人保护法”修正时，增订第 10 条之 1，赋予具公益色彩的投保中心于办理相关业务，对于公司经营管理阶层背信、掏空或董监违反善良管理人注意义务等情事者，投保中心无须经过股东的授权，即得请求公司监察人为公司对董事，或请求公司董事会为公司对监察人提起诉讼，若监察人或董事会自投保中心请求之日起 30 日拒绝提起诉讼时，投保中心得自为原告，为公司对董事或监察人提起诉讼，以强化台湾公司的治理绩效[2]。台湾地区“投资人保护法”以公设财团法人之组织，于符合法定条件下，得不依既有的台湾地区“公司法”规定，为上市上柜公司对其董监事提起诉讼，不仅是证券团体诉讼新的一页，也是代表诉讼的另一型态，其规范内容与成效值得关注。且自 2009 年 5 月迄今，相较于台湾地区“公司法”之股东代表诉讼制度而言，投保中心实已提起相当数量的股东代表诉讼案例，其诉讼成果及所遭遇之困难，亦值得研析。

由于台湾地区“公司法”文献上对于股东代表诉讼已有相当着墨，本文对台湾地区“公司法”代表诉讼规范内涵及合理性，拟以浅论作为后续探讨“投资保护法”第 10 条之 1 的理论背景，另由于台湾地区“公司法”第 214 条于 2018 年有所修正，修正条文于 2018 年 11 月 1 日始施行，虽尚无施行成效可资对照，然就修正条文亦应当予以介绍，再就台湾地区“投资人保护法”第 10 条之 1 的部分，拟将详细讨论该条文的实行成效与诉讼上面临之困难，并就股东代表诉讼制度之法制建构提出建议，希望能对这保障少数股东的制度如何完备有所帮助。

二、台湾地区股东代表诉讼之规范缺失

（一）2018 年台湾地区“公司法”修正前

2018 年台湾地区“公司法”修正前，第 214 条规定：“继续一年以上，持有已

〔1〕 财团法人万国法律基金会：《公司法制全盘修正计划研究案总报告（1）》，“行政院经建会”2003 年版，第 3～12 页。

〔2〕 依据台湾地区“投资人保护法”的规定，投保中心于 2009 年 5 月以前已被赋予就公司财务报告不实、公开说明书不实、操纵股价及内线交易等类型，提起团体民事诉讼求偿的权限。

发行股份总数百分之三以上之股东，得以书面请求监察人为公司对董事提起诉讼（第一项）。监察人自有前项之请求日起，三十日内不提起诉讼时，前项之股东，得为公司提起诉讼；股东提起诉讼时，法院因被告之申请，得命起诉之股东，提供相当之担保；如因败诉，致公司受有损害，起诉之股东，对于公司负赔偿之责（第2项）。”又第227条准用第214条的规定。据此，股东代表诉讼之原告须符合：持股期间“继续一年以上”、持股比例“已发行股份总数百分之三”、书面请求前置程序“以书面请求监察人（董事会）为公司对董事（监察人）提起诉讼”等要件。代表诉讼的被告则是应对公司负责之董事（监察人）。至于其他对公司应负责之人，如执行长、经理人等，则非股东代表诉讼的适用范围，股东并无为公司对其等之人起诉的适法性。此种情形，依法仍由董事会对该等之人提起诉讼。

关于董事、监察人被诉的原因，台湾地区“公司法”第214条无明文规定，理论上举凡公司对董事之任何民事诉讼，股东似乎皆得依本条提起代表诉讼。然而，实务上殊难想象股东得以与公司权益受损毫无关联之事由，对董事（监察人）提起代表诉讼。因此，学者见解与司法案例上所见，均是以董事违反法令、注意义务、忠诚义务为由而提起股东代表诉讼。

1. 最低持股期间与持股比例之限制

由于股东代表诉讼系董事或监察人对公司应负责任而公司怠于诉追时，由少数股东代公司对其提起诉讼。为避免股东滥行起诉，造成公司董监疲于应付代表诉讼，法律对于提起代表诉讼之股东的持股期间与持股比例均有所限制。

但就限制持股期间而言，将持股未满法定期间的股东予以排除，似乎难以认为与股东代表诉讼的制定目的作了适当连结。首先，股东代表诉讼本即为了因公司权益受侵害，其股东权益亦间接受害所设计的制度，股东权益间接受害的股东，若只因为持股尚未满足法定期间，必得等待持股期间届满法定要求后才能成为原告，无异要求股东继续忍耐并坐视公司权益受到侵害，而有违法舞弊的董事、监察人却获得宽大的对待，甚而可以利用该期间予以毁迹灭证。其次，持股期间之要求亦无法防堵有心人士以持股达法定期间的股东作为人头原告，提起诉讼后却故意不积极举证及攻击防御，等到败诉判决结果出现后，故意不上诉任令判决确定发生既判力，致使其他股东或公司无法再对同一事件起诉。故学者有谓持股期间之限制，似乎无法达到防止恶意诉讼、股东滥诉之的功能[1]。最后，原告股东在被告董监为不法行为或违反注意义务、忠实义务行为时，应当具有股东身份，若上述时刻尚非股东，公司权益受损显然与其无关，即便嗣后取得股东身份且起诉时已经达到持股期间的要求，仍不能成为适格原告，否则便有不当得利之嫌。因此，若有心人士在获

---

〔1〕 周振锋：《论“证券投资人及期货交易人保护法”第十条之一——以股东代表诉讼为中心》，载《法学新论》2010年第27期。

悉董事、监察人有不法行为后，伺机成为股东，于满足持股法定期间要求后，依现行法却不能阻止其提起代表诉讼避免遂行其目的，足见持股期间的要件无法防止有意破坏公司经营的恶意股东〔1〕。

未考虑公司规模大小，亦未区分公司股份是否公开发行，均适用相同的最低持股比例门槛，实有窒碍难行之处。虽然持有已发行股份总数百分之三以上之持股门槛得透过个别股东单独或数股东合并计算达成，但在股权分散的大型公开发行公司，小股东要符合持股达百分之三实属不易，小股东要集合起来共同提起诉讼亦非易事。尤其对大型之公开发行股票公司而言，持股百分之三，几乎已可列入公司持股前十名之大股东名单，台湾地区“公司法”持股比例的限制，俨然仅有大股东而非少数股东才有行使此权利的机会。况且，某些公司有发行特别股，台湾地区“公司法”第214条文是已发行股份总数，依其文义包括公司已发行的特别股与普通股在内，因为台湾地区“公司法”并无将特别股例外作何规定，若已发行的特别股总数未达公司已发行股份总数（即特别股与普通股合计）百分之三，而董监不法舞弊行为仅针对特别股时，将可预见特别股股东几乎无提起股东代表诉讼之空间，即便拥有全部特别股的股东，亦无法提起。由于持股比例要件过于严苛，屡遭学者批评〔2〕，甚至建议删除〔3〕。

2. 书面请求监察人起诉且监察人于等待期间内未起诉

股东在提起代表诉讼之前，须先以书面请求监察人为公司对董事提起诉讼而监察人自请求日起三十日内不提起诉讼者，请求之股东始得代表公司提起诉讼。又依台湾地区“证交法”第14条之4之规定，若公开发行公司已设置审计委员会，则无须设置监察人，此时该请求应对审计委员会之独立董事成员为之。书面先行请求之理由在于董事责任的追究，原本即属公司的权利，在告知公司后，公司可主动诉追董事责任，如权利人（公司）怠于提起诉讼追究董事责任，致将侵害公司与股东权益时，股东始可代行此一诉权。换言之，股东提起代表诉讼的前提，须先穷尽公司内部救济途径后，公司仍未提起，才有后续代表诉讼的出现。而监察人接到股东书面请求后，监察人享有是否为公司对董事进行诉讼之决定权，若监察人决定为公司对董事提起诉讼，则股东便无再为公司提起诉讼的理由。然若监察人于受股东请求后三十日内拒绝股东起诉的请求，依台湾地区“公司法”第214条规定，股东仍需等待至请求后三十日而监察人未提起诉讼时，方能为公司提起诉讼。

---

〔1〕 廖大颖：《论公司治理的核心设计与股东权之保护》，载《迈入二十一世纪之民事法研究》，元照出版社2005年版，第399页。

〔2〕 王文宇：《公司法论》，2006年版，第334页；王惠光：《“公司法”中代表诉讼制度的缺失与改进之道》，载《商法专论——赖英照教授五十岁生日祝贺论文集》，出版社1995年版，第130页。

〔3〕 王文宇：《公司法论》，2006年版，第334页；王惠光：《“公司法”中代表诉讼制度的缺失与改进之道》，载《商法专论——赖英照教授五十岁生日祝贺论文集》，出版社1995年版，第130页。

虽然监察人于受股东请求后三十日届满，而监察人未对董事起诉，无论理由为何，皆不妨碍请求之股东提起代表诉讼，认定上甚为明确，但监察人如于请求后三十日内已拒绝股东之请求，是否仍要求股东需等待至请求后三十日始能提起诉讼，容有讨论空间。此际，既然监察人已经明示拒绝，继续等待显无实益，应认为股东无须等待至三十日届满即可提起诉讼。

又观诸台湾地区“公司法”第214条第2项股东先行向监察人请求之规定，未设有任何豁免的例外规定，亦缺乏相应的假扣押、假处分规定，使得在急迫情形下，股东仍须等待监察人审酌期间届满始能起诉，否则将遭法院以起诉不合法驳回，诚属现行法尚待改进之处[1]。再者，若发生公司监察人全体缺位，且尚未补选监察人或补选的监察人尚未就任的情形，股东自无书面请求的对象，当然无法提起代表诉讼。虽依台湾地区“公司法”第217条之1规定，股份有限公司监察人全体解任时，董事会应于三十日内、公开发行公司应于六十日内召开股东临时会补选，且在监察人缺位有损害公司利益之虞时，依据“非讼事件法”第183条规定，股东得声请法院选任临时管理人代行监察人职权，但上述方式过于迂回，且通常耗费相当时间，若面临紧急情况，如董事意图脱产或逃逸，公司恐丧失及时求偿的机会。

另在监察人与股东请求的内容具有利害关系，可能无法客观行使职权时，如监察人为潜在被告或共同行为人，依法股东仍须先向监察人请求起诉，不免有打草惊蛇之可能。若监察人接受股东的请求而提起诉讼，亦可能于诉讼中消极的攻击防御，暗助董事逃避责任。公司法未考量监察人如为利害关系人时，是否限制或剥夺其为公司起诉的权限，尚有不妥。况且，现行法对于监察人于诉讼进行中有何不当或消极行为，并无任何规定，至多仅能于事后追究其违反受任人义务之责任而已。综合上述，一概要求股东先行向监察人请求之规定，对公司与股东权益之保护未必有利。

3. 事前供担保

台湾地区“公司法”第214条第2项中段规定，股东提起代表诉讼时，法院因被告之申请，得命起诉之股东，提供相当之担保。此一规定之目的是防止股东恶意提起代表诉讼，并让公司与被告董监事在原告败诉确定时，能从原告所提供的担保中获得补偿。依据条文文字，似乎只要被告提出申请，法院即有权裁定命原告提供担保，无任何限制或例外规定。然而担保金制度或有避免股东恶意起诉的可能，但应非绝对必要的手段。法院固然可依个案评估公司与被告董事可能蒙受之损失，进而决定原告担保金额的多寡，但原告是代表公司提起诉讼，依现有规定，已需负担裁判费，且诉讼中的律师费、原告耗费之劳力时间费用亦由原告吸收，并无任何可

[1] 曾宛如：《公司法制基础理论之再建构》，承法出版社2011年版，第190页。

向公司请求之法条明文，若原告胜诉，被告董监事所支付的赔偿全数归于公司，于此情形下是否犹须加重原告的负担，命其提供担保金，实值商榷。不论股东提起代表诉讼的目的是否正当，只要被告申请，法院即得事前命原告提供担保，势必大为增加原告起诉的负担，同时降低经济上无资力的小股东提起代表诉讼的诱因。

4. 原告股东败诉确定之损害赔偿责任

依台湾地区“公司法”第 214 条第 2 项后段之规定，提起代表诉讼之股东如因败诉，致公司受有损害，该股东对于公司因此所生之损害，负赔偿之责。同法第 215 第 1 项复规定，股东提起代表诉讼所依据之事实显属虚构，经终局判决确定时，提起此项诉讼之股东，对于被诉之董事，因此诉讼所受之损害，亦应负赔偿责任。虽然前述规定目的亦在防止股东滥诉，但合并观察条文内容，第 215 条第 1 项有关提起代表诉讼之股东对被诉董事之损害赔偿责任，仅限于诉讼所依据之事实显属虚构，才须对被诉董事因此所受之损害负责。但第 214 条第 2 项提起代表诉讼股东对公司的责任，并未区分诉讼所依据之事实系显属虚构或实在，如此差别规定，似有不妥。因为诉讼结果如何难以预料，常涉及举证责任、法官心证等股东无法掌握的因素。而股东代表诉讼的原告，多数均非公司的经营者，对于被告董监事不法舞弊行为的搜证，本有困难，故原告所提代表诉讼败诉，未必就意味股东有恶意侵害公司的意图。若原告系本于善意提起代表诉讼，于诉讼过程中尽力进行攻防，仅因败诉且公司因诉讼受有损害，原告即须负赔偿责任，似不合理。

股东赔偿责任或许某程度具有避免滥行起诉的功能，但在股东恶意起诉致损害公司或被诉董事时，“民法”既有的侵权行为规定应可提供解决途径。而台湾地区“公司法”的股东赔偿责任规定与“民法”侵权行为规范最大差异，在于台湾地区“公司法”规定败诉赔偿之要件。此要件看似客观，但难谓合理。代表诉讼败诉的结果，并不当然等同股东意图恶意侵害公司或被诉董事，反之，胜诉结果亦不代表股东必无恶意侵害公司或董事之意图。更有甚者，败诉要件或有可产生误导效果，使公司或被诉董事轻易对股东提起求偿诉讼，不仅使得争议更加扩大与复杂，也有可能发生寒蝉效应，令其他股东或日后其他类似事件之其他公司股东，不敢提起代表诉讼。此外，台湾地区“公司法”第 215 条所称之显属虚构或显属实在，均牵涉原告主观上有无认识与认识的范围，并非单纯仅凭原告股东或被告董监事单方主张即可认定，可能需要借由后续另一民事诉讼方能判定，因此将此种涉及原告主观认识的要件，设定为原告、被告赔偿责任之基础，将使两造权利义务关系更加不确定。

5. 原告股东提起诉讼之诱因不足

对于提起代表诉讼之股东而言，起诉时须缴纳裁判费，固然裁判费视最终判决结果由法院核定由败诉方负担，但无论如何起诉时原告必须先行缴纳，这已经在起诉前设下一道门槛。另外原告于诉讼期间势必花费劳力、精神、费用，如原告不具有法律专业背景，亦有聘请律师的需要，律师费的支出亦须由原告先行负担。再者，当原告胜诉时，裁判费虽由败诉的董监事负担，但胜诉之利益归于公司，且台湾公司法不许胜诉方对他造请求负担相关诉讼费用或律师费，因此股东代表诉讼不论胜败，律师费均由原告负担，原告自己的劳费精神，亦由自己吸收，显然将大大阻碍股东提起代表诉讼的动机与意愿。

又如前述，少数股东通常非公司的经营阶层，提起代表诉讼的事实基础通常仅能依靠公司自行揭露。在董监事有行政不法、刑事违法时，原告亦能仅靠主管机关与检察官调查的事实为依据，做为起诉的基础事实，公司法并未提供股东任何调查权限，股东于多数情形仅能被动地吸收公开信息，作为是否起诉的判断。此种信息不对称，亦有可能成为代表诉讼的障碍，减少股东提起的诱因。

（二）2018 年台湾地区“公司法”修正后之改善可能性

台湾地区“公司法”于 2018 年 7 月 6 日修正，2018 年 11 月 1 日施行，因施行期间尚短，目前无法看出修正后之施行成效。法规修正部分是将原有的台湾地区“公司法”第 214 条第 1 项持股期间与持股比例予以放宽，持股期间缩短为继续六个月以上，持股比例降低为已发行股份总数百分之一以上〔1〕，并且增订第 3 项：股东提起前项诉讼，其裁判费超过新台币 60 万元部分暂免征收〔2〕，增订第 4 项：第 2 项诉讼，法院得依声请为原告选任律师为诉讼代理人。由于持股期间缩短一半、持股比例仅为旧法之三分之一，相信对于未来原告股东提起代表诉讼之可能性，应该会有明显提升效果。而裁判费超过新台币 60 万元部分暂免征收〔3〕，咸信有助于原告股东于起诉时缴纳裁判费之财务负担。唯应注意法条规定暂免征收，并非免予征收，故暂时免缴之裁判费于诉讼终结后仍须依民事判决结果向应负担之一方征收。新法第 4 项之立法目的似系为弥补原告于诉讼时法律专业之的不足，但此规定实嫌过于简略，既然法院认为有需要为原告选任，则选任程序为何？律师报酬如何决定、何人决定？由何人于何时负担？是否成为诉讼费用的一部分？选任的律师若表现不佳，原告可否要求更换？上诉时是否另行选任？均付之阙如，仅能仰赖未来法院实际案例操作而做补充。由于新法修正与增订处均少，旧法如前所述之诸多缺憾，显然无法因本次修法而予以解决，况且新增订为了原告选任律师的制度存

---

〔1〕 立法理由表示参酌各国和地区公司法之规定，原有之规定较为严格，不利少数股东提起代位诉讼，然为防止股东滥行起诉，仍保留持股比例与持股期间的限制，爰作调整。

〔2〕 立法理由表示为降低少数股东提起诉讼之障碍，参酌台湾地区“民事诉讼法”第 77 条之 22，明定股东提起诉讼，超过新台币 60 万元部分暂免征收。

〔3〕 以台湾地区“民事诉讼法”关于裁判费之计算，诉讼标的金额或价额为新台币 66810000 元应征收第一审裁判费约 600000 元，故依新法原告股东请求之诉松标的金额或价额超过 66810000 元部分即暂时免予征收裁判费。

在许多缺漏，势必衍生新的问题，故股东代表诉讼因本次修法而能完善建置之可能性，尚难期待。

三、投保中心对股东代表诉讼之规范

（一）台湾地区“投资人保护法”第10条之1内涵

为加强代表诉讼机制、保护证券投资人，于2009年五月台湾地区“投资人保护法”修正时，增订第10条之1赋予具公益色彩的投保中心股东代表诉讼权。台湾地区“投资人保护法”第10条之1规定：“保护机构办理前条第一项业务，发现上市或上柜公司之董事或监察人执行业务，有重大损害公司之行为或违反法令或章程之重大事项，得依下列规定办理：一、请求公司之监察人为公司对董事提起诉讼，或请求公司之董事会为公司对监察人提起诉讼。监察人或董事会自保护机构请求之日起三十日内不提起诉讼时，保护机构得为公司提起诉讼，不受“公司法”第二百十四条及第二百二十七条准用第二百十四条之限制。保护机构之请求，应以书面为之。二、诉请法院裁判解任公司之董事或监察人，不受“公司法”第二百条及第二百二十七条准用第二百条之限制（第一项）。公司已依法设置审计委员会者，前项所称监察人，指审计委员会或其独立董事成员（第二项）。第三十四条至第三十六条规定，于保护机构依第一项规定提起诉讼、上诉或声请保全程序、执行程序时，准用之（第三项）。公司因故终止上市或上柜者，保护机构就该公司于上市或上柜期间有第一项所定情事，仍有前三项规定之适用（第四项）。”据此，投保中心对上市上柜公司董事或监察人之重大损害公司行为及违反法令或章程之重大事项，可以主动出击，而无须再被动经由投资人的授权始得提起诉讼，且不受“公司法”股东持股期间与持股比例相关规定之限制，可为公司提起代表诉讼，以达保护投资人权益之目的，并发挥保护机构之职能。

从台湾地区“投资人保护法”第10条之1的内容观之，投保中心必须是在上市上柜公司董事或监察人执行业务，有“重大”损害公司之行为或违反法令或章程之“重大”事项时，始可行使股东代表诉讼权。唯重大损害公司之行为、违反法令或章程之重大事项系属不确定法律概念，为利业务执行，财团法人证券投资人及期货交易人保护中心办理证券投资人及台湾地区“期货交易人保护法”第10条之1诉讼事件处理办法（以下称处理办法）第3条乃规定：“本中心就上市或上柜公司之董事或监察人执行业务有下列情形之一者，得依本法第十条之一规定办理：一、依检察官起诉之犯罪事实，违反“证券交易法”第二十条第一项、第二项、第一百五十五条第一项、第二项、第一百五十七条之一第一项、期货交易法第一百零六条、第一百零七条或第一百零八条第一项之规定，足认公司受有重大损害者。

二、依检察官起诉之犯罪事实，以直接或间接方式，使公司为不利益之交易，且不合营业常规，致公司遭受重大损害者。三、依检察官起诉之犯罪事实，意图为自己或第三人之利益，而为违背其职务之行为或侵占公司资产，足认公司受有重大损害者。四、依检察官起诉之犯罪事实，违反法令、章程或逾越董事会授权之范围，将公司资金贷与他人或为他人以公司资产提供担保、保证或为票据之背书，致公司遭受重大损害者。五、依主管机关、相关单位提供或由本中心自行搜集之事证资料，足认公司之董事或监察人执行业务，有重大损害公司之行为或违反法令或章程之重大事项，基于公益目的，有提起诉讼之必要者。"

在具体的处理程序方面，前述处理办法第 7 条亦规定，投保中心"依本法第十条之一第一项第一款规定为公司对董事或监察人提起诉讼者，应先以书面请求公司之监察人为公司对董事提起诉讼，或请求公司之董事会对监察人提起诉讼，于监察人或董事会自本中心请求之日起三十日内仍不提起诉讼时，始得为之（第一项）。公司已依法设置审计委员会者，前项所称监察人，指审计委员会或其独立董事成员（第二项）。"同时，投资人保护中心于办理为公司对董事或监察人提起诉讼事件，于必要时得召开咨询会议征询专家意见，提出研析报告，并应于起诉后，函报主管机关备查[1]。换言之，投保中心于提起代表诉讼之前，仍应践行书面请求的先行程序。然如前述，台湾地区"公司法"第 214 条第 2 项有关股东先行向监察人请求之规定，系为防止股东滥行起诉而干扰公司经营，而该规定并未设有任何豁免之例外情形，即便有不尽早起诉将导致公司或股东权益有无法回复损害之急迫情形或请求无益情形，亦须践行此一书面请求程序。由于投资人保护中心系具有公益色彩之机构且受主管机关之监督，理论上应无滥行起诉之顾虑，台湾地区"投资人保护法"第 10 条之 1 虽免除投资人保护中心有关台湾地区"公司法"第 214 条有关持股期间与持股比例规定之起诉条件限制，但仍要求投资人保护中心必须践行书面请求之先行程序，将使得投资人保护中心能否为公司提起诉讼取决于监察人之态度而无法取得诉讼主导权，如此恐将损及本条功能，宜考虑废除。

（二）与公司法股东代表诉讼之比较

1. 投保中心诉讼排除公司法持股比例及持股期间的限制

依法条文义，台湾地区"投资人保护法"第 10 条之 1 排除台湾地区"公司法"第 214 条起诉股东持股比例与持股期间的限制，应无疑问。有疑问者，投保中心起诉时至裁判终止期间，是否以具有公司股东身份为必要？理论上，若以代表诉讼的本质言，似应认为投保中心于起诉时至裁判终止时至少须持有一股，始符合诉

---

〔1〕 财团法人证券投资人及期货交易人保护中心办理证券投资人及台湾地区"期货交易人保护法"第 10 条之 1 诉讼事件处理办法第 6 条。

讼当事人资格。但此问题不论从法条文义或立法理由，均无法找到明确解答。不过此争议于实务上应不致产生太多问题，因为投保中心对台湾上市上柜公司均有小额持股〔1〕。

2. 投保中心诉讼似排除台湾地区“公司法”供担保之规定

参酌台湾地区“投资人保护法”第10条之1第3项准用同法第34条、第36条规定，法院得就投保中心诉讼的保全程序予以免供担保裁定，且投保中心胜诉后若能释明在判决确定前不为执行，恐受难以抵偿或难以计算之损害者，法院应依其声请宣告准予免供担保之假执行。由“投资人保护法”上述规定，得以推论投保中心之代表诉讼已排除台湾地区“公司法”供担保之规定。

3. 投保中心诉讼并无排除台湾地区“公司法”的损害赔偿责任

由于台湾地区“投资人保护法”未明文排除台湾地区“公司法”第214条第2项后段起诉股东败诉时赔偿责任的规定，亦未排除台湾地区“公司法”第215条的规定，因此投保中心败诉时之赔偿责任以及所依据之事实显属虚构时应赔偿被诉董事之责任，均仍然存在。但依实务而言，投保中心提起之代表诉讼，几乎均有相应的刑事案件，少部分是参加公司对违法董事、监察人提起之诉讼，大多数是提起刑事附带民事诉讼。依台湾地区“刑事诉讼法”的规定，附带民事诉讼成案之前提，乃刑事案件被告于第一审经法院判决有罪，故投保中心几无可能构成台湾地区“公司法”第215条所称所据事实显属虚构而须赔偿被诉董事的情形。

4. 投保中心于裁判费缴纳之优惠

台湾地区“公司法”之代表诉讼原告需要缴纳裁判费，依最新增订之第214条第3项规定，裁判费超过新台币60万元部分暂免征收，故诉讼标的金额或价额在新台币66810000元以内者，仍要先行缴纳裁判费，且裁判费超过60万元部分仅是暂时免予征收，并非免征，将来若原告败诉确定，经法院判决由原告负担诉讼费用时，免征部分仍然须由原告补缴。然而台湾地区“投资人保护法”着眼于公益目的性，第33条规定诉讼标的金额或价额于新台币3千万元以上者，超过部分暂免缴裁判费，第35条规定若投保中心败诉时，就投保中心应负担诉讼标的金额或价额超过新台币3千万元部分之裁判费免予追缴。二者相较，显然台湾地区“投资人保护法”的规定比台湾地区“公司法”第214条第3规定，对原告更为优惠。

5. 投保中心诉讼之被告范围较窄

因台湾地区“投资人保护法”第10条之1限于对上市上柜公司之董事或监察

---

〔1〕 投保中心持有上市上柜公司小额股份之目的，主要是为了参加股东会，就各公司有争议的财报或决议事项以股东身份发言，以及就日后财报不实、归人权等诉讼向其他股东征求委托进行相关诉讼，尚非为了提起代表诉讼而持有。且依台湾地区“投资人保护法”第10条之1规定，投保中心不具有股东身份，依法亦有实施诉讼成为原告的权能。

人执行业务有重大损害公司之行为或违反法令或章程之重大事项时，投保中心方可提起代表诉讼[1]。而台湾上市上柜公司占全部股份有限公司之比例毕竟为少数，可见其余大多数的股份有限公司仍须回归公司法股东代表诉讼制度来运作。

（三）公益性与法制之不同

投保中心之代表诉讼，究竟是股东代表诉讼或是依据法律规定所创设出新代位主体，于学界仍有争议。从条文用语观察，投保中心之所以可代位公司起诉乃因法律赋予其此一权限，这与投保中心是否具备股东资格完全无关。但现实上投保中心对台湾上市上柜公司均有持股，是否因为这一既存事实，故台湾地区“投资人保护法”赋予投保中心此项权限，从立法理由中无从查考。若从法条文义以观，台湾地区“投资人保护法”第10条之1的代表诉讼，显然不再仅局股东代表诉讼起源于多数决原则及正当原告原则之例外，而纳入公益之色彩。此时投保中心所行使的虽仍属公司的权利，但体制上似乎更类似为了公共利益而赋予投保中心的权力。但若以台湾地区“投资人保护法”第10条之1特别提及台湾地区“公司法”第214条规定，则台湾地区“投资人保护法”第10条之1的代表诉讼，似乎仍属股东代表诉讼之一环。唯有学者认为纵然起诉的保护机构是非营利组织而非股东个人，其本质上终极是代位公司的诉权，任何人基于台湾地区“公司法”第214条代位公司提起的股东代表诉讼，均具有为该公司利益的本质，在台湾地区“投资人保护法”第10条之1的法理上，并未发生任何变异而有不同[2]。唯笔者认为，作为依法设立以促进证券及期货市场健全发展为目的之投保中心，公益当然是其执行业务的主要考量，公司证券法制上的代表诉讼，乍看之下固然是以公司或投资人之利益与损害填补为重心，但在实际运作上，公益性更甚于私益性，至为灼然。

综合观察台湾地区“投资人保护法”第10条之1与台湾地区“公司法”第214条、第215条的规定，二者在规划上是不一致的，甚至可说是冲突的，前者明显期待代表诉讼能发挥公司治理之机能，希能排除相关障碍，后者则过于重视防弊，避免股东滥诉，反而限缩股东代表诉讼的实施。从二者实务发展来看，不可讳言的，台湾地区“投资人保护法”第10条之1可能造成投保中心成为“垄断”或“接近垄断”实现股东代表诉讼的重要角色，此虽属台湾地区的独特性质，但亦可能形成上市上柜公司与非上市上柜公司之间，代表诉讼适用的不同。严格言之，股东代表诉讼与证券投资人诉讼间，法理上截然不同，股东代位公司对董监事起诉，

---

[1] 台湾地区“投资人保护法”第10条之1修正草案预计将兴柜公司亦纳入代表诉讼的范围，且董监事执行业务有重大损害公司之行为，除现有之违反法令或章程之重大事项外，内线交易、操纵股价等影响市场交易秩序之行为亦将包括在内，而卸任之董监事无法回避其责任，投保中心仍可对卸任者提出代表诉讼，以及投保中心具有独立参加诉讼之权能。

[2] 廖大颖：《论证券投资人保护机构之股东代表诉讼新制》，载《月旦商法杂志》第32期。

与证券市场的健全并非直接相关，但不可否认，二者间也有重叠的区块，如投资人所取得的是股东身份，因公司弊案追诉企业经营者的不法行为，股东代表诉讼或证券投资人诉讼之目的，在这层次上同质性甚高。唯在此时，该股东虽兼具证券投资人的地位，但因具股东身份，不再单纯是证券市场上资金提供者的外部人，在法律上已转化为法人公司的内部成员身份，进入企业组织法的理论构造，股东代表诉讼正是股东代位公司权益追诉的本质，这与投资人诉讼并不相同。另外，从台湾地区“公司法”与台湾地区“投资人保护法”两种不同的立场，投保中心提起代表诉讼所产生的另一效益，即台湾地区“投资人保护法”对于投保中心给予不同于一般民事诉讼程序的特别优遇。换言之，就上市上柜公司而言，或许借由投保中心的代表诉讼制度，得以落实相关股东权益之保障，提升台湾公司治理的部分绩效，但台湾非上市上柜的公司多达数十万家，这些公司的股东代表诉讼毕竟仍须依据现行台湾地区“公司法”第214条之规定，法制割裂情形已然产生且至为明显。

四、投保中心股东代表诉讼之执行

（一）成效与特色

2009年5月台湾地区“投资人保护法”增订第10条之1规定后，依据投保中心2017年年报所载，截至2017年年底投保中心已提起49件代表诉讼案件，又依投保中心官网所示，迄2018年10月22日为止尚有35件代表诉讼正进行中，而不法行为人自行赔偿以及与投保中心达成协议赔偿的金额为新台币15亿6千万元[1]，成效可谓斐然。然因投保中心未公布与不法行为人达成协议的程序、对象、个案协议金额以及支付方式，外界无从得知协议之真正全貌。不过由投保中心公布之资料显示，透过和解或协议程序取得之和解金，似乎成为目前填补投资人损害的主要来源[2]。

据投保中心公布的诉讼资料，迄2018年10月22日正诉讼进行中的35件代表诉讼，除其中7件因公司已对违法董事、监察人起诉，投保中心选择参加诉讼外，其余投保中心起诉都采取提起刑事附带民事诉讼之方式，也就是有对应的刑事案件。显然投保中心高度倚赖刑事程序，就诉讼策略多采取被动保守的态度，主要仰赖地方检察署的刑事起诉书作为民事起诉之依据，举证方面亦采取请民事庭函调刑事案件证据资料之方式。

---

〔1〕依投保中心网页所示（https：//www. sfipc. org. tw）。

〔2〕投保中心于2018年1月17日发布的新闻稿表示，不分诉讼类型，累计至2017年年底，投保中心已替投资人取得新台币46.4亿元的和解金，经由强制执行程序与清偿程序取得3.1亿元。

（二）诉讼面临之困难

依据现有的诉讼案例可发现，投保中心依台湾地区“投资人保护法”第10条之1提起代表诉讼时，初期均面临法律不溯及既往原则之适用问题。由于台湾地区“投资人保护法”第10条之1是2009年所增订，被告往往主张本条规定适用时应遵循法律不溯及既往原则，排除台湾地区“投资人保护法”第10条之1施行前所发生之不法事实，而法院通常亦认为投保法并未明文规定得溯及既往，足见并非得溯及既往之诉讼类型，应严格遵循法律适用之不溯及既往原则，从而导致投保中心在处理台湾地区“投资人保护法”第10条之1施行前所发生不法事实之代表诉讼案件遭受重大困难。也因此出现刑事案件被告董监事有罪，但投保中心提起的民事求偿发生败诉之结果，代表诉讼原本吓阻不法之功能难以发挥。唯初期此种困难，相信因为投资人保护法施行日久而不再出现。

对于已经卸任的董监事，投保中心可否提起代表诉讼，目前台湾地区“高等法院”106年度金上字第5民事判决认为涉嫌不法舞弊之董监事卸任后，与公司之间利害关系已不存在，此时应回归原则由现任之董事长代表公司提起诉讼，该诉讼已不属于公司与董事间之诉讼，自无由投保中心依台湾地区“投资人保护法”第10条之1规定取得诉讼实施权，投保中心提起代表诉讼不具当事人适格。学者对此有所批评，主张台湾地区“公司法”第214条属于程序性规范，不应变相限缩实体法之权利，为贯彻台湾地区“投资人保护法”第10条之1公益目的，不应否定投保中心之当事人适格〔1〕。目前，台湾地区“投资人保护法”第10条之1对此已于修法草案中明订，投保中心得对已经卸任之董监事，就其等担任董监事期间内之违法行为提起代表诉讼。

五、结论

股东代表诉讼制度具有强化公司治理以及保障股东权益之功能，长久以来台湾地区面临股东代表诉讼使用率偏低的窘境，因此透过赋予投保中心股东代表诉讼权限之方式，以缓和股东欠缺起诉诱因之问题。然而，投保中心之代表诉讼固有成效，但起诉对象限于上市公司的董事或监察人，并非全部公司均可适用。从建构之观点而言，公司法有关股东代表诉讼的规定仍需要大幅修改，2018年7月6日的修正显然幅度太小。从股权与持股比例之要求、原告供担保之存废、裁判费是否比照投资人保障法给予优惠、诉讼程序进行时公司可否为被告或原告参加诉讼、两造可

---

〔1〕 张心悌：《对卸任董事提起代表诉讼之限制——评台湾“高等法院”2017年度金上字第5号民事判决》，载《月旦裁判时报》2017年第66期。

否达成诉讼上和解、和解过程是否应有通知公司及其他股东之程序、原告支出之律师费是否可由公司或败诉被告负担等，均应明文规范，一则增加股东提起代表诉讼的诱因，二则杜绝争议。

从现实层面，在缺乏经济诱因之情况下，除非整个投资环境、企业经营之氛围有所改变，否则台湾地区“公司法”之股东代表诉讼在未来之实践仍难以乐观，而投保中心之代表诉讼是否有扩张适用之可能，不失为修法之考量方向。

在思考如何完善建构代表诉讼之机制时，另一思考点为现代股东代表诉讼之理论，在传统的多数决原则及法人格独立外，有无其他开发之可能。

重整中公司债券持有人的权利保护论纲*

朱晓娟**

目　次

近年来，我国的金融市场迅速发展，金融创新日新月异，金融改革不断深化，在一系列国家政策和法律规范的指引下，债券市场生机勃勃，其中公司信用债的发展尤为瞩目。据统计，中国的债券市场规模占全球第三，公司信用债更是位列第二，根据2018年三季度债券市场发展报告，截至2018年三季度末，我国债券市场主要债券品种存量规模达到81.03万亿元，继续小幅扩大，债券违约事件显著增多，公司债发行期数和规模环比与同比均有增加。[1]与此相对的是，作为融资序列中第二顺位的债券融资，我国《证券法》对债券的规范模糊、粗略，已然严重阻碍

* 本文为中国政法大学2017年校级规划项目（项目号：10817332）、国家社会科学基金重大项目（项目号：16ZDA067）、2017年司法部一般课题（编号：17SFB2035）以及中国政法大学第五批商法学与金融法法学青年创新团队的阶段性成果。中国政法大学2015级民商法学研究生郝超承担了案例梳理、资料整合等工作，特此致谢。

** 朱晓娟，女，中国政法大学民商经济法学院商法研究所，副教授，法学博士。

〔1〕数据来自中国债券信息网，网址：http：//www.chinabond.com.cn/cb/cn/yjfx/jgzs/lhzx/20181029/150221264.shtml，最后访问时间：2018年10月19日。

了中国债券市场的健康发展，在债券市场“新常态”[1]发展趋势下，债券违约频繁发生，导致许多公司陷入了破产状态、进行重整程序，然而，立法的缺陷导致重整中的公司债券持有人之合法权益无法得到切实有效的保障，对其权利的误解也导致债券持有人无法行之有效地维护自身权益。因此，本文旨在梳理公司债券持有人权利在重整中的体现，构建和完善重整时公司债券持有人权利保护制度。

一、重整时公司债券持有人权利保护的理论基础

（一）重整时保护作为债权人的公司债券持有人权利的产权逻辑

重整的制度价值绝非单纯的公平清偿债权，而应当旨在挽救破产企业，使之维持经营，实现企业价值的最大化，易言之，重整是一种兼具企业法与债务清偿法的债务再处理机制。[2]重整的首要目标是完成企业的复兴，其不可避免地需要解决困境实体的三个问题：（1）如何安排重整企业的产权结构使之更富效率；（2）如何在权利人之间配置权利、义务使之更加公平；（3）以及当企业“无力回天”时如何公平地清偿债权。

公司是一系列契约的集合，股东、债权人、职工等均在公司法下获得相应的权利配置，在公司管理层作出决策时，利益相关者模式可以为不同的利益方寻找一个平衡点，兼顾各方利益，而非仅考虑股东利益的最大化，但这不能成为公司的治理标准范式，无论公司是处于正常经营状态，抑或处于重整阶段：首先，利益相关方之利益诉求无法加总，利益各方价值偏好和利益冲突在重整时表现尤为突出；其次，这种偏好与目标之间的差异使得公司经营缺乏明确目标，无法形成对管理层有效的激励与监督。

“一个有效率的公司制度安排必须是所有可行的安排中使代理成本最小，从而使企业创造的预期价值最大的制度安排。”[3]公司的产权结构并非一成不变，而是根据公司的经营状态发生改变，此即状态依存所有权理论。在公司经营正常时，股东利益导向模式更利于降低因公司经营权与控制权相分离而产生的代理成本，可以说，在合同收益没有任何风险的情形下，股东的利益最大化就是公司价值的最大化。

但由于合同的不完备性，任何合同支付并非没有风险，股东的商人本质迫使其倾向选择高风险、高收益的项目，这往往可能将公司拉入破产境地，是以，为防止

---

〔1〕 窦鹏娟：《新常态下我国公司债券违约问题及其解决的法治逻辑》，载《法学评论》2016 年第 2 期。

〔2〕 王卫国：《论重整制度》，载《法学研究》1996 年第 18 卷第 1 期。

〔3〕 张维迎：《理解公司——产权、激励与治理》，上海人民出版社 2014 年版，第 215 页。

道德风险，赋予利益相关者一定的控制权是一种帕累托改进，股东利益导向只有在公司相关者利益有保证时才有其制度价值：当利益相关者利益无法得到有效保证时，一个富有效率的公司治理模式是将公司的控制权由股东转向利益相关者。

因此，与其说公司“由谁拥有”，公司所有权与公司状态之间的依存关系则是一个更优的表达。假设如下：公司的总收入为x，工人工资为w，公司债权人应得的利益为r，即：

当$x \geq w + r$时，公司经营状态良好，公司由股东享有；

当$w + r > x \geq w$时，公司经营状态二恶化，公司应当由债权人享有。

公司的权利安排应当符合“不平等原理”[1]，与股东导向模式一致，在公司重整时，公司价值的最大化与债权人价值的最大化具有高度的一致性，可以说，保护债权人在公司重整中的合法利益是公司产权结构安排之逻辑必然。

（二）重整时公司债券持有人权利保护的制度价值

1. 缓解公司债券的公众性

公司为募集资金，会向社会公众发行大量债券，公司债券持有人并非特指某个人或某些人，而是社会上的不特定多数人，因此，作为公司融资的重要渠道，债券融资具有公共性。对于具有公共性的事务，法律应当慎重对待：公司债券具有范围广、总金额大等特点，但公众由于智识、经验、精力等局限往往很难对事务作出正确的判断，更会面临因人数众多而导致的“集体行动”难题。从社会学和统计学视角，集体行动难题与参与人数呈正比例关系[2]，公司债券的公众性所形成的“搭便车”现象极为严重，这也是区别公司债券保护与普通债权保护最主要的原因。[3]

---

[1] 简单地说就是，组织内部在权力、利益、贡献和分配上都不能搞平均主义。这样，一个人在组织中所获的权力和荣誉就有可能成为促使其为组织多做贡献的选择性激励机制。一个人如果能够独立为某组织取得某一公共物品提供一笔关键的资金并从中获取荣誉，那么这个人就有可能独自为某一事业做出贡献。中国大学中随处可见的邵逸夫楼、李嘉诚基金、光华学院等就是例子。赵鼎新：《集体行动、搭便车理论与形式社会学方法》，载《社会学研究》2006年第1期。

[2] 奥尔森认为搭便车困境会随着一个群体中成员数量的增加而加剧：1. 当群体成员数量增加时，群体中每个个体在获取公共物品后能从中取得的好处会减少。2. 当群体成员数量增加时，群体中每个个体在一个集体行动中能做出的相对贡献减少（如果只有两个人时你能提供12的贡献的话，在一个100人的群体中你只能提供1100的贡献）。这样，因参与集体行动而产生的自豪感、荣誉感、成就感等就会降低。3. 当群体成员数量增加时，群体内人与人之间进行直接监督的可能性会降低。也就是说，在大群体内，一个人是否参加某一集体行动往往无人知道。4. 当群体成员数量增加时，把该群体成员组织起来参加一个集体行动的成本会大大提高。赵鼎新：《集体行动、搭便车理论与形式社会学方法》，载《社会学研究》2006年第1期。

[3] 除了集体行动难题以外，给予具有公众性实务以特殊保护还有一定程度上的政治考量。因为公众投资者的风险承受能力往往一般，倘若公司经营失败，尤其是规模较大的上市公司发生破产情形，公司债券持有人会蒙受巨大经济损失，甚至演变成公共性的政治问题，法律应当给予公司债券持有人区别于普通债权人的特殊保护。

2. 解决行为的外部性

任何人的行为都具有外部性，公司正常经营下，对于公司债券持有人而言，当公众投资者承担了购买公司对外发行之债券的成本时，却局限于现行法律，不能享受公司融资所带来的收益，而这部分收益主要由公司及其股东所享受。对于重整公司的债券持有人而言，公司的行为往往会给其带来负外部性[1]，一方面在于信息存在高度的不对称，另一方面在于债券持有人无法行之有效地主张权利，此外，重整中不同利益主体的不同诉求加剧了重整的成本。在这种情况下，每个人对自己的权利和责任的边界的界定是模糊或者至少是不确定的，现行立法在债券持有人权利义务上的模糊化势必会催生重整公司的外部性问题。解决这一问题的核心思路就是使个人在边际上承担全部的社会成本和获得全部的社会收益，这就是将外部的成本和收益内部化,[2]合理的权利配置及行之有效的权利行使规则可激励债务人为债券持有人之利益行事。

3. 弥合契约的不完备性

自从科斯在《企业的性质》一书中提出“企业最显著的特征是作为价格机制的替代物”思想以来，公司契约理论便为法经济学研究公司法提供了全新的思路与视角。波斯纳在《法律的经济学分析》中将公司法视为一种标准契约[3]，柴芬思更指出，“最好将公司理解为交易者之间的焦点，公司是合同的联结”[4]。但我们的理论却过于局囿，仅仅探讨公司正常经营情形下的合同而忽略了重整中的公司亦是一系列契约的集合[5]。

重整契约[6]不同于民法意义上的契约。民事合同是当事人之间设立、变更、终止民事关系的协议，这是一种规范交易的契约，而重整中的公司具有长期性，这里的长期性并非指时间的长短，而是指权利义务之间的分离，这种分离进而激化了合同的不完备性。由于人与人之间的投资经验、个人理性水平、智识等方面的差异，人们不可能预见公司运营活动中的任何变化，因此，完善的权利配置，有效的权利行使规则可以使债券持有人应对公司在重整程序中始料未及之情事。

---

[1] 如果个人的收益和社会的收益并不相等时，则外部性存在正外部性与负外部性两方面。如果个人成本小于社会成本，那么必然有别人承担了成本，这便是负外部性；倘若个人收益小于社会收益，那么个人享受了额外的收益，这便是正外部性。

[2] 张维迎：《理解公司——产权、激励与治理》，上海人民出版社 2014 年版，第 71 页。

[3] 波斯纳：《法律的经济分析》，中国大百科全书出版社 1997 年版，第 513 页。

[4] 柴芬思：《公司法：理论、结构和运行》，法律出版社 2001 年版，第 2 页。

[5] 王佐发：《公司重整制度的契约分析》，中国政法大学出版社 2012 年版，第 62 页。

[6] 这里的重整契约指的是重整公司作为一个特殊的法律实体，是一系列契约的集合，而非重整计划或重整期间重整公司与债权人达成的协议。

二、重整时公司债券持有人的应然权利

市场与公司均由合同构成，但两者的执行机制并不相同。对于市场而言，价格、法律和信誉是保证合同实施的主要机制，但对于公司而言，权威、法律和信誉是合同实施的主要机制。[1]因此，对于重整中的公司而言，权威对重整公司的资源配置起到无可替代的作用。权威主要由决策权与监督权构成，决策权指引重整公司的资源配置，其在很大程度上是通过行使表决权而实现的，监督权则确保这种指引的方向正确，任何决策与监督都不可缺少信息，此外，债券的转让很大程度上会影响决策权归属的转变，因此，表决权、监督权、知情权、转让权共同构成了公司重整中债券持有人参与公司治理的主要权利配置，当然，这些权利行使的前提是必须服务于公司的重整目的。

（一）表决权

公司的控制权呈现一种变动不安的状态，而控制公司的关键在于表决权。表决权是连接公司经营与公司所有的纽带，表决权如同是控制人牵在手中的风筝线，管理层则好比风筝在天空飞翔，但无论其飞得多高多远，其最终的命运还是受到控制人牵绊。[2]

从法经济学视角来看，在公司经营正常时，公司法之所以将表决权赋予股东而非债权人或高管绝非基于资本稀缺性导致的资本所有者——股东至上，而是有着更深刻的经济学原因，即表决权配置给公司的剩余索取权人。[3]公司应当将公司控制权的关键——表决权赋予真正跟公司“荣辱与共”之人，只有站在同一战线的人才更有激情去为公司利益努力，在重整时，管理人的职责来源于法律的直接规定，缺乏表决的激情，股东则失去了控制公司的资格，相反，债权人更富激情去表决，享有多大的边际收益，就要承担多大的边际成本，“一个有效的企业制度一定是剩余索取权与剩余控制权的对应，即由同一主体同时享有”[4]。

（二）监督权

重整公司并不能如状况良好的公司一般正常经营，其需要一个代言人管理公

[1] 张维迎：《理解公司——产权、激励与治理》，上海人民出版社2014年版，第148页。

[2] 梁上上：《论股东表决权——以控制权争夺为中心展开》，法律出版社2005版，第26页。

[3] 罗培新：《公司法的法律经济学研究》，北京大学出版社2008年版，第97页。

[4] GHM理论强调剩余控制权与剩余索取权的统一，并进一步认为，由剩余控制权安排可以推导出相的剩余索取权安排。在他们看来，由于合同不完全性的存在，要保证合同在遇到新情况时能够继续执行必须有对合同的“不完全性”实施控制的权利安排，否则剩余索取权也将落空。

司，制订重整计划并当重整计划通过时执行该重整计划。美国破产法的一般做法是当公司重整时由公司的管理层行使上述的权利，此即 DIP 模式，但当法院认定现任管理层不宜或不能行使权利时则另外指定重整托管人代表重整公司，此为 TIP 模式。而此后，延伸出了债务人中心主义和管理人中心主义。

我国《企业破产法》在第八章中对公司重整中的公司的治理模式进行了集中规定，从立法条文中可以看出重整中的公司的经营权主要由法院所指定的管理人行使，因此，"我国破产法所构建的重整公司治理结构是以'管理人中心主义'为主，以'债务人中心主义'为辅。"[1]而债权人则在公司重整中主要起到监督者的角色，其监督权主要由债权人会议行使。[2]公司债券持有人作为债权人的一种具有其典型性和独特之处，理论上公司债券持有人的权力行使方式包括了公司债信托模式与公司债券持有人大会模式，但这并不阻却债权人具有监督权之事实。

（三）知情权

现代公司的所有权与经营权相分离，在公司正常运营时，公司的经营权由董事会行使，在公司重整时，公司的经营权由管理人行使，这种权利分离的治理结构存在严重的信息不对称，"而一些信息有可能是对委托人不利的，代理人会利用这种信息不对称实施对自己有利的行为，而委托人却会因为缺乏足够的信息而做出对自己不利的行为"[3]。这种机会主义在公司重整时往往表现为债权人与债务人之间的利益冲突，又因为债券持有人的公众性使得这一问题更加突出，因此，在公司重整时，拥有公司剩余控制权的债权人理应享有知情权。

但重整中公司债券持有人的知情权并不能简单适用股东知情权规则，两者激励并不相同。当股东作为公司的剩余索取权人时，其利益与公司利益息息相关，股东更富有动机与热情去了解公司的经营状态，从而监督管理层的行为，于此，股东知情权是一种股东积极参与公司治理的权利。相反，当公司重整时，由于公司经营状况恶化，参与重整的人数众多，情事复杂多变，不同债权人的利益诉求更是相去甚远，债权人虽然享有公司的控制权，但债权人的短视行为使得其更倾向于瓜分公司的剩余价值从而维护自身利益，但这种价值取向并不利于公司的复兴，是以，重整时债权人的知情权表现为一种被动性的权利，相应的债务人则处于强制性主动地位，此即重整公司的强制性披露义务。概言之，当公司重整时，强制性地将私人信

---

[1] 杜坤、周含玉：《破产重整公司治理结构逻辑分析》，载《西南政法大学学报》2014 年第 4 期。

[2] 关于债权人的在重整中的角色，学界通说是一种监督者的角色，从比较法层面，采取设立债权人会议立法例的国家，债权人的监督权主要是由债权人会议行使，我国学界也采取此态度。韩长印：《债权人会议制度的若干问题》，载《法律科学：西北政法学院学报》2000 年第 4 期；王欣新：《论新破产立法中债权人会议制度的设置思路》，载《法学家》2005 年第 1 期。

[3] ［美］罗曼诺：《公司法基础》，罗培新译，北京大学出版社 2013 年版，第 69 页。

息转化为公共信息是确保债权人知情权实现的主要方式。

（四）转让权

公司债券持有人的转让权为传统的重整制度提供了一个更富效率的替代解决措施。一方面，传统的重整制度强制性的要求当事人参与到重整之中，而转让权可以解放那些没有激励参与重整的债券持有人。本质而言，债券的转让是一种请求权交易，而这种请求权交易不仅有助于降低破产成本，也可为新的投资人提供进入重整公司的渠道。[1]

另一方面，在公开的证券交易市场，顺畅的债券流转、完善的处理规则及合理的权利配置可保证债券市场的流动性，这种不因重整而“冻结”的流动市场可激发投资者的投资欲望，更可为重整企业再融资提供便利。

更重要的是，重整公司的债券持有人的转让权还可以实现重整期间的控制权交易。公司的债权人可以收购大量债券以保证在债权人会议中的控制人地位，此外，收购者还可以收购大量可转换债券，然后将债券转变为股权从而达到收购公司之目的。当然，收购的动机并不必然相同，但债券在重整期间的顺利流转会导致控制权在不同主体之间发生转变，而公司的控制权对于公司的治理至关重要。

三、重整时公司债券持有人权利保护规则的现状与评析

“多元化的法律体系往往造成法律制度的割裂，一套多头监管的债券法律体系下的具体法律制度基于不同的监管路径、市场差异、价值取向与利益诉求，相应地欠缺共同的逻辑原点与价值取向，体系之间陷入距离冲突。”[2]对于公司重整时债券持有人的知情权、表决权、监督权以及转让权，无论是《公司法》《证券法》《企业破产法》等均欠缺明确的规定，很多权利只能依据法理进行推理，公司债券已有规范寥寥无几，其依附股票规则的边缘化状态已很难满足债券市场的发展。[3]

（一）权利定位不清

1. 公司债券持有人的表决权定位不清

公司的债券持有人作为典型的债权人在重整时享有表决权，但根据我国《企业破产法》第82条的规定，重整计划应当将债权分为有财产担保债权、职工债权、

---

〔1〕 WBeranek，SLJones，“The Emerging Marketfor Trade Claimsof Bankrupt Firms”，Financial Management，1994，23（2）：76.

〔2〕 张媛：《论我国〈证券法〉中公司债券法律制度的适用与完善》，载张育军、续命主编：《证券法苑（第5卷）》，法律出版社2011年版，第822页。

〔3〕 洪艳蓉：《〈证券法〉证券规则的反思与重塑》，载《证券法苑》2016年第17卷。

税款、普通债权，不同种类债权人对重整计划进行分组表决。由此，可以看出，公司债券持有人的表决权只能划分到普通债权人之中，这种粗略的划分不仅不能反映不同利益主体的需求，反而有碍公平价值的体现。

首先，集体行动的难度与参与人数多寡呈正比例关系，公司的债券公众性必然导致其集体行动难题较普通债权人更为严重，将公司债券持有人划分至普通表决组是一种立法不成熟的表现。

其次，分组表决是重整计划表决的基本形式，不同的表决组应当反映不同的利益诉求。对债权实行分组，确保重整计划对特定类别的所有债权人给予一系列同样的条件，保障了债权人的公平待遇和破产法规定的清偿顺序。[1]在美国，因为债务人要与数量众多的债权人进行谈判以便对重整计划的表决，立法允许债务人将利益一致或相似的请求权人划分到一组进行分组表决。[2]

2. 公司债券的信息披露定位不清

公司债券的信息披露义务在法律层面只能从《证券法》第三章“证券交易”中的第三节“持续信息公开”中类比适用于股票的信息披露规定，而且这种信息披露具有局限性，只能适用于债券的交易规则，无法类推适用于重整中的公司。

债券与股票是两种不同的融资手段，两者在经济实质与法律关系上存在本质区别，这种差异主要表现在收益回报和风险承担上[3]，而正是这种收益与风险的不同配置内生了差异化的信息披露偏好。“债券的本质是债权债务凭证，而股票的本质是所有权凭证。”[4]投资者购买目标公司债券，公司承诺在一定期间内返本付息，因此投资的预期收益是确定的，其风险在于投资收益实现的不确定性；股票则是投资者对公司的出资，其投资收益无法确定，随股票市场波动。

在非系统性风险方面[5]，债券的风险是一种信用风险，其主要取决于公司自发行债券始至债券到期时公司的偿还债务能力与偿还债务意愿；股票的风险则是一种经营性风险，股票利益的实现与否取决于该公司的具体经营状况[6]。这两者的差异造成了不同的信息披露偏好，与更关注经营风险的股票不同，债券更关注的是信用风险，因此，法律对于公司的信息披露应该倾向于对公司偿债能力状况变化而

---

〔1〕 石静霞：《联合国国际贸易法委员会〈破产法立法指南〉评介及其对我国破产立法的借鉴》，载《法学家》2005 年第 1 期。

〔2〕 王佐发：《公司重整制度的契约分析》，中国政法大学出版社 2012 年版，第 129 页。

〔3〕 蒋大兴：《被忽略的债券制度史——中国（公司）债券的法律瓶颈》，载《河南财经政法大学学报》2012 年第 4 期。

〔4〕 甘培忠：《企业与公司法学（第 7 版）》，北京大学出版社 2014 年版，第 280 页。

〔5〕 金融工具的风险一般来自系统性风险与非系统性风险，其中债券的系统性风险主要源于利率波动与购买力变化，而股票的系统性风险多是市场的周期性波动与政策变化。

〔6〕 冯果：《债券市场风险防范的法治逻辑》，法律出版社 2015 年版，第 5 页。

非影响公司经营能力的情事。

（二）权利行使规则模糊

表决权、监督权、知情权以及转让权是公司债券持有人在重整时的应然权利状态，但由于公司债券持有人数量多、分散广，公司债券持有人的表决权、监督权、知情权和转让权需要依托特殊的制度设计始得行使，易言之，公司债券持有人的权利主体与行使主体是相对分离的[1]。立法也认可了这种做法，如《公司债券发行与交易管理办法》中第50条第1项至第4项规定，公司债券持有人的部分监督权、知情权是由公司的债券持有人行使。大陆法系采用的是公司债券持有人会议模式，英美法系适用的是公司债信托管理模式，台湾兼采之。我国立法似乎兼采了两种模式，但由于在法律移植过程中没有清晰认识到法律基础之间的差异，忽视了中国债券市场的特殊性，从而造成了债券持有人定性不明，利益冲突加剧，权责模糊等问题，极大阻碍了中国债券市场的发展。

（1）我国对于公司债券管理人的法律定位一直处于模棱两可的状态。一方面，无论是《证券公司债券管理暂行办法》（以下简称《暂行办法》）还是《公司债券发行试点办法》（以下简称《试点办法》）以及《公司债券发行与交易管理办法》（以下简称《管理办法》），都规定了公司债券受托管理人；但另一方面，公司债券受托管理人和债券持有人之间的法律关系立法一直没有给予明确，既不将其认定为委托代理关系，也不将其看作信托关系，这是立法者妥协的产物。[2]

在二元财产所有权理念下，英美法系的公司债信托制度可以得到很好的诠释[3]，但两大法系在财产权观念上的巨大差异使两者暂时不可能发生融合，大陆法系只能通过特别法的方式对信托制度予以规定[4]，将之视为一种新型的财产权利。

信托财产独立性是公司债信托所必须克服的解释上的障碍[5]。与美国法公司

[1] 《公司债券发行与交易管理办法》第50条第1项至第4项规定：（一）持续关注发行人和保证人的资信状况、担保物状况、增信措施及偿债保障措施的实施情况，出现可能影响债券持有人重大权益的事项时，召集债券持有人会议；（二）在债券存续期内监督发行人募集资金的使用情况；（三）对发行人的偿债能力和增信措施的有效性进行全面调查和持续关注，并至少每年向市场公告一次受托管理事务报告；（四）在债券存续期内持续督导发行人履行信息披露义务。

[2] 冯果：《债券市场风险防范的法治逻辑》，法律出版社2015年版，第123页。

[3] 不同于大陆法系的财产权观念，英美法系将所有权进行了切割，即“区分了享有财产的受益性功能和重新取得及处分财产的管理性功能两个方面”，财产的受益性功能指的是所有权的交换价值，而管理性功能指的是其财产权的使用功能。于此，信托财产的所有权便可以区分成“名义所有权”与实质“所有权”。因此，公司债的信托管理模式成为实用主义至上的英美法系国家的主流管理方式。

[4] 国崔明霞、彭学龙：《信托制度的历史演变与信托财产的法律性质》，载《中南财经政法大学学报》2001年第4期。

[5] 信托的独立性是指信托一旦有效设立，信托财产即从委托人、受托人以及受益人的自由财产中分离出来，而成为一独立运作的财产。周小明：《信托制度比较法研究》，法律出版社1996年版，第13页。

债的管理模式不同，日本法将公司债依照其是否附有担保而进行了区别对待，原因在于其认为公司债不能设立信托，债权无法作为一种独立的财产而分离并公示，不符合独立性的要求。[1]

但日本这种理论实际上是没有厘清民事信托与商事信托之间的区别，过于苛求信托财产的独立性问题。民事信托的信托财产是个人财产或是家庭财产，其设立需要委托人将自己的财产“委托给”受托人，由受托人对财产进行管理，目的在于财产的规划或其他目的而非营业，因此其强调财产的独立性并不过分。与民事信托的以信托财产为核心构建信托权利义务关系不同，商事信托是以“商业性的架构为中心”[2]，借由这种商业性构架，受托人取得委托人之财产并对之进行财产管理。因此，如果局限于信托财产的独立性与否，并将之仅仅局限于物权有悖于商业信托的发展潮流[3]。

是以，公司债信托的信托财产持有人手中的债券，而这种信托模式不应因是否附有担保而有所区别，而我国模糊其法律定位并无道理。

（2）利益冲突加剧。传统的公司债信托理论认为公司债信托的委托人是公司债券发行人，受托人是信托公司，委托人在订立信托旨在订立有利于自身的条款而受托人则力图订立减轻自己责任的条款，债券持有人的利益则被束之高阁。在我国虽有学者已解释了真正的委托人是债券持有人，其在购买债券时已无条件地认可了发行公司代理债券持有人签订信托合同的权利[4]，但这并不能切实解决受托人与信托公司利益冲突的问题，且立法上的定性模糊加剧了这一冲突。

（3）公司债券受托管理人的权利范围不明，责任承担不清。我国虽然同时规定了公司债券受托管理人与公司债券持有人会议，但两者的权利划分并不合理，不能很好保护债券持有人之利益。此外，相较于美国、日本的“忠实义务”和“注意

[1] 对于附担保的公司债信托的是债权之上所设定的担保，信托财产是债权上设定的担保物权，而无担保的公司债与公司债管理公司之间是一种“利益第三人契约”，并非信托契约。[日] 鸿常夫：《社债法》，有斐阁1985年初版，第201～202页。

[2] 王志诚：《跨越民事信托与商事信托之法理——特殊目的信托之法制构造为中心》，载王保树：《商事法丛论（第7卷）》，法律出版社2002年版，第152页。

[3] 许凌艳：《商法专题研究》，经济日报出版社2005年版，第196页。

[4] 冯果：《债券市场风险防范的法治逻辑》，法律出版社2015年版，第176页。

义务"[1]，我国的"勤勉义务"[2]之规定显然过于苍白，而这种模糊的、难以操作的规则显然是为了刻意模糊信托关系之定性。

（三）债券交易市场混乱

上位法的缺失和下位法的"各谋其政"造成了债券交易市场的混乱。一直以来，债券交易市场处于混乱状态，证监会2003年出台的《暂行办法》到2007年公布的《试点办法》以及2015年发布的《管理办法》以及随之颁布的一系列配套措施，表明其试图构建起一套以其自身为主导的债券市场规范体系[3]，但中国人民银行2008年发布实施《银行间债券市场非金融企业债务融资工具管理办法》又构建起一套"中期票据"债券制度体系，两者之间存在严重的规范冲突。割裂的债券市场和碎片化的债权法制直接导致了债券市场规则的模糊与混乱。[4]

首先，由于监管主体的竞争，"多头监管"[5]现状造成我国债券流通市场长期处于分割状态，主要分裂为交易所市场及银行间市场两个子市场[6]，这严重限制了债权流通市场的构建；其次，我国对债券信用评级的重视度不够，导致大量"垃圾债券"泛滥，评级市场处于竞争失序的状态之中，公众对债券信用评级的认可度

---

[1] 美国公司债受托人的义务有九项，其中最重要的是忠实义务与注意义务，忠实义务是指受托人处理信托事务时，须以受益人的利益为唯一要旨，而不得为自己或他人的利益管理、处分信托财产；注意义务是指要求受托人对于信托事务的管理应尽到与一般人处理自己事务氏的同一注意义务，但受托人因表示其具备较高的能力而取得受托人的地位时，应负其所称的注意义务及管理能力。日本规定为忠实义务和注意义务，《日本公司法》第704条规定："公司债管理人，必须为公司债债权人公平诚实地进行公司债的管理。公司债管理人，必须以善良管理人的注意，对公司债债权人进行公司债的管理。"《日本附担保公司债信托法》第68条规定："受托公司，应以公平诚实，处理信托事务。"第69条规定："受托公司对于委托公司及公司债债权人，负有以善良管理人之注意处理信托事务之义务。"刘迎霜：《公司债：法理与制度》，法律出版社2008年版，第178～185页。

[2] 《公司债券发行与交易管理办法》第49条规定，债券受托管理人由本次发行的承销机构或其他经中国证监会认可的机构担任。债券受托管理人应当为中国证券业协会会员。为本次发行提供担保的机构不得担任本次债券发行的受托管理人。债券受托管理人应当勤勉尽责，公正履行受托管理职责，不得损害债券持有人利益。对于债券受托管理人在履行受托管理职责时可能存在的利益冲突情形及相关风险防范、解决机制，发行人应当在债券募集说明书及债券存续期间的信息披露文件中予以充分披露，并同时在债券受托管理协议中载明。

[3] 洪艳蓉：《〈证券法〉证券规则的反思与重塑》，载《证券法苑》2016年第17卷。

[4] 冯果：《〈证券法〉修订和债券市场规则体系的重构——兼论证券市场的法治逻辑与制度体系的现代化》，载《证券法律评论》2016年卷。

[5] 除了证监会与银行之外，以前发改委也行使一定的监管权，从而导致债券市场受到三方部委的监管。

[6] 交易所债券市场参与者主要是证券公司、基金公司、保险公司、信托公司和个人投资者，作为债券市场的主要投资者的商业银行游离于交易所债券市场之外。这样在发达国家作为公司债券投资主体的机构投资者，在我国却不能参与到交易所市场中来，银行间债券市场参与主体是以商业银行为主的众多类型的金融机构及其他非金融机构。公司债券的个人投资者又没法参与到银行间债券市场来。

较低且混淆了评级业务指导与评级监管两个不同层次的立法[1]；最后，缺乏市场化的合理价值估价方法，信息披露不足。

四、完善建议

（一）设立重整时公司债券持有人单独表决组

为保护债券持有人之利益，应当在公司重整时设立单独的表决组，以维护公司债券持有人在重整中的利益。把具有共同利益诉求的划分为不同的表决组，其本身并不构成对公平价值的违背，原因在于法律划分权利的依据在于权利本身的属性及其行使方式，但相同法律属性的权利却可能存在不同的经济利益，其诉求亦不可同等看待。同是请求权人，有担保的债权人与无担保的普通债权人的利益诉求并不相同，相较于后者，有担保的债权人渴望公司复苏的动机并没有无担保的普通债权人大。同样，即便同为普通债权人，公司的债券持有人与其他债权人对待重整公司的态度也相去甚远：银行贷款债权人、商事交易债权人的债权往往形成专用性资产，债权的清偿额对其影响巨大，公司债券持有人维护债权的动机与热情劣后于其他债权人，因此，两者的经济利益及其导致的利益偏好不能等同。

由于这种不同的利益诉求，重整公司很难实现个人基础上的帕累托效率，于此，设置单独表决组更符合“类别组帕累托效率”[2]。将具有相同诉求的个人划分为一组，看作一个行动的集体对外交易，从个人而言难免会损失一定利益，但整体而言却是帕累托改进，更能节约重整的成本，提高重整的效率。

（二）明确重整时公司债券持有人的权利行使制度

1. 公司债券受托管理人地位明确化

相较于普通的债券持有人，公司的债券受托管理人更加专业，而这种优势可以保证在复杂多变的公司重整中可以更加高质量和高效地分析公司形势，更加精准地判断与把握重整公司以及整个金融市场的趋势与走向，作出更符合债券持有人利益的商业判断。因此，法律应当明确公司债券持有人与公司债券管理人之间的信托关系，立法对公司债券受托管理人地位进行明确与合理的定位，是公司债券持有人在重整中合理行使权利的基石。

---

〔1〕 聂飞舟：《美国信用评级机构法律监管演变与发展动向——多德法案前后》，载《比较法研究》2011 年第 4 期。

〔2〕 类别组帕累托效率是将经济学意义上的帕累托效率应用于具有不同利益诉求的类别组而非泛泛的个人 SLSchwarcz，“RethinkingFreedomofContract：ABankruptcyParadigm”，TexasLawReview，1999，77（3）。

2. 公司债信托利益冲突解决方式区分化

美国也曾因为发行公司、信托公司与公司债券持有人之间的冲突导致诉讼泛滥，但其后通过立法与判例对该制度进行了良好的弥补并延续至今，究其原因，法律本身的合理构建与市场的引导与包容至关重要[1]。

对于公司债信托中存在的利益冲突，《美国合同信托法》对之采列举式规定，列举内容多达9种[2]，但是这些对利益冲突之规制只有在发行公司出现债券违约时始得发生。利益冲突并不必然引起债券持有人利益之减损[3]，让市场的归市场，法律的归法律，这样更契合公司重整时债券持有人保护“市场化”“法治化”的要求。一方面，在发行公司信用状况良好的情况下，对发行公司、信托公司以及债券持有人三者之间的利益冲突应该采取包容态度，让“看不见的手”来磨合三者之间的利益冲突，使市场更富效率，使重整企业更具活力；另一方面，当公司出现债券违约情形时，则应该对利益冲突采取审慎态度，此时，如果信托公司不为债券持有人利益行事，则债券持有人可以更换债券受托管理人甚至可以追究其相应的责任，从而敦促其积极行事，确保债券持有人之实体利益。

3. 公司债受托管理人权利、义务明晰化

《管理办法》第55条规定了在列举的十种情形下公司债券受托管理人应当召开债券持有人会议[4]，这极大削弱了公司债券受托管理人作用的发挥，使这一制度

---

〔1〕 冯果：《债券市场风险防范的法治逻辑》，法律出版社2015年版，第113页。

〔2〕 李莘：《美国公司债券受托人法律问题研究》，载《国际商法丛论》2004年。

〔3〕 对于这种立法之规定，美国司法界对之产开了论证，有些学者认为这种事后的规制不能很好地保护公司债券持有人之利益，但一般理论认为这种做法是符合市场运行的，在公司信用良好时，信托公司的义务应当依照信托合同内容之规定，债券持有人只需按照合同只规定获得定期收益，此时，信托公司消极监督的角色更符合受托人的定位；但当发行公司发生债券违约时，信托公司则需要积极为受益人主张权利，此时法律强制性规定信托公司的信义义务更符合立法之意图。冯果：《债券市场风险防范的法治逻辑》，法律出版社2015年版，第112页。

〔4〕《公司债券发行与交易管理办法》第55条规定：存在下列情形的，债券受托管理人应当召集债券持有人会议：

（一）拟变更债券募集说明书的约定；

（二）拟修改债券持有人会议规则；

（三）拟变更债券受托管理人或受托管理协议的主要内容；

（四）发行人不能按期支付本息；

（五）发行人减资、合并、分立、解散或者申请破产；

（六）保证人、担保物或者其他偿债保障措施发生重大变化；

（七）发行人、单独或合计持有本期债券总额百分之十以上的债券持有人书面提议召开；

（八）发行人管理层不能正常履行职责，导致发行人债务清偿能力面临严重不确定性，需要依法采取行动的；

（九）发行人提出债务重组方案的；

（十）发生其他对债券持有人权益有重大影响的事项。在债券受托管理人应当召集而未召集债券持有人会议时，单独或合计持有本期债券总额百分之十以上的债券持有人有权自行召集债券持有人会议。

形同虚设，此外，立法对公司债券持有人大会的召集程序、表决程序、议事规则等的空白使得债券持有人大会在实践中应用及其有限，这样两种制度在实践中都趋近流于形式。因此，为积极发挥公司债券受托人的灵活性与能动性优势，一方面，扩大债券受托管理人的权限，使其可以灵活地对实务进行自由裁量，而债券受托管理人的商业判断规则在很大程度上是优于滞后、僵硬的债券持有人大会所做的“民主决策”；另一方面，信义义务的引入可以激励公司债券受托管理人本着收益人之利益积极行事。此外，对于涉及公司债券持有人重大利益的事项上为保护债券持有人之利益，应发挥公司债券持有人大会之职能。

在明确信托关系、合理划分权利范围之后，“信义义务”的引入与强化便是债券持有人保护的题中之意。信义义务是诸多义务的来源，受托人的注意义务、通知义务、信息披露义务等均根源于此，对保护债券持有人利益具有基础性和决定性的作用。另外，信义义务是缓解利益冲突的主要方式，受托人应秉持忠实之义务，本着受益人利益最大化之考虑行事，不得从事谋取自己利益或为第三人谋取利益等侵害债券持有人利益之事，违反信义义务的受托人应当承担相应的民事责任。

权利便有救济是普通法的一句古老法谚，权利拥有主体和权利行使主体的相对分离必然导致个人权利的救济可能发生障碍，信义义务的引入可以最大程度地救济个人公司债券持有人的权利侵害，提高整个重整程序的效率。当公司债券持有人认为受托管理人未能尽到管理人之表决权、监督权、知情权、转让权和诉权[1]时，可向受托管理人主张违反信义义务之责任。

（三）完善重整时公司的债券信息披露义务

公司债券的信息披露偏好于信用风险的披露，完善的信息披露义务制度应当是围绕信用风险展开。与股票的披露更倾向于公司的经营能力（主要在于公司的控制权、治理结构、投资经营等事项）不同，“当事人是否通过信用与另一方交易进行交易，取决于他对债务人的人格、偿还债务能力和提供担保的评估”[2]，即债券的信息披露则是“专以偿债为主要内容的特殊经济能力”[3]。

1. 交叉违约及其事前的强制信息披露

交叉违约，又称连带违约，是指公司在对他人的债券发生违约时，违约的法律后果及于自己的债券，即使债券未到期也视为已到期，自己可以向债务人主张违约责任的救济措施。交叉违约条款的设立目的在于防止债务人的财产减少，确保自身

---

[1] 《公司债券发行与交易管理办法》第50条第8项规定，发行人不能偿还债务时，可以接受全部或部分债券持有人的委托，以自己名义代表债券持有人提起民事诉讼、参与重组或者破产的法律程序。

[2] 《牛津法律词典》，法律出版社2003年版，第282页。

[3] 洪艳蓉：《〈证券法〉债券规则的批判与重构》，载《中国政法大学学报》2015年第3期。

债券利益的实现[1]，但“现行法律制度对于交叉违约的保护也不是很清晰，在债券尚未到期但其他债务出现违约的情况下，能否依法求偿还有待观察”[2]民法上的救济也显得捉襟见肘[3]，如此，一方面，法律不妨将交叉违约条款作为一种默认规则予以配置，“如果默认条款在内容上反映了‘大多数人’的意愿，也就是说，如果他们反映了大多数知情人士自身通常会选择的条款，则它们能够最好地发挥这一功能”[4]。

另一个方面，将公司债券违约的信息披露规定为强制性的信息披露。正如前述，公司债券的信息披露偏好于信用风险，而在公司发生债券违约往往标志着公司的信用出现问题，因此，交叉违约的信息披露可以成为企业重整前与重整期间公司信用的“警示灯”，而交叉违约条款的默认规则化亦可以激励公司在债券违约时进行披露的动机。

2. 事中的持续性信息披露

完整的信息披露不仅包括事前的信息披露，还应当包括事中的信息披露，其主要是为了解决重整谈判时债权人与债务人之间的信息不对称问题，以确保债券持有人知情权的实现。即破产法应当要求债务人在债权人提出破产申请之后到重整表决之前向债权人进行信息披露。有学者将这种信息披露类比为证券法中的招股说明书，也有学者则将之比作公司法上的征集投票权，[5]但无论何种见解都支持重整中的公司应当进行持续性地信息披露。

信息披露对重整的公平与效率都是至关重要的，但信息披露也应当维持在一定程度。美国对重整中的公司的信息披露程度规定为“充分的信息”，这种信息要求

---

[1] 在发行公司发生债券违约时便意味着公司的偿还债务能力可能发生困难，但倘若仍局限于债券的期限等问题，则先到期的债券持有人会事前采取财产保全、求偿等法律措施，而后到期债务人则难以获得足额、平等的清偿。

[2] 孙彬彬、周岳、高志刚：《债券违约了怎么办？——债券投资者保护机制和司法救济程序梳理》，载《银行家》2016年第6期。

[3] 债券归根究底是一种债的关系，与之相关的主要是不安抗辩权与预期违约制度，从大陆法系各国民法来看，不安抗辩权主要适用于债权人的信用缺陷，英美法系的预期违约有异曲同工之妙。但不安抗辩作为一种“防御性”权利，其权利构造上的先后履行顺序要求便排除了交叉违约的适用余地，且救济途径只有解除合同，无法切实维护债券持有人利益。我国《合同法》第108条规定了预期违约制度，当事人一方明确表示或以自己行为表明不履行合同义务的，对方可以在履行期届满之前要求其承担违约责任，但何为“以自己行为表明不履行合同义务”是一种主观偿债意愿还是一种客观偿债不能，抑或两者兼有之，却无统一标准。

[4] 默认规则是非强制性的赋权型规则的一种，是指如果当事人没有另行约定，则该条款当然生效。世界各国的公司法都包含了大量的默认规则，在这一范围内，公司法提供了一套标准合同条款，这种标准条款的好处在于它简化了缔约的磋商内容，节约了缔约的成本，从经济学意义上，这种默认契约是一种“公共产品”，[美]莱纳·克拉克曼、[美]亨利·汉斯曼等：《公司法剖析：功能与比较》，罗培新译，法律出版社2012年版，第21页。

[5] 冯果：《债券市场风险防范的法治逻辑》，法律出版社2015年版，第126页。

须对“充分了解债务人的性质和历史以及债务人的账簿方面具有合理的实用性，法院在审查这种信息披露是否足够充分与实用时应当综合考虑案件的复杂程度、提供附加的信息会给债务人造成多大的成本以及会给债权人带来何种程度的收益”[1]。

（四）构建重整时的债券转让规则

首先，应当允许在《证券法》基础性规定的框架下由具体监管部门和自律组织基于具体债券类别和交易场所制定差异化的债券规则。[2]这并非意味着监管主体的单一化，而是只有具有法律效力层面的统一规范才能为不同的监管主体提供一套既定的、行之有效的立法准则，保证债券市场的完整性与流通性。

其次，为应对市场后危机时代[3]，弥补因评级的复杂性及金融创新所导致的监管不足，完善债券市场，我国应当在适合自己国情的基础之上，借鉴国际信用评级立法经验，制定一部统一的、高层级的债券信用评级机制法律规范，系统性地解决与规范债券市场的利益冲突、信用评级机构权利义务责任及其监管问题。

最后，建立市场化的债券估价机制。规范与管制转让债券的行为最基本的衡量点在于这种转让的价格在出让人与受让人之间是否公平合理。从“去行政化”“市场化”角度考虑，估价的合理与否是一个市场交易的问题，只要交易双方认为价格合理，法院或监管机构是不应当过分干涉。事实上，债券转让价格的不合理通常是因交易双方地位的不对等使双方存在高度的信息不对称所导致，易言之，重整期间债券转让的估价机制取决于买受人是否获得了“充足的信息”，美国的瑞维尔铜业公司重整案就是典型案例[4]，即一个理性的投资者在获得足够的信息后可以作出最利于自己利益的判断，债券转让的价格是否合理取决于当事人是否能够获得充足的信息披露。

五、结论

根据状态依存所有权理论，当公司陷入重整程序时，将公司的剩余控制权分配

---

〔1〕 冯果：《债券市场风险防范的法治逻辑》，法律出版社 2015 年版，第 127 页。

〔2〕 冯果：《债券的证券本质与债券市场法制化——〈证券法〉修订背景下的债券法律体系重构与完善》，载《证券法苑》2016 年第 17 期。

〔3〕 张学安、金文杰：《后危机时代国际信用评级监管法律制度的重构》，载《国际经济法学刊》2011 年第 18 卷第 4 期。

〔4〕 58Bankr. 1 （S. D. N. Y. 1985）。在这一案件中，法官认为债券收购人未能向债券转让人进行充足的信息披露，以至于债券转让人在未能对信息进行充分分析便转让了债券，债券转让人有权撤销该交易。法官判决的逻辑前提即“理性经济人假设”，即一个具有理性的投资者在获得足够的信息后便可以作出最有利于自己利益的判断，法官不应当对这种交易进行干涉。

给公司的债权人是最具效率的产权配置，债权人利益的保护可以和重整之实现公司价值最大化之目标最大程度地契合。对公司债券持有人进行合理的权利配置可以解决由于公司债券本身的公众性、债券持有人参与公司治理所产生的外部性，以及重整实体本身的契约不完备性难题。

我国立法关于公司债券持有人在重整程序中的权利处于一种上位法缺失、下位法“各谋其政”的状态，没有认识到公司债券持有人的利益诉求并与普通债权人一视同仁，未能准确把握公司债券正确的信息偏好以及权利行使规则。于此，立法应当在公司重整时设立债券持有人单独表决组；围绕公司的信用能力构建完整的事前及事中的信息披露；明确公司债券受托管理人的法律地位、权利义务；建立市场化的债券转让估价机制以及信用评级机制。

台湾地区 2018 年“公司法”修正案之评析

柯莉拉*

目　次

一、前言

2018 年 7 月 6 日，台湾地区三读通过“公司法修正案”，修正条文共计 148 条，被称为台湾地区“公司法”17 年来最大幅度之修正，已于 11 月 1 日正式实施。此次修法目的是为“因应新型态经济发展模式之兴起，创新事业之蓬勃发展及经济转型之挑战需求”，“在不大幅增加企业法令遵循成本之下，持续提供友善创新及创业环境，建构适合全球投资之环境，促使商业环境更有利于各种产业之发展”。[1]除去部分文字和形式修正的法条，涉及实质内容变动约有 93 个条文，主要集中在增加股东保障、强化公司治理和提高经营弹性三个方面，另外，电子与国际化也是此次修法的主要方向。

与以往行政机关主导的修法模式不同，此次修法采取了“公私合作”的模式。2016 年，民间成立由产业界、政府部门和学者组成的“‘公司法’修法委员会”，对现行台湾地区“公司法”进行全面盘点。委员会于同年 12 月公布“修法建议”，

* 柯莉拉，台湾政治大学博士研究生。

〔1〕 台湾经济主管部门“‘公司法’部分修正条文总说明”。

详列270多个修法议题。“修法建议”直指台湾地区高度管制及形式主义的‘公司法’已阻碍了经济的发展，应当转型向“英美法系低度管制高度执法”的公司法制靠拢。然而这一修法建议并未得到台湾经济主管部门的全面支持，在秉持“维持稳定、不大幅增加企业成本”的原则之下，台湾经济主管部门挑选其中100多个“亟待解决”议题拟定修正草案，在多次召开公听会之后，于2017年12月将最终版本修正案送至台湾地区审议，并于2018年7月三读通过。修法过程前后历时三年，其间社会频发公司治理案件，台湾地区“公司法”条文已然成为社会新闻讨论对象，影响之广前所未有。这场“产官学”合力推动的修法，虽然未能完成修法委员会“全盘修正”之宏愿，但此间激发的各方探讨，使台湾地区“公司法”不再居于庙堂之上，于社会有其不可忽视的正面意义。

二、台湾地区“公司法”修法之积极成果

中国台湾地区“公司法”移植于十九世纪日本商法，以大型制造业为原型的公司法，对中小企业为主的台湾公司现状来说管制颇多，也与政府所鼓励的新创事业政策也有所扞格。虽然台湾地区“公司法”已于2015年引入颇具弹性的“闭锁性股份有限公司”，但由于范围有限，并未福及其他形式的企业，难以使台湾地区成为“更容易做生意”的地方。在此背景下，台湾经济主管部门主要围绕“弹性放宽、电子与国际化、加强公司治理”三大主轴进行修法。现举要者加以评析。

（一）提供更为友善之创新创业环境，增加企业弹性经营。

1. 新增无票面金额与特别股态样

台湾地区“公司法”在2015年修订时已允许闭锁性股份公司采行无面额股制度，此次则将范围拓展至所有股份有限公司。新法第156条规定，“股份有限公司之资本，应分为股份，择一采行票面金额股或无票面金额股。”“采行无票面金额股者，其所得之股款应全数拨充资本。”引进无面额股的最大动因是为企业提供更为灵活的筹资途径，当公司陷入经营不利状况，可以不囿于“禁止折价发行”原则，顺利筹得资金。此次无面额股的承认可以说是台湾地区理论与实务水到渠成之成果。在理论上，台湾学界历来对面额股的保障功能持否定态度，认为此制度在确保股东间公平性和协助债权人评估公司风险上并无作为[1]，一是台湾地区“公司法”虽禁止折价发行，却仍允许溢价发行，面额并不影响股东因认股价格不同而造成的不平等，二是对债权人而言，当公司面额变为极低时，绝大部分股东出资则列入资本公积金项下，若资本公积金又可得以自由运用且以现金形式发还股东，面额对于

---

〔1〕 参见刘连煜：《“公司法”理论与判决研究（二）》，第41页。

债权人的保护微乎其微。[1]实务中，台湾地区从 2012 年起，就已经允许外国公司以无面额股或低于非新台币 10 元的面额股上市[2]，2015 年又允许闭锁性股份公司发行，足见主管机关也已打破对于面额新台币 10 元的坚持。另外，为了维护投资者权益，现行公开发行股票之公司[3]仍采票面金额股制度。但若现行非公开发行公司采无票面金额股制度，则于公开发行后，无须再更改。

除无面额股外，此次修法还将原属于闭锁性股份有限公司的特别股种类适用至全部股份有限公司。新法第 157 条规定，“公司发行特别股时，应就下列各款于章程中定之：……四、复数表决权特别股或对于特定事项具有否决权特别股。五、特别股股东被选举为董事、监察人之禁止或限制，或当选一名定额董事之权利。”由于台湾多以中小型企业为主，且有相当规模的家族企业，在放宽融资途径的同时，还须辅之以强化公司控制权之机制（Control - Enhancing Mechanisms），方能符合企业治理需求。此次新增的“复数表决权股”“特定事项具有否决权股”和“取得一定董事席次特别股”，都可使中小企业和新创公司设计出少数股权控制多数表决权的股权结构，可谓顺应了企业需求。又为避免具复数表决权特别股股东掌控监察人席次，有违公司治理精神，新法在第 157 条中又增订第 2 项，“复数表决权特别股股东，于监察人选举，与普通股股东之表决权相同。”即复数表决权股在特定事项上仍回复一股一权状态。对于是否允许公司设置复数表决权股在各国或地区的公司法中争议已久，目前有三种不同监管模式，一为允许采纳但要求实质披露，如美国。二为完全禁止，如中国大陆。三为允许非上市公司创设，但禁止公开发行公司发行，如澳大利亚。[4]近年来为了能在全球证券市场博弈中占据优势地位，各国或地区逐步开放对复数表决权的监管，如新加坡在 2014 年已允许公开公司（public company）发行复数表决权股，中国香港地区则是在今年 4 月 30 起修改上市规则允许上市公司有复数表决权股的设置。中国台湾地区此次修法可以说是搭上世界潮流，意图在证券市场中创造出更具吸引力的投资环境。但此次对于特别股的创设在体系上却没有一气呵成，尤其是对“特定事项具有否决权股”，由于修法之后的台湾地区“公司法”仍未排除累积投票制，股东会定足数也仍以股份为准，这意味着持有“黄金股”的股东仍须仰赖其他股东之出席以达定足数门槛，无疑将减损黄金

---

〔1〕 参加曾宛如：《闭锁性股份有限公司逐条释义》，第 356 条之 6 无面额股，第 84 页。

〔2〕 台湾“金融监督管理委员”会 2013 年发布“公开发行股票公司股务处理准则”第 14 条规定，“公司发行之股份，每股金额应归一律。”原第 14 条则为“股票每股金额均为新台币壹拾元”。

〔3〕 台湾地区“公司法”中的“公开发行公司”是指依台湾地区“公司法”第 156 条第 3 项“公司得依董事会之决议，向证券主管机关申请办理公开发行程序”的公司。即所谓公开发行公司除上市上柜公司外，还包括已向主管部门登记但未上市上柜的公司。

〔4〕 参见方嘉麟、林郁馨：《复数表决权股之立法政策分析——以台湾及相关为例》，载《月旦民商法杂志》2016 年第 52 期。

股的效果发挥。[1]笔者注意到，在最初修法委员会提议的草案中，已将累积投票制作为特别股种类的配套措施从强制性改为任意性，唯主管机关认为，改采任意累积投票制将造成“赢者全拿”的局面，无法形成多元董事，出于对中小股东保护的强调，并未予以接纳。另外，为了维持稳定，保障投资者权益，公开发行公司仍须遵守一股一权原则。

2. 松绑公司资金运用限制

新法松绑了公司资金运用的限制，但同时对公司实行分流管理，将松绑管制限于非公开发行公司，而对公开发行公司，则出于对投资者的保护仍有严格限定。首先是盈余分派的弹性化。新法解除了有限公司与股份有限公司原先只可在会计年度终了进行盈余分派与亏损拨补的限制，允许公司依据自身需求，每季或每半年为之，唯需明确于章程，同时将盈余分派决策权从股东会部分转移之董事会，规定公司若以现金发放股利，依董事会决议即可，倘若以新股方式发放，则需由股东会特别决议通过，另外，公开发行公司如为期中分派盈余或拨补亏损时，还需经过会计师查核或核阅相关财务报表（第 110 条和第 228 条之 1）。盈余分派弹性化在旧法闭锁性股份有限公司章节中已有规定，公司盈余得以灵活发放自有吸引投资者之优势，唯将盈余分派决策权归由董事会，仍有董事会被大股东掌握而小股东无法获得盈余分派之问题，还须辅之以小股东救济机制方为周延，可惜新法修正并未涉及此一问题。

其次是放宽公司债发行总额的限制。新法删除了对非公开发行公司发行公司债总额的限制，使其回归公司自治，交由市场与债权人自行评估投资风险。而对公开发行股票公司，其总额限制则从不得逾“全部资产减去全部负责及无形资产后之余额”，改为不得逾“公司现有资产减去全部负债后之余额”，减去无形资产之价值，提升可发放总额。旧法对于公司债的总额限制，关键在于避免不良公司过度发行危及债权人利益，但仅限制发行总额并不能为债权人提供实质保护，反而钳制了公司筹资弹性。另外，台湾地区“证券交易法”也早已对公开发行公司的公司债总额予以放宽[2]，新法则将其规范方向调整为一致，值得肯定。

最后是新法解除转投资限制。在旧法下，公司欲为转投资，其所有投资总额原则不超过公司实收股份百分之四十，除非公司以投资为专业或章程另有规定或经一

[1] 参见苏怡慈：《“公司法”修正草案简评——以企业筹资为中心》，载《月旦法学杂志》2018 年第 275 期。

[2] 台湾地区“证券交易法”第 28 条之 4 规定：“已依本法发行股票之公司，募集与发行有担保公司债、转换公司债或附认股权公司债，其发行总额，除经主管机关征询目的事业中央主管机关同意者外，不得逾全部资产减去全部负债余额之百分之二百，不受‘公司法’第二百第四十七条规定之限制；准此，公开发行公司就其前已发行之有担保普通公司债、转换公司债或附认股权公司债无须纳入‘公司法’第二百四十七条有关公司债及无担保公司债发行总额限制之计算。”

定程序解除百分之四十之限制。新法解除这一限制，将投资风险评估交由公司自治。实务中公司亦多以章程排除该项限制，此项限制事实上也已仅属于形式。另外，考虑公开发行公司如为多角化经营而为转投资，属于公司重大财务业务行为，对投资人权益之影响不可轻忽。

3. 降低企业经营成本

秉持降低中小企业经营成本之原则，新法在公司运作上进行了灵活性调整。例如，允许政府或法人股东所设立之一人股份有限公司可不设董事会及监察人，仅置董事一人或二人（第 128 条之 1），解决了以往为了凑足“至少三人”的董事要求，出现的挂名董事现象。将有限公司变更章程、合并、解散之门槛，从“经过全体股东同意”放宽为“经股东表决权三分之二以上同意”（第 113 条），从股东人数为准的计算方式改为以表决权为主，呼应了有限责任公司资合性的本质。删除股份有限公司发起人在公司设立登记一年内不得转让之限制（第 163 条），进一步促进了股份自由转让。同时新法还允许闭锁性股份有限公司股东会选任董事及监察人时可以章程排除累积投票制（第 356 条之 3），使这一组织形式更彰显其灵活性。而对于台湾已为数不多的无限公司与两合公司，考虑其家族经营之特性，降低变更章程与组织形式的门槛，由“股东一致同意”改为“经股东三分之二以上同意”，帮助其能顺利完成组织变更。又如在股东权利行使上，新法肯认在非公开发行公司中的股东表决权拘束契约与信托，唯表决权信托得向公司办理登记，方可对抗公司（第 175 条之 1）。此外，新法扩大了员工奖酬制度，以回应社会留住人才之需，新法允许将员工库藏股（第 167 条之 1）、员工认股权凭证（第 167 条之 2）、员工酬劳（第 235 条之 1）、员工新股认购权（第 267 条）及限制员工权利新股发放对象扩至控制或从属公司的员工，还放宽允许非公开发行股票公司可发行限制员工权利新股（第 235 条之 1）。

（二）强化公司治理，保障股东权益

新法在公司治理上的修订则呈现出与实务紧密结合之特点。一是对过往之实务与学说见解之肯认。例如，将对实质董事的规定扩及非公开发行公司（第 8 条），实际上台湾地区“最高法院”在 103 年度台上字第 736 号民事判决中已经突破了法律上的文义解释，将实质董事一并适用于非公开发行公司中。[1]又如，将揭穿公司面纱原则适用于有限责任公司（第 99 条），也已是台湾地区多数学说之见解，一般认为有限公司股东对公司控制力较高，更容易发生滥用公司形式之情形，却不得适

---

〔1〕 台湾地区“最高法院”在 2014 年台上字第 736 号判决中指出：“实质董事虽非登记名义上之董事，但就公司经营有实质控制力或重大影响力，依衡平原则，课予其受委任董事之规范，当无不合。则上述规定适用范围，自不以公开发行股票之公司为限，俾保障公司股东之权益。”

用揭穿面纱之规定，实属规范上的漏洞。二是新法回应了过往公司治理案件，以践行“股东行动主义”（shareholder activism）为目标，推进公司治理提升，以下简要列举之。

1. 董事会召集权。在旧法中，董事会召集权为董事长之专属权限，且不容许公司以章程排除。此一规定在公司陷于派系之争、董事长拒不开董事会时，极易引发公司僵局，有鉴于此，新法新增“股份有限公司过半数董事于董事长不召开董事会时，得自行召集董事会”（第203条之1），以化解公司之经营危机。

2. 股东会临时动议之限制。现实中多有股东在股东会上以临时动议方式就公司重大事项提出表决，损害了其他股东的利益，新法故而新增了不得以临时动议提出的事项，包括减资、申请停止公开发行、董事竞业许可、盈余转增资、公积转增资、公司结算、合并、分割或其他公司重大事项，并要求应在召集事项中说明具体内容，而不仅仅是列举事由（第172条）。

3. 股东会召集权与股东名簿之获得。按旧法规定股东会召集权原则属于董事会，在特定情形下可由继续一年以上、持有已发行股份总数百分之三以上的股东请求董事会召集，如若董事会拒绝，则可报请主管机关许可。对于持股一年以上的要求限制了资本市场中“市场派”之利益，尤其当“市场派”已获得公司过半数股权但未超过一年，意图更换董监事以促进公司经营，但“公司派”盘踞董事会，拒不召开股东会，则又易使公司陷入僵局，不利于投资者。故而此次修法新增条文允许“持股三个月以上持有已发行股份总数过半数股份之股东，得自行召集股东临时会，无须经主管机关许可”（第173条之1）。同时，未避免股东因无法获得股东名薄而无法召开股东会，新法一并新增了董事会或其他召集权人召集股东会时得请求提供股东名簿之规定（第210条之1）。新法股东会召集权的增订属于此次修法中较有争议之条款，反对派认为三个月的期限过短，将面临公司经营权被轻易更换之危险。然台湾“经济主管部门”称，三个月已足以排除一般投资者，且此一方案有利于落实股东行动主义，最终将使公司治理受益。但该条与台湾地区“证券交易法”第43条之5第4项规定有所重叠[1]，未来公开发行公司股东将如何适用仍有待进一步修法。

4. 董监事候选人制度。由于旧法只允许公开发行公司采董监事候选人制度，一般公司只得进行盲选，即股东自行在选票中填入自己或他人姓名作为被选举人，这使实务中出现了不少当选者拒绝出任，或选出有消极资格的董事，影响公司的运营效率，因此新法将候选人制度扩张至所有公司均可以章程明载适用（第192条）。

---

〔1〕 台湾地区“证券交易法”第43条之5第4项规定：“公开收购人与其关系人于公开收购后，所持有被收购公司已发行股份总数超过该公司已发行股份总数百分之五十者，得以书面记明提议事项及理由，请求董事会召集股东临时会，不受‘公司法’第一百七十三条第一项之限制。”

又为避免董事会借审查候选人资格之名任意剔除股东所提候选人，将原先的实质审查改为形式审查，并增订相应罚则。

5. 股东代位诉讼。同时新法降低了股东代位诉讼之门槛，以鼓励股东为公司利益提出代为诉讼，从原先“持续一年以上，持有已发行股份总数百分之三以上股东，得以书面请求监察人为公司对董事提起诉讼”，放宽为“继续六个月以上，持有已发行股份总数百分之一股东”（第 214 条）。

（三）电子与国际化，提升公司运作效率

新法修正的第三大主轴即符合数位电子时代与国际规范，简化部分行政程序，以期符合全球商业潮流。如允许股份有限公司以电子方式受理股东提案（第 172 条之 1），非公开发行公司之股东会也得以以视讯方式召开（第 172 条之 2），允许公司公告登载于新闻电子报（第 28 条），主管机关也可以电子方式送达公司文书（第 28 条之 1）。另外，为配合全球招商政策，新法废除“外国公司认许制”，即外国公司无须再透过认许获得法人资格，只需办理分公司登记即可在台营业。为遵守“亚太洗钱防制组织”（Asia/Pacific Group on Money Laundering，APG）的规定，新法还废除了无记名股制度，新增第 22 条之 1，明定公司应每年申报董事、监察人、经理人及持股超过 10% 股东的相关资料，以增强企业透明度。

三、台湾地区“公司法”修法之未竟之志

盘点以上修法内容，新法在去管制化与灵活性调整上颇具力度，可谓响应了本次修法“促使商业环境更有利于各种产业之发展”之目的。唯新法呈现出的修法模式仍有后续执行之隐忧，可谓未竟之志。正如民间修法委员会主持者方嘉麟教授所言，“新法松绑幅度大于监控改良，个案单点式的解决大于整体架构调整，独重形式改革而轻忽落实执行”[1]，新法上路之后，势必将对现有公司体系产生冲击，如何解决实务中的冲突，是新法需要马上面临的问题。笔者以为，新法上路后的以下三大问题颇为值得关注。

（一）松绑资本三原则下的债权人保护路径缺失

大陆法系公司法多以资本三原则加强对债权人的保护，在制度上表现为对出资形式的规制、资本最低限额的限制、禁止股份的折价发行、限制公司的利润分配和未经法定程序不得任意减少或增加资本等。其核心目的在于保证公司存有一定的资

---

〔1〕 方嘉麟：《“公司法”修正评释》，载《现代财经法课题：赖源河教授八秩华诞祝寿论文集》，第 51 页。

金以保障偿还债权人的能力。但固定资本的作用在公司的发展中不断被弱化，强迫公司维持一定数额，只能说明公司过去的投资，不能代表公司的现状，甚至会因为资金运用的灵活性偏低而限制公司的发展，对债权人反而不利。故而对资本的松绑多成为大陆法系公司法修正的方向，台湾地区亦不例外。台湾学界向来对资本三原则多加批判[1]，修法上更是对资本原则逐步放开，台湾地区“公司法”在2001年放宽行政规范，允许公开发行公司折价发行股票，2009年废除最低资本额，2015年引入的闭锁性专章使得劳务与信用成为公司的出资形式，而此次新法又引入了无面额股制度，彻底取消了票面金额对于股价之限制。对资本管制的一路松绑，因应了实务上企业对灵活性筹资的需要，对刺激经济发展自然有所助益，但反观修法似乎并未相应对债权人保护作出回应。尤其此次新法进一步放松了公司盈余分配的限制，股份有限公司可以半年一次甚至一季度一次进行盈余分配，且如分派方式是以现金发放股利，则依董事会决议即可。如此一来，虽然增加了投资人进出企业的自由，但对债权人来说却多了一重风险。对处于公司外围的债权人保护来说，比起固定公司资本额，了解资本的运用更具意义。换言之，法律对债权人的保护应该侧重于对公司确立行之有效的责任体系，防止资本的暗箱操作。例如，对董事忠实义务的认定，对利益冲突、内部交易的规范，对利润分配的限制，高级管理人员的薪酬制度，甚至在关系企业中的相关规制等，都能在保护债权人上有积极意义。新法松绑了资本原则，但对债权人的保护机制着墨不多，两者之间有失平衡，这或许会是在新法实施后需要偏重处理的对象。

（二）公司类型的界限模糊

在现行的台湾地区“公司法”中，公司仍然有四类态样，即无限公司、两合公司、有限责任公司与股份有限公司。无限公司与两合公司在台湾已仅剩11家，民间修法委员会在盘点公司法议题时，亦有召集公司相关代表进行讨论，公司代表表达了想转型成为有限公司或股份有限公司的意愿，但因旧法规定过于严格而无法实现。故此次修法亦针对此一诉求，修改诸多条文，目的在于帮助这两类企业实现顺利转型。笔者以为在可预见的未来该两类公司将在台湾走入历史，故在探讨公司类型时，宜首先将此两类公司排除。

然观察股份有限公司与有限责任公司的分际，事实上则自2015年引入闭锁性公司之后便开始逐渐模糊。在传统公司法理论中，有限责任公司通常被认为更具人合性色彩，如可以劳务出资，可以通过章程限制股份转让，即在公司内部结构设计中偏向股东合意。而股份有限公司则以资本进出自由为其最大特点，其代价则是将经营权移至公司经营层。然台湾在股份有限公司章节之下引入闭锁性公司之后，股

---

[1] 参阅方嘉麟：《论资本三原则理论体系之内在矛盾》，载《政大法学评论》1998年第59期。

份有限公司便已逐步背离资合性色彩，在闭锁性公司中，“发起人之出资除现金外，得以公司事业所需之财产、技术、劳务或信用抵充之。”（旧法第 356 条之 3）、“公司股份转让之限制，应于章程载明”（旧法第 356 条之 5）、而闭锁性公司股东也可以通过特别股之设计获得对公司的经营控制权。虽然在章节体例上，闭锁性公司只是股份有限公司的例外，但这一例外无疑已经突破了资合性的桎梏。此次台湾地区新“公司法”修正，可谓在淡化资合性的路上更进了一步，修法秉持着对股份有限公司进行“大小分流”的管制原则，以是否公开发行为作为区分标准，对于非公开发行公司，将颇多原专属于闭锁性公司的规定扩展，如无面额股、特别股型态、盈余分派弹性化等。换言之，在闭锁性公司中作为例外视之的资合性突破规定，现在一般股份有限公司亦可获得，可视为公司样态上的一大突破。

在因应新创时代经济中，台湾地区“公司法”所采取的应对是以颇具灵活性的公司态样刺激新创事业的发展。但这对于台湾地区“公司法”现行体例来说，仿佛进入了一个“青黄不接”的时期，学者认为现行的台湾地区“公司法”分类应当有所检讨[1]，回顾最初之设计亦是取消有限责任公司类型，仅设有股份有限公司，再另以大小分流之管制思路配合，以做区分。未来是否会所变化，也是指的关注之处。

（三）所言不明的公司“社会责任”

此次台湾地区“公司法”修正，在第 1 条引入了公司“社会责任”，该条第 2 项规定“公司经营业务，应遵守法令即商业伦理规范，得采行增进公共利益之行为，以善尽其社会责任”。修法本意在于借由修法提升企业社会意识，鼓励企业在谋求营利之外亦关注社会福祉。经济主管部门提及此处“社会责任”之内涵包括三部分：1）公司应遵守法令；2）应考量伦理因素，采取一般被认为系适当负责任之商业行为；3）得为公共福祉、人道主义及慈善之目的，捐赠合理数目之资源等。但新法并未进一步对公司如何履行社会责任进行规范，但为防止公益性提案被扼杀在摇篮中，在第 172 条之 1 第 6 项中新增，“股东提案如系为敦促公司增进公共利益或善尽社会责任之建议，董事会仍得列入议案”。

最初设想，是期望在增订企业社会责任的同时，同时引入“兼益公司”（profit-with - purpose business）的态样，不仅可统一规范这类负社会使命型企业，免去法律被滥用之可能[2]，也可对社会进行宣传与引导，使有相同理念者得以投入公益领域。具体规范架构则参考美国立法，重点在于锁定经营者责任和强调公司信

---

〔1〕 方嘉麟：《“公司法”修正评释》，载《现代财经法课题：赖源河教授八秩华诞祝寿论文集》，第 49 页。

〔2〕 参见方元沂：《引入企业社会责任概念——应纳入建立公司型社会企业制度》，载《月旦法学杂志》2018 年第 275 期。

息，包括（1）应当在章程订定公益目的；（2）明文规定公司负责人应考量股东以外之其他利害关系人利益的义务，包括员工、顾客、社区等；（3）信息揭露规范，公司应每年制作年度兼益报告（annual benefit report）；（4）当董事或经理人未履行公益目的、违反兼益公司法相关规定所要求之法定义务或行为标准，得有公司股东提出公益诉讼。[1]但反对者认为一旦将“兼益公司”明文化，将使很多企业透过成立兼益公司的方式，取得政府额外辅助，或借此之名诓骗消费者，反而对市场发展造成不利。另外，此次修正，已在强调公司自治的，容许一般公司可借由章程涉及使公司成为社会使命型企业，无须再多涉及一种公司形态，导致社会大众的混淆。究其根本，社会使命型公司的运行在于实质，而不在于形式。[2]两方争论，使经济部最终放弃了引入专章的建议，但为了避免将“社会企业”沦为宣示性条款，增列了股东提案类型的增设。然这一增设，却将问题拉入了实务的战局。按照新法规定，股东以“社会责任”之名所提出的建议，董事会“得”列入提案，这意味着这类议案会有机会形成有效且对董事会具有拘束力的股东会议案。且不论法条中所言的“敦促公司增进公共利益或善尽社会责任”属于主观标准，难以客观标准衡量，单就董事会如何执行决议，便会产生不小冲突，例如倘若所执行之社会责任业务并未获得预期反响，甚至产生负面作用，股东会是否应当追究董事会的责任？又应当据何标准来评价董事会的执行？而对股东内部来说，允许这类提案的纳入，又是否会形成另一种大股东与小股东的利益冲突？尤其当公利与私利难以分辨之时，难免有大股东假借公益之名行获取私利，如此这般，原本立意良善的“社会责任”恐怕会难以获得立法者预期之效果。

四、结论

台湾地区“公司法”此番修订目的在于因应经济转型之挑战与新创事业之需求，引入无面额股与特别股态样使企业筹资工具多元化且有稳定公司控制权之涉及，大篇幅修订了增加企业弹性之设置，同时落实股东行动主义，赋予股东召集权、提案权，且降低少数股东代位诉讼之门槛，自有其积极正面意义。但修法对现有公司体系的影响仍有诸多待解决问题，如现行台湾地区“公司法”的分类、债权人的保护等，另外，修法多及放松管制，却并未提高相应权责，恐有失于监管之忧。新法已于今年11月1日正式实施，实务中是否会产生新的治理问题，主管机关和法院将如何因应，颇为值得关注。

---

[1] 参加黄铭杰：《“公司法”全盘修正重要议题研析——以公司登记、关系企业及社会企业为核心》，载《月旦法学杂志》2017年第268期。

[2] 参加黄铭杰：《“公司法”全盘修正重要议题研析——以公司登记、关系企业及社会企业为核心》，载《月旦法学杂志》2017年第268期。

保险资金股票投资相关规范之完善

——大陆与台湾地区比较研究

乔 石*

目 次

一、问题的提出

股票投资是保险资金运用的重要渠道，大陆地区和台湾地区均对保险资金投资股票做出规范，但在资金来源之界定、比例限制之基数、介入被投资企业经营等问题上，则采取了不同的做法。本文从分析四个保险行业投资案例入手，进而说明两岸具有可相互借鉴之处。

二、案例分析

就两岸有关保险业投资的四个争议案例说明如下：

案例 1：大陆 A 财产保险公司欲公开收购 B 上市金融企业总股本 40% 之股份，收购完成后将成为 B 企业控股股东。按照大陆保险监管要求，A 保险公司之收购行

---

* 作者介绍：乔石，男，北京航空航天大学法学院，博士研究生。

为须使用自有资金且事先经大陆中国银行保险监督管理委员会（2018年4月，原中国银行业监督管理委员会和原中国保险监督管理委员会合并为中国银行保险监督管理委员会，以下简称中国银保监会，原中国保险监督管理委员会简称原中国保监会）核准。[依据原中国保监会《关于进一步加强保险资金股票投资监管有关事项的通知》（保监发〔2017〕9号）第3条、第6条]

案例2：台湾地区C人寿保险公司欲购买经营健康管理事业之D公司实收资本额20%之股票，按照收购协议将有权向D公司董事会派驻董事。按照台湾地区“金融监督管理委员会”（下称“台湾金管会”）监管要求，C保险公司之购买股票及派驻董事行为须经保险业主管机关核准，且投资总额不得高于该保险公司之业主权益。（依据台湾地区“保险法”第146条之1、第146条之6）

案例3：大陆E保险公司持续在证券交易市场上购入F上市公司之股票，按照大陆保监监管要求E保险公司投资该股票之账面余额不得高于其上季末总资产的5%，当E保险公司所持股票比例达到F上市公司总股本20%时，应在规定时间内报中国银保监会备案。[依据原中国保监会《关于进一步加强保险资金股票投资监管有关事项的通知》（保监发〔2017〕9号）第5条、第9条]

案例4：台湾地区G保险公司购买H公司公开发行之股票，按照“台湾金管会”监管要求，G保险公司投资额不得超过其保险业资金的5%，所持股票不得超过H公司实收资本额之10%，且不得向H公司派驻董事或行使董事选举之表决权。（依据台湾地区“保险法”第146条之1、第146条之6）

在保险资金股票投资规范方面，两岸既有相通之处，又存在一定差异。案例1和2中，对于持股超过规定比例之股票投资行为，两岸均要求监管机关核准，并强调使用自有资金或业主权益；案例3和4中，对于投资同一公司股票金额占保险公司总资产或保险资金的最高比例，两岸均限定为5%。同时，对于何种情形之股票投资需要监管机关核准，自有资金与业主权益之间的差异，是否限制保险公司向被投资企业委派董事，以总资产还是保险业资金作为比例限制的基数等问题，两岸则采取了不同做法。

此外，为加强对保险资金股票投资的规范是当前大陆保险业监管的重要内容，近年来发生的前海人寿参与举牌[1]上市公司万科A等重大股票投资事件更使得保

〔1〕 对于“举牌”的界定，两岸证券业法律均存在相应规定。《证券法》第86条规定，投资者持有一个上市公司已发行股份的5%时，应在该事实发生之日起3日内，向国务院证券监督管理机构、证券交易所作出书面报告，通知该上市公司并予以公告，并且履行有关法律规定的义务。台湾地区“证交法”第43条之1第1项也规定，任何人单独或与他人共同取得任一公开发行公司已发行股份总额超过百分之十之股份者，应于取得后十日内，向主管机关申报其取得股份之目的、资金来源及主管机关所规定应行申报之事项；申报事项如有变动时，并随时补正之。

险资金股票投资是否应受到限制、应如何限制等问题成为社会讨论的热点。[1]原中国保监会于2017年1月颁布《关于进一步加强保险资金股票投资监管有关事项的通知》，对保险资金运用中的股票投资行为做出更加全面的规范；于2018年1月颁布《保险资金运用管理办法》，对保险资金运用的基础监管规定进行修改完善。无独有偶，保险资金股票投资也一直为台湾地区保险业监管所关注，自2004年中寿投资中华开发金控公司案开始[2]，监管机关针对保险公司的股票投资及由此产生的介入被投资企业经营问题做出了大量规范，先是由多家保险商业同业公会于2004年联合颁布《保险业从事保险法第一百四十六条之一第一项第三款投资有价证券自律规范》，后又通过修订保险法使相关规范具备法律效力。[3]

如前述案例可见，在保险资金股票投资规范方面，两岸存在差异，通过比较的方式对相关问题进行分析，为各自保险法制完善提供建议，实具有研究之价值。对大陆而言，保险法已列入修法日程，其中重点涉及保险资金的股票投资，台湾地区相关规范已写入“保险法”并经多年实践检验，立法技术可为大陆所借鉴；对台湾地区而言，严格限制保险公司介入被投资企业经营的做法一直被广泛讨论，学界评析其存在“过犹不及”之嫌[4]，大陆近年来基于最新监管实践颁布了一系列监管规定，对保险资金股票投资做出更加全面的规范，相关规范对台湾地区进一步完善“保险法”亦具有参考意义。

三、两岸保险资金股票投资相关规范介绍

（一）相关法规之比较

早在2004年，原中国保监会就制定了《保险机构投资者股票投资管理暂行办法》，对保险公司从事股票投资的资格条件、投资范围和比例等方面做出规范，但当时大陆保险资金运用刚刚起步，规范内容相对原则，多数已被后出台之相关监管规定所取代。目前，除《保险资金运用管理办法》等基础性规范外，大陆关于保险资金股票投资的规定主要体现在原中国保监会于2017年年初颁布的《关于进一步加强保险资金股票投资监管有关事项的通知》中。

---

〔1〕参见杨凌云：《从保险资金运用谈险资举牌——以宝能万科股权之争为例》，载《经营管理者》2017年11月。

〔2〕梁昭铭：《保险业资金运用规范之妥当性——以中寿投资开发金衍生之争议为例》，台湾政治大学硕士学位论文，2005年。

〔3〕参见陈俊元：《保险资金投资股权与接入经营问题——两岸法制之比较》，载《中国保险报》2015年10月23日。

〔4〕参见陈俊元：《保险资金投资股权与接入经营问题——两岸法制之比较》，载《中国保险报》2015年10月23日。

在保险资金投资股票方面，原本台湾地区主要着眼于收益性和安全性的考虑，但在2004年之后，保险资金在股票投资后能否进一步参与被投资公司之经营、董监事选举等，成为行业监管的重大议题。目前，台湾地区"保险法"中对保险资金股票投资已做出针对性的规范，具体规则主要体现在保险法第146条之1以及第146条之6等条文中。兹将两岸关于保险资金股票投资的相关规范对比如下。（如表：两岸关于保险资金股票投资的相关规范）

表　两岸关于保险资金股票投资的相关规范比较表

	大陆	台湾地区
资金来源的分类	自有资金（包括资本金、公积金、未分配利润等）、各项准备金及其他资金。	业主权益、各种准备金。[1]
股票投资的分类	分为一般股票投资、重大股票投资和上市公司收购三种情形。[2]	无
股票投资相关比例限制规范	保险机构投资权益类资产的账面余额，合计不高于本公司上季末总资产的30%； 除上市公司收购及投资上市商业银行股票另有规定情形外，保险机构投资单一股票的账面余额，不得高于本公司上季末总资产的5%。[3]	依法核准公开发行之公司股票、有担保公司债或经评等机构评定为相当等级以上之公司所发行之公司债，两项投资总额，合计不得超过该保险业资金百分之三十五； 购买每一公司之股票，加计其他经主管机关核准购买之具有股权性质之有价证券总额，不得超过该保险业资金5%及该发行股票之公司实收资本额10%。[4]

〔1〕台湾地区"保险法"第146条。

〔2〕原中国保监会《关于进一步加强保险资金股票投资监管有关事项的通知》第1条：

一般股票投资，是指保险机构或保险机构与非保险一致行动人投资上市公司股票比例低于上市公司总股本20%，且未拥有上市公司控制权的股票投资行为。

重大股票投资，是指保险机构或保险机构与非保险一致行动人持有上市公司股票比例达到或超过上市公司总股本20%，且未拥有上市公司控制权的股票投资行为。

上市公司收购，包括通过取得股份的方式成为上市公司的控股股东，或者通过投资关系、协议、其他安排的途径成为上市公司的实际控制人，或者同时采取上述方式和途径拥有上市公司控制权。

〔3〕原中国保监会《关于进一步加强保险资金股票投资监管有关事项的通知》

〔4〕台湾地区"保险法"第146条之1。

续表

	大陆	台湾地区
参与被投资企业经营之限制	保险机构应当遵循财务投资为主的原则，开展上市公司股票投资。[1]	保险机构不得有下列情形： 一、担任被投资公司董事、监察人； 二、行使对被投资公司董事、监察人选举之表决权； 三、指派人员获聘为被投资公司经理人； 四、与第三人以信托、委任或其他契约约定或以协议、授权或其他方法参与对被投资公司之经营。[2]
须监管机关备案或核准的情形	保险机构应在达到重大股票投资标准且按照证券监管要求履行信息披露义务后，报中国银保监会备案；保险机构收购上市公司的，应当在事前向中国银保监会申请核准。 在获得备案意见或书面核准档前，不得继续增持该上市公司股票。[3]	保险公司投资保险相关事业所发行之股票，经监管机关核准的，不受上述比例限制和参与被投资企业经营之限制。[4]
对资金来源之限制	保险机构收购上市公司应当使用自有资金，不得与非保险一致行动人共同收购上市公司； 保险机构与非保险一致行动人共同开展重大股票投资，经备案后继续投资该上市公司股票的，新增投资部分应当使用自有资金。[5]	经监管机关核准的投资保险相关事业所发行股票之行为，保险机构的投资总额最高不得超过其业主权益； 保险机构因投资而与被投资公司具有控制与从属关系者，其投资总额最高不得超过该保险机构业主权益的40%。[6]

（二）主要差异之评析

基于上述两岸保险资金股票投资相关规范之比较，对其中主要差异及相关问题分析如下：

1. 规范资金来源之差异：定性判断抑或定量监控

保险资金从构成上看，主要是保险公司的自有资本金和保险责任准备金，[7]其中大部分来源于各项责任准备金，一般占到保险资金的80% -90%。由于各项责任

[1] 原中国保监会《关于进一步加强保险资金股票投资监管有关事项的通知》。

[2] 台湾地区“保险法”第146条之1。

[3] 原中国保监会《关于进一步加强保险资金股票投资监管有关事项的通知》。

[4] 台湾地区“保险法”第146条之6。

[5] 原中国保监会《关于进一步加强保险资金股票投资监管有关事项的通知》。

[6] 台湾地区“保险法”第146条之6。

[7] 祝杰：《我国保险资金运用法律规则的审视与优化》，载《当代法学》2013年3月。

准备金是保险公司为了应对未来可能的赔偿支出或给付责任而从收取的保费中按一定比例提取的资金，严格来说是保险公司当期占用了未来可能或确定需向被保险人支付的资金，属于保险公司对于被保险人的负债。[1]基于责任准备金的负债属性，各国保险法制均会根据来源不同对保险资金进行划分，将责任准备金与其他资金相区别，对于一些特定的投资行为限制保险机构只能使用责任准备金以外的资金。

在保险资金来源的划分上，两岸均基于上述考虑，区分来自保险公司内部筹集的自身权益类资金和来自保费收入的负债类资金。但在具体监管方式上，两岸则存在差异：大陆将保险资金划分为自有资金、各项准备金和其他资金，[2]相关监管规范强调收购上市公司等投资行为须使用自有资金；[3]台湾地区则将保险资金划分为业主权益和各种准备金，[4]要求经监管机关核准之投资的总金额不得超过业主权益。[5]大陆的监管方式是判断保险公司投资时所使用的资金是否来源于自有资金。然而自有资金并非法律规范之概念，虽然相关监管规定列举了资本金、公积金、未分配利润等具体组成部分，但在法律法规没有对自有资金做出明确界定的情况下，实践中仍主要依靠监管机关的主观认定。界定资金的性质本身较为复杂，尤其是资本金，不同于公积金、未分配利润等在会计报表上有明确科目，资本金的主要价值体现在公司设立时的规模和股东承担责任的能力，当公司持续开展经营活动后，如何准确界定一笔资金是否属于资本金并非易事。此外，大陆在自有资金与准备金之外规定了其他资金，但对该其他资金的指向却无任何规定，在保险资金运用相关规范中也无针对其他资金之要求。台湾地区的监管方式以投资金额的数量控制为基础，更多是基于保险公司财务报表的实际情况实施。在台湾地区保险公司以股份公司为主的状况下，业主权益实际上等同于股东权益，即财务报表中的权益类资产，而责任准备金则为财务报表中的保险负债。这样，台湾地区对于保险资金来源的监管便成为基于保险公司财务标准的数量监控，即判断保险公司之投资是否超出其当期财务报表中股东权益或保险负债（或一定比例）之金额，相对更易于操作。如在保险机构收购上市公司的情形中，大陆要求保险公司应使用自有资金，监管机关的

---

[1] 项俊波主编：《保险资金运用实践与监管》，中国时代经济出版社2016年版，第2~4页。

[2] 中国保险监督管理委员会（以下称原中国保监会）《保险资金运用管理暂行办法》第3条规定，“保险资金，是指保险集团（控股）公司、保险公司以本外币计价的资本金、公积金、未分配利润、各项准备金及其他资金。”之后，原中国保监会《关于保险资金投资股权和不动产有关问题的通知》又规定，“保险公司重大股权投资和购置自用性不动产，除使用资本金外，还可以使用资本公积金、未分配利润等自有资金”，将资本金、公积金、未分配利润统一界定为自有资金。

[3] 如原中国保监会《关于进一步加强保险资金股票投资监管有关事项的通知》规定，“保险机构收购上市公司应当使用自有资金，不得与非保险一致行动人共同收购上市公司”。

[4] 台湾地区“保险法”第146条第2款规定，保险资金“包括业主权益及各种准备金”。

[5] 如台湾地区“保险法”第146条之6中规定，“经监管机关核准的投资保险相关事业所发行股票之行为，保险机构的投资总额最高不得超过其业主权益。”

监管行为便在于判断投资中使用的资金是否来源于保险公司的资本金、公积金、未分配利润或其他自有资金；在台湾地区，此类保险投资需要监管机关核准，“保险法”规定保险机构的投资总额最高不得超过其业主权益，监管机关的做法便是监督保险机构使用资金之数量是否超过其财务报表上权益类资金之金额。

一般而言，定性监管相比定量监管更多须依靠监管机关之专业能力，实施时具有更大的难度。资金本身具有流动性之特点，对于保险机构可能存在之掩饰账户和资金来往信息、刻意规避监管等行为，大陆规范对监管机关的识别能力提出了更高的要求，而反观台湾地区之做法，依托于会计报表的数量监控似乎更加妥当。

2. 实施比例监管之差异：以总资产抑或保险业资金为基数

比例监管是世界上多数国家或地区从法律法规上对保险资金运用进行限制的重要手段，其做法是根据投资对象之不同，将保险机构总投资金额或单笔投资金额限定在保险公司可运用资金的一定比例内。[1]对于股票投资的比例限制，一般分为该类投资总投资额占保险资金的比例和投资单一股票占保险资金的比例两个维度。按照2014年原中国保监会颁布的《关于加强和改进保险资金运用比例监管的通知》，大陆将股票投资列入权益类资产，遵从投资权益类资产的账面余额合计不高于保险公司上季末总资产30%之要求。依据台湾地区“保险法”之规定，台湾地区则将股票投资与有担保公司债（或一定评级之上的公司债）合并计算，两项投资总额合计不超过该保险业资金35%。对于投资单一股票的情形，两岸均采5%之限制比例。

在实施比例监管时，将股票投资列入权益类资产、与债券等固定收益类资产相区别，或是与担保公司债等具有类似性质的有价证券合并计算，此种关于保险投资资产划分方式的差别，更多是基于两岸金融市场发展之不同、监管习惯之差异而引起，体现了各自保险业监管的特点，并无过分比较之必要。这里须对比的是两岸比例监管的基数问题，大陆采用上季末总资产为基数，台湾地区则采用保险业资金。如在保险公司投资同一股票时，大陆规定保险机构投资单一股票的账面余额不得高于公司上季末总资产的5%，台湾地区则规定不得超过该保险业资金的5%（加计其他经主管机关核准购买之具有股权性质之有价证券总额）。

总资产和保险业资金的差别如何？总资产是财务会计之概念，体现为会计报表上保险公司的权益资产与负债之总额。根据台湾地区“保险法”第146条规定，保险业资金即保险资金包括业主权益和各项准备金。业主权益即为会计报表上的权益资产，而准备金虽属于负债性质资金，但并不等同于负债，在财务报表上准备金体现为保险负债，仅仅是负债的组成部分，根据各保险公司的保险业务情况，保险负债在负债中的占比并不一致。

---

〔1〕 参见孟昭亿主编：《保险资金运用国际比较》，中国金融出版社2005年版，第12页；陈文辉等：《新常态下中国保险资金运用研究》，中国金融出版社2016年版，第386页。

比例监管是基于保险行业之特殊性，行业监管者对保险资金运用进行适度限制的手段，其目的是维护保险资金的安全，保障保险公司对被保险人的经济补偿能力，[1]限制对象应主要针对准备金等与保险业务相联系的负债资金，而不应过分限制其他类型的负债资金。当以总资产作为比例限制的基数时，一般情况下保险公司业务规模越大，其总资产越大，在比例监管下可运用于股票投资的资金也越多，而特殊情况下保险公司业务未增长但其他负债增加，其可运用于股票投资的资金也会随之增长，显然不符合保险资金运用监管之本意。虽然保险公司开展资金运用仍须满足偿付能力等方面的条件，但比较而言，台湾地区以业主权益加各项准备金作为比例限制之计算基数，直接指向保险业务形成保险负债，更加符合保险资金运用监管的初衷。

3. 限制介入被投资公司经营之差异：控制权抑或参与经营

除比例监管外，在规范保险资金股票投资方面，两岸均格外关注保险公司因投资而介入被投资企业经营问题。以前，大陆仅针对重大股权投资做出规范，但该重大股权投资适用于未上市企业股权，并不适用于股票投资。[2]原中国保监会于2017年针对股票投资颁布了《关于进一步加强保险资金股票投资监管有关事项的通知》，以持股是否超过20%及是否具有控制权作为区分标准，将保险资金股票投资分为一般股票投资、重大股票投资和上市公司收购三种情形，适用不同的规范要求。对于持股不超过20%且不具有控制权的一般股票投资，大陆并无特别限制；持股虽超过20%但不构成控制的重大股票投资，须报中国银保监会备案，取得备案意见前，不得继续增持；上市公司收购即对被投资企业实现控制的股票投资，须中国银保监会核准且资金来源须为保险公司的自有资金。台湾地区按照“保险法”中保险投资额不得高于被投资公司实收资本额10%之规定，严格限制保险公司因股票投资参与被投资企业经营活动，即使符合比例要求的投资，在委派董监事、行使表决权、参与被投资公司经营等方面也受到诸多制约；[3]超出比例限制的股票投资，经监管机关核准后，可不遵守“保险法”规定之相关要求，但投资总额最高仍不得超过保险公司的业主权益，因投资而与被投资公司具有控制与从属关系的，投资总额最高不得超过保险公司业主权益的40%。

---

[1] 项俊波主编：《保险资金运用实践与监管》，中国时代经济出版社2016年版，第9页。

[2] 原中国保监会《保险资金投资股权暂行办法》：

第2条：本办法所称股权，是指在中华人民共和国（以下简称中国）境内依法设立和注册登记，且未在中国境内证券交易所公开上市的股份有限公司和有限责任公司的股权。

第30条：保险公司进行重大股权投资，应当向中国保监会申请核准。

重大股权投资的股权转让或者退出，应当向中国保监会报告，说明转让或者退出的理由和方案，并附股东（大）会或者董事会相关决议。

[3] 见上文两岸保险资金股票投资相关规范对比表。

对于规范保险公司通过股票投资介入被投资企业之经营，两岸虽均采取了监管机关核准、对资金来源和投资比例进行限制等做法，但监管的着眼点并不一致。大陆以限制对被投资企业的控制为核心，即一旦保险公司可能构成对被投资企业的控制，无论持股比例如何，均须中国银保监会核准，监管审查的重点将是投资行为的安全性和资金来源的合理性。[1]对于非以控制为目的的股票投资，大陆监管的要求则并不苛刻，对于持股达到20%时的备案要求主要是监督投资目的的正当性，并未对保险公司做出过多限制。台湾地区则以限制保险公司参与被投资企业各类经营活动为核心，在对持股比例做出规范的基础上，对派驻董监事、行使选举权等涉及参与被投资企业经营的各种权利均予以限制，突破任一方面限制都须以监管机关核准为条件。

对于台湾地区的限制规定是否过分严格，台湾学者们已有较多讨论，[2]从两岸比较的视角看，笔者认为限制的严苛程度应根据两岸金融体制和监管要求之不同来分别判定，自无孰优孰劣，但大陆区分股票投资的不同情形并强调对控制情形下的限制，则可为台湾地区所借鉴。股票投资行为可根据投资目的的差异而采取不同的投资策略，如强调收益率的短期投资、侧重于成长性的中长期投资、着眼于战略布局与协同发展的上市公司收购等，对保险公司会产生不同的影响，行业监管机关也应根据具体情况采取差异性的监管举措。大陆区分一般股票投资、重大股票投资、上市公司收购的做法，更贴近于当前的保险投资实践。同时，以控制权为目的的收购与其他股票投资行为具有显著不同，将可能构成与保险公司财务报表的合并统计，对保险公司的影响也更大。两岸虽都强调此种投资的资金来源须为保险公司自有资金或业主权益，但台湾地区“保险法”规定，存在控制或从属关系下的投资总额不得超过保险公司业主权益的40%，确定该比例的依据似乎并不明确。

四、对完善两岸法制之建议

他山之石，可以攻玉。两岸在规范保险资金股票投资方面存在诸多相通之处，并均有进一步修改完善之需求，立法经验的相互借鉴对两岸制度之完善具有现实意义。基于前述分析，对完善两岸保险资金股票投资规范提出如下建议：

---

〔1〕 参见陈文辉：《保险资金运用原则》，载《中国金融》2016年9月；林小华：《保险资金上市公司股票长期股权投资相关问题探讨》，载《保险理论与实践》2017年2月。

〔2〕 参见江朝国：《保险业之资金运用》，台北保险事业发展中心2003年版。

（一）对于大陆而言，应进一步完善相关概念及立法技术的规范性和严谨性，解决当前保险资金股票投资相关规则在衔接中的问题，积极推动将相关概念及规则写入保险法

在保险资金来源的划分上，建议对保险资金的概念做出明确界定，大陆可以参照台湾地区之做法，规定保险资金包括权益资金和各项准备金，以权益资金取代现有规则中的自有资金，解决当前保险资金股票投资相关规则对自有资金规定不一致的问题，同时不再单独列出其他资金，将其他资金归入权益资金，使保险资金来源分类与保险公司的会计报表能够更好地衔接。按此方式修改后，保险资金股票投资在资金来源的限制方面将分为两种情形：收购上市公司须使用权益资金，其资金总额即保险公司财务报表中的所有者权益；一般股票投资和重大股票投资则不限制资金的来源，可使用权益资金也可使用各项准备金。

在股票投资相关的比例限制上，基于上述保险资金之概念，建议以保险资金取代总资产作为计算基数。保险资金将体现为保险公司财务报表中的所有者权益和保险负债，使保险资金的来源分类和比例限制措施保持一致，也使股票投资之比例限制要求更符合保险资金运用的特点。对于保险公司而言，虽然采用保险资金取代总资产作为计算基数会造成其可使用的资金数量下降，但一般保险负债在保险公司的总负债中占比较大，对保险公司投资能力的影响相对有限。

目前，大陆《保险法》对于保险资金运用的规定相对原则，仅集中于第106条一个条文中，大量监管规范散落于监管机关出台的规范性档中，客观上也造成了概念不统一、规则不衔接等问题。大陆应在总结现有规定并吸收境外相关立法经验的基础上，积极推动保险法修改，将保险资金股票投资相关概念及规则写入保险法。

（二）对于台湾地区而言，应基于当前保险资金股票投资的发展实践，增强现有规范的针对性和灵活度，通过修改“保险法”或出台相关“监管规范”等方式，给予保险公司更多的投资自主权

如前所述，对于保险公司因股票投资介入被投资公司经营之限制问题在台湾地区一直存在争论，台湾学者对于保险法相关规定过分严格之做法也多有质疑。在监管实践和理论认识仍存在一定差异的背景下，建议台湾地区可以参照大陆相关规范之做法，基于当前“保险法”相关规定，考虑进一步划分保险资金股票投资的不同情形，使“保险法”相关规定在适用中能够具有更大的灵活度。鉴于两岸股票投资相关证券制度之差别，大陆目前划分为一般股票投资、重大股票投资、上市公司收购的方式未必完全适合于台湾地区，但相关理念仍可以被借鉴。在划分股票投资不同情形的基础上，台湾地区可针对各种情形下保险公司向被投资企业派驻董监事、

行使各类投票权等具体限制要求做出区别规范，增强相关限制措施的针对性。在修改保险法条件尚不成熟的情况下，台湾地区可采用监管机关出台监管档或自治机关制定自律规范等方式，对新制定的规范要求进行试点，待成熟后再一并修改“保险法”。

同时，以取得控制权为目的的股票投资行为即上市公司收购与通过股票投资参与被投资企业经营存在本质上的差别，参与被投资企业经营并不一定会构成对被投资企业的控制，仅仅作为战略投资者向投资企业派驻董事或行使股东投票权等行为，更多体现了对自身股东权益的保护，并不违背其着眼于投资收益之初衷。在此问题上，大陆相关规范更直接地体现了对于以控制为目的的股票投资进行严格限制，给予保险公司从事其他类型股票投资一定程度的自主权，而台湾地区则是在限制参与被投资企业经营的基础上对控制或从属关系加以更严格的业主权益比例限制，并未特别突出对于以控制为目的的股票投资之监管。建议台湾地区吸收大陆相关规范之理念，针对以控制为目的的股票投资做出更全面的规范。

五、结语

近年来，大陆针对保险资金运用尤其是保险资金股票投资之监管愈加严格。2017 年 4 月，原中国保监会更是印发《关于强化保险监管 打击违法违规行为 整治市场乱象的通知》，“着力整治资金运用乱象，坚决遏制违规投资、激进投资行为”，对于“非理性连续举牌，与非保险一致行动人共同收购，利用保险资金快进快出频繁炒作股票”等行为，以重拳姿态坚决制止。在规范保险公司股票投资行为方面，台湾地区也一直遵循严格规制之原则，与大陆保险立法、保险业规制之思路是相通的。随着两岸金融活动的不断发展与交融，将对促进两岸保险业协同发展具有积极意义。

我国知识产权保险发展模式与政策难题

李小草*

一、知识产权保险的发展及其态势

知识产权保险在我国作为一个新兴险种，从时间上来讲，发展历史还比较短暂。知识产权保险是以知识产权为保险标的的保险，是指以被保险人依法应对第三人承担的知识产权损害赔偿责任为标的，以填补被保险人对第三人承担赔偿责任所受损失为目的，以及以被保险人依法对侵权人提起诉讼所造成的财产不利益为标的，以填补被保险人支付诉讼费用所受损失为目的的综合险。[1]

美国的经济发展得益于它的科技与金融体系。而知识产权保险制度是科技与金融体系的完美结合。因为，知识产权制度促进科技的经济发展，而保险也为知识产权提供财务金融上的安排。可以说，知识产权保险为美国的知识产权经济增添了制度激励。因此，美国的知识保险制度可资借鉴。关于知识产权侵权保险，1973年美国ISO的CGL保单将专利侵权责任保险首次纳入普通商业责任保险的承保范围。1994年，美国国际集团（AIG）推出首张综合性的专利侵权保险单，随后多家保险公司也接着推出。各家保险公司保单对于承保的知识产权种类不尽相同，基本上以专利权为中心。从理赔的范围来讲，主要包括应诉费、反诉费、再审答辩费以及损害赔偿。但许多保险公司将故意侵权以及不正当获取商业秘密的行为排除在理赔范围之外。从内容上分析，主要包括三类：一是程序性费用；二是实体性费用；三是除外情形。

欧盟外向型企业多以中小型企业为主，欧盟的中小型企业占到了70%，为了促

---

* 北京航空航天大学法学院博士生，加州大学伯克利分校访问学者，中国法制出版社编辑。

[1] 李亮：《知识产权保险制度研究》，载《法律适用》2012年第12期。

进欧盟的知识产权保险的发展，欧盟成立了专利诉讼相互保险组织，集合各个中小企业的力量，扩大风险共同体基数，从而拉低保险成本，加强风险防御能力。在专利诉讼相互保险组织建立初期，欧盟采取了强制性保险的方式，中小型企业必须参加，政府在初期也会给予一定的财政补贴，以吸引更多的企业进入专利诉讼相互保险组织当中，这样就降低了保费，有力地促进了知识产权保险的发展。

美国、英国及欧盟知识产权保险主要承保的是专利保险，虽然著作权、商标权也有涉及，但是市场的大部分份额还是专利保险。英国和美国是世界上知识产权保险发展较好的国家，而英国和欧盟的专利诉讼相互保险组织对我国也有较大的借鉴意义。在知识产权保险险种设计上，相对于美国，英国和欧盟都扩大了险种的范围，不仅包括专利侵权保险和专利诉讼保险，而且还增加了专利申请保险，将专利保护的范围扩展到申请阶段。在政府监管程度上，美国和英国都是采取政府监管以维护市场运行的方式，而欧盟则是初期由政府扶持，随着欧盟知识产权保险的发展，随后政府逐步退出市场。在知识产权保险的实施方式上，美国是完全商业化自由运作的代表，它采取的是保险双方自由签订合同，由美国大型的知识产权保险公司给予承保，并秉承保险双方公平自愿的原则，在充分发展的市场经济中，由市场主导，政府仅仅负责监管。而英国和欧盟则是强制保险和自愿保险相结合的方式，英国推行的专利申请保险大多采取的是政府强制的方式，在专利申请时就要一并投保。采取强制保险的方式，有利于增加保险基数，扩大抗风险能力。

近十余年来，我国保险业者在政府的引导和鼓励下积极探索、开发出多种知识产权保险产品，特别是专利保险产品。2004 年 4 月 23 日，中关村知识产权促进局与中国人民财产保险股份有限公司深圳市分公司成功签署了《中关村知识产权合作框架协议》，标志着中关村知识产权保险服务体系的正式开启，在全国范围内首开知识产权保险事业之先河。2011 年，国家知识产权局启动专利保险工作，正式从顶层制度上推进专利保险。国家知识产权局与中国人民保险公司正式签订《知识产权资产评估促进工程项目》合作协议，国家知识产权局独家委托中国人民保险公司开展制定专利保险工作方案的工作。2012 年 12 月信达财产保险公司在广东省佛山市禅城区首先推出了“专利侵权调查费保险”险并与佛山德众药业有限公司签订了中国第一个知识产权保单。之后在佛山专利保险试行成功的基础上，2012 年起，北京、广州等八个城市正式成为第一批知识产权保险试点城市，加快了我国知识产权保险发展的步伐。

在北京中关村，中关村知识产权促进局也在产品创新、组织创新、政策引导、公共服务平台建设等方面为专利保险试点工作的开展进行探索。几百家企业成为知识产权保险试点企业，可以无偿获得专利风险管理、分析咨询、专利保险方案设计等服务。此外中关村促进局与金融机构和专业服务机构发起成立了中关村知识产权投融资服务联盟。该联盟吸纳了银行、资产评估公司、证券公司、担保公司、投资公司、知识产权代理机构等投融资机构及配套服务机构为联盟成员，共同促进知识产权保险的协调发展。然而，这些实践很少涉及涉外的保险活动，当遇到涉外知识产权纠纷时，企业还是感到无计可施。

2014 年 7 月 21 日，国家知识产权局与中国人民财产保险股份有限公司（下称人保财险）在北京签署知识产权保险战略合作协议，双方将建立全方位战略合作关系以及常态化对接机制，进一步发挥各自资源优势，拓宽合作的深度和广度，推进知识产权保险的健康快速发展。据了解，自 2011 年以来，国家知识产权局委托人保财险开展知识产权保险试点工作，分阶段推出了专利执行保险、专利代理人职业责任保险和专利侵权保险三款专利保险系列产品，并在全国 27 个地市开展试点工作。截至 2014 年 6 月底，专利执行保险已在全国 34 个地市实现业务落地，累计提供专利执行保险风险保障 9505 万元，为 744 家企业的 2496 件专利提供风险保障和保险服务。[1]

2014 年 12 月 10 日，《国务院办公厅关于转发知识产权局等单位深入实施国家知识产权战略行动计划（2014—2020 年）的通知》发文指出，要完善知识产权投融资服务平台，引导企业拓展知识产权质押融资范围。引导和鼓励地方人民政府建立小微企业信贷风险补偿基金，对知识产权质押贷款提供重点支持。通过国家科技成果转化引导基金对科技成果转化贷款给予风险补偿。增加知识产权保险品种，扩大知识产权保险试点范围，加快培育并规范知识产权保险市场。

2016 年 10 月 31 日，为全面落实《国务院关于新形势下加快知识产权强国建设的若干意见》关于“积极推进知识产权海外侵权责任保险工作”的工作要求，为中国企业“走出去”保驾护航，国家知识产权局会同中国人民财产保险股份有限公司（以下简称“人保公司”）加快知识产权海外侵权责任保险开发工作。为充分借鉴国外的先进经验，人保公司与相关海外公司就引进、开发知识产权海外侵权责任保险产品达成一致。知识产权海外侵权责任保险产品的成功开发，是积极构建我国覆盖境外知识产权保险保护机制的又一次成功探索，将有效为国内企业在面临知识产权纠纷时减轻负担，为国家实施企业“走出去”战略提供强有力的支持。[2]

2017 年 8 月 21 日，江苏省知识产权局联合中国平安财产保险股份有限公司江苏分公司下发《关于共同推进专利保险工作的通知》（以下简称《通知》），推进专利保险在江苏深入实施。[3]本次推出了专利被侵权损失保险、专利执行保险、专利

---

[1] 《知识产权保险战略合作协议在京签署》，载国家知识产权局官网，网址：http：//www. sipo. gov. cn/zscqgz/2014/201407/t20140722_ 983539. html，最后访问时间：2018 年 10 月 30 日。

[2] 《知识产权海外侵权责任保险产品开发取得新进展》，载国家知识产权局官网，网址：http：//www. sipo. gov. cn/zscqgz/2016/201610/t20161031_ 1299012. html，最后访问时间：2018 年 10 月 30 日。

[3] 《江苏局联合平安财险共同推进专利保险工作》，载国家知识产权局官网，网址：http：//www. sipo. gov. cn/dtxx/gn/2017/201708/t20170825_ 1318044. html，最后访问时间：2018 年 10 月 14 日。

申请费用补偿保险、专利代理责任保险等四款产品。其中，专利被侵权保险保障了专利权人为专利维权而支出的调查费用、法律费用和直接损失，是国内首个承保直接损失的产品，有利于增强企业对知识产权保护的信心，促进企业创新升级发展。专利申请费用补偿保险对由于非专利瑕疵原因导致专利申请不能取得国家知识产权局授权的，对于专利申请首次递交申请材料所产生的专利申请费、专利申请代理费，保险人按照保险合同的约定负责赔偿，鼓励企业进行专利申请，加快知识产权创造。

二、知识产权保险的种类及其适用

理查德·贝特利（Richard S. Betterley）在《2006年知识产权保险市场调查：值得关注的产品》[1]一文中，分析了目前世界上流行的知识产权保险主要有3种基本类型：(1) 因投保人侵犯他人知识产权而提供诉讼辩护费用和损失赔偿的辩护费用赔偿责任保险。该保单除外条款有以下几种情形：恶意侵权、投保人主动提起的诉讼、政府实体所为请求（除了实施他们所持专利权外）、惩罚性赔偿与先前诉讼。(2) 只提供辩护费用但不包括赔偿损失的辩护费用保险。保险公司对保单的操作与辩护费用赔偿责任保险基本相似，保单除外责任包括：辩护败诉所带来的任何损失，原有赔偿请求，宣告式判决，反托拉斯反诉，公司董事、经理和雇员的工资和费用，恶意侵犯，投保人已先前知道可能有侵权行为发生，国际商务组织诉讼。(3) 补偿被保险人因追击侵权方所产生的法律诉讼费用的侵权消减保险。亦称执行保险或进攻性保险，承保被保险人因追击侵权方所产生的法律诉讼费用。这种保险既可以作为防御之盾又可以作为追击之剑，专利权人、商标权人、版权人和注册的外观设计者都希望以此来对抗知识产权侵权者。

我国的制造业先后经历了以劳动密集型、资本密集型为主的发展过程，现在实现向技术密集型的转型升级。我国的金融业经过三十多年的改革发展，已经积累了强大的实力，为实体经济的快速发展提供坚强的支持和保障。知识产权是国家发展的战略性资源和国际竞争力的核心要素，金融是现代经济的核心。促进知识产权与金融资源的有效融合，有助于拓宽中小微企业融资渠道，改善市场主体创新发展环境，促进创新资源良性循环；有助于建立基于知识产权价值实现的多元资本投入机制，通过增值的专业化金融服务扩散技术创新成果，全面促进知识产权转移转化；有助于引导金融资本向高新技术产业转移，促进传统产业的转型升级和战略性新兴产业的培育发展，提升经济质量和效益。保险业是金融业的重要一支，我国的保险

---

[1] Richard S. Betterley, Intellectual Property Insurance Market Survey 2006: A Product That Deserves More Attention than it Gets, Betterley Risk Con - sultants, Inc. 2006.

业经过多年发展实力已经非常强大。发达国家的保险业对知识产权特别是专利的支持力度很大，因此极大地促进了科技成果创新和转化。我国保险业者也已在政府的引导和鼓励下积极探索、开发出多种知识产权保险产品，特别是专利保险产品。

1. 太平洋知识产权保险种类

三星和苹果之间关于知识产权风波引起了社会对知识产权的广泛关注，为了有效的保障侵权行为造成的巨大的经济损失，太平洋保险公司推出了知识产权保险，主要是包括知识产权声明保险（abatementinsurance）、知识产权侵权辩护费用补偿保险（defenseinsurance）、多风险因素知识产权保险附加（Multi－Peril）、非授权泄密保险（unauthorizeddisclosureinsurance）、法律责任管理（litigationmanagement）和早期干预（earlyintervention）五大险种。[1]

知识产权声明保险与知识产权侵权辩护费用补偿保险相对，前者保单持有人为侵权诉讼案的原告，后者为侵权诉讼案的被告。两者统称为知识产权法律费用保险，在对被保险人支付相关法律费用的同时，也为其提供来自第三者的索赔金额。多风险因素知识产权保险附加类似营业中断险，IPISC 为甲方提供营业中断、商业优势消失、重新设计、补救和维修的费用与损失。上述不利事件的形式一般为知识产权所有者与第三者要求的法律执行。每单索赔最高可达 5 万美元或保险金额的 10%，如果保费增加，理赔金额可高达 100 万美元。该险种的理赔从直接相关的民事诉讼程序的最后判决生效时开始，知识产权保险投保人、第三者利益主体（如产业链中可能被控侵犯知识产权的制造商和法人）都可以购买该项保险产品。非授权泄密保险将返还被保险人产生的法律费用或第三者主张的损失赔偿，诉讼起因是被保险人在未得到第三者的授权下，有意或无意地泄露其机密。其中，被保险人的雇员、实际管理者的泄密行为也应视为被保险人的侵权行为，代表被保险人的前雇员在保险期间的侵权行为也应追溯并一视同仁，保险人应在索赔发生后及时赔付。该保单附有 90 天的免责期，期间发生的侵权事故不受保障，保险期限将往后延长 90 天。法律责任管理包含在知识产权声明保险和知识产权侵权辩护费用补偿保险中，投保人也可付费获得相应的法律咨询和费用支出建议的服务。IPISC 多年的知识产权诉讼参与经验和强大的法律团队，为被保险人节省开支、获得补偿提供了有效的帮助。早期干预是 IPISC 为投保人提供的保险服务之一，投保人可向 IPISC 的法律管理部门提出申请，IPISC 将向其发送可疑的侵权者名单及投保人定为保险标的的知识产权，提醒被保险人保障自己的权利。早期干预并不等同于保险理赔，但可以引发一起保险索赔事件。被保险人能够及时发现第三者的侵权行为，尽早减少损失。

---

[1] 参见太平洋保险官网，网址：http：//www.cpic.com.cn/zixun/secz/48242.shtml，最后访问时间：2018 年 11 月 10 日。

2. 人保财险知识产权保险类型

人保财险开办知识产权保险起步较早，保险品种丰富。2017 年 4 月 25 日，江西省人保财险公司将陆续在江西省推出专利权质押贷款保证保险、专利执行保险、侵犯专利权责任保险、专利代理人职业责任保险、境外展会专利纠纷法律费用保险、海外知识产权侵权责任保险、知识产权许可保险等七个知识产权保险险种。其中，境外展会专利纠纷法律费用保险、海外知识产权侵权责任保险属于比较新颖的保险产品类型。

3. 平安保险知识产权保险类型

目前平安保险主推 4 种专利保险产品，其中“专利被侵权责任保险”最有特色：这个险种不但在国内是新颖的，在国际上也并不多见。这个保险品种主要是为专利权人设计的，保险责任中既包括取证阶段的调查费用，又包括争议解决阶段的法律费用，还包括胜诉后应获补偿的直接损失。这个险种的保险责任与传统的“专利侵权责任保险”的保险责任正好完全相反。

4. 华泰保险知识产权保险类型

华泰保险推出的“首台（套）重大技术装备专利执行保险”和“新技术新产品（服务）产品责任保险”比较有特色。“首台（套）重大技术装备专利执行保险”本质上是专利执行保险，即保险公司在专利权人打击侵权时赔偿合理的维权费用，其特色在于保险产品保护的是制造重大技术装备的单件专利和专利组合。“新技术新产品（服务）产品责任保险”的本质是一种产品责任保险。该险种保障的是按照专利技术生产出来的专利产品的产品责任。如果专利产品因为内在缺陷给他人造成的人身或财产损失，首次事故导致的损失由保险公司负责赔偿。

5. 创新模式：专利保险 + 服务 + 维权

2017 年 8 月 25 日下午，奥克斯、公牛集团、盛龙股份有限公司等首批 300 家企业吃到了“头口水”，由政府出资 500 万元，为它们购买了专利申请和专利维权服务保险。企业在专利申请和专利维权方面受到损失，均可由保险买单。此举让企业创新不再有后顾之忧。[1]

据了解，该模式是以专利保险为纽带，通过注入专利培育和专利维权服务，实现了全流程闭环运作。保险包括两款产品，一是专利申请费用损失保险，该产品主要补偿专利申请人由于非专利瑕疵原因导致代理的专利事项不能取得专利授权的申请费用和代理费损失；二是专利被侵权损失保险，该产品主要赔偿专利权人为专利维权而支出的调查费用、法律费用和依法应由侵权人承担的直接损失。

专利申请费用补偿保险的赔偿限额是：外观专利、实用新型专利每件 3000 元，

---

〔1〕《全国首个企业专利保险创新模式——“专利保险 + 服务 + 维权”在宁波落地》，载中国宁波网，网址：http://news.cnnb.com.cn/system/2017/08/26/008672384.shtml，最后访问时间：2017 年 1 月 10 日。

发明专利每件9000元；专利被侵权保险每次赔偿限额为：外观专利每件8万元，实用新型专利每件12万元，发明专利每件15万元。

三、我国知识产权保险的现实基础与政策难题

知识产权保险具有复杂性。首先，知识产权具有无形性，这种摸不着看不到的无形物价值如何评估。如果确定不了价值，那保险的标的就无法衡量。其次，知识产权另外一个特征就是其无法被实际占有，只能被特殊方式认识和利用。知识产权的特殊性决定了知识产权保险的复杂性。这些知识产权的特殊性带来了许多特殊理论和现实的法律政策难题，包括知识产权能否保险？如何评估？如何救济？这些都是理论界和实务部门不断探索的问题。

（一）知识产权保险的现实基础

我国知识产权的发展，是中国知识产权经济的发展必然。随着知识产权的繁荣和发展，中国产业发展进入到一个知识产权经济时代。知识产权经济活动，一方面给经济带来不断创新发展的动力，但是另一方面也带来了特殊的风险问题，知识产权在取得、应用、许可的过程中存在不确定性的风险，其中既有权利本身的，也有价值方面的，还有侵权导致的等等。这就是带来了一种思考，是否可以运用保险方式化解这些不同类型的知识产权风险。

西南政法大学张桦在《论知识产权保险是企业风险管理的重要保障》[1]中认为，保险是分散风险、消化损失的一种经济制度。在我国其具体分为财产保险和人身保险。而财产保险分为财产损失保险、责任保险、信用保证风险。知识产权系财产权，因此知识产权保险实为财产保险中的财产损失和责任保险，其以知识产权的财产权和知识产权侵权赔偿责任为标的。即是说，当如果企业知识产权受到其他民事主体侵权，那么企业因此遭受到的民事责任赔偿和财产损失由保险公司予以赔偿。从知识产权本身存在的风险上看，其主要存在有两点：一是有权利得不到行使；二是权利收到积极侵害。基于保险的标的是风险，因此知识产权保险的性质可以按照风险标的的内容分为知识产权行使或者执行过程中的保险和知识产权收到侵权的保险，即是细分为知识产权执行保险（又称知识产权财产保险）和知识产权侵权保险。

中国海洋大学法政学院赵星、吕珊在《建立知识产权侵权犯罪被侵害人救济保险制度》[2]一文，独具一格的提出了：知识产权犯罪作为一种对社会产生重要影响

---

[1] 张桦：《论知识产权保险是企业风险管理的重要保障》，载《现代经济信息》2017年第21期。

[2] 赵星、吕珊：《建立知识产权侵权犯罪被侵害人救济保险制度》，载《河北学刊》2010年第4期。

的犯罪形式，在近年来呈现出日渐猖獗的趋势。故在惩罚犯罪的同时，也应当注重对知识产权被害人权益的保护。然而，中国大陆目前对知识产权被害人救济的相关研究还处于起步阶段，被害人经常不能实现合法权益的充分维护，所受到的损失也难以得到足额赔付。鉴于此，笔者认为可以将知识产权保险制度引入被害人救济，以期更好维护知识产权犯罪被害人的权利。

我国知识产权保险的发展，也是参与国际竞争的需要。随着知识产权产业化走出国门，如何利用保险机制为我国知识产权经济国际竞争提供特殊保障，成为我国法律制度国际竞争力的一种新要求。当今世界，知识产权保险市场方兴未艾。知识产权保险在国外早就发展起来。发达国家的保险业对知识产权特别是专利的支持力度很大，极大地促进了科技成果创新和转化。知识产权保险作为当前国外各大保险公司保险产品创新的重要举措，恰当的运用和平衡好保费收益和赔偿风险之间的关系，给各大保险公司带来不菲的收益。我国至今尚未建立成熟的知识产权保险法律制度，与发达国家相比，还处于比较落后的局面。所以，为了参与国际竞争，适应经济全球化的要求，我们必须在知识产权保险方面有所作为。

郑州大学高留志在其文章《美国知识产权保险制度对我国的启示》[1]中认为，现代企业在拥有和运用知识产权的过程中，常常会发生知识产权侵权和执行方面的争端。这些争端一旦进入诉讼程序，对于企业常常造成庞大的费用负担。在美国，通过知识产权保险来分散知识产权法律争端所带来的费用负担。随着我国对外贸易快速增长和企业国际化蓬勃发展，知识产权保险制度的建立无疑可以减轻企业知识产权诉讼费用的负担。不过在具体制度设计上，我国应当改进美国知识产权保险制度在保费过高以及大企业拖延诉讼削弱保险成效等方面的不足。

西南政法大学张桦《论知识产权保险是企业风险管理的重要保障》[2]认为，鉴于知识产权的经济属性及价值日益上升，其伴随的知识产权纠纷预防也成为知识产权风险防范工作的核心内容。而知识产权保险则是知识产权风险管理的战略之一。特别是在中国企业海外投资、并购的过程中，更应该重视知识产权保险手段的完善与运用。在宏观制度层面，国家应当大力发展知识产权保险法律制度和政策体系并完善相关法律法规配套制度，保险业应当开拓业务范围设置知识产权的相关保险险种。

同济大学上海国际知识产权学院程德理在《我国外向型企业知识产权保险问题探讨》[3]中研究分析，知识产权保险在西方国家较早地得到运用，其中以美国最为典型。特别在20世纪90年代后，美国的知识产权侵权案愈演愈烈，而知识产权保

[1] 高留志：《美国知识产权保险制度对我国的启示》，载《特区经济》2006年第2期。

[2] 张桦：《论知识产权保险是企业风险管理的重要保障》，载《现代经济信息》2017年21期。

[3] 程德理：《我国外向型企业知识产权保险问题探讨》，载《学术界》2017年第4期。

险满足了争议双方当事人的需要，一方面权利所有人在知识产权遭侵犯后，利用法律使损失得到补偿、控诉费用可得到保障，另一方面因应诉被控侵犯他人知识产权发生的辩护费用也可获得承保。无论是伸张权利还是防卫辩护都获得了一个可靠的途径来妥善处理知识产权侵权纠纷。因此，知识产权保险从攻防双方来看，对维护公司的稳健运行和缓解公司因知识产权纠纷引起的风险都是极其重要的。

武汉理工大学文法学院肖小锋在其论文《从“337调查”看知识产权保险》[1]中指出，从我国加入WTO以来，与贸易相关的知识产权争端不断，以企业在面对“337调查”为例，在遭遇此类知识产权相关的纠纷时，很大一部分企业做出放弃的选择，其原因除了经验上的不足、思想观念上的原因外，经济来源的掣肘也是一个重要的因素。在我国当前走出去的战略下，如何规避知识产权风险所带来的意外损失，作为风险分散工具的保险制度，其机制值得我们研究，将其运用于知识产权风险的管理亦具有重要的现实意义。

华中科技大学知识产权战略研究院林小爱在《发达国家知识产权保险的发展及对我国的启示》[2]一文中指出，目前发达国家或地区的知识产权保险主要包括专利、商标和版权三种类型。知识产权保险实质上是一种知识产权集中托管的有效方式）与现有的著作权集体管理机制有一定的共性，就是将知识产权侵权纠纷案件交由保险公司集中应对管理，更强有力地应对知识产权侵权诉讼纠纷。由于知识产权保险是通过减轻诉讼费用的压力，促进更公平快捷地处理纠纷，降低知识产权的不确定性，防范其自身固有的高风险，平衡中小企业与大型企业之间不平等竞争，从而鼓励更多的知识产权产出，能推进知识产权权利许可，并明确知识产权许可谈判的权利许可范围，最终使得知识产权数量、质量与价值三者在其保险之后实现增长（欧盟圆桌会议一致认为，广泛开展专利诉讼保险的预计影响是，尤其是中小型企业将申请更多高质量的专利。）。然而，知识产权保险所产生的影响作用远不止此，还将对一国或地区的宏微观经济、立法与司法实践产生深刻的影响，这些影响主要表现在积极方面。

（二）知识产权保险的政策难题

知识产权保险存在政策设计上的困难，在国内外其实都存在共识。这一困难不在于知识产权本身是否属于具有可保性之上。对此，浙江金融职业学院章金萍、李兵在《浅议我国知识产权保险制度构建的必要性与可行性》[3]认为，建立知识产权

---

[1] 肖小锋：《从“337调查”看知识产权保险》，载《法制与社会》2007年第8期。

[2] 林小爱：《发达国家知识产权保险的发展及对我国的启示》，载《中国科技论坛》2009年第2期。

[3] 章金萍、李兵：《浅议我国知识产权保险制度构建的必要性与可行性》，载《武汉金融》2012年第6期。

保险，在理论上具有可行性，因为知识产权具有可保性，符合保险标的投保的条件，被保险人对保险标的具有保险利益。在实际操作中，可以为知识产权权利人和潜在的侵权人分散风险，保护保险当事人的合法权益，最终达到推动保险事业健康发展。所以，建立知识产权保险制度符合我国保险法立法目的。

知识产权保险的政策难题，首先在于知识产权作为无形物具有价值的难以确定性，这就容易导致知识产权保险的诉讼的真实风险问题。知识产权保险具有特殊的诉讼风险。知识产权保险，与有形财产保险相比，二者在保险标的、承保范围、业务开展前提、保险程序及时空限制等方面各有特殊性，且差异显著。不同类型的知识产权保险也各有特色，但都因为对知识产权诉讼风险因素缺乏全面了解，或信息不对称等因素导致其保险费用高昂、理赔程序繁杂等特点。华中科技大学知识产权战略研究院林小爱在其文章《知识产权保险的特殊性研究》[1]一文中指出：从1976年国际标准化组织（ISO）的综合普通政策，到1986年ISO的商业普通责任政策，实现从专利保险扩展到商标侵权、著作权侵权、商业秘密侵权等领域。然而，只有英国与美国的保险计划已经证实具有可盈利性，即只有这两个国家安排对其顾客产生的诉讼费用设法进行正确地风险评估，而其他国家或地区的保险方案在保费定价方面仍然存在相当大的难度，这反映了知识产权诉讼的真实风险与难度。

知识产权保险的政策难题，也在于知识产权保险可能导致消极影响。林小爱在《发达国家知识产权保险的发展及对我国的启示》[2]深入分析了发达国家知识产权保险的消极影响。任何制度本身都难免优越性与缺陷性并存，知识产权保险制度也不例外。从主体的角度，知识产权 保险投保人在确保其业务经营不因侵权事由而中断的情况下，由于对侵权事由不必承担责任，因而倾向于降低注意程度，疏于防范侵权事件的发生；立法机关和法院也难免会由于道德风险的作用而以各种形式扩张侵权责任，做出巨额判决。从功能的角度，知识产权保险一方面虽然增强侵权法的补偿功能，保证知识产权受害人能够获得充足的赔偿，使得侵权法制度有了赖以改进的工具，扩张了侵权法的活力和适应性，另一方面却又因为被保险人道德风险的作用而削弱了侵权法的遏制功能，难免会与侵权法的成本最小化的初衷相背离。同时，知识产权保险制度的创设、实施与推广具有高难度与高成本的特点，尤其不可简单地通过“移植”其他国家或地区的知识产权保险制度。因为知识产权保险机制需要综合驾驭知识产权制度、保险制度、诉讼制度、代理制度等，这些制度在不同国家或地区差异非常大，运行该制度的经济、社会、文化等环境也不一致，尤其是知识产权具有显著的专有性、时间性与地域性的特点，使得知识产权保险更为复杂。

---

〔1〕 林小爱：《知识产权保险的特殊性研究》，载《知识产权》2009年第1期。

〔2〕 林小爱：《发达国家知识产权保险的发展及对我国的启示》，载《中国科技论坛》2009年第2期。

（三）我国知识产权保险市场类型构建的复杂性

上海对外贸易学院李亮在《知识产权保险制度研究》[1]一文中对我国知识产权保险制度构建提出了设想。根据产品销售地域不同和知识产权保险类型不同，可将知识产权保险市场分为四类：国内市场的执行保险、国内市场的侵权责任险、国外市场（主要是欧美市场，下述国外市场或国际市场未加说明的均为美国市场，这与美国诉讼繁琐的诉讼制度、高额的诉讼费用和美国作为中国最大出口市场有关）的执行保险、国外市场的侵权责任险。而美国的知识产权保险制度，存在法律费用昂贵、保费过高等弊端，因此在引入该制度时，我国应该根据具体国情来进行初步设计：可以在知识产权法中涉及知识产权保险的规定，为保险特别法，这是大方向的定位；总的指导方向为从维护投保人的利益出发，提供不同的多种选择的保险产品，扩大理赔范围。根据我国目前诉讼费用成本还相对较低的特点，主要开发以知识产权权利人为投保人的知识产权执行保险，承担被侵权时提起诉讼所需的法律费用以及以制造商、销售商、产品使用者、媒体等为投保人的知识产权侵权责任保险，承担侵犯他人知识产权时所负的赔偿和相关法律费用；保险人主要以国内现有的具有强大的资本实力和高端的风险管理技术的保险公司为主，也可以允许外国有实力的、有这方面实际经验的保险公司加入；在实务操作上，可以通过较多数量的投保人购买知识产权保险来降低保费，进而充实保险市场，另外可以考虑根据知识产权贸易的种类来厘定保费，针对国外特别是美、英国等国家诉讼费用很高的情况，若知识产权贸易为国际贸易的，知识产权保费应在原有国内贸易的基础上适当加以提高，以便在发生国际知识产权纠纷和诉讼时保险人能轻松顺利地为被保险人提供必要的保障。

（四）知识产权执行保险的特殊风险问题

上海市金茂律师事务所杨红良在《知识产权执行保险中的若干风险及其应对——基于保险公司视角》[2]一文中认为，保险公司的盈利模式无非是基于概率论，所收取的保费总额低于实际支出的保险金额和各类成本之和，从而获取利润。那些通过测算可以确定总收入大于总支出的领域，自然是保险公司乐于涉足的领域。但是，在知识产权执行保险中，保险公司可以预测的范围较小、深度不足，或者即便可以准确预测的风险很大，但投保人基于性价比考虑，不愿接受可以覆盖“可能”发生的各种风险的较高的保险费水平。这种背景下，无论从确定保险金额从而得以

---

〔1〕 李亮：《知识产权保险制度研究》，载《法律适用》2012年第12期。

〔2〕 杨红良：《知识产权执行保险中的若干风险及其应对——基于保险公司视角》，载《上海保险》2017年第10期。

确定保费标准的角度，还是从事后理赔支出的角度，保险公司实施知识产权执行保险，所面临的显然都不是“宝大祥”（只赚不亏）的局面。在知识产权执行保险中，保险公司面临的两大风险有：（1）律师费用区间大、变数；（2）代位求偿有障碍、回报不确定。保险公司需要关注的风险肯定不止于上述两大方面。

基于以上分析，对保险公司做了总体提示。保险公司开展该项保险业务，需要在深入、细致调查研究的基础上，推出产品，签订和履行合同，并在必要的情形下行使代位求偿权。但这些，都只是具体、局部的防范风险措施，更重要的自然是从宏观、源头上把控风险。对作为保险标的的知识产权本身进行研究、分析和判断，无疑是最为关键的风险把控机制。其中，至少有以下几个环节值得关注：第一，审查知识产权的真实性、合法性。第二，测算知识产权的经济价值。不同于有形财产，知识产权的经济价值往往难以量化，但难以量化并不代表可以不去量化。第三，预测知识产权遭侵权风险的程度。处于前沿领域、易于引起社会和市场关注的知识产权，遭受侵权的概率显然会高于那些“偏安一隅”的知识产权。而即便是同一项知识产权，在生命周期的不同阶段，遭遇侵权的概率也是不同的。

（五）我国发展知识产权保险的模式选择

肖冰〔1〕分析了知识产权保险制度在我国处于试点阶段的特殊性，指出在“政府引导，中介参与，市场化运作”的推广模式下，应对投保专利的类型和有效期加以适当考虑。Kumar、Jayant〔2〕指出在技术驱动的市场中，保险是化解知识产权风险的有效途径，并设计了在专利诉讼侵权中转移风险的运作模式。Cheng Zhengzhong〔3〕分析了中小企业知识产权金融运转模型，提出由保险公司、中间机构、银行和政府组成评估机构对知识产权进行评估，以便进一步进行资产运营。高留志〔4〕分析了美国知识产权保险的基本情况及其存在的问题，并指出我国应当吸取美国知识产权保险制度发展的教训，着重于改进其在保费过高以及大企业拖延诉讼、削弱保险成效等方面的问题。Lanjouw、Schankerman〔5〕分析认为中小企业的专利权人在侵权诉讼中处于相当不利的地位，通过实证研究，指出建立专利诉讼保险有利于减轻侵

〔1〕 肖冰：《我国知识产权保险产品缺陷与改进对策研究——以专利执行保险为例》，载《科技进步与对策》2015 年第 10 期。

〔2〕 Kumar, Jayant., Insurance coverage in intellectual property litigation. Journal of Intellectual Property Rights, 2008, 3, pp. 234 – 238.

〔3〕 Wu, Xianyun; Zhao; Xia; Zhang, Fenghai. Small and Mid – sized Enterprise Intellectual Property Rights Financing Mode Analysis, Proceeding of 2012 International Symposium on Management of Technology, 2012, pp. 421 – 442.

〔4〕 高留志：《美国知识产权保险制度对我国的启示》，载《特区经济》2006 年第 2 期。

〔5〕 Lanjouw, JO; Schankerman, M., Protecting intellectual property rights: Are small firms handicapped? Journal of Law&Econmics. 2004, 47, 1, pp. 45 – 74.

权的风险。

我国目前主要采取政府引导、保险公司积极推动的自愿型知识产权保险模式，目前市场上很多保险产品由政府相关部门联合保险公司推出，在对保险公司积极引导的同时，为企业投保知识产权保险提供资助补贴。对促进我国专利保险发展、增强科技企业专利保险保障起到一定的积极作用，但在参保率、风险保障水平等方面还存在较多不足。如从2011年开始，国家知识产权局与人保公司开始合作开发符合中国实际的知识产权保险产品，目前正在开发的产品除知识产权海外侵权责任保险外，还有知识产权许可保险。2014年，国家知识产权局与人保公司签署《知识产权保险战略合作协议》，进一步丰富了产品体系，规范了业务流程，使服务功能更加完善。2018年1月11日，甘肃省支持和鼓励企业创新，引导企业运用市场化手段加强知识产权保护。日前出台的《甘肃省专利保险资助资金管理办法》规定，专利保险资助资金由省级财政负担，用于支持省级及以上知识产权优势企业、贯标企业、试点示范企业、省级战略性新兴产业骨干企业及各类中小微型企业开展专利保险。办法明确，保险费资助比例逐年递减，三年分别为80%、60%、40%，其中专利权质押贷款保证保险费补贴单项最高10万元。[1]

如今，我国的知识产权保险发展还处在萌芽期，希望能够通过汲取国外知识产权保险的经验，逐步建造出适应我国国情的知识产权保险法律体制。今后，我国可以从以下几方面来完善我国知识产权保险体系，推动专利保险开展。（1）国家推出相应的政策和法规是成功推行发展知识产权保险的基础。（2）建立体系完备的保险市场是成功推行发展知识产权保险的砖瓦。（3）知识产权保险的宣传和推广是成功推行发展专利保险的粘合剂。（4）建立知识产权保险风险评估机构，培养知识产权保险和保险风险评估的人才。

〔1〕《甘肃：企业买专利保险可获保费补贴》，网址：http://gansu.gscn.com.cn/system/2018/01/11/011887944.shtml，最后访问时间：2018年11月14日。

《电子商务法》平台责任相关条款评析[*]

丁道勤[**]

目　次

随着大数据、云计算、虚拟现实、人工智能等新一代信息网络技术的飞速发展，电子商务不断得以创新发展，构建新的商业模式，酝酿新的应用突破。自2013年起，中国网络零售交易额已稳居世界第一。国家一贯重视和鼓励电子商务发展，相继出台了一系列促进电子商务发展的政策文件及管理法规，基本建立起以市场监管部门为主，其他部门横向配合，地方纵向协调，行业组织社会监督的电子商务监管体系，电商法律制度不断完善[1]。特别是在商业驱动和事件驱动下，电子商务立法进入快车道。2018年8月31日，历时6个年头的《电子商务法》（以下简称《电商法》），终于在经过四审后得以正式通过，将于2019年1月1日正式实施[2]《电商法》出台过程中，最受瞩目的便是平台责任，相关条款的合理性和可操作性

* 本基金项目：国家社科基金重大项目"信息法基础"研究成果。本文以《〈电子商务法〉平台责任"管道化"问题及其反思》为题，刊载于《北京航空航天大学学报（社会科学版）》2018年第6期。

** 丁道勤，男，湖北武汉人，研究员，博士，研究方向为电子商务和互联网法律政策。

〔1〕 在《电商法》出台之前，已有多部适用于电子商务领域的法律法规，如《消费者权益保护法》《广告法》《食品安全法》《药品管理法》《产品质量法》《税收征管法》《网络安全法》《民法总则》《合同法》《侵权责任法》《反垄断法》《反不正当竞争法》《邮政法》《著作权法》《商标法》《专利法》等，《电商法》在适用过程中需要考虑与上述法律法规的衔接。

〔2〕 第十三届全国人民代表大会常务委员会第五次会议通过了《中华人民共和国电子商务法》，全文参见 http：//www. npc. gov. cn/npc/xinwen/2018 – 08/31/content_ 2060172. htm，最后访问时间：2018年9月7日。

都引发了广泛的争议和质疑。那么，平台责任到底是加重了，还是减轻了，平台责任的合理界限何在，《电商法》平台责任设置的立法逻辑又是怎样的，这些问题有待深入思考。

一、平台责任的立法进路

《电商法》是电子商务领域的综合性基本法，实际上是一部大的“互联网法”（或网络法）[1]，也是一部“网络交易法”，更是一部“平台责任法”（或平台监管法）。《电商法》的立法宗旨是“保障权益、规范行为、维护秩序”，上述立法宗旨的实现，最终还需要落在电子商务经营者特别是电商平台经营者身上，整部《电商法》也主要是围绕电子商务经营者的各项义务展开。

从主体类别上来看，网络经营者分为媒体类经营者和商务类经营者[2]，电商经营者即属于商务类，包括销售商品类（网络销售）和提供服务类（如网络出行）及其支撑类（支付、物流、广告）及特殊商务类（互联网金融）。在适用范围上，《电商法》明确将特殊商务类的互联网金融产品和服务以及新闻信息、音视频节目、出版文化（如网络游戏、网络音乐）等媒体类排除在外，其他只要是利用信息网络销售商品或提供服务的经营活动均受《电商法》管辖。

对于电子商务平台，现行相关法律法规存在各种不同的称谓和界定，如“网络交易平台提供者”[3]“网络交易第三方平台提供者”[4]“网络购物平台提供商”[5]“第三方交易平台经营者”[6]“第三方网络交易平台”[7]“第三方电子商务交易平

---

〔1〕根据国务院《互联网信息服务管理办法》的规定，互联网信息服务分为经营性和非经营性两类。现在非经营性的互联网信息服务非常罕见，绝大多数都是经营性互联网信息服务。在某种意义上来说，规制电子商务活动相当于规制整个互联网信息服务。

〔2〕也有将网络经营者分为媒体类经营者、商务类经营者和工具类经营者。

〔3〕《消费者权益保护法》及《最高人民法院关于审理食品药品纠纷案件适用法律若干问题的规定》均采用“网络交易平台提供者”的提法。

〔4〕《食品安全法》第62条规定了“网络食品交易第三方平台提供者”。

〔5〕根据商务部《网络购物服务规范》第3.4条规定，网络购物平台指为各种网络购物（包括B2B、B2C、C2C和G2B）提供网络购物交易空间服务的计算机网络系统，第3.5条规定，网络购物平台提供商指为网络购物交易方提供网络购物平台系统，并进行运营和服务的法人。

〔6〕根据原国家工商总局《网络交易管理办法》（60号令）第22条的规定，第三方交易平台经营者应当是经工商行政管理部门登记注册并领取营业执照的企业法人。前款所称第三方交易平台，是指在网络商品交易活动中为交易双方或者多方提供网页空间、虚拟经营场所、交易规则、交易撮合、信息发布等服务，供交易双方或者多方独立开展交易活动的信息网络系统。

〔7〕根据《杭州网络交易管理暂行办法》第2条第2款、第3款规定，第三方网络交易平台是指为网络交易经营者提供虚拟经营场所、交易规则、交易撮合、信息发布等经营服务，供交易双方或者多方独立开展网络交易活动的信息网络系统。为网络交易提供信息搜索、信用认证、支付结算、物流、宣传推广、网络接入、服务器托管、虚拟空间租用、网站网页设计制作等营利性服务的，应当遵守本办法。

台”[1]“电子商务第三方平台”[2]等。电子商务经营者的主体类型划分和具体内涵的界定，是《电商法》立法的基础性内容。《电商法》在规范设计上突出电子商务平台经营者的特殊地位，但在具体定义上，又力图使得相关的概念保持相当程度的开放性。[3]因此，《电商法》明确界定为“电子商务平台经营者”，即电子商务中为交易双方或者多方提供网络经营场所、交易撮合、信息发布等服务，供交易双方或者多方独立开展交易活动的法人或者非法人组织。[4]而根据《电商法》第2条和第9条的规定，电子商务经营者主要包括电商平台经营者（以下简称平台）、平台内的商家（以下简称商家，含自然人网店）、自建网站经营者（非通过平台开展电商业务的，如茅台云商）、其他网络服务经营者（例如，微商、直播短视频APP购物等）四大类。

平台对电子商务市场的主导作用，构成了我国电子商务发展的重要特点。《电商法》的实施也主要通过“监管抓平台，平台抓商家”的路径开展，平台俨然成了监管机构的“抓手”，起到“承上启下”的枢纽作用。《电商法》所规定的电子商务经营者的一般义务是商家自己主动应履行的义务，但因为我国电商市场平台主导发展的现状，监管机构对商家义务具体要求，也将通过平台这样一个“抓手”来管理和督促商家具体执行。换言之，平台对商家的管理义务是监管机构强化平台责任的一项重要内容。《电商法》的制度建构也主要以平台和商家（自建网站经营者和其他网络服务经营者义务同于商家的一般义务）为主的电商经营者义务展开，主要包括两大方面：

一是平台对商家的管理义务。平台对商家的管理义务是监管机构强化平台责任的一项重要内容。平台对商家的管理义务实则是落实《电商法》相关监管要求的重要体现，主要包括主体登记、纳税开票、持证经营、显著亮照、数据报送、入驻核验、资质审核、身份信息报送、纳税信息报送、安全保障、公平竞争义务、跨境电商合规、合同义务、争议解决等方面。

二是平台自身义务。《电商法》第二章第一节所规定的电商经营者的一般义务

---

[1] 根据商务部《第三方电子商务交易平台服务规范》（18号令）规定，第三方电子商务交易平台是指在电子商务活动中为交易双方或多方提供交易撮合及相关服务的信息网络系统总和。

[2] 根据《浙江省电子商务条例（草案）》第56条第4项规定，电子商务第三方平台，是指在电子商务活动中为交易双方或者多方提供网页空间、虚拟经营场所、交易撮合、信息发布等服务，供交易双方或者多方独立开展交易活动的互联网信息平台；互联网搜索平台、社交平台等互联网信息服务经营者为交易双方或者多方提供上述服务，视为电子商务第三方平台。

[3] 电子商务法起草组编著：《中华人民共和国电子商务法条文释义》，法律出版社2018年版，第47页。

[4] 《电子商务法》第9条。再如《北京市高级人民法院关于审理电子商务侵害知识产权纠纷案件若干问题的解答》（京高法发［2013］23号）也采用“电子商务平台经营者”的提法，是指为电子商务提供交易平台，即为交易信息的公开传播提供网络中间服务的网络服务提供者。

也适用于电商平台，也即平台也需要履行主体登记、纳税开票、持证经营、显著亮照、合同义务、广告责任、安全保障、公平竞争、个人信息保护等义务。此外，平台还应当承担其落实监管要求和保护消费者权益的各种义务，如网络安全、商品服务交易信息记存、三公平台规则公示、处罚公示、自营标记、信用评价、广告标记、“可附带禁衍生”[1]、知识产权保护等方面。

二、平台责任“管道化”反思

如前文所述，电商平台俨然成为监管机构的“抓手”，但监管机构对该“抓手”的管控力度也日渐强化，甚至在某种程度上，已严重影响了电商平台对平台生态的管控权限，平台日益沦为“管道”，这在《电商法》平台责任条款表现得尤为突出。

（一）“通知删除”规则削弱了平台对商家知识产权侵权的判断权，也与专利侵权和诉求禁令不相适应

在知识产权保护方面，《电商法》对权利人、被诉侵权人、平台三方权利和义务作了明确细致的规定。电商法规定了“通知删除”规则[2]，即权利人认为其知识产权受到侵害的，有权通知平台采取删除、屏蔽、断开链接、终止交易和服务等必要措施。同时《电商法》引入了“反通知规则”，即平台接到通知后，应当及时采取必要措施，并将该通知转送商家；未及时采取必要措施的，对损害的扩大部分与商家承担连带责任。

对于“必要措施”，本应考虑对知识产权有效性和保护范围进行认定的复杂程度，平台应有相应的审查权，如认定确实构成侵权或存在很高的侵权风险，则应当删除或屏蔽侵权链接。无论如何，思考的视野应是多维度的，诸如产业发展水平、技术发展水平、管理成本以及网络平台发展在全球所处位置都应纳入其中。[3]但从《电商法》第42条的文义来看，只要收到知识产权权利人及利害关系人的适格通知，平台就必须采取删除、屏蔽、断开链接等必要措施，否则，将对损害的扩大部分与该商家承担连带责任。平台这样的处理方式对商家伤害极大，也会损害其自身

[1] 主要规定了电商平台的服务范围，平台可附带经营物流和支付等支撑类电商服务，禁止平台从事衍生性类交易场所业务。

[2] 《电商法》规定的“通知删除”规则从网络著作权侵权领域扩展到网络专利侵权、网络商标侵权等整个网络知识产权领域。

[3] 于凯旋：《电商平台知识产权侵权责任之阻却》，载《电子知识产权》2015年第5期。

的商誉，最终将阻碍电商产业、包括相关技术创新的发展。[1]而这样的规定容易导致网络交易平台专利侵权纠纷解决的利益天平严重失衡，将使“通知删除”容易被当作归责要件适用，平台为避免与商家承担连带责任，收到合格有效的通知就必须采取必要措施，无须对被投诉侵犯专利权的产品信息进行审查。而且从程序上来说，专利侵权纠纷民事程序与专利无效行政程序交织使“通知删除”规则难以有效发挥作用。此外，平台只要收到权利人发出的适格通知就必须采取必要措施，相当于在权利人提起民事诉讼程序前就获得了禁令救济，无须提供担保且未提供反通知和恢复等程序救济，极易架空诉前禁令制度。[2]

实践中，知识产权权利人实则希望平台能发挥更大的积极作用，而非由权利人耗时费力的发起投诉或诉讼，不利于其及时处置侵权行为。在《电商法》实施前，平台尚可根据权利人和商家分别提供的资料、声明等，对是否构成侵权有一定的判断权，如果平台认为不构成侵权的，商家可以继续销售。虽然《电商法》对权利人予以一定限制，即权利人通知应当包括构成侵权的初步证据，但《电商法》上述规定，直接削弱了平台判断商家是否侵权的权利，平台只能在权利人和商家之间进行信息传递，不能作出是否让商家继续销售的决定，平台严重“管道化”。

与美国不同的是，错误通知、滥发通知往往不是由于大型权力机构使用自动监测软件，而是出于不正当竞争，甚至敲诈勒索的恶意。[3]《电商法》对平台知识产权侵权管理的“管道化”，将使得权利人恶意通知或商家恶意反通知，都可能发生。虽然《电商法》明确规定，因通知错误造成商家损害的，依法承担民事责任。恶意发出错误通知，造成商家损失的，加倍承担赔偿责任。但是，在“618”和“11·11”的电商大促销期间，恶意发出错误通知对商家损失是不可估量的，即使加倍赔偿也不足以弥补其巨大流量损失。而且，对于商家恶意炮制虚假“不侵权”的证据

---

〔1〕 平台经营这种商业模式的生命力和盈利基础在于用户流量，对于商家来说，断开链接几个小时就会导致其失去巨大的用户流量，这有可能直接导致商家经营失败。流量具有广告效应，它意味着交易机会，即使断开链接之后再恢复，对于平台上大量的非知名商家来说可能已经失去意义。如果平台如此对待商家成为常态，便会导致后者的离开，而如果所有的平台都在制度设计上采取同样的处理方式，整个电商模式、产业就会举步维艰。详见杨明：《〈电子商务法〉平台责任条款之失》，载《中国经济报告》2017 年第 5 期。

〔2〕 因为只要最终法院或有权机关作出了侵权认定，网络交易平台审查与否并不影响其承担连带责任，使得“通知删除”演变成一种结果责任。而在平台专利侵权投诉中，一旦被投诉人接到权利人通知启动专利权无效宣告程序，平台是否需要采取删除、屏蔽、断开链接等必要措施？详见刘润涛：《完善网络交易平台专利侵权“通知与移除”规则探讨》，载《学术交流》2017 年第 12 期。

〔3〕 2016 年，由美国加州大学伯克利法学院的 Jennifer M. Urban 教授带领的研究团队，对于通知—移除规则出台 18 年来在美国的适用情况进行了调研。调研报告指出，由于大型权利人（包括行业协会、媒体公司、第三方版权实施机构等）越来越多地利用自动监测系统监测侵权及发送通知，出现了大量的错误通知，有 30% 的移除请求存在问题。而由个人发出的通知中，有 70% 的请求存在严重的问题，问题包括大量的“不正确”主题事项、合理使用顾虑、版权所有权问题，以及声称的侵权材料可能不能准确确定等。详见龙文懋：《如何解决电商平台上滥用通知—移除规则?》，载《中国版权杂志》2018 年第 5 期。

材料“反通知”给平台，对于权利人造成更大的损失，应该如何承担责任，《电商法》没有相应的规定。

（二）“禁止删评”使得平台丧失对第三方刷单刷好评和恶意差评及不良信息的自我管理手段

《电商法》第39条要求平台建立健全信用评价制度，并公示信用评价规则。第2款特别规定“禁止删评”，即平台不得删除消费者对其平台内销售的商品或者提供的服务的评价。该条款的立法本意主要是规范平台不得随意删除“差评”，保障消费者的知情权和选择权。例如，三审稿第2款主要表述为“删除侮辱、诽谤等法律、行政法规禁止发布或者传输的信息或者明显违背事实的评价的，应当依照本法第三十条的规定记录、保存信息”。但《电商法》第39条第2款这样严厉的禁止性规定，使得平台失去对第三方刷单刷好评或恶意差评的自我管理手段，只能依据第17条寻求反不正当竞争保护。

而且，特别是在意识形态内容或违法不良信息管控的压力日渐加大的当下，即使是商务类平台，也需要按照相关监管部门的内容管控要求，设置各种敏感词或违禁信息屏蔽删除机制，巡查屏蔽删除各类广告宣传、侮辱诽谤或违法信息。例如，国家互联网信息办公室《互联网跟帖评论服务管理规定》第8条明确规定，跟帖评论服务提供者对发布违反法律法规和国家有关规定的信息内容的，应当及时采取警示、拒绝发布、删除信息、限制功能、暂停更新直至关闭账号等措施，并保存相关记录。电商平台也属于跟帖评论服务提供者的一种，对于消费者在平台内销售的商品或者提供的服务进行违反法律法规和国家有关规定的信息内容的评价，能否直接删除呢？

此外，对于第三方刷单刷好评或恶意差评或故意在评价部分粘贴竞争对手的商品或服务的导购链接指引的，平台能否采取评价者“仅限自己能见”或直接进行隐藏，还有待配套细则和司法实践明晰。

三、平台责任的完善建议

电子商务平台是我国电子商务发展的重要特征，承载平台（或者系统）内数量众多的经营者，在电子商务活动中处于核心与枢纽地位。[1]但以互联网平台的主体责任作为“抓手”，形成的“监管机构—平台—用户”这一线性监管路径，最大的

---

〔1〕 电子商务法起草组编著：《中华人民共和国电子商务法条文释义》，法律出版社2018年版，第24页。

问题就在于，遮盖了互联网平台责任的限度。[1]因此，需要合理设定电商平台责任，关乎到电子商务创新发展、电商主体权益保护及电商秩序维护的总体协调。

（一）避风港制度仍应是电商平台责任的基石，电商平台需承担起审慎合理注意义务

美国前哥伦比亚大学校长巴特勒（N. M. Butler）在1911年曾指出："有限责任公司是当代最伟大的发明，其产生的意义甚至超过了蒸汽机和电的发明。"[2]有限责任有利于降低风险、鼓励投资，增进市场交易，也有利于减少交易费用。[3]避风港制度是有限责任制度在互联网领域适用的具体表现，仍应是电商平台责任的基石，不容动摇。

虽然近年来在欧盟和美国，避风港制度出现了一些新动向，出现了"超避风港制度"的立法例，但是仍然没有动摇避风港制度的基石性地位，而是区分了网络平台类型，对媒体内容类网络平台适用了"超避风港制度"，抑或提高了避风港制度的适用条件和门槛，一定程度加重了平台的注意义务。例如，在2018年，针对社交媒体仇恨言论，德国出台了《网络执法法案》予以法律规制，提高了网络执法力度，强化了内容平台的监管责任。再如，2016年欧盟《统一数字市场版权指令》要求，社交平台服务商采取诸如有效的内容识别技术等自动化技术措施，阻止被版权人识别的侵权作品在其平台上出现。[4]美国提高了避风港制度的适用条件和门槛。例如，美国《千禧年数字版权法案》（Digital Millennium Copyright Act，DMCA）规定了避风港原则适用的前置条件，司法实践上加重了平台的注意义务、要求更有效地处理重复侵权人。[5]

平台治理的总体理念是"各司其职，合作治理"，相关监管机关、网络交易平台提供者、用户应当各负其责，不能简单地都将责任强加于网络交易平台提供者，而是多方主体共同合作完善治理的过程。[6]电商平台应当承担审慎合理的合法性注

---

〔1〕叶逸群：《互联网平台责任：从监管到治理》，载《财经法学》2018年第5期。

〔2〕Tony Orhnial edited, Limited Liability and the Corporation, Croom Helm, London & Camberrs, 1982, p. 42.

〔3〕王利明：《民法总则研究》，中国人民大学出版社2003年版，第432页。

〔4〕Proposal for a Directive of the European Parliament and of the Council on Copyright in the Digital Single Market, article 13. http: //ec. europa. eu/newsroom/dae/document. cfm? doc_ id = 17200，最后访问时间：2018年10月23日。

〔5〕近年来，美国司法界正在逐步强调网络平台必须采取切实的措施来阻止重复侵权行为，着重强调了网络平台需要采用有能力终止对重复侵权者服务的响应机制。详见徐实：《美国网络平台承担知识产权间接侵权责任的经验与启示》，载《北方法学》2018年第5期。

〔6〕丁道勤：《网络交易平台提供者第三方责任及其异化研究——基于私法被公法不合理遁入的考察》，载《电子知识产权》2015年第6期。

意义务，不应当承担一般性的主动性的网络监控义务，即通常情况下不具有事先审查网络交易信息或交易行为合法性的义务，只有在特定情况下。例如，如果电商平台的特定在先行为增加了侵权发生的风险，或者利用其平台和服务的经营者反复实施了侵权行为，电商平台就应当采取相应的措施防止侵权行为的发生。[1]再或，能够以更低的成本预防和制止侵权行为的权利人或电子商务平台经营者应当主动、及时采取必要措施，否则应当承担不利后果，这样也有利于平台主动防范自身法律风险。[2]对于将来知识产权责任条款的配套细则，建议构建“通知—转送通知—反通知—删除”合理流程，提高适格通知的标准。[3]

（二）平台合规的具体建议

《电商法》很多制度后续仍有待相关司法解释和司法实践进一步明晰相关操作细则。总体来说，电商平台应积极开展自然人网店强制工商登记及纳税、资质审核、信息公示、安全保障、数据报送、规制“二选一”、知识产权保护等方面的合规工作。

1. 进一步强化对商家入驻信息和资质的审核力度。对于商家的入驻信息，平台应尽量进行一定程度的实质性核验、登记，建立登记档案，并定期核验更新。同时，加大对商家的资质审核力度，特别是涉及消费者生命健康的特殊商品或服务。

2. 建立日常巡查机制，保障用户安全。建议平台建立起对平台内的商品或者服务信息的日常巡查机制，实时发现不符合安全保障义务的情况，及时处置并报告。对于涉及消费者生命健康的特殊商品或服务，平台应积极作为，及早发现并处置商家存在的安全侵害行为。

3. 主动“亮照”并及时更新，强化平台和商家相关信息的公示。建议平台进一步通过系统、商家入驻协议、平台规则等方式要求商家及时公示相关信息，如在首页显著位置持续公示经营者信息并及时更新资质、许可，公示平台服务协议、交易规则信息，公示商家违法违规处理措施，督促商家自行终止经营的提前公示，清晰、全面、明确告知用户订立合同的步骤、注意事项、下载方法等，保证用户能便

---

〔1〕 王迁：《对电商平台间接侵害商标权的认定》，载《人民司法》2016年第10期。

〔2〕 根据2016年4月13日北京市高级人民法院发布的《关于涉及网络知识产权案件的审理指南》第19条的规定，应根据其所属行业提供服务的性质、方式、内容以及通常应具备的信息管理能力和经营能力等，采取必要的、合理的、适当的措施防止侵害商标权行为的发生。

〔3〕 专利侵权纠纷中专利权人发出的适格通知应当比著作权和商标权纠纷中权利人通知的要求更高，应包含较为权威、可靠的侵权证明材料，能够让网络交易平台确切知道或者应当知道专利侵权的存在或者较大可能性，该适格通知的证明材料包括但不限于法院作出诉前禁令裁定、认定构成侵权的判决书，专利行政机关作出的专利侵权处理决定和假冒专利处罚决定书，以及投诉人委托知识产权维权援助中心或其他具有一定公信力的知识产权服务机构出具的专利侵权判定咨询意见书等。详见刘润涛：《完善网络交易平台专利侵权“通知与移除”规则探讨》，载《学术交流》2017年第12期。

利、完整地阅览和下载。

4. 进一步优化知识产权侵权投诉处理流程。建议平台建立知识产权保护的闭环，优化知识产权侵权投诉处理流程。对权利人提交的初步侵权证据进行认真判定，认为证据尚不足以证明构成侵权的，可驳回或要求权利人补充证据，直至初步证据较为齐全后，再履行转通知义务和采取必要措施。

5. 做好数据留存、个人信息保护和数据报送。平台应对平台上的商品和服务信息、交易信息自交易完成之日起保存不少于三年，需为用户提供信息查询、更正、删除、注销的功能。建立健全平台信息和数据向主管部门的报送机制，依法向主管部门报送商家的身份信息及纳税有关的信息，配合提供主管部门依据法律、行政法规要求提供电子商务数据信息。

《电子商务法》中消费者保护的平台责任制度

魏露露*

目　次

一、引言

现代社会，网上购物和获得服务已经成为一种不可或缺的生活方式。随着国内如天猫、淘宝、京东等大型电商平台的快速普及，2017 年我国的电子商务总交易额达到了 27.2 万亿元，已成为全球规模最大、最具活力的电子商务市场。[1] 电子商务平台在电子商务中居于中心的地位，正是其提供的信息服务和居间撮合，为买卖双方提供了商品和服务交易的线上场所和信息渠道，跨域物理空间的局限，使电子商务成为可能。2018 年通过的《中华人民共和国电子商务法》（文中简称《电子商

* 魏露露，北京航空航天大学法学院博士后，荷兰蒂尔堡大学法学博士，研究方向为网络法。

[1] 数据来源于《2018 年中国电子商务市场分析报告 – 行业运营态势与发展前景预测》，网址：http：//baogao.chinabaogao.com/hulianwang/352674352674.html.，最后访问时间：2018 年 9 月 15 日。

务法》）定义电子商务平台为“在电子商务中为交易双方或者多方提供网络经营场所、交易撮合、信息发布等服务，供交易双方或者多方独立开展交易活动”[1]的网络平台。按照这一定义，现下流行的网上购物平台、外卖平台、打车平台、住宿车票信息聚合、查询和预定平台等等，都属于电子商务平台。《电子商务法》突出了约束电商平台，保护消费者权益的立法目的，对电子商务平台的责任做出了全面的规定，体现我国立法对电商平台的强监管思路，而在立法过程中出现的滴滴顺风车女乘客遇害案又为加重平台责任添加了舆论砝码，电商平台责任有33个之多，[2]以保护多元利益和广大消费者的合法权益，体现了电商平台在电子商务行业治理和政策执行中的核心地位。

该法规定的电商平台责任内容既有对我国互联网立法和规制实践中已有的、碎片式的网络平台责任规则的整合，也有对现有规则的发展。《电子商务法》第38条是对电子商务平台的消费者权益保障责任归责原则的一般性规定，集中体现了《电子商务法》对平台责任制度中新旧规则的整合。具体来讲，第38条共分两款，一二款分别规定了电商平台因平台内经营者销售的商品或服务侵犯消费者权益而承担的两种不同的过错责任。对第一款的解读需要厘清该过错责任与已有的网络服务商的“避风港”原则和“红旗”原则的关系，以确定平台承担责任的“过错”的范围。对于第二款则需要论证平台承担事前风险管控义务的合理性，其与第一款的过错责任的关系问题。

围绕以上问题，本文共分五部分。第一部分为问题的引入，第二部分对《电子商务法》第38条第一款电商平台的过错责任进行分析，认为网络平台责任的“避风港”原则应当继续适用。第三部分对38条第二款的责任类型进行分析，认为其规定的是电商平台的事前风险管控义务的过错责任，与现代侵权责任法的二元归责体系相适应，以应对新技术和商业模式所带来的风险，增进社会福利。第四部分进一步分析电商平台安全保障义务的适用范围和条件、责任内容，以及制度功能等方面与过错责任的异同，以达到二种归责原则的协调。第五部分为结论。

二、《电子商务法》确立的电商平台责任的归责原则之一：基于“红旗”规则的过错责任的继续

《电子商务法》第38条第一款将《中华人民共和国侵权责任法》第36条关于网络服务商针对用户侵权行为的过错责任的规定引入了消费者权益保护领域质量，

---

[1] 参见《电子商务法》第9条。

[2] “滴滴顺风车案改写电商立法，平台违法或承担刑事责任”网址：https://tech.sina.com.cn/i/2018-09-03/doc-ihiqtcam9894970.shtml.，最后访问时间：2018年9月20日。

以激励平台对平台内经营者销售的商品或服务承担一定程度的注意义务。该款将“知道或者应当知道”作为判断其承担责任的主观状态，将在该主观状态下“未采取必要措施”的不作为作为承担连带责任的行为要件，归责原则依然是过错责任原则。对该条款的适用范围和条件的理解主要涉及其与“网络平台责任的“避风港”原则和“红旗”原则的关系问题。从文义上来看，本条对应的应当是《中华人民共和国侵权责任法》第36条第三款网络服务商连带侵权责任“红旗”原则的直接引入，但其主观状态却包括了“避风港”原则中的较主观的“明知”和“红旗原则”中的相对客观化的“应当知道”（过错推定）〔1〕。36条第二款规定的“避风港”原则下的“通知－删除”程序是否适用于38条第一款所界定的电商平台对平台内经营者侵犯消费者人身、财产等合法权益承担的侵权责任的豁免？笔者认为“通知－删除”程序应当适用，并围绕“避风港”原则业已形成的立法和司法规则来解释“知道或者应当知道”的范围，以保证电商平台过错范围的确定性，免于平台承担无限制的内容审核义务；在履行了“通知－删除”程序后，电商平台的连带侵权责任应当豁免，以减轻电商平台的诉讼纷扰。具体原因有三。

首先，一些情况下电子商务平台能够满足“避风港”原则适用的比较苛刻的前提条件，并且其适用范围很大程度上受到“红旗”原则（应知）的限缩，较难造成对“避风港”的滥用，但却能在一定程度上保留“避风港”原则形成的对网络平台的规制宽容。从美国、欧盟以及我国的“避风港”制度的立法经验来看，网络服务商获得“避风港”原则庇护的条件，一是网络服务提供商的角色必须足够中立被动，即不积极参与侵权内容的生产；〔2〕也不具备主动发现该具体侵权行为的能力，〔3〕满足既不明知也不应知的主观过失，尤其是后者易形成对平台发现侵权行为

---

〔1〕我国2012年的《最高人民法院关于审理侵害信息网络传播权民事纠纷案件适用法律若干问题的解释》规定了许多可以推定网络服务商“应知”或应承担较高注意义务的具体商业情形，参见第9条至第12条的列举性规定。在这些情形中法院可以据此推定服务商具备“红旗原则”中“应知”的主观状态，从而排除“避风港”原则的适用。

〔2〕参见Google France案中的欧盟法院判决意见，网址：http：//curia. europa. eu/juris/document/document. jsf? text = &docid = 83961&pageIndex = 0&doclang = EN&mode = lst&dir = &occ = first&part = 1&cid = 633695，最后访问时间：2018年9月30日。

〔3〕参见2012年《最高人民法院关于审理侵害信息网络传播权民事纠纷案件适用法律若干问题的解释》第九条至第十二条的列举性规定。

能力的推定，从而失去“避风港”的庇护；[1]二是该具体侵权行为由网络平台的用户主动发起，而非由电商平台主动发起，即不存在主观的故意，平台也不存在教唆、帮助等情节，[2]网络平台不构成直接侵权。电子商务平台属于网络平台的一种，如果能够满足这些检验条件，自然应当得到“避风港”条款责任豁免的庇护。并且，我国司法实践和理论界一向注重对对网络服务商“应知”状态的推定，进一步限制了“避风港”原则在我国的适用范围。[3]

其次，适用“避风港”原则将会保障电商平台的商业自由，以及广大互联网用户的网络信息自由，免于政府规制的过度干预。“避风港”原则设立的重要目的在于免去网络服务商承担不合理的过重的内容审核义务，阻碍互联网经济和电子商务的发展。出于对互联网信息自由和商业自由的保护使各国立法者倾向于拒绝向网络服务商施加前置的一般内容审查义务。[4]无论是“避风港”还是“红旗”原则都代表了政府规制逻辑遵循网络服务商的商业逻辑和技术逻辑的平台归责思路，这一规制智慧是早期互联网平台经济得以创新和繁荣发展的制度基础。即使今日互联网平台企业早已成长为商业巨擘，实力与影响力已不可同日而语，保持一定程度的规制审慎也有利于降低电子商务平台的运营成本，降低从业者的市场准入门槛，降低合规成本，维持良好的市场竞争，从而保持互联网经济的健康与活力。

最后，“避风港”下的“通知－删除”程序代表了多方利益主体参与协商合作形成的违规内容处理机制，代表通过私人主体自治和自我规制达成互联网良好治理的政府规制智慧。无论从我国“避风港”原则的立法还是电子商务平台实践都能看出“避风港”原则所代表的平台内纠纷解决机制应当并且已经得到广泛的选择适用。“避风港”原则设立的目的之一是激励通过诉讼外的方式解决线上权益纠纷，节约司法和行政资源，提高纠纷解决效率，以适应电子商务的发展。并且区别于美

---

〔1〕例如美国《数字千年版权法》第512条（a）－（d）款分别豁免了信息传输、路由与连接服务，系统缓存，信息存储和信息定位等四类互联网服务商在履行了“通知－删除”义务后的用户版权侵权赔偿责任；欧盟《电子商务指令》第12－14条将信息传输服务、缓存服务、和信息托管服务纳入“避风港”的侵权责任豁免之中，均是以列举的方式为有限的几种中立被动的、技术性的网络服务类型提供侵权责任豁免。我国2012年的《最高人民法院关于审理侵害信息网络传播权民事纠纷案件适用法律若干问题的解释》第4条规定“仅提供自动接入、自动传输、信息存储空间、搜索、链接、文件分享技术等网络服务”的网络服务商不构成共同侵权。

〔2〕参见《最高人民法院关于审理侵害信息网络传播权民事纠纷案件适用法律若干问题的解释》第7条、第8条的规定，对于网络服务商教唆或者帮助用户实施侵权的，将构成直接侵权，不受“避风港”庇护。

〔3〕崔国斌：《论网络服务商版权内容过滤义务》，载《中国法学》2017年第2期。崔国斌：《网络服务商共同侵权制度之重塑》，载《法学研究》2013年第4期。

〔4〕参见欧盟《电子商务指令》第15条规定的“no general obligation to monitor”，以及我国2012年的《最高人民法院关于审理侵害信息网络传播权民事纠纷案件适用法律若干问题的解释》第8条第2款规定的不能以“网络服务提供者未对用户侵害信息网络传播权行为进行主动审查”认定其有主观过错。

国DMCA中“避风港”原则仅适用于版权纠纷领域，欧盟以及我国均未对“通知－删除”程序的适用做出权益类型的限制，因而可以得出我国立法应当是允许“通知－删除”程序适用了侵犯消费者权益的纠纷领域的。同时，从实践来看，出于法律和竞争的双重激励，国内大型的电商平台均已构建了类似于“通知”、“反通知”等程序的消费纠纷处理机制，激励消费者投诉，帮助平台运营者发现侵权，提高纠纷解决率，吸引经营者和消费者，提高自己的商业竞争力。[1]

综上，《电子商务法》第38条第一款规定的是电商平台对平台内经营者侵犯消费者人身、财产安全等权益的侵权行为的过错责任原则，应当以得到各国立法和司法实践认可的网络平台责任的“避风港”原则和“红旗”原则为参照，依据电商平台的商业和技术模式判定其是否“知道或者应当知道”，尊重电商平台的商业自由，审慎界定其“过错”的范围，防止电商平台一般内容审核义务的扩大化，考虑允许甚至激励“通知－删除”程序的适用。

三、《电子商务法》确立的电商平台责任的归责原则之二：基于事前风险管控的过错责任

《电子商务法》第38条的第二款是新增条款，应当理解为特定情形下（涉及消费者生命健康的商品或服务）对第一款过错责任的调整，有在利益相关主体之间依据责任承担能力的强弱进行风险的分担，平台承担一定的事前消费风险管控的义务，仍适用过错责任的归责原则，但是对第一款过错责任的补充，以更好的保护消费者合法权益。该危险责任的理论证成需要回答以下两个方面的问题：第一，需要论证该预防技术致害的义务归于电商平台的合理性，第二，如何理解该风险预防管控的过错责任与38条第一款的电商平台过错责任之间的关系。

针对第一个问题，首先，设置电子商务平台针对平台内经营者销售的涉及消费者生命健康的商品和服务的过错责任，是以风险预防成本分担的逻辑替代在具体侵害中的过错逻辑进行责任划分，以更好的应对电商平台所带来的技术风险和组织风险，类似于现代侵权责任法所构建的过错责任与危险责任并立的“二元”归责体系相契合。近代侵权法建立在个人理性的基础之上，以过错责任为基本归责原则。意思自治与过错责任是一个硬币的正反面，过错责任则以个人主观过错的大小确定责任的范围，因此侵权立法的目的不在预防侵害和限制自由，而是维护个人自由和意

[1] 例如根据淘宝、天猫等电子商务平台的《平台争议处理规则》，通过设置争议买卖双方的举证规则和程序，平台居中受理提交的在平台规则范围之内的消费纠纷。参见《淘宝平台争议处理规则》，网址：https：//rule. taobao. com/detail－99. htm？ spm＝a2177. 7231193. 0. 0. 505e17eaEEuIHC&tag＝self，最后访问时间：2018年10月5日。

思自治。[1]随着社会科技的进步和大型组织化生产方式的普及，过错责任已无法满足现代风险社会应对大型工业致害的需求，仅以行为人主观过错论责，无过错即无责任，会使大量的伤害停留在原地，使被害人无法得到救济。[2]侵权法的功能也应与时俱进，主要表现为个人理性让位于社会理性，危险责任出现以兼顾“行为自由、受害人保护与社会正义兼顾的混合正义”，体现了对个人行为自由的限制和对损害救济的优先关照。[3]《中华人民共和国侵权责任法》即确认了过错责任与危险责任“二元”并立的归责体系，以应对多元正义的社会诉求。[4]《侵权责任法》通过类型化列举的方式，对现代工业危险责任以及工业灾害以外的传统危险责任予以规定，大致可分为危险物致害、危险行为致害和饲养动物致害三大类。[5]在危险责任的归责原则方面，严格责任得到广泛适用，同时面对多样化的危险类型，过错推定等相对严格责任也有适用，并辅之以责任减免的条款，呈现归责原则多样化。[6]如《中华人民共和国侵权责任法》第九章规定了现代工业生产中的高度危险作业致害的危险责任，包括危险行为和危险物致害责任：民用核设施事故，民用航空器致损，占有或使用易燃、易爆、剧毒、放射性等高度危险物，从事高空、高压、地下挖掘活动或者使用高速轨道运输工具造成他人损害的，适用严格责任；对于遗失、抛弃高度危险物致害，非法占有高度危险物致害的，适用客观化的过错责任。对于传统的危险责任，如第十章规定的饲养动物致害，适用相对严格责任，类似于过错推定，饲养人可以以未违反管理规定，并采取了安全措施为抗辩理由。[7]而《中华人民共和国侵权责任法》第37条对公共场所管理者和群众性活动组织者的管理责任的规定虽不属于技术风险而是组织风险，也应归为以风险预防目的危险责任的类型之一。[8]

《电子商务法》38条第二款所规定的电商平台的安全保障义务及其附随责任与以上列举的危险责任既有相似性又有差异性。相似性主要体现在电子商务对新技术

---

〔1〕朱岩：《风险社会与现代侵权责任法体系》，载《法学研究》2009年第5期。

〔2〕叶金强：《风险领域理论与侵权法二元归责体》，载《法学研究》2009第2期。

〔3〕龙卫球：《〈侵权责任法〉的基础构建与主要发展》，载《中国社会科学》2012年第12期。

〔4〕《中华人民共和国侵权责任法》第1条、第6条、第7条。但值得指出的是，无过错责任并非完全对等于危险责任，《中华人民共和国侵权责任法》实际上并未对危险责任做出概括性的一般规定，而是采取列举的方式加以规定。参见龙卫球：《〈侵权责任法〉的基础构建与主要发展》，载《中国社会科学》2012年第12期。

〔5〕江平：《民法学》，中国政法大学出版社2015年版，第529～548页。

〔6〕对于不同类型的危险责任归责原则的分析，参见龙卫球：《〈侵权责任法〉的基础构建与主要发展》，载《中国社会科学》2012年第12期。

〔7〕《中华人民共和国侵权责任法》第十章。参见龙卫球：《〈侵权责任法〉的基础构建与主要发展》，载《中国社会科学》2012年第12期。

〔8〕朱岩：《风险社会与现代侵权责任法体系》，载《法学研究》2009年第5期。

和商业模式的创新应用可能带来消费者风险，属于危险责任的范畴。风险是现代工业社会的重要特征。电子商务是现代信息科技催生的新的生活方式，在带来社会福利进步和生活便利的同时也伴随着无处不在的潜在风险，如网上购物面临着个人数据泄露和滥用的风险，网约车平台可能带来客户人身安全的风险，类似于核电站可能面临的核泄露风险，民用航空器事故致损等风险，可以被人们预测危险发生的概率，现代高科技虽有风险但在社会可接受范围内会极大促进社会福利。同时电子商务的消费者风险又区别于人工智能对人类社会走向的未知影响、转基因产品对人体健康的不确定性影响等，人类对其风险并非处于完全无知状态。高科技所带来的风险有些可归责于行为人的"错误"，有些则只能归结于当前状态下人类整体的"无知"；因此，基于风险的产生是否具有可归责性，风险分为两类：一类是人类对超出既定知识水平和认知能力之外事物的客观无知所造成的风险，而弥补这类无知的知识目前是不存在；第二类风险本质上则是技术与商业运作的不透明造成的信息缺失或者不对称带来的势能差，通过制度建设提高信息透明度，打破"黑匣子"（black box）的技术运行状态，可以进行一定程度补救。[1]然而，"无知"与"已知"并非是非黑即白的两种状态，而是如一个光谱（spectrum），呈现渐变的过程因而有程度之分，中间会有大量的交织地带。[2]美国经济学家奈特主张区分风险与不确定性，风险用来特指那些虽然不被具体确知但可度量其发生概率的侵害，而不确定性则指一种即不知具体也不可度量的状态。[3]电子商务产业发展所带来的危险区别于尚无科学定论的转基因食品的安全性，显然不属于完全未知的技术不确定性，而是可以预判概率的技术应用风险，同时与"有组织的不负责任"的组织过错相叠加，最终造成侵害的发生。[4]《中华人民共和国侵权责任法》中的危险责任并未涉及对完全由技术不确定性引发的风险责任的规定，同样的《电子商务法》所做的也是加强对日趋发展成熟的电子商务风险的技术规制。

电子商务中的消费者风险并不属于无法预知概率的技术不确定性，而是信息技术催生的新商业模式对已有规制规则的挑战。电子商务平台延续了互联网平台的社交属性，打破传统企业的边界，创新资源配置的方式，充分释放了个人的商业潜力，实现人力与物力资源跨越物理界限的高效配置。[5]但同时，电子商务也可能释放"企业"面具荫蔽之下的人性的阴暗面。作为商事主体，无论是"法人"还是

〔1〕关于对"无知"所引发的风险的两种分类的简单讨论参见金自宁：《风险规制与行政法治》，载《法治与社会发展》2012年第4期。

〔2〕金自宁：《风险规制与行政法治》，载《法治与社会发展》2012年第4期。

〔3〕参见［美］弗兰克·H·奈特著：《风险、不确定性与利润》，王宇、王文玉译，中国人民大学出版社2005年版，第147～171页。

〔4〕高盼、邢冬梅：《乌尔里希·贝克技术风险思想探析》，载《科技管理研究》2017年第12期。

〔5〕胡凌：《"非法兴起"：理解中国互联网演进的一个视角》，载《文化纵横》2016年第5期。

"非法人团体"，其设立与经营都受到的法律准则约束，以保障交易相对人和广大消费者的合法权益，是管束之物，而非自由之物。"法人"等法律人格的创设要求"法人"信息公开透明，以及劳务关系中用人单位对工作人员侵权的完全替代责任的制度设计，[1]都是法律降低商业风险，约束人性之恶，保护市场秩序和消费者权益的手段。电子商务平台使大量的，不受劳务关系约束的自然人民事主体成为提供商品或者服务的商事主体；对于大量的个人的互联网商事行为一方面政府直接监管显得鞭长莫及，另一方面依赖商业组织对被雇佣的个人的契约约束的间接治理纽带也被模糊和弱化；广义上，商品或者服务提供者即平台内经营者也属于电商平台的用户，而非雇员，故不受劳务关系的雇主替代责任的约束。监管制度的空白造成买方、卖方、电商平台之间的信息与权力不对称，电商平台的责任制度则应运而生。

与过错责任相比，危险责任所适用的严格责任或者过错推定等客观化的过错责任，在面对技术与经济实力强大的电子商务平台提供者时，更有利于预防"有组织的不负责任"。在社会理性逻辑中，面对组织化的现代技术致害，"过错责任"可能造成的"将损失留在原地"[2]的后果，并不符合侵权责任制度的经济学理性。个人理性以法律上抽象平等的自然人为制度安排的出发点，而没有考虑作为人的联合体的现代组织形态等占有着远远超出自然人的社会资源，因而无法考虑具体的权力势能差，尤其无法回应应当受到调控的权力不平等状态。当损害是大型的组织化生产造成的，将损害留在被害人处，得不到补偿，显然是不符合法律的公平价值，而损害得不到补偿也不是社会效益最大化的制度安排。无过错责任或者过错推定原则不考虑行为主体的主观过错状态，或是通过设置相关主体的安全保障义务进行过错的客观化，实现社会风险在相关利益主体之间的合理分担，在现代工业致损的侵权补偿方面，要比过错责任更加公正和理性。

同时，在差异性方面，电子商务的风险也有别于核电站、民用航空器风险，不应适用绝对严格责任。后者属于本身具有高度技术风险的现代科技应用，其高风险主要来自于技术风险本身，更加依赖人类科技水平的进步来降低风险；而电子商务的风险则属于现代信息技术催生的新的交易模式释放出的技术风险与组织风险的叠加，类似于商场、车站等组织大型商业交易服务的场所，其风险很大一部分属于法律对于新技术和商业模式的监管制度缺失导致的"有组织的不负责"造成的，技术在其中的作用更加中立，制度因素起重要作用，电子商务致损与信息技术之间的因果关系要远远弱于损害和技术监管制度缺失之间的因果关系。因此，根据技术本身风险的大小以及技术与损害结果之间因果关系的强弱，风险越大，责任越大，电子商务平台的危险责任不应当被解读为类似核电站或者民用航空器高度危险责任的绝

---

[1] 参见《中华人民共和国侵权责任法》第34条、第35条。

[2] 叶金强：《风险领域理论与侵权法二元归责体系》，载《法学研究》2009年第2期。

对严格责任，严格责任将会导致信息技术开发者的过重责任，增加互联网创新的社会成本，不利于竞争和创新；而应参考《侵权责任法》第37条，应当是相对严格责任，即以电子商务平台的安全保障义务为内容的客观化的过错责任；含过错推定的意味，但如下文将要讨论的电商平台危险责任与过错责任的关系问题，其责任内容也区别在“避风港”原则和“红旗”原则下的过错责任内容。

四、电子商务平台责任与互联网平台过错责任的理论调和问题

对《电子商务法》第38条的准确解读还需要妥善处理第一款的电商平台过错责任与第二款的事前风险管控的过错责任之间的关系，从而合理定义电商平台的消费者安全保障义务的范围和内容，达到两种归责原则在网络平台责任治理理论与实践中的协调。电商平台的危险责任代表了网络平台责任制度从强调平台对第三方侵权的间接归责与豁免制度发展成为对电商平台自己责任、直接责任的规定。第38条体现了电商平台责任的两种归责路径的并存，扩展了平台责任的制度功能，更有利于实现法律对于电子商务产业中多方主体多元利益的关照，但还需要从归责原则、适用范围和条件（包括电商平台的可归责性）、责任内容等方面对二者区分异同。

长期以来，国内外的网络平台责任制度以应对第三方用户侵权为主，认定平台在用户内容侵权中的替代或者帮助侵权责任，并且以“避风港”原则和“红旗”原则为限的注意义务范围，是一种过错责任，包括一般过错和过错推定。具体来讲，对互联网服务商进行归责首先需要满足服务商对具体用户侵权行为的“知道或者应当知道”的主观状态，其次服务商未采取必要措施阻断侵权继续。1998年的《美国千禧年数字版权法》第512条规定了四类互联网服务受到“避风港”（safe harbor）规则的庇护：数据传输、路由与连接服务，系统缓存，信息储存，和信息定位服务。[1]类似的，欧盟2000年的《电子商务指令》第12－14条中规定了信息传输（mere conduit）、缓存（caching）和信息托管（hosting）服务等三类互联网信息服务针对第三方内容侵权商务责任豁免。[2]同时该指令的第15条明确禁止法律要求网络平台承担一般的内容审查义务，或者要求平台主动发现侵权事实的存在。从域外立法经验来看，信息传输服务提供者如果未主动发起信息传输，未对信息接收对象进行筛选，未筛选和修改所传输信息的内容，则不需要对所传输内容的侵权承担任何责任。而对于信息托管、定位类服务，对信息内容侵权不实际知道（actual knowledge），也并未意识到明显的、可推定信息内容违法的具体事实和情形的存

---

〔1〕参见《美国千禧年数字版权法案》Section512（a）－（d）.

〔2〕参见欧盟《电子商务指令》第12～14条。

在（awareness），即不明知也不应知；[1]同时，服务商在获得此种知识或者意识时候，如接到侵权通知，能够立即采取删除、断开链接等措施，则可以获得责任的豁免。此款规定当然适用于服务商通过“通知 - 删除”程序获得“避风港”规则下的责任豁免（一般过错），同时也应包含服务商对于用户侵权满足“应当知道”的过错推定原则的前提下（“红旗”原则），主动采取删除、屏蔽、断开链接等措施，能够获得责任豁免（过错推定）。[2]《电子商务法》第38条第二款改变了这一归责路径，一、二款共同形成了电子商务平台的第三方过错责任和自己责任的并存互补。

从归责原则看，电商平台安全保障义务代表了电商平台责任的进一步客观化，不以电商平台的主观过错，即对具体内容违法的“知道或者应当知道”为归责原则，而是以平台是否履行安全保障义务，以及与致害结果之间的因果关系为归责主要依据，属于过错客观化的相对严格责任。如上文所述，38条第一款规定的是电商平台对于第三方侵权的过错责任，以平台对该具体侵权事实的“知道”或者推定“应当知道”，以及平台是否在该主观状态下采取必要措施避免损失扩大，为归责依据。而第二款的安全保障义务则是设定了电子商务平台运营企业的法定平台治理责任以提高整个电子商务行业的消费者权益保障的力度，该款要求电商平台对涉及消费者生命健康的商品和服务承担安全保障义务，是一种自己责任和直接责任，是法律直接介入平台运营，对其直接规制，要求平台企业对自己的技术和商业运用过程和结果负责，不属于针对第三方侵权的替代责任或者帮助责任等间接责任的问题，将会很大程度上改变现有的电子商平台技术和商业运营模式。

从适用范围和条件来看，根据国内外网络平台责任制度的理论和实践经验，排除“避风港”的庇护，要求信息发布、存储和定位服务平台（如电子商务平台）对平台内的用户内容承担直接责任至少需要满足以下几方面的条件。首先，国内外网络服务商的“避风港”原则的立法和司法实践表明，信息服务的“中立”（neutral）“被动”（passive）“自动”（automatic）和“技术性”（technical）是网络服务商获得“避风港”责任豁免的前提条件。[3]相对的，如果网络信息服务商在内容生产和传播中占据“主动”（active）角色，因此获得对内容更多的控制能力，则不再适用“避风港”原则，应当承担内容把关责任（帮助责任或替代责任），甚至自己责任（如安全保障义务）。而如何判定平台占据“主动”角色，各国司法实践的尺

---

〔1〕 参见欧盟《电子商务指令》第14条。

〔2〕 参见我国2012年《最高人民法院关于审理侵害信息网络传播权民事纠纷案件适用法律若干问题的解释》第9条至第12条的列举性规定。

〔3〕 参见欧盟法院在Google France案中的判决意见，网址：http：//curia. europa. eu/juris/document/document. jsf? text = &docid = 83961&pageIndex = 0&doclang = EN&mode = lst&dir = &occ = first&part = 1&cid = 633695.，最后访问时间：2018年10月16日。

度不一。一般来讲，可以分析网络服务商是否直接从该内容分享中获取经济利益和是否主动介入内容生产和传播过程等因素来判断。例如，欧盟法院认为不能仅因为Google从中获取直接经济收益，而判定其在广告内容生产中占据主动角色。[1]类似的，我国司法解释认为如果网络服务商从用户上传作品中直接获得经济利益，如针对该特定内容投放广告等，应当认定其对用户版权侵权行为负有较高的注意义务。[2]2017年欧盟法院在Stichting Brein vs. Ziggo案中的判决则认定P2P内容共享网站提供者，明知其介入会带来的侵权后果，还以设置搜索引擎或元数据索引的方法使用户能够通过其P2P网络定位和分享版权作品，构成欧盟2001年《信息社会指令》第3条第一款的"向公众传播"（communication to the public），属于直接侵犯版权的行为。[3]我国司法实践也以网络服务提供者是否主动对信息内容进行"选择、编辑、修改、推荐"等操作来判断其是否应知侵权内容的存在，从而进一步具体判定其责任形态。[4]在消费者权益保护领域如何区分适用38条的两种归责原则应当参考在用户贡献内容版权侵权方面界定网络服务商的间接责任和直接责任的比较成熟的实践经验。认定电子商务平台对消费者权益的责任基本原则应当是，如果电子商务平台的信息服务对消费者个人领域的主动介入越多，则应当对消费者权益承担更高的保障义务，直至从责任豁免、到间接责任再到自己责任（安全保障义务）。

具体来讲，许多情况下电子商务平台服务在组织个人化、碎片化资源的线上交易过程中占据着主导的核心位置，平台经营者组织了一个新的交易场景，为买卖双方进行积极的个性化的服务匹配，如果对商品和服务提供者资质资格和商品服务质量的把关不严可能开启一个风险源，如滴滴"顺风车"案；并且随着大数据和智能算法的广泛运用，电商平台利用其技术积极地对平台内消费者进行个性化的服务规划和商品推送，平台决定商品与服务如何展示、推荐、和匹配，甚至可能利用大数据"杀熟"。[5]在目前的许多技术和商业模式下，平台已经很难被界定为中立被动信息服务提供者，电商平台不仅在居中传输信息流，很大程度上在创造新信息流，如"滴滴平台"根据对客户个人信息的分析自动匹配司机与乘客，提供个性化服务，滴滴平台实际参与了该信息流的产生，甚至直接创造了司机与客户之间的信息

---

〔1〕同上。

〔2〕参见2012年《最高人民法院关于审理侵害信息网络传播权民事纠纷案件适用法律若干问题的解释》第11条第1款。

〔3〕参见欧盟法院Stichting Brein vs. Ziggo案的判决，网址：https://eur-lex.europa.eu/legal-content/EN/TXT/HTML/?uri=CELEX:62015CJ0610&from=EN.，最后访问时间：2018年10月16日。

〔4〕参见2012年《最高人民法院关于审理侵害信息网络传播权民事纠纷案件适用法律若干问题的解释》第9条第3款。

〔5〕"飞猪、滴滴大数据'杀熟'没商量"，网址：http://tech.ifeng.com/a/20180313/44905182_0.shtml.，最后访问时间：2018年10月16日。

流。在这样的商业背景之下，技术与商业运营已经主动介入消费者的个人领域，影响其决策，甚至代替用户做出决策，继续责任豁免显然有失公允，法律介入平台技术和商业运营，要求其承担消费者安全保障义务，保护作为消费者的个人用户，是有合理依据的。

依据电子商务平台的安全保障义务的归责理由首先不是电商平台对具体侵权行为的“知道”或者应当知道，而是依据法定标准判定电商平台是否设置了合理的平台治理机制，其机制是否能够充分保障消费者的生命健康权益，而其承担责任的依据应当是其平台治理机制的整体性缺失或者失灵。安全保障义务也不是针对具体侵权行为的无过错责任，因为电商平台对平台内经营者的控制力不可能达到饲养人对宠物狗那样的控制程度，因而法律不能要求不可能，要求电商平台对平台内的每一个具体侵权行为承担严格责任。[1]法律只能转而要求电商平台通过采取技术措施和制度措施，在其能力范围之内最大限度的降低电子商务的消费风险。合理的平台治理规则和程序，如进行资质资格审核、产品质量审核、对平台所用大数据分析和算法的实质和程序正当性的治理、消费投诉处理机制建设、应急处理预案等等。而对自动化技术措施的采用将会大大降低制度的实施成本，提高制度的效率。其次对电商平台依据第二款归责需要因果关系的存在，即判断安全保障机制的缺失或失灵与损害发生之间是否具有因果关系。一般来讲，因果关系是推定成立的。但是，在一些特殊情况下，例如滴滴司机在驾驶过程中突发急病致使交通事故，或者出现第三人致害，[2]而滴滴平台能够举证证明其已经设置了充分有效的危险防范和应急处理的程序，仍然无法避免该偶尔性事件的发生，从而证明此时平台的安全保障义务与损害发生之间并不具有必然的因果关系，滴滴平台可以承担补充责任（参考《中华人民共和国侵权责任法》37 条第 2 款），或仅需酌情对受害者进行适当的补偿，而不应当依据过错推定，承担连带侵权责任。这也充分说明了电子商务业务，尤其是从事具有一定危险性的业务的，如组织公共交通运输，销售涉及消费者生命健康权益的产品，完善服务和交易的各个环节中对相关主体的保险机制、产品和服务质量担保机制等，进行风险进一步的社会分担是很有必要的。[3]

从责任内容角度来看，首先，消费者安全保障义务的边界的界定需要考虑制度成本，能够内化责任成本。构建合理的治理机制，保障消费者权益一方面应当成为

---

〔1〕“网约车与出租车谁更安全？大数据揭示的事实、情绪与媒体理性”，网址：http：//www.banyuetan.org/kj/detail/20181008/1000200033136211538976680966624922_1.html.，最后访问时间：2018 年 10 月 16 日。

〔2〕又如因快递公司的问题导致商品质量瑕疵的，此时应当允许平台以第三人致害进行抗辩。

〔3〕如旧金山的一起 Uber 司机交通事故暴露了 Uber 保险制度的缺陷，因为 Uber 保险并未覆盖 Uber 司机在两单 Uber 业务之间所发生的驾驶事故，网址：https：//techcrunch.com/2014/01/02/should-car-services-provide-insurance-whenever-their-driver-app-is-open/. 2018 年 10 月 17 日访问。

电子商务平台运营所必须付出的成本，但另一方面其义务范围应当与平台的技术和商业实力相匹配，不能要求不可能，从而造成过高的制度门槛和合规成本，阻碍竞争与效率价值的实现。另外过度的安全保障也可能导致平台对用户私人领域的过度干扰、造成侵犯隐私和信息自由的危险。制度的经济理性决定合理的义务水平应当考虑两方面的边界。一方面，法律应当对平台所需采取的技术措施和治理制度、所应达到的平台治理水平做出一个最低限度的规定，防止逐底竞争。参考国外的立法例，早在《美国千禧年数字版权法案》中就要求平台采取制止反复侵权者的政策，并达到可兼容行业通行的技术措施以协助权利人版权实施，作为网络服务商获得“避风港”责任豁免的条件，作为平台运营商所必须承担的自己责任。[1]所谓的行业通行标准是指版权人使用的以识别和保护版权作品的技术措施；并且该技术措施的发展必须符合版权人与网络服务商通过公开、公正、自愿和跨行业标准协商过程达成的广泛共识，第二，该技术措施能够被任何人合理和无差别的获取；第三，该技术措施不会给网络服务商的系统或网络造成过高的成本或负担。[2]这些检验平台技术责任和制度责任边界合理性的标准在消费者安全保障义务的构建中仍有参考价值。并且行业通行的技术标准是动态发展的，合理成本的边界也随之变化，从而影响平台所应采取的最低限度的技术措施。随着自动化技术的发展，网络平台被期待承担更多的义务与责任。另一方面，在底线责任之外，同时在尊重法律的禁止性规定的前提下，法律应当允许电商平台做出更有利于消费者权益保护的承诺。例如《中华人民共和国消费者权益保护法》第44条规定了电子商务平台在赔偿责任方面如果做出更有利于消费者的承诺，应当履行该约定义务。[3]这一规定将激励电子商务平台企业研发新技术和构建新制度，在提高平台技术水平的同时注重平台技术的社会责任，同时，激励其平台内容治理制度安排兼顾各方主体的利益平衡，以在差异化竞争中取得优势地位，内化合规成本，最终提高整个电子商务行业的消费者权益保护力度。

其次，平台责任制度本身是在互联网环境下实现法律所追求的实体价值的工具，如何选择平台责任归责路径，是否打破间接责任对平台商业自由的庇护，需考虑所要保护的法益的类型，以及多元利益之间的平衡。第一，从法益类型来看，所要保护的法益对个人尊严和公共秩序来说必须足够基本和重大，一般是被法律认定为属于个人基本权利范畴的重大法益，具有不可让与性和不可折中性，才支配得起法律对平台商业自由的直接介入（尤其在网络平台并非直接侵权人的情况下），采取义务本位的强规制路径，如在欧盟语境下的个人数据隐私权保护、以及我国《电

---

〔1〕 参见《美国千禧年数字版权法案》Section512（i）（2）.

〔2〕 参见《美国千禧年数字版权法案》Section512（i）（2）.

〔3〕《中华人民共和国消费者权益保护法》第44条。

子商务法》第38条第二款对消费者生命健康权保护。而如果是版权等具有私法属性的经济性权益的保护，往往采用网络平台的过错责任制度就足以为多方利益主体利益平衡和自由协商的制度空间。第二，多元利益平衡是网络平台责任制度的实质内容。即便是基本权利的保护也可能存在利益冲突，需要平衡。早期的“避风港”原则下的平台过错责任制度是一种针对中立互联网信息服务商的多元利益平衡制度，并且在版权保护和互联网商业自由的平衡中向后者的政策倾斜，旨在以“通知-删除”为限的平台责任保护尚处于资本积累阶段的互联网企业，法律不过多干预互联网企业自身的技术和商业运营，降低合规门槛；[1]而禁止法律向互联网服务提供者施加一般的内容审查义务也是出于对信息自由和言论自由的保护。互联网平台企业已经成长为技术巨擘，拥有提供更高力度的个人权利和公共利益保护的技术和商业实力，互联网的商业模式也更加复杂，原来的利益平衡可能被打破。利益平衡也更复杂。如2012年的Google Spain案就彰显了在欧盟个人数据保护的立法框架下针对搜索引擎索引的公开信息实施个人“被遗忘权”可能造成的数据隐私保护与搜索引擎商业自由、以及互联网信息自由之间的冲突。[2]平台责任制度的选择需要考虑该技术措施和治理制度的执行成本和社会效益，评估其对个人隐私权、信息自由、消费者生命健康等人身权益等公民基本权益的影响，对作为商事主体的电商平台，甚至对于执法者和法官而言，都不是一个简单的任务。

最后，电子商务平台对消费者生命健康权的直接责任体现了平台责任制度从行为规制到技术规制的功能扩展，体现两种责任的并存。一般来说，对电子商务平台施加直接的自己责任为了规制技术，使技术的商业应用符合法律的基本伦理和价值追求，是直接施加于技术开发者的自己责任，如“隐私设计”（privacy by design）意在使尊重隐私贯穿整个技术研发流程中，发展对隐私权负责的技术系统，[3]“隐私设计和隐私默认”（data protection by design and by default）已经成为欧盟《一般数据保护条例》中数据控制者的一项基本义务。[4]电子商务平台的消费者安全保障义务是一种技术规制的制度安排，旨在对电商平台技术的商业运作进行规制，发展对消费者负责任的电子商务平台技术，但是其义务范围明显超出了技术规制范畴，

---

〔1〕“红旗原则”之下的“应当知道”的推定也是以网络服务商自身所采取的技术和商业模式为依据来推定平台是否主动参与了内容的生产。

〔2〕参见欧盟法院 Google Spain vs Agencia Española de Protección de Datos（AEPD），Mario Costeja González，网址：http：//curia. europa. eu/juris/document/document _ print. jsf; jsessionid = 9ea7d0f130da667f0bd9c16a42f59cc392ac636e3889. e34KaxiLc3eQc40LaxqMbN4Pb3iSe0? doclang = EN&text = &pageIndex = 0&docid = 152065&cid = 136848，最后访问时间：2018年10月20日。

〔3〕Ann Cavoukian. Privacy by design in law, policy and practice [J]. A white paper for regulators, decision - makers and policy - makers, 2011.

〔4〕参见《一般数据保护条例》第25条。

也涉及平台经营者对平台内经营者资质资格及所提供商品和服务的质量的把关责任；同时，安全保障义务也不等同于无条件的行为控制和针对第三方过错的严格责任，其内涵包括对消费者友好型的电子商务技术系统的研发和应用，也包含合理化平台信息服务质量把关能力方面的组织、制度和程序构建。对于平台责任制度所肩负的复杂的利益平衡任务而言，合理的平台内治理制度和程序的构建往往能够为多方利益主体提供比技术措施更多的参与协商和利益平衡的制度空间。[1]

五、结语

社会实践是法律制度发展的风向标。过错责任的客观化和危险责任的出现是侵权法对现代科技发展所带来的技术风险和组织风险的制度回应。《电子商务法》针对消费者保护的网络平台责任制度是对电子商务的普及和商业模式多样化所带来的消费风险的回应，代表了平台责任制度进一步的客观化。随着互联网产业对信息技术商业应用模式的日益多样化，电子商务平台的基于具体过错的过错责任与基于风险的过错责任的并存将扩展平台责任制度规制不同信息技术和商业模式，容纳复杂利益平衡的制度空间。准确区分两种不同的平台责任归责路径是《电子商务法》合理规制平台商业行为的关键，也决定了在多大程度上继续保持对互联网平台化信息服务的规制政策宽容。平台责任归责原则的选择需要综合考虑多方面的因素：平台的技术和商业模式对消费者个人领域的介入程度、所要保护的权利的类型、以及根据制度的经济学理性考虑平台治理技术和机制的合理成本问题。然而，早期的“避风港”原则和“红旗”原则下的网络平台责任以“知道或者应当知道”为归责原则的一大制度优点就是平台责任范围的确定性，从而激励市场投资。[2]要求负责任的平台行为（socially responsible）不可避免的会造成平台责任内容过于宽泛与模糊，导致责任范围的不确定性，从而产生制度对市场的负外部性。[3]这一问题的解决除了需要进一步的司法解释在实体法上明确平台责任内容之外，电子商务平台应当开放其平台治理程序，从规则制定、执行到监督，构建多元利益主体参与与协商

〔1〕 例如国外学者对“隐私设计”这一数据保护义务范围的解读就认为法律规定很难无缝对接技术研发的整个过程，相比之下组织化措施可能比技术措施更有利于促进数据行业的隐私合规。参见 Bert - Jaap Koops, Ronald Leenes. Privacy regulation cannot be hardcoded. A critical comment on the ‘privacy by design’ provision in data - protection law. International Review of Law, Computers & Technology (2014) 28 (2): 159 - 171.

〔2〕 Annemarie Bridy and Daphne Keller, U. S. Copyright Office Section 512 Study: Comments in Response to Notice of Inquiry (March 31, 2016). Available at SSRN: https://ssrn.com/abstract = 2757197 or http://dx.doi.org/10.2139/ssrn.2757197

〔3〕 富勒：《法律的道德性》，郑戈译，商务印书馆，2003年版，第75~77页。

治理的良好治理框架，如保证客户对商品或服务的评价体系的客观和真实性，不仅能够有效分担平台治理成本，更能够提高其自我治理的能力和程序正当性。而这一开放的平台自我治理模式也是《电子商务法》所倡导的电子商务平台治理的发展方向。[1]

---

〔1〕 参见《电子商务法》第7条。

个性化推荐算法的特征与规制路径研究*

张凌寒 于清华**

目 次

互联网信息过载，与快节奏的社会生活产生冲突，大数据技术发展，算法技术取得突破性进展，互联网进入服务网络时代，推荐算法大行其道。推荐算法提供的个性化定制服务，既能节约时间成本又能深度挖掘个人兴趣爱好给用户带来前所未有的服务体验，更是解决信息过载与快节奏生活之间的矛盾的绝佳手段。然而关于个性化推荐算法在近年来也出现的一些代表性事件，如Facebook影响美国大选、短视频平台低俗视频精准推送、大数据杀熟、朱某诉百度网侵权案等也暴露出了推荐算法会造成算法损害，现有法律在这一方面还存在规制空白。

推荐算法是大数据时代下的新兴产物，其存在与广泛应用是社会发展之必然，但是将焦点全部投放于技术突破，再倒逼道德与法律规制，不利于企业和行业的发展。而现有的法律框架还不能很好的平衡二者之间的利益冲突，但世界各国都在这一领域进行积极地尝试和探索，我国也在积极的做出努力。规制个性化推荐算法首

---

* 本文以《〈电子商务法〉平台责任“管道化”问题及其反思》为题，刊载于《北京航空航天大学学报（社会科学版）》2018年第6期。

** 张凌寒，北京科技大学副教授，北京航空航天大学博士后研究人员，吉林大学法学博士。感谢龙卫球老师在本文撰写过程中给与的悉心指导，文中的错误与疏漏自负。于清华，东北师范大学政法学院2017级硕士研究生。

先就要厘清个性化推荐算法运行各个阶段的实质与特征，探究出每一个步骤所涉及的法律难题，以此才能构建出与之相匹配的规制路径。

一、个性化推荐算法特征

个性化推荐算法的原理即通过算法深度挖掘用户在互联网上产生的零散化、碎片化的数据和个人信息，进行用户画像，预测出用户的群体属性、行为偏好甚至是生活习惯等，再根据算法生产者或者经营者的相关目的，将与用户高度关联性的内容推荐给用户。个性化荐算法的应用具广泛性。用户在百度搜索某些关键词，随之会在打开的其他网页中看到与键入关键词相关的广告推送；淘宝2013年提出“千人千面”算法，根据用户的数据划分用户层次，实施定位营销；以“你关注的就是头条”为口号的“今日头条”使用推荐算法实现了新闻推送的量身订制；美国FI-CO信用评分结合推荐算法依据风险资质分割融通以此实现风险控制；此外，京东、360、Google 、Facebook 等知名平台都致力于推荐算法的使用和升级，大大小小的互联网企业更是以突破推荐算法技术为追求，涉及到的行业包含了广告、购物、新闻、金融、交友、交通、住房等，可见推荐算法的应用并非局限在个别领域，而是存在于关乎社会生活的方方面面。

（一）个性化推荐算法收集、使用信息和数据具有隐蔽性

首先，推荐算法对个人信息和数据的收集方式具有隐蔽性。个性化推荐算法从用户web服务器上取出用户频繁访问路径序列建立用户模型[1]进行用户画像，用户在互联网上的注册信息、搜索的关键词、产生的购买记录、浏览页面的时间、历史评分记录、项目信息[2]、用户位置等零散化、碎片化的数据和信息是推荐算法进行用户画像“原材料”，算法获取的数据越庞大、质量越高，其产生的推荐结果的预测性的精度就高，因此获取并深度挖掘用户的信息和数据是开启推荐算法“魔盒”的第一步。信息数据获取的隐蔽性包含了两个方面。其一，告知义务条款通常隐蔽于冗长的服务协议或隐私协议之中，可读性差，即便是积极履行了告知义务，数据和信息的获取还存在隐形越界，据腾讯社会研究中心与DCCI互联网数据中心统计，高达96.6%的Android应用会获取用户手机隐私权，其中25.3%的android应用存在越界获取用户手机隐私权限的情况[3]；其二，获取数据的技术手段隐蔽，有一些

---

〔1〕 张龙飞、尹隽、王念新、葛世伦：《G2B公共服务平台个性化服务推荐研究》，载《信息技术》2015年第1期。

〔2〕 陈明志、陈健、许春耀、陈为旭、林柏钢：《一种基于PSO－FCM的网络虚拟环境信息推荐算法》，载《福州大学学报（自然科学版）》2011年第6期。

〔3〕 参见《网络隐私安全及网络欺诈行为研究分析报告（2017年一季度）》。

浏览器具有“do not track”功能，但是该功能的启用会给精准推送行业来来极大挑战，由于当前主要互联网标准组织尚未设立相关政策来规定网站应如何应对此类请求，因此又开发出了Etags、Flash cookies、HTML5本地储存和Evercookies等技术规避“请勿追踪”，这些技术的特点是能够在不告知用户的情况持续跟踪用户。

其次，推荐算法对获取信息和数据使用的限度具有隐蔽性。2018年3月Facebook泄露门事件[1]置于风口浪尖，推荐算法通过信息和数据的使用演变成一只操纵政治走向的权力的“无形的手”，更可怕的是其背后隐藏着8700万Facebook用户信息和数据的不正当使用[2]。通常算法获取信息和数据的限度难以判断，一方面，产品及服务的提供者为了规避法律通常采取概括式的格式条款履行法律规定的公开、明示义务，但用户并非总是能产生理性的认识；另一方面，产品及服务提供者收集使用用户信息和数据的目的、方式、范围等都无法判定，用户在享受网络服务时通常要做好牺牲个人隐私和数据的准备。

最后，推荐算法对获取的信息和数据的流通具有隐蔽性。数据共享成为了互联网和大数据发展的必然趋势，互联网产品及服务获取的信息和数据并非一家独享，数据和信息的流通给了哪些领域用户通常不得而知，一方面，爬虫技术能够使得分散在互联网上的信息和数据主动流入，汇集而成庞大的具有巨大经济价值的数据集合，这些信息和数据可能未经处理在暗网进行买卖，也可能通过匿名、假名等处理方式公开上市交易流通。

（二）机器学习存在算法黑箱

当前基于内容的推荐算法、基于协同过滤的推荐算法和基于时序流行度的推荐算法是当今应用较为普遍的个性化推荐算法，虽然其技术特征略有差异，但其工作原理都是依据不同原则，处理输入数据，最终生成内容与用户的关系作为输出。但是个性化推荐已然不再是简单的线性输出的数学流程，而是具备越来越强大的学习能力的复杂算法，随着机器学习的进步，推荐算法可以自己学习自我改进，甚至出现至今人类无法解读的现象，由于商业算法通常受到商业秘密的相关保护，以及缺乏对算法过程的适当记录，算法对公众而言就像是一个巨大的黑箱。

（三）推荐算法对用户进行分层分类歧视

个性化推荐大量应用于新闻、媒体、广告、社交等领域，其产生的内容包含了

---

〔1〕剑桥分析（Cambridge Analytica）的数据公司窃取了5000万Facebook用户资料，根据每个用户的日常喜好、性格特点、教育水平，预测他们的政治倾向，进行新闻的精准推送，达到洗脑的目的，间接促成了特朗普的当选。

〔2〕王小侠、李畅：《从“Facebook”数据泄露事件浅析个人信息权利保护》，载《长春理工大学学报（社会科学版）》2019年第1期。

社会生活的方方面面。个性化推荐系统在20世纪末成为独立的研究领域，它模拟了人们习惯于听从外部建议进行决策的心理机制[1]，个性化推荐算法帮助人们过滤掉与自身认知偏好不相关的内容，推荐用户感兴趣的内容更能能满足用户需求。但是推荐算法通常是根据包含用户的浏览数据、日志等在内的信息和数据对用户的划分层次，根据不同的定位向用户推送不同的内容。

二、个性化推荐算法存在的法律风险

个性化算法推荐能让人们在信息过载的生活中以最少的时间得到最感兴趣和最关心得信息内容，大量降低用户的筛选成本和时间成本，成为内容网站和内容APP的标配，但是随着个性化推荐的大面积渗透，人们却也逐渐走入了一种微妙而危险的境地。推进算法的的特征包含了三个维度，这三个维度也都蕴含了三个维度的法律风险。

（一）知情同意虚化，信息与数据权利无从保障

知情同意是指对个人信息的收集利用，必须经过本人充分知情前提下的同意，旨在维护个人自主，使信息主体得以自治自决而不被他决[2]，然而推荐算法对用户信息和数据的收集、使用和流通的隐蔽性则导致了知情同意在信息和数据的合法性收集，合理化利用以及安全性流动方面的虚化，信息和数据主体失去了对数据本该享有的权利。

其一，现有的知情同意体系并非真正实现意思自治。知情同意原则实际上是意思自治原则在个人信息保护领域的个性化表达，然而由于推荐算法的特征以及用户自身认知水平的限度，用户对个人信息和数据的自决权利在被动弱化，意思自治作为保障个人信息和数据权利的第一道屏障的效应显然正在失效。其二，信息和数据的主体并非享有完全控制数据的权利。个人信息和数据蕴含巨大的价值，知情同意体系下个人权利通常发生让渡，数据主体缺乏对数据的支配、利用、删除、收益等权利的支配，甚至会反受其害。

（二）算法处理数据过程有风险，存在透明度难题

算法透明度即披露算法，将个性化推荐算法从设计到运行再到输出的整个过程

---

〔1〕 陈昌凤、师文：《个性化新闻推荐算法的技术解读与价值探讨》，载《中国编辑》2018年第10期。

〔2〕 石文静：《个人信息保护视野下的知情同意原则》，载《辽宁公安司法管理干部学院学报》2019年第1期。

中所涉及到的程序和内容进行披露，试图理解和记录为什么算法正在做它做的事情，并要求算法的操作规则、创建以及验证的过程完全公开。对于算法的透明性标准不仅应当包括算法数据的取得与使用，还应当包括负责人设计算法的道德规范，除此之外算法至少还应该披露：人类的参与、数据、模型、推理等。呼吁透明度的学者认为人们一旦看到整个过程中的一切，就可以根除不良行为，并且验证规则是否得到了遵守，因此披露算法实现算法透明是解决问题的最佳途径。

然而在实践中算法透明却很难实现。一方面是由于当前缺乏围绕算法过程的适当记录，在使用某些高度动态的算法模型时，即便是有生成记录也很难被理解，有观点认为只要开源代码就能解决透明度问题，但是对于算法的系统的规模和复杂性来说，即使是在源代码可用的情况下，也很难被理解，即便是有透明的算法，但是如果没有现实和历史作为语境也无法做到完全理解；另一方面则是由于在商业中的某些算法机动化决策系统的某些项目会受到《商业秘密法》、《计算机欺诈和滥用法》以及《数字千年版权法案》中的反规避规定的保护。

（三）个性化推荐内容形成信息茧房

人们的生活越来越离不开手机和互联网，手机与互联网对一是形态的塑造也产生了越来越大的影响，互联网本身的多元性应当使人们对讯息的选择更加理性，但个性化服务的利用不当，会使人们经年累月处于一个与自己价值观一致的可能是偏执的世界，个体意识逐渐被强化而不自知，长此以往接受信息的个性化推荐就形成了“信息茧房”[1]，个人被包裹在封闭的信息空间，生活在不断被相似价值观强化的孤岛上。2018年4月，火山、快手等短视频平台处现大量未成年人早恋早孕视频，这一事件算法推荐导致的低俗信息精准推送又引发问题的典型代表，为增加流量低俗视频被推上热门，当用户点击播放后，隐居在后台推荐算法又源源不断的向用户推荐此类视频，其内容在很大程度上影响了用户的价值判断。基于个性化推荐的新闻也是相似的“套路”，新闻本身的作用让群众了解社会正在发生的事情，从而提高对社会的关心和认同，发挥正面宣传和舆论监督的作用，引导着社会舆论和时代风尚，使群众 更多地了解社会现象背后的原因、规律、趋势等，更好地理解党和国家实施的大政方针和政策措施，增强凝聚力和向心力，促进社会的和谐稳定发展。然而基于个性化推荐的新闻并不能满足于个人的自我教育，在追求自我境界的提高的时候，个性化算法替我们自动化“过滤”了异议声音，形成“回音室”效应，用户的价值观在不知不觉中产生自我禁锢，在使用这些平台或者软件时只能接受这样的服务。随着技术不断更新、不断迭代，消费者察觉和阻挡数据获取和跟踪越来越难被，剥夺网络使用者选择的权的方式越来越隐蔽，从而使人们无法

---

[1] 吴霞：《信息的个性化推送和“信息茧房”的形成》，载《今传媒》2019年第1期。

拒绝。

三、个性化推荐算法的法律规制

（一）革新知情同意体系保障数据权利

对于个人信息的保护，现有的法律资源有诸多条款，《侵权责任法》中的隐私权概念，2012 年《全国人大常委会关于加强网络信息保护的决定》中有对企事业单位收集公民电子信息的要求和公民寻求救济途径，2013 年出台的《征信业管理条例》中征信业对个人信息的采集、整理、保存、加工和提供做出相关规定。2013 年更是突破性的出台了《个人信息保护指南》明确了 个人信息保护的属于和定义，为利用信息系统处理个人信息的活动起到了指导和规范的作用。但基于互联网的智能技术发展已经突破了传统的信息概念，个人信息与个人数据不能完全等同。在传统概念上，个人信息是指能够直接识别出某一特定自然人的信息，包括文本信息、电子或数字化信息以及图片、视频等一切形式的信息。个人数据则不同，个人数据并不一定识别出特定的自然人，而以碎片化形式存在的与个人有关的信息形式都属于个人数据。为规避法律对个人信息的保护，商业中通常采用匿名化技术规避风险，处理后的信息转化为匿名数据，而当前对匿名数据的使用还没有明确的法律法规，在欧洲，2017 年生效的《通用数据保护条例》将“用户画像”纳入了其法律规制的范围，对于“用户画像”的法律定位与规制更加明确。为了评估自然人的工作表现、经济状况、健康、个人偏好、兴趣、可靠性、行为方式、位置或行踪而进行的处理等“用户画像”行为，都受《一般数据保护条例》的管辖。但是除了个人信息以外，个性化推荐算法也会将以零散化、碎片化形式存在在的个人数据全盘接收，其中还包含了匿名数据。自 1997 年匿名技术[1]提出以来，发展至今理论和技术都愈加成熟，在大数据领域得到广泛应用。简单来说，匿名技术就是组织实体将收集、利用、存储与其他组织实体共享的数据中的个人信息一处的工具[2]，那么应用匿名技术产生的去掉个人信息后产生的数据就是这里所说的匿名数据。但是随着技术的发展，越来越多的实例表明匿名数据并不真正的“匿名”。然而在欧洲生效的《通用数据保护条例》（GDPR）的前言中规定了匿名化的标准和数据保护原则不适用于匿名化数据的内容，因而在欧洲匿名数据既不属于个人信息保护的范畴也不属于数据保护范畴。这样一来，“匿名数据”似乎成了法律的擦边球，但是匿

---

〔1〕 李清华、康海燕、苑晓姣、Li XIONG、任俊玲：《个性化搜索中用户兴趣模型匿名化研究》，载《西安交通大学学报》2013 年第 4 期。

〔2〕 汤琪：《大数据交易中的产权问题研究》，载《图书与情报》2016 年第 4 期。

名数据通过再识别等技术手段进行处理，仍然会关联到个人，对个人权利造成威胁，因此应当及时建立包含匿名数据规制规则在内的个人数据保护体系。

（二）适当披露、提高算法透明度

虽然透明度悖论普遍存在，但适当的透明度还是可以实现的，如美国计算机学会公共技术委员会（ACM）发布一项算法治理指导细则，其中规定了算法架构师、控制方以及其他利益相关者应该披露算法设计、执行、使用过程中可能存在的偏见以及可能对个人和社会造成的潜在的危害的义务和算法的设计者有披露驯服数据的采集方法、数据搜集过程中可能存在的偏见的义务，并要求模型、算法、数据和决策结果应有明确记录，以便必要时接受尽管部门和第三方机构审查。其中但是这份指导细则也包含了相关机构有权以保护隐私和商业秘密、避免恶性竞争等为由进行选择性披露。透明度应当贯穿于算法开发、运行到产生结果的始终，是“技术黑箱”理想的解决机制。

（三）赋予用户“个性化推荐拒绝权”

个性化推荐算法粗暴的将人们带入信息茧房，算法剥夺了人们筛选、获取信息的权利，为每个人订制了独一无二的信息世界，《中华人民共和国电子商务法》第十八条电子商务经营者根据消费者的兴趣爱好、消费习惯等特征向其提供商品或者服务的搜索结果的，应当同时向该消费者提供不针对其个人特征的选项，尊重和平等保护消费者合法权益。这条缘起于“大数据杀熟”的法律条文似乎赋予个人对个性化推荐的拒绝权或选择权，但仍不清晰。《欧盟通用数据保护条例》第21条就明确赋予了个人信息主体“拒绝权”。赋予公众拒绝权应当包括两层面。第一层应当是对个性化推荐算法进行“用户画像”具有拒绝的权利，另一方面则是《中华人民共和国电子商务法》第十八条中针对个性化营销的反对。

四、总结

个性化推荐算法是时代进步的产物，对社会生活的方方面面都起到了巨大影响，它为人们在信息过载的互联网时代给人们带来的便利毋庸置疑，人们的生活已经离不开个性化推荐，甚至需要更加“个性”的个性化服务，但是不能追求技术进步而忽视其弊端，互联网虽然开放共享，但是开放共享不代表可以滥用，算法技术难解，但不以意味就能逃避披露的责任，商业使用个性化推荐算法提供的是其核心服务方式，并不能因此而剥夺用户拒绝接受的权利，合理规制个性化推荐算法和规制推荐内容、保障用户权利与个性化技术创新并驾齐驱才能让人类在文明的路上走的更久、走的更远。

《电信法》视野下网络平台责任研究

——从规制网络平台与用户之间关系出发

徐 实*

目 次

一、导论

信息技术的不断发展与产业的繁荣造就了网络空间的兴盛，以 facebook、抖音短视频、微信等为代表的网络平台注册用户数量连年激增，甚至已经超越了单一国家的人口总数。对普通公众而言，在网络空间内，进行购物、社交、娱乐、参与公共事务等等一系列活动已经成为民众生活日常。而网络平台则正是这一切日常网络活动所发生的场所。随着资本和技术的“联姻”，超联结社会中超级网络平台不断崛起，掌握着巨量用户数据，其势力不断渗透并开始逐步主导各项社会公共服务。以 facebook 虚假信息干扰美国大选的事件来看，网络平台方的权力过剩已经开始影响到了国家治理层面，更遑论平台用户方的利益受损问题了。这也就意味着，保护网络环境，治理网络空间的重中之重就在于清理并严格规制网络平台。如果不通过

* 徐实，北京航空航天大学法学院讲师，美国印第安纳大学布鲁明顿分校法学博士，研究方向：知识产权法和网络法。

政府的有效手段与措施加大对于网络平台的引导与管理，不仅会损害个人利益，导致违法有害信息的蔓延，从而威胁网络安全，威胁国家安全，影响国家治理。2018年我国已经迅速出台了以电子商务平台为规制重点的《电子商务法》，而且2017年以来德国的《社交网络执行法》、法国的《打击操纵信息的法案》中也纷纷将网络平台作为直接立法规制的对象。这也就意味着各个国家都在不断的将规制网络平台作为其国家事务的重点。在电信立法的大前提下，通过立法的形式给予相关行政机关以监管调整网络平台的权力具有必然性和可行性。

随着技术的发展，网络平台的概念也在不断变更，不断完善。“平台”不仅体现于计算机技术环境中，更不断出现在经济学背景下，与法律背景下。总体而言，不论“网络平台”的表述有多少种模式，其本质概念在世界范围内是不断趋同且一致的。简而言之，国内外学者都基于互联网中立原则，将“网络平台”理解成为了扮演着提供中立服务的“网络中间人”（intermediary）。国内学者在整合了相关概念之后，总结出了网络平台的三大特征，即提供网络服务；平台上的信息是由平台用户或第三方提供；本质在于提供中介服务。[1]

由网络平台的概念及本质特征可以很明显的看出，网络平台方不仅控制着其平台上的信息流通渠道，也通过平台本身的如用户协议、平台公约等合同对用户行为进行严格规制。这也就意味着网络平台方不仅是扮演着所谓的“中间人”，它的服务模式就决定了其同时也在扮演着“执法者”的角色，而其“执法”依据、力度等因素则通通缺乏有效法律依据。面对着掌握着巨量数据、亿万资产的网络平台方，网络用户毫无疑问的处于极其劣势的地位，毫无公平科研。因此想要保护网络平台用户的相关利益，就必须要对网络平台进行严格且有效规制。

针对平台与用户间的关系模式，笔者将其分为了三类：平台与用户间的合同关系、用户数据保护、消费者权益保护。接下来，笔者将主要从美国、欧盟及我国如何处理应对网络平台与用户之间的具体关系出发，对中美关于网络平台的法律制度体系进行一个较为详细的梳理。具体则包括比如网络平台与用户之间存在着服务协议这种格式合同关系应当如何规制。

二、平台与用户的合同关系

网络平台的一个关键特征是平台，供应商和用户/消费者之间存在的三角契约关系。交易发生在所有/每个成员之间。比如，用户通过注册Airbnb等平台，必须同意该平台所提出的“一般条款和条款”的条件，从而与平台建立合同关系。然后用户才可以在大多数情况下与其他平台用户继续签订其他合同（例如出租公寓）。

---

[1] 周学峰、李平：《网络平台治理与法律责任》，中国法制出版社2018年版，第3～30页。

该平台通过提供支付、保险服务、退款政策、以及最重要的中介服务（协助缔约方互相定位）等来支持、帮助这些交易。根据具体的平台服务类型，这种中介或匹配供应与需求关系的服务可能或多或少地是由平台本身直接参与。通过设置一般条款和条件，网络平台方在双边市场中都发挥着重要作用，因为它决定了他们的回旋余地、相互之间的权利以及相对于平台本身而言的权利。因此，随着平台经济的崛起，由于平台收集和使用大数据的能力得到显著提升，这使得平台与用户之间产生了信息不对称的问题。此外，平台经常以要么全盘接受，要么退出的方式对其用户强加服务条款，毫无修改或完善余地。即使此类合同几乎未被实际阅读，但其在形式上也会被同意，因为遵守协议的各方通常会通过点击“我同意”的图标来确认其已阅读合同条款。因此，如何平衡平台与用户方之间的权利，遏制过度扩张的平台势力，保护用户权利（弱势群体）利益逐步成为研究重点。

实践中，美国主要运用《统一商法典》（UCC）第2－302条以及《合同法重述》中的第208条中的程序性及实质性显示公平规则来对互联网服务格式条款进行监督。随着互联网技术的发展，格式合同产生了全新的表现形式，即用户许可协议—点击授权合同（click－wrap contract），用户以点击行为表示其已阅读并且同意合同条款，从而达成意思表示一致的合同。在效力认定方面，目前看来，只要用户点击了同意，基本就能认定点击授权合同成立并且有效。除合同的履行违反公共政策或是合同中存在不合理条款的情形外，合同仅在合同条款缺少用户表明真正同意的特别条款时才无效。[1] 但是随着网络平台的崛起，网络平台的用户方逐步处于合同订立中的弱势地位。为了限制平台方过度扩张的权利，奥巴马总统于2016年12月14日签署《消费者审查公平法案》（Consumer Review Fairness Act，CRFA）。这是一项联邦消费者保护法，主要目的在于禁止在不可转让的消费者合同中使用禁言条款。[2] CRFA使某些“形式合同”中的非贬低条款无效，并规定某人提出或签订包含不可转让、非贬低条款的格式合同是非法的。违反此禁令的行为则由联邦贸易委员会FTC和州检察长执行。FTC长久以来都是提出调查处罚与非贬低条款有关的案件，但实践中这些案件还包括额外费用，欺骗性广告等。同时CRFA并未限制个人或企业根据州法律提起中伤、诽谤、谣言或任何类似诉讼的民事诉讼的权利。

2019年以来，联邦贸易委员会已经发布了多项单独提议的行政投诉和执行CRFA的命令，用以禁止企业使用格式合同条款禁止消费者在线撰写或发布负面评论，或者在他们进行负面评论时采取法律行动用以威胁。FTC消费者保护局局长

---

〔1〕 参见：https：//www.wilmerhale.com/en/insights/publications/the－origin－of－click－wrap－software－shrink－wrap－agreements－march－22－2000

〔2〕 “禁言条款”（gag clause）是一种合同津贴，可以防止员工披露某些敏感信息，包括业务，运营方式，知识产权和实物资产以及未来的创新等内容。

（Bureau of Consumer Protection）安德鲁史密斯说："许多在线购物者使用客户评论和评级来获取信息，但是本次提出强制执行CRFA命令的这些公司在格式合同中使用禁言条款来阻止客户发布诚实但负面的反馈。这些禁言条款是非法的，而那些知道但仍然使用它们的公司将受到民事处罚。"在这些案件中，FTC提出的拟议的解决方案包括与使用形式合同条款相关的禁令和其他救济，这些格式条款禁止，限制，惩罚或将消费者评论的权利转移至公司等内容。该命令禁止公司向任何消费者提供包含限制评论条款的合同，或要求客户接受这些条款作为遵守合同的条件。此外，命令要求公司通过邮件或者电子邮件的形式通知在2017年3月14日或之后与其签订了此类涉嫌违法形式合同的用户，也就是说，即使用户的反馈评论是否定的，用户也可以发布他们的诚实评论。命令还要求收到相关通知的客户提交已收到通知的签名确认。最后，FTC还要求涉案公司向FTC提交合规报告，并保留记录供FTC继续使用，用以确保他们保持合规。[1]

欧盟的合同法仍然主要是为商业—消费者关系而设计的。而网络平台则吸引各种类型的用户，其中许多不是传统的（个人）消费者，而是公司/供应商。在欧盟，消费者受到欧洲立法保护，而企业对在线平台的影响力则要小得多。通常，网络平台不仅会对供应商施加压力，而且会歧视供应商。例如，针对大型网络平台对于商品销售商或服务提供商运营所采取任意除名的行为，立法保护程度不足，只有复杂且昂贵的提交补救请求这一出路。而且相较于使用其中介服务的供应商，平台对于其自身提供的产品或服务更为偏爱，比如平台自营产品会出现在消费者搜索列表前列等情况。针对这一情况，欧洲学者认为应当通过立法保证平台中立，即严格禁止平台偏爱自营产品、服务的规则，而这种规则最终可能必须通过监管来执行。欧盟最新的立法提案也正朝着这个方向发展。[2]

如前文所述，网络平台方掌控着极大的权力，然而极度依赖着平台服务的小商业用户们却没有有效的对抗平台方的手段。据此，2018年4月26日，欧盟委员会发布了促进网络平台保障用户公平、提高透明度的立法提案，2019年4月17日在欧洲议会批准了《关于提高在线平台交易的公平性与透明度规则》的法规，到了2019年6月14日，欧洲理事会（European Council）则正式通过了这项法规。媒体称其为网络平台规定（online platform regulation），该新规将于2020年夏季正式实施。新规的主要依据有两个，一是一些网络平台方占据优势议价地位，这就使得他

〔1〕参见：FTC宣布独家执行消费者审查公平法案的第一项行动，available at：https：//www. ftc. gov/news - events/press - releases/2019/05/ftc - announces - first - actions - exclusively - enforcing - consumer - review（最后访问时间：2019年7月1日）

〔2〕Paul - Jasper Dittrich, Online Platforms and How to Regulate Them：an EU Overview, available at：https：//www. delorsinstitut. de/2015/wp - content/uploads/2018/06/20180614 _ OnlinePlatformsandHowtoRegulateThem - Dittrich - June2018 - 4 - 1. pdf

们在面对需要其平台服务来贩售产品与服务的商业用户时进行不公平的行为；第二则是大多数在线商户是依靠网站搜索引擎的页面排名的，这就证明了针对此类搜索引擎需要具备透明性要求的。想要实现公平与透明度，这就要求网络平台经营者要提前15天预先通报其要修订其网络平台的条款协议（terms and conditions），并且要给平台内商业用户15天时间以终止合同。如果平台方决定终止，那么他们最少要提前30天预先通报，并在有效媒介上提交一份理由声明书。这个新规同样要求商业用户的身份被明示于平台内，以允许他们能够更加获得消费者的信任。该法规通过对在线平台与一般搜索引擎进行共同监管，要求他们遵守法律义务，以期能够确保为平台用户使用在线平台时，能够处于一个公平、透明、可信的环境中。该法规具体包含三项内容：(1) 增加透明度，即平台方要确保其平台规章条款透明且易懂。提案还特意提到了搜索引擎、应用商店、电商网站、酒店预订网站上对于搜索结果排名的问题，要求平台方要适当的将搜索算法透明化。[1] (2) 平台方要建立更有效的内部纠纷解决系统。(3) 欧盟委员会会设立监察机构（Observatory）来监控数字经济的现状与发展，以期在未来3年内判断是否还需要在本提案中增加条款。[2]

我国目前主要由《合同法》、《消费者权益保护法》、《电子签名法》对网络用户协议进行规范。根据《合同法》第39到41条的规定，网络平台方需要和立体式格式合同的存在，如果格式合同中存在免除其责任、加重对方责任、排除对方主要权利的条款，应当认定该合同无效。《消费者权益保护法》第26条第2款关于“霸王条款“的限制也适用于网络平台的格式合同：经营者不得已格式条款、通知、声明、店堂告示等方式，作出排除或者限制消费者权利、减轻或者免除经营者责任、加重消费者责任等对消费者不公平不合理的规定，不得利用格式条款并借助技术手段强制交易。《电子商务法》第32条到第35条更是专门针对网络交易平台制定平台服务协议、交易规则进行了规定，其中包括制定协议的总体要求、平台方公示协议的义务，变更终止协议的要求，以及对协议的限制。

但是在实践中，在面对网络平台的服务协议时，用户仍然处于劣势地位。基本我国所有的网络平台都规定了其可以基于任何理由，在任何时间暂时或永久修改全部或部分协议条款，无论通知与否。如果用户不同意互联网平台对协议条款做出的

---

〔1〕 此前，2017年6月27日，欧盟委员会认为Google滥用其在搜索市场的主导地位，推广其自家服务Google Shopping，对竞争对手的购物网站进行区别排名，打压竞争对手，违反了欧盟的公平竞争法，造成了垄断。欧盟委员会对Google处以了24.2亿欧元的罚款。

〔2〕 Proposal for a Regulation of the European Parliament and of the Council on Promoting Fairness and Transparency for Business Users of Online Intermediation Services, at https://ec.europa.eu/digital-single-market/en/news/regulation-promoting-fairness-and-transparency-business-users-online-intermediation-services；参见http://europa.eu/rapid/press-release_IP-18-3372_en.htm

修改，则停止使用其网络服务，如果继续使用，则视为用户接受对协议的修改。同时，网络平台方还在其用户协议中规定了其有权任意终止服务，具体表现为不定期删除用户存储或发布的内容。以2019年7月才更新的豆瓣网用户隐私协议为例，其规定用户需要遵守该协议的各项条款，否则豆瓣有权依据该协议中断或终止服务，同时豆瓣还保留在任何时候收获用户所使用账号的权力。豆瓣网甚至提出了如果连续六个月不登录豆瓣平台，豆瓣有权限制用户对其账号的使用的规定。在服务变更、中断或终止条款中则更为出格，直接规定了豆瓣可能会对服务内容进行变更，也可能会终止、中断服务，且用户必须同意豆瓣有权随时中断或终止部分或全部的服务。

司法实践中，用户仍然无法保护其权益。来云鹏诉北京四通利方信息技术有限公司缩减新浪邮箱容量案中，原告主张新浪网通过"重要通知"的方式通知原告缩减邮箱容量属于擅自变更合同内容。被告辩称其已经在双方统一的服务条款中明确规定了新浪网有权在必要时调整服务合同条款，并随时更改中断服务。法院支持了被告的辩词，认为被告仅仅是履行了正常程序的协议条款变更。[1]在易趣网络信息服务（上海）有限公司诉刘松亭支付网络平台使用费案中，原告主张被告的服务协议晦涩难懂且过于冗长，难以阅读理解，但是上海市静安区人民法院认定该协议合法有效，双方应当遵守。[2]在我国首例用户协议隐私条款效力认定案中，[3]原告周盛春关于《手机淘宝—软件许可使用协议》部分条款内容违反法律规定应予撤销和确认无效的诉讼请求，杭州西湖区人民法院法院认为该协议（包括系争条款）"系双方真实意思表示，内容不违反法律、行政法规的强制性规定，合法有效。"[4]

三、用户个人数据保护层面

2019年3月，联邦贸易委员会宣布会对互联网服务提供商进行隐私行为方面的问询，要求AT&T、Verizon和T－Mobile等公司提交非公开信息并向联邦贸易委员会描述其会收集哪些用户数据、收集这些数据的理由以及是否会将数据分享给第三方。联邦贸易委员会还希望了解这些企业是否允许用户更改自己的数据分享方式以

---

[1] 来云鹏诉北京四通利方信息技术有限公司服务合同纠纷案，北京市海淀区人民法院（2001）海民初字第11606号

[2] 易趣网络信息服务（上海）有限公司诉刘松亭服务合同纠纷案，上海市静安区人民法院（2001）静经初字第931号

[3] 周盛春与阿里巴巴（中国）有限公司计算机软件著作权许可使用合同纠纷案，浙江省杭州市西湖区人民法院民事判决书（2015）杭西知民初字第667号

[4] 姚黎黎：《从美国法院的司法案例看用户协议的效力认定》，载《山西农业大学学报（社会科学版）》2017年第6期。

及是否允许用户删除数据。[1]美国联邦通信委员会主席 Pai 的新开放互联网法案第二项就是要保障透明化运营，要求互联网服务提供商对其业务实践保持透明，必须公开披露有关其网络管理实践，性能和商业服务条款的信息。此类披露必须通过易于访问的公司网站或通过 FCC 的网站进行。尽管自特朗普执政以来美国联邦政府在保护用户隐私利益的政策上不断倒退，但是反对浪潮巨大，加州不但恢复了网络中立法案，还通过《加州消费者隐私法案》这项法案广泛适用于收集加州消费者个人信息的企业，针对企业收集和管理其个人信息等行为给予了加州消费者以新权利，包括数据访问权、删除权、不销售个人信息的权利、不受歧视权、“不销售”链接和新隐私政策披露、未成年人特殊同意、针对信息泄露的私人起诉权。企业则被规定要披露收集的信息，要依要求删除相关数据，要尊重消费者不出售的选择，不得歧视消费者不出售等。同时规定了如果企业违反了该法案要求，将支付给每位消费者最高 750 美元的赔偿金，而且会有最高 7500 美元的罚款。[2]

从网络平台的角度出发，从目前的形势看来，对用户的隐私保护实际属于数据保护的一方面内容，其意义则主要在于保护用户的个人数据，即如何控制个人数据的收集、使用方面。总体来看，美国联邦层面并没有统一的数据保护基本法案，而是采取了分行业的分散立法模式，其立法领域包括电信、金融、健康、教育、儿童在线隐私等。举例而言，美国数据保护相关立法包括《金融现代化法》（GLBA，规定了金融机构处理非公开的个人信息）；《健康保险流通和责任法》（HIPAA 旨在保护受保护的健康信息）；《公平信用报告法》（FCRA 旨在确保信用报告机构的报告中消费者信用信息的准确性，保护消费者免受错误信用信息的侵害）；《儿童在线隐私保护法》（COPPA 旨在对商业网站或网络服务商收集、使用或披露 13 岁以下儿童的个人信息行为进行规定）；《电子通信隐私法》（ECPA 不针对特定领域进行规定，但目前看来 ECPA 规定的是窃听和电子监听行为）。

从实际操作角度来看，尽管美国主要采取鼓励行业自律的监管模式，也就是要求互联网企业对外公示期隐私保护政策，通知消费者并征得其同意。但是同时，《联邦贸易委员会法》（FTC Act 旨在“禁止不公平或欺骗性贸易行为”）在用户隐私方面发挥着重要作用。联邦贸易委员会因为企业的数据实践活动违反该法律，已进行了数百起的执法行动。在其实践中，有一项原则是企业受其对数据隐私和数据安全承诺的约束。联邦贸易委员会认为，当企业以与其发布的隐私政策或其他声明相抵触的方式处理个人数据时，或者当企业未能充分保护个人数据免受未经授权的访问时，企业即是采取欺骗性行为，违背自我承诺。除了违背承诺之外，联邦贸易

---

[1] 参见 https：//www. theverge. com/2019/3/26/18282520/ftc – ajit – pai – tom – wheeler – fcc – att – verizon – tmobile

[2] 参见 https：//www. caprivacy. org/

委员会还认为企业的某些数据保护举措是不公平的，例如当企业设置难以更改的默认隐私选项之时。

具体而言，美国联邦贸易委员会使用各种工具来保护消费者的隐私和个人信息。联邦贸易委员会的原则性工具是采取执法行动来制止违法行为，并要求公司采取积极措施纠正非法行为。这包括在适当的时候实施全面的隐私和安全计划，由独立专家进行为期两年的评估，对消费者的金钱补救，取缔不法收入，删除非法获取的消费者信息，并为消费者提供有力的透明度和选择机制。如果公司违反 FTC 命令，FTC 可以寻求民事诉讼对违法行为的罚款。联邦贸易委员会还可以对某些违反隐私法规和规则的违法行为进行民事罚款，包括儿童在线隐私保护法（COPPA），公平信用报告法（FCRA），电话营销销售规则（Telemarketing Sales Rule），公平债催收法案（FDCPA）以及控制非主动色情和营销（CAN - SPAM）法案的攻击。此外，FTC 的其他工具包括进行研究和发布报告，举办公共研讨会，撰写为消费者和企业提供教育材料，在美国国会对关于影响消费者隐私的立法和监管提案进行作证并发表评论，以及在关于全球隐私和问责制问题上与国际合作伙伴开展合作。在其所有隐私和数据安全工作中，FTC 的目标始终如一：保护消费者个人信息并确保消费者有信心充分利用市场提供的产品带来的好处。[1]

在过去的十年中，美国联邦贸易委员会已经对许多主要的网络平台采取了强制措施，包括 Twitter，Google，Facebook，Snapchat 和 Ashley Madison（约会网站）等。如 Twitter 案件，涉及涉嫌对网站安全保护进行虚假陈述。其他案例几乎都涉嫌对隐私条例进行虚假陈述。或者在 Snapchat 案，误导陈述了通过该 app 发送短暂性图像和视频的功能。在 Ashely Madison 案中，（该约会网站面向已婚但有兴趣与他人风流一度的成年人）主要针对的是网站数据安全保护事宜，但是也包括了对网络平台方做出的误导性承诺的指控，该误导性承诺包括删除用户的“数字路径”以及通过伪造的约会资料诱导用户升级到付费会员资格。2019 年 1 月，中国公司抖音因违反 COPPA 被 FTC 处罚 570 万美元，并将影响该应用在 13 岁以下儿童中的使用方式。FTC 称，TikTok 要求用户提供电子邮件地址、电话号码、用户名、姓名、个人简介和头像等资料。该应用还允许用户通过评论视频和发送直接信息与他人互动。此外，用户帐号默认是公开的，这意味着孩子的个人资料、用户名、照片和视频可以被其他用户看到。FTC 认为，TikTok 知晓用户中有儿童，但未在收集用户数据前征询父母同意。这显然违反了 COPPA 中要求面向儿童用户的网站在收集 13 岁

---

[1] 参见 FTC 2018 Privacy and Data Security Update, available at https：//www. ftc. gov/system/files/documents/reports/privacy - data - security - update - 2018/2018 - privacy - data - security - report - 508. pdf

以下儿童的个人信息之前获取父母同意的规定。[1]

我国对于网络用户个人信息保护的力度也在不断加强，《全国人大关于加强公民个人信息保护的决定》、工信部发布的《电信和互联网用户个人信息保护规定》、《消费者权益保护法》、《刑法修正案（九）》、《网络安全法》、《民法总则》、《电子商务法》中都就个人信息保护提出了一些规定，加快《个人信息保护法》立法进程已经成为我国社会共识与目标。我国目前是通过分散立法的方式将国际上通行的个人信息保护原则逐步引入，其中包括收集个人信息的合法、正当、必要原则；知情同意原则；透明原则等。我国的个人信息保护主要呈现两个特点：（1）在《民法总则》确认个人信息的独立民事权利地位，《网络安全法》明确网络平台保护个人信息、处理个人信息的规则的基础上，由不同行业主管部门分别或联合制定规范，个人信息保护趋向于严格。我国通过工信部、公安部、银监会、国标委等主管部门制定相关法律法规、部门规章、国家标准、地方性法规等等，呈现出不同主管部门制定个人信息保护规范的严格化趋势。（2）刑事化惩罚为主，且呈现出更为严厉趋势。我国个人信息保护较为偏重刑事，为了更好地通过刑法规制来保护个人信息，我国两次修订《刑法》。比如修订后的《刑法》第253条之一规定了侵犯公民个人信息罪，第286条之一规定了拒不履行信息网络安全管理义务罪等。目前在个人信息保护方面，以自然人身份起诉并适用民法总则第111条的民事案件近乎于无，个人信息民事诉讼案件的结果也相对保守。

但是从2018年5月25开始实施的欧盟《一般数据保护条例》的条款本身与执法力度来看，针对用户个人数据保护的整个国际走势基本会处于一种被欧盟条款裹挟，从而不断趋于严格化立法与执法，为了应对来自国际的挑战，我国也不可避免需要加紧制定相关条款，这也说明在《电信法》中直接加入相关规定是有必要的且具有极强操作性的。

四、消费者权益保护层面

在美国，联邦贸易委员会最初的执法权限仅限于基于不正当竞争手段而引发的市场损失。尽管联邦贸易委员会处理了各种各样的投诉：包括掠夺性定价指控，诱导违约，冒牌，抵制和盗窃商业机密等。但如果没有可证明的竞争危害，则无法保护消费者。[2]国会后来针对对这一发展做出了回应，并于1938年授予联邦贸易委

---

〔1〕 参见：https：//www. ftc. gov/news - events/press - releases/2019/02/video - social - networking - app - musically - agrees - settle - ftc

〔2〕 FTC v. Raladam, 283 U. S. at 649.（美国最高法院强调了FTC这一权力的不足之处。最高法院拒绝支持FTC的投诉与禁令—禁止制造商将有害物质以肥胖症治疗的方式进行市场营销，因为没有证据表明该产品的广告会损害任何商业利益或竞争。）

员会根据其第5条授权对“不公平或欺骗性行为或做法”采取行动的权力。“Wheeler－Lea修正案赋予FTC在无需首先证明竞争者损失的情况下，阻止对消费者造成伤害的权力，使联邦贸易委员会能够认真开始履行其保护消费者的使命。1973年，国会通过《联邦贸易委员会法案》第13条b款巩固了联邦贸易委员会的这一权力，即联邦贸易委员会有权通过联邦法院来诉求减免救济和永久禁令。此后，联邦贸易委员会持续履行其职责，保护消费者免受欺骗性营销，滥用债务，非法电话营销、欺诈和其他有害的金融行为。随着消费者将消费从实体世界转移到数字世界，FTC也随之而来遇到了网络平台。涉及网络平台的FTC消费者保护案件往往涉及FTC针对欺骗性或不公平广告、营销实践经验所形成的长期法律原则的应用。还包括监管、披露和控制儿童进行app购买，针对乘车共享平台提出的欺骗性就业机会索赔，复仇性色情，和欺骗性使用众筹平台等。[1]此外，由于网络平台往往属于信息密集型企业，FTC对消费者的保护实际上还是主要集中于网络平台的隐私与安全保护实践上。

自2017年5月欧盟委员会对欧盟消费者与市场法的适当性检查与对保护消费者权益的指令进行评估之后，其认为总体来看法规符合目的，但仍然需要就适应数字经济而在一些方面加强执行力度与现代化进程。据此，2018年4月11日，欧盟委员会提出了“消费者保护新政”，总体上包括两个方面提案：其一是加强欧盟消费者权益保护规则的执行力度，并将规则现代化；其二则是涉及保护消费者集体利益的集体诉讼。这份指令提案将会修订四个横向消费者指令，包括不公平商业行为指令（UCPD）、消费者权益保护指令（CRD）、不公平合同条款指令（UCTD）、限价指令（PID）。具体而言，这两个方面的提案又包含以下内容。

第一，给予消费者实施权利和获得赔偿的工具。本提案允许在整个欧盟范围内进行集体诉讼，由适格实体，例如消费者组织，来代表受到非法商业行为损害的消费者索求赔偿、更换或维修，终止合同或退款等。其次，针对不公平合同条款指令的修订提案将会在消费者受到不公平商业行为损害的情况，为其提供个人救济措施：合同上的救济措施至少包括终止合同的权利，而非合同上的救济措施则至少应该包括获得损害赔偿的权利。

第二，针对侵犯欧盟消费者法律行为引入更有力的处罚，表现为成员国消费者权益保护机构将有权针对欧盟范围内的跨境违规行为加大处罚力度，即如存在影响了几个成员国中消费者的广泛侵权行为，最高罚款将是贸易商在每个成员国年营业额的4%。

第三，加强消费者的网络权利。首先，通过修订不公平合同条款指令和消费者

---

〔1〕参见Terell McSweeny, FTC 2.0: Keeping Pace with Online Platforms, 32 BERKELEY TECH. L. J. 1027 (2017).

权益保护指令来加强网络交易平台的透明度，要求网络交易平台向消费者提供更多信息，比如消费者搜索商品信息是如何进行排名的，并且还要明确指示出付费出现的搜索结果。如未提供，则会被列入被视为任何情况下都进行不公平的商业行为的列表中。同时，网络交易平台还需要明确表明与消费者发生交易的合同当事人是与贸易商还是个人，是否适用保护消费者权益的法规，以及网络交易平台的提供商是否负责保障消费者的权利。其次，消费者权益保护指令的适用范围将会扩大至免费数字服务，即将“服务”的概念扩大至数字服务，将“服务合同”扩大至数字服务合同，包括消费者提供个人数据以代替付费的数字服务合同。例如云端存储、社交媒体和电子邮件账户。消费者应有权在签订合同前获得信息，并有权在14天撤回期内取消合同。

第四，简化交易模式，电子贸易商可以选择灵活的方式与消费者沟通，页面聊天、表单都可以替代传统的电子邮件模式，而且传真将会从沟通模式中被剔除。此外，提案还免除了在14天撤回期内的电子贸易商的两种义务：首先，如果消费者已经使用了订购的产品，免除贸易商接受退货的义务；其次，免除贸易商需要在收到消费者退回的货物之前就要先行退款的义务。

第五，引入了一种新的不公平商业行为“双重品质产品”，即在欧盟各个成员国以相同品牌进行销售的产品，在不同市场的品质和配料却不统一。这种情况将会被纳入现行误导性商业行为的列表中。

相比之下，在针对网络平台方保护消费者利益方面，不但通过立法来限制“大数据杀熟”等行为，还通过严格密集的行政执法不断加强对消费者的保护。2018年《电子商务法》已经为消费者提供了一定保护—未经用户同意的“大数据杀熟”违法，禁止电商平台对消费者进行“价格歧视”。（商家仍然可以进行差别化定价，但是必须以消费者享有知情权和选择权为前提。）2019年5月28日《数据安全管理办法（征求意见稿）中，首先明确了数据收集重点在于“公开”政策，其次在数据安全监督管理方面，《管理办法》则指出，发生个人信息泄露、毁损、丢失等数据安全事件，或者发生数据安全事件风险明显加大时，网络运营者应当立即采取补救措施，及时以电话、短信、邮件或信函等方式告知个人信息主体，并按要求向行业主管监管部门和网信部门报告。在定向推送方面，则是产生了重大突破，明确了用户可以选择停止接收精准广告。第23条明确规定了网络运营者利用用户数据和算法推送新闻信息、商业广告等（以下简称“定向推送”），应当以明显方式标明“定推”字样，为用户提供停止接收定向推送信息的功能；用户选择停止接收定向推送信息时，应当停止推送，并删除已经收集的设备识别码等用户数据和个人信息。目前我国业内看法认为，由于广告市场要考精准广告大数据营销，实施这个《管理办法》对于广搞市场不利。而且实施起来，也有监督和定责两大难点：在对网络运营者的监督中，需要全面和细致地监督到网络运营者在数据收集、处理使用的方方面面，在用户端，若不建立统一的投诉平台，也很难解决用户举报难、投诉难、立案难的问题。在定责方面，网络运营者在数据安全方面若违反规定，则关系到惩罚措施和力度的问题。

近年来，我国的消费者保护协会也在网络消费者保护行动中逐渐展现头角。2018年，江苏省消费者保护委员会认为百度旗下的两款APP在消费者安装前，未告知其所获取的各种权限及目的，在未取得用户同意的情况下，获取诸如“监听电话、定位、读取短彩信、读取联系人、修改系统设置”等各种权限，超出合理的范围。在约谈百度整改无果后，为维护广大消费者的合法权益，江苏省消费者保护委员会根据《消费者权益保护法》第三十六条、第三十七条第七款、《江苏省消费者权益保护条例》第五十一条第一款以及《最高人民法院关于审理消费民事公益诉讼案件适用法律若干问题的解释》等相关规定。本案由南京市中级人民法院立案受理，此后百度对问题整改到位（整改措施包括取消不必要敏感权限、增设权限使用提示框、增设专门模块供权限选择、优化隐私政策等方面对软件进行升级），本案最终以消费者保护委员会撤诉结束。

2019年，中国消费者协会发布的《100款App个人信息收集与隐私政策测评报告》揭示多达91款App列出的权限涉嫌“越界”过度收集用户个人信息。5月24日，App专项工作组发布了“百款常用App申请收集使用个人信息权限情况”，公开了“百款常用App申请收集使用个人信息权限列表”，其结果表明存储、位置、相机、麦克风等权限被申请的百分比大于90%，读取通讯录申请百分比大于70%，以上权限申请几乎成为App的标配。83%的APP“强制”申请开启5个以下“与收集个人信息相关权限”。

国家市场监管总局也于于2019年4月1日至9月30日期间，依据《消费者权益保护法》、《电子商务法》、《网络安全法》、《侵害消费者权益行为处罚办法》的规定，在全国范围内部署开展“守护消费”暨打击侵害消费者个人信息违法行为专项执法行动。2019年7月19日，教育部、中央网信办及公安部三部门联合宣布治理非法仿冒省级招生考试机构网站和公众号，要求有关互联网平台切实履行好主体责任，加强本平台公众账号管理，并要求各搜索引擎加强社会服务，需要将各省市区招生考试机构网站优先推送至最前列。

保障消费者即网络用户的利益是世界的共识与趋势。想要保障消费者的利益，最重要的手段之一就是要求网络平台方保障平台规则的公平性。这其中就不但要求平台方不得利用其优势地位制定危害用户的平台规则，同时还要求政府机构能够对平台制定规则、履行规则进行有效的监管，从而保护用户的利益。

五、结论：我国《电信法》视野下对网络平台与用户关系的规制

互联网已成为国民生活的重要场景，息息相关。整个电信产业的发展也毫无疑问地有赖于用户，想要促进产业的良性发展与不断壮大，则需要加大对于用户利益的相关保障。同时，从目前的“换脸”软件“流氓”用户条款、平台泄露个人数据等情况，以及前文所述案例来看，仅仅寄希望于享有超越企业应有权力的超级网络平台方基于“自治”行为是完全无法保障用户权利的。必须以立法为基础，以政策为导向，不断加强对于网络平台的规制与限制，加大对于其用户政策、推送服务、数据政策的监管力度，才能够有效实现对于网络平台用户方利益的保护。

具体而言，针对平台与用户间的合同关系，这就对平台规则的公平性与透明性提出了直接要求。首先要求网络平台在制定平台内规则时，需要以公平原则为基础，遵循必要的行业惯例，尽可能征求用户意见，以公开方式展示平台的相关服务协议、用户使用规则、保护知识产权规则、隐私保护规则、争端处理规则、违规处罚规则、退出规则等各项细则。同时，如果规则中明显存在着危害用户利益的情节（如所有数据归平台方等条款），则不能已其为行业内惯例为借口进行规定。而且，平台规则中需要为用户提供无理由终止用户协议的期限，并提供相关合理的终止程序。其次，当网络平台在运营过程中要修改平台规则时，则需要公开征求用户意见，并采取合理措施保证用户明确知悉并有明确途径提出意见。如用户拒绝接受新用户协议，则需要为用户提供合理退出机制。第三，加大对侵犯用户权益的处罚力度，引入更多的帮助用户实施权利、获得赔偿的工具，比如增强各地消费者保护协会在针对网络平台侵犯用户权利案件中的作用。第四，增强平台内算法利用的透明度，如基于用户画像而向用户推送相关信息、服务等时，需要进行公开适当的说明，并为用户提供合理选择。第五，依托于已出台的《网络安全法》等法律法规，政策指南等的规定，针对平台方存储、使用用户个人数据的行为提出一般性基础规定，同时明确指定政府机构有权对平台方此类行为进行监管。第六，指定政府机构应当有权利对超级网络平台方的平台规则制定进行有效监督并勒令改正，从而实现从基础实现有效监管，保护用户利益的目的。